Handbuch Marktforschung

Andreas Herrmann • Christian Homburg
Martin Klarmann (Hrsg.)

Handbuch Marktforschung

Methoden – Anwendungen – Praxisbeispiele

3., vollständig überarbeitete und erweiterte Auflage

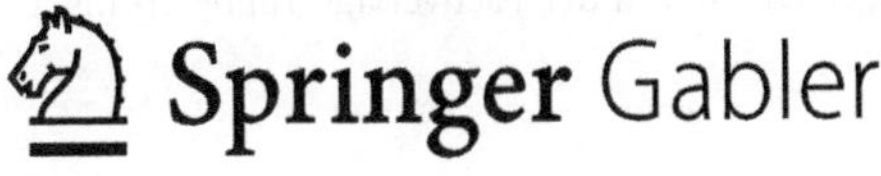

Herausgeber
Prof. Dr. Andreas Herrmann ist Direktor der Forschungsstelle für Customer Insights an der Universität St. Gallen.

Prof. Dr. Dr. h.c. mult. Christian Homburg ist Inhaber des Lehrstuhls für Allgemeine Betriebswirtschaftslehre und Marketing I und Direktor des Instituts für Marktorientierte Unternehmensführung (IMU) an der Universität Mannheim sowie Vorsitzender des Wissenschaftlichen Beirats von Homburg & Partner, einer international tätigen Unternehmensberatung.

Prof. Dr. Martin Klarmann ist Professor für Marketing am Karlsruher Institut für Technologie (KIT).

ISBN: 978-3-658-03070-4 (3., vollst. überarbeitete u. erw. Aufl. Hardcover Nachdruck 2014)

ISBN: 978-3-8349-0342-6 (3., vollst. überarbeitete u. erw. Aufl. Hardcover mit Schutzumschlag 2008)

ISBN 978-3-658-03070-4

Die Deutsche Nationalbibliothek verzeichnet diese Publikation in der Deutschen Nationalbibliografie; detaillierte bibliografische Daten sind im Internet über http://dnb.d-nb.de abrufbar.

Springer Gabler

Lektorat: Barbara Roscher | Jutta Hinrichsen

Gedruckt auf säurefreiem und chlorfrei gebleichtem Papier

Springer Gabler ist eine Marke von Springer DE. Springer DE ist Teil der Fachverlagsgruppe Springer Science+Business Media.
www.springer-gabler.de

Vorwort zur dritten Auflage

Der stetig steigende Wettbewerbsdruck und die intensive Innovationstätigkeit vieler Unternehmen haben in den letzten Jahren dazu geführt, dass die Bedeutung verlässlicher Marktinformationen für unternehmerische Entscheidungen weiter angestiegen ist. Vor diesem Hintergrund überrascht es nicht, dass sich der Herausgeberband „Marktforschung“ auf sehr erfreuliche Weise im Markt etablieren konnte. Viele Beiträge haben sich zu gerne und häufig zitierten Referenzen entwickelt.

Angesichts dieser Entwicklung wird das Buch mit der vorliegenden dritten Auflage in die renommierte Handbuch-Reihe des Gabler Verlages aufgenommen. Gleichzeitig haben wir die Neuauflage genutzt, um den Herausgeberband vollständig zu aktualisieren und zu überarbeiten. Konkret handelt es sich bei 20 der in diesem Band versammelten 42 Beiträge um komplett neue Beiträge. Die übrigen Beiträge wurden nahezu alle systematisch überarbeitet, um neuen methodischen Entwicklungen Rechnung zu tragen.

Die Gliederung des Handbuchs wurde im Vergleich zu früheren Auflagen leicht angepasst. Insbesondere wurden die Beiträge aus den Unternehmen in den dritten Teil des Bandes zu Anwendungen von Marktforschungsmethoden integriert. Zudem wurde die Reihenfolge der im zweiten Teil vorgestellten multivariaten Analyseverfahren geändert. Der Logik des Forschungsprozesses und internationalen Gepflogenheiten entsprechend werden nun zunächst die Verfahren der Interdependenzanalyse und dann die Verfahren der Dependenzanalyse vorgestellt.

Im ersten Teil des Handbuchs zu Grundlagen und Prozess der Marktforschung sind einige Beiträge für die vorliegende Auflage neu entstanden. Christian Homburg und Harley Krohmer gehen in einem neuen Beitrag zum Prozess der Marktforschung auf Datenerhebungsverfahren, Stichprobenbildung und Fragebogengestaltung ein. Ein Beitrag von Nicole Koschate widmet sich speziell experimenteller Marktforschung. Hartmut Holzmüller und David Woisetschläger beschäftigen sich in einem weiteren Beitrag mit den besonderen Herausforderungen bei internationalen Marktforschungsprojekten.

Auch der zweite Teil des Handbuchs zu Methoden der Datenanalyse enthält zahlreiche neue Beiträge. Christian Homburg, Martin Klarmann und Harley Krohmer behandeln statistische Grundlagen der Marktforschung. Weitere Beiträge widmen sich neueren Verfahren der Datenanalyse. Markus Brunnthaller und Gerhard A. Wührer stellen die Netzwerkanalyse vor. Sonja Gensler beschreibt Finite Mixture Modelle, Jan Wieseke Mehrebenenmodelle. Aufgrund der starken Verbreitung der Conjoint-Analyse in der Praxis wird dieses Verfahren nun im Rahmen von zwei Beiträgen vorgestellt. Der Beitrag von Thorsten Teichert, Henrik Sattler und Franziska Völckner beschäftigt sich mit traditionellen Verfahren der Conjoint-Analyse, während der Beitrag von Franziska Völckner, Henrik Sattler und Thorsten Teichert die wahlbasierte Conjoint-Analyse aufgreift. Die neuen Beiträge von Ove Jensen zur Clusteranalyse sowie von Klaus-Peter

Wiedmann und Frank Buckler zu neuronalen Netzen ersetzen die Beiträge zu diesen Verfahren aus früheren Auflagen. Der Beitrag von Heiko Frenzen und Manfred Krafft zur logistischen Regression und zur Diskriminanzanalyse stellt schließlich eine deutliche Erweiterung des früheren Beitrags zur logistischen Regression dar.

Der dritte Teil des Handbuchs zu Anwendungen von Marktforschungsmethoden wurde ebenfalls um eine Reihe neuer Beiträge erweitert. Martin Spann, Arina Soukhoroukova und Bernd Skiera beschreiben die Prognose von Marktentwicklungen mit Hilfe virtueller Börsen. Der Beitrag von Günter Silberer und Oliver Büttner widmet sich der Marktforschung am Point of Sale. Karen Gedenk hat einen Beitrag zur Erfolgsmessung bei Verkaufsförderungsaktionen beigesteuert. Christoph Bubmann und Alexander Klüh stellen dar, wie das Kundenbindungsmanagement bei der Deutschen Bank AG durch die Marktforschung unterstützt wird. Martin Einhorn zeigt, wie die Audi AG Onlinemarktforschung einsetzt. Zudem ersetzen auch im dritten Teil des Handbuchs einige neue Beiträge frühere Beiträge mit ähnlicher Themenstellung. So haben Mario Rese und Markus Karger einen neuen Beitrag zur Konkurrenzanalyse verfasst. Ein Beitrag von Daniel Baier und Michael Brusch widmet sich der Marktsegmentierung. Christian Lüthjes Beitrag beschäftigt sich mit der Modellierung der Adoption von Innovationen und ein neuer Beitrag von Markus Voeth und Christian Niederauer stellt Verfahren zur Ermittlung von Preisbereitschaften und Preisabsatzfunktionen vor. Mit der Messung von Kundenzufriedenheit und Kundenbindung beschäftigt sich schließlich ein Beitrag von Nikolas Beutin.

Wie auch bei den vorangegangenen Auflagen bedanken wir uns an dieser Stelle bei den Autoren für ihre Bereitschaft, ihr Wissen und ihre Erfahrung mit den Lesern zu teilen. Große Verdienste bei der Erstellung und Durchsicht des Manuskripts haben sich Frau cand. rer. oec. Melanie Kehl und Herr cand. rer. oec. Christoph Zickwolf erworben. Ihnen gilt unser ganz besonderer Dank. Frau cand. rer. oec. Julia Hohmann und Frau cand. rer. oec Alexandra Prange sei für ihre Unterstützung bei der Schlussredaktion des Manuskripts gedankt.

Marktforschung wird auch auf mittlere und lange Sicht eine zentrale Rolle bei der Fundierung von strategischen und operativen Entscheidungen im Rahmen der Marktbearbeitung spielen. Wir würden uns deshalb freuen, wenn auch die dritte Auflage dieses Herausgeberbandes einen Beitrag zur Anwendung und Weiterentwicklung von Marktforschungsmethoden in Wissenschaft und Praxis leistet. Für Rückmeldungen aus dem Kreis der Leser sind wir weiter sehr dankbar.

St. Gallen und Mannheim, im Sommer 2007

ANDREAS HERRMANN *CHRISTIAN HOMBURG* *MARTIN KLARMANN*

Vorwort zur ersten Auflage

Informationen über Marktgegebenheiten bilden die Grundlage für eine Vielzahl unternehmerischer Entscheidungen. In Anbetracht sehr kurzer Produktlebenszyklen, überaus kritischer Nachfrager und intensiven Wettbewerbs liegt die Relevanz von aktuellen, genauen und umfassenden Informationen auf der Hand. Für den Erfolg eines Unternehmens ist es zwingend erforderlich, dass Verantwortliche in allen betrieblichen Funktionen ihre Entscheidungen auf verlässliche Informationen über Marktgegebenheiten stützen. Die Vorgehensweise der präzisen Erfassung und der gezielten Verarbeitung solcher Informationen bildet den Kern der Marktforschung.

Ein Blick auf das Marktgeschehen zeigt, dass die Marktforschung bei vielen Unternehmen eine zentrale Stellung einnimmt. Beachtliche finanzielle und personelle Ressourcen stehen bereit, um Marktgegebenheiten zu analysieren, Informationen aufzubereiten und unternehmenspolitische Handlungsoptionen abzuleiten. Insofern erscheint es unerlässlich, den state of the art in Sachen Marktforschung zu dokumentieren und sich dabei nicht allein nur auf die Vermittlung multivariater statistischer Ansätze zu konzentrieren. Vielmehr interessieren auch Anwendungsbeispiele im Marketing und branchenspezifische Besonderheiten sowie die Grundlagen der Marktforschung.

Mit dem vorliegenden Buch zielen die Herausgeber darauf ab, diese Anforderungen zu erfüllen. Hierzu bietet sich eine Unterteilung des Werks in vier Teile an: Zunächst geht es um die Grundlagen der Marktforschung. Hier werden aus einer Gesamtschau heraus die Ziele, Vorgehensweise und Methoden der Marktforschung vermittelt. Darüber hinaus gilt das Augenmerk der Hypothesenbildung und deren empirischer Überprüfung sowie der Stichprobenbildung und Datenerfassung. Den Abschluss bilden Ausführungen zur mathematisch-statistischen Verarbeitung eines Datensatzes bei dem einzelne Werte fehlen.

Im zweiten Teil stehen die Methoden der Marktforschung im Mittelpunkt. Im Anschluss an die Grundlagen und Methoden der qualitativen Marktforschung werden die einzelnen multivariaten statistischen Verfahren erläutert. Hierbei kommen nicht nur klassische Ansätze, wie die Regressionsanalyse, die Mehrdimensionale Skalierung oder die Conjoint-Analyse, in Betracht. Auch derzeit intensiv diskutierte Methoden, wie die Kausalanalyse, Log-lineare Modelle oder Neuronale Netze, finden Beachtung. Insgesamt gesehen erhält der Leser einen Überblick über den Stand der Entwicklung und Anwendung von Marktforschungsmethoden.

Der dritte Teil zielt darauf ab, Anwendungen von Marktforschungsansätzen zu zeigen. Anhand ausgewählter betriebswirtschaftlicher Problemstellungen lässt sich die Leistungsfähigkeit der einzelnen Verfahren darstellen. Außerdem liefern diese Beiträge wichtige Hinweise für die Durchführung von Marktforschungsstudien, die Auswertung und Aufbereitung von Daten sowie die Ableitung von betriebswirtschaftlichen Handlungsoptionen.

Im vierten Teil gilt das Interesse der Marktforschung in ausgewählten Branchen. Hier kommen Marktforscher aus unterschiedlichen Sektoren zu Wort, die branchenspezifische Fragestellungen und Anwendungsmöglichkeiten von Marktforschungsmethoden verdeutlichen. Darüber hinaus vermitteln die Aufsätze einige Anhaltspunkte über den Stand der Marktforschung in wichtigen Branchen.

Das Buch wendet sich gleichermaßen an Praktiker, Studenten und Wissenschaftler. Dem Praktiker soll es Kenntnisse und Ideen für die Erfassung und Auswertung von Informationen über Marktgegebenheiten liefern. Studenten und Wissenschaftler sollen einen Überblick über multivariate statistische Verfahren und deren Anwendungsmöglichkeiten für eigene Untersuchungen erhalten und einen Eindruck über Marktforschungsaktivitäten in ausgewählten Unternehmen gewinnen.

Unser Dank gilt insbesondere den Autoren der Beiträge für ihre Bereitschaft, ihr Wissen und ihre Erfahrung mit den Lesern zu teilen. Darüber hinaus danken wir auch Dipl.-Kfm. Christian Seilheimer und cand. rer. pol. Martin Hofferberth für ihre umfassende redaktionelle Unterstützung. Für die gute Zusammenarbeit bedanken wir uns bei Dr. Reinhold Roski, Barbara Roscher und Kurt Schönfeldt vom Gabler Verlag.

Mainz und Mannheim, im Januar 1999

ANDREAS HERRMANN *CHRISTIAN HOMBURG*

Inhaltsverzeichnis

Dritter Teil
Anwendungen von Marktforschungsmethoden

Autorenverzeichnis

ALBERS, SÖNKE, Prof. Dr. Dr. h.c., Inhaber des Lehrstuhls für Innovation, Neue Medien und Marketing an der Christian-Albrechts-Universität zu Kiel.

BAIER, DANIEL, Prof. Dr., Inhaber des Lehrstuhls für Marketing und Innovationsmanagement der Brandenburgischen Technischen Universität Cottbus.

BAUER, HANS H., Prof. Dr., Inhaber des Lehrstuhls für Allgemeine Betriebswirtschaftslehre und Marketing II an der Universität Mannheim.

BEUTIN, NIKOLAS, Dr., Geschäftsführender Gesellschafter von Prof. Homburg & Partner, Mannheim/München/Boston, einer international tätigen Unternehmensberatung sowie Lehrbeauftragter an der Universität Mannheim.

BRUHN, MANFRED, Prof. Dr., Ordinarius für Betriebswirtschaftslehre, insbesondere Marketing und Unternehmensführung am Wirtschaftswissenschaftlichen Zentrum (WWZ) der Universität Basel und Honorarprofessor an der Technischen Universität München.

BRUNNTHALLER, MARKUS, Mag., wissenschaftlicher Mitarbeiter mit Diplom am Institut für Handel, Absatz und Marketing der Johannes Kepler Universität Linz.

BRUSCH, MICHAEL, Dr., wissenschaftlicher Mitarbeiter des Lehrstuhls für Marketing und Innovationsmanagement der Brandenburgischen Technischen Universität Cottbus.

BUBMANN, CHRISTOPH, Managing Director bei der Deutsche Bank Privat- und Geschäftskunden AG, verantwortet den Bereich Vertriebs Service Center.

BUCKLER, FRANK, Dr., Marketingleiter bei GREIF Inc. und entwickelt seit 1995 neuronale Analysesysteme, die in der Praxis und Wissenschaft Anwendung finden.

BÜTTNER, OLIVER B., Dipl.-Psych., wissenschaftlicher Mitarbeiter am Institut für Marketing und Handel der Georg-August-Universität Göttingen.

DECKER, REINHOLD, Prof. Dr., Inhaber des Lehrstuhls für BWL, insbesondere Marketing, an der Fakultät für Wirtschaftswissenschaften der Universität Bielefeld.

DIEHL, HANS-JÖRG, Dr., Managing Consultant bei der IBM Deutschland GmbH, Global Business Services in Düsseldorf.

EINHORN, MARTIN, Dr., Markt- und Trendforscher bei der AUDI AG und einer ihrer Vertreter im AUDI Lab for Market Research an der Universität St. Gallen.

ERICHSON, BERND, Prof. Dr., Inhaber des Lehrstuhls für Marketing an der Otto von Guericke-Universität Magdeburg.

ESCH, FRANZ-RUDOLF, Prof. Dr., Inhaber des Lehrstuhls für Betriebswirtschaftslehre mit dem Schwerpunkt Marketing an der Justus-Liebig Universität Gießen sowie Direktor des Instituts für Marken- und Kommunikationsforschung an der Justus-Liebig Universität Gießen.

FRENZEN, HEIKO, Dipl.-Kfm., wissenschaftlicher Mitarbeiter am Institut für Marketing an der Westfälischen Wilhelms-Universität Münster.

GEDENK, KAREN, Prof. Dr., Leiterin des Seminars für Allgemeine Betriebswirtschaftslehre, Marketing und Marktforschung an der Universität zu Köln.

GENSLER, SONJA, Dr., Assistant Professor am Department of Marketing an der Vrije Universiteit Amsterdam.

GIGENGACK, LUGER, Director International Market Research Laundry bei der Henkel KGaA Düsseldorf.

GRUND, MICHAEL A., Dr., Leiter des Center for Marketing an der HWZ Hochschule für Wirtschaft in Zürich und Studiengangsleiter des Executive MBA Marketing.

HERRMANN, ANDREAS, Prof. Dr., Direktor der Forschungsstelle für Business Metrics an der Universität St. Gallen.

HILDEBRANDT, LUTZ, Prof. Dr., Leiter des Instituts für Marketing an der Humboldt-Universität zu Berlin, Projektleiter im Sonderforschungsbereich 649 „Ökonomisches Risiko" und Herausgeber der Zeitschrift „Marketing-Journal of Research and Management".

HOLZMÜLLER, HARTMUT H., Prof. Dr., Inhaber des Lehrstuhls für Marketing an der Universität Dortmund.

HOMBURG, CHRISTIAN, Prof. Dr. Dr. h.c., Inhaber des Lehrstuhls für Allgemeine Betriebswirtschaftslehre und Marketing I an der Universität Mannheim.

HUBER, FRANK, Prof. Dr., Inhaber des Lehrstuhls für Allgemeine Betriebswirtschaftslehre und Marketing I an der Johannes Gutenberg-Universität in Mainz.

HÜTTNER, MANFRED, Prof. Dr., war Inhaber einer wirtschaftswissenschaftlichen Professur mit den Schwerpunkten Marketing und Marktforschung an der Universität Bremen.

JENSEN, OVE, Dr., vertritt den Lehrstuhl für Industriegütermarketing an der WHU – Otto Beisheim School of Management in Vallendar.

KARGER, MARKUS, Dipl.-Volksw., wissenschaftlicher Mitarbeiter am Lehrstuhl für Marketing an der Ruhr-Universität Bochum.

KEPPER, GABY, Dr., war wissenschaftliche Mitarbeiterin am Seminar für Allgemeine Betriebswirtschaftslehre, Marktforschung und Marketing der Universität Köln.

KLARMANN, MARTIN, Dipl.-Kfm., wissenschaftlicher Mitarbeiter am Lehrstuhl für Allgemeine Betriebswirtschaftslehre und Marketing I an der Universität Mannheim.

KLÜH, ALEXANDER, Assistant Vice President bei der Deutsche Bank Privat- und Geschäftskunden AG, verantwortet das Team Kundenbindungsmanagement.

KOSCHATE, NICOLE, Prof. Dr., Inhaberin des GfK-Lehrstuhls für Marketing Intelligence an der Friedrich-Alexander-Universität Erlangen-Nürnberg.

KRAFFT, MANFRED, Prof. Dr., Direktor des Instituts für Marketing an der Westfälischen Wilhelms-Universität Münster.

KROHMER, HARLEY, Prof. Dr., Inhaber des Lehrstuhls für Marketing an der Universität Bern.

LANDWEHR, JAN R., Dipl.-Psych., wissenschaftlicher Mitarbeiter an der Forschungsstelle für Business Metrics an der Universität St. Gallen.

LÜTHJE, CHRISTIAN, Prof. Dr., Direktor des Instituts für Marketing und Unternehmensführung und Leiter der Abteilung für Industriegüter- und Technologiemarketing (IMU-I) an der Universität Bern.

MEYER, MARGIT, Prof. Dr., Inhaberin des Lehrstuhls für BWL, insbesondere Marketing an der Justus-Maximilians-Universität in Würzburg.

NIEDERAUER, CHRISTIAN M., Dipl.-Kfm., wissenschaftlicher Mitarbeiter am Lehrstuhl für Marketing der Universität Hohenheim.

PFLESSER, CHRISTIAN, Dr., Head of Global Strategy Dispersions & Paper Chemicals bei der BASF AG, Ludwigshafen.

RESE, MARIO, Prof. Dr., Inhaber des Lehrstuhls für Marketing an der Ruhr-Universität Bochum und Affiliate Professor an der esmt Berlin.

SATTLER, HENRIK, Prof. Dr., Geschäftsführender Direktor des Instituts für Marketing und Medien sowie Inhaber des Lehrstuhls für BWL – Marketing & Branding an der Universität Hamburg.

SCHULZE, PETER M., Prof. Dr., Lehrstuhlinhaber und Leiter des Instituts für Statistik und Ökonometrie der Johannes Gutenberg-Universität Mainz.

SCHWARTING, ULF, Dipl.-Ök., freiberuflicher Unternehmensberater in Bremen.

SILBERER, GÜNTER, Prof. Dr., Direktor des Instituts für Marketing und Handel der Georg-August-Universität Göttingen.

SKIERA, BERND, Prof. Dr., Inhaber des Lehrstuhls für Electronic Commerce am Schwerpunkt Marketing an der Johann Wolfgang Goethe-Universität Frankfurt am Main.

SOUKHOROUKOVA, ARINA, Dipl.-Kffr., wissenschaftliche Mitarbeiterin am Lehrstuhl für Marketing & Innovation an der Universität Passau.

SPANN, MARTIN, Prof. Dr., Inhaber des Lehrstuhls für Marketing & Innovation der Universität Passau.

TEICHERT, THORSTEN, Prof. Dr., Lehrstuhlinhaber des Arbeitsbereichs Marketing und Innovation (AMI) an der Universität Hamburg.

TROMMSDORFF, VOLKER, Prof. Dr., Inhaber des Marketing-Lehrstuhls der Technischen Universität Berlin sowie Honorarprofessor und DAAD-Fachkoordinator der Fakultät für Wirtschaftswissenschaften des Chinesisch-Deutschen Hochschulkollegs der Tongji-Universität Shanghai.

VÖLCKNER, FRANZISKA, Prof. Dr., Leiterin des Seminars für Allgemeine BWL, Marketing und Markenmanagement an der Universität zu Köln.

VOETH, MARKUS, Prof. Dr., Inhaber des Lehrstuhls für Marketing der Universität Hohenheim.

WAGNER, RALF, Prof. Dr., Inhaber des SVI - Stiftungslehrstuhls für Internationales Direktmarketing, DMCC - Dialog Marketing Competence Center, an der Universität Kassel.

WENDENBURG, DANIELA, Dipl.-Kffr., Project Procurement Manager in der Siemens AG, Industrial Solutions and Services in Erlangen.

WIEDMANN, KLAUS-PETER, Prof. Dr., Direktor des Instituts für Marketing und Management an der Leibniz Universität Hannover.

WIESEKE, JAN, Dr., Habilitand am Lehrstuhl für Allgemeine Betriebswirtschaftslehre und Marketing I an der Universität Mannheim.

WOISETSCHLÄGER, DAVID M., Habilitand am Lehrstuhl für Marketing an der Universität Dortmund.

WÜHRER, GERHARD A., Prof. Dr., Leiter des Instituts für Handel, Absatz und Marketing der Johannes Kepler Universität Linz.

Erster Teil

Grundlagen und Prozess der Marktforschung

Andreas Herrmann, Christian Homburg und Martin Klarmann

Marktforschung: Ziele, Vorgehensweise und Nutzung

Prof. Dr. Andreas Herrmann ist Direktor der Forschungsstelle für Business Metrics an der Universität St. Gallen. Prof. Dr. Dr. h.c. Christian Homburg ist Inhaber des Lehrstuhls für Allgemeine Betriebswirtschaftslehre und Marketing I an der Universität Mannheim. Dipl.-Kfm. Martin Klarmann ist wissenschaftlicher Mitarbeiter am Lehrstuhl für Allgemeine Betriebswirtschaftslehre und Marketing I an der Universität Mannheim.

1. Begriff und Anliegen der Marktforschung

Ganz allgemein verkörpert das Marketing eine im Unternehmen verbreitete Grundhaltung, die eine konsequente Ausrichtung aller unmittelbar und mittelbar den Markt berührenden Entscheidungen an den Erfordernissen und Bedürfnissen der tatsächlichen und potentiellen Nachfrager verlangt. Insofern bedarf es einer organisatorischen Einheit, die einem Anbieter Anhaltspunkte vermittelt, um die Leistung darauf auszurichten, vorhandene und latente Wünsche zu befriedigen, das heißt Güter und Dienste zur Erfüllung der Vorstellungen der Individuen oder der Ansprüche von Firmenkunden zu offerieren. Außerdem ist es für den Unternehmenserfolg unerlässlich, die Aktivitäten der Konkurrenten zu analysieren, um Wettbewerbsvorteile erarbeiten zu können.

Hierzu kommt die Marktforschung in Betracht, die auf die Sammlung, Aufbereitung, Analyse und Interpretation von Daten über Marktgegebenheiten zum Zweck der Fundierung von Entscheidungen im Marketing abzielt (vgl. Böhler 2004, S. 19 ff. und 1995, Sp. 1768 ff.). Eine systematische Marktforschung unterscheidet sich von der unsystematischen Markterkundung durch wissenschaftsnahe Untersuchungsmethoden und einen geplanten Untersuchungsprozess.

Das Anliegen der Marktforschung ergibt sich aus dem Informationsbedarf im Marketing (vgl. Hammann/Erichson 2000, S. 19 ff., und Homburg/Krohmer 2006, S. 250.). Die zu treffenden Entscheidungen lassen sich im Hinblick auf ihre Elemente und ihre Art voneinander unterscheiden. Jede Entscheidung im Marketing besteht aus vier Elementen, wie die Festlegung der Marketingziele und der Marketingmaßnahmen, die Analyse der Umweltsituation und die Dokumentation der erwarteten Ergebnisse vor dem Hintergrund der spezifischen Marktsituation. Zunächst ermöglicht die Marktforschung eine Festlegung der Marketingziele auf der Basis von Marktgegebenheiten. Beispielsweise führt die Information, dass mit einem Rückgang des Marktvolumens zu rechnen ist, zu einer Reduzierung des Absatz- oder Umsatzziels. Darüber hinaus liefert die Marktforschung Hinweise für die Gestaltung der Marketing-Maßnahmen. Hierzu zählen alle Informationen, die die Leistungsgestaltung im Bereich der Produkt-, Preis-, Kommunikations- und Distributionspolitik unterstützen. Außerdem sind Informationen über die Umweltsituation erforderlich. Hierzu gehören insbesondere die Analyse und Prognose der Entwicklung auf Absatz- und Beschaffungsmärkten. Schließlich ist eine zentrale Aufgabe der Marktforschung darin zu sehen, Informationen über die erwarteten Ergebnisse von Marketing-Maßnahmen zu liefern. Erst dadurch erscheint eine gezielte Auswahl der vermutlich besten Alternative möglich.

Ein anderer Ansatz, das Anliegen der Marktforschung zu spezifizieren, besteht darin, die Arten der Entscheidung im Marketing zu betrachten. Strategische Marketingentscheidungen beziehen sich auf die Entwicklung zukünftiger Problemlösungsangebote, die Attraktivität von Märkten hinsichtlich Volumen, Wachstum, Wettbewerbsintensität und Gewinnerwartung, das Portfolio der Geschäftsfelder sowie die Auswirkungen alternativer Vorgehensweisen der Marktbearbeitung auf den Unternehmenserfolg. Operative Maßnahmen richten sich auf zeitliche und inhaltlich eng begrenzte Problemstellungen, wie etwa die Erfassung der Wirkung einer Marketingaktivität oder die Erarbeitung von Anregungen zum Einsatz der Marketinginstrumente.

2. Leitbild der Marktforschung

Die oben stehenden Ausführungen suggerieren, dass Informationen über Marktgegebenheiten die Basis für die Gestaltung der Marketingaktivitäten bilden. Der Stellenwert einer Versorgung von Entscheidungsträgern mit aktuellen, genauen und umfassenden Informationen ist auf das Bewusstsein der Verantwortlichen hinsichtlich der Relevanz verlässlicher Grundlagen für unternehmerische Entscheidungen zurückzuführen. Hieraus ergibt sich für den Marktforscher ein Leitbild, dessen Konturen Nieschlag/Dichtl/Hörschgen (1997, S. 671 ff., und Meffert 1992, S. 177 ff.) folgendermaßen umschreiben:

- Einen wichtigen Aspekt bildet die Forderung nach einer theoriegeleiteten Marktforschung. Der Rückgriff auf (sozial-psychologische) Theorien ist zwingend erforderlich, um das interessierende Phänomen zu erklären und Handlungsoptionen abzuleiten. Nur so ist es möglich, Aussagen über Marktgegebenheiten mit einem umfassenden zeitlichen und inhaltlichen Geltungsbereich zu erhalten.
- Die Marktforschung ist darüber hinaus bereits in beachtlichem Ausmaß interdisziplinär ausgerichtet. Erkenntnisse aus Nachbardisziplinen, wie Psychologie und Soziologie, erscheinen unerlässlich, um die realen Erscheinungen in allen ihren Verästelungen zu erfassen. Gleichwohl darf nicht übersehen werden, dass die daraus abgeleiteten Maßnahmen im Hinblick auf die unternehmerische Zielgröße, wie Umsatz oder Gewinn, zu beurteilen sind.
- Die Marktforschung unterliegt immer auch pragmatischen Gesichtspunkten. So muss der Analytiker häufig vor dem Hintergrund begrenzter finanzieller, personeller und zeitlicher Ressourcen die Verletzung theoretisch begründeter Anforderungen an die Datenerfassung und –auswertung hinnehmen. Dies soll jedoch nicht zur Nachlässigkeit führen, sondern allenfalls andeuten, dass theoretischer Anspruch und Praktikabilität häufig nicht in vollem Maße vereinbar sind.

- Ein letzter Aspekt bezieht sich auf die Ethik der Forschung. Marktforschungsstudien sind nach bestem Wissen und Gewissen durchzuführen und sollten den gängigen wissenschaftlichen Standards entsprechen. Spielen Werturteile bei der Durchführung der Studie oder bei der Auswertung der Daten eine Rolle, sind diese nicht als objektive Ergebnisse auszuweisen, sondern offen zu legen und deren Bedeutung zu diskutieren.

3. Ablauf einer Marktforschungsstudie

Jede Marktforschungsstudie lässt sich als einen Prozess der Problemlösung kennzeichnen, der aus einer idealtypischen Abfolge von Phasen besteht. Auf Grund der strukturellen Verknüpfung der einzelnen Schritte ist es erforderlich, sie stets unter Berücksichtigung vorausgehender und nachfolgender Arbeitsgänge durchzuführen. In Abbildung 1 ist ein idealtypischer Marktforschungsprozess dargestellt. Er soll im Folgenden kurz erläutert werden (vgl. zu den folgenden Ausführungen auch Homburg/Krohmer 2006, insbesondere S. 252-254).

In der Phase der *Problemformulierung* geht es darum, vor dem Hintergrund des Informationsbedarfs im Unternehmen, z.B. im Hinblick auf anstehende Entscheidungen, das konkrete Marktforschungsproblem zu formulieren und die Ziele der Marktforschungsstudie festzulegen. In dieser Phase sollte auch die Zielgruppe der Marktforschungsstudie festgelegt werden, d.h. die Grundgesamtheit der Untersuchung, verstanden als die Gesamtheit aller Objekte (Personen und/oder Organisationen), über die im Rahmen des Projekts Aussagen getroffen werden sollen. Wichtig ist es im Rahmen der Problemformulierung, die Marktforschungsstudie klar zu fokussieren. In der Marktforschungspraxis lässt sich jedoch nicht selten das Phänomen beobachten, dass im Rahmen der Problemformulierung Marktforschungsprojekte mit zusätzlichen Fragestellungen überfrachtet werden, deren Untersuchung zwar auch interessant wäre, die aber letztlich Raum nehmen, um die Kernfragestellung fundiert und sinnvoll zu beantworten.

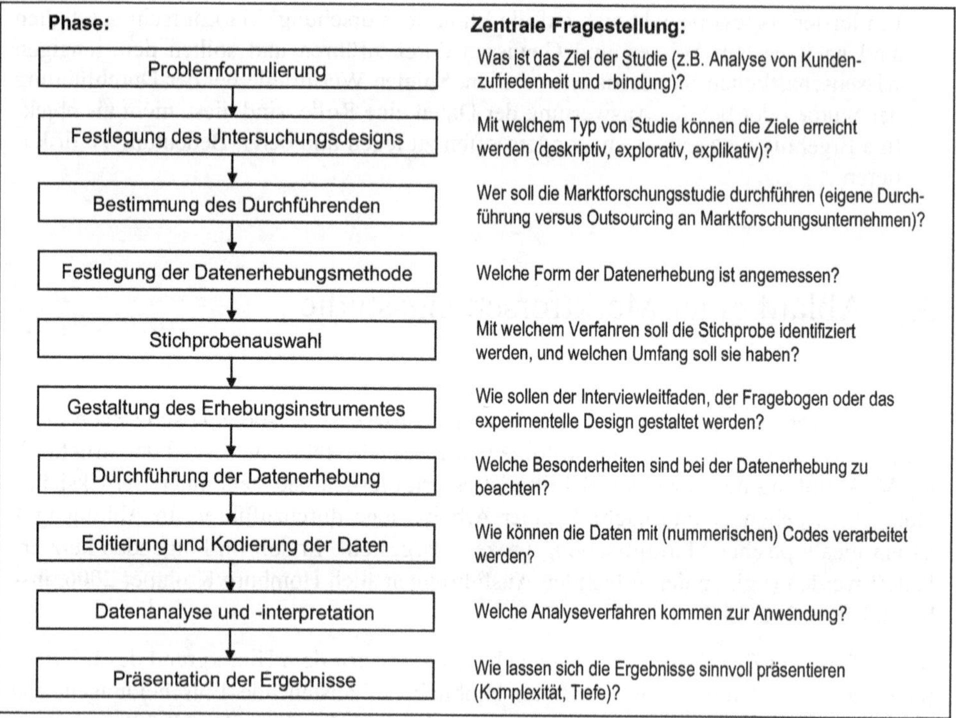

Abbildung 1: Idealtypischer Ablauf einer Marktforschungsstudie (Quelle: Homburg/Krohmer 2006, S. 253)

Im Rahmen der *Festlegung des Untersuchungsdesigns* wird bestimmt, um welchen Studientyp es sich bei der Marktforschungsuntersuchung handeln soll. Dabei kann zwischen explorativen, deskriptiven und explikativen Ansätzen unterschieden werden. Während eine explorative Untersuchung vornehmlich der ersten Aufhellung und Strukturierung des interessierenden Problemfeldes dient, besteht die Aufgabe einer deskriptiven Studie darin, problemrelevante Tatbestände möglichst genau zu erfassen und zu beschreiben. Wichtigstes Ziel einer explikativen Untersuchung ist es, zu einer verlässlichen Erklärung der beobachteten Phänomene zu gelangen und entsprechende Ursache-Wirkungszusammenhänge zu ermitteln. Hieraus resultieren in vielen Fällen Entscheidungshilfen für den Einsatz der absatzpolitischen Instrumente.

Im Zusammenhang mit der *Bestimmung des Durchführenden* geht es darum, festzulegen, wer die Studie durchführen soll. Insbesondere stellt sich die Frage, ob eine Marktforschungsstudie intern im Unternehmen selbst oder durch ein externes Marktforschungsinstitut durchgeführt werden soll. Dabei sprechen Entscheidungskriterien wie Vertraulichkeit, Produkt- und Kundenkenntnis sowie die erhöhte Kontrolle über den Marktforschungsprozess für eine interne Durchführung eines Marktforschungsprojekts.

In der Marktforschungspraxis lässt sich jedoch beobachten, dass intern durchgeführte Marktforschungsprojekte tendenziell seltener werden. Auch Unternehmen mit einer ehemals großen internen Marktforschungsabteilung sind inzwischen häufig dazu übergegangen, wenige interne Marktforschungsspezialisten vor allem damit zu beschäftigen, extern vergebene Marktforschungsprojekte zu koordinieren und zu betreuen.

Für eine solche externe Vergabe von Marktforschungsprojekten sprechen im Wesentlichen drei Gründe: Erfahrung und Methodenkenntnis der Marktforschungsinstitute, Kostenvorteile (z.B. im Hinblick auf den Betrieb von Call Centern) sowie die größere Objektivität durch die fehlende Beteiligung an mikropolitischen Auseinandersetzungen innerhalb der Unternehmen.

In der Phase der *Festlegung der Datenerhebungsmethode* wird entschieden, auf welche Weise die Daten im Rahmen eines Marktforschungsprojekts erhoben werden sollen. Zur Auswahl steht eine große Zahl unterschiedlicher Verfahren der Primär- und Sekundärmarktforschung, die nicht selten miteinander kombiniert zum Einsatz kommen, um die speziellen Vorteile der einzelnen Verfahren auszureizen. Im Beitrag von Homburg/Krohmer in diesem Band werden die verschiedenen Verfahren der Datenerhebung ausführlicher vorgestellt. Der Beitrag von Koschate geht speziell auf Datenerhebung mit Hilfe von experimenteller Marktforschung ein.

Im Rahmen der *Stichprobenauswahl* wird entschieden, wer im Rahmen der Marktforschungsstudie letztlich befragt/beobachtet werden soll. Wird auf eine Vollerhebung, d.h. eine Erhebung von Informationen für alle Mitglieder der Grundgesamtheit, verzichtet, so ist für die notwendige Teilerhebung festzulegen, auf welche Weise die Befragten ausgewählt werden sollen. Auch auf die Frage der Stichprobenauswahl geht der Beitrag von Homburg/Krohmer in diesem Band detaillierter ein.

Bei der *Gestaltung des Erhebungsinstrumentes* geht es dann darum, mit welchem Instrument die gesuchten Daten erfasst werden sollen. Insbesondere im Rahmen von Befragungsmarktforschung spielt diese Phase des Marktforschungsprozesses eine entscheidende Rolle, denn die Qualität der eingesetzten Fragebögen ist hier ein entscheidender Erfolgsfaktor. Der Beitrag von Homburg/Krohmer in diesem Band geht auch auf diese Phase genauer ein.

Bei der *Durchführung der Datenerhebung* wird die ausgewählte Datenerhebungsmethode praktisch durchgeführt.

Die *Editierung und Kodierung* der Daten dient dazu, aus den Rohdaten einen im Rahmen der Datenanalyse verwertbaren Datensatz zu machen. Hierzu müssen unzulässige und fehlerhafte Antworten aus dem Datensatz aufgespürt und entfernt werden. In diesem Kontext muss auch eine Strategie für den Umgang mit fehlenden Werten entwickelt werden. Hierauf geht der Beitrag von Decker/Wagner in diesem Band genauer ein.

In der Phase der *Datenanalyse und -interpretation* werden die editierten und kodierten Daten ausgewertet. Ziel ist es, die häufig große Zahl verfügbarer Informationen sinnvoll zu verdichten und Handlungsimplikationen im Hinblick auf das formulierte Marktforschungsproblem abzuleiten. Hierfür kommt je nach Fragestellung und Untersuchungsdesign eine Vielzahl von Datenanalyseverfahren in Betracht. Sie werden insbesondere im zweiten Teil des vorliegenden Handbuchs detailliert vorgestellt.

Abschließend werden im Rahmen der Ergebnispräsentation die gewonnenen Ergebnisse dann den Auftraggebern und/oder potenziellen Nutzern im Unternehmen präsentiert. Ziel ist es, die gewonnenen Erkenntnisse in verständlicher Form in die Organisation zu tragen und die Nutzung der Ergebnisse anzustoßen.

4. Gütekriterien von Marktforschung

Wie eingangs zu diesem Beitrag erläutert, stellt Marktforschung ein zentrales Instrument von Unternehmen dar, um Aufschlüsse über die Umwelt des Unternehmens zu erhalten. Aufgrund der großen Tragweite vieler Entscheidungen, die in der Folge auf Grundlage solcher Marktforschungsinformationen getroffen werden, ist es für Unternehmen deshalb von zentraler Bedeutung, dass sie sich auf die entsprechenden Informationen verlassen können.

Zur Beurteilung der Güte von Marktforschungsinformationen sind deshalb drei Gütekriterien entwickelt worden, die ein Marktforschungsprojekt erfüllen sollte:

- Objektivität, d.h. die Unabhängigkeit der Marktforschungsergebnisse von den am Projekt beteiligten Personen,
- Reliabilität, d.h. die Freiheit von Zufallsfehlern und
- Validität, d.h. die Freiheit von systematischen Fehlern.

Die drei Gütekriterien werden im Folgenden detaillierter beschrieben.

A. Objektivität

Man spricht von objektiven Marktforschungsergebnissen, sofern die Ergebnisse unabhängig von den durchführenden Personen sind. Liegt eine objektive Messung vor, so kommen mehrere Personen, die unabhängig voneinander Messergebnisse registrieren, zum gleichen Ergebnis. Entsprechend dem Ablauf eines Marktforschungsprojekts lassen sich drei Arten von Objektivität voneinander unterscheiden:

- *Durchführungsobjektivität* ist dann gegeben, wenn der Untersuchungsleiter die Versuchsperson nicht durch sein Untersuchungsziel sowie seine eigenen Vorstellungen beeinflusst.
- *Auswertungsobjektivität* liegt vor, wenn der Marktforscher keine oder nur sehr wenige Freiheitsgrade bei der Auswertung der Ergebnisse hat.

- *Interpretationsobjektivität* besteht, wenn im Rahmen eines Marktforschungsprojekts kein Spielraum bei der Interpretation der Ergebnisse besteht.

B. Reliabilität

Reliabilität oder Zuverlässigkeit betrifft die formale Genauigkeit der Erfassung der Merkmalsausprägungen. Ein Messinstrument ist unter der Voraussetzung konstanter Messbedingungen dann zuverlässig, wenn die Messwerte präzise und stabil, d.h. bei wiederholter Messung reproduzierbar sind. Peter/Churchill (1986) definieren Reliabilität deshalb auch als den Grad, zu dem das Messverfahren frei von Zufallsfehlern ist.

Unterschiede zwischen Messergebnissen zu verschiedenen Zeitpunkten können auf drei Ursachen zurückzuführen sein:

- *Äußere Einflüsse* (d.h. Schwankungen der Umweltbedingungen) können zu schwankenden Messergebnissen führen.
- Es ist möglich, dass *fehlende Merkmalskonsistenz* vorliegt, d.h., dass beispielsweise die Einstellung eines Befragten bei wiederholter Messung unter sonst gleichen Bedingungen und bei fehlerfreiem Instrument unterschiedliche Werte ergibt.
- *Fehlende instrumentale Konsistenz*, d.h. mangelnde Präzision des Messinstrument kann ebenfalls zu schwankenden Ergebnissen führen (beispielsweise wenn eine Frage im Fragebogen sehr vage formuliert ist und der Befragte deshalb sehr unsicher bei der Beantwortung ist).

C. Validität

Validität einer Marktforschungsuntersuchung ist gegeben, sofern es gelingt, den eigentlich interessierenden Sachverhalt tatsächlich zu erfassen, also genau das zu messen, was man zu messen vorgibt. Damit drückt die Validität die materielle Genauigkeit der Testergebnisse aus. In anderen Worten: eine Marktforschungsuntersuchung ist dann valide, wenn sie über die Eigenschaft der Reliabilität hinaus frei von systematischen Fehlern ist (Homburg/Krohmer 2006, S. 256).

In der Literatur finden sich zahlreiche unterschiedliche Ansätze zur Kategorisierung der Validität (vgl. v.a. Shadish/Cook/Campbell 2002). In der Marktforschungspraxis ist vor allem die Unterscheidung zwischen interner und externer Validität von Bedeutung.

Interne Validität liegt dann vor, wenn während des Marktforschungsprojekts keine unkontrollierten Störeinflüsse auftreten. So erlauben beispielsweise Laborexperimente eine bessere Kontrolle solcher Störfaktoren als Feldexperimente (hierauf geht der Beitrag von Koschate in diesem Band detaillierter ein).

Ist ein Ergebnis generalisierbar, d. h. man kann von der betrachteten Stichprobe auf die jeweils zugrunde liegende Grundgesamtheit schließen, liegt *externe Validität vor.* Hierbei geht es im Kern um die Repräsentativität der Untersuchungssituation und der an der empirischen Untersuchung beteiligten Probanden. Hier zeigen sich in der Regel Feldexperimente Laborexperimenten überlegen.

5. Nutzung von Marktforschungsinformationen

Es lässt sich in der Marktforschungspraxis nicht selten beobachten, dass die Ergebnisse vieler aufwendig konzipierter und durchgeführter Marktforschungsprojekte über die Endpräsentation hinaus nur sehr wenig Wirkung zeigen und von potenziellen Nutzern mehr oder wenig ignoriert werden. Vor diesem Hintergrund sollen im Folgenden zwölf Maßnahmen vorgestellt werden, die dazu beitragen, dass die Ergebnisse von Marktforschungsuntersuchungen auch tatsächlich genutzt werden. Grundlage der Darstellung ist vor allem die umfangreiche praktische Erfahrung der Autoren in Marktforschungsprojekten. Zusätzlich fließen auch die Ergebnisse einer Reihe wissenschaftlicher Studien zur tatsächlichen Nutzung von Marktforschungsergebnissen ein, die seit den 80er Jahren vor allem in den USA durchgeführt worden sind (z.B. Deshpandé 1982, Deshpandé/Zaltman 1984, Maltz/Kohli 1996, Morgan/Anderson/Mittal 2005).

5.1 Maßnahmen in der Phase der Problemformulierung

Maßnahme 1: Potenzielle Nutzer der Marktforschungsergebnisse bei der Problemformulierung beteiligen.

Es ist ein verbreitetes Phänomen in der Marktforschungspraxis, dass die konkrete Formulierung der Problemstellung eines Marktforschungsprojekts weitestgehend ohne die Beteiligung der späteren Nutzer der Ergebnisse stattfindet. Dies ist insbesondere in solchen Unternehmen zu beobachten, wo Marktforschungsspezialisten dafür zuständig sind, die Marktforschungsprojekte eines Unternehmens gebündelt zu betreuen. Hier kommt es nicht selten zu „Marktforschung auf Zuruf". Das heißt, ein Leiter eines Fachbereichs brieft (oft in sehr knapper Form) den Marktforschungsspezialisten im Hinblick auf eine oder mehrere Fragestellungen, die ihn interessieren. Die genaue Definition der Projektaufgabe erfolgt dann zwischen unternehmensinternem Marktforscher und dem externen Marktforschungsinstitut ohne weitere Rücksprache mit Fachabteilungen. In diesem Prozess kann es zur Vernachlässigung zentraler Erkenntnisbedürfnisse der potenziellen Nutzer der Marktforschung kommen.

Maßnahmen in der Phase der Problemformulierung

1. Potenzielle Nutzer der Marktforschungsergebnisse bei der Problemformulierung beteiligen.
2. Marktforschungsprojekte im Hinblick auf konkrete Entscheidungsprobleme konzipieren.
3. Bereits frühzeitig mögliche Ängste von Mitarbeitern adressieren und ausräumen.
4. Den Support des Top-Managements für das Marktforschungsprojekt sicherstellen.

Maßnahmen in der Phase der Gestaltung des Erhebungsinstruments

5. Eng mit potenziellen Nutzern zusammenarbeiten.
6. Bei Streitigkeiten klare Grenzwerte definieren, bei denen die verschiedenen Optionen angenommen oder abgelehnt werden.

Maßnahmen in der Phase der Durchführung der Datenerhebung

7. Kontakt zu potenziellen Nutzern der Marktforschungsergebnisse aufrechterhalten.
8. Vorabmeldungen über Ergebnisse der Marktforschung nur mit sehr viel Bedacht einsetzen.

Maßnahmen in der Phase der Kommunikation/Präsentation der Ergebnisse

9. Einfache statistische Verfahren verwenden und anwendungsorientiert darstellen.
10. Marktforschungsergebnisse selbst in die Organisation tragen.
11. Ergebnisse in Form von konkreten Handlungsempfehlungen formulieren.
12. Überraschende Ergebnisse geschickt verpacken und solide fundieren.

Abbildung 2: Zwölf Maßnahmen zur Erhöhung der Nutzungswahrscheinlichkeit von Marktforschungsergebnissen

Vor diesem Hintergrund empfiehlt es sich, in die Phase der Problemformulierung des Marktforschungsprozesses potenzielle Nutzer mit einzubeziehen. Insbesondere sollten die Erkenntnisinteressen der potenziellen Nutzer erfasst werden, um darauf aufbauend die genaue inhaltliche Fragestellung der Untersuchung festzulegen.

Maßnahme 2: Marktforschungsprojekte im Hinblick auf konkrete Entscheidungsprobleme formulieren.

Eine größere empirische Befragung von Ganeshasundaram/Henley (2006) in 68 Unternehmen zeigt, dass die befragten Manager im Rückblick solchen Marktforschungsprojekten einen höheren Nutzwert zusprechen, die im Hinblick auf konkrete Entscheidungsprobleme (z.B. die Entscheidung ob ein bestimmtes Neuprodukt in den Markt eingeführt werden soll) durchgeführt worden sind. Demgegenüber werden Projekte, die allein der Hintergrundmarktforschung dienen (z.B. reine Imagemarktforschung) als weniger nützlich angesehen. Es empfiehlt sich deshalb, Marktforschungsaktivitäten an konkreten Entscheidungsproblemen im Unternehmen auszurichten.

Maßnahme 3: Bereits frühzeitig mögliche Ängste von Mitarbeitern adressieren und ausräumen.

Nicht selten löst die Ankündigung von Marktforschungsprojekten bei Mitarbeitern und potenziellen Nutzern von Marktforschungsergebnissen Ängste aus. So werden zum Beispiel Kundenbefragungen von Kundenkontaktmitarbeitern nicht selten als unkontrollierbare (und damit Stress steigernde) Leistungskontrolle wahrgenommen. Zudem neigen Vertriebsmitarbeiter oft dazu, ihr Kundenwissen als eine Macht- und Existenzsicherung zu sehen, die durch Kundenbefragungen gefährdet wird.

Werden solche Ängste in einem Marktforschungsprojekt nicht frühzeitig angesprochen und ausgeräumt, können sie die Nutzbarkeit der Ergebnisse ernsthaft gefährden. Insbesondere lässt sich beobachten, dass verängstigte Mitarbeiter in der Phase der Problemformulierung und später während der Konzeption des Befragungsinstruments versuchen, als potenziell kritisch angesehene Fragestellungen aus der Befragung herauszuhalten. In der Folge werden die Marktforschungsergebnisse vage und lückenhaft, was eine spätere Nutzung gefährdet.

Deshalb sollten solche und ähnliche Ängste von Mitarbeitern bereits in der Phase der Problemformulierung der Befragung offen angesprochen und ausgeräumt werden. Zudem sollte den Mitarbeitern die Chance gegeben werden, selbst aktiv nach den Konsequenzen der Befragung zu fragen.

Maßnahme 4: Den Support des Top-Managements für das Marktforschungsprojekt sicherstellen.

Für die Nutzung der Marktforschungsergebnisse, insbesondere im Hinblick auf größere Veränderungen in der Marktbearbeitung, ist die Unterstützung der zuständigen Top-Manager unumgänglich notwendig. Es ist deshalb wichtig, die Unterstützung des Top Managements für ein Marktforschungsprojekt so früh wie möglich im Prozess sicherzustellen.

5.2 Maßnahmen in der Phase der Gestaltung des Erhebungsinstruments

Maßnahme 5: Eng mit potenziellen Nutzern zusammenarbeiten.

Im Zusammenhang mit der Gestaltung des Erhebungsinstruments entscheidet sich letztendlich, welche Informationen im Rahmen der Marktforschungsuntersuchung konkret erhoben werden und welche nicht. Um eine Nutzung der Ergebnisse sicherzustellen, ist es deshalb gerade in dieser Phase von großer Bedeutung mit den potenziellen Nutzern zusammenzuarbeiten. Nur so kann gewährleistet werden, dass entscheidungsrelevante Informationen am Ende der Untersuchung auch vorliegen.

Maßnahme 6: Bei Streitigkeiten klare Grenzwerte definieren, bei denen die verschiedenen Optionen angenommen oder abgelehnt werden.

In einer besonders komplizierten Situation befinden sich Marktforscher, wenn das Marktforschungsprojekt beauftragt wurde, um Auseinandersetzungen im Auftrag gebenden Unternehmen zu schlichten (zum Beispiel im Hinblick auf eine Einführungsentscheidung für ein neues Produkt oder ein neues Preissystem). In einem solchen Kontext geschieht es oft, dass die aus Sicht der Marktforscher „unterlegene" Seite große Bemühungen unternimmt, um die Ergebnisse als unglaubwürdig und verzerrt darzustellen. Insbesondere wird im Zuge der Auseinandersetzungen häufig auf die vermeintliche Subjektivität der Interpretation der Ergebnisse durch die Marktforscher abgestellt.

Um sicherzustellen, dass Marktforschungsergebnisse auch in solchen Situationen genutzt werden, empfiehlt es sich, bereits in der Phase der Gestaltung des Erhebungsinstruments mit allen Konfliktparteien Kontakt aufzunehmen. Im Rahmen eines Workshops o.ä. sollten dann anhand des konkreten Erhebungsinstruments klare Grenzwerte definiert werden, bei denen die verschiedenen Optionen angenommen oder abgelehnt werden. Beispielsweise könnte bei Verwendung einer Frage nach der Kaufwahrscheinlichkeit für ein neues Produkt eine bestimmte durchschnittliche Kaufwahrscheinlichkeit als Untergrenze definiert werden, unter der ein neues Produkt nicht eingeführt wird.

Auch bei einem solchen Vorgehen wird die im Streit „unterlegene" Seite häufig versuchen, Skepsis im Hinblick auf die Ergebnisse der Marktforschungsuntersuchung zu säen. Von dem Vorwurf einer vermeintlichen Subjektivität im Hinblick auf die Herleitung von Handlungsempfehlungen kann sich der Marktforscher hier durch Verweis auf die gemeinsame Entwicklung von Grenzwerten jedoch eher befreien.

5.3 Maßnahmen in der Phase der Durchführung der Datenerhebung

Maßnahme 7: Kontakt zu potenziellen Nutzern der Marktforschungsergebnisse aufrechterhalten.

In vielen Marktforschungsprojekten dauert die Datenerhebung mehrere Wochen, manchmal sogar Monate. In dieser Zeit findet naturgemäß nur wenig Informationsaustausch zwischen Marktforschern und ihren Kunden statt. Es zeigt sich jedoch, dass diese kommunikative Pause häufig dazu beiträgt, dass das Interesse an den Ergebnissen der Marktforschungsuntersuchung abnimmt. Der Fokus der Aufmerksamkeit der Kunden der Marktforscher verlagert sich.

Es empfiehlt sich daher, auch während der Phase der Datenerhebung regelmäßig Kontakt mit den potenziellen Nutzern der Ergebnisse zu suchen. Zum Beispiel könnten regelmäßig Informationen über den Rücklauf bei Befragungen und die Erfüllung bestimmter Repräsentativitätskriterien übermittelt werden. Nur mit sehr viel Bedacht sollten jedoch Vorabmeldungen über mögliche Ergebnisse übermittelt werden. Hierauf zielt die nächste Maßnahme ab.

Maßnahme 8: Vorabmeldungen über Ergebnisse der Marktforschung nur mit sehr viel Bedacht einsetzen.

Gerade bei Marktforschungsprojekten, auf deren Grundlage weit reichende Entscheidungen gefällt werden sollen, ist es oft sehr reizvoll, bereits während der Datenerhebung erste Auswertungen zu den besonders interessanten Fragestellungen durchzuführen. Es empfiehlt sich aber unbedingt, die Ergebnisse solcher Vorabauswertungen nicht an die Auftraggeber bzw. die potenziellen Nutzer der Marktforschung weiterzuleiten.

Die Erfahrung zeigt, dass die Übermittlung vorläufiger Ergebnisse eine Eigendynamik auslösen kann, die dazu führt, dass Entscheidungen gefällt werden, ohne die endgültigen Ergebnisse abzuwarten. In der Folge wird nur ein sehr kleiner Teil der erhobenen Informationen genutzt. Differenzierte Auswertungen und Handlungsempfehlungen, die im Zuge der endgültigen Datenauswertung entwickelt werden, verpuffen wirkungslos.

5.4 Maßnahmen in der Phase der Kommunikation/Präsentation der Ergebnisse

Maßnahme 9: Einfache statistische Verfahren verwenden und anwendungsorientiert darstellen.

Fehlendes Verständnis für das Zustandekommen der Ergebnisse und Empfehlungen einer Marktforschungsstudie stellt einen zentralen Grund dar, weshalb Marktforschungsergebnisse in der Unternehmenspraxis nicht genutzt werden. Auch hochkomplexe multivariate statistische Verfahren sind für Kunden nicht selten eine Black Box, die Skepsis weckt. Vor diesem Hintergrund empfiehlt es sich, bei der Auswahl der Analyseverfahren immer auch auf die Kommunizierbarkeit der Ergebnisse zu achten. Grundsätzlich sollte deshalb immer das unter Berücksichtigung von Datengrundlage und gesuchten Ergebnissen einfachste Verfahren angewendet werden. Für die indirekte Bestimmung von Wichtigkeiten im Rahmen von Kundenzufriedenheitsuntersuchungen zeigen die Ergebnisse von Homburg/Klarmann (2006) zum Beispiel, dass die Anwendung quadrierter Korrelationen im Vergleich mit der Regressionsanalyse und der Kausalanalyse kaum Nachteile mit sich bringt.

Zudem sollte darauf geachtet werden, die Ergebnisse komplexer Verfahren anwendungsorientiert darzustellen. Das heißt, schwierig interpretierbare Parameter aus den untersuchten Modellen sollten in einfache Maße übersetzt werden. Zum Beispiel bietet es sich im Rahmen der multiplen Regressionsanalyse an, die standardisierten Regressionskoeffizienten entsprechend der relativen Wichtigkeit der entsprechenden unabhängigen

Variablen in Prozentwerte umzuwandeln. Wo möglich können zudem anhand früherer Untersuchungen Erfahrungswerte für bestimmte Parameter angegeben werden und als zusätzliche Interpretationshilfe herangezogen werden. Dies trifft insbesondere dann zu, wenn abstraktere Konzepte, wie zum Beispiel die Standardabweichung, betrachtet werden.

Maßnahme 10: Marktforschungsergebnisse selbst in die Organisation tragen.

Viele Marktforschungsprojekte enden mit einer Abschlusspräsentation der Marktforscher (extern oder intern) vor den Auftraggebern. Der Auftraggeber übernimmt es dann, die Ergebnisse seinen Mitarbeitern und damit vielen potenziellen Nutzern zu präsentieren. Auf diese Weise gehen leider regelmäßig potenziell nutzbare Informationen verloren.

Marktforschern ist deshalb zu empfehlen, Marktforschungsergebnisse selbst (mit) in die Organisation zu tragen, zum Beispiel in Form von Workshops o.ä.. Auf diese Weise können viele Rückfragen der Mitarbeiter zum Beispiel im Hinblick auf die Auswertung und unter Umständen getroffene Annahmen schnell geklärt werden. Zudem ist es möglich, über die Unterlage zur Abschlusspräsentation hinaus differenzierte Aussagen zu einzelnen Ergebnissen zu treffen. Dadurch werden die Nutzungsmöglichkeiten deutlich erweitert.

Maßnahme 11: Ergebnisse in Form von konkreten Handlungsempfehlungen formulieren.

Diese Maßnahme setzt an einem ähnlichen Punkt an wie Maßnahme 10. Die Erfahrung zeigt, dass die Ergebnisse solcher Marktforschungsstudien stärker genutzt werden, bei denen die Ergebnisse nicht nur in Form von abstrakten Zahlen präsentiert werden. Vielmehr sollten sie gleich als konkrete Handlungsempfehlungen formuliert werden. Die Nutzungswahrscheinlichkeit der Ergebnisse kann dadurch deutlich erhöht werden.

Maßnahme 12: Überraschende Ergebnisse geschickt verpacken und solide fundieren.

Mehrere empirische Studien zeigen, dass überraschende und kontraintuitive Erkenntnisse aus einer Marktforschungsstudie zu einer reduzierten Ergebnisnutzung führen (Deshpandé/Zaltman 1982, Zaltman/Moorman 1988). Die Ursache liegt darin, dass solchermaßen überraschende Ergebnisse in der Regel Skepsis im Hinblick auf die gesamte Studie und ihre Methodik erzeugen, was eine deutlich reduzierte Nutzung zur Folge hat.

Dieses Ergebnis stellt Marktforscher vor ein gewisses Dilemma. Zum einen reduzieren überraschende Ergebnisse die Nutzungswahrscheinlichkeit, zum anderen muss sich Marktforschung regelmäßig auch dem Vorwurf stellen, sie gieße nur teuer in Zahlen was zuvor ohnehin jeder schon wusste. Es ist deshalb eine zentrale Herausforderung überraschende Ergebnisse geschickt zu verpacken (d.h. zum Beispiel, indem Parallelen zu anderen Branchen und Studien mit ähnlichen Ergebnissen gezogen werden) und solide zu fundieren (z.B. über zusätzliche Auswertungen und – wo möglich – einer nachträglichen qualitativen Validierung bei Teilen der Stichprobe).

6. Die Struktur des Buches im Überblick

Dieses Buch ist in drei Teile unterteilt:

- Grundlagen und Prozess der Marktforschung
- Methoden der Datenanalyse
- Anwendungen von Marktforschungsmethoden.

Im ersten Teil gilt das Interesse den Grundlagen und dem Prozess der Marktforschung. Hier greift zunächst ein Beitrag mit Datenerhebung, Stichprobenbildung und Fragebogengestaltung grundlegende Prozessschritte der Marktforschung auf. Ein zweiter Beitrag befasst sich mit der Behandlung fehlender Werte, während ein dritter Beitrag auf die Hypothesenbildung eingeht. Der folgende Beitrag widmet sich dann experimenteller Marktforschung, während der letzte Beitrag besondere Herausforderungen bei internationalen Marktforschungsuntersuchungen darstellt.

Im zweiten Teil stehen die Methoden der Marktforschung im Mittelpunkt der Betrachtung. Ausgehend von einem Überblick interessieren zunächst die Grundlagen und Verfahren der qualitativen Marktforschung. Ein weiterer Beitrag vermittelt statistische Grundlagen von Marktforschung. Daraufhin werden die Grundzüge der einzelnen quantitativen Ansätze vermittelt. Dabei werden zum einen klassische Datenanalyseverfahren wie die Regressionsanalyse, Varianzanalyse, die Clusteranalyse und die Conjoint-Analyse vorgestellt. Zum anderen gehen die Beiträge auch auf fortgeschrittene Verfahren wie die Kausalanalyse, Mixture Modelle und Mehrebenenmodelle ein.

Die Beiträge im dritten Teil des Herausgeberbandes orientieren sich dann an konkreten Anwendungsfragestellungen der Marktforschung und zeigen auf, wie diese Fragestellungen beantwortet werden können. So widmet sich ein Aufsatz der Frage nach der Messung von Kundenbindung und Kundenloyalität, in anderen Beiträgen geht es um Marktforschung am Point of Sale, um Preismarktforschung und um Wettbewerbsanalysen. In den dritten Teil integriert sind Beiträge, die sich der konkreten Anwendung von Marktforschung in ausgewählten Unternehmen widmen. Im vorliegenden Band finden sich diesbezüglich Beiträge der Deutschen Bank, von Audi und von Henkel.

Literaturverzeichnis

Bagozzi, R. (1994): Measurement in Marketing Research: Basic Principles of Questionaire Design, in: Bagozzi, R. (Hrsg.): Principles of Marketing Research, Blackwell Business, Cambridge, S. 1-49.

Berekoven, L./Eckert, W./Ellenrieder, P. (1993): Marktforschung: Methodische Grundlagen und praktische Anwendungen, 6., aktualisierte A., Gabler, Wiesbaden.

Böhler, H. (1992): Marktforschung, 2. überarb. A., Kohlhammer, Stuttgart.

Böhler, H. (1995): Marktforschung, in: Tietz, B./ Köhler, R./ Zentes, J., Handwörterbuch des Marketing, 2., vollst. überarb. A., Schäffer-Poeschel, Stuttgart, Sp. 1768-1781.

Deshpandé, R. (1982): The Organizational Context of Market Research Use, in: Journal of Marketing, 46, 3, S. 91-101.

Deshpandé, R./Zaltman, G. (1982): Factors Affecting the Use of Market Research Information: A Path Analysis, in: Journal of Marketing Research, 19, 1, S. 14-31.

Desphandé, R./Zaltman, G. (1984): A Comparison of Factors Affecting Researcher and Manager Percpetions of Market Research Use, in: Journal of Marketing Research, 21, 1, S. 32-38.

Ganeshasundaram, R./Henley, N. (2006): The Prevalence and Usefulness of Market Research, in: International Journal of Market Research, 48, 5, S. 525-550.

Hammann, P./Erichson, B. (1994): Marktforschung, 3. A., UTB Gustav Fischer Verlag, Stuttgart.

Homburg, Ch./Klarmann, M. (2006): Die indirekte Wichtigkeitsbestimmung im Rahmen von Kundenzufriedenheitsuntersuchungen: Probleme und Lösungsansätze, in: Homburg, Ch. (Hrsg.), Kundenzufriedenheit, 6. Aufl., S. 225-261, Gabler-Verlag, Wiesbaden.

Homburg, Ch./Krohmer, H. (2006): Marketingmanagement, 2. Aufl., Wiesbaden.

Hüttner, M. (1989): Grundzüge der Marktforschung, 4. völlig neu bearb. u. erw. A., Walter de Gruyter, Berlin.

Maltz, E./Kohli, A. (1996): Market Intelligence Dissemination Across Functional Boundaries, in: Journal of Marketing Research, 33, 1, S. 47-61.

Meffert, H. (1992): Marketingforschung und Käuferverhalten, 2. A., Gabler, Wiesbaden.

Morgan, N./Anderson, E./Mittal, V. (2005): Understanding Firm's Customer Satisfaction Information Usage, in: Journal of Marketing, 69, 3, S. 131-151.

Nieschlag, R./Dichtl, E./Hörschgen, H. (1997): Marketing, 18., durchges. A., Duncker und Humblot, Berlin.

Shadish, W./Cook, T./Campbell, D. (2002): Experimental and Quasi-Experimental Designs for Generalized Causal Inference, Boston.

Zaltman, G./Moorman, C. (1988): The Importance of Personal Trust in the Use of Research, in: Journal of Advertising Research, 28, 5, S. 16-24.

Christian Homburg und Harley Krohmer

Der Prozess der Marktforschung: Festlegung der Datenerhebungsmethode, Stichprobenbildung und Fragebogengestaltung

---

Prof. Dr. Dr. h.c. Christian Homburg ist Inhaber des Lehrstuhls für Allgemeine Betriebswirtschaftslehre und Marketing I an der Universität Mannheim. Prof. Dr. Harley Krohmer ist Inhaber des Lehrstuhls für Marketing an der Universität Bern.

1. Einleitung

Wie im einführenden Beitrag von Herrmann/Homburg/Klarmann in diesem Band ausgeführt, zerfällt ein Marktforschungsprojekt idealtypischer Weise in mehrere Phasen (Abbildung 1 gibt noch einmal einen Überblick über die Phasen). Dabei zeigt sich häufig, dass – abgesehen von der Datenanalyse – die drei in Abbildung 1 optisch hervorgehobenen Phasen für den Erfolg eines Marktforschungsprojekts von entscheidender Bedeutung sind: die Festlegung der Datenerhebungsmethode, die Stichprobenauswahl sowie die Gestaltung des Erhebungsinstruments. Dieser Beitrag widmet sich deshalb ausführlich diesen drei Phasen. Im Hinblick auf die Gestaltung des Erhebungsinstruments liegt der Fokus des Beitrags dabei auf der Fragebogengestaltung für standardisierte Befragungen.

Die Darstellung in diesem Beitrag orientiert sich sehr eng an der Darstellung bei Homburg/Krohmer (2006, S. 262ff.). Hier kann der interessierte Leser zu vielen Aspekten auch noch detailliertere Ausführungen finden.

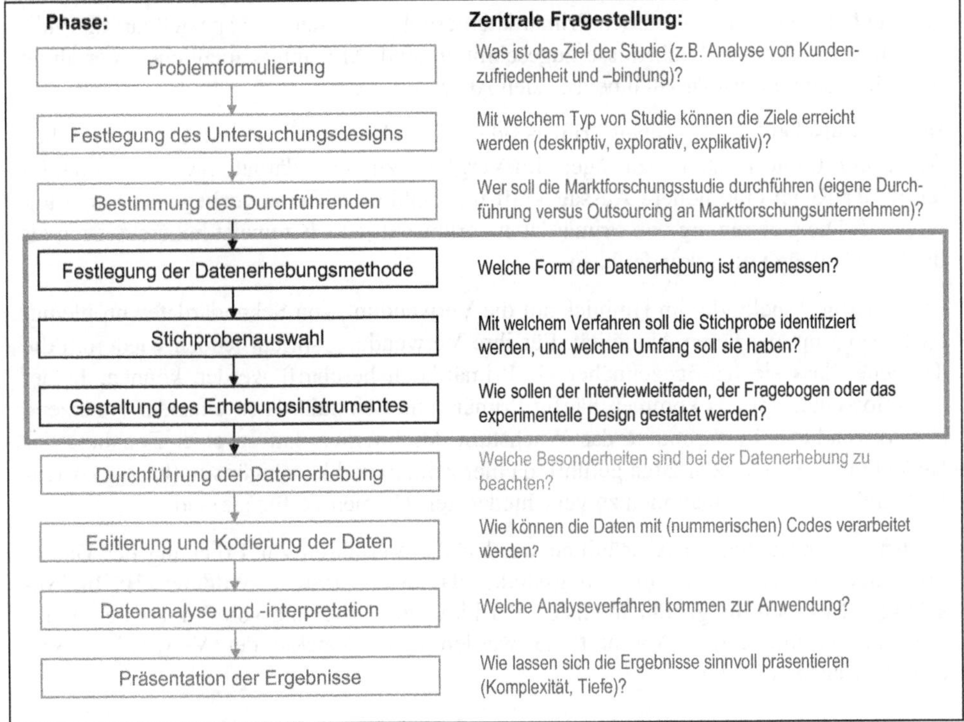

Abbildung 1: Idealtypischer Ablauf einer Marktforschungsstudie (Quelle: Homburg/Krohmer 2006, S. 253)

2. Festlegung der Datenerhebungsmethode

2.1 Überblick

Grundlage einer Marktforschungsstudie sind Daten. Um diese zu erhalten, können entweder so genannte Primärdaten im Rahmen einer Marktforschungsstudie neu erhoben werden oder aber bereits vorhandene Daten (Sekundärdaten) Verwendung finden.

Sekundärdaten werden folglich nicht im Rahmen der jeweiligen Marktforschungsstudie selbst erhoben, sondern aus bereits vorhandenen Informationsquellen gewonnen. Da Sekundärdaten nicht eigens für die Marktforschungsstudie erhoben werden, können sie den speziellen Informationsanforderungen der Marktforschungsstudie nicht immer vollständig gerecht werden. Mit der Verwendung von Sekundärdaten für Marktforschungszwecke befasst sich Abschnitt 2.3.

Sind Sekundärdaten im Hinblick auf die Informationsbedürfnisse der Entscheidungsträger nicht ausreichend, so müssen Primärdaten erhoben werden, die speziell auf die individuellen Informationsbedürfnisse zugeschnitten sind. Mit unterschiedlichen Verfahren der Erhebung von Primärdaten befasst sich Abschnitt 2.2.

Bei der Entscheidung zwischen Primär- oder Sekundärdaten ist grundsätzlich zwischen Aussagekraft und Kosten abzuwägen: Im Vergleich zu Sekundärdaten weisen Primärdaten in der Regel eine höhere Aussagekraft im Hinblick auf eine vorliegende Fragestellung auf. Die Gewinnung von Primärdaten verursacht jedoch zumeist höhere Kosten als die Verwendung von Sekundärdaten.

Ein weiterer Aspekt, der im Hinblick auf die Verwendung von Sekundärdaten problematisch sein kann, ist deren Aktualität. Für ihre Verwendung spricht jedoch wiederum die Tatsache, dass sie häufig zeitnäher als Primärdaten beschafft werden können. In der Marktforschungspraxis kommen häufig Primär- und Sekundärdaten einander ergänzend zur Anwendung. Insbesondere das Wachstum des Internets hat zu einer Zunahme der Bedeutung von Sekundärdaten geführt, da hier zeitnah und kostengünstig (häufig kostenlos) umfassende Informationen zu verschiedensten Themen verfügbar sind.

In den folgenden beiden Abschnitten werden die Verfahren zur Erhebung der Datengrundlage für eine Marktforschungsstudie dargestellt (vgl. Abbildung 2): In Abschnitt 2.2 werden die gebräuchlichsten Verfahren zur Erhebung von Primärdaten erläutert. Im anschließenden Abschnit 2.3 werden dann Aspekte der Verwendung von Sekundärdaten aufgezeigt.

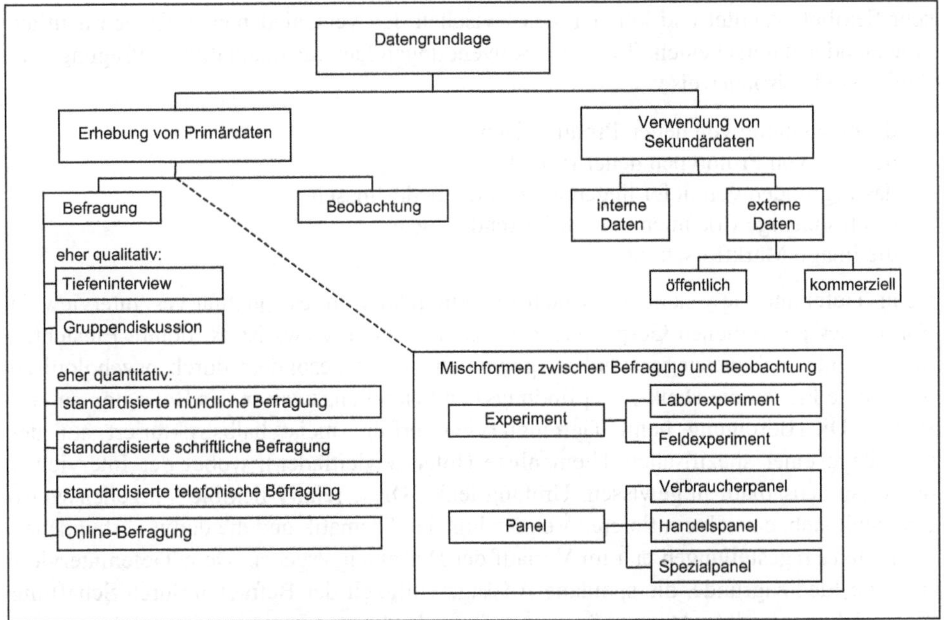

Abbildung 2: Methoden zur Gewinnung der Datengrundlage einer Marktforschungsstudie im Überblick

2.2 Erhebung von Primärdaten

Grundsätzlich lassen sich Methoden der Befragung und Methoden der Beobachtung sowie Mischformen von Befragung und Beobachtung unterscheiden (vgl. Abbildung 2). In den folgenden drei Abschnitten werden diese Bereiche diskutiert.

2.2.1 Methoden der Befragung

Bei der Befragung lassen sich qualitativ und quantitativ orientierte Methoden unterscheiden (vgl. Abbildung 2). Im Folgenden werden zunächst kurz die qualitativ orientierten Befragungsmethoden dargestellt (vgl. hierzu ausführlich den Beitrag von Kepper in diesem Band). Diese Methoden zielen primär auf die Generierung qualitativer Informationen und weniger auf die Generierung von quantifizierten Sachverhalten ab. Man unterscheidet das Tiefeninterview und das Gruppeninterview. Beide Befragungsmethoden sind im Vergleich zu den quantitativ orientierten Befragungsmethoden auf eine eher begrenzte Anzahl von Befragten ausgerichtet. Die Fragen und Antwortmöglichkeiten sind sehr flexibel gestaltet und können sich zwischen den verschiedenen Befragten deutlich voneinander unterscheiden. Typische Anwendungsfelder für qualitative Befragungsmethoden sind beispielsweise:

- die Gewinnung von neuen Produktideen,
- der Test von Prototypen neuer Produkte,
- das Ergründen von tiefer liegenden Kundenbedürfnissen,
- das frühzeitige Erkennen von Markttrends sowie
- die Image-Marktforschung.

Beim Tiefeninterview handelt es sich um ein relativ freies, qualitatives Interview in Form eines persönlichen Gesprächs. Ziel des Tiefeninterviews ist es, tiefere Einsichten in den Untersuchungsgegenstand zu gewinnen und insbesondere durch psychologisch geschickte Fragen die Denk-, Empfindungs- und Handlungsweisen des Befragten zu verstehen. Die Befragung beim Tiefeninterview erfolgt meist halbstrukturiert auf der Grundlage einer spezifischen Themenliste (Interviewleitfaden), wobei der Interviewer den Gesprächsablauf in gewissem Umfang lenkt. Diese relativ flexible Vorgehensweise empfiehlt sich, da sich ein tieferes Verständnis der Thematik und die damit verbundenen konkreten Fragestellungen erst im Verlauf der Befragung ergeben. Dem Tiefeninterview liegt die Idee zugrunde, die spontane Aussagewilligkeit der Befragten durch Schaffung einer vertrauensvollen Atmosphäre zu erhöhen. In diesem Zusammenhang können eine Reihe von speziellen Fragetechniken zum Einsatz kommen:

- Beim Laddering (vgl. z.B. Aaker/Kumar/Day 2004) werden Antworten der Befragten sukzessive immer weiter hinterfragt.

- Beim Einsatz projektiver Techniken werden die Befragten mit mehrdeutigen Stimuli konfrontiert und um eine Interpretation gebeten, die unbewusste Einstellungen und Meinungen zum Vorschein bringen soll.

- Im Rahmen der „Critical Incident"-Technik werden die Befragten gebeten, von für sie besonders relevanten (positiven oder negativen) Erlebnissen mit einem Produkt oder einer Dienstleistung zu berichten.

Während beim Tiefeninterview ein tieferes Verständnis individueller Verhaltensweisen, Meinungen und Einstellungen angestrebt wird, zielt man bei der Gruppendiskussion darauf ab, einen möglichst umfassenden Überblick über Meinungen und Ideen mehrerer Personen zu erhalten. Hierzu wird unter Leitung eines qualifizierten Moderators ein Themenkatalog in einer Gruppe (Fokusgruppe) von etwa sechs bis zehn Mitgliedern diskutiert. Die Diskussion kann schriftlich durch einen Protokollanten oder durch Medien wie Tonband oder Video erfasst werden.

Im Gegensatz zu den qualitativ orientierten Erhebungsmethoden sind bei quantitativ orientierten Methoden der Befragung die Fragen sowie die möglichen Antworten stärker standardisiert, d.h. für alle Befragten im Wesentlichen gleich. Ziel dieser Standardisierung ist es, die Antworten einer Vielzahl von Befragten unmittelbar vergleichen zu können. Die Daten, die von diesen Methoden generiert werden, sind also mehr oder weniger unmittelbar quantitativen Methoden der Datenanalyse (vgl. hierzu die Beiträge im zweiten Teil dieses Handbuchs) zugänglich. In dieser Kategorie von Befragungsmethoden sind insbesondere

- die standardisierte mündliche Befragung,
- die standardisierte schriftliche Befragung,
- die standardisierte telefonische Befragung sowie
- die Online-Befragung

zu nennen.

Das standardisierte mündliche Interview wird auf Grundlage eines standardisierten Fragebogens durchgeführt, d.h. die Fragen sind in Form, Inhalt und Reihenfolge festgelegt. Folglich soll der Interviewer also nicht während des Interviews selbst neue Fragen formulieren oder die Reihenfolge ändern. Er darf die Fragen zum besseren Verständnis allenfalls wiederholen oder erläutern. Ziel dieser Standardisierung ist eine möglichst hohe Vergleichbarkeit der einzelnen Interviewergebnisse und die dadurch mögliche Aggregation und Verknüpfung der Daten.

Nicht nur die Fragen, sondern auch die Antworten können standardisiert werden. Daher werden neben offenen Fragen auch geschlossene Fragen verwendet, die im Gegensatz zu offenen Fragen die möglichen Antwortkategorien im Fragebogen vorgeben (vgl. zu offenen und geschlossenen Fragen Abschnitt 4.1). Hierbei können Antwortskalen verwendet werden (vgl. Abschnitt 4.1).

Bei der standardisierten schriftlichen Befragung beantworten die Probanden der ausgewählten Stichprobe einen Fragebogen, den sie auf dem Postweg erhalten. Falls ein Adressat des Fragebogens diesen nicht an den Marktforscher zurücksendet, werden ihm meist ein Erinnerungsschreiben oder ein weiterer Fragebogen zugesendet. Im Hinblick auf die Formulierung der Fragen sollte auf die folgenden Punkte geachtet werden: Da keine Hilfestellungen durch einen Interviewer möglich sind, ist die Eindeutigkeit der Fragestellungen besonders wichtig. Um die Fragebögen später einfacher auswerten und die Ergebnisse besser vergleichen zu können, sollten überwiegend geschlossene Fragen verwendet werden. Typische Beispiele für die Anwendung der schriftlichen Befragung sind

- Fragebogenmailings zur Kundenbefragung,
- Fragebögen bei Produktbeipackzetteln und
- Fragebögen zur Beurteilung einer kürzlich erfahrenen Dienstleistung (z.B. in Hotels).

Beim standardisierten Telefoninterview werden die Befragten per Telefon kontaktiert und anhand eines Fragebogens befragt. Damit die Befragten das Interview nicht abbrechen, sollte das Telefoninterview idealerweise nicht länger als 20-30 Minuten dauern (vgl. zur Thematik der Antwortbereitschaft bei Telefoninterviews auch Hornik/Zaig/ Shadmon 1991). Allerdings sind bei hohem Interesse der Befragten an der Befragung auch deutlich längere Interviewzeiten möglich. Dies ist z.B. der Fall bei Firmenkunden, die sich aus der Befragung eine Verbesserung der Produkte und Dienstleistungen ihres Geschäftspartners erhoffen.

Die telefonische Befragung wird häufig im Rahmen einer computergestützten Befragung als CATI-Befragung durchgeführt (Computer Assisted Telephone Interviewing). Bei dieser Methode liest der Interviewer die Fragen vom Computerbildschirm ab und gibt die Antworten direkt in den Computer ein. Diese Vorgehensweise hat die Vorteile einer geringeren Fehleranfälligkeit bei der Dateneingabe, der automatischen Konsistenzprüfung der Antworten und der Möglichkeit von verzweigten Fragestellungen. Weiterhin ist aufgrund der Computer Telephone Integration (CTI) eine automatische telefonische Anwahl der Interviewpartner durch die Software möglich. Da die Befragten nur zu bestimmten Zeiten telefonisch zur Verfügung stehen, sind die Organisation der Telefontermine und die zeitliche Koordination der Telefoninterviewer besonders wichtig. Auch hierbei leistet CATI-Software wesentliche Unterstützung. Problematisch bei der CATI-Befragung sind insbesondere die hohen Rüstkosten bei der Programmierung des Systems.

Online-Befragungen über das Internet werden meist als Email-Umfrage oder als WWW-Umfrage durchgeführt. Die Email-Umfrage unterscheidet sich nicht wesentlich von der schriftlichen Befragung, wenn Fragebögen an eine vorher bestimmte Email-Adressenliste versendet werden. Bei der WWW-Umfrage wird meist über einen Hyperlink auf der Web-Seite eines Unternehmens auf den Fragebogen verwiesen. Durch Anklicken des Hyperlinks erscheint der interaktive Online-Fragebogen auf dem Bildschirm des Teilnehmers. Der Befragte klickt entweder die jeweilige Antwortoption an oder gibt seine Antworten zu offenen Fragen in Textfelder ein. Die Antworten können direkt in ein statistisches Analyseprogramm eingelesen werden. Erwähnenswert sind Möglichkeiten der Individualisierung der Befragung im Rahmen von WWW-Umfragen. Beispielsweise kann die Selektion der Fragen auf der Basis eines bereits vorliegenden Nutzerprofils erfolgen. Grundsätzlich sind WWW-Befragungen jedoch mit signifikanten methodischen Problemen behaftet (vgl. Bradley 1999, Lander 1998, Stanton 1998): So sind die Möglichkeiten, sich auf eine bestimmte Grundgesamtheit zu konzentrieren, begrenzt. Außerdem besteht die Gefahr unseriöser Antworten im Schutz der Anonymität des Internets.

Die aufgezeigten Befragungsmethoden weisen unterschiedliche Vor- und Nachteile auf (vgl. Tabelle 1 für einen Vergleich der quantitativen Befragungsmethoden). Folglich sind sie je nach Untersuchungssituation unterschiedlich gut geeignet.

Methode	Vorteile	Nachteile
Standardisiertes mündliches Interview	■ Möglichkeit zur Erklärung komplizierter Sachverhalte durch den Interviewer ■ Möglichkeit von Rückfragen der Befragten bei Verständnisproblemen ■ Möglichkeit zur Illustration der Fragen durch ergänzende Materialien wie Produktmuster oder Bilder ■ Reduktion der Verweigerungsquote durch geschultes Verhalten des Interviewers ■ gute Realisierbarkeit von Verzweigungen im Fragebogen durch Interviewer	■ Interviewer Bias durch soziale Interaktion zwischen Interviewer und Befragtem kann die Ergebnisse des Interviews verzerren ■ relativ hohe Kosten der Durchführung
Standardisierte schriftliche Befragung	■ relative Kostengünstigkeit ■ kein Vorliegen eines Interviewer Bias ■ Möglichkeit für die Befragten, in Ruhe über eine Antwort nachzudenken ■ Erreichbarkeit großer Fallzahlen	■ relativ geringe Rücklaufquoten, insbesondere bei der Befragung von Privathaushalten ■ daraus resultierende Gefahr der mangelnden Repräsentativität ■ keine Möglichkeit für Verständnisfragen
Standardisiertes Telefoninterview	■ zeitliche Flexibilität: Durchführung zu unterschiedlichen Tages- und Wochenzeiten; Abbruchmöglichkeit mit Fortsetzung zu späterem Zeitpunkt ■ Zeitersparnis aufgrund der schnellen Verfügbarkeit von Ergebnissen ■ relative Kostengünstigkeit ■ Möglichkeit für Rückfragen und zusätzliche Verdeutlichungen ■ geringer Interviewer Bias	■ geringe Auskunftsbereitschaft der Befragten in der relativ anonymen Befragungssituation ■ keine Erfassung non-verbaler Reaktionen der Befragten ■ Problematik der schwierigen telefonischen Erreichbarkeit bestimmter Befragungsgruppen (z.B. Manager)
Online-Befragung	■ relative Kostengünstigkeit ■ hohe Reichweite: Ansprache einer Vielzahl von Befragten möglich ■ schnelle Erzielbarkeit großer Fallzahlen	■ oftmals unzureichende Informationen über die Grundgesamtheit ■ Gefahr der Verzerrung durch Selbstselektion der Teilnehmer ■ Gefahr unseriöser Antworten aufgrund der Anonymität

Tabelle 1: Vor- und Nachteile unterschiedlicher quantitativer Befragungsmethoden

2.2.2 Beobachtung

Im Rahmen der Beobachtung werden wahrnehmbare Sachverhalte, Verhaltensweisen und Eigenschaften bestimmter Personen planmäßig erfasst (vgl. auch den Beitrag von Kepper in diesem Band). Dies kann zu einem speziellen Zeitpunkt geschehen oder aber über einen Zeitraum hinweg. Die Beobachtung dieser Sachverhalte erfolgt meist nicht durch die handelnden Personen selbst (Selbstbeobachtung), sondern durch unabhängige Dritte (Fremdbeobachtung) oder durch Geräte (instrumentelle Beobachtung, z.B. durch Videogeräte).

Bei einer Beobachtung kann das Verhalten des Beobachteten im Gegensatz zur Befragung direkt erfasst werden, wenn es auftritt. Jedoch werden die hinter dem beobachteten Verhalten stehenden Motivationen der Beobachteten nicht erfasst. Diese Motivationen muss der Marktforscher nachträglich interpretieren.

Die Beobachtung weist eine Reihe von Vor- und Nachteilen auf. Vorteilhaft sind die folgenden Aspekte:

- In einigen Anwendungssituationen stellt die Beobachtung die einzige Möglichkeit der Datenerhebung dar – so z.B. bei der Blickregistrierung im Rahmen der Werbeforschung.
- Zum Teil ist die Beobachtung kostengünstiger als alternative Datenerhebungsmethoden (z.B. Verkehrszählung).
- Bei der Beobachtung tritt kein Interviewereffekt auf (d.h. es ist keine Beeinflussung der Teilnehmer durch den Interviewer möglich wie z.B. im mündlichen Interview).

Daneben weist die Beobachtung jedoch auch einige Probleme auf:

- Wenn der Proband die Beobachtungssituation erkennt, kann er ein atypisches Verhalten aufweisen, das als Beobachtungseffekt bezeichnet wird.
- Die Beobachtungssituation ist einmalig, also nicht exakt wiederholbar.
- Auf der Seite des Beobachters können eine mangelnde Qualität seiner Beobachtungsbestrebungen sowie eine zu hohe Selektivität von Wahrnehmung und Erinnerung problematisch sein.

Beobachtungen finden in der Marktforschungspraxis in unterschiedlichen Themengebieten Anwendung. So ist z.B. im Einzelhandel die Beobachtung von Kunden im Geschäft (z.B. Bewegungswege, Verweildauern an bestimmten Orten) weit verbreitet. Auch im Rahmen der Werbewirkungsmessung (vgl. Homburg/Krohmer 2006, S. 846ff.) spielt die Beobachtung eine wichtige Rolle. Die Planung von Messeaktivitäten (z.B. Platzierung eines Messestandes) kann durch Beobachtungen des Bewegungsverhaltens von Messebesuchern auf dem Messegelände unterstützt werden.

Erwähnenswert sind an dieser Stelle auch Möglichkeiten der Kundenbeobachtung im Internet. So nennt Homburg (2000) erweiterte Möglichkeiten der Kundenbeobachtung als eine der wesentlichen Auswirkungen der Internettechnologie auf die Marktforschung. Beispielsweise können im Rahmen des E-Commerce der Vergleich verschiedener Produktalternativen durch einen Kunden (direkte Beobachtung des relevant set des Kunden) und die darauf folgende Kaufentscheidung für eine dieser Produktalternativen direkt erfasst werden. Eine besondere Anwendung der Kaufverhaltensbeobachtung im Internet ist das Collaborative Filtering. Hier werden die Besucher einer Website bereits identifizierten Segmenten von Kunden zugeteilt, deren Mitglieder ein ähnliches Verhalten oder ähnliche Präferenzen und Einstellungen aufweisen. Die Zuweisung zu einem bestimmten Segment kann auf Basis des „Click-Through-Verhaltens", des bisherigen Kaufverhaltens (Entscheidungen für bestimmte Produkte im Zeitablauf) oder aufgrund geäußerter Präferenzen und Einstellungen erfolgen. Aufgrund ihrer Zuordnung zu Segmenten werden den Besuchern der Website dann bestimmte Produkte oder Dienstleistungen empfohlen, die von den Mitgliedern des gleichen Segments bevorzugt wurden.

Neben Kunden lassen sich auch Mitarbeiter des eigenen Unternehmens in kundennahen Bereichen beobachten. Dies spielt insbesondere im Dienstleistungsmarketing zur Messung der Dienstleistungsqualität eine wichtige Rolle. Ein Beispiel hierfür ist die Silent Shopper-Analyse (auch als Mystery Shopper-Analyse bezeichnet, vgl. Finn 2001, Finn/Kayande 1999). Ziel dieses Verfahrens ist die Ermittlung von Schwachpunkten im Auftritt gegenüber Kunden. Dazu wird das Verhalten von Mitarbeitern im Servicebereich gegenüber Kunden beobachtet, um so die Notwendigkeit von Schulungsmaßnahmen zur Steigerung des kundenorientierten Verhaltens abzuleiten. Die Mystery Shopper geben sich meist als Kunden aus und machen ihre Rolle als Beobachter gegenüber den beobachteten Mitarbeitern nicht deutlich. Diese Form der Beobachtung kann durch Mitarbeiter des Unternehmens oder im Auftrag des Unternehmens durch Dritte (z.B. Mitarbeiter von Marktforschungsunternehmen) durchgeführt werden.

2.2.3 Experiment und Panel

Mischformen zwischen Befragung und Beobachtung stellen das Experiment und das Panel dar. Beide haben in der Marktforschungspraxis große Bedeutung. Das Ziel eines Experiments ist das Erkennen von Ursache-Wirkungs-Zusammenhängen. Hierzu wird zunächst ein Faktor (als eine mögliche Ursache) verändert. Daraufhin wird der Einfluss dieser Veränderung auf abhängige Größen (Wirkung) gemessen. Je nach Problemstellung können die Messungen durch Befragungs- oder Beobachtungstechniken vorgenommen werden. Meist wird in Experimenten eine Kombination von Befragungs- und Beobachtungstechniken angewendet. Eine ausführliche Darstellung von experimenteller Marktforschung findet sich in dem Beitrag von Koschate in diesem Band.

Es können zwei Arten von Experimenten unterschieden werden: das Labor- und das Feldexperiment. Das Laborexperiment findet unter künstlichen Bedingungen statt, d.h.

die Realität wird in der Versuchsanlage vereinfacht abgebildet. Zudem wissen die Versuchspersonen, dass mit ihnen ein Experiment vorgenommen wird. Eine wichtige Anwendung des Laborexperiments sind Testmarktsimulationsmodelle (vgl. hierzu Homburg/Krohmer 2006, S. 585ff.).

Das Laborexperiment bietet neben Kosten- und Zeitvorteilen gegenüber dem Feldexperiment (vgl. Tull/Hawkins 1993) eine bessere Möglichkeit zur Kontrolle von Störgrößen. Diese Kontrolle ermöglicht es dem Marktforscher, mit dem gleichen Experiment bei ähnlichen Teilnehmern übereinstimmende Ergebnisse zu erzielen. Beispielsweise wird ein TV-Werbespot, der unter Laborbedingungen gesehen wird, bei sich gleichenden Testpersonen meist eine ähnliche Reaktion hervorrufen. Einflüsse, die die Aufmerksamkeit und Reaktion der Testpersonen stören könnten, werden bewusst ausgeschaltet. So könnten beispielsweise Einflüsse wie ablenkender Verkehrslärm, Unterbrechung durch Telefonanrufe oder der Gang zum Kühlschrank die Reaktion des Fernsehpublikums auf den TV-Spot beeinflussen.

Das Feldexperiment wird in einer natürlichen Umgebung durchgeführt, d.h. im „normalen" Umfeld der Versuchspersonen. Die Versuchspersonen wissen in der Regel nicht, dass sie an einem Experiment beteiligt sind. Daher sind sie auch nicht entsprechend befangen wie möglicherweise beim Laborexperiment. Die Ergebnisse des Feldexperiments können daher für die Grundgesamtheit aussagefähiger sein als die Ergebnisse des Laborexperiments. Problematisch ist beim Feldexperiment, dass in vielen Fällen die Kooperation von unternehmensexternen Stellen erforderlich ist. Beispielsweise müssen Handelsunternehmen zustimmen, wenn für ein Feldexperiment zum Testen eines Neuproduktes dieses Neuprodukt in den Regalen des Handelsunternehmens platziert werden muss.

Die Vor- und Nachteile von Labor- bzw. Feldexperiment sind in Tabelle 2 gegenübergestellt. Von zentraler Bedeutung sind hier die Begriffe der internen bzw. externen Validität (vgl. hierzu auch den einführenden Beitrag von Herrmann/Homburg/Klarmann in diesem Band). Ein hohes Maß an interner Validität ist dann gegeben, wenn man davon ausgehen kann, dass im Rahmen des Experiments die zu untersuchenden Sachverhalte im Wesentlichen frei von Störgrößen gemessen werden konnten. Hier hat offensichtlich das Laborexperiment Vorteile gegenüber dem Feldexperiment. Externe Validität bezieht sich auf die Frage, inwieweit die Ergebnisse eines Experiments auf Objekte generalisiert werden können, die nicht am Experiment teilgenommen haben (z.B. Generalisierbarkeit auf die Grundgesamtheit). Diese Anforderung ist beim Feldexperiment in der Regel besser erfüllt als beim Laborexperiment.

In der Marketingpraxis müssen sich Unternehmen meist aufgrund beschränkter Ressourcen für eine der beiden Experimentformen entscheiden. Jedoch kann es auch vorkommen, dass zunächst ein Laborexperiment und in einem zweiten Schritt ein Feldexperiment durchgeführt werden. Tabelle 3 zeigt eine Reihe von Anwendungsbeispielen für Labor- und Feldexperimente in der Marktforschungspraxis.

Laborexperiment		Feldexperiment	
Vorteile	**Nachteile**	**Vorteile**	**Nachteile**
■ gute Wiederholungsmöglichkeit des Experiments ■ gute Kontrolle der unabhängigen Variablen und anderer Einflussfaktoren ■ Zeit- und Kostenvorteile ■ gute Geheimhaltung vor Wettbewerbern ■ hohe interne Validität	■ geringe Realitätsnähe aufgrund der künstlichen Situation ■ relativ geringe Generalisierbarkeit (externe Validität) der Ergebnisse	■ hohe Realitätsnähe aufgrund der natürlichen Situation ■ hohe Generalisierbarkeit (externe Validität) der Ergebnisse	■ schlechte Wiederholungsmöglichkeit des Experiments ■ schlechte Kontrolle der unabhängigen Variablen und anderer Einflussfaktoren ■ Zeit- und Kostennachteile ■ geringe interne Validität ■ schlechte Geheimhaltung

Tabelle 2: Vergleich von Labor- und Feldexperiment

Feldexperiment	Laborexperiment
■ Testen von TV-, Radio- und Print-Werbung: z.B. Kontaktieren einer Stichprobe von Befragten am Tag nach der Ausstrahlung eines TV-Werbespots (Day-after Recall-Methode) ■ Regionaler Testmarkt: Durchführung von Marketingaktivitäten in Einkaufsregionen (z.B. Stadt, Bezirk), die im Hinblick auf Kunden, Einkaufsverhalten und Wettbewerbssituation möglichst repräsentativ für den Gesamtmarkt sind ■ Mikrotestmarkt: Durchführung von Marketingaktivitäten in einer begrenzten Zahl von Verkaufsniederlassungen im Einzelhandel ■ Elektronischer Testmarkt: Verwendung von Scannerdaten des Kaufverhaltens eines Haushaltspanels in Kombination mit gezielten Veränderungen des Marketingmix für die Mitglieder des Panels	■ Produkttest: Blindtest (d.h. Test des Produktes durch die Anwender ohne Kenntnis des Markennamens) ■ Verpackungstest: Präsentation auf einer (realen oder virtuellen) Schnellgreifbühne ■ Testen von Anzeigen: z.B. Blickaufzeichnung ■ Testen von TV- und Radiowerbung: Vorführen der Spots vor Testpersonen, Messung von Einstellungen und Präferenzen vor und nach dem Vorführen ■ Testmarktsimulator: Konfrontation von Probanden mit einem neuen Produkt und anschließende Erfassung ihrer Kaufentscheidung in einer Laborumgebung

Tabelle 3: Anwendungsbeispiele von Labor- und Feldexperimenten im Marketing

Bei einem Panel handelt es sich um einen bestimmten gleich bleibenden Kreis von Adressaten, bei dem wiederholt in regelmäßigen Abständen Erhebungen zum (prinzipiell) gleichen Untersuchungsgegenstand durchgeführt werden (vgl. Günther/Vossebein 1996). Die Einrichtung und Unterhaltung eines Panels ist zeit- und kostenintensiv. Daher werden Panels oftmals von Marktforschungsinstituten aufgebaut und gepflegt, die die damit verbundenen hohen Aufbauinvestitionen durch eine Panelnutzung für mehrere Befragungen unterschiedlicher Auftraggeber wieder amortisieren können. Zu erwähnen sind in diesem Kontext auch regelmäßig in einem Panel durchgeführte „Omnibusbefragungen", an denen sich Unternehmen mit speziellen Fragestellungen beteiligen können. Jedoch betreiben auch einige Unternehmen eigene Panels, insbesondere wenn es um sehr spezielle Zielgruppen geht.

Anhand von Panelbefragungen können unter anderem die folgenden Fragestellungen zur Gestaltung von Instrumenten des Marketingmix untersucht werden (vgl. Günther/Vossebein/Wildner 1998, Twardawa/Wildner 1998):

- Prognose der Akzeptanz von Maßnahmen des Preismanagements bei den Verbrauchern,
- Ermittlung der Akzeptanz alternativer Produktinnovationen bei den Verbrauchern,
- Vorhersage des Marktanteils neu eingeführter Marken und
- Testen des Werbeerfolges unterschiedlicher Kommunikationsmaßnahmen.

Es existieren verschiedene Arten und Formen von Panels, einen Überblick geben z.B. Homburg/Krohmer (2006) und Günther/Vossebein/Wildner (1998).

2.3 Verwendung von Sekundärdaten

Im Rahmen einer Marktforschungsstudie können nicht nur die während der Studie erhobenen Primärdaten (vgl. Abschnitt 2.2) verwendet werden, sondern auch Sekundärdaten. Bei dieser Vorgehensweise werden Informationen aus bereits vorhandenem Datenmaterial gewonnen.

Aus der Sicht eines Unternehmens, das im Rahmen einer Marktforschungsstudie auf Sekundärdaten zurückgreifen will, existieren prinzipiell zwei Arten von Datenquellen: unternehmensinterne Datenquellen und unternehmensexterne Datenquellen. Unternehmensinterne Daten stellen eine wertvolle Datenquelle dar. Für Marktforschungsstudien werden oftmals Daten aus Absatzstatistiken, Kundenstatistiken, Kundendienstberichten und der Kostenrechnung verwendet. Da diese Daten sich jedoch nur auf die spezielle Situation des Unternehmens und nicht auf den Gesamtmarkt beziehen, ist ihre isolierte Verwendung von vornherein auf unternehmensbezogene Studienaspekte beschränkt.

Bei den unternehmensexternen Daten kann einerseits auf öffentliche Daten zurückgegriffen werden. So können Statistiken von statistischen Ämtern (wie z.B. dem Statistischen Bundesamt), von Wirtschaftsforschungsinstituten, Universitäten, Verbänden und sonstigen politischen Organisationen wertvolle Informationen liefern. Andererseits spielen kommerzielle Daten, wie z.B. von Marktforschungsunternehmen, eine wichtige Rolle in der Marktforschung.

Sowohl öffentliche als auch kommerzielle Daten stehen im Wesentlichen in Datenbanken zur Verfügung (beispielsweise in Marktdatenbanken und Branchendatenbanken; vgl. Heinzelbecker 1994, Ulbricht 1993). Derartige Datenbanken gewinnen für die Marktforschung an Bedeutung, insbesondere vor dem Hintergrund eines steigenden, häufig unüberschaubaren Informationsangebotes, welches die Erfassung und Auswertung der relevanten Informationsquellen erschwert.

Die Entwicklung der Internettechnologie hat zu erweiterten Möglichkeiten der Nutzung von Sekundärdaten im Rahmen von Marktforschungsuntersuchungen geführt. Sekundärdaten aus dem Internet zeichnen sich aus durch ihre Kostengünstigkeit und die Reichhaltigkeit an Informationen. Sie können die Primärforschung in aller Regel aber nicht ersetzen, da die verfügbaren Daten nicht unternehmensspezifisch sind (vgl. Fritz 2004). Internet-Sekundärmarktforschung kann insbesondere bei folgenden Fragestellungen eingesetzt werden (vgl. Zerr 2003):

- Vorbereitung neuer Primärerhebungen
- Einarbeitung in ein neues Themengebiet
- Durchführung von Konkurrenz- und Branchenanalysen
- Gewinnung eines schnellen Überblicks über unbekannte Märkte

Bei der Durchführung der Internetrecherche zur Gewinnung von Sekundärdaten stehen dabei folgende Instrumente zur Verfügung (vgl. Dannenberg/Barthel 2004):

- Suchmaschinen
- Online-Datenbanken
- Mailinglisten
- Newsgroups
- Virtual Communities

Suchmaschinen bieten eine schnelle und gezielte Orientierung im Internet und ermöglichen das Auffinden sehr vieler Informationen zu vorgegebenen Stichwörtern. Bei den meisten Suchabfragen bewegt sich die Anzahl der gefundenen Webseiten sehr schnell im Tausender-Bereich. Vor diesem Hintergrund sind in Abbildung 3 acht Hinweise zur effizienten Suche im Internet aufgeführt.

Acht Hinweise zur effizienten Internetrecherche

1. Präzise formulieren

Je mehr Suchbegriffe verwendet werden, desto genauer ist die Suche. Gleichzeitig sinkt aber auch die Zahl der gefundenen Seiten. Ist die Zahl der Ergebnisse zu gering, kann es daher auch helfen, einen Suchbegriff wegzulassen.

2. Nur Seitentitel durchsuchen

Erhält man bei einem Suchbegriff eine sehr große Menge an Ergebnissen, so ist es unter Umständen sinnvoll die Suche auf Webseitentitel einzugrenzen. Manche Suchmaschinen bieten deshalb die Möglichkeit, gezielt nur Webseitentitel zu durchsuchen. Mit der Option „intitle:*Pharmabranche*" listet zum Beispiel Google nur solche Webseiten auf, bei denen der Begriff Pharmabranche im Titel auftaucht.

3. Gezielt relevante Seiten durchsuchen

Sucht man etwas auf einer ganz bestimmten Seite, so kann man durch die Eingabe von „site:*Internetadresse*" bei manchen Suchmaschinen erreichen, dass nur die angegebene Domain durchsucht wird. Bei Google durchsucht „site:www.faz.net Pharma" beispielsweise das Internetangebot der Frankfurter Allgemeinen Zeitung nach Beiträgen zur Pharmabranche.

4. Alternative Suchbegriffe einbeziehen

Viele Suchmaschinen bieten unter „Erweiterte Suche" die Einstellung an, dass aus einer Auswahl von Begriffen nicht alle, aber zumindest einer, auf der Website vorkommen muss. Diese Funktion ist sinnvoll, wenn mehrere Formulierungen denkbar sind, wie z.B. PC, Computer und Rechner.

5. Die Suche gezielt eingrenzen

Hat ein Wort mehrere Bedeutungen, so hilft es, durch den „-"-Operator Begriffe auszuschließen. Sucht man beispielsweise nach dem italienischen Kräuterlikör Ramazzotti, so verhindert die Eingabe „-Eros" einige unerwünschte Ergebnisse.

6. Ganze Phrasen suchen

Die Qualität der Suchergebnisse kann auch durch das Suchen nach genauen Wortfolgen verbessert werden. Durch Setzten von Anführungszeichen vor und nach der Wortfolge werden nur die Dateien angezeigt, die diese exakt und in der angegebenen Reihenfolge enthalten.

7. Platzhalter verwenden

Ist man bezüglich einer Schreibweise unsicher oder existieren mehrere Varianten eines Begriffs, kann man durch den Platzhalter „*" das Auslassen eines oder mehrerer Buchstaben signalisieren.

8. Ein Log führen

Bei umfangreicheren Internetrecherchen empfiehlt es sich, bereits verwendete Suchbegriffe bzw. Kombinationen aus Suchbegriffen auf einer separaten Liste zu vermerken, um Doppelteingaben zu vermeiden.

Abbildung 3: Acht Hinweise zur effizienten Recherche im Internet

3. Stichprobenauswahl

Die Stichprobenauswahl erfolgt auf der Basis der Definition der Grundgesamtheit. Während die Grundgesamtheit die Menge derjenigen Objekte ist, auf die die Ergebnisse der Marktforschungsuntersuchung zutreffen sollen, ist die Stichprobe die Menge derjenigen Objekte, von denen im Rahmen der Marktforschungsuntersuchung Informationen eingeholt werden sollen. Die Stichprobe ist also eine Teilmenge der Grundgesamtheit. Mit dem Begriff effektive Stichprobe bezeichnet man die Menge derjenigen Objekte, von denen im Rahmen der Marktforschungsuntersuchung tatsächlich Informationen eingeholt werden. Beispielsweise können im Rahmen einer schriftlichen Befragung 1.000 Personen (Stichprobe) angeschrieben werden, von denen 300 (effektive Stichprobe) tatsächlich antworten. Die effektive Stichprobe ist also wiederum eine Teilmenge der Stichprobe.

Grundsätzlich stellt sich im Hinblick auf die Stichprobenbildung zunächst die Frage, ob eine Vollerhebung durchgeführt werden soll. Hierbei wird angestrebt, jedes einzelne Element der Grundgesamtheit auf die interessierenden Merkmale hin zu untersuchen. Die Stichprobe entspricht also in diesem Fall der Grundgesamtheit. Diese vollkommene Abdeckung der Grundgesamtheit stellt aus statistischer Sicht den Idealfall dar. Es gibt in der Marktforschungspraxis durchaus Situationen, in denen eine Vollerhebung realistisch ist. Beispielhaft seien Kundenbefragungen im Firmenkundengeschäft genannt, wo bisweilen die Zahl der Kunden recht gering, die Grundgesamtheit also recht überschaubar ist. Im Allgemeinen ist eine Vollerhebung bei einer großen Grundgesamtheit wegen der damit verbundenen hohen Kosten jedoch meist nicht möglich. Dann greift man im Rahmen der Marktforschung auf die Hilfskonstruktion einer Stichprobe zurück, die aus der Grundgesamtheit ausgewählt wird (Teilerhebung).

Im Rahmen der Stichprobenauswahl stellen sich nun zwei zentrale Fragen:

- Wie groß soll die Stichprobe sein (Stichprobenumfang)?
- Wie soll die Stichprobe gebildet werden (Verfahren der Stichprobenauswahl)?

Ein erster grundlegender Aspekt im Zusammenhang mit der Bestimmung des Stichprobenumfangs ist die (vermutete) Diskrepanz zwischen dem Umfang der Stichprobe und dem der effektiven Stichprobe, also die Antwortquote. Je höher die Antwortquote, desto geringer ist bei gegebenem angestrebtem Umfang der effektiven Stichprobe der Stichprobenumfang. Strebt ein Unternehmen beispielsweise im Rahmen einer Kundenbefragung an, Aussagen von 300 Kunden zu erhalten, so ergibt sich bei einer vermuteten Antwortquote von 30 Prozent ein Stichprobenumfang von 1.000, bei einer vermuteten Antwortquote von 50 Prozent dagegen ein Stichprobenumfang von 600.

Die Höhe der Antwortquote hängt in der Marktforschungspraxis von zahlreichen Faktoren ab. Es ist daher schwierig, losgelöst vom tatsächlichen Befragungskontext Aussagen über typische Antwortquoten zu treffen. In der Regel sind bei schriftlichen Befragungen aber Antwortquoten von 15% und höher als gut zu bewerten. Bei hohem Involvement der Befragten, geschickter Anreizgestaltung und gelungenem Fragebogen sind aber auch deutlich höhere Antwortquoten möglich. Bei telefonischen und face-to-face Befragungen liegen die Antwortquoten in der Regel deutlich über denen schriftlicher Befragungen.

Generell ist in den letzten Jahren der Trend zu beobachten, dass die Antwortquoten bei Marktforschungsuntersuchungen sinken (vgl. Baruch 1999). Die Hauptursache hierfür liegt in der stetig steigenden Zahl von Befragungen, denen sich Konsumenten ausgesetzt sehen. Um trotzdem eine hohe Antwortquote sicherzustellen, können in der Marktforschungspraxis eine Reihe von Instrumenten eingesetzt werden, die im Folgenden kurz vorgestellt werden (vgl. hierzu ausführlicher Homburg/Krohmer 2006, S. 298 und die dort angeführten Quellen).

- Incentives (Anreize), d.h. das Ausloben einer finanziellen oder sachlichen Belohnung für die Teilnahme an einer Befragung. Ein Problem von Incentives ist, dass sie unter bestimmten Umständen eine Auswirkung auf die Antwortqualität haben können (vgl. Hansen 1980, Peck/Dresch 1981). Ein solches Phänomen lässt sich vor allem beobachten, wenn der Anreiz allein die Motivation zur Teilnahme an der Befragung darstellt. Resultat sind häufig inkonsistent ausgefüllte Fragebögen. In diese Rubrik fallen z.B. Fragebögen, in denen – wie auf einem Lottoschein – „Muster" angekreuzt sind. Idealerweise sollte die Höhe des Incentives daher so gewählt werden, dass er zwar die Hemmschwelle, an der Befragung teilzunehmen, senkt, eine gewisse Eigenmotivation der Befragten zur Teilnahme aber immer noch nötig ist.
- Personalisierung der Befragung, d.h. insbesondere die Berücksichtigung persönlicher Informationen über den Befragten bei der Ansprache des Befragten und bei der Befragung selbst. Dabei darf allerdings nicht der Eindruck entstehen, dass die gewonnenen Daten personenbezogen (d.h. nicht anonymisiert) analysiert und gespeichert werden.
- Erleichterung der Rückantwort, d.h. vor allem die Beilage von frankierten und adressierten Rückumschlägen bei schriftlichen Befragungen.
- Nachfassen, d.h. bei schriftlichen Befragungen eine zweite Versendung des Fragebogens an solche Befragte, die bislang nicht reagiert haben.
- Aufbau von Vertrauen, d.h. insbesondere die Verdeutlichung, dass die mit Hilfe der Befragung gewonnenen Daten nicht missbraucht werden oder in falsche Hände geraten können.

Ein zweiter Parameter, der bei der Bestimmung des Stichprobenumfangs in der Marktforschungspraxis eine Rolle spielt, sind Budgetrestriktionen. Je nach Form der Datenerhebung können deren Kosten substanziell sein, sodass das verfügbare Budget oft klare Restriktionen bezüglich der realisierbaren Stichprobe setzt. Dies gilt offensichtlich insbesondere bei der teuersten Form der Datenerhebung, dem mündlichen Interview (vgl. hierzu Abschnitt 2.1.1).

Ein dritter zentraler Bestimmungsfaktor des Stichprobenumfangs ist die angestrebte bzw. erforderliche Präzision der Ergebnisse. Grundsätzlich gilt, dass die Präzision von Marktforschungsergebnissen mit steigendem Stichprobenumfang zunimmt. Dieser Sachverhalt lässt sich anhand des statistischen Konzepts der Konfidenzintervalle verdeutlichen (vgl. hierzu ausführlicher den Beitrag von Homburg/Klarmann/Krohmer in diesem Band sowie die Ausführungen bei Homburg/Krohmer 2006, S. 300ff.). Konfidenzintervalle geben ausgehend von den Stichprobenergebnissen an, in welchem Wertebereich ein statistischer Parameter in der Grundgesamtheit liegt. Dieser Wertebereich wird immer kleiner, je größer die Stichprobe wird. Dabei handelt es sich jedoch nicht um einen linearen Zusammenhang: Der Nutzen einer Vergrößerung der Stichprobe nimmt bei steigendem Stichprobenumfang ab.

In der Marktforschungspraxis wird gelegentlich mit pauschalen Mindestwerten für die Größe der effektiven Stichprobe gearbeitet (vgl. auch Aaker/Kumar/Day 2004). So wird bisweilen gefordert, dass die effektive Stichprobe in jeder betrachteten Gruppe (also z.B. in jedem betrachteten Kundensegment) mindestens 50 Objekte umfassen sollte.

Bevor wir nun zu konkreten Verfahren der Stichprobenauswahl kommen, soll noch kurz die Repräsentativität einer Stichprobe thematisiert werden. Repräsentativität bedeutet im Idealfall, dass die Stichprobe in ihrer Zusammensetzung der Grundgesamtheit exakt entspricht. Da dies niemals für alle denkbaren Merkmale möglich ist, sollte die Stichprobe zumindest im Hinblick auf die zentralen Merkmale der Untersuchung repräsentativ für die Grundgesamtheit sein. Die Repräsentativität einer Stichprobe lässt Rückschlüsse von der Stichprobe auf die Gegebenheiten in der Grundgesamtheit zu, macht also die Stichprobe verallgemeinerbar und hochrechenbar.

Im Hinblick auf die Repräsentativität einer Stichprobe und deren Beurteilung sollte man sich nochmals die Unterscheidung zwischen Grundgesamtheit, Stichprobe und effektiver Stichprobe vor Augen führen. Relevant ist im Rahmen einer Marktforschungsuntersuchung letztlich die Repräsentativität der effektiven Stichprobe. Diese kann prinzipiell beim Übergang von Grundgesamtheit zu Stichprobe und beim Übergang von Stichprobe zu effektiver Stichprobe gefährdet werden (vgl. Abbildung 4). Im ersten Fall spricht man vom Stichprobenfehler, im zweiten Fall vom Fehler durch ungleichmäßige Antwortverweigerung.

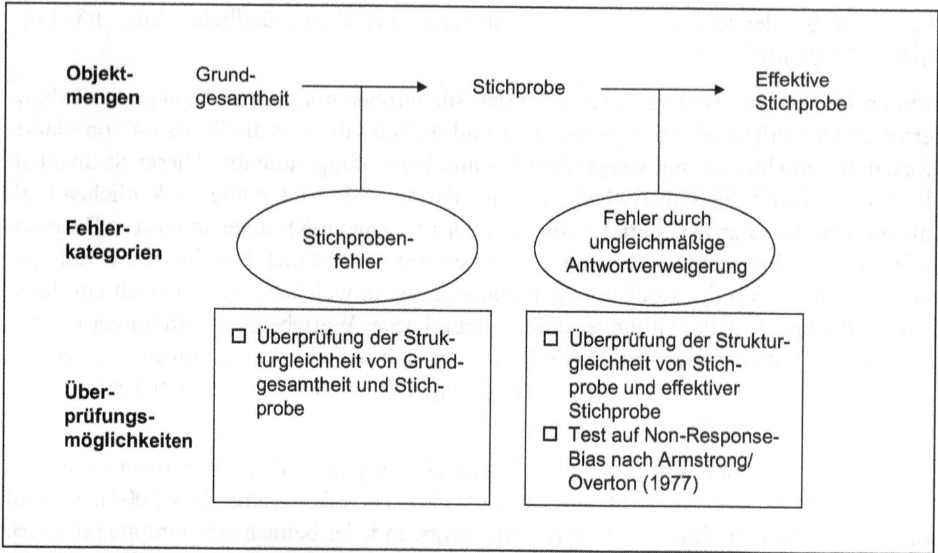

Abbildung 4: Repräsentativitätsgefährdende Fehlerquellen im Überblick

Die zweite oben genannte Leitfrage bezieht sich auf die Festlegung des Verfahrens zur Stichprobenauswahl. Hier unterscheidet man zwischen Verfahren der bewussten Auswahl und Verfahren der Zufallsauswahl (vgl. Abbildung 5):

- Bei den Verfahren der bewussten Auswahl werden die Untersuchungsobjekte gezielt nach definierten Merkmalen ausgewählt.
- Die Auswahl der Untersuchungseinheiten erfolgt dagegen bei den Verfahren der Zufallsauswahl nach dem Zufallsprinzip.

Die Verfahren der bewussten Auswahl sind vorteilhaft unter Gesichtspunkten der Aufwandsbegrenzung. Die Ziehung von Zufallsstichproben hat vor allem Vorteile bei der quantitativen Auswertung, da es eine zentrale Annahme vieler statistischer Tests ist, dass die Daten aus einer Zufallsstichprobe stammen. In der praktischen Anwendung hat sich aber gezeigt, dass die fehlende Verfügbarkeit von amtlichen Verzeichnissen sowie die in der nicht-amtlichen Statistik unvermeidliche Verweigerungsquote eine wirkliche Zufallsstichprobe meistens unmöglich machen.

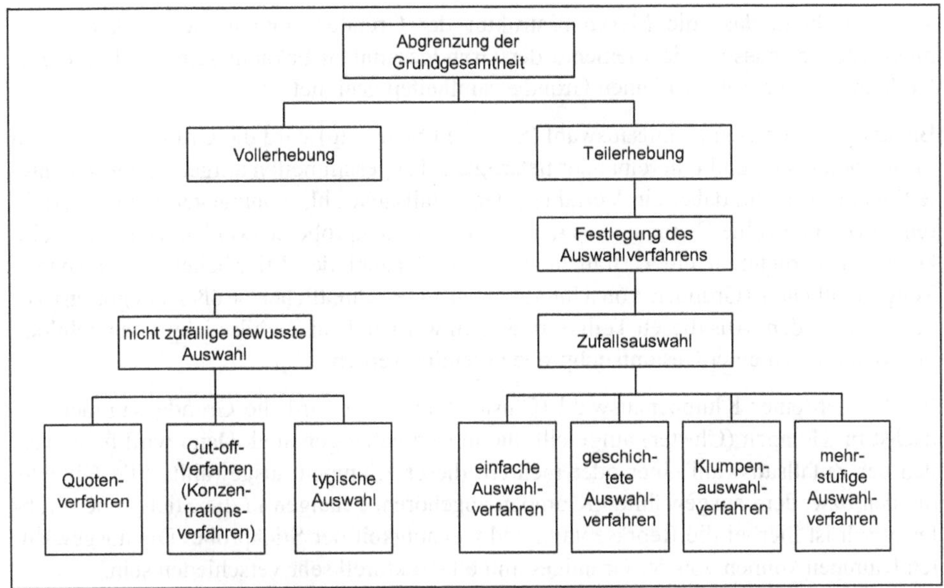

Abbildung 5: Verfahren der Stichprobenauswahl im Überblick (in Anlehnung an Hammann/Erichson 2000, S. 133)

Das Quotenverfahren erfordert die Kenntnis der Verteilung einiger wichtiger Merkmale in der Grundgesamtheit. Auf Basis dieser Kenntnis werden Quoten für die Stichprobe bzw. die effektive Stichprobe vorgegeben, die proportional der Verteilung in der Grundgesamtheit entsprechen oder aufgrund spezieller Erkenntnisziele der Marktforschungsstudie (z.B. detailliertere Betrachtung bestimmter Teile der Grundgesamtheit) bewusst disproportional gewählt werden.

Das Cut-off-Verfahren (Auswahl nach dem Konzentrationsprinzip) beschränkt sich auf Merkmalsträger in der Grundgesamtheit, deren Antworten für die Beantwortung der Untersuchungsfragen der Marktforschungsstudie besonders wichtig sind. Dieses Verfahren wird insbesondere bei Marktforschungsprojekten im Firmenkundenmarketing angewendet. Beispielsweise kann man sich auf solche Kunden konzentrieren, die ein gewisses Umsatzvolumen erreichen bzw. überschreiten.

Die typische Auswahl ist eine weitere Form der bewussten Auswahl. Bei diesem Auswahlverfahren werden Merkmalsträger aus der Grundgesamtheit herausgegriffen, die als besonders charakteristisch und typisch betrachtet werden. Zur Anwendung kommt die typische Auswahl häufig bei Pre-Tests im Rahmen der Erarbeitung von Fragebögen.

Bei der einfachen Zufallsauswahl (Random Sampling) gelangt jedes Element der Grundgesamtheit mit der gleichen Wahrscheinlichkeit in die Stichprobe. Vorteilhaft ist bei diesem Verfahren, dass die Merkmalsstruktur der Grundgesamtheit nicht bekannt sein muss. Jedoch müssen alle Elemente der Grundgesamtheit bekannt sein, so dass dieses Verfahren nur bei relativ kleinen Grundgesamtheiten geeignet ist.

Bei der geschichteten Zufallsauswahl (Stratified Sampling) wird die Grundgesamtheit in in sich homogene und untereinander heterogene Teilgesamtheiten aufgeteilt. Geschichtete Stichproben sind dabei ein Verfahren der Zufallsauswahl, wohingegen Quotenverfahren bewusst einzelne Elemente aus der gebildeten Stichprobe auswählen. Beispielsweise können Unternehmen einer Branche nach der Anzahl der Mitarbeiter verschiedenen Teilgesamtheiten (Gruppen von Unternehmen unterschiedlicher Größenkategorien) zugeordnet werden. Aus diesen Teilgesamtheiten werden dann Zufallsstichproben gebildet, die wiederum zu einer Gesamtstichprobe vereinigt werden.

Im Rahmen einer Klumpenauswahl (Cluster Sampling) wird die Grundgesamtheit zunächst in Klumpen (Cluster) aufgeteilt, die in sich heterogen sind. Dann wird bzw. werden per Zufallsauswahl einer oder mehrere dieser Klumpen ausgewählt. Alle Objekte, die den bzw. dem ausgewählten Klumpen angehören, gelangen in die Stichprobe. Problematisch ist hierbei die Repräsentanz und Genauigkeit der Stichprobe. Die ausgewählten Klumpen können von der Grundgesamtheit strukturell sehr verschieden sein.

Mehrstufige Auswahlverfahren werden meist bei großen, schwer überschaubaren Grundgesamtheiten angewendet. Hierbei werden verschiedene Verfahren der Zufallsauswahl nacheinander eingesetzt. Dabei ist die jeweils entstehende Zufallsstichprobe Auswahlgrundlage für die nächste Auswahlstufe. Beispielsweise kann zuerst eine Klumpenauswahl und dann eine einfache Zufallsauswahl aus den Elementen der Klumpen durchgeführt werden, um die Zielpersonen auf der letzten Stufe zu ermitteln.

4. Fragebogengestaltung

Die Gestaltung des eigentlichen Datenerhebungsinstruments ist bei Beobachtungen oder Experimenten oft in erster Linie ein technisches Problem (man denke z.B. an die Boxen beim GfK-Fernsehpanel). Eine besondere Herausforderung ist sie allerdings bei standardisierten Befragungen. Hier hängt die Wirksamkeit des Erhebungsinstrumentes stark von dessen Interpretation durch die Befragten ab. Dies macht die Erstellung eines standardisierten Fragebogens (für standardisierte mündliche, telefonische, schriftliche oder internetgestützte Befragungen) zu einer besonderen Herausforderung. Abbildung 6 gibt einen Überblick über die verschiedenen Schritte, die in diesem Zusammenhang gewöhnlich durchlaufen werden.

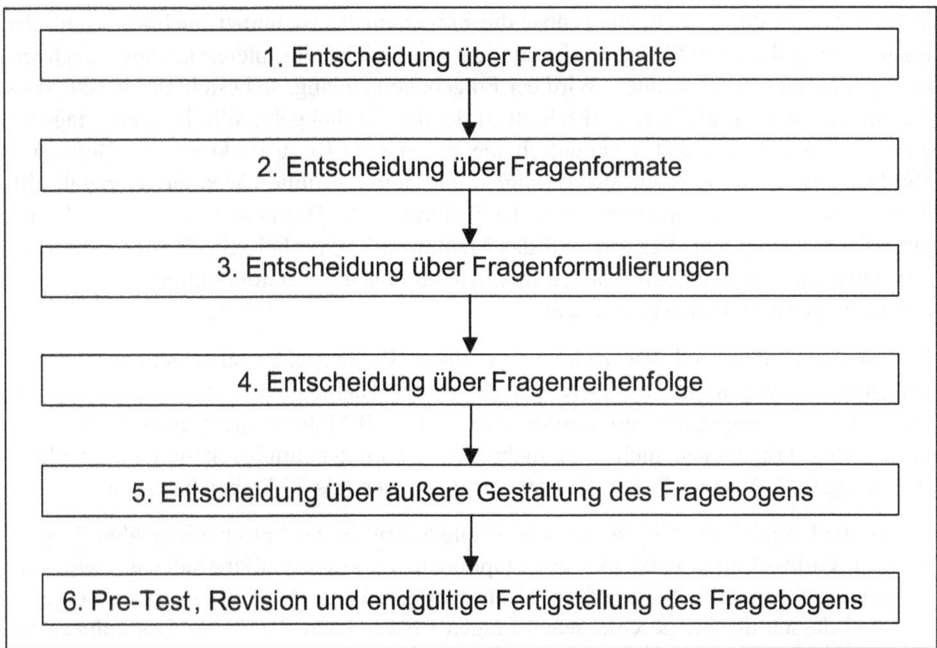

Abbildung 6: Vorgehensweise bei der Erstellung eines standardisierten Fragebogens

Die einzelnen Schritte in diesem Prozess sollen im Folgenden kurz dargestellt werden. Grundsätzlich ist darauf hinzuweisen, dass alle im Folgenden angesprochenen Entscheidungen vor dem Hintergrund der Entscheidungen in vorhergehenden Stufen des Marktforschungsprozesses zu fällen sind. So sind bei der Fragebogengestaltung und bei der Fragenformulierung insbesondere die gewählte Form der Datenerhebung sowie die Merkmale der Zielgruppe der Befragung zu berücksichtigen.

Im ersten Schritt ist die Entscheidung über die Frageninhalte zu treffen. Diese sollten von der Fähigkeit und der Antwortbereitschaft der Befragten abhängig gemacht werden. Ziel hierbei ist der Ausschluss potenzieller Fehlerquellen durch die Wahl geeigneter Frageninhalte. Darüber hinaus können im Verlauf des Fragebogens neben den Sachfragen, die sich primär auf das Untersuchungsziel der Befragung beziehen, auch Kontrollfragen verwendet werden. Anhand dieser Kontrollfragen kann die Plausibilität der Beantwortung des Fragebogens überprüft werden, indem bereits beantwortete Sachfragen in anderer Formulierungsweise wiederholt werden. Starke Inkonsistenzen deuten auf eine mangelnde Sorgfalt bei der Beantwortung hin, was im Rahmen der Editierung zum Ausschluss des entsprechenden Fragebogens aus der effektiven Stichprobe führen sollte. Diese Kontrollfragen sollten jedoch sparsam verwendet werden, zumal der Eindruck einer Kontrolle beim Befragten zur Nichtbeantwortung des Fragebogens führen kann.

Verbunden mit der Entscheidung über die Frageninhalte ist immer auch die Frage der Fokussierung der Marktforschungsstudie, da meist nicht alle interessierenden Sachverhalte abgefragt werden können. Wird der Fragebogen zu lang, so besteht das Risiko, dass die Antwortquote (vgl. hierzu Abschnitt 3) deutlich zurückgeht. Wie lang ein Fragebogen genau sein darf, hängt dabei entscheidend von zwei Kontextfaktoren der Befragung ab: dem Themeninvolvement der Befragten und dem gewählten Medium. Generell gilt, dass ein hohes Themeninvolvement in der Zielgruppe der Befragung eine längere Befragungsdauer ermöglicht. Bezogen auf das Medium gilt, dass bei schriftlichen Befragungen tendenziell längere Befragungen möglich sind als am Telefon. Online-Befragungen müssen in der Regel noch kürzer sein.

Vor diesem Hintergrund lässt sich keine einfache Faustregel zu einer optimalen Befragungslänge angeben. Insbesondere bei niedrigem Themeninvolvement der Befragten sollte die Befragungsdauer am Telefon aber 20 bis 30 Minuten nicht überschreiten, ein schriftlicher Fragebogen nicht viel mehr als 100 Fragen umfassen und eine Online-Befragung (z.B. über ein Popup-Fenster) nicht aus mehr als 25 Fragen bestehen.

Stehen die Frageinhalte fest, besteht der zweite Schritt in der Entscheidung über Fragenformate. Grundsätzlich existieren zwei Optionen: Es können offene oder geschlossene Fragen gestellt werden. Während bei offenen Fragen keine Antwortkategorien vorgegeben sind, lassen die bei geschlossenen Fragen verwendeten Skalen nur bestimmte Antworten zu. Beispiele für offene und geschlossene Fragen finden sich in Abbildung 7.

Offene Frage	Geschlossene Frage
Funktion im Unternehmen: ____________ ____________	Funktion im Unternehmen: O Geschäftsführer O Marketingleiter O Leiter Finanzen & Controlling O F&E-Leiter
Bitte erläutern Sie, aus welchen Gründen Sie das genannte Softwareprodukt gekauft haben: ____________ ____________ ____________	Wie wichtig sind die folgenden vier Faktoren für Ihre Entscheidung über den Kauf des genannten Softwareproduktes? Bitte verteilen Sie gemäß ihrer Bedeutung insgesamt 100 Punkte auf die vier Faktoren. Leistungsumfang (Anzahl Tools) ____ Preis ____ Kompatibilität mit bestehender Software ____ Verwendbarkeit bestehender Daten ____

Abbildung 7: Beispiele für offene und geschlossene Fragen

Als Vorteile geschlossener Fragen sind

- einfache Beantwortung,
- einfache Kodierung und Analyse,
- gedankliche Inspiration der Befragten und
- gute Vergleichbarkeit

zu nennen (vgl. Kuß 2004). Nachteile geschlossener Fragen sind vor allem darin zu sehen, dass

- die Befragten aus den Fragen Hinweise auf die Antworten entnehmen können,
- oberflächliches Antwortverhalten erleichtert wird (z.B. das Phänomen des „Durchklickens" bei Online-Befragungen) und
- originelles Antwortverhalten erschwert wird.

In der Regel ist es sinnvoll, offene Fragen und geschlossene Fragen miteinander zu verknüpfen. So wird in der Marktforschungspraxis häufig an eine Sequenz geschlossener Fragen eine ergänzende offene Frage angehängt. Ebenso können Sprungmarken bei bestimmten Antworten auf geschlossene Fragen zu offenen Fragen führen. So wird zum Beispiel bei Kundenzufriedenheitsuntersuchungen oft bei Unterschreiten vorher festgelegter Zufriedenheitsniveaus konkret nachgefragt, wo die Ursache für die Unzufriedenheit liegt.

Der dritte Schritt im Rahmen der Erstellung eines standardisierten Fragebogens umfasst die Entscheidung über die Frageformulierung. Diese sollte von folgenden Prinzipien geleitet werden:

- Einfachheit: Die Fragen sollten so formuliert werden, dass sie möglichst ohne Schwierigkeiten von den Befragten verstanden und beantwortet werden können. So sollten zum Beispiel komplexe Sätze und für die Zielgruppe unbekannte Fachausdrücke vermieden werden.
- Neutralität: Die Fragen sollten explizite und implizite Hinweise darauf vermeiden, welche Antworten erwartet werden. Suggestive Formulierungen sind zu vermeiden.
- Eindeutigkeit: Die Fragen sollten so formuliert werden, dass die Befragten präzise erkennen, welche Information von ihnen verlangt wird. Quellen von Mehrdeutigkeit sind zum Beispiel strukturelle Mehrdeutigkeit durch Fragen mit fehlendem Fokus oder semantische Mehrdeutigkeit durch die Verwendung unklar definierter Worte.

Weitergehende Ausführungen zur Fragenformulierung findet der Leser beispielsweise bei Churchill/Iacobucci (2005), Tourangeou/Rips/Rasinski (2000) und Kuß (2004).

In einem vierten Schritt wird die Reihenfolge der Fragen festgelegt. Zur Planung des Aufbaus empfiehlt sich die Verwendung eines Flussdiagramms, welches mögliche Verzweigungen der Fragen aufzeigen kann. Dabei sollten drei Hauptziele verfolgt werden:

die Nachvollziehbarkeit des Aufbaus, das Verhindern von Ausstrahlungseffekten durch Extremerfahrungen des Befragten und die Vermeidung von Reihenfolgeeffekten.

Um möglichst niedrige Abbruchquoten zu erzielen, sollte der Fragebogenaufbau spannend und gleichzeitig nachvollziehbar sein (vgl. Carroll 1994). Um das Interesse an der Befragung zu erhöhen, sollte der Fragebogen mit interessanten Einleitungsfragen beginnen. Diese sollen vor allem „das Eis brechen" und sind daher für die Auswertung der Untersuchung meist nicht sehr relevant. Enden sollte der Fragebogen mit besonders sensiblen Fragen und allgemeinen Fragen zur Person bzw. zum Unternehmen.

Um zu verhindern, dass aktuelle, extrem positive oder negative Erfahrungen des Befragten mit dem Unternehmen die gesamte Befragung zu stark beeinflussen, sollte der Befragte sich zu Beginn des Fragebogens zu derartigen extremen Erfahrungen äußern können. So können mögliche Ausstrahlungseffekte verhindert werden. Hierunter versteht man vor allem, dass die Befragten ihre diesbezüglichen Eindrücke auch in die Beantwortung anderer Fragen einfließen lassen.

Es ist bereits im Zusammenhang mit der Wortwahl bei der Frageformulierung wichtig, die Wortwahl bei umliegenden Fragen mit in die Entscheidung einzubeziehen. Auch darüber hinaus kann der Fragekontext eine wichtige Rolle bei der Interpretation und Beantwortung der Fragen spielen. Insbesondere ist es in diesem Zusammenhang wichtig, so genannte Reihenfolgeeffekte zu verhindern, d.h. die Reihenfolge der Fragen soll nach Möglichkeit keinen Einfluss auf die Antworten haben.

Der fünfte Schritt besteht darin, eine Entscheidung über die äußere Gestaltung des Fragebogens (Layout) zu treffen. Dieser Schritt sollte in seiner Bedeutung für den Erfolg einer schriftlichen Befragung nicht unterschätzt werden. Durch die übersichtliche und ansprechende Gestaltung des Fragebogens kann das Interesse an der Befragung gesteigert werden. Insbesondere sollte der Eindruck vermittelt werden, dass das Beantworten des Fragebogens einfach ist und wenig Zeit in Anspruch nimmt.

Als Leitlinien haben sich bewährt (vgl. Kuß 2004, S. 93f.):

- die Verwendung von großen, klaren Schrifttypen (Minimum 10 Punkt),
- die übersichtliche Anordnung und Nummerierung der Fragen,
- das Vermeiden von Fragen/Frageblöcken, die über Seitenbegrenzungen hinweggehen,
- der Einbezug optischer Hilfsmittel (Pfeile, Rahmen, etc.) sowie
- das deutliche Hervorheben von Anweisungen zur Beantwortung (z.B. „Mehrfachantworten möglich").

In einem letzten Schritt erfolgen der Pre-Test und die endgültige Fertigstellung des Fragebogens. Für den Pre-Test werden Mitglieder der zu befragenden Zielgruppe ausgewählt, die insbesondere beurteilen sollen, wie verständlich der Fragebogen ist, inwieweit die Befragten über ausreichende Informationen verfügen, um die Fragen zu beantworten, inwieweit die Antwortkategorien bei geschlossenen Fragen alle relevanten Aspekte umfassen und wie viel Zeit die vollständige Beantwortung des Fragebogens tatsächlich in Anspruch nimmt (vgl. Diamantopoulos/Reynolds/Schlegelmilch 1994).

Auch wenn der Pre-Test und die Überarbeitung des Fragebogens zeitaufwändig sind, empfiehlt sich dieser Schritt, insbesondere bei umfangreichen und kostenintensiven Befragungen. So kann die Gefahr von Missverständnissen bei der Hauptbefragung verringert und damit die Aussagekraft der Untersuchungsergebnisse erhöht werden. Ein Risiko bei Pre-Tests ist allerdings auch, dass gerade bei wenigen Pre-Test-Teilnehmern einzelne kritische Aussagen überbewertet werden und problematische Änderungen durchgeführt werden.

Grundsätzlich lassen sich zwei Strategien bei Pre-Tests unterscheiden. Bei der Debriefing-Methode füllt der Befragte zuerst alleine den kompletten Fragebogen aus, bevor im Anschluss Unklarheiten besprochen werden. Bei der Protokoll-Methode gehen der Pre-Tester und der Befragte den Fragebogen gemeinsam durch und besprechen Probleme und Unklarheiten während des Ausfüllens. Es gibt keine klaren Indizien, dass eines dieser Verfahren überlegen ist (vgl. Hunt/Sparkman/Wilcox 1982). Eine Studie von Bolton (1993) zeigt aber, dass eine computergestützte Kodierung verbaler Pre-Test-Protokolle deutlich effektiver ist als eine subjektive Auswertung durch die Marktforscher.

Insgesamt stellt der Prozess der Fragebogengestaltung einen sehr kritischen Erfolgsfaktor für Marktforschungsprojekte dar, dessen Bedeutung in der Praxis häufig unterschätzt wird. Die abschließend in Abbildung 8 bereitgestellte Checkliste zur Überprüfung des fertig gestellten Fragebogens greift vor diesem Hintergrund die in diesem Abschnitt gemachten Empfehlungen noch einmal auf.

	Check-box
Entscheidung über Frageninhalte	
Alle wichtigen Aspekte der Untersuchungsfrage können mit den vorhandenen Fragen geklärt werden.	□
Alle Fragen sind zur Beantwortung der Untersuchungsfragen notwendig.	□
Entscheidung über Frageformate	
Bei Nominalskalen (d.h. der Bitte um Einordnung in eine von mehreren Kategorien):	
Die Antwortkategorien überschneiden sich nicht.	□
Die Antwortkategorien sind präzise formuliert.	□
Die Antwortkategorien sind erschöpfend oder es gibt eine Kategorie „Sonstiges".	□
Bei Likert-Skalen (d.h. der Bitte um Zustimmung zu vorgegebenen Sätzen):	
Die Endpunkte sind verbal beschriftet.	□
Es existieren mindestens fünf und maximal sieben Antwortkategorien.	□
Zusätzlich existiert eine Antwortkategorie „Keine Antwort möglich".	□
Sensible oder heikle Fragen werden über geschlossene Fragen abgefragt.	□
Entscheidung über Frageformulierungen	
Alle Fragen sind einfach formuliert:	
Alle Fragen sind ausformuliert.	□
Alle Fragen sind sich von der Struktur so ähnlich wie möglich.	□
Keine Frage enthält für die Zielgruppe unverständliche Wörter.	□
Keine Frage enthält Nebensätze.	□
Keine Frage hat mehr als 15 Wörter.	□
Keine Frage enthält eine doppelte Verneinung.	□
Keine Frage erfordert komplexe Rechenoperationen auf Seiten der Befragten.	□
Keine Frage ist suggestiv formuliert oder nimmt die Antwort vorweg.	□
Alle Fragen sind eindeutig formuliert:	
Alle Fragen beziehen sich jeweils nur auf einen Sachverhalt.	□
Keine Frage enthält Generalisierungen über die Ewigkeit (wie z.B. „immer", „nie", „stets").	□
Vage quantifizierende Terme (wie z.B. „oft", „häufig", „manchmal") werden mit Hilfe von Beispielen qualifiziert.	□
Gleiche Sachverhalte werden im ganzen Fragebogen gleich bezeichnet.	□
Zentrale Begrifflichkeiten werden im Fragebogen klar definiert.	□
Alle Fragen sind gleich stark formuliert.	□

	Check-box
Entscheidung über die Fragereihenfolge	
Der Fragebogen beginnt mit einfach zu beantwortenden Fragen.	□
Der Fragebogen beginnt mit für die Befragten interessanten Fragen.	□
Der Fragebogen beginnt mit für die Befragten unbedrohlichen Fragen.	□
Grundsätzlich werden spezielle Fragen zu einem Sachverhalt vor allgemeinen Fragen zum gleichen Sachverhalt abgefragt.	□
Die Abfolge der Fragen folgt einer für die Befragten erkennbaren Logik.	□
Sensible oder heikle Fragen stehen kurz vor Ende des Fragebogens.	□
Demografische Daten werden am Ende des Fragebogens abgefragt.	□
Entscheidung über die äußere Gestaltung des Fragebogens	
Der Fragebogen lässt klar erkennen, wofür und von wem die Angaben verwendet werden.	□
Die Fragen werden übersichtlich präsentiert, d.h. sie sind großzügig auf den Seiten verteilt und mit mindestens 10 Punkt Schriftgröße gesetzt.	□
Gleiche Frageformate sind optisch gleich gestaltet.	□
Verzweigungen innerhalb des Fragebogens werden optisch klar verdeutlicht.	□
Hinweise zur Beantwortung der Fragen werden klar optisch hervorgehoben.	□
Der Fragebogen ist in einzelne Sinnabschnitte aufgeteilt.	□
Für Antworten auf offene Fragen werden große leere Antwortfelder bereitgestellt.	□
Pre-Test, Revision und endgültige Fertigstellung des Fragebogens	
Im Rahmen eines Pre-Tests wurde sichergestellt, dass Mitglieder der Zielgruppe alle Fragen wie geplant verstehen.	□
Im Rahmen eines Pre-Tests wurde sichergestellt, dass die Mitglieder der Zielgruppe grundsätzlich über die für die Beantwortung notwendigen Informationen verfügen.	□
Im Rahmen eines Pre-Tests wurde sichergestellt, dass keine Frage im Fragebogen von Mitgliedern der Zielgruppe als Zumutung empfunden wird.	□
Im Rahmen eines Pre-Tests wurde sichergestellt, dass das Ausfüllen des Fragebogens die eingeplante Zeit nicht überschreitet.	□
Größere Veränderungen des Fragebogens im Anschluss an den Pre-Test sind selbst wieder einem Pre-Test unterzogen worden.	□
Der Fragebogen ist im Hinblick auf Rechtschreibung und Grammatik fehlerfrei.	□

Abbildung 8: Checkliste zur Fragebogenerstellung

Literaturverzeichnis

Aaker, D./Kumar, V./Day, G. (2004): Marketing Research, 8. Auflage, New York.

Armstrong, S./Overton, T. (1977): Estimating Nonresponse Bias in Mail Surveys, in: Journal of Marketing Research, Vol. 14, No. 3, 396-402.

Baruch, Y. (1999): Response Rate in Academic Studies –A Comparative Analysis, in: Human Relations, Vol. 52, No. 4, S. 421-438.

Bolton, R. (1993): Pretesting Questionnaires: Content Analyses of Respondents' Concurrent Verbal Protocols, in: Marketing Science, Vol. 12, No. 3, S. 280-303.

Bradley, N. (1999): Sampling for Internet Surveys. An Examination of Respondent Selection for Internet Research, in: Journal of the Market Research Society, Vol. 41, No. 4, S. 387-395.

Carroll, S. (1994): Questionnaire Design Affects Response Rate, in: Marketing News, Vol. 28, No. 12, S. 25-26.

Churchill, G./Iacobucci, D. (2005): Marketing Research: Methodological Foundations, 9. Auflage, Fort Worth. Dannenberg, M., Barthel, S. (2004), Effiziente Marktforschung, 2. Auflage, Bonn.

Diamantopoulos, A./Reynolds, N./Schlegelmilch, B. (1994): Pretesting in Questionnaire Design: The Impact of Respondent Characteristics on Error Detection, in: Journal of the Market Research Society, Vol. 36, No. 4, S. 295-313.

Finn, A. (2001): Mystery Shopper Benchmarking of Durable-goods Chains and Stores, in: Journal of Service Research, Vol. 3, No. 4, S. 310-320.

Finn, A./Kayande, U. (1999): Unmasking a Phantom: A Psychometric Assessment of Mystery Shopping, in: Journal of Retailing, Vol. 75, No. 2, S. 195-217.

Fritz, W. (2004): Internet Marketing und Electronic Commerce: Grundlagen – Rahmenbedingungen – Instrumente. Mit Praxisbeispielen, 3. Auflage, Wiesbaden.

Günther, M./Vossebein, U. (1996): Paneldaten: Wesentlicher Bestandteil moderner Marktforschung, in: Planung & Analyse, 23. Jg., Nr. 3, S. 50-53.

Günther, M./Vossebein, U./Wildner, R. (1998): Marktforschung mit Panels: Arten – Erhebung – Analyse – Anwendung, Wiesbaden.

Hammann, P./Erichson, B. (2000): Marktforschung, 4. Auflage, Stuttgart.

Hansen, R. (1980): A Self-Perception Interpretation of the Effect of Monetary and Nonmonetary Incentives on Mail Survey Respondent Behavior, in: Journal of Marketing Research, Vol. 17, No. 1, S. 77-83.

Heinzelbecker, K. (1994): Effizienzsteigerung: Der Einsatz externer Datenbanken in Marktforschung und Marketing, in: Planung & Analyse, 21. Jg., Nr. 4, S. 45-50.

Homburg, Ch. (2000): Entwicklungslinien der deutschsprachigen Marketingforschung, in: Backhaus, K. (Hrsg.), Deutschsprachige Marketingforschung: Bestandsaufnahme und Perspektiven, S. 339-360.

Homburg, Ch./Krohmer, H. (2006): Marketingmanagement, 2. Auflage, Wiesbaden.

Hornik, J./Zaig, T./Shadmon, D. (1991): Reducing Refusals in Telephone Surveys on Sensitive Topics, in: Journal of Advertising Research, Vol. 31, No. 3, S. 49-56.

Hunt, S./Sparkman, R./Wilcox, J. (1982): The Pretest in Survey Research: Issues & Preliminary Findings, in: Journal of Marketing Research, Vol. 19, No. 2, S. 269-273.

Kuß, A. (2004): Marktforschung: Grundlagen der Datenerhebung und Datenanalyse, Wiesbaden.

Lander, B. (1998): Güte von Internet-Umfragen: Zur Objektivität, Reliabilität, Validität und Repräsentativität im Internet erhobener Daten, in: Planung & Analyse, 25. Jg., Nr. 4, S. 63-66.

Peck, J./Dresch, S. (1981): Financial Incentives, Survey Response, and Sample Representativeness: Does Money Matter?, in: Review of Public Data Use, Vol. 9, No. 4, S. 245-266.

Stanton, J. (1998): An Empirical Assessment of Data Collection Using the Internet, in: Personnel Psychology, Vol. 51, No. 3, S. 709-725.

Tourangeau, R./Rips, L./Rasinski, K. (2000): The Psychology of Survey Response, Cambridge.

Tull, D./Hawkins, D. (1993): Marketing Research: Measurement & Method – A Text with Cases, 6. Auflage, New York.

Twardawa, W./Wildner, R. (1998): Innovationsforschung mit Paneldaten, Planung & Analyse, 25. Jg., Nr. 3, S. 10-14.

Ulbricht, H. (1993): Externe Datenbanken: Achtzehn Kurzportraits, in: Marketing Journal, 36. Jg., Nr. 2, S. 138-145.

Zerr, K. (2003): Online-Marktforschung? Erscheinungsformen und Nutzenpotenziale, in: Theobald, A., Dreyer, M., Starsetzki, Th. (Hrsg.), Online-Marktforschung, 2. Auflage, Wiesbaden, S. 7-26.

Reinhold Decker und Ralf Wagner

Fehlende Werte: Ursachen, Konsequenzen und Behandlung

Prof. Dr. Reinhold Decker ist Inhaber des Lehrstuhls für BWL, insbesondere Marketing an der Fakultät für Wirtschaftswissenschaften der Universität Bielefeld. Prof. Dr. Ralf Wagner ist Inhaber des SVI - Stiftungslehrstuhls für Internationales Direktmarketing, DMCC - Dialog Marketing Competence Center, an der Universität Kassel.

1. Einführung und Problemabgrenzung

Die Bereitstellung vollständiger Informationen in Bezug auf einen interessierenden Sachverhalt ist zwar erklärtes Ziel profunder Marktforschungsarbeit, aber aufgrund unterschiedlicher Faktoren häufig nicht zu realisieren. Eine wesentliche Ursache hierfür liegt in der Unvollständigkeit der zur Verfügung stehenden Datensätze. Im Folgenden werden Ursachen für das Auftreten von und Möglichkeiten des adäquaten Umgangs mit fehlenden Werten (engl.: „Missing Values") vorgestellt. In der Marktforschungspraxis tritt das Problem fehlender Werte regelmäßig auf.

Umfasst ein Fragebogen beispielsweise 50 Antwort-Items und beträgt die Wahrscheinlichkeit des Auftretens eines fehlenden Wertes nur 1 %, so ist zu erwarten, dass nur 60,5 % der Probanden den Fragebogen vollständig ausfüllen werden, wenn die Ausfallwahrscheinlichkeiten unkorreliert sind. Verdoppelt sich die Ausfallwahrscheinlichkeit auf 2 %, so sind nur noch 36,42 % vollständig ausgefüllte Fragebögen zu erwarten. In der Praxis umfassen die zum Einsatz kommenden Fragebögen jedoch oftmals 200 und mehr Items. In einem solchen Fall ist bei einer Ausfallwahrscheinlichkeit von 2 % bei weniger als 2 % der Fragebögen zu erwarten, dass sie vollständig beantwortet werden. Bereits diese wenigen Beispiele dokumentieren die Notwendigkeit eines fachgerechten Umgangs mit dem Problem fehlender Werte in der Marktforschung. Wird das Problem ignoriert, indem beispielsweise nur vollständige Beobachtungen ausgewertet werden, so besteht die Gefahr falscher Schlussfolgerungen.

Die Ergebnisse von standardisierten Befragungen, auf die sich der vorliegende Beitrag der Übersichtlichkeit halber beschränkt, werden in der Marktforschung im Allgemeinen in Form einer Datenmatrix erfasst, deren Zeilen die Beobachtungen (z. B. Fragebögen oder Probanden) und deren Spalten die Untersuchungsmerkmale (z. B. Fragen oder Eigenschaften) repräsentieren. Beim Vorliegen fehlender Werte kann in Anlehnung an Bankhofer (1995) die relevante Datenmatrix mit $\mathbf{A} = (a_{ij}^{obs}, a_{ij}^{mis})_{\substack{i=1,\ldots,I \\ j=1,\ldots,J}}$ bezeichnet werden, wobei mit a_{ij}^{obs} die tatsächlich erhobenen („observed") und mit a_{ij}^{mis} die fehlenden („missing") Werte in Bezug auf Beobachtung i $(i = 1,\ldots, I)$ und Untersuchungsmerkmal j $(j = 1,\ldots,J)$ bezeichnet werden.

Eine exemplarische Datenmatrix mit drei Beobachtungen und vier Merkmalen, in der fünf fehlende Werte auftreten, hat dementsprechend folgende formale Darstellung:

$$\mathbf{A} = \begin{pmatrix} a_{11}^{mis} & a_{12}^{obs} & a_{13}^{obs} & a_{14}^{mis} \\ a_{21}^{mis} & a_{22}^{obs} & a_{23}^{mis} & a_{24}^{obs} \\ a_{31}^{obs} & a_{32}^{mis} & a_{33}^{obs} & a_{34}^{obs} \end{pmatrix}$$

Zur analytischen Bestimmung der den fehlenden Werten zugrundeliegenden Ausfallmechanismen kann eine Indikatormatrix $\mathbf{V} = (v_{ij})_{\substack{i=1,\dots,I \\ j=1,\dots,J}}$ derart definiert werden, dass gilt:

$$v_{ij} = \begin{cases} 1, & \text{falls Matrixelement } a_{ij} \text{ beobachtet wurde} \\ 0, & \text{sonst} \end{cases} \qquad (i = 1,\dots,I;\ j = 1,\dots,J)$$

Für obiges Beispiel lautet die zugehörige Indikatormatrix:

$$\mathbf{V} = \begin{pmatrix} 0 & 1 & 1 & 0 \\ 0 & 1 & 0 & 1 \\ 1 & 0 & 1 & 1 \end{pmatrix}$$

Ziel der Marktforschung sollte es einerseits sein, das Auftreten fehlender Werte durch ein entsprechendes Erhebungsdesign auf ein Minimum zu reduzieren. Hierbei kommt der Kenntnis möglicher *Ausfallursachen* zentrale Bedeutung zu. Andererseits sollte der Marktforscher im Falle des Auftretens fehlender Werte in der Lage sein, mittels geeigneter Strukturanalysen mögliche *Ausfallmechanismen* zu bestimmen, um anschließend in adäquater Weise mit dem Problem umgehen zu können. Analog hierzu sind die nachfolgenden Ausführungen so strukturiert, dass zunächst genauer auf das Auftreten fehlender Werte und auf die Bestimmung möglicher Ausfallmechanismen eingegangen wird. Anschließend werden verschiedene Möglichkeiten des Umgangs mit fehlenden Werten vorgestellt.

2. Ursachen und Mechanismen des Ausfalls von Werten

Bei der Diskussion von *Ursachen für das Auftreten fehlender Werte* in der Marktforschung ist zunächst einmal grundlegend zwischen dem Fehlen einzelner Werte einer Beobachtung, der „*Item-Non-Response*", und dem Fehlen ganzer Beobachtungen, der „*Total-Non-Response*", zu unterscheiden. Das Problem der Total-Non-Response ist oftmals eine Folge der jeweiligen Stichprobenzusammensetzung. Wenn die Antwortstruktur der relevanten Grundgesamtheit nicht oder nur in unzureichendem Maße bekannt ist, sind die Ursachen für den Ausfall im Nachhinein oft nur schwer zu bestimmen. Für Marktforschungsanwendungen ist dies durchaus nicht untypisch. Ursachen für das Auftreten von Item-Non-Response sind in allen Phasen der Datenerhebung und -erfassung zu finden:

Das vermehrte Auftreten von fehlenden Werten kann z. B. bereits in der Konzeption des Forschungsdesigns begründet sein. Fragen mit sozialem Potenzial, beispielsweise solche nach dem persönlichen Alkoholkonsum oder nach der Inanspruchnahme von privaten

16. Mussten Sie in der Vergangenheit schon einmal ein Produkt des Herstellers XYZ reklamieren?	( ) nein (dann weiter mit Frage 18) ( ) ja
17. Wie zufrieden waren Sie mit der Abwicklung Ihrer Reklamation?	( ) sehr zufrieden ( ) einigermaßen zufrieden ( ) eher unzufrieden ( ) sehr unzufrieden
18. Wie bewerten Sie ... ?	( ) sehr gut ( ) gut ...

Abbildung 1: Beispiel für eine Filterführung

9. Welche Anwendersoftware nutzen Sie regelmäßig?	privat:		beruflich:
	o	Textverarbeitung	o
	o	Tabellenkalkulation	o
	o	Graphiksoftware	o
	o	Internet-Browser	o
(Mehrfachnennungen sind möglich.)	o	keine	o

Abbildung 2: Beispiel für eine u. U. problematische Frage-Antwort-Konstellation

Krediten, sollten nach Möglichkeit indirekt oder in projektiver Form gestellt werden, da die Probanden in solchen Fällen bei direkter Ansprache des betreffenden Aspekts möglicherweise dazu neigen, die Antwort zu verweigern oder die Unwahrheit zu sagen. Im Falle standardisierter Datenerhebungen mittels Fragebögen, fragebogengestützten Interviews, Computer Assisted Telephone Interviewing (CATI) und Ähnlichem (Decker/Wagner 2002) ist die Fragebogengestaltung eine Quelle vielfältiger Ausfallursachen. So können z. B. auch inhaltlich notwendige Filterführungen zu sachlogisch begründbar fehlenden Werten führen. Möchte man beispielsweise die Zufriedenheit bezüglich eines angebotenen Reklamationsservices gemäß Abbildung 1 bestimmen, so muss zunächst einmal festgestellt werden, ob dieses Angebot von dem betreffenden Probanden überhaupt jemals in Anspruch genommen wurde.

Darüber hinaus kann ein ungeeignetes Fragebogenlayout dazu führen, dass die Befragten bzw. die mit der Befragung betrauten Interviewer einzelne Fragen schlicht übersehen. Abbildung 2 zeigt eine beispielhafte Frage-Antwort-Konstellation, die in ungünstigen Situationen (etwa Zeitdruck) aufgrund der Doppelabfrage zum vermehrten Auftreten fehlender Werte in der rechten Antwortspalte bei mit rechts schreibenden Probanden führen kann.

Im Hinblick auf den Fragebogenumfang sind gerade bei kommerziellen Marktforschungsprojekten die oftmals nur geringe Motivation der Probanden sowie die beispielsweise mit zunehmendem Alter in unterschiedlichem Maße abnehmende kognitive Leistungsfähigkeit derselben (Kaldenberg et al. 1994; Wagner et al. 1998) zu berücksichtigen. Auch eine unzureichende Schulung oder Motivation der Interviewer kann zu fehlenden Werten führen.

Bezüglich des Wissensstands der Probanden ist hervorzuheben, dass eine explizite „Weiß nicht"-Antwort keinen fehlenden Wert im eigentlichen Sinne darstellt, da diese Antwort im Kontext der Datenanalyse durchaus auch eine Information ist. Trotzdem werden „Weiß nicht"-Antworten (engl.: „don't know" anwers) in der einschlägigen Literatur (beispielsweise bei Kara et al. 1994) z. T. den fehlenden Werten zugeordnet.

Fehlende Werte können darüber hinaus auch durch mehrdeutige oder für die Zielgruppe unverständliche Frageformulierungen bedingt sein. Einen umfassenden Überblick über mögliche Auswirkungen unterschiedlicher Frageformulierungen, der Interviewerauswahl und Anderem mehr auf das Antwortverhalten der Probanden bieten Schuman/Presser (1981) und Thomsen/Siring (1983).

Zu fehlenden Werten kann es auch durch falsche Eingaben oder unzureichende Codierungsvorschriften bei der Antworterfassung kommen. Für die Analyse der entsprechenden Ausfallmechanismen kann – soweit durch die verwendete Datenanalysesoftware unterstützt – das *„Flagging"* hilfreich sein. Dies bezeichnet die Kennzeichnung der unterschiedlichen Ursachen für das Fehlen bereits bei der Datenerfassung.

Auch in der Phase des *„Editing"*, der Datenprüfung (Schnell et al. 2005), können fehlende Werte infolge möglicher Konsistenzprüfungen oder aber bei der Beseitigung syntaktischer Fehler verursacht werden, z. B. dann, wenn im ursprünglich durch eine Ziffernfolge anzugebenden Alter eines Probanden fälschlicherweise ein Buchstabe (etwa „3a" anstelle von „35") steht.

Die skizzierten Ursachen für das Fehlen von Werten bewirken *Ausfallmechanismen*, deren Eigenschaften für den richtigen Umgang mit den fehlenden Werten von grundlegender Bedeutung sind. Ist der Ausfallmechanismus zufälliger Natur, so wird er als ignorierbar bezeichnet und erlaubt dem Marktforscher den Rückgriff auf ein breites Spektrum an Behandlungsmöglichkeiten. Beispielsweise kann der von einschlägigen Softwarepaketen (z. B. SAS, SPSS oder S-Plus resp. R) per Default vorgenommene Ausschluss fehlender Werte aus der jeweiligen Analyse im Falle eines zufälligen Fehlens als Ziehen einer erneuten Substichprobe geringeren Umfangs aus der bereits vorliegenden Originalstichprobe interpretiert werden. Ist der Ausfallmechanismus hingegen nicht zufälliger Natur, so gilt er als systematisch und erfordert den Einsatz von Verfahren, die in der Lage sind, den betreffenden Mechanismus zumindest näherungsweise nachzubilden (Bankhofer/Praxmarer 1997; Wagner et al. 1998).

Neben den direkt manifestierbaren, systematischen Ausfallursachen – etwa die Einkommenshöhe, die ein Proband nicht preiszugeben bereit ist – sind häufig auch latente sys-

Bezeichnung	Definition
Missing at Random (MAR)	$f\left(\mathbf{V} \mid \left(\mathbf{A}^{obs}, \mathbf{A}^{mis}\right), \boldsymbol{\theta}\right) = \text{konstant } \forall \mathbf{A}^{mis}$
Observed at Random (OAR)	$f\left(\mathbf{V} \mid \left(\mathbf{A}^{obs}, \mathbf{A}^{mis}\right), \boldsymbol{\theta}\right) = \text{konstant } \forall \mathbf{A}^{obs}$
Missing Completely at Random (MCAR)	$f\left(\mathbf{V} \mid \left(\mathbf{A}^{obs}, \mathbf{A}^{mis}\right), \boldsymbol{\theta}\right) = \text{konstant } \forall \mathbf{A}^{obs}, \mathbf{A}^{mis}$
Missing Completely at Random within Classes (MCARC)	$f\left(\mathbf{V}_k \mid \left(\mathbf{A}_k{}^{obs}, \mathbf{A}_k{}^{mis}\right), \boldsymbol{\theta}\right) = \text{konstant } \forall \mathbf{A}^{obs}, \mathbf{A}^{mis}$

Tabelle 1: Unterscheidung verschiedener Ausfallmechanismen

tematische Ausfallursachen zu beachten. Zu Letzteren zählen z. B. das einem Interviewer gegenüber möglicherweise bestehende Misstrauen oder die Unsicherheit von Probanden im Zusammenhang mit Fragen zu heiklen Themen, etwa der Altersvorsorge oder den gegenwärtigen Zukunftserwartungen. Im Hinblick auf die weitere Auswertung der Daten kommt der in Tabelle 1 dargestellten Unterscheidung der Ausfallmechanismen von Rubin (1976) besondere Bedeutung zu.

Ein Ausfallmechanismus gilt als zufällig (MAR), wenn die Wahrscheinlichkeit des Fehlens – wie in der rechten Spalte von Tabelle 1 dargestellt – zwar abhängig von den beobachteten Werten und auch dem Parametervektor $\boldsymbol{\theta}$ der Verteilungsfunktion der Daten in $\mathbf{A}$, aber unabhängig von der Ausprägung der nicht beobachteten Werte ist. Werden beispielsweise besonders hohe oder besonders niedrige Einkommen in einer Befragung verschwiegen, so ist der Ausfallmechanismus nicht MAR, da bei solchermaßen zensierten Daten bestimmte Ausprägungen überzufällig häufig nicht auftreten, die Ausfallwahrscheinlichkeit also von den Werten abhängt. Wird die Frage nach dem Einkommen hingegen nicht beantwortet, weil der betreffende Proband zum Befragungszeitpunkt arbeitslos ist, und die Frage nach dem beruflichen Status beantwortet, so ist die Wahrscheinlichkeit für das Fehlen einer Antwort auf die Einkommensfrage abhängig von der Antwort auf die Frage nach dem beruflichen Status. Der Mechanismus ist somit nicht OAR. Sind beide Eigenschaften erfüllt, so gilt der Ausfallmechanismus als vollkommen zufällig (MCAR), was als stärkste Anforderung in der Marktforschungspraxis selten erfüllt wird. Eine Abschwächung ist durch die Unterteilung in Klassen ($k=1,...,K$) möglich, wobei diese Bedingung dann nur für die Beobachtungen der Klasse (im Falle einer Partitionierung der Stichprobe in Subgruppen) oder nur für die Variablengruppe (im Falle einer Partitionierung der Merkmalsmenge) erfüllt sein muss (MCARC). Bei einer Charakterisierung entsprechend der Variablen werden zudem monotone und nicht monotone Ausfallmuster unterschieden. Abbildung 3 verdeutlicht den Unterschied in Anlehnung an Horton/Lipsitz (2001).

Univariates Ausfallmuster	Monotones Ausfallmuster	Nicht monotones Ausfallmuster
$V = \begin{pmatrix} 1 & 1 & 1 \\ 1 & 1 & 1 \\ 1 & 1 & 0 \\ 1 & 1 & 0 \end{pmatrix}$	$V = \begin{pmatrix} 1 & 1 & 1 \\ 1 & 1 & 0 \\ 1 & 0 & 0 \\ 1 & 0 & 0 \end{pmatrix}$	$V = \begin{pmatrix} 1 & 1 & 1 \\ 1 & 0 & 1 \\ 1 & 1 & 0 \\ 1 & 0 & 0 \end{pmatrix}$

Abbildung 3: Unterscheidung verschiedener Ausfallmuster

Wie aus der Abbildung ersichtlich, ist bei der mittleren Matrix das Fehlen des Wertes a_{ij} sicher zu prognostizieren, wenn bekannt ist, dass $a_{i(j-1)}$ ein fehlender Wert ist. In der rechten Matrix ist dies nicht gegeben. Auch dann nicht, wenn die Reihenfolge der Merkmale oder Beobachtungen geändert wird. Daher gilt das rechte Muster als *nicht monoton.* Kann die Indikatormatrix hingegen so umsortiert werden, dass ein solches Muster resultiert, so wird das Ausfallmuster als *monoton* bezeichnet. *Univariate* Ausfallmuster sind somit ein Spezialfall der monotonen Ausfallmuster, bei denen nur in einer Variablen fehlende Werte auftreten.

Ist ein Ausfallmechanismus MAR oder MCAR, so gilt er als ignorierbar. Anderenfalls führt die Ignorierung der zugrundeliegenden Systematik zu verzerrten Analyseergebnissen. Sind die Ausfallursachen anhand des betreffenden Datensatzes identifizierbar, so wird der Ausfallmechanismus als zugänglich („accessible"), andernfalls als nicht zugänglich („inaccessible") bezeichnet (Graham/Donaldson 1993).

3. Bestimmung von Ausfallmechanismen

Die Untersuchung aufgetretener Ausfallmechanismen beginnt typischerweise mit einer *deskriptiven Analyse.* Zunächst einmal sollte das genaue Ausmaß des Problems bestimmt werden. Die Anzahl fehlender Werte bei einer Beobachtung (einem Fragebogen) i ist durch die Gleichung

$$v_{i\bullet}^{mis} = J - \sum_{j=1}^{J} v_{ij} \quad \forall\, i \qquad (1)$$

bestimmt. Analog gilt für die über alle Beobachtungen kumulierte Anzahl fehlender Werte bezüglich Merkmal j:

$$v_{\bullet j}^{mis} = I - \sum_{i=1}^{I} v_{ij} \quad \forall j \tag{2}$$

Ein Überblick über aus den Gleichungen (1) und (2) ableitbare deskriptive Maße zur Beschreibung des Ausfalls findet sich z. B. bei Bankhofer (1995). Zur visuellen Inspektion des Problemausmaßes und möglicher Muster fehlender Werte in einem Datensatz schlägt Rubin (1974) so genannte „Factorisation Tables" vor, die durch das Zusammenfassen von Zeilen und Spalten der Indikatormatrix $\mathbf{V}$ mit identischen Mustern fehlender Werte erzeugt werden. Für kleine Datensätze kann die Erzeugung von Sterndiagrammen der Muster fehlender Werte eine praktikable Alternative darstellen. Für größere Datensätze mit u. U. mehreren unterschiedlichen Ausfallmechanismen ist die Analyse der empirischen Verteilung der Anzahl fehlender Werte je Beobachtung bzw. je Merkmal empfehlenswert (Wagner et al. 1998). Die empirische Verteilung der Anzahl fehlender Werte in den einzelnen Beobachtungen ist gegeben durch:

$$F_I(x) = \frac{1}{I} \sum_{l \mid d_l \leq x} h(d_l) \tag{3}$$

Für die empirische Verteilung der Anzahl fehlender Werte in den einzelnen Merkmalen gilt entsprechend:

$$F_J(x) = \frac{1}{J} \sum_{l' \mid c_{l'} \leq x} h(c_{l'}) \tag{4}$$

Den hierbei verwendeten Bezeichnern kommen die folgenden Bedeutungen zu:

$d_1 < \ldots < d_L$ = aufgetretene Anzahlen fehlender Werte in den Beobachtungen
$c_1 < \ldots < c_{L'}$ = aufgetretene Anzahlen fehlender Werte in den Merkmalen
$h(d_l), h(c_{l'})$ = absolute Häufigkeit von d_l bzw. $c_{l'}$
x = als Zufallsgröße verstandene aufgetretene Anzahl fehlender Werte

Verläuft $F_I(x)$ ohne „größere" Sprünge, so kann dies als ein erster Hinweis auf zufällig fehlende Werte gewertet werden. Treten hingegen größere Sprünge auf, so kann dies ein Indiz dafür sein, dass beispielsweise bestimmte Gruppen von Probanden Schwierigkeiten bei der Beantwortung des betreffenden Fragebogens hatten. Sprünge im Graphen von $F_J(x)$ deuten analog auf merkmalspezifische Muster fehlender Werte hin.

Im Rahmen einer *explorativen Analyse* von Ausfallmechanismen können unterschiedliche multivariate Analyseverfahren zum Einsatz kommen. Lösel/Wüstendörfer (1974) schlagen beispielsweise eine Hauptkomponentenanalyse der Indikatormatrix vor, um komplexe Ausfallmechanismen zu identifizieren. Von Frane (1978) wurde die kanonische Korrelationsanalyse einzelner Vektoren von **A** und **V** in die Diskussion eingebracht. Kara et al. (1994) nutzen die Varianzanalyse, um systematische Ausfallmechanismen anhand von Gruppenmittelwertdifferenzen zu identifizieren. Zur Untersuchung des Zusammenhangs zwischen Merkmalsausprägungen und dem Auftreten fehlender Werte schlagen Möntmann et al. (1983) eine logistische Regression vor. Der Einsatz unterschiedlicher dependenz- und interdependenzanalytischer Vorgehensweisen wird in Bankhofer (1995) demonstriert.

Bei der *induktiven Analyse* von Ausfallmechanismen handelt es sich im Wesentlichen um die Durchführung unterschiedlicher statistischer Tests. Ein zufälliger Ausfallmechanismus lässt erwarten, dass die fehlenden Werte gleichmäßig über die Datenmatrix verteilt sind. Eine naheliegende Vorgehensweise zur Überprüfung dieser Vermutung ist die Durchführung eines χ^2-Tests auf Gleichverteilung der fehlenden Werte, bei dem auf die Indikatormatrix **V** zurückgegriffen wird. Die Prüfung von Abhängigkeitsbeziehungen zwischen den Ausprägungen von Merkmalen und dem Auftreten fehlender Werte kann im Falle von nominalskalierten Daten mittels eines χ^2-Unabhängigkeitstests vorgenommen werden. Sind die Daten hingegen intervallskaliert, so sollte ein *t*-Test zum Einsatz kommen (Möntmann et al. 1983). In beiden Fällen wird, analog zur Kontingenzanalyse, eine Tabelle aufgestellt, deren Spalten durch die möglichen Merkmalsausprägungen bestimmt werden. Zeilenweise wird danach unterschieden, ob die Merkmalsausprägungen beobachtet wurden oder nicht. Weichen die beobachteten Zellenhäufigkeiten signifikant von den erwarteten ab, so führt dies zur Ablehnung der Hypothese des zufälligen Fehlens der Werte. Als nachteilig erweist sich hierbei der in praktischen Anwendungen u. U. hohe Rechenaufwand, da alle Zeilen und Spalten der Datenmatrix individuell zu überprüfen sind.

Besser geeignet erscheinen in diesem Zusammenhang die Tests von Kim/Curry (1977) und Little (1988), da sie die Überprüfung der gesamten Datenmatrix in einem Schritt erlauben. Der Test von Little (1988) erfordert allerdings eine multivariate Normalverteilung der Daten, was z. B. bei mittels Ratingskalen durchgeführten Erhebungen zumeist nicht gegeben ist (DeSarbo et al. 1986). Für Anwendungen in der Marktforschung eignet sich vor allem der Test von Kim/Curry (1977), da dieser aufgrund des Rückgriffs auf die Indikatormatrix **V** nicht vom Skalenniveau der erhobenen Daten abhängt. Der Test überprüft die Zufälligkeit des Fehlens von Werten in dem Sinne, dass das Fehlen einer Merkmalsausprägung vom Fehlen anderer Merkmalsausprägungen unabhängig ist. Eine entsprechendes Rechenbeispiel findet sich in Decker/Wagner (2002, S. 288 ff.). Die Verwendung der Indikatormatrix bedingt allerdings, dass nur solche Systematiken erkannt werden können, die sich auch auf Basis des (infolge der zugrundeliegenden Binärcodierung) reduzierten Informationsniveaus identifizieren lassen. Mit dem genannten Instrumentarium kann die Hypothese zufällig fehlender Werte natürlich nicht „bewiesen“, sondern allenfalls unterstützt werden. Daher erscheint es ratsam, verschiedene

Tests sequentiell anzuwenden, zumal systematische Ausfallmechanismen in praktischen Anwendungen vergleichsweise häufig nachzuweisen sind (Cohen/Cohen 1983; Pindyck/Rubinfeld 1997).

Zusammenfassend kann festgehalten werden, dass Ausfallursachen unterschiedlichster Art zu Ausfallmechanismen führen können, die sich in Ausfallmustern niederschlagen. Aufgabe des Marktforschers ist es, die in der Regel unbekannten Ausfallmechanismen entsprechend der in Tabelle 1 dargestellten Kriterien zu qualifizieren, um geeignete Vorgehensweisen zur sachgerechten Auswertung der Daten wählen zu können.

4. Praktischer Umgang mit fehlenden Werten

In der Literatur finden sich unterschiedliche Einteilungen alternativer Methoden zur Behandlung fehlender Werte. Eine allgemeine, wenn auch nicht überschneidungsfreie Kategorisierung der bestehenden Möglichkeiten ist in Abbildung 4 dargestellt (Brand et al. 1994). Eine ausführlichere Diskussion der für die Behandlung fehlender Werte erforderlichen Voraussetzungen in Bezug auf die zugrundeliegenden Ausfallmechanismen findet sich beispielsweise bei Bankhofer (1995).

Eine weit verbreitete Vorgehensweise ist die schlichte *Ignorierung fehlender Werte*, da in den meisten Datenanalysepaketen bereits entsprechende Voreinstellungen existieren (Roth 1994; Little/Rubin 2002). Bei der Beobachtungseliminierung werden alle Beobachtungen, bei denen mindestens ein Merkmal einen fehlenden Wert aufweist, von der weiteren Datenauswertung ausgeschlossen. Neben ihrer Einfachheit zeichnet sich diese Vorgehensweise vor allem auch dadurch aus, dass die Konsistenz berechneter Korrelations- und Kovarianzmatrizen als Ausgangsbasis für weitere Analysen erhalten bleibt und die auf Basis der in dieser Weise reduzierten Datenmatrix berechneten deskriptiven Statistiken untereinander vergleichbar sind. Bei einer entsprechend großen Anzahl von Merkmalen mit fehlenden Werten kann die Beobachtungseliminierung allerdings u. U. zu einem erheblichen Daten- und damit auch Informationsverlust führen. Fehlen die Werte systematisch, so kann die Eliminierung mit einer Informationsverzerrung einhergehen, welche die Aussagekraft der erzielten Ergebnisse mitunter deutlich beeinträchtigt.

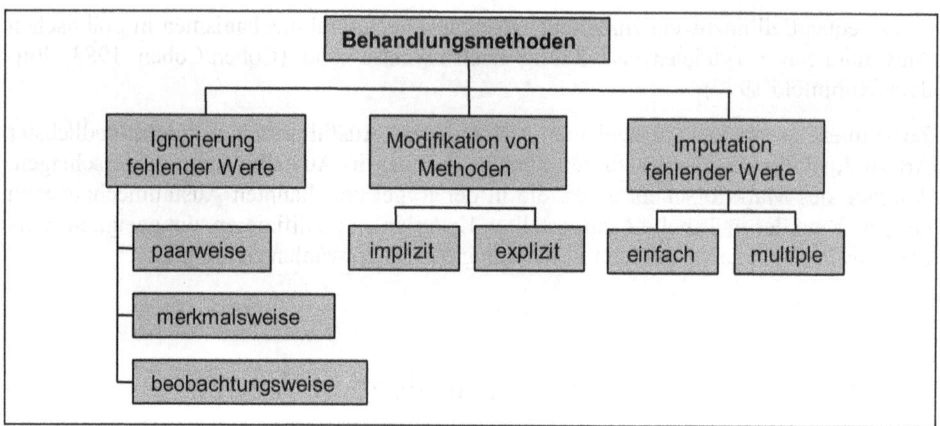

Abbildung 4: Kategorisierung alternativer Methoden zur Behandlung fehlender Werte

Ein alternativer Eliminierungsansatz besteht im Ausschluss der unvollständig beobachteten Merkmale. Diese Vorgehensweise ist allerdings u. U. mit dem Verzicht auf wichtige (durch die betreffenden Merkmale erfasste) Aspekte eines interessierenden Sachverhalts verbunden. Im schlimmsten Fall geht dies mit dem Erhalt von allenfalls begrenzt relevanten Resultaten einher. Die Messung der Einstellung zu einer neuen Joghurtmarke verliert beispielsweise an inhaltlicher Substanz, wenn die erhobenen Bewertungen einer als wichtig erachteten Eigenschaft dieses Produktes, z. B. des Geschmacks, aufgrund von vielleicht einigen wenigen fehlenden Werten bei diesem Merkmal komplett gestrichen werden würde.

Die Berechnung der Korrelationen und Kovarianzen von Merkmalen auf Basis von Beobachtungen, die jeweils paarweise vorhanden sind, stellt eine weitere Variante der Ignorierung des Problems fehlender Werte dar, die mit einem vergleichsweise geringen Informationsverlust einhergeht. Allerdings sind die so generierten Datenmatrizen nicht immer konsistent, was u. U. eine Erschwernis bei der weiteren Datenauswertung nach sich zieht. So können z. B. als Folge von nicht positiv semidefiniten Datenmatrizen bei der Lösung von Optimierungsproblemen im Zusammenhang mit bestimmten multivariaten Analysemethoden (z. B. Faktoren- oder Diskriminanzanalyse) negative Eigenwerte auftreten.

Ein weiterer Ansatzpunkt für die Behandlung fehlender Werte besteht in der *Modifikation von Methoden.* Hierbei lassen sich im Wesentlichen zwei Strategien unterscheiden. Zunächst einmal besteht die Möglichkeit, Verteilungsparameter der Grundgesamtheit (z. B. Mittelwerte, Varianzen oder Kovarianzen betrachteter Merkmale) unmittelbar auf Basis der vorhandenen Daten zu schätzen und anschließend bei der Anwendung von A-nalyseverfahren zu berücksichtigen. Hierbei handelt es sich insoweit um eine Modifikation von Methoden, als die fehlenden Werte *implizit* über die Verteilungsparameter Berücksichtigung finden. Verschiedene Autoren sprechen deshalb auch von Parameterschätzverfahren. Beispielsweise kann eine Faktorenanalyse auf Basis einer geglätteten Kovarianzmatrix, die das Ergebnis einer paarweisen Eliminierung ist, vorgenommen werden. Ebenso ist eine modifizierte Berechnung von Inner- und Zwischengruppenstreuungsmatrizen als Ausgangspunkt einer (kanonischen) Diskriminanzanalyse denkbar. Aus diesem Grund zählt Schnell (1986) die Verwendung jeweils paarweise vorhandener Beobachtungen zur Ermittlung von Kovarianz- und Korrelationsmatrizen ebenfalls zu den Parameterschätzverfahren. Das in der Literatur dominierende Verfahren zur Berechnung von Maximum-Likelihood-Schätzern für Verteilungsparameter bei unvollständigen Datenmatrizen ist der auf Dempster et al. (1977) zurückgehende „Expectation Maximization“ (EM)-Algorithmus, der im Verlauf dieses Kapitels noch detaillierter dargestellt wird.

Die Parameter eines multivariaten Datenanalyseverfahrens (z. B. Regressionskoeffizienten oder Faktorladungen) können aber auch selbst das Ergebnis einer Methodenanwendung unter Berücksichtigung fehlender Werte sein. Hierbei handelt es sich um eine Modifikation von Methoden unter expliziter Einbeziehung fehlender Werte. Erste Ansätze, beispielsweise zur Schätzung von Regressionskoeffizienten, stellen die auf Yates (1933) zurückgehende „Auffüllmethode“ und, als Erweiterung, die Kovarianzanalyse von Bartlett (1937) dar (Toutenburg 2002). Ein weiterer Ansatz zur entsprechenden Modifikation einer einfachen Regression geht auf Afifi/Elashoff (1967) zurück. Darüber hinaus liegen in der Literatur z. B. bereits Modifikationen der Faktorenanalyse (Wiberg 1976), der Multidimensionalen Skalierung (Spence/Domoney 1974; Takane et al. 1977; Malhotra et al. 1988) sowie der Clusteranalyse (Gaul/Schader 1994) vor.

Als problematisch kann sich bei der Modifikation von Methoden jedoch die Tatsache erweisen, dass der Anwender, je nach Ansatz, über ein beträchtliches Maß an Methodenwissen verfügen muss. In der täglichen Marktforschungspraxis ist die Methodenmodifikation deshalb bis dato noch keine echte Option, da sie mit einer kaum zu rechtfertigenden bzw. nicht gewollten Verschiebung des Arbeitsschwerpunkts einhergeht.

Als dritte Alternative bietet sich schließlich noch die *Imputation fehlender Werte* an, bei der die fehlenden Werte einer Datenmatrix unter Zuhilfenahme von aus der einschlägigen Literatur bekannten Schätzmethoden durch – vereinfacht ausgedrückt – „plausibel“ erscheinende Werte ersetzt werden, so dass anschließend, bei Verwendung der nunmehr vollständigen Datenmatrix, wieder die (nicht modifizierten) Standardverfahren der Datenanalyse zur Anwendung kommen können.

Bei der einfachen Imputation wird jeder fehlende Wert durch genau einen Wert ersetzt, als Imputationsergebnis liegt somit genau eine vervollständigte Datenmatrix vor. Eine gängige Technik stellt das Ersetzen fehlender Werte durch aus den verfügbaren Werten des betreffenden Merkmals berechnete Lageparameter dar. Bei metrischem Skalenniveau des Merkmals kann der Mittelwert, bei ordinalem Skalenniveau der Median und bei nominalem Skalenniveau der Modus verwendet werden. Dadurch kann es jedoch zu einer Unterschätzung der tatsächlichen Varianz in den Daten kommen. Zudem wird das Ausmaß der Korrelationen zwischen den Variablen systematisch reduziert. Um diesen

Imputationsmethode	Voraussetzungen	Charakteristika
Regressionsanalyse (vgl. z. B. Federspiel et al. (1959), Buck (1960); Beale/Little (1975))	kardinale und dichotome Merkmale, kardinale Merkmale mit fehlenden Daten; Daten sind MCAR oder MAR	Berücksichtigung von Informationen anderer Merkmale; Beschränkung hinsichtlich des Skalenniveaus der Merkmale
ANOVA (vgl. z. B. Wilkinson (1958); Rubin (1972))	kardinale und nominale Merkmale, kardinale Merkmale mit fehlenden Daten; Daten sind MCAR oder MAR	Berücksichtigung von Informationen anderer Merkmale; Beschränkung hinsichtlich des Skalenniveaus der Merkmale
Diskriminanzanalyse (vgl. z. B. Bankhofer (1995))	kardinale und nominale Merkmale, nominale Merkmale mit fehlenden Daten; Daten sind MCAR oder MAR	Berücksichtigung von Informationen anderer Merkmale; Beschränkung hinsichtlich des Skalenniveaus der Merkmale
Hot-Deck (vgl. z. B. Ford (1983); Sande (1983))	Daten sind MCARC	Berücksichtigung der Ähnlichkeitsbeziehungen der Beobachtungen; Verdopplung vorhandener Daten
Cold-Deck (vgl. z. B. Ford (1983); Sande (1983))	Daten sind MCARC	Berücksichtigung der Ähnlichkeitsbeziehungen der Beobachtungen; Notwendigkeit der Verfügbarkeit externer Informationen
Hauptkomponentenanalyse (vgl. z. B. Dear (1959); Bello (1993))	kardinale Merkmale; Daten sind MCAR oder MAR	Berücksichtigung von Informationen anderer Merkmale; Beschränkungen hinsichtlich des Skalenniveaus der Merkmale
Zero-order-Regression	Daten sind MCAR	Einfachheit der Anwendung; keine Berücksichtigung von Informationen anderer Merkmale
Zufallsrating	Daten sind MCAR	Verteilung der Merkmalsausprägungen muss bekannt oder zumindest qualifiziert festzulegen sein
Expertenrating	Daten sind MCAR	Ergebnisqualität abhängig von der Sachkompetenz der Experten; erhöhter organisatorischer Aufwand
Neuronale Netze (vgl. z .B. Gupta/Lam (1996); Wagner et al. (1998))	Daten sind MAR	Komplexere Ausfallmuster erfordern größere Netze, die ihrerseits viele Trainingsbeobachtungen bedingen

Tabelle 2: Methoden für die einfache Imputation fehlender Werte

Nachteilen zu begegnen, wurden die in Tabelle 2 aufgelisteten Anwendungen multivariater Analyseverfahren vorgeschlagen (in Anlehnung an Bankhofer 1995).

Die Verfahren zur einfachen Imputation führen unter den genannten Voraussetzungen häufig zu guten Resultaten, dennoch gelten sie heute als nicht mehr zeitgemäß (Schafer/Graham 2002), werden z. T. sogar als nicht akzeptabel eingestuft (Graham et al. 2003). Moderne Verfahren wie die Maximum-Likelihood-Schätzung auf der Basis der vorhandenen Daten (Kenward/Molenberg 1998; Little/Rubin 2002) und die multiple Imputation sind allgemeiner anwendbar. Eine grundlegende Kritik an der einfachen Imputation ist die Unsicherheit hinsichtlich der tatsächlichen Ausprägung der nicht beobachteten Werte und das damit einhergehende Risiko, auf die „falschen“ Imputationswerte zu setzen.

Für den Marktforscher ist neben einer Einzelaussage, etwa einem Mittelwert, die Sensitivität dieses Wertes im Hinblick auf alternative Annahmen über die Verteilung der fehlenden Werte von Interesse. Durch die einfache Imputation wird diesbezüglich eine Annahme getroffen, deren Überprüfung in aller Regel nicht möglich ist (Schafer/Graham 2002), was in letzter Konsequenz wiederum die Richtigkeit der auf dieser Grundlage erzielten Untersuchungsergebnisse in Frage stellt. Genau hier liegt nun die Stärke der *multiplen Imputation*, bei der, wie in Abbildung 5 dargestellt, N verschiedene Datensätze generiert und ausgewertet werden.

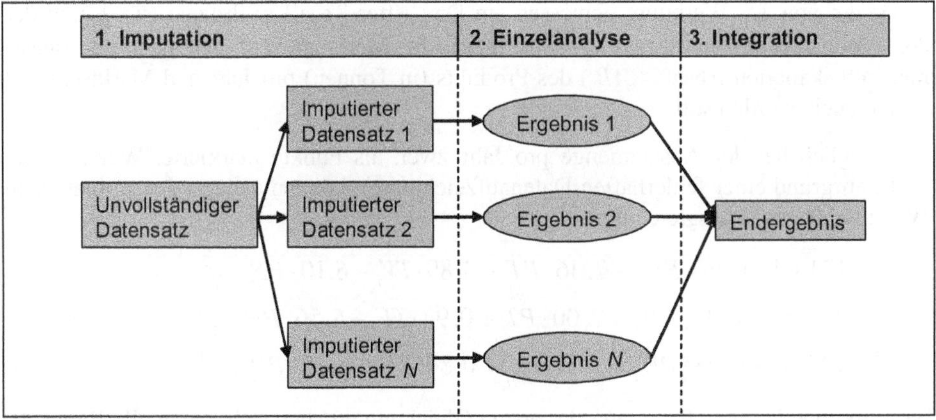

Abbildung 5: Vorgehen bei einer Datenaufbereitung mittels multipler Imputation der fehlenden Werte

Segment (i)	PW	PT	TV	PP	AB
1	0	1	27	4,99	117
2	1	0	22	4,79	112
3	1	0	23	4,89	.
4	0	1	26	4,69	118
5	1	0	24	4,77	114
6	1	0	26	4,39	118
7	1	1	20	4,96	.
8	0	0	24	3,99	118

Tabelle 3: Beispiel eines unvollständigen Datensatzes

Das generelle Vorgehen soll im Folgenden anhand eines synthetischen Beispiels illustriert werden. Den Ausgangspunkt bilden die in Tabelle 3 dargestellten Daten einer Marktanalyse, im Rahmen derer der Einfluss der Zusendung personalisierter Werbung (PW) und des Einsatzes von Promotion-Teams (PT) als nominal skalierte Merkmale sowie der von TV Werbung, gemessen am Day-After-Recall in Prozent (TV), und der des Produktpreises in Euro (PP) als metrische Merkmale auf den ebenfalls quasimetrisch skalierten Absatz (AB) des Produkts (in Tonnen) pro Jahr und Marktsegment i untersucht werden soll.

Da lediglich bei der Absatzmenge pro Jahr zwei, als Punkte markierte, Werte fehlen (z. B. aufgrund einer fehlerhaften Datenaufzeichnung), können anhand der vorhandenen Werte die Regressionsgleichungen

$$AB_i^1 = 121,04 + 0,69 \cdot PW_i + 2,46 \cdot PT_i + 0,89 \cdot TV_i - 6,10 \cdot PP_i + \varepsilon_i^1$$
$$AB_i^2 = 117,50 + 0,33 \cdot PW_i + 2,00 \cdot PT_i + 0,94 \cdot TV_i - 5,56 \cdot PP_i + \varepsilon_i^2$$
$$AB_i^3 = 122,35 + 0,78 \cdot PW_i + 2,61 \cdot PT_i + 0,84 \cdot TV_i - 6,12 \cdot PP_i + \varepsilon_i^3$$

bestimmt werden. Die Parameter der ersten Gleichung ergeben sich, wenn alle Beobachtungen zur Regression herangezogen werden. Die Parameter der zweiten Gleichung resultieren, wenn die erste Beobachtung bei der Regression außen vor bleibt, während die Parameter der dritten Gleichung das Ergebnis einer Regression unter Ignorierung der zweiten Beobachtung sind. Durch die Addition eines stochastischen „Störterms" ε_i kann zusätzliche Varianz in die Daten eingebracht werden, auch wenn sich die deterministischen Komponenten nur geringfügig unterscheiden. Der Störterm wird zumeist als normalverteilt mit Mittelwert 0 und einer der Stichprobenvarianz der abhängigen Variablen des Regressionsansatzes entsprechenden Varianz angenommen (Horton/Lipsitz 2001). Sind nicht metrisch skalierte Daten (z. B. Ratingwerte) unvollständig, so wird nicht das Ergebnis dieser Berechnung direkt, sondern der zu diesem Ergebnis nächste zulässige Wert imputiert („*Predictive Mean"-Ansatz*). In unserem Beispiel sollen $N = 3$ vervollständigte Datensätze erzeugt werden. Für den ersten Datensatz ergeben sich dann die beiden fehlenden Werte wie folgt:

$$U_3^1 = 121{,}04 + 0{,}69 \cdot 1 + 2{,}46 \cdot 0 + 0{,}89 \cdot 23 - 6{,}10 \cdot 4{,}89 - 0{,}18$$
$$= 112{,}19 \approx 112$$

$$U_7^1 = 121{,}04 + 0{,}69 \cdot 1 + 2{,}46 \cdot 1 + 0{,}89 \cdot 20 - 6{,}10 \cdot 4{,}96 + 3{,}96$$
$$= 115{,}69 \approx 116$$

Entsprechend des Predictive-Mean-Ansatzes wurden die Imputationsergebnisse der Absatzzahlen auf die nächste ganze Zahl gerundet. Als Störterme wurden im vorliegenden Fall die Werte $\varepsilon_3^1 = -0{,}18$ und $\varepsilon_7^1 = 3{,}96$ berücksichtigt. Werden für die Imputation beim zweiten Datensatz die Zufallswerte $\varepsilon_3^2 = 2{,}27$ und $\varepsilon_7^2 = 9{,}12$ und beim dritten Datensatz die Zufallswerte $\varepsilon_3^3 = -1{,}72$ und $\varepsilon_7^3 = -0{,}60$ verwendet, so resultieren folgende drei vervollständigte Datenmatrizen

$$\mathbf{A}^1 = \begin{pmatrix} 0 & 1 & 27 & 4{,}99 & 117 \\ 1 & 0 & 22 & 4{,}79 & 112 \\ 1 & 0 & 23 & 4{,}89 & 112 \\ 0 & 1 & 26 & 4{,}69 & 118 \\ 1 & 0 & 24 & 4{,}77 & 114 \\ 1 & 0 & 26 & 4{,}39 & 118 \\ 1 & 1 & 20 & 4{,}96 & 116 \\ 0 & 0 & 24 & 3{,}99 & 118 \end{pmatrix} \quad \mathbf{A}^2 = \begin{pmatrix} 0 & 1 & 27 & 4{,}99 & 117 \\ 1 & 0 & 22 & 4{,}79 & 112 \\ 1 & 0 & 23 & 4{,}89 & 115 \\ 0 & 1 & 26 & 4{,}69 & 118 \\ 1 & 0 & 24 & 4{,}77 & 114 \\ 1 & 0 & 26 & 4{,}39 & 118 \\ 1 & 1 & 20 & 4{,}96 & 120 \\ 0 & 0 & 24 & 3{,}99 & 118 \end{pmatrix}$$

$$\mathbf{A}^3 = \begin{pmatrix} 0 & 1 & 27 & 4{,}99 & 117 \\ 1 & 0 & 22 & 4{,}79 & 112 \\ 1 & 0 & 23 & 4{,}89 & 111 \\ 0 & 1 & 26 & 4{,}69 & 118 \\ 1 & 0 & 24 & 4{,}77 & 114 \\ 1 & 0 & 26 & 4{,}39 & 118 \\ 1 & 1 & 20 & 4{,}96 & 112 \\ 0 & 0 & 24 & 3{,}99 & 118 \end{pmatrix}$$

Anhand der vervollständigten Datensätze können nun Mittelwerte $\hat{\theta}^n$ für die unvollständig beobachte Variable U geschätzt werden. In unserem Beispiel ergeben sich die folgenden drei Schätzer $\hat{\theta}_U^1 = 115{,}625$, $\hat{\theta}_U^2 = 116{,}5$ und $\hat{\theta}_U^3 = 115$. Die Zusammenführung der Einzelresultate erfolgt über das einfache arithmetische Mittel

$$\bar{\theta} = \frac{1}{N}\sum_{n=1}^{N}\hat{\theta}^n \tag{5}$$

Im vorliegenden Beispiel ergibt sich somit

$$\bar{\theta}_U = \frac{1}{3}(115{,}625 + 116{,}5 + 115) = 115{,}708\,.$$

Die Unsicherheit bezüglich $\bar{\theta}$ wird anhand der Varianz quantifiziert. Diese kann in zwei Komponenten zerlegt werden, erstens die Varianz zwischen den Imputationen

$$\hat{B} = \frac{1}{N-1}\sum_{n=1}^{N}\left(\hat{\theta}^n - \bar{\theta}\right)^2 \tag{6}$$

und zweitens die gemittelte Varianz innerhalb der Imputationen

$$\bar{W} = \frac{1}{N}\sum_{n=1}^{N}\sigma_n^2\,, \tag{7}$$

wobei σ_n^2 die Stichprobenvarianz der Merkmalsausprägungen im n-ten vervollständigten Datensatz (mit $I-1$ Freiheitsgraden) bezeichnet. Die geschätzte totale Varianz ergibt sich aus der Formel (Schafer/Graham 2002; Rubin 2004):

$$\hat{T} = \left(1 + \frac{1}{N}\right)\hat{B} + \bar{W}\,. \tag{8}$$

Der Korrekturfaktor $1+N^{-1}$ in Gleichung (8) trägt dabei der endlichen Anzahl von imputierten Datensätzen Rechnung (Little/Rubin 2002, S. 87). Im obigen Beispiel betragen die einzelnen Varianzen $\sigma_1^2(AB)=6{,}839$, $\sigma_2^2(AB)=6{,}857$ und $\sigma_3^2(U)=9{,}429$, woraus dann $\overline{W}=7{,}708$ folgt.

Mit $\hat{B}=\frac{1}{2}\left((115{,}625-115{,}708)^2+(116{,}5-115{,}708)^2+(115-115{,}708)^2\right)=0{,}568$ ist $\hat{T}=4/3\cdot 0{,}568+7{,}708=8{,}465$ durch die Varianzen innerhalb der drei vervollständigten Datensätze dominiert. Dies kann dahingehend interpretiert werden, dass die Unsicherheit im Hinblick auf die wahren Ausprägungen der nicht beobachteten Werte, die durch die unterschiedlichen Imputationen in die Analyse hineingetragen wird, gering ist. Sollen weitergehende Signifikanztests auf Basis der *t*-Verteilung (mit Irrtumswahrscheinlichkeit α) durchgeführt werden, so gilt (Rubin/Schenker 1986; Schafer 1999):

$$\frac{\overline{\theta}-\theta}{\sqrt{\hat{T}}}\sim t_{q;1-\alpha}, \tag{9}$$

wobei die Anzahl der Freiheitsgrade q mit

$$q=(N-1)\left(1+\frac{\overline{W}}{(1+N^{-1})\hat{B}}\right)^2 \tag{10}$$

approximiert wird.

In den einschlägigen Softwarepaketen ist darüber hinaus die von Barnard/Rubin (1999) für kleine Stichproben bzw. bei nur wenigen Freiheitsgraden in den vollständigen Daten und einem geringen oder mittleren Anteil fehlender Werte empfohlene modifizierte Berechung der Freiheitsgrade q^* gemäß der Formel

$$q^*=\left(\frac{1}{q}+\frac{1}{q^{obs}}\right)^{-1} \text{ mit } q^{obs}=\frac{q_0+1}{q_0+3}q_0\left(1-\frac{\hat{B}}{\hat{T}}\left(1+N^{-1}\right)\right) \tag{11}$$

implementiert. Hierbei bezeichnet q_0 die Zahl der Freiheitsgrade zur Prüfung des Parameters θ in dem hypothetischen Fall der vollständigen Beobachtung aller Werte.

Bei unserem Beispiel handelt es sich um einen kleinen Datensatz, in dem nur zwei Werte fehlen, weshalb obige Näherung genutzt werden sollte. Wenn alle Daten vollständig beobachtet worden wären, so würde für die Berechnung des arithmetischen Mittels ein Freiheitsgrad „verbraucht", da sich die Ausprägung einer Beobachtung aus der Kenntnis aller anderen Beobachtungen und des arithmetischen Mittels sicher errechnen lässt. In unserem Beispiel gilt für die Prüfung des Parameters θ somit $q_0=I-1=7$. Folglich ist

$q^{obs} = 5{,}10$. Gemäß Gleichung 10 ergibt sich $q = 250{,}26$ und aus Gleichung 11 resultiert schließlich $q^* = 4{,}99$. Der Test erfolgt somit anhand der tabellierten Werte der t-Verteilung mit (gerundeten) 5 Freiheitsgraden.

Wenn wir für das vorliegende Beispiel unterstellen, dass aus einer früheren Marktanalyse der vermutlich „wahre" mittlere Absatz θ bekannt ist und genau 112 Tonnen beträgt, so resultiert gemäß Gleichung 9 ein empirischer t-Wert von 1,274. Bei einer Irrtumswahrscheinlichkeit von $\alpha = 0{,}05$ und 5 Freiheitsgraden ist das kritische Quantil der t-Verteilung $t_{5;0,95} = 2{,}015$. Das $\overline{\theta}$ aus unserem didaktischen Beispiel unterscheidet sich somit nicht signifikant vom wahren Mittelwert (Anmerkung: In realen Anwendungen ist bei kleinen Datensätzen ein verteilungsfreier Test vorzuziehen.).

Bei der modellbasierten Datenimputation, beispielsweise mittels linearer Regression, ist darauf zu achten, dass das der Imputation zugrundeliegende Modell nicht zu dem (oder den) für die Datenauswertung herangezogenen Modell(en) im Widerspruch steht. Generell besteht die Gefahr, dass durch die Imputation zusätzliche (implizite) Annahmen – z. B. die, dass die Korrelation der im Imputationsansatz nicht berücksichtigten Variablen mit den unvollständig beobachteten Variablen gleich 0 ist – in die eigentliche Analyse hineingetragen werden (Schafer 1999).

In diesem Zusammenhang ist auch zu betonen, dass die oben beschriebene Form der Datenvervollständigung lediglich statistische Beziehungen zwischen den Variablen ausnutzt, die nicht als Kausalbeziehungen, wie sie üblicherweise einer regressionsanalytischen Betrachtung zugrundeliegen, interpretiert werden dürfen. Im vorliegenden Fall werden lediglich die über eine gegebene Datenstruktur verfügbaren Informationen ausgewertet.

Angenommen, die Imputationen würden keine Informationen über den Parameter θ liefern, dann würde für die Schätzer aller vervollständigten Datensätze $\hat{\theta}^n = \hat{\theta}^{n'}$ $(\forall n, n' = 1, \ldots, N)$ und daher auch $\hat{T} = \overline{W}$ gelten. Entsprechend kann das Verhältnis von Varianz zwischen den Imputationen und der Varianz innerhalb der Imputationen genutzt werden, um den relativen Anstieg der Varianz aufgrund der fehlenden Daten zu bewerten:

$$r = \frac{(1 + N^{-1})\hat{B}}{\overline{W}} \qquad (12)$$

Für unser Beispiel ergibt sich $r = 0{,}098$, was dahingehend interpretiert werden kann, dass die Varianz nur geringfügig steigt. Zudem erlaubt die Kenntnis des Varianzanstieges eine Quantifizierung des Anteils fehlender Informationen λ (Schafer 1999):

$$\lambda = \frac{r + 2/(q + 3)}{1 + r} \qquad (13)$$

	λ						
N	1 %	5 %	10 %	15 %	20 %	25 %	50 %
3	0,9967	0,9836	0,9677	0,9524	0,9375	0,9231	0,8571
5	0,9980	0,9901	0,9804	0,9709	0,9615	0,9524	0,9091
10	0,9990	0,9950	0,9901	0,9852	0,9804	0,9756	0,9524
20	0,9995	0,9975	0,9950	0,9926	0,9901	0,9877	0,9756

Tabelle 4: Relative Effizienz in Abhängigkeit vom Anteil fehlender Informationen λ und der Anzahl imputierter Datensätze N

Die Kenntnis von λ (im Beispiel resultiert für $q = 5$ ein Wert von 0,317) ermöglicht es, die relative Effizienz Ξ eines Schätzers für θ auf der Basis von N vervollständigten Datensätzen im Vergleich zu einem Schätzer auf der Basis von unendlich vielen vervollständigten Datensätzen zu bestimmen. Es gilt:

$$\Xi = \frac{N}{N+\lambda} \tag{14}$$

In Tabelle 4 ist der Zusammenhang zwischen dem Anteil an fehlenden Informationen λ, der Anzahl an durchgeführten Imputationen N und der relativen Effizienz Ξ anhand von exemplarisch gewählten Wertekonstellationen dargestellt.

Wie aus der Tabelle ersichtlich, ist der Effizienzzuwachs mit steigender Anzahl an Imputationen N stark abnehmend, weshalb man sich in der praktischen Anwendung zumeist mit 5 bis 10 imputierten Datensätzen begnügt.

Modellbasierte Ansätze eignen sich, wie in obigem Beispiel der Fall, bei univariaten Ausfallmustern. Bei monotonen Ausfallmustern ist eine wiederholte Anwendung möglich, wobei die jeweils vervollständigte Variable im nächsten Schritt in den Modellansatz mit aufgenommen wird. Nicht monotone Ausfallmuster erfordern hingegen andere Methoden zur Imputation, wie beispielsweise den von Dempster et al. (1977) entwickelten EM-Algorithmus.

Der EM-Algorithmus basiert auf der Unterscheidung der Verteilung der beobachteten Werte und der Verteilung der fehlenden Werte. Die Wahrscheinlichkeit für das Auftreten der Daten in **A** ist gegeben durch

$$p(\mathbf{A} \mid \boldsymbol{\theta}) = p\left(\mathbf{A}^{obs}, \mathbf{A}^{mis} \mid \boldsymbol{\theta}\right) = p\left(\mathbf{A}^{mis} \mid \mathbf{A}^{obs}, \boldsymbol{\theta}\right) \cdot p\left(\mathbf{A}^{obs} \mid \boldsymbol{\theta}\right). \tag{15}$$

Die Likelihood-Funktion lautet:

$$L(\boldsymbol{\theta} \mid \mathbf{A}) = L\left(\boldsymbol{\theta} \mid \mathbf{A}^{obs}, \mathbf{A}^{mis}\right) = p\left(\mathbf{A} \mid \boldsymbol{\theta}\right) \tag{16}$$

Im *Expectation-Schritt* wird der Erwartungswert des Logarithmus der Likelihood-Funktion ausgehend von der bis dahin besten Näherung $\boldsymbol{\theta}^{(t-1)}$ betrachtet. Es gilt:

$$\Psi(\boldsymbol{\theta} \mid \boldsymbol{\theta}^{(t-1)}) = E\left(\log L(\boldsymbol{\theta} \mid \mathbf{A}) \mid \mathbf{A}^{obs}, \boldsymbol{\theta}^{(t-1)}\right) \tag{17}$$

Dabei bezeichnet $\boldsymbol{\theta}$ den gesuchten, unbekannten Parametervektor der Verteilung und $\boldsymbol{\theta}^{(t-1)}$ die in der $t-1$-ten Iteration beste Näherung. Im *Maximization-Schritt* wird nun eine neue beste Lösung $\boldsymbol{\theta}^{(t)}$ bestimmt, für die gilt:

$$\boldsymbol{\theta}^{(t)} = \arg\max_{\boldsymbol{\theta}} \Psi(\boldsymbol{\theta} \mid \boldsymbol{\theta}^{(t-1)}) \tag{18}$$

Beide Schritte werden abwechselnd so lange durchlaufen, bis ein vordefiniertes Konvergenzkriterium erfüllt ist, z. B. der Unterschied zwischen den besten Näherungen zweier aufeinanderfolgender Iterationen ein vorher festgelegtes Minimum unterschreitet. Neben der Zufälligkeit des Ausfallmechanismus (MAR) setzt der EM-Algorithmus auch eine Normalverteilung der Daten voraus und ist daher in seiner Grundform nur auf metrisch skalierte Daten anwendbar.

In der ursprünglichen Version ist der Anwendungsbereich des EM-Algorithmus auf den Fall metrischer Daten beschränkt (Schnell 1991). Eine Erweiterung desselben auf kategoriale Daten wurde von Little/Schluchter (1985) mit dem „General Location Model"-Algorithmus realisiert. Weitere Modifikationen zum Zwecke der Vereinfachung der Berechnungen in Verbindung mit dem EM-Algorithmus wurden von Meng/Rubin (1993) mit dem „Expectation/Conditional Maximization"-Algorithmus sowie von Geng et al. (1996) mit dem „Partial Expectation Maximization"-Algorithmus vorgeschlagen.

Eine Alternative zum EM-Algorithmus ist das Markov-Chain-Monte-Carlo-Verfahren (MCMC-Verfahren), in dem ebenfalls iterativ vorgegangen wird. Eine Markov-Kette ist eine Abfolge von u. U. mehrdimensionalen Zufallszahlen mit der Eigenschaft, dass die Wahrscheinlichkeit für das Auftreten einer bestimmten Ausprägung nur von der zuvor beobachteten (gezogenen) Ausprägung der Zufallsvariablen abhängt. Ähnlich wie beim EM-Algorithmus besteht jede Iteration (t) aus zwei Teilschritten (Schafer 1997).

Im *Imputation-Schritt* werden zunächst mittels der Dichte $p(\mathbf{A}^{mis} \mid \mathbf{A}^{obs}, \boldsymbol{\theta}^{(t-1)})$ Werte für $\mathbf{A}^{mis,(t)}$ bestimmt. Im *Parameter-Schritt* erfolgt dann die Aktualisierung des Parametervektors $\boldsymbol{\theta}^{(t)}$ unter Verwendung der Dichte $p(\boldsymbol{\theta} \mid \mathbf{A}^{obs}, \mathbf{A}^{mis,(t)})$. Das wiederholte Ausführen der beiden Schritte generiert eine bzgl. $p(\mathbf{A}^{mis}, \boldsymbol{\theta} \mid \mathbf{A}^{obs})$ konvergierende Markov-Kette $\left(\left\{\mathbf{A}^{mis,(1)}, \boldsymbol{\theta}^{(1)}\right\}, \left\{\mathbf{A}^{mis,(2)}, \boldsymbol{\theta}^{(2)}\right\}, \ldots, \left\{\mathbf{A}^{mis,(t)}, \boldsymbol{\theta}^{(t)}\right\}\right)$, was als *Burn-In* Phase bezeichnet wird. Wenn die Konvergenz erreicht ist, simuliert jeder weitere Schritt eine näherungsweise unabhängige Ziehung der fehlenden Werte aus dieser Verteilung. Zur Bestimmung einer geeigneten Ausgangslösung kann der EM-Algorithmus herangezogen werden.

5. Schlussbemerkungen

Zusammenfassend kann bezüglich der Zweckmäßigkeit des Einsatzes von Imputationsverfahren festgehalten werden, dass

- nach Abschluss der Imputation konventionelle Datenauswertungsmethoden zur Anwendung kommen können,
- für zahlreiche Problemstellungen bis dato noch keine gegen fehlende Werte robuste Verfahrensmodifikationen existieren und
- die Ergebnisse unterschiedlicher Datenauswertungen nicht durch verfahrensspezifische Teilstichprobenziehungen aus dem Basisdatensatz inkonsistent werden.

Aufgrund der genannten Vor- und Nachteile der einzelnen Vorgehensweisen kann für den mit den jeweiligen methodischen Details nicht so vertrauten Anwender die multiple Imputation fehlender Werte mittels EM-Algorithmus oder MCMC-Verfahren als die wohl geeignetste Vorgehensweise bezeichnet werden (Graham et al. 2003; Ibrahim et al. 2005). Die in der Marktforschungspraxis häufig zum Einsatz kommenden Softwarepakete SAS (Proc MI zur Generierung der Datensätze und MIANALYSE zur Zusammenfassung der Resultate), SPSS (Zusatzmodul MVA) und S-Plus resp. R (Package CAT) stellen in ihren jüngsten Versionen sowohl einfache als auch multiple Imputationsverfahren zur Behandlung fehlender Werte zur Verfügung. Allerdings sind die Implementationen in den verschiedenen Paketen nicht zwangsläufig identisch. Hippel (2004) zeigt z. B. Abweichungen durch die Implementation der in der Marktforschung weit verbreiteten Software SPSS auf. Darüber hinaus ist mit NORM ein leistungsfähiges Programmpaket kostenlos verfügbar (siehe www.stat.psu.edu, Stand: 8.9.2006).

Literaturverzeichnis

Afifi, A./Elashoff, R. (1967): Missing Observations in Multivariate Statistics II – Point Estimation in Simple Linear Regression, in: Journal of the American Statistical Association, 62 (March), S. 10-29.

Banard, J./Rubin, D.B. (1999): Small-Sample-Degrees of Freedom with Multiple Imputation, in: Biometrika, 86. Jg., S. 948-955.

Bankhofer, U. (1995): Unvollständige Daten- und Distanzmatrizen in der Multivariaten Datenanalyse, Bergisch Gladbach.

Bankhofer, U./Praxmarer, S. (1998): Zur Behandlung fehlender Daten in der Marktforschungspraxis, in: Marketing ZFP, 20. Jg., Nr. 2, S. 109-118.

Bartlett, M. (1937): Some Examples of Statistical Methods of Research in Agriculture and Applied Botany, in: Journal of the Royal Statistical Society, 4, Series B, S. 137-170.

Beale, E./Little, R. (1975): Missing Values in Multivariate Analysis, in: Journal of the Royal Statistical Society, Series B, 37. Jg., S. 129-145.

Beale, E./Little, R. (1993): Choosing Among Imputation Techniques for Incomplete Multivariate Data: A Simulation Study, in: Communications in Statistics – Theory and Methods, 22. Jg., Nr. 3, S. 853-877.

Brand, J./van Buuren, S./van Mulligen, E./Timmers, T./Gelsema, E. (1994): Multiple Imputation as a Missing Data Machine, in: Ozbolt, J. (Hrsg.), Transforming Information, Changing Health Care, Philadelphia, S. 303-306.

Buck, S. (1960): A Method of Estimation of Missing Values in Multivariate Data Suitable for Use with an Electronic Computer, in: Journal of the Royal Statistical Society, Series B, 22. Jg., S. 302-306.

Cohen, J./Cohen P. (1983): Applied Multiple Regression/Correlation Analysis for the Behavioral Sciences, 2. Auflage, Hillsdale.

Dear, R. (1959): A Principal Component Missing Data Method for Multiple Regression Models, Technical Report SP-86, Santa Monica.

Decker, R./Wagner, R. (2002): Marketingforschung – Methoden und Modelle zur Bestimmung des Käuferverhaltens, München.

Dempster, A./Laird, N./Rubin, D. (1977): Maximum Likelihood from Incomplete Data via the EM Algorithm, in: Journal of the Royal Statistical Society, 39. Jg., Series B, S. 1-38.

DeSarbo, W./Green, P./Carroll, J. (1986): An Alternating Least-Squares Procedure for Estimating Missing Preference Data in Product-Concept Testing, in: Decision Sciences, 17. Jg., Nr. 2, S. 163-185.

Federspiel, C./Monroe, R./Greenberg, B. (1959): An Investigation of Some Multiple Regression Methods for Incomplete Samples, Memeo Series, No. 236, University of North Carolina.

Ford, B. (1983): An Overview of Hot-Deck Procedures, in: Madow, W./Nisselson, H./Olkin, I. (Hrsg.), Incomplete Data in Sample Surveys, 2, New York, S. 185-207.

Frane, J. (1978): Missing Data and BMDP: Some Pragmatic Approaches, ASA Proceedings of the Statistical Computing Section, S. 27-33.

Gaul, W./Schader, M. (1994): Pyramidal Classification Based on Incomplete Dissimilarity Data, Journal of Classification, 11. Jg., Nr. 2, S. 171-193.

Geng, Z./Asano, C./Ichimura, M./Tao, F./Wan, K./Kuroda, M. (1996): Partial Imputation Method in the EM Algorithm, in: Prat, A. (Hrsg.), Compstat 1996, Proceedings in Computational Statistics, Heidelberg, S. 259-263.

Graham, J.W./Cumsille, P.E./Elek-Fisk, E. (2003): Methods for Handling Missing Data, in: Schinka, J.A./Velicer, W.F. (Hrsg.), Handbook of Psychology, Vol. 2: Research Methods in Psychology, New York, S. 87-114.

Graham, J.W./Donaldson, S. (1993): Evaluating Interventions With Differential Attrition: The Importance of Nonresponse Mechanisms and Use of Follow-Up Data, in: Journal of Applied Psychology, 78. Jg., Nr. 1, S. 119-128.

Gupta, A./Lam, M. (1996): Estimating Missing Values Using Neural Networks, in: Journal of the Operational Research Society, 47. Jg., Nr. 2, S. 229-238.

Hippel, P.T. (2004): Biases in SPSS 12.0 Missing Values Analysis, in: American Statistician, 58. Jg., S. 160-164.

Horton, N.J./Lipsitz, S.R. (2001): Multiple Imputation in Practice: Comparison of Software Packages for Regression Models with Missing Variables, in: American Statistican, 55. Jg., Nr. 3, S. 244-254.

Ibrahim, J.G./Chen, M.H./Lipsitz, S.R./Herring, A.H. (2005): Missing-Data Methods for Generalised Linear Models: A Comparative Review, in: Journal of the American Statistical Association, 100. Jg., Nr. 469, S. 332-346.

Kaldenberg, D./Koenig, H./Becker, B. (1994): Mail Survey Response Rate Patterns in a Population of the Elderly, in: Public Opinion Quarterly, 58. Jg. (Spring), S. 68-76.

Kara, A./Nielsen, C./Sahay, S./Sivasubramaniam, N. (1994): Latent Information in the Pattern of Missing Observations in Global Mail Surveys, in: Journal of Global Marketing, 7. Jg., Nr. 4, S. 103-126.

Kenward, M.G./Molenberghs, G. (1998): Likelihood based Frequentist Inference When Data are Missing at Random, in: Statistical Science, 13. Jg., S. 236-247.

Kim, J./Curry, J. (1977): The Treatment of Missing Data in Multivariate Analysis, in: Sociological Methods & Research, 6. Jg., Nr. 2, S. 215-240.

Little, R. (1988): A Test of Missing Completely at Random for Multivariate Data With Missing Values, Journal of the American Statistical Association, 83. Jg. (December), S. 1198-1202.

Little, R./Rubin, D.B. (2002): Statistical Analysis with Missing Data, 2. Auflage, New York.

Little, R./Schluchter, M. (1985): Maximum Likelihood Estimation for Mixed Continuous and Categorical Data with Missing Values, in: Biometrika, 72. Jg., Nr. 3, S. 497-512.

Lösel, F., Wüstendörfer W. (1974): Zum Problem unvollständiger Datenmatrizen in der empirischen Sozialforschung, in: Kölner Zeitschrift für Soziologie und Sozialpsychologie, 26. Jg., S. 342-357.

Malhotra, N./Jain, A./Pinson, C. (1988): The Robustness of MDS Configurations in the Case of Incomplete Data, in: Journal of Marketing Research, 25. Jg. (February), S. 95-102.

Meng, X./Rubin, D. (1993): Maximum Likelihood Estimation via the ECM-Algorithm: A General Framework, in: Biometrika, 80. Jg., Nr. 2, S. 267-278.

Möntmann, V./Bollinger, G./Herrmann A. (1983): Tests auf Zufälligkeit von „MISSING DATA“, in: Wilke, H. (Hrsg.), Statistiksoftware in der Sozialforschung, Berlin, S. 87-101.

Pindyck, R./Rubinfeld, D. (1997): Econometric Models & Economic Forecasts, 4. Auflage, New York.

Roth, P. (1994): Missing Data: A Conceptual Review for Applied Psychologists, in: Personnel Psychology, 47. Jg., Nr. 3, S. 537-560.

Rubin, D.B. (1972): A Non-Iterative Algorithm for Least Squares Estimation of Missing Values in Any Analysis of Variance Design, in: Applied Statistics, 21. Jg., Nr. 2, S. 136-141.

Rubin, D.B. (1974): Characterizing the Estimation of Parameters in Incomplete Data Problems, in: Journal of the American Statistical Association, 69. Jg. (June), S. 467-474.

Rubin, D.B. (1976): Inference and Missing Data, in: Biometrika, 63. Jg., Nr. 3, S. 581-592.

Rubin, D.B. (2004): Multiple Imputation for Nonresponse in Surveys, 2. Auflage, New York.

Rubin, D.B./Schenker, N. (1986): Multiple Imputation for Interval Estimation from Simple Random Samples with Ignorable Nonresponse, in: Journal of the American Statistical Association, 81. Jg., S. 366-387.

Schafer, J.L. (1997): Analysis of Incomplete Multivariate Data, London.

Schafer, J.L. (1999): Multiple Imputation, A Primer, Statistial Methods in Medical Research, 8. Jg., S. 3-15.

Schafer, J.L./Graham, J.W. (2002): Missing Data: Our View of the State of the Art, in: Psychological Methods, 7. Jg., Nr. 2, S. 147-177.

Sande, I. (1983): Hot-Deck Imputation Procedures, in: Madow, W./Nisselson, H./Olkin, I. (Hrsg.), Incomplete Data in Sample Surveys, New York, S. 339-349.

Schnell, R. (1986): Missing-Data-Probleme in der empirischen Sozialforschung, Bochum.

Schnell, R. (1991): Realisierung von Missing-Data-Ersetzungstechniken innerhalb statistischer Programmpakete und ihre Leistungsfähigkeit, in: Best, H./Thome, H. (Hrsg.), Neue Methoden der Analyse historischer Daten, St. Katharina.

Schnell, R./Hill, P./Esser, E. (2005): Methoden der empirischen Sozialforschung, 7. Auflage, München.

Schuman, H./Presser S. (1981): Questions and Answers in Attitude Surveys, New York.

Spence, I./Domoney, D. (1974): Single Subject Incomplete Designs for Nonmetric Multidimensional Scaling, in: Psychometrika, 39. Jg., Nr. 4, S. 469-490.

Takane, Y./Young, F./deLeeuw, J. (1977): Nonmetric Individual Differences Multidimensional Scaling, in: Psychometrika, 42. Jg., Nr. 1, S. 7-67.

Thomsen, I./ Siring, E. (1983): On the Causes and Effects of Nonresponse: Norwegian Experiences, in: Madow, W./Oklin, I. (Hrsg.), Incomplete Data in Sample Surveys, 3, New York.

Toutenburg, H. (2002): Lineare Modelle, 2. Auflage, Heidelberg.

Wagner, R./Temme, T./Decker, R. (1998): Die Behandlung fehlender Werte in der angewandten Marktforschung, in: Jahrbuch der Absatz- und Verbrauchsforschung, 44. Jg., Nr. 4, S. 395-417.

Wiberg, T. (1976): Computation of Principle Components When Data are Missing, International Association for Statistical Computing – Compstat 1976, Wien, S. 229-236.

Wilkinson, G. (1958): Estimation of the Missing Values for the Analysis of Incomplete Data, in: Biometrics, 14. Jg., Nr. 2, S. 257-286.

Yates, F. (1933): The Analysis of Replicated Experiments When the Field Results are Incomplete, in: The Empire Journal of Experimental Agriculture, 1. Jg., S. 129-142.

Lutz Hildebrandt

Hypothesenbildung und empirische Überprüfung

Prof. Dr. Lutz Hildebrandt ist Leiter des Instituts für Marketing an der Humboldt-Universität zu Berlin, Projektleiter im Sonderforschungsbereich 649 „Ökonomisches Risiko" und Herausgeber der Zeitschrift „Marketing – Journal of Research and Management".

1. Einleitung

Die Durchführung von Marktforschungsvorhaben beruht im Allgemeinen auf dem Bedürfnis der Manager, möglichst viele der Risiken und Unsicherheiten, die aus dem Verhalten der Marktteilnehmer resultieren, kontrollierbar und damit planbar zu machen. Marktforschung dient dabei im Wesentlichen der Kontrolle der Wirkung des eingesetzten Marketing-Instrumentariums, der Aufdeckung von entstehenden Kundenbedürfnissen und neuen Märkten sowie der Aufdeckung der Ursache von Diskontinuitäten, Erfolgen oder Misserfolgen. Marktforschung zur Unterstützung von Entscheidungen wird vor allem dann betrieben, wenn das Erfahrungswissen der Manager nicht mehr ausreicht, um Phänomene eindeutig zu beurteilen oder eine anstehende Entscheidung durch zusätzliche „objektive" Informationen aus dem Markt abgesichert werden muss.

Das Gerüst einer Marktforschungsstudie in der Praxis spiegelt dabei häufig die Vorstellung des Managements über die Einflussgrößen auf das zu untersuchende Phänomen (z. B. Kaufverhalten, Werbewirkung etc.) wider. Datenerhebung und Datenanalyse, die von finanziellen Aspekten geleitet sind, folgen hier häufig gewachsenen Regeln, welche die Vergleichbarkeit mit Ergebnissen vergangener Studien sichern sollen und die Verwendung einfacher Entscheidungskriterien ermöglichen (z. B. eines Schwellenwertes auf einer Kaufintensions-Skala oder eines bestimmten Prozentsatzes an Recallwerten im Werbetest). Den Regeln liegen implizit Hypothesen über den zu erwartenden Erfolg und seine Ursachen zugrunde.

Die wissenschaftliche Marktforschung folgt dagegen bei ihren Forschungsvorhaben einem metatheoretisch vorgegebenen Paradigma der Erkenntnisgewinnung, das strengere Anforderungen an den Forschungsprozess stellt. Im Mittelpunkt steht das Ziel, generalisierbares Wissen zu generieren und signifikante Phänomene, z. B. des Konsumentenverhaltens oder des Markterfolgs, zu erklären. Ausgangspunkt des Forschungsprozesses sind meist Aussagen oder Hypothesen über Einflussgrößen und Wirkungszusammenhänge, die anhand von experimentellen und nicht experimentellen Daten statistisch überprüft werden. Die dabei benutzten Indikatoren sind meist das Ergebnis von Befragungen oder werden aus vorliegenden Informationen über den Geschäftsprozess abgeleitet.

Der vorliegende Beitrag liefert einen kurzen Aufriss des wissenschaftlichen Forschungsprozesses und eine Diskussion der Anforderungen, die an empirische Studien zu stellen sind. Es werden dabei insbesondere Fragen der Hypothesenbildung und deren empirisch-statistische Prüfung behandelt, wobei sowohl ein Bezug zur Marketingpraxis als auch zu den Problemen und Anforderungen, die mit der Erfüllung wissenschaftstheoretischer Kriterien verbunden sind, hergestellt wird. Zunächst wird auf den Theoriekonstruktionsprozess eingegangen, dann auf Fragen der Theorieprüfung. Anschließend wird ein Ansatz der ganzheitlichen Theorieprüfung mit der Methodologie der multivariaten Kausalanalyse vorgeschlagen, der über die herkömmlichen Vorgehensweisen in der Marketingforschung hinausgeht.

2. Die Bildung von Hypothesen und Theorien

Ausgangspunkt jedes Forschungsprozesses sind Phänomene, von deren Beschreibung oder Erklärung vermutet wird, dass das dabei erzeugte Wissen zur Verbesserung von Entscheidungs- oder Verhaltensprozessen beiträgt. Das Anfangswissen über ein Phänomen und vermutete Beziehungen werden im Allgemeinen durch eine Menge von Aussagen repräsentiert, die mehr oder weniger spezifisch sein können (z. B. „die Steigerung des Werbedrucks erhöht den Bekanntheitsgrad eines Produkts" oder „eine Erhöhung des Werbebudgets um 10 % erhöht den Umsatz um 5 %"). Folgt man dem in den Sozialwissenschaften weithin akzeptierten Paradigma des kritischen Rationalismus zur Erkenntnisgewinnung (Popper 2002a), dann bezieht sich der Forschungsprozess auf die Überprüfung dieser Aussagen, wobei Kriterien der Aussagenlogik (Opp 2005) zur Prüfung der logischen Wahrheit und der Empirie zur Prüfung der faktischen Wahrheit einzusetzen sind. Bei der Feststellung der logischen Wahrheit steht die Überprüfung des syntaktischen Aspekts der Aussagen, d. h. der formale Zusammenhang der Symbole im Vordergrund. Die Überprüfung logischer Wahrheit hat somit eine besondere Bedeutung, wenn den Aussagen über ein Phänomen ein formales Modell zugrundeliegt. Die faktische Wahrheit bezieht sich auf den semantischen Aspekt einer Aussage. Der durch die Aussage repräsentierte Sachverhalt ist der Realität gegenüberzustellen und es ist zu entscheiden, ob die Aussage aufrechterhalten werden kann oder nicht. Der Nachweis faktischer Wahrheit erfolgt also durch empirische Prüfung.

Die Aussagen der Praxis und der Wissenschaft sind häufig von unterschiedlichem semantischen Gehalt. Wissenschaftler und Praktiker unterscheiden sich bei ihren Aussagen in erster Linie in den Quellen des Anfangswissens (theoretisches Wissen vs. Erfahrungswissen), der Zielsetzung (explikativ vs. instrumentell) und der Abstraktion und Reichweite der Aussagen (allgemeines Preisverhalten vs. das Preisverhalten gegenüber einem Produkt x), was einen nicht unerheblichen Einfluss auf die Inhalte und Ergebnisse des jeweiligen Forschungsprozesses hat. Der Ablauf dieses Prozesses kann im Schema in Abbildung 1 (Zaltman et al. 1973) verdeutlicht werden. Ein ähnliches Schema findet sich z. B. in Churchill (2005) für die praktische Vorgehensweise in der Marketingforschung.

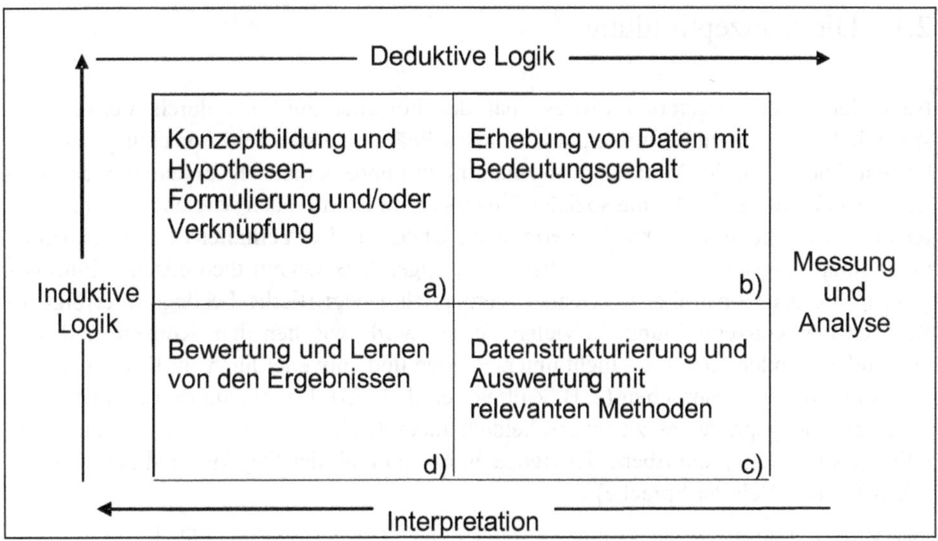

Abbildung 1: Schema des Forschungsprozesses (in Anlehnung an Zaltman et al. 1973)

Der Prozess beginnt mit der Konzeptbildung (Feld a)) und der Festlegung der theoretischen Grundlage eines Forschungsproblems. Hierzu gehört die Aufarbeitung existierenden Wissens, die Definition von Begriffen und die Formulierung und Ableitung von Aussagen über ein Phänomen. Liegt die zu prüfende theoretische Struktur fest, sind relevante Daten zu erheben (Feld b)) und die postulierten Hypothesen oder Strukturen anhand der Daten zu prüfen (Feld c)). Die Auswertung und Ergebnisinterpretation kann dann Quelle neuen Wissens und die Basis der Entwicklung neuer Hypothesen sein, womit der Forschungsprozess wieder von Neuem beginnt (Franke 2002). Den Aufgaben in Feld a) kommt dabei eine herausragende Bedeutung zu, die unmittelbar auch einen Einfluss auf die Methodik der empirischen Prüfung (Feld c)) hat. Sie sind Kern der folgenden Abschnitte.

Zur Entwicklung einer gehaltvollen Theorie im Sinne ihrer Bewährung in der Realität wird der Prozess des kumulativen Wissenszuwachses durch Deduktion, Empirie und Induktion mit Pfeilen verdeutlicht. Im Paradigma des kritischen Rationalismus vollzieht sich der Erkenntnisfortschritt in einem iterativen Prozess der Erarbeitung von Hypothesen aus bestehendem Wissen und deren Prüfung an der Realität, die im Fall der Falsifikation zur Bildung neuer Hypothesen führt. Die Einbeziehung der Induktion in das Schema kennzeichnet die Auffassung des logischen Empirizismus, bei welcher der Forschungsprozess praktisch ohne gesichertes Vorwissen (z. B. auf Basis von Einzelbefunden) beginnt (Anderson 1983).

2.1 Die Konzeptbildung

Nach dem oben skizzierten Prozess hat der Forscher zunächst durch Verwendung sprachlicher Terme zu definieren, auf welches Phänomen sich sein Forschungsinteresse bezieht. Dies ist in der Marketingforschung nicht unproblematisch. In den Wissenschaften, die sich mit der Erklärung sozialer Prozesse – und damit auch wirtschaftlich relevanter Prozesse – befassen, sind die vermuteten Ursachen des Verhaltens im Allgemeinen nicht direkt beobachtbar. Die Verhaltenserklärungen beruhen auf theoretischen Einflussgrößen, die als Konstrukte bezeichnet werden. Ihre begriffliche Festlegung erfolgt im Rahmen der Konzeptbildung. In vielen Texten wird zwischen dem Konzept und dem zugrundeliegenden Konstrukt nicht unterschieden und entweder nur vom Konstrukt oder nur vom Konzept gesprochen (z. B. Zaltman et al. 1973). Dabei sind drei Elemente des Konzeptbildungsprozesses zu unterscheiden: theoretische oder gedankliche Konstrukte (Welt des Denkens), die Ebene der Beobachtungen (Welt der Objekte) und die linguistischen Terme (Welt der Sprache).

Der Konzeptbildungsprozess umfasst dann unter Verwendung sprachlicher Terme die Festlegung, was unter einem Phänomen (Konstrukt) verstanden wird (vgl. die Beziehungen 1 und 2 in Abbildung 2). Zur Logik der Zuordnung sprachlicher Terme im Rahmen von Definitionen sei auf Opp (2005) verwiesen. Gleichzeitig wird mit der Konzeptbildung festgelegt, welcher Erklärungsbereich mit einem Konstrukt verbunden ist und auf welchem Abstraktionsgrad Aussagen gemacht werden. Die Konzeptbildung ist deshalb von großer Bedeutung für eine Hypothese oder Theorie. So kann allein an der unpräzisen oder falschen Verwendung sprachlicher Terme für ein Konzept ein Erkenntniszuwachs bei der empirischen Forschung scheitern (vgl. z. B. Jacoby 1978 zur Markentreue). Andererseits kann die Konzeptbildung aber auch nicht unabhängig von der Entwicklung von Theorien erfolgen, da sich die Zweckmäßigkeit eines Konzepts häufig erst bei der empirischen Prüfung von Hypothesen herausstellt (Schanz 1988).

Mit der Konzeptbildung verbunden ist die Problematik der Messung. Geht man von der o. g. Forderung der empirischen Prüfbarkeit von Aussagen aus, dann sind die zugrundeliegenden Konstrukte, wie aus Abbildung 2 ersichtlich, im Allgemeinen nicht unmittelbar mit empirischen Daten in Beziehung zu setzen, sondern je nach zugrundeliegendem Phänomen mehr oder weniger abstrakt. Es ist deshalb sinnvoll, die bei der Formulierung von Aussagen gebrauchten Sprachen in theoretische und empirische Sprachen einzuteilen. Unter empirischer Sprache werden dabei Begriffe und Konzepte verstanden, die sich unmittelbar auf Gegenstände der direkt beobachtbaren Realität beziehen (Beziehung4). Aussagen, die in der empirischen Sprache gemacht werden, lassen sich unmittelbar durch Beobachtungen überprüfen (z. B. zum Wiederkaufverhalten). Unter theoretischer Sprache werden dann Begriffe bzw. Konzepte (Beziehung 1 und 2) verstanden, die sich nicht direkt auf die Wirklichkeit beziehen (wie z. B. die theoretischen Konstrukte Einstellung, Zufriedenheit, Präferenz etc.).

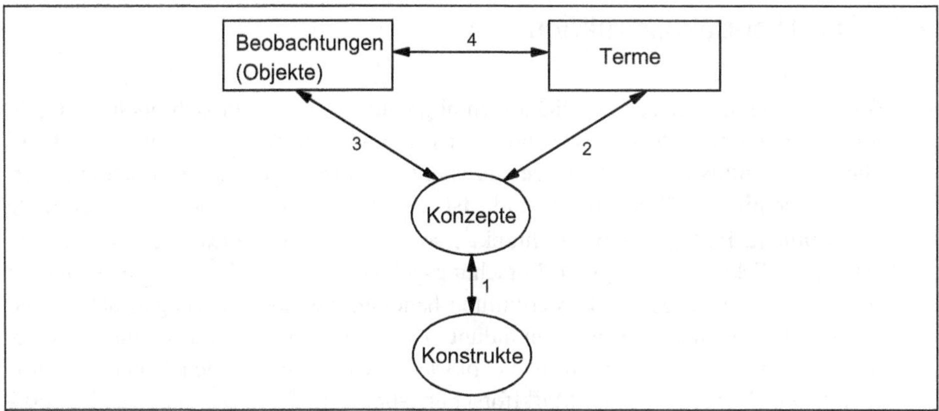

Abbildung 2: Das System des Konzeptbildungsprozesses

Die Übergänge zwischen theoretischer und empirischer Sprache sind fließend (Carnap 1995). Als wünschenswert werden bei der sprachlichen Festlegung von Konzepten solche Definitionen angesehen, die bereits eine Messvorschrift enthalten (Beziehung 2 und 4 fallen dann zusammen). Grundsätzlich gilt aber, dass Aussagen, in denen theoretische Konzepte verwendet werden, nicht ohne zusätzliche Überlegungen empirisch prüfbar sind, d. h. die theoretischen Konzepte müssen durch zusätzliche Aussagen mit empirischen Konzepten verknüpft werden (Beziehung 3). Auf diese Weise wird ein Bezug zur Beobachtungsebene hergestellt. Die Regeln, nach denen die theoretischen Begriffe mit empirischen Begriffen verknüpft werden, haben den Charakter von Hilfshypothesen und werden nach Carnap (1995) Korrespondenzregeln genannt.

In der Marketingforschung werden viele Konzepte verwendet, die keinen unmittelbaren Bezug zur Realität haben; deshalb soll die Verwendung von Korrespondenzregeln verdeutlicht werden. Das vielleicht wichtigste Konstrukt der Konsumentenverhaltensforschung ist die Einstellung. Sie liegt als theoretisches Konzept in der Drei-Komponenten-Auffassung (affektiv, kognitiv, konativ) vor. Die Items einer dreidimensionalen Einstellungsskala bilden dann praktisch die Brücke zwischen dem theoretischen Konstrukt „Einstellung" und den beobachtbaren Urteilen auf der Skala. Der dahinterliegende Prozess der Übersetzung einer theoretischen Konzeption in eine Messvorschrift (Item-Konstruktion) wird Operationalisierung genannt. Sie besteht in der Vorgabe von Messoperationen, mit denen entschieden werden kann, ob ein Phänomen vorliegt oder nicht und wie die Items oder Indikatoren das Konzept abbilden, wie z. B. bei der Einstellungskonzeption, oder formen, wie bei der Konzeption des sozialen Status (Kroeber-Riel/Weinberg 2003; Diamantopoulos/Winklhofer 2001).

2.2 Die Theoriekonstruktion

Das Begriffssystem, über das ein Phänomen abgebildet wird, ist an sich noch kein Träger wissenschaftlicher Erkenntnis, sondern hat allein deskriptiven Charakter. Wissenschaftliche Erkenntnis ist immer an generalisierende Aussagen über ein Phänomen geknüpft, die empirisch überprüfbar sind. Ist deren Gültigkeit nicht auf bestimmte räumlich-zeitliche Bedingungen beschränkt[1], so wird von Hypothesen gesprochen. Je nach Stand der Erkenntnis in einem Forschungsgebiet kann es sich dabei einerseits um eine mehr oder weniger bewährte Vermutung handeln, die auf Erfahrungen beruht und relativ isoliert ohne theoretische Einbindung ist. Hier wird von einer sog. Ad-hoc-Hypothese gesprochen, die z. B. in der explorierenden Forschung den Untersuchungsprozess oder das Vorgehen in der Marktforschungspraxis (z. B. in der angewandten Forschung zur Nutzung des Internets) leiten könnte. Andererseits kann eine Aussage theoretisch wohlbegründet sein, vielfach empirisch bewährt und von hohem Allgemeinheitsgrad; dann spricht man von nomologischen Hypothesen oder Gesetzaussagen. Dies trifft z. B. im Marketing für einige Hypothesen der Konsumentenverhaltensforschung zu (Trommsdorff 2004). Der Forschungsprozess bekommt in diesem Fall einen prüfenden (konfirmatorischen) Charakter.

Im kritischen Rationalismus sind nomologische Hypothesen die eigentlichen Bausteine der wissenschaftlichen Theoriebildung und unterliegen strengen Anforderungen (Schanz 1988). So wird verlangt, dass sich mit ihrer Hilfe nur eine einzige, isolierte Klasse von Ereignissen erklären lässt. Zweitens wird gefordert, dass sie sich bislang gut bewährt haben, d. h. eine Reihe strenger Prüfungen erfolgreich bestanden haben, und drittens wird gefordert, dass sie sich in ein System einfügen. Ein System von nomologischen Hypothesen über einen Gegenstandsbereich und die daraus ableitbaren weiteren Aussagen werden als hypothetisch-deduktives System oder Theorie bezeichnet. Das Wort „hypothetisch" weist dabei auf den Vermutungscharakter des in den Theorien angesammelten Wissens hin. Die Bezeichnung „deduktiv" deutet auf mögliche Folgerungen innerhalb der Systeme hin, die sich aus den bestehenden Aussagen oder Prämissen – die auch allgemeine Aussagen sein können – ergeben können. Man spricht in diesem Fall von abgeleiteten Aussagen oder Theoremen (vgl. auch die Darstellung von Schanz 1988, S. 29 ff.).

Welche syntaktische Form sollten Aussagen bzw. Hypothesen haben? Sozialwissenschaftliche Aussagen sind als konditionale Aussagen zu formulieren, d. h. als Wenn-dann- oder Je-desto-Sätze. Letztere werden auch als Vorzeichen- oder komparative Hypothesen bezeichnet. Die Konditionalität unterscheidet diese Aussagen von den Sät-

1 Diese relativ enge Auffassung des kritischen Rationalismus orientiert sich an der Erkenntnisfindung in den Naturwissenschaften und ist in der Marketing- und Konsumentenverhaltensforschung eigentlich nicht haltbar.

zen, die lediglich der Beschreibung eines Phänomens dienen. Hypothesen bestehen aus zwei Teilsätzen, z. B. wenn P, dann Q, bzw. je größer (kleiner) P desto größer (kleiner) Q. Zur Vereinfachung wird im Folgenden nur mit der Wenn-dann-Formulierung argumentiert, da Je-desto-Hypothesen leicht in Wenn-dann-Hypothesen überführt werden können. Im Teilsatz P (der Wenn-Komponente) werden die Bedingungen formuliert, unter denen die im Teilsatz Q (der Dann-Komponente) beschriebenen Konsequenzen eintreten. Der Informationsgehalt der Teilsätze ist dabei maßgeblich für die Erklärungskraft einer Hypothese (vgl. dazu die Ausführungen in Popper 2002b; Albert 1972, S. 25 ff. oder auch Schanz 1988, S. 33 ff.). So legt die Wenn-Komponente den Grad der Allgemeinheit einer Aussage fest, während die Dann-Komponente deren Präzision bestimmt. Dabei gilt, dass mit zunehmendem (abnehmendem) Gehalt der Wenn-Komponente die Allgemeinheit einer Hypothese sinkt (steigt), und dass mit zunehmendem (abnehmendem) Gehalt der Dann-Komponente die Präzision der Gesamtaussage steigt (sinkt), sofern der jeweils andere Teil unverändert bleibt. Dies kann an einfachen Beispielen von Hypothesen zur Einstellungsforschung verdeutlicht werden. Die Hypothesen H_A und H_B haben einen unterschiedlichen Grad an Allgemeinheit.

H_A Wenn ein Konsument eine positive Einstellung gegenüber einer Marke X hat, dann kauft er X.

H_B Wenn ein Konsument eine positive Einstellung gegenüber einer Marke X hat und Mitglied des Kundenclubs ist, dann kauft er Marke X.

H_A gilt für alle Konsumenten. In H_B hat die Wenn-Komponente einen höheren Gehalt, sie schränkt die Aussage auf Mitglieder des Kundenclubs ein, d. h. die Hypothese hat einen geringeren Allgemeinheitsgrad. Eine Erhöhung der Präzision von H_A würde z. B. durch folgende Formulierung erreicht:

H_C Wenn ein Konsument eine positive Einstellung gegenüber einer Marke X hat, dann kauft er X zweimal pro Woche.

In H_A war die Kaufhäufigkeit offen gelassen, in H_C ist die Dann-Komponente präzisiert worden, d. h. der Zusammenhang ist stärker charakterisiert.

Bei allen bisher behandelten Hypothesen handelt es sich um deterministische Aussagen, d. h. es wird behauptet, dass bei Vorliegen der Wenn-Komponente in einem konkreten Fall immer die Dann-Komponente auftritt. Eine andere Form der Präzisierung liegt in der Angabe des Eintretens der Dann-Komponente mit einer statistischen Wahrscheinlichkeit. In diesem Falle wird von einer stochastischen Hypothese gesprochen.

H_D Wenn ein Konsument eine positive Einstellung gegenüber einer Marke X hat, dann kauft er sie mit 80%iger Wahrscheinlichkeit.

Diese Art von Hypothesen ist im betriebswirtschaftlichen Kontext relativ häufig anzutreffen, wenn nicht alle Voraussetzungen für das Eintreten eines Ereignisses erfasst werden können (zum Gehalt dieser Hypothesen sei auf Hunt 1991, S. 53 ff. verwiesen). Sie entsprechen allerdings nicht den Forderungen der Falsifizierbarkeit des kritischen Rationalismus, der von deterministischen Hypothesen ausgeht. Popper hat später deshalb noch die sog. „Propensitätsinterpretation der Wahrscheinlichkeit" vorgeschlagen (Popper 2002b), die hier jedoch nicht diskutiert werden soll.

Neben der Erklärungskraft muss noch ein weiterer Aspekt zur Beurteilung eines Hypothesensystems aufgegriffen werden: die Beziehung zwischen dem Informationsgehalt von Hypothesen und ihrer Falsifizierbarkeit. Der Informationsgehalt einer Hypothese ergibt sich als Klasse der logisch möglichen Fälle, die mit einer Aussage nicht vereinbar sind (Carnap 1968): Je größer die Zahl der ausgeschlossenen Sachlagen, desto eher kann eine Hypothese an der Realität scheitern. Beispielsweise ist H_C in größerem Maße falsifizierbar als H_A. Das bedeutet, dass mit Zunahme der Falsifizierbarkeit der empirische Gehalt eines Aussagensystems steigt.

Die Prüfung der Hypothesen erfolgt dann auf statistischem Wege über eine Stichprobe von Beobachtungen (bzw. eine Erhebung von Daten mit Bedeutungsgehalt in Abbildung 1). Führen diese Beobachtungen nicht zu einer Zurückweisung der Behauptungen der Hypothesen, muss die Hypothese aufrechterhalten werden (Anderson 1983; Popper 2002a). Zur Verwendung von nomologischen Hypothesen bei Erklärung oder Prognose sei der Vollständigkeit halber auf das Schema der deduktiv-nomologischen Erklärung nach Hempel und Oppenheim (Hempel 1973) eingegangen, das aus Aussagen des sog. Explanans und Aussagen zum sog. Explanandum, dem zu erklärenden Einzelfall, besteht. Das Explanans enthält zwei Teilmengen von Aussagen: generelle Aussagen bzw. nomologische Hypothesen über ein Verhalten $G_1, G_2, \ldots G_k$ und Antezedensbedingungen $A_1, A_2, \ldots A_k$ (hier wird festgelegt, welche Bedingungen für den Einzelfall gelten, die eine Anwendung der Hypothesen bzw. Gesetzmäßigkeiten erlauben).

Formal lässt sich das Hempel-Oppenheim-Schema folgendermaßen abbilden:

$$\left.\begin{array}{l} G_1, G_2, \ldots, G_k : \text{nomologische Hypothesen} \\ \underline{A_1, A_2, \ldots, A_k : \text{Antezedensbedingungen}} \end{array}\right\} \text{Explanans}$$
$$E_1 : \text{Explanandum}$$

Das Explanandum E_1 ist bei Vorliegen der Antezedensbedingungen aus der Klasse darüber liegender Aussagen deduzierbar. Das Schema kann so interpretiert werden, dass bei Gültigkeit der Gesetzmäßigkeiten, jedes Mal wenn eine bestimmte Kombination von Anfangsbedingungen vorliegt, automatisch das Explanandum eintritt. Das Schema liefert damit gleichzeitig eine Prüfinstanz für die zugrundeliegenden Hypothesen. Wenn die zugrundeliegenden Konzepte empirischen Gehalt haben, wird die Beziehung testbar. Die o. g. Prüfung von Hypothesen mit statistischen Tests wirft jedoch einige Probleme auf, die im folgenden Abschnitt erörtert werden.

3. Die empirische Prüfung von Hypothesen und Theorien

Der im vorangegangenen Abschnitt erörterte Aufbau von Hypothesen und Theorien ging von Aussagen über theoretische Konzepte aus, die oder deren Wirkung es zu erklären galt. Im Gegensatz dazu ist eine statistische Hypothese eine Aussage über einen Parameter oder mehrere Parameter in einer Population, die auf Grundlage einer Stichprobe getroffen wird. Insofern ist die statistische Hypothese nicht mit der substanziellen Hypothese, die getestet werden soll, gleichzusetzen. Sie kann nur die logische Konsequenz einer substanziellen Hypothese sein, d. h. der statistische Test bleibt immer eine Hilfskonstruktion, mit der Aussagen über beobachtbare Größen gemacht werden können. Hinzu kommt, dass mit der Methodik statistischer Tests einige Fehler in Kauf genommen werden, die zu falschen Schlussfolgerungen bei der empirischen Prüfung der substanziellen Hypothese führen können. Setzt man statistische Tests ein, wird weiter vorausgesetzt, dass weder Messfehlerprobleme noch unberücksichtigte Einflussgrößen existieren. Dies wird im Folgenden erörtert.

3.1 Der statistische Test von Hypothesen

Der statistische Test einer Hypothese soll uns in die Lage versetzen, eine Aussage darüber zu treffen, ob unsere substanzielle Hypothese wahr oder falsch ist. Die Logik statistischer Tests (sog. modus tollens) lässt allerdings einen Wahrheitsbeweis nicht zu, sondern schafft nur die Möglichkeit, eine Hypothese zu widerlegen. Die Argumentation eines statistischen Tests beruht auf der sog. Nullhypothese und einem Signifikanztest. Die Nullhypothese kann dabei eine Negation der substanziellen Hypothese (hier die Alternativ-Hypothese) repräsentieren. Sie kann indizieren, dass ein bestimmter Parameterwert (z. B. Null) angenommen wird, oder aber sie steht für eine vermutete Stichprobenverteilung. Dies ist im Allgemeinen davon abhängig, aus welcher Perspektive der Test durchgeführt wird (Henkel 1976). Der Signifikanztest dient dazu, unter Vorgabe einer Fehlerwahrscheinlichkeit und bei Anwendung einer statistischen Verteilung zu entscheiden, ob unter Berücksichtigung von Zufallseinflüssen die Nullhypothese zu verwerfen oder aber nicht zu verwerfen ist. Die Zurückweisung der Nullhypothese führt gleichzeitig zur Akzeptanz oder dem Weiterbestehen der Alternativ-Hypothese, die von eigentlichem Interesse ist. Die praktische Durchführung eines statistischen Tests durchläuft eine Anzahl von Entscheidungsstufen, die in der Literatur zur empirischen Forschung (Churchill 2005; Hammann/Erichson 2004) wie folgt beschrieben werden:

1. Die Formulierung der Null- und der Alternativ-Hypothese.
   Das ist im Allgemeinen abhängig von der substanziellen Fragestellung, dem existierenden Wissen über das Phänomen und der Technik des Hypothesentests (z. B. Verteilungstests, Parametertests etc.).

2. Die Wahl einer angemessenen Teststatistik.
   Dies wiederum ist abhängig von der Art des Tests, der Anzahl der Beobachtungen, dem Skalenniveau der Daten und der Zahl und Art der Stichproben.

3. Die Entscheidung, mit welchem Grad an Sicherheit der statistische Test durchgeführt werden soll.
   Hier ist ein Signifikanzniveau α vorzugeben, das die Wahrscheinlichkeit festlegt, mit der bei der Ablehnung der Nullhypothese ein Fehler gemacht wird (sog. Fehler 1. Art).

4. Erhebung von relevanten Daten.
   Aus einer vorgegebenen Population sind eine Zufallsstichprobe zu ziehen, Daten zu erheben und die relevanten statistischen Größen (die Teststatistiken) für den Test zu berechnen.

5. Berechnung und Vergleich von Prüfgrößen.
   Auf der Grundlage der ausgewählten Teststatistik wird unter Berücksichtigung des Umfangs der Stichprobe (und den zu berücksichtigenden Freiheitsgraden) ein theoretischer Wert für die statistische Größe berechnet, der mit dem empirischen Wert aus der Stichprobe verglichen wird. Auf der Grundlage des theoretischen Wertes ist dann über eine Zurückweisung oder Nicht-Zurückweisung der Nullhypothese zu entscheiden.

Auf den Einsatz statistischer Tests bei unterschiedlichen Fragestellungen soll hier nicht eingegangen werden. Es sei dazu auf Hays (1994) verwiesen. Zwei Fehlerquellen werden im Allgemeinen die Ergebnisse der Prüfung von substanziellen Hypothesen beeinflussen. Erstens sind mit der Wahl jeder Teststatistik Annahmen über die Verteilung der Daten verbunden (sieht man von verteilungsfreien Tests ab), die a priori unbekannt ist. Sind die Verteilungsannahmen falsch, wird auch die Anwendung des Tests zu falschen Schlussfolgerungen für die substanzielle Hypothese führen. Es wäre also notwendig, auch die Verteilungsannahmen zu prüfen – was aber in der empirischen Forschung selten beachtet wird.

Zweitens akzeptieren wir mit der Vorgabe eines Signifikanzniveaus α, dass mit einer bestimmten Wahrscheinlichkeit eine „wahre“ Nullhypothese zurückgewiesen wird, also eine falsche Schlussfolgerung für unsere substanzielle Hypothese gezogen wird. Mit der Logik des Tests verbunden ist ein weiterer Fehler, dessen Wahrscheinlichkeit von der Vorgabe von α abhängig ist. Dieser Fehler entsteht aus der Möglichkeit der Nicht-Zurückweisung einer falschen Nullhypothese, dem sog. β-Fehler. Die Existenz dieser Fehler liegt in der Logik des Signifikanztests und ist Basis umfangreicher Debatten in der wissenschaftstheoretischen Literatur (z. B. Stegmüller 1973, S. 152 ff.). Tatsächlich wären wir aus der Logik der Prüfung der substanziellen Hypothese daran interessiert zu wissen, mit welcher Wahrscheinlichkeit eine falsche Hypothese zurückgewiesen wird. Diese Wahrscheinlichkeit ($1-\beta$), auch als Trennschärfe (Power) des Tests bezeichnet, ist aber nicht schätzbar. Es ist also immer mit fehlerhaften Entscheidungen zu rechnen, so dass schon aus methodischen Gründen eine Hypothese nie endgültig verworfen werden kann. Es wird mit dem statistischen Test letztlich nur aufgezeigt, dass ein Ergebnis für eine Stichprobe nicht auf Zufälligkeit beruht.

Ein weiterer Aspekt, der in der Praxis die Ergebnisse statistischer Tests beeinflussen kann, sei noch aufgeführt. So wird in Marktforschungsstudien selten mit echten Zufallsstichproben gearbeitet. Zur Datenerhebung dienen häufig Hilfstechniken, die einer Stichprobe einen Zufallscharakter geben. In Feldstudien ist zudem mit fehlenden Beobachtungswerten zu rechnen, deren Bedeutung häufig ebenfalls unkontrolliert bleibt. Die Anforderungen des kritischen Rationalismus zur empirischen Prüfung von Hypothesen sind deshalb für die überwiegende Zahl – nicht nur der praktischen Studien – schon aus methodischen Gründen kaum zu erfüllen. Hinzu kommen weitere Probleme, die aus der Struktur sozialwissenschaftlicher Theorien resultieren.

3.2 Inhaltliche Probleme der empirischen Prüfung

Die mit dem kritischen Rationalismus verbundenen strengen Anforderungen zur Prüfung von sozialwissenschaftlichen Theorien wurden besonders in neuerer Zeit zunehmend in Frage gestellt (vgl. z. B. Anderson 1983; Kubicek 1975, S. 48 ff. oder die Übersicht in Homburg 2000). So wurde zum einen die im Gegensatz zu naturwissenschaftlichen Hypothesen größere Komplexität der Einflussfaktoren beim Test von Hypothesen genannt, die einer schlüssigen Falsifikation entgegensteht. Zum anderen liegen die vorhandenen Hypothesen häufig in probabilistischer Form vor. Geht man von deterministischen Hypothesen aus, dann sind drei Probleme zu nennen, die eine umfassendere Form der Theorieprüfung fordern. Dies sind die Messfehlerproblematik bei der Prüfung von Hypothesen mit theoretischen Konzepten, die Anforderungen kausaler Erklärungen und die Problematik konkurrierender Hypothesen.

In der Frage der Konzeptbildung wurde zwischen theoretischen Konzepten und empirischen Konzepten unterschieden. Für den theoretischen Test ergibt sich ein Problem aus der Tatsache, dass die theoretischen Beziehungen auf der Ebene empirischer Beobachtungen getestet werden müssen. Zwischen die theoretischen Konstrukte und die empirischen Daten treten dann die Messmodelle als Hilfstheorien. Ein einfacher Test mit den empirischen Daten würde voraussetzen, dass die Beobachtungen auf validen Messmodellen für das zugrundeliegende theoretische Konstrukt beruhen. Dies kann bei sozialwissenschaftlichen Konstrukten nur graduell der Fall sein. Im Allgemeinen muss damit gerechnet werden, dass sowohl Zufallseinflüsse als auch systematische Einflüsse zu Messfehlern führen. Da von Messfehlern immer auszugehen ist, kann eine Hypothese nie zweifelsfrei falsifiziert werden. Hierfür hat der kritische Rationalismus keine Lösung. Ansatzpunkte zur Kontrolle von Messfehlern finden sich allerdings in der klassischen Testtheorie (Lord et al. 1974) und in der psychometrischen Literatur (Cronbach/Meehl 1955). Die dort konzipierten Kriterien zur Sicherung von Reliabilität und Validität sind heute im Rahmen faktoranalytischer Modelltests mit der Strukturgleichungsmethodologie testbar. Sie liefern gleichzeitig Schätzwerte für den Anteil an Varianz, der dem dahinterliegenden Konstrukt zuzurechnen ist (Hildebrandt 1984; Homburg/Giering 1998). Die Anwendung der konfirmatorischen Faktorenanalyse auf die Messfehlerproblematik und die dort entwickelten Kriterien stehen zudem im Einklang mit der Zwei-Sprachen-Theorie von Hempel (1973) und Carnap (1995), wobei die Struktur der Faktormodelle die Korrespondenzregeln modelliert (hierzu sei auf den Beitrag von Homburg und Pflesser in diesem Band verwiesen). Wird das Konstrukt aus den Indikatoren gebildet, so dass jeder Indikator eine Dimension des Konstrukts darstellt, erfordert die Separierung der über Befragung entstehenden Fehler eine sog. MIMIC Spezifikation (Temme 2006b; Temme/Hildebrandt 2006).

Das zweite Problem ergibt sich aus den Anforderungen, die Forscher aber auch die Anwender an ein Erklärungsmodell stellen. Im idealen Sinne sollen kausale Erklärungen ableitbar sein, d. h. aus einer Ursache (z. B. dem Einsatz eines Instruments) sollen sich bestimmte Wirkungen (z. B. eine positive Beurteilung einer Marke) kausal ergeben und prognostiziert werden können. Das bedeutet, dass sowohl an die Art der zugrundeliegenden Gesetze, aber auch an die Form der statistischen Prüfung weitere Anforderungen zu stellen sind. Allerdings ist die Diskussion unter Verwendung kausaler Argumentation durch Unschärfe des Begriffs „Kausalität" und eine Vielfalt von Auffassungen geprägt (z. B. Hildebrandt 1983; Bagozzi 1980). Übereinstimmung herrscht darüber, dass Kausalität letztendlich nicht direkt messbar ist, sondern nur durch Prüfung einer Reihe von Voraussetzungen indirekt erschließbar wird (Annacker 2001). Die Argumentation geht dabei im Allgemeinen von der Durchführung von Experimenten aus, wobei die Kontextfaktoren oder Rahmenvariablen durch eine vorgegebene Testanordnung oder ein Design kontrolliert werden. Die Messfehlerproblematik wird in der Literatur zur experimentellen Forschung als gelöst betrachtet. Das Vorliegen einer kausalen Beziehung ist dann an vier Bedingungen für den Zusammenhang von zwei Variablen (x und y) geknüpft:

1. Die zwei Variablen x und y müssen miteinander kovariieren.
2. Zwischen x und y muss eine zeitlich asymmetrische Beziehung vorliegen.

3. Die Beziehung zwischen x und y wird nicht durch eine dritte Variable hervorgerufen.

4. Der Zusammenhang zwischen den Variablen muss theoretisch begründet sein.

zu 1) Wenn die beiden Variablen x und y miteinander kausal verbunden sind, dann muss eine Veränderung in x eine Veränderung in y bewirken. Kovariation (Korrelation) der beiden Variablen beweist zwar keine Kausalität, ist aber eine notwendige Bedingung für ihren Nachweis. Keine Kovariation der Variablen wird als Indiz dafür angesehen, dass keine Kausalität vorliegt (trotz möglicher nichtlinearer Beziehungen).

zu 2) Die zeitliche Asymmetrie zwischen Ursache (Δx) und Wirkung (Δy) bedeutet, dass bei einer Veränderung in y vor dem Auftreten von x nicht geschlossen werden darf, dass Δx die Ursache für die Veränderung Δy war.

zu 3) Die Kovariation zwischen den Variablen darf nach Ausschluss des Einflusses von Drittvariablen, die x und y gleichermaßen beeinflussen, nicht verschwinden.

zu 4) Die Auswahl der Variablen und die Festlegung der Beziehungen innerhalb eines Modells muss nach einer vorliegenden Theorie oder Hypothesenstruktur erfolgen.

Die Voraussetzungen für Kausalität sind primär an experimentelle Studien geknüpft, lassen sich aber auch auf nicht experimentelle übertragen (Holland 1988). Allerdings müssen auch hier Einwände gemacht werden, die das Messfehlerproblem betreffen. Die vier Anforderungen gelten für Variablen auf der Beobachtungsebene, obwohl sich die Kausalitätsforderung auf die Ebene der theoretischen Konzepte bezieht. Ohne explizite Berücksichtigung der Messfehlerproblematik wird sich dann auch weder der Kausalitätsanspruch noch die substanzielle Hypothese sinnvoll prüfen lassen.

Das Problem des Tests konkurrierender Hypothesen wird von Bagozzi (1998) aufgeworfen. Die Existenz alternativer Hypothesen kann darauf zurückgeführt werden, dass jede empirische Prüfung sich auf einen anderen Ausschnitt der Realität bezieht. So können methodologische Einflüsse die Ergebnisse der Theorieprüfung beeinflussen und zu alternativen Hypothesen führen, oder der Test der Hypothese beruht auf einer unvollständigen Berücksichtigung von Kontextfaktoren oder Drittvariablen. Eine schärfere Prüfung wäre in diesem Fall der Test einer Hypothese gegen eine Alternativ-Hypothese. Bagozzi fordert dabei in einer Studie sogar die Prüfung von alternativen Theorien: „In this way because subjects, settings, instruments etc. are held constant, we will have greater confidence in the internal validity of the rival hypothesis“ (Bagozzi 1998, S. 57). Die Argumentation richtet sich auf den Einsatz von Kovarianzstrukturmodellen zum simultanen Theorietest, die helfen, sowohl die Substanz- als auch die Messfehlerproblematik zu lösen und damit einen schärferen Test der Theorie ermöglichen.

An drei Problemen wurde aufgezeigt, dass ohne Erweiterung der Anforderungen des kritischen Rationalismus sozialwissenschaftliche Theorien nicht sinnvoll prüfbar werden. Für die Messfehlerproblematik wird bisher keine Lösung geboten, so dass auch die Forderung nach „kausalen“ Hypothesen nicht erfüllt werden kann. Hinzu kommt, dass der Erkenntnisprozess in jungen Forschungsgebieten selten von gesicherten (nomologischen) Hypothesen ausgeht, sondern häufig qualitative Studien am Anfang stehen, wie z. B. im Relationship Marketing (Homburg 2000) oder der Erfolgsfaktorenforschung (Hildebrandt 2001). Es sollte deshalb ein Ansatz der Erkenntnisgewinnung verfolgt werden, der die Messfehlerproblematik und die strengen Anforderungen der Theoriebildung im kritischen Rationalismus überwindet. Eine Möglichkeit wird heute in der Strukturgleichungsmethodologie gesehen, die als „Kausalanalyse“ beim Test sozialwissenschaftlicher Theorien große Akzeptanz gefunden hat (Hildebrandt/ Homburg 1998).

3.3 Der ganzheitliche Ansatz zur Prüfung von Theorien

Greift man die in den vorangegangenen Abschnitten erörterten Problembereiche des Theorietests im Kontext des kritischen Rationalismus auf, dann bietet sich die Methodik der Kausalanalyse zum Test von Theorien an (Hildebrandt 1983; Bagozzi 1980; Hildebrandt/Homburg 1998). Zum einen verbindet der Ansatz die Prüfung von komplexen (kausalen) Beziehungen auf der theoretischen Ebene mit der Prüfung von ebenfalls komplexen Messmodellen. Zum anderen haben die kausalanalytischen Verfahrensweisen bei der empirischen Prüfung von Theorien ihre Wurzeln im wissenschaftlichen Realismus (Hunt 1991, S. 386; Bagozzi 1984), dem ein höheres Maß an Realitätsnähe im Hinblick auf die Sozialwissenschaften zugeschrieben wird als dem kritischen Rationalismus (Homburg 1989; Franke 2002). Ausgehend von den Möglichkeiten der Theorieprüfung, die der kausalanalytische Ansatz bietet, schlägt Bagozzi eine methodologische Vorgehensweise vor, die er „holistic construal“ – ganzheitliche Auffassung – nennt (Bagozzi 1984, 1998). In diesem Ansatz nehmen der Vorgang der Konzeptbildung, die Entwicklung von Messhypothesen – Korrespondenzregeln – und die Kontrolle von Messfehlern eine zentrale Rolle ein. Am Anfang des Prozesses der Theorieprüfung steht der Vorgang der Konzeptbildung (vgl. Abschnitt 2.1), wobei durch die kausalanalytische Modellierung explizit berücksichtigt wird, dass einem theoretischen Konzept nicht nur sprachlich eine Bedeutung zugewiesen wird, sondern es auch durch die Form der Einbettung in das theoretische Netzwerk von vorgelagerten, nachgelagerten und verbundenen Konzepten eine Bedeutung bekommt. Auch die Art der spezifischen Wirkungsbeziehungen trägt zur inhaltlichen Festlegung des Konzepts bei (Bagozzi 1998, S. 65). Mit der kausalanalytischen Vorgehensweise wird es auch möglich, abgeleitete Konzepte, die zwischen die empirische und die theoretische Ebene treten, mit in den Theorieprüfungsprozess einzubeziehen (Homburg/Giering 1998).

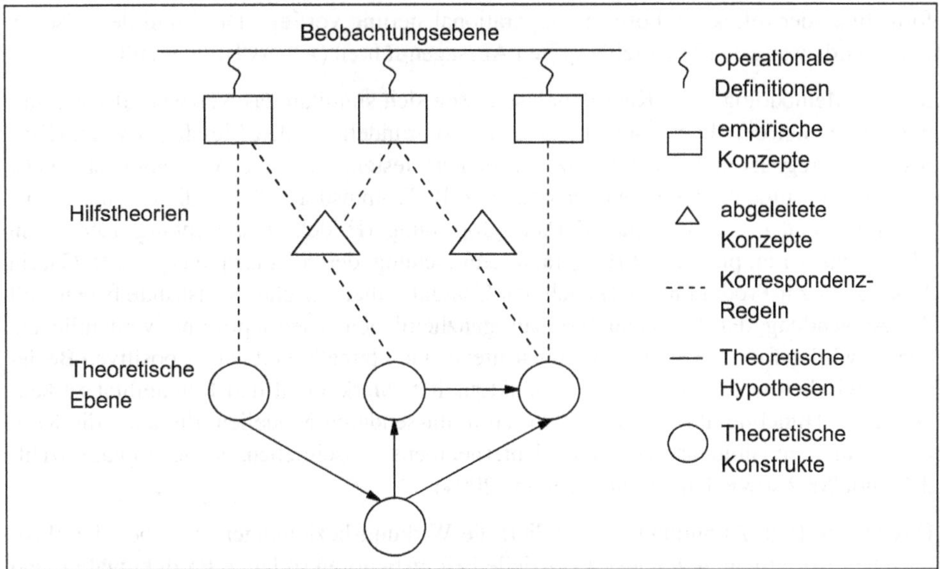

Abbildung 3: Die Struktur einer Theorie (in Anlehnung an Bagozzi 1980, S. 65)

Besondere Bedeutung in der kausalanalytischen Prüfung von Theorien haben die Korrespondenzregeln (vgl. Abbildung 3). Sie legen wie erläutert die Beziehung zwischen den theoretischen Konzepten und den beobachtbaren empirischen Konzepten fest. Dabei sind unterschiedliche Indikatorenmodelle denkbar, die in reflektive und formative Messmodelle unterschieden werden (Bagozzi 1998, S. 66; Fornell 1982). Die Perspektive, die in der Marketingforschung überwiegend anzutreffen ist, geht von der reflektiven Interpretation der Korrespondenzregeln aus (vgl. z. B. die Beiträge in Hildebrandt/Homburg 1998). Nach dieser Formulierung – dem Kausalindikatorenmodell – ist die Existenz eines theoretischen Konzepts durch das Vorhandensein von einem oder von mehreren beobachtbaren Merkmalen impliziert. Diese bilden Merkmale des dahinterliegenden theoretischen Konzepts ab. Änderungen des theoretischen Konzepts sollen zu Änderungen in den Ausprägungen der Beobachtungsvariablen führen. Die Korrespondenzregeln geben den dahinterliegenden Konstrukten eine empirische Bedeutung, wobei zwischen einer inhaltlichen Bedeutungszuweisung (z. B. dem semantischen Gehalt einer multiplen Skala) und der physikalischen Messung (Syntax der Skala) unterschieden werden muss. Letztere müssen die Relationen auf der Beobachtungsebene abbilden. Im Gegensatz dazu sind bei formativen Messmodellen die Indikatoren selbst Teile oder Dimensionen des zugrundeliegenden Konzepts. Streng genommen kann kein Messfehler vorliegen, sofern die Messkonzeption vollständig ist und nicht die subjektiven Wahrnehmungen von Zielpersonen erfasst werden. Deshalb ist immer nach inhaltlichen Kriterien zu prüfen, ob die wesentlichen Merkmale eines Konzepts erfasst werden und ob eine formative oder reflektive Form der Operationalisierung vorliegt. Die Wahl der falschen Form wird zwangsläufig zu fehlerhaften Aussagen führen (Albers/Hildebrandt 2006).

Mit der Methodologie der Kausalanalyse lassen sich simultan das Netzwerk der Kausalhypothesen auf der theoretischen Ebene, die zugrundeliegenden Messhypothesen (Korrespondenzregeln) und die Existenz von Fehlern testen. Typische Anwendungsbereiche sind die Konsumentenverhaltensforschung (z. B. Trommsdorff 2004), die Organisationsforschung und die empirische Marketingforschung (Hildebrandt/Homburg 1998). Ein Modell aus der empirischen Erfolgsfaktorenforschung, deren Konzepte (vgl. z. B. Garvin 1988, S. 39 zur Produktqualität) auch den Charakter theoretischer Konstrukte haben, soll die Anwendung der Kausalanalyse zur ganzheitlichen Theorieprüfung verdeutlichen. Hierzu wird auf die bekannte, aber umstrittene „Gesetzmäßigkeit" einer positiven Beziehung zwischen wahrgenommener Produktqualität, Marktanteil und Rentabilität zurückgegriffen (Hildebrandt/Annacker 1996; zu umfassenderen Modellen, die auch die Kontrolle von „invisible assets" eines Unternehmens einschließen, siehe Annacker/Hildebrandt 2002 sowie Hildebrandt/Temme 2004).

Das Modell (vgl. Abbildung 4) postuliert die Wirkungsbeziehungen zwischen den theoretischen Konzepten, d. h. zwei potenzielle Erfolgsfaktoren (relative Produktqualität und Marktanteil), die hierarchisch verbunden sind, wirken auf den finanziellen Erfolg (Rentabilität). Jedes der theoretischen Konzepte wird durch mehrere empirische Konzepte erfasst. In der Erfolgsfaktorenforschung bedient man sich zum einen Befragungsdaten, zum anderen gehen in die Konzepte implizit subjektive Vorstellungen des Managements darüber ein, was erklärt werden soll, so dass Messfehler zu erwarten sind. Die empirischen Konzepte bestehen aus Einschätzungen des Managements, die als Differenzwerte Δ_{13} und Δ_{24} zwischen je zwei Zeitpunkten (t_1 und t_3 bzw. t_2 und t_4) gemessen worden sind. Würde bei der Messung der Produktqualität stattdessen der Einsatz von quantifizierbaren Maßnahmen zur Verbesserung der Qualität (Qualitätszirkel, Innovationen bei der Qualitätskontrolle) gemessen, so hätten diese Indikatoren formativen Charakter und das Modell wäre mit umgekehrter Pfadstruktur in der Messkonzeption zu schätzen.

Im abgebildeten Modell (Abbildung 4) sind die Beobachtungsvariablen je zwei reflektive Qualitätsmaße (Q), je zwei Indikatoren für den Marktanteil mit jeweils unterschiedlicher Bezugsgröße (MA: absoluter Marktanteil; RMA: relativer Marktanteil) und ein Erfolgsindikator, der durch die Mittelwerte von ROI (return on investment) und ROA (return on assets) über die beiden Differenz-Perioden gemessen wurde. Das Modell hat folgende Beziehung zum strukturellen Aufbau einer Theorie:

DA, DF und DC stehen für die Definitionen der theoretischen Erfolgsfaktorenkonzepte. Die Pfade mit den Parametern λ_i bilden die Korrespondenzregeln zwischen den theoretischen und empirischen Konzepten. Die nach außen gerichteten λ-Pfade sind die Merkmale für das Kausalindikatorenmodell und bilden für jedes theoretische Konzept die

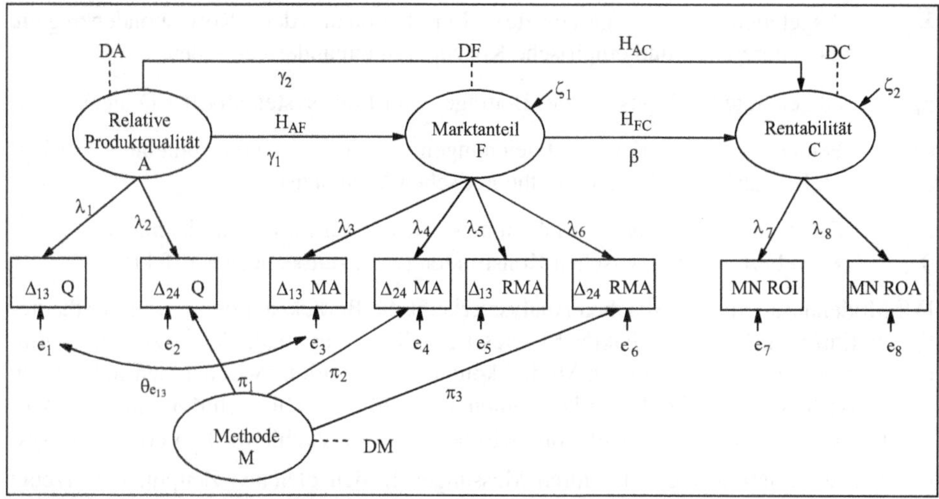

Abbildung 4: Die Elemente des holistischen Ansatzes angewandt auf ein Erfolgsfaktorenmodell

Korrespondenzregeln. Die Fehlerterme e_i in den Beobachtungsvariablen stehen für Zufallseinflüsse, die nicht durch die theoretischen Konzepte erklärt werden können. Die Pfade zwischen den theoretischen Konzepten mit den Parametern γ_1, γ_2 und β bilden die substanziellen Hypothesen H_{AF}, H_{AC} und H_{FC} über die Beziehungen der theoretischen Konzepte ab. Die Terme ζ_j können als Fehler in den theoretisch postulierten Beziehungen (unerklärte Variation in den theoretischen Variablen) verstanden werden.

Symbole der Abbildung 4:

A: Antezedent, $\Delta_{i\,j}$ Q: Messungen von A,

F: Zentrales „Focal"-Konzept, Δ_{ij} MA, Δ_{ij} RMA: Messungen von F,

C: Wirkung, Folge, MN ROI, MN ROA: Messungen von C,

M: Methodenfaktor,

DM, DA, DF, DC: Definitionen der theoretischen Konzepte,

H_{AF}, H_{AC}, H_{FC}: (Substanz-)Hypothesen, welche die theoretischen Konzepte miteinander in Beziehung setzen,

γ_k, β: Abgeleitete (z. B. geschätzte) Darstellung für H_{AF}, H_{AC}, H_{FC},

λ_i: Abgeleitete (z. B. geschätzte) Implikationen der Korrespondenzregeln, die theoretische und empirische Konzepte miteinander verbinden,

π_n: Abgeleitete (z. B. geschätzte) Beiträge von M (als systematischer Fehler),

ζ_j: Fehler in den Gleichungen oder konzeptuelle Fehler (z. B. unerklärte Variation in theoretischen Variablen),

e_i: Fehler in Beobachtungsvariablen bzw. Messfehler (z. B. Zufallsfehler),

θ_{eij} Korrelierte Fehler zwischen Konstrukten (z. B. zeitbezogener Effekt).

Der Modellansatz der holistischen Analyse erlaubt die Berücksichtigung weiterer theoretischer Einflussgrößen. Der Faktor M erfasst mögliche messmethodenspezifische Variationen in den Beobachtungen. Im Modell könnte die Variation zwischen den Indikatoren eines Konstrukts z. B. durch den konstanten Wechsel des Schlüsselinformanten hervorgerufen worden sein. Die Korrelation zwischen zwei Messfehlern (θ_{e13}) erfasst die systematische Variation, die z. B. durch Messungen in den gleichen Zeitpunkten erzeugt wurde (zeitbezogener Faktor). Abgeleitete Konzepte werden im Allgemeinen als hinter den theoretischen Basiskonzepten liegende Konzepte zweiter Ordnung aufgefasst (Bagozzi 1984; Jöreskog 1978). Diese bildet das hier dargestellte einfache hypothetische Erfolgsfaktorenmodell nicht ab.

Die Kausalindikatorenmodelle für die ganzheitliche Analyse von Beziehungen zwischen Erfolgsfaktoren sind eng an die theoretischen Ansätze zur Validierung von Konstrukten geknüpft (z. B. Hildebrandt 1984; Hildebrandt/Temme 2006). Die Überprüfung von theoretischen Strukturen oder Modellen erfolgt über die Zerlegung von Kovarianzinformationen in Mess- und Kausalanteile, deren Größe und Struktur Auskunft über verschiedene Kriterien der Konstruktvalidität und den Theoriegehalt der (Erfolgsfaktoren-)Daten geben. Ein Likelihood-Ratio-Test und verschiedene Maße für die Anpassungsgüte liefern dem Forscher die Grundlage zur Entscheidung darüber, ob eine Hypothesenstruktur abgelehnt oder akzeptiert werden muss (vgl. hierzu auch den Beitrag von Homburg und Pflesser in diesem Band).

Das Modell kann unter Verwendung von Programmsystemen wie LISREL (Jöreskog/Sörbom 1996), EQS (Bentler 1995) und AMOS™ (Arbuckle 2005) getestet werden. Für die einfachere Schätzung mit der Partial Least Squares Methode (PLS) bietet sich eine Vielzahl von Programmsystemen an, die relativ robuste Ergebnisse liefern (Temme et al. 2007). Der Theoriebildungsprozess besteht dann darin, dass unterschiedliche Hypothesenstrukturen – die alternative theoretische Auffassungen repräsentieren – im Hinblick auf ihre Kompatibilität mit empirischen Daten getestet (oder besser geprüft) werden können. Die Prüfung der Theorie erfolgt dabei praktisch durch sukzessive Tests mit einer Annäherung an die wahre Struktur. Als Alternative zu einer schrittweisen Modifikation von Modellen, etwa anhand von Modifikationsindizes, können heute auch

„Constraint-based“-Inferenzalgorithmen (wie in TETRAD) zur Entdeckung einer wahrscheinlichen Kausalstruktur genutzt werden (z. B. Temme 2006a).

4. Zusammenfassung und Schlussfolgerungen

Im vorangegangenen Abschnitt wurde zunächst deutlich gemacht, dass die Anforderungen des kritischen Rationalismus an die Bewährung von Theorien in den Sozialwissenschaften und damit auch im Marketing nur selten erfüllbar sind. Die sowohl mit dem größten Komplexitätsgrad vermuteter Wirkungsstrukturen als auch mit den Problemen der Messung theoretischer Konstrukte verbundene Messfehlerproblematik bleibt im kritischen Rationalismus ungelöst. Hinzu kommt die Anforderung, auf existierendem Wissen aufzubauen und in den Mittelpunkt der Theoriebildung nomologische Hypothesen zu stellen, die praktisch in den Sozialwissenschaften selten vorhanden sind.

Die Orientierung des Erkenntnisprozesses am Paradigma des wissenschaftlichen Realismus unter Verwendung der ganzheitlichen Methodik mit der Kausalanalyse folgt dabei eher der Realität von Forschungsprozessen, die zu Beginn induktiv vorgehen (vgl. Abbildung 1) und auch unter Nutzung qualitativer Verfahren der Erkenntnisgewinnung zu einer Hypothesenstruktur kommen. Will die Marktforschungspraxis zu gehaltvollen Aussagen und praktisch relevanten Handlungsanweisungen kommen, kann sie den ganzheitlichen Ansatz der Kausalanalyse nicht umgehen. Zum einen entspricht dieser Ansatz mit seinen vielfältigen Möglichkeiten der Modellbildung eher der Komplexität des Wirkungsgeflechts sozialwissenschaftlicher und damit marketingwissenschaftlicher Theorien. Zum anderen hat die Form des Theoriebildungsprozesses mit der Methodik der Kausalanalyse auch eine größere Nähe zur Realität des Erkenntnisprozesses in neuen Forschungsgebieten. Die häufig zu beobachtende Prüfung von Einzelhypothesen in der empirischen Forschung zum Verhalten der Akteure am Markt ohne explizite Berücksichtigung der Messfehlerproblematik kann zu Fehlinterpretationen und falschen Entscheidungen führen. Bei Einsatz der Methodik der Kausalanalyse muss deshalb der Messung der Marketingkonstrukte besondere Aufmerksamkeit geschenkt werden. Ohne die richtige Form der Spezifikation der Messstrukturen und der Sicherung der inhaltlichen Validität kann auch ein anspruchsvolles statistisches Modell keine verwertbaren Ergebnisse liefern.

Literaturverzeichnis

Albers, S./Hildebrandt, L. (2006): Methodische Probleme bei der Erfolgsfaktorenforschung – Messfehler, formative versus reflektive Indikatoren und die Wahl des Strukturgleichungsmodells, in: zfbf, Februar, S. 2-33.

Albert, H. (1972): Probleme der Theoriebildung. Entwicklung, Struktur und Anwendung sozialwissenschaftlicher Theorien, in: Albert, H. (Hrsg.), Theorie und Realität. Ausgewählte Aufsätze zur Wissenschaftslehre der Sozialwissenschaften, 2. Auflage, Tübingen, S. 3-70.

Anderson, P. (1983): Marketing Scientific Progress and Scientific Method, in: Journal of Marketing, 47. Jg., Nr. 4, S. 18-31.

Annacker, D. (2001): Unbeobachtbare Einflussgrößen in der strategischen Erfolgsfaktorenforschung, Wiesbaden.

Annacker, D./Hildebrandt, L. (2002): Unobservable Effects in Structural Models of Business Performance, in: Journal of Business Research, 57, S. 507-517.

Arbuckle, J. (2005): Amos™ 6.0 User's Guide, Chicago.

Bagozzi, R. (1980): Causal Models in Marketing, New York.

Bagozzi, R. (1984): A Prospectus for Theory Construction in Marketing, in: Journal of Marketing, 48. Jg., Nr. 1, S. 11-29.

Bagozzi, R. (1998): A Prospectus for Theory Construction in Marketing: Revisited and Revised, in: Hildebrandt, L./Homburg, C. (Hrsg.), Die Kausalanalyse – Instrument der empirischen betriebswirtschaftlichen Forschung, Stuttgart, S. 45-84.

Bentler, P.M. (1995): EQS Program Manual, Encino.

Carnap, R. (1968): Einführung in die symbolische Logik mit besonderer Berücksichtigung ihrer Anwendung, 3. Auflage, Wien.

Carnap, R. (1995): An Introduction to the Philosophy of Science, unabridged, corr. republication of the 1974 ed. of the work originally publ. by Basic Books, Inc., New York, 1966.

Churchill, G. (2005): Marketing research: methodological foundations, 9. Auflage, Mason/Ohio.

Cronbach, L./Meehl, P. (1955): Construct Validity in Psychological Tests, in: Psychological Bulletin, 52, S. 281-302.

Diamantopoulos, A./Winklhofer, H. (2001): Index Construction with Formative Indicators: An Alternative to Scale Development, in: Journal of Marketing Research, 18(May), S. 269-277.

Fornell, C. (1982): A Second Generation of Multivariate Analysis: An Overview, in: Fornell, C. (Hrsg.), A Second Generation of Multivariate Analysis, Bd. 1, New York, S. 1-21.

Franke, N. (2002): Realtheorie des Marketing: Gestalt und Erkenntnis, Tübingen.

Garvin, D. (1988): Managing Quality. The Strategic and Competitive Edge, New York.

Hammann, P./Erichson, B. (2004): Marktforschung, 5. neu bearb. Auflage, Stuttgart.

Hays, W L. (1994): Statistics, 5. Auflage, Fort Worth.

Hempel, C. (1973): The Meaning of Theoretical Terms: A Critique of the Standard Empiricist Construal, in: Suppes, P./Henkin, L./Joja, A./Moisil, G.C. (Hrsg.), Logic Methodology, and Philosophy of Science IV, Amsterdam, S. 367-378.

Henkel, R. (1976): Tests of Significance, Newbury Park.

Hildebrandt, L. (1983): Konfirmatorische Analysen von Modellen des Konsumentenverhaltens, Berlin.

Hildebrandt, L. (1984): Kausalanalytische Validierung in der Marketingforschung, in: Marketing ZFP, 6. Jg., Nr. 1, S. 41-51.

Hildebrandt, L. (2001): Erfolgsfaktoren, in: Diller, H. (Hrsg.), Vahlens Großes Marketing-Lexikon, 2. völlig überarb. und erw. Auflage, München, S. 420-421.

Hildebrandt, L./Annacker, D. (1996): Panelanalysen zur Kontrolle „unbeobachtbarer“ Einflussgrößen in der Erfolgsfaktorenforschung, in: ZfB, 11 (November), S. 1409-1426.

Hildebrandt, L./Homburg, C. (Hrsg.) (1998): Die Kausalanalyse – Instrument der empirischen betriebswirtschaftlichen Forschung, Stuttgart.

Hildebrandt, L./Temme, D. (2004): The Model by Phillips, Chang and Buzzell Revisited – The Effects of Unobservable Variables, in: Farris, P./Moore, M. (Hrsg.), The Profit Impact of Marketing Strategy Project: Retrospect and Prospects, Cambridge, S. 153-187.

Hildebrandt, L./Temme, D. (2006): Probleme der Validierung mit Strukturgleichungsmodellen, in: Die Betriebswirtschaft, 66. Jg., Nr. 6, S. 618-639.

Holland, P.W. (1988): Causal Inference, Path Analysis, and Recursive Structural Equations Models, in: Clogg, C.C. (Hrsg.), Sociological Methodology, Washington DC, S. 449-484.

Homburg, C. (1989): Exploratorische Ansätze der Kausalanalyse als Instrument der Marketingplanung, Frankfurt am Main.

Homburg, C. (2000): Kundennähe von Industriegüterunternehmen: Konzeption – Erfolgsauswirkungen – Determinanten, 3. aktualisierte Auflage, Wiesbaden.

Homburg, G./Giering, A. (1998): Konzeptualisierung und Operationalisierung komplexer Konstrukte, in: Hildebrandt, L./Homburg, C. (Hrsg.), Die Kausalanalyse – Instrument der empirischen betriebswirtschaftlichen Forschung, Stuttgart, S. 111-148.

Hunt, S.D. (1991): Modern marketing theory: critical issues in the philosophy of marketing science, Cincinnati/Ohio.

Jacoby, J. (1978): Consumer Research: How Valid and Useful are All Our Consumer Behavior Research Findings? A State of the Art Review, in: Journal of Marketing, 42. Jg., Nr. 2, S. 87-96.

Jöreskog, K. (1978): Structural Analysis of Covariance and Correlation Matrices, in: Psychometrika, 43. Jg., Nr. 4, S. 443-472.

Jöreskog, K./Sörbom, D. (1996): LISREL® 8: User's Reference Guide, Chicago.

Kroeber-Riel, W./Weinberg, P. (2003): Konsumentenverhalten, 8. aktual. und erg. Auflage, München.

Kubicek, H. (1975): Empirische Organisationsforschung, Stuttgart.

Lord, F.M./Novick, M.R./Birnbaum, A. (1974): Statistical theories of mental test scores, Reading/Massachussetts.

Opp, K.-D. (2005): Methodologie der Sozialwissenschaften: Einführung in Probleme ihrer Theorienbildung und praktischen Anwendung, 6. Auflage, Wiesbaden.

Popper, K.R. (2002a): Conjectures and refutations: the growth of scientific knowledge, London.

Popper, K.R. (2002b): Logik der Forschung, 10. Auflage, Tübingen.

Schanz, G. (1988): Methodologie für Betriebswirte, 2. überarb. und erw. Auflage, Stuttgart.

Stegmüller, W. (1973): Jenseits von Popper und Carnap: Die logischen Grundlagen des statistischen Schließens, Berlin.

Temme, D. (2006a): Constraint-based Inference Algorithms for Structural Models with Latent Confounders – Empirical Application and Simulations, in: Computational Statistics, 21. Jg., Nr. 1, S. 151-182.

Temme, D. (2006b): Die Spezifikation und Identifikation formativer Messmodelle der Marketingforschung in Kovarianzstrukturanalysen, in: Marketing ZFP, 28. Jg., Nr. 3, S. 183-196.

Temme, D./Hildebrandt, L. (2006): Formative Measurement Models in Covariance Structure Analysis: Specification and Identification, SFB 649 Discussion Paper 2006-083, Humboldt-Universität Berlin.

Temme, D./Kreis, H./Hildebrandt, L. (2007): A Comparison of Current PLS Path Modeling Software – Features, Ease-of-Use, and Performance, in: Esposito Vinzi, V./Chin, W./Henseler, J./Wang, H. (Hrsg.), Handbook on PLS & Marketing, Heidelberg, in Druck.

Trommsdorff, V. (2004): Konsumentenverhalten, 6. Auflage, Stuttgart.

Zaltman, G./Pinson, C.R.A./Angelmar, R. (1973): Metatheory and consumer research, New York.

Nicole Koschate

Experimentelle Marktforschung

Prof. Dr. Nicole Koschate ist Inhaberin des GfK-Lehrstuhls für Marketing Intelligence an der Friedrich-Alexander-Universität Erlangen-Nürnberg.

1. Grundlagen experimenteller Marktforschung

Experimente stellen die beste Methode dar, um Kausalzusammenhänge aufzudecken (Aronson et al. 1990, S. 9). Ein Experiment liegt vor, wenn eine oder mehrere unabhängige Variablen planmäßig variiert (Kontrolle der unabhängigen Variablen) und deren Wirkung auf eine oder mehrere abhängige Variablen bestimmt werden, wobei Einflüsse von Störvariablen ausgeschaltet bzw. kontrolliert werden (Kontrolle der Störvariablen) (Aaker/Kumar/Day 2001, S. 331; Stier 1999, S. 211). Drei Arten von Variablen spielen demnach in Experimenten eine wichtige Rolle:

- unabhängige Variablen, die auf ihren Einfluss untersucht werden (z. B. Anzahl der Verkaufstrainings, Preishöhe),
- abhängige Variablen, an denen der Einfluss der unabhängigen Variablen überprüft wird (z. B. Anzahl der verkauften Produkte),
- Störvariablen, die neben den unabhängigen Variablen einen Einfluss auf die abhängigen Variablen haben und daher die „reine" Beziehung zwischen den unabhängigen und abhängigen Variablen „stören" (z. B. Bekanntheit der Marke eines Produktes).

Experimentelle Marktforschung stellt ein methodisches Prinzip dar, dessen Kern die systematische Manipulation der unabhängigen Variablen ist. Durch die kontrollierte Variation der unabhängigen Variablen werden verschiedene *experimentelle Bedingungen* geschaffen, deren Wirkungen auf die abhängige Variable untersucht werden. Hierin liegt ein zentraler Unterschied zur nicht experimentellen Marktforschung, die keine gezielte Manipulation der unabhängigen Variablen vornimmt. In beiden Fällen kann die *Datenerhebung* sowohl durch Befragung und/oder Beobachtung erfolgen.

Experimente sind in der Marktforschung wichtige und etablierte Testverfahren, deren Bedeutung weiterhin zunimmt (Churchill/Iacobucci 2002). Dieser Beitrag geht zunächst auf wichtige Gütekriterien von Experimenten ein. Anschließend werden die zentralen Schritte bzw. Entscheidungen bei der Konzeption von Experimenten dargestellt. Der Beitrag schließt mit einem Überblick über die Anwendungsfelder von Experimenten in der Marktforschung.

2. Gütekriterien von Experimenten

Die Güte eines Experiments lässt sich im Wesentlichen anhand von drei Kriterien beurteilen. Dabei handelt es sich um die interne Validität, die externe Validität und die Konstruktvalidität (Campbell 1957; Campbell/Stanley 1963; Cook/Campbell 1976).

1. *Zeiteffekte*: Zeiteffekte liegen vor, wenn ein beobachteter Effekt durch Ereignisse ausgelöst wird, die zwischen verschiedenen Testungen aufgetreten und nicht durch die experimentelle Bedingungen selbst ausgelöst sind (z. B. ein Anstieg der Verkaufszahlen aufgrund der Verbesserung der Wirtschaftslage anstatt durch die experimentelle Bedingung „Verkaufstraining" (Kinnear/Taylor 1983, S. 271)).
2. *Reifungseffekte:* Verändern sich Individuen zwischen zwei oder mehr aufeinanderfolgenden Messungen aufgrund von Reifungsprozessen, ist mit Reifungseffekten in den Ergebnissen zu rechnen.
3. *Testeffekte*: Testeffekte liegen vor, wenn sich vorangegangene Testungen eines Individuums auf das nachfolgende Verhalten auswirken (z. B. Sensibilisierung für ein bestimmtes Thema oder Produkt).
4. *Instrumentierungseffekte:* Hiermit sind Effekte gemeint, die sich aus der Veränderung der Untersuchungsverfahren mit der Zeit ergeben.
5. *Statistische Regressionseffekte:* Weisen die Messwerte einer abhängigen Variablen im Pre-Test extreme Werte auf und sind nicht hoch reliabel, ist es statistisch wahrscheinlich, dass die Messwerte im Post-Test weniger extrem ausfallen, d. h. zu einer Regression auf den Mittelwert tendieren.
6. *Auswahleffekte*: Unterscheiden sich die unter mehreren experimentellen Bedingungen zu vergleichenden Gruppen von vornherein durch ein versuchsrelevantes Merkmal, können Messwertunterschiede ebenfalls durch die unterschiedliche Zusammensetzung der Gruppen bedingt sein. In diesem Zusammenhang spricht man von Auswahleffekten.
7. *Ausfalleffekte*: Durch den Ausfall bestimmter Personen im Verlauf einer Untersuchung können sich systematische Effekte auf die Messung ergeben. Diese Effekte werden als Ausfalleffekte bezeichnet.
8. *Stichprobeneffekte*: Stichprobeneffekte können vorliegen, wenn die Untersuchungsergebnisse einer Stichprobe auf Grundgesamtheiten verallgemeinert werden, für welche die Stichprobe nicht repräsentativ ist.
9. *Reaktive Effekte der Experimentalsituation*: Allein die Tatsache, dass sich Teilnehmer bewusst sind, dass sie an einer Untersuchung teilzunehmen, kann sich auf ihr Verhalten auswirken.

Abbildung 1: Wichtige Störfaktoren der internen bzw. externen Validität eines Experiments

Interne Validität ist gegeben, wenn die Veränderung der abhängigen Variablen eindeutig auf die manipulative Variation der unabhängigen Variablen zurückzuführen ist (Cook/Campbell 1976). Die interne Validität stellt eine notwendige, jedoch keine hinreichende Bedingung für die externe Validität dar. *Externe Validität* liegt vor, wenn die aus einem Experiment gezogenen Schlussfolgerungen auf andere Personen, Situationen oder Zeitpunkte generalisiert werden können (Cook/Campbell 1979; Lynch 1982; Winer 1999).

Eine Reihe von Störfaktoren können die interne bzw. die externe Validität eines Experiments beeinträchtigen (Campbell 1957, S. 298 ff.; Campbell/Stanley 1963, S. 175 ff.). Abbildung 1 stellt die wichtigsten Störfaktoren im Überblick dar. In der praktischen Anwendung gelingt es selten, sowohl interne als auch externe Validität in einer Untersuchung gleichzeitig perfekt zu erfüllen. Anpassungen eines Experiments, um die interne Validität zu erhöhen, wirken sich häufig nachteilig auf die externe Validität aus und umgekehrt.

Neben interner und externer Validität ist die Konstruktvalidität ein weiteres wichtiges Gütekriterium von Experimenten (Perdue/Summers 1986). Die *Konstruktvalidität* zielt auf die Frage ab, ob durch die experimentelle Manipulation der unabhängigen Variablen auch tatsächlich dasjenige Konstrukt variiert wurde, das der Experimentator beabsichtigte zu variieren. Um auf eine hohe Konstruktvalidität schließen zu können, sollten zwei Anforderungen erfüllt sein (Perdue/Summers 1986):

- Zwischen der Manipulation und der direkten Messung derjenigen Variablen, die variiert werden soll, sollte ein Zusammenhang bestehen (*konvergente Validität*).
- Die Manipulation der unabhängigen Variablen sollte keine Änderungen bei Messungen verwandter, aber von der unabhängigen Variablen verschiedener Konstrukte hervorrufen (*diskriminante Validität*).

3. Konzeption von Experimenten

Die Konzeption von Experimenten umfasst im Wesentlichen vier zentrale Schritte bzw. Entscheidungen:

- die Operationalisierung der Variablen,
- die Kontrolle von Störvariablen,
- die Auswahl des Versuchsplans und
- die Festlegung des Untersuchungsumfelds.

3.1 Operationalisierung der Variablen

Bei der Formulierung der dem Experiment zugrundeliegenden Untersuchungshypothesen sind die unabhängigen und die abhängigen Variablen bereits spezifiziert worden. Im Rahmen der experimentellen Untersuchung müssen sie nun operationalisiert, d. h. messbar gemacht werden (Homburg/Giering 1996).

Bei Experimenten erfolgt die „Operationalisierung" der *unabhängigen Variable(n)* über die experimentelle Manipulation, d. h. die planmäßige Variation dieser Variablen. Eine wichtige Entscheidung in diesem Zusammenhang ist die Festlegung der Anzahl und der Größe der *Stufen,* d. h. der Werte, welche die unabhängige Variable annehmen kann. In vielen Fällen kann auf zwei Stufen zurückgegriffen werden. Wenn allerdings ein nicht monotoner Zusammenhang vermutet wird, sollte eine dritte Stufe integriert werden (z. B. bei der unabhängigen Variable „Preishöhe" die Stufen „niedrig", „mittel", „hoch"). Zur Überprüfung der experimentellen Manipulation dienen so genannte Manipulations-Checks, die im Rahmen von Vortests oder als Bestandteil des Hauptexperiments durchgeführt werden können (Perdue/Summers 1986).

Die Operationalisierung der *abhängigen Variablen* geschieht in der Regel anhand von Indikatoren, die im Unterschied zu einem Konstrukt direkt beobachtbar sind. Inwieweit eine Messung ein theoretisches Konstrukt erfasst, kann auf Basis der Reliabilität (Zuverlässigkeit) und der Validität (Gültigkeit) der Messung beurteilt werden.

Während sich die *Reliabilität* auf die „formale Genauigkeit der Messung" bezieht und sich allgemein als Anteil der wahren Varianz an der beobachteten (und mit Messfehlern behafteten) Varianz definieren lässt, richtet sich die *Validität* auf die konzeptionelle Richtigkeit eines Messinstruments (Homburg/Giering 1996). Ein Messinstrument wird als valide bezeichnet, wenn es das misst, was es messen soll (Churchill 1979, S. 65). Reliabilität und Validität der Messung eines Konstrukts können anhand verschiedener Kriterien überprüft werden (Homburg/Giering 1996). Im Rahmen der experimentellen Marktforschung wird häufig auf Cronbach's Alpha (Cronbach 1951) zurückgegriffen.

3.2 Techniken zur Kontrolle von Störvariablen

Um den Einfluss unerwünschter Störfaktoren in Experimenten auszuschalten bzw. zu minimieren, gibt es eine Reihe von Techniken. Diese lassen sich grob in drei Gruppen einteilen (Sarris 1992) und sind in Abbildung 2 im Überblick dargestellt.

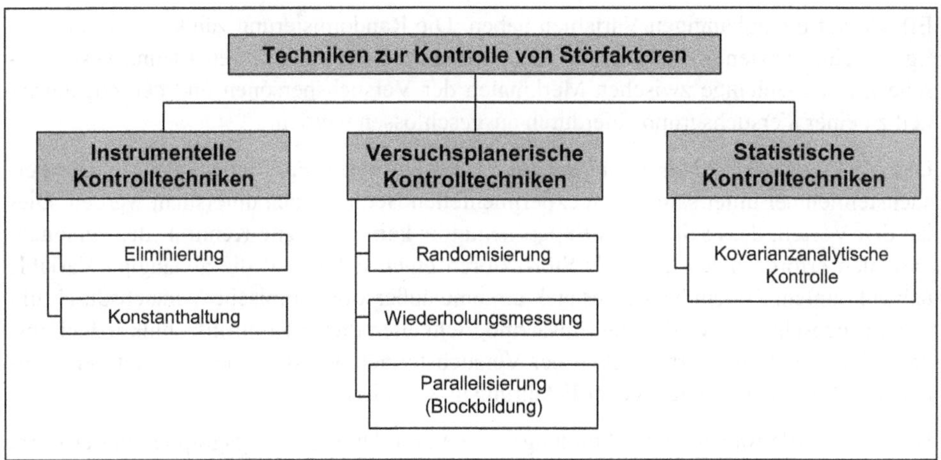

Abbildung 2: Techniken zur Kontrolle von Störfaktoren

Instrumentelle Kontrolltechniken zielen auf die Kontrolle untersuchungsbedingter Störvariablen ab. Mit diesen Kontrolltechniken soll sichergestellt werden, dass sich die äußeren Rahmenbedingungen der Untersuchungsdurchführung für die verschiedenen Stichproben nicht unterscheiden, mit Ausnahme derjenigen Unterschiede, die auf die unabhängige Variable bzw. auf die experimentellen Bedingungen zurückgehen. Zu diesen Kontrolltechniken zählen die Eliminierung und die Konstanthaltung. Unter *Eliminierung* versteht man, dass vermutete Störfaktoren durch spezielle Vorkehrungen der Untersuchungsdurchführung ausgeschaltet werden. Beispielsweise lässt sich Straßenlärm durch schalldichte Versuchsräume eliminieren. Bei der *Konstanthaltung* werden die Versuchsbedingungen hinsichtlich der vermuteten Störvariablen angeglichen. Wird beispielsweise angenommen, dass die Art des Experimentalraumes die Untersuchungsergebnisse beeinflusst, dann sollten die Probanden alle im selben Raum untersucht werden.
Versuchsplanerische Kontrolltechniken zielen auf die Kontrolle von Störfaktoren durch eine spezielle Planung des Untersuchungsdesigns (siehe auch Abschnitt 3.3). Im Vordergrund steht dabei die Kontrolle von Störfaktoren, die mit den Eigenschaften der Versuchspersonen zusammenhängen. Die wichtigsten Techniken sind in diesem Zusammenhang die Randomisierung, die Wiederholungsmessung und die Parallelisierung.

Unter *Randomisierung* wird die zufällige Zuordnung der Versuchspersonen zu den Experimentalbedingungen verstanden. Dem Einsatz der Randomisierung liegt die Idee zugrunde, dass zwei oder mehr hinreichend große Zufallsstichproben, die derselben Population entstammen, einander weitgehend gleichen. Entsprechend geht es bei der Bildung von Zufallsgruppen darum, dass personenbezogene Merkmale bei der Zuordnung der Versuchsteilnehmer zu den experimentellen Bedingungen keinerlei systematische

Effekte auf die abhängigen Variablen haben. Die Randomisierung zählt zu den am häufigsten eingesetzten Verfahren, da sie relativ einfach durchzuführen ist und systematische Zusammenhänge zwischen Merkmalen der Versuchspersonen und der Zugehörigkeit zu einer Versuchsgruppe hierdurch ausgeschlossen werden.

Das Verfahren der *Wiederholungsmessung* besteht darin, dass ein und dieselben Versuchsteilnehmer unter sämtlichen experimentellen Bedingungen untersucht werden. Dies hat den Vorteil, dass seitens des Experimentators keine explizite Kenntnis der Personenvariablen erforderlich ist, die als Störfaktoren einen Effekt auf die abhängige Variable haben könnten. Zudem handelt es sich um eine äußerst ökonomische Versuchsdurchführung. Eingeschränkt werden die Einsatzmöglichkeiten dieser Kontrolltechnik jedoch insbesondere durch die Lernfähigkeit der Versuchsteilnehmer, d. h. die Fähigkeit, ein Verhalten aufgrund vorangegangener Erfahrungen zu ändern.

Bei der *Parallelisierung* (Blockbildung) werden die Untersuchungsgruppen in der Form zusammengestellt, dass sie sich, bis auf die unabhängigen Variablen, in allen als relevant erachteten Störfaktoren gleichen. Dies wird auch als Matching bezeichnet. Hierbei werden die Versuchsteilnehmer zunächst aufgrund der Ausprägung einer (oder mehrerer) als relevant erachteten Störvariablen mit Hilfe eines Vortests in eine Rangreihe gebracht. Anschließend werden „Blöcke“ von Versuchsteilnehmern mit jeweils benachbarten Rangplätzen gebildet. Hierdurch sind sich die Versuchsteilnehmer innerhalb eines Blocks im Hinblick auf den als relevant erachteten Störfaktoren ähnlicher als Personen aus unterschiedlichen Blöcken. Die Größe eines Blocks ist dabei abhängig von der Anzahl der experimentellen Bedingungen. Beispielsweise werden bei zwei experimentellen Bedingungen jeweils Versuchspersonen*paare* gebildet. Anschließend werden die Probanden eines Blocks den experimentellen Bedingungen per Zufall zugeordnet. Dieses Verfahren minimiert die Ausgangsunterschiede zwischen verschiedenen Versuchsgruppen im Hinblick auf die als relevant erachteten Störfaktoren.

Bei *statistischen Kontrolltechniken* wird die Wirkung von Störvariablen nicht von vornherein verhindert, sondern es wird erst nachträglich versucht, eine bereits vorhandene Auswirkung von Störfaktoren im Rahmen der Datenauswertung auszuschalten. Für eine *kovarianzanalytische Kontrolle* werden die als Störfaktoren vermuteten Variablen parallel im Experiment gemessen. Anschließend werden die Werte der abhängigen Variablen dann mit Hilfe der Kovarianzanalyse hinsichtlich der Effekte dieser Störvariablen bereinigt.

3.3 Auswahl des Versuchsplans

Ein Versuchsplan (Design) ist ein „standardisiertes, routinemäßig anwendbares Schema (Strukturschema), das dem Aufbau, der Kontrolle und der methodologischen Bewertung einer empirischen Untersuchung von unabhängigen (UV) und abhängigen (AV) Variablen sachlogisch zugrundeliegt“ (Sarris 1992, S. 4). Im Rahmen *experimenteller Designs* lassen sich vier Gruppen von Versuchsplänen unterscheiden (Sarris 1992; ähnlich Lee 1975), die in Abbildung 3 im Überblick dargestellt sind:

- Versuchspläne mit Zufallsgruppenbildung,
- Versuchspläne mit Wiederholungsmessung,
- Versuchspläne mit parallelisierten Gruppen (Blockversuchspläne) und
- Mischversuchspläne.

Die ersten drei Versuchspläne werden auch als Design-Haupttypen bezeichnet, während die vierte Gruppe eine Kombination dieser Design-Haupttypen darstellt. Die Frage, wann ein bestimmter Versuchsplan eingesetzt wird, lässt sich nicht allgemein beantworten. Vielmehr sind jeweils die spezifischen Kontextanforderungen zu berücksichtigen.

Versuchspläne mit Zufallsgruppenbildung zeichnen sich dadurch aus, dass die Gesamtgruppe von Probanden zufallsmäßig („randomisiert“) auf zwei (Zweistichprobenversuchspläne) oder mehr als zwei Untergruppen (Mehrstichprobenversuchspläne) aufgeteilt wird. Es wird in diesem Zusammenhang auch von Between-Subjects-Designs gesprochen, da jede Versuchsperson ausschließlich eine experimentelle Bedingung durchläuft. Jeder experimentellen Bedingung liegt damit eine andere Versuchspersonengruppe zugrunde. Unterschiede in der abhängigen Variablen zwischen den experimentellen Bedingungen repräsentieren daher in einem Between-Subjects-Design Unterschiede *zwischen* (Gruppen von) Versuchsteilnehmern. Between-Subjects-Designs eignen sich insbesondere, wenn untersucht werden soll, wie Versuchspersonen auf einen bestimmten Stimulus oder ein Ereignis isoliert reagieren. Die wichtigsten Varianten der *Zweistichprobenpläne* sind das Design ohne Vorher-Messung, das Design mit Vorher-Messung und der Solomon-Viergruppen-Versuchsplan.

Das *Design ohne Vorher-Messung* stellt die einfachste Variante dar. In diesem Design erhält eine Gruppe (Treatmentgruppe) den experimentellen Stimulus (z. B. Vorführung eines Werbetrailers), während die andere Gruppe (Kontrollgruppe) dem Stimulus nicht ausgesetzt wird (siehe Abbildung 4, oberer Teil). Im Unterschied hierzu wird im *Design mit Vorher-Messung*, das die gleiche Grundstruktur besitzt, zusätzlich eine Messung der abhängigen Variablen *vor* der experimentellen Manipulation vorgenommen (siehe Abbildung 4, unterer Teil). Diese beiden Designtypen bilden die Basis für die im Folgenden darzustellenden komplexeren Versuchspläne.

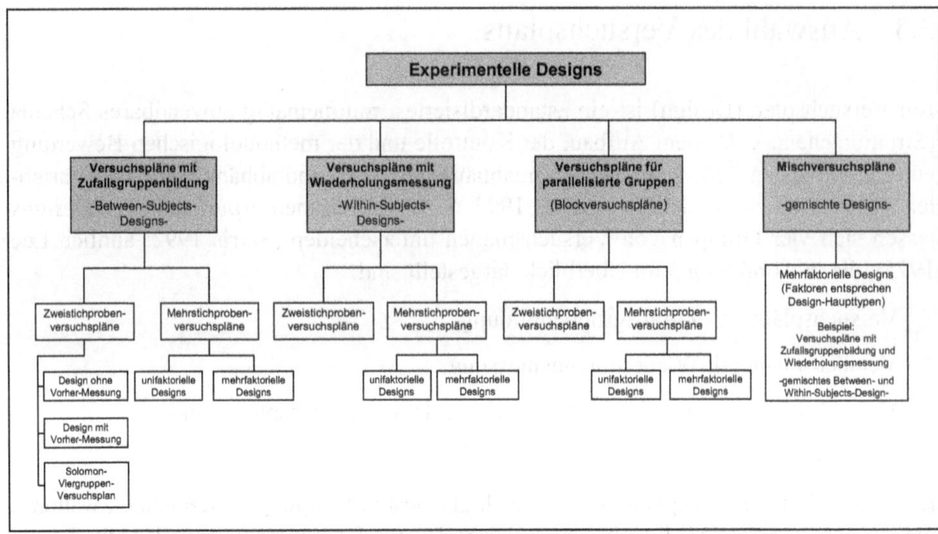

Abbildung 3: Übersicht experimenteller Designs

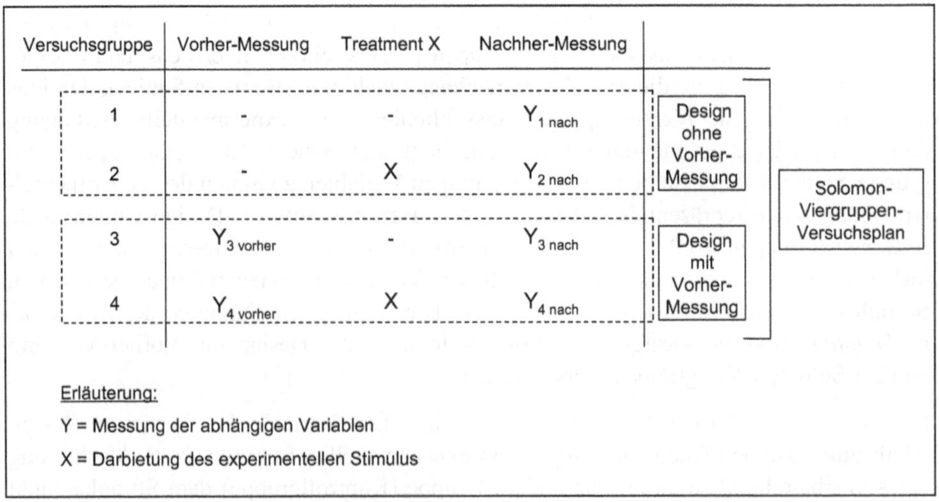

Versuchsgruppe	Vorher-Messung	Treatment X	Nachher-Messung		
1	-	-	$Y_{1\ nach}$	Design ohne Vorher-Messung	Solomon-Viergruppen-Versuchsplan
2	-	X	$Y_{2\ nach}$		
3	$Y_{3\ vorher}$	-	$Y_{3\ nach}$	Design mit Vorher-Messung	
4	$Y_{4\ vorher}$	X	$Y_{4\ nach}$		

Erläuterung:

Y = Messung der abhängigen Variablen

X = Darbietung des experimentellen Stimulus

Abbildung 4: Design ohne Vorher-Messung, Design mit Vorher-Messung und Solomon-Viergruppen-Versuchsplan

Im Solomon-Viergruppen-Versuchsplan wird das Design mit Vorher-Messung um das Design ohne Vorher-Messung erweitert (siehe Abbildung 4). Damit ermöglicht dieser Versuchsplan insbesondere die Kontrolle von Pretest-Effekten. Pretest-Effekte können auftreten, wenn von der Vorher-Messung selbst ein Effekt ausgeht und sich hierdurch das Ergebnis der abhängigen Variablen verändert.

Bei den *Mehrstichprobenversuchsplänen* kann zwischen unifaktoriellen und mehrfaktoriellen Designs unterschieden werden. Faktorielle Designs werden häufig auch als statistische Designs bezeichnet (Box/Hunter/Hunter 1978; Kirk 1968). In *unifaktoriellen Designs* wird *eine* unabhängige Variable (Faktor) auf drei oder mehr als drei experimentellen Stufen variiert. Diese Designs stellen damit eine direkte Verallgemeinerung des grundlegenden Zweistichprobenversuchsplans (Design ohne bzw. mit Vorher-Messung) von zwei auf drei oder mehr als drei experimentelle Stichproben dar.

Bei *Mehrfaktoriellen Versuchsplänen* handelt es sich um Verallgemeinerungen der unifaktoriellen Designs. Sie basieren auf mindestens zwei unabhängigen Faktoren mit jeweils zwei oder mehr als zwei experimentellen Stufen. Der einfachste Fall eines mehrfaktoriellen Designs ist ein 2x2 Design, d. h. ein Design mit zwei Faktoren, die jeweils zwei Abstufungen besitzen. In einem mehrfaktoriellen Design wird jede Stufe einer unabhängigen Variablen mit jeder Stufe der anderen unabhängigen Variablen kombiniert. Bei einer größeren Anzahl von unabhängigen Variablen und/oder Stufen nimmt die Anzahl der Kombinationen sehr rasch zu. Hier gibt es Ansätze, die Anzahl der zu untersuchenden Kombinationen zu reduzieren (z. B. Griechisch-Lateinisches Quadrat), ohne hierbei bedeutsame Informationsverluste in Kauf nehmen zu müssen (Finney 1945, 1946; Kempthorne 1947; Yaremko et al. 1983). Der Vorteil mehrfaktorieller Designs liegt darin, dass sowohl die Wirkung jeder einzelnen unabhängigen Variablen (Haupteffekt) getestet als auch die Wechselwirkung(en) der unabhängigen Variablen (Interaktionseffekte) überprüft werden kann.

Versuchspläne mit wiederholten Messungen zeichnen sich dadurch aus, dass für sämtliche experimentellen Bedingungen nur eine einzige Versuchspersonengruppe herangezogen wird. Dies bedeutet, dass ein und dieselben Versuchsteilnehmer wiederholt untersucht werden. Versuchspläne mit wiederholten Messungen werden daher auch als Within-Subjects-Designs bezeichnet. Durch die Anwendung eines Within-Subjects-Designs kann der Experimentator den Zufallsfehler, der sich aufgrund individueller Unterschiede zwischen den Versuchsteilnehmern in den Experimentalgruppen ergibt, eliminieren. Ein Within-Subjects-Design erlaubt zudem eine getrennte Schätzung der Unterschiede *zwischen* den einzelnen *Versuchspersonen* sowie der Unterschiede *zwischen* den einzelnen *experimentellen Bedingungen*. Ein weiterer Vorteil liegt darin, dass Daten auf sehr ökonomische Weise generiert werden. Einschränkungen hinsichtlich der Anwendbarkeit von Within-Subjects-Designs sind gegeben, wenn Carry-over-Effekte zu erwarten sind. Carry-over-Effekte liegen vor, wenn bereits absolvierte experimentelle

Bedingungen das Verhalten der Versuchspersonen in nachfolgenden experimentellen Bedingungen bedeutsam beeinflussen.

Analog wie bei den Versuchsplänen mit Zufallsgruppenbildung werden die Versuchspläne mit wiederholten Messungen in Zwei- bzw. Mehrstichprobenversuchspläne unterteilt. Die Bezeichnung „Stichprobe" bezieht sich dabei in diesem Fall jedoch nicht auf unterschiedliche Versuchspersonengruppen (wie dieses der Begriff zunächst nahezulegen scheint), sondern auf die unterschiedlichen experimentellen Bedingungen. Bei den Mehrstichprobenversuchsplänen lassen sich wiederum unifaktorielle und mehrfaktorielle Designs unterscheiden.

Der dritte Haupttyp experimenteller Designs sind *Versuchspläne mit parallelisierten Gruppen*, die auch als Blockversuchspläne bezeichnet werden. Bei parallelisierten Gruppen handelt es sich um Untersuchungsgruppen, die derart zusammengestellt sind, dass sie sich bis auf die unabhängigen Variablen in allen als relevant erachteten Störfaktoren gleichen (siehe Abschnitt 3.2). Auch hier kann zwischen Zwei- und Mehrstichprobenversuchsplänen unterschieden werden, wobei sich letztere wiederum in uni- und mehrfaktorielle Designs einteilen lassen.

Die letzte Gruppe von Versuchsplänen sind *Mischversuchspläne*. Ein Mischversuchsplan ist ein mehrfaktorielles Design, bei dem die einzelnen Faktoren verschiedenen Design-Haupttypen (z. B. Zufallsgruppenfaktor, Faktor mit wiederholten Messungen, Blockfaktor) entsprechen. Ein prominentes Beispiel sind Versuchspläne mit Zufallsgruppenbildung und Wiederholungsmessung, die auch als gemischte Between- und Within-Subjects-Designs bezeichnet werden. Sie stellen eine Kombination der ersten beiden Design-Haupttypen dar. Dabei durchlaufen die Versuchsteilnehmer bei einer Stufe einer unabhängigen Variablen (Between-Subjects-Komponente) alle experimentellen Stufen einer anderen unabhängigen Variablen (Within-Subjects-Komponente).

3.4 Entscheidung über das Untersuchungsumfeld

Im Hinblick auf das Untersuchungsumfeld lassen sich Labor- und Feldexperimente unterscheiden. *Laborexperimente* finden in einer speziell für das Experiment geschaffenen Umgebung statt (z. B. Regalsimulation in Teststudios), die eine weitgehende Ausschaltung oder Kontrolle von Störgrößen ermöglicht, welche die abhängige Variable potentiell beeinflussen könnten. Dies sollte in der Regel zu hoher interner Validität führen.

Feldexperimente finden hingegen in der Alltagsumgebung der Versuchspersonen statt (z. B. in Geschäften, die an ein Handelspanel angeschlossen sind). Ihnen wird daher im Allgemeinen eine höhere externe Validität als Laborexperimenten zugeschrieben. Da Störfaktoren lediglich eingeschränkt kontrolliert werden können, weist das Feldexperiment in der Regel eine geringere interne Validität als das Laborexperiment auf.

Die prägnante Kurzformel „Labor = intern valide, Feld = extern valide“ greift allerdings im Allgemeinen zu kurz. Allein die Durchführung eines Laborexperiments ist noch kein Garant für intern valide Resultate. Beispielsweise können reaktive Effekte der Experimentalsituation und Versuchsleitereffekte (unbeabsichtigte und unbemerkte Beeinflussung der Versuchspersonen) trotz der gegebenen Kontrollmöglichkeiten im Labor auftreten. Auf der anderen Seite sind Feldexperimente nicht deshalb schon extern valide, weil sie im Feld durchgeführt werden. Auch in diesem Fall greift der Marktforscher aktiv in die natürliche Umwelt ein und kann dadurch Verzerrungen auslösen (Schnell/Hill/Esser 1999). Der Aspekt der Künstlichkeit bzw. Natürlichkeit von Experimenten ist ebenfalls differenziert zu betrachten. Während Feldexperimente durch den Einsatz experimenteller Hilfsmittel einen extrem künstlichen Charakter erhalten können, können Laborexperimente durch entsprechende Gestaltungsmaßnahmen natürlichen Situationen gleichen.

4. Anwendung von Experimenten in der Marktforschung

In der Marktforschung werden experimentelle Untersuchungen insbesondere durchgeführt, um die Wirkung des Einsatzes verschiedener Marketingmix-Instrumente zu überprüfen. Hierzu zählen insbesondere die folgenden Testverfahren:

- Produkttests: Im Rahmen von Produkttests verwenden Testpersonen bereitgestellte Produkte probeweise und beurteilen anschließend die getesteten Produkte als Ganzes (Volltest) bzw. hinsichtlich einzelner Produktmerkmale (Partialtest). Die Testprodukte können hierbei Produkte sein, die noch in der Entwicklung sind und auf ihre Marktchancen getestet werden (hier spricht man dann häufig von Konzepttests), oder bereits im Markt befindliche Produkte.
- Preistests: Bei Preistests steht die Ermittlung ausgewählter mit dem Preis zusammenhängender Aspekte eines Kunden, wie z. B. die Preisbereitschaft, die Preisakzeptanz, das Preiswissen, das Preisbewusstsein etc., im Vordergrund. Darüber hinaus werden Preistests auch zur Bestimmung von Preis-Absatz-Funktionen eingesetzt.
- Werbetests: Die Aufgabe von Werbetests liegt insbesondere darin, Werbemaßnahmen im Hinblick auf ihren Zielerreichungsgrad, d. h. ihre Beeinflussung des Kaufverhaltens der Kunden, zu überprüfen. Hierbei können einzelne Werbemittel sowie komplette Werbekampagnen getestet werden.

Experimentelle Testverfahren in der Marktforschung werden häufig auch hinsichtlich ihrer Markt- bzw. Realitätsnähe kategorisiert. Hier wird insbesondere zwischen Testmärkten (regionaler Testmarkt, Mikrotestmarkt, elektronischer Testmarkt) und Testmarktsimulatoren unterschieden (Homburg/Krohmer 2006, S. 285 ff.). Bei *Testmärkten* handelt es sich im Wesentlichen um Feldexperimente, in denen in einem räumlich abgegrenzten, realen Markt Informationen über das Kundenverhalten gewonnen werden. Ein Beispiel für einen elektronischen Testmarkt ist das BehaviorScan-Panel der Marktforschungsfirma GfK, bei dem die Daten durch eine Kombination aus Haushalts- und Handelspanel ermittelt werden.

Im Unterschied hierzu stellen *Testmarktsimulatoren* Experimente unter Laborbedingungen dar. Diese werden in der Marktforschungspraxis primär eingesetzt, um den Markterfolg neuer Produkte zu prognostizieren. Zu den bekanntesten Testmarktsimulations-Modellen zählt ASSESSOR (Silk/Urban 1978). Weiterentwicklungen dieses Testmarktsimulators stellen DESIGNOR (Choffray/Lilien 1982) und TESI (Erichson 1981) dar, die überwiegend in Deutschland eingesetzt werden.

Literaturverzeichnis

Aaker, D./Kumar, V./Day, G. (2001): Marketing Research, 7. Auflage, New York.

Aronson, E./Ellsworth, P./Carlsmith, J./Gonzales, M. (1990): Methods of Research in Psychology, 2. Auflage, New York.

Box, G./Hunter, W./Hunter, J. (1978): Statistic for Experimenters – An Introduction to Design, Data Analysis, and Model Building, New York.

Campbell, D. (1957): Factors Relevant to the Validity of Experiments in Social Settings, in: Psychological Bulletin, 54. Jg., Nr. 4, S. 297-312.

Campbell, D./Stanley, J. (1963): Experimental and Quasi-Experimental Designs for Research on Teaching, in: Gage, N. (Hrsg.), Handbook of Research on Teaching, Chicago, S. 171-246.

Choffray, J.-M./Lilien, G.L. (1982): DESIGNOR: A Decision Support Procedure for Industrial Product Design, in: Journal of Business Research, 10. Jg., Nr. 2. S. 185-197.

Churchill Jr., G. (1979): A Paradigm for Developing Better Measures of Marketing Constructs, in: Journal of Marketing Research, 16. Jg., Nr. 1, S. 64-73.

Churchill, G./Iacobucci, D. (2002): Marketing Research. Methodological Foundations, 8. Auflage, Mason.

Cook, T./Campbell, D. (1976): The Design and Conduct of Quasi-Experiments in Field Settings, in: Dunette, M. (Hrsg.), Handbook of Industrial and Organizational Psychology, Chicago, S. 223-236.

Cook, T./Campbell, D. (1979): Quasi-Experimentation: Design and Analysis Issues for Field Settings, Boston.

Cronbach, L. (1951): Coefficient Alpha and the Internal Structure of Tests, in: Psychometrika, 16. Jg., Nr. 3, S. 297-301.

Erichson, B. (1981): TESI: Ein Test- und Prognoseverfahren für neue Produkte, in: Marketing ZFP, 3. Jg., Nr. 3, S. 204-207.

Finney, D. (1945): The Fractional Replication of Factorial Arrangements, in: Annals of Eugenics, 12. Jg., S. 291-301.

Finney, D. (1946): Recent Developments in the Design of Field Experiments. III. Fractional Replication, in: Journal of Agricultural Science, 36. Jg., S. 184-191.

Homburg, Ch./Giering, A. (1996): Konzeptualisierung und Operationalisierung komplexer Konstrukte: Ein Leitfaden für die Marketingforschung, in: Marketing Zeitschrift für Forschung und Praxis, 18. Jg., Nr. 1, S. 5-24.

Homburg, Ch./Krohmer, H. (2006): Marketingmanagement: Strategie – Instrumente – Umsetzung – Unternehmensführung, 2. Auflage, Wiesbaden.

Kempthorne, O. (1947): A Simple Approach to Confounding and Fractional Replication in Factorial Experiments, in: Biometrika, 34. Jg., S. 255-272.

Kinnear, T./Taylor, J. (1983): Marketing Research: An Applied Approach, 2. Auflage, New York.

Kirk, R. (1968): Experimental Design-Procedures for the Behavioral Sciences, Belmont.

Lee, W. (1975): Experimental Design and Analysis, San Francisco.

Lynch Jr., J. (1982): On the External Validity of Experiments in Consumer Research, in: Journal of Consumer Research, 9. Jg., S. 225-239.

Perdue, B./Summers, J. (1986): Checking the Success of Manipulations in Marketing Experiments, in: Journal of Marketing Research, 23. Jg., Nr. 4, S. 317-326.

Sarris, V. (1992): Methodologische Grundlagen der Experimentalpsychologie, Band 2: Versuchsplanung und Stadien des psychologischen Experiments, München, Basel.

Schnell, R./Hill, P./Esser, E. (1999): Methoden der empirischen Sozialforschung, 6. Auflage, München.

Silk, A.J./Urban, G. (1978): Pre-Test Market Evaluation of New Packaged Goods: A Model and Measurement Methodology, in: Journal of Marketing Research, 15. Jg., S. 171-191.

Stier, W. (1999): Empirische Forschungsmethoden, 2. Auflage, Berlin.

Winer, R. (1999): Experimentation in the 21st Century: The Importance of External Validity, in: Journal of the Academy of Marketing Science, 27. Jg., Nr. 3, S. 349-358.

Yaremko, R./Harari, H./Harrison, R./Lynn, E. (1983): Handbook of Methods in Psychology: Reference Handbook of Research and Statistical Methods in Psychology, New York.

Hartmut H. Holzmüller und David M. Woisetschläger

Herausforderungen in internationalen Forschungsprojekten

Prof. Dr. Hartmut H. Holzmüller ist Universitätsprofessor für Marketing an der Universität Dortmund. Dr. David M. Woisetschläger ist Habilitand am Lehrstuhl für Marketing an der Universität Dortmund.

1. Problemaufriss

Im Herbst 2006 hat die Metro AG den European Consumption Report vorgelegt, eine grenzüberschreitend angelegte Studie zum Konsumentenverhalten in Europa (o. V. 2006). Ziel der Studie war die Ermittlung von Gemeinsamkeiten und Unterschieden in den Konsummustern von europäischen Verbrauchern in sieben Staaten (Deutschland, Großbritannien, Frankreich, Italien, Polen, Spanien und Ungarn), von Einflussfaktoren des privaten Konsums und von Faktoren, die den Konsum fördern oder hemmen. Der European Consumption Report ist eines der typischen Beispiele für internationale Marktforschungsprojekte. Im Zuge des Zusammenwachsens nationaler Märkte und den parallel dazu stattfindenden Internationalisierungsbestrebungen von Unternehmen steigen das Interesse und der Bedarf an länderübergreifenden Marktforschungsstudien ständig. Die Auftraggeber und durchführenden Marktforschungsunternehmen – im eingangs genannten Beispiel TNS Emnid – sind in diesem Zusammenhang, selbst wenn sie nur eine deskriptive Projektabsicht verfolgen, mit einer Fülle von Herausforderungen konfrontiert, die sich im nationalen Kontext nicht oder nicht in diesem Ausmaß stellen.

An den Universitäten wird die Auseinandersetzung mit den Spezifika der internationalen Marktforschung entgegen der konstant steigenden Bedeutung im wissenschaftlichen wie kommerziellen Bereich noch immer als ein Randthema gesehen. Das einschlägige Problembewusstsein in Wissenschaft und Praxis ist gering und die entsprechende Qualität internationaler Forschungsergebnisse lässt oft zu wünschen übrig. Zielsetzung dieses Beitrags ist es, in systematischer Form einen Überblick über die zentralen Problemfelder, die sich im Rahmen internationaler Forschungsprojekte stellen, zu geben und Lösungsansätze zu skizzieren, die in der grenzüberschreitenden Forschung entwickelt wurden und geeignet sind, die Qualität von internationaler Marktforschung zu verbessern. Zur Vereinfachung der Darstellung wird im Folgenden von grenzüberschreitend angelegten quantitativen Befragungen ausgegangen; überall wo es zur Abdeckung der Thematik notwendig erscheint, wird auf Aspekte der qualitativen internationalen Marktforschung (Craig/Douglas 2005; Buber/Holzmüller 2007) verwiesen.

2. Besonderheiten der internationalen Marktforschung

Stark abstrahiert unterscheidet sich die internationale Marktforschung von nationalen Aufgabenstellungen und Vorgehensweisen durch den Einfluss von zwei generellen Spezifika, die zueinander in Wechselwirkung stehen. Nämlich zum einen durch den unterschiedlichen Restriktionsrahmen, in dem Wirtschaftsprozesse in einem oder mehreren

Ländermärkten eingebettet sind, und zum anderen durch die Komplexität von betrieblichen Entscheidungs- und Gestaltungssituationen, die sich aus der Anzahl der betroffenen Länder ergibt (vgl. Abbildung 1).

Im Wesentlichen umfasst der Restriktionsrahmen bzw. die Umweltheterogenität physische Faktoren (z. B. Topographie, Klima), soziokulturelle Bedingen (z. B. Religion, Familienstruktur, Wertvorstellungen), technische Rahmenbedingungen (z. B. Normen, Entwicklungsstand, Infrastruktur), ökonomische Determinanten (z. B. Wirtschaftssystem, Wohlstand, Konkurrenzsituation) sowie politische und rechtliche Einflussfaktoren (z. B. nationale Stabilität, Rechtssystem, Rechtssicherheit), die sich in unterschiedlichen Ländern als überaus verschiedenartig und differenziert darstellen können (Scheuch 2007; Keegan et al. 2002). Die gesteigerte Komplexität internationaler Marktforschungsprojekte resultiert vor allem aus der Anzahl der betroffenen Staaten bzw. Märkte, den physischen und psychischen Distanzen, denen sich das Management gegenüber sieht, und schließlich aus der Simultanität, mit der einzelne Forschungsprozesse in unterschiedlichen geographischen Entitäten ablaufen. Idealtypisch führen unterschiedliche Restriktionsrahmen und die höhere Komplexität von Forschungsprozessen zu drei wesentlichen Implikationen. Erstens erfordern Forschungsprojekte, die mehrere Staaten bzw. Märkte betreffen, mehr an Information des befassten Managements, die im nationalen Kontext aufgrund der Sozialisation der Entscheider vor Ort oftmals implizit vorhanden ist, deren explizite Berücksichtigung und Beschaffung jedoch oftmals nicht einfach zu bewerkstelligen ist (Douglas/Craig 2006).

Zweitens besteht ein weitaus höheres Erfordernis zur (internationalen) Koordination und Zusammenarbeit bei der Realisation entsprechender Projekte, um Fehler zu vermeiden und Synergieeffekte zwischen den Forschungsfeldern zu nutzen. Und drittens sind international tätige Forscher mit Risiken konfrontiert, die im nationalen Kontext nicht auftreten (z. B. kulturelle Missverständnisse) oder in einem weitaus geringeren Maß gegeben bzw. leichter zu handhaben sind. So ist beispielsweise die Durchführung einer Befragung in zwei unterschiedlichen Sprachräumen durch eine Reihe von Herausforderungen geprägt, die sich in monokulturellen Projekten nicht in diesem Ausmaß stellen. Typischer Weise gilt es u. a. abzuklären, ob das Vorhaben von der grundsätzlichen Fragestellung her für den bikulturellen Kontext geeignet ist, die beiden Varianten des Fragebogens inhaltlich einander entsprechen, die Form der Befragung den lokalen Gepflogenheiten entspricht, unterschiedliche lokale Antworttendenzen vorliegen, welche die vor Ort gewonnen Ergebnisse systematisch verzerren, die jeweiligen Stichproben repräsentativ für die angepeilten Populationen sind und zudem kulturübergreifende Vergleichsaussagen zulassen und auch Erklärungen für identifizierte Gemeinsamkeiten und Unterschiede gefunden werden können (siehe im Detail Holzmüller 1995 sowie Usunier 1998).

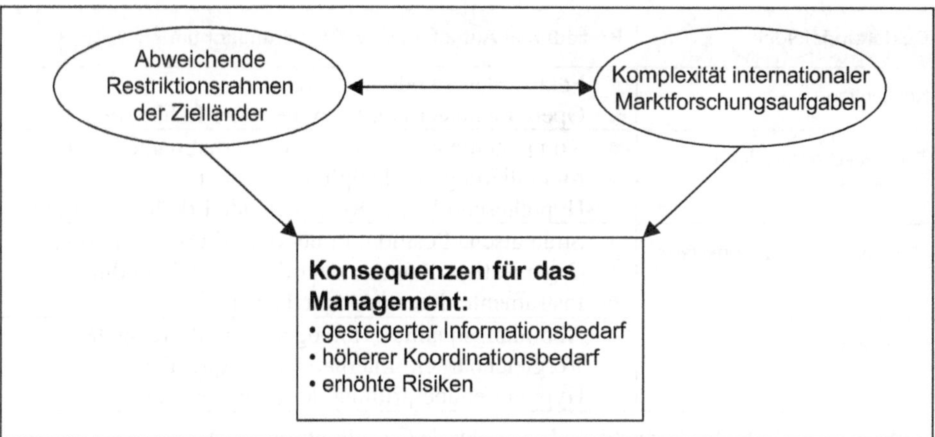

Abbildung 1: Besonderheiten der internationalen Marktforschung

3. Prozedurale Herausforderungen

Die Befassung mit den angesprochenen Besonderheiten und Herausforderungen hat in der internationalen Management- und Marketingforschung eine vergleichsweise lange Tradition. Die Reviews des Forschungstandes über die letzten vierzig Jahre, beginnend mit Roberts (1970), Schöllhammer (1973) und Boddewyn (1981), bis hin zu den jüngst publizierten Studien von Schaffer/Riordan (2003) und Nakata/Huang (2005), identifizieren durchgängig eine methodische Weiterentwicklung. Sie bemängeln jedoch zugleich, dass viele zentrale Probleme der Forschungsplanung und -durchführung zur jeweiligen Zeit, in der die Reviews durchgeführt wurden, in der Disziplin zu wenig Beachtung finden. Die eher mäandernde Entwicklung im Fach im Hinblick auf eine prozedurale Professionalisierung ist unseres Erachtens neben der immanenten Komplexität vor allem auch auf eine zu kurz gegriffene, überwiegende Fokussierung auf methodische bzw. analytische Aspekte in der Diskussion und das Fehlen eines umfassenden Anforderungskatalogs zur Beurteilung von internationaler Forschung zurückzuführen (Holzmüller et al. 2006). In diesem Beitrag wird versucht, in einer holistischen Weise an die Identifikation von Herausforderungen und Lösungsansätzen im Kontext internationaler Forschungsprojekte heranzugehen. Das Spektrum der Analyse wird über die methodischen Aspekte hinaus auf das gesamte Prozedere eines internationalen Forschungsprojekts ausgeweitet.

Gestaltungsfelder	Prozedurale Aufgaben bzw. Gestaltungsoptionen
Konzeption	▪ Fokus: Staaten oder Kulturen ▪ Operationalisierung: Dummies oder Indikatoren
Theoretische Verortung	▪ Komponenten: Substanz- und internationale Ebene ▪ Modellierung: Verknüpfung der Ebenen ▪ Hypothesenbildung: Rivalisierende Erklärungsansätze
Methodische Vorgehensweise	▪ Strategische Position: Emic- oder Etic-Orientierung ▪ Organisation: Zentrale oder dezentrale Koordination ▪ Instrumente: Kreation oder Transfer
Datenanalyse	▪ Abbildungsqualität: Homogenität und Messgüte ▪ Vergleichbarkeit: Internationale Äquivalenz ▪ Hypothesenüberprüfung: Mehrebenenanalyse

Abbildung 2: Aufgabenbereiche und prozedurale Gestaltungsoptionen

Wir betrachten in der Folge konzeptionelle (wie wird die internationale Komponente gehandhabt?), theoretische (wie wird der internationale Einfluss begründet?), methodische (wie werden Daten international gesammelt?) und analytische (wie wird der internationale Einfluss im Rahmen der Datenanalyse extrahiert?) Aspekte. Abbildung 2 gibt einen Überblick über die Gestaltungsfelder, auf die sich die weitere Argumentation bezieht.

3.1 Konzeptionelle Aspekte internationaler Marktforschung

Im Wesentlichen sind es zwei Aufgaben, die sich im Hinblick auf die Konzeptualisierung der internationalen Komponente eines Forschungsprojekts stellen, nämlich die Festschreibung der konstituierenden Variablen und deren Operationalisierung. Schon die ersten Reviews im Fach (insbesondere Roberts 1970) haben betont, dass eine unklare Spezifikation der internationalen Dimension eines Forschungsprojekts zu negativen Auswirkungen auf die Qualität von Forschungsergebnissen führt. Dennoch ist es noch immer weit verbreitete Praxis in der einschlägigen Forschung, nicht klar abzugrenzen ob in Studien auf Staaten oder Kulturen – wenngleich es sich um verwandte „Konstrukte" handelt – abgestellt wird (Schaffer/Riordan 2003; Nakata/Huang 2005). Stehen Staaten im Mittelpunkt des Interesses, so wird häufig implizit von Homogenitätsannahmen ausgegangen. Dies ist insbesondere in multi-ethnischen Ländern (z. B. Schweiz, Indien), aber auch in Ländern mit großen Anteilen von Bürgern mit Migrationshintergrund (z. B. Frankreich, Deutschland) problematisch. Zwar mag für viele Forschungsprojekte in der Praxis der Fokus auf Staaten aus pragmatischen Gründen ausreichend sein. In der akademischen Forschung setzt sich jedoch immer stärker die Einsicht durch, dass die Nutzung von Kultur die tragfähigere und aussagenstärkere Herangehensweise darstellt (z. B.

Samiee/Jeong 1994; Peng et al. 1991), da hierdurch intranationale Unterschiede besser zu greifen sind. Wesentlich ist in diesem Zusammenhang, dass unabhängig von der Entscheidung für die eine oder andere Konzeption (Staaten oder Kulturen) eine Festlegung erfolgt und die daraus resultierenden Konsequenzen für den weiteren Projektverlauf bedacht werden.

Eng verzahnt mit der Entscheidung, ob Staaten oder Kulturen als konstituierendes Merkmal einer Studie zu wählen sind, ist die entsprechende Operationalisierung dieser Merkmale. Häufig werden Staaten, in denen Daten gesammelt werden, a priori nicht weiter spezifiziert, sondern als nominale Kategorien gehandhabt und dann Forschungsergebnisse im Nachhinein unter vager Rückbindung auf Unterschiede zwischen den untersuchten Staaten interpretiert (Bhagat/McQuaid 1982; Samiee/Jeong 1994). Die Nutzung von Staaten als nominale („dummy") Variable erlaubt seriöserweise nur die Erstellung deskriptiver Studien. Ist es Zielsetzung eines Forschungsvorhabens u. a. internationale Unterschiede zu erklären, sollte die Variable Staat als Konstrukt aufgefasst werden, welches über geeignete Indikatoren spezifiziert wird (Holzmüller/Stöttinger 1996). Ähnliches gilt auch für die Nutzung von Kulturkonzepten. Wobei hier festzuhalten ist, dass sich insbesondere in der akademischen Forschung ein Trend weg von der Nutzung von Kultur als unspezifische nominale Variable hin zur psychologischen Operationalisierung über geeignete Dimensionen und Indikatoren beobachten lässt (van de Vijver/Leung 1997a; van de Vijver/Leung 1997b; Nakata/Huang 2005). Besondere Attraktivität genießen in diesem Zusammenhang klar operationalisierte Kulturkonzepte, die eine einfache Messung unterschiedlicher Facetten von Kultur liefern. So stellen Schaffer/Riordan (2003) in ihrer Literaturanalyse fest, dass 41 % aller zwischen 1995 und 2001 in angesehen Zeitschriften publizierten Studien im internationalen Management in der einen oder anderen Form auf das Kulturkonzept von Hofstede (1980; 1991) rekurrieren.

3.2 Theoretische Fundierung der internationalen Marktforschung

Schon Kraut (1975) stellt in einer Bestandsaufnahme des Forschungstandes in der Disziplin fest, dass in internationalen Studien Kultur häufig als unspezifizierte Residualgröße verwendet wird, um Dinge zu erklären, die sonst nicht berücksichtigt wurden. Fast drei Jahrzehnte später konstatiert Nakata (2003) in ähnlicher Weise, dass internationale Erklärungsansätze, insbesondere wenn sie auf Kulturkonzepte zurückgreifen, wenig theoretisch fundiert sind. Darüber hinaus wird bemängelt, dass – wenn überhaupt theoretisch fundiert gearbeitet wird – bestehende Kulturkonzepte wie eben jenes von Hofstede (1980), aber auch andere Konzeptionen wie die von Schwartz (1992), Trompenaars (1993) oder Triandis (1989), eher eklektisch und wenig integriert genutzt werden. Einflüsse von der nationalen oder kulturellen Ebene werden ungerechtfertigterweise häufig als direkte Kausaleffekte modelliert, ohne zu beachten, dass diesen „Hintergrundphänomenen“ eher eine moderierende oder mediierende Bedeutung zukommt (Lonner/Adamopoulos 1997). Zudem wird kritisch herausgestrichen, dass nationale oder kulturelle Determinanten überbetont werden, weil rivalisierende Erklärungsansätze, die andere mögliche Einflussgrößen in Betracht ziehen, nicht berücksichtigt werden (Child 1981; Cheng 1994).

Lösungsansätze bzw. prozedurale Empfehlungen gehen in drei Richtungen und zielen im Einzelnen auf die Differenzierung theoretischer Komponenten, die Modellierung und schließlich die Hypothesenformulierung ab. Im Hinblick auf die grundsätzliche theoretische Fundierung scheint es überaus zweckmäßig zu sein, eine Differenzierung nach Substanztheorien und internationalen Theorien vorzunehmen (siehe Abb. 3). Substanztheoretische Überlegungen beziehen sich auf die eigentlich zu untersuchende Forschungsfrage, also beispielsweise Modelle des Konsumentenverhaltens (Informationssuchverhalten, Markennutzung etc.), Strategiemuster (Markt- und Konkurrenzorientierung etc.) oder Marktbedingungen (Lebenstil- und Werthaltungsanalysen etc.). In vielen Fällen stehen hier Marktmechanismen im Vordergrund, während theoretische Konzeptionen auf der internationalen Ebene auf die Identifikation und Erklärung von Gemeinsamkeiten und Unterschieden von Staaten und Kulturen abstellen. Diese liefern damit Erklärungsansätze für Unterschiede auf übergeordneter Ebene, beispielsweise mittels Kulturmodellen oder -theorien, Modellen der ökonomischen Entwicklung oder institutionentheoretischer Konzepte. Abbildung 3 bebildert die angesprochene Differenzierung am einfachen Beispiel einer kulturübergreifenden Studie im Kundenbeziehungsbereich.

Eine nächste Aufgabe in diesem Zusammenhang betrifft die eigentliche Modellierung, die idealtypisch eine theoretisch-konzeptionell begründete Verknüpfung von substanztheoretischer und internationaler Konzeption vorsehen sollte. Dabei ist von zentraler Bedeutung, dass die theoretische Konzeption, die auf der internationalen Ebene herangezogen wird, mit der zugrundeliegenden Konzeption auf der Substanzebene theoretisch fundiert verknüpft werden kann. So ist es beispielsweise höchst fragwürdig, wenn in einer kulturübergreifenden Studie von Lebensstilen (Substanzebene) dann auf der Kulturebene auf einzelne Dimensionen von Hofstede (1980) zurückgegriffen wird, die sich eigentlich auf arbeitsorientierte Wertvorstellungen beziehen. Die in letzter Zeit immer stärker zu beobachtende Nutzung von „vorfabrizierten“ Kulturkonzepten (z. B. Hofstede, Schwartz, Trompenaars), die in anderen Forschungskontexten mit sehr unterschiedlichen Zielsetzungen entwickelt wurden, erscheint problematisch, weil sich vielfach keine stringente Verbindung zwischen Kulturkonzeption und der Modellierung auf der Substanzebene herstellen lässt. In Konsequenz wird ein künstlicher und im Kern nicht relevanter Erklärungsansatz geliefert (van de Vijver/Leung 1997, S. 260). Für die Grundlagenforschung resultiert daraus beispielsweise die Forderung nach der Entwicklung von für den Marketingbereich spezifischen kulturbasierten Konzeptionen, die entsprechende

Eignung für Erklärungsansätze im Kontext der internationalen Marktforschung besitzen (Aycan 2000).

Schließlich ist aufgrund der Komplexität möglicher Erklärungsansätze bei der Hypothesenbildung, welche die internationalen oder kulturellen Theorien mit der Substanzebene verbinden (siehe Abbildung 3), die Berücksichtigung konkurrierender Erklärungsansätze zu beachten. Durch zu geradlinige Fokussierung auf ausgewählte Einflussfaktoren auf der internationalen Ebene (staatliche und/oder kulturelle Determinanten) kann es leicht zur Überbetonung einzelner Aspekte kommen (Nakata 2003). Insbesondere aus verhaltenswissenschaftlicher Sicht ist es wichtig, im Rahmen der theoretischen Fundierung von internationalen Marktforschungsprojekten zu bedenken, dass kulturelle Determinanten nicht isoliert auf individuelles Denken und Verhalten wirken und diesen in der Mehrzahl der Fälle auch keine dominante Bedeutung zu kommt. Kulturelle und substanzielle Konstrukte sind in den Wirkungsmustern nicht *per se* unabhängig zu sehen, sondern können interagieren. Daher sollte in der Hypothesenformulierung moderierenden Zusammenhängen im Kontext der internationalen Forschung großer Stellenwert eingeräumt werden (Redding 1997; Samiee/Joeng 1994).

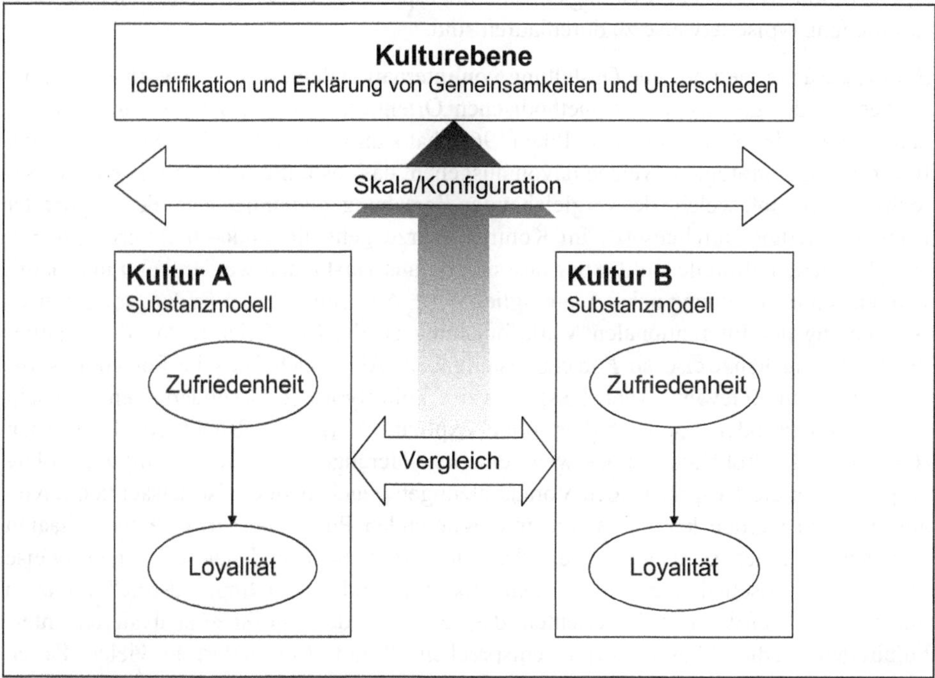

Abbildung 3: Integriertes Substanz- und Kulturmodell (in Anlehnung an Holzmüller 1995)

3.3 Methodische Gestaltung der internationalen Marktforschung

Den Aufgaben der Entwicklung des Forschungsdesigns und der Planung der Feldarbeit wurde von allen prozeduralen Bereichen in der internationalen Marktforschung die größte Aufmerksamkeit gewidmet. Stark beeinflusst von der methodischen und methodologischen Diskussion in der Vergleichenden und Interkulturellen Psychologie (z. B. Triandis 1989, 1996; Brislin et al. 2006; van de Vijver/Leung 1997) hat sich im Fach eine Sensibilisierung für einschlägige Fragestellungen ergeben (Green/White 1976; Nasif et al. 1991; Malhotra et al. 1996; Cavusgil/Das 1997), die durch positive Einschätzungen hinsichtlich der Entwicklung im Sampling, dem Umgang mit dem interkulturellen Bias und dem Emic/Etic-Dilemma belegt sind (Aulakh/Kotabe 1993; Schaffer/Riordan 2003; Nakata/Huang 2005). Dennoch sind viele internationale Forschungsarbeiten noch von einer Fülle von methodischen Schwachpunkten gekennzeichnet, die weiterhin eine Auseinandersetzung mit diesen Themenfeldern erfordert (Holzmüller et al. 2006).Wir fokussieren im Folgenden auf die zentralen Herausforderungen des Umgangs mit dem Etic/Emic-Dilemma, der Organisation von Forschungsprojekten, der Festlegung der Forschungsmethodik und Instrumententwicklung, dem Sampling sowie der Durchführung der Feldarbeit. Damit werden alle Planungsschritte angesprochen, die bis einschließlich der Datenerhebung typischerweise zu durchlaufen sind.

Für die gesamte methodische Gestaltung von internationalen Forschungsvorhaben ist die Festlegung der grundlegenden methodischen Orientierung bedeutsam. Ausgehend von den Arbeiten des Sprachforschers Pike (1966) hat sich in der interkulturellen Forschung für Forschungsstrategien, welche davon ausgehen, dass es kulturübergreifende universale Strukturen gibt, welche der vergleichenden Forschung zugänglich sind, der Begriff der Etic-Orientierung durchgesetzt. Im Kontrast hierzu geht die Emic-Orientierung davon aus, dass jede kulturelle Entität nur aus sich heraus verstanden werden kann und damit vergleichende Forschung nahezu unmöglich wird. Aufgrund der anwendungsorientierten Ausrichtung der Internationalen Marktforschung ist die Etic-Orientierung die naheliegende Herangehensweise an Forschungsaufgaben. Aber auch emische Forschungsprojekte sind von Relevanz, wenn beispielsweise kulturtypische Besonderheiten erforscht werden sollen oder Länderstudien ohne explizite Vergleichsabsicht erstellt werden (Ghauri 2004). Problematisch ist, wenn eine Etic-Herangehensweise gewählt wird, ohne zu prüfen, ob die entsprechenden Voraussetzungen gegeben sind, also tatsächlich davon ausgegangen werden kann, dass die interessierenden Phänomene in einzelnen Staaten oder Kulturen sich so manifestieren, dass sie vergleichbar sind. Diese Vorgangsweise wird in der kritischen Literatur mit dem Etikett „Pseudo- oder Imposed-Etic" versehen und Schaffer/Riordan (2003) berichten, dass ca. 80 % der von ihnen analysierten interkulturellen Studien diesem Typus entsprechen. Pseudo-Etic liefert in vielen Fällen höchst zweifelhafte Resultate, weil Unvergleichbares verglichen wird (Douglas/Nijssen 2003). Als Ausweg aus diesem Dilemma bietet sich die Kombination beider Vorgehensweisen an, die darauf abzielt ein grundsätzliches Maß an Vergleichbarkeit zu generieren, ohne die emischen Komponenten zu ignorieren (Douglas/Craig 2006; Hurmerinta-Peltomäki/Nummela 2006). Ein adaptierter Etic-Ansatz geht von einer Kultur aus und in einem nächsten Schritt werden Anpassungen auf andere Kulturen vorgenommen, die explizit auf lokale Besonderheiten und Eigentümlichkeiten Rücksicht nehmen. Eine emische Herangehensweise an die Integration nutzt die unterschiedlichen lokalen Bedingungen in mehreren Kulturen oder Staaten und entwickelt aus den kulturgebundenen Konzeptionen einen übergreifenden Forschungsansatz (Prinzip des „kleinsten gemeinsamen Nenners"). Eine kombinierte Emic/Etic-Vorgangsweise erlaubt somit die Berücksichtigung lokaler Eigenheiten bei gleichzeitiger Gewährleistung eines akzeptablen Niveaus von Vergleichbarkeit. In der psychometrischen Forschung bedeutet dies, dass ein gemeinsamer Stamm von Items in allen Erhebungsfeldern und darüber hinaus spezifische Items für einzelne Staaten oder Kulturen eingesetzt werden (Baumgartner/Steenkamp 1998).

Eng verzahnt mit der Entscheidung über den Umgang mit dem Emic/Etic-Dilemma sind Fragen der Organisation eines Forschungsvorhabens. Typischerweise werden in der akademischen wie kommerziellen Marktforschung internationale Projekte von einem Willenszentrum in einer Ausgangskultur angestoßen. Erfolgt die Realisation des Vorhabens aus dem Blickwinkel und in der Vorstellungswelt der Kultur, von der die Initiative ausgeht, dann besteht die Gefahr, dass die Forschungsergebnisse aufgrund einer Fülle von nicht beachteten Einflussfaktoren in den einzelnen Erhebungsfeldern von geringer Qualität sind (Holzmüller 1995). Obwohl Verzerrungen des Antwortverhaltens von Auskunftspersonen („Respondent Bias") in internationalen Studien in der Disziplin viel diskutiert sind (vgl. Abbildung 4 und Baumgartner/Steenkamp 2001), wurden Verzerrungen und Messeinflüsse, die aus ethnozentrischen Grundhaltungen der beteiligten Forscher („Researcher Bias") resultierten, häufig ignoriert.

Eine wirksame Art, ethnozentrische Tendenzen von Forschern zu verringern und kulturspezifische Antwort- und Auskunftsmuster von Probanden zu antizipieren, sind dezentrale Organisationsformen, die Personen aus unterschiedlichen Ländern in möglichst viele Forschungsschritte einbeziehen. Das so genannte „De-Centring" nach Campbell und Werner (1970) war ein erster Versuch, die Dominanz einer Kultur in einem Forschungsvorhaben zu reduzieren. Mittlerweile ist ein verstärkter Trend zum Einsatz multikultureller Teams beobachtbar, die von vorneherein eine multizentrische Forschungsorganisation vorsehen (Hanges et al. 2005; Holzmüller et al. 2002). Diese Strukturen sollen die Nutzung des lokalen Know-how in den angestrebten Forschungsfeldern und der unterschiedlichen kulturellen Erfahrungshintergründe der beteiligten Forscher erlauben. Damit ergeben sich aber auch ganz spezifische Arbeits- und Konfliktsituationen, die nicht *per se* zu einer Vermeidung von ethnozentrischen und kulturell bedingten methodischen Einflüssen führen (Easterby-Smith/Manila 1999; Teagarden et al.1995).

Fragebogenbezogener Bias	Charakterisierung
Zustimmungstendenz	Fragen werden aus kulturellen Gründen immer tendenziell zustimmend beantwortet.
Extremantworten	Befragte neigen kulturell differenziert zur extremen Ablehnung oder Zustimmung.
Tendenz zur Mitte	Befragte vermeiden kulturell unterschiedlich eine deutlich positive oder negative Beantwortung.
Sozial erwünschte Antworten	Befragte versuchen im Sinne des Interviewers oder der in ihrer Kultur mehrheitlich vertretenen Erwartungen und Überzeugungen gemäß zu antworten.
Reihenfolgeeffekte	Die Reihenfolge der Fragestellung beeinflusst das Antwortverhalten im jeweiligen kulturellen Kontext unterschiedlich.
Verweigerung von Antworten	Verweigerung von Antworten, die kulturell sensible Themen betreffen.
Unklares Antwortformat	Die verbalen Ausprägungen von Ratingskalen werden von den Befragten fehlinterpretiert.

Abbildung 4: Unterschiedliche Verzerrungen und Messeinflüsse bei internationalen Forschungsprojekten (in Anlehnung an Craig/Douglas 2005)

Offensichtlich ist die einfache Integration von Forschern in multikulturelle Teams kein Garant für eine durchgängige Verbesserung der kulturellen Sensitivität, die für die erfolgreiche Durchführung von internationalen Forschungsvorhaben notwendig scheint. Es liegt daher nahe, für die Beteiligten an einem internationalen Forschungsvorhaben Kultursensitivitätstrainings vorzusehen (siehe z. B. Landis et al 2004; Holzmüller/Stöttinger 2001), die auf die Erhöhung der kulturellen Intelligenz der Akteure abzielt (Earley/Peterson 2004; Brislin et al. 2006).

Eine weitere methodische Herausforderung stellt die Wahl einer geeigneten Forschungsmethode und die entsprechende kultursensitive Entwicklung des notwendigen Forschungsinstrumentariums dar. Hier gilt es Vorgehensweisen zu entwickeln, die gewährleisten, dass eine hohe internationale Äquivalenz der erhobenen Daten gegeben ist (siehe Abbildung 5). D. h., nicht die völlige Standardisierung des Forschungsprozesses und der Instrumente steht im Vordergrund, sondern eine Datengenerierung, die eine hohe Vergleichbarkeit bei gleichzeitiger hoher lokaler Messgüte ermöglicht (Bauer 1989; Holzmüller 1986). Darüber hinaus ist ein gemischter Einsatz von qualitativen und quan-

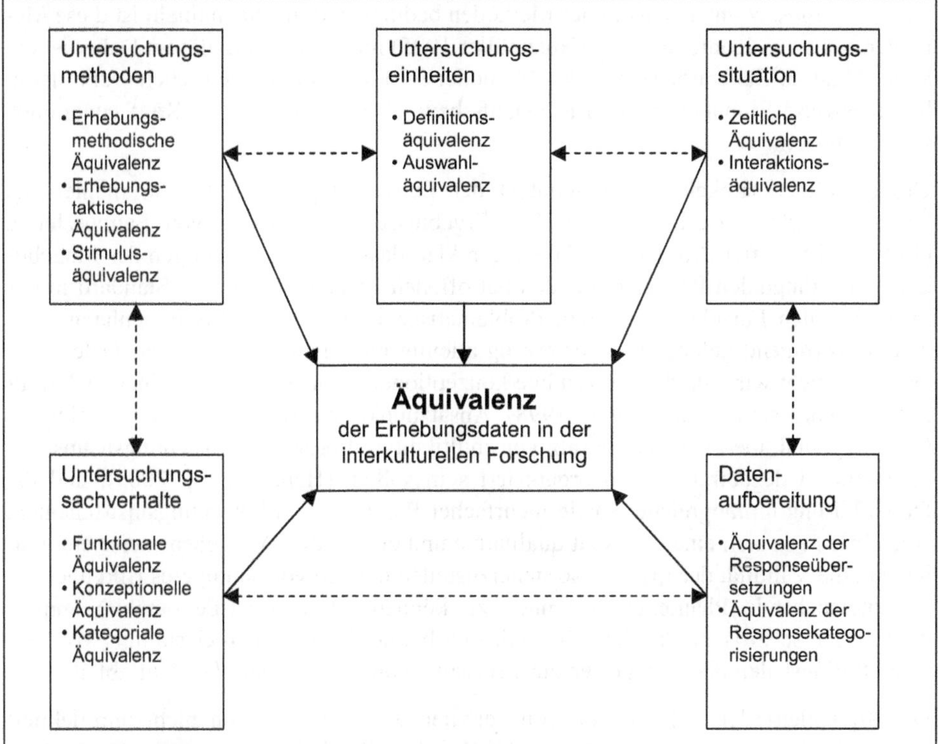

Abbildung 5: Facetten der internationalen Datenäquivalenz (in Anlehnung an Bauer 1989)

titativen Erhebungsformen sinnvoll, da bei einer rein quantitativen ethnozentrischen Vorgehensweise wichtige Aspekte aus dem fremden Kulturkreis verborgen bleiben können (Hurmerinta-Peltomäki/Nummela 2006). Abbildung 5 gibt einen Überblick über einzelnen Facetten der Datenäquivalenz, die es bis zur Datensammlung zu berücksichtigen gilt.

Forschungsmethoden wie die unterschiedlichen Formen von Befragungen, Beobachtungen und Experimenten sind nicht für alle internationalen Einsatzfelder gleich gut geeignet (Craig/Douglas 2005). Eine entsprechende Auswahlentscheidung hat kultursensitiv zu erfolgen und muss dem kleinsten gemeinsamen Nenner aller beteiligten Forschungsfelder genügen. Beispielsweise versprechen bei grenzüberschreitenden Befragungen Telefonumfragen in einem Land mehr Erfolg, in einem anderen Land eher schriftliche oder persönliche Interviews. Wird in den einzelnen Ländern mit einer unterschiedlichen Methodik gearbeitet, sind die Chancen groß, dass die Unterschiede in den Ergebnissen aus den einzelnen Ländern nicht nur durch substanzielle Differenzen, sondern eben auch durch den Einsatz unterschiedlicher Methoden bedingt sind. Im Nachhinein ist diese Methoden/Substanz-Konfundierung (Holzmüller 1995) nicht mehr aufzulösen. Daher ist ein hoher Grad an Standardisierung des Methodeneinsatzes anzustreben, auch wenn damit beispielsweise Einbußen bei den Rücklauf- bzw. Beteiligungsraten in Kauf genommen werden müssen.

Große Aufmerksamkeit hat im Kontext der Entwicklung von Messinstrumenten die Übersetzungsproblematik erfahren. Die Ergebnisse von Reviews von Samiee/Jeong (1994) und Schaffer/Riordan (2003) belegen klar, dass Rückübersetzungen des Fragebogens mit bilingualen Personen aus den betroffenen Sprachräumen zum Standard in der internationalen Forschung gehören. Problematisch ist in diesem Zusammenhang, dass eine hervorragend gelungene Übersetzung alleinig nicht gewährleistet, dass Datenäquivalenz erreicht wird, da die notwendige konzeptionelle Entsprechung in einer Zielkultur nicht gegeben sein muss (Usunier 1998). Ansatzpunkte zur Bewältigung dieser Herausforderung sind abermals der Einsatz von multikulturell besetzten Forschungsteams, die in möglichst dezentraler Form organisiert sein sollten (Hanges et al. 2005), und die Durchführung umfangreicher sowie mehrfacher Pre-Tests von Forschungsinstrumenten. Auch hier kann sich eine gemischt qualitative und quantitative Vorgehensweise empfehlen, um die Validität der Ergebnisse sicherzustellen und ein vollständigeres Bild über das zu untersuchende Phänomen gewinnen zu können (Hurmerinta-Peltomäki/Nummela 2006). Eine spezifische Problematik stellt sich bei der äquivalenten Gestaltung von verbalen Ratingskalen und Kategorien zur Erfassung von demographischen Variablen.

Die Äquivalenz der Ankerpunkte von verbalen Ratingskalen kann nicht unreflektiert vorausgesetzt werden und erfordert in der Regel umfänglichere empirische Vorstudien, die sicherstellen, dass eine entsprechende Vergleichbarkeit gegeben ist (Klarmann 2006; Holzmüller 1995, S. 198). Die Erfassung von demographischen Variablen in einer Form, dass sie international oder interkulturell vergleichbar sind, ist oftmals nicht einfach möglich. So sind häufig Bildungsniveaus aufgrund unterschiedlicher nationaler Abschlüsse nicht vergleichbar, monetär identische Einkommensklassen differieren hinsichtlich lokaler Kaufkraft und nationale Berufsklassifikationen entsprechen sich nicht durchgängig. Vor der Erhebung ist eine entsprechende Harmonisierung durch eine Anpassung der Abfragen sicherzustellen (ausführlich Hoffmayer-Zlotnik/Wolf 2003).

Ein verwandtes Problemfeld, das für Praxis und Wissenschaft gleichermaßen von hoher Bedeutung ist, ist die Generalisierbarkeit und Repräsentativität von internationalen Forschungsergebnissen. Eine wesentliche Determinante für die internationale Verallgemeinerbarkeit stellt die Art und Weise dar, wie die Auswahl der in eine Studie einbezogenen Länder erfolgt. Basiert diese auf keinen theoretischen Überlegungen, sondern ist vielmehr von der Nutzung bestehender Möglichkeiten und sich ergebender Chancen für die Datensammlung geprägt („Convenience Selection"), dann sind die Ergebnisse nur in einem eingeschränkten Rahmen aussagefähig (Holzmüller/Stöttinger 1994). Daraus ergibt sich – insbesondere für die wissenschaftliche Forschung – die Forderung nach einer theoretisch-konzeptionell begründeten Auswahl von Erhebungsfeldern („Random or Puposive Sampling", Sivarkumar/Nakata 2001), die vor allem auch darauf abstellt, dass eine größere Anzahl von Ländern mit einbezogen wird (House et al. 2002). Für die kommerzielle Marktforschung erschöpft sich die Zielsetzung eine Forschungsvorhabens oftmals in der Erhebung von deskriptiven Daten, welche die Marktsituation in unterschiedlichen Ländern beschreiben. Die Beschränkung der Generalisierbarkeit auf die Länder, in denen das jeweilige Unternehmen aktiv ist, kann dann aus praktischer Sicht ausreichend sein. Jedoch kommt in diesen Fällen der Repräsentativität von Stichproben für die jeweilige nationale Population große Bedeutung zu. Als besondere Herausforderung in diesem Kontext gilt es zu berücksichtigen, dass viele ausländische Märkte ethnisch nicht so homogen sind wie Deutschland. Auch soziökonomische und demographische Variablen sind häufig schief verteilt und die bestehende Infrastruktur erschwert oftmals das Ziehen von zufälligen Stichproben (Craig/Douglas 2005; Holzmüller 1995). Neben der intranationalen Repräsentativität stellt sich aber auch die Frage nach der Äquivalenz von Stichproben über Ländergrenzen hinweg. Es gilt darauf zu achten, dass die Effekte, die aus Stichprobenunterschieden resultieren, welche nicht von Relevanz für die eigentliche Studienabsicht sind, möglichst gering gehalten werden (Steenkamp/ter Hofstede 2002). Schaffer/Riordan (2003) belegen die gestiegene Bedeutung von abgestimmten Stichproben („Matching Samples") in der internationalen Managementforschung. Gleichzeitig weisen sie aber drauf hin, dass die Gefahr besteht, dass Stichproben anhand von Kriterien abgestimmt werden, die in engem Zusammenhang mit den eigentlich zu untersuchenden Variablen stehen. Dies führt in aller Regel zu limitierten Stichproben, die internationale Unterschiede kaschieren und nicht die realen Differenzen in den zugrundegelegten Populationen an den Tag bringen.

Eng verknüpft mit der Stichprobengestaltung sind Fragen der zeitlichen Abstimmung. Grundsätzlich ist einer möglichst gleichzeitigen Datenerhebung der Vorzug zu geben, aber spezifische saisonale Muster in einzelnen Ländern – wie z. B. Jahreszeitenunterschiede zwischen der südlichen und nördlichen Hemisphäre, wichtige religiöse Perioden (Weihnachten, Ramadan etc.), nationale Festtage oder singuläre Ereignisse von herausragender nationaler Bedeutung (Naturkatastrophen, Mega-Sportveranstaltungen, Papstbesuche etc.) – sind beim Timing zu berücksichtigen, weil davon Effekte auf die erhobenen Daten ausgehen können, die aufgrund der kurzen zeitlichen Bedeutung eine falsche Vergleichsbasis für internationale Analysen und Interpretationen liefern (Holzmüller 1986).

3.4 Analytische Aspekte der internationalen Marktforschung

Schließlich stellen sich bei der Analyse von Daten, die aus mehreren Ländern bzw. Kulturen stammen, spezifische Herausforderungen, die es zu berücksichtigen gilt. Insbesondere drei Problembereiche stehen dabei im Vordergrund: die Überprüfung der Abbildungsqualität (Homogenität und Messgüte), die Beurteilung der Vergleichbarkeit (Internationale Äquivalenz) sowie die Auswahl von geeigneten Analyseverfahren zur Überprüfung allfälliger Forschungshypothesen.

Eine implizite Annahme, von der Forscher in länder- bzw. nationenübergreifenden Studien häufig ausgehen, ist, dass die zu vergleichenden Gruppen intern homogen sind. Zielen Forschungsvorhaben auf Länder- bzw. Kulturvergleiche ab, dann gilt es in einem ersten Schritt zu überprüfen, ob die Homogenität der untersuchten Gruppen im Hinblick auf postulierte Differenzkriterien tatsächlich gegeben ist (Holzmüller et al. 2006). Sind die Heterogenitätsannahmen im Hinblick auf die unterstellten Staaten bzw. Kulturen aufgrund der empirischen Daten nicht gerechtfertigt, so schränkt dies Vergleichsaussagen ein und es gilt in der weiteren Datenanalyse, auf unterschiedliche lokale Gruppierungen Bezug zu nehmen. Die Überprüfung der lokalen Messgüte in den einzelnen Erhebungsfeldern kann zunächst in konventioneller Art und Weise für jede Gruppe durch die Überprüfung der lokalen Reliabilitäts- und Validitätskriterien sowie der globalen Anpassungsindikatoren erfolgen (Churchill 1979; Homburg/Giering 1996).

In einem zweiten Schritt ist zu überprüfen, ob die Voraussetzungen für die Vergleichbarkeit der Ergebnisse gegeben sind. Zunächst ist zu kontrollieren, ob die Stichproben aus den verschiedenen Ländern vergleichbar sind (Steenkamp/ter Hofstede 2002). Falls diese Voraussetzung nicht erfüllt ist, bietet sich die Analyse vergleichbarer Subsamples an. Dann ist jedoch die in Abschnitt 3.3 aufgeführte Einschränkung von „Matching Samples“ bei der Interpretation zu beachteten. Nach der Vergleichbarkeit der Stichproben gilt es zu überprüfen, ob die theoretischen Konstrukte über Länder- bzw. Kulturgrenzen hinweg äquivalent sind. In der Literatur finden sich zwei Verfahren, die zum formalen Test der Äquivalenz von Messinstrumenten geeignet sind (Sinkovics et al. 1998). In Form von Mehrgruppen-Strukturgleichungsmodellen lassen sich die konfigurale Invarianz (Weist das gemessene Konstrukt, bspw. Kundenzufriedenheit, in allen Ländern die gleiche Faktorenstruktur auf und wird über die gleichen Items gemessen?), die metrische Invarianz (Sind die Gewichtungen – also die Faktorladungen –, mit denen die Items in das Konstrukt eingehen, gleich?) und die skalare Invarianz (Sind bei gegebenem Mittelwert des Konstrukts die Mittelwerte der Items in allen Ländern gleich?) theoretischer Konstrukte prüfen (Singh 1995; Steenkamp/Baumgartner 1998). Eine alternative Methode zur Überprüfung der metrischen und skalaren Messäquivalenz stellen Ansätze dar, die auf Verfahren der Probabilistischen Testtheorie (Salzberger 1998; Salzberger et al. 1999) bzw. der Item Response Theory (Hulin et al. 1982; Salzberger/Sinkovics 2006) beruhen. Vereinfacht zusammengefasst wird mit diesen Verfahren auf Item-Ebene der Zusammenhang zwischen der Ausprägung des Items (bspw. Wert der Zufriedenheit mit einer Produkteigenschaft auf einer Ratingskala) und der Eintrittswahrscheinlichkeit jedes Wertes auf der Ratingskala errechnet. Weichen die Item Response Funktionen zwischen den untersuchten Ländern oder Kulturen deutlich voneinander ab, dann misst ein entsprechendes Item nicht kulturinvariant (Salzberger et al. 1999; Singh 2004) und kann nur bedingt in internationalen bzw. interkulturellen Vergleichsanalysen genutzt werden. In der empirischen Realität werden sich jedoch selten Datensätze finden, die den hohen psychometrischen Ansprüchen der genannten Verfahren vollständig genügen. Liegt zumindest partielle Invarianz vor, so lässt sich über Korrekturfaktoren eine Vergleichbarkeit von Messniveaus herstellen. Ungeachtet der schwierigen Erfüllbarkeit der angesprochenen Äquivalenzkriterien sollten empirische Hinweise auf eine mangelnde Äquivalenz der Daten ernst genommen werden, weil sie klar belegen, dass lokal gefärbte Messeinflüsse oder eine entsprechende Methoden/Substanz-Konfundierungen (Holzmüller 1995) vorliegen. Falls im Rahmen einer gemischten emic/etic-Vorgehensweise Itembatterien erhoben wurden, die kontextspezifisch variieren, haben Baumgartner/Steenkamp (1998) ein auf Strukturgleichungsanalysen basierendes Verfahren entwickelt, mit dem diese Messansätze verglichen werden können.

Drittens sind geeignete Analyseverfahren zur Überprüfung der Untersuchungshypothesen auszuwählen. Dabei ist auf die unterschiedlichen Abstraktionsebenen, die in eine internationale bzw. interkulturelle Untersuchung einfließen, besonderes Augenmerk zu legen. Die Integration von individuellen, unternehmensbezogenen, gesellschaftlich-kulturellen Konstrukten in ein Modell bzw. Netzwerk von Hypothesen erfordert spezifische Analyseschritte, da eine einfache Verknüpfung z. B. über Regressionsanalysen zu simplifizierten oder gar falschen Ergebnissen führt (House et al. 1995). In der internationalen Forschung stehen entsprechend Ein- und Mehrebenenmodelle zur Verfügung. Liegt innerhalb der Daten keine hierarchische Struktur vor – bspw. im Falle vergleichender Konsumentenbefragungen – so können über Mehrgruppen-Strukturgleichungsmodelle Länderunterschiede analysiert werden (siehe die beispielhafte Anwendung eines solchen Einebenenmodells bei Garcia/Kandemir 2006).

Die Anwendung von Mehrebenenmodellen sollte immer dann erwogen werden, wenn hierarchische Datenstrukturen vorliegen. So sind bspw. Konstrukte zur Erfassung der Kultur auf internationaler Ebene (Gruppenebene) definiert, die Modellierung auf Substanzebene (Individualebene) ist mit der internationalen Ebene verschachtelt. Mit diesen so genannten „nested models“ wird die problematische (Dis-)Aggregation von Daten auf Gruppen- oder Individualebene vermieden. Bisher werden in der internationalen Forschung hierarchische Datenstrukturen kaum explizit berücksichtigt, jedoch ist eine zunehmende Sensibilisierung für diese Problemstellung zu beobachten (Steenkamp et al. 1999). In der Literatur existieren drei methodische Ansätze, die sich zur Berücksichtung von hierarchischen Strukturen in Marktforschungsdaten eignen (Schaffer/Riordan 2003). Im Einzelnen sind dies der „Interrater Agreement Index“, die Analyse der Varianz zwischen und innerhalb von Gruppen (WABA) sowie das „Hierarchical Linear Modeling“ (HLM). Mit dem Interrater Agreement Index lässt sich das Ausmaß der Übereinstimmung bzgl. der Beurteilung eines Konstrukts innerhalb einer Gruppe bestimmen (James et al. 1984). Durch die WABA lässt sich aufdecken, ob überhaupt Gruppenunterschiede existieren (Dansereau/Yammarino 2000). Das HLM ermöglicht schließlich die Modellierung von direkten und moderierenden Effekten, bspw. von kulturellen Variablen auf der aggregierten Ebene auf die Beziehungen im Substanzmodell (Individualebene) (Bryk/Raudenbush 2002). In Konsequenz kann der Erklärungsbeitrag des Einflusses jeder Ebene auf die Varianz des interessierenden Konstrukts ermittelt werden (Holzmüller et al. 2006). Abbildung 6 fasst die im Zuge der internationalen Datenanalyse angesprochenen Schritte anschaulich zusammen.

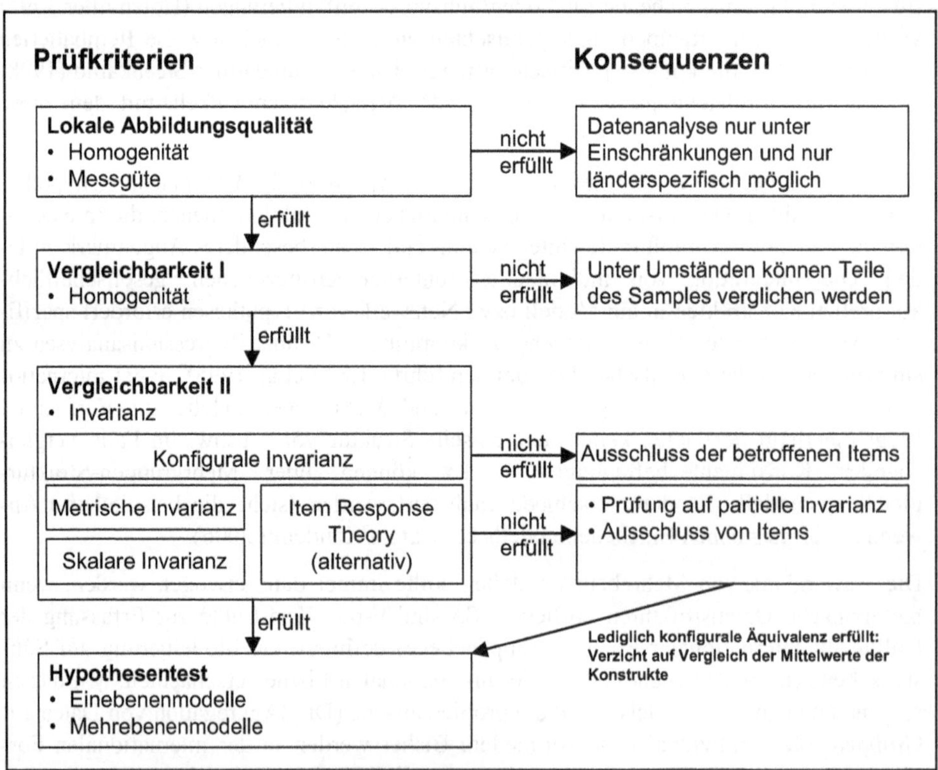

Abbildung 6: Analytische Aspekte der internationalen Marktforschung

4. Ausblick

Die geführte Diskussion prozeduraler Herausforderungen und Lösungsansätze in internationalen Forschungsvorhaben stellt auf eine idealisierte Vorgehensweise ab. Situativ sind entsprechende Adaptionen vorzunehmen. Uns ist bewusst, dass der hier entwickelte Anforderungskatalog auf international interessierte Forscher eher entmutigend wirkt, dennoch sind wir der klaren Überzeugung, dass nur eine umfassende Berücksichtigung einzelner Problemfelder zu qualitativ hochwertigen und brauchbaren Forschungsergebnissen führt. Es ist zu hoffen, dass in der universitären Ausbildung und im Rahmen der wissenschaftlichen Forschung künftig noch mehr Augenmerk auf die spezifischen Herausforderungen und Bewältigungsstrategien gelegt wird und damit eine Ausgangsbasis für eine stärkere Sensibilisierung für die Thematik in der Praxis geschaffen wird, die sich in qualitativ hochwertigeren Forschungsdesigns und folglich zuverlässigeren Forschungsergebnissen niederschlägt.

Eine wichtige nächste Aufgabenstellung in der Grundlagenforschung wird sein, einen möglichst einheitlichen Anforderungs- bzw. Kriterienkatalog für die Planung und Durchführung von internationalen Marktforschungsvorhaben zu entwickeln, der auf unterschiedliche Forschungsziele und -konstellationen abstellt und breite Akzeptanz in der Forschergemeinde findet. Ein entsprechender Katalog könnte dann Ausgangspunkt für einen Praxisdialog sein, der in einen Normierungsprozess mündet, welcher langfristig zu festgeschriebenen Standards für Anbieter und Nachfrager von internationalen Marktforschungsstudien führt.

Literaturverzeichnis

Aulakh, P.S./Kotabe, M. (1993): An Assessment of Theoretical and Methodological Development in International Marketing: 1980-1990, in: Journal of International Marketing, 1. Jg., (June), S. 5-28.

Aycan, Z. (2000): Cross-Cultural Industrial and Organizational Psychology. Contributions, Past Developments, and Future Directions, in: Journal of Cross-Cultural Psychology, 31. Jg., (January), S. 110-128.

Bauer, E. (1989): Übersetzungsprobleme und Übersetzungsmethoden bei einer multinationalen Marketingforschung, in: Jahrbuch der Absatz- und Verbrauchsforschung, Nr. 2, S. 174-205.

Baumgartner, H./Steenkamp, J.-B.E.M. (1998): Multi-Group Latent Variable Models for Varying Numbers of Items and Factors with Cross-National and Longitudinal Applications, in: Marketing Letters, 9. Jg., Nr. 1, S. 21-35.

Baumgartner, H./Steenkamp, J.-B.E.M. (2001), Response Styles in Marketing Research. A Cross-National Investigation, in: Journal of Marketing Research, 38. Jg., S. 143-156.

Bhagat, R.S./McQuaid, S.J. (1982): A Role of Subjective Culture in Organizations. A Review and Direction for Future Research, in: Journal of Applied Psychology Monograph, 67. Jg., (October), S. 653-685.

Boddewyn, J.J. (1981): Comparative Marketing. The First Twenty-five Years, in: Journal of International Business Studies, 12. Jg., (Spring/Summer), S. 61-79.

Brislin, R./Worthley, R./Macnab, B. (2006): Cultural Intelligence. Understanding Behaviors that Serve People`s Goals, in: Group and Organization Management, 31. Jg., S. 40-55.

Bryk, A.S./Raudenbush, S.W. (2002): Hierarchical linear models. Applications and data analysis methods, 2. Auflage, Thousand Oaks.

Buber, R./Holzmüller, H.H. (2007): Qualitative Marktforschung. Theorien, Methoden, Analysen, Wiesbaden.

Campbell, D./Werner, O. (1970): Translating, Working Through Interpreters, and the Problem of Decentering, in: Naroll, R./Cohen, R. (Hrsg.), A Handbook of Method in Cultural Anthropology, New York, S. 398-420.

Cavusgil, S.T./Das, A. (1997): Methodological Issues in Empirical Cross-Cultural Research. A Survey of the Management Literature, in: Management International Review, 37. Jg., Nr. 1, S. 71-96.

Cheng, J.L.C. (1994): Notes: On the Concept of Universal Knowledge in Organizational Science. Implications for Cross-National Research, in: Management Science, 40. Jg., (January), S. 162-168.

Child, J. (1981): Culture, Contingency and Capitalism in the Cross-National Study Organizations, in: Research in Organizational Behavior, 3. Jg., S. 303-356.

Churchill Jr., G.A. (1979): A Paradigm for Developing Better Measures of Marketing Constructs, in: Journal of Marketing Research, 16. Jg., Nr. 1, S. 64-73.

Craig, C.S./Douglas, S.P. (2005): International Marketing Research. 3. Auflage, London.

Dansereau, F./Yammarino, F. (2000): Within and Between Analysis. The Variant Paradigm as an Underlying Approach to Theory Building and Testing, in: Klein, K.J./Kozlowski, S.W.J. (Hrsg.), Multilevel Theory, Research, and Methods in Organizations. Foundations, Extensions, and New Directions, San Francisco, S. 425-466.

Douglas, S.P./Craig, C.S. (2006): On Improving the Conceptual Foundations of International Marketing Research, in: Journal of International Marketing, 14. Jg., Nr. 1, S. 1-22.

Douglas, S.P./Nijssen, E.J. (2003): On the Use of „Borrowed" Scales in Cross-national Research. A Cautionary Note, in: International Marketing Review, 20. Jg., Nr. 6, S. 621-642.

Earley, C.P./Peterson, R.S. (2004): The Elusive Cultural Chameleon. Cultural Intelligence as a New Approach to Intercultural Training for the Global Manager, in: Academy of Management: Learning and Education, 3. Jg., Nr. 1, S. 100-115.

Easterby-Smith, M./Malina, D. (1999): Cross-Cultural Collaborative Research. Toward Reflexivity, in: Academy of Management Journal, 42. Jg., Nr. 1, S. 76-86.

Garcia, R./Kandemir, D. (2006): An Illustration of Modelling Moderating Variables in Cross-national Studies, in: International Marketing Review, 23. Jg., Nr. 4, S. 371-389.

Ghauri, P. (2004): Designing and Conducting Case Studies in International Business Research, in: Marschan-Piekkari, R./Welch, C. (Hrsg.), Handbook of Qualitative Research Methods for International Business, Cheltenham, S. 109-124.

Green, R.T./White, P.D. (1976): Methodological Considerations in Cross-National Consumer Research, in: Journal of International Business Studies, 7. Jg., (Fall/Winter), S. 81-87.

Hanges, P.J./Lyon, J.S./Dorfman, P.W. (2005): Managing a Multinational Team: Lessons from Project GLOBE, in: Managing Multinational Teams: Global Perspectives. Advances in International Management, Bd. 18, S. 337-360.

Hoffmayer-Zlotnik, J.H.P./Wolf, C. (2003): Advances in Cross-National Comparisions. A European Working Book for Demographic and Socio-Economic Variables, New York.

Hofstede, G. (1980): Culture's Consequences: International Differences in Work Related Values, Beverly Hills.

Hofstede, G. (1991): Cultures and Organizations: Software of the Mind, London.

Holzmüller, H.H. (1986): Zur Strukturierung der grenzüberschreitenden Konsumentenforschung und spezifischen Methodenproblemen in der Datengewinnung, in: Jahrbuch für Absatz- und Verbrauchsforschung, 32. Jg., Nr. 1, S. 42-70.

Holzmüller, H.H. (1995): Konzeptionelle und methodische Probleme in der interkulturellen Management- und Marketing-Forschung, Stuttgart.

Holzmüller, H.H./Nijssen, E./Singh, J. (2006): Four Decades of Cross-Cultural Research Practices in International Marketing, Paper presented at AMS Cross-Cultural Conference, Seoul, South Korea, June 2006.

Holzmüller, H.H./Singh, J./Nijssen, E. (2002): Multicentric Cross-National Research: A Typology and Illustration, Working Paper Nr. 6, Universität Dortmund.

Holzmüller, H.H./Stöttinger, B. (1994): A Conceptual Framework for Country Selection in Cross-National Export Studies, in: Cavusgil, S.T. (Hrsg.), Advances in International Marketing, Jg. 6, Export Marketing: International Perspectives, Greenwich, S. 3-24.

Holzmüller, H.H./Stöttinger, B. (1996): Structural Modelling of Success Factors in Exporting: Cross-Validation and Further Development of an Export Performance Model, in: Journal of International Marketing, 4. Jg., Nr. 2, S. 29-55.

Holzmüller, H.H./Stöttinger, B. (2001): International marketing managers' cultural sensitivity: relevance, training requirements and a pragmatic training concept, in: International Business Review, 10. Jg., Nr. 6, S. 597-614.

Homburg, C./Giering, A. (1996): Konzeptualisierung und Operationalisierung komplexer Konstrukte - Ein Leitfaden für die Marketingforschung, in: Marketing-Zeitschrift für Forschung und Praxis, 18, S. 5-24.

House, R./Javidan, M./Hanges, P./Dorfman, P. (2002): Understanding Cultures and Implicit Leadership Theories across the Globe: an Introduction to Project GLOBE, in: Journal of World Business, 37. Jg., S. 3-10.

House, R./Rousseau, D.M./Thomas-Hunt, M. (1995): The Meso Paradigm: A Framework for the Integration of Micro and Macro Organizational Behavior, in: Research in Organizational Behavior, Jg. 17, S. 71-114.

Hulin, C.L./Drasgow, F./Komocar, C. (1982): Applications of Item Response Theory to Analysis of Attitude Scale Translations, in: Journal of Applied Psychology, 6. Jg., S. 818-825.

Hurmerinta-Peltomäki, L./Nummela, N. (2006): Mixed Methods in International Business Research: A Value-added Perspective, in: Management International Review, 46. Jg., Nr. 4, S. 439-459.

James, L.R./Demaree, R.J./Wolf, G. (1984): Estimating Within-group Interrater Reliability With and Without Response Bias, in: Journal of Applied Psychology, 69. Jg., S. 85-98.

Keegan W.J./Schlegelmilch, B.B./Stöttinger, B. (2002): Globales Marketing-Management. Eine europäische Perspektive, München.

Klarmann, M. (2006): Die Vergleichbarkeit der Messung als Herausforderung bei internationalen Kundenzufriedenheitsuntersuchungen, in: Homburg, C. (Hrsg.), Kundenzufriedenheit: Konzepte – Methoden – Erfahrungen, 6. Auflage, Wiesbaden, S. 264-282.

Kraut, A.I. (1975): Some Recent Advances in Cross-National Management Research, in: Academy of Management Journal, 18. Jg., (September), S. 538-549.

Landis, D./Bennett, J./Bennett, M. (2004): Handbook of Intercultural Training, 3. Auflage, Thousend Oaks.

Lonner, W.J./Adamopoulos, J. (1997): Culture as Antecedent to Behaviour, in: Berry, J.W./Poortinga, Y.H./Pandey, J. (Hrsg.), Handbook of Cross-Cultural Psychology, Needham Heights, S. 43-83.

Malhotra, N.K./Agarwal, J./Peterson, M. (1996): Methodological Issues in Cross-Cultural Marketing Research, in: International Marketing Review, 13. Jg., (September), S. 7-43.

Nakata, C.C. (2003): Culture Theory in International Marketing: an Ontological and Epistemological Examination, in: Jain, S.C. (Hrsg.), Handbook of Research in International Marketing, Cheltenham, UK, S. 208-228.

Nakata, C.C./Huang, Y. (2005): Progress and Promise: The Last Decade of International Marketing Research, in: Journal of Business Research, 58. Jg., Nr. 5, S. 611-618.

Nasif, E.G./Al-Daeaj, H./Ebrahimi, B./Thibodeaux, M.S. (1991): Methodological Problems in Cross-Cultural Research. An Update Review, in: Management International Review, 31. Jg., Nr. 1, S. 79-91.

o. V. (2006): Der europäische Konsument: Ergebnisse einer Studie der Metro Group zum Konsumverhalten in Europa, http://www.metrogroup.de/servlet/PB/menu/1030880_l1/index.html, Zugriff: 3.11.2006.

Peng, T.K./Peterson, M.F./Shyi, Y.-P. (1991): Quantitative Methods in Cross-National Management Research: Trends and Equivalence Issues, in: Journal of Organizational Behavior, 12. Jg., Nr. 2, S. 87-107.

Pike, K.L. (1966): Language in Relation to a Unified Theory of the Structure of Human Behavior, The Hague.

Redding, S.G. (1997): The Comparative Management Theory Zoo: Getting the Elephants and Ostriches and Even Dinosaurs from the Jungle into the Iron Cages, in: Toyne, B./Nigh, D. (Hrsg.), International Business: An Emerging Vision, Columbia, SC, S. 416-466.

Roberts, K.H. (1970): On Looking at an Elephant: An Evaluation of Cross-Cultural Research Related to Organizations, in: Psychological Bulletin, 74. Jg., Nr. 5, S. 327-350.

Salzberger, T. (1998): Die Lösung von Äquivalenzproblemen in der interkulturellen Marketingforschung mittels Methoden der probabilistischen Meßtheorie, Dissertation, Wirtschaftsuniversität Wien.

Salzberger, T./Sinkovics, R. (2006): Reconsidering the Problem of Data Equivalence in International Marketing Research: Contrasting Approaches Based on CFA and the Rasch Model for Measurement, in: International Marketing Review, 23. Jg., Nr. 4, S. 390-417.

Salzberger, T./Sinkovics, R./Schlegelmilch, B.B. (1999): Data Equivalence in Cross-Cultural Research: A Comparison of Classical Test Theory and Latent Trait Theory Based Approaches, in: Australasian Marketing Journal, 7. Jg., Nr. 2, S. 23-38.

Samiee, S./Jeong, I. (1994): Cross-Cultural Research in Advertising: An Assessment of Methodologies, in: Journal of the Academy of Marketing Science, 22. Jg., (Summer), S. 205-217.

Schaffer, B.S./Riordan, C.M. (2003): A Review of Cross-Cultural Methodologies for Organizational Research: A Best-Practices Approach, in: Organizational Research Methods, 6. Jg., (April), S. 169-215.

Scheuch (2007): Marketing, 6. Auflage, München.

Schöllhammer, H. (1973): Strategies and Methodologies in International Business and Comparative Management Research, in: Management International Review, 13. Jg., Nr. 2, S. 17-32.

Schwartz, S.H. (1992): Universals in the Content and Structure of Values: Theoretical Advances and Empirical Tests in 20 Countries, in: Experimental Social Psychology, 25. Jg., S. 1-65.

Singh, J. (2004): Tackling Measurement Problems with Item Response Theory: Principles, Characteristics, and Assessment, with an Illustrative Example, in: Journal of Business Research, 57. Jg., Nr. 2, S. 184-208.

Singh, J. (1995): Measurement Issues in Cross-National Research, in: Journal of International Business Studies, 26. Jg., Nr. 3, S. 597-619.

Sinkovics, R./Salzberger, T./Holzmüller, H.H. (1998): Assessing Measurement Equivalence in Cross-National Consumer Behaviour Research: Principles, Relevance and Application Issues, in: Balderjahn, I./Mennicken, C./Vernette, E. (Hrsg.), New Developments and Approaches in Consumer Behaviour Research, S. 270-288.

Sivakumar, K./Nakata, C.C. (2001): The Stampede Toward Hofstede`s Framework: Avoiding the Sample Design Pit in Cross-Cultural Research, in: Journal of International Business Studies, 32. Jg., Nr. 3, S. 555-574.

Steenkamp, J.-B.E.M./Baumgartner, H. (1998): Assessing Measurement Invariance in Cross-National Consumer Research, in: Journal of Consumer Research, 25. Jg., (June), S. 78-90.

Steenkamp, J.-B.E.M./ter Hofstede, F. (2002): International Market Segmentation. Issues and Perspectives, in: International Journal of Research in Marketing, 19. Jg., S. 185-213.

Steenkamp, J.-B.E.M./ter Hofstede, F./Wedel, M. (1999): A Cross-National Investigation into the Individual and National Cultural Antecedents of Consumer Innovativeness, in: Journal of Marketing, 63.Jg., (April), S. 55-69.

Teagarden, M.B./von Glinow, M.A./Bowen, D.E./Frayne, C.A./Nason, S.W./Huo, Y.P. (1995): Toward a Theory of Comparative Management Research: An Ideographic

Case Study of the Best International Human Resources Management Project, in: Academy of Management Journal, 38. Jg., Nr. 5, S. 1261-1287.

Triandis, H.C. (1996): The Psychological Measurement of Cultural Syndromes, in: American Psychologist, 51. Jg., Nr. 4, S. 407-416.

Triandis, H.C. (1989): The Self and Behavior in Differing Cultural Contexts, in: Psychological Review, 96. Jg., (July), S. 506-520.

Trompenaars (1993): Riding the waves of culture, London.

Usunier, J.-C. (1998): International & Cross-Cultural Management Research, London.

van de Vijver, F.J.R./Leung, K. (1997a): Methods and Data Analysis for Cross-Cultural Research, Thousand Oaks.

van de Vijver, F.J.R./Leung, K. (1997b): Methods and Data Analysis of Comparative Research, in: Berry, J.W./Poortinga, Y.H./Pandey, J. (Hrsg.), Handbook of Cross-Cultural Psychology, Needham Heights, S. 257-300.

Zweiter Teil

Methoden der Datenanalyse

Christian Homburg, Andreas Herrmann, Christian Pflesser und Martin Klarmann

Methoden der Datenanalyse im Überblick

Prof. Dr. Dr. h.c. Christian Homburg ist Inhaber des Lehrstuhls für Allgemeine Betriebswirtschaftslehre und Marketing I an der Universität Mannheim. Prof. Dr. Andreas Herrmann ist Direktor der Forschungsstelle für Business Metrics an der Universität St. Gallen. Dr. Christian Pflesser ist Head of Global Strategy Dispersions & Paper Chemicals bei der BASF AG, Ludwigshafen. Dipl.-Kfm. Martin Klarmann ist wissenschaftlicher Mitarbeiter am Lehrstuhl für Allgemeine Betriebswirtschaftslehre und Marketing I an der Universität Mannheim.

1. Einleitung

Das Spektrum der Datenanalysemethoden, das für Marktforschungszwecke zur Verfügung steht, ist mittlerweile für den Nicht-Experten kaum noch zu überblicken. Dies gilt insbesondere für die multivariaten Verfahren. Zwei Entwicklungen haben zu dieser Situation geführt.

Erstens führt ein Methodentransfer aus anderen Wissenschaftsdisziplinen dazu, dass *grundsätzlich neue Methoden* zur Analyse von Marktforschungsdaten entdeckt werden. Derart grundsätzliche Erweiterungen des Methodenspektrums sind allerdings eher selten. Eine solche Entwicklung vollzog sich beispielsweise Anfang der 80er Jahre, als die "Kausalanalyse" (genauer: Kovarianz-Strukturanalyse) als leistungsstarke Methode zur Analyse von Marktforschungsdaten entdeckt wurde (vgl. hierzu den diesbezüglichen Beitrag von Homburg/Pflesser/Klarmann in diesem Band). Diese Methode, die Elemente aus den Gebieten Psychometrie, Ökonometrie und Biometrie vereint, hatte vor ihrer Rezeption im Marketingbereich insbesondere in der Soziologie bereits einen recht hohen Verbreitungsgrad (vgl. Homburg 1989, S. 13 ff. für einen Überblick der historischen Entwicklung der Kausalanalyse). Eine ähnliche Entwicklung - wenn auch wohl mit geringerer Tragweite – hat sich Mitte der 90er Jahre ergeben: Die Analyse neuronaler Netze, einer Methode, deren Ursprung wohl im Bereich der theoretischen Informatik (künstliche Intelligenz) anzusiedeln ist, wurde als Methode zur Analyse von Marktforschungsdaten entdeckt (vgl. hierzu den Beitrag von Wiedmann/Buckler in diesem Band). In den letzten Jahren ist die Analyse von Mehrebenenmodellen (vgl. hierzu den Beitrag von Wieseke in diesem Band) in der Markt- und Marketingforschung immer wichtiger geworden. Diese Methode wurde ursprünglich in den Erziehungswissenschaften entwickelt, um der dort häufig anzutreffenden komplex verschachtelten Datenstruktur gerecht zu werden (Schüler in Klassen in Schulen).

Zweitens ist eine parallele Entwicklung dadurch gekennzeichnet, dass innerhalb gewisser Verfahrensgruppen ständig *neue Varianten* entwickelt werden. Beispielsweise existiert mittlerweile ein kaum noch überschaubares Spektrum an Methoden der Clusteranalyse. Die Diffusion solcher Neuerungen wird dadurch unterstützt, dass entsprechende Softwarepakete (wie z. B. SPSS oder SAS) ein ständig steigendes Maß an Methodenvielfalt anbieten.

Vor diesem Hintergrund soll in diesem Beitrag ein Überblick über Methoden der Datenanalyse gegeben werden. Auf diesem Wege soll dem Leser der Zugang zu den nachfolgenden spezielleren Kapiteln erleichtert werden, wobei wir uns auf quantitative Methoden beschränken.

2. Ansätze zur Typologisierung von Methoden der Datenanalyse

Methoden der Datenanalyse lassen sich nach den verschiedensten Kriterien typologisieren. Ein sehr einfacher Ansatz, den wir auch in diesem Beitrag verwenden, basiert auf der Zahl der in die Analyse einfließenden Variablen. Je nachdem, ob eine, zwei oder mehr als zwei Variablen berücksichtigt werden, unterscheidet man zwischen *uni-, bi-* bzw. *multivariaten Verfahren.* Uni- und bivariate Verfahren werden in Abschnitt 3 dieses Kapitels kurz angesprochen. Im Kern werden wir uns (in Abschnitt 4) mit multivariaten Verfahren befassen.

Eine weitere gängige Unterscheidung bezieht sich auf die Zielsetzung der Verfahren. Hier sind *deskriptive* und *induktive Methoden* zu unterscheiden. Deskriptive Verfahren machen lediglich Aussagen über die vorliegende Datenmenge. Im Regelfall handelt es sich in der Marktforschungspraxis hierbei um eine aus einer Grundgesamtheit gezogene Stichprobe. Es werden also Aussagen über die in dieser Stichprobe vorgefundenen Strukturen gemacht. Induktive (schließende) Verfahren, die auf der Wahrscheinlichkeitstheorie aufbauen, ziehen dagegen von den in der Stichprobe gefundenen Strukturen Rückschlüsse auf Strukturen in der Grundgesamtheit (Population). Dieser Rückschluss ist allerdings nicht mit Sicherheit möglich. Vielmehr muss eine begrenzte Fehlerwahrscheinlichkeit in Kauf genommen werden. Hat ein Unternehmen beispielsweise eine Stichprobe von Käufern eines bestimmten Produkts befragt, so kann man auf dieser Basis zu der folgenden deskriptiven Aussage gelangen: Der Mittelwert des Alters der Personen in der Stichprobe liegt bei 28,3 Jahren. Eine induktive Aussage könnte sich beispielsweise darauf beziehen, ob man mit hinreichender Sicherheit davon ausgehen kann, dass das durchschnittliche Alter der Käufer dieses Produkts (der Population) unter 30 Jahren liegt. Die Unterscheidung in deskriptive und induktive Verfahren wird in Abschnitt 3 vorgenommen.

Erwähnenswert ist auch die Unterscheidung zwischen *parametrischen* und *nichtparametrischen Verfahren.* Parametrische Verfahren beziehen sich jeweils auf bestimmte Verteilungsparameter (zum Beispiel den Mittelwert, vgl. Abbildung 1), wohingegen sich nichtparametrische Verfahren auf eine Verteilung beziehen. Parametrische Verfahren, die von deutlich größerer Bedeutung sind, basieren auf Annahmen über die Verteilung der empirisch erhobenen Merkmale in der Grundgesamtheit. Am häufigsten ist dabei die Annahme normalverteilter Daten. In Situationen, in denen eine solche Annahme jedoch nicht gerechtfertigt ist, kommen nichtparametrische Verfahren zur Anwendung. Sie sind unabhängig von Verteilungsannahmen. Insbesondere basieren sie nicht auf einer Normalverteilungsannahme. Eine wichtige Gruppe der verteilungsunabhängigen Verfahren sind die sogenannten Rangtests, bei denen statt der eigentlichen Stichprobenwerte nur deren Rangzahlen verwendet werden (vgl. hierzu Pfanzagl 1978, S. 134 ff.). Dies kann in der Marktforschungspraxis insbesondere dann der Fall sein, wenn die zugrundeliegende Skala selbst nicht mehr als eine Rangordnung zum Ausdruck bringt (ordinale Skalierung). Allerdings ist darauf hinzuweisen, dass in der Marktforschungspraxis in vielen Fällen (z. B. bei der Messung theoretischer Konstrukte wie Einstellungen, Kundenzufriedenheit oder Kundenbindung) ordinale Skalierungen als Intervallskalierungen interpretiert werden und mit Verfahren behandelt werden, die im Grunde metrisches Skalenniveau voraussetzen. Diese Praxis, deren Adäquanz an dieser Stelle nicht diskutiert werden soll, hat dazu geführt, dass nichtparametrische Verfahren im Wesentlichen nur dann zur Anwendung gelangen, wenn eine Normalverteilungsannahme ganz offensichtlich nicht haltbar ist. Dies ist beispielsweise bei nominalskalierten Daten der Fall (vgl. Aaker/Kumar/Day 1995, S. 458).

Backhaus et al. (2003) schlagen für den Bereich der multivariaten Verfahren eine Unterscheidung zwischen "strukturen-prüfenden" und "strukturen-entdeckenden" Verfahren vor. Im Rahmen der Verfahren der ersten Kategorie geht es also darum, eine auf der Basis von theoretischen oder sachlogischen Überlegungen unterstellte Struktur (zum Beispiel im Hinblick auf die Zusammenhänge zwischen verschiedenen Größen) mit Hilfe eines vorliegenden Datensatzes zu prüfen. Im Kern geht es um die Frage, ob die in den empirischen Daten vorgefundenen Beobachtungen mit der theoretisch unterstellten Struktur hinreichend konsistent sind, diese also "bestätigen" können. Man kann daher auch von *konfirmatorischen* Methoden sprechen.

Im Gegensatz hierzu verfolgen strukturen-entdeckende Verfahren das Ziel, auf der Basis eines vorliegenden Datensatzes Strukturen aufzudecken. Diese Verfahren werden daher auch als *exploratorisch* bezeichnet. Hier steht also am Ausgangspunkt kein theoretisch hergeleitetes Modell. Es ergibt sich zwangsläufig, dass die Resultate solcher Methoden nicht den gleichen Status haben können, wie die Resultate konfirmatorischer Methoden. Die Gefahr, durch die im wesentlichen datengetriebene Vorgehensweise zu inhaltlichen Fehlschlüssen verleitet zu werden, ist nicht von der Hand zu weisen.

Backhaus et al. (2003, S. 15) weisen allerdings richtigerweise darauf hin, dass diese Unterscheidung nicht trennscharf ist. Gerade einige komplexe multivariate Verfahren lassen sich sowohl konfirmatorisch als auch exploratorisch anwenden. Beispielsweise wurde die Kausalanalyse (vgl. hierzu den Beitrag von Homburg/Pflesser/Klarmann in diesem Band) ursprünglich als konfirmatorische Methode konzipiert. Sie lässt sich allerdings mit der gebotenen Vorsicht auch exploratorisch anwenden (vgl. hierzu Homburg 1989 sowie Homburg/Dobratz 1992). Finite Mixture-Modelle (vgl. hierzu den Beitrag von Gensler in diesem Band) sind prinzipiell ein exploratorisches Verfahren mit der Zielsetzung, in sich homogene und untereinander heterogene Untergruppen in einem Datensatz zu entdecken. Ihr besonderer Vorteil gegenüber der Clusteranalyse liegt jedoch vor allem darin, dass sie im Verbund mit konfirmatorischen Verfahren angewendet werden können. So können zum Beispiel im Zusammenhang mit einem konfirmatorischen Regressionsmodell Untergruppen identifziert werden, die sich im Hinblick auf die Größe der Regressionskoeffizienten unterscheiden.

Schließlich ist - ebenfalls im Kontext multivariater Verfahren - die Unterscheidung zwischen Methoden der *Dependenz-Analyse* und solchen der *Interdependenz-Analyse* erwähnenswert, die bereits in der klassischen Arbeit von Sheth (1971) und in den darauf folgenden Ausführungen von Kinnear/Taylor (1971) vorgeschlagen wurde. Verfahren der Dependenz-Analyse zeichnen sich dadurch aus, dass "gerichtete" Abhängigkeiten zwischen Variablen untersucht werden. Es erfolgt also eine Unterscheidung zwischen unabhängigen und abhängigen Variablen. Diese erfolgt nicht bei Verfahren der Interdependenz-Analyse. Hier haben alle Variablen a priori den gleichen Status (vgl. Hüttner 1997). Diese Unterscheidung zwischen Dependenz- und Interdependenz-Analysen werden wir bei der Diskussion der multivariaten Verfahren in Abschnitt 4 zugrunde legen.

3. Uni- und bivariate Verfahren im Überblick

In diesem Abschnitt werden kurz die wichtigsten uni- und bivariaten Verfahren der Datenanalyse angesprochen. Hierbei unterscheiden wir - wie bereits erläutert - zwischen deskriptiven und induktiven Verfahren (vgl. Abbildung 1). Des Weiteren beschränken wir uns im Wesentlichen auf parametrische Verfahren. Im Zusammenhang mit weiteren nichtparametrischen Verfahren verweisen wir den Leser auf Pfanzagl (1978).

Einen ausführlichen Überblick über die in Abbildung 1 dargestellten Verfahren gibt der Beitrag zu statistischen Grundlagen der Datenanalyse von Homburg/Klarmann/Krohmer in diesem Band. Im Folgenden sollen kurz die zentralen Verfahren in diesem Bereich umrissen werden.

Im Bereich der *univariaten, deskriptiven Verfahren* ist zunächst die Ermittlung der eindimensionalen *Häufigkeitsverteilung* zu nennen. Hier werden für die verschiedenen Ausprägungen eines Merkmals die absoluten sowie die relativen Häufigkeiten ermittelt. Zur Visualisierung solcher Häufigkeitsverteilungen werden beispielsweise Ordinatendarstellungen, Häufigkeitspolygone, Säulendiagramme, Kreisdiagramme und Balkendiagramme herangezogen (vgl. Berekoven/Eckert/Ellenrieder 2006). Liegt eine (z. B. ordinale) Anordnung der Merkmalsausprägungen vor, so kann zusätzlich die kumulierte Häufigkeitsverteilung ermittelt werden. Hier wird einer Merkmalsausprägung die (absolute bzw. relative) Häufigkeit des Merkmals selbst sowie aller Merkmale, die in der Rangordnung davor kommen, zugeordnet. Beispielsweise würde bei dem Merkmal "Alter" dem Wert 35 Jahre in der kumulierten Betrachtung die Häufigkeit derjenigen Personen in der Stichprobe zugeordnet, die maximal 35 Jahre alt sind.

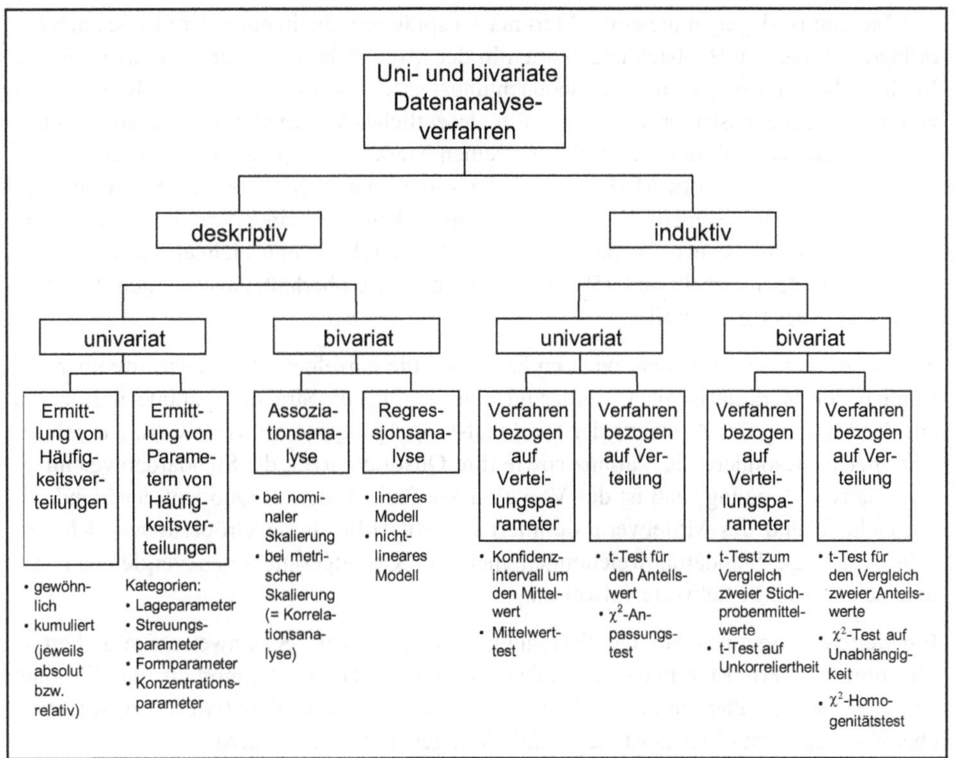

Abbildung 1: Wichtige uni- und bivariate Verfahren im Überblick

Ein weiteres Teilgebiet univariater deskriptiver Methoden ist die Ermittlung von *Parametern von Häufigkeitsverteilungen.* Hier bietet sich eine Unterscheidung von

- Lageparametern,
- Streuungsparametern,
- Formparametern und
- Konzentrationsparametern

an (vgl. auch Schulze 2000).

Lageparameter sind solche Größen, die besonders "typische", "zentrale" oder "durchschnittliche" Merkmale einer Verteilung charakterisieren. Wichtige Lageparameter sind neben dem (gewichteten oder ungewichteten) arithmetischen Mittel (dem Durchschnitt) der Median und der Modus (auch als Modalwert bezeichnet). Der Modalwert ist hierbei definiert als derjenige Merkmalswert einer Verteilung, der am häufigsten auftritt. Er kann bereits für nominalskalierte Merkmale bestimmt werden.

Der Median ist dagegen diejenige Merkmalsausprägung, die in einer der Größe nach geordneten Reihe von Beobachtungswerten in der Mitte steht. Oberhalb und unterhalb des Medians liegen also gleich viele Beobachtungswerte. Die Ermittlung des Medians setzt zumindest ordinale Skalierung voraus. Ein wesentliches Merkmal dieses Lageparameters ist seine relative Stabilität gegenüber extremen Merkmalsausprägungen ("Ausreißern"). Verallgemeinerungen des Medians sind die sogenannten Quantile. Hierbei handelt es sich um diejenigen Zahlen, die einen bestimmten Bruchteil einer Verteilung von unten abtrennen. Beispielsweise ist das 0,25-Quantil dadurch gekennzeichnet, dass 25% der Merkmalswerte unterhalb und 75% der Merkmalswerte oberhalb davon liegen. Der Median ist also das 0,5-Quantil.

Streuungsparameter erfassen, wie eng bzw. weit die einzelnen Merkmalswerte über den Bereich der Merkmalsskala verteilt sind. Die gängigsten Streuungsparameter basieren auf der Messung des Abstands der Merkmalsausprägungen vom Mittelwert. Zu nennen sind hier insbesondere die Varianz sowie ihre Quadratwurzel, die Standardabweichung. Ein relatives Streuungsmaß ist der Variationskoeffizient, der als Quotient der Standardabweichung und des Mittelwerts definiert ist. Mit Hilfe dieser Größe lassen sich beispielsweise die Standardabweichungen mehrerer Grundgesamtheiten vergleichen, die unterschiedliche Mittelwerte aufweisen.

Ein weiteres Streuungsmaß, das Erwähnung verdient, ist die Spannweite. Sie ist bereits für ordinalskalierte Merkmale anwendbar. Die Spannweite ist definiert als die Differenz zwischen dem größten und dem kleinsten vorkommenden Merkmalswert. Ein wesentlicher Nachteil dieses Maßes ist die Anfälligkeit gegenüber Ausreißern.

Formparameter enthalten Informationen über die Form der Verteilung, die über Lage- und Streuungsparameter hinausgehen. Diese weniger gängigen Maße lassen sich in Schiefe- und Wölbungsmaße unterscheiden. Schiefemaße treffen eine Aussage über die Symmetrie bzw. Asymmetrie einer Verteilung, während Wölbungsmaße die Steilheit (Exzess) erfassen. Erwähnung verdienen schließlich die *Konzentrationsparameter*, die untersuchen, inwieweit ein großer Anteil der Merkmalssumme auf einen geringen Anteil von Merkmalsträgern verteilt ist. Es geht also um das Ausmaß der Abweichung von der Gleichverteilung.

Wir kommen nun zur Behandlung *bivariater deskriptiver Verfahren*. Im Mittelpunkt steht hierbei die Frage nach einer möglichen Beziehung zwischen den beiden betrachteten Merkmalen. Methoden der *Assoziations-Analyse* untersuchen ungerichtete Beziehungen. Sie sind also in der bereits eingeführten Terminologie den Methoden der Interdependenz-Analyse zuzuordnen. Hierbei unterscheidet man Assoziationsanalysen bei nominaler bzw. metrischer Skalierung. Im letztgenannten Fall sprechen wir auch von *Korrelationsanalyse* (vgl. Abbildung 1). Im Gegensatz hierzu befasst sich die *Regressionsanalyse* mit gerichteten Abhängigkeiten. Hier erfolgt also eine Unterscheidung zwischen abhängiger und unabhängiger Variable. Es handelt sich somit um eine Methode der Dependenzanalyse.

Im Bereich der Assoziations-Analyse bei nominaler Skalierung ist zunächst die *Kreuztabellierung* zu nennen. Hierbei werden in einer Matrix für alle möglichen Kombinationen der Merkmalsausprägungen zweier Merkmale die (absoluten bzw. relativen) Häufigkeiten angegeben. Auf der Basis dieser Kreuztabellierung lassen sich dann Maße für die Stärke des Zusammenhangs zwischen den beiden nominalskalierten Merkmalen herausarbeiten. Viele von ihnen basieren auf der quadratischen Kontingenz. Sie basiert auf einem Vergleich der empirisch vorgefundenen absoluten Häufigkeiten und denjenigen Werten, die sich bei Unabhängigkeit der beiden Merkmale für die einzelnen Zellen der Matrix ergeben würden. Eine Darstellung und Diskussion der gängigen Assoziationskoeffizienten für nominal skalierte Merkmale findet der Leser bei Schulze (2000, S. 116 ff.).

Im Fall metrisch skalierter Merkmale erfolgt die Analyse der Assoziation üblicherweise über die Berechnung des *Korrelationskoeffizienten* (vgl. hierzu Homburg/Krohmer 2006, S. 333 ff.). Dieses Maß ist auf den Bereich von -1 bis 1 beschränkt. Es untersucht die Stärke eines möglichen linearen Zusammenhangs zwischen den beiden Merkmalen. Ein positiver Korrelationskoeffizient deutet dabei auf einen positiven Zusammenhang, ein negativer auf einen negativen Zusammenhang hin. Die Deutlichkeit des Zusammenhangs ist umso größer, je näher der Betrag des Korrelationskoeffizienten bei eins liegt. Unkorreliertheit ($r = 0$) lässt auf das Nichtvorhandensein eines linearen Zusammenhangs schließen. Es ist allerdings darauf hinzuweisen, dass auch bei nicht gegebener Korrelation ein Zusammenhang existieren kann, nämlich ein nichtlinearer.

Wie bereits erwähnt, unterscheidet sich die *Regressionsanalyse* von der Assoziationsanalyse dadurch, dass hier gerichtete Abhängigkeiten untersucht werden. Beispielsweise kann der Effekt des Preisniveaus auf die Absatzmenge eines Produktes empirisch untersucht werden. In der Regel wird ein linearer Ansatz der Form

$$y = a \cdot x + b \tag{1}$$

zugrunde gelegt. Dabei bezeichnet y die abhängige (z. B. die Absatzmenge) und x die unabhängige Variable (z. B. das Preisniveau). Die Schätzung der Parameter a und b erfolgt mit der Methode der kleinsten Fehlerquadratsummen. Das Ergebnis ist eine Regressionsgerade mit dem Ordinatenabschnitt b und der Steigung a. Die Steigung der Geraden kann als Maß für die Stärke des Zusammenhangs interpretiert werden. Neben dem linearen Ansatz können auch verschiedene nichtlineare Ansätze unterschieden werden. Beispielsweise sind auch logarithmische Funktionen, Exponentialfunktionen und S-Kurven anwendbar (vgl. Homburg 1998, S. 145 f.).

Im Bereich der induktiven Verfahren kann zwischen Verfahren zur Ermittlung von Konfidenzintervallen und Signifikanztests unterschieden werden. Konfidenzintervalle geben eine Bandbreite um deskriptiv ermittelte Charakteristika der Stichprobe(n) an, in denen der oder die entsprechenden Werte mit einer bestimmten Wahrscheinlichkeit in der Grundgesamtheit liegen. Sie ermöglichen so ein Urteil über die Präzision, mit der die

Stichprobe Rückschlüsse auf die Grundgesamtheit zulässt. Ein wichtiges Konfidenzintervall ist das *Konfidenzintervall um den Mittelwert der Stichprobe.* Es gibt für eine bestimmte Sicherheitswahrscheinlichkeit an, in welchem Bereich um den Stichprobenmittelwert der Mittelwert der Variable in der Grundgesamtheit liegt.

Signifikanztests ermöglichen die Überprüfung konkreter Hypothesen über die Eigenschaften der Grundgesamtheit anhand der Stichprobendaten. Die Tests können sich sowohl auf Verteilungsparameter (parametrische Tests) als auch auf die Verteilung selbst (nicht-parametrische Tests) beziehen (vgl. Abbildung 1). Beim *t-Test zum Vergleich eines Stichprobenmittelwertes mit einem hypothetischen Mittelwert* handelt es sich um einen univariaten Test bezogen auf einen Verteilungsparameter (den Mittelwert). Beispielsweise kann ein Hersteller von Konsumgütern durch eine stichprobenartige Erhebung der Verkaufspreise in mehreren Geschäften ermitteln, inwieweit die in der Stichprobe beobachtete Abweichung des mittleren Verkaufspreises vom empfohlenen Verkaufspreis auf die Grundgesamtheit aller Geschäfte verallgemeinerbar ist. Die Nullhypothese lautet, dass der Populationsmittelwert dem hypothetischen Mittelwert entspricht. Sowohl Abweichungen nach oben als auch nach unten können zur Ablehnung der Nullhypothese führen (zweiseitiger Test).

Der t-Test für den Vergleich eines Stichprobenanteilwertes mit einem hypothetischen Anteilswert macht es möglich, anhand einer Stichprobe Aussagen über den Anteil einer Merkmalsausprägung an allen Merkmalsausprägungen in der Grundgesamtheit zu testen. Beispielsweise kann ein Unternehmen durch eine stichprobenartige Befragung seiner Kunden überprüfen, ob der Anteil einer bestimmten Altersgruppe unter seinen Kunden einen bestimmten Wert überschreitet oder nicht.

Ein wichtiger univariater Signifikanztest ist der *χ^2-Anpassungstest zum Vergleich einer Stichprobenverteilung mit einer hypothetischen Verteilung* (vgl. Churchill/Iacobucci 2005). Beispielsweise kann sich ein Unternehmen für die Frage interessieren, ob die Verteilung seiner Absatzmengen nach Regionen mit der in einer Sekundärstatistik publizierten Verteilung konsistent ist. Zu diesem Zweck kann das Unternehmen den tatsächlichen Absatz in den Regionen jeweils paarweise mit der hypothetischen regionalen Absatzmenge laut Sekundärstatistik vergleichen. Daraus lässt sich eine χ^2-Teststatistik berechnen, die zu einer vorgegebenen Irrtumswahrscheinlichkeit die Konsistenz zwischen empirisch beobachteter und theoretisch unterstellter Verteilung bewertbar macht. Hohe Werte der χ^2-Teststatistik weisen dabei tendenziell auf eine geringere Übereinstimmung zwischen tatsächlicher und hypothetischer Verteilung hin (vgl. Berekoven/Eckert/Ellenrieder 2006).

Bei den induktiven bivariaten Verfahren, die sich auf Verteilungsparameter beziehen, ist der *t-Test zum Vergleich zweier Stichprobenmittelwerte* von hoher Bedeutung. Die unabhängige Variable ist eine nominale Variable mit zwei Ausprägungen, die einen Datensatz in zwei unabhängige Stichproben unterteilt, die hinsichtlich des Mittelwertunterschiedes bezüglich der abhängigen Variablen untersucht werden sollen. Die abhängige Variable muss metrisch skaliert sein. Beispielsweise könnte sich ein Hersteller von Kosmetikprodukten die Frage stellen, ob systematische Zufriedenheitsunterschiede zwischen Männern und Frauen mit einem Produkt in der Gesamtheit seiner Endkunden feststellbar sind. Auf der Basis einer Stichprobe lässt sich diese Hypothese mit einer t-Teststatistik testen. Die Nullhypothese unterstellt dabei die Gleichheit der Mittelwerte. Ob ein in der Stichprobe beobachteter Mittelwertunterschied signifikant und somit auf die Grundgesamtheit verallgemeinerbar ist, hängt von drei Faktoren ab. Dies sind im Einzelnen die absolute Mittelwertdifferenz zwischen den beiden Stichproben, der Stichprobenumfang und die Streuung innerhalb der beiden Stichproben. Alle drei Faktoren werden in der t-Teststatistik berücksichtigt. Die Nullhypothese wird um so eher abgelehnt, je höher die absolute Mittelwertdifferenz, je höher der Stichprobenumfang und je niedriger die Streuungen innerhalb der beiden Gruppen ausfallen (vgl. Churchill/Iacobucci 2005).

Ein weiteres zentrales induktives Verfahren stellt der *t-Test auf Unkorreliertheit* mittels des Korrelationskoeffizienten von Bravais dar. Der Test kommt zur Anwendung, wenn für einen bereits berechneten Korrelationskoeffizienten zwischen zwei Variablen einer Stichprobe beurteilt werden soll, ob diese Korrelation auf die Grundgesamtheit verallgemeinerbar ist. Neben der absoluten Höhe des berechneten Korrelationskoeffizienten ist der Umfang der zugrundeliegenden Stichprobe zur Beurteilung der Verallgemeinerbarkeit auf die Grundgesamtheit von Bedeutung (vgl. Churchill/Iacobucci 2005). Beispielsweise ist ein berechneter Korrelationskoeffizient von 0,3 bei einem Stichprobenumfang von n = 20 nicht signifikant, jedoch bei einem Stichprobenumfang von n = 50 signifikant von null verschieden (bei einer Irrtumswahrscheinlichkeit von 5 %).

Ein bivariates Verfahren, welches sich auf die Verteilung bezieht, ist der *t-Test für den Vergleich zweier Anteilswerte* (vgl. Bleymüller/Gehlert/Gülicher 2004). Wie beim t-Test zum Vergleich zweier Stichprobenmittelwerte teilt hier eine zweite Variable eine Stichprobe in zwei Teilstichproben. Mit Hilfe des t-Tests zum Vergleich zweier Anteilswerte kann nun überprüft werden, ob sich der Anteil einer Merkmalsausprägung an allen Merkmalsausprägungen signifikant unterscheidet, das heißt, ob die beiden Teilstichproben aus Grundgesamtheiten mit unterschiedlichen Anteilswerten der Merkmalsausprägung kommen. Beispielsweise könnte ein Unternehmen daran interessiert sein, ob sich der Anteil an älteren Konsumenten zwischen zwei Produkten unterscheidet oder nicht. Die Nullhypothese unterstellt dabei, dass der Anteil älterer Konsumenten in beiden Gruppen gleich ist.

Ein weiteres bivariates induktives Verfahren, welches sich auf die Verteilung bezieht, ist der *χ^2-Test auf Unabhängigkeit* (vgl. Churchill/Iacobucci 2005). In einer Kontingenztafel (prinzipiell vergleichbar mit einer Kreuztabelle) wird die Häufigkeit des Auftretens aller möglichen Ausprägungskombinationen zweier Variablen erfasst. Auf der Basis dieser Kreuztabellierung lässt sich dann die χ^2-Teststatistik als Maß für die Stärke des Zusammenhangs zwischen den beiden nominalskalierten Merkmalen berechnen. Die χ^2-Teststatisik basiert auf der quadratischen Kontingenz. Diese basiert auf einem Vergleich der empirisch vorgefundenen absoluten Häufigkeiten mit denjenigen Werten, die sich bei Unabhängigkeit der beiden Merkmale für die einzelnen Zellen der Matrix ergeben würden. Der χ^2-Test auf Unabhängigkeit untersucht somit die Hypothese, dass das Auftreten der Ausprägungen der beiden Variablen unabhängig voneinander ist. Hohe Werte der χ^2-Teststatistik weisen tendenziell auf eine Abhängigkeit der betrachteten Merkmale hin (vgl. Berekoven/Eckert/Ellenrieder 2006).

Eine besondere Form des χ^2-Tests auf Unabhängigkeit ist der *χ^2-Homogenitätstest.* Mit seiner Hilfe kann überprüft werden, ob ein Merkmal in verschiedenen Teilstichproben gleich verteilt ist, das heißt, ob sich die Grundgesamtheiten der verschiedenen Teilstichproben im Hinblick auf die Verteilung dieses Merkmals unterscheiden oder nicht. Beispielsweise könnte ein B2C-Unternehmen daran interessiert sein, die im Rahmen einer internationalen Marktforschungsstudie erhobenen Stichproben im Hinblick auf die Einkommensverteilung der befragten Kunden miteinander zu vergleichen. Dabei kann die Zughörigkeit zu einer Teilstichprobe (das heißt im Beispielfall die Zugehörigkeit zu einer Länderstichprobe) als eine nominal skalierte Variable verstanden werden, wodurch sich die Logik des χ^2-Tests auf Unabhängigkeit auf den χ^2-Homogenitätstest übertragen lässt.

4. Multivariate Verfahren im Überblick

Dieser Abschnitt gibt einen Überblick zu multivariaten Verfahren, die in den folgenden Beiträgen jeweils ausführlich dargestellt werden. Einen Überblick zu den folgenden Ausführungen liefert Abbildung 2. Die multivariaten Verfahren lassen sich in Verfahren der Dependenz- und der Interdependenzanalyse unterteilen, je nachdem ob gerichtete oder ungerichtete Zusammenhänge untersucht werden (vgl. Sheth 1971). Eine weitere Unterscheidung bezieht sich auf das Skalenniveau der Variablen. Insbesondere wird zwischen metrischem und nichtmetrischem Skalenniveau unterschieden. Während bei den Verfahren der Interdependenzanalyse diesbezüglich nur eine Unterscheidung notwendig ist, muss bei den Verfahren der Dependenzanalyse eine differenzierte Betrachtung nach abhängigen und unabhängigen Variablen vorgenommen werden.

Die *exploratorische Faktorenanalyse* untersucht eine Gruppe von (Indikator-)Variablen auf die ihr zugrundeliegende Struktur (vgl. Hammann/Erichson 1990 sowie den Beitrag von Hüttner/Schwarting in diesem Band). Das Ziel der Faktorenanalyse ist die Reduktion der (metrisch skalierten) Indikatorvariablen auf einige wenige grundlegende Faktoren, welche einen angemessenen Anteil der Gesamtvarianz der Menge der Indikatorvariablen erklären (vgl. Backhaus et al. 2003). Als Datengrundlage des Verfahrens dient die

Korrelationsmatrix der Indikatoren. Durch Lösung eines Eigenwertproblems und Anwendung eines Entscheidungskriteriums über die Zahl der zu extrahierenden Faktoren können die Faktorenstruktur und die Assoziationen zwischen Indikatoren und Faktoren angegeben werden. Um eine möglichst eindeutige Assoziation der einzelnen Indikatoren zu den Faktoren zu erhalten, kann das erhaltene Faktorensystem "rotiert" werden. Zur Beurteilung einer exploratorischen Faktorenanalyse sind einerseits der Anteil der erklärten Gesamtvarianz der Indikatoren und andererseits die Faktorladungen sowie die sich daraus ergebenden Kommunalitäten der Indikatoren von Interesse. Die Anwendung des Verfahrens in der Marktforschung ist insbesondere bei komplexen Problemen mit einer großen Zahl von Variablen von Bedeutung, um Komplexität zu reduzieren. Eine mögliche Fragestellung ist beispielsweise die Erstellung eines einfachen Persönlichkeitsprofils von Konsumenten aufgrund einer Vielzahl erhobener Indikatorvariablen zur Persönlichkeit. Ein Kernproblem der exploratorischen Faktorenanalyse ist die Interpretation der erhaltenen Faktorenstruktur. An dieser Stelle ist das Abstraktionsvermögen und die Kreativität des Marktforschers gefordert (vgl. Backhaus et al. 2003).

Die *konfirmatorische Faktorenanalyse (KFA)* ist eine Methode zur formalen Darstellung der Messung komplexer Konstrukte durch Indikatoren und zur gleichzeitigen Gütebeurteilung dieser Messung (vgl. den Beitrag von Homburg/Klarmann/Pflesser in diesem Band). Im Rahmen der KFA werden Parameter des Messmodells geschätzt und die Konsistenz des Modells mit den empirischen Daten beurteilt. Die KFA ist ein Sonderfall der Kausalanalyse (vgl. hierzu die Ausführungen weiter unten sowie Bollen 1989). Im Gegensatz zur exploratorischen Faktorenanalyse, welche ein strukturerkennendes (exploratorisches) Verfahren darstellt, ist die KFA ein strukturüberprüfendes (konfirmatorisches) Verfahren. Im Rahmen der KFA wird ein Messmodell detailliert spezifiziert. Messfehler finden explizite Berücksichtigung. Die KFA ermöglicht die Ermittlung einer Reihe von Anpassungsmaßen, die sowohl für das gesamte Messmodell als auch für einzelne Modellelemente die Güte des Modells beurteilen lassen (vgl. Homburg/Giering 1996). Weiterhin ermöglicht die KFA im Gegensatz zur exploratorischen Faktorenanalyse Tests auf Signifikanz einzelner Modellparameter. Dies ist im Rahmen der Validierung eines Messinstrumentes von entscheidender Bedeutung, da so von einer (repräsentativen) Stichprobe auf die Grundgesamtheit geschlossen werden kann. Insofern stellt die KFA ein bedeutendes Verfahren im Rahmen der Marktforschung dar, welches insbesondere aufgrund der Komplexität der Methode jedoch in der Praxis bisher keine weite Verbreitung gefunden hat.

Die *Clusteranalyse* ist ein Verfahren zur Reduktion von Komplexität eines Datensatzes durch die Zusammenfassung von Objekten (z. B. Kunden) zu Gruppen (z. B. Kundensegmenten). Es handelt sich um ein Verfahren der Interdependenzanalyse, welches sowohl bei metrischen als auch bei nicht-metrischen Daten angewandt werden kann (vgl. Abbildung 2). Das Ziel der Gruppierung ist die Schaffung einer möglichst großen Homogenität innerhalb der Gruppen und einer möglichst großen Heterogenität zwischen den Gruppen (vgl. Backhaus et al. 2003 sowie den Beitrag von Jensen in diesem Band).

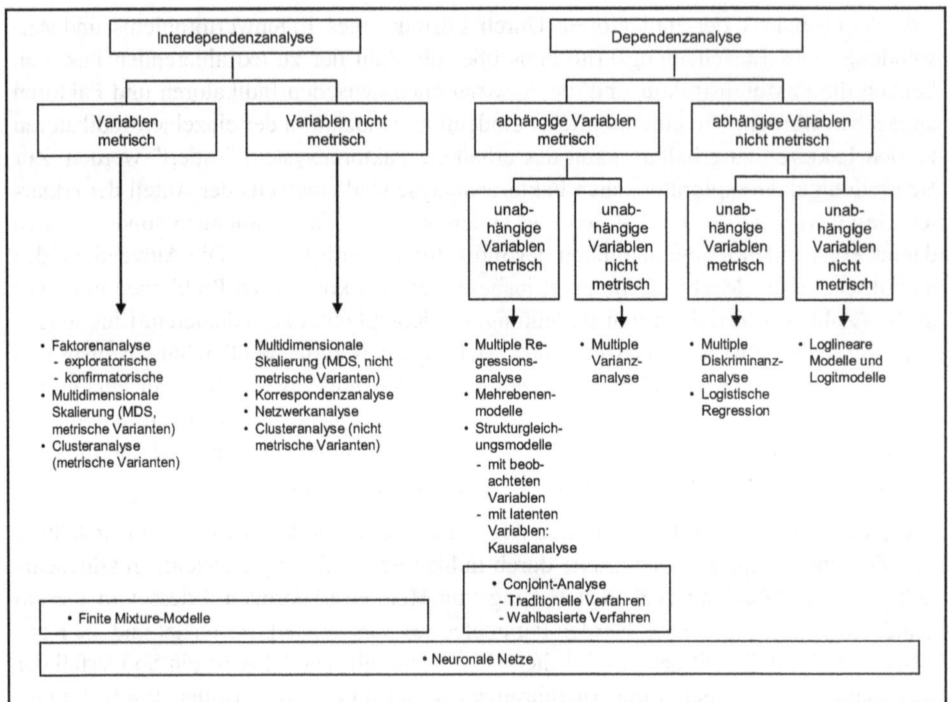

Abbildung 2: Wichtige multivariate Verfahren im Überblick

Es können hierarchische und partitionierende Verfahren als zwei grundsätzlich verschiedene Ansätze der Clusteranalyse unterschieden werden (vgl. Saunders 1994). Bei hierarchischen Verfahren wird jedes mögliche Objektpaar verglichen und ein Distanz- bzw. Ähnlichkeitsmaß berechnet. Anschließend wird aufgrund dieser Information eine sukzessive Verschmelzung von Objekten durchgeführt. Sowohl für die Art des Distanzmaßes als auch für die Verschmelzungsvorschrift ergeben sich wiederum unterschiedliche Ansätze (vgl. Milligan/Cooper 1987). Partitionierende Verfahren gehen dagegen von einer festen Zahl von Gruppen (Clustern) aus und optimieren ausgehend von einer Startpartitionierung die Gruppenzuordnung. Die Clusteranalyse ist aufgrund von teilweise relativ subjektiven Entscheidungen des Marktforschers (z. B. über die Zahl der Gruppen) sehr anfällig für unvalide Ergebnisse. Dieser Tendenz kann jedoch durch eine systematische Anwendung unterschiedlicher Ansätze der Clusteranalyse entgegengewirkt werden. Das wichtigste Anwendungsgebiet der Clusteranalyse im Marketing ist die Marktsegmentierung.

Auch *Finite Mixture-Modelle* ermöglichen die Identifikation von Segmenten in einem Datensatz (vgl. den Beitrag von Gensler in diesem Band). Grundprinzip von Finite Mixture-Modellen ist die Zerlegung von Verteilungen. Die Verfahren nehmen an, dass die beobachtete Verteilung einer oder mehrerer Variablen eine Mischung aus segmentspezifischen Verteilungen darstellt und zielen darauf ab, diese Verteilungen zu entmischen, um die einzelnen Segmente zu identifizieren. Ein besonderes Anwendungsfeld von Finite Mixture-Modellen liegt in der kombinierten Anwendung mit anderen multivariaten Datenanalyseverfahren: Es macht eine Segmentierung auf Grundlage der Parameter dieser Verfahren möglich. Beispielweise lassen sich im Rahmen von Kundenzufriedenheitsuntersuchungen unterschiedliche Segmente anhand unterschiedlicher Wichtigkeiten einzelner Leistungsparameter im Hinblick auf die Erzeugung von Gesamtzufriedenheit bilden (vgl. hierzu ausführlich Hahn 2002).

Das Verfahren der *multidimensionalen Skalierung (MDS)* ermöglicht eine Positionierung von Objekten (z. B. Marken) in einem Wahrnehmungsraum möglichst niedriger Dimension (vgl. Homburg/Krohmer 2006). Die Datengrundlage kann sowohl metrisches als auch nicht-metrisches Skalenniveau aufweisen (vgl. Abbildung 2). Als Datengrundlage der MDS werden Ähnlichkeitsinformationen von Objekten beispielsweise in der Form von Rangdaten für alle Objektpaare erhoben (vgl. den Beitrag von Wührer in diesem Band). Ein zentrales Problem bei der Positionierung ist die erforderliche Interpretation der Achsen des Wahrnehmungsraumes (vgl. Backhaus et al. 2003). Die MDS ist insbesondere im Rahmen der Produkt- und Markenpolitik von Bedeutung, da sie Aufschluss über die Positionierung eines Produktes (bzw. einer Marke) im Wettbewerbsumfeld geben kann.

Die *Korrespondenzanalyse* verfolgt die gleiche Zielsetzung wie die exploratorische Faktorenanalyse (vgl. Hüttner 1997 sowie den Beitrag von Meyer/Diehl/Wendenburg in diesem Band). Es handelt sich ebenfalls um ein Verfahren der Interdependenzanalyse (vgl. Scharf 1991), allerdings ist die Korrespondenzanalyse geeignet für die Untersuchung von Daten mit nur nominalem Skalenniveau (d. h. nicht-metrisch). Insbesondere verfolgt die Korrespondenzanalyse das Ziel, komplexe Kreuztabellen auf wenige Komponenten zu reduzieren, die einen möglichst großen Teil der Zusammenhänge zwischen den verschiedenen kategoriellen Variablen beschreiben (vgl. Sharma 1996). Die Korrespondenzanalyse hat im Marketingbereich bisher keine große Verbreitung erfahren. Im Zusammenhang mit dem Konzept des Data-Mining kann die Korrespondenzanalyse jedoch zukünftig eine wichtige Rolle spielen, da die Methode Daten auf niedrigem Skalenniveau zu analysieren vermag.

Zielsetzung der *Netzwerkanalyse* (vgl. hierzu den Beitrag von Brunnthaller/Wührer in diesem Band) ist es, soziale Netzwerke, das heißt das relationale System bestehend aus sozialen Akteuren und ihren Beziehungen miteinander, in ihrer Struktur zu erschließen. Grundsätzlich handelt es sich dabei um dichotome Daten, das heißt entweder es besteht eine Beziehung zwischen zwei Akteuren oder nicht. Vor diesem Hintergrund wurde das Verfahren hier den Verfahren der Interdependenzanalyse zur Analyse nicht-metrischer Daten zugeordnet. Es lassen sich dabei drei Typen von Methoden zur Analyse sozialer Netzwerke unterscheiden (vgl. van Dujin/Vermunt 2006): (1) deskriptive Verfahren, aufbauend auf grafischen Darstellungen, (2) analytische Verfahren zur Dekomposition von Netzwerkmatrizen sowie (3) statistische Modelle, die auf Wahrscheinlichkeitsfunktionen aufbauen.

Nachdem bis hier Verfahren der Interdependenzanalyse vorgestellt wurden, soll im Folgenden ein kurzer Abriss über die Verfahren der Dependenzanalyse gegeben werden. Zunächst ist hier die *multiple Regressionsanalyse* zu nennen, bei der es sich wohl um das am weitesten verbreitete multivariate Verfahren handelt (vgl. den Beitrag von Skiera/Albers in diesem Band). Im Gegensatz zur bivariaten Regression (vgl. Abschnitt 3) kann eine beliebige Zahl unabhängiger Variablen berücksichtigt werden. Es handelt sich um ein Verfahren der Dependenzanalyse, welches sowohl für die abhängige als auch für die unabhängigen Variablen metrisches Skalenniveau erfordert (vgl. Sharma 1996). Daneben liegen der Regressionsanalyse weitere Annahmen zugrunde, deren Verletzung zu Fehlinterpretationen führen kann. Beispielsweise wird angenommen, dass die unabhängigen Variablen nicht vollständig abhängig voneinander sind. Eine Verletzung dieser Annahme wird als Multikollinearität bezeichnet (vgl. Mason/Perreault 1991).

Der Regressionsanalyse liegt folgende Regressionsfunktion zugrunde, die den linearen Zusammenhang der unabhängigen Variablen (x_i) mit der abhängigen Variable (y) darstellt:

$$y = b_0 + \sum_{i=1}^{n} b_i x_i + e \quad (2)$$

n = Anzahl der unabhängigen Variablen,

b_0, b_i = Koeffizienten der Regressionsgleichung,

e = Residualgröße.

Im Rahmen der Regressionsanalyse werden auf der Grundlage empirischer Daten die Regressionskoeffizienten geschätzt. Das Ziel dieser Schätzung ist die Minimierung der Residual-Quadratsummen. Zur Beurteilung der Regressionsgüte werden das Bestimmtheitsmaß sowie Signifikanztests sowohl auf der Basis des Gesamtmodells als auch auf der Basis einzelner Modellparameter (Koeffizienten) herangezogen. Die Anwendungsgebiete der Regressionsanalyse sind zum einen die Erkennung und Erklärung von Zusammenhängen zwischen abhängiger und unabhängigen Variablen und zum zweiten die Prognose von Werten der abhängigen Variablen. In beiden Fällen handelt es sich um sehr häufige Fragestellungen in der Marktforschung.

Aufbauend auf der Tradition der multiplen Regressionsmodelle (vgl. Bickel 2007) erlauben *Mehrebenenmodelle* (vgl. hierzu den Beitrag von Wieseke in diesem Band) die Analyse von Abhängigkeitsstrukturen zwischen metrisch skalierten Variablen in Datensätzen, in denen Abhängigkeiten zwischen einzelnen Beobachtungseinheiten bestehen. Während die multiple Regressionsanalyse von einer Unabhängigkeit der Beobachtungen ausgeht, berücksichtigen Mehrebenenmodelle den in der Marktforschungspraxis häufig vorkommenden Fall, dass Abhängigkeiten zwischen den Beobachtungseinheiten bestehen. Beispielsweise besteht im Rahmen einer Kundenbefragung im B2C-Umfeld, wo Kunden am Ausgang von Supermärkten zu ihrer Produktwahlentscheidung befragt werden, Anlass zur Vermutung, dass zwischen Besuchern des gleichen Supermarktes Abhängigkeiten bestehen. Im Rahmen von Mehrebenenmodellen werden solche Abhängigkeiten berücksichtigt, indem verschiedene Untersuchungsebenen (im Beispiel Supermärkte als Makroebene und Kunden als Mikroebene) explizit modelliert werden. So wird es zudem möglich, Effekte zwischen den Ebenen zu modellieren, das heißt im Beispiel den Effekt von Supermarktcharakteristika auf individuelle Entscheidungen zu ermitteln.

Das Verfahren der *Strukturgleichungsmodelle mit beobachteten Variablen* ermöglicht die Modellierung und simultane Schätzung komplexer Dependenzstrukturen. Beispiele für komplexe Dependenzstrukturen sind wechselseitige Abhängigkeiten oder kausale Ketten (vgl. Backhaus et al. 2003). Diese Eigenschaft trägt dazu bei, dass das Verfahren der Strukturgleichungsmodelle wesentlich leistungsfähiger ist als beispielsweise die multiple Regressionsanalyse, bei der nur einfache Dependenzstrukturen analysiert werden können (vgl. Fornell 1986 sowie den Beitrag von Schulze in diesem Band). Eine wesentliche Unterscheidung bezieht sich auf exogene (x_i) und endogene Variablen (y_j) im Strukturmodell. Erstgenannte stellen unabhängige Variablen dar. Letztgenannte können dagegen sowohl abhängige als auch gleichzeitig unabhängige Variablen sein. Die Modellstruktur lautet in Matrixschreibweise (vgl. Jöreskog/Sörbom 1989, S. 139):

$$y = \alpha + By + \Gamma x + \zeta . \quad (3)$$

Der Vektor α beinhaltet die Konstanten des Gleichungssystems. Der Term ist bei der Verwendung von Kovarianz- oder Korrelationsmatrizen als Datengrundlage gleich null. Die Matrizen B und Γ spezifizieren die zu schätzenden Koeffizienten des simultanen Gleichungssystems. Der Vektor ζ umfasst die Fehlerterme des Modells. Im Rahmen der Modellschätzung werden die Gleichungen des Modells entweder sequentiell oder simultan geschätzt (vgl. den Beitrag von Schulze in diesem Band). Als Ergebnis liefert das Verfahren Schätzer für die unterstellten Dependenzen sowie globale Kriterien zur Beurteilung der Modellgüte. Aufgrund der Möglichkeit der Modellierung komplexer Dependenzstrukturen ist das Verfahren in der Marktforschung von großer Relevanz.

Die *Kausalanalyse (Strukturgleichungsmodell mit latenten Variablen)* ist ein multivariates Verfahren, welches auf der Grundlage von empirisch gemessenen Varianzen und Kovarianzen von Indikatorvariablen durch Parameterschätzung Rückschlüsse auf Abhängigkeitsbeziehungen zwischen zugrundeliegenden latenten Variablen zieht (vgl. Homburg 1989, S. 2). Eine wesentliche Eigenschaft der Kausalanalyse ist die Unterscheidung von beobachteten (das heißt messbaren) Indikatorvariablen und latenten Variablen (vgl. hierzu den Beitrag von Homburg/Pflesser/Klarmann in diesem Band). Bei letzteren handelt es sich um komplexe Konstrukte, die nicht direkt beobachtet und gemessen werden können. Diese Unterscheidung hebt die Kausalanalyse von den Strukturgleichungsmodellen mit direkt beobachteten Variablen ab. Ausgangspunkt einer kausalanalytischen Untersuchung ist ein Modell aus linearen Gleichungen, das hypothetische Beziehungen zwischen den Modellvariablen beschreibt (vgl. Jöreskog/Sörbom 1989, S. 1 f.):

$$\eta = B\eta + \Gamma\xi + \zeta \qquad (4)$$

$$y = \Lambda_y \eta + \varepsilon \qquad (5)$$

$$x = \Lambda_x \xi + \delta . \qquad (6)$$

Diese Modellformulierung verdeutlicht, wie die Kausalanalyse mehrere multivariate Modelle integriert: Gleichung (4) ist ein Strukturgleichungsmodell, dessen Variablen allerdings nicht direkt messbar sind. Diese Komponente des Modells soll im folgenden als Strukturmodell bezeichnet werden. Es drückt die hypothetischen Beziehungen zwischen den latenten Variablen (den Konstrukten) des Modells aus. Bei den latenten Variablen ist zwischen endogenen (mit η bezeichneten) und exogenen (mit ξ bezeichneten) Größen zu unterscheiden. Die Koeffizientenmatrix B modelliert die Effekte zwischen latenten endogenen Variablen, während die Koeffizientenmatrix Γ die Effekte latenter exogener auf latente endogene Variablen modelliert. ζ ist ein Vektor von Fehlergrößen im Strukturmodell, dessen Bedeutung dem Fehlerterm e im Modell der multiplen Regressionsanalyse (vgl. Gleichung (2)) entspricht. Die Gleichungen (5) und (6) sind faktorenanalytische Modelle. Sie stellen die Beziehung zwischen den latenten Variablen (η bzw. ξ) und den zugehörigen Indikatorvariablen dar. Hierbei enthält der Vektor y die Indikatoren der latenten endogenen Variablen und der Vektor x die der latenten exogenen Variablen. Die Koeffizientenmatrizen Λ_y und Λ_x sind als Faktorladungsmatrizen interpretierbar. Die Vektoren ε und δ enthalten Messfehlervariablen. Es wird also unterstellt, dass jeder Indikator eine fehlerbehaftete Messung einer (unter Umständen auch mehrerer) latenten Variablen darstellt. Dieser Teil des Modells wird auch als Messmodell bezeichnet. Als Ergebnis liefert die Kausalanalyse Schätzer für die unterstellten Dependenzen und Messmodelle sowie globale Kriterien zur Beurteilung der Modellgüte (vgl. Homburg/Baumgartner 1995, Homburg/Klarmann 2006). Aufgrund der Möglichkeit der Modellierung von Dependenzstrukturen zwischen komplexen Konstrukten ist das Verfahren in der Marktforschung von großer Relevanz. Allerdings ist insbesondere aufgrund der hohen Modellkomplexität die praxisseitige Verbreitung der Kausalanalyse eher gering.

Die *multiple Varianzanalyse* ist ein Verfahren, das die Wirkung einer (oder mehrerer) mindestens nominalskalierter unabhängiger Variablen auf eine (oder mehrere) metrisch skalierte abhängige Variable(n) untersucht (vgl. Backhaus et al. 2003 sowie den Beitrag von Hermann/Landwehr in diesem Band). Beispielsweise ist der Einfluss des höchsten Bildungsabschlusses eines Kunden auf den Grad der Kundenzufriedenheit eine mögliche Fragestellung, die unter Zuhilfenahme der Varianzanalyse beantwortet werden kann. Die Varianzanalyse unterscheidet einen durch die Gruppenzugehörigkeit erklärten Varianzanteil (Varianz zwischen den Gruppen) und einen nicht erklärten Varianzanteil (Varianz innerhalb der Gruppen) (vgl. Churchill/Iacobucci 2005). Zusammen ergeben die beiden Varianzanteile die Gesamtvarianz der abhängigen Variablen. Je größer der durch die Gruppenzugehörigkeit erklärte Varianzanteil ausfällt, desto besser ist (sind) die unabhängige(n) Variable(n) zur Erklärung von Unterschieden bezüglich der abhängigen Variablen geeignet. Die Varianzanalyse findet im Rahmen der Marktforschung breite Anwendung.

Für Anbieter von Produkten und Dienstleistungen ist es wichtig zu wissen, welche Bedeutung einzelne Eigenschaften ihres Produktes (bzw. deren einzelne Ausprägungen) für einen Kunden haben. Mit Hilfe der *Conjoint-Analyse* kann diese Information empirisch ermittelt werden, ohne den Kunden direkt zu den einzelnen Eigenschaften zu befragen. Stattdessen werden verschiedene Produkte bezüglich ihres Gesamtnutzens vom Kunden verglichen (vgl. zur Conjoint-Analyse die Beiträge von Teichert/Sattler/Völckner und Völckner/Sattler/Teichert in diesem Band). Die von Kunden geäußerten Gesamtnutzenwerte der Produkte bilden die Grundlage zur Ermittlung der Beiträge einzelner Eigenschaften zum Gesamtnutzen. Der Conjoint-Analyse liegt in der Regel ein additives Nutzenmodell zugrunde (vgl. Wittink/Cattin 1989). Danach ergibt sich der Gesamtnutzen eines Objektes (abhängige Größe) für einen Kunden aus der Summe der Teilnutzen der Objekteigenschaften (unabhängige Größen). Aufgrund dieses Modellansatzes wird die Conjoint-Analyse als Methode der Dependenzanalyse kategorisiert. Bei der Conjoint-Analyse handelt es sich um ein dekompositionelles Verfahren, bei dem die Teilnutzenwerte aus dem empirisch ermittelten Gesamtnutzen abgeleitet werden (im Gegensatz zur Klasse der kompositionellen Verfahren, vgl. Mengen 1993). Die Conjoint-Analyse hat im Marketingbereich weite Verbreitung erfahren, die Anwendbarkeit ist nicht nur auf die Produktgestaltung beschränkt. Anwendungen sind häufig auch bei der Preisfindung, der Marktsegmentierung, der Wettbewerbsanalyse und der Produktneupositionierung anzutreffen.

Eine sehr ähnliche Zielsetzung verfolgen die *multiple Diskriminanzanalyse* und die *logistische Regression* (vgl. zu beiden Verfahren den Beitrag von Frenzen/Krafft in diesem Band). Im Kern geht es bei beiden Verfahren darum, den Grad des Einflusses metrisch skalierter unabhängiger Variablen auf eine abhängige nominal skalierte Variable zu bestimmen. Im Rahmen der multiplen Diskriminanzanalyse ist eine Funktion zu schätzen, die eine optimale Erklärung einer vorgegebenen Gruppenzugehörigkeit (abhängige Variable) aufgrund mehrerer metrisch skalierter Variablen (unabhängige Variablen) ermöglicht. Die Diskriminanzfunktion (Trennfunktion) sollte daher für Elemente innerhalb einer Gruppe möglichst ähnliche Werte und andererseits für Elemente unterschiedlicher Gruppen möglichst unterschiedliche Werte liefern (vgl. Backhaus et al.

2003). Anders ausgedrückt sollten die Parameter der Trennfunktion so geschätzt werden, dass das Verhältnis der Streuung zwischen den Gruppen zur Streuung innerhalb der Gruppen maximal ist (vgl. Sharma 1996). Neben einer möglichst trennscharfen Klassifikation ist insbesondere die Bedeutung einzelner unabhängiger Variablen für die Klassifikation von Interesse. Für beide Fragestellungen ermöglichen Signifikanztests eine Validitätsbeurteilung. Als Beispiel für eine typische Fragestellung im Marketing kann die Erklärung des Kaufverhaltens (d. h. Kauf vs. Nicht-Kauf) aufgrund psychographischer Merkmale von Kunden genannt werden.

Bei der logistischen Regression handelt es sich um ein alternatives Verfahren zur Zwei-Gruppen-Diskriminanzanalyse, welches sich jedoch durch eine größere Robustheit der Schätzung auszeichnet (vgl. Sharma 1996). Ausgangspunkt der logistischen Regression ist ein probabilistisches Modell, welches die Wahrscheinlichkeit des Eintretens eines Ereignisses angibt. Das Ereignis wiederum bezieht sich auf die binären Ausprägungen der abhängigen Variablen. Die logistische Regression ermöglicht eine umfangreiche Beurteilung des Schätzmodells und ebenfalls die Interpretation einzelner Modellparameter. Neben der rein deskriptiven Anwendung kann die logistische Regression ebenfalls zur Prognose eingesetzt werden (vgl. Sharma 1996).

Loglineare Modelle kommen bei der Analyse von Fragestellungen mit einer nominal skalierten abhängigen Variablen und bei der Analyse von Kontingenztafeln zur Anwendung. Im letztgenannten, relativ wenig verbreiteten Anwendungsfall wird eine möglichst gute Approximation der Zellhäufigkeiten durch das Modell angestrebt (vgl. Sobel 1995). Im erstgenannten Anwendungsfall ist eine gängige Fragestellung die Modellierung von diskreten Auswahlsituationen (vgl. Schiller 1986). Beispielsweise kann das Produktwahlverhalten von Konsumenten modelliert werden. Dazu wird ein Nutzenansatz verwendet, der sowohl deterministische als auch stochastische Nutzenkomponenten umfasst (vgl. Herrmann 1994). Zur Operationalisierung wird eine sogenannte Logit-Transformation durchgeführt, die die Anwendung ökonometrischer Schätzverfahren ermöglicht. Ein Spezialfall loglinearer Modelle ist gegeben, wenn lediglich zwei Auswahlalternativen betrachtet werden. In diesem Fall handelt es sich um ein binäres *Logit-Modell* (vgl. Hooley/Hussey 1994).

Ein in der Marktforschung neueres Verfahren ist das Konzept der *neuronalen Netze* (vgl. den Beitrag von Wiedmann/Buckler in diesem Band). Aufgrund einer großen Vielfalt spezieller Netzwerkmodelle lassen sich neuronale Netze auf alle in Abbildung 2 unterschiedenen multivariaten Fragestellungen anwenden (vgl. für einen Überblick Hudson/Postma 1995). Allgemein wird unter einem neuronalen Netz eine vernetzte Menge von Einheiten verstanden, die einfache Berechnungen durchführen und die Ergebnisse jeweils an Nachbareinheiten weiterleiten. Die Aktivierung einer Einheit beeinflusst dabei über Verbindungen die Aktivierung anderer Einheiten, wobei die Stärke der Aktivierung bei jeder Verbindung unterschiedlich sein kann (vgl. Möller/Paaß 1994). Ein neuronales Netz ist gekennzeichnet durch die Netzarchitektur, das Rechenverfahren innerhalb der einzelnen Einheiten eines Netzes und den zugrundeliegenden Lernalgorithmus, der sich in der Berechnung der Gewichtung der Verbindungen zwischen den Knoten eines neuronalen Netzes niederschlägt. Die drei genannten Bestandteile sind sehr vielfältig gestaltbar. Dadurch können mit unterschiedlich gestalteten neuronalen Netzen beispielsweise Regressionsanalysen, Kausalanalysen, Diskriminanzanalysen und Clusteranalysen durchgeführt werden. Darüber hinaus lassen sich komplexe nichtlineare Zusammenhänge modellieren. Insgesamt können neuronale Netze daher für eine Vielzahl von Fragestellungen der Marktforschung eingesetzt werden. Allerdings ist bei neuronalen Netzen ab einer gewissen Komplexität die Berechnung der genauen funktionalen Zusammenhänge kaum noch möglich.

5. Zusammenfassung und Ausblick

Das Ziel dieses Beitrags war es, einen Überblick zu Methoden der Datenanalyse zu geben. Die vorgenommene Einteilung in uni-, bi- und multivariate Verfahren auf der einen Seite und deskriptive und induktive Verfahren auf der anderen Seite sowie die zusätzliche Unterscheidung von Verfahren der Dependenz- und der Interdependenzanalyse ließ eine weitgehend überschneidungsfreie Klassifikation zu. Diese Klassifikation erleichtert dem weniger erfahrenen Marktforscher das Zurechtfinden im Feld der Datenanalyseverfahren und die Identifikation des für eine spezifische Fragestellung am besten geeigneten Verfahrens. Zur Vertiefung der uni- und bivariaten Methoden der Datenanalyse verweisen wir auf die zitierte Literatur sowie auf den Beitrag von Homburg/Klarmann/Krohmer zu statistischen Grundlagen der Datenanalyse in diesem Band. In den folgenden Kapiteln wird detailliert auf multivariate Verfahren der Datenanalyse eingegangen. Zuvor sollen jedoch zunächst die Grundlagen und Methoden der qualitativen Marktforschung dargestellt werden (vgl. hierzu den Beitrag von Kepper in diesem Band).

Literaturverzeichnis

Aaker, D./Kumar, V./Day, G. (1995): Marketing Research, 5. A, John Wiley and Sons, New York.

Backhaus, K./Erichson, B./Plinke, W./Weiber, R. (2003): Multivariate Analysemethoden: Eine anwendungsorientierte Einführung, 10. A., Springer, Berlin.

Bollen, K. (1989): Structural Equations with Latent Variables, Wiley, New York.

Berekoven, L./Eckert, W./Ellenrieder, P. (2006): Marktforschung: Methodische Grundlagen und praktische Anwendung, 11. A., Gabler, Wiesbaden.

Bickel R. (2007): Multilevel Analysis for Applied Research: It's Just Regression!, Guilford Publications, New York.

Churchill, G./Iacobucci, D. (2005): Marketing Research: Methodological Foundations, 9. Auflage, Fort Worth.

Fornell, C. (1986): A Second Generation of Multivariate Analysis: Classification of Methods and Implications for Marketing Research, Arbeitspapier, University of Michigan, Ann Arbor.

Hahn, C. (2002): Segmentspezifische Kundenzufriedenheitsanalyse. Neue Ansätze zur Segmentierung von Märkten, Deutscher Universitäts-Verlag, Wiesbaden.

Hammann, P./Erichson, B. (1990): Marktforschung, 2. A., UTB Gustav Fischer Verlag, Stuttgart.

Herrmann, A. (1994): Die Bedeutung von Nachfragemodellen für die Planung marketingpolitischer Aktivitäten, in: Zeitschrift für Betriebswirtschaft, 64, 10, 1303-1325.

Homburg, Ch. (1989): Exploratorische Ansätze der Kausalanalyse als Instrument der Marketingplanung, Verlag Peter Lang, Frankfurt/Main.

Homburg, Ch. (1998): Kundennähe von Industriegüterunternehmen: Konzeption, Erfolgsauswirkungen, Determinanten, 2. Auflage, Gabler Verlag, Wiesbaden.

Homburg, Ch./Baumgartner, H. (1995): Beurteilung von Kausalmodellen: Bestandsaufnahme und Anwendungsempfehlungen, in: Marketing - Zeitschrift für Forschung und Praxis, 3, 163-176.

Homburg, Ch./Daum, D. (1997): Marktorientiertes Kostenmanagement: Kosteneffizienz und Kundennähe verbinden, Frankfurter Allgemeine Zeitung, Verl.-Bereich Wirtschaftsbücher , Frankfurt am Main.

Homburg, Ch./Dobratz, A. (1992): Covariance Structure Analysis via Specification Searches, Statistical Papers, 33, 119-142.

Homburg, Ch./Giering, A. (1996): Konzeptualisierung und Operationalisierung komplexer Konstrukte - Ein Leitfaden für die Marketingforschung, in: Marketing - Zeitschrift für Forschung und Praxis, 18, 1, 5-24.

Homburg, Ch./Klarmann, M. (2006): Die Kausalanalyse in der betriebswirtschaftlichen Forschung - Problemfelder und Anwendungsempfehlungen, in: DBW - Die Betriebswirtschaft, 66, 6, 727-748.

Homburg, Ch./Krohmer, H. (2006): Marketingmanagement, 2. Aufl., Gabler Verlag, Wiesbaden.

Hooley, G./Hussey, M. (1994): Quantitative Methods in Marketing: The Multivariate Jungle Revisited, Introduction and Overview to Special Edition, in: Hooley, G., Hussey, M. (Hrsg.): Quantitative Methods in Marketing, Academic Press, London, 3-12.

Hudson, P./Postma, E. (1995): Choosing and Using a Neural Net, in: Braspenning, P., Thuijsman, F., Weijters, A. (Hrsg.): Artificial Neural Networks - An Introduction to ANN Theory and Practice,Springer Verlag, Berlin.

Hüttner, M. (1997): Grundzüge der Marktforschung, 5. Aufl., Oldenbourg Wissenschaftsverlag, München.

Jöreskog, K./Sörbom, D. (1989): LISREL 7 User's Reference Guide, Scientific Software , Mooresville.

Kinnear, T./Taylor, J. (1971): Multivariate Methods in Marketing Research, A Further Attempt at Classification, in: Journal of Marketing, 35 (October), 56-59.

Mason, C./Perreault, W. (1991): Collinearity, Power, and Interpretation of Multiple Regression Analysis, Journal of Marketing Research, 28 (August), 268-280.

Mengen, A. (1993): Konzeptgestaltung von Dienstleistungsprodukten, Schäffer-Poeschel, Stuttgart.

Milligan, G./Cooper, M. (1987): Methodology Review: Clustering Methods, Applied Psychological Measurement, 4, 239-354.

Möller, K./Paaß, G. (1994): Künstliche Neuronale Netze: Eine Bestandsaufnahme, Arbeitspapier der Gesellschaft für Mathematik und Datenverarbeitung, Nr. 847, St. Augustin.

Pfanzagl, J. (1978): Allgemeine Methodenlehre der Statistik II, 5. A., de Gruyter, Berlin.

Saunders, J. (1994): Cluster Analysis, in: Hooley, G., Hussey, M. (Hrsg.): Quantitative Methods in Marketing, Academic Press, London, 13-28.

Scharf, A. (1991): Konkurrierende Produkte aus Konsumentensicht: Erfassung und räumliche Darstellung unter besonderer Berücksichtigung der Korrespondenzanalyse, Deutsch, Frankfurt am Main.

Schiller, K. (1986): Loglineare Modellierung mit dem Abschlußtest: Ein Instrument für die empirische Marketingforschung, Florentz, München.

Schulze, P. (2000): Beschreibende Statistik, 4. A., Oldenbourg Wissenschaftsverlag, München.

Sharma, S. (1996): Applied Multivariate Techniques, Wiley, New York.

Sheth, J. (1971): The Multivariate Revolution in Marketing Research, Journal of Marketing, 35 (January), 13-19.

Sobel, M. (1995): The Analysis of Contingency Tables, in: Arminger, G., Clogg, C., Sobel, M. (Hrsg.): Handbook of Statistical Modeling for the Social and Behavioral Sciences, Plenum Press, New York, 251-310.

Wittink, D./Cattin, P. (1989): Commercial Use of Conjoint Analysis: An Update, in: Journal of Marketing, 53 (July), 91-96.

Gaby Kepper

Methoden der qualitativen Marktforschung

Dr. Gaby Kepper war wissenschaftliche Mitarbeiterin am Seminar für Allgemeine Betriebswirtschaftslehre, Marktforschung und Marketing der Universität Köln.

1. Kennzeichen und Einsatzschwerpunkte qualitativer Marktforschungsmethoden

Allgemeine Kennzeichen, die eine umfassende Charakterisierung qualitativer Marktforschungsmethoden erlauben, sind in der entsprechenden Fachliteratur nur schwer zu finden. Neben den Vorurteilen, die qualitativen Methoden oft entgegengebracht werden, liegt dies auch darin begründet, dass es sich hier einerseits um „bekannte" Methodengruppen wie die Befragung oder die Beobachtung handelt, andererseits aber ein vollkommen anderer Forschungsansatz hinter den einzelnen Methodenkonzeptionen steht. Ein Versuch, sich dieser speziellen Forschungskonzeption zu nähern, besteht darin, qualitative Marktforschungsmethoden zu beschreiben als weitestgehend offen, kommunikativ und typisierend (siehe ausführlich hierzu Kepper 1996, S. 16 ff. und Kepper 1995, S. 58 ff.).

Offen sind sie, da auf eine Vorstrukturierung des Untersuchungsgegenstandes und damit auf einengende Vorgaben verzichtet und so eine möglichst geringe Voreingenommenheit von Forscher und Untersuchungskonzeption angestrebt wird. Ergeben sich während der Untersuchung neue und problembezogene Aspekte, so muss das Instrumentarium flexibel darauf reagieren können und unter Umständen um zusätzliche Fragen, Beobachtungsinhalte etc. ergänzt werden. Diese hohe Anforderung an die Flexibilität verhindert natürlich eine vollständige Standardisierung der Methoden.

Qualitative Marktforschungsmethoden sind kommunikativ durch ihre konsequente Ausrichtung an den Auskunftspersonen und deren kommunikativen Fähigkeiten. Anders als bei quantitativen Methoden, die den Befragten zwingen sich an die sprachlichen und inhaltlichen Vorgaben der Forscher anzupassen, betrachten qualitative Methoden Kommunikations- und Interaktionsbeziehungen zwischen Forscher und zu Erforschendem nicht als Störgrößen, die es zu minimieren gilt, sondern als konstitutive Bestandteile des Forschungsprozesses. Um die Kommunikationsfähigkeit der Auskunftspersonen möglichst wenig einzuschränken, wird deshalb versucht, eine weitgehend natürliche Kommunikationssituation zu schaffen bzw. beizubehalten. Zusätzlich sollen dem Befragten durch den Verzicht auf vorgegebene Antwortkategorien eigene Ausdrucksformen bzw. die eigene Wortwahl ermöglicht werden. Ziel ist es so, nahe am Datenursprung zu bleiben, um keine problemrelevanten Informationen vorzeitig zu verlieren. Auf inhaltsreduzierende Transformationen wird damit verzichtet.

Typisierend sind qualitative Marktforschungsmethoden dadurch, dass sie weder bei der Sample-Bildung noch bei der Auswertung statistisch-repräsentative Überlegungen in den Vordergrund rücken, sondern versuchen, die charakteristischen, typischen Inhalte in Bezug auf die Problemstellung herauszufiltern. Für die Sample-Bildung bedient man sich deshalb solcher Verfahren, die dem Anspruch nach inhaltlicher, und nicht statistischer Repräsentanz genüge tun (vgl. zu den dahinterliegenden Beurteilungskriterien Kepper

1995). Bei der Auswertung steht die Bildung eines flexiblen Kategorienschemas im Vordergrund, das der Identifizierung von Typen dient. Daraus ergibt sich auch ein wesentlicher Unterschied zur quantitativen Marktforschung: Diese sucht einen Informationsgewinn durch Datenreduktion zu erreichen und zieht zu diesem Zweck verschiedene Analysemethoden und statistische Maßzahlen heran. Die qualitative Marktforschung hingegen verfolgt eine eher explikative Datenauswertung, in der die erhobenen Informationen unter Berücksichtigung aller Details interpretiert werden. Dies geschieht mit Hilfe ausführlicher Analyseprotokolle, die faktisch eine neue Datenbasis bilden.

Fasst man diese kurze Kennzeichnung qualitativer Methoden zusammen, so wird deutlich, dass die Forschungsziele qualitativer Marktforschungsmethoden vor allem im Erkennen, Beschreiben und Verstehen psychologischer und soziologischer Zusammenhänge liegen, nicht aber in deren Messung. Qualitative Methoden versuchen, eine möglichst vollständige Erfassung und Interpretation des Untersuchungsproblems zu leisten, um Einblick in die verschiedenen Wahrnehmungsdimensionen der Untersuchungspersonen zu erlangen. Sie streben aber weder Aussagen über Häufigkeiten oder quantitativ bezifferbare Unterschiede noch eine standardisierte und damit verkürzende Zuordnung von Symbolen, Maßzahlen oder sonstigen Größen an (vgl. auch die Darstellungen z. B. bei Flick 2004 bzw. Carson et al. 2001).

Die hier beschriebene Charakterisierung qualitativer Marktforschungsmethoden lässt nun vermuten, dass es auch ganz typische Aufgaben sind, die durch diese besonders gut gelöst werden können. Dieser Eindruck wird durch einen Blick in die Marktforschungspraxis schnell bestätigt. Allen diesen Aufgaben gemein ist, dass die Struktur und die oft lückenhafte Einschätzbarkeit des Untersuchungsproblems eine ganzheitliche Erfassung erforderlich machen und in der Regel Zusammenhänge und Hypothesen erst noch zu erkennen und abzuleiten sind. Im Einzelnen lassen sich folgende Aufgabenfelder qualitativer Marktforschungsmethoden unterscheiden (vgl. Kepper 1996, S. 140 ff. und die dort angegebene Literatur):

Strukturierung

Zunächst können qualitative Methoden bei eher geringem Kenntnisstand eine erste Strukturierung des Untersuchungsfeldes leisten, verbunden mit der Möglichkeit einer umfassenden sowie nicht oder nur wenig selektierenden Beschreibung und Diagnose der Situation. Eine Strukturierung des Untersuchungsproblems wird dabei insbesondere durch die Identifizierung und Erfassung relevanter Einflussfaktoren und wichtiger Untersuchungsdimensionen aus Sicht der Kunden geleistet. Dies erlangt vor allem bei im Detail unbekannten bzw. eher komplexen Zusammenhängen an Bedeutung.

Qualitative Prognose

Als nächstes Aufgabenfeld ist die qualitative Prognose zu nennen. Qualitative Prognosen kommen insbesondere dann zur Anwendung, wenn fehlendes Zahlenmaterial eine quantitative Prognose unmöglich macht, wenn der zu prognostizierende Sachverhalt nicht (nur) zahlenmäßig erfasst werden kann und soll (um z. B. mögliche Diskontinuitäten zu berücksichtigen), und schließlich auch, wenn die mit quantitativen Prognosen verbundenen Anforderungen an numerische Exaktheit etc. einen zu hohen Aufwand verursachen. Unsicherheit, Langfristigkeit und Komplexität der Prognosegegenstände erfordern zur Erstellung solcher qualitativen Prognosen dann auch den Einsatz qualitativer Methoden, die insbesondere durch ihre Offenheit in der Lage sind, unerwartete und neue Einflussfaktoren und Entwicklungen mit zu berücksichtigen.

Ursachenforschung

Das Verstehen von Zusammenhängen und die Erklärung von Phänomenen im Rahmen der Ursachenforschung ist schließlich ein weiterer Schwerpunkt qualitativer Marktforschungsmethoden, vor allem dann, wenn die Ursachen sehr komplex, tabuisiert oder noch wenig bekannt sind. Neben der Offenheit qualitativer Methoden, die der Erfassung wichtiger Beurteilungsdimensionen genügend Raum gibt, ist für die Ursachenforschung vor allem die natürliche Kommunikationssituation von Bedeutung. Erst diese ermöglicht es, das Gesagte aus Sicht der Befragten heraus nachvollziehbar und damit einer weiteren Interpretation zugänglich zu machen.

Ideengenerierung

Darüber hinaus kann das kreative Potential qualitativer Methoden besonders gut zur Ideengenerierung genutzt werden. Es ist unmittelbar einsichtig, dass standardisierte Untersuchungsansätze zwar die für die Ideengenerierung notwendigen Daten bereitstellen können, sich selbst jedoch wenig dazu eignen, kreative Prozesse zu stimulieren. Die weitgehende Orientierung qualitativer Methoden an den Artikulationsmöglichkeiten der Befragten und die Stimulierung problembezogener Aussagen sind dagegen der geeignete Rahmen für die Schaffung und Nutzung eines kreativen Ideenpotentials und die Integration verschiedener Kreativitätstechniken.

Screening

Schließlich besteht auch die Möglichkeit, qualitative Marktforschung zur Grobauswahl von Alternativen (Screening) heranzuziehen, wobei diese Alternativen sowohl konkrete Objekte als auch lediglich Ideen bzw. Konzepte darstellen können. Die Grobauswahl von Alternativen stellt häufig nur eine erste Vorselektion interessant erscheinender Ideen dar, die in eher unproblematischer, schneller und kostengünstiger Art und Weise die gewünschten Informationen erbringen soll. Bevorzugt wird hierfür eine an pragmatischen Gesichtspunkten ausgerichtete Sample-Bildung sowie der möglichst offene Untersuchungsansatz qualitativer Methoden, da Vorgaben bzw. Beurteilungskriterien für die Selektion zu diesem frühen Zeitpunkt meist noch nicht oder nur unpräzise vorhanden sind.

Nachdem Kennzeichen und Einsatzschwerpunkte qualitativer Methoden so umrissen werden konnten, folgt nun eine Charakterisierung der wichtigsten Methoden im Einzelnen. Detailliert sollen hier das qualitative Interview, die Gruppendiskussion, die indirekte Befragung mittels projektiver und assoziativer Techniken sowie die qualitative Beobachtung unterschieden werden.

2. Das qualitative Interview

2.1 Allgemeine Kennzeichen qualitativer Interviews

Dem qualitativen Interview wird im Rahmen qualitativer Marktforschung sehr viel Aufmerksamkeit gewidmet. Es kann als mündliche und persönliche Form der Befragung beschrieben werden, der es um eine unverzerrte, nicht prädeterminierte und möglichst vollständige Sammlung von Informationen zu dem interessierenden Untersuchungsgegenstand geht (Lamnek 2005, S. 55 ff.; Morrison et al. 2002, S. 45 ff.).

Qualitative Interviews sind in der Regel nicht oder nur teilweise standardisiert, d. h. einerseits ist der Interviewer nur an wenige oder keine Regeln bzgl. der Interviewdurchführung und konkreten Fragengestaltung gebunden, andererseits sind auch die Antwortmöglichkeiten der Befragten möglichst wenig oder gar nicht beschränkt. Diese Offenheit der Gesprächsführung ermöglicht es den Befragten, eigene Themenschwerpunkte zu wählen und diese in eigener Wortwahl zu kommunizieren. Gegebenenfalls werden diese selbst um Wiederholung gewisser Gesprächssequenzen gebeten, um ihre subjektiven Interpretationen in die Auswertung miteinfließen zu lassen. Damit soll die inhaltliche Bandbreite dessen, was die befragte Person mitzuteilen hat, möglichst wenig beschnitten und die Relevanz der erfragten Inhalte gesteigert werden.

Zur Umsetzung dieser Ansprüche sind natürlich gewisse Bedingungen an die Organisation der Befragung zu stellen. Anders als beim quantitativen Interview geht es nämlich bei der Gestaltung der Befragung nicht um die Schaffung einer möglichst neutralen Situation mit einem stereotypen Interviewerverhalten. Ziel ist vielmehr der Aufbau einer vertraulichen und entspannten Atmosphäre, die einer alltagsnahen Gesprächssituation nahekommt und die Erzählbereitschaft der Befragten fördert.

Ausgangspunkt hierfür ist das Erarbeiten eines *Interviewerleitfadens*, um den groben Ablauf des Gesprächs zu umreißen. Für die Fragengestaltung gilt dabei: Feste Fragenformulierungen werden vermieden, um individuell auf die Bedürfnisse der Befragten eingehen zu können. Dadurch besteht die Möglichkeit, das verwendete Vokabular alltagssprachlich auszurichten und an die sprachlichen Fähigkeiten der Befragten anzupassen. Konkret bedeutet dies die Verwendung offener Fragen, begleitet von einer offenen oder "weichen" Gesprächsführung, die ermunternd und zulassend auf die Befragten wirken soll. Ebenso wenig wird eine feste Reihenfolge der Fragen vorgegeben, da das Setzen von Bedeutungsgewichten in erster Linie durch die Befragten geschehen soll. Der Interviewer versucht lediglich, bereits vorher festgelegte Untersuchungsinhalte zu passenden Zeitpunkten in das Interview zu integrieren. Aus diesen Besonderheiten qualitativer Interviews lassen sich nun auch spezielle Anforderungen an *Interviewer* und *Befragten* bei der Planung und Durchführung qualitativer Interviews ableiten:

Seitens der *Befragten* setzen qualitative Interviews zunächst die Bereitschaft voraus, sich *intensiv* mit dem Untersuchungsgegenstand auseinanderzusetzen und dafür auch entsprechend viel Zeit einzuplanen. Zwar kann es keine verbindlichen Vorgaben für die Dauer qualitativer Interviews geben, da dies letztlich von dem Befragten selbst abhängt; ein Zeitraum von weit mehr als einer Stunde gilt jedoch durchaus als üblich.

Weiterhin wird vom Befragten in stärkerem Maße als bei quantitativen Interviews eine gewisse *kommunikative Kompetenz* und *Artikulationsfähigkeit* erwartet, da der Befragte längere Passagen der Befragung selbst zu gestalten hat. Diese Anforderung ist jedoch auch zugleich der große Vorteil qualitativer Interviews: Die Planung und Gestaltung der Inhalte geschieht eben nicht über die Köpfe der Befragten hinweg, sondern ist auf ihre Mitarbeit in hohem Maße angewiesen.

Der *Interviewer* nimmt bei einem qualitativen Interview eine *zurückhaltend-interessierte Haltung* während der Befragung ein, wobei gleichzeitig, je nach Interviewform, mehr oder weniger stimulierende Eingriffe geschickt platziert werden müssen. Damit übernimmt der Interviewer nicht die Rolle des neutralen Abfragers von Informationen, sondern die des *interessierten Zuhörers*. Dies verlangt sowohl psychologisches Geschick bei der Gesprächsführung als auch eine gewisse Sachkenntnis bzgl. des Untersuchungsobjektes.

Zusätzlich werden zur vollständigen Erfassung des Interviews anstelle reiner Gesprächsprotokolle oft auch verschiedene Aufzeichnungsgeräte verwendet, um (in Absprache mit den Befragten) den Interviewer zu entlasten und eine lückenlose Auswertung der Informationen zu gewährleisten. Üblicherweise werden hierfür Tonband- oder auch Videoaufzeichnungen angefertigt.

Nach dieser allgemeinen Kennzeichnung qualitativer Interviews sollen nun verschiedene *Interviewformen* erläutert werden, die im Rahmen der Marktforschung unterschiedlichen Untersuchungszwecken dienen.

2.2 Formen qualitativer Interviews

In der Sozialforschung, und hier insbesondere in der Soziologie und Psychologie, hat sich eine Vielzahl unterschiedlicher Formen qualitativer Interviews herausgebildet, die zwar alle die oben beschriebenen qualitativen Merkmale aufweisen, im Detail jedoch unterschiedliche Schwerpunkte setzen (Flick 2004; Lamnek 2005). Nicht alle Formen qualitativer Interviews eignen sich dabei für die Marktforschung, da sie häufig zu eng den Spezialproblemen ihrer Disziplin verhaftet sind. Im Folgenden sollen hier drei grundsätzliche Formen von Interviews vorgestellt werden, die im Rahmen der qualitativen Marktforschung Bedeutung erlangt haben:

Das explorative Interview

Im Rahmen des sog. "explorativen Interviews" werden Wissen, Erfahrung, Einstellungen oder Know-how der Befragten ermittelt, wobei v. a. das erzählerische Moment der Befragten in den Vordergrund rückt. Explorative oder auch freie Interviews sind offene und weitestgehend nicht standardisierte Befragungsgespräche, bei denen der Interviewer den Ablauf der Informationsgewinnung mitsteuern kann. Das Spektrum der inhaltlichen Ausgestaltung kann dabei von scheinbar ganz zwanglosen Gesprächen bis hin zum problemorientierten Expertengespräch reichen. Explorative Interviews ermitteln in erster Linie nicht den psychologischen Gehalt der erhobenen Kommunikationsbeiträge, sondern konzentrieren sich auf eine möglichst umfassende und vollständige Sammlung individueller Sachinformationen.

Damit liegt die Aufgabe explorativer Interviews nicht in der Analyse tieferliegender Bewusstseinsstrukturen, sondern vielmehr in der Ermittlung subjektiv relevanter Informationen und Stellungnahmen der Befragten zum Untersuchungsproblem. So werden z. B. *Expertengespräche* typischerweise im Rahmen explorativer Interviews angewendet (vgl. z. B. die Untersuchung von Schwinger 2005). Die im explorativen Interview angestrebte offene Gesprächsführung erlaubt es dabei, auch sehr komplexe Themenbereiche anzusprechen. So wird bspw. erfasst, *welche* Themenbereiche die Befragten wie, *in welcher Reihenfolge* und mit *welcher Gewichtung* etc. ansprechen. Hieraus können Schlüsse über die Struktur der Erlebniswelt der Befragten gezogen werden, über die Art und Weise ihrer Informationsselektion, über ihre Vermutungen, Wünsche und Kritikpunkte.

Zur Stimulierung dieser Wortbeiträge kann auf verschiedene Techniken der Gesprächsführung zurückgegriffen werden, wie sie bspw. im Rahmen des narrativen und des problemzentrierten Interviews entwickelt wurden. Während dabei die narrative Interviewtechnik nach Schütze (1978) eine maximale Freiheit der Erzählung des Befragten fordert und ihr Hauptaugenmerk auf eine ungerichtete Aufmunterung seitens des Interviewers erfragt, steht bei der problemzentrierten Interviewtechnik nach Witzel (2000) eine stärkere Problemorientierung durch stärkere Thematisierung kritischer Inhalte und entsprechenden Kommunikationsstrategien im Mittelpunkt.

Das psychologische Tiefeninterview

Beim psychologischen Tiefeninterview geht es um die Aufdeckung bestimmter vor- oder unbewusster Motivationsstrukturen und Sinnzusammenhänge, die erst durch die nachträgliche Interpretation des Gesagten Bedeutung erlangen. Das Tiefeninterview („depth interview") ist die sicherlich bekannteste Form qualitativer Interviews. Allerdings wird der Begriff teilweise auch sehr unkritisch verwendet. Das Tiefeninterview ist in seinen Grundzügen der klinischen Psychologie entliehen und fand über das wachsende Interesse an der Motivforschung Zugang zur betrieblichen Marktforschung. Es stellt ein Intensivgespräch zwischen zwei Gesprächspartnern dar und ist im Gegensatz zum explorativen Interview explizit darauf ausgerichtet, *unbewusste*, *verborgene* oder nur *schwer erfassbare* Motive und Einstellungen zu untersuchen (vgl. das Bsp. von Stokes 2006). Es wird also nicht nur versucht, das Gesagte aus dem Bedeutungszusammenhang der Befragten heraus nachvollziehen zu können, sondern es wird eine *nachträgliche Bedeutungszuweisung* aufgrund bestimmter Theorien vorgenommen. Dazu wird auch hier ein eher zwangloses Gespräch geführt, wobei der psychologisch geschulte Interviewer das Thema unauffällig lenkt.

Das fokussierte Interview

Schließlich besteht noch die Möglichkeit, qualitative Interviews mit der Präsentation bestimmter Stimuli zu kombinieren, um die im Prinzip offene Befragungstechnik zielgerichteter steuern zu können und dadurch die Gesprächsthematik stärker einzuengen. Diese Interviewform wird auch als *fokussiertes Interview* bezeichnet und ist von Merton/Kendall (1979) für die Medienforschung entwickelt worden (s. a. Merton/Fiske/Kendall 1990). Der Begriff der *Fokussierung* stellt dabei auf das Ziel dieser Interviewform ab, durch die vorausgehende Präsentation von Stimuli das Gespräch auf ganz bestimmte Themen oder Problembereiche zu beschränken. Solche Stimuli können z. B. Filme, Zeitungsartikel, Werbeanzeigen oder Ähnliches sein.

Durch die steuerbare Stimuluspräsentation vorweg soll dabei eine deutlichere Trennung „objektiver" Sachverhalte (Stimulusinhalte) und der durch die Befragten vorgenommenen Selektionen realisiert werden. Denn im Gegensatz zu solchen Befragungen, die sich z. B. auf erinnerte Produkterfahrungen beziehen, kennt der Forscher hier die interessierenden Details der vorangegangenen Präsentation. Von quantitativen Werbewirkungsuntersuchungen unterscheidet sich das fokussierte Interview letztlich dadurch, dass der Stimuluspräsentation ein darauf bezogenes qualitatives Interview folgt. In Abgrenzung zu den projektiven Techniken, die in der Regel auch mit Stimuli arbeiten, handelt es sich außerdem um eine direkte Befragung und um die für das Interview typische Gesprächssituation. Im Vergleich zum oben beschriebenen Tiefeninterview ist das fokussierte Interview stärker gelenkt und themenzentriert. In der Vorab-Analyse der Stimuluspräsentation werden bereits erste Hypothesen gebildet und im Laufe des Interviews überprüft bzw. gegebenenfalls korrigiert.

2.3 Aufgaben und Einsatzbereiche qualitativer Interviews

Das *explorative Interview* entspricht einem offenen und nicht standardisierten Befragungsgespräch, das der Sammlung von allgemeinen Informationen, Stellungnahmen und Meinungen dient. Es rekurriert mithin auf das Wissen der Befragten, z. B. im Rahmen sog. Expertengespräche. Aufgrund ihres informationssammelnden und offenen Gesprächscharakters eignen sich explorative Interviews insbesondere für Aufgaben der *Strukturierung* (vgl. die Untersuchung von Schwinger 2005). Im Rahmen der Investitionsgüter-Marktforschung, die sich häufig mit eher komplexen, z. T. einzelfallartigen Untersuchungsproblemen beschäftigt, wird diese Form des Interviews sogar überwiegend eingesetzt.

Eine wichtige Rolle spielen explorative Interviews auch für die *qualitative Prognose*. Hier dienen die aus Erfahrung und Wissen resultierenden Zukunftserwartungen von Experten als Grundlage für die Erstellung qualitativer Prognosen. Darüber hinaus ist ihr Einsatz auch zur qualitativen Interpretation quantitativer Prognosen üblich. Allerdings hat sich gezeigt, dass die Güte qualitativer Prognosen, die durch einzelne Personen erstellt werden, sehr unterschiedlich ausfallen kann. Aus diesem Grund wird zunehmend der Einsatz von Expertengruppen bevorzugt.

Der Einsatz explorativer Interviews für die Aufgabe der *Ideengenerierung* ist dagegen zwar denkbar, jedoch weniger sinnvoll. Auch wenn es grundsätzlich möglich ist, im Rahmen explorativer Einzelgespräche Ideen zu generieren, so ist jedoch der gegenseitigen Stimulierung in einer Gruppe (Gruppenkreativität) mit der hiermit verbundenen Möglichkeit einer Nutzung verschiedener Kreativitätstechniken der Vorzug zu geben. Beim *Screening* ist der Einsatz explorativer Einzelinterviews vor allem im Investitionsgüterbereich denkbar. Im Konsumgüterbereich kommt hierbei aufgrund der vielfältigeren Möglichkeiten einer Stimuluspräsentation verstärkt auch das fokussierte Interview zum Einsatz. Die *Ursachenforschung* ist kein typisches Aufgabenfeld des explorativen Interviews, da hier über die reine Informationssammlung hinaus i. d. R. nicht nach Beweggründen geforscht wird. Denkbar ist ein Einsatz dann, wenn verschiedene Experten ihre Einschätzung über die Ursachen des Verhaltens oder die Beweggründe Dritter abgeben.

Das *psychologische Tiefeninterview* bemüht sich mit Hilfe spezieller Interviewtechniken und entsprechend geschulter Interviewer um das Aufdecken bestimmter Motivationsstrukturen und Sinnzusammenhänge bei den Befragten. Anwendungsschwerpunkte liegen deshalb auch stärker in der Konsumgüter-, selten in der Investitionsgüter-Marktforschung. Und eine der wichtigsten Aufgaben liegt damit auch sicherlich in der *Ursachenforschung*. Durch die Verwendung psychologisch fundierter Interviewtechniken und der nachträglichen Bedeutungszuweisung des Gesagten ist es dem Tiefeninterview möglich, Ursachen für geäußerte Meinungen oder Einstellungen aus dem Zusammenhang heraus zu erschließen (Gordon/Langmaid 1988, S. 73 ff.) und bspw. Kaufentscheidungsprozesse transparenter zu machen (Stokes 2006).

Eng damit zusammen (allerdings weniger bedeutsam) hängt der Nutzen des Tiefeninterviews für Aufgaben der *Strukturierung*. Die oben erwähnten Techniken können dazu dienen, wahre, aber tief verborgene Beweggründe und Orientierungsmuster von Konsumenten zu erfassen, die der Strukturierung und Dimensionierung eher unbekannter Untersuchungsfelder dienen. Allerdings kann hierbei zwischen Ursache und Strukturierungsaspekt nicht immer eindeutig getrennt werden. Für Aufgaben der *qualitativen Prognose*, der *Ideengenerierung* und des *Screening* kommt das Tiefeninterview kaum in Betracht.

Das *fokussierte Interview* stellt gewissermaßen eine Sonderform des psychologischen Tiefeninterviews dar, bei dem vor allem die Reaktion der Befragten auf den Stimulus im Gespräch thematisiert wird. Für die *Strukturierung* von Untersuchungsproblemen kann dies insofern von großem Nutzen sein, als in Bezug auf den Stimulus wichtige selektive Reaktionen und individuelle Deutungsmuster der Befragten erfasst werden können. Die Kombination aus Stimuluspräsentation und qualitativem Interview besitzt den Vorteil, dass die Befragten das Gespräch über ihre Empfindungen und Reaktionen selbst gestalten können.

Ähnlich wie beim Tiefeninterview ist auch hiermit die Aufgabe der *Ursachenforschung* eng verbunden. Diese ist jedoch begrenzt auf den konkreten Stimulus. Durch die in den Leitfaden einfließenden Überlegungen über Elemente, Muster und Gesamtstruktur der Stimulussituation kann der Forscher diese von den persönlichen Folgerungen und Deutungen der Befragten besser trennen und so die Ursachen für bestimmte Reaktionen und Wirkungen erforschen. Einsatzmöglichkeiten liegen dabei v. a. in der Analyse der Werbemittelgestaltung (Merton/Fiske/Kendall 1990, S. 65 ff.).

Fokussierte Interviews können unter gewissen Umständen auch für das *Screening* herangezogen werden. Die subjektive Deutung und Interpretation der Stimuli kann im Hinblick auf unterschiedliche Alternativen (z. B. verschiedene Anzeigengestaltungen) Erkenntnisse darüber bringen, inwieweit die intendierte mit der tatsächlichen Wirkung übereinstimmt. Allerdings bleibt hier insbesondere unter Kosten-Nutzen-Überlegungen abzuwägen, inwieweit ein solches doch recht aufwendiges Einzelinterview für eine *Grobauswahl* angemessen erscheint. Für die *Ideengenerierung* oder die *qualitative Prognose* kommt das fokussierte Interview weniger in Betracht.

3. Die Gruppendiskussion

3.1 Allgemeine Kennzeichen der Gruppendiskussion

Die Gruppendiskussion ist die sicherlich am weitesten verbreitete Methode qualitativer Marktforschung. Dementsprechend zahlreich sind auch die Veröffentlichungen zu diesem Thema. Aus diesem Grund soll im vorliegenden Kapitel weniger eine Vertiefung methodisch-praktischer Aspekte erfolgen, sondern vielmehr eine Diskussion dieser Methode im Hinblick auf ihre Besonderheiten aus Sicht der qualitativen Marktforschung (der Begriff „Focus Group Interview" wird im Allgemeinen synonym verwendet; zur Historie des Begriffs vgl. Kepper 1996, S. 64 f.).

Die Gruppendiskussion kann im weitesten Sinne als eine in der Regel ein- bis anderthalbstündige Diskussion im Rahmen einer Kleingruppe unter der Leitung eines entsprechend geschulten Diskussionsleiters (Moderators) beschrieben werden. Ähnlich wie das Tiefeninterview ist auch die Idee der Diskussion in Kleingruppen der klinischen Psychologie, genauer der Gruppentherapie im Rahmen der Psychiatrie, entliehen und wurde etwa ab den 50er Jahren auch in der Marktforschung verstärkt eingesetzt. Zur Organisation und Durchführung von Gruppendiskussionen sollen hier nun die wichtigsten Aspekte aufgegriffen werden:

Die angemessene *Anzahl der Teilnehmer* hängt von verschiedenen Faktoren ab. Als ideale Größe wird gemeinhin eine Anzahl von 6-10 Teilnehmern angenommen. Verlangt das Untersuchungsproblem eine eher intensive Auseinandersetzung mit dem Thema oder handelt es sich um sehr komplexe bzw. emotionsbeladene Inhalte, so werden i. d. R. kleinere Gruppen empfohlen (5-6 Befragte). Dagegen konnte in empirischen Untersuchungen nachgewiesen werden, dass größere Gruppen signifikant mehr Ideen entwickeln als kleinere Gruppen. Wird in der Untersuchung demnach die Generierung möglichst vieler Ideen oder die Erfassung eines breiten Meinungsspektrums beabsichtigt, so erscheinen größere Gruppen vorteilhafter.

Die *Zusammensetzung oder Homogenität der Gruppe* ist der zweite wichtige Aspekt bei der Organisation von Gruppendiskussionen. In der Regel werden möglichst *homogene* Gruppen empfohlen, um der Gefahr der Hierarchisierung und Polarisierung in heterogenen Gruppen und den damit verbundenen Positions- und Machtkämpfen zu entgehen. Wichtig ist dabei allerdings, in Bezug auf *welche Kriterien* die Gruppe homogen sein soll. Im vorliegenden Zusammenhang zielt *Homogenität* immer nur auf eine ausgewogene Zusammensetzung der Befragten bzgl. deren Stellung als Gesprächspartner in der Diskussion ab. Dabei können bspw. sozio-demographische Kriterien wie Alter, Geschlecht, Bildung oder Einkommen eine wichtige Rolle spielen, aber auch psychographische Kriterien wie Lifestyle oder der jeweilige Wissensstand der Befragten im Hinblick auf das Thema. Dagegen können in einer solchen Gruppe nahezu gleichwertiger Gesprächspartner durchaus ganz unterschiedliche Meinungen zum Untersuchungsgegenstand vertreten oder durch den Moderator provoziert werden. Wichtig ist jedoch, dass alle Teilnehmer ähnliche Chancen haben, ihre Meinung auch ungehemmt äußern zu können.

Inhaltlich wird die Diskussion meist mit Hilfe eines entsprechenden *Leitfadens* vorbereitet, der die anzusprechenden Themenbereiche enthält und Beispiele für unterschiedliche stimulierende Fragen bereitstellt. In der Eröffnungsphase der Gruppendiskussion gilt es zunächst, anfängliche Hemmungen abzubauen und eine vertraute Atmosphäre herzustellen. Die eigentliche Diskussion sollte dann mit einigen leicht zu beantwortenden Fragen (z. B. über eigene Erfahrungen mit dem interessierenden Produkt) eingeleitet werden.

Auch hier kann der Moderator, wie im Einzelinterview, seine Fragen mehr an der *„Trichterstruktur"* (von allgemeinen zu besonderen Fragen) oder an der *„Tunnelstruktur"* (von besonderen zu allgemeinen Fragen) ausrichten. Erste Wortbeiträge der Befragten sind dabei in dieser Phase besonders positiv zu verstärken. Um eine Vielzahl von Wortbeiträgen zu stimulieren und möglichst alle Befragten an der Diskussion zu beteiligen, ist der Moderator aufgefordert, neue Themenaspekte aufzugreifen, Kritik anzuregen, Gesagtes zu resümieren, divergierende Meinungen bestehen zu lassen, auf weitere Themen überzuleiten und dabei noch den spontanen Gesprächsverlauf möglichst wenig zu beeinflussen. Diese Auflistung hebt zugleich die zentrale Bedeutung des Moderators für die Diskussion hervor.

So wird insbesondere auf die Gefahr hingewiesen, dass sich sehr dominante Persönlichkeiten innerhalb einer Gruppe als Gruppenführer hervortun. Diese sog. *„opinion leader"* oder *„Meinungsführer"* können in der Diskussion so mächtig werden, dass sie das Ergebnis der Runde ernsthaft gefährden: Zum einen kann die angestrebte Meinungsvielfalt darunter leiden, dass evtl. sehr rasch ein Meinungskonsens entsteht und sich die Gruppe zu schnell der Auffassung des „opinion leaders" anschließt. Zum anderen kann die steuernde Funktion des Moderators in Gefahr geraten, wenn sich der Rest der Gruppe mit dem Meinungsführer solidarisiert und Stellung gegen den Diskussionsleiter bezieht. Wichtig ist es demnach, potentielle Meinungsführer rasch zu identifizieren und entsprechende Gegenmaßnahmen einzuleiten.

Neben der Rolle des „opinion leaders" wird mit dem sog. *„Schweiger"* die gegenteilige Position angesprochen: „Schweiger" werden die Teilnehmer genannt, die sich nur wenig an der Diskussion beteiligen und eher die Rolle des passiven Zuhörers einnehmen. Die Gründe hierfür können in der Person des Schweigers selbst liegen oder in eher externen Faktoren wie z. B. einer zu großen Gruppe. Hier ist der Moderator aufgefordert, Wortbeiträge auch durch direkte Ansprache zu stimulieren und intensiv positiv zu verstärken. Günstig erscheint diese direkte Ansprache v. a. bei leichten „Einstiegsfragen" und in Form offener und indirekter Formulierungen. Natürlich besitzt auch die Kontrolle der dominanten Meinungsführer einen direkten Einfluss auf das Verhalten potentieller Schweiger.

Die *Auswertung von Gruppendiskussionen* entspricht im Wesentlichen der qualitativer Interviews, da auch hier Gesprächsprotokolle, Tonband- und Videoaufzeichnungen (zur zusätzlichen Auswertung auch nonverbaler Kommunikationselemente) vorliegen. Bei der *fallspezifischen* Analyse stehen dabei das gesamte Aussagenspektrum der Gruppe sowie Prozesse der Meinungsbildung und Meinungsänderung im Mittelpunkt. Bei mehreren Diskussionsrunden kann zusätzlich eine *fallübergreifende* Analyse vorgenommen werden. Das bietet sich insbesondere dann an, wenn die verschiedenen Gruppen bewusst anders zusammengesetzt wurden, so bspw. nach Verwendern und Nicht-Verwendern eines Produktes. Hierbei können zentrale Unterschiede zwischen bestimmten Segmenten besser erfasst und nachvollzogen werden (siehe hierzu das Beispiel von Tull/Hawkins 1990, S. 397 ff., die den vollkommen unterschiedlichen Gesprächsverlauf zweier verschiedener Gruppen demonstrieren).

3.2 Alternative Organisationsformen der Gruppendiskussion bzw. der Gruppenerhebung

Die kumulative Gruppendiskussion

Die kumulative Gruppendiskussion stellt insoweit eine *Erweiterung* der einfachen Gruppendiskussion dar, als dass mehrere, aufeinander aufbauende Gesprächsrunden durchgeführt werden. Dazu finden etwa 3-5 Sitzungen mit unterschiedlichen Befragten zum jeweils gleichen Thema im Abstand von mindestens einem Tag statt. Die Grundidee besteht darin, dass das Gedankengut der vorhergehenden Gruppe von der folgenden Diskussionsrunde im Anschluss an deren freie Diskussion aufgegriffen und fortgeführt wird (Salcher 1978, S. 59 ff.).

Die kumulierte Gruppendiskussion besitzt zwei wichtige Vorteile: Zum einen kann durch die Konfrontation mit den Ergebnissen der vorangegangenen Gruppen ein zusätzlicher *Auseinandersetzungsprozess* mit dem Untersuchungsproblem stimuliert werden, so dass evtl. ein weiteres Meinungsspektrum erhoben wird. Zum anderen kann die *Tragfähigkeit, Attraktivität* und *Durchsetzungsfähigkeit* der einzelnen Argumente und Ideen besser überprüft werden.

Mini-Groups

Gruppendiskussionen mit einer nur geringen Teilnehmerzahl, etwa 4-6 Befragte, werden Mini-Groups genannt. Diese Form der Gruppendiskussion ist besonders schnell zu organisieren und ermöglicht es dem Moderator, sich intensiv mit den einzelnen Teilnehmern auseinanderzusetzen. Mini-Groups werden dann eingesetzt, wenn gewisse Besonderheiten der Befragten oder der Untersuchungsthemen eine solch kleine Gruppe zulassen bzw. sogar erforderlich machen.

Bei besonders sensiblen und tabuisierten Themen haben sich in der Praxis „normale" Gruppendiskussionen wegen der größeren Zuhörerschaft und mangelnden Intimität, Einzelinterviews dagegen wegen der eher exponierten Position des Befragten nicht immer als zufriedenstellend erwiesen. In Kleingruppen scheint die Vertrautheit in der Gruppe und die Möglichkeit des Moderators, auf jeden Einzelnen entsprechend behutsam einzugehen, zu einer größeren Ausgewogenheit zu führen.

Bei Gruppendiskussionen mit Experten werden häufig Mini-Groups eingesetzt. Zum einen sind Experten i. d. R. offener und selbstbewusster im Umgang mit dem Diskussionsthema, zum anderen machen es z. B. organisatorische oder finanzielle Restriktionen oft unmöglich, einen größeren Expertenkreis zu versammeln. Bei Gruppendiskussionen mit *Kindern* werden fast ausschließlich Mini-Groups eingesetzt, da Kinder besondere Kommunikationsstrukturen entwickeln, eine von Erwachsenen verschiedene Konzentrationsfähigkeit aufweisen und dadurch eine besonders intensive und individuelle Zuwendung und Führung durch den Moderator benötigen (Bsp. hierzu bei Banister/Booth 2005, S. 157 ff.).

Die gelenkte Kreativ-Gruppe

Gruppendiskussionen werden häufig mit anderen Erhebungsmethoden bzw. Befragungstechniken kombiniert. Ergebnis ist dann eine Mischform, die nur noch mit gewissen Einschränkungen als Gruppendiskussion im oben beschriebenen Sinne bezeichnet werden kann. Neben der Kombination der Gruppenerhebung mit Einzelinterviews und projektiven Techniken gibt es auch die Möglichkeit, verschiedene Kreativitätstechniken zu integrieren. Solche Kreativ-Gruppen erfreuen sich in der Praxis zunehmender Beliebtheit.

Die Gruppenmitglieder werden hierbei in der Nutzung verschiedener Techniken geübt (wobei neben den Kreativitätstechniken häufig auch allgemeine Diskussions- und Kommunikationstechniken, manchmal auch noch projektive Techniken, vermittelt werden), um ihre *inhaltliche Leistung* und *methodischen Fertigkeiten* zu steigern: So soll die methodisch-technische Fähigkeit der Befragten, sich produktiv an Problemlösungen zu beteiligen, strukturierter und damit ergiebiger werden. Darüber hinaus trägt der Einsatz von Kreativitätstechniken (und projektiver Techniken) noch zur zusätzlichen Stimulierung des kreativen Potentials der Gruppe bei. Allerdings erfährt das Gespräch in der Gruppe durch diese Techniken eine deutliche Lenkung bzw. Problemfokussierung. Ein Beispiel für die gelenkte Kreativ-Gruppe ist die von der GfK, Nürnberg, entwickelte *Moderierte Kreativsitzung*, die insbesondere zur Generierung von alternativen Ideen im Rahmen von produkt- und kommunikationspolitischen Fragestellungen entwickelt wurde (vgl. hierzu den unveröffentlichten Informationsdruck der GfK, o. J.).

Eine Variante der gelenkten Kreativ-Gruppe schlagen *Fuller* und *Schlackman* vor: das *Sensitivity-Panel*. Hierbei wird eine zeitlich begrenzte Diskussionsrunde gebildet, die sich in regelmäßigen Abständen trifft. In Abgrenzung zur kumulativen Gruppendiskussion (verschiedene Gruppen zum gleichen Thema) wird hier also *dieselbe Gruppe* von Befragten zu *wechselnden* Themen befragt (Fuller 1984; Schlackman 1984, S. 192 ff.; Morrison et al. 2002, S. 37 ff.).

Der Begriff der „gelenkten Kreativ-Gruppe" scheint v. a. deshalb angemessen, weil durch die Einübung der oben beschriebenen Techniken auf typische Kennzeichen der Gruppendiskussion bewusst verzichtet wird. So findet durch den gezielten Einsatz der Kreativitätstechniken *keine alltagsnahe Gesprächssituation* mit dem ihr eigenen spontanen Verlauf mehr statt. Dieser Vorteil wird zugunsten einer stärker problemorientiert ausgerichteten Diskussion aufgegeben. Dadurch ist allerdings auch die Erfassung von *Prozessen der Meinungsbildung und Meinungsbeeinflussung*, die in der ursprünglichen Gruppendiskussion das Ergebnis der natürlichen Gesprächssituation darstellen, weitgehend unmöglich gemacht. Zusätzlich kann die Konzentration auf diskussionsleitende Techniken ein *verändertes Selbstverständnis* der Teilnehmer bewirken. So werden die Teilnehmer aus ihrer „normalen" Konsumenten- bzw. Käuferrolle herausgenommen und in die Position eines Kritikers mit Expertenwissen versetzt. Diese Distanz kann wahre und reale subjektive Entscheidungs- und Handlungsstrukturen überdecken.

Die Delphi-Befragung

Die Delphi-Befragung ist methodisch gesehen eine Mischung aus anonymisierter Gruppenbefragung und standardisierter Einzelbefragung. Sie wurde von *Dalkey/Helmer* (1963) zu Prognosezwecken im technologischen Bereich entwickelt. Für eine Delphi-Befragung wird zunächst eine Gruppe von Experten zusammengestellt. Diese werden schriftlich um ihre jeweils individuelle Einschätzung eines Sachverhalts gebeten. Der Einzelne bleibt hierbei dem Rest der Gruppe unbekannt, um mögliche Beeinflussungen durch die Gruppe zu verhindern. Alle abgegebenen Einschätzungen werden anschließend der gesamten Gruppe bekannt gemacht. Aufgrund der hierdurch erhaltenen zusätzlichen Informationen soll die eigene Meinung nochmals überdacht und ggf. korrigiert werden. Ziel ist es, bei den Experten nach mehreren Befragungsrunden aufgrund der gegebenen Zusatzinformationen und durch die Erzielung gewisser Lernprozesse eine *Kongruenz* ihrer Einschätzungen dahingehend herbeizuführen, dass sich eine möglichst stabile Gruppenmeinung herausbildet.

Diese kurze Skizzierung der Methode macht bereits deutlich, dass die Delphi-Befragung nur noch einige wenige Elemente einer *qualitativen* Methode im Sinne dieser Arbeit beinhaltet. Anders als in der freien Gruppendiskussion wird hier also auf eine durch „neutralen" Informationsaustausch entstandene Gruppenmeinung abgezielt. Damit stehen weniger individual- oder sozialpsychologische Aspekte, sondern vielmehr *Wissens- und Erfahrungstatsachen* im Mittelpunkt.

Es sind jedoch verschiedene Varianten der klassischen Delphi-Befragung entwickelt worden, die sich verstärkt wieder qualitativen Zielen annähern. So arbeitet das sog. Ideen-Delphi organisatorisch wie oben beschrieben, jedoch nicht mit standardisierten Fragebögen und vorgegebenen Antwortalternativen, sondern mit der Aufforderung, zu der vorgegebenen Problemstellung Lösungsvorschläge frei zu formulieren. Demgegenüber besteht das sog. Mini-Delphi aus einer individuellen Befragung, anschließender Gruppendiskussion und abschließender Einzelbefragung. Hier wird, zumindest in einer Phase, die direkte Diskussion wieder zugelassen. Eine weitere Variante stellt die Delphi-Conference dar, welche die gesamte Kommunikation über einen zentralen Computer koordiniert, auf den alle Teilnehmer jederzeit Zugriff haben. So ist zwar ein anonymisierter, jedoch flexiblerer (und zeitsparender) Meinungsaustausch möglich. Diese Beispiele mögen genügen, um das „qualitative Potential" der Delphi-Methode aufzuzeigen, das durch gewisse Modifikationen erreicht werden kann.

3.3 Nutzungsmöglichkeiten der Gruppendiskussion und anderer Formen der qualitativen Gruppenerhebung

Die *Gruppendiskussion* gilt gemeinhin als sehr vielseitig und flexibel einsetzbares Instrument. Sie kann insbesondere zur *Strukturierung* herangezogen werden, da durch die gegenseitige Stimulation der Teilnehmer rasch und unproblematisch viele entscheidungs- und handlungsrelevante Strukturen offengelegt werden können. Insbesondere in der Investitionsgüter-Marktforschung ist der Einsatz von Gruppendiskussionen zur Erfassung grundsätzlicher Problembereiche sehr verbreitet (Tull/Hawkins 1990, S. 397). Darüber hinaus ist es zwar denkbar, die Gruppendiskussion auch zur *qualitativen Prognose* heranzuziehen (z. B. im Rahmen von Mini-Groups), um gruppendynamische Aspekte möglichst zu reduzieren hat sich hier jedoch die Delphi-Befragung weitgehend durchgesetzt.

Einen wichtigeren Beitrag kann die Gruppendiskussion zur *Ideengenerierung* leisten. Die gegenseitige Stimulation in der Gruppe erzeugt i. d. R. ein recht hohes Kreativitätspotential, welches meist zu einer Vielzahl von Vorschlägen und Ideen führt. Dies kann sowohl die Generierung von Neuproduktideen betreffen als auch die Sammlung von Ideen zur Verbesserung bestehender Produkte (vgl. das Bsp. bei Sweeney/Perry 2004). Allerdings wird z. B. die Meinung vertreten, dass sich der Nutzen solcher Gruppengespräche, vor allem in Bezug auf die Generierung grundlegender Neuproduktideen, durch entsprechendes Training der Teilnehmer in Kreativitätstechniken noch steigern lässt. Ist der etwas künstliche Charakter dieser Kreativ-Gruppen nicht erwünscht, so bestehen auch im Rahmen der Gruppendiskussion Möglichkeiten der Variation, wie bspw. in der kumulativen Gruppendiskussion, um den kreativen Prozess zusätzlich zu stimulieren (Salcher 1978, S. 210).

Ein weiteres Aufgabenfeld der Gruppendiskussion kann (zumindest eingeschränkt) im *Screening* von Ideen gesehen werden. Dem Vorteil, dass hier spontane Reaktionen, Meinungen und Einstellungen aufgrund der gegenseitigen Stimulation hervorgelockt werden können, steht entgegen, dass das Urteil in erster Linie eine Gruppenmeinung darstellt. Dabei besteht aufgrund gruppendynamischer Interaktionen die Gefahr dominanter Meinungsbeeinflussung durch einzelne Personen. Um dennoch möglichst viele individuelle Gesichtspunkte berücksichtigen zu können, kann bspw. auf die kombinierte Gruppendiskussion zurückgegriffen werden, die Einzelinterviews zur Erfassung der individuellen Meinung sowohl vor als auch nach der Diskussion vorsieht.

Auch die *Ursachenforschung* kann nur mit Einschränkungen als Aufgabenfeld der Gruppendiskussion gewertet werden. Durch die Konzentration auf Gruppenprozesse und Gruppenmeinung bzw. gruppengeprägte Meinung kann sich auch die Ursachenforschung nur auf *gruppenrelevante Ursachen* beziehen und nur in Ausnahmefällen auf individuelle Beweggründe. Hier sind dann Einzelinterviews deutlich vorzuziehen. Erste Gruppenmeinungen, Meinungsänderungen in der Gruppe und die Stabilität von Meinungen können jedoch im Hinblick auf ihre Ursachen gut überprüft werden.

Die *gelenkte Kreativ-Gruppe* stellt eine Sonderform der Gruppendiskussion dar, die weniger auf das spontan initiierte Gruppengespräch abstellt, sondern die Teilnehmer durch die gezielte Integration von Kreativitätstechniken zu einer produktiven Arbeitsgruppe entwickeln möchte. Durch diese bewusste „Output-Orientierung" und das damit verbundene Ausklammern alltagsnaher Gesprächssituationen verliert die gelenkte Kreativ-Gruppe v. a. für die *Ursachenforschung* an Bedeutung.

Da erklärtes Ziel der Kreativ-Gruppe die bessere Nutzung des „Expertenwissens" der Nachfrager durch die Einübung von Kreativitätstechniken ist, kann ein Schwerpunkt dieser Art der Gruppenerhebung in der *Ideengenerierung* gesehen werden. Inwieweit sich der durchaus aufwendige Aufbau von Kreativ-Gruppen im *Konsumgüterbereich* lohnt, ist nicht unumstritten, da den Befragten i. d. R. nicht alle Informationen, die für die Ideengenerierung wichtig wären, bekannt sind und hier somit nur ein Teil der Anforderungen, die z. B. ein Neuprodukt aus Unternehmenssicht erfüllen soll und muss, berücksichtigt wird. Dennoch können die Versuche der Befragten, selbst kreativ zu werden, wichtige Hinweise auf bestimmte Denkschemata geben, die letztendlich die Ideengenerierung wesentlich mitbestimmen können. Im *Investitionsgüterbereich* erlangt die Einbindung potentieller Kunden in die Ideengenerierung in Form von Kreativ-Gruppen im Rahmen der Neuproduktentwicklung aufgrund der häufig anzutreffenden Komplexität der Produkte und Problemlösungen dagegen wesentlich größere Bedeutung.

Mit Einschränkungen können gelenkte Kreativ-Gruppen auch für das *Screening* eingesetzt werden. So sehen die meisten Formen kreativer Gruppenerhebungen eine anschließende Beurteilung der entworfenen Ideen vor. Hierbei muss allerdings bedacht werden, dass die Beurteilung und Auswahl solcher Ideen eher wenig Auskunft über die tatsächliche Konsumentensicht bietet, da die Befragten vor allem in der Kreativ-Gruppe dazu neigen, stärker aus einer „übergeordneten" Experten- oder Marketingsicht heraus zu argumentieren.

Ähnliche Einschränkungen gelten auch im Hinblick auf die *Strukturierung* mit Hilfe gelenkter Kreativ-Gruppen. Diese können vor allem dann eingesetzt werden, wenn für das vorliegende Untersuchungsproblem solche Beschreibungs- und Beurteilungsdimensionen aufzudecken sind, die den Einsatz von Kreativitätstechniken sinnvoll erscheinen lassen. So können bspw. mit Hilfe des Brainstorming subjektiv wichtige Elemente komplexer Untersuchungsprobleme gesammelt und einer weiteren Diskussion zugänglich gemacht werden. Auch die verschiedenen morphologischen Methoden, die sich ja um eine systematische, strukturierte und möglichst vollständige Sammlung aller denkbaren Elemente und Lösungsmöglichkeiten eines Problems bemühen, können hier hilfreich sein.

Schließlich kann die Kreativ-Gruppe auch zur Erstellung *qualitativer Prognosen* herangezogen werden. Hierbei wird die Fähigkeit der Teilnehmer, sich verschiedener Kreativitätstechniken bedienen zu können, als Hilfsmittel für die qualitative Prognose genutzt: Die intuitiven Kreativitätstechniken können dabei die inhaltliche Bandbreite des Prognosespektrums (z. B. um zunächst unwahrscheinliche oder ungewöhnliche Aspekte) erweitern, die systematisch-analytischen Methoden widmen sich insbesondere Analyse- und Konstellationsproblemen im Rahmen der Prognose. Zu beachten bleibt jedoch, dass Kreativitätstechniken vor allem als unterstützende Verfahren zur Erstellung qualitativer Prognosen anzusehen sind und insofern Prognosen entweder vorbereiten oder besser strukturieren helfen (Umminger 1990, S. 50 ff.).

Die *Delphi-Befragung* ist ursprünglich zur Erstellung *qualitativer Prognosen* entwickelt worden. Die weitgehende Anonymisierung des Informationsaustausches zwischen den Experten soll dabei die für Prognosezwecke störenden Kleingruppeneinflüsse weitgehend unterbinden, dabei aber dennoch eine von möglichst allen Gruppenmitgliedern getragene Prognose ermöglichen. Die Delphi-Befragung kann dabei auch in komplexere qualitative Prognoseverfahren integriert werden: So findet sie häufig Anwendung im Szenarioverfahren, das sich vor allem mit der Entwicklung und logischen Ableitung möglicher Zukünfte (Szenarios) beschäftigt. Aber auch über die qualitative Prognose hinaus ist die Delphi-Befragung zu nutzen.

So kann die Kombination der Delphi-Befragung mit kreativitätsfördernden Elementen, wie im Rahmen des Ideen-Delphi, auch zur *Ideengenerierung* herangezogen werden. Der höhere Formalisierungsgrad, der für die Prognose eine gegenseitige Beeinflussung unterbinden soll, ist im Rahmen kreativer Prozesse nicht unbedingt notwendig, so dass das Ideen-Delphi u. U. auch als (stärker eingeschränkte) Sonderform der gelenkten Kreativ-Gruppe bezeichnet werden kann (Umminger 1990, S. 56 ff.). Schließlich lässt sich die Delphi-Befragung insofern auch zu Zwecken der *Strukturierung* nutzen, als dass die teilnehmenden Experten entsprechend nach ihrer Meinung über wichtige Dimensionen des Untersuchungsfeldes befragt werden. Die Aufgabenfelder des *Screening* und der *Ursachenforschung* können in diesem Zusammenhang eher vernachlässigt werden.

3.4 Qualitative Marktforschung per Internet am Beispiel von Online-Focusgroups

In den letzten Jahren wird zunehmend der Einsatz internetgestützter Marktforschung auch für qualitative Erhebungsmethoden diskutiert. Insbesondere in der Marktforschungspraxis hat sich dabei die Durchführung von Online-Focusgroups (synonym: Online-Gruppendiskussionen) als erfolgreiche Variante durchgesetzt (siehe bspw. Epple/Hahn 2003 oder Cooper/Schindler 2006, S. 233 ff.). Denn anders als bei Gruppendiskussionen per Telefon- oder Videokonferenz, die eine spezielle Geräteausstattung der Teilnehmer erforderlich machen und so ihre Einsetzbarkeit einschränken, setzen Online-Focusgroups mittlerweile lediglich einen Standard-PC mit Internetzugang voraus.

Im Gegensatz zu herkömmlichen face-to-face-Gruppendiskussionen findet die Kommunikation bei Online-Focusgroups textbasiert statt: Anmeldung, Begrüßung, Einleitung und die eigentliche Diskussion werden vom Moderator und den Teilnehmern als Text verfasst und per Internet versendet. Hierzu existieren relativ einfach zu bedienende Diskussionsplattformen. An die Teilnehmer werden im Unterschied zur face-to-face-Kommunikation zusätzlich Anforderungen bzgl. der Texterstellung und der zügigen Bedienung der Tastatur gestellt, der Moderator muss sich den verschiedenen Textbeiträgen zeitgleich widmen. Oft existiert noch ein sog. Beobachtungsraum für die Auftraggeber, die der Diskussion live folgen und ebenfalls mit dem Moderator kommunizieren können (vgl. zur Durchführung von Online-Focusgroups ausführlich Morrison et al. 2002, S. 86 ff.). Aufgrund dieser recht hohen Ansprüche an die Konzentration von Moderator und Teilnehmer sollte der zeitliche Rahmen einer Online-Diskussion nicht überstrapaziert werden, Epple/Hahn (2003) begrenzen auf max. 2 Stunden. Inhaltlich ist auch online die audiovisuelle Präsentation verschiedener Stimuli möglich, lediglich Geschmacks-, Geruchs- und taktile Tests entfallen.

Inwieweit sich aufgrund dieser veränderten Kommunikationssituation Vorteile bzw. Nachteile in Hinblick auf die Gruppendiskussion ergeben, kann anhand der Merkmale „Unabhängigkeit vom realen Raum“ und „Anonymität“ beschrieben werden (vgl. hierzu auch Epple/Hahn 2003, S. 300 ff. sowie Morrison et al. 2002, S. 82 ff.).

Unabhängigkeit vom realen Raum

Durch die Schaffung eines virtuellen Diskussionsraumes und der damit verbundenen Unabhängigkeit vom realen Raum ergeben sich v. a. Änderungen für die Erreichbarkeit der Zielgruppen.

Positiv ist, dass für Online-Focusgroups auch ansonsten schwer erreichbaren Personengruppen die Teilnahme ermöglicht werden kann (Epple/Hahn 2003 nennen z. B. beruflich sehr eingebundene Personen, aufgrund ihres Gesundheitszustandes eingeschränkte Personen oder auch auf dem Land lebende Bevölkerungsgruppen). Insgesamt gibt es bei der Zusammensetzung der Diskussionsrunde ja keine regionalen Einschränkungen, so dass auch landes- oder sogar weltweite Formen denkbar sind.

Eingeschränkt wird dieser Vorteil noch dadurch, dass neben dem erforderlichen Internetzugang nicht alle Bevölkerungsgruppen eine gleiche Teilnahmebereitschaft an Online-Befragungen erkennen lassen; insbesondere jüngere Zielgruppen, technik-affine Personen und gut ausgebildete Personen mit höherem Einkommen sind momentan übermäßig erfolgreich für diese Art von Untersuchung rekrutierbar (Cooper/Schindler 2006, S. 233).

Sicher ist, dass online durchgeführte Gruppendiskussionen aufgrund der Unabhängigkeit des Ortes sowohl kostengünstiger als auch schneller zu organisieren sind, was ihre zunehmende Beliebtheit in der Praxis verständlich macht.

Anonymität der Diskussionsrunde

Betrifft die Ortsunabhängigkeit v. a. organisatorische Fakten, so berührt die Anonymität der Diskussionsrunde wesentliche Inhalte qualitativer Forschung und wird somit auch kritischer diskutiert. Immerhin wird durch die Auflösung der natürlichen Kommunikationssituation ein wesentliches Merkmal qualitativer Befragungsmethoden aufgegeben. Befürworter von Online-Focusgroups sehen hierin aber auch Vorteile für die Qualität des Diskussionsverlaufes (Epple/Hahn 2003, S.301 f.): Da der Moderator einer Online-Diskussion als weniger präsent wahrgenommen wird als in einer face-to-face-Situation, besteht für die Teilnehmer weit weniger die Notwendigkeit, ihre Erwartungen den vermuteten Erwartungen des Moderators anzugleichen bzw. entgegenzusetzen. Die Interaktion in der Gruppe sei so weniger moderatorzentriert, die Teilnehmer diskutieren mehr miteinander. Damit verringert eine Online-Situation den Effekt der „sozialen Erwünschtheit“ und soll deshalb unverzerrtere Ergebnisse liefern. Zusätzlich erhöht die Anonymität der Befragungssituation die gegenseitige Akzeptanz der Befragten, da eine Beeinflussung durch äußere Merkmale (Geschlecht, Herkunft, Attraktivität) fehlt.

Demgegenüber stehen die Nachteile, die sich aus der künstlichen Kommunikationssituation einer Online-Focusgroup ergeben: Kritisiert wird das Fehlen von Gestik, Mimik und spontanen Emotionen, die auch den Moderator in die Lage versetzen, gezielt nachzuhaken und die Diskussion punktuell zu vertiefen. Auch die Diskussionsteilnehmer besitzen eine nur eingeschränkte gegenseitige Wahrnehmung, das Ausmaß sozialer und emotionaler Interaktionen wird begrenzt. Einer Vertiefung problematischer Aspekte (z. B. zur Ursachenforschung) oder dem Aufbau einer workshopähnlichen Atmosphäre (z. B. zur Ideenentwicklung) ist dies nicht förderlich. Zusätzlich wirkt eine textbasierte Kommunikation reduzierend auf die Ausführlichkeit und Tiefe von Kommentaren und Beurteilungen, die Wortbeiträge sind bestenfalls prägnant, oft kurz und wenig komplex. Der Facettenreichtum einer konventionellen Gruppendiskussion wird selten erreicht (Epple/Hahn 2003, S. 303).

Festzuhalten bleibt, dass Online-Focusgroups durchaus eine Alternative zu herkömmlichen Gruppendiskussionen darstellen, jedoch nicht für alle Fragestellungen gleichrangig herangezogen werden sollten. Ihr Einsatz muss in Abhängigkeit vom Untersuchungsthema diskutiert werden, um die genannten Vor- und Nachteile sorgfältig abwägen zu können.

4. Die indirekte Befragung mit Hilfe von projektiver und assoziativer Verfahren

Die indirekte Befragung nähert sich dem interessierenden Untersuchungsproblem mittels ablenkender Fragestellungen, die den wahren Zweck der Fragen für die Befragten nicht oder nur schwer durchschaubar machen. Die indirekte Befragung kann sowohl in der qualitativen als auch der quantitativen Marktforschung eingesetzt werden, es existieren hier stärker und weniger stark strukturierte Ansätze. Im Rahmen quantitativer Marktforschung handelt es sich dabei v. a. um standardisierte psychologische Messverfahren (z. B. die Einstellungsmessung). Der qualitativen Marktforschung werden dagegen die sog. „psychologischen Tests“ und hier v. a. die *projektiven und assoziativen Verfahren* zugeordnet. Nur diese werden denn auch im Weiteren näher betrachtet.

4.1 Projektive Verfahren

4.1.1 Wesentliche Merkmale projektiver Verfahren

Projektive Verfahren gelten gemeinhin als eine Form der indirekten Befragung mit einem testähnlichen Charakter. Ursprünglich im Rahmen der klinischen Psychologie (v. a. von *Freud*) entwickelt, erlangten sie über die allgemeine psychologische Persönlichkeitsforschung in modifizierter und angepasster Form auch in der psychologischen

Marktforschung Bedeutung (Salcher 1978, S. 65-68; Cooper/Schindler 2006, S. 223 f.; sowie Morrison et al. 2002, S. 66 ff.).

Projektive Verfahren arbeiten im Allgemeinen mit der Präsentation mehrdeutiger, nicht fest umgrenzter Stimuli oder neuartiger bzw. ungewohnter Aufgaben, deren Bedeutung für die Befragten nicht unmittelbar einsichtig ist. Durch geschickte Fragen- oder Aufgabenstellung sollen sich die Befragten zu einem Themenbereich äußern, ohne das Gefühl zu haben, hierzu selbst befragt worden zu sein bzw. eigene Gedanken oder Meinungen geäußert zu haben.

Um das zu erreichen, bedienen sich diese Verfahren des Mechanismus der *Projektion*, die (ähnlich wie das Streben nach Rationalisierung oder Verdrängung) einen Abwehrmechanismus des „Ego" gegen mögliche Bedrohungen, Dissonanzen etc. darstellt. Projektive Verfahren bauen auf dem Verhaltensmechanismus auf, eigene unangenehme und widerspruchsvolle Regungen oder affektgeladene, innere Wahrnehmungen nach außen bzw. auf andere Personen zu verlagern. Durch die Mehrdeutigkeit der Stimuli werden die Befragten über den Zweck der Untersuchung im Unklaren gelassen und zugleich zur Projektion angeregt. Indem die subjektive Verantwortlichkeit der Befragten so umgangen und einer rationalen Kontrolle weitestgehend entzogen wird, können psychische Inhalte wie Einstellungen, Meinungen, Vorurteile, Erwartungen, Denk- und Handlungsschemata durch die Externalisierung auf entsprechende Projektionsträger leichter erfasst werden.

Um diesen Effekt herbeizuführen, muss den Befragten ein entsprechendes *Reizmaterial* vorgelegt werden, auf das sie in oben beschriebener Weise reagieren sollen. Die Beschaffenheit dieses Reizmaterials ist dabei von großer Bedeutung: Zum einen ist es durch eine gewisse Unbestimmtheit gekennzeichnet. Die Beschreibung unklarer Situationen oder die Lösung nur vage gestellter Aufgaben erfordern eine selbständige Interpretationsleistung der Befragten. Dies ist jedoch nur auf Basis eigener Erfahrungen, Einstellungen und Werte möglich. Die Befragten können die mehrdeutigen Stimuli somit nur aufgrund ihres individuellen Denkschemas strukturieren und interpretieren. Das führt (im Idealfall) dazu, dass dem Stimulus, ob Person, Objekt oder Situation, eigene subjektive Dispositionen zugeschrieben werden.

Neben dieser Unbestimmtheit enthält das Reizmaterial zum anderen in den meisten Fällen eine neuartige, ungewohnte bzw. spielerische Komponente. Damit wird eine gewisse Motivierung und zugleich Ablenkung der Befragten bezweckt, so dass psychische Kontrollprozesse und Rationalisierungen besser umgangen werden können. Anders als beim Einzelinterview oder bei der Gruppendiskussion wird die Kommunikation bei den projektiven Verfahren weniger durch das Streben nach einer möglichst natürlichen Gesprächssituation geprägt, sondern vielmehr der Versuch gemacht, durch neuartige und spielerische Elemente von der Künstlichkeit der Befragung abzulenken und so gesprächshemmende Einflüsse abzubauen.

4.1.2 Formen projektiver Verfahren

Ergänzungstechniken

Die Ergänzungstechniken stellen eine sehr frühe Form projektiver Verfahren dar, die sich auf die reine Ergänzung von vorgegebenen Textbestandteilen beschränkt, d. h. für die Befragten besteht die Aufgabe darin, Anfänge oder Teilstücke von Sätzen bzw. Geschichten zu vervollständigen. Die Vorgabe eines unvollständigen Satzes bzw. einer Geschichte soll bei den Befragten dabei den Eindruck erwecken, dass es hier um die Meinung eines Dritten und nicht um ihre eigene geht.

Die Ergänzungstechniken gelten gemeinhin als sehr unproblematisch zu verwendende Verfahren. Als Methoden im Rahmen qualitativer Marktforschung sind sie jedoch eher kritisch zu beurteilen. Durch die Vorgabe von Satz- bzw. Geschichtsfragmenten besteht durchaus die Gefahr, dass sich die Befragten vorrangig darum bemühen, sich der gewählten sprachlichen Form anzupassen, da die Festlegung bestimmter Satzkonstruktionen auch eine entsprechende Berücksichtigung syntaktischer Regeln verlangt. Je nach Bildungs- und Wissensstand der Befragten können hier Konzentration und Unbefangenheit deutlich beeinträchtigt werden. Hinzu kommt, dass die Unvollständigkeit der Sätze bzw. Geschichten die Existenz angeblich „richtiger“ oder „falscher“ Antworten suggerieren kann. Insgesamt können die Ergänzungstechniken also eher als problematisch eingestuft werden, was ihren Einsatz als projektive Verfahren betrifft.

Konstruktionstechniken

Konstruktionstechniken gelten als klassische projektive Verfahren, die den Befragten größtmögliche Freiheiten bzgl. Inhalt, Wortwahl und Syntax bei ihren Beschreibungen lassen. Die Aufgabe besteht hier v. a. darin, um verschiedene verbale, zumeist jedoch bildliche Stimuli herum eine Aussage oder eine ganze Geschichte zu konstruieren. Dies erfordert denn auch entsprechend eigenständige und komplexe intellektuelle Aktivitäten der Befragten. Darüber hinaus setzen Konstruktionstechniken bei den Befragten auch ein gewisses Maß an Phantasie bzw. schöpferischer Kreativität für den Aufbau ihrer Geschichten voraus (Gordon/Langmaid 1988, S. 101 ff.). Als Formen von Konstruktionstechniken können die allgemeine Drittpersonentechnik, der Ballontest und der Bilderzähltest unterschieden werden.

Als *Drittpersonentechnik* können all jene Techniken bezeichnet werden, die im weitesten Sinne eine Beschreibung oder Kennzeichnung Dritter vornehmen, ohne dass diese Personen als bildhafte Stimuli präsentiert werden. Dazu gehören z. B. die Produktpersonifizierung und die Analogienbildung. So können die Befragten dazu aufgefordert werden, sich vorzustellen, das interessierende Produkt sei ein Tier/ein Gebäude/ein Getränk oder ein sonstiges Objekt. Häufig wird in diesem Zusammenhang auch nach dem typischen Produktverwender gefragt. Die gewählten Beispiele geben dabei Auskunft über grundsätzliche Einstellungsdispositionen der Befragten zum Untersuchungsobjekt, wobei insbesondere intuitive Bewertungen und nur schwer verbalisierbare Gesamteindrücke erfasst werden können.

Als methodische Weiterentwicklung des Satzergänzungstests ist der *Ballontest* entstanden. Es handelt sich hierbei um die Verwendung bildhafter Stimuli, die untersuchungsrelevante Situationen zeigen und dabei mit leeren Sprech- und/oder Denkblasen ausgestattet sind. Die Aufgabe der Befragten besteht nun darin, sich in die abgebildete Situation hineinzuversetzen und daraufhin die leere Sprech-/Denkblase auszufüllen. Deshalb wird hier auch von der „*Cartoon-*" oder „*Comic-Strip-Technik*" gesprochen.

Auf Basis dieses Tests wurden für die Marktforschung ebenfalls Bildvorlagen entwickelt, die produkt- oder verwendungsbezogene Situationen darstellen. Es wird davon ausgegangen, dass beim Ausfüllen der leeren Sprechblase unbewusst eine Identifizierung der Befragten mit der abgebildeten Person erfolgt und die Antworten somit Aufschluss über die entsprechenden Dispositionen der Befragten geben. Durch die Präsentation einer zusätzlich auszufüllenden Gedankenblase kann auch Nicht-Ausgesprochenes sichtbar gemacht werden, so dass kritische oder mit gesellschaftlichen Normen belegte Themen entschärft werden können.

Beim *Bildererzähltest* schließlich werden den Befragten nacheinander verschiedene Bilder, die zu einer Geschichte gehören, vorgeführt. Sie sollen daraufhin eine hierzu passende Geschichte erfinden. Dabei können auch zusätzlich stimulierende Fragen gestellt werden, die sich z. B. auf bereits zurückliegende Geschehnisse oder auf Gespräche bzw. Gedanken der handelnden Personen beziehen.

Dem Bildererzähltest liegt die Annahme zugrunde, dass durch die Charakterisierung der handelnden Personen und Geschehnisse eigene Einstellungen, Erfahrungen, Handlungs- und Orientierungsmuster in die Erzählung miteinfließen. Der Bildererzähltest gilt als die mit am häufigsten verwendete projektive Technik in der Marktforschung. Im Gegensatz zum Cartoon-Test kommt er ohne verbale Stimuli aus. Die Aufgabe, eine ganze Geschichte zu konstruieren, ist wesentlich komplexer und verlangt mehr Konzentration und Einfühlungsvermögen von den Befragten. Damit werden allerdings auch einige intellektuelle Fähigkeiten und ein gewisses Artikulationsvermögen der Untersuchungspersonen vorausgesetzt. Dafür kann jedoch in sehr umfassender Art und Weise ein gesamtes Produkt- und Verwendungsumfeld erforscht werden. Insgesamt liegt hier eine im Hinblick auf ihre projektiven Möglichkeiten sehr gut nutzbare, aber auch anspruchsvolle Technik vor.

Expressive Verfahren

Ähnlich wie bei den Konstruktionstechniken besteht auch bei den expressiven Verfahren die Aufgabe für die Befragten darin, komplexes Geschehen selbständig zu konstruieren. Dazu wird auf Techniken wie das Rollenspiel oder das *Psychodrawing* zurückgegriffen

(Morrison et al. 2002, S. 71 ff.). Im Vergleich zu den Konstruktionstechniken gibt es allerdings zwei wichtige Unterschiede: Zum einen werden neben den verbalen auch nonverbale Ausdrucksformen miteinbezogen. Die übliche Befragungssituation wird durch die Aktionskomponente der Techniken (Malen, Zeichnen, Rolle spielen) weitestgehend aufgelöst. Zum anderen besteht der Sinn dieser Techniken nicht ausschließlich in der Präsentation eines Ergebnisses (*was* wird als Lösung präsentiert), sondern hier wird ebenso viel Interesse auf den Vorgang selbst gelegt (*wie* wird die Aufgabe gelöst) (Gordon/Langmaid 1988, S. 106 ff.).

Eine häufig eingesetzte Form expressiver Verfahren ist das *Rollenspiel.* Hier werden eine oder mehrere Befragte darum gebeten, eine bestimmte Rolle zu übernehmen und, nach kurzer Vorbereitungszeit, dann einige passende Szenen zu spielen. Bei der Rolle kann es sich dabei um eine andere Person, um die Befragten selbst in einer ganz speziellen Situation oder auch um eine Sache, ein Objekt, oft um ein Produkt handeln. Ziel ist es, dass die Befragten eigene Ansichten oder Einstellungen durch das Spiel in die Rolle hineinprojizieren und dadurch wichtige kauf-, verwendungs- oder sonstige einstellungsprägende Erlebnisse und Erfahrungen thematisiert werden (siehe das Bsp. von Neundorfer 2004). Neben der Erfassung von Einstellungen können insbesondere auch soziale Interaktionen (bspw. Verkaufssituationen) untersucht werden. Der spielerisch-ablenkende Effekt hilft dabei, stereotype Frage-Antwort-Muster zu umgehen.

Ein weiteres expressives Verfahren neben dem Rollenspiel ist das sog. *Psychodrawing*, d. h. das Anfertigen von Bildern bzw. Zeichnungen zu bestimmten Themen. Auch hier werden Erkenntnisse der klinischen Psychologie herangezogen: Zeichnen gilt als mögliche Ausdrucksform der menschlichen Persönlichkeit. Insbesondere emotionale und intuitive Gesichtspunkte können durch Malen oder Zeichnen oft besser vermittelt werden als durch verbale Umschreibungen. Zudem unterliegen Zeichnungen in geringerem Maße psychischen Kontrollprozessen, so dass auch unbewusste oder verdrängte Inhalte in das Bild miteinfließen können.

Im Rahmen von Marktforschungsuntersuchungen werden die Befragten meist dazu aufgefordert, ihre Gefühle und Erfahrungen in Bezug auf ein Produkt bzw. eine Verwendungssituation oder aber das Produkt (Marke, Unternehmen) selbst zeichnerisch darzustellen. Anschließend wird der Befragte i. d. R. dazu angeregt, frei über die Zeichnung zu reden. Die gewählte bildliche Darstellung (Farbe, Form, Bilddetails) soll Auskunft über die Gefühle, subjektiven Einschätzungen und Sichtweisen sowie insbesondere über die Bedeutung bzw. Gewichtung einzelner Aspekte geben. Insgesamt lässt das Psychodrawing den Befragten eine sehr große Gestaltungsfreiheit.

Expressive Verfahren werden in der Marktforschung durchaus mit Erfolg angewendet (vgl. hierzu die Untersuchungen von Sampson/Bhaduri 1986). Sie sind allerdings eher ungewöhnlich und können auf gewisse Hemmschwellen stoßen. Zudem erfordern sie ein hohes Maß an Aktivität, Geschick und Phantasie der Befragten. Auf der anderen Seite besitzen sie auch eine gewisse Kurzweiligkeit und Neuartigkeit. Ihr Erfolg wird im Wesentlichen von der Aufgeschlossenheit der Befragten abhängen. Mit Kindern und Jugendlichen sind dabei i. d. R. recht gute Erfahrungen gemacht worden.

4.2 Assoziationstechniken

Eine Assoziation sind spontane, ungelenkte Verknüpfungen einzelner Gedächtnis- und Gefühlsinhalte (Salcher 1978, S. 74 ff.). Assoziative Verfahren versuchen, diese gedanklichen Verknüpfungen durch die Förderung spontaner Reaktionen auf bestimmte Stimuli offenzulegen. In der Marktforschung werden Assoziationstechniken in zwei verschiedenen Varianten eingesetzt: Als *Techniken zur Bildung von Assoziationsketten* und als *Wortassoziations-Test.*

Techniken zur Bildung von Assoziationsketten präsentieren einen verbalen (oder auch bildlichen) Stimulus und lassen die Befragten so viele assoziative Verbindungen herstellen, wie ihnen einfallen, so dass eine ganze Kette von Assoziationen entsteht. Dabei kann noch zwischen *freien* und *gelenkten* Assoziationen unterschieden werden, je nachdem, ob der Meinungsgegenstand ohne jede weitere Konkretisierung zum Ausgangspunkt gewählt oder eine zusätzliche Eingrenzung vorgenommen wird. Ein Beispiel hierzu wäre „Waschmittel" als freies und „Umweltbelastung durch Waschmittel" als gelenktes Reizwort. Die Bildung von Assoziationsketten dient in erster Linie der Erforschung des spontanen, unreflektierten Erlebnisumfeldes eines Meinungsgegenstandes (z. B. Marke oder Produkt) und kann so wichtige Hinweise für die Motivforschung und Imageanalysen liefern.

Beim *Wortassoziations-Test* werden nur eingeschränkte Assoziationen von den Untersuchungspersonen erfragt, d. h. auf ein Reizwort sollen sie mit nur einer, ganz spontanen Assoziation reagieren. Dazu wird meist eine ganze Liste interessierender und auch neutraler Reizworte erstellt. Wortassoziationen werden v. a. zur Überprüfung von Markennamen und anderen Symbolen genutzt. Im Rahmen von Pretests kann der Wortassoziations-Test der Überprüfung des Anmutungsgehaltes einzelner Worte oder Inhalte für nachfolgende Untersuchungen dienen.

Insgesamt sind Assoziationstechniken weitaus weniger komplex als projektive Verfahren. Dem Vorteil eines flexiblen und eher unkomplizierten Einsatzes stehen allerdings auch gewisse Einschränkungen bzgl. ihrer Anwendungsmöglichkeiten gegenüber. Insgesamt dienen sie vorrangig dem Erfassen spontaner und unreflektierter Reaktionen auf einen Meinungsgegenstand.

4.3 Einsatzschwerpunkte projektiver und assoziativer Techniken

Projektive Techniken sind in der Lage, verborgene Meinungen und Einstellungen hervorzulocken, Antwortwiderstände zu umgehen und schwer verbalisierbare Sachverhalte zu erfassen. Dadurch, dass es sich hierbei nicht um eine direkte Befragung handelt und die Befragten von daher nicht zur Lösung ihnen konkret vorgegebener Probleme einbezogen werden können, kommt die *qualitative Prognose* als Aufgabenfeld kaum in Betracht. Zumindest eine Einschränkung muss aus diesem Grund auch für die *Grobauswahl von Alternativen (Screening)* vorgenommen werden. Allerdings ist es denkbar, den Befragten zunächst die interessierenden Alternativen zu präsentieren und anschließend in Ergänzung zu anderen Methoden auch projektive Verfahren zu verwenden. Hierdurch könnten auch nur schwer verbalisierbare bzw. intuitiv empfundene Reaktionen auf die Alternativen erfasst werden.

Für die Aufgabe der *Ideengenerierung* müssen ebenfalls gewisse Restriktionen geltend gemacht werden: So ist es zwar grundsätzlich möglich, auf Basis der durch projektive Techniken ermittelten Informationen Ideen zu generieren, die Befragten selbst werden hieran jedoch i. d. R. nicht beteiligt. Eine Einbindung der Befragten in den Prozess der Ideengenerierung ist lediglich dann denkbar, wenn es sich um wenig komplexe Sachverhalte handelt, die eine Integration in die projektive Befragung zulassen.

Insgesamt sind jedoch die wichtigsten Aufgabenfelder projektiver Techniken unbestritten in der Strukturierung und der Ursachenforschung zu sehen. Für die *Strukturierung* bieten sich projektive Techniken insbesondere aufgrund ihrer Fähigkeit an, auch konfliktreiche oder schwer verbalisierbare Themen einer ganzheitlichen Betrachtung zu unterziehen. Dabei sind sie durch die Stimulation einer Projektion in der Lage, sonst nur schwer ermittelbare Handlungs- und Orientierungsstrukturen aufzudecken und so neue bzw. problemrelevante Untersuchungsdimensionen zu erfassen. Zusätzlich unterstützen diese Techniken in hohem Maße das Verständnis für die subjektive Relevanz bestimmter Untersuchungsprobleme aus Sicht der Befragten, da diesen auf vielfältige Weise geholfen wird, auch komplexe Eindrücke artikulieren zu können. Vor allem die eher breit angelegten projektiven Techniken wie der *Bildererzähltest* und die *expressiven Verfahren* eignen sich dazu, das gesamte Erlebnisumfeld der Befragten umfassend zu berücksichtigen.

Aufgrund ihrer Fähigkeiten, die aus den verschiedensten Gründen existierenden Kontrollmechanismen einer Person umgehen zu können, liegt eine der wichtigsten Aufgaben projektiver Techniken sicher in der *Ursachenforschung*. Dadurch, dass den Befragten vorgeblich die subjektive Verantwortlichkeit für ihre Aussagen genommen wird, erhöht sich die Chance, auch solche Meinungen, Einstellungen, Vorurteile oder Erwartungen aufzudecken, die die wahre Ursache für bestimmte Handlungen oder Entscheidungen darstellen und sich einer direkten Untersuchung eher entziehen.

Auch *assoziative Techniken* fördern die Umgehung psychischer Kontrollmechanismen. Sie bedienen sich dabei jedoch nicht der Projektion innerer Wahrnehmungen und Dispositionen nach außen, sondern der Stimulation spontaner Reaktionen auf vorgegebene Reize, die bereits bestehende gedankliche Verknüpfungen offenlegen sollen. Da hierbei meist nur mit einem Wort oder einer Reihe von (nicht durch ein Satzgefüge verbundenen) Wörtern reagiert werden soll, bleibt die Aussagefähigkeit solcher Informationen allerdings begrenzt. Aus ähnlichen Gründen, wie sie bereits bei den projektiven Verfahren angesprochen wurden, können Aufgaben, die eine direkte Einbindung der Befragten in das vorliegende Untersuchungsproblem erfordern, eher ausgeschlossen werden. Dies gilt vor allem für die *qualitative Prognose* und die *Ideengenerierung.*

Die Nutzung assoziativer Verfahren für das *Screening* kann nur für einfach beschaffene Auswahlprobleme akzeptiert werden. So ist es denkbar, vorgegebene Markennamen, Werbethemen oder Slogans daraufhin zu überprüfen, welche Assoziationen sie bei den Befragten erzeugen und inwieweit diese mit den beabsichtigten Wirkungen übereinstimmen. Auch die *Ursachenforschung* kann nur mit Einschränkungen als geeignetes Aufgabengebiet assoziativer Verfahren betrachtet werden. Zwar können einzelne Wortassoziationen oder Assoziationsketten Auskunft über inhaltlich miteinander verbundene Gedächtnisinhalte geben und somit bestimmte Zu- oder Abneigungen bzgl. gewisser Reizworte oder Sachverhalte erklären. Inwieweit solche einzelnen Worte oder Wortketten jedoch bereits als Grundlage für eine wirkliche Ursachenforschung ausreichen, muss zumindest kritisch betrachtet werden. In jedem Fall können hier jedoch nur einfach strukturierte bzw. überschaubare Untersuchungsprobleme im Vordergrund stehen, so bspw. die Erklärung gewisser Markennamenpräferenzen. Zur Ursachenforschung in diesem eingeschränkten Sinne werden häufig auch Satzergänzungstests herangezogen.

Wichtige Beiträge können assoziative Techniken allerdings für die *Strukturierung* leisten. Insbesondere Assoziationsketten dienen dabei der Erforschung spontaner und unreflektierter Bewusstseinsinhalte und sind so recht gut geeignet, umfassend Auskunft über das Erlebnisumfeld eines Meinungsgegenstandes zu geben.

5. Qualitative Beobachtung

5.1 Kennzeichen qualitativer Beobachtung

Beobachtung meint die Erfassung sinnlich wahrnehmbarer Sachverhalte, Verhaltensweisen und Eigenschaften bestimmter Personen. Im Rahmen der Marktforschung geht es dabei um eine *systematische* oder *wissenschaftliche* Form der Beobachtung, die sich durch folgende Merkmale auszeichnet: Sie dient einem bestimmten Forschungszweck, ist systematisch geplant und aufgezeichnet und wird wiederholten Prüfungen und Kontrollen hinsichtlich ihrer Gültigkeit, Zuverlässigkeit und Genauigkeit unterworfen.

Die Beobachtung kann sich auf alle physischen Aktivitäten der beobachteten Personen beziehen. Im Gegensatz zur Befragung ist es also möglich, das Verhalten im Zeitpunkt seines Auftretens zu erfassen, anstatt sich auf verbale Aussagen der Beobachteten über vergangene Aktivitäten verlassen zu müssen. Allerdings werden damit noch keine Erklärungen über die hinter diesem Verhalten stehenden Einstellungen oder Motivationen erhoben. Diese bedürfen einer nachträglichen Interpretation. Beobachtungen können auf unterschiedliche Art und Weise durchgeführt werden. Die wichtigsten Gestaltungsmerkmale sind die Strukturiertheit der Untersuchung, der Beobachtungsort, die Wahrnehmungs- bzw. Registrierungsform, der Partizipationsgrad des Forschers und die Transparenz der Untersuchungssituation. Diese Kennzeichen können auch zur Abgrenzung *qualitativer Beobachtungsmethoden* herangezogen werden.

Bei der *Strukturiertheit der Untersuchung* geht es um die Frage, inwieweit Anlage und Inhalt der Beobachtung, die Beobachtungssituation selber sowie die Art der Aufzeichnung *standardisiert* bzw. vorstrukturiert werden. Im Rahmen qualitativer Marktforschung findet ausschließlich die *unstandardisierte* (nicht strukturierte) Form der Beobachtung Berücksichtigung. Dies ist Teil der Forderung nach Offenheit qualitativer Forschung.

Bei der Betrachtung des *Beobachtungsortes* lassen sich Feld- und Laborbeobachtung unterscheiden. Während die Vorteile der *Laborbeobachtung* in einer weitgehenden Isolierbarkeit und Kontrollierbarkeit der interessierenden Faktoren liegen, können im Rahmen der *Feldbeobachtung* am natürlichen Ort des Geschehens tatsächlich realisierte Verhaltensweisen erhoben werden. Dem hierbei entstehenden Nachteil möglicher nicht kontrollierbarer Störungen kann bei der Laborbeobachtung die Förderung eines eher atypischen Verhaltens durch die Künstlichkeit der Situation entgegengehalten werden. Die qualitative Marktforschung bemüht sich stets um die Beibehaltung möglichst alltagsnaher Kommunikationssituationen. Das Beobachten sozialer Realität im Feld wird somit der Laborbeobachtung immer vorgezogen.

Die *Wahrnehmung bzw. Registrierung* von beobachteten Situationen geschieht durch die *persönliche Beobachtung* und die *Nutzung apparativer Techniken*, die für bestimmte Zählvorgänge oder für die Messung psychophysiologischer Verhaltensindikatoren verwendet werden. Bei der persönlichen Beobachtung nimmt der Forscher eine eher *rezeptive* Haltung ein, d. h. er verzichtet darauf, durch verbale Reize oder andere Stimuli die beobachtete Person in ihrer natürlichen Reaktion zu beeinflussen. Damit kommt diese Form der Beobachtung ohne einen steuernden Eingriff in die Wirklichkeit aus. Hiervon ausgenommen ist allerdings die Verwendung allgemeiner Aufzeichnungsgeräte wie Tonband und Video, die lediglich der Unterstützung der persönlichen Beobachtung dienen.

Der *Partizipationsgrad* des Forschers während der Beobachtung betrifft die Unterscheidung in teilnehmende bzw. nicht teilnehmende Beobachtung. Bei der *teilnehmenden* Beobachtung übernimmt der Beobachter eine aktive Rolle innerhalb des zu beobachtenden sozialen Feldes, er wirkt also im Beobachtungsgeschehen mit. Bei der *nicht teilnehmenden* Beobachtung besitzt er ausschließlich die Aufgabe, das Geschehen wahrzunehmen und zu registrieren. Der Partizipationsgrad ist v. a. abhängig von der Art des vorliegenden Untersuchungsproblems und der Möglichkeit, im Falle aktiver Teilnahme Zugang zum Beobachtungsfeld zu erlangen. Beide Möglichkeiten sind im Rahmen qualitativer Marktforschung denkbar und bilden verschiedene Formen der qualitativen Beobachtung.

Die *Transparenz der Untersuchungssituation* schließlich bedeutet, inwieweit es der beobachteten Person bekannt ist, dass sie Gegenstand einer Beobachtung ist bzw. inwieweit der Beobachter als Forscher auftritt („offen") oder als solcher unerkannt bleibt („verdeckt"). Bei der *verdeckten* Beobachtung glauben sich die Versuchspersonen unbeobachtet und handeln ganz natürlich. Bei der *offenen* Beobachtung ist sich die beobachtete Person der Untersuchung bewusst, was zu Verhaltensänderungen führen kann (Beobachtungseffekt). In der qualitativen Marktforschung sind beide Formen denkbar.

5.2 Probleme der qualitativen Beobachtung

Es kann festgehalten werden, dass die qualitative Beobachtung das tatsächliche Verhalten der zu beobachtenden Personen in ihrer natürlichen Umgebung in offener, systematischer und nicht strukturierter Art und Weise untersucht. Der grundlegende Vorwurf, der dieser Form der Beobachtung gemacht wird, bezieht sich dabei auf das Problem der *nicht kontrollierbaren Informationsselektion* und der *Gefahr einer subjektiven Interpretation* des beobachteten Geschehens durch den Forscher.

Bei der unstrukturierten Beobachtung arbeitet der Beobachter ohne festgelegtes Kategorienschema. Dies bedeutet, dass er mehr oder weniger selbst zu entscheiden hat, welche Beobachtungen für die Untersuchung relevant erscheinen. Dem steht jedoch entgegen, dass auch die strukturierte Beobachtung Informationsselektion betreibt, da durch die Vorgabe bestimmter Kategorien nur die so festgelegten Beobachtungsinhalte erfasst werden. Allerdings kann diese Selektion evtl. nachvollziehbarer und damit kontrollierbarer gestaltet werden als bei der unstrukturierten Beobachtung. Verzerrungen durch den Beobachter z. B. aufgrund ungenauer Aufzeichnungen oder Zuordnungen zu den Kategorien sind jedoch auch bei der strukturierten Beobachtung weiterhin möglich. Ein wesentlicher Unterschied zwischen beiden Beobachtungsformen besteht also vor allem im Zeitpunkt bzw. in der personellen Verantwortlichkeit der Selektion.

Beobachtungskategorien können allerdings nur dann vorgegeben werden, wenn ein entsprechendes Vorwissen darüber besteht, welche gewählten Kategorien problemrelevant und umfassend sind. Ohne dieses Wissen ist ein unstrukturiertes Vorgehen angeraten. Richtig ist, dass im Falle unstrukturierter Beobachtung hohe Ansprüche an die Fähigkeiten des Beobachters gestellt werden. Allerdings sind diese nicht unbedingt höher als die Ansprüche an die Person, die solche Kategorien festlegt. Die Frage, ob Beobachtungskategorien vorgegeben werden sollen oder nicht, hängt somit weniger von der grundsätzlichen Vorzugswürdigkeit der einen oder anderen Beobachtungsform, sondern vielmehr vom *Ziel* der Untersuchung und dem problembezogenen *Wissensstand* ab.

Schwerwiegender als das Problem der Informationsselektion erscheint insbesondere bei unstrukturiertem Vorgehen die Trennung von Beobachtung und eigener Interpretation. Die Aufzeichnungen der Beobachtungssituation sind in hohem Maße von dem Wahrnehmungs- und Erinnerungsvermögen des Beobachters abhängig. Da auch der Beobachter kulturell nicht unbeeinflusst ist, kann es aufgrund seiner persönlichen Lebenserfahrungen und seines kulturell gebundenen Denkens zu verzerrenden Interpretationen des beobachteten Geschehens kommen (*Ethnozentrismus*). Zusätzlich besteht insbesondere bei der teilnehmenden Beobachtung die Gefahr einer Überidentifikation mit den beobachteten Personen („*going native*“).

Um den oben genannten Gefahren entgegenzuwirken, werden bei einer unstrukturierten Beobachtung üblicherweise Beobachtungsleitfäden erstellt, welche die verschiedenen Dimensionen einer Beobachtungssituation enthalten, so z. B. die Beschreibung der Teilnehmer, der Schauplatz und die sonstigen situativen Kontextfaktoren, der Zweck, der alle Teilnehmer zusammenführt, oder auch die Häufigkeit und Dauer bestimmter Geschehnisse oder Situationen. Diese Aspekte müssen nicht alle vollständig und in jedem Fall erfasst werden, sondern dienen dem Forscher lediglich als „Gedächtnisstütze“ für die Anfertigung seiner Beobachtungsprotokolle.

Die Methode der Beobachtung weist zwar den Vorteil auf, nicht auf die Auskunftsbereitschaft und -fähigkeit der Beobachteten angewiesen zu sein, besitzt dadurch allerdings auch den Nachteil, dass bei der *Auswertung* vom beobachteten Handeln der Personen auf deren dahinter verborgene Intentionen geschlossen werden muss. Diese Problematik gilt jedoch gleichermaßen für die qualitative *und* quantitative Beobachtung. In der Praxis qualitativer Marktforschung wird nicht zuletzt aus diesem Grunde gerade die Beobachtung häufig um weitere qualitative Methoden ergänzt, so etwa mit anschließenden qualitativen Interviews (vgl. die Bsp. bei Weller/Grimmer 2004 und Spranz 2004, S. 76 ff).

5.3 Formen und Anwendungsmöglichkeiten qualitativer Beobachtung

Durch die Entscheidung über Teilnahme bzw. Nicht-Teilnahme des Beobachters einerseits und offener bzw. verdeckter Vorgehensweise andererseits können nun verschiedene Formen qualitativer Beobachtung gebildet werden.

Die teilnehmende qualitative Beobachtung

Die *teilnehmende qualitative Beobachtung* besitzt für den Forscher den Vorteil, eine große Nähe zum angestrebten sozialen Feld zuzulassen und damit die Möglichkeit, ein authentisches und damit besseres Verständnis für die Beobachtungssituation zu erlangen. Allerdings sind mit dieser Teilnahme am zu beobachtenden Geschehnis auch einige Nachteile und Gefahren verbunden: Zum einen kann der Beobachter als aktiver Teilnehmer der Situation diese selbst verändern bzw. auf die Reaktionen anderer Einfluss nehmen. Es ist daher von großer Wichtigkeit, dass die Rolle, die der Beobachter einnimmt, genügend Distanz zum beobachteten Geschehen aufweist. Eine weitere Gefahr besteht dann, wenn der Forscher bei längeren Untersuchungen zu sehr in seiner Umgebung aufgeht, evtl. sogar deren Urteilsmaßstäbe und Verhaltensmuster übernimmt und dabei den Blick für Selbstverständlichkeiten verliert („going native").

Insgesamt bietet sich die teilnehmende Beobachtung immer in den Fällen an, in denen mögliche Verzerrungen der Beobachtungssituation durch die Teilnahme des Beobachters als gering eingeschätzt werden. Dies ist insbesondere dann günstig, wenn dieser besonders typische (stereotype) Rollen übernehmen kann. Verbunden ist damit natürlich die Möglichkeit, überhaupt erst einmal Zugang zu dem untersuchten sozialen Feld zu finden. Dann wird es möglich, Einblicke in Verhaltensweisen und in den Ablauf sozialer Prozesse zu gewinnen, die von außen nur schwer erkennbar sind oder sogar nur durch die Übernahme einer bestimmten Rolle im Feld ermittelt werden können. Die teilnehmende Beobachtung empfiehlt sich weiterhin immer dann, wenn noch sehr wenige Kenntnisse über den Untersuchungsgegenstand vorliegen. Wann sich im Rahmen der teilnehmenden Beobachtung eine offene oder verdeckte Vorgehensweise anbietet, soll nun im Folgenden geklärt werden (Lamnek 2005, S. 257 ff.).

Die *offene und teilnehmende qualitative Beobachtung* wird in der Marktforschung im Gegensatz zu ihrer Bedeutung in der Soziologie und Ethnologie praktisch kaum eingesetzt. Das liegt v. a. daran, dass zusätzlich zu den oben beschriebenen möglichen Einflüssen durch die Teilnahme des Forschers noch die Gefahr eines sog. *Beobachtungseffektes* besteht. Dies bedeutet, dass die beobachteten Personen ihr Verhalten ändern könnten, weil sie sich der Beobachtungssituation bewusst sind. Die Inkaufnahme beider Einflüsse lässt sich wohl nur in solchen Situationen rechtfertigen, in denen der Beobachter über einen längeren Zeitraum einer sozialen Gemeinschaft angehört und sich seine Tätigkeit aus z. B. ethischen oder rechtlichen Gründen verdeckt nicht durchführen lässt. Während diese Situation z. B. bei einem monate- oder jahrelangen Studium sozialer Randgruppen häufiger auftritt, ist sie in der Marktforschung eher unwahrscheinlich. Diese Variante kann damit vernachlässigt werden.

Im Gegensatz zur offenen Teilnahme ist die *verdeckte und teilnehmende qualitative Beobachtung* in der Marktforschung durchaus geläufig. Einsatzmöglichkeiten werden hier v. a. in der *Testkundenforschung* gesehen, in denen der Forscher z. B. in Einkaufsstätten oder bei Dienstleistungsanbietern als Kunde auftritt. Umgekehrt können die Beobachter auch als *Mitarbeiter* von Unternehmen (z. B. als Außendienstmitarbeiter) oder Handelsgeschäften (z. B. als Verkäufer) auftreten. Diese Rollen sollen es ermöglichen, die Ursachen bestimmter Verhaltensabläufe besser nachvollziehen zu können. Der *Beobachtungseffekt* wird bei der verdeckten teilnehmenden Beobachtung durch eine Tarnung des Beobachters vermieden. Die Teilnahme am Beobachtungsgeschehen besitzt dabei den Vorteil, dass die *Anwesenheit* des Forschers durch seine Rolle legitimiert wird und die verdeckte Beobachtung somit unterstützt. Allerdings birgt die verdeckte Beobachtung v. a. zwei Probleme: Zum einen müssen ethische und auch rechtliche Gesichtspunkte berücksichtigt werden, da die Untersuchung ohne Einwilligung und Wissen der beobachteten Personen durchgeführt wird (vgl. zu der ethischen Problematik auch Stafford/Stafford 1993, S. 67 ff.). Zum anderen können Aufzeichnungen und Notizen aus verständlichen Gründen nicht vor Ort angefertigt werden. Dies wirkt sich bei der teilnehmenden Beobachtung stärker aus als bei der nicht teilnehmenden Variante, da der Beobachter hier eine Rolle innerhalb des sozialen Feldes übernimmt, der er sich u. U. schlechter zu Zwecken der Aufzeichnung entziehen kann.

Die nicht teilnehmende qualitative Beobachtung

Die nicht teilnehmende Beobachtung besitzt den Vorteil, dass der Beobachter selbst das Geschehen nicht mitbeeinflussen kann, da er keine andere Rolle als die des Beobachters im Feld einnimmt. Diese Distanz nimmt dem Forscher zwar die Möglichkeit des unmittelbaren Erlebens der beobachteten Situation, verhindert jedoch auch Verzerrungen, die durch eine solche Rollenübernahme verursacht werden können. Die nicht teilnehmende qualitative Beobachtung wird v. a. dann eingesetzt, wenn ein Zugang zum sozialen Feld als Teilnehmer entweder nicht möglich oder nicht notwendig erscheint.

Möglichkeiten der *offenen und nicht teilnehmenden Beobachtung* liegen z. B. in der Untersuchung von Handlungsabläufen oder Arbeitsverrichtungen, die weder eine Teilnahme des Forschers erforderlich machen, noch durch evtl. auftretende Beobachtungseffekte zu sehr verzerrt werden. Ein Beispiel für die nicht teilnehmende und offene Beobachtung wäre die Untersuchung über das Fernsehverhalten in Familien, bei welcher der Forscher den Abend gemeinsam mit der Familie vor dem Fernseher verbringt. Weitere Einsatzmöglichkeiten wären z. B. für einen Küchenhersteller die Beobachtung routinemäßiger Arbeitsabläufe einer Hausfrau in ihrer Küche oder für einen industriellen Anbieter die

Beobachtung relevanter Arbeitsprozesse im Unternehmen eines Großkunden. Die Besonderheit dieser Variante liegt darin, dass den beobachteten (oder entscheidungsbefugten) Personen der Zweck der Untersuchung bekannt ist. Dies erleichtert insbesondere die Aufzeichnungsmodalitäten.

Wird die *nicht teilnehmende Beobachtung in verdeckter Form* durchgeführt, so ist dies fast nur an öffentlich zugänglichen Orten möglich. Die Gründe hierfür liegen neben den bereits oben erwähnten ethischen und rechtlichen Problemen v. a. darin, dass (anders als in der teilnehmenden Beobachtung) die Legitimation des Beobachters durch eine Rollenübernahme im Feld fehlt. So stellt seine Platzierung denn auch das größte Problem dar. Im Rahmen von Kaufverhaltensbeobachtungen werden aus diesem Grund zunehmend Videoaufzeichnungen (z. B. über evtl. vorhandene Überwachungsanlagen) eingesetzt (Spranz 2004, S. 76).

Neben den konkreten Einsatzmöglichkeiten, die sich aus den verschiedenen Formen der qualitativen Beobachtung heraus ergeben, soll nun noch einmal auf die *grundsätzlichen* Anwendungsmöglichkeiten der qualitativen Beobachtung eingegangen werden. Obwohl sich auch im Laufe einer Beobachtung interessante und relevante Informationen für die *Ideengenerierung* und das *Screening* ergeben können, erscheint aufgrund der mangelnden aktiven Beteiligung der Beobachteten die qualitative Beobachtung für diese Aufgabenfelder nur wenig geeignet. Auch die Möglichkeit, die qualitative Beobachtung zur Erstellung *qualitativer Prognosen* heranzuziehen, scheint nur insofern sinnvoll, als dass hierdurch strukturierende Daten erfasst werden, welche dann wiederum die Grundlage für den eigentlichen Erstellungsprozess der Prognose bilden.

Unproblematisch erscheint dagegen der Einsatz der qualitativen Beobachtung zur *Strukturierung*. Insbesondere dadurch, dass die qualitative Beobachtung nicht vollkommen standardisiert ist, besteht überhaupt erst die Möglichkeit, durch die Beobachtung relevante Informationen zur Aufdeckung wichtiger Untersuchungsdimensionen zu ermitteln. Durch die Möglichkeit, hierbei das Verhalten selbst im Feld unmittelbar zu erleben, können z. T. recht schnell und unproblematisch erste Erfahrungen gewonnen werden (siehe auch das Bsp. bei Morrison et al. 2002, S. 29 ff.).

Mit Einschränkungen kann die qualitative Beobachtung schließlich auch zur *Ursachenforschung* herangezogen werden. Die Bedenken gründen dabei v. a. auf dem für alle Formen der Beobachtung geltenden Nachteil, zunächst nur ein bestimmtes Verhalten zu erfassen, die hierfür verantwortlichen Beweggründe jedoch erst nachträglich ableiten zu können. Dennoch erlaubt gerade die qualitative Beobachtung durch ihr Bemühen um einen offenen und ganzheitlichen Ansatz und die damit verknüpfte situationsgebundene Erfassung der interessierenden Sachverhalte eine kontextbezogene Deutung der erhobenen Beobachtungen (Stafford/Stafford 1993, S. 69).

6. Aufgabenfelder qualitativer Marktforschung im Überblick

Nach dieser ausführlichen Diskussion der verschiedenen Aufgabenfelder qualitativer Marktforschung und der aufgabenbezogenen Einsatzschwerpunkte der hier beschriebenen qualitativen Erhebungsmethoden werden nun die Ergebnisse dieser Ausführungen in der folgenden Abbildung übersichtlich zusammengefasst (Kepper 1996, S. 169). Die dabei vorgenommene Bewertung der Methoden in die Kategorien „gut geeignet", „mit Einschränkungen geeignet" bzw. „weniger oder nicht geeignet" kann natürlich nur in etwas vereinfachter Form die oben angesprochenen Möglichkeiten und Grenzen qualitativer Methoden widerspiegeln. Dennoch wird so ein hilfreicher Überblick über die unterschiedlichen Nutzungsmöglichkeiten qualitativer Methoden geliefert.

Methoden \ Aufgabenfelder	Strukturierung	Qualitative Prognose	Ideengenerierung	Screening	Ursachenforschung
Exploratives Interview	✔	✔	(✔)	(✔)	–
Tiefeninterview	(✔)	–	–	–	✔
Fokussiertes Interview	✔	–	–	✔	✔
Gruppendiskussion	✔	(✔)	✔	✔	(✔)
Gelenkte Kreativgruppe	(✔)	(✔)	✔	(✔)	–
Delphi – Befragung	(✔)	✔	(✔)	–	–
Projektive Verfahren	✔	–	(✔)	(✔)	✔
Assoziative Verfahren	✔	–	–	(✔)	(✔)
Qualitative Beobachtung	✔	–	–	–	(✔)

✔ gut geeignet | (✔) mit Einschränkungen geeignet | – Weniger oder nicht geeignet

Abbildung 1: Methoden und Aufgabenfelder der qualitativen Marktforschung

Literaturverzeichnis

Banister, E.N./Booth, G.J. (2005): Exploring innovative methodologies for child-centric consumer research, in: Qualitative Market Research, 8. Jg., Nr. 2, S. 157-175.

Carson, D./Gilmore, A./Perry, Ch./Gronhaug, K. (2001): Qualitative Marketing Research, London u. a..

Cooper, D.R./Schindler, P.S. (2006): Marketing Research, New York u. a..

Dalkey, N./Helmer, O. (1963): An Experimental Application of the Delphi Method to the Use of Experts, in: Marketing Science, 9. Jg., S. 458-467.

Epple, M./Hahn, G. (2003): Dialog im virtuellen Raum – Die Online-Focusgroup in der Praxis der Marktforschung, in: Theobald, A./Dreyer, M./Starsetzki, T. (Hrsg.), Online-Marktforschung, 2.Aufl., Wiesbaden, S. 297-307.

Flick, U. (2004): Qualitative Sozialforschung, 2. Aufl., Hamburg.

Fuller, L. (1984): Use of Panels for Qualitative Research, in: Journal of the Market Research Society, 26. Jg., Nr. 3, S. 206-220.

GfK (o. J.): Moderierte Kreativsitzung – Ein Instrument der GfK Marktpsychologie, unveröffentlichter Informationsdruck der GfK Marktforschung GmbH & Co. KG, Nürnberg o. J..

Gordon, W./Langmaid, R. (1988): Qualitative Market Research. A Practitioner's and Buyer's Guide, Aldershot u. a..

Hayes, T.J./Tatham, C.B. (1989): Focus Group Interviews: A Reader, 2. Aufl., Chicago.

Kepper, G. (1995): Qualitative Marktforschung – über Urteile und Vorurteile, in: Planung und Analyse, Nr. 6, S. 58-63.

Kepper, G. (1996): Qualitative Marktforschung, 2. überarb. Aufl., Wiesbaden.

Lamnek, S. (2005): Qualitative Sozialforschung, 4. überarb. Aufl., Weinheim u. a..

Merton, R.K./Fiske, M./Kendall, P.L. (1990): The Focused Interview. A Manual of Problems and Procedures, 2. Aufl., New York u. a..

Merton, R.K./Kendall, P.L. (1979): Das fokussierte Interview, in: Hopf, Ch./Weingarten, E. (Hrsg.), Qualitative Sozialforschung, Stuttgart, S. 171-204.

Morrison, M.A./Haley, E./Sheehan, K.B./Taylor, R.E. (2002): Using qualitative research in advertising: Strategies, techniques and applications, Thousand Oaks u. a..

Neundorfer, L. (2004): Erfolgreiches 50plus-Marketing mit qualitativen Methoden, in: planung & analyse, Nr. 3, S. 36-40.

Salcher, E.F. (1978): Psychologische Marktforschung, Berlin u. a..

Sampson, P./Bhaduri, M. (1986): Getting the Basics Right. Qualitative Data: Interpretation or Misinterpretation?, in: E.S.O.M.A.R (Hrsg.), Seminar on Qualitative Methods of Research: A Matter of Interpretation, Amsterdam, S. 29-71.

Schlackman, W. (1984): A Discussion of the Use of Sensitivity Panels in Market Research, in: Journal of the Market Research Society, 26. Jg., S. 191-208.

Schütze, F. (1978): Die Technik des narrativen Interviews in Interaktionsfeldstudien – dargestellt an einem Projekt zur Erforschung von kommunalen Machtstrukturen, 2. Aufl., Bielefeld.

Schwinger, D. (2005): Vom Kunden zum Entwickler, Stuttgart.

Spranz, A. (2004): Exploring Buying Decisions in Hypermarkets by Means of Thinking Aloud Protocols, in: Buber, R./Gadner, J./Richards, L. (Hrsg.), Applying Qualitative Methods to Marketing Management Research, Houndmills, S. 76-86.

Stafford, M.R./Stafford, T.F. (1993): Participant Observation and the Pursuit of Truth: Methodological and Ethical Considerations, in: Journal of the Market Research Society, 35. Jg., S. 63-77.

Stokes, D. (2006): Methodology or „methodolatry"? An evaluation of focus groups and depth interviews, in: Qualitative Market Research, 9. Jg., Nr. 1, S. 26-37.

Sweeney, A./Perry, Ch. (2004): Using Focus Groups to Investigate New Ideas: Principles and an Example of Internet-Facilitated Relationships in a Regional Financial Services Institution, in: Buber, R./Gadner, J./Richards, L. (Hrsg.), Applying Qualitative Methods to Marketing Management Research, Houndmills, S. 105-122.

Tull, D.S./Hawkins, D.I. (1990): Marketing Research. Measurement & Method, 5. Aufl., New York.

Umminger, P. (1990): Einsatzmöglichkeiten qualitativer Prognoseverfahren im Produktmarketing, Köln.

Weller, D./Grimmer, W. (2004): Qualitative Methoden als Bestandteil einer Integralen Marktforschung, in: planung & analyse, Nr. 3, S. 61-65.

Witzel, A. (2000): Das problemzentrierte Interview. Forum Qualitative Sozialforschung, abrufbar über: http://qualitative-research.net/fqs.

Christian Homburg, Martin Klarmann und Harley Krohmer

Statistische Grundlagen der Datenanalyse

Prof. Dr. Dr. h.c. Christian Homburg ist Inhaber des Lehrstuhls für Allgemeine Betriebswirtschaftslehre und Marketing I an der Universität Mannheim. Dipl.-Kfm. Martin Klarmann ist wissenschaftlicher Mitarbeiter am Lehrstuhl für Allgemeine Betriebswirtschaftslehre und Marketing I an der Universität Mannheim. Prof. Dr. Harley Krohmer ist Inhaber des Lehrstuhls für Marketing an der Universität Bern.

1. Einleitung

Wie im Übersichtsbeitrag zu Methoden der Datenanalyse von Homburg/Herrmann/Pflesser/Klarmann dargestellt, lassen sich Verfahren zur Analyse von Marktforschungsdaten nach zwei Kriterien systematisieren. Zunächst ist hier die Klassifizierung nach der Anzahl der in die Analyse einfließenden Variablen zu nennen. Das heißt, man unterscheidet uni- und bivariate Verfahren, in die ein oder zwei Variablen einfließen, von multivariaten Verfahren, in die mehr als zwei Variablen einfließen. Gleichzeitig kann auch zwischen rein deskriptiven Verfahren mit dem Ziel der Beschreibung der Stichprobe und induktiven Verfahren mit dem Ziel der Gewinnung von (unsicherheitsbehafteten) Erkenntnissen über die zugrunde liegende Grundgesamtheit unterschieden werden.

Zielsetzung des vorliegenden Beitrags ist es, einen Überblick über die grundlegenden uni- und bivariaten Verfahren der Datenanalyse zu geben, sowohl im Hinblick auf ihre deskriptiven als auch im Hinblick auf ihre induktiven Varianten. Abbildung 1 gibt einen grafischen Überblick über die in diesem Zusammenhang wichtigsten Verfahren.

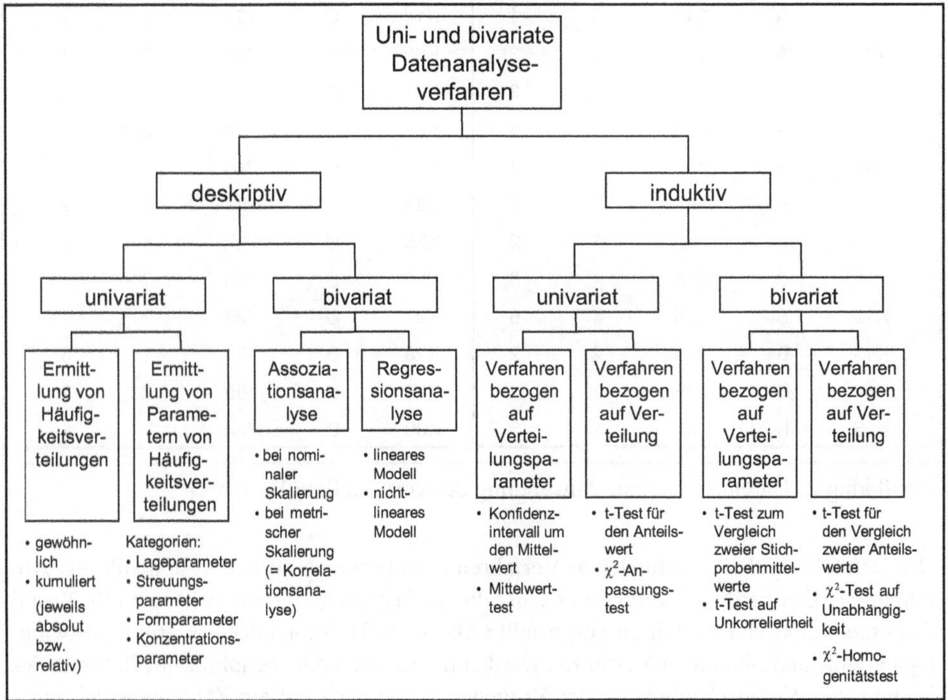

Abbildung 1: Uni- und bivariate Verfahren der Datenanalyse im Überblick

Ein Anbieter von Kopiergeräten führt im Rahmen seines Kundenbeziehungsmanagements regelmäßig Kundenzufriedenheitsbefragungen durch. Dabei werden für jedes Serviceteam jeweils 30 Kunden zu ihrer Gesamtzufriedenheit („Kundenzufriedenheitsindex", KZI) und zu ihrer Weiterempfehlungsabsicht („Word of Mouth", WOM) befragt. Beide Variablen werden auf einer Skala mit 6 Stufen abgefragt, wobei wie bei Schulnoten eine 1 für eine sehr hohe und eine 6 für eine sehr niedrige Zufriedenheit bzw. Weiterempfehlungsabsicht steht.

Da das Unternehmen überlegt, sein Serviceangebot neu zu strukturieren, wurde zudem erfasst, welches der neuen Angebote der Kunde am stärksten präferiert. Konkret sollen Verträge mit einer garantierten Servicepräsenz von 4h, 24h, 48h und 72h nach Auftreten einer Störung angeboten werden, wobei ein schnellerer Service jeweils mit einem teureren Preis einhergeht.

Die für das Serviceteam „Hamburg Ost" erhobenen Daten zu 30 Kunden sind in der untenstehenden Tabelle zusammengefasst. Da das Unternehmen anstrebt, besonders wertvolle Kunden mit Priorität zu behandeln, ist auch angegeben (Spalte „Prio"), ob es sich jeweils um einen A-, B-, C-, oder D-Kunden handelt.

Kd.-Nr.	Prio	Vertrag	KZI	WOM	Kd.-Nr.	Prio	Vertrag	KZI	WOM
K1	A	4h	1	3	K16	B	48h	1	2
K2	A	4h	3	4	K17	B	24h	1	1
K3	A	24h	1	1	K18	B	48h	2	3
K4	A	24h	3	1	K19	C	72h	2	2
K5	A	24h	2	3	K20	C	48h	2	1
K6	A	4h	2	3	K21	C	72h	3	3
K7	A	48h	1	4	K22	C	48h	2	2
K8	B	48h	2	1	K23	C	24h	4	5
K9	B	4h	2	1	K24	C	4h	1	2
K10	B	4h	3	2	K25	C	72h	3	2
K11	B	24h	1	3	K26	C	48h	2	3
K12	B	72h	4	6	K27	D	72h	1	2
K13	B	24h	2	2	K28	D	48h	1	3
K14	B	24h	1	2	K29	D	48h	2	2
K15	B	4h	1	3	K30	D	72h	2	1

Abbildung 2: Datenbeispiel zur Anwendung der vorgestellten Verfahren

Die Darstellung der verschiedenen Verfahren orientiert sich an der Systematik aus Abbildung 1. Das heißt, es werden zunächst die deskriptiven Verfahren (Abschnitt 2) und dann die induktiven Verfahren vorgestellt (Abschnitt 3). Neben der Erklärung der wichtigsten uni- und bivariaten Verfahren werden die meisten der Verfahren im Rahmen des Beitrags zur Veranschaulichung der Vorgehensweise auch auf ein Zahlenbeispiel angewendet. Die Datengrundlage dieses Anwendungsbeispiels ist in Abbildung 2 dargestellt.

KZI	1	2	3	4	5	6
Absolute Häufigkeit	11	12	5	2	0	0
Relative (prozentuale) Häufigkeit	36,67%	40%	16,67%	6,67%	0%	0%
Relative (kumulierte) Häufigkeit	36,67%	76,67%	93,34%	100%	100%	100%

Tabelle 1: Absolute und relative Häufigkeit am Beispiel der Verteilung der Zufriedenheitswerte aus dem Anwendungsbeispiel

2. Deskriptive Verfahren

2.1 Univariate deskriptive Verfahren

Im Bereich der univariaten deskriptiven Verfahren ist zunächst die Ermittlung der eindimensionalen Häufigkeitsverteilung zu nennen. Bei diesem Verfahren werden die absoluten sowie die relativen Häufigkeiten der verschiedenen Ausprägungen eines Merkmals ermittelt. Wenn mindestens ordinales Skalenniveau vorliegt, können die Häufigkeiten summiert werden, wobei dann von kumulierten (absoluten oder relativen) Häufigkeiten gesprochen wird. Hier wird einer Merkmalsausprägung die Häufigkeit des Merkmals selbst sowie die aller Merkmale, die in der Rangordnung davor kommen, zugeordnet. Tabelle 1 zeigt die Häufigkeitsverteilung für die Kundenzufriedenheit der Befragungsteilnehmer aus dem Anwendungsbeispiel.

Häufigkeitsverteilungen werden in der Marktforschungspraxis zudem oftmals grafisch dargestellt. Hierzu eignen sich insbesondere Balken- oder Kreisdiagramme, anhand derer jeweils relative und absolute Häufigkeiten dargestellt werden können.

Ein weiteres Teilgebiet univariater deskriptiver Verfahren ist die Ermittlung der Parameter von Häufigkeitsverteilungen. Hier kann unterschieden werden zwischen

- Lageparametern,
- Streuungsparametern,
- Formparametern und
- Konzentrationsparametern.

Lageparameter geben die Position der Häufigkeitsverteilung auf der Merkmalsskala an. Die wichtigsten Lageparameter sind die Folgenden (vgl. zur Anwendung auf das Datenbeispiel Tabelle 2):

- Den Durchschnitt aller Merkmalausprägungen nennt man arithmetisches Mittel (Mittelwert). Es errechnet sich für eine Stichprobe vom Umfang n folgendermaßen:
$$\bar{x} = \frac{1}{n}\sum_{i=1}^{n} x_i \,. \tag{1}$$
Hierbei bezeichnet x_i die Ausprägung des Merkmals beim i-ten Objekt. Der Mittelwert eines Merkmals in der Grundgesamtheit (im Gegensatz zum Mittelwert in der Stichprobe) wird üblicherweise mit μ bezeichnet.

  Zur Berechnung des arithmetischen Mittels sollte idealerweise metrisches Skalenniveau vorliegen, jedoch wird in der Marktforschungspraxis das arithmetische Mittel oft auch bei ordinalem Skalenniveau berechnet. Bei der Interpretation des Mittelwertes sollte man berücksichtigen, dass extreme Merkmalsausprägungen („Ausreißer") diesen verzerren können.

- Der Median ist diejenige Merkmalsausprägung, die in einer der Größe nach geordneten Reihe von Beobachtungswerten in der Mitte steht. Oberhalb und unterhalb des Medians liegen also gleich viele Beobachtungswerte. Der Median zeichnet sich durch seine relative Stabilität gegenüber Ausreißern aus.

- Die Merkmalsausprägung, die am häufigsten auftritt, heißt Modus (auch Modalwert genannt).

- Verallgemeinerungen des Medians sind die so genannten Quantile. Ein Quantil unterteilt die nach Größe angeordneten Beobachtungswerte so in zwei Gruppen, dass ein bestimmter Prozentsatz der Beobachtungswerte unter dem Quantil und ein bestimmter Prozentsatz über dem Quantil liegt. Beispielsweise weisen mindestens 25 Prozent der Merkmalsträger Werte auf, die kleiner gleich dem 0,25-Quantil sind, und mindestens 75 Prozent der Merkmalsträger Werte auf, die größer gleich dem 0,25-Quantil sind. Der Median ist also das 0,5-Quantil.

Streuungsparameter bringen zum Ausdruck, wie eng bzw. weit die einzelnen Merkmalswerte über den Bereich der Merkmalsskala verteilt sind. Die gebräuchlichsten Streuungsparameter basieren auf der Messung des Abstands der Merkmalsausprägungen vom Mittelwert (vgl. zur Anwendung auf das Datenbeispiel Tabelle 2):

- Die Varianz ist der in der Marktforschung am häufigsten verwendete Streuungsparameter. Sie wird berechnet auf der Basis der quadrierten Abweichungen der einzelnen Beobachtungswerte x_i vom arithmetischen Mittel:

$$s^2 = \frac{\sum_{i=1}^{n}(x_i - \overline{x})^2}{n-1}. \qquad (2)$$

Die Varianz eines Merkmals in der Grundgesamtheit wird üblicherweise auch als σ^2 bezeichnet.

An dieser Stelle ist ein kurzer Hinweis zum Nenner der Formel zur Varianz angebracht. Anders als bei der Formel zum Mittelwert wird hier nicht durch n sondern durch n-1 geteilt. Streng genommen führt diese Formel denn auch nicht zu einem deskriptiven Maß für die Varianz, sondern zu einem induktiven Maß: Die so berechnete Varianz stellt einen unverzerrten Schätzer für die Varianz in der Grundgesamtheit dar. Genau genommen müsste man n im Nenner verwenden, wenn man sich für die Varianz in der Stichprobe und somit ein deskriptives Maß interessiert. Gerade bei größeren Stichproben macht die unterschiedliche Form des Nenners jedoch kaum Unterschiede, so dass in der Praxis unabhängig von der konkreten Zielsetzung die Varianz so gut wie immer mit Hilfe der oben aufgeführten Formel berechnet wird.

- Die Quadratwurzel aus der Varianz ist die Standardabweichung (auch Streuung oder mittlere Abweichung genannt). Sie wird bezogen auf eine Stichprobe mit s und bezogen auf die Grundgesamtheit mit σ bezeichnet.
- Ein relatives Streuungsmaß ist der Variationskoeffizient, der als Quotient der Standardabweichung und des Mittelwerts definiert ist. Mit Hilfe dieser Größe lassen sich beispielsweise Stichproben, die unterschiedliche Mittelwerte aufweisen, hinsichtlich ihrer Streuungen vergleichen.

Formparameter enthalten Informationen über die Form der Verteilung, die über Lage- und Streuungsparameter hinausgehen. Gebräuchliche Formparameter treffen Aussagen über die Schiefe und Wölbung einer Verteilung (vgl. Tabelle 2 zur Anwendung der Formparameter auf das Datenbeispiel):

- Ein relatives Maß für die Schiefe einer Verteilung ist das standardisierte Moment der Schiefe. Es errechnet sich für eine Stichprobe vom Umfang n folgendermaßen (vgl. Schulze 2000, S. 82):

$$\alpha_3 = \frac{\frac{1}{n}\sum_{i=1}^{n}(x_i - \overline{x})^3}{s^3}. \qquad (3)$$

Die Schiefe lässt Aussagen über die Symmetrie bzw. Asymmetrie einer Verteilung zu. Bei einer symmetrischen Verteilung nimmt das Maß den Wert 0 an, da sich die positiven und negativen Terme im Zähler gegenseitig ausgleichen. Werte unter 0 treten bei einer linksschiefen Verteilung auf, das heißt bei einer Verteilung, wo eine

Parameter	Formale Darstellung	Beispiel (KZI)	Interpretation
Lageparameter			
Mittelwert	$\bar{x} = \frac{1}{n}\sum_{i=1}^{n} x_i$	$\bar{x} = 1{,}93$	Die durchschnittliche Kundenzufriedenheit der Kunden in Hamburg Ost beträgt 1,93.
Median	Bei nach Größe geordneten x_i: $Me = x_{\left[\frac{n+1}{2}\right]}$	$Me = 2$	50% der Kundenzufriedenheitswerte liegen unter oder bei 2, 50% liegen über oder bei 2.
Modus	Merkmalsausprägung, die am häufigsten vorkommt.	$Mo = 2$	Die am häufigsten vergebene Zufriedenheitsbewertung ist eine 2.
0,25-Quantil	Bei nach Größe geordneten x_i: $Q_{25\%} = x_{\left[\frac{n+1}{4}\right]}$	$Q_{25\%} = 1$	25% der Kundenzufriedenheitswerte liegen unter oder bei 1, 50% liegen über oder bei 1.
0,75-Quantil	Bei nach Größe geordneten x_i: $Q_{75\%} = x_{\left[\frac{3(n+1)}{4}\right]}$	$Q_{75\%} = 2$	75% der Kundenzufriedenheitswerte liegen unter oder bei 2, 25% liegen über oder bei 2.
Streuungsparameter			
Varianz	$s^2 = \frac{1}{n-1}\sum_{i=1}^{n}(x_i - \bar{x})^2$	$s^2 = 0{,}82$	Die durchschnittliche quadratische Abweichung der Antworten von 1,93 beträgt 0,82.
Standardabweichung	$s = \sqrt{\frac{1}{n-1}\sum_{i=1}^{n}(x_i - \bar{x})^2}$	$s = 0{,}91$	Die Wurzel der durchschnittlichen quadratischen Abweichung der Antworten von 1,93 beträgt 0,91.
Variationskoeffizient	$VC = \frac{s}{\bar{x}}$	$VC = 0{,}47$	Die Höhe der Standardabweichung entspricht 47% des Mittelwerts.
Formparameter			
Schiefe	$\alpha_3 = \frac{\frac{1}{n}\sum_{i=1}^{n}(x_i - \bar{x})^3}{s^3}$	$\alpha_3 = 0{,}66$	Die Verteilung der Kundenzufriedenheit ist rechtsschief.
Wölbung	$\alpha_4 = \frac{\frac{1}{n}\sum_{i=1}^{n}(x_i - \bar{x})^4}{s^4} - 3$	$\alpha_4 = -0{,}48$	Die Verteilung der Kundenzufriedenheit ist leicht flacher als die Normalverteilung.

Erläuterungen: x_i entspricht der Merkmalsausprägung bei Element i aus einer Stichprobe mit n Elementen.

Tabelle 2: Lage-, Streuungs- und Formparameter angewendet auf das Datenbeispiel

kleine Zahl extrem niedriger Werte einer großen Zahl hoher Werte gegenübersteht. Werte über 0 treten bei einer rechtsschiefen Verteilung auf, wo eine kleine Zahl extrem hoher Werte einer großen Zahl niedriger Werte gegenübersteht.

- Ein relatives Maß für die Wölbung einer Verteilung ist das standardisierte Wölbungsmaß nach Fisher (vgl. Schulze 2000, S. 85). Es errechnet sich für eine Stichprobe vom Umfang n folgendermaßen:

$$\alpha_4 = \frac{\frac{1}{n}\sum_{i=1}^{n}(x_i - \overline{x})^4}{s^4} - 3 \qquad (4).$$

  Mit der Wölbung wird die Steilheit einer Verteilung bezeichnet, d.h. es geht im Kern um die Frage, ob der Großteil der Werte nah am Modus liegt oder nicht. Das Wölbungsmaß nach Fisher stellt dabei einen Bezug zur Normalverteilung her, die wie eine Glockenkurve verläuft. Konkret entspricht eine Wölbung von 0 der einer normal verteilten Variable, ist der Wert kleiner als 0, so ist die Verteilung flacher als die Normalverteilung, liegt der Wert über 0, so ist die Verteilung steiler.

Schließlich untersuchen die Konzentrationsparameter das Ausmaß der Ungleichverteilung der Merkmalssumme auf die Merkmalsträger einer Gesamtheit. Es geht also um das Ausmaß der Abweichung von der Gleichverteilung (vgl. ausführlich Schulze 2000).

2.2 Bivariate deskriptive Verfahren

Im Mittelpunkt steht bei bivariaten deskriptiven Verfahren die Frage nach einer möglichen Beziehung zwischen zwei Variablen. Es lassen sich Verfahren der Assoziationsanalyse und die Regressionsanalyse unterscheiden. Verfahren der Assoziationsanalyse untersuchen den Zusammenhang zwischen zwei Variablen, ohne zwischen abhängiger und unabhängiger Variable zu unterscheiden. Zu dieser Gruppe von Verfahren gehören die Kreuztabellierung (bei nominalem Skalenniveau der untersuchten Variablen) und die Korrelationsanalyse (bei metrischem Skalenniveau der untersuchten Variablen). Im Gegensatz hierzu erfolgt bei der Regressionsanalyse eine Unterscheidung zwischen unabhängiger und abhängiger Variable. Anders ausgedrückt befasst sich also die Assoziationsanalyse mit ungerichteten und die Regressionsanalyse mit gerichteten Zusammenhängen. Da die Regressionsanalyse in diesem Band im Beitrag von Skiera/Albers ausführlich behandelt wird, werden hier im Folgenden lediglich Verfahren der Assoziationsanalyse vorgestellt.

Die Kreuztabellierung ist ein Verfahren der Assoziationsanalyse, das bei Variablen mit nominalem Skalenniveau angewendet werden kann. Hierbei werden in einer Matrix die Häufigkeiten aller möglichen Kombinationen der Merkmalsausprägungen zweier Merkmale angegeben. Tabelle 3 zeigt auf Grundlage des Datenbeispiels eine Kreuztabellierung der Merkmale Kundenpriorität und Präferenz für ein Serviceangebot. Es ist zu erkennen, dass höher priorisierte Kunden schnelle Serviceangebote bevorzugen.

Priorität \ Vertrag	4 Stunden	24 Stunden	48 Stunden	72 Stunden	**Summe**
A-Kunden	3	3	1	0	**7**
B-Kunden	3	4	3	1	**11**
C-Kunden	1	1	3	3	**8**
D-Kunden	0	0	2	2	**4**
Summe	7	8	9	6	**30**

Tabelle 3: Kreuztabellierung der Merkmale Vertragspräferenz und Kundenpriorität

Im Fall metrisch skalierter Merkmale erfolgt die Analyse der Assoziation üblicherweise anhand der Korrelationsanalyse. Bei der Korrelationsanalyse wird die Stärke eines möglichen linearen Zusammenhangs zwischen zwei Variablen analysiert, indem der Grad der gemeinsamen Variation der Variablen betrachtet wird. Es wird also untersucht, zu welchem Teil eine Änderung der Werte einer Variablen mit einer Änderung der Werte der anderen Variablen verbunden ist.

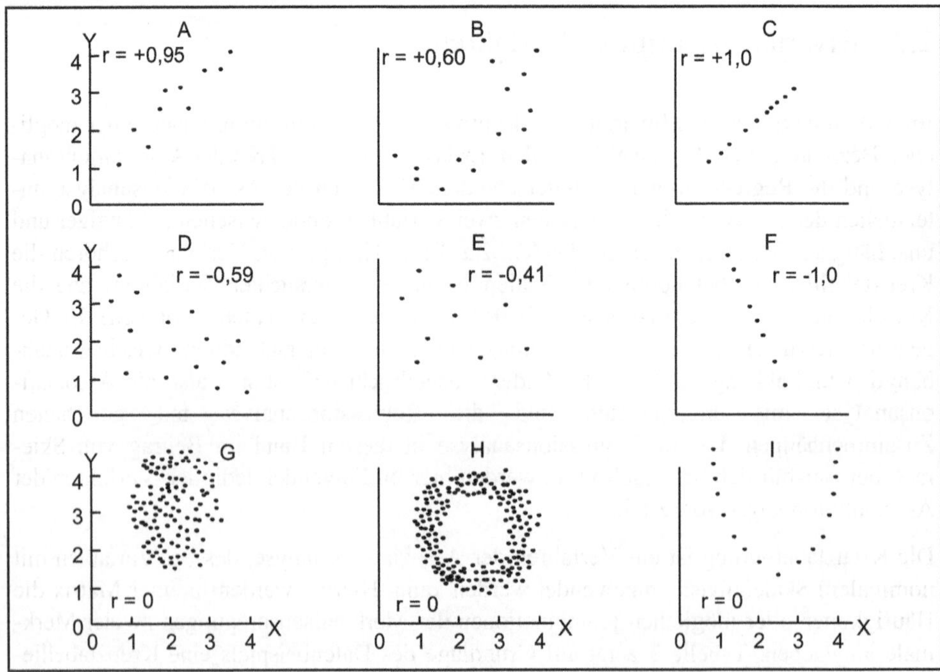

Abbildung 3: Beispiele für Verteilungen zweier Variablen und dazugehörige Korrelationskoeffizienten (vgl. Churchill/Iacobucci 2005, S. 524)

Die Korrelationsanalyse stützt sich auf den Korrelationskoeffizienten r, der ein Maß für den Grad der gemeinsamen Variation der beiden Variablen x und y darstellt. Auf der Basis einer Stichprobe vom Umfang n mit Wertepaaren (x_i, y_i) (i=1, ..., n) errechnet er sich folgendermaßen:

$$r = \frac{\sum_{i=1}^{n}(x_i - \bar{x})\cdot(y_i - \bar{y})}{\sqrt{\left(\sum_{i=1}^{n}(x_i - \bar{x})^2\right)\cdot\left(\sum_{i=1}^{n}(y_i - \bar{y})^2\right)}}. \qquad (5)$$

Dabei bezeichnet $\bar{x}$ den Stichprobenmittelwert aller Messwerte der Variablen x und $\bar{y}$ den Stichprobenmittelwert der Variablen y.

Der Korrelationskoeffizient r ist auf den Bereich von -1 bis +1 beschränkt. Positive Werte des Korrelationskoeffizienten zeigen einen gleich gerichteten Zusammenhang zwischen den beiden Variablen an (je größer x, desto größer y), negative Werte einen gegenläufigen Zusammenhang (je kleiner x, desto größer y). Je näher der Korrelationskoeffizient betragsmäßig bei 1 liegt, desto besser lässt sich der Zusammenhang zwischen den beiden Variablen in einem (x,y)-Koordinatensystem durch eine Gerade veranschaulichen. Im Fall eines positiven Korrelationskoeffizienten handelt es sich um eine steigende Gerade, im Fall eines negativen Korrelationskoeffizienten um eine fallende Gerade. Bei r = 1 bzw. r = -1 liegen alle n Punkte exakt auf einer Geraden. Beispiele für mögliche Zusammenhänge sowie die entsprechenden Korrelationskoeffizienten sind in Abbildung 7-4 dargestellt. Bei r = 0 (Unkorreliertheit) ist kein linearer Zusammenhang zwischen x und y gegeben. Allerdings könnte ein nichtlinearer Zusammenhang existieren (vgl. zum Beispiel Diagramm I in Abbildung 3 für einen quadratischen Zusammenhang).

In Abbildung 4 wird die Berechnung des Korrelationskoeffizienten anhand des Beispieldatensatzes dargestellt.

Das Unternehmen möchte untersuchen, wie stark die Weiterempfehlungsabsicht der Kunden mit der Zufriedenheit mit den Serviceteams zusammenhängt. Es rechnet deshalb den Korrelationskoeffizienten aus.

Kunde	KZI (x_i)	WOM (y_i)	$(x_i-\bar{x})$	$(y_i-\bar{y})$	$(x_i-\bar{x})\cdot(y_i-\bar{y})$	$(x_i-\bar{x})^2$	$(y_i-\bar{y})^2$
K1	1	3	-0.93	0.57	-0.53	0.87	0.32
K2	3	4	1.07	1.57	1.67	1.14	2.45
K3	1	1	-0.93	-1.43	1.34	0.87	2.05
K4	3	1	1.07	-1.43	-1.53	1.14	2.05
K5	2	3	0.07	0.57	0.04	0.00	0.32
K6	2	3	0.07	0.57	0.04	0.00	0.32
K7	1	4	-0.93	1.57	-1.46	0.87	2.45
K8	2	1	0.07	-1.43	-0.10	0.00	2.05
K9	2	1	0.07	-1.43	-0.10	0.00	2.05
K10	3	2	1.07	-0.43	-0.46	1.14	0.19
K11	1	3	-0.93	0.57	-0.53	0.87	0.32
K12	4	6	2.07	3.57	7.37	4.27	12.72
K13	2	2	0.07	-0.43	-0.03	0.00	0.19
K14	1	2	-0.93	-0.43	0.40	0.87	0.19
K15	1	3	-0.93	0.57	-0.53	0.87	0.32
K16	1	2	-0.93	-0.43	0.40	0.87	0.19
K17	1	1	-0.93	-1.43	1.34	0.87	2.05
K18	2	3	0.07	0.57	0.04	0.00	0.32
K19	2	2	0.07	-0.43	-0.03	0.00	0.19
K20	2	1	0.07	-1.43	-0.10	0.00	2.05
K21	3	3	1.07	0.57	0.60	1.14	0.32
K22	2	2	0.07	-0.43	-0.03	0.00	0.19
K23	4	5	2.07	2.57	5.30	4.27	6.59
K24	1	2	-0.93	-0.43	0.40	0.87	0.19
K25	3	2	1.07	-0.43	-0.46	1.14	0.19
K26	2	3	0.07	0.57	0.04	0.00	0.32
K27	1	2	-0.93	-0.43	0.40	0.87	0.19
K28	1	3	-0.93	0.57	-0.53	0.87	0.32
K29	2	2	0.07	-0.43	-0.03	0.00	0.19
K30	2	1	0.07	-1.43	-0.10	0.00	2.05
Summe	58	73	0	0	12.87	23.87	43.37

Die Summen der drei rechten Spalten können in die Formel des Korrelationskoeffizienten eingesetzt werden. Es ergibt sich:

$$r = \frac{\sum_{i=1}^{n}(x_i-\bar{x})\cdot(y_i-\bar{y})}{\sqrt{\left(\sum_{i=1}^{n}(x_i-\bar{x})^2\right)\cdot\left(\sum_{i=1}^{n}(y_i-\bar{y})^2\right)}} = \frac{12,87}{\sqrt{23,87\cdot 43,37}} = 0,40$$

Abbildung 4: Beispiel zur Berechnung eines Korrelationskoeffizienten auf Grundlage des Datenbeispiels zu diesem Beitrag

3. Induktive Verfahren

Wie bereits einführend angeführt, zeichnen sich induktive Verfahren dadurch aus, dass von einer Stichprobe Rückschlüsse auf Gegebenheiten in der Grundgesamtheit vorgenommen werden. Solche Rückschlüsse können in zweierlei Form getroffen werden: über das Aufstellen von Konfidenzintervallen oder das Durchführen von Signifikanztests.

Konfidenzintervalle geben den Bereich an, in dem bei einer bestimmten vorgegebenen Irrtumswahrscheinlichkeit der wahre Wert für einen einzelnen Verteilungsparameter in der Grundgesamtheit liegt. Mit Hilfe von Konfidenzintervallen lässt sich so die Präzision der gewonnenen Erkenntnisse über eine Grundgesamtheit ablesen. Je schmaler ein Konfidenzintervall um einen bestimmten Verteilungsparameter (zum Beispiel den Mittelwert) ausfällt, desto präziser lassen sich anhand der Stichprobe Aussagen über die Grundgesamtheit treffen.

Signifikanztests sind ein Verfahren, mit dem anhand einer Stichprobe Hypothesen über die Verteilung bzw. einzelne Verteilungsparameter von Merkmalen in der Grundgesamtheit überprüft werden können. Insbesondere kann mit einer gewissen Irrtumswahrscheinlichkeit eine zu testende Aussage gegenüber der logischen Alternative dieser Aussage geprüft werden.

Bei der Durchführung von Signifikanztests wird schrittweise vorgegangen (vgl. Abbildung 5 sowie Homburg/Krohmer 2006, 340 ff., Bleymüller/Gehlert/Gülicher 2004, S. 102 ff.).

In einem ersten Schritt werden zunächst die Nullhypothese H_0 und die Gegenhypothese H_1 formuliert. In der Regel stellt die Gegenhypothese die Aussage dar, die mit Hilfe des Hypothesentests gestützt werden soll, das heißt zum Beispiel eine Aussage darüber, dass ein Mittelwert höher als ein bestimmter vorgegebener Wert ausfällt oder ein Zusammenhang zwischen zwei Variablen existiert. Die so genannte Nullhypothese stellt dann die logische Alternative zu dieser Aussage dar, das heißt zum Beispiel, dass ein Mittelwert kleiner oder gleich einem bestimmten vorgegebenen Wert ist oder kein Zusammenhang zwischen zwei Variablen existiert.

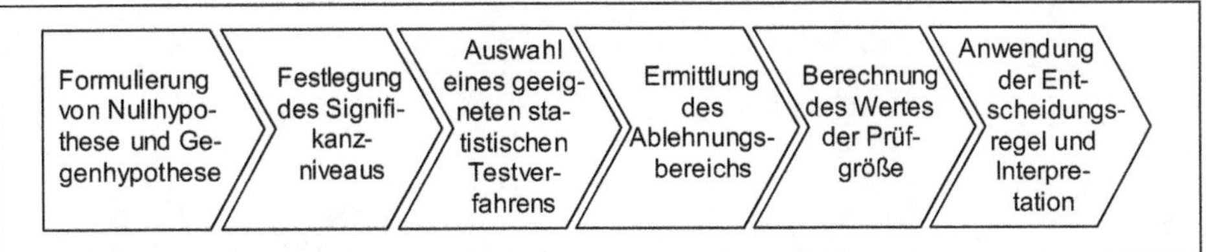

Abbildung 5: Allgemeine Vorgehensweise bei Signifikanztests
(Quelle: Homburg/Krohmer 2006, S. 340)

In einem zweiten Schritt wird dann das Signifikanzniveau α festgelegt. Es entspricht der Wahrscheinlichkeit für einen Fehler 1. Art. Hiermit ist gemeint, dass die Nullhypothese abgelehnt wird, obwohl sie in Wahrheit (das heißt in der Grundgesamtheit) zutrifft. Anders ausgedrückt, es geht um die Wahrscheinlichkeit, dass man sich für die Gegenhypothese entscheidet, obwohl die Nullhypothese stimmt. Es liegt in der Natur statistischer Tests, dass derartige Fehler niemals mit Sicherheit ausgeschlossen werden können. Daher sichert man sich durch Vorgabe eines Signifikanzniveaus α (auch als Irrtumswahrscheinlichkeit bezeichnet) gegen eine zu hohe Wahrscheinlichkeit eines solchen Fehlers ab. Die Größe $(1 - \alpha)$ wird als Sicherheitswahrscheinlichkeit bezeichnet. In der Marktforschungspraxis sind drei Signifikanzniveaus üblich: Signifikanzniveaus von 10 Prozent ($\alpha = 0{,}10$), 5 Prozent ($\alpha = 0{,}05$) oder 1 Prozent ($\alpha = 0{,}01$). Die entsprechenden Sicherheitswahrscheinlichkeiten sind 90 Prozent, 95 Prozent bzw. 99 Prozent.

Der nächste Schritt besteht in der Auswahl eines geeigneten statistischen Testverfahrens. In der Statistik sind für eine Vielzahl relevanter Nullhypothesen Prüfgrößen entwickelt worden, für die bekannt ist, welche Werte mit welcher Wahrscheinlichkeit auftreten, wenn die Nullhypothese stimmt. Zentrale Prüfgrößen für eine Reihe in der Praxis bedeutsamer Signifikanztests werden wir im Folgenden vorstellen. Einen größeren Überblick bieten zum Beispiel Bamberg/Baur (2006) und Bleymüller/Gehlert/Gülicher (2004).

In einem nächsten Schritt wird dann der Ablehnungsbereich ermittelt. Wie bereits erwähnt, ist für die verschiedenen statistischen Prüfgrößen die Wahrscheinlichkeit bekannt, mit der bestimmte Werte auftreten, wenn die Nullhypothese stimmt. Ausgehend vom Signifikanzniveau wird im Rahmen dieses Schritts nun ein kritischer Wert identifiziert, ab dem die Nullhypothese abgelehnt werden soll. Konkret geht es darum, die Werte zu ermitteln, die – wenn die Nullhypothese stimmt – mit einer Wahrscheinlichkeit auftreten, die kleiner als das Signifikanzniveau ist. Hieraus resultiert die Entscheidungsregel, die Nullhypothese dann abzulehnen, wenn der Wert der Prüfgröße im Ablehnungsbereich liegt, und ansonsten nicht abzulehnen.

In einem weiteren Schritt wird dann der empirische Wert der Prüfgröße berechnet. Dieser ergibt sich aus den Daten der vorliegenden Stichprobe. Schließlich werden die Entscheidungsregel angewendet und das Ergebnis interpretiert.

Eine Frage, die sich das Unternehmen stellt, ist die Frage nach der Präzision der ermittelten Kundenzufriedenheitswerte. Es soll das 95%-Konfidenzintervall um den Mittelwert errechnet werden. Als Unter- und Obergrenze des Konfidenzintervalls ergeben sich:

$$x_U = \bar{x} - z \cdot \frac{s}{\sqrt{n}} = 1{,}93 - 1{,}96 \cdot \frac{0{,}91}{\sqrt{30}} = 1{,}60$$

$$x_O = \bar{x} + z \cdot \frac{s}{\sqrt{n}} = 1{,}93 + 1{,}96 \cdot \frac{0{,}91}{\sqrt{30}} = 2{,}26$$

Konkret bedeutet das, dass die tatsächliche mittlere Zufriedenheit in der Grundgesamtheit mit 95% Wahrscheinlichkeit im Intervall zwischen 1,60 und 2,26 liegt.

Abbildung 6: Aufstellen eines Konfidenzintervalls um den Mittelwert der Kundenzufriedenheit im Kontext des Anwendungsbeispiels

3.1 Univariate induktive Verfahren

Zentrale univariate induktive Verfahren, die im Folgenden vorgestellt werden sollen, sind:

- das Aufstellen von Konfidenzintervallen um den Mittelwert,
- der Mittelwerttest,
- der t-Test für einen Anteilswert,
- der χ^2-Anpassungstest.

Das Konfidenzintervall um den Mittelwert gibt an, in welchem Bereich um den Mittelwert $\bar{x}$ einer Stichprobe der Mittelwert der Grundgesamtheit mit einer bestimmten Wahrscheinlichkeit liegt. Mathematisch lassen sich die untere (x_u) und die obere Grenze (x_o) des Konfidenzintervalls wie folgt berechnen:

$$x_u = \bar{x} - z \cdot \frac{s}{\sqrt{n}}, x_o = \bar{x} + z \cdot \frac{s}{\sqrt{n}} \tag{6}$$

Dabei ist n die Stichprobengröße, und s die Standardabweichung der Variablen. Der Parameter z ist das (1-α/2)-Quantil der sogenannten Standardnormalverteilung. Die Standardnormalverteilung ist eine spezielle, wie eine Glockenkurve verlaufende Verteilung, für die die Häufigkeitsverteilung exakt bekannt ist. Das (1-α/2)-Quantil entspricht dabei dem Wert der Standardnormalverteilung, oberhalb dessen Werte nur noch mit (α/2)% Wahrscheinlichkeit auftreten, bzw. unterhalb dessen negativem Äquivalent Werte ebenfalls nur noch mit (α/2)% Wahrscheinlichkeit auftreten. Die entsprechenden Quantile lassen sich aus Tabellen ablesen. Im Rahmen des Beitrags handelt es sich dabei um Tabelle 4.

α bezeichnet in diesem Kontext die Irrtumswahrscheinlichkeit. Berechnet man zum Beispiel ein Konfidenzintervall für eine Sicherheitswahrscheinlichkeit von 95%, so beträgt α also 0,05. Das resultierende Konfidenzintervall gibt dann an, in welchem Bereich der Mittelwert der Grundgesamtheit mit 95% Wahrscheinlichkeit liegt. In Abbildung 6 ist die Berechnung eines Konfidenzintervalls anhand des Datenbeispiels dargestellt.

Mit Hilfe des Mittelwerttests lassen sich Vermutungen über die Höhe des Mittelwerts μ in der Grundgesamtheit explizit testen. Eine häufig interessante Frage ist zum Beispiel die Frage, ob ein Mittelwert μ in der Grundgesamtheit von einem bestimmten Mittelwert μ_0 abweicht. Hieraus ergeben sich dann folgende formale Hypothesen:

Nullhypothese: H_0: $\mu = \mu_0$; Gegenhypothese: H_1: $\mu \neq \mu_0$.

Freiheitsgrade	0,90-Quantil der t-Verteilung	0,95-Quantil der t-Verteilung	0,975-Quantil der t-Verteilung	0,99-Quantil der t-Verteilung	0,995-Quantil der t-Verteilung
1	3,078	6,314	12,706	31,821	63,657
2	1,886	2,920	4,303	6,965	9,925
3	1,638	2,353	3,182	4,541	5,841
4	1,533	2,132	2,776	3,747	4,604
5	1,476	2,015	2,571	3,365	4,032
6	1,440	1,943	2,447	3,143	3,707
7	1,415	1,895	2,365	2,998	3,499
8	1,397	1,860	2,306	2,896	3,355
9	1,383	1,833	2,262	2,821	3,250
10	1,372	1,812	2,228	2,764	3,169
11	1,363	1,796	2,201	2,718	3,106
12	1,356	1,782	2,179	2,681	3,055
13	1,350	1,771	2,160	2,650	3,012
14	1,345	1,761	2,145	2,624	2,977
15	1,341	1,753	2,131	2,602	2,947
∞ (Standardnormalverteilung)	1,282	1,645	1,960	2,326	2,576

Tabelle 4: Quantile der t-Verteilung bei unterschiedlichen Freiheitsgraden

Das Unternehmen ist daran interessiert, festzustellen, ob sich die Zufriedenheit der Kunden des Serviceteams Hamburg Ost im Vergleich zum Vorjahr (durchschnittliche Zufriedenheit von 2,35) verändert hat. Angestrebt wird, sich bei der Feststellung von Veränderungen mit maximal 5% Wahrscheinlichkeit zu irren.

Als Null- und Gegenhypothese ergeben sich:
H_0: $\mu_{KZI} = 2{,}35$
H_1: $\mu_{KZI} \neq 2{,}35$.

Zum Test dieser Hypothesen eignet sich ein zweiseitiger Mittelwerttest. Als kritischer Wert für die Prüfgröße t ergibt sich bei df = n-1 = 30 - 1 = 29 Freiheitsgraden ein Wert von 1,960 bzw. -1,960 (entsprechend dem 0,975-Quantil der t-Verteilung).

Setzt man den Mittelwert und die Standardabweichung des KZI in die Formel der Prüfgröße ein, so ergibt sich:

$$t = \frac{\bar{x} - \mu_0}{s} \cdot \sqrt{n} = \frac{1{,}93 - 2{,}35}{0{,}91} \cdot \sqrt{30} = -2{,}53$$

Der Wert der Prüfgröße ist kleiner als der kritische Wert, die Nullhypothese wird daher abgelehnt. Die Zufriedenheit mit dem Serviceteam hat sich seit der letzten Befragung signifikant verändert.

Abbildung 7: Durchführung eines Mittelwerttests anhand der Frage zur Kundenzufriedenheit im Beispieldatensatz

Diese Kombination von Null- und Gegenhypothese wird als zweiseitiger Test bezeichnet, hier sprechen sowohl starke positive als auch starke negative Abweichungen des Stichprobenmittelwerts von μ_0 für eine Ablehnung der Nullhypothese. Eine weitere Möglichkeit ist es, zu überprüfen, ob der Mittelwert μ der Grundgesamtheit größer oder kleiner als ein bestimmter Mittelwert μ_0 ist. In einem solchen Fall ergibt sich ein einseitiger Test mit folgenden Kombinationen von Null- und Gegenhypothese:

Nullhypothese: H_0: $\mu \leq \mu_0$; Gegenhypothese: H_1: $\mu > \mu_0$ oder

Nullhypothese: H_0: $\mu \geq \mu_0$; Gegenhypothese: H_1: $\mu < \mu_0$.

Treffen diese Nullhypothesen zu, so ist die im folgenden dargestellte Prüfgröße t t-verteilt mit n-1 Freiheitsgraden, das heißt, es ist möglich, aus Tabelle 4 abzulesen, wie wahrscheinlich es ist, dass die Prüfgröße bestimmte Werte annimmt, wenn die Nullhypothese stimmt. Formal ergibt sich die Prüfgröße t als

$$t = \frac{\bar{x} - \mu_0}{s} \cdot \sqrt{n}\,. \tag{7}$$

$\bar{x}$ bezeichnet hierbei den Mittelwert in der Stichprobe (empirischer Mittelwert), μ_0 den hypothetischen Mittelwert, s die Standardabweichung in der Stichprobe und n den Stichprobenumfang.

Vor diesem Hintergrund kann mit Hilfe des vorher festgelegten Signifikanzniveaus α anhand von Tabelle 4 ein Ablehnungsbereich für die Nullhypothese bestimmt werden. Handelt es sich um einen zweiseitigen Test, so wird die Nullhypothese abgelehnt, wenn t größer ist als das $(1-\alpha/2)$-Quantil der t-Verteilung oder wenn t kleiner ist als das Negative dieses Quantils. Handelt es sich um einen einseitigen Test mit H_1: $\mu > \mu_0$, so wird die Nullhypothese abgelehnt, wenn t größer ist als das $(1-\alpha)$-Quantil der t-Verteilung, handelt es sich um einen einseitigen Test mit H_1: $\mu < \mu_0$, so wird die Nullhypothese abgelehnt, wenn t kleiner ist als das Negative des $(1-\alpha)$-Quantils der t-Verteilung. In Abbildung 7 ist ein Beispiel für einen Mittelwerttest dargestellt.

Der t-Test für den Anteilswert erlaubt anhand einer Stichprobe die Überprüfung von Vermutung θ_0 über den Anteil θ einer bestimmten Ausprägung einer Variable an allen Ausprägungen der Variable in der Grundgesamtheit. Wie beim soeben vorgestellten Mittelwerttest können solche Vermutungen in Form von ein- und zweiseitigen Nullhypothesen formalisiert werden, um dann mit Hilfe der folgenden Prüfgröße überprüft zu werden:

$$t = \frac{P - \theta_0}{\sqrt{\frac{\theta_0 \cdot (1-\theta_0)}{n}}}. \tag{8}$$

Bei der Aufstellung des Business Plans für das neue Servicevertragsmodell hat das Unternehmen damit kalkuliert, dass sich 30% der Kunden für einen garantierten Service innerhalb von 4 Stunden entscheiden. Anhand der vorliegenden Stichprobe möchte das Unternehmen nun bei 5% Irrtumswahrscheinlichkeit überprüfen, ob diese Annahme begründet ist.

Als Null- und Gegenhypothese ergeben sich:
H_0: $\theta_0 = 0{,}30$
H_1: $\theta_0 \neq 0{,}30$

Zum Test dieser Hypothesen eignet sich ein zweiseitiger Test für den Anteilswert. Da $n\theta_0(1-\theta_0)=6{,}3<9$, lässt sich die im Text vorgeschlagene Prüfgröße t nicht zur Überprüfung der Hypothesen heranziehen. Nötig wird deshalb die Berechnung der Wahrscheinlichkeit, dass bei n=30 und $\theta_0 = 0{,}30$ bei einer binomial verteilten Zufallsvariable ein Wert kleiner oder gleich 7 auftritt (7 Kunden, d.h. 23,3% in der Stichprobe haben sich für den garantierten Service innerhalb von 4 Stunden entschieden). Die entsprechende Wahrscheinlichkeit hierfür ergibt sich als 28%. Diese Wahrscheinlichkeit ist deutlich höher als die Irrtumswahrscheinlichkeit von 5%, so dass die Nullhypothese nicht abgelehnt werden kann. Diese Stichprobe sollte dem Unternehmen also keinen Anlass geben, die 30%-Annahme zu hinterfragen.

Abbildung 8: Durchführung eines Tests für den Anteilswert anhand des Datenbeispiels

Freiheitsgrade	0,90-Quantil der χ^2-Verteilung	0,95-Quantil der χ^2-Verteilung	0,99-Quantil der χ^2-Verteilung
1	2,71	3,84	6,63
2	4,61	5,99	9,21
3	6,25	7,81	11,35
4	7,78	9,49	13,28
5	9,24	11,07	15,09
6	10,64	12,59	16,81
7	12,02	14,07	18,48
8	13,36	15,51	20,09
9	14,68	16,92	21,67
10	15,99	18,31	23,21
20	28,41	31,41	37,57
30	40,26	43,77	50,89
100	118,50	124,34	135,81
200	226,02	233,99	249,45

Tabelle 5: Quantile der χ^2-Verteilung bei unterschiedlichen Freiheitsgraden

Dabei ist P der Anteil der Ausprägung der Variable in der Stichprobe und n der Stichprobenumfang. Unter der Bedingung, dass $n\theta_0(1-\theta_0) \geq 9$, ist diese Prüfgröße näherungsweise normalverteilt, das heißt, anhand der letzten Zeile von Tabelle 4 kann der Ablehnungsbereich für die Nullhypothese bestimmt werden. Wird diese Bedingung nicht erfüllt, so muss anhand der Binomialverteilung (die tabelliert nicht in diesem Beitrag enthalten ist, wohl aber im Internet zur Verfügung steht) überprüft werden, wie wahrscheinlich bei Richtigkeit der Nullhypothese ein Auftreten des in der Stichprobe beobachteten Anteils ist. Bei dem in Abbildung 8 dargestellten Beispiel wird ein solches Vorgehen nötig.

Mit Hilfe des χ^2-Anpassungstests kann überprüft werden, ob eine Stichprobenverteilung mit einer hypothetischen Verteilung übereinstimmt. Im Mittelpunkt steht die Frage, inwieweit eine in einer Stichprobe beobachtete Merkmalsverteilung mit einer für die Grundgesamtheit unterstellten hypothetischen Verteilung konsistent ist. Konkret ergibt sich folgende Kombination von Null- und Gegenhypothese:

Nullhypothese: H_0: Die Stichprobe wurde aus einer Grundgesamtheit gezogen, in der das Merkmal die hypothetische Verteilung aufweist.

Gegenhypothese: H_1: Die Stichprobe wurde aus einer Grundgesamtheit gezogen, in der das Merkmal nicht die hypothetische Verteilung aufweist.

Ein Ziel des Unternehmens im Zusammenhang mit der Datenerhebung war es, zu überprüfen, ob die Verteilung der verschiedenen Kundengruppen unterschiedlicher Priorität (A-,B-,C-, und D-Kunden) der Verteilung in Norddeutschland insgesamt entspricht (A-Kunden: 15%, B-Kunden: 50%, C-Kunden 25%, D-Kunden: 10%).

Als Null- und Gegenhypothese ergeben sich:
H_0: Die Stichprobe wurde aus einer Grundgesamtheit gezogen, in der die Kundengruppen wie im gesamten norddeutschen Raum verteilt sind.
H_1: Die Stichprobe wurde aus einer Grundgesamtheit gezogen, in der die Kundengruppen nicht wie im gesamten norddeutschen Raum verteilt sind.

Angestrebt wird, sich bei Ablehnung der Nullhypothese mit maximal 5% Wahrscheinlichkeit zu irren. Zur Überprüfung der Hypothesen wird ein χ^2-Anpassungstest durchgeführt. Als kritischer Wert für die Prüfgröße ergibt sich bei k-1 = 3 Freiheitsgraden ein Wert von 7,81.

Zur Berechnung der Prüfgröße lässt sich folgende Arbeitstabelle verwenden:

Kundenpriorität (Klasse i)	**A**	**B**	**C**	**D**	**Summe**
Anzahl Befragungsteilnehmer (h_i)	7	11	8	4	30
Hypothetische Anzahl Befragungsteilnehmer ($n \cdot p_i$)	4,5 (30·0,15)	15 (30·0,50)	7,5 (30·0,25)	3 (30·0,10)	30
Differenz ($h_i - n \cdot p_i$)	2,5	-4	0,5	1	0
Quadrierte Differenz $(h_i - n \cdot p_i)^2$	6,25	16	0,25	1	
Summand $(h_i - n \cdot p_i)^2 / (n \cdot p_i)$	1,39	1,07	0,03	0,33	**2,82**

Der Wert der Prüfgröße 2,28 liegt unter dem kritischen Wert von 7,81. Die Nullhypothese kann deshalb nicht abgelehnt werden. Das Unternehmen kann deshalb nicht davon ausgehen, dass die Verteilung der Prioritätsklassen Hamburg Ost von der allgemeinen Verteilung abweicht.

Abbildung 9: Durchführung eines χ^2-Anpassungstests anhand des Datenbeispiels

Wir gehen im Folgenden davon aus, dass die Grundgesamtheit in k Klassen (i = 1, ..., k) unterteilt ist und dass diese Klassen gemäß der hypothetischen Verteilung relative Häufigkeiten von p_i (i = 1, ..., n) aufweisen. Bei Richtigkeit der Nullhypothese würde man bei einer Stichprobe vom Umfang n für die i-te Klasse eine absolute Häufigkeit von $n \cdot p_i$ erwarten. Die Prüfgröße des χ^2-Anpassungstests ergibt sich aus den Unterschieden zwischen diesen theoretischen Häufigkeiten ($n \cdot p_i$) und den empirisch beobachteten Häufigkeiten (h_i):

$$\chi^2 = \sum_{i=1}^{k} \frac{(h_i - n \cdot p_i)^2}{n \cdot p_i}. \quad (9)$$

Diese Prüfgröße misst die Konsistenz zwischen empirisch beobachteter und theoretisch unterstellter Verteilung. Im Falle perfekter Übereinstimmung zwischen den beiden Verteilungen nimmt die Prüfgröße den Wert Null an. Je größer der Wert der Prüfgröße ist, desto geringer ist die Konsistenz zwischen den beiden Verteilungen, desto eher neigt man also zur Ablehnung der Nullhypothese. Der χ^2-Test ist demnach ein einseitiger Test. Da die Prüfgröße im Fall der Richtigkeit der Nullhypothese einer χ^2-Verteilung mit k-1 Freiheitsgraden folgt, ist der kritische Wert also das (1-α)-Quantil dieser Verteilung. Liegt der empirisch ermittelte Wert der Prüfstatistik über diesem Wert, so ist die Nullhypothese abzulehnen. Entsprechende Quantile der χ^2-Verteilung sind in Tabelle 5 zusammengestellt (für ausführlicheres Tabellenmaterial vgl. Bamberg/Baur 2006). Abbildung 9 zeigt die beispielhafte Anwendung des χ2-Anpassungstests anhand des Datenbeispiels zu diesem Beitrag.

3.2 Bivariate induktive Verfahren

Zentrale bivariate induktive Verfahren, die im Folgenden vorgestellt werden sollen, sind:

- t-Test zum Vergleich zweier Stichprobenmittelwerte,
- t-Test für den Vergleich zweier Anteilswerte,
- t-Test auf Unkorreliertheit,
- der χ^2-Unabhängigkeitstest,
- der χ^2-Homogenitätstest.

Unter den induktiven bivariaten Verfahren, die sich auf Verteilungsparameter beziehen, ist der t-Test zum Vergleich zweier Stichprobenmittelwerte für die Marktforschungspraxis von hoher Bedeutung. Man geht hier von einem Merkmal aus, das in zwei verschiedenen Stichproben erhoben wurde. Die Unterscheidung zwischen den beiden Stichproben soll anhand eines inhaltlich bedeutsamen Merkmals (zum Beispiel Geschlecht) orientiert sein, so dass man unterstellen kann, dass den beiden Stichproben jeweils unterschiedliche Grundgesamtheiten (zum Beispiel Männer bzw. Frauen) zugrunde liegen. Im Vordergrund steht der Vergleich zwischen den Mittelwerten der beiden Stichproben. Hat man aus den beiden Stichproben die jeweiligen Mittelwerte $\overline{x}$ bzw. $\overline{y}$ ermittelt und stellt man hier eine gewisse Differenz fest, so stellt sich die Frage, ob diese Differenz so groß ist, dass man mit hinreichender Sicherheit unterstellen kann, dass die Mittelwerte in den beiden Grundgesamtheiten, denen die beiden Stichproben entnommen sind, unterschiedlich sind. Die Nullhypothese unterstellt dabei die Gleichheit der beiden Mittelwerte:

$H_0: \mu_1 = \mu_2$.

Der Test verwendet (unter der Annahme, dass in beiden Grundgesamtheiten Normalverteilungen vorliegen und dass die Varianzen der betrachteten Variable in beiden Grundgesamtheiten gleich groß sind) die folgende Prüfgröße:

$$t = \frac{\bar{x} - \bar{y}}{\sqrt{\frac{(n_1 + n_2)[(n_1 - 1)s_1^2 + (n_2 - 1)s_2^2]}{n_1 \cdot n_2 (n_1 + n_2 - 2)}}} . \qquad (10)$$

Diese ist bei Richtigkeit der Nullhypothese t-verteilt mit $df = n_1 + n_2 - 2$ Freiheitsgraden, wobei n_1 und n_2 die Umfänge der beiden Stichproben bezeichnen. Die Prüfung der Nullhypothese durch den Vergleich der berechneten Prüfgröße t mit dem kritischen t-Wert erfolgt analog zur Vorgehensweise beim Mittelwerttest. Abbildung 10 zeigt anhand des Datenbeispiels, wie ein solcher Test mit Hilfe der Software SPSS durchgeführt werden kann.

Eine ähnliche Zielsetzung wie mit dem t-Test zum Vergleich zweier Stichprobenmittelwerte kann mit dem t-Test zum Vergleich zweier Anteilswerte verfolgt werden. Hier geht es um die Fragestellung, ob zwei Stichprobenanteilswerte P_1 und P_2 aus zwei Stichproben mit dem Umfang n_1 und n_2 aus zwei Grundgesamtheiten mit unterschiedlichen Anteilswerten θ_1 und θ_2 stammen. Die Nullhypothese unterstellt wieder die Gleichheit der Anteilswerte:

$H_0: \theta_1 = \theta_2$.

Unter der Annahme, dass die Anteilswerte näherungsweise normalverteilt sind ($n\theta_1(1\text{-}\theta_1) \geq 9$ und $n\theta_2(1\text{-}\theta_2) \geq 9$), kann zum Test dieser Nullhypothese die folgende Prüfgröße verwendet werden (Bleymüller/Gehlert/Gülicher 2004, S. 112):

$$t = \frac{P_1 - P_2}{\sqrt{\frac{n_1 P_1 + n_2 P_2}{n_1 + n_2} \cdot \left(1 - \frac{n_1 P_1 + n_2 P_2}{n_1 + n_2}\right)} \cdot \sqrt{\frac{n_1 + n_2}{n_1 n_2}}} \qquad (11)$$

Diese Prüfgröße ist bei Richtigkeit der Nullhypothese normalverteilt, das heißt, der Ablehnungsbereich kann mit Hilfe der letzten Zeile aus Tabelle 4 bestimmt werden.

Der t-Test auf Unkorreliertheit kommt zur Anwendung, wenn von einem auf der Basis einer Stichprobe ermittelten Korrelationskoeffizienten zwischen zwei Variablen auf die Korrelation der Variablen in der Grundgesamtheit geschlossen werden soll.

Im Rahmen der Auswertung seiner Zufriedenheitsdaten interessiert das Unternehmen auch, ob sich das Zufriedenheitsniveau bei A- und C-Kunden unterscheidet. Die entsprechende Schlussfolgerung soll mit einer Irrtumswahrscheinlichkeit von maximal 5% getroffen werden.

Als Null- und Gegenhypothese ergeben sich:

H_0: $\mu_{A\text{-}Kunden} = \mu_{C\text{-}Kunden}$

H_1: $\mu_{A\text{-}Kunden} \neq \mu_{C\text{-}Kunden}$

Zum Test dieser Hypothesen eignet sich ein Mittelwertdifferenztest, der mit Hilfe der statistischen Analysesoftware SPSS durchgeführt wird:

Gruppenstatistiken

	Priorisierung	N	Mittelwert	Standardabweichung	Standardfehler des Mittelwertes
Servicezufriedenheit	A	7	1.8571	.89974	.34007
	C	8	2.3750	.91613	.32390

Anzahl der Mitglieder der beiden Gruppen in der Stichprobe

Durchschnittliche Ausprägung der Servicezufriedenheit in beiden Gruppen

Standardabweichung der Servicezufriedenheit in beiden Gruppen

Erwartete Streuung des Mittelwerts in jeder der Gruppen bei wiederholter Stichprobenziehung

Die deskriptive Auswertung der Daten zeigt, dass die durchschnittliche Zufriedenheit mit den angebotenen Services bei den C-Kunden um etwa 0,5 unter der Servicezufriedenheit bei den A-Kunden liegt.

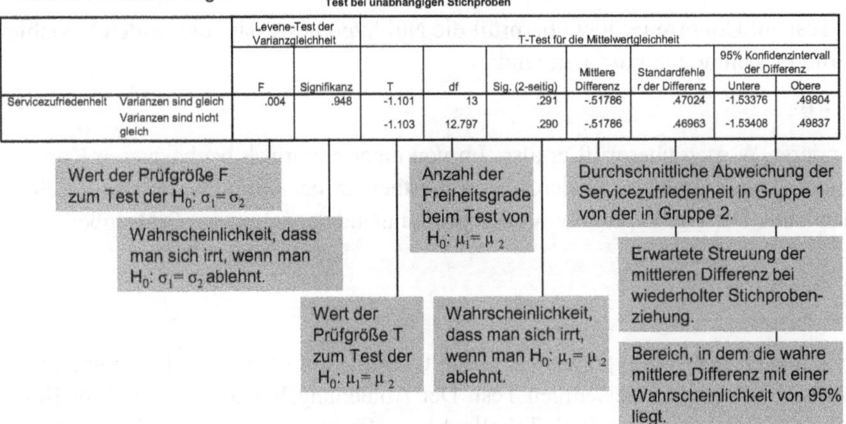

Test bei unabhängigen Stichproben

		Levene-Test der Varianzgleichheit		T-Test für die Mittelwertgleichheit						
									95% Konfidenzintervall der Differenz	
		F	Signifikanz	T	df	Sig. (2-seitig)	Mittlere Differenz	Standardfehler der Differenz	Untere	Obere
Servicezufriedenheit	Varianzen sind gleich	.004	.948	-1.101	13	.291	-.51786	.47024	-1.53376	.49804
	Varianzen sind nicht gleich			-1.103	12.797	.290	-.51786	.46963	-1.53408	.49837

Wert der Prüfgröße F zum Test der H_0: $\sigma_1 = \sigma_2$
Wahrscheinlichkeit, dass man sich irrt, wenn man H_0: $\sigma_1 = \sigma_2$ ablehnt.
Anzahl der Freiheitsgrade beim Test von H_0: $\mu_1 = \mu_2$
Durchschnittliche Abweichung der Servicezufriedenheit in Gruppe 1 von der in Gruppe 2.
Erwartete Streuung der mittleren Differenz bei wiederholter Stichprobenziehung.
Wert der Prüfgröße T zum Test der H_0: $\mu_1 = \mu_2$
Wahrscheinlichkeit, dass man sich irrt, wenn man H_0: $\mu_1 = \mu_2$ ablehnt.
Bereich, in dem die wahre mittlere Differenz mit einer Wahrscheinlichkeit von 95% liegt.

Im Zusammenhang mit der inferenzstatistischen Auswertung der Daten zeigt sich zunächst, dass die Nullhypothese der Varianzgleichheit nicht abgelehnt werden kann. Im Weiteren relevant ist deshalb der unter der Annahme der Varianzgleichheit durchgeführte t-Test, der in der ersten Zeile wiedergegeben wird. Hier zeigt sich, dass die Wahrscheinlichkeit, sich bei Ablehnung der Nullhypothese der Mittelwertgleichheit zu irren, bei 29,1% liegt. Sie ist damit deutlich höher als 5%: Die Mittelwerte unterscheiden sich nicht signifikant voneinander.

Abbildung 10: Durchführung eines t-Tests zum Vergleich zweier Stichprobenmittelwerte anhand des Datenbeispiels

Das Unternehmen hat zwischen Kundenzufriedenheit mit dem Serviceteam und der Weiterempfehlungsabsicht eine Korrelation von 0,40 ermittelt. Es ist nun daran interessiert, ob es (bei 5% verbleibender Irrtumswahrscheinlichkeit) davon ausgehen kann, dass sich dieser Zusammenhang von 0 unterscheidet.

Als Null- und Gegenhypothese ergeben sich:

H_0: $\rho_{KZI,WOM} = 0$
H_1: $\rho_{KZI,WOM} \neq 0$.

Zum Test der Nullhypothese wird ein t-Test auf Unkorreliertheit durchgeführt. Als kritischer Wert für die Prüfgröße ergibt sich bei df = n-2 = 28 Freiheitsgraden ein Wert von -1,960 bzw. 1,960.

Die Prüfgröße errechnet sich unter diesen Umständen wie folgt:

$$t = \frac{r}{\sqrt{1-r^2}} \cdot \sqrt{n-2} = \frac{0,4}{\sqrt{1-0,16}} \cdot \sqrt{28} = 2,309$$

Der Wert der Prüfgröße 2,309 liegt über dem kritischen Wert von 1,96. Die Nullhypothese muss deshalb abgelehnt werden: Das Unternehmen kann davon ausgehen, dass zwischen der Kundenzufriedenheit mit dem Serviceteam und der Weiterempfehlungsabsicht ein Zusammenhang besteht.

Abbildung 11: Durchführung eines t-Tests auf Unkorreliertheit anhand des Datenbeispiels

Der t-Test auf Unkorreliertheit überprüft die Nullhypothese, dass die beiden Variablen in der Grundgesamtheit unkorreliert sind:

H_0: $\rho = 0$.

Mit anderen Worten überprüft er also, ob von einer empirisch beobachteten Korrelation zwischen zwei Variablen auf deren Korreliertheit in der Grundgesamtheit geschlossen werden kann. Die Nullhypothese wird geprüft anhand der folgenden Prüfgröße:

$$t = \frac{r}{\sqrt{1-r^2}} \sqrt{n-2} \,. \qquad (12)$$

Bei Richtigkeit der Nullhypothese ist diese t-verteilt mit df = n – 2 Freiheitsgraden. Es handelt sich um einen zweiseitigen Test. Der Ablehnungsbereich kann auf der Basis einer tabellierten t-Verteilung (vgl. Tabelle 4 bzw. Bamberg/Baur 2006 für ausführlichere Tabellen) ermittelt werden. Abbildung 11 zeigt die Anwendung des t-Tests auf Unkorreliertheit anhand des Datenbeispiels.

Bei nominalskalierten Variablen kann ein t-Test auf Unkorreliertheit nicht durchgeführt werden. In solchen Zusammenhängen kommt der χ^2- Unabhängigkeitstest zur Anwendung. Er untersucht für zwei nominalskalierte Variablen die Nullhypothese, dass sie in der Grundgesamtheit unabhängig voneinander sind. Datengrundlage dieses Tests ist eine Kreuztabellierung der Häufigkeiten der beiden Merkmale.

Neben der Auswertung der Zufriedenheitsdaten ist das Unternehmen auch daran interessiert, ob es einen Zusammenhang zwischen der Kundenpriorität und der gewählten Form des Servicevertrags gibt. Angestrebt wird, die Schlussfolgerung mit einer Irrtumswahrscheinlichkeit von maximal 5% zu fällen.

Als Null- und Gegenhypothese ergeben sich:

H_0: Es gibt keinen Zusammenhang zwischen Kundenpriorität und gewählter Vertragsform.

H_1: Es gibt einen Zusammenhang zwischen Kundenpriorität und gewählter Vertragsform.

Zum Test dieser Hypothesen eignet sich ein χ^2-Unabhängigkeitstest. Als kritischer Wert für die Prüfgröße ergibt sich bei (r-1) • (s-1) = (4-1) • (4-1) = 9 Freiheitsgraden ein Wert von 16,92.

Zur Berechnung der Prüfgröße bietet sich in einem ersten Schritt eine Kreuztabellierung der empirisch vorgefundenen Häufigkeiten der verschiedenen Priorität-Vertragskombinationen an:

Vertrag / Priorität	4 Stunden	24 Stunden	48 Stunden	72 Stunden	**Summe**
A-Kunden	3	3	1	0	**7**
B-Kunden	3	4	3	1	**11**
C-Kunden	1	1	3	3	**8**
D-Kunden	0	0	2	2	**4**
Summe	**7**	**8**	**9**	**6**	**30**

Auf Grundlage dieser Informationen können auch die theoretischen Häufigkeiten bei Richtigkeit der Nullhypothese ermittelt werden. So ergibt sich zum Beispiel für die Kombination A-Kunde / 4h-Vertrag eine theoretische Häufigkeit von (7/30) * (7/30) * 30 = 1,63.

In der untenstehenden Tabelle sind die theoretischen Häufigkeiten aufgeführt:

Vertrag / Priorität	4 Stunden	24 Stunden	48 Stunden	72 Stunden	**Summe**
A-Kunden	1,63	1,87	2,10	1,40	**7**
B-Kunden	2,57	2,93	3,30	2,20	**11**
C-Kunden	1,87	2,13	2,40	1,60	**8**
D-Kunden	0,93	1,07	1,20	0,80	**4**
Summe	**7**	**8**	**9**	**6**	**30**

Nun kann der Wert der Prüfgröße errechnet werden. Sie errechnet sich als:

$$\chi^2 = \frac{(3-1{,}63)^2}{1{,}63} + \frac{(3-1{,}87)^2}{1{,}87} + \frac{(1-2{,}10)^2}{2{,}10} + \ldots + \frac{(2-0{,}80)^2}{0{,}80} = 11{,}66$$

11,66 ist kleiner als der kritische Wert von 16,92. Die Nullhypothese kann deshalb bei einer Irrtumswahrscheinlichkeit von 5% nicht abgelehnt werden. Folglich kann das Unternehmen nicht davon ausgehen, dass es zwischen der Wertigkeit der Kunden für das Unternehmen und der Wahl der Servicevertragsform einen Zusammenhang gibt.

Abbildung 12: Durchführung eines χ^2- Unabhängigkeitstests anhand des Datenbeispiels

Die Prüfgröße χ^2 wird prinzipiell wie beim univariaten χ^2-Anpassungstest durch Vergleich der empirischen Häufigkeiten mit den bei Richtigkeit der Nullhypothese erwarteten Häufigkeiten errechnet. Die Prüfgröße folgt bei Richtigkeit der Nullhypothese einer χ^2-Verteilung mit $df = (r-1) \cdot (s-1)$ Freiheitsgraden. Mit r bzw. s wird jeweils die Anzahl der Klassen der beiden Variablen bezeichnet.

Zur Berechnung der Prüfgröße sind die Häufigkeiten zu ermitteln, die man bei Richtigkeit der Nullhypothese (das heißt Unabhängigkeit der beiden Variablen) erwarten würde. Grundlage dieser Berechnung ist die aus der Wahrscheinlichkeitsrechnung bekannte Tatsache, dass zwei Ereignisse genau dann unabhängig voneinander sind, wenn die Wahrscheinlichkeit für das gemeinsame Eintreten der beiden Ereignisse dem Produkt der beiden Wahrscheinlichkeiten entspricht ($P(A \cap B) = P(A) \cdot P(B)$). In Abbildung 12 wird die Berechnung der Prüfgröße anhand des Datenbeispiels verdeutlicht.

Die χ^2-Verteilung wird auch beim letzten im Rahmen dieses Beitrags vorgestellten Test genutzt, dem χ^2-Homogenitätstest. Mit Hilfe dieses Tests wird untersucht, ob zwei Stichproben aus Grundgesamtheiten kommen, in denen die betrachteten Merkmale dieselbe Verteilung aufweisen. Anders ausgedrückt geht es um die Frage, ob sich die Verteilung eines Merkmals zwischen zwei Stichproben signifikant unterscheidet. Die Nullhypothese unterstellt, dass die Verteilung des Merkmals in beiden Stichproben gleich ist.

Die Prüfgröße χ^2 wird wie bei den anderen vorgestellten χ^2-Tests über den Vergleich der empirisch ermittelten Häufigkeit mit den bei Richtigkeit der Nullhypothese erwarteten Häufigkeiten berechnet. Dabei lässt sich der χ^2-Homogenitätstest auch als ein χ^2- Unabhängigkeitstest verstehen, indem die Zugehörigkeit zu einer Stichprobe als eine nominal skalierte Variable aufgefasst wird (vgl. Bleymüller/Gehlert/Gülicher 2004, S. 132).

4. Ausblick

Ziel des Beitrags war es, einen Überblick über uni- und bivariate Analyseverfahren der Marktforschung zu vermitteln, sowohl in deskriptiver als auch in induktiver Hinsicht. Damit dient dieser Beitrag auch als Grundlage für die folgenden Beiträge in diesem Band, denn die komplexen multivariaten Verfahren der Marktforschung bauen häufig auf den hier vorgestellten Verfahren auf bzw. erweitern diese.

Das Format eines solchen Handbuchbeitrags bringt die Notwendigkeit mit sich, sich auf einen Ausschnitt wichtiger Verfahren zu beschränken. Ein erweiterter Überblick über deskriptive Verfahren findet sich zum Beispiel bei Schulze (2000), eine Vielzahl weiterer induktiver Verfahren stellen zum Beispiel Bleymüller/Gehlert/Gülicher (2004) und Bamberg/Baur (2006) vor.

Literaturverzeichnis

Bamberg, G./Baur, F. (2006): Statistik, 13. Auflage, München.

Bleymüller, J./Gehlert, G., Gülicher, H. (2004): Statistik für Wirtschaftswissenschaftler, 14. Auflage, München.

Churchill, G./Iacobucci, D. (2005): Marketing Research: Methodological Foundations, 9. Auflage, Fort Worth.

Homburg, Ch./Krohmer, H. (2006): Marketingmanagement, 2. Auflage, Wiesbaden.

Schulze, P. (2000): Beschreibende Statistik, 4. Auflage, München.

Manfred Hüttner und Ulf Schwarting

Exploratorische Faktorenanalyse

Prof. Dr. Manfred Hüttner war Inhaber einer wirtschaftswissenschaftlichen Professur mit den Schwerpunkten Marketing und Marktforschung an der Universität Bremen. Dipl.-Ök. Ulf Schwarting ist freiberuflicher Unternehmensberater in Bremen.

1. Zielsetzung

Unter den *Begriff* Faktorenanalyse wird eine Reihe *multivariater Analyseverfahren* subsumiert, die darauf angelegt sind, ausgehend vom Geflecht der Beziehungen, das zwischen einer Menge von gegebenen Variablen besteht, eine geringere Anzahl dahinter verborgener Größen offenzulegen, die als sog. *Faktoren* dieses Relationsgefüge erklären. Die *Grundidee* der Faktorenanalyse basiert damit auf der Annahme, dass sich eine Vielzahl von gegebenen („manifesten") Variablen resp. die zwischen ihnen vorliegenden Beziehungen auf einige wenige dahinterstehende – „latente" – Faktoren zurückführen lassen. Hierdurch soll die Komplexität der zwischen den manifesten Variablen vorhandenen Zusammenhänge auf ihre Relationen zu übergeordneten, bisher nicht identifizierten, zentralen Sachverhalten, den Faktoren, *reduziert* werden. Es wird also auf eine *Verdichtung* der komplexen Struktur der Ausgangsdaten abgestellt.

Die *Anfänge* der Faktorenanalyse fußen in der psychologischen Forschung der Jahrhundertwende. Hier versuchte man im Zuge der Messung der „Intelligenz", diese möglichst auf einen einzigen Faktor, den „Generalfaktor", zurückzuführen (Spearman 1904). Später ging man zu der Vorstellung von „multiplen Faktoren" über (Thurstone 1931). Derartige Probleme der Datenverdichtung sind nun nicht allein innerhalb der Psychologie i. e. S. zu lösen, sondern können in vielfältiger Weise auch im Rahmen der – letztlich psychologisch fundierten – Marktforschung auftreten.

Ein *Beispiel* wäre etwa das Problem der Ermittlung zentraler Käuferwünsche: So könnten Nachfrager z. B. im Zuge einer Befragung zu Backwaren die Sachverhalte „Knuspereffekt beim Biss", „Kaloriengehalt", „leichtes Zergehen auf der Zunge", „aromatischer Geruch", „Zuckeranteil", „zugesetzte Konservierungsstoffe", „Fettanteile" sowie „Art der Backgewürze" einer Beurteilung zugrundegelegt haben. Es ist recht leicht zu erkennen, dass die Sachverhalte „Knuspereffekt beim Biss", „leichtes Zergehen auf der Zunge", „aromatischer Geruch" und „Art der Backgewürze" einerseits sowie „Kaloriengehalt", „zugesetzte Konservierungsstoffe" und „Fettanteile" andererseits inhaltliche Gemeinsamkeiten aufweisen. Die Elemente der *ersten* Gruppe betreffen das *Geschmacks-* oder *Genusserlebnis* und die der *zweiten* den Aspekt der *Gesundheit.* Bei der Eigenschaft „Zuckeranteil" erscheint eine Zuordnung zu beiden Gruppen angemessen, da sie sowohl zum Geschmacks-/Genusserlebnis als auch zur Gesundheit in erkennbarer Beziehung steht. Die Aufgabe der exploratorischen Faktorenanalyse wäre hier nun, aufgrund der mit diesen inhaltlichen Beziehungen korrespondierenden statistischen Zusammenhänge offenzulegen, dass die verschiedenen Beschreibungsmerkmale von Backwaren auf nur zwei bisher unbekannten Basiseigenschaften beruhen.

In *methodischer* Hinsicht werden beim Einsatz der Faktorenanalyse die zunächst lediglich vermuteten Faktoren mit Hilfe geeigneter mathematischer Algorithmen aus den Interkorrelationen zwischen den gegebenen (manifesten) Variablen hergeleitet. Die Untersuchung setzt insofern bei den *wechselseitigen Abhängigkeiten* der Variablen untereinander an und bezieht sich nicht auf eine Einteilung der Ausgangsdaten in abhängige und unabhängige Größen. Es erfolgt also keine entsprechende Partitionierung der Datenmatrix (vgl. zu diesem Problem z. B. Hüttner/ Schwarting 2002, S. 211). Daher handelt es sich bei der Faktorenanalyse um ein Verfahren der *Interdependenzanalyse*, im Unterschied zu Methoden der Dependenzanalyse, wie etwa der Regressionsanalyse, die von einer Partitionierung der Datenmatrix in unabhängige und abhängige Variablen ausgehen.

Das Konzept der Faktorenanalyse implizierte zunächst ein im Rahmen der *explorativen Datenanalyse* einzusetzendes Auswertungsverfahren und war im Grundsatz rein deskriptiver Natur. Später erfolgte auch eine wahrscheinlichkeitstheoretische Fundierung. Schließlich vollzog sich dann eine Weiterentwicklung zu Ansätzen, die auf eine *konfirmatorische* Datenanalyse abstellen. Diese sog. konfirmatorische Faktorenanalyse bildet wiederum eine der Wurzeln der im Beitrag „Strukturgleichungsmodelle mit latenten Variablen: Kausalanalyse“ von Homburg, Pflesser und Klarmann in diesem Band dargelegten „Kausalanalyse“.

Im Folgenden soll allein der klassische Ansatz der Faktorenanalyse, der in Abgrenzung zur vorbezeichneten konfirmatorischen Faktorenanalyse als exploratorische oder explorative Faktorenanalyse zu bezeichnen ist, behandelt werden, da der konfirmatorischen Faktorenanalyse in diesem Band ein eigener Beitrag gewidmet ist (siehe den Beitrag von Homburg/Klarmann/Pflesser in diesem Band).

2. Grundlagen

2.1 Strukturierung der Ausgangsdaten

Üblicherweise werden im Marketingkontext mittels Faktorenanalyse Datensätze ausgewertet, welche die bei einer oder mehreren *Person(en)* bzw. Personenmehrheit(en) – etwa einzelne Endnachfrager, Haushalte, Händler oder Experten – gewonnenen Ausprägungen mehrerer *Variablen* enthalten, durch die ein oder mehrere Untersuchungs*objekt(e)* – etwa Produkte, Marken, Konsumbereiche oder Einkaufsstätten – beschrieben werden. Sofern die Ausprägungen mehrerer Variablen bei mehreren Personen für mehrere Objekte erhoben werden, impliziert der auszuwertende Datensatz damit *drei* Dimensionen. Theoretisch könnten noch *weitere* Dimensionen hinzukommen, etwa wenn außerdem noch der *Zeitpunkt* und die *Situation* der Datengewinnung unterschieden würden.

Cases \ Variablen	v_1	...	v_j	...	v_n
c_1	x_{11}	...	x_{1j}	...	x_{1n}
⋮	⋮		⋮		⋮
c_i	x_{i1}	...	x_{ij}	...	x_{in}
⋮	⋮		⋮		⋮
c_m	x_{m1}	...	x_{mj}	...	x_{mn}

Abbildung 1: Allgemeine Datenmatrix

Die *klassische* Faktorenanalyse stellt allerdings auf eine Datenauswertung hinsichtlich lediglich *zweier* Dimensionen ab. Gleichwohl wurden im Verlauf der Zeit auch Ansätze zur Auswertung bezüglich dreier Dimensionen vorgestellt. Diese spezifischen faktorenanalytischen Konzepte, die unter dem Begriff *dreimodale Faktorenanalyse* subsumiert werden, können hier mit Rücksicht auf den Umfang jedoch nicht näher ausgeführt werden. (vgl. dazu einen Überblick bei Krolak-Schwerdt 1991). So soll im Folgenden allein der klassische zweimodale Ansatz der Faktorenanalyse dargelegt werden. Diese Form der Faktorenanalyse setzt bei der Aufbereitung der erhobenen Daten zu einer *zwei*dimensionalen *Datenmatrix* an. Jene ist heute in der Regel derart definiert, dass in den *Spalten* die *Variablen* und in den *Zeilen* die einzelnen *Fälle* der Datengewinnung („Cases") angeordnet werden. Eine allgemeine Datenmatrix für m Fälle c_i und n Variablen v_j wird durch Abbildung 1 wiedergegeben. Das generelle Matrixelement x_{ij} steht dann für die im i-ten Fall gewonnene Ausprägung für die j-te Variable.

Sofern sich der Datensatz jedoch auf mehrere Personen, Objekte und Variablen bezieht, ergibt sich das Problem der Überführung eines dreidimensionalen Datensatzes in eine zweidimensionale Datenmatrix. Dabei stellt sich zunächst die Frage, ob die Objekte oder die Personen als Cases heranzuziehen sind. Entsprechend dieser Wahlmöglichkeit ergeben sich *zwei* unterschiedliche *Richtungen der Datenaufbereitung* als Ansatzpunkt für eine Faktorenanalyse: die Auswertung von Objekt-Variablen-Gegenüberstellungen oder die Anaylse von Personen-Variablen-Gegenüberstellungen. Weiterhin stellt sich die Frage, auf welche Weise die verbleibende dritte Dimension zu eliminieren ist. Dieses Problem soll hier exemplarisch für den Fall betrachtet werden, dass die Datenmatrix Personen als Cases in den Zeilen enthält. Im Falle einer Heranziehung der Objekte als Cases ist nach dem gleichen Muster zu verfahren, nur in umgekehrter Logik. Es existieren nun drei Möglichkeiten zur Lösung des vorbezeichneten Problems:

- Durchschnittsbildung über die Objekte: Hierdurch erhält man eine Datenmatrix für ein durchschnittliches Objekt.
- Bildung von Objekt-Personen-Cases: Hier werden die verschiedenen Kombinationen der einzelnen Personen mit den einzelnen Objekten als die Cases aufgefasst. Dies führt bei m Personen und k Objekten zu einer Verlängerung der Datenmatrix um (k-1) · m Cases.
- Objektbezogene Aufsplittung des Datensatzes: Hier werden für jedes einzelne Objekt die jeweiligen Variablen- und Personendaten zu spezifischen zweidimensionalen Datenmatrizen aufbereitet, die dann zunächst einzeln mittels Faktorenanalyse ausgewertet werden. Dies ist allerdings nur dann sinnvoll, wenn in nachfolgenden Untersuchungsschritten die objektspezifischen Ergebnisse einer Faktorenanalyse einander gegenübergestellt werden sollen (etwa zum Zwecke der Herausarbeitung von Ähnlichkeiten und/oder Unterschieden zwischen den verschiedenen Objekten).

Meistens wird empfohlen, die in Form einer zweidimensionalen Matrix aufbereiteten Ausgangsdaten im Vorfeld der faktorenanalytischen Auswertung zu *standardisieren.* Dabei ist das allgemeine Matrixelement x_{ij} durch Bildung der Differenz zum Mittelwert und anschließende Division durch die Standardabweichung in den standardisierten Wert z_{ij} zu überführen. Dadurch wird der Vergleich von Variablen, die auf unterschiedlichen Skalen – nicht Skalenniveaus – erhoben wurden, ermöglicht; so sind eben die Varianzen aller Variablen gleich und haben jeweils den Wert Eins. Dies erleichtert die nachfolgenden Auswertungsschritte.

Den Übergang von der Erstellung einer Datenmatrix zum ersten Schritt der Faktorenanalyse bildet deren Überführung in eine Korrelationsmatrix. Durch Abbildung 2 wird eine solche Korrelationsmatrix exemplarisch wiedergegeben.

Zur Erstellung dieser Matrix sind die betreffenden Variablen in den Zeilen und Spalten einander gegenüberzustellen, so dass die Zellen der Matrix die möglichen Kombinationen von jeweils zwei Variablen anzeigen. Durch die Eintragung der entsprechenden bivariaten Korrelationskoeffizienten in diesen Zellen erhält man schließlich die Korrelationsmatrix. Ein bivariater *Korrelationskoeffizient* nach *Bravais-Pearson* zwischen den Variablen g und h berechnet sich dabei gemäß folgender Formel:

$$r_{gh} = \frac{\sum \left(x_{ig} - \bar{x}_g\right)\left(x_{ih} - \bar{x}_n\right)}{\sqrt{\sum \left(x_{ig} - \bar{x}_g\right)^2 \sum \left(x_{in} - \bar{x}_h\right)^2}} \qquad (1)$$

	logischer Aufbau	Aktualität	Tiefe d. Darlegungen	Übersichtliche Gestaltung	Verständlichkeit	Umfang	▪ ▪	Layoutdesign
logischer Aufbau	-	0.0441	0,2988	0,9728	0,4273	-0,2173	▪ ▪	-0,4872
Aktualität		-	0,829	0,167	0,7797	0,8345	▪ ▪	0,7839
Tiefe d. Darlegungen			-	0,3034	0,5147	0,8456	▪ ▪	0,5309
Übersichtliche Gestaltung				-	0,6039	-0,1752	▪ ▪	-0,3614
Verständlichkeit					-	0,3529	▪ ▪	0,413
Umfang						-	▪ ▪	0,8696
▪							▪ ▪	
▪							▪ ▪	
Layoutdesign	-	-	-	-	-	-	▪ ▪	-

Abbildung 2: Exemplarische Korrelationsmatrix

Aufgrund der Symmetrie, welche der abgebildeten Matrix innewohnt, bringen die Matrixzellen auf der Hauptdiagonalen die Selbstkorrelationen der Variablen zum Ausdruck. Weiterhin bedingt sie, dass es ausreicht, allein die Zelleneinträge für die *obere Dreicksmatrix* anzugeben.

Eine Korrelationsmatrix gemäß Abbildung 2, in deren Zeilen und Spalten die Variablen aufgeführt sind, stellt den Normalfall der Faktorenanalyse dar. Theoretisch ist jedoch auch die Gegenüberstellung der Cases möglich. Demgemäß sind *zwei* unterschiedliche *Richtungen der Faktorisierung* der Datenmatrix denkbar. Der *Normal*fall, also die Zugrundelegung einer Korrelationsmatrix für die Variablen bei der Auswertung, wird als *R-Analyse* bezeichnet. Bei dieser erfolgt eine Analyse der Interkorrelationen zwischen Variablen. Man spricht hier von einer Faktorisierung der Datenmatrix in Richtung der Variablen. Der andere Fall wird als *Q-Analyse* bezeichnet. Sie stellt auf eine Analyse der Interkorrelationen zwischen den Cases ab. Hier würde also die Transpose der im Normalfall vorliegenden Korrelationsmatrix verwendet. Auf die Möglichkeit einer solchen umgekehrten Faktorenanalyse wurde zuerst von Stephenson (1935; 1936) hingewiesen, wobei es ihm konkret um eine Faktorisierung in Richtung der Personen ging. In diesem Fall würden dann die Bestimmungsfaktoren der Ähnlichkeit zwischen Personen, also eine Art Personentypen, ermittelt. Zur Lösung derartiger Probleme wird jedoch durch die Techniken der Clusteranalyse (vgl. hierzu den Beitrag von Jensen in diesem Band) heute ein sehr breites und vielfältig erprobtes Instrumentarium zur Verfügung gestellt. Daher kommt dieser Form der Q-Analyse kaum noch Bedeutung zu. Eine Faktorisierung in Richtung von Objekten, also eine Q-Analyse, die sich auf eine Datenmatrix bezieht, welche Objekte in den Zeilen enthält, ermöglicht eine direkte Positionierung der Objekte in einem Merkmalsraum. Bei der Erarbeitung von *Positionierungsmodellen,* worauf in

		Grundsätzliche Aufbereitungsrichtung	
		Personen	Objekte
Richtung der Faktorisierung der Datenmatrix	Variablen	A R-Analyse bezüglich personenbezogener Variablenausprägungen Normalfall der Faktorenanalyse	B R-Analyse bezüglich objektbezogener Variablenausprägungen
	Cases	C Q-Analyse bezüglich variablenbezogener Personentypen Normalfall der Q-Analyse	D Q-Analyse bezüglich variablenbezogener Objekttypen

Abbildung 3: Prinzipielle Einsatzmöglichkeiten der Faktorenanalyse

Abschnitt 4 (Beispiel) noch näher eingegangen wird, erweist sich heute jedoch die R-Analyse als der weniger problematische Ansatz.

Die Kombination der zwei unterschiedlichen prinzipiellen Aufbereitungsrichtungen mit den zwei verschiedenen Richtungen der Faktorisierung der Datenmatrix ergibt insgesamt vier prinzipielle Möglichkeiten des Einsatzes der Faktorenanalyse. Diese werden durch Abbildung 3 zusammenfassend dargestellt.

Der *klassische* Anwendungsfall der Faktorenanalyse ist das Vorgehen gemäß Feld A, also eine R-Analyse hinsichtlich personenbezogener Variablenausprägungen. Aus praktischen Gründen beschränken sich die folgenden allgemeinen Erläuterungen zur Modellbasis und mathematisch-statistischen Grundlagen der Faktorenanalyse zunächst auf diese.

2.2 Modelle der Faktorenanalyse

Bei geometrischer Interpretation des faktorenanalytischen Auswertungsproblems lassen sich die gegebenen manifesten Variablen als Vektoren begreifen, die sich innerhalb eines

Raumes von noch unbekannter Dimensionalität in bestimmter Lage zueinander befinden. Die Beziehungen von jeweils zwei dieser Vektoren schlagen sich in dem Winkel zwischen ihnen nieder (so verkörpert der entsprechende Kosinus die Korrelation beider Größen). Idealtypisch betrachtet beinhaltet das prinzipielle Auswertungskonzept der Faktorenanalyse nun die Suche nach r *linear unabhängigen Vektoren* (Basisvektoren), welche den Raum erzeugen, in dem die gegebenen n Vektoren in bestimmter Lage zueinander angeordnet sind. Dabei wird vermutet, dass r < n ist. Die gesuchten Faktoren kann man insofern als die senkrecht zueinander stehenden Achsen eines r-dimensionalen Raumes auffassen, innerhalb dessen Dimensionalität die gegebenen Vektoren und ihre Lage zueinander generierbar bzw. die durch deren Winkel verkörperten Beziehungen zwischen den manifesten Variablen reproduzierbar sind.

Vor diesem Hintergrund kann jeder der n gegebenen Vektoren jeweils als Linearkombination von r Basisvektoren beschrieben werden bzw. es lässt sich jede der n manifesten Variablen x_j durch eine additive Verknüpfung von r Faktoren f_l ausdrücken:

$$x_j = a_{j1} \cdot f_1 + ... + a_{jl} \cdot f_l + ... + a_{jr} \cdot f_r \qquad (2)$$

Die Koeffizienten a_{jl} (a_{j1} über a_{jl} bis a_{jr}) geben dabei die unterschiedlichen Ausmaße wieder, in welchem die einzelnen Faktoren l zur Erklärung der betreffenden Variablen j beitragen. In mathematisch-statistischer Hinsicht sind sie nichts anderes als eine Maßzahl für den Zusammenhang zwischen einem Faktor sowie einer manifesten Variablen und entsprechen damit inhaltlich Korrelationskoeffizienten. In der Terminologie der Faktorenanalyse wird dieser spezifische Erklärungsbeitrag durch den Begriff *Faktorenladung* (factor loading) gekennzeichnet.

Die auswertungslogische Bezugsbasis der Faktorenanalyse ist vor diesem Hintergrund eine *Modellhypothese*, wie die verschiedenen Variablen durch eine mathematische Verknüpfung mehrerer Faktoren abgebildet werden. Bei dem in (2) wiedergegebenen Zusammenhang zwischen manifesten Variablen und Faktoren handelt es sich allerdings allein um eine Modellvariante neben anderen, denn in der Literatur werden unterschiedliche Abbildungskonzepte vorgeschlagen. Die Aussage von (2) entspricht dem sog. *Hauptkomponentenmodell.* Wie oben ersichtlich, setzt man bei diesem Modell voraus, dass jede manifeste Variable durch eine Linearkombination von r Faktoren *vollständig* erklärt werden kann. Ausgehend von dieser Hypothese gilt es, den Satz der bisherigen, miteinander korrelierten manifesten Variablen in einen Satz unkorrelierter Variablen, also einen Satz von Faktoren bzw. eben *Hauptkomponenten* (principal components), zu transformieren. Die hierfür ermittelten Transformationskoeffizienten sind die bereits erläuterten Faktorenladungen. Zum Modell im Sinne der Faktorenanalyse führt diese Transformation erst, wenn eine Reduktion auf weniger Faktoren als die ursprünglichen Variablen erfolgt: r < n.

Eine hieraus resultierende Darstellung der Variablen in Abhängigkeit der Faktoren nach dem Muster von (2) bezieht sich dabei auf personenspezifisch gewonnene Werte x_{ij}, wobei diese in der Regel zuvor in die standardisierten Werte z_{ij} überführt wurden. Das Modell gemäß (2) ist dann wie folgt auszudrücken:

$$z_{ij} = a_{j1} \cdot f_{i1} + ... + a_{jl} \cdot f_{il} + ... + a_{jr} \cdot f_{ir} \tag{3}$$

Für die einzelnen Faktoren liegen nun personenspezifische Ausprägungen f_{il} (f_{i1} über f_{il} bis f_{ir}) vor. Diese Ausprägungen der Faktoren werden als *Faktorenwerte* (factor scores) bezeichnet (Allgemein betrachtet sind sie spezifische Ausprägungen der einzelnen Faktoren bei den Cases. Folglich handelt es sich bei den Faktorwerten um objektspezifische Ausprägungen der Faktoren, sofern die Datenmatrix in den Zeilen Objekte enthält). Über alle m Personen kann (3) in der Matrixschreibweise wie folgt formuliert werden:

$$Z' = AF' \tag{4.a}$$

bzw.

$$Z = FA' \tag{4.b}$$

Dabei steht Z für die Matrix der standardisierten Ausgangswerte z_{ij}, also die Datenmatrix nach einer Standardisierung der x_{ij}, A für die Matrix der Faktorenladungen a_{jl} und F für die Matrix der Faktorenwerte f_{lj}.

Häufig wird sich eine die Zahl der manifesten Größen unterschreitende Faktorenanzahl ($r < n$) nicht verwirklichen lassen, wenn man eine faktorielle Darstellung anstrebt, bei der die gegebene Variablenstruktur entsprechend der Logik des Hauptkomponentenmodells vollständig auf r gemeinsame Faktoren zurückgeführt wird. Diese Problematik findet bei einem anderen Modell, dem im Grunde klassischen Modell der Faktorenanalyse, dem sog. *Faktorenmodell*, unmittelbare Berücksichtigung. So wird bei diesem Modell im Unterschied zum Hauptkomponentenmodell von vornherein vorausgesetzt, dass die Varianz einer Variablen *nicht vollständig* durch eine mathematische Verknüpfung von r Faktoren, die sich auf alle Variablen gemeinsam beziehen, erklärt werden kann. Stattdessen geht man davon aus, dass die Varianz einer Variablen zu zerlegen ist in einen Anteil, der durch eine Verknüpfung von allen Variablen *gemeinsamen Faktoren* (common factors) erklärt wird, und einen Anteil, der allein auf die jeweilige Variable bzw. einen spezifischen „*Einzelrestfaktor*" (unique factor) im Sinne einer durch das gemeinsame Modell nicht erklärten Residualgröße zurückzuführen ist. Nach diesem Modell wird damit eine standardisierte manifeste Variable z_{ij} wie folgt durch die Faktoren ausgedrückt:

$$z_{ij} = a_{j1} \cdot f_{i1} + ... + a_{jl} \cdot f_{il} + ... + a_{jr} \cdot f_{ir} + d_j \cdot u_{ij} \tag{5}$$

Dabei steht u_{ij} für den Einzelrestfaktor zur Erklärung von Variable j bei Person i und d_j für dessen Faktorladung im Hinblick auf Variable j. Über alle Personen kann (5) in Matrizenschreibweise demgemäß wie folgt formuliert werden:

$$Z' = AF' + BU' \qquad (6.a)$$

bzw.

$$Z = FA' + UB' \qquad (6.b)$$

Bei Zugrundelegung des Faktorenmodells gilt es damit, allein jenen Varianzanteil einer Variablen, der mit der Variation der übrigen manifesten Größen im Zusammenhang steht, durch ein Modell gemeinsamer Faktoren zu erklären. Deshalb besteht ein wesentliches Problem dieser Methode darin, diesen Varianzanteil, die sog. *Kommunalität*, zu schätzen, worauf noch im weiteren Verlauf zurückzukommen ist.

Das Hauptkomponentenmodell und das Faktorenmodell sind die zwei wesentlichen Modelltypen der Faktorenanalyse. Daneben existieren noch *weitere* Modellkonzepte bzw. spezifische Kombinationen von Elementen beider vorgenannten Typen, die in Verbindung mit besonderen faktorenanalytischen Auswertungsansätzen stehen. Auf einige bekanntere sei hier nur kurz hingewiesen: die sog. kanonische Faktorenanalyse (Rao 1955), die Alpha-Faktorenanalyse (Kaiser/Caffrey 1965) sowie das Modell der Image-Analyse (Guttman 1953). Wie oben ersichtlich wird, basieren sowohl das Hauptkomponenten- als auch das Faktorenmodell auf einer linear-additiven Verknüpfung der Faktoren. Beide unterstellen also voneinander unabhängige Faktoren. Das Konzept *linearer Additivität* macht daher den Basisansatz der Faktorenanalyse aus. Allerdings existieren auch Vorschläge für eine *nicht lineare* Faktorenanalyse (Vgl. dazu etwa – überblicksartig – Köhle 1974).

2.3 Rechnerisch-verfahrenstechnischer Kern der Faktorenanalyse

Da sich die Ermittlung der hinter manifesten Größen stehenden Faktoren auf die Interkorrelationen zwischen diesen Variablen bezieht, bildet die Korrelationsrechnung das methodische Fundament aller faktorenanalytischen Auswertungsverfahren. Die Durchführung einer Faktorenanalyse ist deshalb prinzipiell an die Voraussetzung *metrischer* Ausgangsdaten geknüpft (Allerdings ist darauf hinzuweisen, dass auch aus nominal- oder ordinalskalierten Daten Koeffizienten berechnet werden können, die denen aus metrischen ähneln. Deshalb ist zumindest dann, wenn man sich auf die Ermittlung der Faktoren beschränkt, man also als Dateninput allein eine Korrelationsmatrix benötigt, *rein formal* auch mit solchen Koeffizienten eine faktorenanalytische Auswertung möglich).

Die Überführung der Ausgangsdatenmatrix in die Korrelationsmatrix erlaubt bereits erste Schlüsse, welche Variablen sich zu einem gemeinsamen Faktor verdichten lassen.

Allerdings erhält man hierdurch noch keine quantitativen Erklärungen der Variablenstruktur bezüglich dahinter verborgener Faktoren. Diese ergibt aus der Herstellung eines Zusammenhangs zwischen der Korrelationsmatrix und den Faktoren. Die hierfür grundlegende Beziehung wird im sog. *Fundamentaltheorem der Faktorenanalyse* beschrieben. Es besagt, dass die Korrelation zwischen zwei Variablen durch die Summe der Produkte ihrer Ladungen auf den Faktoren dargestellt werden kann, man also die Korrelationsmatrix durch die Multiplikation der Faktorladungsmatrix mit ihrer Transpose zu reproduzieren vermag:

$$R = AA' \tag{7}$$

Die Gültigkeit von (7) folgt aus der unterstellten Unabhängigkeit der Faktoren und bleibt vice versa allein auf den Fall der Annahme linearer Additiviät beschränkt (vgl. zur Herleitung des Theorems etwa Überla 1977, S. 50 ff.).

Da bei Zugrundelegung des *Faktorenmodells* nur ein Teil der Varianz einer Variablen durch eine Verknüpfung gemeinsamer Faktoren erklärt wird, kann auch nur ein entsprechender Anteil der Selbstkorrelation einer Variablen durch die Summe der Produkte ihrer Ladungen auf den gemeinsamen Faktoren reproduziert werden. Deshalb sind die Werte in der Hauptdiagonalen der Korrelationsmatrix hier nicht gleich Eins, sondern gleich den Kommunalitäten. Der Unterschied zwischen Hauptkomponentenmodell und Faktorenmodell zeigt sich in diesem Zusammenhang somit darin, dass im ersten Fall Eins in der Hauptdiagonalen der Korrelationsmatrix steht und im anderen nicht.

Der Vorgang der eigentlichen Ableitung der Faktoren aus den Interkorrelationen zwischen den Variablen wird als *Faktorenextraktion* bezeichnet. Hierfür sind verschiedene *Rechentechniken* entwickelt worden. Ein mit einem vergleichsweise geringen Rechenaufwand zu bewältigendes Verfahren ist die auf Thurstone (1947) zurückgehende *Zentroidmethode* (vgl. zu dieser ein anschauliches Beispiel bei Backhaus et al. 2006). Sie beinhaltet die Suche nach Koordinatenachsen, welche jeweils durch den Schwerpunkt eines Schwarmes von die manifesten Variablen repräsentierenden Punkten gehen. Die anspruchsvolleren Verfahren bedingen einen deutlich höheren Rechenaufwand, der bei der heutigen EDV-Ausstattung jedoch nicht mehr ins Gewicht fällt. So wird im Rahmen des Konzepts der *ML-Faktorenanalyse* die Aufgabe der Extraktion der Faktoren etwa als ein Problem der Maximum-Likelihood-Schätzung (ML-Schätzung) angegangen (vgl. Lawley 1940 sowie ferner Lawley/Maxwell 1963).

Die klassische, anspruchsvollere Technik der Faktorenextraktion ist in der *Hauptkomponentenmethode* zu sehen. Wie die Bezeichnung nahelegt, ging diese zunächst von einem Hauptkomponentenmodell aus. Allerdings bedient man sich heute bei Zugrundelegung des Faktorenmodells ebenfalls zumeist der Hauptkomponentenmethode zur Faktorenextraktion. Damit betrifft der Begriff Hauptkomponentenmethode, der oft synonym zum Ausdruck Hauptachsenmethode gebraucht wird, allein das Verfahren der Faktorenextraktion, nicht aber das dabei zugrundeliegende Modell. Verwirrend ist in diesem Zusammenhang allerdings, dass die Begriffe Hauptkomponentenanalyse und Hauptachsenanalyse hingegen in der Regel *nicht* gleichgesetzt werden, denn hierdurch versucht man zum einen die Heranziehung des Hauptkomponentenmodells und zum anderen des Faktorenmodells terminologisch zu unterscheiden (vgl. zum Versuch einer Sprachregelung in diesem Zusammenhang Überla 1977, S. 93).

Bei Voraussetzung des Hauptkomponentenmodells bezieht sich die Ermittlung der Faktoren mittels Hauptkomponentenmethode auf die gesamte Varianz der gegebenen Variablen. Das Problem einer Schätzung der Kommunalitäten im Vorfeld entfällt. In der Hauptdiagonalen der Korrelationsmatrix steht der Wert Eins. Die *Rechentechnik* stellt nun darauf ab, aus dem Beziehungsgeflecht der manifesten Variablen derart einzelne orthogonale Faktoren abzuleiten, dass die von ihnen jeweils erklärte Varianz maximal wird. Hierfür sucht man nach einer Lösung des im Fundamentaltheorem gemäß (7) beschriebenen Gleichungssystems unter Einführung der Nebenbedingungen, dass die Summe der Quadrate der Faktorenladungen des ersten Faktors ein Maximum der Gesamtvarianz erreichen soll, die des zweiten Faktors ein Maximum der Restvarianz etc.. Bei entsprechender Funktionsmaximierung unter Nebenbedingungen auf der Basis der Differentialrechnung und Verwendung der Technik der Lagrange-Multiplikatoren folgt hieraus das *klassische Eigenwertproblem* mit folgender charakteristischer Gleichung:

$$|R - \lambda I| = 0 \qquad (8)$$

Dabei steht λ für den Lagrange-Multiplikator und I für die Einheitsmatrix (Identitätsmatrix – identity matrix). Für λ ergeben sich dabei so viele Lösungen, wie die Dimension der betreffenden Matrix beträgt. Diese Lösungen bezeichnet man als Eigenwerte. Ihnen ist jeweils ein sog. Eigenvektor v so zugeordnet, dass folgende Gleichung erfüllt wird:

$$\mathrm{Rv} = \lambda \mathrm{v} \qquad (9)$$

Dies führt zur kompletten Eigenstruktur:

$$\mathrm{RV} = \mathrm{VL} \qquad (10)$$

Dabei ist L die Diagonalmatrix der Eigenwerte und V eine Matrix, die in jeder Spalte den dem betreffenden Eigenwert entsprechenden Eigenvektor enthält. Inhaltlich sagt die Matrix V allerdings zunächst wenig aus, denn es interessieren letztlich die Faktorenladungen. Ihre Matrix A ergibt sich nun durch Multiplikation von V mit den Quadratwurzeln der Eigenwerte:

$$A = VL^{1/2} \qquad (11)$$

Aufgrund von (11) ergibt die Summe der quadrierten Ladungen der Variablen auf einen Faktor wieder jeweils den betreffenden Eigenwert. Aus der Division der Eigenwerte durch die Anzahl der Variablen resultiert dann der Anteil der Gesamtvarianz der betrachteten manifesten Größen, der durch einen Faktor erklärt wird.

Das zentrale inhaltliche Problem ist in diesem Zusammenhang die Festlegung der *Anzahl der Faktoren*, durch welche die gegebene Variablenstruktur erklärt werden soll, da das wesentliche Anliegen der Faktorenanalyse nun einmal die Reduzierung auf eine geringere Faktorenzahl ist. Zur Lösung werden unterschiedliche Kriterien herangezogen. Die gängigsten sind das Kaiser-Kriterium und das Resultat eines sog. Scree-Tests. Nach dem *Kaiser-Kriterium* ist die Zahl der Faktoren, deren Eigenwert größer als Eins ist, gleich der Zahl der zur Erklärung heranzuziehenden Faktoren. Dies ist aufgrund der Darlegungen im vorhergegangenen Absatz unmittelbar einleuchtend. Ein Faktor mit einem Eigenwert, der kleiner als Eins ist, trägt nämlich weniger zur Varianzerklärung bei als die einzelne Variable, wenn bedacht wird, dass deren Varianz aufgrund der Standardisierung der Ausgangswerte eben Eins ist. Der *Scree-Test* basiert auf der Abtragung der nach ihrer Höhe geordneten Eigenwerte in ein zweidimensionales Diagramm. An die sich der Abszisse asymptotisch nähernde Kurve, welche die einzelnen Abtragungen verbindet, wird dann eine Gerade angepasst. Der letzte Punkt links auf der Geraden definiert nun die Zahl der heranzuziehenden Faktoren (vgl. hierzu ein Beispieldiagramm bei Backhaus et al. 2006.).

2.4 Das Rotationsproblem

Das Resultat der Ermittlung der Faktoren, der sog. Faktorenextraktion, ist ein Satz von neuen Variablen, die formal statistisch unabhängig sind – eben ein Satz von Faktoren. Diese bleiben jedoch inhaltlich unbestimmt. Hierfür bedarf es der inhaltlichen *Interpretation* der einzelnen Faktoren auf der Grundlage der ermittelten Daten, also der Faktorenladungen. Es leuchtet sofort ein, dass die inhaltliche Bedeutung eines Faktors primär den Sachverhalt betrifft, der jenen Variablen gemeinsam ist, welche auf ihn im Vergleich zu den anderen hoch laden. Für die praktische Anwendung ist es „gängige Praktik", bereits Faktorenladungen oberhalb von 0,3 als hoch zu betrachten (Tschopp 1991, S. 53). In geometrischer Hinsicht geht eine hohe Faktorenladung mit einem niedrigen Winkel zwischen einer Variablen und dem betreffenden Faktor einher.

Allerdings ist die Lage der den gemeinsamen Raum aufspannenden Faktoren in Beziehung zu den als Vektoren begreifbaren Variablen zunächst willkürlich, denn es existieren *unendlich* viele Lösungen, die dem Fundamentaltheorem gleich gut genügen. Die verschiedenen äquivalenten Lösungen lassen sich geometrisch als alternative *Drehungen* des (Faktoren-)Koordinatenkreuzes im Ursprung verstehen, welche zu unterschiedlichen Anordnungsbeziehungen zwischen Faktoren und Variablen führen, jedoch stets die Variablenstruktur im gleichen (Faktoren-)Raum darstellen. Damit kann man eine Ausgangslösung hinsichtlich ihrer Interpretierbarkeit oftmals deutlich verbessern, indem durch

Drehung des Koordinatenkreuzes die einzelnen Variablen enger an einzelne Faktoren herangerückt werden, so dass sich die jeweiligen Faktorenladungen erhöhen. Mit diesem Ziel erfolgt deshalb im Anschluss an die Faktorenextraktion zumeist eine systematische Transformation der Ausgangslösung in eine verbesserte Lösung. Dieser Vorgang wird als *Faktorenrotation* bezeichnet.

Das hier grundlegende Prinzip wurde bereits von Thurstone (1947) durch seine Überlegungen zur sog. *Einfachstruktur* beschrieben. Letztlich geht es beim Rotationsproblem darum, eine bestimmte Lösung resp. Drehung zu finden, bei der möglichst gut zwischen den Variablen bezüglich der Faktoren differenziert wird. Es soll also eine Ladungsstruktur gefunden werden, bei der die einzelnen Variablen auf einem Faktor möglichst hoch und auf anderen möglichst niedrig laden. Dieses Problem ist zum einen graphisch und zum anderen analytisch lösbar. Die *analytischen* Lösungen basieren auf der Einführung von Zusatzbedingungen (Kriterien der Einfachheit), die ein eindeutiges Koordinatensystem festlegen. Als wichtigste Rotationsalgorithmen sind folgende zu nennen:

- Varimax: Maximierung der Varianz der quadrierten Ladungen pro Faktor (Maximierung der Spaltenvarianz der Ladungsmatrix);
- Quartimax: Maximierung der Varianz der quadrierten Ladungen pro Variable (Maximierung der Zeilenvarianz der Ladungsmatrix);
- Equamax: kombinierte Maximierung von Zeilen- und Spaltenvarianz.

Die drei vorgenannten Rotationsalgorithmen stellen alle auf die Beibehaltung der Unabhängigkeit der Faktoren, also auf eine *orthogonale* Rotation, ab. Daneben existieren auch Konzepte einer *schiefwinkligen* (*obliquen)* Rotation – mit der Begründung, dass eine schiefwinklige Einfachstruktur der „Wahrheit“ oftmals näher kommt. Allerdings wird damit auch „der Willkür zusätzlich noch Tor und Tür geöffnet“ (Tschopp 1991). Hinsichtlich der verschiedenen Verfahren zur Umsetzung einer obliquen Rotation sowie der dann erforderlichen Unterscheidung zwischen Faktorenmuster und Faktorenstruktur sei auf die Literatur verwiesen (vgl. dazu etwa Revenstorf 1980, S. 117 ff.).

3. Vorgehensweise

Die Beschreibung des Ablaufs einer exploratorischen Faktorenanalyse kann an dieser Stelle sehr knapp gefasst werden, da die wesentlichen Verfahrenselemente in den vorhergegangenen Abschnitten hinreichend ausführlich dargelegt wurden. Es muss deshalb nachfolgend nur noch die vorgehenslogische *Reihenfolge* der verschiedenen Verfahrensbestandteile kurz skizziert werden. Zusammenfassend wird diese durch Abbildung 4 wiedergegeben.

Den Ausgangspunkt der Faktorenanalyse bildet die Aufbereitung der Ausgangsdaten zu einer zweidimensionalen *Datenmatrix*. Je nach Anzahl der bei der Datengewinnung betrachteten Objekte und Personen ergibt sich dabei das Erfordernis der Festlegung einer *Aufbereitungsrichtung* oder nicht. Weiterhin wird zumeist eine *Standardisierung* der Ausgangsdaten vorgenommen. Die eigentliche Faktorenanalyse beginnt nun mit der Überführung der – standardisierten – Ausgangsdatenmatrix in eine *Korrelationsmatrix*. Dabei gilt es, die Richtung der *Faktorisierung* festzulegen, also zu entscheiden, ob eine R- oder Q-Analyse durchzuführen ist.

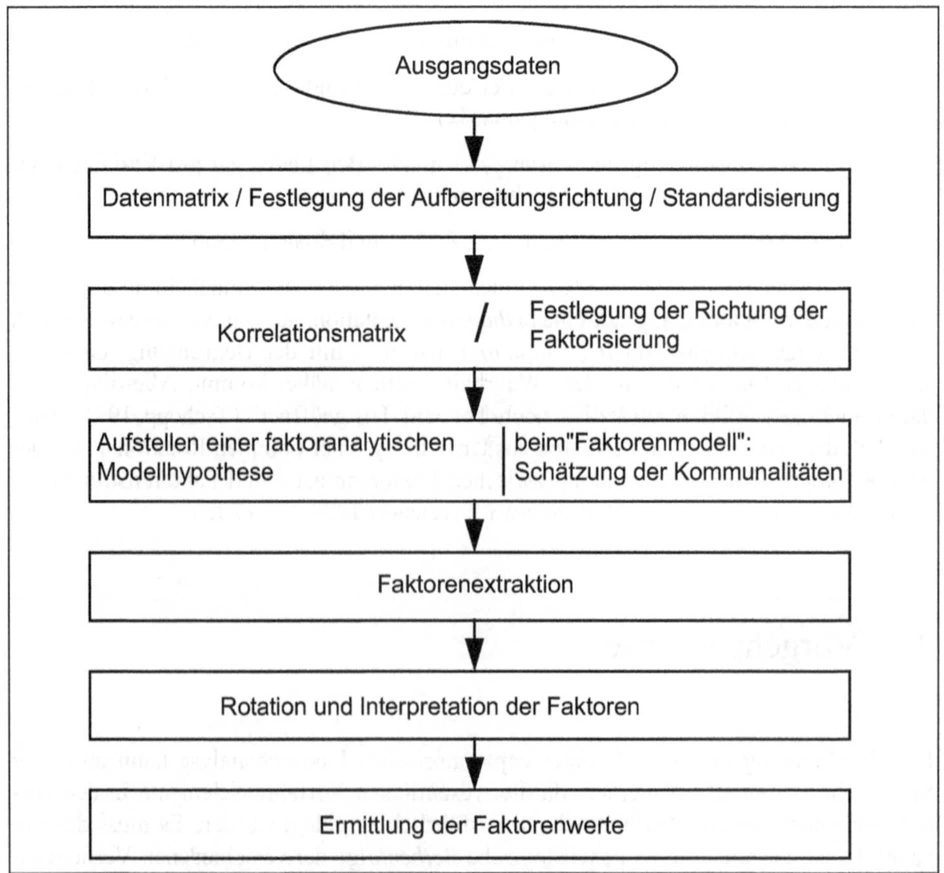

Abbildung 4: Ablauf einer (exploratorischen) Faktorenanalyse

Für das weitere Vorgehen bedarf es der Unterstellung eines *Modells*, welches die Abhängigkeitsbeziehung zwischen Variablen und Faktoren abbildet. Bei Voraussetzung des *Faktorenmodells* tritt in diesem Zusammenhang zusätzlich das Problem der *Kommunalitätenschätzung* auf (z. B. Loehlin 2004). Die ursprüngliche Korrelationsmatrix ist dann durch Eintragung der geschätzten Kommunalitäten in der Hauptdiagonalen zu modifizieren. Zur Schätzung dieser Werte werden unterschiedliche *Verfahren* vorgeschlagen. Als eine erste grobe Schätzung hat sich in der Praxis das Heranziehen des jeweils höchsten Korrelationskoeffizienten in der betreffenden Zeile recht gut bewährt. In Frage kommt auch die Verwendung des multiplen Bestimmtheitsmaßes der jeweiligen Variablen bezüglich der anderen. Ausgehend von solchen ersten Schätzungen lassen sich dann mittels *iterativer* Verfahren Verbesserungen der geschätzten Kommunalitäten realisieren. Hierfür werden die Anfangsschätzungen in die Hauptdiagonale der Korrelationsmatrix eingetragen, um dann durch die Zugrundelegung des Fundamentaltheorems aus den Faktorenladungen neue Schätzungen zu gewinnen. Dieser Iterationsvorgang ist zu wiederholen, bis eine bestimmte Abbruchbedingung erfüllt ist (z. B. wenn die Differenz zwischen alter und neuer Schätzung einen bestimmten Mindestbetrag nicht mehr übersteigt).

Ausgehend von der Korrelationsmatrix und der erfolgten Modelldefinition kann nun die *Faktorenextraktion*, also die rechnerische Ableitung der Faktoren aus den Interkorrelationen der Variablen, umgesetzt werden. In diesem Zusammenhang ist dann spätestens auch eine Entscheidung über die *Zahl der zu extrahierenden Faktoren* zu fällen. Danach sind die Faktoren inhaltlich zu deuten. Zur Verbesserung der Interpretierbarkeit der Ladungsmatrix ist nun zumeist eine *Faktorenrotation* durchzuführen.

Für das praktische Vorgehen im Zuge der vorgenannten Schritte kann nach den Erfahrungen der Verfasser sowie unter Bezugnahme auf Kaiser (1970), der auch ein sehr viel komplizierteres „Second Generation *Little Jiffy*“ darlegt, eine Bestimmung der Faktorenanzahl gemäß des *Kaiser-Kriteriums*, eine Faktorenextraktion mittels *Hauptkomponentenanalyse* sowie eine Rotation nach dem *Varimax*-Ansatz empfohlen werden (vgl. in diesem Zusammenhang auch den kurzen Abriss hinsichtlich der Beurteilung der Güte von exploratorischen Faktorenanalysen von Litfin/Teichmann/Clement 2000).

Im klassischen Sinne ist die eigentliche Faktorenanalyse mit der Ermittlung und Interpretation der Faktoren als beendet zu betrachten. Insbesondere im Marketingkontext ist es jedoch sehr oft von großem Interesse, eine größere Zahl von manifesten Variablen nicht nur auf möglichst wenige Faktoren zu verdichten, sondern auch die bei der Untersuchung betrachteten Objekte oder Personen im Hinblick auf die Faktoren zu beschreiben. Im Falle dieser Zielsetzung werden im Anschluss an die Bestimmung und Deutung der Faktoren die bereits erläuterten *Faktorenwerte* berechnet. Diese personen- oder objektspezifischen Ausprägungen auf den Faktoren erhält man durch Auflösung von (4.a) bzw. (4.b) nach F, also nach eben den Faktorenwerten:

$$Z = AF \Rightarrow F = A^{-1}Z \qquad (12)$$

Ein Problem ergibt sich hier jedoch daraus, dass in der Regel die Möglichkeit zur Inversion von A nicht besteht, da sie nicht quadratisch ist (es sollen ja gerade weniger Faktoren als Variablen ermittelt werden). In diesem Falle bietet es sich an, die Faktorenwerte in Abhängigkeit von den standardisierten Variablen auf dem Wege einer *multiplen Regressionsanalyse* zu schätzen. Das entsprechende Regressionsmodell lautet dann:

$$F = B'Z \tag{13}$$

Dabei ist B die Matrix der Regressionskoeffizienten, die auch als *Faktorwert-Koeffizienten* bezeichnet werden. Sie errechnet sich wie folgt:

$$B' = R^{-1}A' \tag{14}$$

4. Beispiel

Der Einsatz der Faktorenanalyse im Marketing soll im Folgenden beispielhaft für den Bereich der Erarbeitung von *Positionierungsmodellen* verdeutlicht werden. Unter dem Begriff Positionierungsmodell versteht man die räumliche Repräsentation der Ähnlichkeits- resp. Substitutions- und Wettbewerbsbeziehungen zwischen von Nachfragern wahrgenommenen Objekten, wie insbesondere Produkten oder Marken. Hierfür sucht man nach voneinander unabhängigen zentralen Eigenschaftsdimensionen, um sie als Achsen eines Merkmalsraumes heranzuziehen, in dem dann verschiedenen Objekten gemäß ihrer Ausprägungen auf diesen Dimensionen eine spezifische Lage zugewiesen werden kann. Ein wesentliches Anliegen bei der Modellentwicklung ist, die Objekte in einem möglichst gering dimensionierten Raum abzubilden, also sie im Hinblick auf möglichst wenige grundlegende Eigenschaften zu beschreiben.

Die *Nutzung* solcher Positionierungsmodelle im Marketing ist vielgestaltig (vgl. für einen Überblick Hüttner/von Ahsen/Schwarting 1999, S. 123 ff.). Für den Marketing-Entscheider, etwa einen Produktmanager, ist die komplexitätsreduzierte Darstellung von Produkten oder Marken bezüglich weniger geometrisch aufgefasster Merkmalsdimensionen ein wesentlicher Bezugspunkt der Planung, Realisation und Kontrolle objektgerichteter Marketing-Aktivitäten (Schwarting 1993, S. 39 ff.). Von weitergehenden Ausführungen zu Positionierungsmodellen kann hier abgesehen werden, da diesen innerhalb des vorliegenden Sammelwerkes in ein eigener Beitrag (siehe den Aufsatz von Trommsdorff/Bookhagen/Hess) gewidmet ist.

Zur *Erarbeitung* von Positionierungsmodellen bedarf es zum einen der Bestimmung der voneinander unabhängigen zentralen Eigenschaftsdimensionen und zum anderen der

Ermittlung der Ausprägungen der verschiedenen Objekte auf den einzelnen Dimensionen. Wie aus den vorausgegangenen Darlegungen deutlich wurde, kann die Faktorenanalyse beides leisten. Allerdings kommen neben der Faktorenanalyse auch *andere multivariate Analyseverfahren* als methodische Grundlage der Modellentwicklung in Frage, vor allem die Multidimensionale Skalierung (MDS), aber auch die Diskriminanzanalyse sowie die Korrespondenzanalyse. Bei Einsatz der Faktorenanalyse steht in diesem Zusammenhang die *R-Analyse* deutlich im Vordergrund. Daher fokussiert das folgende Beispiel diese Variante.

Um ein leicht zu erfassendes und überschaubares *Beispiel* für die vorbezeichnete Anwendung der Faktorenanalyse zu geben, soll nun ein auf das Ziel der Vereinfachung hin konstruiertes Positionierungsproblem betrachtet werden. Hier geht es um einen *Fachbuchverlag*, der Kenntnis darüber erlangen will, welche Stellung im Markt, gemessen an den Wahrnehmungen und Wünschen der Käufer, ein von ihm angebotenes einführendes Fachbuch zu einem bestimmten betriebswirtschaftlichen Objektbereich in Beziehung zu den vier bekanntesten Fachbüchern, die den gleichen Gegenstand betreffen, aufweist. Zu diesem Zweck wird beschlossen, die von Nachfragern wahrgenommenen und als relevant erachteten Merkmale mittels Faktorenanalyse (R-Analyse) auf möglichst wenige voneinander unabhängige Basismerkmale zu verdichten. Diese sollen dann gemäß des eingangs skizzierten Modellansatzes als Achsen eines Raumes betrachtet werden, in welchem dem angebotenen Fachbuch (im Folgenden bezeichnet durch E) und den vier Konkurrenzwerken (im Folgenden gekennzeichnet durch K1, K2, K3 und K4) eine spezifische Lage zugewiesen werden kann. Um außerdem die *Wünsche* der Nachfrager abzubilden, wird weiterhin beabsichtigt, eine nicht tatsächlich, sondern nur als Wunschvorstellung existente Idealform der Ausgestaltung eines Fachbuches für diesen Gegenstandsbereich, ein sog. *Idealprodukt*, (im Folgenden gekennzeichnet durch I) in diesem Raummodell zu positionieren.

Die zu diesem Raummodell führende *Untersuchung* startet mit einer *explorativen Vorstudie*, bei der zunächst 28 wesentliche Eigenschaften von Fachbüchern des betrachteten Bereichs aufgedeckt werden. Letztere lassen sich jedoch bei Zusammenfassung offensichtlich redundanter Sachverhalte auf 17 Attribute reduzieren. Da die Merkmale unten aus Abbildung 6 deutlich werden, wird hier aus Raumgründen auf eine Aufzählung verzichtet.

Der nun anschließenden *Hauptuntersuchung* liegt eine Stichprobe von 254 quotiert ausgewählten Auskunftspersonen zugrunde, welche die für das betreffende Fachbuch relevante Käufer- bzw. Leserschaft angemessen repräsentiert. Es werden dann im Zuge der *Datengewinnungsphase* die Elemente dieses Samples danach befragt, in welcher Weise sie die 17 Merkmale bei den fünf Fachbüchern wahrnehmen und wie sie sich eine ideale Ausprägung dieser Eigenschaften vorstellen. Hierbei formuliert man für die einzelnen Eigenschaften *Statements* und fordert die Auskunftspersonen auf, den Grad der Zustimmung auf 7-stufigen *Ratingskalen* (durch Ankreuzen von Werten zwischen 1 und 7) anzugeben. Nach diesem Befragungsansatz muss sich das einzelne befragte Subjekt z. B. für das erste Merkmal „logischer Aufbau" bezüglich des Werkes K1 zu folgendem Statement äußern: „Der inhaltliche Aufbau von Buch K1 folgt dem Gesichtspunkt der Logik."

An diese Erhebung von je 17 Ratingwerten bei 254 Auskunftspersonen knüpft dann die faktorenanalytische *Auswertung* an. Sie stützt sich auf eine geeignete *Datenanalyse-Software*. Auf dem Markt ist eine ganze Reihe tauglicher Programmpakete erhältlich, von denen sich SPSS (aktuelle Version: SPSS 14 für Windows; vgl. für einen Überblick mit Anwendungsbeispielen z. B. Bühl 2006) einer sehr großen Verbreitung erfreut. Bei der vorliegenden Untersuchung gelangt eine ältere Version der Analyse-Software NCSS (die gegenwärtig neueste auf dem Markt verfügbare Version ist NCSS 2004) zum Einsatz.

Als Auswertungsbasis für eine faktorenanalytische Positionierung muss die erhobene Menge von 254 subjektbezogenen Ratingwerten hinsichtlich je 17 Statements in Richtung der sechs Objekte zu einer *Datenmatrix* oder auch zu mehreren Matrizen aufbereitet werden. Es bedarf hierfür *Durchschnittsbildungen* über die Subjekte. Im vorliegenden Fall kann über die Elemente der *gesamten* Stichprobe gemittelt werden, da sich die Auskunftssubjekte in ihrem aus den Antworten ablesbaren Urteils- und Wahrnehmungsverhalten als ausgesprochen *homogen* erweisen. Es wird dann eine Datenmatrix für den „Durchschnittsleser/-käufer" erstellt, in deren Zeilen als Cases die fünf realen Fachbücher und das ideale Buch angeordnet sind.

Die *eigentliche faktorenanalytische Auswertung* beinhaltet jetzt praktisch die Ausführung des entsprechenden Programmbausteines der jeweils eingesetzten Datenanalyse-Software bezüglich der vorbezeichneten Datenmatrix. In Abhängigkeit vom herangezogenen Softwarepaket eröffnen sich dabei unterschiedliche Möglichkeiten zur Definition wesentlicher Verfahrensaspekte durch den Nutzer. Die hier verwendete ältere NCCS-Version bietet in dieser Hinsicht nur geringe Freiräume. So sind eine Extraktion mittels Hauptkomponentenanalyse sowie eine Rotation mittels Varimax-Rotation vorgegeben, womit allerdings den in Abschnitt 3 formulierten Empfehlungen entsprochen werden kann. Durch den nun mobilisierten NCSS-Baustein werden die Verfahrensschritte Bestimmung der Korrelationsmatrix, Faktorenextraktion sowie Faktorenrotation automatisch nacheinander abgearbeitet. Der Benutzer kann die einzelnen Schritte dabei auf dem Bildschirm anhand von Tabellen und Grafiken nachvollziehen. Diese lassen sich auf Wunsch auch ausdrucken. Als wichtigste Gegenstände der Ausgabe via Bildschirm oder Drucker sind die Korrelationsmatrix, das Tableau der faktorenspezifischen Eigenwerte, das Tableau der Ausgangsfaktorenladungen (initial factor loadings), das Tableau der Faktorenladungen nach Abschluss der Rotation (rotated factor loadings) sowie zweidimensionale Diagramme der geometrischen Anordnungen der Variablen bezüglich jeweils eines Faktorenpaares zu nennen.

Nummer	Eigenwert	Erklärung (%)	Erklärung (% Kumulativ)
1	10,9781	64,58	64,58
2	3,2426	19,07	83,65
3	2,274	13,38	97,03
4	0,3596	2,12	99,14
•	•	•	•
•	•	•	•
•	•	•	•

Abbildung 5: Eigenwerte-Tableau

Die *Korrelationsmatrix* für dieses Beispiel wurde in Auszügen bereits in Abbildung 2 wiedergegeben. Aus dem *Eigenwerte-Tableau* in Abbildung 5 lässt sich entnehmen, dass gemäß dem Kaiser-Kriterium drei Faktoren zu extrahieren sind. Gemeinsam vermögen sie etwas mehr als 97 % des Beziehungsgeflechts der 17 Variablen zu erklären. Auf der Basis der Extraktion von drei Faktoren wird ein Positionierungsmodell gewonnen, das Repräsentationen in einem dreidimensionalen Raum beinhaltet und damit im Bereich des anschaulichen geometrischen Verständnisses bleibt. Läge z. B. auch noch beim vierten Faktor ein größerer Eigenwert als Eins vor, dann stellte sich die Frage einer auf die Abbildungszwecke bezogenen Abwägung zwischen Anschaulichkeit und Erklärungskraft des Modells.

Auf die Betrachtung des *Tableaus der Ausgangsfaktorenladungen* soll hier mit Rücksicht auf den Umfang verzichtet werden. In seinem Aufbau gleicht es dem in Abbildung 6 dargestellten *Tableau der rotierten Faktorenladungen*. Dieses Tableau wird zur *inhaltlichen Interpretation* der extrahierten Faktoren benötigt. Zur inhaltlichen Deutung der einzelnen Faktoren ist dabei auf die jeweils hoch ladenden (ab 0,3) Variablen Bezug zu nehmen. Bei *Faktor 1* liegen vergleichsweise deutlich hohe Ladungen für die Variablen „Aktualität", „Tiefe der Darlegungen", „Umfang", „Stabilität der Buchbindung", „Methodenorientierung", „Internationalität", „Behandlung aller Teilgebiete", „Praxisbezogenheit", „Theoriebezogenheit" und „Layoutdesign" vor. Bis auf die Variablen „Stabilität der Buchbindung" und „Layoutdesign", wobei letztere von den recht deutlich hoch ladenden am geringsten ausgeprägt ist, betreffen alle diese Merkmale den durch das Werk vermittelten Wissensstand bzw. die Informationsqualität. Daher soll dieser Faktor die Bezeichnung „Informationsqualität" erhalten. Die Interpretation des *zweiten Faktors* ist etwas schwieriger, da bei ihm vor allem negative Ladungen hoch ausgeprägt sind, man also nach dem gemeinsamen inhaltlich positiven Gegenstück suchen muss. Dies

Variable	Faktor 1	Faktor 2	Faktor 3	Kommunalität
logischer Aufbau	0,0355	-0,9967	0,0316	0,9956
Aktualität	0,7802	-0,0019	0,5901	0,9568
Tiefe d. Darlegung	0,944	-0,2563	0,1176	0,9707
Übersichtliche Gestaltung	0,0361	-0,9682	0,2435	0,9981
Verständlichkeit	0,3401	-0,4029	0,8256	0,9597
Umfang	0,9368	0,2649	0,1982	0,9872
Beispielhaftigkeit	0,2421	-0,0869	0,961	0,9897
Interessante Darstellung	0,362	-0,0577	0,9247	0,9893
Stabilität d. Buchbindung	0,8908	0,3554	0,2646	0,9899
Graphische Veranschaulichung	0,3046	-0,2212	0,8876	0,9296
Papierqualität	0,1976	0,4783	0,8523	0,9943
Methodenorientierung	0,8328	-0,5325	0,1289	0,9937
Internationalität	0,9004	0,0286	0,4125	0,9816
Behandlung aller Teilgebiete	0,7968	-0,1406	0,392	0,8083
Praxisbezogenheit	0,7535	-0,0349	0,6517	0,9936
Theoriebezogenheit	0,9176	-0,1293	0,3464	0,9788
Layoutdesign	0,6618	0,5309	0,5078	0,9777

Abbildung 6: Tableau der rotierten Faktorenladungen

betrifft vor allem die Variablen „logischer Aufbau" und „übersichtliche Gestaltung". Noch als relativ hoch zu bezeichnende positive Ladungen liegen bei den Variablen „Layoutdesign", „Papierqualität" und „Stabilität der Buchbindung" vor. Es bietet sich deshalb an, diesen Faktor als „äußere Substanz" zu deuten. Der *dritte Faktor* kann als „Leserfreundlichkeit" interpretiert werden, da hier die Variablen „Verständlichkeit", „Beispielhaftigkeit", „interessante Darstellung", „graphische Veranschaulichung" und „Papierqualität" besonders hohe Ladungen aufweisen.

Für eine *Positionierung* bedarf es nun weiterhin einer Ermittlung der *Faktorenwerte*. Bei Aufruf des entsprechenden Befehls werden diese durch das Analyseprogramm im Anschluss an die vorhergegangenen Schritte ebenfalls ausgegeben. Das Tableau der Faktorenwerte zeigt Abbildung 7.

	Faktor 1	Faktor 2	Faktor 3
Buch E	-0,8568	-0,2923	0,4476
Buch K1	0,4883	1,6249	1,0456
Buch K2	-1,1291	-0,221	-0,5912
Buch K3	-0,5891	0,3721	-0,593
Buch K4	1,381	-0,0397	-1,3707
Idealbuch	0,7058	-1,444	1,0615

Abbildung 7: Tableau der Faktorenwerte

Durch Abtragung der Faktorenwerte für die einzelnen Fachbücher in einer graphischen Veranschaulichung des durch die extrahierten Faktoren aufgespannten dreidimensionalen Raumes erhält man nun ein *vollständiges Produkt-Markt-Modell* gemäß Abbildung 8. Es zeigt sich, dass die Werke K3 und K4 dem vom betreffenden Verlag angebotenen Fachbuch E im Vergleich zu den anderen recht nahekommen. Insofern steht es mit diesen zwei Werken am ehesten in einer Substitutionsbeziehung. Außerdem kann aus der Darstellung entnommen werden, dass keines der fünf realen Bücher der Idealvorstellung der Kunden sehr nahekommt. Der Verlag sollte vor dem Hintergrund dieser Ergebnisse prüfen, ob bei Neuauflage des Werkes Modifikationen vorgenommen werden können, die dessen Ausprägungen bezüglich der drei Achsen derartig verändern, dass eine Positionierung erzielt wird, die dem Idealprodukt deutlich näher gelegen ist als die Konkurrenzerzeugnisse, so dass sich die Marktchancen von E erhöhen. Besondere Aufmerksamkeit sollte dabei dem ersten Faktor „Informationsqualität" gewidmet werden, da auf dieser Eigenschaftsdimension eine erhebliche Abweichung vom Idealprodukt vorliegt.

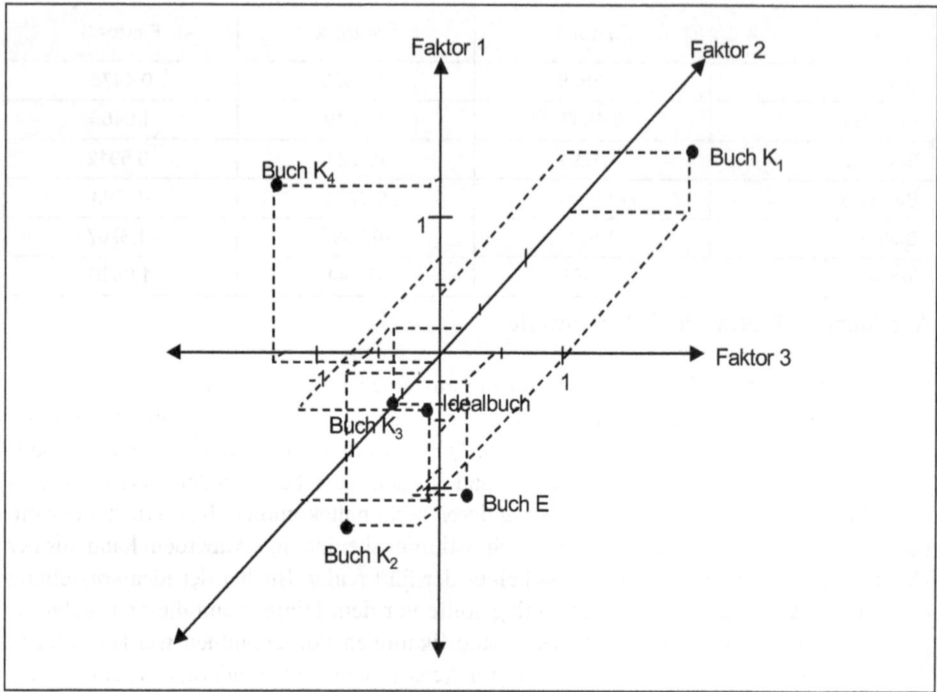

Abbildung 8: Vollständiges Produkt-Markt-Modell

5. Anwendungen im Marketing

Die möglichen Anwendungsfelder für eine exploratorische Faktorenanalyse im Kontext des Marketing sind recht vielfältig. Dieses Verfahren der Datenanalyse ist ein fester Bestandteil des Standardrepertoires von Marktforschungsinstituten, was etwa bei Durchsicht der Internetauftritte wichtiger Institute unmittelbar deutlich wird. Es lassen sich zudem auch spezifische Dienstleister finden, die unter anderem die Durchführung einzelner faktorenanalytischer Datenauswertungen anbieten. Um nun die Bandbreite von Anwendungen der Faktorenanalyse im Marketing zu umreißen, können fünf wesentliche Einsatzgebiete – allerdings nicht überschneidungsfrei – unterschieden werden:

- Aufdeckung von noch unbekannten Determinanten marketingpolitisch relevanter Sachverhalte,

- empirische Aufschließung komplexer Konstrukte (von marketingpolitischer Relevanz),
- Beurteilung, Strukturierung und Verdichtung gewonnener Ausgangsdaten und Zwischenergebnisse im Rahmen mehrstufiger Marktforschungsuntersuchungen,
- Fundierung von Klassifikationen, insbesondere im Rahmen von Marktsegmentierungsanalysen,
- Erarbeitung spezifischer Modelle zur Stützung marketingpolitischer Entscheidungen.

Der Einsatz der exploratorischen Faktorenanalyse zur *Aufdeckung von noch unbekannten Determinanten* marketingpolitisch relevanter Sachverhalte kann etwa schlicht der Komplexitätsreduzierung im Hinblick auf *überschaubare (verdichtete) Beschreibungen* dienen. Von besonderer Bedeutung ist in diesem Zusammenhang jedoch die Intention, wenige zentrale Ansatzpunkte für eine *gezielte Beeinflussung* der betreffenden Gegenstände durch Marketing-Maßnahmen zu identifizieren. Im Schrifttum findet man zahlreiche Beispiele für die Heranziehung der explorativen Faktorenanalyse zur Offenlegung maßgeblicher Bestimmungsgründe relevanter Sachverhalte. Genannt seien etwa die Ermittlung von Erfolgsdeterminanten von Neuprodukten deutscher High-Tech-Unternehmen bei Schmalen/Wiedermann (1999) oder die Identifikation wesentlicher Gründe für die Bevorzugung ostdeutscher Waren durch Ostdeutsche bei Müller/Kesselmann (1995) bzw. Müller/Martin/Schulz (1995).

Die Aufdeckung von Determinanten mittels exploratorischer Faktorenanalyse kann mit der *empirischen Aufschließung komplexer Konstrukte* verwoben sein. Insbesondere lässt sich dabei auf die Frage abstellen, wie viele voneinander unabhängige Inhalte ein relevantes Phänomen eigentlich impliziert, also auf die Frage nach seiner *Dimensionalität.* Durch eine faktorenanalytische Offenlegung der inhaltlichen Dimensionen eines Konstruktes wird dieses empirisch greifbar und messbar. Dies ist letztlich jedoch erst als Vorstufe einer Konstruktoperationalisierung zu verstehen, da eine Überprüfung der auf diesem Wege gewonnenen Hypothesen über die Dimensionen und deren Beziehung zu Indikatorvariablen eine Erweiterung der Untersuchung zu einer *konfirmatorischen* Faktorenanalyse bedingt. Ein Einsatz der exploratorischen Faktorenanalyse zur empirischen Aufschließung komplexer Konstrukte kann im Marketingkontext etwa die Sachverhalte Qualität, Einstellung, Markentreue, Umweltfreundlichkeit, Sicherheit, Produktwahrnehmung, Lifestyle, Konsumstil, Kompetenz oder Kundennähe ins Auge fassen. Weinberg (1976) beispielsweise zieht dieses Datenanalyseverfahren heran, um im Zuge einer Untersuchung zur Produkttreue die wesentlichen Bestimmungsgründe für den Kauf von Kaffee sowie Butter zu ermitteln. Müller (1996) verwendet es, um im Rahmen einer Untersuchung zur Kundenzufriedenheit grundlegende Dimensionen einzelner Zufriedenheitsaspekte freizulegen.

Die Ermittlung latenter Faktoren mittels exploratorischer Faktorenanalyse kann ferner der *Beurteilung, Strukturierung und Verdichtung gewonnener Ausgangsdaten und Zwi-*

schenergebnisse im Rahmen mehrstufiger Marktforschungsuntersuchungen dienen. Es geht dann z. B. darum, zentrale Inhalte bzw. Variablen zu identifizieren, auf die sich das weitere Vorgehen im Rahmen der Studie konzentrieren soll. Dies vermag etwa mit dem Anliegen verknüpft sein, einen von redundanten Items freien Fragebogen zu konstruieren. Innerhalb einer Untersuchung von Mayer/Weidling (1989) zur Validität von Expertenprognosen wurde die Faktorenanalyse unter anderem zur Verdichtung der erhobenen Daten im Vorfeld einer Varianzanalyse mit dem Ziel der Ausräumung der Gefahr zufälliger Signifikanzen herangezogen. In die Studie von Fiala/Klausegger (1995) zur Umweltverträglichkeit von Produkten wurde ein faktorenanalytischer Auswertungsschritt eingebunden, um im Hinblick auf das weitere Vorgehen die Unabhängigkeit zwischen drei zuvor bei einer Regressionsanalyse zugrundegelegten Variablen zu hinterfragen. Man gelangte dabei zu dem Ergebnis, dass die Zahl der Variablen von drei auf zwei reduziert werden sollte. Der Einsatz der exploratischen Faktorenanalyse kann außerdem etwa auch eine Aufschließung eines bestimmten Konstruktes im vorausgehend schon angesprochenen Sinne bezwecken, um darauf aufbauend ein (Konstrukt-)Messmodell zu erarbeiten, das dann in einem weiteren Untersuchungsschritt einer Konstruktmessung zugrundegelegt wird. Auf eine entsprechende faktorenanalytische Vorbereitung lässt sich z. B. im Rahmen von Marktforschungsaktivitäten hinsichtlich einer Qualitätsmessung gemäß eines Ansatzes der Einstellungsforschung abstellen.

In den Bereich der Verdichtung von Ausgangsdaten im Rahmen mehrstufiger Untersuchungen ist im Grunde auch der Einsatz der exploratorischen Faktorenanalyse zur Fundierung von *Klassifikationen* einzuordnen. Dieses Anwendungsfeld sollte aufgrund seiner Bedeutung im Marketing, insbesondere im Hinblick auf Marktsegmentierungsanalysen, denen in diesem Band ein eigener Beitrag gewidmet ist (siehe den Beitrag von Freter/Obermeier), besonders hervorgehoben werden. Bei der Fundierung von Klassifikationen von Objekten, Personen oder Variablen durch die exploratorische Faktorenanalyse geht es darum, in den ermittelten Faktoren bzw. deren Beziehungen zu den zu gruppierenden Sachverhalten Klassifikationskriterien zu gewinnen. Es wird dann also durch eine faktorenanalytische Auswertung der Einsatz eines *Verfahrens zur Datenklassifikation*, wie insbesondere der *Clusteranalyse* (siehe zur Clusteranalyse den Beitrag von Büschken/von Thaden), vorbereitet. Das wichtigste Anwendungsfeld ist dabei nun die Segmentbestimmung im Rahmen von *Marktsegmentierungsanalysen*. Wie schon angesprochen, steht hier die Kombination mit einer Clusteranalyse im Vordergrund (z. B. Böhler 1977). Roth/Wimmer (1991) legen einer clusteranalytischen Gruppierung der Nachfrager von Software zur Organisation und Verwaltung von Rechtsanwalts-, Steuerberater- und Wirtschaftsprüferkanzleien, die zu fünf Segmenten führt, etwa die subjektspezifischen Faktorenwerte bezüglich sieben Basisanforderungen zugrunde, welche zuvor faktorenanalytisch ermittelt wurden. Gierl (1991) verwendet die Faktorenanalyse z. B. bei der Erarbeitung eines Segmentierungsansatzes bezüglich der Preislagenwahl von Käufern als Instrument zur Reduzierung von 23 Produktbereichen auf drei grundlegende Produktfelder. Um andere Felder der Kombination von Faktoren- und Clusteranalyse anzudeuten, sei ferner etwa die Heranziehung beider Verfahren innerhalb der Untersuchung von Gerbach (2002) zur Bestimmung kontrollierbarer Erfolgsfaktoren bei Auslandsniederlassungen aufgeführt. Außerdem können als weitere Beispiele zur Fundierung von Nachfragerklassifikationen durch faktorenanalytische Auswertungen etwa die PKW-Käufertypologie 2004 des Bauer-Verlages (Link über www.bauermedia.com), die Klassenbildung bei einer von Niermann/Walsh/Toropov (2005) vorgenommenen Analyse der Wiederkaufbereitschaft von New-Beetle-Kunden oder die Gruppenbildung in einer Untersuchung von Schmalen (1989) zur Einstellung von Käufern gegenüber einer Liberalisierung des Ladenschlussgesetzes genannt werden.

Über die vorgenannten Anwendungen hinaus kann der Einsatz der exploratorischen Faktorenanalyse auf die *Erarbeitung spezifischer Modelle* zur Stützung marketingpolitischer Entscheidungen abzielen. Dies wird etwa mit dem vorausgehend angesprochenen Anwendungsbereich der Klassifikation unmittelbar verschränkt, wenn bezüglich einzelner Subjekte oder auch Objekte ermittelte Modellkoeffizienten als Kriterien ihrer Gruppierung herangezogen werden. Im Zentrum der faktorenanalytisch basierten Erarbeitung spezifischer Modelle steht die Gewinnung von *Positionierungsmodellen*. Ein Einsatz der Faktorenanalyse in dieser Hinsicht wurde in Abschnitt 4 beispielhaft erläutert. Bei diesem Beispiel kommt die *R-Analyse* zum Einsatz, wie etwa auch in einer bei Backhaus et al. (2006) exemplarisch aufgeführten Studie zur Positionierung von elf Butter- oder Margarinemarken. Wie oben bereits angesprochen, lässt sich das Ziel der Objektpositionierung auch mittels Q-Analyse (bezüglich objektbezogener Variablenausprägungen) realisieren. Ein Beispiel hierfür findet sich bei Hüttner (1979, S. 342 ff.), wo es um die Positionierung von fünf Benzinmarken in einem zweidimensionalen Raum geht. Beim Einsatz der Q-Analyse werden die Merkmalsdimensionen unmittelbar aus den Objekten abgeleitet. Damit lassen sich die Objekte ohne Ermittlung von Faktorenwerten im Eigenschaftsraum anordnen. Dies bedeutet jedoch auch, dass für die gewonnenen Dimensionen keine Abhängigkeitsbeziehungen zu den Variablen offengelegt werden. Insofern kann sich deren inhaltliche Interpretation allein auf die Objekte beziehen, so dass die Deutung der Raumachsen im Vergleich zur R-Analyse deutlich schwieriger ist.

Die praktische Durchführung von Positionierungsanalysen auf der Basis der Faktorenanalyse bieten eine Reihe von Dienstleistern der (Unternehmens-)Beratungs- und Marketingforschungsbranche an, was etwa bei Durchsicht der Internetauftritte in diesem Bereich unmittelbar deutlich wird. Daneben findet man z. B. auch Offerten im Hinblick auf faktorenanalytisch basierte Image-Analysen.

Literaturverzeichnis

Backhaus, K. (et al. 2006): Erichson, B., Plinke, W., Weiber, R., Multivariate Analysemethoden, 11. Auflage, Berlin.

Basilevsky, A. (1994): Statistical Factor Analysis and related methods, New York.

Böhler, H. (1977): Methoden und Modelle der Marktsegmentierung, Stuttgart.

Bühl, A. (2006): SPSS 14: Einführung in die moderne Datenanalyse, 10. Auflage, München.

Fiala, K.H./Klausegger, C. (1995): Die Bedeutung der Umweltverträglichkeit von Produkten, in: der markt, 34. Jg., Nr. 2, S. 61-67.

Gerbach, S. (2002); Bestimmung von kontrollierbaren Erfolgsfaktoren bei Auslandsniederlassungen (zugänglich als Online-Publikation via Deutsche Nationalbibliothek).

Gierl, H. (1991): Marktsegmentierung auf Basis der Preislagenwahl, in: Jahrbuch der Absatz- und Verbrauchsforschung, 37. Jg., Nr. 1, S. 48-70.

Guttman, L. (1953): Image Theory for the Structure of Quantitative Variates, in: Psychometrika, 18. Jg., Nr. 2, S. 277-296.

Hüttner, M. (1979): Informationen für Marketing-Entscheidungen, München.

Hüttner, M./Schwarting, U. (2002): Grundzüge der Marktforschung, 7. Auflage, München.

Hüttner, M./von Ahsen, A./Schwarting, U. (1999): Marketing-Management, 2. Auflage, München.

Kaiser, H.F. (1970): A second-generation Litte Jiffy, in: Psychometrika, 35. Jg., Nr. 3, S. 401-415.

Kaiser, H.F./Caffrey, J. (1965): Alpha Factor Analysis, in: Psychometrika, 30. Jg., Nr. 1, S. 1-14.

Köhle, D. (1974): Nichtlineare Faktorenmodelle: eine kritische Betrachtung, in: Angewandte Informatik, 16. Jg., Nr. 9, S. 391-395.

Krolak-Schwerdt, S. (1991): Modelle der dreimodalen Faktorenanalyse, Frankfurt/M.

Litfin, T./Teichmann, M.-H./Clement, M. (2000): Bewertung der Güte von explorativen Faktorenanalysen im Marketing, in: Wirtschaftswissenschaftliches Studium (WiSt), 29. Jg., Nr. 5, S. 283-286.

Mayer, H./Weidling, E. (1989): Prognose oder Projektion der Werbewirkung? Zur Validität von Experten-Prognosen, in: Jahrbuch der Absatz- und Verbrauchsforschung, 35. Jg., Nr. 3, S. 186-208.

Müller, W. (1996): Angewandte Zufriedenheitsforschung, in: Marktforschung & Management, 40. Jg., Nr. 4, S. 149-159.

Müller, S./Kesselmann, P. (1995): Made in Sachsen: Das Eigenschaftsprofil der „Konsumpatrioten“, in: Jahrbuch der Absatz- und Verbrauchsforschung, 41. Jg., Nr. 4, S. 407-421.

Müller, S./Martin, U./Schulz, C. (1995): Der Konsumpatriotismus ist vorbei, in: Lebensmittelzeitung, 47. Jg., Nr. 29, S. 47-48.

Niermann, S./Walsh, G./Toropov, V. (2005): Analyse der Wiederkaufsbereitschaft von Automobilkunden, in: Jahrbuch der Absatz- und Verbrauchsforschung, 51. Jg., Nr. 2, S. 156-175.

Lawley, D.N. (1940): The estimation of factor loadings by the method of maximum likelihood, in: Proceedings of the Royal Society of Edinburgh, 60. Jg., S. 64-82.

Lawley, D.N./Maxwell, A.E. (1963): Factor Analysis as a Statistical Method, London.

Loehlin, J.C. (2004); Latent variable models: factor, path, and structural analysis, 4. Auflage, New Jersey.

Rao, C.R. (1965): Estimation and Test of Significance in Factor Analysis, in: Psychometrika, 20. Jg., Nr. 1, S. 93-111.

Revenstorf, D. (1980): Faktorenanalyse, Stuttgart.

Roth, G./Wimmer, F. (1991): Software-Marktforschung – Problemfelder und Vorgehensweise einer marktorientierten Software-Entwicklung, in: Jahrbuch der Absatz- und Verbrauchsforschung, 37. Jg., Nr. 3, S. 186-208.

Schmalen, H. (1989): Die Liberalisierung des Ladenschlussgesetzes: Was meinen dazu der Münchner und die Münchnerin “auf der Straße”?, in: Jahrbuch der Absatz- und Verbrauchsforschung, 35. Jg., Nr. 4, S. 332-349.

Schmalen, H./Wiedermann, C. (1999): Erfolgsdeterminanten von Neuprodukten deutscher Hochtechnologie-Unternehmen, in: Innovation und Investition (ZfB-Ergänzungsheft 1/99), S. 69-89.

Schwarting, U. (1993): Institutionalisierung des Marketingkonzeptes durch Produkt-Management, Frankfurt/M.

Spearman, C. (1904): General Intelligence, objectively determined and measured, in: American Journal of Psychology, 15, S. 201-93.

Stephenson, W. (1935): Correlating Persons instead of Tests, in Character and Personality, 4, S. 17-34.

Stephenson, W. (1936): The Foundations of Psychometry: Four Factor Systems, in: Psychometrika, 1, S. 195-209.

Thurstone, L.L. (1931): Multiple Factor Analysis, in: Psychological Review, 38. Jg., S. 406-427.

Thurstone, L.L. (1947): Multiple Factor Analysis, Chicago.

Tschopp, A. (1991): Modellhaftes Denken in der Soziologie, Bern.

Überla, K. (1977): Faktorenanalyse, Nachdr. der 2. Auflage (1971), Berlin.

Weinberg, P. (1976): Produktspezifische Markentreue von Konsumenten, in: Zeitschrift für betriebswirtschaftliche Forschung (ZfbF), 28. Jg., Nr. 5, S. 276-297.

Christian Homburg, Martin Klarmann und Christian Pflesser

Konfirmatorische Faktorenanalyse

Prof. Dr. Dr. h.c. Christian Homburg ist Inhaber des Lehrstuhls für Allgemeine Betriebswirtschaftslehre und Marketing I an der Universität Mannheim. Dipl.-Kfm. Martin Klarmann ist wissenschaftlicher Mitarbeiter am Lehrstuhl für Allgemeine Betriebswirtschaftslehre und Marketing I an der Universität Mannheim. Dr. Christian Pflesser ist Head of Global Strategy Dispersions & Paper Chemicals bei der BASF AG, Ludwigshafen.

1. Einleitung

Die Messung komplexer Sachverhalte bildet die Grundlage fundierter empirischer Forschung. Nur auf der Basis einer reliablen und validen Messung ist die Gewinnung von Erkenntnissen über Zusammenhänge überhaupt möglich (vergleiche zu den Begriffen der Reliabilität und Validität die Ausführungen in Abschnitt 2.2). Auch in der Markt- und Marketingforschung ist die Messung komplexer Konstrukte, die nicht direkt beobachtet bzw. gemessen werden können, eine häufige Problemstellung (Baumgartner/Homburg 1996). Beispielhaft seien hier

- individualpsychologische Konstrukte wie z. B. Einstellungen, Motive oder Werte,
- intraorganisationale Konstrukte wie z. B. Marktorientierung, Führungsstil oder interne Kommunikation sowie
- Konstrukte zur Beschreibung interorganisationaler Geschäftsbeziehungen wie z. B. Vertrauen, Commitment oder Zufriedenheit

genannt.

Die Berücksichtigung eines Konstrukts im Rahmen der empirischen Forschung erfordert sowohl die Konzeptualisierung als auch die darauf aufbauende Operationalisierung. Erstere bezeichnet die Erarbeitung der relevanten Konstruktdimensionen, Letztere bezeichnet die Entwicklung eines Messinstruments. Die Messung eines komplexen Konstrukts erfolgt in der Regel durch mehrere Indikatoren, die als fehlerbehaftete Messungen des Konstrukts aufzufassen sind (Homburg/Giering 1996).

Die konfirmatorische Faktorenanalyse (KFA) ist eine Methode zur formalen Darstellung der Messung komplexer Konstrukte durch Indikatoren und zur gleichzeitigen Gütebeurteilung dieser Messung. Im Rahmen der KFA werden Parameter des Messmodells geschätzt und die Konsistenz des Modells mit den empirischen Daten beurteilt. Die KFA wurde maßgeblich durch die frühen Arbeiten von Jöreskog (1966, 1967, 1969) geprägt, in denen ein allgemeiner Ansatz der KFA erarbeitet wird. Die KFA ist ein Sonderfall der Kausalanalyse (bzw. genauer der Kovarianzstrukturanalyse) und stellt eine Methode der zweiten Generation dar (vgl. zur Unterscheidung zwischen Methoden der ersten bzw. zweiten Generation Homburg 1998). Sie lässt sich von Methoden der ersten Generation, z. B. von der exploratorischen Faktorenanalyse (EFA), durch ihre wesentlich höhere Leistungsfähigkeit abgrenzen, auf die im Folgenden noch näher eingegangen wird.

Die KFA und die EFA sind zwei verschiedene Ansätze der Faktorenanalyse (FA), die allgemein als multivariates Verfahren zur Erklärung der Kovarianzen zwischen mehreren beobachteten Variablen durch relativ wenige zugrundeliegende latente Variablen bezeichnet werden kann. Die FA kann somit als Datenreduktionstechnik verstanden werden (Bollen 1989). Eine Gemeinsamkeit der beiden Ansätze ist die Datengrundlage, nämlich die Kovarianzmatrix. Eine weitere Gemeinsamkeit bezieht sich auf die Unterscheidung von (durch latente Variablen) erklärter und nicht erklärter Varianz der beobachteten Variablen. Die Unterschiede zwischen den Verfahren ergeben sich aus den unterschiedlichen Zielsetzungen. Während die EFA ein strukturerkennendes (exploratorisches) Verfahren ist, stellt die KFA ein strukturüberprüfendes (konfirmatorisches) Verfahren dar.

Im Rahmen der KFA wird, im Gegensatz zur EFA, ein Messmodell detailliert spezifiziert. Zum einen wird die Zahl der latenten Variablen a priori festgelegt. Weiterhin wird die genaue Zuordnung zwischen latenten und beobachteten Variablen spezifiziert. Dazu ist es erforderlich, dass eine konkrete Vorstellung über das Messinstrument vorhanden ist. Messfehler finden explizite Berücksichtigung. Weiterhin besteht die Möglichkeit, Modellparameter zu fixieren oder Restriktionen einzuführen. Beispielsweise können Messfehler korreliert werden, was bei einigen Messinstrumenten inhaltlich und methodisch erforderlich sein kann (Gerbing/Anderson 1984). Außerdem kann mit der KFA ausgeschlossen werden, dass eine latente Variable auf mehrere beobachtete Variablen „lädt". Dies stellt ein Problem der EFA dar.

Die KFA ermöglicht die Ermittlung einer Reihe von Anpassungsmaßen, welche die Beurteilung sowohl des gesamten Messmodells als auch einzelner Modellelemente ermöglichen. Weiterhin ermöglicht die KFA im Gegensatz zur EFA Tests auf Signifikanz einzelner Modellparameter. Dies ist im Rahmen der Validierung eines Messinstruments von entscheidender Bedeutung, da so von einer (repräsentativen) Stichprobe auf die Grundgesamtheit geschlossen werden kann.

Es ist zu konstatieren, dass die KFA als Methode der zweiten Generation wesentlich leistungsfähiger ist als die EFA (Jöreskog 1967, 1969). Durch die KFA wird es im Gegensatz zur EFA möglich, vorhandene Erkenntnisse und theoretische Überlegungen in die empirische Analyse explizit einfließen zu lassen. Insbesondere die Möglichkeit des Testens auf Signifikanz sowie das aussagekräftige Spektrum von lokalen und globalen Gütemaßen eröffnen der empirischen Forschung größeren Aussagengehalt. Die Bedeutung der EFA liegt dagegen in erster Linie in der Erkennung noch nicht bekannter Faktorstrukturen. Sie ist somit als Vorstufe der KFA zu begreifen (zur exploratorischen Faktorenanalyse vgl. den Beitrag von Hüttner und Schwarting in diesem Band).

2. Grundlagen

2.1 Datengrundlage des Anwendungsbeispiels

Zur Veranschaulichung des im Folgenden darzustellenden Konzeptes verwenden wir Daten aus einer Kundenzufriedenheitsmessung eines Herstellers von Elektronikbauteilen mit dem Schwerpunkt Sensortechnik. Die Stichprobe besteht aus n = 135 Kunden aus der Kundendatei des Unternehmens. Die Kunden wurden schriftlich zur Zufriedenheit mit einzelnen Leistungsbestandteilen befragt. Im Einzelnen wurden die Zufriedenheiten mit folgenden Leistungskomponenten abgefragt (vgl. auch Abbildung 1):

- Produkte,
- Information/Dokumentation und
- Lieferung.

Die Messung erfolgt in Anlehnung an Homburg/Rudolph (1995) durch 6-er Rating-Skalen. Insgesamt werden 14 Items zur Messung der drei Konstrukte herangezogen (vgl. zur Messung von Kundenzufriedenheit den Beitrag von Beutin in diesem Band). Die Zufriedenheit mit den Produkten wird durch Fragen zum technologischen Stand, zur Leistungsfähigkeit, zur Integrationsfähigkeit und zur Zuverlässigkeit gemessen. Die Zufriedenheit mit der Information/Dokumentation wird durch Fragen zur Regelmäßigkeit der Information, zur Gestaltung der Informationsunterlagen, zur Verständlichkeit der Unterlagen, zur Vollständigkeit der Unterlagen und zur Information zu weiteren Produkten gemessen.

1. Produkte

Wie zufrieden sind Sie mit ...	*sehr zufrieden*					*sehr unzu-frieden*	*keine Aussage möglich*
1. dem technologischen Stand (Innovationsgrad) unserer Produkte?	☐	☐	☐	☐	☐	☐	☐
2. der Leistungsfähigkeit unserer Produkte?	☐	☐	☐	☐	☐	☐	☐
3. der Integrationsmöglichkeit unserer Produkte?	☐	☐	☐	☐	☐	☐	☐
4. der Zuverlässigkeit/Ausfallsicherheit unserer Produkte?	☐	☐	☐	☐	☐	☐	☐

2. Information/Dokumentation

Wie zufrieden sind Sie mit ...	*sehr zufrieden*					*sehr unzu-frieden*	*keine Aussage möglich*
5. der Regelmäßigkeit der allgemeinen Produktinformationen zur Sensortechnik?	☐	☐	☐	☐	☐	☐	☐
6. der Aufmachung/dem Design der allgemeinen Produktinformationen?	☐	☐	☐	☐	☐	☐	☐
7. der Eindeutigkeit/Verständlichkeit der technischen Dokumentation?	☐	☐	☐	☐	☐	☐	☐
8. der Vollständigkeit der technischen Dokumentation?	☐	☐	☐	☐	☐	☐	☐
9. der regelmäßigen Information über weitere Produkte?	☐	☐	☐	☐	☐	☐	☐

3. Lieferung

Wie zufrieden sind Sie mit ...	*sehr zufrieden*					*sehr unzu-frieden*	*keine Aussage möglich*
10. der Lieferzeit unserer Produkte?	☐	☐	☐	☐	☐	☐	☐
11. der Liefertreue?	☐	☐	☐	☐	☐	☐	☐
12. dem Zustand der Produkte bei der Anlieferung?	☐	☐	☐	☐	☐	☐	☐
13. der Vollständigkeit der Lieferung?	☐	☐	☐	☐	☐	☐	☐
14. dem Eingehen auf Ihre spezifischen Wünsche während der Auftragsabwicklung/Lieferung?	☐	☐	☐	☐	☐	☐	☐

Abbildung 1: Ausschnitt des Fragebogens zur Messung der Kundenzufriedenheit bei einem Hersteller von Elektronikbauteilen

	1	2	3	4	5	6	7	8	9	10	11	12	13	14
1	1,00													
2	0,64	1,00												
3	0,65	0,69	1,00											
4	0,61	0,64	0,65	1,00										
5	0,20	0,37	0,22	0,31	1,00									
6	0,28	0,32	0,25	0,37	0,64	1,00								
7	0,25	0,29	0,27	0,25	0,75	0,60	1,00							
8	0,27	0,25	0,34	0,34	0,66	0,56	0,71	1,00						
9	0,22	0,23	0,28	0,24	0,63	0,59	0,63	0,62	1,00					
10	0,37	0,34	0,28	0,29	0,28	0,30	0,36	0,29	0,30	1,00				
11	0,36	0,29	0,31	0,25	0,18	0,23	0,25	0,23	0,19	0,71	1,00			
12	0,28	0,25	0,23	0,28	0,20	0,37	0,32	0,31	0,27	0,77	0,65	1,00		
13	0,36	0,28	0,30	0,26	0,14	0,21	0,30	0,33	0,21	0,66	0,62	0,70	1,00	
14	0,34	0,30	0,27	0,32	0,35	0,32	0,36	0,35	0,23	0,61	0,61	0,65	0,57	1,00

Tabelle 1: Korrelationsmatrix der 14 Indikatorvariablen des Drei-Faktor-Messmodells zur Kundenzufriedenheit

Die Zufriedenheit mit der Lieferung wird gemessen durch Fragen zu den Lieferzeiten, zur Liefertreue, zum Zustand der Lieferung, zur Vollständigkeit der Lieferung und zur Berücksichtigung spezifischer Kundenwünsche bei der Lieferung. Ein Ergebnis der Befragung ist die in Tabelle 1 dargestellte Korrelationsmatrix der 14 Variablen. Diese Korrelationsmatrix bildet die Datengrundlage für die KFA (zur Verwendung von Korrelationsmatrizen an der Stelle von Kovarianzmatrizen im Rahmen der KFA finden sich detaillierte Informationen bei Cudeck 1989).

Die in Abbildung 1 dargestellte Gruppierung der Indikatoren zu einzelnen Faktoren stellt die hypothetische Faktorenstruktur dar. Die Kernfrage der KFA ist in diesem Anwendungsfall, inwieweit sich diese auf Plausibilitätsüberlegungen basierende hypothetische Struktur als konsistent mit den Daten erweist. Die Korrelationsmatrix lässt schon gewisse Korrelationsstrukturen erkennen. So sind die Korrelationen der beobachteten Variablen (Indikatorvariablen) zur Messung desselben Konstrukts jeweils deutlich höher als die Korrelationen zwischen Indikatoren unterschiedlicher Konstrukte (vgl. Tabelle 1). Die Korrelationsmatrix lässt somit schon einen gewissen Schluss bezüglich der Faktorenstruktur zu. Allerdings sollte dies fundierter überprüft werden. Hierin liegt das Anliegen der KFA.

2.2 Grundbegriffe

Grundlegend für das Verständnis der KFA ist der Unterschied zwischen latenter und beobachteter Variable. Erstere ist ein komplexes Konstrukt, das nicht direkt gemessen werden kann. Es handelt sich um ein theoretisches Konzept, das jedoch durch einen Satz beobachteter Variablen (Indikatoren) gemessen werden kann. Dabei wird jeder einzelne Indikator als fehlerbehaftete Messung des zugrundeliegenden Konstrukts betrachtet (Homburg/Giering 1996, S. 6). Ein einzelner Indikator kann demnach jeweils nur eine Facette des Konstrukts erfassen. Ursächlich für das Messergebnis des Indikators sollte in erster Linie das betreffende Konstrukt sein. Das zugrundeliegende Konstrukt erklärt also einen gewissen (möglichst hohen) Varianzanteil des Indikators. Der nicht erklärte Varianzanteil resultiert aus dem Messfehler des Indikators. Durch sinnvolle Zusammenstellung mehrerer Indikatoren kann somit ein Messinstrument für ein komplexes Konstrukt geschaffen werden, welches anschließend empirisch überprüft werden muss.

Die empirische Untersuchung eines Messmodells bezieht sich auf die Reliabilität (Zuverlässigkeit) und die Validität (Gültigkeit). Ein Messmodell ist als reliabel zu bezeichnen, wenn der Zufallsfehler möglichst gering ist und somit der wesentliche Anteil der Varianz eines Indikators durch das zugrundeliegende Konstrukt erklärt wird. In der empirischen Forschung werden drei Formen von Reliabilität unterschieden (Hildebrandt 1998, S. 88):

- Test-Retest-Reliabilität: Korrelation mit einer Vergleichsmessung desselben Messinstruments zum späteren Zeitpunkt (Stabilität),
- Parallel-Test-Reliabilität: Korrelation mit einer Vergleichsmessung auf einem äquivalenten Messinstrument,
- Interne-Konsistenz-Reliabilität: Korrelation der Indikatoren eines Konstrukts untereinander.

In der Praxis und insbesondere im Rahmen der KFA kommt der Internen-Konsistenz-Reliabilität die größte Bedeutung zu, da sowohl die Durchführung von Wiederholungsmessungen als auch die Berücksichtigung alternativer Messinstrumente das Erhebungsdesign sehr aufwendig gestalten (Hildebrandt 1998, S. 88). Die Interne-Konsistenz-Reliabilität wird umso besser beurteilt, je höher die Korrelationen zwischen den einzelnen Indikatoren eines Konstrukts sind (Anderson/Gerbing/Hunter 1987; Peter 1979).

Die Reliabilität eines Messinstruments ist eine notwendige Bedingung für dessen Validität. Während der Reliabilitätsbegriff nur auf einen Zufallsfehler abzielt, bezieht sich der

Validitätsbegriff sowohl auf systematische als auch auf Zufallsfehler (Churchill 1991). Die Validität eines Messinstruments gibt an, inwieweit ein Instrument frei von systematischen und zufälligen Messfehlern ist. Im Zusammenhang mit der KFA lassen sich folgende Facetten des Validitätsbegriffs unterscheiden:

- Inhaltsvalidität bezieht sich auf den Grad, zu dem die Variablen eines Messmodells dem inhaltlich-semantischen Bereich des Konstrukts angehören und alle Bedeutungsinhalte und Facetten des Konstrukts abbilden (Homburg/Giering 1996).
- Konstruktvalidität bezeichnet die Beziehungen zwischen Konstrukt und Messinstrument und umfasst drei Facetten:
  - Konvergenzvalidität ist der Grad, zu dem zwei oder mehr unterschiedliche Messungen des gleichen Konstrukts in Übereinstimmung sind (Bagozzi/Phillips 1982, S. 468).
  - Diskriminanzvalidität ist der Grad, zu dem Messungen unterschiedlicher Konstrukte sich unterscheiden (Bagozzi/Phillips 1982, S. 469).
  - Nomologische Validität repräsentiert den Grad, zu dem vorhergesagte Beziehungen des Konstrukts zu anderen Konstrukten bestätigt werden können. Die vorhergesagten Beziehungen müssen dabei aus einem übergeordneten theoretischen Rahmen abgeleitet werden (Bagozzi 1979).

Die Sicherung der Inhaltsvalidität erfolgt in erster Linie qualitativ, indem das betreffende Konstrukt inhaltlich präzise abgegrenzt wird. Es lassen sich jedoch auch durch quantitative Analysen Anhaltspunkte für Inhaltsvalidität gewinnen (Homburg/Giering 1996; Homburg 1998, Kapitel 3).

Konvergenzvalidität und Diskriminanzvalidität können mit Hilfe der KFA quantitativ beurteilt werden (vgl. Abschnitt 3). Nomologische Validität kann ansatzweise über die Übereinstimmung empirisch ermittelter und theoretisch vermuteter Zusammenhänge zwischen Konstrukten unter Einbeziehung einer zugrundeliegenden Theorie beurteilt werden.

Es ist in jüngerer Zeit mehrfach kritisiert worden, dass die fehlenden Möglichkeiten zur quantitativen Überprüfung der inhaltlichen Validität dazu geführt haben, dass Anwender der KFA inhaltliche Aspekte bei der Entwicklung ihrer Messinstrumente vernachlässigt haben (z. B. Albers/Hildebrandt 2006; Hildebrandt/Temme 2006). Dabei handelt es sich aber im Wesentlichen um eine Kritik der *Anwendung* bestehender Kriterien, weniger um ein Problem der Kriterien selbst, so dass auch künftig – anders als von Rossiter (2002) gefordert – eine quantitative Überprüfung der Güte der Messmodelle mit Hilfe der KFA erfolgen sollte. Wichtig ist in diesem Zusammenhang jedoch, dass inhaltliche Validität das entscheidende Kriterium bei der Beurteilung der Messinstrumente darstellt.

2.3 Methodische Grundlagen

Die KFA erfordert, wie bereits beschrieben, die genaue Spezifikation des Messmodells. In einem ersten Schritt kann eine graphische Veranschaulichung die Spezifikation erleichtern. Die Spezifikation einer KFA umfasst latente Variablen (ξ_j), Indikatorvariablen (x_i), Messfehlervariablen (δ_i), Faktorladungen (λ_{ij}) und die Korrelationen der latenten Variablen untereinander (ϕ_{jk}). In Abbildung 2 ist die graphische Spezifikation des Anwendungsbeispiels dargestellt. Die einzelnen Indikatorvariablen x_1, x_2, ..., x_{14} entsprechen den in Abbildung 1 dargestellten Fragen.

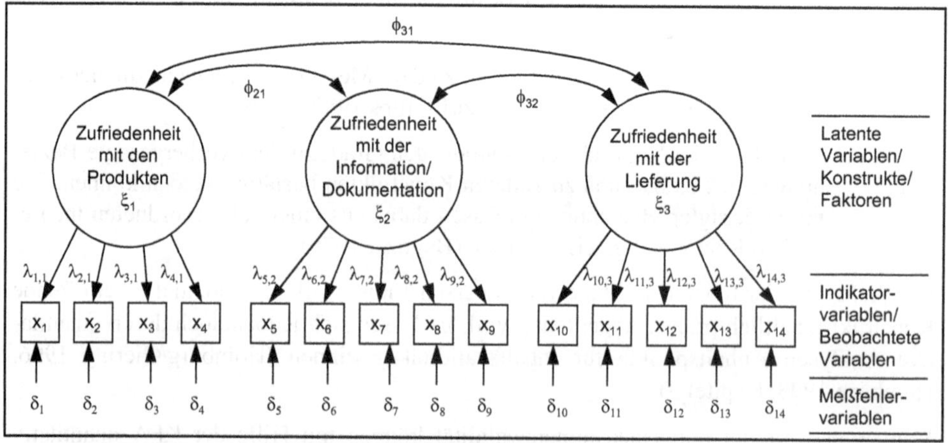

Abbildung 2: Messmodell im Anwendungsbeispiel

Dieses Messmodell kann durch die Gleichung

$$x = \Lambda \cdot \xi + \delta \tag{1}$$

ausgedrückt werden. Dabei stellen x den Vektor der Indikatorvariablen, ξ den Vektor der latenten Variablen, δ den Vektor der Messfehler und Λ die Matrix der Faktorladungen dar. Das in Abbildung 2 dargestellte Messmodell des Anwendungsbeispiels hat in der Matrizenschreibweise folgende Form:

$$\begin{pmatrix} x_1 \\ x_2 \\ \cdot \\ \cdot \\ \cdot \\ x_{13} \\ x_{14} \end{pmatrix} = \begin{pmatrix} \lambda_{1,1} & 0 & 0 \\ \ldots & \ldots & \ldots \\ \lambda_{4,1} & 0 & 0 \\ 0 & \lambda_{5,2} & 0 \\ \ldots & \ldots & \ldots \\ 0 & \lambda_{9,2} & 0 \\ 0 & 0 & \lambda_{10,3} \\ \ldots & \ldots & \ldots \\ 0 & 0 & \lambda_{14,3} \end{pmatrix} \begin{pmatrix} \xi_1 \\ \xi_2 \\ \xi_3 \end{pmatrix} + \begin{pmatrix} \delta_1 \\ \delta_2 \\ \cdot \\ \cdot \\ \cdot \\ \delta_{13} \\ \delta_{14} \end{pmatrix} \tag{2}$$

Unter geeigneten Voraussetzungen (Homburg 1989, S. 147 ff.) kann die Kovarianzmatrix Σ der beobachteten Variablen x durch die drei Parametermatrizen Λ, ϕ und θ_δ ausgedrückt werden. Die entsprechende Gleichung lautet

$$\Sigma = \Lambda\, \phi\, \Lambda' + \theta_\delta \tag{3}$$

wobei Λ' die transponierte Matrix Λ und θ_δ die Kovarianzmatrix der Messfehler darstellt. Ziel der KFA ist es, die unbekannten Parameter (λ_{ij}, ϕ_{jk}, $\theta_{\delta,ij}$) so zu schätzen, dass die vom Modell reproduzierte Kovarianzmatrix $\hat{\Sigma} = \Sigma(\hat{\Lambda}, \hat{\phi}, \hat{\theta}_\delta)$ die empirische Kovarianzmatrix S möglichst exakt reproduziert. Es handelt sich dabei um eine Minimierung einer Diskrepanzfunktion zwischen S und Σ.

Die Gestalt der Diskrepanzfunktion hängt von der verwendeten Schätzmethode ab. Neben der gewöhnlichen Kleinste-Quadrate-Methode (unweighted least squares, ULS) findet die Maximum-Likelihood-Methode (ML) weite Verbreitung. Dabei wird zu einem gegebenen Stichprobenergebnis S derjenigen Wert $\hat{\Sigma}$ als Schätzer für Σ gewählt, unter dem die Wahrscheinlichkeit des Eintretens von S am größten ist. Eine ausführliche Darstellung der genannten und weiterer Schätzmethoden findet man bei Homburg (1989, S. 167 ff.), Browne (1984) sowie bei Bollen (1989). In der Regel sollte die ML-Schätzfunktion zum Einsatz kommen.

Eine Voraussetzung für die Durchführung einer sinnvollen Parameterschätzung ist die Identifikation des Modells. Dabei geht es um die Frage, ob die Datengrundlage genügend Informationen zur eindeutigen Schätzung der Parameter enthält.

Im Rahmen der KFA ist die Identifikation des Modells in der Regel gegeben. Sie ist dabei eng an die Anzahl der verwendeten Indikatoren gekoppelt. Soll die Messung *eines*

Konstrukts mit Hilfe der KFA analysiert werden, so lassen sich (bei unkorrelierten Messfehlern) drei Fälle unterscheiden (vgl. für eine ausführlichere Behandlung der Identifikationsproblematik im Rahmen der KFA Brown 2006, S. 62 ff.):

- *Hat das Konstrukt vier oder mehr Indikatoren*, so ist das Modell überidentifiziert, d. h. die Kovarianzmatrix enthält mehr Elemente als Modellparameter zu schätzen sind. Dieser Fall stellt den typischen Anwendungsfall der KFA dar. In diesem Fall ist eine eindeutige Schätzung der Modellparameter möglich. Darüber hinaus kann im Rahmen der Gütebeurteilung (s. u.) auf alle gängigen lokalen und globalen Anpassungsmaße zurückgegriffen werden.
- *Hat das Konstrukt genau drei Indikatoren*, so ist das Modell exakt identifiziert, d. h. die Anzahl der Elemente in der Kovarianzmatrix (sechs) entspricht genau der Anzahl zu schätzender Parameter. Auch in diesem Fall können die Modellparameter problemlos geschätzt werden. Da ein solches Modell keine Freiheitsgrade hat, reproduziert die durch das Modell implizierte Kovarianzmatrix perfekt die empirische Kovarianzmatrix. Globale Anpassungsmaße können daher in diesem Fall nicht zur Beurteilung der Güte des Messmodells herangezogen werden.
- *Hat das Konstrukt zwei Indikatoren*, so ist das Modell nicht identifiziert. Konkret stehen vier zu schätzenden Parametern nur drei Elemente der Kovarianzmatrix als Informationsgrundlage gegenüber. In diesem Fall ist eine isolierte KFA für das entsprechende Konstrukt nicht durchführbar. Möglich ist aber eine KFA im Konstruktverbund, d. h. in einem Modell mit mindestens einem weiteren Konstrukt mit zwei Indikatoren.

Soll die Messung mehrerer Konstrukte in einem gemeinsamen Modell untersucht werden (wie im hier verwendeten Anwendungsbeispiel), so ist ein solches Modell immer identifiziert, wenn jedes der einbezogenen Konstrukte mindestens zwei Indikatoren hat, kein Indikator auf mehr als einen Faktor lädt und die Konstrukte frei miteinander korrelieren können (vgl. hierzu auch Bollen 1989, insbesondere S. 238 ff.).

3. Vorgehensweise

Die Durchführung einer KFA erfordert ein methodisch-schrittweises Vorgehen (vgl. Abbildung 3). Das Ziel liegt darin, die Messung im Hinblick auf quantifizierbare Reliabilitäts- und Validitätskriterien zu beurteilen. Im Einzelnen können folgende Facetten überprüft werden (vgl. Abschnitt 2.2):

- Interne-Konsistenz-Reliabilität,
- Konstruktvalidität:
    - Konvergenzvalidität,

- Diskriminanzvalidität,
- Nomologische Validität.

Der erste Schritt im Rahmen der KFA ist die Modellspezifikation (vgl. Abbildung 3 sowie auch Abschnitt 2.3). Diese umfasst die Definition der Indikatoren und der Faktoren sowie die Zuordnung der Indikatoren zu den Faktoren. Weiterhin können Korrelationen zwischen den Faktoren zugelassen werden (dies ist der Regelfall). Gegebenenfalls kann zusätzlich auch eine Korrelation von Messfehlern vorgenommen werden, wobei diese Vorgehensweise grundsätzlich kritisch zu sehen ist und nur in theoretisch oder methodisch begründbaren Fällen akzeptabel ist (Gerbing/Anderson 1984, S. 579). Ein spezielles Problem im Rahmen der Modellspezifikation ist die Zuweisung von Skalen zu den latenten Konstrukten, die grundsätzlich keine eigene Skala aufweisen. Dies geschieht entweder durch Fixierung einer Faktorladung (typischerweise auf den Wert Eins) oder durch Fixierung der Varianz eines Faktors.

Im zweiten Schritt erfolgt die Parameterschätzung (vgl. Abschnitt 2.3). Ziel ist es, die empirische Kovarianzmatrix S möglichst gut zu reproduzieren. Dazu stehen unterschiedliche Methoden zur Verfügung, die sich in der Gestalt der Diskrepanzfunktion unterscheiden.

Der dritte Schritt umfasst die Modellbeurteilung. Diese erfolgt auf der Grundlage verschiedener Kriterien. Die Modellbeurteilung beginnt mit der globalen Beurteilung, wobei die Frage beantwortet wird, inwieweit das Modell als ganzes konsistent mit den Datenstrukturen ist. Anschließend wird die Güte lokaler Modellbestandteile beurteilt. Eine Übersicht zu Kriterien zur Beurteilung der Anpassungsgüte einer KFA ist Abbildung 4 zu entnehmen.

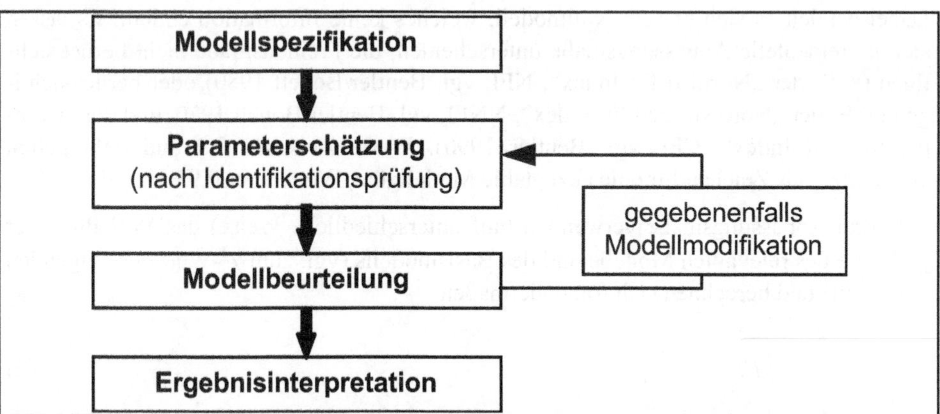

Abbildung 3: Vorgehensweise im Rahmen der KFA

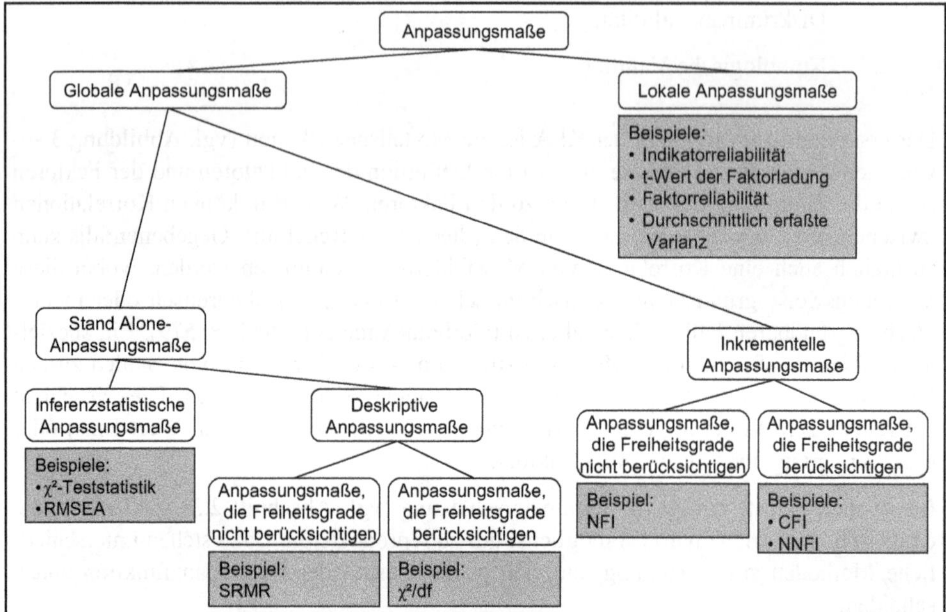

Abbildung 4: Übersicht zu Anpassungsmaßen zur Beurteilung von KFA-Modellen (Quelle: in Anlehnung an Homburg/Baumgartner 1995, S. 165)

Globale Anpassungsmaße lassen sich in Stand-Alone-Anpassungsmaße und inkrementelle Anpassungsmaße einteilen. Bei Letzteren erfolgt die Beurteilung des relevanten Modells (Index r) nicht isoliert, sondern in Relation zu einem Basismodell (Index b). Dabei handelt es sich um ein Nullmodell, welches keine Information enthält. Es lassen sich inkrementelle Anpassungsmaße unterscheiden, die Freiheitsgrade nicht berücksichtigen (z. B. der „Normed Fit Index", NFI, vgl. Bentler/Bonett 1980) oder berücksichtigen (z. B. der „Non-Normed Fit Index", NNFI, vgl. Bentler/Bonett 1980, und der „Comparative Fit Index", CFI, vgl. Bentler 1990). Werte zwischen 0,9 und 0,95 gelten gewöhnlich als Zeichen für eine akzeptable Modellgüte, Werte über 0,95 als gut.

Alle drei Anpassungsmaße verwenden (auf unterschiedliche Weise) das Verhältnis der χ^2-Werte des relevanten Modells und des Basismodells (vgl. zum χ^2-Wert den folgenden Abschnitt) und berechnen sich folgendermaßen:

$$NFI = 1 - \frac{\chi_r^2}{\chi_b^2} \tag{4}$$

$$\text{NNFI} = \frac{(\chi_b^2 / df_b) - (\chi_r^2 / df_r)}{(\chi_b^2 / df_b) - 1} \tag{5}$$

$$CFI = 1 - \frac{\max\left\{\chi_r^2 - df_r ; 0\right\}}{\max\left\{\chi_b^2 - df_b ; \chi_r^2 - df_r ; 0\right\}} \tag{6}$$

Bei Stand-Alone-Anpassungsmaßen lassen sich inferenzstatistische und deskriptive Maße unterscheiden. Die Beurteilung des Modells erfolgt bei inferenzstatistischen Anpassungsmaßen durch einen statistischen Signifikanztest. Beispiele hierfür sind die χ^2-Teststatistik und der RMSEA („Root Mean Squared Error of Approximation"). Der χ^2-Test prüft die absolute „Richtigkeit" eines Modells. Dies ist kritisch zu sehen, da die Zielsetzung empirischer Forschung in der Regel eher eine möglichst gute Approximation der Realität als deren exakte Reproduktion ist. Dieses und weitere Defizite treten beim RMSEA nicht auf, mit dem getestet wird, ob das Modell die Realität möglichst gut approximiert (Steiger 1990). Sowohl für den χ^2-Test als auch für den RMSEA werden möglichst niedrige Werte angestrebt. Die Berechnung der beiden Größen erfolgt folgendermaßen, wobei n der Stichprobenumfang ist und df die Zahl der Freiheitsgrade des Modells ($df = [q \cdot (q+1)/2] - t$ mit t = Anzahl zu schätzender Parameter, q = Anzahl der Indikatorvariablen) bezeichnet:

$$\chi^2 = (n-1)F(S,\hat{\Sigma}) \tag{7}$$

$$RMSEA = \left(\frac{\chi^2 - df}{df(n-1)} \right)^{1/2} \tag{8}$$

Deskriptive Anpassungsmaße ermöglichen die Beurteilung der Güte der Datenreproduktion des Modells durch Vorgabe von Mindeststandards (Erfahrungswerte). Es lassen sich Anpassungsmaße unterscheiden, die Freiheitsgrade nicht berücksichtigen (z. B. der Standardized Root Mean Square Residual, SRMR, vgl. Bentler 1995), und solche, die sie – und damit die Parameterzahl des Modells – berücksichtigen (z. B. χ^2/df). Der SRMR basiert auf einem Vergleich der empirischen Kovarianzmatrix S mit der durch die geschätzten Parameter implizierten Kovarianzmatrix $\hat{\Sigma}$. Konkret wird die durchschnittliche quadrierte Abweichung der Elemente s_{ij} aus der empirischen Kovarianzmatrix S von ihrem jeweiligen Pendant $\hat{\sigma}_{ij}$ aus der implizierten Kovarianzmatrix $\hat{\Sigma}$ ermittelt. Da die Größe dieser Abweichungen nicht unabhängig von der Skalierung der Indikatorvariablen ist, werden diese Abweichungen zusätzlich standardisiert. Angestrebt werden möglichst kleine Abweichungen, da dann das Modell die empirische Kovarianzmatrix besonders gut reproduziert. Allgemein gelten Werte kleiner als 0,05 als gut und Werte kleiner als

0,1 als akzeptabel (Homburg/Klarmann 2006, S. 737). Formal lässt sich der SRMR wie folgt darstellen, wobei p die Anzahl der Indikatorvariablen darstellt (Hu/Bentler 1998, S. 428):

$$SRMR = \sqrt{\frac{2\sum_{i=1}^{p}\sum_{j=1}^{i}\left(\frac{s_{ij}-\hat{\sigma}_{ij}}{s_{ii}s_{jj}}\right)^2}{p(p+1)}}\,. \tag{9}$$

Das Verhältnis aus χ^2-Wert und Anzahl der Freiheitsgrade χ^2/df stellt ebenfalls ein häufig verwendetes – und trotz Rückgriff auf die χ^2-Teststatistik – rein deskriptives Anpassungsmaß dar. Der χ^2/df-Wert sollte dabei nicht größer als 3 sein.

Es ist anzumerken, dass in früher erschienenen Versionen dieses Beitrags im Rahmen der deskriptiven Anpassungsmaße der „Goodness of Fit Index", GFI, und der „Adjusted Goodness of Fit Index", AGFI, vorgestellt wurden. Mehrere jüngere Simulationsstudien (z.B. Hu/Bentler 1998, 1999 und Sharma et al. 2005) wecken jedoch Zweifel an der Leistungsfähigkeit dieser Anpassungsmaße, so dass diese bei der Modellbeurteilung nur eine geringe Rolle spielen sollten (vgl. Homburg/Klarmann 2006, S. 736).

Lokale Anpassungsmaße beziehen sich entweder auf einzelne Indikatoren oder auf einzelne Faktoren der KFA. Die Indikatorreliabilität gibt an, welcher Anteil der Varianz des Indikators (x_i) durch den zugrundeliegenden Faktor (ξ_j) erklärt wird (Homburg 1998). Der Wert ist auf das Intervall [0,1] normiert und berechnet sich nach der Formel

$$rel(xi) = \frac{\lambda_{ij}^2\phi_{jj}}{\lambda_{ij}^2\phi_{jj}+\theta_{ii}} \tag{10}$$

wobei λ_{ij} die geschätzte Faktorladung, ϕ_{jj} die geschätzte Varianz der latenten Variablen (ξ_j) und θ_{ii} die geschätzte Varianz des zugehörigen Messfehlers (δ_i) bezeichnet. Weiterhin kann jede Faktorladung (λ_{ij}) mit einem t-Test auf Signifikanz getestet werden.

Von größerer Bedeutung als Aussagen über einzelne Indikatoren ist die Beurteilung der Faktoren. Dies geschieht in der Regel durch die Faktorreliabilität (FR) und die durchschnittlich erfasste Varianz eines Faktors (DEV). Die Berechnung erfolgt nach den Formeln (Homburg/Giering 1996, S. 10 f.):

$$FR(\xi j) = \frac{\left(\sum_{i=1}^{k}\lambda_{ij}\right)^2\phi_{jj}}{\left(\sum_{i=1}^{k}\lambda_{ij}\right)^2\phi_{jj}+\sum_{i=1}^{k}\theta_{ii}} \tag{11}$$

und $$DEV(\xi j) = \frac{\sum_{i=1}^{k} \lambda_{ij}^{2} \phi_{jj}}{\sum_{i=1}^{k} \lambda_{ij}^{2} \phi_{jj} + \sum_{i=1}^{k} \theta_{ii}}. \quad (12)$$

Bei der Berechnung ist zu beachten, dass die Summation über alle Indikatoren einer latenten Variablen (Index k) erfolgt. Beide Größen sind auf das Intervall [0,1] normiert, hohe Werte lassen auf hohe Qualität der Messung (im Sinne der Konvergenzvalidität) schließen.

Die Diskriminanzvalidität der Faktoren kann anhand zweier Ansätze und den sich daraus ergebenden Maßen beurteilt werden. Der erste Ansatz ist der χ^2-Differenztest (Anderson/Gerbing 1993), der die χ^2-Differenz zweier Modelle betrachtet. Dabei wird das Messmodell mit einem spezielleren Modell verglichen, bei dem die Korrelation zwischen zwei Faktoren auf Eins fixiert wird (d. h. perfekte Korrelation). Die dadurch zwangsläufig auftretende Verschlechterung des χ^2-Wertes (und somit der Modellanpassung) wird auf Signifikanz geprüft. Dies ist bei einer 5-prozentigen Irrtumswahrscheinlichkeit gegeben, falls die χ^2-Differenz größer als 3,841 ist. Ist dies der Fall, so ist das allgemeinere (ursprüngliche) Modell dem spezielleren Modell vorzuziehen, es ist also von Diskriminanzvalidität auszugehen. Ein strengeres Kriterium zur Beurteilung der Diskriminanzvalidität ist das Fornell/Larcker-Kriterium (Anderson/Gerbing 1993). Dieses fordert für jedes Paar von Faktoren eines Messmodells, dass die durchschnittlich erfassten Varianzen (DEV) der Faktoren jeweils größer sind als die quadrierte Korrelation zwischen den beiden Faktoren.

Zur Ermittlung erster Anhaltspunkte im Hinblick auf nomologische Validität im Rahmen der KFA können die vom Modell geschätzten Korrelationen zwischen den Faktoren mit den hypothetischen, auf Theorien gestützten Zusammenhängen verglichen werden (Bagozzi 1980, S. 129). Eine hohe „Trefferquote" bezogen auf Richtung und Stärke der Zusammenhänge kann als erstes Indiz für nomologische Validität gewertet werden. Im Wesentlichen erfordert die Beurteilung der nomologischen Validität allerdings die Anwendung der Dependenzanalyse. Daher wird sie an dieser Stelle nicht weiter behandelt.

Bei der Anwendung der KFA können – nach vorausgegangener Prüfung formaler Aspekte der Modellanpassung (vgl. Abschnitt 2.3) – die in Tabelle 2 zusammengefassten Kriterien mit den angegebenen Anspruchsniveaus zur Anwendung kommen. Es handelt sich im Wesentlichen um Erfahrungswerte, die bei vorhandenen Anwendungen der Kausalanalyse zur Anwendung kommen (Homburg/Baumgartner 1995). Anders als in vorigen Versionen dieses Beitrags wurden dabei der GFI und AGFI aufgrund der oben angeführten Simulationsergebnisse nicht berücksichtigt, neu sind der SRMR und NNFI in der Tabelle vertreten.

Bezeichnung	Anspruchsniveau
RMSEA	$\leq$ 0,05 (bzw. 0,10)
NFI	$\geq$ 0,9
NNFI	$\geq$ 0,9
CFI	$\geq$ 0,9
SRMR	$\leq$ 0,05 (bzw. 0,10)
$\frac{\chi^2}{df}$	$\leq$ 3
Indikatorreliabilität	$\geq$ 0,4
Faktorreliabilität	$\geq$ 0,6
Durchschnittlich erfasste Varianz	$\geq$ 0,5
Signifikanztest der Faktorladungen (einseitiger Test auf 5%-Niveau)	t $\geq$ 1,645
χ^2-Differenztest (5%-Niveau)	χ^2-Differenz $\geq$ 3,841
Fornell/Larcker-Kriterium	DEV (ξ_i) > quadr. Korrelation (ξ_i, ξ_j), für alle $i \neq j$

Tabelle 2: Anspruchsniveaus für die Anpassungsmaße zur Beurteilung von KFA-Modellen (in Anlehnung an Homburg/Giering 1996, S. 13)

Ist aufgrund der Modellbeurteilung eine Modifikation erforderlich, so kann nicht mehr von einer streng konfirmatorischen Vorgehensweise gesprochen werden. Vielmehr weist die Vorgehensweise unter diesen Umständen eine exploratorische (datengetriebene) Orientierung auf. Grundsätzlich ergeben sich drei Bereiche für eine Modellmodifikation. Zum einen kann die Faktorenstruktur modifiziert werden. Dies kann bei fehlender Diskriminanzvalidität oder bei fehlender interner Konsistenz eines Faktors erforderlich sein. Die zweite Möglichkeit ist die Herausnahme einzelner Items aus dem Messmodell. Diese in der Praxis relativ häufige Maßnahme wird angewendet, wenn einzelne Items nicht zu einem Faktor passen und gleichzeitig nicht bedeutungsvoll genug sind, um einen eigenen Faktor zu bilden. Dieser Prozess kann im Rahmen der Konstrukt-Operationalisierung recht aufwendig sein (Homburg/Giering 1996). Der dritte Bereich betrifft Modifikationen der Modellstruktur. Eine Möglichkeit ist die Korrelation von Messfehlern, durch welche die Anpassungsgüte eines Modells massiv gesteigert werden kann. Insgesamt ist dieser Ansatz jedoch kritisch zu sehen (Gerbing/Anderson 1984). Eine solche Maßnahme bedarf auf jeden Fall einer theoretischen Begründung, die z. B. dann gegeben ist, wenn in der Art und Weise der Messung zweier Indikatoren ein Gegensatz liegt im Vergleich zur Messung der übrigen Indikatoren eines Faktors (ein typischer Anwendungsfall ist die gleichzeitige Verwendung positiv und negativ formulierter Fragen im Rahmen von Befragungen). Eine weitere Möglichkeit ist die Verwendung von so genannten „cross-loadings", wobei einzelne Items als Indikatoren mehrerer Faktoren gleichzeitig herangezogen werden. Auch bezüglich dieser Möglichkeit sei jedoch ein vorsichtiger Umgang angeraten.

Im Rahmen der abschließenden Ergebnisinterpretation ist in erster Linie von Interesse, inwieweit die theoretisch unterstellte Struktur mit den Daten konsistent ist. Weiterhin sind einzelne Parameterschätzer interessant. Beispielsweise geben Unterschiede in der Stärke der Faktorladungen Hinweise auf die Eignung einzelner Indikatoren zur Messung eines Konstrukts. Hohe Faktorladungen weisen dabei auf eine gute Eignung des Indikators zur Messung hin. Ein weiteres Beispiel für interessante Parameterschätzer sind die Korrelationen zwischen den Faktoren.

4. Anwendungsbeispiel

Das Messmodell zur Erfassung von drei verschiedenen Konstrukten der Kundenzufriedenheit wird nach der bereits beschriebenen Spezifikation und Formulierung in der LISREL-Notation (vgl. Abschnitte 2.1 und 2.3) geschätzt. Datengrundlage ist die (14x14)-Korrelationsmatrix der Indikatorvariablen (vgl. Tabelle 1), die auf der Basis von n = 135 Fällen ermittelt wurde. Das Messmodell mit drei Konstrukten und 14 Indikatoren erfordert die Schätzung von insgesamt 31 Parametern. Im Einzelnen müssen 14 Faktorladungen (λ_{ij}), 14 Messfehler (δ_i) und 3 Faktorkorrelationen (ϕ_{jk}) geschätzt werden. Dazu ist anzumerken, dass zur notwendigen Skalierung der latenten Variablen die drei Varianzen der Konstrukte (ϕ_{jj}) auf den Wert Eins fixiert worden sind. Demgegenüber stehen 14 Indikatoren zur Verfügung. Die Zahl der Freiheitsgrade des Modells beträgt somit $df = 14 \cdot 15/2 - 31 = 74$ (vgl. Abschnitt 3). In Abbildung 5 und Tabelle 3 sind die Ergebnisse der KFA zusammengestellt.

Aus Tabelle 3 ist ersichtlich, dass alle Indikatorreliabilitäten größer als 0,4 sind. Außerdem sind alle t-Werte der Faktorladungen signifikant, d. h. alle Faktorladungen sind signifikant von Null verschieden. Auf der Ebene der Faktoren sind Faktorreliabilitäten und durchschnittlich erfasste Varianzen größer als die Mindestanforderungen (0,6 bzw. 0,5).

Faktor	Indikator-nummer	Indikator-reliabilität	t-Wert der Faktor-ladung	Faktor-reliabilität	Durch-schnittl. erfasste Varianz
Faktor 1: Zufriedenheit mit Produkten	1	0,61	10,35	0,88	0,64
	2	0,68	11,11		
	3	0,69	11,27		
	4	0,61	10,33		
Faktor 2: Zufriedenheit mit der Information/Dokumentation	5	0,72	11,80	0,90	0,64
	6	0,53	9,53		
	7	0,75	12,23		
	8	0,65	10,90		
	9	0,57	9,91		
Faktor 3: Zufriedenheit mit der Lieferung	10	0,76	12,44	0,91	0,66
	11	0,62	10,65		
	12	0,75	12,36		
	13	0,61	10,49		
	14	0,55	9,70		
Globale Anpassungsmaße					
χ^2	95,93				
Freiheitsgrade (df)	74				
p-Wert	0,044				
RMSEA	0,042				
NFI	0,96				
NNFI	0,99				
CFI	0,99				
SRMR	0,045				
$\frac{\chi^2}{df}$	1,30				

Tabelle 3: Ergebnisse der konfirmatorischen Faktorenanalyse im Anwendungsbeispiel

Es bleibt zu konstatieren, dass alle lokalen Anpassungsmaße den Mindestanforderungen entsprechen.

Die χ^2-Teststatistik liefert ein eher negatives Signal. Sie ist auf 5%-Niveau signifikant, d. h. konkret kann mit einer Irrtumswahrscheinlichkeit von 4,4 % die Nullhypothese der absoluten „Richtigkeit“ des Modells abgelehnt werden. Wie bereits oben ausgeführt, werden Sinn und Gehalt dieses Tests mehrheitlich stark angezweifelt. Vor diesem Hintergrund werden weitere globale Anpassungsmaße betrachtet. Die Werte der verschiedenen Anpassungsmaße sind dabei durchgehend besser als die Mindestanforderungen, bei NFI, NNFI, CFI und χ^2/df sogar sehr deutlich. Insgesamt ist das erhaltene Ergebnis sehr zufriedenstellend. Dies gilt insbesondere aufgrund der Tatsache, dass sowohl lokale als auch globale Anpassungsmaße gute bis sehr gute Ergebnisse liefern.

Die Beurteilung der Diskriminanzvalidität fällt bei beiden vorgestellten Ansätzen sehr gut aus (vgl. Tabelle 4). Sowohl der χ^2-Differenztest als auch das strengere Fornell/Larcker-Kriterium liefern Ergebnisse, die klar für Diskriminanzvalidität sprechen. Alle χ^2-Differenzen sind deutlich höher als 3,841, d. h. die Fixierung der Korrelation zweier Faktoren auf Eins führt in allen drei möglichen Fällen zu einer signifikanten Verschlechterung. Weiterhin sind alle quadrierten Korrelationen zwischen den Faktoren niedriger als die durchschnittlich erfassten Varianzen der Faktoren.

Die Ergebnisse der Parameterschätzung sind insgesamt als sehr gut zu bezeichnen, so dass von einer Modellmodifikation abgesehen werden kann. Weiterhin sind die Ergebnisse sehr gut interpretierbar, da die unterstellte Struktur bestätigt werden konnte. Es können Unterschiede bei den Faktorladungen festgestellt werden (vgl. Abbildung 5). Beispielsweise scheint die Variable x_{14} zur Messung von ξ_3 weniger gut geeignet zu sein als die übrigen vier Indikatorvariablen. Weiterhin bestehen, wie zu erwarten war, deutliche Korrelationen zwischen den einzelnen Zufriedenheitsdimensionen (vgl. Abbildung 5).

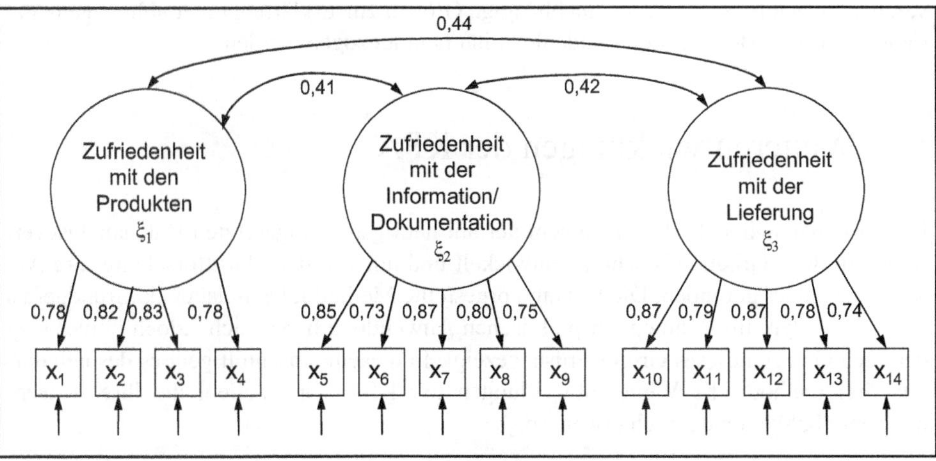

Abbildung 5: Ergebnisse der Parameterschätzung im Anwendungsbeispiel

χ^2-Differenztest			
	F_1	F_2	F_3
F_1			
F_2	223,53		
F_3	215,40	307,96	

Fornell/Larcker-Kriterium				
		F_1	F_2	F_3
	Durchschnittlich erfasste Varianz	0,64	0,64	0,66
		quadrierte Korrelationen		
F_1	0,64			
F_2	0,64	0,17		
F_3	0,66	0,19	0,18	

Tabelle 4: Ergebnisse der Untersuchung der Diskriminanzvalidität

Die validierte Konstrukt-Struktur kann nun weiterführenden Analysen zugrundegelegt werden. Beispielsweise können die Zufriedenheitsdimensionen im Rahmen einer multivariaten Dependenzanalyse als unabhängige Größen zur Erklärung einer abhängigen Variablen wie zum Beispiel der Kundenloyalität herangezogen werden.

5. Weiterentwicklungen der KFA

Die KFA hat sich sicherlich zu einem der am häufigsten eingesetzten Datenanalyseverfahren in der Marketingforschung entwickelt und auch in der Marktforschung ihre Anwendungsfelder gefunden. Die bislang vorgestellte Methodik kann dabei als Grundgerüst der KFA gelten. Im Rahmen der praktischen Anwendung haben sich jedoch immer wieder auch Grenzen dieses Grundgerüsts gezeigt. In diesem Abschnitt geht es deshalb darum, drei methodische Weiterentwicklungen der KFA vorzustellen, die ihre Anwendungsmöglichkeiten deutlich erweitern:

- die *Modellierung von formativen Konstrukten*, d. h. von Konstrukten, bei denen der unterstellte kausale Einfluss von den Indikatoren zum Konstrukt geht und nicht umgekehrt wie im traditionellen reflektiven Modell der KFA,

- die *Modellierung von Konstrukten höherer Ordnung*, d. h. von latenten Variablen, die selbst andere latente Variablen als Indikatoren haben,
- den *Einbezug von Mittelwerten in die KFA* zur Überprüfung der Invarianz eines Messinstruments in verschiedenen Kontexten und zum Vergleich latenter Mittelwerte.

5.1 Modellierung von formativen Konstrukten

Visualisiert durch die Richtung der Pfeile in den Abbildungen wird im bislang vorgestellten Grundmodell der KFA unterstellt, dass die Ausprägungen der einzelnen Indikatorvariablen von der Ausprägung einer zugrundeliegenden latenten Variablen abhängen. Das heißt es wird ein kausaler Einfluss der latenten Variable auf die Indikatorvariablen angenommen. Diese zentrale Annahme der KFA lässt sich auf die Ursprünge der Faktorenanalyse zurückführen, deren erste Ansätze im Rahmen der Intelligenzforschung zu Beginn des vergangenen Jahrhunderts entwickelt worden sind. Ziel der Forscher war es damals, die Leistungen ihrer Probanden bei Intelligenztests über einen oder mehrere zugrundeliegende Faktoren zu erklären: die Intelligenz.

Neben dieser häufig *reflektiv* genannten Messphilosophie existiert aber noch eine zweite Messphilosophie, bei welcher der kausale Zusammenhang zwischen Indikatoren und Konstrukt umgekehrt ist. Die Ausprägung der Indikatoren ist hier die Ursache der Ausprägung des Konstrukts. Deshalb wird in der Regel von einer *formativen* Konstruktmessung gesprochen. Wenngleich bereits in den 90er Jahren einige Arbeiten auf diese Form der Konstruktmessung hingewiesen haben (Bollen/Lennox 1991; Cohen et al. 1990; Homburg/Giering 1996), so ist sie doch erst in den letzten Jahren stärker in den Fokus angewandter Marketingforscher gerückt (Albers/Hildebrandt 2006; Fassott 2006; Diamantopoulos/Winklhofer 2001; Jarvis/MacKenzie/Podsakoff 2003; MacKenzie/Podsakoff/ Jarvis 2005).

Dabei ist die Wahl der Messphilosophie in der Regel nicht inhaltlich determiniert, d. h. die meisten in der Marketingforschung untersuchten Phänomene lassen sich sowohl mit Hilfe eines formativen Messmodells als auch mit Hilfe eines reflektiven Messmodells abbilden. Soll zum Beispiel die Intensität der Marketingkommunikation gemessen werden, so könnte eine formative Messung möglicherweise darüber hergestellt werden, dass als Indikatoren die Intensität der Kommunikation über verschiedene Medien (d. h. zum Beispiel „Intensität der TV-Werbung“, „Intensität der Radiowerbung“ und „Intensität der Printwerbung“) herangezogen wird. Indikatoren für eine reflektive Messung könnten Aussagen sein wie „Unsere Marketingkommunikation war in hohem Maße intensiv“ oder „Unsere Zielgruppe hat in der Regel mehrere Kontakte mit unserer Kommunikationsbotschaft gehabt.“

	Formatives Modell	Reflektives Modell
1. Richtung der Kausalität	**Indikatoren als kausale Ursache des Konstrukts**	**Konstrukt als kausale Ursache der Indikatoren**
– Sind die Indikatoren (a) definierende Charakteristika oder (b) Realisierungen des Konstrukts?	Indikatoren sind definierende Charakteristika des Konstrukts.	Indikatoren sind Realisierungen des Konstrukts.
– Lassen Veränderungen der Indikatoren Veränderungen des Konstrukts erwarten oder nicht?	Veränderungen der Indikatoren lassen Veränderung des Konstrukts erwarten.	Veränderungen der Indikatoren lassen keine Veränderung des Konstrukts erwarten.
– Lassen Veränderungen des Konstrukts Veränderungen bei den Indikatoren erwarten oder nicht?	Veränderungen des Konstrukts lassen keine Veränderung der Indikatoren erwarten.	Veränderungen des Konstrukts lassen Veränderung der Indikatoren erwarten.
2. Austauschbarkeit der Indikatoren	**Indikatoren brauchen nicht austauschbar sein**	**Indikatoren sollten grundsätzlich austauschbar sein**
– Teilen die Indikatoren ein gemeinsames Thema? Sollten sie einen ähnlichen oder gleichen Inhalt haben?	Die Indikatoren brauchen kein gemeinsames Thema zu haben bzw. inhaltlich ähnlich zu sein.	Die Indikatoren sollten ein gemeinsames Thema haben und inhaltlich ähnlich bzw. gleich sein.
– Würde der Verzicht auf einen der Indikatoren den konzeptionellen Gehalt des Konstrukts ändern?	Verzicht auf einen der Indikatoren kann den konzeptionellen Gehalt des Konstrukts ändern.	Der Verzicht auf einen Indikatoren sollte am inhaltlichen Gehalt der Konstruktmessung nichts ändern.
3. Korrelation der Indikatoren	**Nicht notwendig**	**Korrelationen zwischen den Indikatoren werden erwartet**
– Lässt eine Veränderung bei einem Indikator eine Veränderung bei den übrigen Indikatoren erwarten?	Nicht notwendigerweise.	Ja.
4. Nomologisches Netz der Indikatoren	**Nomologisches Netz der Indikatoren kann sich unterscheiden**	**Nomologisches Netz der Indikatoren sollte sich nicht unterscheiden**
– Ist zu erwarten, dass alle Indikatoren gleiche Ursachen und Wirkungen haben?	Es ist nicht notwendig, dass alle Indikatoren die gleichen Ursachen und Wirkungen haben.	Es wird erwartet, dass alle Indikatoren die gleichen Ursachen und Wirkungen haben.

Tabelle 5: Entscheidungsregeln zur Festlegung der Messphilosophie bei bestehenden Indikatoren für ein Konstrukt (Quelle: übersetzt in enger Anlehnung an Jarvis/MacKenzie/Podsakoff 2003, S. 203)

Stehen die Indikatoren bereits fest, so stellt sich die Frage, ob sie als reflektive oder formative Indikatoren zu verwenden sind. Hierzu haben Jarvis/MacKenzie/Podsakoff (2003) einen Kriterienkatalog entwickelt, der ausgehend vom Kriterium der Kausalität eine Reihe von Fragen zum Zusammenhang zwischen Indikatoren und Konstrukt enthält. Dieser in Tabelle 5 in einer Übersetzung übernommene Kriterienkatalog ermöglicht die Zuordnung zu einer der beiden Messphilosophien. Die Entscheidung für eine Messphilosophie wird dabei vermutlich immer stark subjektiv geprägt sein (Homburg/Klarmann 2006, S. 731), da gerade die Beantwortung der Fragen zur kausalen Richtung zwischen Indikatoren und Konstrukt stark von Gedankenexperimenten abhängt (vgl. hierzu ausführlich Edwards/Bagozzi 2000). Auch der von Bollen/Ting (2000) entwickelte formale Tetrad-Test erlaubt keine klare Zuordnung.

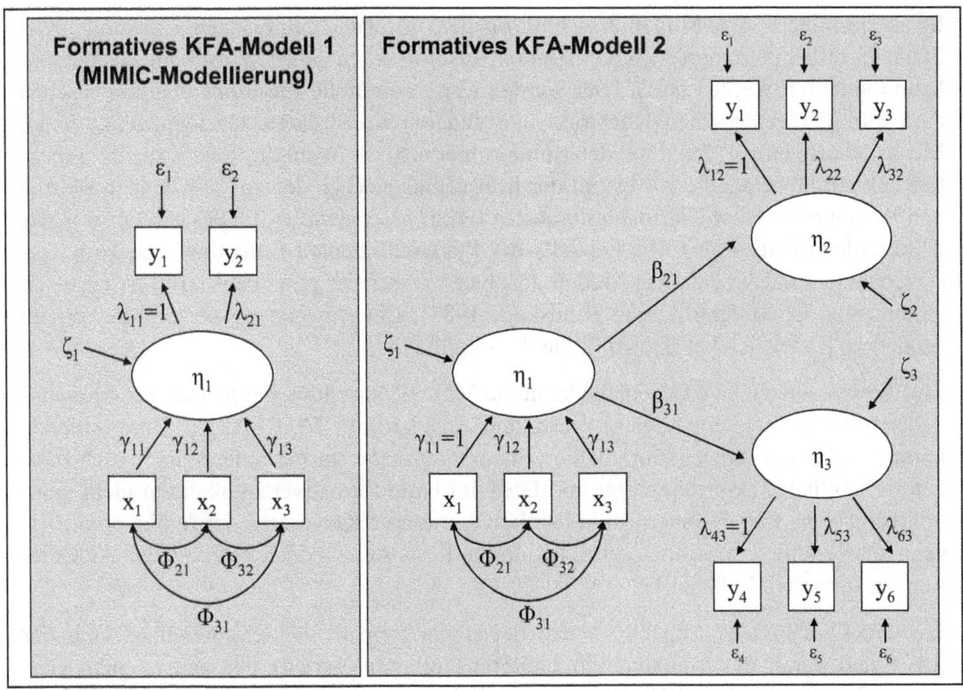

Abbildung 6: Möglichkeiten zur Modellierung formativer Messmodelle im Rahmen der KFA

Die KFA wird durch formative Konstrukte vor ein Problem gestellt: Ein einfaches formatives Messmodell ist nicht identifiziert, d. h. es gibt dafür keine eindeutige Lösung. MacCallum/Browne (1993) haben festgestellt, dass es zur Identifikation eines formativen Messmodells notwendig ist, dass von dem formativ gemessenen Konstrukt mindestens zwei Pfade ausgehen. Die in Abbildung 6 dargestellten beiden formativen Messmodelle stellen zwei verbreitete Lösungen für dieses Identifikationsproblem dar (eine ausführliche Diskussion findet sich bei Brown 2006, S. 351 ff. und bei Kline 2006).

Bei dem dargestellten KFA-Modell 1 werden zusätzlich zu den drei formativen Indikatoren x_1, x_2 und x_3 zwei reflektive Indikatoren y_1 und y_2 für das zu messende Konstrukt η_1 genutzt. (Die Zahl der formativen Indikatoren ist hier willkürlich auf Drei festgelegt worden, sie spielt für die Gültigkeit der Modellierungslösung bei keinem der beiden vorgestellten Modelle eine Rolle.) Da das Konstrukt über formative und reflektive Indikatoren gemessen wird, spricht man im Englischen auch von einem MIMIC-Modell, d. h. einem „*M*ultiple *I*ndicators, *M*ulti*p*le *C*auses“-Modell. Ein Anwendungsbeispiel beschreiben Diamantopoulos/Winklhofer (2001).

Im dargestellten KFA-Modell 2 gehen von dem formativ gemessenen Konstrukt zwei Pfade zu reflektiv gemessenen Konstrukten aus (zwischen denen selbst kein Zusammenhang modelliert werden darf). Hier werden also strukturelle Zusammenhänge zwischen dem formativ gemessenen Konstrukt und anderen Konstrukten zur Identifikation des Messmodells genutzt. Letztlich determiniert hier also die Wahl des Messmodells Aspekte eines Strukturmodells, wie es mit der Kausalanalyse (vgl. den entsprechenden Beitrag von Homburg/Pflesser/Klarmann in diesem Band) untersucht wird. Dies gilt umso mehr, da zur Identifikation des Messmodells die Pfadkoeffizienten β deutlich von Null verschieden sein müssen, da das Modell ansonsten empirisch unteridentifziert ist (vgl. zur empirischen Unteridentifikation Rindskopf 1984). Ein Anwendungsbeispiel zu diesem Modelltyp findet sich bei Brown (2006, S. 358-361).

Im Hinblick auf globale Gütemaße kann die Modellbeurteilung bei formativen Messmodellen erfolgen wie im oben dargestellten Standardfall der KFA. Zu Unterschieden kommt es bei der Anwendung lokaler Anpassungsmaße. Insbesondere lassen sich Indikatorreliabilität, Faktorreliabilität und DEV im Falle formativer Indikatoren nicht sinnvoll berechnen. Sie alle überprüfen letztlich die interne Konsistenz der Indikatoren. Wie auch aus Tabelle 5 ersichtlich wird, ist interne Konsistenz jedoch gerade *keine* Anforderung an formative Indikatoren.

Ein wichtiges lokales Anpassungsmaß bei einem formativen Messmodell ist vielmehr der Anteil durch die formativen Indikatoren erklärten Varianz des gemessenen Konstrukts. Ziel ist es, so viel Varianz wie möglich durch die formativen Indikatoren zu erklären, da das Fehlen relevanter Indikatoren dazu führt, dass ein Teil des Konstrukts selbst nicht berücksichtigt wird (Diamantopoulos/Winklhofer 2001, S. 271). Dabei existiert noch kein etablierter Standard, wie viel Varianz ein formativ modelliertes Konstrukt mindestens erklären sollte. Diamantopoulos (2006, S. 13) hält einen Anteil von 26 % nicht erklärter Varianz für groß und empfiehlt, in solchen Fällen ernsthaft in Betracht zu ziehen, dass die ausgewählten Indikatoren unvollständig sind und damit keine zuverlässige Messung vorliegt.

5.2 Modellierung von Konstrukten höherer Ordnung

In vielen Anwendungsbereichen im Marketing spielen Konstrukte eine Rolle, die als mehrdimensional bezeichnet werden können. Das heißt, „unterschiedliche, jedoch verwandte Dimensionen können als ein einheitliches Konstrukt aufgefasst werden“ (Giere/Wirtz/Schilke 2006, S. 678). Nicht selten ist es der Fall, dass die unterschiedlichen Dimensionen oder Facetten des Konstrukts selbst wieder latente Variablen darstellen. In einem solchen Fall, wo eine latente Variable über andere latente Variablen gemessen wird, spricht man von einer Konstruktmessung höherer Ordnung.

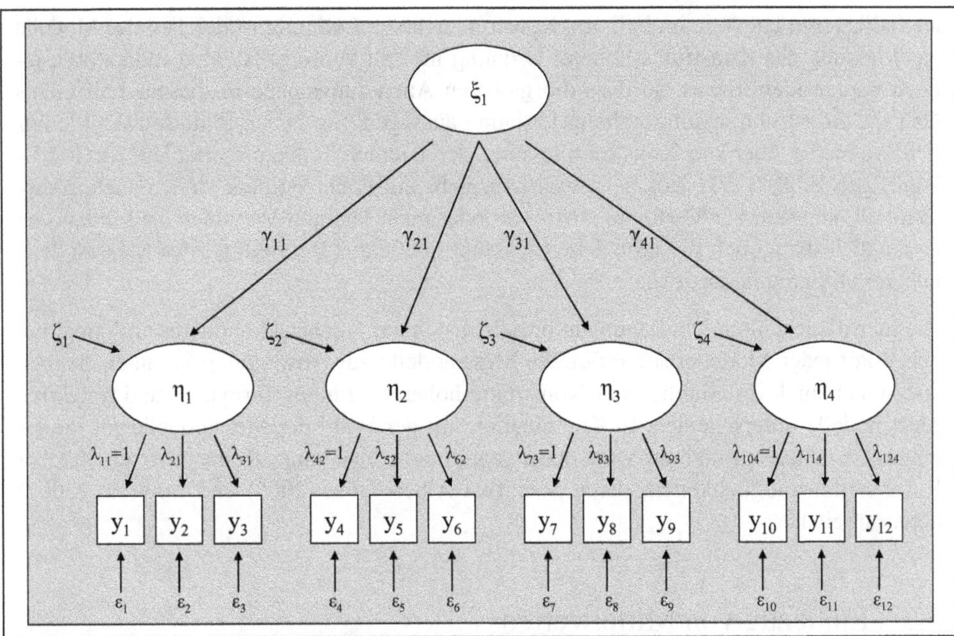

Abbildung 7: Beispielhafte Darstellung eines Konstrukts zweiter Ordnung mit vier latenten Variablen als Indikatoren

Konkret spricht man von einer Konstruktmessung zweiter Ordnung, wenn die Verbindung zwischen Konstrukt und Indikatorvariablen aus einer Ebene latenter Variablen besteht (ein entsprechendes Konstrukt ist in Abbildung 7 dargestellt). Liegen zwei Ebenen latenter Variablen zwischen Konstrukt und Indikatoren spricht man von einer Konstruktmessung dritter Ordnung usw.

Mit Hilfe der KFA können auch solche Konstrukte höherer Ordnung abgebildet werden. Das Vorgehen ist dabei kaum verschieden von dem bei der KFA erster Ordnung. Das zu messende Konstrukt wird dabei wie eine exogene ξ-Variable in einem Kausalmodell behandelt (vgl. zu solchen Kausalmodellen den Beitrag von Homburg/Pflesser/Klarmann zur Kausalanalyse in diesem Band). Es hat selbst keine beobachteten Variablen als Indikatoren sondern von ihm gehen lediglich Pfade zu latenten endogenen η-Variablen aus, die als Indikatoren dienen. Zur Skalierung der latenten Variablen wird in der Regel die Varianz Φ_{11} auf Eins gesetzt.

Auch im Hinblick auf die Frage der Modellidentifikation gibt es starke Parallelen zur eingangs dargestellten KFA erster Ordnung. Prinzipiell gelten für das Konstrukt höherer Ordnung dieselben Bedingungen der Modellidentifikation, d. h. ein solches Modell ist nur identifiziert, wenn das Konstrukt höherer Ordnung mindestens drei latente Variablen als Indikatoren hat. Wie im Fall von Konstrukten erster Ordnung ist der Teil des Modells zur Messung des Konstrukts höherer Ordnung im Fall von drei latenten Indikatoren jedoch gerade identifiziert, so dass die globalen Anpassungsmaße in diesem Fall nichts über die Konstruktmessung höherer Ordnung aussagen. Sie lassen in diesem Fall lediglich Aussagen über die Konstruktmessung der latenten Indikatorvariablen zu (Rindskopf/Rose 1988, S. 53). Lokale Anpassungsmaße auf höherer Ebene stehen auch in diesem Fall natürlich zur Verfügung. Mit vier oder mehr latenten Variablen als Indikatoren lassen sich dann auch die globalen Anpassungsmaße zur Beurteilung des Messmodells höherer Ordnung heranziehen.

Die hier dargestellten Überlegungen beziehen sich auf Konstrukte höherer Ordnung, bei denen auf jeder Modellebene reflektive Messmodelle zur Anwendung kommen. Jedoch lassen sich auch im Hinblick auf Konstrukte höherer Ordnung formative und reflektive Messmodelle unterscheiden. In Kombination mit der Wahl der Messmodelle für die latenten Variablen auf unteren Modellebenen gibt es so eine ganze Reihe unterschiedlicher Kombinationsmöglichkeiten, deren Spezifika Albers/Götz (2006) und Edwards (2001) herausarbeiten.

5.3 Einbezug von Mittelwerten

In ihrer Grundform nutzt die KFA im Rahmen der Modellschätzung ausschließlich Informationen über die Zusammenhänge zwischen den Indikatoren (d. h. Kovarianzen oder Korrelationen). Niveauinformationen bleiben unberücksichtigt. Durch Integration eines Achsenabschnitts-Vektors τ in Gleichung (1)

$$x = \tau + \Lambda \cdot \xi + \delta \tag{13}$$

wird es aber auch möglich, den Mittelwertvektor μ der Indikatoren in Abhängigkeit vom Mittelwert κ der latenten Variable darzustellen. Formal ergibt sich folgender Zusammenhang:

$$\mu = \tau + \Lambda \cdot \kappa \tag{14}$$

Zieht man bei der KFA den Mittelwertvektor der Indikatoren zusätzlich zur Kovarianz- bzw. Korrelationsmatrix zur Analyse heran, so lassen sich auch diese zusätzlichen Parameter schätzen. Zur Aufrechterhaltung der Modellidentifikation ist es dabei lediglich notwendig, den Ursprung der latenten Variable vorzugeben (Brown 2006, S. 258), entweder durch das Fixieren des latenten Mittelwertes auf Null oder durch Gleichsetzung mit dem Mittelwert einer der Indikatorvariablen.

Das wichtigste Anwendungsfeld für eine KFA unter Einbezug von Mittelwerten ist die Überprüfung, ob ein Messmodell über mehrere Länder/Kulturen äquivalent ist (vgl. zur Messäquivalenz auch die Ausführungen von Holzmüller/Woisetschläger in diesem

Band). Konkret können in diesem Zusammenhang mit Hilfe einer Mehrgruppen-KFA (Brown 2006, S. 268 ff.) eine Reihe von Formen der Invarianz von Messinstrumenten überprüft werden (vgl. hierzu ausführlicher Klarmann 2006; Steenkamp/Baumgartner 1998; Vandenberg/Lance 2000). Wichtige Formen der Invarianz sind:

- *Konfigurale Invarianz*, d. h. eine Übereinstimmung der Form des Messmodells (gleiche signifikante und insignifikante Faktorladungen) in allen betrachteten Ländern/Kulturen.
- *Metrische Invarianz*, d. h. die Faktorladungen gleicher Indikatoren sind in allen betrachteten Ländern/Kulturen nicht signifikant voneinander verschieden.
- *Skalare Invarianz*, d. h. es gibt keine Unterschiede zwischen den Achsenabschnitten gleicher Indikatoren in allen betrachteten Ländern/Kulturen.

Liegen skalar invariante Messinstrumente vor, so kann die KFA unter Einbezug von Mittelwerten zudem dafür genutzt werden, im Rahmen einer Mehrgruppen-KFA die latenten Mittelwerte κ_i zu vergleichen (Ployhart/Oswalt 2004; Thompson/Green 2006).

6. Anwendung im Marketing

Die KFA findet Anwendung in allen Teilgebieten der Marketingforschung. Es handelt sich um eine wertvolle Methode bei der Untersuchung komplexer Konstrukte. Aus diesem Grund ist die KFA bei fast allen empirischen Fragestellungen im Marketing von großer Bedeutung. Die häufigsten Anwendungen der KFA finden sich allerdings in den Bereichen des Konsumentenverhaltens und im Relationship Marketing.

Auch in der Marktforschungspraxis ist die KFA verbreitet. Wie kein zweites Analyseverfahren erlaubt sie es, die Qualität (insbesondere im Hinblick auf Reliabilität und Validität) von Befragungsinstrumenten quantitativ zu bewerten. Als Beispiel sei der Einsatz der KFA zur Entwicklung eines Messinstruments für die Messung von Kundenzufriedenheit genannt, wie es ansatzweise im Anwendungsbeispiel dargestellt wurde.

Literaturverzeichnis

Albers, S./Götz, O. (2006): Messmodelle mit Konstrukten zweiter Ordnung in der betriebswirtschaftlichen Forschung, in: Die Betriebswirtschaft, 66. Jg., Nr. 6, S. 669-677.

Albers, S./Hildebrandt L. (2006): Methodische Probleme bei der Erfolgsfaktorenforschung – Messfehler, formative versus reflektive Indikatoren und die Wahl des Strukturgleichungs-Modells, in: Zeitschrift für betriebswirtschaftliche Forschung, 58. Jg., S. 2-33.

Anderson, J./Gerbing, D. (1993): Proposed Template for Journal of Marketing Research Measurement Appendix, unveröffentlichtes Manuskript, Kellog Graduate School of Management, Northwestern University, Evanston.

Anderson, J./Gerbing, D./Hunter, J. (1987): On the Assessment of Unidimensional Measurement: Internal and External Consistency, and Overall Consistency Criteria, in: Journal of Marketing Research, 24. Jg. (November), S. 432-437.

Bagozzi, R. (1979): The Role of Measurement in Theory Construction and Hypothesis Testing: Toward a Holistic Model, in: Ferell, O./Brown, S./Lamb, C. (Hrsg.), Conceptual and Theoretical Developments in Marketing, Chicago, S. 15-32.

Bagozzi, R. (1980): Causal Models in Marketing, New York.

Bagozzi, R./Phillips L. (1982): Representing and Testing Organizational Theories: A Holistic Construal, in: Administrative Science Quarterly, 27. Jg., S. 459-489.

Baumgartner, H./Homburg, Ch. (1996): Applications of Structural Equation Modeling in Marketing and Consumer Research: A Review, in: International Journal of Research in Marketing, 13. Jg., Nr. 2, S. 139-161.

Bentler, P. (1990): Comparative Fit Indexes in Structural Models, in: Psychological Bulletin, 107, 2, S. 238-246.

Bentler, P. (1995): EQS Structural Equations Program Manual, Encino.

Bentler, P./Bonett, D. (1980): Significance Tests and Goodness of Fit in the Analysis of Covariance Structures, in: Psychological Bulletin, 88, 3, S. 588-606.

Bollen, K. (1989): Structural Equation Models with Latent Variables, New York.

Bollen, K./Lennox, R. (1991): Conventional Wisdom on Measurement: A Structural Equations Perspective, in: Psychological Bulletin, 110, S. 305-314.

Bollen, K./Ting, K. (2000): A Tetrad Test for Causal Indicators, in: Psychological Methods, 5. Jg., S. 3-22.

Brown, T. (2006): Confirmatory Factor Analysis for Applied Research, New York.

Browne, M. (1984): Asymptotically Distribution-Free Methods for the Analysis of Covariance Structures, in: British Journal of Mathematical and Statistical Psychology, 37. Jg., S. 62-83.

Churchill, G. (1991): Marketing Research: Methodological Foundations, 5. Auflage, Fort Worth.

Cohen, P./Cohen, J./Teresi, J./Marchi, M./Velez, C. (1990): Problems in the Measurement of Latent Variables in Structural Equations Causal Models, in: Applied Psychological Measurement, 14. Jg., S. 183-196.

Cudeck, R. (1989): Analysis of Correlation Matrices Using Covariance Structure Models, in: Psychological Bulletin, 105, S. 317-327.

Diamantopoulos, A./Winklhofer, H. (2001): Index Construction With Formative Indicators: An Alternative to Scale Development, in: Journal of Marketing Research, 38. Jg., S. 269-277.

Diamantopoulos, A. (2006): The Error Term in Formative Measurement Models: Interpretation and Modeling Implications, in: Journal of Modelling in Management, 1. Jg., Nr. 1, S. 7-17.

Edwards, J. (2001): Multidimensional Constructs in Organizational Behavior Research: An Integrative Analytical Framework, in: Organizational Research Methods, 4. Jg., Nr. 2, S. 144-192.

Edwards, J./Bagozzi, R. (2000): On the Nature and Direction of Relationships Between Constructs and Measures, in: Psychological Methods, 5. Jg., S. 155-174.

Fassott, G. (2006): Operationalisierung latenter Variablen in Strukturgleichungsmodellen: Eine Standortbestimmung, in: Zeitschrift für betriebswirtschaftliche Forschung, 58. Jg., S. 67-88.

Gerbing, D./Anderson, J. (1984): On the Meaning of Within-Factor Correlated Measurement Errors, in: Journal of Consumer Research, 11. Jg. (June), S. 572-580.

Giere, J./Wirtz, B./Schilke, O. (2006): Mehrdimensionale Konstrukte: Konzeptionelle Grundlagen und Möglichkeiten ihrer Analyse mithilfe von Strukturgleichungsmodellen, in: Die Betriebswirtschaft, 66. Jg., Nr. 6, S. 678-695.

Hildebrandt, L. (1998): Kausalanalytische Validierung in der Marketingforschung, in: Hildebrandt, L./Homburg, Ch. (Hrsg.), Die Kausalanalyse, Ein Instrument der empirischen betriebswirtschaftlichen Forschung, Stuttgart, S. 86-115.

Hildebrandt, L./Temme, D. (2006): Probleme der Validierung mit Strukturgleichungsmodellen, in: Die Betriebswirtschaft, 66. Jg., Nr. 6, S. 618-639.

Homburg, Ch. (1989): Exploratorische Ansätze der Kausalanalyse als Instrument der Marketingplanung, Frankfurt a. M..

Homburg, Ch. (1998): Kundennähe von Industriegüterunternehmen: Konzeption, Erfolgsauswirkungen, Determinanten, 2. Auflage, Wiesbaden.

Homburg, Ch./Baumgartner, H. (1995): Beurteilung von Kausalmodellen – Bestandsaufnahme und Anwendungsempfehlungen, in: Marketing – Zeitschrift für Forschung und Praxis, 3, S. 162-176.

Homburg, Ch./Giering, A. (1996): Konzeptualisierung und Operationalisierung komplexer Konstrukte – Ein Leitfaden für die Marketingforschung, in: Marketing – Zeitschrift für Forschung und Praxis, 18. Jg., Nr. 1, S. 5-24.

Homburg, Ch./Klarmann, M. (2006): Die Kausalanalyse in der empirischen betriebswirtschaftlichen Forschung – Problemfelder und Anwendungsempfehlungen, in: Die Betriebswirtschaft, 66. Jg., S. 727-748.

Homburg, Ch./Rudolph, B. (1995): Wie zufrieden sind Ihre Kunden tatsächlich? Kundenzufriedenheit richtig messen und managen – kein Buch mit sieben Siegeln, in: HARVARDmanager, 17. Jg., Nr. 1, S. 43-50.

Hu, L.-T./Bentler, P. (1998): Fit Indices in Covariance Structure Modeling: Sensitivity to Underparametrized Model Misspecification, in: Psychological Methods, 3. Jg., S. 424-453.

Jarvis, C./MacKenzie, S./Podsakoff, P. (2003): A Critical Review of Construct Indicators and Measurement Model Misspecification in Marketing and Consumer Research, in: Journal of Consumer Research, 30. Jg., S. 199-217.

Jöreskog, K. (1966): Testing a Simple Structure Hypothesis in Factor Analysis, in: Psychometrika, 31. Jg., S. 165-178.

Jöreskog, K. (1967): Some Contributions to Maximum Likelihood Factor Analysis, in: Psychometrika, 32. Jg., S. 443-482.

Jöreskog, K. (1969): A General Approach to Confirmatory Factor Analysis, in: Psychometrika, 34. Jg., S. 183-202.

Klarmann, M. (2006): Die Vergleichbarkeit der Messung als Herausforderung bei internationalen Kundenzufriedenheitsuntersuchungen, in: Homburg, Ch. (Hrsg.), Kundenzufriedenheit: Konzepte – Methoden – Erfahrungen, Wiesbaden, S. 263-282.

Kline, R. (2006): Reverse Arrow Dynamics: Formative Measurement and Feedback Loops, in: Hancock, G./Mueller, R. (Hrsg.), Structural Equation Modeling: A Second Course, Greenwich, S. 43-68.

MacKenzie, S./Podsakoff, P./Jarvis, C. (2005): The Problem of Measurement Model Misspecification in Behavioral and Organizational Research and Some Recommended Solutions, in: Journal of Applied Psychology, 90. Jg., S. 710-730.

MacCallum, R./Browne, M. (1993): The Use of Causal Indicators in Covariance Structure Models: Some Practical Issues, in: Psychological Methods, 1, S. 130-149.

Peter, J. (1979): Reliability: A Review of Psychometric Basics and Recent Marketing Practices, in: Journal of Marketing Research, 16. Jg. (February), S. 6-17.

Ployhart, R./Oswald, F. (2004): Applications of Mean and Covariance Structure Analysis: Integrating Correlational and Experimental Approaches, in: Organizational Research Methods, 7. Jg., Nr. 1, S. 27-65.

Rindskopf, D. (1984): Structural Equation Models: Empirical Identification, Heywood Cases, and Related Problems, in: Sociological Methods & Research, 13. Jg., S. 109-119.

Rindskopf, D./Rose, T. (1988): Some Theory and Applications of Confirmatory Second-Order Factor Analysis, in: Multivariate Behavioral Research, 23. Jg., S. 51-67.

Rossiter, J. (2002): The C-OAR-SE Procedure for Scale Development in Marketing, in: International Journal of Research in Marketing, 19. Jg., S. 305-335.

Steenkamp, J./Baumgartner, H. (1998): Assessing Measurement Invariance in Cross-National Consumer Research, in: Journal of Consumer Research, 25. Jg., S. 78-90.

Steiger, J. (1990): Structural Model Evaluation and Modifikation: An Interval Estimation Approach, in: Multivariate Behavioral Research, 25. Jg., S. 173-180.

Thomson, M./Green, S. (2006): Evaluating Between-Group Differences in Latent Variable Means, in: Hancock, G./Mueller R. (Hrsg.), Structural Equation Modeling: A Second Course, Greenwich, S. 119-170.

Vandenberg, R./Lance, C. (2000): A Review and Synthesis of the Measurement Invariance Literature: Suggestions, Practices, and Recommendations for Organizational Research, in: Organizational Research Methods, 3. Jg., S. 4-69.

Rindskopf, D./Rose, T. (1988): Some Theory and Applications of Confirmatory Second-Order Factor Analysis, in: Multivariate Behavioral Research, 23. Jg., S. 51-67.

Rossiter, J. (2002): The C-OAR-SE Procedure for Scale Development in Marketing, in: International Journal of Research in Marketing, 19. Jg., S. 305-335.

Steenkamp, J./Baumgartner, H. (1998): Assessing Measurement Invariance in Cross-National Consumer Research, in: Journal of Consumer Research, 25. Jg., S. 78-90.

Steiger, J. (1990): Structural Model Evaluation and Modification: An Interval Estimation Approach, in: Multivariate Behavioral Research, 25. Jg., S. 173-180.

Thompson, M./Green, S. (2006): Evaluating Between-Group Differences in Latent Variable Means, in: Hancock, G./Mueller, R. (Hrsg.): Structural Equation Modeling: A Second Course, [illegible] S. [illegible]-170.

Gerhard A. Wührer

Mehrdimensionale Skalierung

Prof. Dr. Gerhard Wührer ist Leiter des Instituts für Handel, Absatz und Marketing der Johannes Kepler Universität Linz.

1. Zielsetzung des Verfahrens

1.1 Herkunft und Einordnung

Die multidimensionale Skalierung (MDS) beinhaltet eine Reihe von Techniken der multivariaten Datenanalyse. Die theoretischen Grundlagen wurden in den Forschungsbeiträgen der mathematischen Psychologie entwickelt. Die Entwicklung dieser Verfahren von ihren Ursprüngen an (Cox/Cox 1994; Borg/Groenen 1997) kann sehr gut in den Veröffentlichungen der Zeitschrift *Psychometrika* nachvollzogen werden.

Der Grundgedanke ist die räumliche Präsentation von Elementen einer Objektmenge auf der Basis von (Reiz-)Ähnlichkeitsrelationen. Dabei zielt die MDS – ohne zunächst Skalen zu benutzen – darauf ab, Elemente in einer oder mehreren Dimensionen anschaulich darzustellen. Jene Elemente, die ein Höchstmaß an Ähnlichkeit aufweisen, werden unmittelbar benachbart dargestellt und die zueinander vergleichsweise unähnlichsten räumlich am weitesten voneinander entfernt abgebildet.

Da Ähnlichkeiten bzw. Unähnlichkeiten von Elementen im Vordergrund des theoretischen und anwendungsbezogenen Interesses stehen, können die verschiedenen Verfahren der MDS zur Gruppe der Interdependenzanalysen gezählt werden. Vom Methodischen her besteht die größte Verwandtschaft zu den Verfahren der Hauptkomponentenanalyse (PCA) und Korrespondenzanalyse (Borg/Groenen 1997; Lilien/Rangaswamy 1997; Hoffman et al. 1994). Im weiteren Sinne können andere Verfahren, die auf Ähnlichkeiten und Interdependenzen beruhen, wie z. B. solche der Cluster- oder Verzweigungsanalyse (Hodgkinson et al. 1991), als ihnen verwandt bezeichnet werden.

Die MDS als Darstellung der Ergebnisse von Ähnlichkeits- oder Unähnlichkeitsmessungen kann verschiedene Zielsetzungen (Borg/Groenen 1997) verfolgen. Zu ihnen zählen:

- Explorative Techniken des Data-Mining,
- Test von strukturellen Hypothesen,
- Entdeckung von psychologischen Strukturen und
- Modellierung von Ähnlichkeitsurteilen.

Die MDS als explorative Technik des Data-Mining wird zum Beispiel dann angewendet, wenn es darum geht, theoretisch amorphe Daten, d. h. solche, die noch nicht zu einer Theorie in Bezug gesetzt werden können, zu ordnen. Dahinter steckt die Absicht, Strukturen, die in den Daten vorhanden sind, sichtbar zu machen. Ein immer wieder genanntes Beispiel (siehe Wilkinson 1990, in Borg/Groenen 1997) sind die Korrelationskoeffizienten von Kapitalverbrechen in den 50 amerikanischen Bundesstaaten. Je häufiger Kapitalverbrechen in Tateinheit in einem Bundesstaat in den USA begangen werden, desto näher werden diese kriminellen Handlungen in einer zweidimensionalen Darstellung eingezeichnet. Ein anspruchsvolles Beispiel ist die in diesem Zusammenhang zitierte Darstellung der räumlichen Positionierung (Kruskal/Wish 1978) der Codes des Morsealphabets auf der Basis von Wahrnehmungsurteilen.

Je stärker ein Forschungsfeld theoretisch durchdrungen ist, desto weniger Bedeutung weisen explorative Verfahren auf. Umso eher sind Fragen, die sich mit dem Test von kognitiven und/oder kausalen Zusammenhängen beschäftigen, von Interesse. Beim Test struktureller Hypothesen, dessen methodologische Voraussetzungen in der Facettentheorie (FT) formuliert sind (Borg/Shye 1995; Borg/Groenen 1997) können ebenfalls Algorithmen der MDS eingesetzt werden. Im Allgemeinen geht es um die Frage, ob und wie verschiedene Facetten (i. e. Dimensionen, Faktoren, Eigenschaften, Bedeutungsgehalte, Einstellungen, Kenntnisse, Schlussfolgerungen usw.) von Personen in sozialen Situationen als zusammenhängende Muster wahrgenommen bzw. unterschiedlich interpretiert werden. Häufig spricht man in diesem Zusammenhang auch von „kausalen Ketten", „argumentativen Schlussfolgerungen", „Entwurf von Handlungsmustern" und Ähnlichem (vgl. in Ausführlichkeit Huff 1990). Der Dateninput kann zum einen direkt über Befragungen gewonnen werden (Huff et al. 1990; Borg/Shye 1995), zum anderen kommen fortgeschrittene Erhebungsinstrumente wie computergestützte Verfahren der Text- und Inhaltsanalyse (vgl. QSR NUD*IST 1997) zum Einsatz. Ihr Output bildet dann die Basis für den Test der strukturellen Hypothesen mittels MDS-Verfahren.

Der Stellenwert der letztgenannten MDS-Anwendungen lässt sich zum gegenwärtigen Zeitpunkt etwa wie folgt charakterisieren: „In particular, it seems to me that it comes up with interesting results in the fields of attitude and intelligence measurement, in the areas usually subjected to LISREL and friends, and in the wasteland of factor analysis" (de Leeuw 1995, S. ix). Vor allem in der Konsumentenforschung ergeben sich viele Möglichkeiten (vgl. hierzu beispielhaft Grunert 1990).

Werden MDS-Verfahren zur Untersuchung psychologischer Strukturen angewendet, so geht es nicht wie beim Data-Mining um die Unterstützung des Forschers zur Entwicklung von *Regeln* zur Beschreibung der Verteilungsform der Daten. Bei diesem Untersuchungsansatz geht es um die Entdeckung von *psychologischen Dimensionen*, die gehaltvolle Aussagen bei der Erklärung von Daten (Kruskal/Wish 1978) ermöglichen.

Im Anwendungsfall „MDS als Modell für die wahrgenommene Ähnlichkeit von Strukturen" wird besonders die Mathematik der Verfahren in den Vordergrund des forscherischen Interesses rücken. Es wird unterstellt, dass die beurteilende Person quasi „Ähnlichkeiten" zwischen den zu bewertenden Objekten berechnet. Es gilt zu testen, welche mathematische Formel zur Berechnung der Ähnlichkeit am besten die wahrgenommene Struktur und die tatsächliche Struktur wiedergibt (Borg/Groenen 1997).

Darüber hinaus ist eine Verbindung zur Netzwerkanalyse gegeben. Betrachtet man die Koordinaten der Punkte im 2- bzw. 3-dimensionalen Raum, so ist ein Berechnungsverfahren im Hinblick auf die Ähnlichkeit zwischen den Knoten möglich. Die Ähnlichkeit basiert auf der Struktur der Beziehungen, die in der Folge in einer Art Stressdiagramm dargestellt werden kann (Freeman 2005; siehe auch den Beitrag von Brunnthaller/Führer in diesem Band).

1.2 Konstruktion einer MDS-Darstellung

Die Ausgangssituation sei dadurch gekennzeichnet, dass eine Menge von *n* Objekten vorliege, wobei zwischen den Objekten *r* und *s* eine Messung δ_{rs} der (Un-)Ähnlichkeit durchgeführt wird. Diese Objekte können z. B. Weine (Cox/Cox 1994; Lapointe/Legendre 1994) sein, die von jeweils $n = 10$; verschiedenen Weinbaugebieten (A, B, C usw.) stammen. Die Bestimmung δ_{rs} der Ähnlichkeit bzw. Unähnlichkeit der Weine würde ein Fachmann durch geeignetes Verkosten durchführen. Mittels der Zuordnung von Punkten auf einer Skala von 0 bis 9 könnten in weiterer Folge für alle Paarvergleiche $[n * (n - 1)/2]$ die Ähnlichkeitsurteile $\{\delta_{rs}\}$ angegeben werden. 0 Punkte würden dabei jenen Paarvergleich *r,s* kennzeichnen, bei dem der Weinfachmann keinen Unterschied feststellen konnte, und 9 einen solchen, der aus der Sicht des Kenners am größten wäre. Die Ausgangsbasis für die weiteren Überlegungen und Berechnungen zur Darstellung wäre dann eine (Un-)Ähnlichkeitsmatrix, wie sie in Tabelle 1 erfasst ist. Es ist darauf hinzuweisen, dass keine bestimmten Kriterien zum Vergleich vorgegeben werden, sondern der Vergleich auf der Basis eines ganzheitlichen Urteils stattfindet. Die grafische Darstellung der wahrgenommenen Unähnlichkeit der Weine kann auf einfache Art und Weise mit Zirkel und Bleistift (Borg/Groenen 1997) vorgenommen werden.

In einem ersten Schritt wird zunächst jenes Paar herangezogen, das sich am unähnlichsten ist. Es handelt sich dabei um die Weine aus den Weinbaugebieten B und C ($\delta_{B,C} = 9$). Um diese Distanz auf der Buchseite einzeichnen zu können, wird sie mit einem geeigneten Skalenfaktor s multipliziert, etwa s = 0.5; Maßeinheit wäre cm. Durch die Multiplikation aller Werte mit dem Skalenfaktor werden die Proportionen der Punkte zueinander nicht verändert. In einem nächsten Schritt wird dann z. B. Punkt I eingezeichnet. Die Frage, wo I zwischen B und C eingezeichnet werden soll, kann wie folgt beantwortet werden: Punkt I muss in einem Radius von s * 6 um den Punkt B und s * 5 um den Punkt C liegen. Man schlägt nun mit dem Zirkel einen Kreis von 3 cm um B bzw. von 2,5 cm um den Punkt C (vgl. Abbildung 1). Es gibt danach zwei Lösungen I und I′, da sich die Perimeter um die Punkte B und C zweimal schneiden. Für die Darstellung der übrigen Punkte wird analog vorgegangen.

	A	B	C	D	E	F	G	H	I	J
A	-									
B	4	-								
C	5	9	-							
D	4	8	1	-						
E	1	5	4	3	-					
F	1	3	6	5	1	-				
G	3	2	7	5	3	2	-			
H	3	3	7	5	3	2	1	-		
I	4	6	5	4	3	4	4	3	-	
J	1	5	5	5	2	2	4	4	6	-

Tabelle 1: Ähnlichkeiten von Weinen aus zehn Weinbaugebieten

Die Konfiguration der Punkte löst das Darstellungsproblem in einem zweidimensionalen Raum, da die Distanzen zwischen den Punkten mit Ausnahme des Skalenfaktors s die Distanzen in der Tabelle 1 wiedergeben. Würden die Weinbaugebiete eine äußere Ordnung im Sinne von Nord-Süd bzw. Ost-West aufweisen, so könnte die Darstellung noch gedreht werden, um diese Ordnung als zusätzliche Information in der Darstellung einfließen zu lassen. Möglicherweise würde sich zeigen, dass die Weine auf den Südhängen ähnlicher in ihrem Gesamtauftritt wären als die von den Ost- bzw. Südosthängen. Damit würde diese MDS-Lösung neben beschreibenden auch erklärenden Absichten entsprechen, da die Verteilung und Zuordnung der Weine aus den verschiedenen Weinbaugebieten indirekt auf topografische, klimatologische und/oder geologische Einwirkungen zurückgeführt werden könnte.

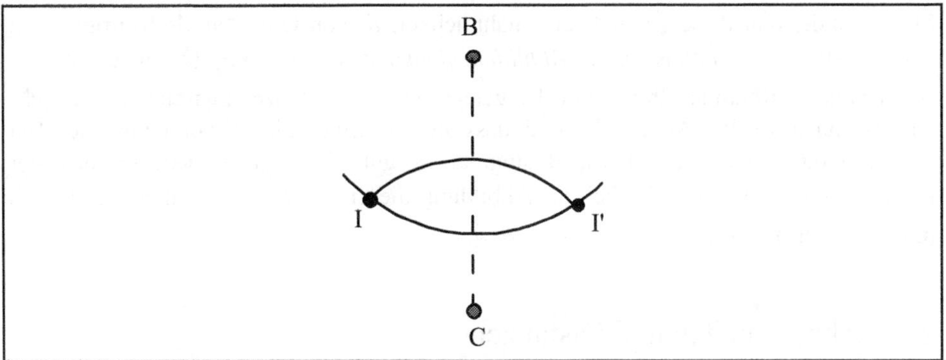

Abbildung 1: Ausgangskonstruktion einer MDS-Lösung

Dieses einfache Beispiel zeigt die grundsätzliche Wirkungsweise einer MDS-Präsentation, die auf der Basis von hier zunächst unterstellten Rationaldaten vorgenommen wurde. Die Konstruktion von MDS-Präsentationen auf *ordinaler* Datenbasis ist aufwendiger und anspruchsvoller (Borg/Groenen 1997), da z. B. für den Punkt I nicht zwei Lösungspunkte I und I′ vorliegen, sondern ein Lösungsraum und damit die Unbestimmtheit größer ist. Das hat Konsequenzen für die Konstruktion der anderen Punktpräsentationen, da die Rangordnungen und die damit verbundenen Ungleichungen für die einzelnen Punkte nicht verletzt werden dürfen. Bei n = 10 Objekten sind auf der Basis der Rangordnungen maximal $\binom{\binom{10}{2}}{2} = 990$ Ungleichungen zu berücksichtigen. Die Lösung des Darstellungsproblems kann ebenfalls, wenn auch wesentlich zeitaufwendiger, mit den oben verwendeten Hilfsmitteln Zirkel und Bleistift vorgenommen werden. Sie führt im gegebenen Fall zu einer Konfiguration, die sich nur in kleinen Details von der ersten unterscheidet.

2. Grundlagen von MDS-Modellen

Wie schon ausgeführt, basieren MDS-Modelle auf dem Konzept der Ähnlichkeit/Unähnlichkeit. Dabei gilt, dass Ähnlichkeiten in Unähnlichkeiten transformiert werden können (Borg/Groenen 1997; Cox/Cox 1994; Aldenderfer/Blashfield 1984) und Ähnlichkeit und Unähnlichkeit sich auf 1 oder eine Konstante C summieren. Ein MDS-

Modell bildet nun diese Ähnlichkeit/Unähnlichkeit δ_{rs} von Objekten als Konfiguration oder Gestalt (**X**) mittels einer *Abbildungsfunktion f*: $\delta_{rs} \rightarrow d_{rs}(\mathrm{X})$ in einem m-dimensionalen Raum ab. In ihr wird festgelegt, wie die Distanzen zwischen den Objekten gewonnen werden. Angestrebt wird, dass diese Konfiguration X von n Objekten *f* so gut wie möglich entspricht. Diese Bedingung „so gut wie möglich" bedeutet, dass der Fehler $e_{rs} = f\,(\delta_{rs}) - d_{rs}$ (**X**) bei der Abbildung dieser Konfiguration aller Objekte r,s möglichst gering wird.

2.1 Ähnlichkeiten und Distanzen

Die Entwicklung der mathematischen Lösung mit der Berechnung der Koordinaten von **X** in einem m-dimensionalen Raum basiert auf der Ähnlichkeits-/Unähnlichkeitsmatrix Δ, hier für vier Elemente, die mit

$$\Delta = \begin{bmatrix} \delta_{11} & \delta_{12} & \delta_{13} & \delta_{14} \\ \delta_{21} & \delta_{22} & \delta_{23} & \delta_{24} \\ \delta_{31} & \delta_{32} & \delta_{33} & \delta_{34} \\ \delta_{41} & \delta_{42} & \delta_{43} & \delta_{44} \end{bmatrix}$$

bezeichnet werden soll. Üblicherweise sind $\delta_{rs} = \delta_{sr}$ und $\delta_{rr} = 0$. Jedes Objekt r wird durch einen m-Tupel (x_{r1}, x_{r2}, x_{r3}, ..., x_{rm}) beschrieben. In einem m = 2-dimensionalen kartesischen Koordinatensystem ließen sich dann die vier Elemente durch die jeweiligen x_1- und x_2-Werte auf der Abszisse und der Ordinate einzeichnen.

Um die *Distanzen* d_{rs} zwischen zwei Objekten r,s = 1, 2, ..., n berechnen zu können, gibt es nun verschiedene Berechnungsarten (vgl. Tabelle 2 und 3). Die am häufigsten benutzte Distanzformel d_{rs} (**X**) hierzu ist die Euklidische Distanz. Sie stellt einen Spezialfall der Minkowski-Metrik mit λ = 2 dar. Ein anderes Distanzmaß ist die City-Block-Metrik. Auch sie ist ein Spezialfall der Minkowski-Metrik mit λ = 1. Weitere Distanzmaße basieren auf dem Korrelationskoeffizienten, der ein Ähnlichkeitsmaß ist und deshalb umzuformen ist, oder der Mahalanobis-Distanz, die bei der Korrelation von 0 zwischen den x-Variablen der quadrierten Euklidischen Distanz (Aldenderfer/Blashfield 1984) entspricht. Die Wahl des Distanzmaßes wird dann von besonderem Interesse sein, wenn es sich bei den Daten zur Berechnung der Distanzen nicht um Ränge im Sinne einer ganzheitlichen Ähnlichkeitsbeurteilung handelt. Das ist etwa der Fall, wenn sekundärstatistische Daten zur Beschreibung von Objekten in Form rationalskalierter, nominal- und/oder ordinalskalierter Variablen vorliegen. Hier kann die Formel von Gower (Cox/Cox 1994; Aldenderfer/Blashfield 1984) zur Berechnung von Distanzen herangezogen werden.

Bezeichnung	Formel
2.1 Minkowski Metrik	$d_{rs} = \left\{ \sum_i \lvert x_{ri} - x_{si} \rvert^{\lambda} \right\}^{1/\lambda} \quad \lambda \geq 1$
2.2 City-Block Metrik	$d_{rs} = \sum_i \lvert x_{ri} - x_{si} \rvert$
2.3 Euklidische Distanz	$d_{rs} = \left\{ \sum_i (x_{ri} - x_{si})^2 \right\}^{1/2}$
2.4 Gewichtete euklidische Distanz	$d_{rs} = \left\{ \sum_i w_i (x_{ri} - x_{si})^2 \right\}^{1/2}$
2.5 Mahalanobis Distanz	$d_{rs} = \left\{ (x_r - x_s)^T \Sigma^{-1} (x_r - x_s) \right\}^{1/2}$
2.6 Korrelationsunähnlichkeits-koeffizient	$d_{rs} = 1 - \frac{\sum_i (x_{ri} - \bar{x}_r)(x_{si} - \bar{x}_s)}{\left\{ \sum_i (x_{ri} - \bar{x}_r)^2 \sum_i (x_{si} - \bar{x}_s)^2 \right\}^{1/2}}$

Tabelle 2: Unähnlichkeitsmaße für quantitative Daten
(Quelle: Aldenderfer/Blashfield 1984, S. 16 ff.; Cox/Cox 1994, S. 10)

Bezeichnung	Formel
2.7 Czekanowski, Sørensen, Dice	$s_{rs} = \frac{2a}{2a+b+c}$
2.8 Hamman	$s_{rs} = \frac{a-(b+c)+d}{a+b+c+d}$
2.9 Jaccard Koeffizient	$s_{rs} = \frac{a}{a+b+c}$
2.10 Kulezynski	$s_{rs} = \frac{a}{a+b}$
2.11 Mountford	$s_{rs} = \frac{2a}{d(a+b)+2bc}$
2.12 Phi	$s_{rs} = \frac{ad-bc}{[(a+b)(a+c)(b+d)(c+d)]^{1/2}}$
2.13 Gower-Koeffizient gemischte Datenstrukturen	$s_{rs} = \frac{\sum_{i=1}^{p} \omega_{rsi} s_{rsi}}{\sum_{i} \omega_{rsi}}$

Tabelle 3: Ähnlichkeitsmaße für binäre und gemischte Daten
(Quelle: Aldenderfer/Blashfield 1984, S. 22 ff.; Cox/Cox 1994, S. 11)

2.2 MDS-Modell und Abbildungsfunktionen

Modelle der multidimensionalen Skalierung bilden (Un-)Ähnlichkeit δ_{rs} von Objekten durch räumliche Nähe ab. In diesem Sinne unterstellt ein MDS-Modell, dass bei gegebener (Un-)Ähnlichkeit und nach einer Transformation f den Unähnlichkeiten Distanzen in einer Konfiguration **X** entsprechen. Die Distanzen d_{rs} (**X**) sind immer unbekannt. Das bedeutet, dass MDS eine Konfiguration **X** unter der Nebenbedingung von m Dimensionen zu finden hat. Die Funktion *f* kann entweder genau spezifiziert (Borg/Groenen 1997; Kruskal/Wish 1978) sein oder muss lediglich aus einer bestimmten Klasse von Funktionen (z. B. Exponentialfunktionen) stammen. Für MDS-Modelle auf der Basis intervallskalierter Merkmale wird meistens

$$\delta_{rs} \rightarrow \mathrm{a} + \mathrm{b} * \delta_{rs} = d_{\mathrm{rs}}(\mathbf{X}) \qquad 2.14$$

postuliert. Die Parameter a und b sind zunächst nicht bestimmt und müssen so gewählt werden, dass die Gleichung erfüllt ist. Falls die Nähe von Objekten durch Ränge ausgedrückt wird, so wird *f* durch eine schwach monotone Funktion gebildet, welche die Ordnung der Ähnlichkeiten/Unähnlichkeiten bewahrt.

Die Relevanz des Auffindens einer Abbildungsfunktion wird am besten durch folgendes Zitat ausgedrückt: „Our general attitude is that the choice of an objective function is one of those arbitrary choices which must be made in any scientific endeavour. Practical experience suggests that the choice is not too critical, however, that is, the MDS results are unlikely to differ very much“ (Kruskal/Wish 1978, S. 26). Empfohlen wird (Borg/Groenen 1997, S. 32), neben dem Skalenniveau auf den Prozess der Gewinnung der Ähnlichkeitsurteile Rücksicht zu nehmen, sofern keine theoriebegründeten Annahmen zur Auswahl einer bestimmten Abbildungsfunktion getroffen werden können.

2.3 Fehler, Lösungsgüte, Stress und Dimensionalität

Die Forderung, MDS-Modelle sollten die Ähnlichkeit/Unähnlichkeit von Objekten in räumlicher Nähe bzw. Distanz fehlerfrei abbilden, muss immer vor dem Hintergrund empirischer Daten gesehen werden. Sie beinhalten Fehler, bedingt durch unpräzise und unzuverlässige Messinstrumente, Stichprobeneffekte und andere Einflüsse, die „weißes Datenrauschen“ erzeugen. Aus diesem Grund wird vom Ideal der „besten“ Abbildung abgesehen, man begnügt sich mit einer „zufriedenstellenden“. Nach diesem Postulat soll die Funktion $f(\delta_{rs}) \approx d_{rs}$ (**X**), so gut wie möglich, eine Präsentation der Daten im m-dimensionalen Raum generieren. Borg/Groenen 1997, S. 33 vermerken hierzu: „Given that the proximities contain some error, such approximate representations make even *better* representations – more robust, reliable, replicable, and substantively meaningful ones – than those that are formally perfect, because they smooth out noise“. Im Übrigen kann darauf hingewiesen werden, dass Computerprozeduren zur Berechnung der MDS-Darstellung in einem iterativen Vorgehen die Konfiguration (**X**) approximieren. Jede Präsentation der Konfiguration (**X**), die präzise genug ist, eine Bewertung theoretischer Überlegungen zu ermöglichen, ist als valide zu betrachten.

Zur Bewertung der Lösungsgüte lassen sich verschiedene Verfahren heranziehen. Der Fehler, den eine MDS-Darstellung vis-à-vis der Ursprungsdaten beinhaltet, lässt sich für r,s auf Basis der Gruppe der statistischen Fehlerkonzepte mit

$$e_{rs}^2 = [f(\delta_{rs}) - d_{rs}(\mathrm{X})]^2 \qquad 2.15$$

bezeichnen. Über alle Paare r,s hinweg wird der entstehende Fehler zu

$$\sigma_{roh} = \sum_{r,s} [f(\delta_{rs}) - d_{rs}(\mathrm{X})]^2 \qquad 2.16$$

aufsummiert. Dieses Fehlermaß hat allerdings den Nachteil, dass es nicht skaleninvariant ist. Es wird deshalb normiert und zu einer dimensionslosen Kennzahl, die im Intervall 0,1 variiert, umgewandelt. Die Normierung erfolgt durch den Term $\sum_{r,s} d_{rs}^2(\mathrm{X})$:

$$\text{Stress-1} = \quad \sigma_1 = \sqrt{\frac{\sum_{r,s} [f(\delta_{rs}) - d_{rs}(\mathrm{X})]^2}{\sum_{r,s} d_{rs}^2(\mathrm{X})}} \qquad 2.17$$

Dieser Fehler wird auch als Stress-1 (Kruskal/Wish 1978) bezeichnet. Die meisten computergestützten Rechenverfahren weisen diese Kennzahl (vgl. 2.17) oder Varianten davon (Cox/Cox 1994) zur Bewertung der Lösungsgüte aus. Vor einer unkritischen, eher schematischen Bewertung von Lösungsgüten im Sinne von 0.20 ist „schlecht", 0.025 ist „ausgezeichnet" und 0.00 ist „perfekt", muss allerdings gewarnt werden. Auch degenerierte Präsentationen können „perfekte" Stress-Werte aufweisen. Sie zeigen jedoch die typischen Merkmale einer solchen Abbildung: Das bedeutet, dass die Darstellung der Stimuli, nach der die Ähnlichkeiten von Objekten beurteilt wurden, und die verglichenen Objekte in der MDS-Präsentation in verschiedenen Quadranten der Dimensionen klumpen (Borg/Groenen 1997; DeSarbo et al. 1997).

Auch aus diesem Grund ist die grafische Inspektion der Lösungsgüte von Bedeutung. Zwei Darstellungen (siehe Abbildungen 2 und 3) sind dazu üblich (Cox/Cox 1994; Borg/Groenen 1997; Kruskal/Wish 1978):

a) (Approximierte) Distanzen vs. (Un-)Ähnlichkeiten und

b) Residuen vs. Distanzen.

Das Sheparddiagramm gibt einen Überblick, wie die Streuung um die Abbildungsfunktion verteilt ist. In Abbildung 2 wird deutlich, dass die vertikalen Abstände um die monotone Regressionsfunktion zum Teil erheblich streuen; dies gilt vor allem für den mittleren Teil der Funktion. Allerdings ist auch feststellbar, dass es keine Ausreißer gibt.

Würden alle Distanzen und approximierten Abstände zwischen den Objekten perfekt (vgl. Abbildung 3) abgebildet werden, so würden keine Residuen auftreten. Alle Punktepaare r,s würden auf der 45°-Linie in Abbildung 3 liegen. In diesem Fall wäre der Stress-Wert gleich 0.

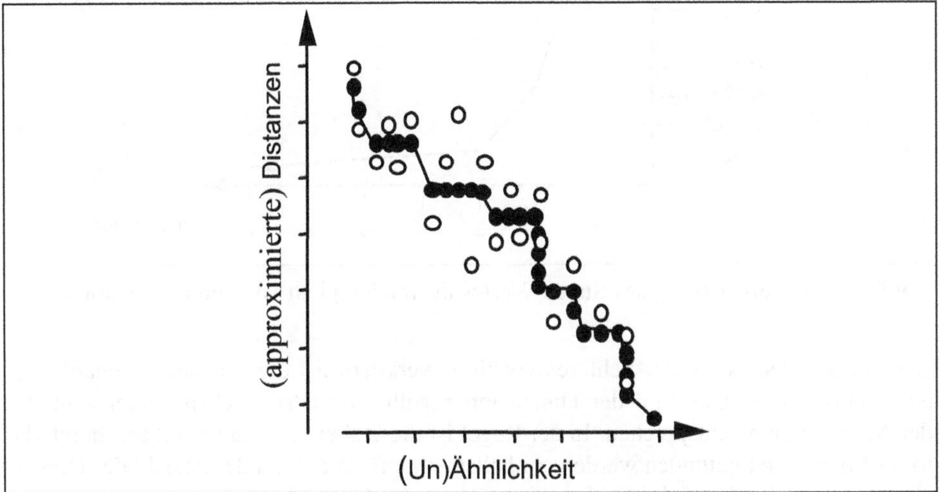

Abbildung 2: Sheparddiagramm

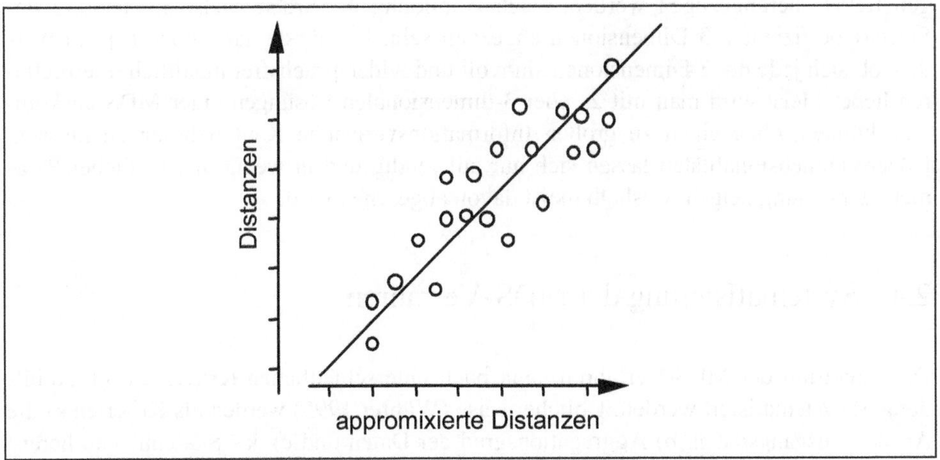

Abbildung 3: Residuendiagramm

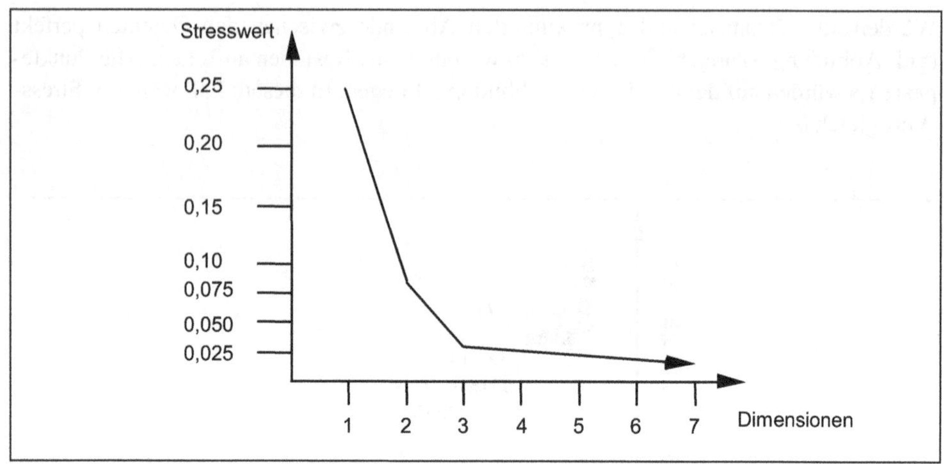

Abbildung 4: Entwicklung des Stress-Wertes in Abhängigkeit von den Dimensionen

Eng mit der Diskussion der Fehlerentwicklung verknüpft ist die der Dimensionalität einer MDS-Lösung. Die Zahl der Dimensionen sollte der tatsächlichen Dimensionalität der Ausgangsdaten entsprechen. In der Regel ist diese aber unbekannt und soll durch die MDS-Lösung erst gefunden werden. Anhaltspunkte für die Wahl der Anzahl der Dimensionen liefern die Entwicklung des Stress-Wertes und die inhaltliche Interpretierbarkeit der Ergebnisse. Die formale Betrachtung des Stress-Wertes berücksichtigt dessen Entwicklung in Abhängigkeit von der Anzahl der gewählten Dimensionen (vgl. Abbildung 4). Als Daumenregel für die Zahl der Dimensionen kann das Auftreten des „Ellbogeneffekts" herangezogen werden. Nach Abbildung 4 würden nach Entwicklung des Stress-Koeffizienten 3 Dimensionen angezeigt sein. Es müsste dann noch geprüft werden, ob sich jede der 3 Dimensionen sinnvoll und widerspruchsfrei inhaltlich interpretieren ließe. Meist wird man mit 2- oder 3-dimensionalen Lösungen einer MDS auskommen können, ohne einen zu großen Informationsverlust in Kauf nehmen zu müssen. Höhere Dimensionalitäten lassen sich nur aufwendig und in wenig anschaulicher Parameterdarstellung zeigen, weshalb meist davon abgesehen wird.

2.4 Systematisierung der MDS-Verfahren

Das Spektrum der MDS-Verfahren kann nach unterschiedlichen Kriterien (vgl. Abbildung 5) systematisiert werden. Üblicherweise (Wührer 1995) werden als Kriterien a) die Art der Ausgangsdaten, b) Aggregationsgrad der Daten und c) das Skalenniveau herangezogen. Unter Art der Ausgangsdaten kann die *Wahrnehmungsähnlichkeit* von Objekten, wie z. B. Produktmarken, verstanden werden. Die Elementähnlichkeit wird durch ein globales (Vergleichs-)Urteil einer Person festgestellt.

Bei Präferenzdaten wird die *Vorliebe* für ein Objekt im Vergleich zu einem hypothetischen Idealobjekt (bei Punkt-zu-Punkt-Präsentation) oder die Position in einem Präferenzvektor (bei Punkt-zu-Vektor-Präsentation) dargestellt.

Der Aggregationsgrad der Daten bezieht sich darauf, ob zusammengefasste oder nicht zusammengefasste Urteile als Dateninput für das Skalierungsverfahren herangezogen werden. Eine Aggregation der Inputdaten ist dann sinnvoll, wenn es sich z. B. um homogene Käufergruppen handelt. Die Ergebnisse liefern dann Anhaltspunkte über den Wahrnehmungs- und Differenzierungsraum einer fiktiven Durchschnittsperson. Nicht aggregierende Verfahren arbeiten individualspezifische Unterschiede in der Darstellung heraus.

Hinzuweisen ist darauf, dass auch die Anordnung von Elementen nach Ähnlichkeitsurteilen auf der Basis einer fiktiven Durchschnittsperson in homogenen Marktsegmenten und/oder zu unterschiedlichen Messzeitpunkten k erarbeitet werden kann. In diesem Fall kann der Index für δ_{rsk} (r,s = 1, ..., n; k = 1, ..., K) erweitert werden.

Ein praktisches Beispiel wäre die wiederholte Messung der Wahrnehmung von Markenimages über die Zeit hinweg in Form einer Tracking-Studie. Damit ließen sich Angaben darüber gewinnen, ob in einem ausgewählten Marktsegment die Images von r,s Produkten Veränderungen unterliegen, wie stark diese sind und welche zeitbezogenen Einflüsse zu diesen Veränderungen geführt haben. Es könnte u. U. auch festgestellt werden, ob die Dimensionen als konstant zu betrachten sind oder ob auch diese über den Zeitablauf hinweg inhaltlich und der Anzahl nach Änderungen aufweisen. Weitergehende Fragen wie die der Gestaltbarkeit der Dimensionen und Implikationen für Marketingstrategien ließen sich damit verbinden.

Bei Berücksichtigung des Skalenniveaus kann zwischen metrischen und nichtmetrischen Verfahren der MDS unterschieden werden. Aufgrund der in der empirischen Sozialforschung vorherrschenden ordinalen Datenqualität wird man zumeist mit Verfahren der nicht metrischen MDS arbeiten. Anzumerken ist jedoch, dass die Bedeutung des Skalenniveaus zu relativieren ist. Häufig zeigt sich, dass metrische und nicht metrische Verfahren der MDS sehr ähnliche oder nahezu identische Lösungen erzeugen (Borg/Groenen 1997).

Zur Berechnung von MDS-Lösungen sind verschiedene Softwareprodukte erhältlich. Eine ausgezeichnete und aktuelle Übersicht findet sich in Borg/Groenen (1997).

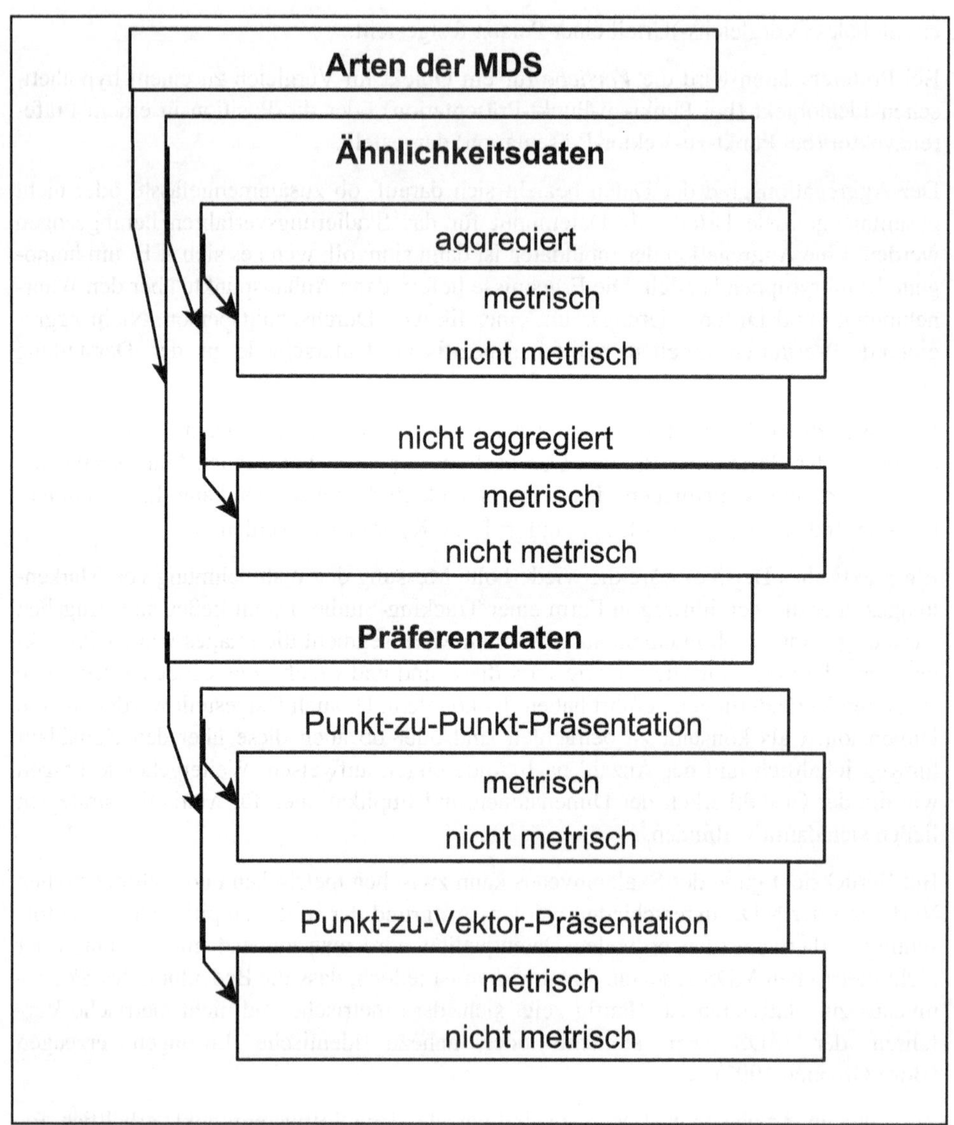

Abbildung 5: Arten der MDS

3. Vorgehensweise

Der idealtypische Ablauf (vgl. Abbildung 6) einer MDS lässt sich anhand von vier bzw. fünf Schritten (Wührer 1995; Backhaus et al. 1996) illustrieren. Ausgangsbasis ist die Erfassung von Ähnlichkeiten. Als Dateninput können Ergebnisse der aus der Marktforschung bekannten Verfahren der primären Datenerhebung oder Sekundärdaten verwendet werden, die bereits Ähnlichkeiten darstellen bzw. zur Berechnung von solchen geeignet sind. Diese können zum Beispiel in Tabellenform vorliegen und werden durch ein geeignetes Verfahren in „abgeleitete Distanzen" transformiert und als Input in MDS-Prozeduren weiterverarbeitet (Borg/Groenen 1997). Ausgangspunkte können u. a. Korrelationskoeffizienten von Individuen bzw. Merkmalsträgern im weitesten Sinne sein oder Eigenschaftsprofile oder Ähnliches. Hier zeigt sich wiederum die Nähe zur Korrespondenzanalyse.

Ansätze für die Erfassung von Ähnlichkeitsurteilen sind insb. a) die Methode des Rangordnens, b) die Ankerpunktmethode und c) das Ratingverfahren. Bei der Methode des Rangordnens werden von den Versuchspersonen stufenweise alle möglichen Elementpaarungen nach Rängen gereiht. Die ähnlichste Paarung erhält dann den Rang 1, die zweitähnlichste den Rang 2 usw.. Insgesamt sind bei n Elementen n * (n - 1)/2 Ränge zu vergeben. Bei einer größeren Anzahl zu vergleichender Elemente kann sich dieses Vorgehen als sehr umständlich und zeitraubend erweisen. Das Ergebnis dieses Vergleichs ist eine quadratische, symmetrische Ähnlichkeitsmatrix, die dann den Ausgangspunkt für weitere Berechnungen bildet.

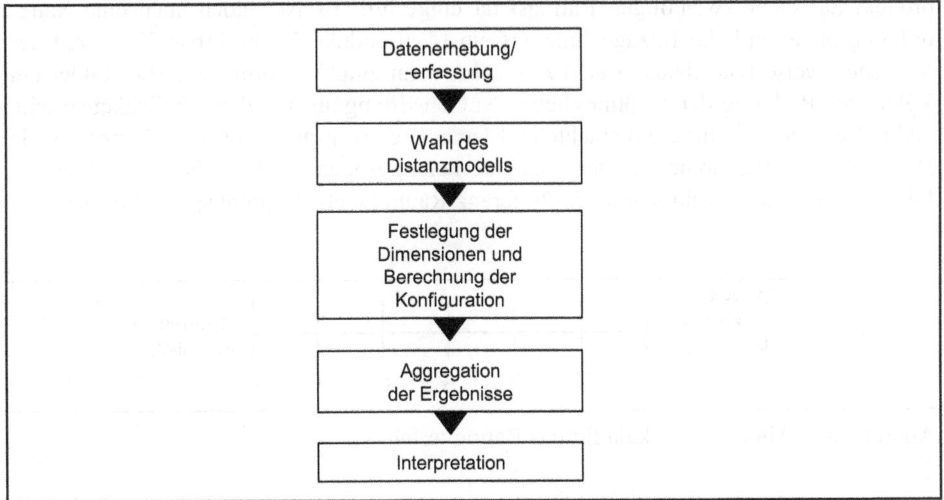

Abbildung 6: Ablauf einer MDS

Einfacher in der Handhabung ist die Datenerhebung nach der Ankerpunktmethode. Hier wird jeweils ein Element als Referenzelement betrachtet und alle übrigen Elemente werden bezüglich ihrer Ähnlichkeit mit diesem Element verglichen und gereiht. Diese Prozedur wird für alle Elemente durchgeführt. Insgesamt ergeben sich bei n Elementen n * (n - 1) Paarvergleiche bzw. Rangwerte. Durch diese Vorgehensweise kommt man zu bedingten (konditionalen) Daten. Das Ergebnis ist eine quadratische, aber asymmetrische Datenmatrix, in der die Werte nur zeilenweise für jeweils einen Ankerpunkt vergleichbar sind. Hier kann das Problem (zur relativen Bedeutung siehe Borg/Groenen 1997) auftreten, dass für verschiedene Paare gleiche Ähnlichkeitswerte, auch als „Ties" bezeichnet, vergeben werden können. Die Auftretenswahrscheinlichkeit ist umso höher, je größer die Anzahl der zu vergleichenden Elemente ist. Grundsätzlich gilt bei konditionalen Daten, dass alle rechnerischen Transformationen getrennt für jede Zeile der Datenmatrix durchzuführen sind.

Bei der gebräuchlichen Methode des Ratingverfahrens werden Elementpaare gesondert mittels einer zweipoligen Ähnlichkeitsskala beurteilt (vgl. Abbildung 7). Auf dieser Skala wird für die Elemente A und B dann von der Versuchsperson der zutreffende Wert angekreuzt. Insgesamt sind wiederum bei n Elementen n * (n - 1)/2 Paarvergleiche durchzuführen. Gegenüber den anderen genannten Verfahren dürfte diese Vorgehensweise die geringste zeitliche Belastung für die Versuchspersonen darstellen. Allerdings tritt das Problem auf, dass verschiedenen Paaren gleiche Werte, d. h. gleiche Rangplätze, zugeordnet werden können.

Analog zur Erhebung von Ähnlichkeitsdaten werden Ratingverfahren zur Erhebung von Präferenzen eingesetzt. Hier werden ein „Idealprodukt" und ein zu vergleichendes Realprodukt auf einer zweipoligen Ratingskala eingestuft. Es ist jedoch auch eine Rangordnung ohne explizite Bezugnahme auf ein Idealprodukt durchführbar. Diese Art der Vorgehensweise (Backhaus et al. 1996) führt dann zum Vektormodell. Hier bildet ein Vektor die Richtung der größtmöglichen Nutzenstiftung ab. Werden Ähnlichkeitsurteile und Präferenzurteile für die betrachteten Elemente gemeinsam erhoben, so können beide Datensätze zur Positionierung der Elemente herangezogen werden. Die Darstellung erfolgt dann in einem Wahrnehmungs-Präferenz-Raum (auch als „joint space" bezeichnet).

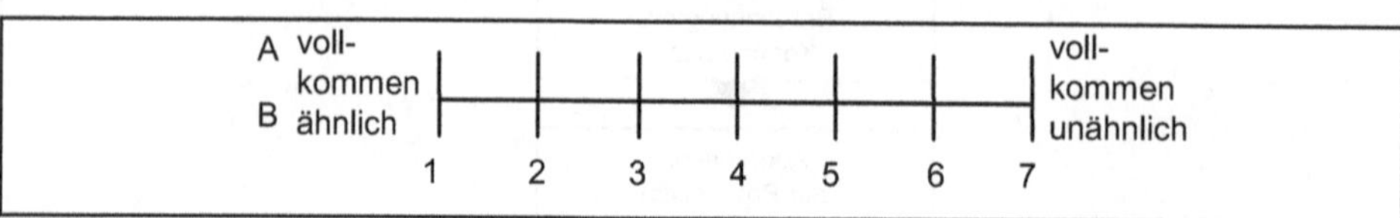

Abbildung 7: Ähnlichkeitsskala für das Ratingverfahren

4. Beispiel

4.1 Sample und Untersuchungsdesign

Das nachfolgende Beispiel beruht auf einem Datensatz, der zum Markenmonitoring des österreichischen Marktes für Küchen im Oktober/November 1997 erhoben wurde. Ausgangsbasis ist eine schriftliche Befragung einer für die österreichische Bevölkerung ab 16 Jahren repräsentativen Stichprobe. Insgesamt konnten 16 Küchenmarken von den Befragten nach den Globalmaßen „Einzigartigkeit der Marke", „Attraktivität", „Preiseinstufung", „Qualitätseinschätzung" und „Kaufbereitschaft" auf einer Schulnotenskala von 1 - 5 bewertet werden. Durch eine Filterfrage wurde die gestützte Markenbekanntheit miterhoben. Am häufigsten werden 4 - 6 Marken (vgl. Abbildung 8) als besonders bekannt/vertraut bezeichnet. Nur 2,9 % der Befragten kennen keine der genannten Marken, ein ähnlicher Prozentsatz nennt 12 und mehr Marken im weitesten Sinne. Aus der Stichprobe wurden zwei Gruppen gebildet. Solche, denen die Marken besonders bekannt/vertraut waren, im Weiteren als „Markenkenner" bezeichnet, und „Nichtkenner von Marken", welchen die Marken nicht besonders gut bekannt/vertraut waren und die aus diesem Kenntnisstand heraus die Marken bewerteten.

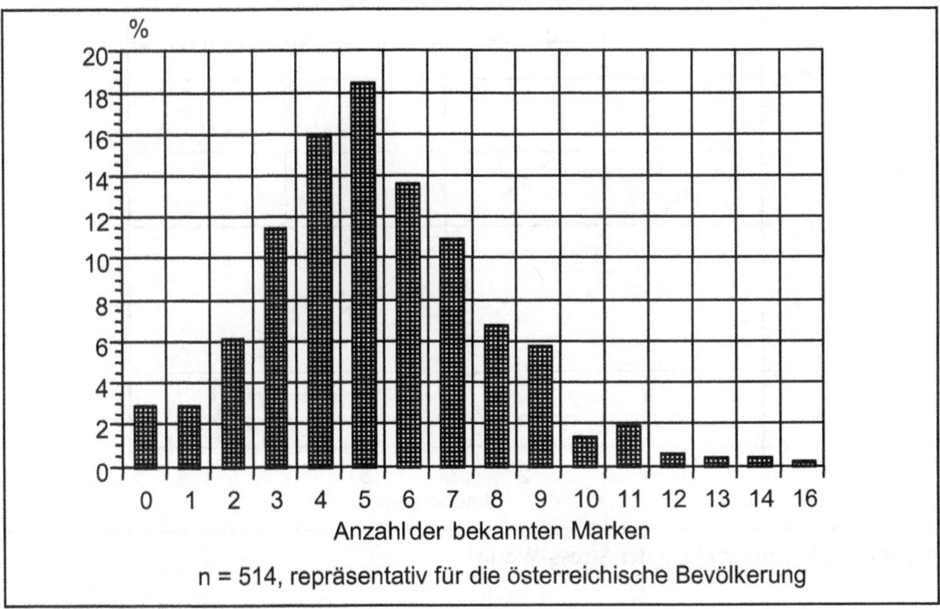

Abbildung 8: Anzahl der bekannten Küchenmarken

4.2 Entwicklung der MDS-Konfiguration

Für jede dieser Gruppen wurden die durchschnittlichen Beurteilungen berechnet. Sie bildeten, da keine Hypothesen zum Markenbild für Küchenmarken vorliegen, die Ausgangsbasis für eine explorative und getrennt gerechnete, nicht metrische MDS. In ihr werden neben den Marken als Objekte auch die Bewertungen als Stimuli berücksichtigt (Borg/Groenen 1997). Die Berechnung der MDS-Konfiguration erfolgt nach dem Euklidischen Distanzmodell, die Entwicklung der Stress-Werte ist in Abbildung 9 zu sehen.

Über die Anzahl der Dimensionen hin abgetragen ist erkennbar, dass eine dreidimensionale MDS-Lösung unter Berücksichtigung der Entwicklung der Stress-Werte und des Ellbogenkriteriums angezeigt ist. Besonders deutlich zeigt sich der „Ellbogen“ für die MDS-Lösung der „Nichtkenner“. Nicht so deutlich, aber dennoch feststellbar ist die verringerte negative Steigung von 3 auf 4 Dimensionen für die MDS auf der Basis des Kenner-Datensatzes. Insgesamt gesehen liegt der Stress-Wert über dem der „Nichtkenner“-MDS. Eine Inspektion der hier nicht dargestellten Shepard- und Residuendiagramme zeigt aber für beide MDS-Konfigurationen keine Auffälligkeiten oder Besonderheiten, welche die Lösungsgüte in Frage stellen würden.

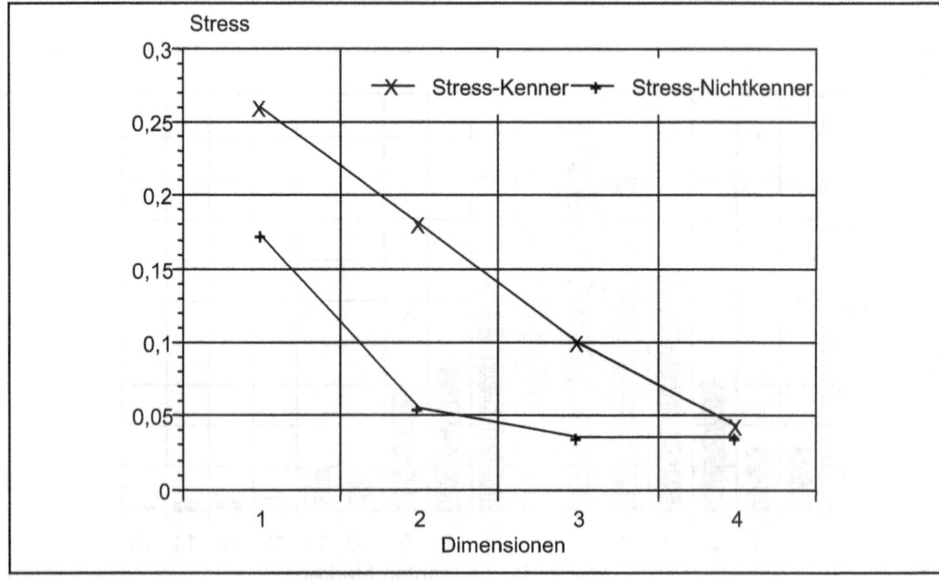

Abbildung 9: Entwicklung der Stress-Werte

Was die Kaufbereitschaft („kaufe diese Marke besonders gerne; würde ich besonders gerne kaufen“) betrifft, so wird die Marke DAN ganz nahe diesem Kriterium (vgl. Abbildung 10) positioniert. Dies gilt auch für die Bewertung der Attraktivität („diese Marke ist für mich besonders attraktiv, spricht mich an“). EWE und MIELE werden im Umfeld dazu verankert. Der Preiseinstufung „ist eine besonders teure, exklusive Marke“ am nächsten kommen noch EWE, POGGENPOHL und KORNMÜLLER. BULTHAUPT und die Qualitätseinschätzung („hat sehr viel bessere Qualität als andere Marken dieses Produktbereichs“) sind deckungsgleich. Im Umfeld dazu liegen MIELE und POGGENPOHL. Die Einzigartigkeit („diese Marke ist einzigartig, unterscheidet sich sehr von den anderen Marken“) liegt am weitesten von den zuvor genannten Marken weg, auch von den noch nicht angeführten. Die übrigen Marken bewirken ein vergleichsweise blasses Image, am weitesten von allen Kriterien sind ZEYKO oder TIELSA entfernt. Von der Darstellung der beiden anderen Diagramme, 1. und 3. Dimension sowie 2. und 3. Dimension, wurde hier abgesehen.

Im Vergleich dazu wirkt das Wahrnehmungsbild der „Nichtkenner“ in seiner gesamten Struktur auffälliger (vgl. Abbildung 11): Marken und Eigenschaften durchdringen sich noch nicht, wie bei den Kennern, gegenseitig.

Lediglich die Marken MIELE, DAN und EWE werden mit den Globalkriterien „Qualitätseinschätzung“ und „Preiseinstufung“ in engere Verbindung gebracht. Die übrigen Marken bilden eine Wahrnehmungsgruppe für sich. Sie befinden sich auch relativ weit weg von den Globalkriterien, in diesem Sinne stehen sie unter Nichtkennern von Marken für keine besonderen Markeneigenschaften. Plausibel ist, dass das Kriterium „Kaufbereitschaft“ am weitesten von allen Marken entfernt liegt. Festzuhalten bleibt, dass unter den Nichtkennern die Markenstruktur noch nicht so differenziert wahrgenommen wird – im Sinne der Zuordnung zu einzelnen Kriterien, wie dies im Segment der Kenner der Fall ist.

Der mathematische Vergleich der beiden Konfigurationen „Kenner“ vs. „Nichtkenner“ wäre über eine Prokrustesanalyse (Cox/Cox 1994; Borg/Groenen 1997) durchzuführen. Dieser Vergleich gibt dann mittels einer Maßzahl an, wie groß die Ähnlichkeit zwischen den beiden MDS-Lösungen ist. Diese Vorgehensweise lässt sich auch generalisieren. Damit ist es z. B. möglich, die Zu- bzw. Abnahme der (Un-)Ähnlichkeit der Markenwahrnehmungen durch beide Gruppen über die Zeit hinweg zu beurteilen.

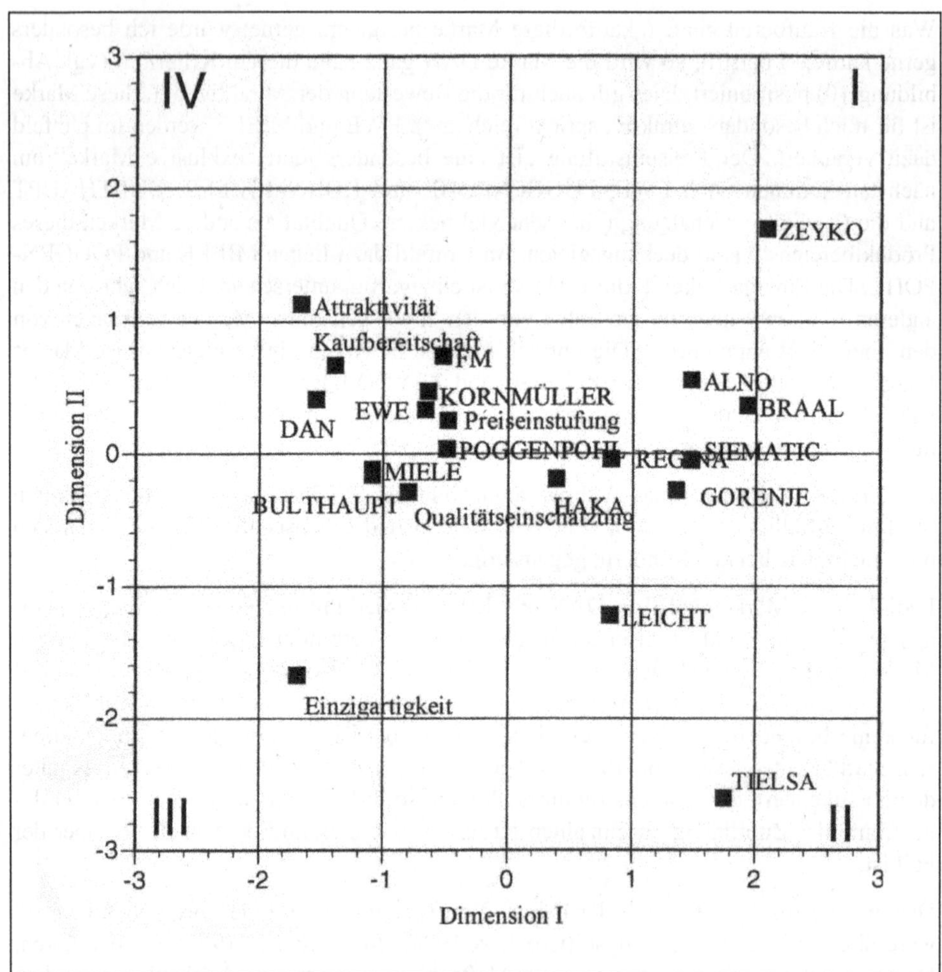

Abbildung 10: MDS-Darstellung für das Segment der „Markenkenner“

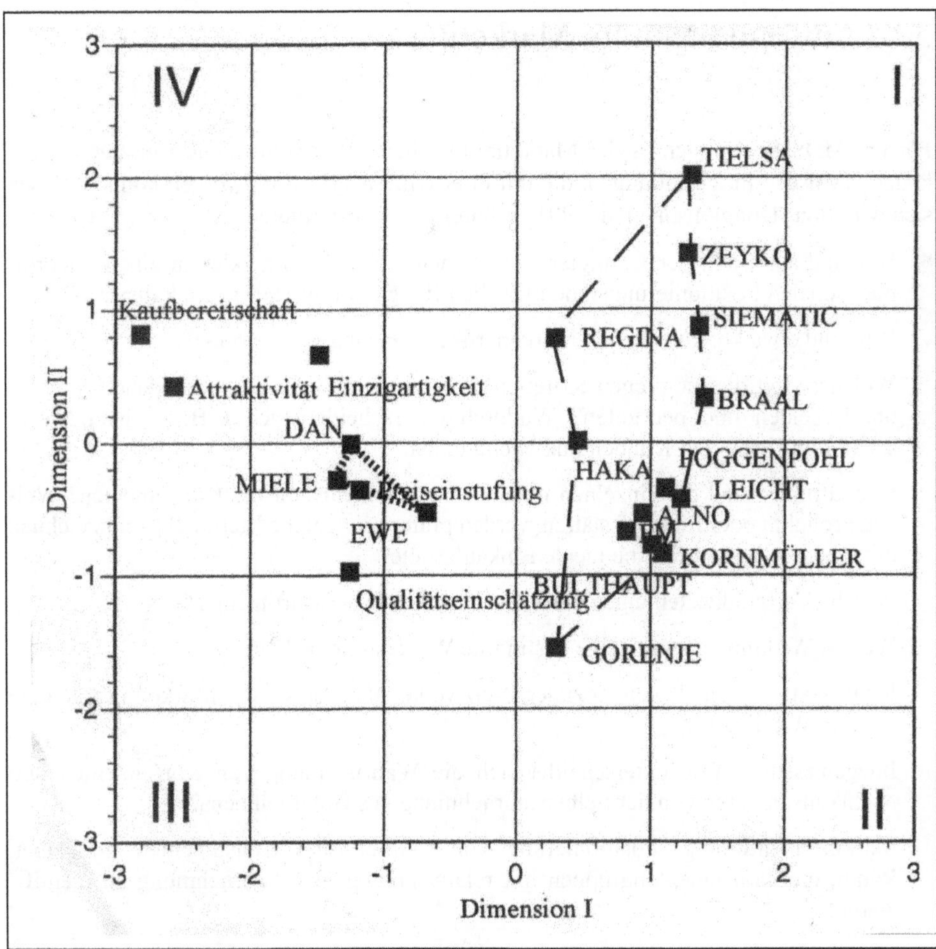

Abbildung 11: MDS-Darstellung „Nichtkenner“

5. Anwendungen im Marketing

Für die MDS finden sich in der Marketingforschung unterschiedliche Einsatzmöglichkeiten. Typische Fragestellungen, die mit ihrer Hilfe beantwortet werden können, lassen sich wie folgt (Hodgkinson et al. 1991; Wührer 1995) formulieren:

- Wo sind aus Sicht der Befragten die Elemente eines Teilmarktes in einem mehrdimensionalen Positionierungsmodell (Lilien/Rangaswamy 1997) zu lokalisieren?
- Wie sind etwa konkurrierende Markenartikel zueinander positioniert?
- Welches sind die möglichen Kriterien, anhand derer Befragte vorhandene Elemente unterscheiden und beurteilen? Wodurch unterscheiden sich z. B. Fachhandelsgeschäfte im Urteil von Kunden und Nichtkunden?
- Wie attraktiv sind die einzelnen untersuchten Elemente für die Konsumenten? Welche Produkte oder Einkaufsstätten werden präferiert, welche Merkmale kennzeichnen das ideale Produkt bzw. die ideale Einkaufsstätte?
- Welche Verbundbeziehungen bestehen zwischen Warensortimenten?
- Welche Wirkung erzeugte eine bestimmte Werbestrategie?
- Identifikation von Typen sozialer Netzwerke als Basis von Marketingstrategien (Arabie/Wind 1994).
- Imagemessung: Wie unterscheidet sich die Wahrnehmung von Konsumenten und Nichtkonsumenten von der Selbstwahrnehmung des Unternehmens?
- Marktsegmentierung: Positionierung von Marken und Konsumenten im selben Raum, um Konsumentengruppen mit relativ homogener Wahrnehmung zu identifizieren.
- Neuproduktentwicklung: Welche unbesetzten Felder gibt es in der räumlichen Darstellung, die Möglichkeiten für die Positionierung von neuen Produkten bieten?
- Welchen Einfluss hat der Preis?
- Distributionskanalentscheidungen: Wie gut ist der „Fit“ von Marken und verschiedenen Handelspartnern (Malhotra 1999)?

Neben diesen unmittelbar mit Marketingentscheidungen in Verbindung stehenden Fragestellungen finden sich eine Vielzahl anderer Anwendungen im Bereich der Unternehmensforschung bzw. (internationalen) Marketingforschung im weiteren Sinne. Dazu zählen bspw. die Systematisierung der wirtschaftlichen Lage von Unternehmen (Molinero/Ezzamel 1991; Schade 1993), die Identifikation strategischer Gruppen (Pegels/Sekar 1989) und die Darstellung der Risikoorientierung von Managern im internationalen Marketing (Wührer 1997).

Der Stellenwert der MDS in der Marketingforschung ist in Hinblick auf die alternativen, für eine bestimmte Aufgabenstellung ebenfalls geeigneten anderen statistischen Analyseverfahren abzuwägen. Folgt man der Literatur (Waheeduzzaman/Krampf 1992), so rangiert die MDS (siehe Abbildung 12) unter jenen Verfahren, die eher selten genannt bzw. in Studien eingesetzt werden.

Zur Feststellung von Abhängigkeiten sind Verfahren wie die Varianz- und Regressionsanalyse dominant. Im Bereich der Interdependenzanalysen spielt die MDS eine ähnliche Rolle wie die Cluster- oder Diskriminanzanalyse. Jüngere Theorie- und Methodenentwicklungen wie z. B. die Facettentheorie lassen erwarten, dass der konfirmatorischen MDS (Borg/Groenen 1997, S. 383; Cox/Cox 1994) eine ähnliche Rolle wie LISREL zur Modellierung von Strukturen zukommen kann.

Die Aussagefähigkeit der MDS unter dem formalen Gesichtspunkt der Robustheit einer Lösung (Green 1975) hängt im Wesentlichen vom Verhältnis der Anzahl der Elemente n zur Anzahl der Dimensionen r ab. Empfohlen wird, dass die Anzahl der Elemente mindestens zweieinhalb mal so groß ist wie die Anzahl der Dimensionen. Darüber hinaus sind nach Cox/Cox (1994) der MDS vorausgehende Analysen des Datensatzes bezüglich statistischer Ausreißer vorzunehmen.

Das niedrige Anspruchsniveau (Borg/Groenen 1997) des Verfahrens im Hinblick auf die Skalenniveaus (vgl. hier als Beispiel Lapointe/Legendre 1994) erleichtert zunächst den Einsatz. Es führt aber bei der Interpretation der Befunde und Darstellungen zur Notwendigkeit, über eine gut fundierte Sachkenntnis des Problems (Backhaus et al. 1996) zu verfügen. Oft sind diese Informationen nur durch in der gleichen Studie gewonnene Daten zu erhalten. Aus diesem Grund ist dafür zu sorgen, dass eine zu starke zeitliche Belastung (Wührer 1995) der Befragten vermieden wird.

Untersuchungen (Malhotra 1987) zu Fragen der Reliabilität und Validität des Verfahrens zeigen, dass zur Test-Retest-Reliabilität widersprüchliche Ergebnisse vorliegen. Die Gültigkeit von MDS-Lösungen ist zumindest auf aggregierter Ebene nach den Kriterien Konvergenz und Unterscheidungsfähigkeit zufriedenstellend. DeSarbo et al. (1997) plädieren für eine Weiterentwicklung der MDS-Verfahren und der dazu notwendigen Computersoftware. Zum einen sollen die Analysen in Hinblick auf degenerierte Lösungen sicherer gemacht werden, zum anderen sollen stärker inferenzstatistische Aussagen und Schlüsse berücksichtigt werden können.

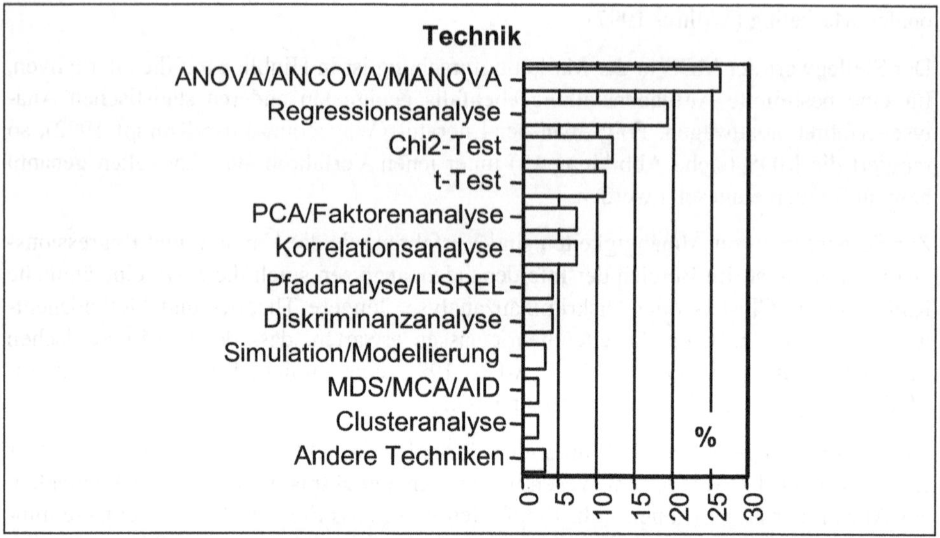

Abbildung 12: Nutzung quantitativer Techniken im Marketing 1964 - 1989

Das Verfahren der MDS birgt jedoch auch Grenzen in sich. Wenn eine räumliche Darstellung erstellt wird, so wird angenommen, dass die Abstände zwischen den Punkten in einer Verhältnisskala abgebildet werden, während die Achsen der Darstellung mehrdimensional intervallskaliert sind. Soll nun die Dimension interpretiert werden, indem physische Veränderungen von Marken mit Veränderungen im Wahrnehmungsraum verbunden werden, so gestaltet sich dies schwierig. Dasselbe gilt für Präferenzdaten (Malhotra 1999).

6. Jüngste Entwicklungen

Die Anwendung der MDS wurde in jüngster Zeit von der Messung der Unähnlichkeit von Objekten, dargestellt als Distanzen zwischen Punkten, auf den Fall ausgedehnt, dass die Unähnlichkeiten als Intervalle oder unscharfe („fuzzy") Zahlen ausgedrückt werden. Die Objekte sind nicht mehr Punkte, sondern werden als verschwommene Bereiche dargestellt (Masson/Denoeux 2002). Um diese Regionen zu bestimmen, wird die übliche Vorgehensweise bei der MDS erweitert, indem zwei sich ergänzende Algorithmen angewendet werden (Hébert/Masson/Denoeux 2006). Darüber hinaus wurde für unscharfe Daten der neue Algorithmus I-Scal entwickelt (Groenen/Winsberg/Rodríguez/

Diday 2006). Auf die zunehmende Bedeutung des MDS-Verfahrens zur Visualisierung von Daten in Netzwerkstudien wurde schon hingewiesen. Es scheint sich hier ein neues Anwendungsfeld auf der Basis von Ähnlichkeits-/Unähnlichkeitsdaten aufzutun, was die Methode zur Erforschung relationaler Phänomene interessant macht.

Literaturverzeichnis

Aldenderfer, M./Blashfield, R. (1984): Cluster Analysis, Beverly Hills, California.

Arbie, Ph./Wind, Y. (1994): Marketing and Social Networks, in: Wasserman, St./Galaskiewicz, J. (Hrsg.), Advances in Social Network Analysis, Thousand Oaks, California, S. 254-273.

Backhaus, K./Erichson, B./Plinke, W./Weiber, R. (1996): Multivariate Analysemethoden. Eine anwendungsorientierte Einführung, 8. Auflage, Berlin.

Borg, I./Groenen, P. (1997): Modern Multidimensional Scaling. Theory and Applications, New York.

Borg, I./Shye, S. (1995): Facet Theory. Form and Content, London.

Cox, T./Cox, M. (1994): Multidimensional Scaling, London.

de Leeuw, J. (1995): Series Editor´s Introduction, in: Borg, I., Shye, S., Facet Theory. Form and Content, London, S. 8-9.

DeSarbo, W./Young, M./Rangaswamy, A. (1997): A Parametric Multidimensional Unfolding Procedure for Incomplete Nonmetric Preference/Choice Set Data in Marketing Research, in: Journal of Marketing Research, 34. Jg., S. 499-516.

Freeman, L. (2005), Graphic Techniques for Exploring Social Network Data, in: Carrington, P. J./Scott, J./Wasserman, St. (Hrsg.), Models and Methods in Social Network Analysis, Cambridge, New York u. a., S. 248-269.

Green, P. (1975): On the Robustness of Multidimensional Scaling Techniques, in: Journal of Marketing Research, XII, S. 73-81.

Groenen, P.J.F./Winsberg, S./Rodríguez, O./Diday, E. (2006): I-Scal: Multidimensional scaling of interval dissimilarities, in: Computational Statistics & Data Analysis (in Druck)

Grunert, K. (1990): Kognitive Strukturen in der Konsumforschung. Entwicklung und Erprobung eines Verfahrens zur offenen Erhebung assoziativer Netzwerke, Heidelberg.

Hébert, P.-A./Masson, M.-H./Denoeux, T. (2006): Fuzzy multidimensional scaling, in: Computational Statistics & Data Analysis (in Druck)

Hodgkinson, G./Padmore, J./Tomes, A. (1991): Mapping Consumers' Cognitive Structures: A Comparison of Similarity Trees with Multidimensional Scaling and Cluster Analysis, in: European Journal of Marketing, 25. Jg., Nr. 7, S. 41-58.

Hoffman, D./de Leeuw, J./Arjunji, R. (1994): Multiple Correspondence Analysis, in: Bagozzi, R.P. (Hrsg.), Advanced Methods of Marketing Research, Cambridge, Mass., S. 260-294.

Huff, A. (1990): Mapping Strategic Thought, in: Huff, A. (Hrsg.), Mapping Strategic Thought, Chichester, S. 11-49.

Huff, A./Narapareddy, V./Fletcher, K. (1990): Coding the Causal Association of Concepts, in: Huff, A. (Hrsg.), Mapping Strategic Thought, Chichester, S. 311-325.

Kruskal, J./Wish, M. (1978): Multidimensional Scaling, Beverly Hills, London.

Lapointe, F.-J./Legendre, P. (1994): A Classification of Pure Malt Scotch Whiskies, in: Applied Statistics, 43. Jg., Nr. 1, S. 237-257.

Lilien, G./Rangaswamy, A. (1997): Marketing Engineering. Computer Assisted Market Analysis and Planning, Reading, Mass..

Malhotra, N. (1987): Validity and Structural Reliability of Multidimensinal Scaling, in: Journal of Advertising Research, 24. Jg., S. 164-173.

Malhotra, N.K. (1999): Marketing Research: An Applied Orientation, 3. Auflage, Upper Saddle River.

Masson, M./Denoeux, T. (2002): Multidimensional scaling of fuzzy dissimilarity data, in: Fuzzy Sets and Systems, 128, S. 339-352.

Molinero, C./Ezzamel, M. (1991): Multidimensional Scaling Applied to Corporate Failure, in: OMEGA International Journal of Management Science, 19, S. 259-274.

Pegels, C./Sekar, Ch. (1989): Determining Strategic Groups Using Multidimensional Scaling, in: Interfaces, 19, S. 47-57.

Qualitative Solutions and Research Pty Ltd. (1997): QSR NUD*IST 4 User Guide, 2. Auflage, Thousand Oaks.

Schade, R. (1993): Graphische Verfahren zur Darstellung der wirtschaftlichen Lage von Unternehmen unter besonderer Berücksichtigung der Multidimensionalen Skalierung, Diss., Mannheim.

Waheeduzzaman, A./Krampf, R. (1992): Use of Quantitative Techniques in Marketing Research: the Past Twenty Five Years, in: 1992 AMA Winter Educator's Conference, „Marketing Theory and Applications", in: Allen, Chr./Madden, Th./Shimp, T. et al. (Hrsg.), Chicago , S. 285-294.

Wührer, G. (1995): Multidimensionale Skalierung, in: Tietz, B./Köhler, R./Zentes, J. (Hrsg.), Handwörterbuch des Marketing, 2. Auflage, Sp. 1908 - 1918, Stuttgart.

Wührer, G. (1997): Risk Awareness of Austrian Managers Towards Eastern and Far Eastern Markets – An Application of Cognitive Mapping, Working Paper des Instituts für Handel, Absatz und Marketing der Johannes-Kepler-Universität Linz, presented at the 23rd EIBA-Conference „Global Business in the Information Age“, Stuttgart, Dec. 14. – 16. 1997, Track W4: „New Approaches within International Business Theory“.

Ove Jensen

Clusteranalyse

Dr. Ove Jensen vertritt den Lehrstuhl für Industriegütermarketing an der WHU – Otto Beisheim School of Management in Vallendar.

1. Einleitung

In der Marktforschung geht es häufig darum, die Ähnlichkeit zwischen Untersuchungsobjekten zu verstehen: Welche Anbieter in einem Markt sind ähnlich positioniert? Welche Nachfrager in einem Markt haben ähnliche Präferenzen? Welche Produkte haben ähnliche Eigenschaften? Die Betrachtung von Ähnlichkeiten ist mit dem Versuch verbunden, die untersuchten Objekte zu *klassifizieren*, d. h. Gruppen von Anbietern, Nachfragern oder Produkten zu erkennen, die in sich homogen, aber zueinander heterogen sind: Welche Typen von Anbietern gibt es, welche Typen von Nachfragern, welche Typen von Produkten? Als Ergebnis einer solchen Klassifikation werden z. B. unterschiedliche strategische Gruppen, Kundensegmente oder Produktkategorien identifiziert.

Die Clusteranalyse ist ein Verfahren, um Untersuchungsobjekte nach deren Ähnlichkeit bezüglich ausgewählter Merkmale in Gruppen zu klassifizieren, wobei die Anzahl der Gruppen und deren geometrische Form unbekannt ist (Arabie/Hubert/De Soete 1996; Bacher 1996; Everitt/Landau/Leese 2001; Kaufman/Rousseeuw 1990). Die Clusteranalyse sucht also nach Strukturen in Datensätzen. Der explorative Charakter der Clusteranalyse stellt eine Parallele zur exploratorischen Faktoranalyse dar. Diese Parallele kann man sich am besten anhand einer Datentabelle mit K Variablen (d. h. Merkmalen, „Spalten") und N Untersuchungsobjekten (d. h. Befragten, Probanden, Beobachtungen, „Zeilen") verdeutlichen: Während die exploratorische Faktoranalyse die Daten durch Bündelung von Variablen zu Faktoren strukturiert, strukturiert die Clusteranalyse die Daten durch Gruppierung von Objekten zu Clustern. Ein dem Begriff Clusteranalyse weitestgehend synonymer Begriff, der aus der Klassifikationsforschung der Biologie stammt, ist die *numerische Taxonomie* (Bailey 1994, S. 6).

Das Haupteinsatzfeld der Clusteranalyse im Rahmen der Marktforschung ist die *Marktsegmentierung* (Punj/Stewart 1983; Wedel/Kamakura 2000). Grundlage jeder segmentierten Marktbearbeitung ist die Klassifikation der Nachfrager nach kaufverhaltensrelevanten Merkmalen, z. B. nach dem Nutzen, den sie bestimmten Produkteigenschaften beimessen, nach ihrer Zahlungsbereitschaft, nach ihren Informationsgewohnheiten oder nach ihren Einkaufprozessen. Als ähnlich klassifizierte Nachfrager können zu Segmenten zusammengefasst werden, die im Bereich der Produkt-, Preis-, Kommunikations- und Vertriebspolitik spezifisch bearbeitet werden.

Anders als der Begriff suggeriert, steht hinter einer Clusteranalyse kein einheitliches Verfahren. Daher ist es zweckmäßig, zwischen den Begriffen Clustermethode und Clusteranalyse zu trennen (Milligan 1996):

- Als Clustermethode bezeichnen wir den Algorithmustyp, mit dem N Untersuchungsobjekte auf Basis von K vorher ausgewählten Merkmalen zu S in sich homogenen und zueinander heterogenen Gruppen zusammengefasst werden.
- Als Clusteranalyse bezeichnen wir den gesamten Prozess der Klassifizierung, beginnend mit der Auswahl des Dateninputs bis hin zur Interpretation der Ergebnisse. Im Rahmen einer Clusteranalyse können mehrere Clustermethoden zum Einsatz kommen.

Unser Beitrag ist wie folgt aufgebaut: Wir diskutieren zunächst die wichtigsten Clustermethoden. Dann gehen wir auf das Kernproblem der Clusteranalyse ein: die Bestimmung der Clusterzahl im Datensatz. Anschließend stellen wir die wichtigsten methodischen Entscheidungen im Prozess einer Clusteranalyse dar und geben Anwendungsempfehlungen. Am Ende werfen wir einen Blick auf gängige Softwarepakete zur Clusteranalyse und ziehen ein Fazit.

2. Ein Überblick verschiedener Clustermethoden

Die Bandbreite von Clustermethoden ist immer schwerer zu überblicken. Die angewandte Literatur im Bereich der Marktsegmentierung und die Methodenforschung haben insbesondere in den letzten 20 Jahren wichtige Neuerungen hervorgebracht. Einen Überblick der wesentlichen Forschungsfelder vermitteln Arabie/Hubert (1994) und Wedel/Kamakura (2000). Aktuelle Clustermethodenforschung wird beispielsweise im Journal of Classification, im Journal of Marketing Research und in Multivariate Behavioral Research veröffentlicht.

Abbildung 1 zeigt eine Typologie der existierenden Clustermethoden. Die erste wichtige Unterscheidung ist die zwischen interdependenzanalytischen und dependenzanalytischen Clustermethoden:

- *Interdependenzanalytische Clustermethoden* trennen nicht zwischen abhängigen und unabhängigen Variablen. Sie stehen im Fokus dieses Beitrags.
- Daneben gibt es *dependenzanalytische Clustermethoden*, die simultan eine Dependenzanalyse und eine Klassifikation vornehmen. Hierzu zählen Clusterwise Regression Methods (DeSarbo/Oliver/Rangaswamy 1989; Kamakura 1988; Wedel/Kistemaker 1989; Wedel/Steenkamp 1989) oder Mixture Regression Models (DeSarbo/Cron 1988; Kamakura/Kim/Lee 1996; Kamakura/Russell 1989; Wedel/DeSarbo 1995). Wir verweisen in diesem Zusammenhang auf den Beitrag von Gensler in diesem Band.

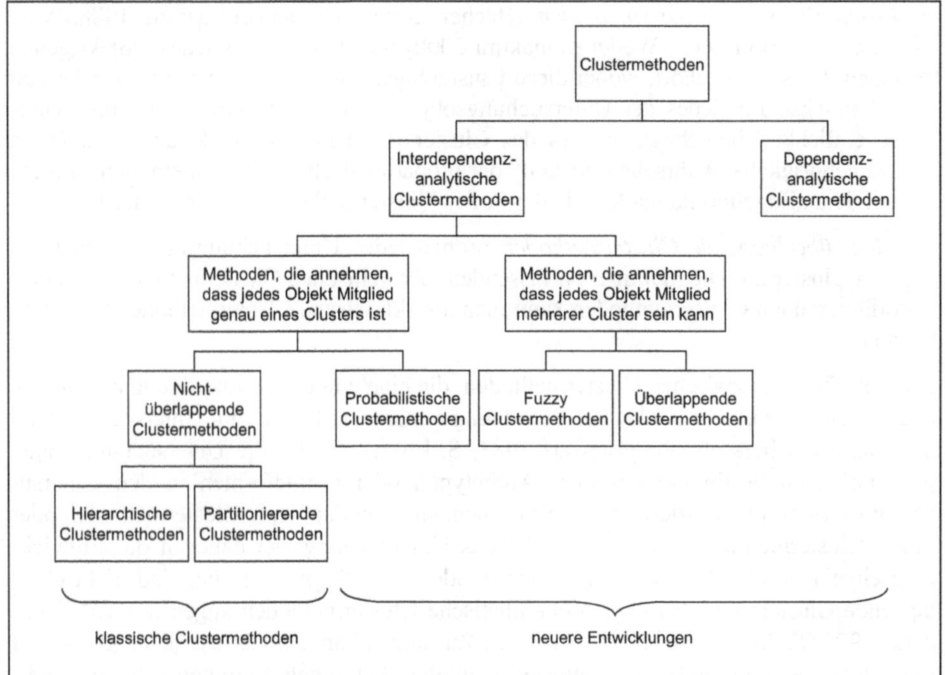

Abbildung 1: Typologie von Clustermethoden

Im Bereich der interdependenzanalytischen Clustermethoden ist es möglich, die Clustermethoden danach zu typisieren, wie die Clusterzugehörigkeit der Untersuchungsobjekte modelliert wird:

- *Überlappende Clustermethoden* (z. B. Carroll/Arabie 1983; DeSarbo 1982; DeSarbo/Mahajan 1984; Grover/Srinivasan 1987, 1989; Shepard/Arabie 1979) sehen vor, dass ein Objekt gleichzeitig zu mehreren Clustern gehören kann, wenn seine Merkmalsausprägungen zu mehreren Clustern passen. Die Zugehörigkeit ist dabei für jedes Cluster als binäre Variable („Ja oder Nein“) modelliert. Somit wird bei überlappenden Methoden keine Aussage darüber getroffen, mit welchem Cluster das Objekt am meisten gemein hat (Arabie/Hubert 1994, S. 174).

- Bei *Fuzzy-Clustermethoden* (Bezdek 1974; Dunn 1974; Hruschka 1986; Manton/Woodbury/Tolley 1994) kann ein Objekt ebenfalls die Merkmale mehrerer Cluster aufweisen. Anders als bei den überlappenden Verfahren werden die Objekte den Clustern mit einer bestimmten Gewichtung zugeordnet. Die Gewichtungen geben an, wie stark ein Objekt jedem Cluster zugehört. Die Zuordnungsgewichte eines jeden Objekts summieren sich zu Eins.

- *Probabilistische Clustermethoden* (Bacher 2000; McLachlan/Basford 1988; Vermunt/Magidson 2002; Wedel/Kamakura 2000) nehmen an, dass jedes Objekt genau einem Cluster angehört, wobei diese Clusterzugehörigkeit aber nur mit Unsicherheit bekannt ist. Für jedes der Untersuchungsobjekte wird zu jedem Cluster die Wahrscheinlichkeit berechnet, dass es das Cluster ist, dem das Objekt angehört. Diese „Zugehörigkeits-Wahrscheinlichkeit" der probabilistischen Clustermethoden ist nicht mit dem „Zugehörigkeits-Anteil" der Fuzzy-Clustermethoden zu verwechseln.
- *Nicht überlappende Clustermethoden* ordnen jedes Untersuchungsobjekt genau einem Cluster zu. Die hierunter zu fassenden hierarchischen Clustermethoden und partitionierenden Clustermethoden kann man als „klassische Clustermethoden" bezeichnen.

Die Entscheidung zwischen Clustermethoden, die eine eindeutige Zuordnung annehmen, und solchen, die eine mehrdeutige Zuordnung annehmen, hängt vom Untersuchungsziel des Marktforschers ab (Punj/Stewart 1983, S. 134 f.): Lautet die Untersuchungsfrage, wie stark sich bestimmte Urbilder, Archetypen oder Grundformen in den Untersuchungsobjekten manifestieren und vermischen, sind überlappende Clustermethoden oder Fuzzy-Clustermethoden angemessen. Ist das Untersuchungsziel dagegen die Entwicklung einer Klassifikation, einer Taxonomie oder einer Segmentierung, sind nicht überlappende Clustermethoden oder probabilistische Clustermethoden angemessener. Saunders (1994, S. 25) argumentiert in diesem Zusammenhang: „It is useful to know that individuals can migrate from one cluster to another, but unhelpful to know that one individual can be in one of several clusters (...) In a sense, overlapping clustering is an unnecessary confusion if clusters are interpreted intelligently".

Bei der Marktsegmentierung, die das Haupteinsatzfeld der Clusteranalyse ist, wäre es nicht wirtschaftlich, beliebig viele Zwischentöne zu berücksichtigen. Deshalb werden in der Marktforschungspraxis eindeutige Zuordnungen von Nachfragern zu Segmenten bevorzugt, selbst wenn dafür eine Vereinfachung in Kauf genommen werden muss. Aus diesem Grunde werden wir uns im Folgenden auf hierarchische, partitionierende und probabilistische Clustermethoden konzentrieren.

2.1 Hierarchische Clustermethoden

Hierarchische Clustermethoden klassifizieren die Objekte im Datensatz, indem sie eine hierarchische Verschachtelung von Ober- und Untergruppen bilden. Im Ergebnis steht an der Spitze der Hierarchie ein Cluster, das alle N Objekte umfasst, und am Fuße der Hierarchie N Cluster, die jeweils ein Objekt enthalten. Die Clusterhierarchie kann durch ein Baumdiagramm (auch *Dendrogramm* genannt) visualisiert werden. Abbildung 2 zeigt ein Beispiel. Die Clusterzuordnung ist bei hierarchischen Methoden insofern eindeutig, als dass für eine gegebene Clusterzahl S jedes Objekt genau einem Cluster zugeordnet ist (Arabie/Hubert 1994, S. 169).

Es ist wichtig zu verstehen, dass die hierarchischen Clustermethoden *immer* eine komplette Hierarchie von Clusterlösungen ausgeben, unabhängig davon, ob im Datensatz tatsächlich Cluster vorhanden sind. Ob und wie viele Cluster im Datensatz vorhanden sind, muss deshalb mit Hilfe geeigneter Kriterien ermittelt werden. Auf diese Kriterien wird Abschnitt 3 detailliert eingehen.

Die Algorithmen, mittels derer die Clusterhierarchie gebildet wird, lassen sich in agglomerative, divisive, inkrementelle, direkt optimierende und parallele Algorithmen einteilen (ausführlich bei Gordon 1996, S. 72 ff.). Am weitesten verbreitet sind die *agglomerativen Algorithmen*, welche die Clusterhierarchie von unten aufbauen, d. h. mit einzelnen Objekten beginnen und diese auf Basis ihrer Ähnlichkeit schrittweise zu immer größeren Clustern verschmelzen.

Wie ähnlich bzw. unähnlich sich zwei Objekte sind, lässt sich auf unterschiedliche Weise konzipieren und messen. Abschnitt 2.1.1 stellt deshalb ausgewählte *Ähnlichkeitskonzepte und -maße* für metrische Merkmale und für nicht metrische Merkmale dar, z. B. die quadrierte Euklidische Distanz und den Simple-Matching-Koeffizienten.

Weitere Unterschiede zwischen agglomerativen Clusteralgorithmen ergeben sich daraus, nach welchem *Fusionsalgorithmus* sie bei jedem Hierarchieschritt die zu verschmelzenden Objekte bzw. Cluster bestimmen. Abschnitt 2.1.2 diskutiert verschiedene Fusionsalgorithmen, z. B. den Single-Linkage-Algorithmus und den Minimum-Variance-Algorithmus.

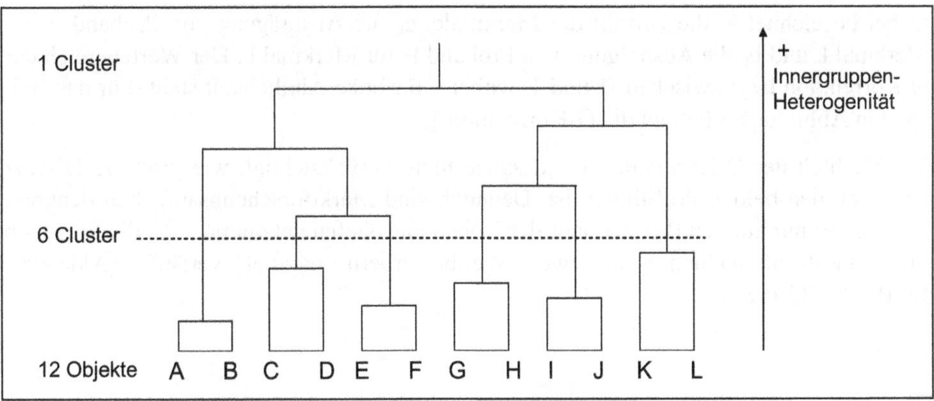

Abbildung 2: Baumdiagramm

2.1.1 Ausgewählte Ähnlichkeitskonzepte

2.1.1.1 Ähnlichkeit bei metrisch skalierten Merkmalen

Die zwei zentralen Ähnlichkeitskonzepte für metrisch skalierte Merkmale lassen sich anhand der beiden Probanden in Abbildung 3 erläutern:

- Das Konzept der *Profilähnlichkeit* sieht die beiden Probanden als ähnlich an, weil Höhen und Tiefen der Merkmalsausprägungen parallel verlaufen.
- Das Konzept der *Niveauähnlichkeit* sieht die beiden Probanden als unähnlich an, weil deren Merkmalsausprägungen auseinander liegen.

Ein in der methodischen Literatur häufig genanntes *Profilähnlichkeitsmaß* ist der Q-Korrelationskoeffizient. Im Gegensatz zur weit verbreiteten R-Korrelation, welche die Stärke der Assoziation zwischen zwei Variablen über mehrere Objekte hinweg angibt, beschreibt die Q-Korrelation die Profilähnlichkeit zwischen zwei Objekten über mehrere Variablen hinweg. Der Unterschied zur R-Korrelation besteht lediglich in einer transponierten Rohdatenmatrix (Bailey 1994, S. 38). Der Q-Korrelationskoeffizient zwischen den Probanden A und B berechnet sich als:

$$r_{ab} = \frac{\sum_{k=1}^{K}(a_k - \bar{a})(b_k - \bar{b})}{\sqrt{\sum_{k=1}^{K}(a_k - \bar{a})^2 \sum_{k=1}^{K}(b_k - \bar{b})^2}} \tag{1}$$

Dabei bezeichnet K die Anzahl der Merkmale, a_k die Ausprägung von Proband A für Merkmal k und b_k die Ausprägung von Proband B für Merkmal k. Der Wertebereich der Q-Korrelation liegt zwischen -1 und 1, wobei 1 für hohe Ähnlichkeit steht. Für das Beispiel in Abbildung 3 beträgt die Q-Korrelation 1.

Ein Nachteil der Q-Korrelation ist, dass sie nicht berücksichtigt, wie groß die Distanz zwischen den beiden Profillinien ist. Dennoch sind Marktforschungsaufgaben denkbar, in denen es nur auf den Profilverlauf der Höhen und Tiefen ankommt, z. B. die Frage, ob die Umsatzentwicklung von zwei Wettbewerbern parallel verläuft (Aldenderfer/Blashfield 1984).

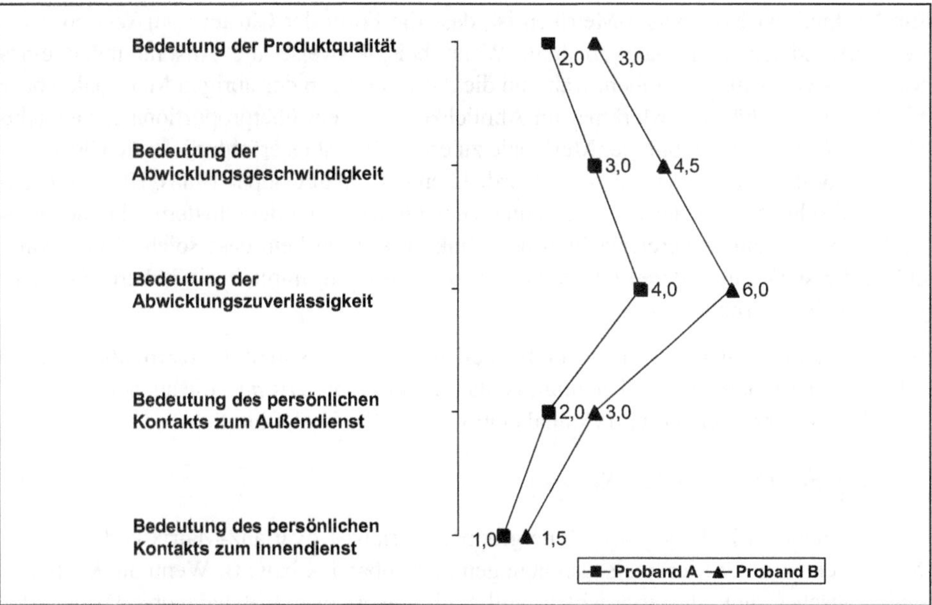

Abbildung 3: Beispiel für Profilähnlichkeit

Sehr viel stärker verbreitet als die Profilähnlichkeitsmaße sind die *Niveauähnlichkeitsmaße.* Unter diesen hat die Familie der *Minkowski-Metriken* eine hohe Bedeutung. Diese messen die Distanz zwischen Objekten in einem K-dimensionalen Raum, wobei K der Anzahl der Clustervariablen entspricht. Je niedriger die Distanz zwischen zwei Objekten, desto größer ist ihre Ähnlichkeit. Die allgemeine Form der Minkowski-Metriken lautet:

$$D_q(a,b) = (\sum_{k=1}^{K} |x_{ak} - x_{bk}|^q)^{\frac{1}{q}}, q > 1 \quad (2)$$

Dabei bezeichnet x_{ak} die Ausprägung von Variable k für Proband A und x_{bk} die Ausprägung von Variable k für Proband B. q ist die Minkowski-Konstante. Mit q=1 ergibt sich die *City-Block- oder Manhattan-Distanz.* Ihren Namen hat sie daher, dass sie der Distanz zwischen zwei Adressen eines Häuserblockes entspricht, wenn man um den Häuserblock herumlaufen muss. Für das Beispiel in Abbildung 3 beträgt sie 6. Mit q=2 ergibt sich die *Euklidische Distanz,* welche, um im Bild des Häuserblockes zu bleiben, der Luftlinie zwischen zwei Adressen entspricht. Für die Probanden in Abbildung 3 beträgt sie 2,92. Die *quadrierte Euklidische Distanz* gilt im Rahmen hierarchischer Clustermethoden als das am häufigsten verwendete Ähnlichkeitsmaß (Saunders 1994). Für die Probanden in Abbildung 3 beträgt sie 8,5.

Ein Nachteil der Minkowski-Metriken ist, dass die Form der Cluster vom Wertebereich der verwendeten Merkmale abhängt. Wenn beispielsweise die Ausprägungen eines Merkmals von 1 bis 20 streuen, während die Ausprägungen der übrigen Merkmale von 1 bis 5 streuen, erhält das Merkmal im Ähnlichkeitsmaß ein überproportionales Gewicht. Um eine Gleichgewichtung der Merkmale zu erreichen, ist es erforderlich, die Clustervariablen vor der Clusteranalyse zu standardisieren (Milligan/Cooper 1988). Hierauf gehen wir in Abschnitt 4.1 näher ein. Wenn eine Gleichgewichtung der Clustermerkmale angestrebt wird, ist ein weiterer Nachteil der Minkowski-Metriken, dass solche Clustervariablen, die stark mit anderen Clustervariablen korrelieren, implizit ein höheres Gewicht im Distanzmaß erhalten.

Ein Distanzmaß unter den Niveauähnlichkeitsmaßen, das explizit die Korrelationen zwischen Clustervariablen berücksichtigt, ist die *Mahalanobis-Distanz*, die auch als *Generalized Distance* bezeichnet wird (Mahalanobis 1936). Sie ist definiert als:

$$D(a,b) = (X_a - X_b)' \, \Sigma^{-1} \, (X_a - X_b) \qquad (3)$$

Dabei bezeichnet Σ die gepoolte Innergruppen-Varianz-Kovarianz-Matrix und X_a sowie X_b die Vektoren der Merkmalsausprägungen für Proband A bzw. B. Wenn die Korrelationen zwischen den Clustervariablen Null sind, entspricht die Mahalanobis-Distanz der quadrierten Euklidischen Distanz. Ein Nachteil der Mahalanobis-Distanz ist, dass sie nicht mit der am weitesten verbreiteten hierarchischen Clustermethode kompatibel ist: der Ward-Methode (Hartigan 1975).

2.1.1.2 Ähnlichkeit bei nicht metrisch skalierten Merkmalen

In der Marktforschung haben viele segmentierungsrelevante Merkmale kein metrisches Skalenniveau, sondern sind ordinal skaliert (z. B. Rangordnungsdaten), nominal skaliert (z. B. „Audi“ vs. „Mercedes“ vs. „BMW“) oder binär skaliert (z. B. „vorhanden“ vs. „nicht vorhanden“, 0 vs. 1). Ordinale Merkmale und nominale Merkmale werden in einer Clusteranalyse üblicherweise so verarbeitet, dass sie vorab in mehrere binäre Variablen transformiert werden (für ein Beispiel siehe Abschnitt 4.2). Wir konzentrieren uns deshalb auf die Darstellung von Ähnlichkeitskonzepten für *binäre Merkmale*. Die Ähnlichkeitskonzepte für binäre Merkmale lassen sich anhand von zwei Fragen unterscheiden:

- Wird Ähnlichkeit nur durch die Anzahl der Merkmale gebildet, die bei beiden Objekten gleichermaßen vorhanden sind („positive Übereinstimmung“), oder auch durch die Anzahl der Merkmale, die bei beiden Objekten gleichermaßen *nicht* vorhanden sind („negative Übereinstimmung“)? Werden beispielsweise zwei Bankkunden nur als ähnlich aufgefasst, wenn beide ein Sparbuch haben, oder auch, wenn beide kein Wertpapierdepot haben?

Koeffizient	Ähnlichkeitsfunktion	Berücksichtigung negativer Übereinstimmung	Einbezug aller Merkmale im Datensatz
Simple Matching	$\frac{(a+d)}{(a+b+c+d)}$	Ja	Ja
Jaccard oder Tanimoto	$\frac{a}{(a+b+c)}$	Nein	Nein
Russel & Rao	$\frac{a}{(a+b+c+d)}$	Nein	Ja
a: Anzahl der Merkmale, die bei Objekt A und bei Objekt B vorhanden sind b: Anzahl der Merkmale, die bei Objekt A vorhanden sind, aber nicht bei Objekt B c: Anzahl der Merkmale, die bei Objekt B vorhanden sind, aber nicht bei Objekt A d: Anzahl der Merkmale, die bei Objekt A und bei Objekt B nicht vorhanden sind			

Tabelle 1: Gebräuchliche Ähnlichkeitsmaße für binäre Merkmale

- Werden in einen Paarvergleich zwischen zwei Objekten nur die Merkmale einbezogen, die bei einem der beiden Objekte des Paarvergleichs vorhanden sind, oder alle Merkmale, die im Datensatz vorhanden sind?

In der Literatur finden sich mehr als zwei Dutzend Ähnlichkeitsmaße für binäre Merkmale (Sneath/Sokal 1973). Tabelle 1 stellt eine Auswahl der gebräuchlichsten dar. Deren Wertebereich ist [0;1], wobei 1 hohe Ähnlichkeit bedeutet.

2.1.1.3 Ähnlichkeit bei einer Mischung metrisch und nicht metrisch skalierter Merkmale

Ein Ähnlichkeitsmaß, das sowohl metrische als auch binäre Merkmale berücksichtigt, ist der *Gower-Koeffizient* (Gower 1971). Der Gower-Koeffizient berechnet zunächst separate Ähnlichkeitsmaße für die metrischen sowie die binären Variablen und berechnet daraus einen gewichteten Mittelwert. Er ist definiert als:

$$s_{ab} = \frac{\sum_{k=1}^{K} w_k \left| x_{ak} - x_{bk} \right|}{K} \quad \text{mit } w_k = 1/R_k \text{ für metrische, } w_k = 1 \text{ für binäre Variablen} \qquad (4)$$

Dabei ist w eine Gewichtungsvariable, R_k die Spannweite von Merkmal k, x_{ak} der Wert von Merkmal k bei Objekt A und x_{bk} der Wert von Merkmal k bei Objekt B. Der Wertebereich des Koeffizienten liegt zwischen Null und Eins, wobei Eins hohe Ähnlichkeit bedeutet. Wenn nur binäre Variablen verwendet werden, ist der Gower-Koeffizient identisch mit dem Jaccard-Koeffizienten. Es ist jedoch ohne weiteres möglich, den Gower-Koeffizienten so zu modifizieren, dass er auch negative Übereinstimmungen berücksichtigt. In diesem Fall wäre der modifizierte Gower-Koeffizient, wenn nur binäre Variablen einbezogen würden, identisch mit dem Simple-Matching-Koeffizienten.

Neben der Integration gemischter Skalenniveaus und seiner Flexibilität liegt ein weiterer Vorteil des Gower-Koeffizienten in seinen metrischen Eigenschaften (Alderfer/Blashfield 1984, S. 32). Leider ist der Koeffizient im weit verbreiteten Softwarepaket SPSS nicht enthalten. Im Softwarepaket SAS muss der Anwender vorab mit PROC DISTANCE eine Ähnlichkeitsmatrix auf Basis des Gower-Koeffizienten berechnen, die dann in PROC CLUSTER eingelesen werden kann.

Insgesamt ist eine Mischung aus metrischen und nicht metrischen Merkmalen mit den aggregierten Ähnlichkeitsmaßen hierarchischer Clustermethoden eher schwierig zu verarbeiten. Hier liegt der besondere Vorteil probabilistischer Clustermethoden, die wir in Abschnitt 2.3 skizzieren werden.

2.1.2 Ausgewählte Fusionsalgorithmen

Ausgangspunkt der agglomerativen Clusteralgorithmen ist eine Ähnlichkeits- bzw. Distanzmatrix, welche die Ähnlichkeit bzw. Distanz für jedes Objektpaar angibt. Ausgehend von dieser Matrix werden alle möglichen Verschmelzungen zweier Objekte durchgespielt (was hierarchische Clusteralgorithmen sehr rechenaufwendig macht). Verschmolzen werden die zwei Objekte, die sich am ähnlichsten sind bzw. die geringste Distanz aufweisen.

Nach dem ersten Verschmelzungsschritt stellt sich die Frage, wie die Ähnlichkeit bzw. Distanz zwischen einem Objekt und einem aus mehreren Objekten bestehenden Cluster oder gar zwischen zwei aus mehreren Objekten bestehenden Clustern bestimmt wird. Einige in dieser Hinsicht wichtige Algorithmen werden durch Abbildung 4 illustriert. Eine ausführliche Auflistung findet sich bei Gordon (1996, S. 73):

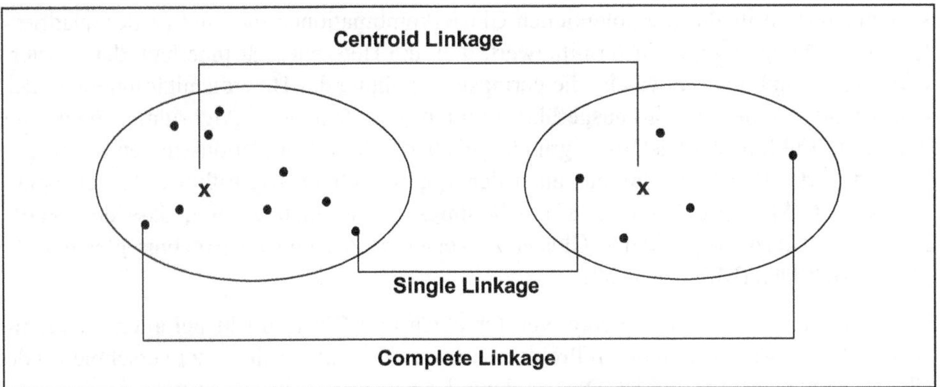

Abbildung 4: Clusterähnlichkeit im Rahmen ausgewählter Fusionsalgorithmen

- Der *Single-Linkage-* oder *Nächster-Nachbar-Algorithmus* (McQuitty 1957, 1966; Sneath 1957) definiert die Ähnlichkeit bzw. Distanz zwischen zwei Clustern als die Ähnlichkeit bzw. Distanz der zwei Objekte, die sich am ähnlichsten sind bzw. die geringste Distanz aufweisen. Wie ähnlich sich die übrigen Objekte der Cluster sind, bleibt unberücksichtigt. Dieser Algorithmus bildet am Anfang wenige, lang gestreckte Cluster und neigt zur Kettenbildung. Aufgrund dieser Eigenschaft eignet er sich zur Identifikation von Ausreißern in den Daten: Mögliche Ausreißer sind einzelne Objekte oder kleine Cluster, die erst ganz am Ende der Fusionskette mit den übrigen verschmolzen werden.
- Der *Complete-Linkage-* oder *Entferntester-Nachbar-Algorithmus* (Sokal/Michener 1958; Sorensen 1948) definiert die Ähnlichkeit bzw. Distanz zwischen zwei Clustern als die Ähnlichkeit bzw. Distanz der zwei Objekte, die sich am unähnlichsten sind bzw. die größte Distanz aufweisen. Eine Fusion zweier Cluster findet also nur statt, wenn sich alle Objekte der zwei Cluster ähneln. Dieser Algorithmus bildet am Anfang viele kleine, kompakte Cluster.
- Der *Centroid-Linkage-Algorithmus* definiert die Distanz zwischen zwei Clustern als die Distanz zwischen den Clusterschwerpunkten (Zentroiden), d. h. den clusterspezifischen arithmetischen Mittelwerten der Clustervariablen.
- Der *Average-Linkage-Algorithmus* (Sokal/Michener 1958) definiert die Distanz zwischen zwei Clustern als die durchschnittliche Distanz aller Objektpaare zwischen den Clustern.

Ein etwas anders arbeitender Fusionsalgorithmus ist der *Ward-* oder *Minimum-Variance-Algorithmus* (Ward 1963). Er ist, genau wie Centroid-Linkage und Average-Linkage, nur für metrische Daten anwendbar (Bergs 1981, S. 28 f.). Der Ward-Algorithmus erfordert keine Ähnlichkeits- oder Distanzmatrix. Stattdessen berechnet er bei jedem Verschmelzungsschritt für alle potentiellen Clusterkombinationen die Summe der quadrierten Abweichungen vom Clustermittelwert, d. h. die Heterogenität innerhalb der Cluster. Die Clusterkombination, welche die geringste Erhöhung der Heterogenität innerhalb der Cluster mit sich bringt, wird ausgeführt. Implizit liegt dem Ward-Algorithmus damit die quadrierte Euklidische Distanz zugrunde (Wishart 1969). Simulationsstudien haben gezeigt, dass der Ward-Algorithmus unter den agglomerativen Algorithmen der leistungsfähigste ist (Milligan/Cooper 1987). Allerdings wurde auch gezeigt, dass der Ward-Algorithmus dazu neigt, kleine Cluster zu verschmelzen und im Ergebnis gleichgroße Cluster zu bilden (Milligan 1980).

Im Zusammenhang mit der Fusion von Objekten und Clustern tritt bei allen hierarchischen Clustermethoden dann ein Problem auf, wenn das als nächstes zu verschmelzende Clusterpaar nicht eindeutig ist. Dies ist dann der Fall, wenn zwei oder mehrere mögliche Clusterkombinationen die gleiche Ähnlichkeit aufweisen bzw. den gleichen Zuwachs an Heterogenität bedeuten („Tie"). Da einmal vorgenommene Clusterverschmelzungen nicht mehr umsortiert werden, können „Ties" die Clusterlösung beeinflussen. Es ist deshalb empfehlenswert, die Clusteranalyse mehrfach durchzuführen, wobei jedes Mal mit einem Zufallsgenerator ein kleiner Teil der Datensätze weggelassen und damit die Ähnlichkeitsmatrix leicht verändert wird. Im Softwarepaket SAS/Enterprise Guide reicht bereits eine Veränderung der Reihenfolge der Datensätze, um das Ergebnis im nicht eindeutigen Fall zu verändern.

2.2 Partitionierende Clustermethoden

Anders als hierarchische Clustermethoden berechnen partitionierende Clustermethoden keine baumartige Hierarchie mit N bis 1 Clustern, aus der dann eine Clusterlösung ausgewählt werden muss. Stattdessen gehen sie von einer vorzugebenden Clusterzahl und einer ersten, vorläufigen Zuordnung von Objekten zu Clustern (*Startlösung*) aus. Daraufhin werden in Iterationsschritten die Objekte so zwischen Clustern umgruppiert, d. h. der Datensatz so *partitioniert*, dass ein definiertes Optimierungskriterium minimiert oder maximiert wird. Wenn keine Verbesserung des Optimierungskriteriums mehr möglich ist, bricht der Algorithmus ab (ausführlich bei Bacher 1996, S. 308 ff.).

Das am weitesten verbreitete Optimierungskriterium ist das *K-Means-* oder *Clusterzentren-Kriterium*, welches die quadrierte Euklidische Distanz zwischen den Objekten und deren Clusterzentren minimiert. Eine Diskussion alternativer Optimierungskriterien findet sich bei Jain/Dubes (1988, S. 89 ff.) und Wedel/Kamakura (2000, S. 52 f.). Unterschiedliche partitionierende Clusteralgorithmen unterscheiden sich ferner dadurch, ob die Clusterzentren nach jeder Umsortierung eines Objekts neu berechnet werden oder erst nach einem vollständigen Durchlauf durch die Daten (Anderberg 1973; Forgy 1965; MacQueen 1967).

Simulationsstudien zeigen, dass partitionierende Clustermethoden den hierarchischen Clustermethoden überlegen sind, wenn eine sinnvolle Startlösung vorgegeben wird (Milligan/Cooper 1987; Punj/Stewart 1983). Deshalb ist eine *hybride Clusteranalyse* empfehlenswert, bei der zunächst eine Startlösung mit dem Ward-Algorithmus bestimmt wird, welche dann mit einem partitionierenden Algorithmus verfeinert wird (Arabie/Hubert 1994, S. 169; Helsen/Green 1991). Unter den partitionierenden Algorithmen sind mit dem Ward-Algorithmus insbesondere die K-Means-Algorithmen kompatibel, weil beiden das gleiche Optimierungskriterium zugrundeliegt. Ein Anwendungsbeispiel einer hybriden Clusteranalyse findet sich bei Jensen (2004).

2.3 Probabilistische Clustermethoden

Probabilistische Clustermethoden gehen auf die Arbeiten von Gibson (1959), Lazarsfeld/Henry (1968) und Wolfe (1970) zurück. Seit den 90er Jahren ist die Entwicklung, Verfügbarkeit als Software und Anwendung dieser Methoden geradezu explodiert. Die Dynamik äußert sich auch in einer Vielzahl von Begriffen, die für probabilistische Clustermethoden verwendet werden: Mixture-Likelihood Clustering (Everitt 1993), Model-Based Clustering (Banfield/Raftery 1993) und Latent Class Cluster Analysis (Vermunt/Magidson 2002). An diesen Begriffen wird bereits deutlich, dass probabilistische Clustermethoden ein Spezialfall der als Latent Class Analysis (Hagenaars/McCutcheon 2002) oder als Mixture Models (Wedel/Kamakura 2000) bezeichneten Methoden sind (Bacher 2000). Da eine Erläuterung dieser Methoden den Rahmen unseres Kapitels sprengen würde, wollen wir vor allem ein Grundverständnis vermitteln. Details bietet der Beitrag von Gensler in diesem Band.

Der große Unterschied zwischen probabilistischen Clustermethoden gegenüber den bisher dargestellten klassischen Clustermethoden besteht darin, dass probabilistische Clustermethoden nicht auf Heuristiken basieren, sondern auf einem statistischen Modell. Die Beobachtungen werden als Stichprobe aus einer zugrundeliegenden Mischverteilung modelliert, die in unbekannter Proportion aus S Gruppen (latent classes) zusammengemischt ist, wobei jede Gruppe eigene Dichtefunktionen (bei metrischen Daten zumeist die Normalverteilung) hat. Mit den Dichtefunktionen der Clustervariablen wird die bedingte Wahrscheinlichkeit für das Auftreten der empirischen Beobachtungen beschrieben, unter der Voraussetzung, dass die Gruppenzugehörigkeit bekannt ist (Wedel/Kamakura 2000).

Im Kern des Verfahrens steht nun, die S Gruppen zu „entmischen", d. h. den Populationsanteil jeder Gruppe und die Parameter der Dichtefunktionen jeder Gruppe zu schätzen (im Falle einer Normalverteilung also Mittelwerte, Varianzen und Kovarianzen der Clustervariablen). Hieraus ergeben sich die unbedingten Wahrscheinlichkeiten für die Ausprägungen der Clustervariablen sowie die A-posteriori-Zugehörigkeitswahrscheinlichkeiten der Untersuchungsobjekte für jede Gruppe. Die Untersuchungsobjekte werden der Gruppe zugeschlagen, für die sie die höchste A-posteriori-Zugehörigkeitswahrscheinlichkeit aufweisen (Vermunt/Magidson 2002).

Die Clusterzahl S muss bei den probabilistischen Clustermethoden im Zuge der Modellspezifikation vorgegeben werden. Die Bestimmung der Clusterzahl basiert dann auf einem Vergleich alternativer Modelle und ihrer Anpassungsgüte an die empirischen Daten. In Abschnitt 3 gehen wir näher hierauf ein.

Je höher die Anzahl der Clustervariablen und je höher die Anzahl der latenten Gruppen bzw. Cluster ist, desto mehr Parameter müssen geschätzt werden. Es kann daher notwendig sein, bei der Modellspezifikation Restriktionen einzuführen. So können beispielsweise die Kovarianzen zwischen den Clustervariablen auf Null fixiert werden, d. h. eine Unabhängigkeit der Clustervariablen angenommen werden. Auch werden häufig die Varianzen und Kovarianzen der Clustervariablen über die Gruppen hinweg gleichgesetzt, was die Annahme von Clustern gleicher Ausdehnung und gleicher Form, aber unterschiedlicher Lage im Raum bedeutet (Vermunt/Magidson 2002).

Unter den klassischen Clustermethoden sind die probabilistischen Clustermethoden insofern den partitionierenden am ähnlichsten, als dass es in beiden Fällen um die Optimierung einer Zielfunktion geht. Dennoch bieten die probabilistischen Clustermethoden wichtige Vorteile:

- Probabilistische Clustermethoden stellen weniger restriktive Anforderungen an den Dateninput. Sie sind auf Mischungen nominaler und metrischer Clustervariablen anwendbar. Sie werden nicht durch unterschiedliche Wertebereiche der metrischen Variablen verzerrt. Sie modellieren explizit die Kovarianzen zwischen den Clustervariablen.
- Probabilistische Clustermethoden stehen auf dem Boden konventioneller statistischer Schätzverfahren und Theorie. Somit stehen auch für die Bestimmung der Clusterzahl, das Kernproblem der Clusteranalyse, statistische Kriterien zur Verfügung.

3. Die Bestimmung der Clusterzahl

Die Bestimmung der Clusterzahl im Datensatz ist das zentrale Problem der Clusteranalyse. Hierzu steht eine Reihe von Kriterien zur Verfügung, die von „Daumenregeln" bis zu statistischen Tests reichen. Wir wollen die wichtigsten anhand eines einfachen Beispieldatensatzes erläutern. Unser künstlich generierter Datensatz besteht aus zwei metrischen Clustervariablen und 279 Beobachtungen, die sich aus 9 Clustern mit jeweils 31

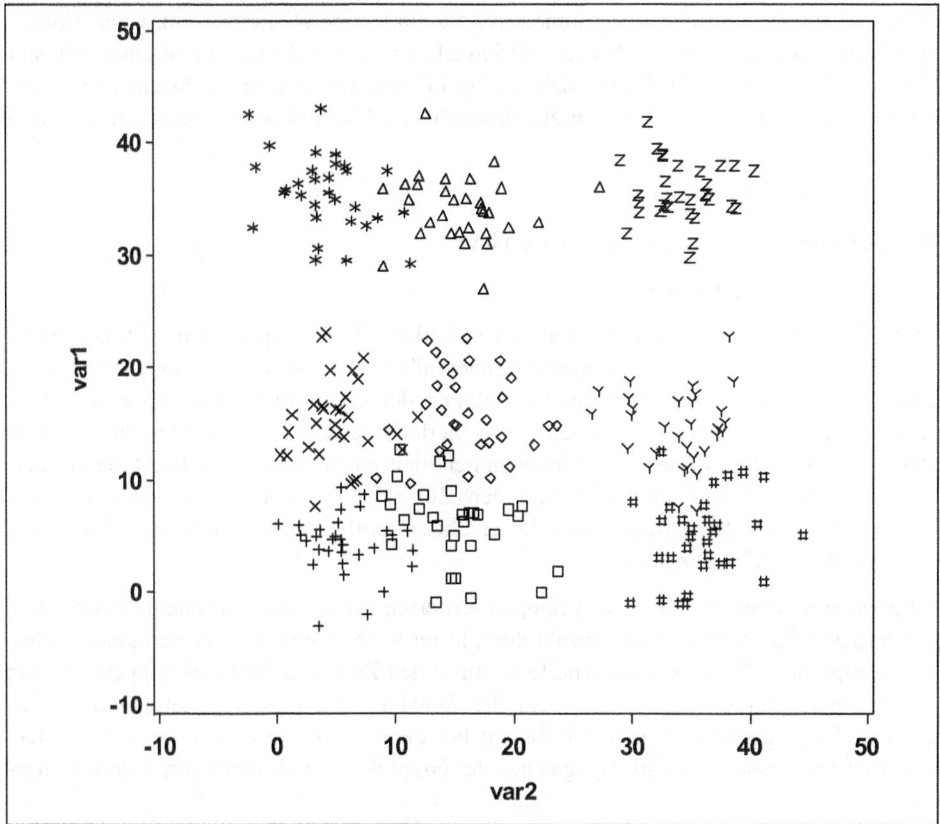

Abbildung 5: 4-Cluster- und 9-Cluster-Struktur im Beispieldatensatz

Objekten zusammensetzen. Wie Abbildung 5 zeigt, bilden die 9 Cluster wiederum vier „Objektwolken": eine mit 31 Objekten, zwei mit jeweils 62 Objekten und eine mit 124 Objekten. Ein gutes Kriterium zur Bestimmung der Clusterzahl sollte somit sowohl die 4-Cluster-Struktur als auch die 9-Cluster-Struktur erkennen.

3.1 Clusterzahlbestimmung bei klassischen Clustermethoden

Für klassische Clusteranalysen mit metrischen Daten ist die hybride Clusteranalyse (Abschnitt 2.2) als der methodische Standard anzusehen (Arabie/Hubert 1994). Zur Bestimmung der Clusterzahl und der Startlösung empfiehlt sich dabei der Ward-Algorithmus (Milligan/Cooper 1987). Wie wir in Abschnitt 2.1 erläutert haben, bringt der Ward-

Algorithmus als hierarchisch-agglomerative Methode eine Hierarchie von Clusterlösungen hervor, die sich von N Clustern mit jeweils einem Objekt bis hin zu einem Cluster mit N Objekten erstreckt. Es gilt daher, eine Lösung aus dem hierarchischen Lösungsbaum auszuwählen. Drei Kriterien zur Auswahl der Clusterlösung wollen wir hier vorstellen:

- das Ellbogen-Kriterium,
- das Cubic Clustering Criterion (CCC) und
- das Pseudo-F-Kriterium.

Das *Ellbogen-Kriterium* baut auf der Eigenschaft des Ward-Algorithmus auf, bei jedem Verschmelzungsschritt die Heterogenität innerhalb der Cluster zu minimieren. Wenn ein anstehender Verschmelzungsschritt im Rahmen der Clusterhierarchie nun einen überproportionalen Zuwachs der Heterogenität innerhalb der Cluster bedeuten würde, deutet dies darauf hin, dass weitere Verschmelzungen nicht mehr sinnvoll sind und die optimale Clusterzahl erreicht ist. Stellt man den Zuwachs an Heterogenität innerhalb der Cluster graphisch dar, so zeigt sich dieser überproportionale Zuwachs als „Ellbogen", d. h. als „Knick", im Diagramm.

Abbildung 6 veranschaulicht das Ellbogen-Kriterium für unseren Beispieldatensatz. Auf der horizontalen Achse ist die Anzahl der Cluster aufgetragen, auf der vertikalen Achse das semipartielle R^2. Das semipartielle R^2 misst den Zuwachs der Innergruppen-Varianz als Anteil an der Gesamtvarianz, also die Zunahme der Heterogenität innerhalb der Cluster. Es zeigt sich ein klarer Ellbogen bei einer 4-Cluster-Lösung. Die 9-Cluster-Struktur des Datensatzes tritt dagegen aus der Graphik nicht als deutlicher Ellbogen hervor.

Das Ellbogen-Kriterium ist weit verbreitet, hat aber schwere Nachteile:

- Aus dem Ellbogen-Kriterium lässt sich in vielen Fällen keine Lösung ableiten. In manchen Datensätzen zeigt sich überhaupt kein Ellbogen. In anderen Datensätzen zeigen sich sogar mehrere Knickstellen mit überproportionalem Anstieg der Heterogenität (Bergs 1981).
- Das Ellbogen-Kriterium spezifiziert über die „graphische Sichtbarkeit" eines Ellbogens hinaus keine klare Entscheidungsregel über die Anzahl der Cluster. Es öffnet daher der subjektiven Entscheidung des Marktforschers Tür und Tor (Milligan/Cooper 1985).

Das Ellbogen-Kriterium kann somit allenfalls ein unterstützendes, keinesfalls aber das ausschlaggebende Kriterium zur Bestimmung der Clusterzahl sein.

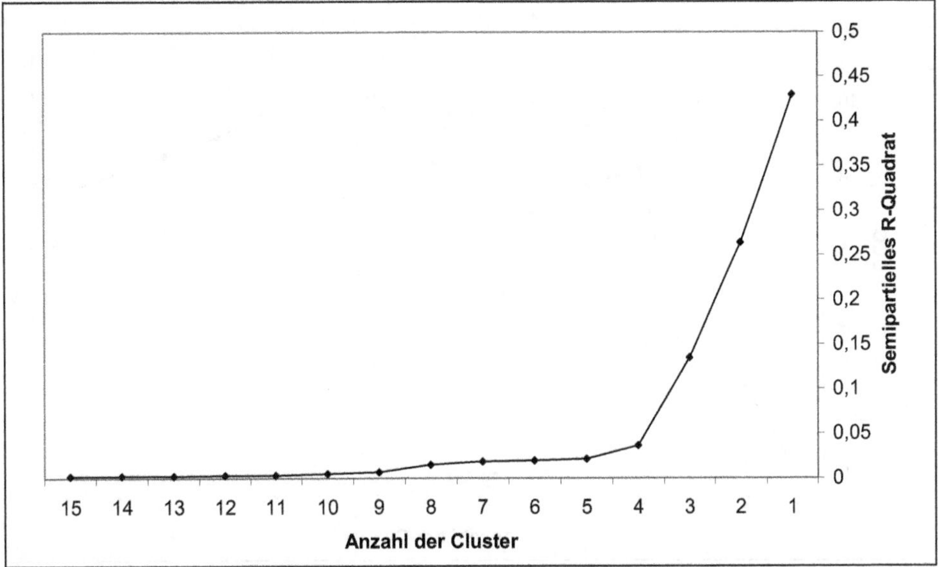

Abbildung 6: Ellbogen-Kriterium

Das *Cubic Clustering Criterion (CCC)* geht auf die Arbeiten von Sarle (1983) zurück. Es ist für solche Clustermethoden anwendbar, welche die Varianz (d. h. Heterogenität) innerhalb der Cluster minimieren, wie der Ward-Algorithmus oder der K-Means-Algorithmus. Das CCC vergleicht den empirisch beobachteten Varianzanteil, der durch die Cluster erklärt wird (R^2, d. h. die Heterogenität *zwischen* den Clustern), mit einer erwarteten Varianzerklärung $E(R^2)$, die auf der Annahme beruht, dass die beobachteten Werte der Clustervariablen aus einer Gleichverteilung entnommen sind. Ist das empirische R^2 größer als das erwartete, deutet dies auf die Existenz von Clustern hin. Die Konstanten des zweiten Terms wurden auf Basis von Simulationen bestimmt, um die Varianz über unterschiedliche Anzahlen von Objekten, Variablen und Clustern zu stabilisieren. p steht für die Dimension der Varianz zwischen den Clustern (Sarle 1983, S. 8):

$$CCC = \ln\left[\frac{1-E\left(R^2\right)}{1-R^2}\right] \cdot \frac{\sqrt{\frac{np}{2}}}{\left(0{,}001+E\left(R^2\right)\right)^{1,2}} \qquad (5)$$

Das CCC liefert im Gegensatz zum Ellbogenkriterium klare Entscheidungsregeln. Seine Ausprägungen sind wie folgt zu interpretieren (Sarle 1983, S. 49):

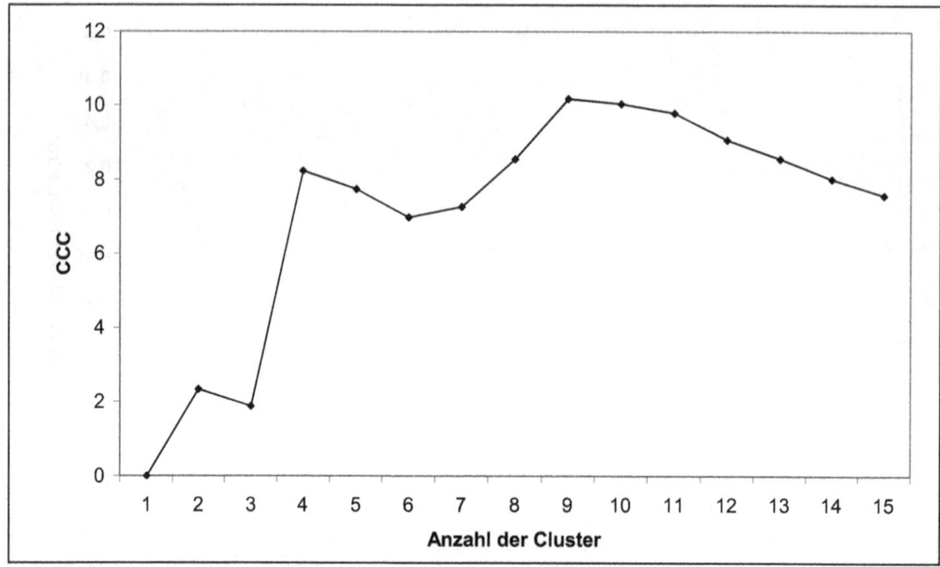

Abbildung 7: Cubic Clustering Criterion (CCC)

- Lokale Maxima des CCC bei Werten, die größer als Zwei sind, zeigen die Clusterzahl im Datensatz an.
- Wenn mehrere, in sich geschachtelte Cluster vorliegen, kann es mehrere lokale Maxima des CCC geben.
- Negative Werte des CCC können bei unimodalen Verteilungen der Clustervariablen auftreten.
- CCC-Werte, die kleiner als -30 sind, deuten auf die Existenz von Ausreißern hin.

Abbildung 7 zeigt die Ausprägungen des CCC für unseren Beispieldatensatz. Das Maximum des CCC identifiziert korrekt die vorliegenden 9 Cluster. Auch die Möglichkeit einer 4-Cluster-Lösung wird entdeckt. Ferner gibt es einen schwachen Hinweis auf eine 2-Cluster-Lösung. Dies ist nicht unplausibel, denn die Cluster im oberen und unteren Teil von Abbildung 5 können als zwei lang gestreckte Punktwolken gesehen werden.

In der Vergleichsstudie von Milligan/Cooper (1985) schneidet das CCC als eines der leistungsfähigsten Kriterien zur Bestimmung der Clusterzahl ab. Als noch leistungsfähiger erweist sich in diesem Vergleich das im Folgenden diskutierte Kriterium.

Das *Pseudo-F-Kriterium* (PSF), auch als Variance Ratio Criterion (VRC) oder als F-Max Criterion bezeichnet, geht auf Calinski/Harabasz (1974) zurück. Es basiert, wie die zwei anderen vorgestellten Kriterien, auf der Innergruppen-Varianz. Für eine gegebene Clusterzahl S ist das PSF definiert als (Milligan/Cooper 1985):

$$PSF = \frac{SS_b}{S-1} \Bigg/ \frac{SS_w}{N-S} \qquad (6)$$

Dabei bezeichnet SS_b die Varianz zwischen den Clustern, SS_w die gepoolten Inner-Cluster-Varianzen und N die Anzahl der Objekte. Je höher das PSF, desto größer ist die Heterogenität zwischen den Clustern. Die Entscheidungsregel beim PSF lautet, dass lokale Maxima auf die Anzahl der Cluster im Datensatz hinweisen. Abbildung 8 zeigt die Werte des PSF für unseren Beispieldatensatz. Die 9-Cluster-Lösung und die 4-Cluster-Lösung werden korrekt erkannt.

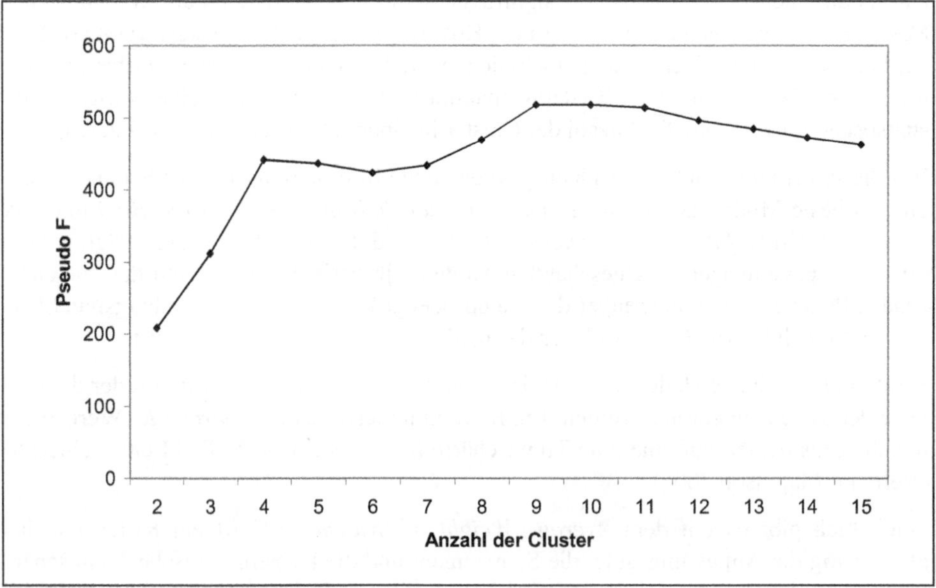

Abbildung 8: Pseudo-F-Kriterium

Generell gilt: Wenn das CCC und das PSF konsistente Ergebnisse zeigen, ist dies ein Hinweis auf das Vorliegen von Clustern im Datensatz. Die beiden Kriterien sind im Softwarepaket SAS/Enterprise Guide implementiert, in SPSS dagegen nicht verfügbar.

3.2 Clusterzahlbestimmung bei probabilistischen Clustermethoden

Im Rahmen probabilistischer Clustermethoden werden die Parameter eines statistischen Modells so geschätzt, dass die vom Modell reproduzierten Ausprägungen möglichst gut an die empirischen Ausprägungen der Clustervariablen angepasst werden. Zur Modellspezifikation, die der Marktforscher vorgibt, zählen unter anderem die Anzahl der Cluster sowie die Form der Cluster. Die Form der Cluster kann durch Gleichheitsrestriktionen für die Varianz-Kovarianz-Matrizen der verschiedenen Cluster spezifiziert werden. Es gilt nun, aus einer Reihe alternativer Modelle dasjenige auszuwählen, das die höchste Anpassungsgüte an die empirischen Daten aufweist und dabei möglichst sparsam spezifiziert ist, d. h. mit möglichst wenigen zu schätzenden Parametern auskommt.

Bei gegebener Clusterzahl S können alternative Modelle durch einen konventionellen Likelihood-Ratio-Test verglichen werden. Der Likelihood-Ratio-Test prüft, ob die Anpassungsgüte des restringierten Modells (z. B. gleiche Varianz-Kovarianz-Matrix der Clustervariablen in allen Clustern) signifikant schlechter ist als jene des allgemeineren Modells (z. B. clusterspezifische Varianz-Kovarianz-Matrix der Clustervariablen). Leider können mit derartigen Tests jedoch nicht Modelle unterschiedlicher Clusterzahl verglichen werden. Somit sehen Wedel/Kamakura (2000, S. 91) noch keine befriedigende statistische Lösung, um die Anzahl der Cluster in einem Datensatz zu identifizieren.

Vor diesem Hintergrund werden häufig so genannte Informationskriterien herangezogen, um das beste Modell auszuwählen. Das *Bayesian Information Criterion (BIC)* und das *Consistent Akaike Information Criterion (CAIC)* sind umso niedriger ausgeprägt, je besser die Anpassungsgüte des geschätzten Modells, je geringer die Anzahl der zu schätzenden Parameter und je geringer die Stichprobengröße ist. Die Entscheidungsregel lautet, das Modell auszuwählen, welches das niedrigste CAIC und BIC aufweist.

Ferner können die Modelle auf Basis der Trennschärfe beurteilt werden, mit der die Objekte den Daten zugeordnet werden. Ein Kriterium hierfür ist der *Entropy-*R^2-Wert. Werte nahe Eins deuten auf eine gute Trennschärfe hin, Werte nahe Null auf eine schlechte (Vermunt/Magidson 2005).

Schließlich gibt es mit dem *Average Weight of Evidence (AWE)* ein Kriterium, das gleichzeitig die Anpassungsgüte, die Sparsamkeit und die klassifikatorische Trennschärfe eines Modells berücksichtigt. Je niedriger das AWE, desto besser das Modell (Banfield/Raftery 1993; Vermunt/Magidson 2005).

Tabelle 2 zeigt für unseren Beispieldatensatz die Informationskriterien einer Latent Class Clusteranalyse, die mit der Software LatentGOLD durchgeführt wurde. 20 Modelle werden verglichen: 10 Modelle, bei denen jedes Cluster spezifische Varianzen und Kovarianzen hat, und 10 Modelle, bei denen die Varianzen und Kovarianzen der Cluster gleichgesetzt werden, d. h. bei denen Cluster gleicher Ausdehnung und Form angenommen werden. In der dritten Tabellenspalte ist zu sehen, wie mit steigender Clusterzahl die Anzahl der zu schätzenden Parameter zunimmt, besonders in den Modellen mit clusterunabhängigen Varianzen und Kovarianzen.

Anzahl Cluster	Log-Likelihood	Anzahl Parameter	BIC (LL)	CAIC (LL)	Entropy R^2	AWE
Clusterabhängige Varianzen und Kovarianzen						
1	-2215,5	4	4453,5	4457,5	1,00	4488,0
2	-2119,0	9	4288,7	4297,7	0,99	4371,3
3	-2060,6	14	4199,9	4213,9	0,98	**4333,8**
4	-2030,1	19	**4167,2**	**4186,2**	0,98	4344,7
5	-2022,6	24	4180,4	4204,4	0,93	4447,9
6	-2007,9	29	4179,0	4208,0	0,93	4501,2
7	-2003,6	34	4198,6	4232,6	0,89	4611,1
8	-1997,2	39	4213,9	4252,9	0,87	4697,3
9	-2004,0	44	4255,9	4299,9	0,81	4857,1
10	-1994,8	49	4265,6	4299,9	0,81	4857,1
Clusterunabhängige Varianzen und Kovarianzen						
1	-2215,5	4	4453,5	4457,5	1,00	4488,0
2	-2141,2	7	4321,7	4328,7	0,96	4397,9
3	-2112,3	10	4281,0	4291,0	0,89	4434,0
4	-2072,1	13	4217,5	4230,5	0,95	**4363,0**
5	-2062,5	16	4215,1	4231,1	0,89	4454,3
6	-2036,9	19	4180,7	4199,7	0,93	4416,6
7	-2033,7	22	4191,2	4213,2	0,89	4501,0
8	-2022,6	25	4185,9	4210,9	0,90	4519,9
9	-2003,2	28	**4164,1**	**4192,1**	0,91	4519,7
10	-2024,8	31	4224,2	4255,2	0,82	4709,4

Tabelle 2: BIC, CAIC, Entropy R^2 und AWE

Die Informationskriterien identifizieren korrekt eine 4-Cluster- und eine 9-Cluster-Lösung als beste Modelle: Den niedrigsten Wert des BIC weist eine 9-Cluster-Lösung mit Clustern gleicher Ausdehnung und Form auf. Das niedrigste CAIC hat eine 4-Cluster-Lösung mit Clustern unterschiedlicher Ausdehnung und Form. Wie auch aus Abbildung 5 ersichtlich, ist die Trennschärfe der Cluster bei 4 Clustern höher als bei 9 Clustern. Das AWE schließlich spricht für eine 3-Cluster-Lösung. Insgesamt zeigt sich also, dass die richtigen Lösungen unter den identifizierten Lösungen sind, aber auch, dass sich die Ergebnisse der Kriterien unterscheiden. Der Marktforscher sollte deshalb mehrere Kriterien verwenden und prüfen, ob die Mehrzahl der Kriterien eine bestimmte Lösung favorisiert.

Eine Alternative zu Informationskriterien stellen Monte-Carlo-Testverfahren oder parametrisches Bootstrapping dar (Vermunt/Magidson 2002). Damit wird es möglich, den

Unterschied der Anpassung zwischen Modellen unterschiedlicher Clusterzahl zu testen (McLachlan/Peel 2000; Vermunt/Magidson 2005). Die Software LatentGOLD enthält eine solche Option. Eine Darstellung dieser Tests und des erforderlichen Basiswissens über statistische Schätzmethoden würde jedoch den Rahmen des Kapitels sprengen.

4. Der Prozess der Clusteranalyse

In diesem Abschnitt wollen wir die Betrachtung auf den gesamten Prozess der Clusteranalyse erweitern. Der Marktforscher muss im Clusteranalyse-Prozess eine Reihe von Entscheidungen treffen. Diese werden durch Abbildung 9 im Überblick dargestellt. Zu jeder der Entscheidungen werden wir eine Empfehlung formulieren.

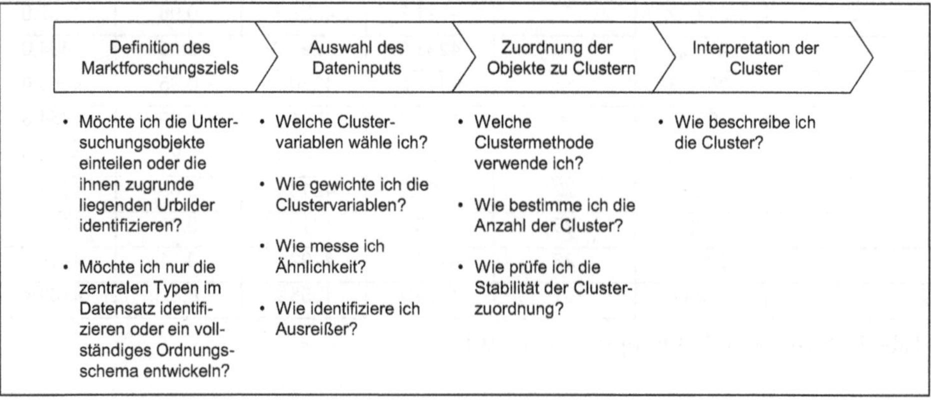

Abbildung 9: Prozess der Clusteranalyse

4.1 Definition des Marktforschungsziels

Viele methodische Weichenstellungen im Rahmen der Clusteranalyse hängen von den Untersuchungszielen ab, die der Marktforscher verfolgt. Die erste wichtige Frage, die sich der Marktforscher stellen muss, lautet: *Möchte ich die Untersuchungsobjekte einteilen oder die ihnen zugrundeliegenden Urbilder identifizieren*? Ein Beispiel für eine Einteilung ist eine Marktsegmentierung. Ein Beispiel für die Identifikation von Urbildern ist die Frage, von welchen sozialen Milieus sich bei einem Verbraucher typische Konsummerkmale mischen oder welche sternzeichentypischen Wesensmerkmale sich bei einer Persönlichkeit mischen. Ist eine Einteilung das Ziel, empfiehlt sich der Einsatz klassischer oder probabilistischer Clustermethoden. Ist die Identifikation von Urbildern das Ziel, empfiehlt sich der Einsatz von Fuzzy-Clustermethoden oder überlappenden Clustermethoden.

Eine zweite Frage, die sich insbesondere dann stellt, wenn es um die Einteilung der Untersuchungsobjekte geht, ist: *Möchte ich nur die zentralen Typen im Datensatz identifizieren oder ein vollständiges Ordnungsschema entwickeln*? Wenn es nur um die zentralen Typen geht, können Ausreißer aus dem Datensatz eliminiert werden. Wenn ein vollständiges Ordnungsschema das Ziel ist, dürfen Ausreißer nicht eliminiert werden, weil sie entweder ein „Mini-Cluster" für sich darstellen oder einem in der Stichprobe unterrepräsentierten Cluster entstammen. Sie sollten in diesem Falle identifiziert, von der Hauptstichprobe isoliert und später gesondert untersucht werden.

4.2 Auswahl des Dateninputs

Die zentrale Frage bei der Auswahl des Dateninputs lautet: *Welche Clustervariablen wähle ich*? Von dieser Auswahl hängt die Inhaltsvalidität der Klassifikation ab. Es liegt daher unter konzeptionellen Gesichtspunkten nahe, so viele Clustervariablen wie möglich zu verwenden. Dies wird in der Tat von einigen Autoren empfohlen (McKelvey 1975). Leider unterliegt die Anzahl der Clustervariablen methodischen Grenzen: Studien zeigen, dass die Erkennung einer Clusterstruktur im Datensatz empfindlich gestört wird, wenn eine oder zwei Clustervariablen in die Analyse einfließen, die nichts zur Klassifikation beitragen (DeSarbo/Mahajan 1984; Fowlkes/Mallows 1983; Milligan 1980, 1996). Man spricht in diesem Kontext von „spurious variables", „masking variables" oder „noisy variables". Datenbasierte Algorithmen zur Entdeckung von „noisy variables" wurden von Carmone/Kara/Maxwell (1999) und Brusco/Cadit (2001) entwickelt.

Im Zusammenhang mit der Variablenselektion findet sich in der Literatur zuweilen die Auffassung, dass korrelierte Variablen von der Analyse ausgeschlossen werden sollten (Sneath/Sokal 1973). Milligan/Hirtle (2003) halten dem entgegen, dass die meisten Clustermethoden, anders als z. B. eine Regressionsanalyse, keine Unkorreliertheit der Variablen voraussetzen.

Eine weit verbreitete Praxis ist, eine Faktoranalyse über die Ausgangsvariablen laufen zu lassen und die (orthogonalen) Faktorwerte als Clustervariablen zu nutzen. Zahlreiche Autoren zeigen jedoch, dass das Vorschalten einer Faktoranalyse (sogenanntes Tandem-Clustering) relevante Ähnlichkeitsinformation eliminiert und die Entdeckung der Clusterstruktur beeinträchtigt (Arabie/Hubert 1994; Chang 1983; Schaffer/Green 1998).

Zur Auswahl der Clustervariablen empfehlen wir vor diesem Hintergrund:

- Die Zahl der in den Clusteralgorithmus einfließenden Variablen sollte stark begrenzt werden. Es bietet sich an, wenige *aktive Clustervariablen* auszuwählen, die in den Clusteralgorithmus einfließen, und viele Variablen als passive Clustervariablen zu verwenden, die nicht in den Clusteralgorithmus einfließen, aber später zur näheren Beschreibung und Interpretation der Clusterlösung herangezogen werden.
- Die aktiven Clustervariablen sollten theoretisch fundiert sein. Sie sollten möglichst intervallskaliert sein, über mehrere Indikatoren gemessen werden und möglichst viel Varianz, d. h. Information, aufweisen. Bei intervallskalierten Variablen ist das Problem der „Ties" (Abschnitt 2.1.2) geringer als bei binären Merkmalen. Durch Verwendung von Konstrukten, die über mehrere Indikatoren gemessen werden, gibt es weniger Probleme mit fehlenden Werten.
- Die aktiven Clustervariablen sollten *nicht* als Hauptkomponenten einer vorgeschalteten explorativen Faktorenanalyse gebildet werden. Korrelationen zwischen den aktiven Clustervariablen sind bis zu einem Niveau von 0,4 akzeptabel, solange die Korrelation nicht auf einem direkten funktionalen Zusammenhang der Clustervariablen beruht. Es sollte allerdings Diskriminanzvalidität in der Messung dieser Variablen vorliegen.

Eng mit der Auswahl der aktiven Clustervariablen verknüpft ist eine weitere Frage, die der Marktforscher vor der Analyse entscheiden muss: *Wie gewichte ich die Clustervariablen*? In der methodischen Literatur finden sich eine Reihe von Versuchen, aus den empirischen Daten heraus optimale A-priori-Gewichte für die Clustervariablen zu generieren. Eine generell empfehlenswerte Gewichtungsprozedur wurde jedoch nicht gefunden (Fowlkes/Gnanadesikan/Kettenring 1988; Gnanadesikan/Kettenring/Tsao 1995). Unter konzeptionellen Gesichtspunkten ist eine A-priori-Gewichtung der Clustervariablen ohnehin nur schwer zu begründen. Wir empfehlen daher, die Clustervariablen gleich zu gewichten.

Wenn klassische Clustermethoden mit metrischen Variablen verwendet werden, ist es zur Gleichgewichtung nötig, die Clustervariablen zu standardisieren. Ansonsten würden die Merkmale mit den einheitsbedingt größeren Werten die Clusterlösung dominieren und zu einer unbewussten Gewichtung der Clustervariablen führen. Studien zeigen, dass eine Standardisierung auf Basis der Spannweite am sinnvollsten ist (Milligan/Cooper 1988). Die folgende Transformation normiert die Variablen auf den Wertebereich [0;1]:

$$x' = \frac{x - \min(x)}{\max(x) - \min(x)} \tag{7}$$

Einige Autoren weisen darauf hin, dass eine Standardisierung eine vorhandene Clusterstruktur auch verschleiern kann (Jain/Dubes 1988, S. 24; Milligan/Hirtle 2003, S. 176). Da eine *mögliche* Verzerrung ein „geringeres Übel" als eine *unvermeidbare*

Verzerrung durch unterschiedliche Wertebereiche ist, empfehlen wir dennoch, die Clustervariablen zu standardisieren.

Liegt die Skalierung der Rohdaten fest, stellt sich dem Marktforscher die Frage: *Wie messe ich Ähnlichkeit?*

- Wenn nur binäre Clustervariablen vorliegen, hängt dies davon ab, ob eine negative Übereinstimmung als Ähnlichkeit gewertet werden soll (Abschnitt 2.1.1.2).
- Wenn binäre Variablen durch Transformation aus ordinalen Merkmalen oder nominalen Merkmalen mit mehr als zwei Ausprägungen hervorgegangen sind, sind nur solche Ähnlichkeitsmaße wie der Jaccard-Koeffizient zweckmäßig, die das Nicht-Vorhandensein eines Merkmals außen vor lassen. Ansonsten würden völlig unähnliche Objekte einen Ähnlichkeitswert erhalten, der größer als Null ist: Dies sei am Beispiel der präferierten Fleischsorte („Huhn“, „Schwein“ oder „Rind“) von zwei Probanden illustriert: Der eine präferiert Huhn, der andere Schwein. Transformiert man die nominale Variable „Fleischsorte“ in drei binäre Variablen, würde der erste Proband mit (1, 0, 0) und der zweite mit (0, 1, 0) kodiert. Obwohl die Probanden sich nicht ähneln, beträgt der Simple-Matching-Koeffizient 0,33, ist also größer als Null. Der Jaccard-Koeffizient dagegen beträgt 0, was bei unähnlichen Probanden der sinnvolle Wert ist (Alderfer/Blashfield 1984, S. 18).
- Wenn alle Clustervariablen metrisch skaliert sind, empfehlen wir die quadrierte Euklidische Distanz, weil diese mit dem Ward-Algorithmus und dem K-Means-Algorithmus kompatibel ist (Abschnitte 2.1.2 und 2.2).
- Wenn sowohl binäre als auch metrische Clustervariablen verwendet werden, sollten probabilistische Clustermethoden in Erwägung gezogen werden, wo sich das Problem des Ähnlichkeitsmaßes und der Standardisierung nicht stellt.

Eine letzte wichtige Frage bezüglich des Dateninputs lautet: *Wie identifiziere ich Ausreißer?*

- Eine Möglichkeit bietet der Single-Linkage-Algorithmus (Abschnitt 2.1.2): Mögliche Ausreißer sind einzelne Objekte oder kleine Cluster, die erst ganz am Ende der Fusionskette mit den übrigen verschmolzen werden.
- Eine weitere Möglichkeit bieten die partitionierenden Clustermethoden in SPSS (Clusterzentrenanalyse) und SAS (PROC FASTCLUS): Wenn man eine große Clusterzahl vorgibt (bei N=100 z. B. S=20), werden einige Cluster mit vielen Objekten und einige Cluster mit sehr wenigen Objekten ausgegeben. Die kleineren Cluster sind möglicherweise Ausreißer.

Wir empfehlen, beide Möglichkeiten zu kombinieren: Datensätze, die durch beide Kriterien als mögliche Ausreißer identifiziert werden, sollten isoliert oder eliminiert werden (Abschnitt 4.1).

4.3 Zuordnung der Objekte zu Clustern

Spätestens nach der Auswahl des Dateninputs muss der Marktforscher entscheiden: *Welche Clustermethode verwende ich?* Für klassische Clusteranalysen mit metrischen Daten ist die hybride Clusteranalyse (Abschnitt 2.2) als der methodische Standard anzusehen (Arabie/Hubert 1994). Zur Bestimmung der Clusterzahl und der Startlösung empfehlen wir dabei den Ward-Algorithmus (Milligan/Cooper 1987). Die probabilistischen Clustermethoden verfügen im Gegensatz zu den klassischen über eine Reihe wünschenswerter Eigenschaften, vor allem die Fundierung durch konventionelle statistische Schätzverfahren. Allerdings liegen noch wenige Forschungsergebnisse zum Verhalten der probabilistischen Clustermodelle bei unterschiedlichen Stichprobenumfängen, Modellgrößen und Clustereigenschaften vor. Wir empfehlen daher, klassische und probabilistische Clustermethoden parallel einzusetzen und die Ergebnisse zu vergleichen. Die Ergebnisse des Vergleichs können dann zur Verfeinerung der Modellspezifikation genutzt werden.

Die nächste Entscheidung lautet: *Wie bestimme ich die Anzahl der Cluster?* Im Rahmen klassischer Clustermethoden empfehlen wir, eine Konsistenz von CCC und PSF (Abschnitt 3.1) als klaren Hinweis darauf zu werten, dass Cluster im Datensatz vorliegen. Wir empfehlen ferner, mehrere Analysen durchzuführen und dabei die Reihenfolge der Datensätze zu verändern oder einen kleinen Teil der Datensätze per Zufallsgenerator wegzulassen. Auf diese Weise kann man die Stabilität der Clusterzahl gegen „Ties" prüfen (Abschnitt 2.1.2). Wenn weder das CCC noch das PSF eine Clusterstruktur im Datensatz anzeigen, sollten systematisch die Clustervariablen variiert werden. Dadurch kann geprüft werden, ob eine der einbezogenen Clustervariablen „spurious" ist und die Clusterstruktur der anderen Variablen verschleiert. Im Zweifelsfall muss sich der Marktforscher der Erkenntnis stellen, dass keine Cluster im Datensatz vorhanden sind.

Im Rahmen probabilistischer Clustermethoden sind das BIC und das CAIC (Abschnitt 3.2) die am häufigsten verwendeten Kriterien zur Bestimmung der Clusterzahl. Studien zeigen, dass dem CAIC bei Mixture Modellen im Allgemeinen der Vorzug zu geben ist (Bozdogan 1987; Wedel/Kamakura 2000).

Als überholt anzusehen ist das in einigen Fällen praktizierte Vorgehen, die Anzahl der Cluster allein über das Ellbogen-Kriterium zu bestimmen. Das Ellbogen-Kriterium kann allenfalls ein unterstützendes, keinesfalls aber das ausschlaggebende Kriterium zur Bestimmung der Clusterzahl sein.

Vollkommen abzulehnen ist die zuweilen anzutreffende Praxis, die Auswahl einer Lösung mit deren „guter Interpretierbarkeit" zu begründen. Vor der subjektiven, inhaltlichen Bewertung einer Lösung sollte immer die kriteriengebundene statistische Prüfung stehen, ob überhaupt Clusterstrukturen in den Daten vorhanden sind.

In Anbetracht der Clusterzuordnung stellt sich dem Marktforscher abschließend die Frage: *Wie prüfe ich die Stabilität der Clusterzuordnung?* Im Rahmen probabilistischer Clustermethoden stehen hierfür der Entropy R^2 (Abschnitt 3.2) und eine Reihe anderer Kriterien (Vermunt/Magidson 2005) zur Verfügung.

Im Rahmen klassischer Clustermethoden empfehlen Milligan/Cooper (1987) die Kreuzvalidierung von McIntyre/Blashfield (1980). Dabei wird der Datensatz zufällig in zwei Hälften geteilt und beide Hälften werden separat klassifiziert. Dann wird jedes Objekt in der zweiten Datensatzhälfte dem Cluster aus der ersten Hälfte zugeordnet, dessen Zentroid am nächsten liegt, gemessen an der quadrierten Euklidischen Distanz. Im Ergebnis liegen zwei Clusterzuordnungen für jedes Objekt in der zweiten Hälfte vor, deren Konsistenz verglichen werden kann (Rand 1971). Wir empfehlen, dieses Verfahren mindestens 30 Mal zu wiederholen, weil das Ergebnis der Prüfung von der zufälligen Aufteilung des Datensatzes abhängt. Da keines der gängigen Softwarepakete eine Stabilitätsprüfung umfasst, sind zur Durchführung allerdings Kenntnisse der Makrosprache in SPSS oder SAS empfehlenswert.

In der Praxis ist zuweilen zu beobachten, dass zur Validierung einer Clusterlösung Varianzanalysen und Diskriminanzanalysen auf Basis derselben Variablen durchgeführt werden, mit denen die Cluster gebildet wurden. Im Falle der Diskriminanzanalyse wird die Clusterzugehörigkeit als abhängige Variable verwendet und die Clustervariablen als unabhängige Variablen. Im Falle der Varianzanalyse wird die Clusterzugehörigkeit als unabhängige Variable verwendet und die Clustervariablen als abhängigen Variablen. Beide Varianten sind jedoch strikt abzulehnen. Denn selbst wenn alle Clustervariablen gleichverteilt wären (d. h. wenn keine Cluster im Datensatz vorhanden wären), würde eine Clusteranalyse die Daten partionieren, und die anschließende Varianz- bzw. Diskriminanzanalyse würde hochsignifikante Ergebnisse aufweisen (ausführlich bei Alderfer/Blashfield 1984, S. 64 f.). Nur wenn nicht die Clustervariablen selbst, sondern externe Variablen eingehen, kann eine Varianz- bzw. Diskriminanzanalyse zur Clustervalidierung herangezogen werden.

4.4 Interpretation der Cluster

Der letzte Schritt einer Clusteranalyse ist die inhaltliche Interpretation der Cluster. Zunächst stellt sich die Frage: *Wie beschreibe ich die Cluster?* Zur Beschreibung sollten nicht nur die aktiven Clustervariablen herangezogen werden, sondern auch die passiven Clustervariablen, also die Variablen, die nicht in den Clusteralgorithmus eingeflossen sind (Abschnitt 4.2). Tabelle 3 zeigt die Ausgangsdaten der Clusterinterpretation am Beispiel von Konsumentenpräferenzen für hochwertige Hi-Fi-Geräte. Wie der obere Teil der Tabelle zeigt, stehen am Anfang der Clusterinterpretation quantitative Beschreibungen der Cluster.

		Cluster 1	Cluster 2	Cluster 3	Cluster 4
Anteil an Stichprobe		38 %	16 %	20 %	26 %
Aktive Cluster-variablen	Zahlungsbereitschaft für technische Leistungs-merkmale	1,8 [c]	2,4 [b]	4,7 [a]	4,9 [a]
	Zahlungsbereitschaft für bequeme Kaufabwick-lung	1,6 [c]	1,8 [c]	3,4 [b]	3,8 [a]
	Zahlungsbereitschaft für Markennamen	2,4 [b]	2,1 [b]	4,8 [a]	2,7 [b]
	Involvement für die Pro-duktkategorie	1,2 [b]	4,7 [a]	1,8 [b]	4,8 [a]
	Nettohaushaltseinkom-men	3000 € [c]	4000 € [b]	5000 € [a]	3000 € [c]
Passive Cluster-variablen	Alter der Konsumenten	50 [a]	36 [b]	30 [b]	22 [c]
	Männeranteil im Cluster	20 %	50 %	95 %	90 %
Aktive Cluster-variablen	Zahlungsbereitschaft für technische Leistungs-merkmale	gering	eher gering	hoch	hoch
	Zahlungsbereitschaft für bequeme Kaufabwick-lung	gering	gering	mittel	vergleichs-weise hoch
	Zahlungsbereitschaft für Markennamen	gering	gering	hoch	gering
	Involvement für die Pro-duktkategorie	gering	hoch	gering	hoch
	Nettohaushaltseinkom-men	gehoben	hoch	sehr hoch	gehoben
Passive Cluster-variablen	Alter der Konsumenten	50	36	30	22
	Männeranteil im Cluster	20 %	50 %	95 %	90 %
		↓	↓	↓	↓
		„Desinter-essierte"	„Preis-bewusste"	„Prestige-Käufer"	„Technik-Freaks"

Tabelle 3: Clusterergebnisse zu Konsumentenpräferenzen für hochwertige Hi-Fi-Geräte

Wir empfehlen, die quantitativen Beschreibungen in verbale Beschreibungen zu übersetzen, um die Interpretation zu erleichtern. Hierzu können Post-hoc-Gruppenvergleiche von Varianzanalysen als Übersetzungsheuristik eingesetzt werden. So teilt beispielsweise der Post-hoc-Mehrgruppenvergleich von Duncan-Waller, der sowohl in SPSS als auch in SAS/Enterprise Guide implementiert ist, die clusterspezifischen Mittelwerte der Clustervariablen in Bandbreiten ein. Unser Beispiel in Tabelle 3 bezeichnet für jede Zeile die Mittelwerte in der höchsten Bandbreite mit [a], die in der nächsthöheren Bandbreite mit [b] usw.. Mittelwerte innerhalb derselben Bandbreite unterscheiden sich nicht signifikant. Deshalb erhalten sie die gleiche verbale Übersetzung. Im Zuge der Clusterinterpretation empfiehlt es sich auch, den Clustern Kurzbezeichnungen zu geben, welche die Clustereigenschaften zusammenfassen.

5. Softwarepakete für Clusteranalysen

Drei wichtige Softwarepakete für Clusteranalysen wollen wir in diesem Abschnitt besprechen: SAS/Enterprise Guide, SPSS und LatentGOLD.

SPSS umfasst bereits seit vielen Jahren Module zur hierarchischen Clusteranalyse und zur Clusterzentrenanalyse. Diese sind sehr bedienerfreundlich. Ein Vorteil von SPSS gegenüber SAS ist, dass insbesondere für Clusteranalysen mit binären Variablen viele Ähnlichkeitsmaße über Pull-Down-Menüs verfügbar sind. Ein großer Nachteil von SPSS ist, dass wichtige Kriterien zur Bestimmung der Clusterzahl, z. B. Cubic Clustering Criterion (CCC) und Pseudo F (Abschnitt 3.1), nicht verfügbar sind. Seit der Version 11.5 bietet SPSS dafür mit dem Modul Two-Step-Clusteranalyse eine probabilistische Clustermethode an. Dieses Modul bestimmt automatisch die Anzahl der Cluster auf Basis von BIC-Verbesserungen. Auch enthält es eine Prozedur zur Ausreißerbehandlung. Ein Vergleich von Bacher/Wenzig/Vogler (2004) ergab allerdings, dass die Leistung von SPSS-Two-Step schlechter ist als die von LatentGOLD, besonders bei Mischungen aus binären und metrischen Daten.

SAS kann vom Marktforscher auf zwei Weisen genutzt werden. Zum einen steht seit einigen Jahren mit dem Programm Enterprise Guide eine bedienerfreundliche Oberfläche zur Verfügung, die SPSS ähnelt und hierarchische und partitionierende Clustermethoden anbietet. Ein Nachteil des Enterprise Guide im Vergleich zu SPSS ist das geringe Angebot an Ähnlichkeitsmaßen für binäre Merkmale. Ein großer Vorteil im Vergleich zu SPSS ist die Verfügbarkeit von CCC und Pseudo F. Zum anderen kann das klassische SAS-Programm genutzt werden, das über Syntaxfenster bedient wird. Hier entfaltet sich die große Stärke von SAS: das Datenmanagement. So können Datensätze mit einfachen Befehlen aufgeteilt und zusammengeführt werden. Mit PROC DISTANCE können zahlreiche Ähnlichkeitsmaße für binäre und metrische Merkmale berechnet werden, unter anderem der Gower-Koeffizient für Mischungen aus binären und metrischen Merkmalen, der in SPSS nicht verfügbar ist. Mit PROC CLUSTER bietet SAS ein Modul für hierarchische Clustermethoden (inklusive CCC und Pseudo F) und mit PROC FASTCLUS ein Modul für partitionierende Clustermethoden. Für klassische Clusteranalysen empfehlen wir daher SAS. Der Einarbeitungsaufwand in die Syntax ist allerdings nicht zu unterschätzen. Abbildung 10 enthält ein Beispiel der SAS-Syntax.

```
/* ROHDATEN AUS EXCEL IN SAS IMPORTIEREN */
LIBNAME MyFolder "c:\Mein Verzeichnis";
PROC IMPORT OUT=MyFolder.ImportData
   DATAFILE="c:\Mein Verzeichnis\Meine Daten.xls"
   DBMS=Excel replace; SHEET="Tabelle1";
   GETNAMES=yes; MIXED=no; SCANTEXT=no;
   USEDATE=yes; SCANTIME=yes; RUN;

/* CLUSTERVARIABLEN STANDARDISIEREN */
DATA MyFolder.ClusterVar;
   SET MyFolder.ImportData;
   KEEP MyVariable1 MyVariable2 MyVariable3;
run;
DATA MyFolder.ClusterVar;
   SET MyFolder.ClusterVar;
   MyVarStand1=MyVariable1;
   MyVarStand2=MyVariable2;
   MyVarStand3=MyVariable3;
RUN;
PROC STDIZE DATA=MyFolder.ClusterVar
   OUT=MyFolder.ClusterVarStand METHOD=range;
   VAR MyVarStand1 MyVarStand2 MyVarStand3;
RUN;

%MACRO CCC_PSF(wiederholung=);
/* 95% DER DATENSÄTZE ZUFÄLLIG ZIEHEN,
UM STABILITÄT GEGEN TIES ZU PRÜFEN */
PROC SQL NOPRINT;
   SELECT COUNT(*) INTO :n FROM MyFolder.ClusterVarStand;QUIT;
%LET anzahl =%SYSFUNC(ROUND(%SYSEVALF(.95 * &n),1.));
PROC SURVEYSELECT DATA=MyFolder.ClusterVarStand
   OUT= MyFolder.ClusterVarStand95 SAMPSIZE=&anzahl;RUN;

/* CCC UND PSF BERECHNEN UND IN EXCEL EXPORTIEREN */
%LET anzahl2 =%SYSFUNC(ROUND(%SYSEVALF(.1 * &anzahl),1.));
ODS OUTPUT Cluster.ClusterHistory = MyFolder.Ergebnis%left(&wiederholung);
PROC CLUSTER
   METHOD=ward DATA=MyFolder.ClusterVarStand95
   PRINT=&anzahl2 NOEIGEN SIMPLE CCC PSEUDO;
   VAR MyVarStand1 MyVarStand2 MyVarStand3;
RUN;
PROC EXPORT DATA=MyFolder.Ergebnis%left(&wiederholung)
   OUTFILE="%sysfunc(pathname(MyFolder))\Ergebnis%left(&wiederholung).xls"
   DBMS=excel replace;RUN;
%MEND;
%CCC_PSF(wiederholung=1);%CCC_PSF(wiederholung=2);
%CCC_PSF(wiederholung=3);%CCC_PSF(wiederholung=4);
```

Abbildung 10: SAS-Code zur Ausgabe von CCC und PSF in Excel

LatentGOLD ist ein sehr bedienerfreundliches Programm für probabilistische Clustermethoden. Als Rohdaten können SPSS-Datensätze eingelesen werden. Die Modellspezifikation erfolgt menügestützt. Zum Modellvergleich werden zahlreiche Informationskriterien berechnet. Ferner kann über parametrisches Bootstrapping die Verbesserung der Anpassungsgüte zwischen Modellen unterschiedlicher Clusterzahl getestet werden (Vermunt/Magidson 2005). Leider steht keine automatische Prozedur zur Bestimmung der Clusterzahl zur Verfügung. Ein weiterer Nachteil ist die Langsamkeit von LatentGOLD, z. B. im Vergleich zu SPSS-Two-Step (Bacher/Wenzig/Vogler 2006). Dies ändert jedoch nichts daran, dass LatentGOLD das für probabilistische Clustermethoden zu empfehlende Programm ist.

6. Fazit

In der (Markt-)Forschung ist in den letzten Jahren immer lauter die Forderung zu hören, die *Heterogenität* von Untersuchungsobjekten besser zu verstehen und in Analysen zu berücksichtigen. Statt pauschaler Aussagen über Kundenpräferenzen sind differenzierte Aussagen über kundengruppenspezifische Präferenzen gefordert. Statt pauschaler Aussagen über die Wirksamkeit von Marketinginstrumenten sind differenzierte Aussagen zur kundengruppenspezifischen Wirksamkeit gefordert.

Die Clusteranalyse ist unter den multivariaten Analysemethoden diejenige, welche die Ähnlichkeit bzw. Heterogenität von Untersuchungsobjekten betrachtet. Je wichtiger das Verständnis von Heterogenität für die (Markt-)Forschung wird, desto wichtiger werden damit interdependenz- und dependenzanalytische Clustermethoden (Abschnitt 2).

Unter (Markt-)Forschern ist jedoch vielfach eine große Skepsis gegenüber der Clusteranalyse anzutreffen. Die Clusteranalyse gilt Vielen als „weich", subjektiv und willkürlich. Dieses schlechte „Image" der Clusteranalyse ist nachvollziehbar. Es wird von den klassischen, heuristischen Clustermethoden geprägt, weniger von den modellbasierten, probabilistischen Clustermethoden. Misstrauen weckt beispielsweise die Tatsache, dass hierarchische Clustermethoden immer eine Lösung ausgeben, unabhängig davon, ob wirklich Cluster vorhanden sind. Einen Eindruck der Beliebigkeit erweckt beispielsweise auch das Ellbogenkriterium, das in vielen Lehrbüchern als einziges Kriterium vermittelt wird, um die Anzahl der Cluster zu bestimmen. Kriterien wie das Pseudo F und das CCC bleiben vielfach unerwähnt, genauso wie die probabilistischen Clustermethoden. Selbst in der Forschung sind subjektive Verfahren zur Bestimmung der Clusterzahl noch sehr weit verbreitet (Ketchen/Shook 1996).

In unserem Beitrag haben wir gezeigt, dass mit CCC und Pseudo F bereits seit langer Zeit Kriterien zur Verfügung stehen, die das Ausmaß an Subjektivität bei der Bestimmung der Clusterzahl erheblich reduzieren. Wir empfehlen nachdrücklich eine stärkere Anwendung dieser Kriterien im Rahmen klassischer Clustermethoden.

Darüber hinaus sind die methodischen und softwaretechnischen Entwicklungen gerade der letzten zwei Jahrzehnte geeignet, die Clusteranalyse vom „heuristischen Stiefkind" der multivariaten Statistik zu einer schätztheoretisch fundierten und weithin akzeptierten Methode zu machen. Es ist zu wünschen, dass mehr Studien zu den Grenzen der probabilistischen Clustermethoden durchgeführt werden, nicht zuletzt zur Stabilität der Parameterschätzer bei unterschiedlichen Stichprobeneigenschaften. Für die Zukunft ist zu erwarten, dass die probabilistischen Clustermethoden die klassischen Clustermethoden in der (Markt-)Forschung immer mehr zurückdrängen werden.

Literaturverzeichnis

Aldenderfer, M.S./Blashfield, R.K. (1984): Cluster Analysis, Sage University Paper Series on Quantitative Applications in the Social Sciences, Beverly Hills, London.

Anderberg, M. (1973): Cluster Analysis for Applications, New York.

Arabie, P./Hubert, L. (1994): Cluster Analysis in Marketing Research, in: Bagozzi, R.P. (Hrsg.), Advanced Methods of Marketing Research, Cambridge, S. 160-189.

Arabie, P./Hubert, L. (1996): An Overview of Combinatorial Data Analysis, in: Arabie, P./Hubert, L./De Soete, G. (Hrsg.), Clustering and Classification, River Edge, S. 5-63.

Bacher, J. (1996): Clusteranalyse: Anwendungsorientierte Einführung, 2. Auflage, München, Wien.

Bacher, J. (2000): A Probabilistic Clustering Model for Variables of Mixed Type, in: Quality & Quantity, 34. Jg., S. 223-235.

Bacher, J./Wenzig, K./Vogler, M. (2004): SPSS TwoStep Cluster – A First Evaluation, Arbeits- und Diskussionspapiere Bd. 2004-2, FAU Nürnberg.

Bailey, K.D. (1994): Typologies and Taxonomies: An Introduction to Classification Techniques, Sage University Paper Series on Quantitative Applications in the Social Sciences, Thousand Oaks.

Banfield, J.D./Raftery, A.E. (1993): Model-based Gaussian and Non-Gaussian Clustering, in: Biometrics, 49. Jg., S. 803-821.

Bergs, S. (1981): Optimalität bei Clusteranalysen, Experimente zur Bewertung numerischer Klassifikationsverfahren, Diss. Münster.

Bezdek, J.C. (1974): Numerical Taxonomy with Fuzzy Sets, Journal of Mathematical Biology, 1. Jg., S. 57-71.

Bozdogan, H. (1987): Model selection and Akaike's Information Criterion (AIC): The General Theory and its Analytical Extensions, in: Psychometrika, 52. Jg., S. 345-370.

Brusco, M.J./Cradit, J.D. (2001): A Variable-Selection Heuristic for K-Means Clustering, in: Psychometrika, 66. Jg., Nr. 2, S. 249-270.

Calinski, R.B./Harabasz, J. (1974): A Dendrite Method for Cluster Analysis, in: Communications in Statistics, 3. Jg., S. 1-27.

Carmone Jr., F.J./Kara, A./Maxwell, S. (1999): HINoV: A New Model to Improve Market Segment Definition by Identifying Noisy Variables, in: Journal of Marketing Research, 36. Jg. (November), S. 501-509.

Carroll, J.D./Arabie, P. (1983): INDCLUS: An Individual Differences Generalization of the ADCLUS Model and the MAPCLUS Algorithm, in: Psychometrika, 48. Jg., S. 157-169.

Chang, W.-C. (1983): On Using Principal Components Before Separating a Mixture of Two Multivariate Normal Distributions, in: Applied Statistics, 32. Jg., S. 267-275.

DeSarbo, W.S. (1982): GENNCLUS: New Models for General Nonhierarchical Clustering Analysis, in: Psychometrika, 47. Jg., S. 449-476.

DeSarbo, W.S./Cron, W.L. (1988): A Maximum Likelihood Methodology for Clusterwise Linear Regression, in: Journal of Classification, 5. Jg., S. 249-282.

DeSarbo, W.S./Mahajan, V. (1984): Constrained Classification: The Use of A Priori Information in Cluster Analysis, in: Psychometrika, 49. Jg., S. 187-215.

DeSarbo, W.S./Oliver, R.L./Rangaswamy A. (1989): A Simulated Annealing Methodology for Clusterwise Linear Regression, in: Psychometrika, 54. Jg., S. 707-736.

Dunn, J.C. (1974): A Fuzzy Relative of the ISODATA Process and Its Use in Detecting Compact Well Separated Clusters, in: Journal of Cybernetics, 3. Jg., S. 32-57.

Everitt, B.S. (1993): Cluster Analysis, 2. Auflage, New York.

Everitt, B.S./Landau, S./Leese, M. (2001): Cluster Analysis, 4. Auflage, New York.

Forgy, E. (1965): Cluster Analysis of Multivariate Data: Efficiency versus Interpretability of Classifications, in: Biometrics, 21. Jg., S. 768.

Fowlkes, E.B./Gnanadesikan, R./Kettenring, J.R. (1988): Variable Selction in Clustering, in: Journal of Classification, 5. Jg., S. 205-228.

Fowlkes, E.B./Mallows, C.L. (1983): A Method for Comparing Two Hierarchical Clusterings (With Comments and Rejoinder), in: Journal of the American Statistical Association, 78. Jg., S. 553-584.

Gibson, W.A. (1959): Three Multivariate Models: Factor Analysis, Latent Structure Analysis, and Latent Profile Analysis, in: Psychometrika, 24. Jg., Nr. 229-252.

Gnanadesikan, R./Kettenring, J.R./Tsao, S.L. (1995): Weighting and Selection of Variables for Cluster Analysis, in: Journal of Classification, 12. Jg., S. 113-136.

Gordon, A.D. (1996): Hierarchical Classification, in: Arabie, P./Hubert, L.J./De Soete, G. (Hrsg.), Clustering and Classification, River Edge, S. 65-121.

Gower, J.C. (1971): A General Coefficient of Similarity and Some of its Properties, in: Biometrics, 27. Jg., S. 857-872.

Grover, R./Srinivasan, V. (1989): An Approach for Tracking Within-Segment Shifts in Market Shares, in: Journal of Marketing Research, 26. Jg., S. 230-236.

Hagenaars, J.A./McCutcheon, A.L. (Hrsg.) (2002): Applied Latent Class Analysis, Cambridge.

Hartigan, J.A. (1975): Clustering Algorithms, New York.

Helsen, K./Green, P.E. (1991): A Computational Study of Replicated Clustering with an Application to Market Segmentation, in: Decision Sciences, 22. Jg., S. 1124-1141.

Hruschka, H. (1986): Market Definition and Segmentation Using Fuzzy Clustering Methods, in: International Journal of Research in Marketing, 3. Jg, S. 117-134.

Jain, A.K./Dubes, R.C. (1988): Algorithms for Clustering Data, Englewood Cliffs.

Jensen, O. (2004): Key Account Management: Gestaltung – Determinanten – Erfolgsauswirkungen, 2. Auflage, Wiesbaden.

Kamakura, W.A. (1988): A Least Squares Procedure for Benefit Segmentation with Conjoint Experiments, in: Journal of Marketing Research, 25. Jg., S. 157-167.

Kamakura, W.A./Kim, B./Lee, J. (1996): Modeling Preference and Structural Heterogeneity, in: Marketing Science, 15. Jg., S. 152-172.

Kamakura, W.A./Russell, G.J. (1989): A Probabilistic Choice Model for Market Segmentation and Elasticity Structure, in: Journal of Marketing Research, 26. Jg., S. 379-390.

Kaufman, L./Rousseeuw, P.J. (1990): Finding Groups in Data, New York u. a..

Ketchen Jr., D.J./Shook, C.L. (1996): The Application of Cluster Analysis in Strategic Management Research: An Analysis and Critique, in: Strategic Management Journal, 17. Jg., S. 441-458.

Lazarsfeld, P.F./Henry, N.W. (1968): Latent Structure Analysis, Boston.

MacQueen, J.B. (1967): Some Methods for Classification and Analysis of Multivariate Observations, in: LeCam, L.M./Neyman, J. (Hrsg.), Proceedings of the Fifth Berkeley Symposium on Mathematical Statistics and Probability, Band 1, Berkeley, S. 281-297.

Mahalanobis, P. (1936): On the Generalized Distance in Statistics, in: Proceedings of the National Institute of Science of India, 12. Jg., S. 49-55.

Manton, K.G./Woodbury, M.A./Tolley, H..D. (1994): Statistical Applications Using Fuzzy Sets, New York.

McIntyre, R.M./Blashfield, R.K. (1980): A Nearest-Centroid Technique for Evaluating the Minimum-Variance Clustering Procedure, in: Multivariate Behavioral Research, 15. Jg., S. 225-238.

McKelvey, B. (1975): Guidelines for the Empirical Classification of Organizations, in: Administrative Science Quarterly, 20. Jg. (December), S. 509-524.

McLachlan, G.J./Basford, K.E. (1988): Mixture models. Inference and Applications to Clustering, New York.

McLachlan, G.J./Peel, D. (2000): Finite Mixture Models, New York.

McQuitty, L.L. (1957): Elementary Linkage Analysis for Isolating Orthogonal and Oblique Types and Typal Relevancies, in: Educational and Psychological Measurement, 17. Jg., S. 207-229.

McQuitty, L.L. (1966): Similarity Analysis by Reciprocal Pairs for Discrete and Continuous Data, in: Educational and Psychological Measurement, 26. Jg., S. 825-831.

Milligan, G.W. (1980): An Examination of the Effect of Six Types of Error Perturbation of Fifteen Clustering Algorithms, in: Psychometrika, 45. Jg., S. 325-342.

Milligan, G.W. (1996): Clustering Validation: Results and Implications for Applied Analysis, in: Arabie, P./Hubert, L.J./De Soete, G. (Hrsg.), Clustering and Classification, River Edge, S. 341-375.

Milligan, G.W./Cooper, M.C. (1985): An Examination of Procedures for Determining the Number of Clusters in a Data Set, in: Psychometrika, 50. Jg., Nr. 2, S. 159-179.

Milligan, G.W./Cooper, M.C. (1987): Methodology Review: Clustering Methods, in: Applied Psychological Measurement, 11. Jg. (December), S. 329-354.

Milligan, G.W./Cooper, M.C. (1988): A Study of Variable Standardization, in: Journal of Classification, 5. Jg., S. 181-204.

Milligan, G.W./Hirtle, S.C. (2003): Clustering and Classification Methods, in: Schinka, J.A./Velicer, F. (Hrsg.), Handbook of Psychology: Research Methods in Psychology, Vol. 2, New York, S. 176.

Punj, G./Stewart, D.W. (1983): Cluster Analysis in Marketing Research: Review and Suggestions for Application, in: Journal of Marketing Research, 20. Jg. (May), S. 134-148.

Rand, W.M. (1971): Objective Criteria for the Evaluation of Clustering Methods, in: Journal of the American Statistical Association, 66. Jg., S. 846-850.

Sarle, W.S. (1983): Cubic Clustering Criterion, SAS Technical Report, A-108, Cary.

Saunders, J. (1994): Cluster Analysis, in: Hooley, G.J./Hussey, M.K. (Hrsg.), Quantitative Methods in Marketing, London, S. 13-28.

Schaffer, C.M./Green, P.E. (1998): Cluster-based Market Segmentation: Some Further Comparisons of Alternative Approaches, in: Journal of the Market Research Society, 40. Jg., Nr. 2, S. 155-163.

Shepard, R.N./Arabie, P. (1979): Additive Clustering: Representation of Similarities as Combinations of Discrete Overlapping Properties, in: Psychological Review, 86. Jg., S. 87-123.

Sneath, P. (1957): The Application of Computers to Taxonomy, in: Journal of General Microbiology, 17. Jg., S. 201-226.

Sneath, P./Sokal, R. (1973): Numerical Taxonomy, in: Freeman, W.H. (Hrsg.), San Francisco.

Sokal, R./Michener, C.D. (1958): A Statistical Method for Evaluating Systematic Relationships, in: University of Kansas Scientific Bulletin, 38. Jg., S. 1409-1438.

Sorenson, T. (1948): A Method of Estimating Groups of Equal Amplitude in Plant Sociology Based on Similarity of Species Content, in: Biologiske Skrifter, 5. Jg., S. 1-34.

Vermunt, J.K./Magidson, J. (2002): Latent Class Cluster Analysis, in: Hagenaars, J.A./McCutcheon, A.L. (Hrsg.), Applied Latent Class Analysis, Cambridge.

Vermunt J.K./Magidson J. (2005): Technical Guide for Latent GOLD 4.0: Basic and Advanced, Belmont Massachusetts: Statistical Innovations Inc..

Ward Jr., J.H. (1963), Hierarchical Grouping to Optimize an Objective Function, in: Journal of the American Statistical Association, 58. Jg., S. 236-244.

Wedel, M./DeSarbo, W.S. (1995): A Mixture Likelihood Approach for Generalized Linear Models, in: Journal of Classification, 12. Jg., S. 1-35.

Wedel, M.,/Kamakura W. (2000): Market Segmentation: Conceptual and Methodological Foundations, Boston, Dordrecht, London, S. 52 f..

Wedel, M./Kistemaker, C. (1989): Consumer Benefit Segmentation using Clusterwise Linear Regression, in: International Journal of Research in Marketing, 6. Jg., S. 45-49.

Wedel, M./Steenkamp, J.B. (1989): Fuzzy Clusterwise Regression Approach to Benefit Segmentation, in: International Journal of Research in Marketing, 6. Jg., S. 241-258.

Wishart, D. (1969): Mode Analysis: A Generalization of Nearest Neighbour which Reduces Changing Effects, in: Cole, A.J. (Hrsg.), Numerical Taxonomy, London.

Wolfe, J.H. (1970): Pattern Clustering by Multivariate Cluster Analysis, in: Multivariate Behavioral Research, 5. Jg., S. 329-350.

Markus Brunnthaller und Gerhard A. Wührer

Netzwerkanalyse

Mag. Markus Brunnthaller ist wissenschaftlicher Mitarbeiter mit Diplom am Institut für Handel, Absatz und Marketing der Johannes Kepler Universität Linz. Prof. Dr. Gerhard Wührer ist Leiter des Instituts für Handel, Absatz und Marketing der Johannes Kepler Universität Linz.

1. Einleitung

Die Thematik „Märkte als Netzwerke" hat in der Marketingtheorie eine nicht zu unterschätzende, lange Tradition (Mattsson 1997; Wührer 2006). Es kann aber auch darauf hingewiesen werden, dass die Netzwerkanalyse und ihre Bedeutung als methodische Domäne für die angewandte Forschung im Marketing und in der Marktforschung eher vernachlässigt wurden (Wilkinson 2001). Hier scheint die theoretische Domäne der empirischen (Webster/Morrison 2004; Cantner/Graf 2006) weit voraus zu sein. Der Ansatz der IMP-Group nimmt sich sowohl der theoretischen als auch der methodischen Bereiche stärker an. Relationale Phänomene, und um solche handelt es sich, die mit Hilfe der Netzwerkforschung und -analyse untersucht werden, sind geradezu klassisch für das Beziehungsmarketing. Dort arbeitet man jedoch häufig mit Forschungsmethoden, die sich alleine auf die Eigenschaften von Akteuren beziehen. Ein typisches Beispiel für diese Tatsache findet sich in den Empfehlungen, die Cannon und Sheth (2000) abgeben, wenn sie curriculare Vorschläge zum Beziehungsmarketing vorstellen. Die dort geäußerten Überlegungen zur Marketingforschung und Marktforschung stehen überwiegend in der Forschungstradition des transaktionsorientierten Marketings (Cannon/Sheth, 2000). Wesentlich weiter in den Überlegungen ist hier das 1996 erschienene Handbuch von Iacobucci, in dem Beiträge vorgestellt werden, die explizit die Netzwerkforschung und -analyse als Methodik zur Beantwortung von Fragestellungen des Beziehungsmarketings empfehlen. Folgt man den fundierten Ausführungen von Wilkinson (2001) und Iacobucci (1996), so findet die Netzwerkforschung und -analyse ein breites Betätigungsfeld in allen Fragen, die mit relationalen Phänomenen im Marketing zu tun haben.

Die klassische Marktforschung sieht Markteilnehmer „n" wie Unternehmen, Konsumenten, Absatzmittler und andere Beteiligte im weitesten Sinne mit ihren Merkmalen „m" im Fokus der Erkenntnisbemühungen. In Abbildung 1 ist dies die Ebene, die sich mit den Akteuren und deren Merkmalen auseinandersetzt. In quantitativen Studien haben wir es mit einer (n x m)-Matrix zu tun, deren Informationen nach verschiedenen Perspektiven hin verknüpft, analysiert und interpretiert werden. In der Netzwerkanalyse beschäftigen wir uns mit den Beziehungen der Akteure „n" auf unterschiedlichen Ebenen „K". Darüber hinaus können diese Akteure „n" in jeweils verschiedene externe Bezüge, zum Beispiel durch Mitgliedschaften formaler oder informeller Natur, eingebettet sein. Diese Einbettungen „afr" erweitern den Kern der Netzwerkforschung und -analyse nochmals, sie konzentrieren sich auf den Kontext der Akteure. Typische kontextuale Bezüge können z. B. formelle oder informelle Mitgliedschaften von Akteuren sein. Zusammenfassend lässt sich feststellen, dass die Netzwerkforschung und -analyse im Marketing auf eine fokussierte ganzheitliche Darstellung von Phänomenen abstellt. Das bedeutet sowohl den Einbezug der strategischen als auch der operativen Ebene (Wührer 2006) von Marketingentscheidungen.

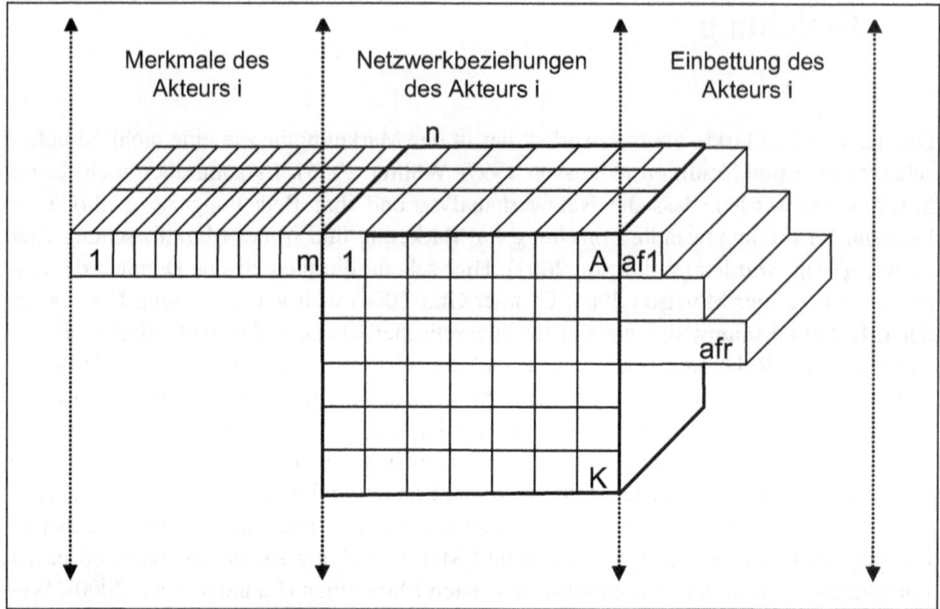

Abbildung 1: Informationsdimensionen der Netzwerkforschung und -analyse

Im Rahmen dieses Beitrags werden zunächst die einführenden Grundlagen der Netzwerkanalyse dargestellt. Im Anschluss daran werden beispielhaft Einsatzgebiete der Netzwerkanalyse in der Marktforschung skizziert. Den Hauptteil bildet die Studie und Analyse eines Kommunikationsnetzwerkes in einer Zielgruppe für medizintechnische Geräte. Der Beitrag schließt mit einer Zusammenfassung und einem Ausblick ab.

2. Grundlagen

Die Netzwerkforschung und -analyse ist eine Methodik zur spezifischen, systematischen und quantifizierenden Beschreibung und Erklärung von relationalen Phänomenen. Diese wird auch manchmal im Zusammenhang mit qualitativen Studien durchgeführt bzw. ergänzt solche und andere Verfahren (Scholz/Tietje 2002) der Datenerhebung und -analyse.

Ein Netzwerk besteht aus einem Graphen und zusätzlichen Informationen zu Knoten und/oder Linien (de Nooy/Mrvar/Batagelj 2005). Die Knoten oder Elemente sind die

Akteure und die Kanten sind die zwischen ihnen verlaufenden Beziehungen (Jansen 2003). Der Fokus der Netzwerkanalyse besteht auch darin zu verstehen, welchen Einfluss strukturelle Netzwerkeigenschaften auf das Verhalten haben (Wellmann 1993). Die Netzwerkforschung und -analyse ergänzt als Methodik neben dem phänomenologischen und theoretischen Verständnis die dritte Ebene des Netzwerkansatzes (Sydow 1992).

Anhand verschiedener Algorithmen erfolgt die statistische Berechnung der Parameter relationaler Daten (Brinkmeier/Schank 2005). Im Zentrum der Analyse stehen nicht, wie schon angeführt, der Akteur und dessen Eigenschaften, sondern die unterschiedlichen Beziehungen, welche die Akteure miteinander verbinden, und ihre Einbettung in einen spezifischen Kontext. Relationale Merkmale kennzeichnen die Beziehung eines Akteurs zu einem jeweils anderen Akteur und stellen somit die Ausgangsinformationen für die Netzwerkanalyse dar.

Eine Analyse von Netzwerken muss sich nicht ausschließlich darauf beschränken, wie Akteure untereinander vernetzt sind. Vielmehr kann die ermittelte Struktur des Netzwerks als abhängige oder unabhängige Variable in einem Erklärungsmodell eingesetzt werden und damit als Basis für weitere Analysen dienen (Knoke/Kuklinski 1983; Brunnthaller/Wührer 2005). Zur Erhebung der Netzwerkdaten steht eine Reihe von Methoden zur Verfügung, die hier aus Platzgründen nicht erläutert werden. Der interessierte Leser sei hier auf Jansen (2003) und auf Wasserman/Faust (1999) verwiesen. Reliabilitäts- und Validitätsfragen der Erhebungsinstrumente werden ebenso bei Jansen (2003), Knoke/Kuklinski (1982) und Marsden (2005) diskutiert.

2.1 Netzwerk und Netzwerkbeziehungen

In Abhängigkeit von der Erhebung der Netzwerkdaten lassen sich diese Beziehungen hinsichtlich ihrer Inhalte, Gerichtetheit und Intensität unterscheiden. Der Inhalt der Beziehung hängt vom Untersuchungsziel ab. So ist eine Reihe von Beziehungsarten vorstellbar. Eine grundsätzliche Systematik von Beziehungsinhalten wird von Knoke/Kuklinski (1983), Scott (1991) und Jansen (2003) vorgeschlagen. Gegenstand der Untersuchungen im Marketing können beispielsweise Kooperations-, Kunden-, Kommunikationsbeziehungen, Markenwelten in Form von Markennetzwerken u. Ä. m. sein.

Ist sich der Forscher über die Relevanz der Beziehungen nicht im Klaren oder sollen alle Beziehungsarten untersucht werden, so ist es notwendig, eine große Anzahl an verschiedenen Beziehungsarten zu erheben, die mit Hilfe der Faktorenanalyse verdichtet werden kann. (Haythornthwaite 1996) Die Gerichtetheit der Beziehung gibt an, ob Relationen symmetrisch oder asymmetrisch sind. Eine gerichtete asymmetrische Beziehung liegt vor, wenn z. B. Akteur i dem Akteur j ein Geschenk überreicht ($i \rightarrow j$). Verwandtschafts- und Freundschaftsbeziehungen sind als ungerichtet anzusehen ($i \leftrightarrow j$). Entsprechend stellt sich die Frage der Reziprozität nur bei gerichteten Beziehungen. Die Intensität bezieht sich auf die numerische Bewertung der Kanten, häufig werden Netzwerkdaten nur dichotom erhoben: Beziehung vorhanden (1) oder nicht vorhanden (0). Eine numerische Bewertung der Beziehung zeigt beispielsweise an, wie intensiv oder wichtig die Freundschaftsbeziehung ist (Jansen 2003).

Eine ähnliche Unterscheidung zwischen schwachen (weak ties) und starken (strong ties) Beziehungen geht auf die Arbeiten von Granovetter zurück. Akteure, die durch starke Beziehungen verbunden sind, wie z. B. private Beziehungen, tauschen zwar häufig und intensiv Informationen oder Ressourcen aus, erhalten aber nur wenig neue Informationen. Neue, seltene Informationen, wie freie Arbeitsplätze, werden durch schwache Beziehungen, also durch gelegentliche Kontakte, vermittelt (Granovetter (1973). Diese schwachen Verbindungen übernehmen häufig Brückenfunktionen und tragen so zur Diffusion von Informationen bei (Schenk 1984). Diffusionsstudien wurden unter anderem von Coleman und Lazarsfeld unternommen. Coleman, Katz und Menzel (1966) haben beispielsweise untersucht, wie die soziale Verbundenheit unter Ärzten in kleinen bis mittelgroßen Gemeinden dazu beiträgt, neue Informationen über ein neuartiges Medikament zu verbreiten.

Schließlich können innerhalb eines Netzwerks mehrere (multiplexe) Beziehungen zwischen den Akteuren i und j bestehen. So wäre es vorstellbar, dass zwei Unternehmen nicht nur durch Kommunikations-, sondern auch durch Projektbeziehungen verbunden sind (Brunnthaller/Wührer 2005). Grundsätzlich entspricht die Festlegung einer Beziehung dem Vorgang der Operationalisierung eines theoretischen Konstruktes (Serdült 2005).

Vor der Anwendung der Netzwerkanalyse ist abzuklären, um welche Art von Netzwerken es sich in der Untersuchung handelt. Diese Systemabgrenzung, welche die dazugehörenden Akteure und die Art der Beziehung bestimmt, zählt zu den schwierigsten Aufgaben, mit denen sich der Netzwerkansatz auseinandersetzen muss (Kappelhoff 2000; Marsden 2005). Wasserman/Faust (1999) unterscheiden zwischen „one-mode-networks" und „two-mode-networks". Bei ersteren, welche die häufigste Grundlage von Netzwerkanalysen bilden, handelt es sich um Netzwerke, die aus einem Set von Akteuren bestehen, bei zweiteren um Netzwerke, die entweder aus zwei verschiedenen Sets von Akteuren oder einem Set von Akteuren und einem Set von Ereignissen bestehen. Unter dem „two-mode-network" wird auch das Affiliationsnetzwerk subsumiert (Wasserman/Faust 1999). Eine weitere Klassifikation ist bei Pappi vorzufinden (Pappi 1987 bzw. Tabelle 1).

	Totales Netzwerk	Partielles Netzwerk
Gesamtnetzwerk	Radcliffe-Brown 1977	Barnes 1972
Ego-zentriertes Netzwerk	Kapferer 1969	Laumann 1973

Tabelle 1: Arten von Netzwerken (Quelle: Pappi 1987, S. 14)

Eine erste Unterscheidung ergibt sich dadurch, ob es sich um ein totales oder partielles Netzwerk handelt. Totale Netzwerke unterscheiden sich insofern von partiellen Netzwerken, als dass *alle* möglichen Beziehungen zwischen den Akteuren betrachtet werden. Partielle Netzwerke hingegen schränken sich auf einen bestimmten Typ ein. Werden die Beziehungen zwischen mehreren Einheiten betrachtet, so spricht man von einem Gesamtnetzwerk, im Fall einer Betrachtung aus der Perspektive des so genannten Ego handelt es sich um ein Ego-zentriertes Netzwerk. In Abhängigkeit der Verankerung dieses Ego-zentrierten Netzwerks ergibt sich ein persönliches Netzwerk oder ein „organization-set". Ego-zentrierte Netzwerke zeigen nicht nur das Umfeld eines einzelnen Akteurs, sondern sind auch als Auswahl- und Befragungsverfahren sehr sinnvoll.

Pappi führt an, dass es heute üblich ist, Netzwerke als partielle Netzwerke darzustellen, d. h. für eine bestimmte inhaltliche Beziehung. So gilt es im Vorfeld der Untersuchung abzuklären, welche bzw. wie viele Beziehungsinhalte analytisch zu unterscheiden sind und wie diese unterschiedlichen Inhalte in der empirischen Untersuchung auseinandergehalten werden.

2.2 Ansatzpunkte der Netzwerkanalyse

Die der Netzwerkanalyse zugrundeliegenden Analyseverfahren lassen sich in fünf[1] Perspektiven unterscheiden, die über die Ebene des Elements bzw. des individuellen Akteurs hinausgehen (Jansen 2003). Das gleichzeitige Operieren auf mehreren Perspektiven ist für den Netzwerkansatz charakteristisch (Kappelhoff 2000).

Die kleinste Einheit, die im Rahmen netzwerkanalytischer Verfahren untersucht werden kann, ist die Dyade. Sie besteht aus zwei Akteuren und den Beziehungen zwischen ihnen. Gegenstand der Betrachtung bildet nicht eine isolierte Dyade, sondern das in seine Dyaden zerlegte Gesamtnetzwerk. Die Verteilung der Dyaden gibt dann Aufschluss darüber, wie das Gesamtnetzwerk strukturiert ist (Dyadenzensus). Grundsätzlich werden drei Typen von Dyaden unterschieden (Jansen 2003; Pappi 1987):

[1] Knoke/Kuklinski lassen die Analyse von Gruppen unberücksichtigt und unterscheiden 4 Ebenen. Kappelhoff unterscheidet die Akteursebene, die Teilgruppenebene und die Ebene des gesamten Netzwerkes.

- M-Typ (M = mutual), das sind Dyaden mit gegenseitigen Wahlen.
- A-Typ (A = asymmetric), unterscheiden sich nur dann, wenn die Benennung der Elemente in A und B berücksichtigt wird.
- N-Typ (n = null), das ist die Dyade ohne Beziehung.

Analog zur Dyade ist eine Triade ein Netzwerk mit drei Akteuren und den Beziehungen zwischen ihnen. Von Interesse ist auch hier die Untersuchung der Triaden im Rahmen des Gesamtnetzwerkes. Die einzelnen Triaden lassen sich dann wiederum mit Hilfe eines Triadenzensus in strukturelle Typen unterscheiden, deren Häufigkeitsverteilung berechnet werden kann. Entsprechend den Typen von Dyaden (M-A-N-Schema) können bei einer Triade drei Akteure zu den jeweils anderen Beziehungen haben, welche vorhanden sein können oder nicht. Somit entstehen 2^6 verschiedene Möglichkeiten, die sich jedoch bei Nichtbeachtung der Identität der Akteure auf 16 strukturelle Typen reduzieren. Für eine anschauliche Darstellung der 16 Typen siehe Wasserman/Faust (1999). Im Rahmen der Triadenanalyse sei an dieser Stelle noch auf das Konzept der Transitivität hingewiesen: Im Fall einer Beziehung von A nach B sowie von B nach C sollte auch eine Beziehung von A nach C bestehen. Entspricht das Netzwerk den Transitivitätsbedingungen, so können die Elemente zu Cliquen gruppiert werden; Voraussetzung für eine Transitivitätsanalyse sind sehr dichte Netzwerke, die empirisch eher selten anzutreffen sind (Jansen 2003).

Den dritten Analyseansatz bildet das schon erwähnte Ego-zentrierte Netzwerk. Dieses Netzwerk setzt sich aus einer fokalen Person, dem Ego, sowie aus den Alteri, zu denen das Ego Beziehungen aufweist, und aus den Beziehungen zwischen den Alteri zusammen. Die Daten des Ego-zentrierten Netzwerks können mit klassischen Bevölkerungsumfragen erfasst werden. Wenngleich somit Zufallsstichproben zur Gewährleistung der Repräsentativität gezogen werden können, so ergeben sich Gültigkeitsprobleme, da die persönlichen Netzwerke nur aus der Perspektive des Egos erhoben werden. Des Weiteren sind Rückschlüsse auf Sozialstrukturen im Sinne sozialer Beziehungen zwischen den Befragten nicht erlaubt (Pappi 1987; Marsden 2005).

Die Analyse von Gruppen und Komponenten in Netzwerken bildet die vierte Perspektive. Ausgehend von Dyaden und Triaden, die sich in so genannte Quadrupel, Quintupel, allgemein k-Tupel fortsetzen lassen, können auch größere Beziehungssysteme von Akteuren analysiert werden. Fasst man Akteure oder Elemente aufgrund ihrer engen Beziehungen zu einer Gruppe zusammen, so spricht man von einer Clique. Werden hingegen jene Akteure gruppiert, die exakt die gleichen (strukturell äquivalent) oder ähnliche Beziehungen (strukturell ähnlich) zu allen anderen Akteuren im Netzwerk aufweisen, so wird vielmehr von Blöcken oder Position als von Gruppen gesprochen. Mittels der Blockmodellanalyse (Lorrain/White 1971) ist es möglich, Netzwerkakteure so zu gruppieren, dass Akteure mit einer ähnlichen Beziehungsstruktur zu anderen in einer Gruppe zusammengefasst werden. Strukturell äquivalent sind somit Akteure, die über vollkommen übereinstimmende Beziehungsmuster von und zu allen anderen Akteuren verfügen. Da dies nur selten der Fall ist, hat Burt den Begriff der strukturellen Ähnlichkeit eingeführt. Der Schwellwert α, der von der Distanz zwischen den strukturell ähnlich klassifizierten Positionen abhängt, definiert, ab wann Akteure als strukturell ähnlich anzusehen sind (Ziegler 1987).

Grundsätzlich besteht aber die Möglichkeit, Gruppen aufgrund von theoretischen, empirischen oder konzeptuellen Kriterien zu bilden (Wasserman/Faust 1999). Diese Gruppen, die durch strenge[2] oder weniger strenge Kriterien festgelegt werden, können dann durch Netzwerkkennzahlen charakterisiert werden.

Schließlich bezieht sich der fünfte und letzte Analyseansatz auf Gesamtnetzwerke, wobei die Betrachtung komplexer Strukturmuster in der Regel eine vorherige Analyse auf der Ebene von Gruppen oder Blöcken voraussetzt. Zugleich werden mehrere Relationen, die für das gleiche Akteursset definiert sind, parallel untersucht.

2.3 Darstellung von Netzwerkbeziehungen

Die Gesamtheit der Beziehungen innerhalb eines Netzwerkes kann in Form von Soziogrammen (Moreno 1954) oder Matrizen dargestellt werden, wobei Soziogramme als die älteste und einfachste Form der Darstellung angesehen werden (Wasserman/Faust 1999; Freeman 2005). Diese Soziogramme stellen Netzwerke als Graphen dar, wo Akteure oder Knoten als Punkte und die zwischen ihnen bestehenden Beziehungen als Linien dargestellt werden. Im Fall ungerichteter Beziehungen spricht man von Kanten, bei gerichteten Beziehungen von Pfeilen. Basis hierfür ist die mathematische Graphentheorie. Die Ordnung der Punkte und die Längen der Kanten/Pfeile sind durch keine Regeln festgelegt und haben dementsprechend keine netzwerkanalytische Bedeutung. Eine übersichtliche Darstellung größerer Netzwerke mit hoher Beziehungsdichte ist praktisch unmöglich. Moderne Netzwerkanalyse-Software (vgl. zum Überblick Huisman/van Duijn 2005) hat aber das Repertoire der grafisch gestützten oder auch statistisch basierten Netzwerkanalyse beträchtlich erweitert (Krempel 2005), wobei die Algorithmen verschiedene Darstellungsziele wie Überschneidungshäufigkeit oder strukturelle Ähnlichkeit zu berücksichtigen versuchen. Matrizen als Form der Netzwerkdarstellung sind leichter zu erfassen und bilden die Ausgangsbasis für die Berechnung netzwerkanalytischer Maßzahlen.

2 Strenge Kriterien sind beispielsweise, wenn alle Akteure durch symmetrische und direkte Beziehungen miteinander verknüpft sind und keine weitere Person zu dieser Clique hinzugefügt werden kann, ohne dass die Symmetrie abhanden kommt (maximaler kompletter Subgraph). Bei bewerteten Beziehungen wird maximale Intensität gefordert (Schenk 1984).

Die zweite Darstellung der Netzwerkdaten kann durch Matrizenform erfolgen. In den Spalten der zweidimensionalen, quadratischen[3] Matrix sind die Sender j angeordnet und in den Zeilen stehen die Sender i, wobei jeder Akteur als Sender und Empfänger auftritt. Wasserman und Faust sprechen in diesem Zusammenhang wie erwähnt von einem one-mode-Netzwerk. Im Fall gerichteter Beziehungen ist die Matrix asymmetrisch und bei ungerichteten Beziehungen symmetrisch. Bei der symmetrischen Matrix teilt die Hauptdiagonale die Matrix in zwei identische Dreiecksmatrizen. Die Hauptdiagonale ist in der Regel leer, da Akteure zu sich selbst keine Beziehungen aufweisen (nicht reflexive Beziehungen). Durch die Form der Matrizendarstellung lassen sich sowohl dichotome Beziehungen (Adjäzenzmatrix oder Berührungsmatrix) als auch bewertete Beziehungen abbilden. Bestehen zu den Akteuren Informationen über deren Eigenschaften, so resultiert dies in einer rechteckigen Datenmatrix (Scott 1991). Weiterverarbeitet werden meist nur die relationalen Informationen, wobei aber mit Hilfe von speziellen Netzwerkanalyse-Programmen auch relationale und attributive Daten verknüpft (Huisman/van Duijn 2005) und ausgewertet werden können.

Schließlich seien noch Affiliations-Matrizen (bipartite Netzwerke) erwähnt, die Beziehungen zwischen Personen und Affiliationen abbilden. Affiliationen können Organisationen oder Verbände sein, aber auch Ereignisse oder Gelegenheiten verschiedenen Typs wie Events, Zusammenkünfte oder Treffen darstellen. Aus den Soziomatrizen lassen sich weitere Maßzahlen errechnen, wobei sich diese auf die Ebene des einzelnen Akteurs oder auf das Gesamtnetzwerk beziehen können. Letztlich lassen sich aus den Soziomatrizen noch weitere Matrizen ableiten, aus denen sich Maßzahlen zur Beschreibung von Dyaden ergeben. Zu diesen abgeleiteten Matrizen zählt unter anderem die Pfaddistanzmatrix, welche die Entfernung zwischen den Akteuren in der Länge des kürzesten Pfades angibt, und die Erreichbarkeitsmatrix, die aussagt, welche Personen ohne Berücksichtigung der Länge des Pfades von anderen aus erreicht werden können (Schenk 1984).

2.4 Netzwerkindizes für Akteure und Gesamtnetzwerke

Wie in den bisherigen Ausführungen dargestellt wurde, kann die Netzwerkanalyse auf fünf Ebenen angewendet werden. Im Folgenden sollen nur jene netzwerkanalytischen Maßzahlen vorgestellt werden, die sich auf die Ebene des Akteurs und des Gesamtnetzwerkes beziehen. Dies ist insofern sinnvoll, als dass sowohl bei den vorgestellten Studien als auch bei der Fallstudie nur jene zum Einsatz kommen. Die Ebenen der Teilgruppen und des Gesamtnetzwerkes werden hier gemeinsam betrachtet. Für diese Ebenen können strukturelle Merkmale berechnet werden, die anschließend als komparative oder kontextuelle Merkmale zur Kennzeichnung der Netzwerkelemente herangezo-

[3] In der Vorspalte und in der Kopfzeile steht exakt die gleiche Anzahl von Akteuren.

gen werden können (Jansen 2003). Auf eine ausführliche mathematische Darstellung wird hier verzichtet. Hier sei auf die Standardliteratur von Burt, Jansen, Scott, Wasserman/Faust und de Nooy/Mrvar/Batagelj verwiesen.

Eine der grundlegenden Anwendungen der Netzwerkanalyse besteht in der Identifikation des wichtigsten Akteurs. Um die Position des wichtigsten Akteurs im Netzwerk zu beschreiben, wurde eine Reihe von Verfahren entwickelt. Die Lokalisierung der Position kann grundsätzlich mit Hilfe der netzwerkanalytischen Konzepte Zentralität und Prestige erfolgen (Knoke/Burt 1983). Diese Konzepte gehen davon aus, dass ein Akteur aufgrund seiner Beteilung an vielen direkten und indirekten Beziehungen in der unmittelbaren Umgebung eine prominente[4] Rolle im Netzwerk einnimmt und somit für andere Akteure „sichtbar" ist. Dahinter steht die Annahme, dass prominente Akteure Zugang zu Netzwerkressourcen, Kontrollmöglichkeiten und Informationen haben (Jansen 2003).

Der Unterschied zwischen Zentralität und Prestige besteht darin, dass die Identifikation von Prestige gerichtete Beziehungen voraussetzt. Ein Akteur weist hohes Prestige auf, wenn er von vielen anderen Akteuren direkt gewählt wird, z. B. die Arbeiten eines Wissenschaftlers werden oft zitiert. Hingegen ist ein Wissenschaftler nach dem Zentralitätskonzept, das ungerichtete Beziehungen voraussetzt, schon zentral, wenn er andere Arbeiten zitiert. Zur Bestimmung der Zentralität soll im Folgenden auf die Indizes von Freeman (1973) zurückgegriffen werden: degree-basierte, closeness-basierte oder nähebasierte und betweeness-basierte Zentralität.

Degree-basierte Zentralität, ungerichtete Beziehungen	**Degree-basierte Zentralität, gerichtet Beziehungen, Outdegree**
$C_D(n_i) = d_i = \sum_j xij = \sum_j xji$	$C_D(n_i) = od_i = \sum_j xij$
normalisierte Zentralität $C'_D(n_i) = d_i/(n-1)$ für symmetrische Beziehungen	normalisierte Zentralität $C'_D(n_i) = od_i/(n-1)$ für asymmetrische Beziehungen

Tabelle 2: Degree-basierte Zentralitätsmaße für Akteure

4 Prominent und wichtig werden im diesem Kontext synonym verwendet.

Nähebasierte Zentralität	Normalisierte nähebasierte Zentralität
$C_C(n_i) = \left(\sum_{j=1}^{n} d(ni, nj) \right)^{-1} \quad i \neq j$	$C'_C(n_i) = \frac{n-1}{\left(\sum_{j=1}^{n} d(ni, nj) \right)} \quad i \neq j$

Tabelle 3: Nähebasierte Zentralitätsmaße für Akteure

Die einfachste Maßzahl (vgl. Tabelle 2) zur Beschreibung des Akteurs ist der Degree, auch als rangbasierte Zentralität C_D bezeichnet, welcher sich aus der Anzahl der direkten Beziehungen eines Akteurs errechnet. Liegen gerichtete Beziehungen vor, so werden zwei Arten unterschieden: Während der Indegree die Beziehungen zählt, die auf den betrachteten Akteur gerichtet sind, misst der Outdegree die ausgehenden Beziehungen des Akteurs. Setzt man diese Werte in Relation zu den möglichen Beziehungen (nicht reflexiv), erhält man standardisierte Werte, mit Hilfe derer Netzwerkvergleiche möglich sind. Der Grad der Eingebundenheit eines Akteurs ergibt sich nicht nur durch seine direkten, sondern auch über seine indirekten Verbindungen. Akteure mit hohen Degree-Werten gelten in Bezug auf die Humankommunikation als Informationsquellen (Schenk 1984).

Zentral oder in der Mitte ist gemäß der nähe- oder closeness-basierten Maßzahl jener Akteur, der über die kürzesten Verbindungen zu allen anderen Akteuren im Netzwerk verfügt. Diesem Konzept liegt das graphentheoretische Konzept der geodätischen Distanz (Pfaddistanz) zugrunde (vgl. Tabelle 3). Diese zentrale Position ermöglicht es dem Akteur, effizient im Netzwerk zu agieren, zum Beispiel Informationen schnell zu verbreiten und zu empfangen (Trappmann/Hummell/Sodeur 2005).

Voraussetzung für die Anwendung dieser Maßzahl ist ein verbundenes Netzwerk, da ansonsten jeder Akteur zu mindestens einem anderen Akteur die Pfaddistanz unendlich aufweist. Um doch nähebasierte Zentralitätsindizes berechnen zu können, werden unverbundene Akteure bei der Berechnung ausgeklammert (Jansen 2003).

Entsprechend der degree-basierten Maßzahl lassen sich standardisierte Werte berechnen, indem die Summe der Pfaddistanzen mit um Eins verminderter Anzahl vom Netzwerk multipliziert wird. Dieser standardisierte Index, der Werte zwischen Null und Eins annimmt, kann als invertierte durchschnittliche Distanz von einem Akteur zu den anderen Akteuren gesehen werden (Wasserman/Faust 1999).

Betweeness-basierte Zentralität	Normalisierte betweeness-basierte Zentralität
$C_B(n_i) = \frac{\sum_{j<k} gjk(ni)}{gjk}$	$C'_B(n_i) = \frac{C_B(n_i)}{[(g-1)(g-2)/2]}$

Tabelle 4: Betweeness-basierte Zentralitätsmaße für Akteure

Die letzte der drei Maßzahlen bildet die von Freeman entwickelte betweeness-basierte Zentralität C_B (vgl. Tabelle 4). Dieses Maß basiert auf der Häufigkeit bzw. Wahrscheinlichkeit eines Akteurs i, dass dieser auf der kürzesten Verbindung zwischen den anderen Akteuren k und j zu liegen kommt. Die Wahrscheinlichkeit wird für jedes Akteurspaar j und k betrachtet und entspricht dem Verhältnis der Zahl der Pfaddistanzen zwischen j und k, die durch i laufen, zur Zahl der überhaupt zwischen j und k verlaufenden kürzesten Verbindungen. Anschließend müssen diese Anteile über alle ungeordneten Paare ermittelt und aufsummiert werden, wobei das Paar, in dem der betrachtete Akteur Mitglied ist, nicht einzubeziehen ist (Jansen 2003).

Da das Betweeness-Maß von der Größe des Netzwerks abhängig ist und bestimmt, wie viele Paare im Endeffekt betracht werden können, bietet sich hier ein standardisierter oder normierter[5] Index an. Zum Standardisieren wird die größtmögliche Betweeness herangezogen, die ein Star in einem Sternnetz aufweist: $(n^2 - 3n + 2)/2$ (Jansen 2003).

Akteure mit hoher Betweeness-Zentralität sind typischerweise Akteure, die zwei ansonsten unverbundene Gruppen miteinander verbinden. In einem Graphen werden solche Akteure als Cutpoints bezeichnet, da ohne deren Vorhandensein der Graph in unverbundene Teile zerfallen würde (Trappmann/Hummell/Sodeur 2005). Diesen Akteuren, die über viele direkte Beziehungen bzw. kurze indirekte Wege zu allen anderen Akteuren verfügen, wird eine wichtige Vermittlerrolle zugesprochen, da sie Informationen nach Gutdünken zurückhalten bzw. weitergeben oder auch verzerren können (Schenk 1984). Betweeness-Maßzahlen lassen sich auch für gerichtete Beziehungen berechnen (White/Borgatti 1994).

An dieser Stelle sei noch auf das verwandte Konzept „Brokerage" hingewiesen, welches auf dem Konzept struktureller Löcher von Burt basiert, wobei unter strukturellen Löchern fehlende Beziehungen im Netzwerk verstanden werden. Ein Akteur, der als Brücke Teilgruppen miteinander verbindet, kann als Makler auftreten, d. h. Ressourcen zwischen diesen Teilnetzwerken handeln. In Abbildung 2 wäre dies der Akteur „You".

---

[5] Interessanterweise werden die Worte „standardisieren" und „normieren" sowie „normalisieren" in der einschlägigen Literatur meist synonym verwendet.

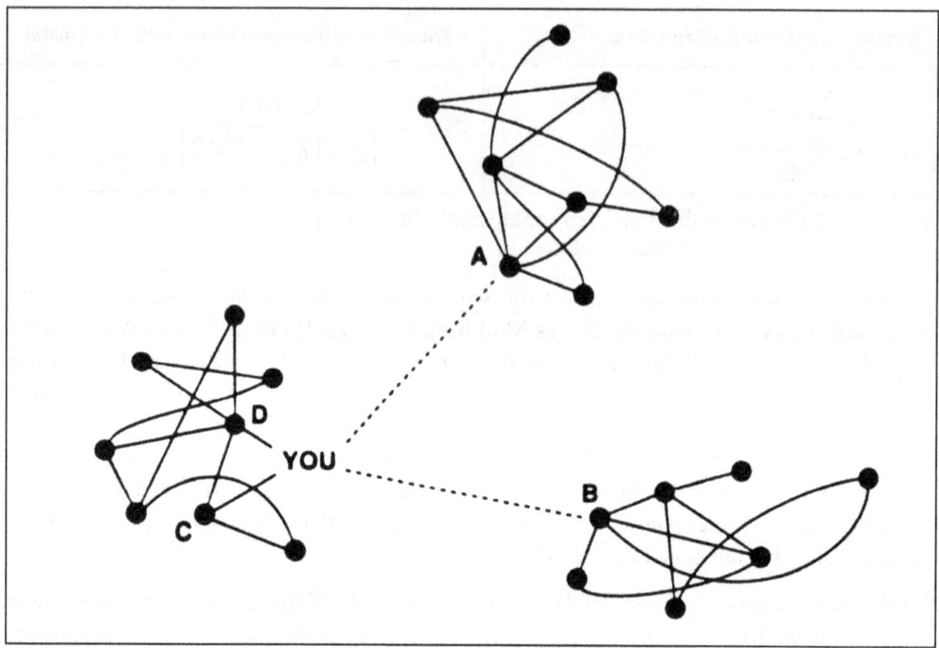

Abbildung 2: Strukturelle Löcher (Quelle: Burt 1992, S. 27)

Die Eruierung von zentralen Positionen spielt nicht selten eine Rolle, z. B. wenn man der Frage nachgeht, wie man eine Netzwerkarchitektur effizient fragmentieren kann, um den damit entstandenen Resten möglichst jede Kommunikation und damit die Basis koordinierten Handelns zu entziehen. Diese Überlegungen spielen etwa in der Zerschlagung von mafiöse Strukturen oder Terrorgruppierungen eine große Rolle (auch als Keyplayer Problem 1, KPP1, bezeichnet). Man kann aber auch die Fragestellung sozusagen „positiv" umkehren (Borgatti 2003), etwa dann, wenn es darum geht, jene Positionen zu eruieren, die in besonderer Weise für den Kommunikationsfluss in Netzwerken sorgen (Key Player Problem 2, KPP2). Ihnen müsste in einer Kommunikationsstrategie besondere

Fragmentierungskoeffizient für ungerichtete Beziehungen – KPP1	**Erreichbarkeitskoeffizient für ungerichtete Beziehungen – KPP2**
$^{D}F = 1 - \frac{2\sum_{i>j} \frac{1}{d_{ij}}}{n(n-1)}$	$^{D}R = \frac{\sum_{j} \frac{1}{d_{Sj}}}{n}$

Tabelle 5: Kennzahlen unter Berücksichtigung von Schlüsselpersonen

Netzwerkdichte	Netzwerkkohäsion	Netzwerkmultiplexität
$\Delta_k = \frac{\sum_{i=1}^{N}\sum_{j=i}^{N} xijk}{N(N-1)}$ $i \neq j$	$G = \frac{\sum_{i=j}^{N}\sum_{j=1}^{N} (xij + xji)}{([N(N-1)]/2)}$ $i \neq j$	$M = \frac{\sum_{i=1}^{N}\sum_{j=1}^{N} xij(m)}{N * (N-1)}$ $i \neq j$

Tabelle 6: Kennzahlen für Gesamtnetzwerke

Aufmerksamkeit gewidmet werden, um eine rasche Diffusion von Botschaften zu erreichen. Die Kennzahlen für die genannten Probleme sind in Tabelle 5 dargestellt, bezüglich des Verfahrens zur Eruierung der Koeffizienten wird auf die einschlägige Literatur von Borgatti verwiesen.

Die hier vorgestellte zweite Auswertungsvariante bezieht sich auf die Gesamtnetzwerke. Zunächst sind drei Kennzahlen (siehe Tabelle 6) zu unterscheiden (Knoke/Kuklinski 1984). Eine einfache und aussagekräftige Kennzahl stellt die Netzwerkdichte Δ_k dar, die als Verhältnis der im Netzwerk tatsächlich vorhandenen Beziehungen zu den möglichen Beziehungen definiert ist (Scott 1994).

Die Dichte gibt somit den Grad der Verbundenheit des Netzwerks an. Die Verbundenheit des Netzwerks gibt an, wie rasch sich Innovationen oder Nachrichten allgemein innerhalb eines Netzwerks verbreiten werden (Jansen 2003). Aufgrund der begrenzten Beziehungskapazität einzelner Akteure nimmt die Dichte mit zunehmender Größe ab.

Eine weitere Kennzahl bildet die Netzwerkkohäsion. Die Kohäsion, welche sich nur für gerichtete Netzwerke berechnen lässt, entspricht der Zahl der gegenseitigen Wahlen bezogen auf die maximale Zahl der Dyaden. Schließlich sei noch die Netzwerkmultiplexität erwähnt, als Zahl der multiplexen Beziehungen in Relation zu der Zahl der möglichen Beziehungen. Alle genannten Maßzahlen können Werte zwischen Null und Eins annehmen. Während Werte gegen Null ein weak-tie-Netzwerk implizieren, deuten Werte nahe Eins auf ein strong-tie-Netzwerk hin (Jansen 2003).

Das Konzept der Zentralität lässt sich nicht nur auf Akteure, sondern auch auf Gesamtnetzwerke anwenden. In diesem Fall spricht man von Zentralisierung eines Netzwerks, das darüber Auskunft gibt, wie gleich oder ungleich die individuellen Zentralitätswerte in einem Netzwerk verteilt sind bzw. wie das Netzwerk um fokale Akteure organisiert ist (Wasserman/Faust 1999; Scott 1991). Das Soziogramm in Abbildung 3 zeigt einen Graphen mit hoher Zentralisierung.

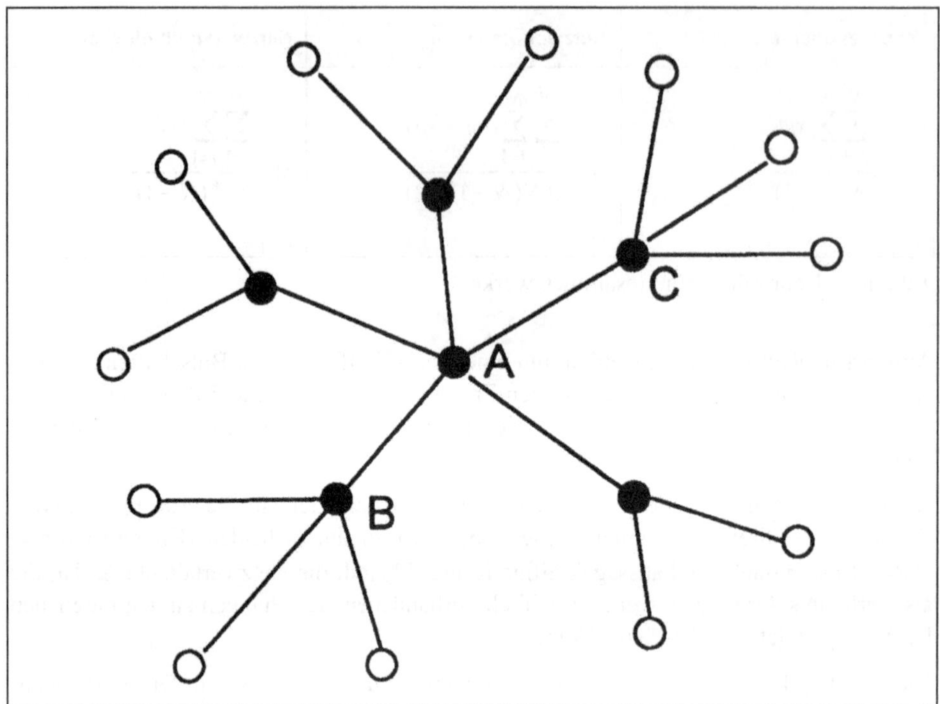

Abbildung 3: Zentralisierter Graph (Quelle: Haythornthwaite, C. 1996, S. 333)

Damit Informationen von Akteur B zu Akteur C gelangen, müssen diese A passieren. Wäre der Graph ein Kreis und somit ein dezentralisiertes Netzwerk, so gäbe es mehrere Wege bzw. Vermittler und keine Person könnte den Informationsfluss kontrollieren. Die Anordnung der Akteure im Netzwerk beeinflusst, wie schnell und einfach Informationen im Netzwerk verbreitet werden (Haythornthwaite 1996).

Entsprechend der Akteurszentralität hat Freeman (1979) einen allgemeingültigen Index entwickelt, der sich auf die drei erwähnten Zentralitätskonzepte anwenden lässt. Dieser Index berechnet sich dadurch, indem man die Summe der Abweichungen in der Punktzentralität aller Akteure vom jeweils zentralsten Akteur durch die maximale Zentralisierung des Netzwerks teilt. Die maximale Zentralisierung ist durch die Struktur des Sternnetzes und die Netzwerkgröße gegeben. Werte von Null bis Eins zeigen an, ob keine (Null) oder maximale (Eins) Unterschiede in der Zentralität der Akteure zu verzeichnen sind (Jansen 2003). Eine Sternstruktur würde dementsprechend auf maximale Unterschiede hinweisen. Analog zu den vorgestellten drei Konzepten der Akteurszentralität existieren auch drei Operationalisierungen von Netzwerkzentralität, die hier aber nicht weiterverfolgt werden sollen.

3. Netzwerkstudien für Zwecke der Marktforschung

Die Anwendungsgebiete der Netzwerkanalyse innerhalb des Marketings erstrecken sich über eine Vielzahl von Bereichen (Iacobbuci 1996). Im Folgenden sollen drei Anwendungsbeispiele, welche einen sinnvollen Einsatz der Netzwerkanalyse als Marktforschungsinstrument demonstrieren können, kurz dargestellt werden.

Henderson und Iacobucci (1996; 1998) haben sich intensiv mit der Anwendung der Netzwerkanalyse in der Markenforschung beschäftigt. Henderson et al. (1996) verstehen Märkte als Netzwerke (MAN) und haben unter Zuhilfenahme der Netzwerkanalyse das Markenwechselverhalten französischer und englischer Automobilkunden analysiert. Als Datengrundlage diente hierzu die Markenwechsel-Matrix von Ehrenberg; die Daten entstammen offiziellen Zulassungsstatistiken. Während in den Spalteneinträgen die aktuellen Kraftfahrzeuge der Konsumenten aufscheinen, beschreiben die Zeilen das vorher besessene Kraftfahrzeug. In dieser Untersuchung stellen somit die Automobilhersteller die Akteure dar und die Anzahl der gewechselten Kraftfahrzeuge kennzeichnet die Beziehung zwischen den Akteuren. Folgende Graphen skizzieren die Markenwechselströme. Bei diesem Markenwechseld-Datensatz handelt es sich um ein gerichtetes Netzwerk, d. h. die Kanten weisen eine Richtung auf.

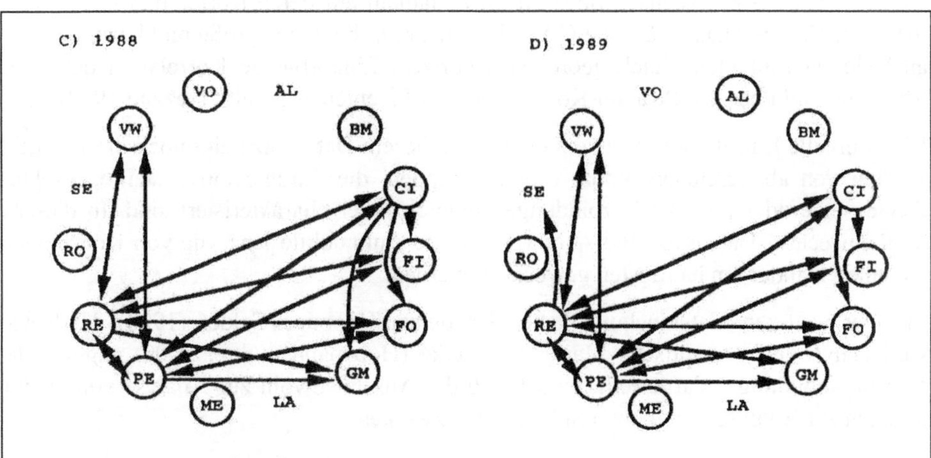

Abbildung 4: Französisches Markenwechsel-Netzwerk
(Quelle: Iacobucci et al. 1996, S. 234)

Zur Beschreibung der Akteure, im Netzwerk als Knoten oder Element bezeichnet, haben die Autoren die Zentralitätsindizes für gerichtete Netzwerke Degree (In- und Outdegree), Betweeness und Closeness, welche die Beteilung des Akteurs messen, herangezogen. In diesem Kontext sind jene Automobilhersteller zentral, die ein hohes Markenwechsel-Volumen aufweisen. Der Indizes Indegree erfasst die direkten eingehenden Beziehungen zu anderen Akteuren und somit zu welchen Automobilen die Kunden gewechselt haben. Im Gegensatz dazu misst der Outdegree als Indizes der direkten ausgehenden Beziehungen, von welchen Automobilen der Markenwechsel ausging. Das zweite angewandte Zentralitätsmaß Closeness, welches die Nähe des Akteurs zu allen anderen Akteuren und daher auch die indirekten Beziehungen erfasst, gibt an, ob Automobilmarken im Markt austauschbar sind. Wären in einem Netzwerk alle Automobilmarken fern voneinander, so wäre die Wahrscheinlichkeit hoch, dass Konsumenten ihre Automobilmarke eher nicht wechseln. In einem Netzwerk, in dem die Marken nah beieinander sind, könnte beispielsweise der Produktmanager von BMW hoffen, den Citroën-Kunden für einen Kauf zu gewinnen.

Automobilmarken, die aufgrund ihrer Betweeness-Zentralität als zentral gelten, können als „Markenwechsler-Autos“ interpretiert werden, da dieser am häufigsten verwendete Zentralitätsindex die Anzahl der kürzesten Verbindungen zwischen Punktepaaren, die durch den Punkt laufen, ermittelt. Ob Marktstrukturen in einem Zeitraum hinweg stabil bleiben, wurde durch die Anwendung der Quadratic Assignment Procedure (QAP) errechnet. Mit diesem nicht parametrischen Verfahren ist es möglich, Matrizen und demzufolge auch Markenwechsel-Matrizen im Zeitablauf auf deren Korrelation hin zu vergleichen. Voraussetzung für eine QAP sind quadratische, gleichgroße und bezüglich der analysierten Einheiten gleich geordnete Matrizen. Eine etwaige Korrelation der zwei Matrizen wird über den Pearson-Korrelationskoeffizienten ermittelt (Trezzini 1998).

Der sinnvolle Einsatz der Netzwerkanalyse an diesem Datensatz zeigt noch die Identifizierung von abgegrenzten, kohäsiven Subgruppen, die durch relative starke, direkte, dichte, enge oder positive Verbindungen untereinander charakterisiert sind. In diesem Markenwechsel-Datensatz sind stark verbundene Automobile jene, die von Konsumenten untereinander am häufigsten gewechselt werden.

In einer weiteren Untersuchung haben Henderson/Iacobucci/Calder (1998) die Netzwerkanalyse auf semantische Markennetzwerke (Holzmann/Wührer 2000) angewandt. Wie in Abbildung 5 dargestellt, eignet sich der Ansatz sowohl zur Analyse von einem als auch zur Analyse von mehreren Markennetzwerken.

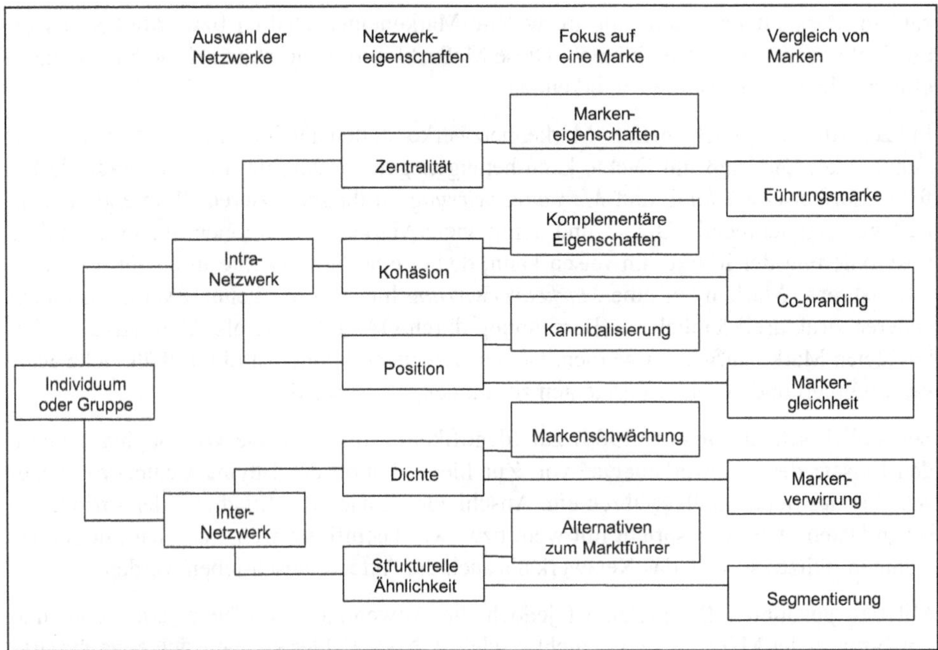

Abbildung 5: Netzwerkeigenschaften und Markeneffekte
(Quelle: Henderson/Iacobucci/Calder 1998, S. 316)

Produktmerkmale mit hohen Zentralitätswerten sind jene *Markeneigenschaften*, die von den Verbrauchern als besonders zutreffend, charakteristisch oder typisch für diese Marke wahrgenommen werden. Der degree-basierte Zentralitätsindex bestimmt die Bedeutung des Knotens für die Aktivationsausbreitung im Netz. Je höher der Grad eines Knotens, desto wahrscheinlicher wird dieser aktiviert werden und desto mehr an Aktivation wird er im Markennetz weiterleiten können. Ein Knoten mit hohen closeness-basierten Zentralitätswerten ist unabhängig davon, durch die assoziative Bahnung von anderen Knoten aus aktiviert zu werden. Stattdessen aktiviert dieser Knoten durch die Aktivationsausbreitung maßgeblich mit ihm verbundene Knoten. Knoten mit hoher betweeness-basierten Zentralität steuern ganz wesentlich die Aktivationsausbreitung bzw. besitzen aufgrund der hohen assoziativen Bahnung eine große Wahrscheinlichkeit, aktiviert zu werden. Der Zentralitätsindex zum Vergleich mehrer Marken (z. B. Markenportfolio) identifiziert die führenden Marken. Kohäsive Subgruppen (Cliquen) vereinen jene Markeneigenschaften, die stets gemeinsam aktiviert werden, die zueinander in einer überaus starken Beziehung stehen und somit aus Sicht von Henderson/Iacobucci/Calder als komplementär anzusehen sind. Komplementäre Marken wären Marken, mit denen *Co-branding*-Strategien verfolgt werden können. Strukturelle Ähnlichkeit als Positionsmaßzahl in Markennetzwerken gibt an, welche Markeneigenschaften bzw. Marken als redundant angesehen werden können. Diese Maßzahl wird genutzt, um Kannibalisierungseffekte oder gleiche Marken zu erkennen.

Indizes zum Vergleich mehrer Markennetzwerke stellen Dichte und strukturelle Ähnlichkeit dar. Die Maßzahl Dichte kann herangezogen werden, um im Zeitablauf die Effekte *Markenschwächung* und *Markenverwirrung* zu diagnostizieren. Während eine im Zeitablauf zunehmende Dichte und somit viele Markenassoziationen auf eine unklare Positionierung der Marke hinweisen kann, deutet eine hohe Dichte in einem Netzwerk mit mehreren Marken auf eine *Markenverwirrung* hin. Ein Markennetzwerk, das einem anderen strukturell ähnlich ist (Berechnung durch QAP), könnte als Alternative zur betrachteten Marke aufgefasst werden. Dementsprechend können strukturell ähnliche Marken gruppiert und zu Marktsegmenten zusammengefasst werden.

Schließlich schlägt Bristor (1988) zur Identifikation und Analyse von Buying Centern den Einsatz der Netzwerkanalyse vor. Zur Identifikation der Buying-Center-Mitglieder setzt sie das Schneeballverfahren ein. Anschließend, nach der Erhebung der soziometrischen Daten, wie „wer spricht mit wem bzw. wer beeinflusst wen", können mit den erwähnten Indizes sowohl das Netzwerk als auch die Akteure beschrieben werden.

Mit den genannten Beispielen ist jedoch die Anwendung von Netzwerkstudien und -analysen in der Marktforschung nicht erschöpft. Neue Felder ergeben sich etwa für strategische Fragestellungen, die sich mit Wettbewerbsvorteilen und der Dynamik von Geschäften von Unternehmen in und durch Netzwerke (Ghauri/Hadjikhani/Johanson 2005) auseinandersetzen. Sie erweitern damit die Vorschläge, die schon von Iacobucci (1996) im Standardwerk „Networks in Marketing" gemacht wurden.

4. Fallstudie zur angewandten Marktforschung

4.1 Ausgangssituation

Ein international tätiges medizintechnisches Unternehmen führt regelmäßig Kongresse für Fachärzte, medizinische Leiter von Krankenhäusern und Ambulanzen sowie Vorstände von Instituten an medizinischen Fakultäten durch. Im Schnitt sind es pro Jahr ca. zwei Kongresse, die an unterschiedlichen Orten weltweit stattfinden. Diese Kongresse werden erfahrungsgemäß zu intensiver Kommunikation und Erfahrungsaustausch zwischen den einzelnen Teilnehmern selbst, aber auch mit dem Unternehmen genutzt. Darüber hinaus sind diese Kongresse gesellschaftlich attraktive Veranstaltungen, die in der Fachwelt eine hohe Reputation genießen. Das Unternehmen hat sich auf 4-D-Utraschall-

Technologie spezialisiert und ist führend in diesen Verfahren zur gynäkologischen Diagnose.

Die Marketingabteilung des Unternehmens verfügt in seinem Marketing-Informationssystem über eine relationale Datenbank (de Nooy/Mrvar/Batagelj 2005, S. 298 ff.). In ihr sind die An-/Abwesenheiten von 120 Zielpersonen an Frühjahrs- bzw. Herbstkongressen der letzten fünf Jahre[6] gespeichert. Die Ausgangsmatrix stellt also einen bipartiten Graphen dar, in der die Teilnehmer die Zeileneingänge und die Frühjahrs- und Herbstkongresse die Spalteneingänge bilden. Aus dieser Affilationsmatrix lässt sich durch Transposition (Jansen 2003) eine Personen-Personen-Matrix erstellen, welche die Basis für die netzwerkanalytischen Berechnungen darstellt. Darüber hinaus stehen in dieser relationalen Datenbank vielfältige Informationen zur Verfügung. Sie geben zum einen Auskunft über Demographie der Zielpersonen sowie Aufgeschlossenheit und Bereitschaft gegenüber neuen Technologien (zum TRI vgl. Parasuraman/Colby 2001; Wührer 2005), zum anderen über installierte Geräte, das Entscheidungsverhalten (Backhaus 1999) bei Anschaffungen und die beteiligten organisatorischen Einheiten sowie die Ausstattung mit 4-D-Ultraschallgeräten in den einzelnen Fachpraxen, Ambulatorien, Krankenhäusern und Instituten. Aufgrund der regelmäßigen Informationsrecherchen weiß die Marketingabteilung auch, in welchen Fachgebieten die Zielgruppe publiziert und welche Forschungsschwerpunkte und Erfolge die einzelnen Institutionen und Personen haben. Daneben kann im Marketing-Informationssystem recherchiert werden, in welchen medizinischen Vereinigungen und Fachgesellschaften die genannte Personengruppe Mitglied ist. Die Datensituation stellt sich insgesamt so dar, dass alle Informationsdimensionen abgedeckt werden können; die Netzwerkbeziehungen sind abgebildet, daneben stehen Informationen zu den Merkmalsvektoren zur Verfügung. Über die Einbettung der Akteure können ebenfalls Angaben gemacht werden.

Das Unternehmen steht vor der Einführung der nächsten Generation von 4-D-Utraschallgeräten. Die kommende Technologie zeichnet sich durch noch schnellere Erfassung und erhöhte Bildqualität aus, was die Interpretation erleichtert und die Sicherheit der Diagnose erhöht. Für die Markteinführung des Geräts möchte man gezielt die Kommunikationsbeziehungen zwischen den einzelnen Fachärzten und Institutionen nutzen, da man sich davon eine schnellere Diffusion (de Nooy/Mrvar/Batagelj 2005; Powell/Koput/ Smith-Doerr 2004) der neuen Technologie am Markt erhofft.

Die den Kommunikationsnetzwerken zugrundeliegenden theoretischen Ansätze werden hier nicht vorgestellt. Interessierte Leser seien auf Monge/Contractor (2003) verwiesen.

[6] Es handelt sich hier um mit PAJEK simulierte Daten (de Nooy/Mrvar/Batagelj 2005). Die Anregung zu dieser Fallstudie kommt jedoch aus einem Beratungsprojekt, über das aus Gründen der Vertraulichkeit nicht weiter berichtet werden kann.

4.2 Kommunikationsnetzwerk – Allgemeine Darstellung

Die Darstellung von Netzwerken kann, wie schon erwähnt, auf verschiedene Art und Weise erfolgen. Die Visualisierung lässt bei kleinen Netzwerken relativ gut die Architektur erkennen. Es ist zu sehen, welche Akteure im Zentrum stehen, wie die Semiperipherie zusammengesetzt ist und wer sich an den Rändern befindet. Verschiedene Verfahren (de Nooy/Mrvar/Batagelj 2005) stehen zum Zeichnen von Netzwerken zur Verfügung. Diese visuelle Inspektion stößt verhältnismäßig schnell an ihre Grenzen, wenn es sich um größere Netzwerke handelt. Außerdem sind die Inspektionsergebnisse auch davon abhängig, wie die Strukturen dargestellt werden.

In Abbildung 6 ist das gesamte Netzwerk der 120 Teilnehmer (TN) an den Kongressen der letzten fünf Jahre visualisiert. Die Zugehörigkeiten bzw. die Teilnehmertypen Facharzt (mittelgrau gefärbt), medizinische Leiter von Krankenhäusern und Ambulatorien (hellgrau gefärbt) und Leiter von Universitätsinstituten (dunkelgrau gefärbt) sind durch unterschiedliche Grauabstufungen kenntlich gemacht.

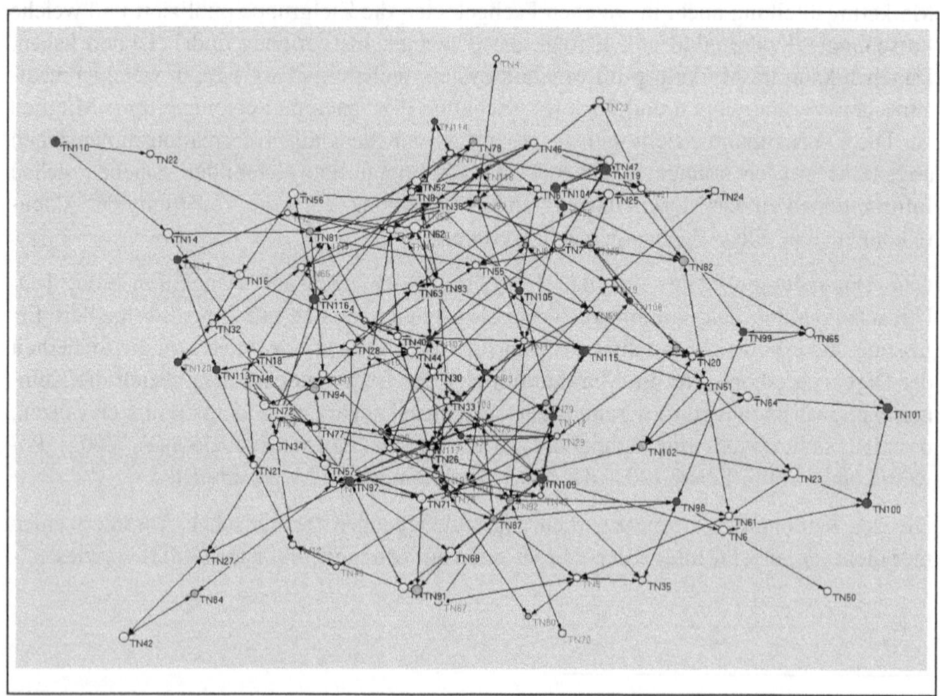

Abbildung 6: Netzwerkvisualisierung, n = 120

Maßzahlen	Akteure		
	In-/Outdegree	Nähebasierte Zentralität (normalisiert)	Betweeness-Zentralität (normalisiert)
Summe	470		
Mittelwert	3,917	434,75 (27,6 %)	157,875 (2,25 %)
Standardabweichung	1,447	40,364 (2,47 %)	122,822 (1,75 %)
Minimum	1 = 0,834 %	355,0 (21,87 %)	0 (0 %)
Maximum	7 = 5,88 %	40,36 (2,47 %)	562,346 (8,01 %)
# isolierte Akteure	0		
# Randteilnehmer	4		
Geschlossenheit (%)	100		

Tabelle 7: Akteursmaßzahlen

Die allgemeine Beschreibung des Kommunikationsnetzes ist anhand von statistischen Parametern möglich (Tabelle 7). Diese Vorgehensweise vermittelt einen ersten, wenn auch abstrakten Eindruck der Strukturen. Das gesamte Netzwerk ist geschlossen, wobei auch aufgrund des Vorgehens bei der Datengewinnung nichts Anderes zu erwarten war. Insgesamt gibt es 470 symmetrische Kommunikationsbeziehungen zwischen den einzelnen Personen. Im Schnitt kommuniziert ein Teilnehmer mit ca. vier anderen während dieser Konferenzen, im Minimum sind es 1 Alter bzw. 7 Alteri maximal. Vier Personen nehmen sehr selten an den Kongressen teil. Drei davon befinden sich an den Rändern des Netzwerks und sind nur durch eine Beziehung mit diesem verbunden. Es handelt sich, wie in der Visualisierung ersichtlich, um TN4, TN50 und TN70. Der vierte (TN62) ist durch andere Knoten im Netzwerk verdeckt und so nicht erkennbar.

Die Betweeness-Zentralität der einzelnen Akteure liegt im Mittel bei 2,25 %, die Spannweite zwischen 0 und 8 %. Die nähebasierte Zentralität der Akteure erreicht im Mittel den Wert von 27,6 %. Wäre ein anderes Kommunikationsnetzwerk gegeben, zum Beispiel durch die Anwesenheitslisten anderer Fachkongresse über einen gleichen Zeitraum hinweg, dann könnten die normalisierten Kennwerte der Akteure miteinander verglichen werden und die Unterschiede zusätzlich interpretiert werden.

Von den maximal möglichen Kommunikationsbeziehungen sind 3,3 % realisiert. Der Durchmesser des Netzes beträgt sieben Schritte, wie aus der Verteilung erschlossen werden kann. Die durchschnittliche Pfaddistanz im Netz beträgt 3,6 Schritte. Die Zentralisierungsindizes für das Kommunikationsnetz betragen: Degree = 98,35 %, Closesness 11,99 % und Betweeness 5,8 %

Die Verteilung der Beziehungen ist von besonderer Bedeutung für die Ausbreitung von Informationen im betrachteten Personenkreis (Tabelle 8). Die kumulierte Darstellung der Beziehungshäufigkeiten in Prozent würde den Nachweis eines typischen S-förmigen Verlaufs der Entwicklung über alle Personen in der Zielgruppe hinweg ergeben. Es kann aber angenommen werden, dass sich in diesem Kommunikationsnetzwerk manche Akteure ganz besonders durch ihre Erreichbarkeit auszeichnen. Sie stehen quasi in der Mitte des Netzwerkes und können von bis zu sieben anderen TNs erreicht werden oder diese erreichen. TN9 ist so ein Teilnehmer. Es lässt sich darüber hinaus auch sagen, dass die Anzahl der direkten Verbindungen ein Maß für die mögliche Kommunikationsaktivität (Jansen 2003) eines TN_i ist. Das Repertoire von TN4, TN50, TN62 und TN70 ist diesbezüglich sehr eingeschränkt. Sie würden sich keinesfalls als Startpunkte für eine Kommunikationskampagne eignen.

Für die Teilnehmer/-innen existieren mehrere Merkmalsvektoren, die mit den genannten Kennziffern in Verbindung gebrachten werden können. Die Marketingabteilung steht nun vor der Frage, welche und wie viele der Teilnehmer/-innen als Schlüsselpersonen und Ausgangspunkte für die Kommunikationsprozesse zu sehen sind. Diese Fragestellung folgt einem typischen Vorgehen der Word-of-mouth-Studien (WOM-Studien) (Rogers/Kincaid 1983; Reingen/Kernan 1986; Reingen 1987), die eine Netzwerkanalyse als wesentlichen Ansatz zur Kommunikationsplanung ansehen.

Anzahl Verbindungen	Häufigkeit	Häufigkeit in %	Kumulierte Häufigkeit	Kumulierte Häufigkeit in %	Typischer TN_i
1	4	3.3	2	3.3	TN4
2	17	14.2	19	17.5	TN6
3	25	20.8	46	38.3	TN14
4	38	31.7	84	70.0	TN2
5	17	14.2	101	84.2	TN5
6	13	10.8	114	95.0	TN1
7	6	5.0	120	100	TN9
Summe	120	100			

Tabelle 8: Verteilung der Kommunikationsverbindungen im Netzwerk

4.3 Identifikation von Schlüsselpersonen im Kommunikationsnetzwerk

Zunächst geht es darum, die Schlüsselpersonen in dem Kundennetzwerk des Unternehmens zu identifizieren. Alle Teilnehmer/-innen könnten zu diesem Personenkreis zählen. Eine schrittweise Berechnung (Borgatti 2003) zur besten Erreichbarkeit der TN_i im Kommunikationssystem zeigt folgende Entwicklung (vgl. Tabelle 9): Mit einer Person, TN 37, erreicht man 38,7 % der Teilnehmer/-innen. Wird eine Gruppengröße von zwei angegeben, dann erhöht sich die Kommunikationsreichweite auf 47,4 %, bei drei sind es 52,9 %. Mit vier kontaktierten Schlüsselpersonen - TN9, TN15, TN38 und TN92 - als Startbasis erreichen wir schon 57,9 % der gesamten Teilnehmer. Eine vergleichende Betrachtung zeigt im Übrigen, dass die Zusammensetzung im hier simulierten Datensatz mit den oben genannten Netzwerkeigenschaften dazu führt, dass TN9 offensichtlich kaum durch andere Teilnehmer/innen ersetzt werden kann. Er oder sie findet sich in fast allen Gruppierungen wieder. Eine schrittweise Einbeziehung zusätzlicher TN_i führt schließlich dazu, dass bei einer Gruppengröße von acht fast drei Viertel im Kommunikationsnetzwerk erreicht werden. Idealerweise gehören TN_{9*}, TN_{38*}, TN_{75*}, TN_{83*}, TN_{92*}, TN_{93*}, TN_{97*} und TN_{102*} dazu. Exemplarisch kann für jeden der Schlüsselteilnehmer TN_{k*} gezeigt werden, wie sich dessen Ego-zentriertes Netzwerk aufspannt (Abbildung 7). Der Zugang von TN_{9*} zu den weiteren Personen läuft über TN_{17}, TN_{22}, TN_{32}, TN_{36}, TN_{48}, TN_{55} und TN_{90}. Von dort verzweigt sich der Kommunikationsfluss auf die anderen Mitglieder, um dann über drei weitere Zwischenschritte die am weitesten entfernten zu erreichen.

Ein solches Netzwerk lässt sich für jede der ausgezeichneten Schlüsselpersonen darstellen und mit seinen Parametern berechnen. Es kann auch kalkuliert werden (de Nooy/Mrvar/Batagelj 2005), wie der Diffusionsverlauf von diesen Startpunkten aus im Vergleich zu nicht genannten TN_{k*} optimaler und schneller erfolgt.

Werden neun Schlüsselpersonen als Startpunkt für die Kampagne eingesetzt, dann werden 75,6 % der gesamten Teilnehmer erreicht. Bei einer sukzessiven Steigerung der Schlüsselpersonen könnte die Reichweite auf 100 % gesteigert werden. Die Frage ist allerdings, ob das gewünscht ist und welche zusätzlichen Kosten dadurch entstehen. Interessant ist, dass TN_{9*} in der Gruppe der Schlüsselpersonen verhältnismäßig konstant bleibt. Offensichtlich kommt ihr aufgrund der Netzwerkposition eine ganze besondere Bedeutung zu.

Anzahl der Schlüssel-personen TN_{k^*}	Schlüsselpersonen TN_{k^*}	Anzahl erreichter Personen im Netzwerk insge-samt in %
1	TN_{37}	38,7
2	TN_{90}, TN_{109}	47,4
3	TN_9, TN_{15}, TN_{92}	52,9
4	TN_9, TN_{15}, TN_{38}, TN_{92}	57,9
5	TN_9, TN_{38}, TN_{83}, TN_{92}, TN_{97}	62,6
6	TN_9, TN_{75}, TN_{82}, TN_{83}, TN_{92}, TN_{97}	66,5
7	TN_9, TN_{75}, TN_{82}, TN_{83}, TN_{92}, TN_{93}, TN_{97}	70,1
8	TN_9, TN_{38}, TN_{75}, TN_{83}, TN_{92}, TN_{93}, TN_{97}, TN_{102}	73,1
9	TN_9, TN_{38}, TN_{44}, TN_{75}, TN_{83}, TN_{92}, TN_{93}, TN_{97}, TN_{102}	75,6

Tabelle 9: Schlüsselpersonen im Kommunikationsnetzwerk

Weiterführende Überlegungen können dahingehend angestellt werden, dass zum Beispiel untersucht wird, welche der Schlüsselpersonen TN_{k*} mit bestimmten Gruppen von TN_i besonders häufig kommunizieren. Dies wäre dann im Zuge einer Kreuztabellierung möglich, wo die einzelnen Zugehörigkeiten zu den Zielgruppen und den Schlüsselpersonen darstellt werden. Eine Verfeinerung dieser Analyse könnte sich auch mit der Beantwortung der Frage auseinandersetzen, welche Zielgruppen - Fachärzte, Institutsvorstände und medizinische Leiter von Krankenhäusern und Ambulatorien - durch eine sukzessive Steigerung der Anzahl der Schlüsselpersonen TN_{k*} zusätzlich erreicht werden. Die in der relationalen Datenbank vorhandenen Informationen des Marketing-Informationssystems lassen sich nach verschiedenen Überlegungen hin verknüpfen, auswerten und modellieren. Dies ist eine Frage der Qualität und Datendifferenzierung des Systems.

An dieser Stelle muss jedoch kritisch angemerkt werden, dass man nicht vollständig davon ausgehen kann, dass die bloße Anwesenheit zu regen Informationsflüssen zwischen den Teilnehmern führt. Wir wissen alle, dass auf Fachkongressen Teilnehmer nicht kommunizieren können bzw. wollen. In diesem Fall wäre eine zusätzliche Beobachtung bzw. Befragung der Teilnehmer vor Ort sicherlich angebracht.

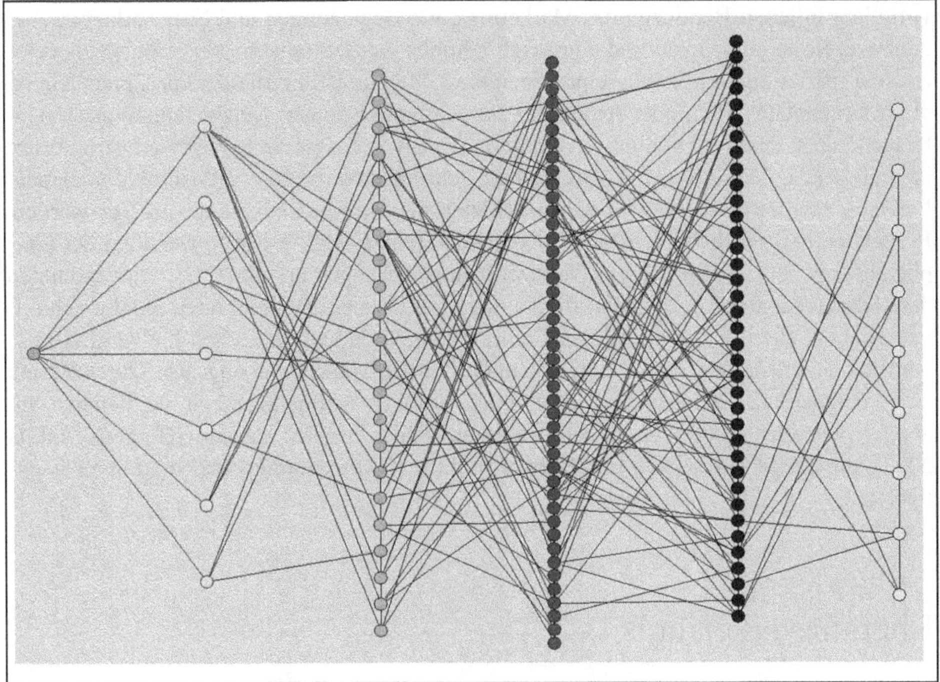

Abbildung 7: Ego-zentriertes Netzwerk von TN_9 (links außen)

5. Zusammenfassung und Ausblick

Ziel dieses Beitrags war es, den Einsatz der Netzwerkanalyse in der Marktforschung zu skizzieren. Ausgehend von den einführenden Grundlagen wurden beispielhaft Einsatzgebiete vorgestellt. Hier wurde vor allem die breite Anwendungsmöglichkeit dieses Instruments ersichtlich bzw. deren Monopolstellung in der Analyse relationaler Daten. Anschließend wird an einem simulierten Datensatz die Vorgehensweise netzwerkanalytischer Berechnungen demonstriert. Durch die Analyse des Netzwerkes können gezielt in einem weiteren Planungsschritt Kommunikationsstrategien entwickelt werden. Auf Basis der Beispiele in diesem Beitrag lässt sich somit schließen, dass die Netzwerkanalyse im Rahmen der Marktforschung einen hohen Stellenwert einnimmt, bedeutende Entwicklungspotenziale aufweist und somit das Repertoire der traditionellen Marktforschungsinstrumente vergrößert. Die Wichtigkeit der Netzwerkstudien zeigt sich vor allem in jenen Bereichen des Marketings, wo Beziehungen und Netzwerke eine bedeutende Rolle einnehmen und empirisch erhoben werden müssen, sei es beispielsweise zur Identifizierung von Schlüsselpersonen bzw. Meinungsführern oder zur Untersuchung von Markennetzwerken oder regionalen Innovationssystemen. Netzwerkanalytische Untersuchungen geben schließlich Auskunft darüber, wie das gesamte Netzwerk strukturiert ist und welche Akteure oder Konzepte eine zentrale bzw. periphere Position einnehmen. Letzteres erlaubt diesbezüglich die Identifizierung von Machtpositionen in Netzwerken. Ein weiterer wesentlicher Vorteil der Netzwerkstudien liegt in der Anwendung der Graphentheorie, die aussagekräftige Netzwerkvisualisierungen erlauben. Die Anwendungen der Netzwerkanalyse in der Marktforschung sind aber bei Weitem noch nicht erschöpft und erlauben die Lösung vielfältiger Fragestellungen. Jedoch muss erwähnt werden, dass einzelne Themengebiete der Netzwerkstudien in der Marktforschung, wie Gütekriterien und geeignete Erhebungsinstrumente, noch erhöhte Aufmerksamkeit verdienen (vgl. ähnlich Marsden 2005). Nicht zu vergessen sind ethische Aspekte (Borgatti/Molina 2003), die der Marktforscher und Berater in diesem Anwendungsbereich zu berücksichtigen hat.

Literaturverzeichnis

Backhaus, K. (1999): Industriegütermarketing, 6. Aufl. München.

Borgatti, St. (2003): The Key Player Problem, in: Breiger, R./Carley K./Pattison, Ph. (Hrsg.), Dynamic Social Network Modeling and Analysis. Workshop Summary and Papers, Washington, S. 241-252.

Borgatti, St./Molina, J.L. (2003): Ethical and Strategic Issues in Organizational Social Network Analysis, in: The Journal of Applied Behavioral Science, 3(39), S. 337-349.

Brinkmeier, M./Schank, Th. (2005): Network Statistics, in: Brandes, U./Erlebach, Th. (Hrsg.), Network Analysis. Methodological Foundations, Berlin, Heidelberg, S. 293-317.

Bristor, J.M. (1988): Coalitions in Organizational Purchasing: An Application of Network Analysis, in: Advances in Consumer Research, 15, S. 563-568.

Brunnthaller, M./Wührer, G.A. (2005): Marketing und Netzwerke - Anmerkungen zur Netzwerkkomponente von Unternehmen im oberösterreichischen Technologiecluster, in: Feldbauer-Durstmüller, B./Schwarz, R./Wimmer, B. (Hrsg.), Handbuch Controlling und Consulting. Festschrift für Harald Stiegler zum 65. Geburtstag, Wien, S. 123-143.

Burt, R.S. (1983): Studying status/role sets using mass surveys, in: Burt, R.S./Minor, M.J. (Hrsg.), Applied network analysis. A Methodological Introduction, Beverly Hills, S. 100-118.

Burt, R.S. (1992). Structural Holes. The social structure of competition, Cambridge.

Canon, J.P./Sheth, J.N. (2000): Developing a Curriculum to Enhance Teaching of Relationship Marketing, in: Sheth, J.N./Parvatiyar, A. (Hrsg.), Handbook of Relationship Marketing, Thousand Oaks, London, Delhi, S. 589-608.

Cantner, U./Holger, G. (2006): The network of innovators in Jena. An application of social network analysis, in: Research Policy, 35. Jg., Nr. 4, S. 463-480.

Coleman, J.S./Katz, E./Menzel, H. (1966): Medical innovation. A diffusion study, Indianapolis.

de Nooy, W./Mrvar, A./Batagelj, V. (2005): Exploratory social network analysis with Pajek, New York.

Frank, O. (2005): Network Sampling and Model Fitting, in: Arrington, P.J./Scott, J./Wasserman, St. (Hrsg.), Models and Methods in Social Network Analysis, Cambridge, New York, Melbourne, Madrid, Cape Town, Singapore, Sao Paulo, S. 31-56.

Freeman, L.C. (1979): Centrality in social networks. Conceptual clarification, in: Social Networks, 1, S. 215-239.

Freeman, L.C. (2004): The development of social network analysis. A study in the sociology of science, Vancouver BC.

Freeman, L.C. (2005): Graphic Techniques for Exploring Social Network Data, in: Carrington, P.J./Scott, J./Wasserman, St. (Hrsg.), Models and Methods in Social Network Analysis, Cambridge, New York, Melbourne, Madrid, Cape Town, Singapore, Sao Paulo, S. 248-269.

Granovetter, M. (1973): The strength of weak ties, in: American Journal of Sociology, 78. Jg., S. 1360-1380.

Ghauri, P./Hadjikhani, A./Johanson, J. (2005): Managing Opportunity Development in Business Networks, Houndsmills, Basingstoke, Hampshire.

Haythornthwaite, C. (1996). Social network analysis. An approach and technique for the study of information exchange, in: Library and Information Science Research, 18, S. 323-342.

Henderson, G.R./Iacobucci, D./Calder, B.J. (1998): Brand Diagnostics. Mapping Branding Effects Using Consumer Associative Networks, in: European Journal of Operational Research, 111. Jg., Nr. 2, S. 306-327.

Holzmann, Th./Wührer, G.A. (2000): Kognitive Landkarten zur Entscheidungsunterstützung im Markenmanagement, in: Foscht, Th./Jungwirth, G./Schnedlitz, P. (Hrsg.), Zukunftsperspektiven für das Handelsmanagement. Konzepte - Instrumente -

Trends. Festschrift für Herrn o. Univ.-Prof. Dipl.-Kfm. Dr. Hans-Peter Liebmann, Frankfurt am Main, S. 429-443.

Huisman, M./van Duijn, M.A.J. (2005): Software for Social Network Analysis, in: Carrington, P.J./Scott, J./Wasserman, St. (Hrsg.), Models and Methods in Social Network Analysis, Cambridge, New York, Melbourne, Madrid, Cape Town, Singapore, Sao Paulo, S. 270-316.

Iacobucci, D. (1996): Introduction, in: Iacobucci, D. (Hrsg.), Networks in Marketing, Thousand Oaks.

Iacobucci, D. et al. (1996): Network Analyses of Brand Switching Behavior, in: International Journal of Research in Marketing, 13. Jg., Nr. 5, S. 415-429.

Jansen, D. (2003): Einführung in die Netzwerkanalyse. Grundlagen, Methoden, Forschungsbeispiele, Opladen.

Kappelhoff, P. (1999): Der Netzwerkansatz als konzeptueller Rahmen für eine Theorie interorganisationaler Netzwerke, in: Sydow, J./Windeler A. (Hrsg.), Steuerung von Netzwerken, Opladen.

Knoke, D./Kuklinski, JH. (1982): Network analysis. Quantitative applications in the social sciences, 28, Newbury Park.

Knoke, D./Burt, R.S. (1983): Prominence, in: Burt, R.S./Minor, M.J. (Hrsg.), Applied network analysis. A Methodological Introduction, Beverly Hills, S. 95-222.

Krempel, L. (2005): Visualisierung komplexer Strukturen. Grundlagen der Darstellung mehrdimensionaler Netzwerke, Frankfurt.

Laumann, E.O. (1973): Bonds of pluralism, New York.

Lorrain, F./White, H.C. (1971): Structural equivalence of individuals in social networks, in: JMS, 1. Jg., S. 49-80.

Marsden, P.V. (2005): Recent Developments in Network Measurment, in: Carrington, P.J./Scott, J./Wasserman, St. (Hrsg.), Models and Methods in Social Network Analysis, Cambridge, New York, Melbourne, Madrid, Cape Town, Singapore, Sao Paulo, S. 8-30.

Monge, P.R./Contractor, N.S. (2003): Theories of Communication Network, Oxford.

Moreno, J.L. (1954): Die Grundlagen der Soziometrie, Opladen.

Pappi, F.U. (1987): Die Netzwerkanalyse aus soziologischer Perspektive, in: Pappi, F.U. (Hrsg.), Methoden der Netzwerkanalyse, München, S. 11-36.

Parasuraman, A./Colby, Ch.L. (2001): Technoready Marketing. How and Why Your Customers Adopt Technology, New York.

Powell, W.W./Koput, K.W./Shmith-Doerr, L.S. (2004): Interorganizational Collaboration and the Locus of Innovation: Networks of Learning in Biotechnology, in: Grabher, G./Powell, W.W. (Hrsg.), Networks Volume II, Cheltenham (UK), Northampton (MA, USA), S. 125-154.

Reingen, P.H./Kernan, J.B. (1986): Analysis of Referral Networks in Marketing - Methods and Illustration, in: Journal of Marketing Research, 23. Jg., Nr. 4, S. 370-378.

Reingen, P.H. (1987): A Word-of-Mouth Network. Advances in Consumer Research, 14, S. 213-217.

Rogers, E.M./Kincaid, D.L. (1981): Communication networks. Toward a new paradigm for research, New York.

Scholz, R.W./Tietje, O. (2002): Embedded Case Study Methods. Integrating quantitative and qualitative knowledge. Thousand Oaks, London, New York.

Schenk, Michael (1984): Soziale Netzwerke und Kommunikation, Tübingen.

Serdült, U. (2005): Soziale Netzwerkanalyse in der Politikwissenschaft, in: Serdült, U. (Hrsg.), Anwendungen sozialer Netzwerkanalyse. Beiträge zur Tagung vom 14. und 15. Oktober 2004, Zürich, S. 9-25.

Trappmann, M./Hummell, H.J./Sodeur, W. (2005): Strukturanalyse sozialer Netzwerke. Konzepte, Modelle, Methoden, Wiesbaden.

Wasserman, S./Faust, K. (1999): Social network analysis. Methods and applications, Cambridge.

Webster, C.M./Morrison, P.D. (2004): Network Analysis in Marketing, in: Australasian Marketing Journal, 12. Jg., Nr. 2, S. 8-18.

Wellman, B. (1988): Structural analysis: from method and metaphor to theory and

substance, in: Wellman, B./Berkowitz, S.D. (Hrsg.), Social Strutures, Cambridge, S. 19-61.

Wührer, G.A./Broser, Chr. (2000): Tourists in the Marketing Arena. Database Network Analysis for Profiling and Identifying Individual Customers. The Case of Salzburg Summer Joker, in: Parvatiyar, A./Sheth, J.N. (Hrsg.), 2000 Research Conference Proceedings. Fifth Research Conference on Relationship Marketing „Relationship Marketing in the New Millenium: Theory, Methods and Tools", Goizueta Business School, Emory University & American Marketing Association (AMA), Special Interest Group on Relationship Marketing, 12.-15. Oktober 2000 , S. 98.

Wührer, G.A. (2005): Direktmarketing und Technologiebereitschaft, in: Bogensberger, H. (Hrsg.), Spreitzer, H., Kotzab, H. (Autoren), die marke feibra. vom zettelverteiler zum prospektmanagement, Wien, S. 90-93.

Wührer, G.A. (2006): Research in Markets as Networks. Some Thoughts and Comments, in: Bilgin, F.Z./Çobanoğlu, E./Yalçın, M.A. (Hrsg.), Pazarlamada Yeni Acılımlarla Üstünlük Sağlama. Business Success via New Visions on Marketing, Istanbul, S. 113-123.

Ziegler, R. (1987): Positionen in sozialen Räumen. Die multivariate Analyse multipler Netzwerke, in Pappi, F.U. (Hrsg.), Methoden der Netzwerkanalyse, München, S. 64-99.

Margit Meyer, Hans-Jörg Diehl und Daniela Wendenburg

Korrespondenzanalyse

Prof. Dr. Margit Meyer ist Inhaberin des Lehrstuhls für BWL, insbesondere Marketing an der Julius-Maximilians-Universität in Würzburg. Dr. Hans Jörg Diehl ist Managing Consultant bei der IBM Deutschland GmbH, Global Business Services in Düsseldorf. Dipl.-Kffr. Daniela Wendenburg ist Project Procurement Manager in der Siemens AG, Industrial Solutions and Services in Erlangen.

1. Grundlagen der Korrespondenzanalyse

In den vergangenen Jahren gewannen statistische Methoden an Bedeutung, die komplexe Sachverhalte durch eine graphische Visualisierung leichter verständlich machen. Eine sowohl in der Wissenschaft als auch in der Praxis hervorgehobene Stellung nimmt hierbei die Korrespondenzanalyse ein, die insbesondere bei der Analyse kategorialer Daten eine häufige Anwendung findet (Backhaus et al. 2006, S. 686). Gerade im Bereich der Marktforschung erfährt die Korrespondenzanalyse eine große Wertschätzung, da sie hilft, Aussagen aus oftmals zusammenhangslos erscheinenden Rohdaten zu gewinnen und graphisch zu veranschaulichen (Mullet 2002, S. 40).

1.1 Kerngedanke der Korrespondenzanalyse

Die Grundkonzeption der Korrespondenzanalyse wird anhand eines einfachen Beispiels aus der Marketingforschung schnell deutlich. Ein Anbieter möchte eine Produktpositionierung durchführen. Dazu muss er wissen, welche Produkte im Markt aus Sicht der Kunden ähnlich bzw. unähnlich sind und welche unterschiedlichen Eigenschaften die Produkte charakterisieren. Die Ausgangsdatenmatrix entspricht einer Häufigkeitstabelle, die angibt, wie oft die Kunden ein bestimmtes Merkmal mit einem Produkt verbinden. Eine graphische Analyse der Häufigkeitstabelle gibt einerseits Aufschluss darüber, welche Eigenschaften ein ähnliches Häufigkeitsprofil über die Produkte aufweisen und deshalb aus Sicht der Kunden eng miteinander verbunden sind. Andererseits zeigt sich auch, welche Produkte ein ähnliches Häufigkeitsprofil über die Eigenschaften hinweg besitzen und deshalb in eine Produktgruppe gehören. Darüber hinaus – und hierin liegt die Eleganz der vorgestellten Methode – erkennt die Korrespondenzanalyse die einander korrespondierenden Strukturen zwischen den Produkten und den Eigenschaften. Mit Hilfe einer graphischen Analyse zeigt sie, welche Produktgruppen durch welche Eigenschaftsbündel charakterisiert werden können.

Die Besonderheit der Korrespondenzanalyse unter den multivariaten Analyseverfahren liegt somit darin, dass sie die Spalten- und Reihenstruktur einer Datenmatrix gleichzeitig untersuchen kann. Die Spalten- und Reihenprofile der Matrix werden als Punkte in einem mehrdimensionalen Raum abgebildet. Um eine genau definierte und beabsichtigte graphische Interpretation der Datenstruktur vornehmen zu können, wird die Punktwolke auf einen zwei- oder dreidimensionalen Raum projiziert. Die Vorteile beruhen darauf, dass eine visuelle Darstellung der Datenstruktur leichter interpretiert werden kann als ein numerisches Datenset. Somit wird die Spalten- und Reihenstruktur einer Datenmatrix geometrisch analysiert und zusammengefügt, um die miteinander korrespondierenden „Faktoren”-Strukturen der Reihen und Spalten erkennen zu können.

Die Korrespondenzanalyse zählt zu den explorativen Verfahren und stellt kaum Ansprüche an das Skalenniveau. Die Ausgangsdatenmatrix muss nur rechteckig sein und nichtnegative Werte enthalten. Bei einer solchen zweiseitigen Kontingenztabelle kann es sich um eine Matrix mit relativen Häufigkeiten über qualitative Merkmale verschiedener Objekte (kardinale Skala) handeln oder um eine Matrix mit Ratingwerten für bestimmte Objekte und ihre Eigenschaften (ordinale Skala).

Bei mehr als zwei Variablen spricht man von multipler Korrespondenzanalyse. Meistens werden allerdings nur Kreuztabellen vom Umfang $i \cdot j$ untersucht, so dass es sich um so genannte „bivariate Korrespondenzanalysen" handelt (Hüttner 1997, S. 289). Da sich die Korrespondenzanalyse sehr gut für große, in sich homogene Matrizen eignet, die im voraus keine klaren Zusammenhänge erkennen lassen, sollten für die Anwendung laut Lebart/Morineau/Warwick (1984) folgende Bedingungen erfüllt sein (Lebart et al. 1984, S. 162 f.):

- Die Datenmatrix muss so umfangreich sein, dass die Beziehungen zwischen den Variablen weder direkt noch mit den grundlegenden statistischen Verfahren erfasst werden können.
- Die Datenmatrix muss homogen sein, so dass es sinnvoll ist, die statistischen Distanzen zwischen den Zeilen bzw. Spalten zu berechnen und diese Distanzen zu interpretieren.
- Die Datenmatrix muss a priori amorph sein, d. h. die Anwendung der Korrespondenzanalyse ist dann am nützlichsten, wenn die Struktur der Daten entweder unbekannt oder nur zum Teil erkennbar ist.

1.2 Geschichtliche Entwicklung

Der Begriff „Korrespondenzanalyse" stellt die etwas ungenaue Übersetzung eines von Benzécri (Benzécri 1973) als „analyse factorielle des correspondances" bezeichneten Verfahrens dar. In der Literatur findet sich eine Vielzahl weiterer Begriffe, wie „dual scaling", „method of reprocical averages", „optimal scaling" und „canonical analysis of contingency tables" (Hoffman/Franke 1986, S. 214; Nishisato 1980, S. 11).

Eine erste theoretische Arbeit zur Korrespondenzanalyse liefert Hirschfeld (1935), indem er die „Korrespondenz" zwischen den Zeilen und Spalten einer Kontingenztabelle in algebraischer Form formulierte (Hirschfeld 1935, S. 520 ff.) Fisher (1940) leitete dieselben theoretischen Überlegungen aus der Anwendung der Diskriminanzanalyse auf eine Kontingenztafel ab, ohne dabei den Beitrag von Hirschfeld zu berücksichtigten. (Fisher 1940, S. 422). Fisher wird deshalb häufig als der Urheber der Korrespondenzanalyse angesehen. Seine Analyse von Kontingenztafeln liefert Grundlagen für die Arbeiten von Hill

(1974) und Lebart/Morineau/Warwick (1984) (Hill 1974, S. 341; Lebart et al. 1984, S. 30). Guttman (1941) wiederum entwickelte, losgelöst von Hirschfeld und Fisher, ein heute als *multiple Korrespondenzanalyse* bezeichnetes Verfahren, welches die Analyse von Kontingenztafeln mit mehr als zwei qualitativen Variablen erlaubt (Guttman 1941, S. 319 ff.). Seit den frühen sechziger Jahren wurde die *geometrische* Form dieser Methode in der französischen Literatur durch Benzécri, Lebart, Morineau und andere Wissenschaftler der so genannten „Französischen Schule" entwickelt. Die Komplexität und Eigentümlichkeit der bemerkenswerten Arbeit Benzécris verhinderte anfänglich die Verbreitung dieser Technik im englisch- und deutschsprachigen Raum. Erst Benzécris Schülern, insbesondere Greenacre (1978 und 1984) sowie Lebart/Morineau/Warwick (1984), gelang es, das Verfahren verständlicher und in englischer Sprache darzustellen. Weitere wegweisende Beiträge aus der englischsprachigen Literatur stammen vor allem von Hill (1974 und 1982) und Nishisato (1980). Erste Auseinandersetzungen mit der Korrespondenzanalyse in der deutschsprachigen Marketingliteratur stammen von Backhaus/Meyer (1988) sowie Matiaske/Dobrov/Bronner (1994).

Neben der geographischen Ausdehnung wurde die Anwendung der Korrespondenzanalyse in der Folgezeit auch auf unterschiedliche Wissenschaftszweige ausgeweitet. Insbesondere die Entwicklung leistungsstarker Rechnersysteme sowie hierauf abgestimmter Softwarelösungen (z. B. BMDP, SAS und SPSS) führten dazu, dass die Korrespondenzanalyse mittlerweile eine weite Verbreitung in den empirischen Verhaltens- und Sozialwissenschaften findet.[1] So erstreckt sich ihr betriebswirtschaftliches Anwendungsgebiet beispielsweise auf die Charakterisierung von Marken oder Unternehmen im Rahmen von Imageanalysen oder die Evaluation kommunikationspolitischer Maßnahmen (z. B. Bendixen 2003, S. 16 ff; Yavas/Shemwell 1996, S. 15 ff; Berthon/Pitt 2001, S. 13 ff.). Darüber hinaus lässt sie sich auch in anderen wissenschaftlichen Richtungen anwenden. So zieht beispielsweise Hsieh (2004) die Korrespondenzanalyse heran, um den in der Sozialpsychologie oftmals untersuchten Country of Origin Effect zu analysieren. Gleichsam wenden Riba/Ginebra die Methode in den Literaturwissenschaften an, um die Konstanz der Wortwahl im Verlauf eines umfangreichen Werkes darzustellen (Riba/Ginebra 2005, S. 70 f.; Hsieh 2004, S. 268 ff.).

[1] Vgl. Maraun/Slaney/Jalava (2005, S. 209). Eine umfassende Betrachtung von Geschichte und Entwicklung der Korrespondenzanalyse wird in den Werken von Hill (1974, S. 340 f.), Nishisato (1980, S. 11 ff.), Greenacre (1984, S. 7 ff.) und Scharf (1991, S. 200 ff.) vorgenommen.

1.3 Vergleich mit anderen multivariaten statistischen Verfahren

Die alternativen Bezeichnungen der Korrespondenzanalyse, wie „dual scaling" oder „canonical analysis of contingency tables", lassen bereits ahnen, dass dieses Verfahren anderen Methoden gleicht. Scharf (1991) ordnet die Korrespondenzanalyse den Verfahren der Interdependenzanalyse, wie der Kanonischen Korrelationsanalyse, der Faktorenanalyse und der Mehrdimensionalen Skalierung, zu (Scharf 1991, S. 205 ff.). Es handelt sich um explorative, strukturentdeckende Verfahren (Scharf 1991, S. 207 ff.). Ebenso wie die Faktorenanalyse und die Multidimensionale Skalierung stellt die Korrespondenzanalyse ein dimensionenreduzierendes Verfahren dar (Hüttner 1997, S. 288). Ähnlich der Kanonischen Analyse, kann sie zwei und mehr Punktwolken gleichzeitig analysieren. Der Unterschied zur Kanonischen Analyse besteht darin, dass die Korrespondenzanalyse auf nominalskalierten Variablen beruht.

Gleichsam unterteilen Backhaus et al. die angeführten statistischen Verfahren auf Basis des Skalenniveaus der zugrundeliegenden Rohdaten. Hierbei wenden sie die Faktorenanalyse bei metrischen Daten und die Multidimensionale Skalierung bei ordinalen Daten an. Die Korrespondenzanalyse ist dagegen geeignet, sowohl ordinal als auch nominale Daten zu analysieren (Backhaus et al. 2006, S. 689).

Hill (1974 und 1982) stellt bei seinem detaillierten Vergleich mit anderen Verfahren speziell die Hauptkomponentenanalyse als das größte Analogon zur Korrespondenzanalyse heraus (Hill 1974, S. 340; Hill 1982, S. 204). Carroll/Green/Schaffer (1986) wiederum sehen in ihr eine Methode der Multidimensionalen Skalierung (Carroll et al. 1986, S. 271). Dies kann allerdings nur für die multiple und nicht für die binäre Korrespondenzanalyse zutreffen, da nur Erstgenannte mit Hilfe der optimalen Skalierung berechnet wird (Bühl/Zöfel 1996, S. 164 ff.). Die Korrespondenzanalyse kann somit in ihrer Methodik als sehr vielseitig angesehen werden. Auch algebraisch hat sie viele verwandte Methoden. Dank der *Singular Value Decomposition* (SVD)[2], dem mathematischen Verfahren der Korrespondenzanalyse, kommen die Alternativen „reciprocal averaging", „dual scaling", „canonical correlation analysis of contingency tables" und „simultaneous linear regressions" sowie „analysis of variance", „principal components analysis", „generalized canonical analysis", „biplot" und „discriminant analysis" zu vergleichbaren Ergebnissen wie die Korrespondenzanalyse (Greenacre 1984, S. 83 ff.; Fricke 1990, S. 153 f.).

2 Dieses mathematische Verfahren ist eines der geeignetsten Instrumente der Matrix-Algebra und beinhaltet die Eigenwertzerlegung als Spezialfall (Greenacre 1984, S. 37 f.). Rechnerisch gesehen stellt die Korrespondenzanalyse ein Eigenwertproblem dar (Hill 1974, S. 350).

2. Datenerhebung zur Kommunikationspolitik im industriellen Produktgeschäft

Anhand eines konkreten Beispiels der Marketingforschung sollen die Vorgehensweise und die Möglichkeiten der Korrespondenzanalyse aufgezeigt werden. Das Beispiel befasst sich mit dem Kommunikationsverhalten im industriellen Produktgeschäft, das durch die Vermarktung von Standardkomponenten gekennzeichnet ist. Die Kommunikationsinstrumente, die ein Lieferant von Standardkomponenten wie Niederspannungsschaltgeräten zu einem geeigneten Medienmix verbinden muss, sind äußerst vielfältig und können, wie aus Abbildung 1 hervorgeht, in Instrumente der persönlichen und unpersönlichen sowie der allgemeinen und problemspezifischen Kommunikation unterschieden werden.

Um Entscheidungen hinsichtlich der effektiven (wirksamen) und effizienten (kostengünstigen) Gestaltung des Kommunikationsmix treffen zu können, muss der Lieferant wissen, wie oft seine Kunden die einzelnen Instrumente als Informationsquellen nutzen und wie bedeutsam bzw. wichtig diese Quellen aus Sicht der Kunden sind. Auf einer Ratingskala mit 5 Stufen von „sehr häufig" bis „gar nicht" wurde die Nutzungshäufigkeit abgefragt. Die Wichtigkeit wurde auf einer Ratingskala mit 4 Stufen von „sehr wichtig" bis „unwichtig" abgefragt. Mit Hilfe einer schriftlichen Befragung im Jahre 1997 konnte eine Stichprobe von insgesamt 282 befragten Personen/Unternehmen erhoben werden.

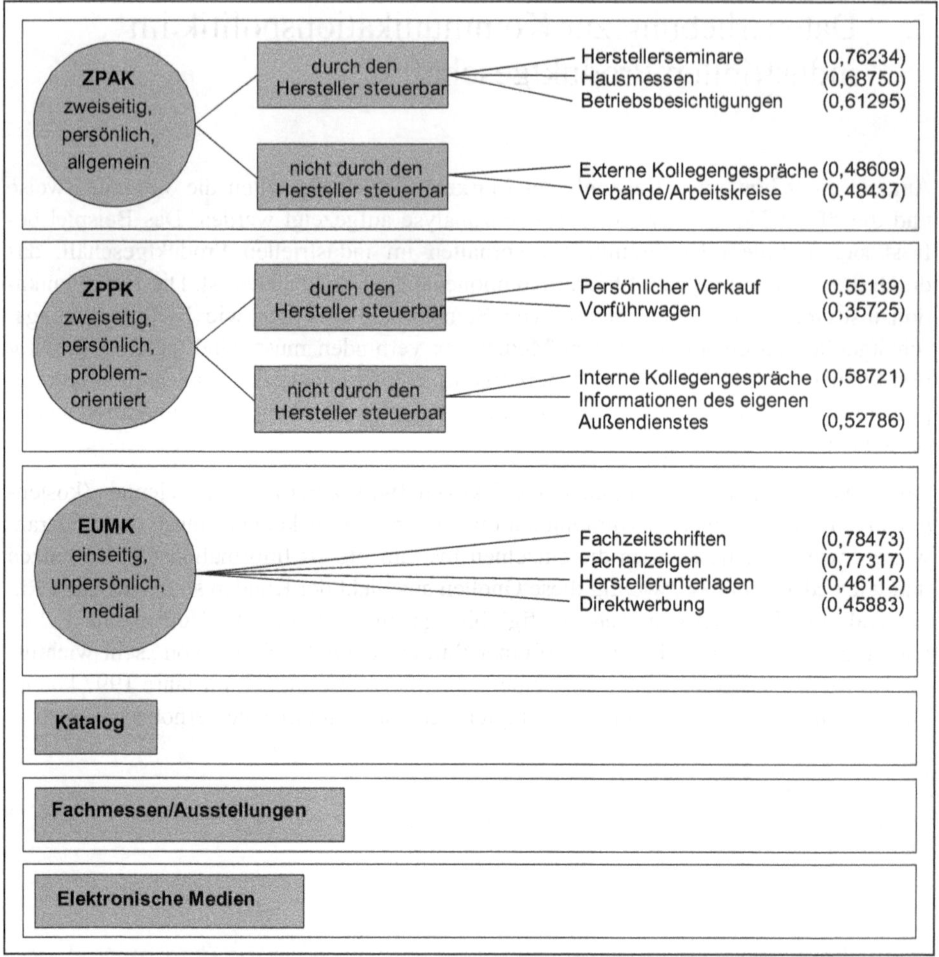

Abb. 1: Darstellung der Faktoren und ihrer Instrumente (in Klammern: Faktorladungen)

Die inhaltliche Vorstrukturierung der insgesamt 16 Instrumente in Abbildung 1 beruht auf einer Faktorenanalyse über die so abgefragte Nutzungshäufigkeit. Um auf Basis empirischer Daten die Vorgehensweise und Anwendungsmöglichkeiten der Korrespondenzanalyse besser darstellen zu können, wird zunächst auf die Ergebnisse einer Faktorenanalyse zurückgegriffen. Kommunikationsinstrumente wie Katalog, Fachmessen/Ausstellungen und elektronische Medien stellen eigenständige Faktoren dar, weil sie sich hinsichtlich des Nutzungsverhaltens grundsätzlich von anderen Instrumenten unterscheiden.

3. Vorgehensweise der Korrespondenzanalyse

Die methodischen Schritte der Korrespondenzanalyse werden zunächst anhand der Daten über die Nutzungshäufigkeit der 16 Instrumente dargestellt. Dann erst wird eine gemeinsame Analyse der Nutzungshäufigkeit und der Wichtigkeit durchgeführt.

3.1 Häufigkeitsverteilung und Profile

Wie bereits erwähnt ist eine meist zweidimensionale Kontingenztabelle N der Form "I x J" der Ausgangspunkt der Korrespondenzanalyse. Da es sich im vorliegenden Beispiel um 16 Instrumente und 5 Eigenschaftsausprägungen handelt, liegt folglich eine 16×5-Matrix N vor, in deren Zellen die absoluten Nennungen stehen (s. Tabelle 1). Betrachtet man die Randverteilung hinsichtlich der Nutzungshäufigkeit (Zeile $\sum n_j$), so ist festzustellen, dass die aufgeführten Instrumente meist häufig genutzt werden. Die Marginalverteilung der Instrumente (Spalte $\sum n_i$) gibt Aufschluss darüber, wie viele Befragte überhaupt ein Urteil hinsichtlich der Instrumente abgegeben haben. Auffallend viele Antworten erhielten die Instrumente *persönlicher Verkauf*, *Herstellerunterlagen* und *Katalog*. Besonders wenige Antworten entfielen auf die Instrumente *elektronische Medien* und *Direktwerbung*. Die erstgenannten Instrumente sind den Befragten also in Bezug auf die Informationsbeschaffung für Niederspannungsschaltgeräte bekannt, die Letzteren weniger. Diese Information der Randverteilung wird bei der Bildung von Profilen durch die Gewichtung der Kategorien berücksichtigt (Matiaske et al. 1994, S. 44).

Ein erster Schritt zur räumlichen Abbildung der Zusammenhänge zwischen Zeilen und Spalten besteht in der Bildung von Profilen. Die Zeilen- und Spaltenprofile (s. Tabelle 2 und 3) stellen eine Umformung der Matrix N in eine Kontingenztabelle mit relativen Häufigkeiten dar. Es entstehen zwei neue Matrizen R und C für die Zeilen- bzw. Spaltenprofile, die sich dadurch berechnen, dass die Werte der einzelnen Zellen aus Matrix N ins Verhältnis zu den entsprechenden Werten der Randverteilung gesetzt werden:

$r_{ij} = \frac{n_{ij}}{n_i}$ für die Matrix R der Zeilenprofile und

$c_{ij} = \frac{n_{ij}}{n_j}$ für die Matrix C der Spaltenprofile (Backhaus/Meyer 1988, S. 297).

Instrumente	Nutzungshäufigkeit					
	sehr häufig	häufig	mittel	eher weniger	gar nicht	$\sum n_i$
Infos d. eigenen Außendienstes	25	64	60	45	52	246
Betriebsbesichtigungen	1	23	40	99	87	250
Direktwerbung	5	46	78	80	32	241
Elektronische Medien	3	18	31	79	101	232
Fachanzeigen	19	65	89	68	13	254
Fachzeitschriften	48	92	59	43	9	251
Hausmessen beim Hersteller	2	41	63	87	55	248
Herstellerseminare	1	34	59	101	60	255
Herstellerunterlagen	60	139	52	9	5	265
Katalog	131	106	18	7	1	263
Externe Kollegengespräche	21	85	66	43	33	248
Interne Kollegengespräche	66	111	54	19	11	261
Fachmessen u. Ausstellungen	23	91	96	38	10	258
Persönlicher Verkauf	37	137	77	20	1	272
Verbände u. Arbeitskreise	1	18	54	91	82	246
Vorführwagen	4	41	87	79	39	250
$\sum n_j$	447	1111	983	908	591	$\sum n = 4040$

Tab. 1: Ausgangsdatenmatrix N

Diese Umwandlung ist notwendig, weil jede Zeile und jede Spalte eine andere Anzahl an Antworten, ein so genanntes Antwortenfundament, aufweist. Man reduziert Zeilen und Spalten auf ein Fundament von 100 %, indem man Prozentzahlen relativ zur Zeilen- oder Spaltensumme berechnet (Greenacre 1994, S. 9). Die Zeilenprofile können nun in einem fünfdimensionalen euklidischen Raum dargestellt werden, der von den Spalten der Häufigkeitsausprägungen aufgespannt wird. Die jeweilige Lage der Punkte in diesem Raum deutet dabei auf Ähnlichkeiten bzw. Unterschiede zwischen den Kommunikationsinstrumenten in Bezug auf ihre Nutzungshäufigkeit hin. Der Grund dafür ist die lineare Abhängigkeit zwischen den Koordinaten der „Profil-Vektoren", die diesen Raum aufspannen (Greenacre/Hastie 1987, S. 437). Bei näherem Betrachten von Tabelle 2 ist zu erkennen, dass die Instrumente *Betriebsbesichtigungen* und *Herstellerseminare* die gleiche niedrige Nutzungshäufigkeit aufweisen, während aber die *Herstellerunterlagen* und der *persönliche Verkauf* häufig zur Informationsfindung herangezogen werden. Die Distanz zwischen den Profilen der Instrumente und der Nutzungshäufigkeit, die – wie erwähnt – das Maß für die Ähnlichkeit ist, wird in der Korrespondenzanalyse nicht mittels dem gängigen euklidischen Distanzmaß definiert, sondern es wird die gewichtete euklidische Distanz, auch Chi^2-Distanz genannt, angewendet.[3] Da die Ausführungen der Zeilenprofile entsprechend für die Betrachtung der Spaltenprofile gelten, werden hier die Nutzungshäufigkeiten in einem von den Instrumenten aufgespannten 16-dimensionalen (!) Raum abgebildet. Aufgrund der Größe beider Matrizen R und C ist eine graphische Darstellung weder technisch möglich noch hilfreich. Deshalb werden die Dimensionen auf einen zwei- oder dreidimensionalen Raum reduziert.

Die Matrizen in Tabelle 2 und 3 zeigen weiterhin das jeweilige Durchschnittsprofil, das sich wie folgt berechnet:

$q_j = \frac{n_j}{n}$ für Matrix R und $w_i = \frac{n_i}{n}$ für Matrix C (Backhaus/Meyer 1988, S. 297).

3 Die ausführlichen mathematischen Vorgänge sind bei Greenacre/Hastie (1987, S. 438) und Fricke (1990, S. 8 ff.) nachzulesen.

	sehr häufig	häufig	mittel	eher weniger	gar nicht	$\sum$	Masse
Infos d. eigenen Außendienstes	10,2	26,0	24,4	18,3	21,1	100	6,1
Betriebsbesichtigungen	0,4	9,2	16,0	39,6	34,8	100	6,2
Direktwerbung	2,1	19,1	32,4	33,2	13,3	100	6,0
Elektronische Medien	1,3	7,8	13,4	34,1	43,5	100	5,7
Fachanzeigen	7,5	25,6	35,0	26,8	5,1	100	6,3
Fachzeitschriften	19,1	36,7	23,5	17,1	3,6	100	6,2
Hausmessen b. Hersteller	0,8	16,5	25,4	35,1	22,2	100	6,1
Herstellerseminare	0,4	13,3	23,1	39,6	23,5	100	6,3
Herstellerunterlagen	22,6	52,5	19,6	3,4	1,9	100	6,6
Katalog	49,8	40,3	6,8	2,7	0,4	100	6,5
Externe Kollegengespräche	8,5	34,3	26,6	17,3	13,3	100	6,1
Interne Kollegengespräche	25,3	42,5	20,7	7,3	4,2	100	6,5
Fachmessen u. Ausstellungen	8,9	35,3	37,2	14,7	3,9	100	6,4
Persönlicher Verkauf	13,6	50,4	28,3	7,4	0,4	100	6,7
Verbände u. Arbeitskreise	0,4	7,3	22,0	37,0	33,3	100	6,1
Vorführwagen	1,6	16,4	34,8	31,6	15,6	100	6,2
Durchschnittsprofil	11,1	27,5	24,3	22,5	14,6	100	

Tab. 2: Matrix R der Zeilen- bzw. Instrumentenprofile (in Prozent)

Für die Matrix R beträgt das Durchschnittsprofil 11,1 %, 27,5 %, 24,3 %, 22,5 % und 14,6 %. Somit gaben 27,5 % aller Befragten die Antwort „häufig". Überdurchschnittlich genutzt werden vor allem die Instrumente *Herstellerunterlagen* und *persönlicher Verkauf*. Dem Durchschnitt nähert sich das Instrument *Informationen des eigenen Außendienstes*, während die *Verbände und Arbeitskreise* weit unter dem Durchschnitt liegen. Die spezifische Gewichtung der Profile wird allerdings erst im nächsten Schritt berücksichtigt.

3.2 Bestimmung der Massen und Distanzen

Das Ziel der Korrespondenzanalyse besteht nun darin, zunächst getrennt für die Spalten- und Reihenprofile die Variation in den Profilen möglichst einfach abzubilden und einer Interpretation zugänglich zu machen. Anschließend werden beide Betrachtungen integriert. Als Ausdruck für die Variation oder Streuung in den Daten werden die Abweichungen (Distanzen) der Profile von ihrem Durchschnittsprofil q, dem Schwerpunkt der Punktwolke – auch Zentroid genannt – verwendet. Der Zentroid wird als ein gewichtetes Durchschnittsprofil errechnet.

Zur Gewichtung werden die entsprechenden Massen der Zeilen und Spalten herangezogen. Sie betragen

$w_i = \frac{n_i}{n}$ für die Zeilenmasse der Matrix R und

$q_j = \frac{n_j}{n}$ für die Spaltenmasse der Matrix C (Backhaus/Meyer 1988, S. 297).

Da hier die Darstellung der Instrumente in Abhängigkeit von ihrer Nutzungshäufigkeit interessiert, sind in erster Linie die Zeilenmassen aus Tabelle 2 zu beachten. Durch die Massen wird berücksichtigt, dass die Zeilenprofile in Abhängigkeit ihrer absoluten Häufigkeit ein unterschiedliches Gewicht besitzen. Jede Masse wiederum wird zur Gewichtung der Distanzen benutzt und beeinflusst somit die Lage des Zentroiden. Dieser errechnet sich aus dem gewichteten Durchschnitt der Zeilenprofile und positioniert die Instrumente entsprechend ihrer Masse zu sich hin (Backhaus/Meyer 1988, S. 297).[4]

[4] Zur Berechnung des Zentroiden werden die Zeilenprofile r_i mit ihrer Masse w_i gewichtet und anschließend aufsummiert: $q = \sum_i w_i \cdot r_i$.

	sehr häufig	häufig	mittel	eher weniger	gar nicht	Durch-schnittsprofil
Infos d. eigenen Außendienstes	5,6	5,8	6,1	5,0	8,8	6,1
Betriebsbesichtigungen	0,2	2,1	4,1	10,9	14,7	6,2
Direktwerbung	1,1	4,1	7,9	8,8	5,4	6,0
Elektronische Medien	0,7	1,6	3,2	8,7	17,1	5,7
Fachanzeigen	4,3	5,9	9,1	7,5	2,2	6,3
Fachzeitschriften	10,7	8,3	6,0	4,7	1,5	6,2
Hausmessen b. Hersteller	0,4	3,7	6,4	9,6	9,3	6,1
Herstellerseminare	0,2	3,1	6,0	11,1	10,2	6,3
Herstellerunterlagen	13,4	12,5	5,3	1,0	0,8	6,6
Katalog	29,3	9,5	1,8	0,8	0,2	6,5
Externe Kollegengespräche	4,7	7,7	6,7	4,7	5,6	6,1
Interne Kollegengespräche	14,8	10,0	5,5	2,1	1,9	6,5
Fachmessen u. Ausstellungen	5,1	8,2	9,8	4,2	1,7	6,4
Persönlicher Verkauf	8,3	12,3	7,8	2,2	0,2	6,7
Verbände u. Arbeitskreise	0,2	1,6	5,5	10,0	13,9	6,1
Vorführwagen	0,9	3,7	8,9	8,7	6,6	6,2
$\sum$	100	100	100	100	100	100
Masse	11,1	27,5	24,3	22,5	14,6	

Tab. 3: Matrix C der Spalten- bzw. Nutzungshäufigkeitsprofile (in Prozent)

Matiaske, Dobrov und Bronner bezeichnen den Zentroiden treffend als „Taschenwaage im Gleichgewicht" (Matiaske et al. 1994, S. 45). Damit ziehen Instrumente mit einer hohen Masse, wie beispielsweise der *persönliche Verkauf* (Masse von 6,7) und die *Herstellerunterlagen* (Masse von 6,6), den Zentroiden stärker in ihre Richtung als Punkte mit einer geringen Masse (s. Tabelle 2). Den geringsten Einfluss auf den Schwerpunkt haben im vorliegenden Beispiel die *elektronischen Medien* und die *Direktwerbung*.

Neben der zeilenweisen Normierung der Ausgangsdatenmatrix N ist auch eine als Besonderheit der Korrespondenzanalyse anzusehende spaltenweise Normierung möglich. Danach zeigt sich, dass besonders die Ausprägung „häufig" mit einer Masse von 27,5 % zur Positionierung des Zentroiden beiträgt. Aber auch die Nutzungshäufigkeiten „mittel" und „eher weniger" ziehen diesen Mittelpunkt in ihre Richtung (s. Tabelle 3).

Distanzen dienen der Bestimmung der Variation in den Daten, sind also ein Maß für die Streuung der Instrumente um den Zentroiden (Backhaus/Meyer 1988, S. 298). Als Messvorschrift für die Distanz zwischen den Profilen der Instrumente wird in der Korrespondenzanalyse die bereits erwähnte Chi^2-Distanz verwendet. Durch dieses gewichtete euklidische Distanzmaß wird der unterschiedlich hohen Antwortenanzahl der einzelnen Instrumente Rechnung getragen, indem man sie wie oben geschildert standardisiert. Die quadrierten Differenzen der Koordinaten x und y für jede Achse zweier Instrumente werden aufsummiert und mit dem Inversen der Masse aus Spalte j gewichtet (Lebart et al. 1984, S. 34 ff.; Greenacre 1994, S. 11 f.; Scharf 1991, S. 222):

$$d^2{}_{(x,y)} = \sum_j \frac{(r_{xj} - r_{yj})^2}{q_j}.$$

Aus dieser Formel ergibt sich für die Distanz zwischen den Instrumenten *Informationen des eigenen Außendienstes* und *Betriebsbesichtigungen* folgender Wert:

$$d^2 = \frac{(0{,}102 - 0{,}004)^2}{0{,}111} + \frac{(0{,}26 - 0{,}092)^2}{0{,}275} + \frac{(0{,}244 - 0{,}16)^2}{0{,}243} + \frac{(0{,}183 - 0{,}396)^2}{0{,}225} + \frac{(0{,}211 - 0{,}348)^2}{0{,}146} \approx 0{,}548\,.$$

Graphisch gesehen bedeutet dies, dass die fünf Achsen der Nutzungshäufigkeit durch die Gewichtung derart „gestreckt" werden, dass Achsen, welche Spalten mit geringen relativen Randhäufigkeiten aufweisen, stärker gestreckt werden als solche mit hohen relativen Randhäufigkeiten (Greenacre/Hastie 1987, S. 438.). Somit kann die Entfernung zwischen zwei Kommunikationsinstrumenten im mehrdimensionalen Raum als euklidische Distanz interpretiert werden. Eventuell auftretende Verzerrungen werden durch die Gewichtung der unterschiedlichen Spaltenhäufigkeiten eliminiert. Hier liegt ein entscheidender Vorteil der Korrespondenzanalyse.

3.3 Bestimmung der Gesamtstreuung

Nach der Bestimmung der Streuung der Instrumente um den Zentroiden gilt es, ein Maß für die Gesamtstreuung zu finden. Dazu wird die Summe der gewichteten Distanzen d_j^2 noch einmal gewichtet, diesmal mit der punktindividuellen Masse w_i. Diese doppelte Gewichtung resultiert zum einen aus der Gewichtung der Dimensionen mit dem Faktor $1/q_j$ und zum anderen aus der Gewichtung der Punktprofile r_i mit ihrer Masse w_i (Backhaus/Meyer 1988, S. 299). Man bezeichnet diese Gesamtstreuung als *Inertia* (*lat. inertia:* „Trägheit") bzw. in der englischsprachigen Literatur als *Total Inertia* oder *Moment of Inertia* und berechnet sie wie folgt:

$$in(I) = \sum_i w_i \cdot d_i^2 .$$

Zwischen ihr und der Chi²-Statistik besteht folgender Zusammenhang:

$$in(I) = \frac{\chi^2}{n} .$$

Jeder Punkt bekommt somit entsprechend seiner Masse eine bestimmte Position im mehrdimensionalen Raum und hat damit einen höheren oder niedrigeren Einfluss auf die Gesamtstreuung (Greenacre 1984, S. 34 f.;Backhaus/Meyer 1988, S. 299). Punkte mit einer niedrigen Masse haben nur einen Einfluss auf die *Inertia*, wenn sie weit vom Zentroiden entfernt sind. Punkte mit einer großen Masse beeinflussen ebenfalls die *Inertia*, selbst wenn sie nahe beim Zentroiden liegen (SPSS 1994, S. 54). Das heißt, dass die *Inertia* ein Maß dafür ist, wie stark die Kommunikationsinstrumente und die Häufigkeitsausprägungen um den Zentroiden streuen. Die Ergebnisse dieser Berechnungen (s. Tabelle 4) werden dann graphisch dargestellt, so dass die Zeilen- und Spalteninertia gemeinsam in einem Diagramm veranschaulicht werden.

Gemäß Tabelle 4 hat die *Total Inertia* einen Betrag in Höhe von 0,44834, der sich auf die maximal möglichen vier Dimensionen aufteilt. Diese Werte werden dann *Principal Inertia*[5] genannt. Der jeweilige Eigenwert stellt die gewichtete Varianz jeder dazugehörigen Hauptachse dar (Hoffman/Franke 1986, S. 217). Die Spalte „erklärter Anteil" stellt dar, wie viel Prozent der *Inertia* jede Dimension erklärt. So erfassen die beiden ersten Dimensionen gemeinsam 95,3 % der Gesamtstreuung. Diese Spalte ist somit als ein Kri

---

[5] Dieser Begriff wird in erster Linie in der englischsprachigen Literatur aufgrund der „principal axes" (Hauptachsen) verwendet, während man in deutschsprachigen Werken oft von der „Zerlegung der Total Inertia" spricht.

Dimension	**Eigenwert**	**Inertia**	**erklärter Anteil**	**kumulierter Anteil**	**Chi²-Test** (*)
1	0,59536	0,35445	0,791	0,791	1431,9780
2	0,26974	0,07276	0,162	0,953	293,9504
3	0,13252	0,01756	0,039	0,992	70,9424
4	0,05975	0,00357	0,008	1,000	14,4228
Σ		0,44834	1,000		1811,2936

(*) Eigene Berechnung.

Tab. 4: Statistische Werte jeder Dimension

terium zur Bestimmung der Achsenzahl anzusehen. Der in der letzten Spalte ausgewiesene Chi^2-Test ist ein zusätzliches Kriterium bei der Auswahl der Achsenanzahl und entspricht außerdem dem üblichen Test für Kontingenztafeln (Matiaske et al. 1994, S. 46).

3.4 Bestimmung optimaler Unterräume

Damit die Zeilen- und Spaltenprofile graphisch dargestellt werden können, müssen Trägheitsachsen gefunden werden, die einen möglichst niedrig dimensionierten Raum aufspannen, und zwar ohne großen Informationsverlust. Wie bei der Hauptkomponentenanalyse wird die gesamte Varianz (*Total Inertia*) durch die Hauptachsen aufgespalten und der erklärte Varianzanteil der Achsen (*Principal Inertia*) prozentual zur Gesamtvarianz bestimmt. Die erste Achse steuert den größten Erklärungsanteil zur Gesamtstreuung bei, die zweite den zweitgrößten Anteil und die folgenden jeweils geringere Anteile (s. Spalte *„erklärter Anteil"* in Tabelle 4). Die maximale Zahl der Trägheitsachsen bestimmt sich in Abhängigkeit von der kleineren Zahl entweder der Zeilen oder der Spalten der Ausgangsmatrix minus eins (Matiaske et al. 1994, S. 46). Da im vorliegenden Beispiel eine 5×16-Matrix vorliegt, lassen sich maximal vier Dimensionen bzw. Achsen bestimmen. Wie aus Tabelle 4 ersichtlich, haben diese vier Dimensionen einen Erklärungsanteil von 100 %. Reduziert man die Lösung beispielsweise auf zwei Dimensionen, dann ergibt sich ein Informationsverlust von 4,7 % bei einem Erklärungsanteil von 95,3 %. Das mathematische Verfahren, das hinter der Bestimmung optimaler Unterräume mit geringeren Dimensionen steht, heißt *Singular Value Decomposition* (SVD). Es ist das geeignetste Werkzeug der Matrix-Algebra und ermöglicht es hier, einen k-dimensionalen Unterraum U_k so in den p-dimensionalen euklidischen Raum zu legen, dass sich möglichst viele Punktprofile darauf befinden bzw. dass die Distanz der anderen Punkte zu diesem Unterraum möglichst gering ausfällt (s. Abbildung 2). Dabei muss einmal mehr auch auf die unterschiedliche Masseverteilung der einzelnen Punkte geachtet werden. Der Unterraum ist nun so in die Punktwolke zu legen, dass die Summe der gewichteten quadrierten Distanzen minimal wird:

$$\sum d_i^2 = \text{min! mit } d_i^2 = \sum\nolimits_j \frac{(\mathrm{a}_i - \hat{\mathrm{a}}_i)^2}{q_j}.$$

Für Punkt a_i in Abbildung 2 stellt $\hat{a}_i$ den nächstliegenden Punkt im Unterraum dar. Dieser Punkt $\hat{a}_i$ ergibt sich aus der Projektion des Profiles von a_i auf die Ebene (Greenacre 1994, S. 15). Die Distanz zwischen beiden Punkten beträgt d_i. Um nun die „günstigste" Anzahl der Dimensionen für die graphische Darstellung festzulegen, zieht man so genannte Interpretationsregeln heran (Matiaske et al. 1994, S. 46). Zuerst werden, wie auch bei der Hauptkomponentenanalyse, nur so viele Achsen extrahiert, bis durch Hinzunahme einer weiteren kein deutlicher Informationsgewinn mehr erzielt wird. Zweitens sollen aber so viele Achsen ausgewählt werden, dass insgesamt mindestens 80 % der Gesamtvarianz erklärt werden.

Zusätzlich kann zur Bestimmung der Achsenanzahl der ebenfalls in Tabelle 4 ausgewiesene Chi^2-Test herangezogen werden. Alles in allem sind letztendlich zwei Trägheitsachsen für die graphische Lösung der Korrespondenzanalyse als vollkommen ausreichend zu betrachten. Bei einem gemeinsamen Erklärungsanteil von 95,3 % entsteht dabei lediglich ein Informationsverlust von 4,7 % der Gesamtvariation in den Daten. Nachdem der optimale Unterraum ermittelt worden ist, werden die Zeilen- und Spaltenprofile durch ihre neuen Koordinaten in einem niedriger dimensionierten Raum wie zuvor dargestellt. Diese Grafik dient als Grundlage für die abschließende Interpretation der aufgedeckten Strukturen.

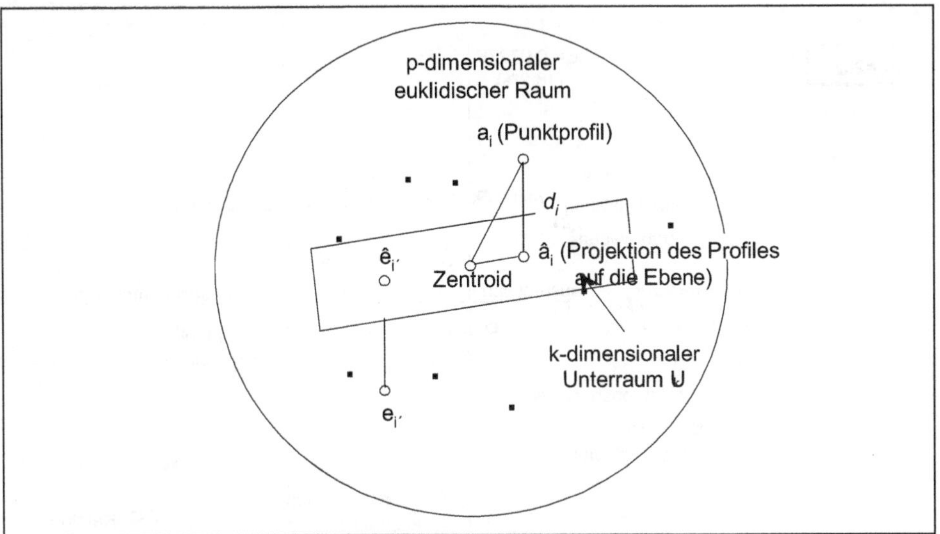

Abb. 2: Darstellung eines Unterraumes im mehrdimensionalen Raum
(Quelle: Greenacre 1984, S. 36; Greenacre 1994, S. 16)

4. Graphische Darstellung und Interpretation

Aus Tabelle 4 wird ersichtlich, dass die erste Trägheitsachse mit einem Eigenwert von 0,59536 und 0,35445 *Principal Inertia* in der Lage ist, 79,1 % der gesamten Varianz (*Total Inertia)* von 0,44834 zu erklären. Die zweite Dimension kann nur 16,2 % der gesamten Variation auf sich ziehen. Die maximal mögliche vierdimensionale Lösung würde eine Darstellung ohne Informationsverlust erlauben. Die graphische Ausgabe in Abbildung 3 basiert auf dem Output der so genannten Zeilen- und Spaltenscores, die neben den durch die Dimensionenreduktion neu berechneten Koordinaten auch die bereits aus den Tabellen 2 und 3 bekannten Durchschnittsprofile anzeigen.

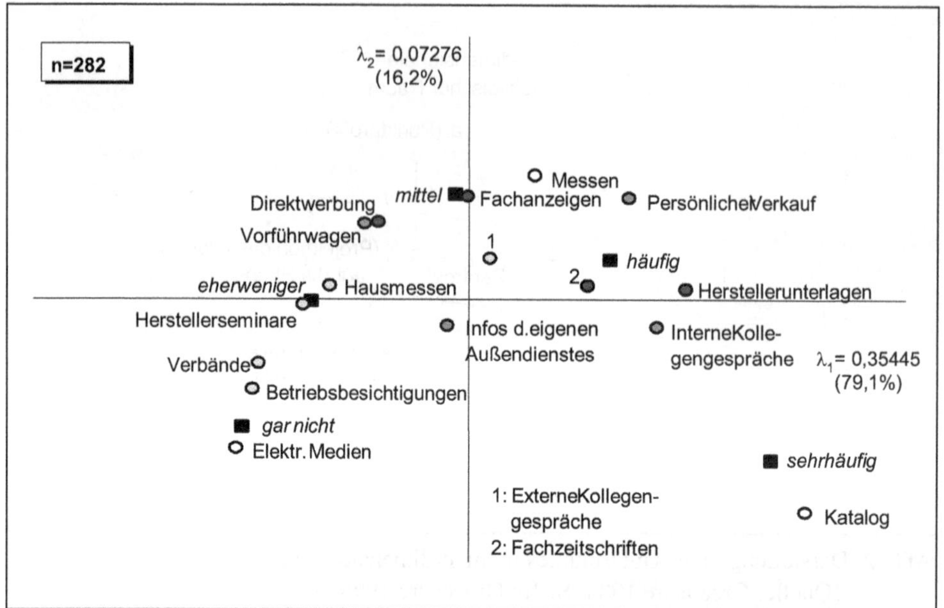

Abb. 3: Graphische Darstellung der Zeilen- und Spaltenprofile im zweidimensionalen Raum

Wie in Abbildung 3 zu sehen ist, spannen die fünf Häufigkeitsausprägungen und die meisten Instrumente einen Bogen auf. Dieser entsteht durch die fast gleichgroßen Distanzen der Ausprägungen zueinander, gekoppelt mit der Dominanz der ersten gegenüber der zweiten Hauptachse, und wird Hufeisen-, Bogen- oder Guttman-Effekt genannt (Greenacre 1984, S. 226 ff.; van der Heijden et al. 1994, S. 97). Daneben ist zu erkennen, dass die Instrumente *Katalog*, *Fachmessen/Ausstellungen* und *elektronische Medien* eine graphische Extremstellung bzw. die markanten Stellen des Hufeisens einnehmen. Diese drei Instrumente wurden im Verlauf der vorangegangenen Faktorenanalyse als eigenständige Faktoren extrahiert. Die Instrumente des Faktors „zweiseitig persönliche, allgemeine Kommunikation" sind in dieser Grafik hellgrau, die des Faktors „einseitig unpersönliche, mediale Kommunikation" dunkelgrau und die des Faktors „zweiseitig persönliche, problemorientierte Kommunikation" schwarz markiert. Die weißen Punkte stellen aufgrund ihrer Eigenständigkeit Instrumente dar, die nicht in die Faktorenanalyse einbezogen wurden.

In den Tabellen 5 und 6 sind die numerischen Ergebnisse der Korrespondenzanalyse getrennt nach Zeilen und Spalten enthalten. Die ersten drei Spalten umfassen die allgemeinen Statistiken der Profile, nämlich ihre Qualität (*qlt*), ihr Gewicht (*mass*) und die Variation dieses Punktes (*inr*). Die restlichen sechs Spalten beinhalten die Resultate bezüglich der beiden extrahierten Achsen. Dies sind die Koordinaten des Punktes (*dim*) und die quadrierte Korrelation mit der Achse λ (*qcor*). Der Beitrag der Variablen zur Varianz der Achse λ, also zur *Principal Inertia*, wird mit *ctr* bezeichnet.

4.1 Interpretation der Häufigkeitsstruktur

Die numerischen Ergebnisse aus Tabelle 5 und die graphische Darstellung aus Abbildung 3 führt zu folgender Interpretation der Häufigkeitsstruktur: Während die Ausprägungen „sehr häufig" und „mittel" 39,7 % bzw. 26,9 % zur *Total Inertia*[6] beitragen, leistet „gar nicht" mit 1,5 % kaum einen Beitrag (s. Spalte *inr* in Tabelle 5). Den größten Anteil an der *Principal Inertia*, die so genannte *Point Inertia*, der ersten Hauptachse[7] besitzen die Häufigkeitsprofile „sehr häufig" und „gar nicht" mit 35,2 % und 26,1 % (s. Spalte ctr_1 in Tabelle 5).

Das Profil „mittel" hat aufgrund seiner Lage auf Höhe des Zentroiden nur einen Anteil von 0,2 % an der *Principal Inertia* der ersten Hauptachse. Für die zweite Hauptachse gilt, dass „sehr häufig" und „mittel" mit Anteilen von 34,8 % und 32,2 % die größte *Point Inertia* besitzen, während „eher weniger", ebenfalls wegen seiner Lage zum Zentroiden, keinerlei Anteil besitzt (s. Spalte ctr_2 in Tabelle 5). Daraus folgt, dass die *Point Inertia* umso geringer ausfällt, je kleiner die Koordinaten eines Profils (*dim*) bzw. ihre absoluten Distanzen zum Zentroiden sind. Die Masse (*mass*) spielt dabei eine wichtige Rolle. Neben der Betrachtung der Achsen interessiert besonders die Güte der Abbildung der individuellen Profile durch die beiden Achsen. Die dabei durchgeführte Zerlegung der *Point Inertia* entlang der Achsen wird durch die Maßgrößen Qualität (*qlt*) und quadrierte Korrelation (*qcor*) in Tabelle 5 beurteilt, wobei die Qualität die Summe der quadrierten Korrelationen darstellt. Die *Point Inertia* der Koeffizienten kann für alle Kategorien maximal 100 % erreichen. Da die *Point Inertia* der Profile zu mindestens 92,1 % im zweidimensionalen Raum abgebildet wird, kann dieses Ergebnis als sehr gut betrachtet werden. Die erste Hauptachse bildet somit bis auf die Ausprägung „mittel" alle Punkte ab (s. Spalte $qcor_1$ in Tabelle 5). Die zweite Achse bildet dagegen in erster Linie den Punkt „mittel" ab, während das Profil des Punktes „eher weniger" durch diese Achse überhaupt nicht abgebildet wird (s. Spalte $qcor_2$ in Tabelle 5).

---

[6] Ihre Höhe beträgt 0,44834 (s. Tabelle 4).

[7] Die *Principal Inertia* der ersten Hauptachse beträgt 0,35445, die der zweiten Hauptachse 0,07276 (s. Tabelle 4).

	Insgesamt			Hauptachse λ_1			Hauptachse λ_2		
	qlt	mass	inr (*)	dim_1	$qcor_1$	ctr_1	dim_2	$qcor_2$	ctr_2
sehr häufig	98,2	11,1	39,7	137,6	81,6	35,2	-92,1	16,6	34,8
häufig	92,3	27,5	16,8	64,3	87,2	19,1	23,1	5,1	5,5
mittel	92,1	24,3	26,9	-7,0	2,7	0,2	59,8	89,4	32,2
eher weniger	92,1	22,5	15,1	-71,8	92,1	19,4	-1,3	0	0
gar nicht	96,2	14,6	1,5	-103,1	79,1	26,1	-71,2	17,1	27,5

(*) Eigene Berechnung.

Tab. 5: Anteile der Spalten (in Prozent)

4.2 Interpretation der Struktur der Kommunikationsinstrumente

Exakt nach dem Muster der Spaltenanalyse werden nun die Instrumentenprofile untersucht. Ihre Struktur kann gemäß Abbildung 3 und Tabelle 6 interpretiert werden: Vor allem der *Katalog* mit 28,2 %, aber auch die *elektronischen Medien* mit 11,9 % tragen maßgeblich zur *Total Inertia* bei, während die *Informationen des eigenen Außendienstes* mit 0,2 % und die *externen Kollegengespräche* mit lediglich 0,05 % einen äußerst geringen Beitrag leisten (s. Spalte *inr* in Tabelle 6). Die größte *Point Inertia* der ersten Hauptachse besitzt der *Katalog* mit 25,9 %. Durch ihre Lage zum Zentroiden leisten die *Fachanzeigen* keinen Beitrag zur *Principal Inertia* der ersten Hauptachse (s. Spalte ctr_1 in Tabelle 6). Für die zweite Hauptachse gilt, dass wiederum der *Katalog* mit 35,6 % den größten Anteil an der *Point Inertia* besitzt, während die *Herstellerseminare* (0 %), *Fachzeitschriften* (0,1 %), *Hausmessen* (0,1 %) und *Herstellerunterlagen* (0,1 %) kaum ins Gewicht fallen (s. Spalte ctr_2 in Tabelle 6).

	Insgesamt			Hauptachse λ_1			Hauptachse λ_2		
	qlt	mass	inr (*)	dim_1	$qcor_1$	ctr_1	dim_2	$qcor_2$	ctr_2
Eigener Außen-dienst	31,2	6,1	0,2	-9,9	15,3	0,1	-15,0	15,9	0,5
Betriebsbe-sichtigungen	99,1	6,2	8,7	-99,0	88,2	10,2	-51,8	10,9	6,2
Direktwerbung	87,2	6,0	2,5	-41,4	57,4	1,7	44,3	29,8	4,3
Elektronische Medien	95,8	5,7	11,9	-106,6	74,5	11,0	-84,7	21,3	15,3
Fachanzeigen	72,7	6,3	2,5	-0,3	0	0	59,2	72,7	8,2
Fachzeitschriften	95,0	6,2	2,1	54,2	94,1	3,1	7,9	0,9	0,1
Hausmessen	98,3	6,1	2,9	-63,9	97,7	4,2	7,5	0,6	0,1
Hersteller-seminare	94,9	6,3	4,1	-75,9	94,9	6,1	-2,7	0,1	0
Hersteller-unterlagen	93,4	6,6	7,4	99,3	93,2	10,9	6,0	0,2	0,1
Katalog	97,5	6,5	28,2	153,9	76,0	25,9	-121,5	21,5	35,6
Externe Kollegen-gespräche	53,6	6,1	0,05	9,5	14,3	0,1	23,5	39,3	1,3
Interne Kollegen-gespräche	99,6	6,5	5,6	85,9	98,1	8,0	-15,5	1,5	0,6
Fachmessen	95,1	6,4	4,3	29,9	26,6	1,0	71,3	68,5	12,0
Persönlicher Ver-kauf	92,2	6,7	6,6	73,0	71,6	6,0	58,1	20,6	8,4
Verbände	99,7	6,1	7,3	-96,0	93,7	9,4	-36,3	6,1	3,0
Vorführwagen	89,0	6,2	5,8	-47,8	65,1	2,4	43,0	23,9	4,2

(*) Eigene Berechnung.

Tab. 6: Anteile der Zeilen (in Prozent)

Besonderes Interesse gilt der Güte der Abbildung der Instrumentenprofile durch die zwei Hauptachsen. Hier zeigt sich, dass die *Point Inertia* der Profile eine sehr große Spannweite aufweist. Die Werte liegen zwischen 31,2 % und 99,7 %, wobei besonders die Instrumente *Informationen des eigenen Außendienstes*, *externe Kollegengespräche* und *Fachanzeigen* nur mäßig im dargestellten zweidimensionalen Raum abgebildet werden (s. Spalte *qlt* in Tabelle 6). Der Grund dafür ist nicht in der geringen Masse der Instrumente zu finden, sondern in ihrer Lage nahe dem Zentroiden und somit ihren Koordinaten. Durch die erste Hauptachse werden vor allem die Instrumente *interne Kollegengespräche* (98,1 %) und *Hausmessen* (97,7 %) abgebildet, weniger die Instrumente *externe Kollegengespräche* (14,3 %) und *Informationen des eigenen Außendienstes* (15,3 %). Die *Fachanzeigen* werden überhaupt nicht durch diese erste Achse reproduziert (s. Spalte $qcor_1$ in Tabelle 6), dafür aber mit 72,7 % stark durch die zweite Hauptachse. Ebenfalls gut werden die *Fachmessen* (68,5 %) dargestellt. Die Instrumente *Herstellerseminare* (0,1 %), *Herstellerunterlagen* (0,2 %), *Hausmessen* (0,6 %) und *Fachzeitschriften* (0,9 %) werden dagegen so gut wie gar nicht durch die zweite Achse abgebildet (s. Spalte $qcor_2$ in Tabelle 6).

4.3 Bezeichnung der Hauptachsen

Die Hauptachsen von graphischen Darstellungen kleiner Matrizen lassen sich aufgrund des nicht allzu großen Komplexitätsgrades relativ leicht bestimmen. Doch bei umfangreicheren Untersuchungen, wie die der vorliegenden 16×5-Matrix N, entstehen oft Interpretationsschwierigkeiten. Hinzu kommt noch der unterschiedlich hohe Erklärungsanteil der einzelnen Achsen (79,1 % für die erste Hauptachse und lediglich 16,2 % für die zweite). Jambu (1992) schlägt zur Vereinfachung des Interpretationsproblems vor, einige ausgewählte Punkte bei der Interpretation der Achsen vorrangig zu berücksichtigen (Jambu 1992, S. 187 ff.). Dies seien erklärende und erklärte Punkte, wobei erklärende Punkte solche sind, die einen Erklärungsbeitrag (*Point Inertia*) zu den Achsen leisten, während die erklärten Punkte durch ihre Korrelation zu den Achsen gekennzeichnet sind. Es leuchtet ein, dass Punkte, die beide Kriterien erfüllen, am aussagekräftigsten sind. Folgende Auswahlregeln sind dabei zu beachten:

- Es werden nur solche *erklärenden Punkte* berücksichtigt, deren Point Inertia über dem Mittel der Beiträge liegt. Der Wert in Spalte ctr muss somit über 20 % (100 % : 5) für die Nutzungshäufigkeit und über 6,25 % (100 % : 16) für die Kommunikationsinstrumente liegen.
- Es werden nur solche *erklärten Punkte* berücksichtigt, deren Punktvarianz zu mehr als 50 % abgebildet wird. Der Wert in Spalte qcor muss somit über 50 % für die Nutzungshäufigkeit und die Kommunikationsinstrumente liegen.

Tabelle 7 zeigt das Ergebnis dieser Auswahlregeln getrennt nach den beiden Hauptachsen. Die erklärenden Profile sind unterstrichen dargestellt, die erklärten sind kursiv abgebildet.

λ_1= 79,1 %	
negativ	**positiv**
gar nicht	sehr häufig
Betriebsbesichtigungen	Herstellerunterlagen
Elektronische Medien	Katalog
Verbände/Arbeitskreise	Interne Kollegengespräche
eher weniger	*sehr häufig*
gar nicht	*häufig*
Betriebsbesichtigungen	*Fachzeitschriften*
Direktwerbung	*Herstellerunterlagen*
Elektronische Medien	*Katalog*
Hausmessen	*Interne Kollegengespräche*
Herstellerseminare	*Persönlicher Verkauf*
Verbände/Arbeitskreise	
Vorführwagen	
λ_2= 16,2 %	
negativ	**positiv**
sehr häufig	mittel
gar nicht	Fachanzeigen
Elektronische Medien	Fachmessen/Ausstellungen
Katalog	
	mittel
	Fachanzeigen
	Fachmessen/Ausstellungen

Tab. 7: Interpretationstabelle

Für die erste Hauptachse ist dabei Folgendes zu beobachten: Im negativen Bereich sind die Ausprägung „gar nicht" und die Instrumente *Betriebsbesichtigungen, elektronische Medien* und *Verbände/Arbeitskreise* sowohl erklärte wie auch erklärende Profile. Im positiven Bereich gilt dies für die Ausprägung „sehr häufig" und die Instrumente *Herstellerunterlagen, Katalog* und *interne Kollegengespräche*. Es stehen sich also einerseits, bezogen auf ihre Nutzungshäufigkeit, bekanntere und unbekanntere Instrumente gegenüber und andererseits die beste und schlechteste Ausprägung. Da die Häufigkeitsausprägungen auch ein Maß für die Geläufigkeit der Instrumente sind und die genannten Instrumente auf der negativen Seite durch ein sehr geringes Profil, die auf der positiven Seite dagegen durch ein sehr großes Profil auffallen (s. Tabelle 2), kann die erste Hauptachse als Abbildung des *„Bekanntheitsgrades der Kommunikationsinstrumente"* interpretiert werden. Auf der positiven Seite der zweiten Hauptachse sind die Ausprägung „mittel" sowie die Instrumente *Fachanzeigen* und *Fachmessen/Ausstellungen* gleichzeitig erklärte und erklärende Punkte. Im negativen Bereich liegen nur erklärende Profile vor. Die *elektronischen Medien* korrespondieren laut Tabelle 2 mit der Häufigkeit „gar nicht", während der *Katalog* „sehr häufig" herangezogen wird. Diese Achse ist somit durch die bereits besprochenen Extrempunkte *Katalog, Fachmessen/Ausstellungen* und *elektronische Medien* gekennzeichnet und stellt die *„Nutzungshäufigkeit der Kommunikationsinstrumente"* dar. Zu beachten ist allerdings der mit 16,2 % gering ausfallende Erklärungsanteil der Gesamtvarianz.

4.4 Beurteilung des Grafikplots

Die vorangegangenen Abschnitte ermöglichen nun eine abschließende Beurteilung der räumlichen Nähe der Häufigkeiten und Instrumente in Abbildung 3. Zu interpretieren ist allerdings nur die räumliche Distanz zwischen den Variablen der Spalten oder der Zeilen, nicht jedoch der absolute Abstand zwischen den Spalten- und Zeilenvariablen (Matiaske et al. 1994, S. 48).

Auffallend ähnliche Profile für zwei Instrumente in der Grafik ergeben sich für insgesamt drei Paare. Dies sind

- die Direktwerbung und der Vorführwagen,
- die Hausmessen und die Herstellerseminare sowie
- die Verbände/Arbeitskreise und die Betriebsbesichtigungen.

Die markanten Variablenpaare der Darstellung sind der „sehr häufig" genutzte *Katalog*, die „häufig" verwendeten *Herstellerunterlagen*, die durchschnittlich herangezogenen *Fachanzeigen*, die weniger stark frequentierten *Herstellerseminare* und die überhaupt nicht genutzten *elektronischen Medien*.

Die für das Investitionsgütermarketing „klassischen" Kommunikationsinstrumente *Katalog, Herstellerunterlagen, interne* und *externe Kollegengespräche, persönlicher Verkauf, Fachmessen/Ausstellungen* und *Fachzeitschriften* sind um die Häufigkeitsausprägungen „sehr häufig", „häufig" und „mittel" positioniert. Der *Katalog* korrespondiert, wie bereits erwähnt, mit „sehr häufig", die *Herstellerunterlagen* mit „häufig" und die *Fachmessen/Ausstellungen* mit „mittel". Diese Entwicklung ist nicht weiter verwunderlich, jedoch ist auch hier zu beachten, dass die Kollegengespräche nicht in den Steuerungsbereich des Herstellers fallen und somit besondere Beachtung finden müssen.

Demgegenüber ist die Lage der hellgrau markierten Instrumente des Faktors „zweiseitig persönliche, allgemeine Kommunikation" im negativen Bereich der ersten und meist auch der zweiten Hauptachse schon auffällig. Ihr äußerst geringer Bekanntheitsgrad geht einher mit einer geringen Nutzungshäufigkeit. Der Grund dafür kann durchaus in der allgemein ausgelegten Informationsdarbietung liegen, die für den Kunden oft nicht den relevanten Inhalt bereithält. Eine Ausnahme davon sind die *externen Kollegengespräche*, die – wie sich bereits bei der Faktorenanalyse zeigte – eher auch problemorientiert sein können. Es ist daher zu überlegen, ob nicht eine etwas problemorientiertere und flexiblere Kommunikation durch die Instrumente dieses Faktors von Vorteil wäre, zumal es sich hier um eine persönliche Kommunikationsform handelt.

Die extreme Randlage der *elektronischen Medien* ist der markante Negativaspekt in der Abbildung 3. Dies hat mehrere Gründe: Zum einen arbeiten viele Unternehmen noch mit Mainframe-Techniken und der Übergang zu dezentralen Informationssystemen, die eine Nutzung der elektronischen Medien am Arbeitsplatz ermöglichen bzw. erleichtern, vollzieht sich nur sehr langsam. Zum anderen ist das Informationsbeschaffungsverhalten vieler Anwender noch konservativ, was bereits die Positionierung der traditionellen Instrumente gezeigt hat. Aber auch technische Probleme verhindern eine größere Nutzung. So ist das Internet zwar ein gutes Werbemedium, zur Informationsbeschaffung wird es aber wegen mannigfaltiger Sicherheitsbedenken in Bezug auf leicht durchführbare Industriespionage bzw. -sabotage nur zögerlich angeboten und frequentiert. Die CD-ROM kann wegen teilweise mangelnder technischer Ausstattung nicht von den Abnehmern genutzt werden. Dies ist wohl mit ein Grund, warum so wenige Anbieter bisher eine echte Katalog-CD-ROM entwickelt haben. Es ist allerdings in den nächsten Jahren mit einer starken Verschiebung der Nutzung zugunsten der *elektronischen Medien* zu rechnen.

Abschließend seien noch die nicht durch den Hersteller steuerbaren Instrumente *interne* und *externe Kollegengespräche, Verbände/Arbeitskreise* sowie *Informationen des eigenen Außendienstes* betrachtet. Während sich die Kollegengespräche auf der Seite der „häufig" genutzten Instrumente befinden, sind die anderen beiden Instrumente bei den weniger frequentierten zu finden. Der *eigene Außendienst* weist eine sich dem Durchschnittsprofil (Zentroiden) annähernde Antwortenverteilung auf. Er ist durchschnittlich bekannt und wird auch annähernd durchschnittlich häufig genutzt (s. Tabelle 2). Zulieferern kann aufgrund dieser Ergebnisse empfohlen werden, ihre Bemühungen um die *in-*

ternen und *externen Kollegengespräche* auszudehnen, um so vor allem die Meinungsführer[8] und die Promotoren[9] der Unternehmen zu ihren Gunsten zu beeinflussen.

4.5 Beurteilung des erweiterten Grafikplots

Nachdem die Nutzungshäufigkeit der Kommunikationsinstrumente untersucht wurde, wird in einem nächsten Schritt zusätzlich die Wichtigkeit der 16 Instrumente in die Analyse einbezogen.
Es wurde bereits erwähnt, dass die Korrespondenzanalyse ein anpassungsfähiges Analyseinstrument ist und wenige Voraussetzungen an das Datenmaterial stellt. Daher können nun Daten aus zwei Häufigkeitstabellen gemeinsam, einmal für die Nutzungshäufigkeit und einmal für die Wichtigkeit, analysiert werden.

In Abbildung 4 ist die graphische Gesamtlösung der Korrespondenzanalyse enthalten.

Wie bereits die bisherigen Ausführungen gezeigt haben, ist das Heranziehen von Interpretationshilfen bei großen Matrizen sehr nützlich. Die sehr umfangreiche Interpretationstabelle kann man dadurch reduzieren, dass nur diejenigen Punkte zur Bestimmung der Achsen herangezogen werden, die sowohl erklärende als auch erklärte Punkte darstellen. Es ergibt sich dann eine vereinfachte Darstellung (s. Tabelle 8). Auf der negativen Seite der ersten Trägheitsachse liegen die Nutzungshäufigkeiten „eher weniger" und „gar nicht" bzw. die Wichtigkeitsausprägungen „weniger wichtig" und „unwichtig" sowie die Instrumente *Betriebsbesichtigungen* und *Direktwerbung*. Demgegenüber sind die Ausprägungen „sehr häufig" und „sehr wichtig" sowie die Instrumente *Herstellerunterlagen, Katalog* und *persönlicher Verkauf* markant für den positiven Abschnitt dieser ersten Achse. Im Prinzip entspricht diese Einteilung der aus dem vorangegangenen Beispiel. Hier kommt aber die empfundene Wichtigkeit der Instrumente hinzu, so dass die erste Achse nicht nur den Bekanntheitsgrad, sondern insgesamt gesehen die *„Relevanz der Kommunikationsinstrumente"* in den Augen der Nachfrager darstellt.

---

8 Kroeber-Riel/Weinberg (2003, S. 518), bezeichnen damit Gruppenmitglieder, die einen stärkeren persönlichen Einfluss auf das Entscheidungsverhalten der Gemeinschaft ausüben als andere.

9 Dies sind laut Witte (1973, S. 15 f.) „Personen, die einen Innovationsprozess aktiv und intensiv fördern".

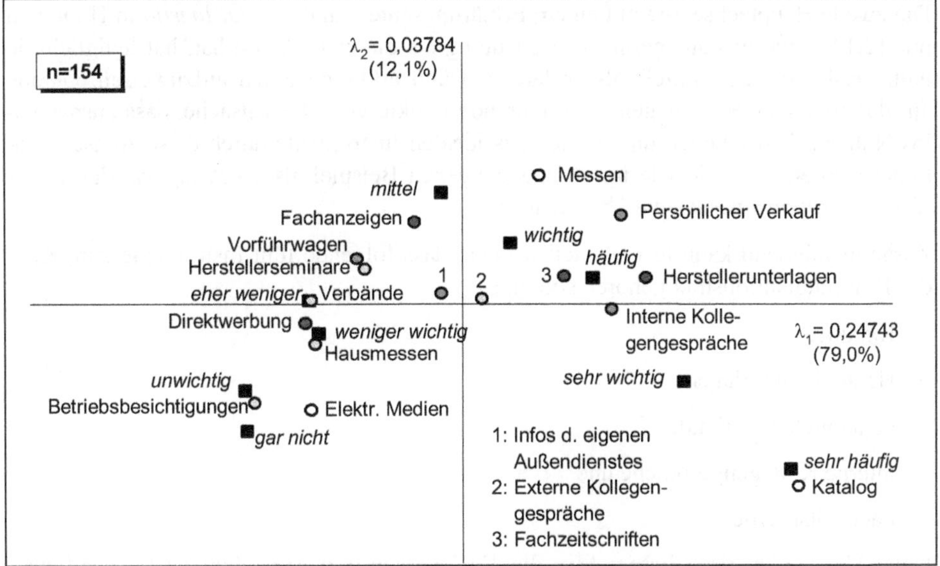

Abb. 4: Zweidimensionale Darstellung der Zeilen- und Spaltenprofile

λ_1= 79,0 %	
negativ	**positiv**
eher weniger	sehr häufig
gar nicht	sehr wichtig
weniger wichtig	Herstellerunterlagen
Betriebsbesichtigungen	Katalog
Direktwerbung	Persönlicher Verkauf
λ_2= 12,1 %	
negativ	**positiv**
	Mittel

Anmerkung: Dargestellt sind nur Punkte, die sowohl erklärend als auch erklärt sind.

Tab. 8: Reduzierte Interpretationstabelle

Die zweite Hauptachse, die mit einem Erklärungsanteil an der *Total Inertia* in Höhe von nur 12,1 % eine weitaus geringere Bedeutung als die erste Achse hat, hat lediglich die Nutzungshäufigkeit „mittel" als erklärenden und erklärten Punkt aufzuweisen. Gerade auf der negativen Seite liegen nur erklärende Punkte vor. Die Tatsache, dass ausnahmslos Nutzungshäufigkeiten und die jeweils idealen Instrumente durch diese Achse abgebildet werden, lässt sie wie im vorangegangenen Beispiel als *„Nutzungshäufigkeit der Kommunikationsinstrumente"* bezeichnen.

Zusammenfassend kann festgehalten werden, dass folgende fünf Instrumente zum Kern des Kommunikationsmix gehören sollten:

- Katalog,
- Herstellerunterlagen,
- persönlicher Verkauf,
- interne Kollegengespräche und
- Fachzeitschriften.

Unter Umständen sind diesem Mix die *Fachmessen* und *Ausstellungen* hinzuzufügen. Sie sind zwar wichtig bei der Meinungsfindung und für das Gesamtbild, sind auf der anderen Seite aber mit erheblichen Kosten verbunden. Dieser Kostenfaktor macht das Instrument nicht für alle Unternehmen umsetzbar.

5. Kritische Würdigung des Verfahrens

Die vorangegangenen Kapitel haben gezeigt, dass die Korrespondenzanalyse ein besonderes Verfahren zur graphischen Analyse von Strukturen einer Datenmatrix darstellt. Selbst umfangreichere Datenmatrizen können mit Hilfe der graphischen Analyse einer Interpretation zugänglich gemacht werden. Allerdings können zu viele unterschiedliche Daten die Bestimmung der Hauptachsen und damit auch die Interpretation der Daten erheblich erschweren. Die Kernaussagen des Problems werden zum Teil verschleiert, da die zwei Dimensionen der Achsen nicht die Multidimensionalität der Daten widerspiegeln (Whitlark/Smith 2001, S. 24 ff.).[10] Des Weiteren müssen bei so umfangreichen Datenmatrizen wie im vorliegenden Beispiel unbedingt die numerischen Ergebnisse zu-

---

[10] Withlark/Smith schlagen in diesem Zusammenhang als gangbare Lösungsalternative vor, nicht die absoluten Häufigkeiten graphisch abzubilden, sondern die standardisierten Residuen.

sammen mit der Grafik ausgewertet werden, um subjektive Interpretationen zu vermeiden.

Insgesamt stellt die Korrespondenzanalyse somit ein Verfahren dar, das durch eine Visualisierung Zusammenhänge verdeutlichen und die Komplexität reduzieren kann. Es bleibt jedoch zu beachten, dass eine tiefer gehende Analyse der zugrundeliegenden Forschungsfrage zumeist die Anwendung weiterer statistischer Methoden wie beispielsweise der Faktoren-, Cluster- oder Conjoint-Analyse erfordert (Mullet 2002, S. 40 f.).

Literaturverzeichnis

Backhaus, K./Meyer, M. (1988): Korrespondenzanalyse: Ein vernachlässigtes Analyseverfahren nicht metrischer Daten in der Marketing-Forschung, in: Marketing ZFP, 10. Jg., Nr. 4, S. 295-307.

Backhaus, K./Erichson, B./Plinke, W./Weiber, R. (2006): Multivariate Analysemethoden. Eine anwendungsorientierte Einführung, 11. Auflage, Berlin u. a..

Bendixen, M. (2003): A Practical Guide to the Use of Correspondence Analysis in Marketing Research, in: Marketing Bulletin, 14. Jg., Technical Note 2, S. 16-38.

Benzécri, J.P. (1973): L'Analyse des Données, Teil II, L'Analyse des Correspondances, Paris.

Bühl, A./Zöfel, P. (1996): Professionelle Datenanalyse mit SPSS für Windows, Bonn.

Carroll, J.D./Green, P.E./Schaffer, C.M. (1986): Interpoint Distance Comparisions in Correspondence Analysis, in: Journal of Marketing Research, 23. Jg., Nr. 3, S. 271-280.

Fisher, R.A. (1940): The Precision of Discriminant Functions, in: Annals of Eugenics, 10. Jg., S. 422-429.

Fricke, D. (1990): Einführung in die Korrespondenzanalyse, Frankfurt/Main.

Greenacre, M. (1984): Theory and applications of correspondence analysis, 1. Auflage, London.

Greenacre, M. (1989): The Carroll-Green-Schaffer Scaling in Correspondence Analysis: A Theoretical and Empirical Appraisal, in: Journal of Marketing Research, 24. Jg., Nr. 3, S. 358-365.

Greenacre, M. (1994): Correspondence Analysis and its Interpretation, in: Greenacre, M./Blasius, J. (Hrsg.), Correspondence Analysis in the Social Sciences, London, S. 3-22.

Greenacre, M./Hastie, T. (1987): The Geometric Interpretation of Correspondence Analysis, in: Journal of the American Statistical Association, 82. Jg., Nr. 398, S. 437-447.

Guttman, L. (1941): The Quantification of a Class of Attributes: A Theory and Method of Scale Construction, in: Horst, P. (Hrsg.), The Prediction of Personal Adjustment, New York, S. 319-348.

Hill, M.O. (1974): Correspondence Analysis: A Neglected Multivariate Method, in: Applied Statistics, 23. Jg., Nr. 3, S. 340-354.

Hill, M.O. (1982): Correspondence Analysis, in: Encyclopedia of Statistical Sciences, Bd. II, S. 204-210.

Hirschfeld, H.O. (1935): A connection between correlation and contingency, in: Proceedings of the Cambridge Philosophical Society, 31. Jg., S. 520-524.

Hsieh, M.-h. (2004): An Investigation of Country-of-Origin Effect Using Correspondence Analysis: A Cross-National Context, in: International Journal of Market Research, 46. Jg., Nr. 3, S. 267-295.

Hoffman, D.L./Franke, G.R. (1986): Correspondence Analysis: Graphical Representation of Categorical Data in Marketing Research, in: Journal of Marketing Research, 23. Jg., Nr. 3, S. 213-227.

Hüttner, M. (1997): Grundzüge der Marktforschung, 5. Auflage, München.

Jambu, M. (1992): Explorative Datenanalyse, Stuttgart u. a..

Kroeber-Riel, W./Weinberg, P. (2003): Konsumentenverhalten, 8. Auflage, München.

Lebart, L./Morineau, A./Warwick, K.M. (1984): Multivariate Descriptive Statistical Analysis, 3. Auflage, New York u. a..

Maraun, M.D./Slaney, K./Jalava, J. (2005): Dual Scaling for the Analysis of Categorial Data, in: Journal of Personality Assessment, 85. Jg., Nr. 2, S. 209-217.

Matiaske, W./Dobrov, I./Bronner, R. (1994): Anwendung der Korrespondenzanalyse in der Imageforschung, in: Marketing ZFP, 16. Jg., Nr. 1, S. 42-54.

Mullet, G. (2002): Opinion on Correspondence Analysis - Among other Things in: Marketing Research, 14. Jg., Nr. 3, S. 40-41.

Nishisato, S. (1980): Analysis of categorical data: dual scaling and its applications, 1. Auflage, Toronto u. a..

Riba, A./Ginebra, J. (2005): Change-point Estimation in a Multinominal Sequence and Homogeneity of Literary Style, in: Journal of Applied Statistics, 32. Jg., Nr. 1, S. 61-74.

Scharf, A. (1991): Konkurrierende Produkte aus Konsumentensicht: Erfassung und räumliche Darstellung unter besonderer Berücksichtigung der Korrespondenzanalyse. Frankfurt/Main.

van der Heijden, P./Mooijaart, A./Takane, Y. (1994): Correspondence Analysis and Contingency Table Models, in: Greenacre, M./Blasius, J. (Hrsg.), Correspondence Analysis in the Social Sciences, London u. a., S. 79-111.

Whitlark, D.B./Smith, S.M. (2001): Using Correspondence Analysis to Map Relationships, in: Marketing Research, 13. Jg., Nr. 3, S. 22-27.

Witte, E. (1973): Organisation für Innovationsentscheidungen: Das Promotoren-Modell, Göttingen.

Yavas, U./Shemwell, D.J. (1996): Bank Image. Exposition and Illustration of Correspondence Analysis, in: International Journal of Bank Marketing, 14. Jg., Nr. 1, S. 15-21.

Sonja Gensler

Finite Mixture Modelle

Dr. Sonja Gensler ist Assistant Professor am Department of Marketing an der Vrije Universiteit Amsterdam.

1. Grundidee der Finite Mixture Modelle

Finite Mixture Modelle sind heute eine State-of-the-Art-Methode zur Segmentierung. Neben der Anwendung zur Segmentierung von Konsumenten auf Basis verschiedener Variablen, können Finite Mixture Modelle auch in Kombination mit multivariaten Analysemethoden eingesetzt werden. Im Gegensatz zu einer Kombination multivariater Analysemethoden mit der Clusteranalyse ist dann keine zweistufige Vorgehensweise erforderlich, sondern es erfolgt eine unmittelbare Schätzung der Parameter auf Segmentebene. Zudem können so inferenz-statistische Aussagen getroffen werden.

Der Begriff *Finite Mixture Modell* kann als endliches Mischverteilungsmodell übersetzt werden und deutet folglich an, dass auf Verteilungen zurückgegriffen wird. So gehen Finite Mixture Modelle davon aus, dass die Beobachtungen einer oder mehrerer interessierender Variablen (Segmentierungsbasis) einer spezifischen Dichtefunktion entstammen. Diese Dichtefunktion ergibt sich aus zwei oder mehr segmentspezifischen Dichtefunktionen, die in einem nicht bekannten Verhältnis zueinander stehen und *vermischt* sind. Demzufolge repräsentieren die gesamten Beobachtungen der interessierenden Variablen in der Stichprobe eine Mischung segmentspezifischer Dichtefunktionen. Diese segmentspezifischen Dichtefunktionen entstammen derselben Verteilung und unterscheiden sich nur bezüglich ihrer spezifischen Parameter. Ziel ist es nun, die Dichtefunktion der Beobachtungen zu *entmischen*, um so die segmentspezifischen Dichtefunktionen zu erhalten.

Den Finite Mixture Modellen liegt – wie auch der Clusteranalyse – die Annahme zugrunde, dass eine endliche Zahl in sich homogener Segmente existiert (Green/Carmone/Wachspress 1976). Die Zuordnung der Konsumenten zu den Segmenten erfolgt jedoch nicht deterministisch, sondern probabilistisch, so dass ein Konsument mit einer gewissen Wahrscheinlichkeit den Segmenten angehört. Es ergibt sich somit eine Fuzzy-Zuordnung der Konsumenten zu den Segmenten. Gleichwohl liegt den Finite Mixture Modellen die Annahme zugrunde, dass die Konsumenten lediglich einem Segment angehören. Allerdings reichen die Informationen über einen Konsumenten meist nicht aus, um das Segment eindeutig zu bestimmen, dem der Konsument angehört. Ziel ist es aber dennoch, einen Konsumenten möglichst einem Segment zuzuordnen, so dass die Wahrscheinlichkeit der Segmentzugehörigkeit eines Konsumenten für ein Segment nahe dem Wert „1“ ist.

Ein einfaches Beispiel soll die Grundidee der Finite Mixture Modelle verdeutlichen (siehe auch Dillon/Kumar 1994): Es werden die Kaufhäufigkeiten für einen Schokoriegel für 456 Konsumenten beobachtet (siehe Abbildung 1). Diese Kaufhäufigkeiten sollen als Segmentierungsbasis dienen. Die Beobachtungen repräsentieren die gemischte Dichtefunktion, die sich durch die segmentspezifischen Dichtefunktionen beschreiben lässt. Es gilt nun, die Zahl an Segmenten sowie deren Größe und die segmentspezifischen Dichtefunktionen zu ermitteln.

Da es sich bei den beobachteten Kaufhäufigkeiten um diskrete Zufallszahlen handelt, wird eine Poisson-Verteilung zugrundegelegt. So lässt sich die Dichtefunktion allgemein wie folgt darstellen:

$$g(y|\mu) = \frac{\mu^y}{y!} \cdot \exp(-\mu) \qquad (1)$$

wobei

y: Ausprägung der abhängigen Variable (hier: Kaufhäufigkeit),

μ: Mittelwert der Poisson-Verteilung.

Den hier beobachteten Kaufhäufigkeiten liegen drei segmentspezifische Dichtefunktionen mit den folgenden Mittelwerten für die Poisson-Verteilung und relativen Größen für die Segmente zugrunde (siehe Tabelle 1).

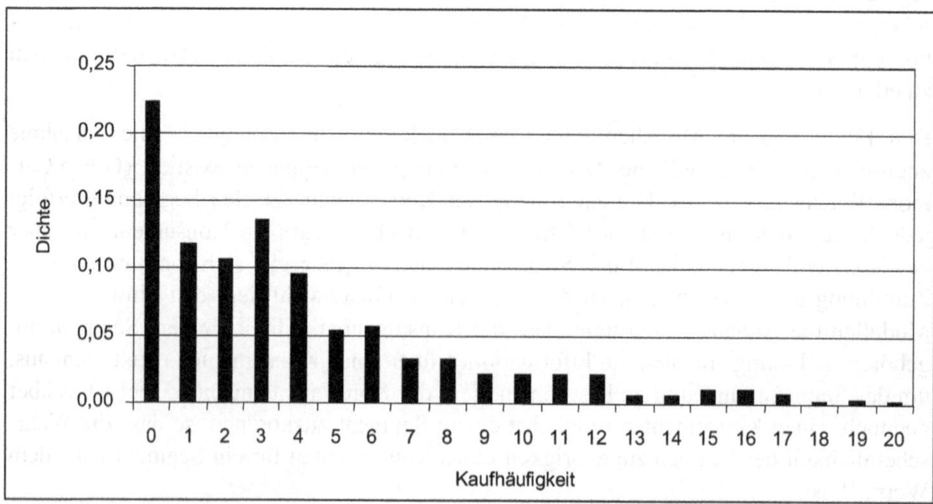

Abbildung 1: Dichtefunktion der beobachteten Kaufhäufigkeiten für das Beispiel „Schokoriegel“

	Mittelwert der Poisson-Verteilung	Relative Größe
Segment 1	0,3	27,7 %
Segment 2	3,5	54,3 %
Segment 3	11,2	18,0 %

Tabelle 1: Mittelwerte der segmentspezifischen Poisson-Verteilungen und deren relative Größe für das Beispiel „Schokoriegel“

Aus diesen drei segmentspezifischen Poisson-Verteilungen ergibt sich die in Abbildung 2 dargestellte gemischte Dichtefunktion für die Kaufhäufigkeiten. Im Vergleich hierzu ist auch die Dichtefunktion dargestellt, wenn nur ein Segment (Mittelwert = 3,99) zugrundegelegt wird. Es zeigt sich, dass die 3-Segment-Lösung die beobachteten Kaufhäufigkeiten wesentlich besser abbilden kann als die 1-Segment-Lösung. Folglich liegt hier Heterogenität zwischen den Konsumenten hinsichtlich der Kaufhäufigkeit vor.

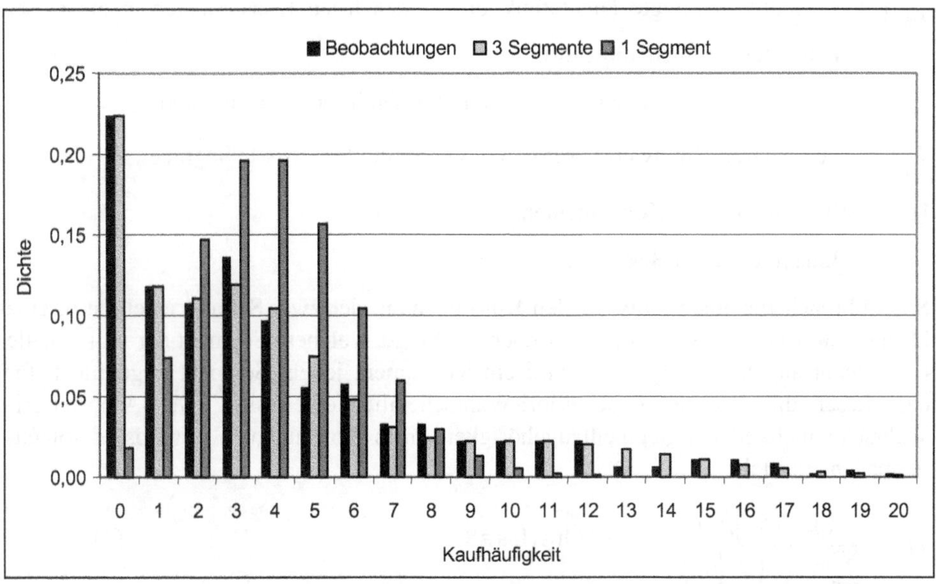

Abbildung 2: Dichtefunktion der beobachteten Kaufhäufigkeiten sowie gemischte Dichtefunktionen für ein und drei Segmente für das Beispiel „Schokoriegel“

Über die segmentspezifischen Dichtefunktionen hinaus sind aber auch die individuellen Dichtefunktionen zu bestimmen, da diese die Basis eines jeden Finite Mixture Modells darstellen. Diese können aus den *bedingten* individuellen Dichtefunktionen und den relativen Größen der Segmente abgeleitet werden. Für einen individuellen Konsumenten ergibt sich in dem Beispiel dann die folgende *unbedingte* individuelle Dichtefunktion:

$$\hat{g}_h(y_h|\hat{\mu}) = \sum_{s\in S} \hat{\eta}_s \cdot \hat{g}_{h|s}\left(y_h|\hat{\mu}_s\right)$$

$$= 0,277 \cdot \frac{0,3^{y_h}}{y_h!} \cdot \exp(-0,3) + 0,543 \cdot \frac{3,5^{y_h}}{y_h!} \cdot \exp(-3,5) + 0,18 \cdot \frac{11,2^{y_h}}{y_h!} \cdot \exp(-11,2) \qquad \forall\, h \in H \qquad (2)$$

wobei

$\hat{g}_h(\ )$: geschätzte unbedingte Dichtefunktion für den h-ten Konsumenten,

$\hat{\eta}_s$: geschätzte relative Größe des s-ten Segments,

$\hat{g}_{h|s}(\ )$: geschätzte bedingte Dichtefunktion für den h-ten Konsumenten, wenn dieser dem s-ten Segment angehört,

y_h: Ausprägung der abhängigen Variable für den h-ten Konsumenten,

$\hat{\mu}_s$: geschätzter Mittelwert der Poisson-Verteilung für das s-te Segment,

H: Indexmenge der Konsumenten,

S: Indexmenge der Segmente.

So ergibt sich für einen individuellen Konsumenten, der zwei Schokoriegel kauft, eine Dichte von 0,11. Nun stellt sich aber noch die Frage, welchem Segment der individuelle Konsument angehört. Allgemein wird ein Konsument jenem Segment zugeordnet, für das dieser die höchste A-posteriori-Wahrscheinlichkeit besitzt. Die A-posteriori-Wahrscheinlichkeit der Segmentzugehörigkeit eines Konsumenten wird dabei folgendermaßen ermittelt:

$$\omega_{h,s} = \frac{\hat{\eta}_s \hat{g}_{h,s}\left(y_h|\hat{\mu}_s\right)}{\sum_{s\in S} \hat{\eta}_s \hat{g}_{h,s}\left(y_h|\hat{\mu}_s\right)} \qquad \forall\, h \in H,\ s \in S \qquad (3)$$

wobei

$\omega_{h,s}$: Wahrscheinlichkeit der Segmentzugehörigkeit des h-ten Konsumenten zum s-ten Segment.

Und es gilt:

$$0 \le \omega_{h,s} \le 1 \quad \forall\ h \in H,\ s \in S \tag{4}$$

sowie

$$\sum_{s \in S} \omega_{h,s} = 1 \quad \forall\ h \in H \tag{5}$$

Für das Beispiel ergibt sich dann der in Abbildung 3 dargestellte Zusammenhang zwischen der beobachteten Kaufhäufigkeit eines Konsumenten und seiner A-posteriori-Wahrscheinlichkeit der Segmentzugehörigkeit. Das heißt, ein Konsument, der vier Schokoriegel kauft, gehört mit einer Wahrscheinlichkeit nahe dem Wert „1" dem Segment 2 an. Wohingegen ein Konsument, der 14 Schokoriegel kauft, mit einer Wahrscheinlichkeit nahe dem Wert „1" dem Segment 3 angehört.

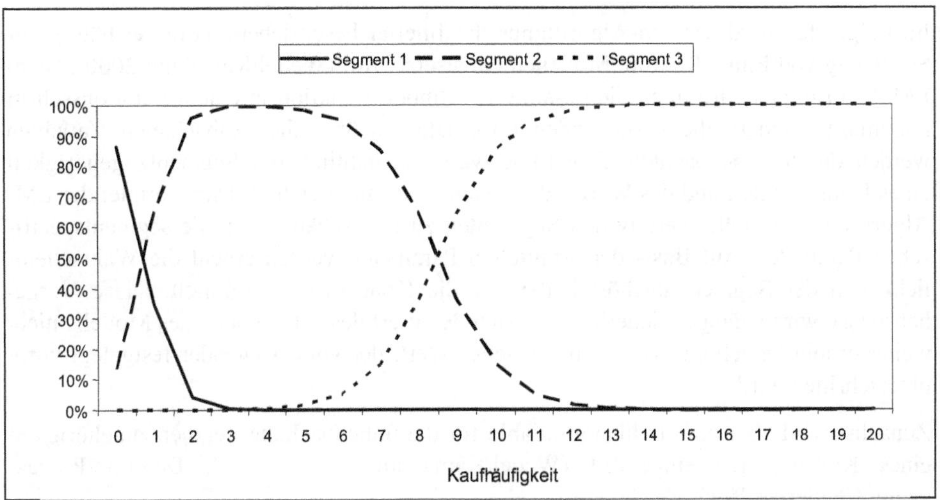

Abbildung 3: Zusammenhang zwischen Kaufhäufigkeit und A-posteriori-Wahrscheinlichkeit der Segmentzugehörigkeit für das Beispiel „Schokoriegel"

In dem angeführten Beispiel sind die Zahl an Segmenten, die Segmentgrößen sowie die Mittelwerte der segmentspezifischen Poisson-Verteilungen als bekannt angenommen worden. Wie die A-posteriori-Wahrscheinlichkeiten der Segmentzugehörigkeit gilt es diese aber im Rahmen eines Finite Mixture Modells auf Basis der Beobachtungen zu schätzen.

2. Vorgehensweise der Finite Mixture Modelle

2.1 Schätzung der Parameter

Um die segmentspezifischen Parameter eines Finite Mixture Modells zu schätzen, gilt es zunächst eine Likelihood-Funktion zu formulieren, die dann zu maximieren ist. Die Maximierung kann durch iterative Optimierungsalgorithmen wie beispielsweise den Newton-Raphson-Algorithmus oder den Expectation-Maximization-Algorithmus (EM-Algorithmus) erfolgen.

Im Folgenden wird der EM-Algorithmus detaillierter beschrieben, da dieser häufig zur Schätzung von Finite Mixture Modellen eingesetzt wird (Wedel/Kamakura 2000). Beim EM-Algorithmus wird nicht die gesamte Likelihood-Funktion in einem Iterationsschritt maximiert, sondern die vorliegenden Informationen über die beobachteten Variablen werden durch unbeobachtete Erwartungswerte hinsichtlich der Segmentzugehörigkeit eines Konsumenten und des Wertes des Likelihoods angereichert. Dabei ordnet der EM-Algorithmus die Fälle iterativ den Segmenten zu und schätzt dann die segmentspezifischen Parameter. Auf Basis der ermittelten Parameter werden erneut die Wahrscheinlichkeiten der Segmentzugehörigkeiten für die Konsumenten ermittelt. Diese Vorgehensweise wird solange wiederholt, bis sich der Wert des Likelihoods des Modells nicht weiter erhöht beziehungsweise ein kritischer Wert, der vom Anwender festgelegt wird, unterschritten wird.

Zunächst wird aber eine Indikatorvariable für die unbeobachtete Segmentzugehörigkeit eines Konsumenten eingeführt (Wedel/Kamakura 2000, S. 84; DeSarbo/Ramaswamy/Chatterjee 1995).

$$\lambda_{h,s} = \begin{cases} 1, \text{ wenn der h-te Konsument dem s-ten Segment angehört,} \\ 0, \text{ sonst.} \end{cases} \qquad \forall\, h \in H,\, s \in S \quad (6)$$

wobei

$\lambda_{h,s}$: Indikatorvariable für die Segmentzugehörigkeit des h-ten Konsumenten zum s-ten Segment.

Die λ-Werte werden als fehlende Werte behandelt und folgen einer Multinomialverteilung. Die logarithmierte, so genannte komplette Likelihood-Funktion wird dann in der folgenden Weise formuliert:

$$L_c = \prod_{h \in H} \prod_{s \in S} \hat{\eta}_s^{\lambda_{h,s}} \hat{g}_{h|s} \left(y_h \middle| \hat{\theta}_s \right)^{\lambda_{h,s}} \to \text{Max.} \tag{7}$$

Beziehungsweise

$$\ln L_c = \sum_{h \in H} \sum_{s \in S} \left(\lambda_{h,s} \ln \hat{\eta}_s + \lambda_{h,s} \ln \hat{g}_{h|s} \left(y_h \middle| \hat{\theta}_s \right) \right) \to \text{Max.} \tag{8}$$

wobei

L_c: komplette Likelihood-Funktion,

$\hat{\theta}_s$: Vektor aller zu schätzender Parameter im s-ten Segment.

Der EM-Algorithmus geht dann wie folgt vor (Wedel/DeSarbo 1994, S. 356 f.):

Schritt 0: Spezifizierung der Zahl der Segmente und Generierung einer Startpartition für die Wahrscheinlichkeiten der Segmentzugehörigkeiten der Konsumenten, wobei eine zufällige oder eine bewusst gewählte Startpartition vom Anwender zugrundegelegt werden kann.

Schritt 1: Berechnung des Erwartungswerts der logarithmierten kompletten Likelihood-Funktion in Abhängigkeit von der Verteilung der λ-Werte bei gegebenen Beobachtungen und vorläufiger Schätzung der Größe der Segmente sowie der segmentspezifischen Parameter (E-Schritt). Hierbei werden die λ-Werte durch die Wahrscheinlichkeiten der Segmentzugehörigkeiten der Konsumenten $\omega_{h,s}$ anhand des Satzes von Bayes ersetzt. Der Erwartungswert der unbeobachteten Indikatorvariablen $\lambda_{h,s}$ entspricht dann der A-posteriori-Wahrscheinlichkeit der Segmentzugehörigkeit, so gilt:

$$E\left(\lambda_{h,s} \middle| y_h, \hat{\theta}_s\right) = \frac{\hat{\eta}_s \hat{g}_{h|s}\left(y_h \middle| \hat{\theta}_s\right)}{\sum_{s \in S} \hat{\eta}_s \hat{g}_{h|s}\left(y_h \middle| \hat{\theta}_s\right)} = \omega_{h,s} \qquad \forall\, h \in H,\, s \in S \tag{9}$$

Es ergibt sich somit der folgende Zusammenhang für den Erwartungswert der logarithmierten kompletten Likelihood-Funktion:

$$E\left[\ln L_c\right] = \sum_{h \in H} \sum_{s \in S} \omega_{h,s} \ln \hat{\eta}_s + \sum_{h \in H} \sum_{s \in S} \omega_{h,s} \ln \hat{g}_{h|s}\left(y_h \middle| \hat{\theta}_s\right) \tag{10}$$

Schritt 2: Maximierung des Erwartungswerts der logarithmierten kompletten Likelihood-Funktion bei gegebenen $\omega_{h,s}$ unter Beachtung der Nebenbedingung (M-Schritt). Hierfür können die beiden Summanden des Erwartungswerts der logarithmierten kompletten Likelihood-Funktion getrennt maximiert werden (Wedel/Kamakura 2000, S. 121):

$$\text{Lagrange}\left(\hat{\eta}_s\right) = \sum_{h \in H} \sum_{s \in S} \omega_{h,s} \ln \hat{\eta}_s - \rho \left(\sum_{s \in S} \hat{\eta}_s - 1 \right) \rightarrow \text{Max.} \tag{11}$$

wobei

ρ: Lagrange-Multiplikator.

Partielles Ableiten nach $\hat{\eta}_s$ und Auflösen nach Null führt zu (McLachlan/Peel 2001, S. 49):

$$\hat{\eta}_s = \frac{1}{|H|} \sum_{h \in H} \omega_{h,s} \qquad \forall\, s \in S \tag{12}$$

Für den zweiten Term gilt die folgende notwendige Bedingung:

$$\frac{\partial L}{\partial \hat{\theta}_s} = \sum_{h \in H} \sum_{s \in S} \omega_{h,s} \frac{\partial \ln \hat{g}_{h|s}(y_h \mid \hat{\theta}_s)}{\partial \hat{\theta}_s} = 0 \tag{13}$$

Schritt 3: Stopp, wenn die Änderung des logarithmierten Wertes der kompletten Likelihood-Funktion im Vergleich zur vorangegangenen Iteration einen kritischen Wert nicht übersteigt (Konvergenztest). Kann keine Konvergenz festgestellt werden, dann Wiederholung der Schritte 1 bis 3 und somit erneute Schätzung der Segmentzugehörigkeiten $\omega_{h,s}$.

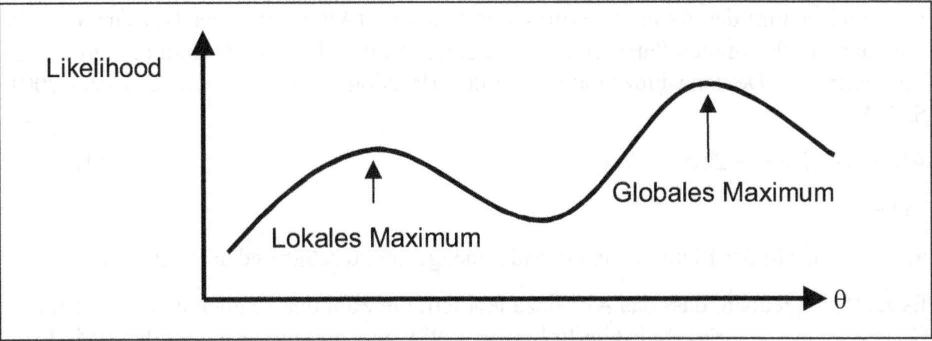

Abbildung 4: Darstellung einer multimodalen Likelihood-Funktion

Der EM-Algorithmus besitzt die Eigenschaft, dass dieser monoton steigende Werte für den logarithmierten Wert des Likelihoods gewährleistet (Dempster/Laird/Rubin 1977; McLachlan/Krishnan 1997, S. 82). Dabei werden die Iterationen so lange fortgeführt, bis die Anpassung des geschätzten Modells an die Beobachtungen ein Maximum erreicht (Cohen/Ramaswamy 1998; DeSarbo/Cron 1988). Häufig sind jedoch zahlreiche Iterationen erforderlich, da sich der EM-Algorithmus durch eine langsame Konvergenz auszeichnet (McLachlan/Peel 2001, S. 70). Zudem kann sich das Problem des Auffindens lediglich lokaler Maxima und nicht des globalen Maximums als kritisch erweisen (siehe Abbildung 4). Dieses Problem wird durch die multimodale Eigenschaft der Likelihood-Funktion hervorgerufen, so dass der EM-Algorithmus sensitiv auf die angenommenen Startwerte reagiert (Wedel/Kamakura 2000, S. 89). Dies gilt jedoch auch für andere Algorithmen, die zur Schätzung der Finite Mixture Modelle eingesetzt werden.

Um dem Problem eines lokalen Maximums zu begegnen, können mehrere Startwerte betrachtet, die Zahl an Segmenten sukzessive eingeschränkt beziehungsweise die Startpartition mittels eines anderen Algorithmus ermittelt werden - beispielsweise anhand des K-Means-Algorithmus (Wedel/Kamakura 2000, S. 88).

2.2 Bestimmung der Zahl an Segmenten

Es obliegt dem Anwender, die Zahl an Segmenten zu bestimmen. So existieren neben der Interpretierbarkeit und der Handhabbarkeit der Segmente statistische Entscheidungskriterien, die zur Bestimmung der Zahl an Segmenten herangezogen werden sollten. Hierfür werden meist unterschiedliche so genannte Informationskriterien betrachtet. Diese Informationskriterien basieren auf der Devianz (mit -2 multiplizierter Wert des Likelihoods des geschätzten Modells) und berücksichtigen darüber hinaus einen *Bestrafungsfaktor*, der je nach Informationskriterium unterschiedlich ausgestaltet ist.

So berücksichtigt das Akaike's Information Criterion (AIC) neben der Devianz auch die Zahl der zu schätzenden Parameter, indem diese mit dem Faktor „2“ multipliziert und zu dem Wert der Devianz hinzuaddiert werden (Bozdogan 1987; McLachlan/Peel 2001, S. 203).

$$AIC\,(S) = -2\ \ln L + 2|K| \tag{14}$$

wobei

|K|: Anzahl der Elemente in der Indexmenge der zu schätzenden Parameter.

Es zeigt sich jedoch, dass das AIC dazu tendiert, die Zahl der Segmente zu überschätzen (Ramaswamy/DeSarbo/Reibstein/Robinson 1993). Aus diesem Grund wird das Modified Akaike Information Criterion (MAIC) vorgeschlagen, das die Zahl der zu schätzenden Parameter berücksichtigt, indem diese mit dem Faktor „3“ multipliziert und zu dem Wert der Devianz hinzuaddiert werden. Die Zahl der zu schätzenden Parameter wirkt sich somit stärker negativ aus (Wedel/Kamakura 2000, S. 92).

$$MAIC\,(S) = -2\ \ln L + 3|K| \tag{15}$$

Weitere Informationskriterien sind das Consistent Akaike Information Criterion (CAIC) und das Bayesian Information Criterion (BIC), wobei diese neben der Zahl der zu schätzenden Parameter auch die Zahl der Beobachtungen berücksichtigen (Wedel/Kamakura 2000, S. 92).

$$CAIC\,(S) = -2\ \ln L + (\ln(|H||I|) + 1)\ |K| \tag{16}$$

$$BIC\,(S) = -2\ \ln L + (\ln(|H||I|))\ |K| \tag{17}$$

wobei

|H|: Anzahl der Elemente in der Indexmenge der Konsumenten,

|I|: Anzahl der Elemente in der Indexmenge der Beobachtungen je Konsument.

Das CAIC wie auch das BIC sollen die Tendenz, eine zu hohe Zahl an Segmenten festzulegen, mindern, wobei sich das BIC vor allem bei einer großen Zahl an Beobachtungen als geeignet erwiesen hat (Bozdogan 1987).

Die Zahl an Segmenten wird bestimmt, indem das Minimum eines Informationskriteriums über die verschiedenen Modelle mit einer unterschiedlichen Zahl an Segmenten hinweg gesucht wird. Das Minimum eines Informationskriteriums zeigt das Modell an, das die Beobachtungen am besten wiedergeben kann.

Die Informationskriterien kommen jedoch häufig zu divergierenden Ergebnissen, was die Zahl an Segmenten betrifft. Es existiert kein Informationskriterium, das sich generell als das Beste erwiesen hat. In der Literatur konnten sich aber das CAIC und das BIC durchsetzen (z. B. Abramson/Andrews/Currim/Jones 2000; Ailawadi/Gedenk/Neslin

1999; Vriens/Oppewal/Wedel 1998; Jedidi/Jagpal/DeSarbo 1997; DeSarbo/Ramaswamy/Cohen 1995).

Es ist zudem möglich, ein Entropie-basiertes Maß zur Beurteilung der Güte der geschätzten Modelle heranzuziehen. Das Entropie-Maß beurteilt die Separation der Segmente, indem der Grad der Unschärfe der Segmentzugehörigkeiten der Konsumenten auf Basis der A-posteriori-Wahrscheinlichkeiten der Segmentzugehörigkeiten betrachtet wird.

$$Entropy = 1 + \frac{\sum_{h \in H} \sum_{s \in S} \omega_{h,s} \ln \omega_{h,s}}{|H| \ln |S|} \tag{18}$$

wobei

|S|: Anzahl der Segmente.

Das Entropie-Maß ist eine relative Größe, so dass der Wertebereich im Intervall [0,1] liegt. Bei einem Wert nahe „0“ ist keine hinreichende Separation der Segmente gegeben, wohingegen ein Wert nahe „1“ angibt, dass die Segmente hinreichend gut separiert sind (Ramaswamy/DeSarbo/Reibstein/Robinson 1993). So wird bei Betrachtung des Entropie-Maßes jenes Modell gewählt, bei dem das Entropie-Maß maximal ist.

3. Einsatzmöglichkeiten der Finite Mixture Modelle bei multivariaten Analysemethoden

Die Finite Mixture Modelle bieten einen flexiblen Rahmen, um mit anderen multivariaten Analysemethoden kombiniert zu werden. Im Gegensatz zum ursprünglichen Aggregationsniveau der multivariaten Analysemethode werden dann segmentspezifische Parameter geschätzt.

Wenn die multivariate Analysemethode also ursprünglich eine individuelle Schätzung der Parameter vornimmt, so kann durch die Kombination mit einem Finite Mixture Modell die Varianz der geschätzten Parameter durch eine segmentspezifische Schätzung reduziert werden (siehe Tabelle 2). Werden hingegen die Parameter bei der multivariaten Analysemethode ursprünglich aggregiert geschätzt, so kann die systematische Verzerrung der geschätzten Parameter durch die Berücksichtigung von Heterogenität zwischen den Konsumenten verringert werden. Anzumerken ist aber, dass es sich schlussendlich immer um einen Trade-Off zwischen Varianz und systematischer Verzerrung handelt; denn eine segmentspezifische statt einer individuellen Schätzung führt zu einer gewissen

Multivariate Analysemethode	Ursprüngliches Aggregationsniveau	Vorteil einer segmentspezifischen Analyse mittels Finite Mixture Modell
Clusteranalyse	segmentspezifische Analyse	kein spezifischer Vorteil eines Finite Mixture Modells, aber inferenz-statistische Aussagen möglich
Conjoint Analyse	individuelle Analyse	Geringere Varianz der geschätzten Nutzenparameter
Choice-Based Conjoint Analyse	aggregierte Analyse	Geringere systematische Verzerrung der geschätzten Nutzenparameter
Faktorenanalyse	aggregierte Analyse	Geringere systematische Verzerrung der geschätzten Parameter
Multidimensionale Skalierung	individuelle Analyse	Geringere Varianz der geschätzten Nutzenparameter
Regressionsanalyse	aggregierte Analyse	Geringere systematische Verzerrung der geschätzten Parameter
Strukturgleichungsmodell	aggregierte Analyse	Geringere systematische Verzerrung der geschätzten Parameter
Varianzanalyse	aggregierte Analyse	Geringere systematische Verzerrung der geschätzten Parameter

Tabelle 2: Überblick über multivariate Analysemethoden

systematischen Verzerrung, da die Heterogenität zwischen den Konsumenten in geringerem Maße abgebildet wird. Dagegen wirkt sich eine Schätzung segmentspezifischer statt aggregierter Parameter negativ auf die Varianz der geschätzten Parameter aus.

Die Kombination multivariater Analysemethoden mit Finite Mixture Modellen bietet aber zudem den Vorteil, dass eine einheitliche Zielfunktion formuliert wird: Maximiere den Wert des Likelihoods. So ist aus einem statistischen Blickwinkel gewährleistet, dass nicht unterschiedliche Zielfunktionen mit unterschiedlichen Zielsetzungen maximiert werden, wie dies bei einer zweistufigen Vorgehensweise der Fall ist.

In der Literatur haben Finite Mixture Modelle besondere Aufmerksamkeit in Zusammenhang mit der Regressionsanalyse, der Conjoint Analyse, der Choice-Based Conjoint Analyse, der Multidimensionalen Skalierung und Strukturgleichungsmodellen erfahren. Da sich die Überlegungen zur Finite Mixture Regressionsanalyse (DeSarbo/Cron 1988) in der Finite Mixture Conjoint Analyse wieder finden, wird diese im Folgenden nicht näher erläutert werden. Auch auf eine eingehende Erläuterung der Finite Mixture Faktorenanalyse (Bartholomew/Knott 1999) und Finite Mixture Varianzanalyse (Flury/Narayanan 1992) wird an dieser Stelle verzichtet, da deren Anwendungen in der Literatur heute noch keinen nennenswerten Platz einnehmen.

3.1 Finite Mixture Conjoint Analyse

Die Conjoint Analyse hat das Ziel, die Nutzenfunktion eines Konsumenten zu schätzen und geht dabei von der Annahme aus, dass sich der Gesamtnutzen eines Produkts aus der Summe der Nutzenbeiträge der einzelnen Eigenschaftsausprägungen ergibt. Es gilt dann, die einzelnen Nutzenbeiträge der Eigenschaftsausprägungen zu ermitteln. Hierfür werden Konsumenten zu ihren Präferenzen bezüglich unterschiedlicher Produkte befragt. Auf der Basis der empirisch erhobenen Bewertungen, welche die Präferenzen der Konsumenten widerspiegeln, werden dann die Nutzenbeiträge der einzelnen Eigenschaftsausprägungen auf individueller Ebene geschätzt.

Häufig dienen die geschätzten individuellen Nutzenparameter der Conjoint Analyse als Segmentierungsbasis (DeSarbo/Wedel/Vriens/Ramaswamy 1992; Wittink/Vriens/Burhenne 1994). Bei einer zweistufigen Vorgehensweise werden zunächst die individuellen Nutzenparameter mittels einer Regressionsanalyse geschätzt und diese im Anschluss daran standardisiert. Die standardisierten, individuellen Nutzenparameter werden dann als Segmentierungsbasis im Rahmen der Clusteranalyse genutzt. Problematisch bei dieser Vorgehensweise ist, dass im ersten Schritt die Zielfunktion darin besteht, die Fehlerterme und im zweiten Schritt die Distanzen zwischen den Konsumenten zu minimieren. So werden zwei unterschiedliche Zielfunktionen optimiert, so dass dann kaum verlässliche inferenz-statistische Aussagen getroffen werden können. Zudem sind die individuell geschätzten Nutzenparameter der Conjoint Analyse aufgrund der meist geringen Zahl an Freiheitsgraden relativ instabil. Die Finite Mixture Conjoint Analyse bietet nun den Vorteil, dass unmittelbar segmentspezifische Nutzenparameter geschätzt werden. Somit wird für die Schätzung der Nutzenparameter und die Segmentierung der Konsumenten eine einheitliche Zielfunktion zugrundegelegt. Hierdurch kann die Stabilität der geschätzten Parameter erhöht werden und inferenz-statistische Aussagen sind möglich.

Der Finite Mixture Conjoint Analyse liegt eine linear-additive Nutzenfunktion zugrunde, so dass sich ein Finite Mixture Regressionsmodell ergibt. Ziel des Finite Mixture Conjoint Modells ist es, die segmentspezifischen Nutzenparameter zu bestimmen, wobei diese die Nutzenbeiträge der einzelnen Eigenschaftsausprägungen und so den Gesamtnutzenwert eines Stimulus determinieren (Gensler 2003, S. 114).

Daher gilt:

$$u_{s,i} = \sum_{j \in J} \sum_{m \in M_j} \beta_{s,j,m} \cdot x_{i,j,m} \qquad \forall\ i \in I,\ s \in S \tag{19}$$

wobei

$u_{s,i}$: Gesamtnutzenwert des i-ten Stimulus für das s-te Segment,

$\beta_{s,j,m}$: Nutzenparameter der m-ten Ausprägung der j-ten Eigenschaft für das s-te Segment,

$x_{i,j,m}$: Wert der m-ten Ausprägung der j-ten Eigenschaft beim i-ten Stimulus.

Dabei repräsentiert der segmentspezifische Gesamtnutzenwert eines Stimulus den Mittelwert aller Bewertungen desselben in eben diesem Segment, so dass gilt (Wedel/Kamakura 2000, S. 82 f.):

$$u_{s,i} = \mu_{s,i} \qquad \forall\ i \in I,\ s \in S \tag{20}$$

wobei

$\mu_{s,i}$: Mittelwert der Bewertungen des i-ten Stimulus im s-ten Segment.

Daraus ergibt sich dann der folgende Zusammenhang:

$$\mu_{s,i} = \sum_{j \in J} \sum_{m \in M_j} \beta_{s,j,m} \cdot x_{i,j,m} \qquad \forall\ i \in I,\ s \in S \tag{21}$$

Aus Gleichung (21) wird ersichtlich, dass die Summe der segmentspezifischen Nutzenbeiträge der einzelnen Eigenschaften den Mittelwert der Bewertungen eines Stimulus in einem Segment repräsentiert. Somit erfolgt bei der Finite Mixture Conjoint Analyse eine Aggregation der individuellen Regressionsfunktionen der Conjoint Analyse. Daher ist es auch möglich, Modelle zu schätzen, die auf individueller Ebene überparametrisiert sind.

Anhand der obigen Darstellung wird zudem deutlich, warum die Annahme in sich homogener Segmente bei den Finite Mixture Modellen von Bedeutung ist. Denn bei einer Verletzung dieser Modellannahme kann der segmentspezifische Mittelwert der Gesamtnutzenwerte die individuellen Gesamtnutzenwerte nicht adäquat wiedergeben. Die segmentspezifischen Nutzenparameter wären dann systematisch verzerrt, da der Heterogenität in den Präferenzen der Konsumenten nicht angemessen Rechnung getragen wird.

Für die Dichtefunktion der individuellen Beobachtungen – also für die Bewertungen der Stimuli – wird eine multivariate Normalverteilung zugrundegelegt. Es ergibt sich dann die nachstehende bedingte Dichtefunktion für die Bewertungen eines Konsumenten:

$$g_{h|s}\left(u_h \middle| X, \beta_s, \Gamma_s\right) = (2\pi)^{-\frac{|I|}{2}} \left|\Gamma_s\right|^{-\frac{1}{2}} \exp\left[-\frac{1}{2}\left(u_h - X\beta_s\right)' \Gamma_s^{-1} \left(u_h - X\beta_s\right)\right] \quad \forall\, h \in H,\, s \in S \qquad (22)$$

wobei

$g_{h|s}(\,)$: bedingte Dichtefunktion für den h-ten Konsumenten, wenn dieser dem s-ten Segment angehört,

u_h: Vektor der Gesamtnutzenwerte der |I| Stimuli für den h-ten Konsumenten,

X: Design-Matrix,

β_s: Vektor der Nutzenparameter für das s-te Segment,

Γ_s: Varianz-Kovarianz-Matrix für das s-te Segment,

|I|: Anzahl der Elemente in der Indexmenge der Stimuli.

Unter der Annahme, dass die Konsumenten unabhängig voneinander sind, ergibt sich dann die zu maximierende Likelihood-Funktion als Produkt der unbedingten individuellen Dichtefunktionen:

$$L = \prod_{h \in H}\left[\sum_{s \in S} \hat{\eta}_s (2\pi)^{-\frac{|I|}{2}} \left|\Gamma_s\right|^{-\frac{1}{2}} \exp\left(-\frac{1}{2}\left(u_h - X\hat{\beta}_s\right)' \Gamma_s^{-1}\left(u_h - X\hat{\beta}_s\right)\right)\right] \rightarrow \text{Max.} \qquad (23)$$

wobei

$\hat{\beta}_s$: geschätzter Vektor der Nutzenparameter für das s-te Segment.

Zudem sind die folgenden Nebenbedingungen zu beachten:

$$0 \leq \hat{\eta}_s \leq 1 \quad \forall s \in S \qquad (24)$$

$$\sum_{s \in S} \hat{\eta}_s = 1 \qquad (25)$$

Ergebnis der Schätzung der Finite Mixture Conjoint Analyse sind segmentspezifische Nutzenparameter. Aus diesen können individuelle Nutzenparameter abgeleitet werden, indem die segmentspezifischen Nutzenparameter mit den A-posteriori-Wahrscheinlichkeiten der Segmentzugehörigkeiten gewichtet werden.

3.2 Finite Mixture Choice-Based Conjoint Analyse

Bei der Choice-Based Conjoint Analyse werden Konsumenten aufgefordert, ihre Präferenzen durch Auswahlentscheidungen abzugeben. Die Schätzung der Nutzenparameter erfolgt dann durch ein Multinomiales Logit-Modell (MNL-Modell). Da diese Auswahlentscheidungen aber relativ weniger Informationen beinhalten als Bewertungen anhand einer Skala, wie es bei der Conjoint Analyse der Fall ist, kann meist nur eine aggregierte Schätzung der Nutzenparameter vorgenommen werden. Es ergibt sich dann das Problem, dass eine Segmentierung der Konsumenten auf Basis ihrer Nutzenparameter mittels der Clusteranalyse nicht möglich ist. Die Schätzung eines Finite Mixture Choice-Based Conjoint Modells erlaubt jedoch die Segmentierung der Konsumenten auf Basis ihrer Nutzenparameter sowie deren Zuordnung zu Segmenten (DeSarbo/Ramaswamy/Cohen 1995). Wie bei der Finite Mixture Conjoint Analye erfolgt auch hier die Schätzung der segmentspezifischen Nutzenparameter sowie die Ermittlung der Segmentzugehörigkeiten der Konsumenten in einem Schritt. Es liegt somit eine Disaggregation der aggregierten Nutzenfunktion der Choice-Based Conjoint Analyse zugrunde, wodurch die systematische Verzerrung der geschätzten Nutzenparameter reduziert werden kann.

Da bei der Choice-Based Conjoint Analyse ein MNL-Modell zugrundegelegt wird, wird die abhängige Variable bereits als Zufallsvariable aufgefasst. Eine gesonderte Spezifizierung einer Dichtefunktion entfällt somit und die bedingte Dichtefunktion für einen Konsumenten ergibt sich aus:

$$P_{h,i|s} = \frac{\exp\left(\sum_{j\in J}\sum_{m\in M_j} \beta_{s,j,m} \cdot x_{i,j,m}\right)}{\sum_{i'\in C_a}\exp\left(\sum_{j\in J}\sum_{m\in M_j} \beta_{s,j,m} \cdot x_{i',j,m}\right)} \qquad \forall\ h\in H,\ i\in C_a \text{ und } C_a\subseteq I,\ s\in S \qquad (26)$$

wobei

$P_{h,i|s}$: bedingte Auswahlwahrscheinlichkeit für den i-ten Stimulus durch den h-ten Konsumenten, wenn dieser dem s-ten Segment angehört,

C_a: Indexmenge der Stimuli im a-ten Choice Set.

Unter der Annahme, dass die Konsumenten beziehungsweise deren Auswahlentscheidungen unabhängig voneinander sind, wird für die Schätzung der Nutzenparameter die folgende Likelihood-Funktion spezifiziert, die es unter Beachtung der Nebenbedingungen zu maximieren gilt (Gensler 2003, S. 132):

$$L = \prod_{h \in H} \sum_{s \in S} \hat{\eta}_s \prod_{a \in A} \prod_{i \in C_a} \hat{P}_{h,i|s}^{d_{h,i,a}}$$

$$= \prod_{h \in H} \sum_{s \in S} \hat{\eta}_s \prod_{a \in A} \prod_{i \in C_a} \left(\frac{\exp\left(\sum_{j \in J} \sum_{m \in M_j} \hat{\beta}_{s,j,m} \cdot x_{i,j,m} \right)}{\sum_{i' \in C_a} \exp\left(\sum_{j \in J} \sum_{m \in M_j} \hat{\beta}_{s,j,m} \cdot x_{i',j,m} \right)} \right)^{d_{h,i,a}} \rightarrow \text{Max.} \qquad (27)$$

wobei

$d_{h,i,a}$: Binärvariable für die Wahl des i-ten Stimulus aus dem a-ten Choice Set durch den h-ten Konsumenten,

$$d_{h,i,a} = \begin{cases} 1, & \text{wenn der h-te Konsument den i-ten Stimulus aus dem a-ten Choice Set} \\ & \text{ausgewählt hat,} \\ 0 & \text{sonst.} \end{cases}$$

Unter den Nebenbedingungen:

$$0 \leq \hat{\eta}_s \leq 1 \quad \forall\, s \in S \qquad (28)$$

$$\sum_{s \in S} \hat{\eta}_s = 1 \qquad (29)$$

Auch bei der Finite Mixture Choice-Based Conjoint Analyse können individuelle Nutzenparameter abgeleitet werden, indem die segmentspezifischen Nutzenparameter mit den A-posteriori-Wahrscheinlichkeiten der Segmentzugehörigkeiten gewichtet werden.

3.3 Finite Mixture Multidimensionale Skalierung

Bei der Multidimensionalen Skalierung (MDS) werden Objekte in einem Wahrnehmungsraum dargestellt. Hierfür können neben Ähnlichkeitsdaten auch Präferenzdaten erhoben werden. Die Konsumenten werden dann aufgefordert, eine Bewertung der Objekte nach ihrer subjektiven Präferenz vorzunehmen. Diese Bewertungen können dann multidimensional skaliert werden. Die Multidimensionale Skalierung von Präferenzdaten wird auch als Multidimensionale Entfaltung (multidimensional unfolding) bezeichnet. Die besondere Eigenart der Konfiguration bei einer Multidimensionalen Entfaltung liegt darin, dass Konsumenten und Objekte zusammen in ein und demselben Raum dargestellt werden. Die Präferenzen der Konsumenten werden dann als Idealpunkt-Modell oder Vektor-Modell abgebildet.

An dieser Stelle setzt das STUNMIX-Modell von Wedel/DeSarbo (1996) an, das hier beispielhaft für eine Finite Mixture Multidimensionale Skalierung dargestellt wird (weitere Anwendung sind z. B. Wu/DeSarbo 2005; Lee/Sudhir/Steckel 2002; DeSarbo/Degeratu/Wedel/Saxton 2001; DeSarbo/Wu 2001; Andrews/Manrai 1999; DeSarbo/Jedidi 1995; DeSarbo/Howard/Jedidi 1991). Der Vorteil einer segmentspezifischen Multidimensionalen Skalierung mittels Finite Mixture Modellen liegt darin, dass die Präferenzen zahlreicher Konsumenten durch die Segmente abgebildet werden können und dass aufgrund der geringeren Zahl an zu schätzenden Parameter deren Stabilität erhöht werden kann.

Das STUNMIX-Modell ist ein flexibles Modell, da zahlreiche Verteilungen in Abhängigkeit von der Art der Daten eingesetzt werden können. Einzige Voraussetzung ist, dass die Verteilungen der Familie der Exponentialverteilung entstammen. Im Rahmen des STUNMIX-Modells resultiert die bedingte Dichtefunktion für einen Konsumenten dann aus:

$$g_{h,i|s}\left(\mathrm{M}_{h,i}\,\middle|\,\vartheta_{i,s},\phi_s\right)=\exp\left\{\frac{\left(\mathrm{M}_{h,i}\cdot\vartheta_{i,s}-f_1\left(\vartheta_{i,s}\right)\right)}{f_2\left(\phi_s\right)}+f_3\left(\mathrm{M}_{h,i},\phi_s\right)\right\}$$

$$\forall\ h\in H,\ i\in I,\ s\in S \qquad (30)$$

wobei

$M_{h,i}$: beobachtete Präferenz für den i-ten Stimulus für den h-ten Konsumenten,

$\vartheta_{i,s}$: kanonischer Lageparameter für die Verteilung von $M_{h,i}$,

ϕ_s: Streuungsparameter für die Verteilung von $M_{h,i}$,

f_1,f_2,f_3: Funktion.

Im Fall der Annahme, dass die beobachteten Präferenzen der Konsumenten normalverteilt sind, ergibt sich folgende spezifische bedingte Dichtefunktion für einen Konsumenten:

$$g_{h,i|s}\left(\mathrm{M}_{h,i}\,\middle|\,\mu_{i,s},\sigma_s\right)=\exp\left\{\frac{\left(\mathrm{M}_{h,i}\cdot\mu_{i,s}-\mu_{i,s}^2/2\right)}{\sigma_s^2}+\left(-\frac{1}{2}\left(\frac{M_{i,h}^2}{\sigma_s^2}+\ln\left(2\cdot\pi\cdot\sigma_s^2\right)\right)\right)\right\}$$

$$\forall\ h\in H,\ i\in I,\ s\in S \qquad (31)$$

wobei

$\mu_{i,s}$: Mittelwert der Normalverteilung von $M_{h,i}$,

σ_s: Streuungsparameter der Normalverteilung von $M_{h,i}$.

Das Idealvektor-Modell beziehungsweise das Idealpunkt-Modell werden bei dem STUNMIX-Modell in der folgenden Weise berücksichtigt:

$$\vartheta_{i,s} = c_{i,s} + \sum_{t=1}^{T} x_{i,t} \cdot w_{s,t} \qquad \forall\ i \in I,\ s \in S \tag{32}$$

bzw.

$$\vartheta_{i,s} = c_{i,s} + \sum_{t=1}^{T} \left(x_{i,t} - y_{s,t} \right)^2 \qquad \forall\ i \in I,\ s \in S \tag{33}$$

wobei

$c_{i,s}$: Konstante für den i-ten Stimulus für das s-te Segment,

$x_{i,t}$: Ausprägung des i-ten Stimulus bei der t-ten unbeobachteten Dimension,

$w_{s,t}$: Präferenz des s-ten Segments für die t-te unbeobachtete Dimension,

$y_{s,t}$: Idealpunkt des s-ten Segments für die t-te unbeobachtete Dimension.

Die zu maximierende Likelihood-Funktion ist dann im allgemeinen Fall:

$$L = \prod_{i \in I} \prod_{h \in H} \sum_{s \in S} \hat{\eta}_s \cdot \exp \left\{ \frac{\left(\mathrm{M}_{h,i} \cdot \vartheta_{i,s} - f_1\left(\vartheta_{i,s}\right)\right)}{f_2\left(\phi_s\right)} + f_3\left(\mathrm{M}_{h,i}, \phi_s\right) \right\} \rightarrow \text{Max.} \tag{34}$$

Unter Beachtung der beiden Nebenbedingungen:

$$0 \leq \hat{\eta}_s \leq 1 \qquad \forall s \in S \tag{35}$$

$$\sum_{s \in S} \hat{\eta}_s = 1 \tag{36}$$

So wird durch den Einsatz des STUNMIX-Modells die Heterogenität zwischen den Konsumenten berücksichtigt, indem segmentspezifische Präferenzen in einem Raum dargestellt werden.

3.4 Finite Mixture Strukturgleichungsmodell

Ein Strukturgleichungsmodell besteht zum einen aus einer Menge von exogenen, endogenen und latenten Variablen, die durch gerichtete Wechselwirkungen oder ungerichtete Wechselwirkungen miteinander verbunden sind. Zum anderen besteht es aus Fehlertermen, die zur Modellierung der nicht erklärten Varianz der Variablen dienen. Dabei sind exogene Variablen jene, die vorgegeben werden, und endogene jene, deren Ausprägungen vom Modell vorhergesagt werden. Die Berücksichtigung latenter Variablen erlaubt es, Konstrukte in das Modell aufzunehmen, die nur anhand einzelner Indikatoren geschätzt werden können.

Strukturgleichungsmodelle werden daher häufig eingesetzt, um den Entscheidungsprozess von Konsumenten abzubilden oder um eine Theorie zu überprüfen (DeSarbo/Di Benedetto/Jedidi/Song 2006; Jedidi/Jagpal/DeSarbo 1997). So werden beispielsweise Konstrukte wie Kundenzufriedenheit oder Mitarbeiterzufriedenheit mittels Strukturgleichungsmodellen modelliert. Traditionell erfolgt eine Schätzung dieser Modelle auf aggregierter Ebene, so dass für alle Konsumenten dieselben Wechselwirkungen unterstellt werden. Wenn aber Heterogenität zwischen den Konsumenten existiert, dann sind die geschätzten Parameter systematisch verzerrt. Eine modellbasierte A-priori-Segmentierung ist selten möglich, so dass die Kombination eines Strukturgleichungsmodells mit einem Finite Mixture Modell den Vorteil hat, dass Heterogenität zwischen den Konsumenten unmittelbar abgebildet und so die systematische Verzerrung der Parameter reduziert werden kann (Jedidi/Jagpal/DeSarbo 1997).

In Abbildung 5 ist beispielhaft ein Strukturgleichungsmodell dargestellt, wobei sich die beiden segmentspezifischen Messmodelle ergeben aus:

$$x_s = \upsilon_s^x + \Lambda_s^x \xi_s + \delta_s \qquad \forall\, s \in S \tag{37}$$

und

$$y_s = \upsilon_s^y + \Lambda_s^y \varphi_s + \varepsilon_s \qquad \forall\, s \in S \tag{38}$$

wobei

x_s: Vektor beobachteter Indikatorvariablen für ξ_s für das s-te Segment,

$\upsilon_s^{x(y)}$: Vektor der Konstanten für das s-te Segment,

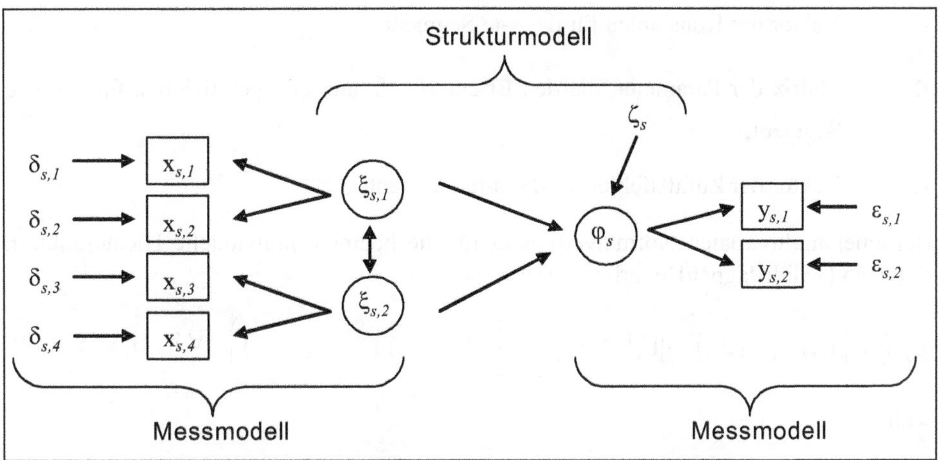

Abbildung 5: Beispielhafte Darstellung eines Strukturgleichungsmodells (in Anlehnung an Jedidi/Jagpal/DeSarbo 1997)

$\Lambda_s^{x(y)}$: Matrix der Faktorladungen für das s-te Segment,

ξ_s: Vektor exogener latenter Variablen für das s-te Segment,

δ_s: Vektor der Messfehler für die beobachteten Indikatorvariablen x_s,

y_s: Vektor beobachteter Indikatorvariablen für die endogenen latenten Variablen φ_s,

φ_s: Vektor endogener latenter Variablen für das s-te Segment,

ε_s: Vektor der Messfehler für die beobachteten Indikatorvariablen y_s.

Das segmentspezifische Strukturmodell folgt aus:

$$B_s \cdot \varphi_s = \alpha_s + \Phi_s \xi_s + \varsigma_s \qquad \forall\ s \in S \tag{39}$$

wobei

B_s: Matrix der strukturellen Parameter für das s-te Segment, die den Zusammenhang zwischen den endogenen latenten Variablen spezifizieren,

α_s: Vektor der Konstanten für das s-te Segment,

Φ_s: Matrix der Parameter, die den Effekt von ξ_s auf φ_s spezifizieren, für das s-te Segment,

ς_s: Vektor der Zufallsfehler für das s-te Segment.

Bei einer multivariaten Normalverteilung für die bedingte individuelle Dichtefunktion gilt dann (Jedidi/Jagpal/DeSarbo 1997):

$$g_{h|s}\left(\Delta_h \left|\mu_s, \Gamma_s\right.\right) = \left(2\pi\right)^{\frac{|I|}{2}} \cdot \left|\Gamma_s\right|^{-\frac{1}{2}} \cdot \exp\left(-\frac{1}{2}\left(\Delta_h - \mu_s\right)' \Gamma_s^{-1}\left(\Delta_h - \mu_s\right)\right) \quad \forall\ h \in H, s \in S \quad (40)$$

wobei

Δ_h: gemeinsamer Vektor der Indikatorvariablen x und y für den h-ten Konsumenten,

μ_s: Vektor der Mittelwerte der beobachteten Indikatorvariablen für das s-te Segment,

Γ_s: Varianz-Kovarianz-Matrix für das s-te Segment,

$|I|$: Anzahl der Beobachtungen.

Daraus ergibt sich dann auf Basis der unbedingten individuellen Dichtefunktionen die folgende zu maximierende Likelihood-Funktion:

$$L = \prod_{h \in H} \sum_{s \in S} \hat{\eta}_s \cdot \left(2\pi\right)^{\frac{|I|}{2}} \cdot \left|\Gamma_s\right|^{-\frac{1}{2}} \cdot \exp\left(-\frac{1}{2}\left(\Delta_h - \hat{\mu}_s\right)' \Gamma_s^{-1}\left(\Delta_h - \hat{\mu}_s\right)\right) \rightarrow \text{Max.} \quad (41)$$

Unter den Nebenbedingungen:

$$0 \leq \hat{\eta}_s \leq 1 \quad \forall s \in S \quad (42)$$

und

$$\sum_{s \in S} \hat{\eta}_s = 1 \quad (43)$$

Diese allgemeine Formulierung erlaubt, sowohl Heterogenität zwischen den Konsumenten im Messmodell als auch im Strukturmodell abzubilden. Zudem berücksichtigt dieses allgemeine Finite Mixture Strukturgleichungsmodell von Jedidi/Jagpal/DeSarbo (1997) als Spezialfall auch die konfirmatorische Faktorenanalyse.

4. Fazit

Insgesamt bieten Finite Mixture Modelle einen flexiblen Rahmen, um eine modellbasierte Schätzung segmentspezifischer Parameter vorzunehmen. Die Kombination der Finite Mixture Modelle mit multivariaten Analysemethoden erlaubt eine simultane Schätzung der segmentspezifischen Parameter, der Segmentgrößen sowie der A-posteriori-Wahrscheinlichkeiten der Segmentzugehörigkeiten eines jeden Konsumenten. So kann bei multivariaten Analysemethoden, die traditionell auf aggregiertem Niveau geschätzt werden, durch die Berücksichtigung von Heterogenität zwischen den Konsumenten die systematische Verzerrung der geschätzten Parameter reduziert werden. Bei multivariaten Analysemethoden, die traditionell auf individuellem Niveau geschätzt werden, kann hingegen durch die Schätzung segmentspezifischer Parameter eine stabilere Schätzung derselben erreicht werden.

Dabei liegt den Finite Mixture Modellen eine Fuzzy-Zuordnung der Konsumenten zu den Segmenten zugrunde und es wird angenommen, dass eine endliche Zahl an in sich homogenen Segmenten existiert. Dies stellt eine Schwäche der Finite Mixture Modelle dar, da Heterogenität innerhalb der Segmente nicht abgebildet wird. Jedoch leisten neuere Entwicklung auch dies (z. B. Lenk/DeSarbo 2000).

Für Manager ist die segmentspezifische Schätzung von Parametern von besonderem Interesse, da sie so Kunden zielgerichtet ansprechen können. Somit besitzen Finite Mixture Modelle auch für die Praxis eine hohe Relevanz und die Unterstützung durch Software beeinflusst die Verbreitung der Finite Mixture Modelle zudem positiv. Beispielsweise kann die Software LatentGold® von Statistical Innovations Finite Mixture Modelle zur Segmentierung, Finite Mixture Regressionsmodelle, Finite Mixture MNL Modelle und Finite Mixture Faktorenanalysen schätzen. Die Software von Sawtooth Software ist hingegen spezialisiert auf die Finite Mixture Conjoint Analyse und die Finite Mixture Choice-Based Conjoint Analyse.

Literaturverzeichnis

Abramson, C./Andrews, R.L./Currim, I.S./Jones, M. (2000): Parameter Bias from Unobserved Effects in the Multinomial Logit Model of Consumer Choice, in: Journal of Marketing Research, 37. Jg., Nr. 11, S. 410-426.

Ailawadi, K.L./Gedenk, K./Neslin, S.A. (1999): Heterogeneity and Purchase Event Feedback in Choice Models. An Empirical Analysis with Implications for Model Building, in: International Journal of Research in Marketing, 16. Jg., Nr. 3, S. 177-198.

Andrews, R./Manrai, A. (1999): MDS Maps for Product Attributes and Market Response: An Application to Scanner Panel Data, in: Marketing Science, 18. Jg., Nr. 4, S. 584-604.

Bartholomew, D./Knott, M. (1999): Latent Variable Models and Factor Analysis, Oxford.

Bozdogan, H. (1987): Model Selection and Akaike's Information Criterion (AIC). The General Theory and its Analytical Extensions, in: Psychometrika, 52. Jg., Nr. 3, S. 345-370.

Cohen, S./Ramaswamy, V. (1998): Latent Segmentation Models, in: Marketing Research, 10. Jg., Nr. 2, S. 14-21.

Dempster, A./Laird, N./Rubin, D. (1977): Maximum Likelihood Estimation from Incomplete Data via EM Algorithm, in: Journal of the Royal Statistical Society (Series B), 39. Jg., Nr. 1, S. 1-38.

DeSarbo, W./Cron, W. (1988): A Maximum Likelihood Methodology for Clusterwise Linear Regression, in: Journal of Classification, 5. Jg., Nr. 2, S. 249-282.

DeSarbo, W./Degeratu, A./Wedel, M./Saxton, M. (2001): The Spatial Representation of Market Information, in: Marketing Science, 20. Jg., Nr. 4, S. 426-441.

DeSarbo, W./Di Benedetto, C./Jedidi, K./Song, M. (2006): Identifying Sources of Heterogeneity for Empirically Deriving Strategic Types. A Constrained Finite-Mixture Structural-Equation Methodology, in: Management Science, 52. Jg., Nr. 6, S. 909–924.

DeSarbo, W./Howard, D./Jedidi, K. (1991): MULTICLUS. A New Method for Simultaneously Performing Multidimensional Scaling and Cluster Analysis, in: Psychometrika, 56. Jg., Nr. 1, S. 121-136.

DeSarbo, W./Jedidi, K. (1995): The Spatial Representation of Heterogeneous Consideration Sets, in: Marketing Science, 14. Jg., Nr. 3, S. 326-343.

DeSarbo, W./Ramaswamy, V./Chatterjee, R. (1995): Analyzing Constant-Sum Multiple Criterion Data. A Segment-Level Approach, in: Journal of Marketing Research, 32. Jg., Nr. 5, S. 222-232.

DeSarbo, W./Ramaswamy, V./Cohen, S. (1995): Market Segmentation with Choice-Based Conjoint Analysis, in: Marketing Letters, 6. Jg., Nr. 2, S. 137-147.

DeSarbo, W./Wedel, M./Vriens, M./Ramaswamy, V. (1992): Latent Class Metric Conjoint Analysis, in: Marketing Letters, 3. Jg., Nr. 3, S. 273-288.

DeSarbo, W./Wu, J. (2001): The Joint Spatial Representation of Multiple Variable Batteries Collected in Marketing Research, in: Journal of Marketing Research, 38. Jg., Nr. 2, S. 244-253.

Dillon, W./Kumar, A. (1994): Latent Structure and Other Mixture Models in Marketing: An Integrative Survey and Overview, in: R.P. Bagozzi (Hrsg.), Advanced Methods of Marketing Research, Cambridge, S. 352-388.

Flury, B./Narayanan, A. (1992): A Mixture Approach to Multivariate Analysis of Variance, in: The American Statistician, 46. Jg., Nr. 1, S. 31-34.

Gensler, S. (2003): Heterogenität in der Präferenzanalyse. Ein Vergleich von hierarchischen Bayes-Modellen und Finite-Mixture-Modellen, Wiesbaden.

Green, P./Carmone, F./Wachspress, D. (1976): Consumer Segmentation via Latent Class Analysis, in: Journal of Consumer Research, 3. Jg., Nr. 3, S. 170-174.

Jedidi, K./Jagpal, H./DeSarbo, W. (1997): Finite Mixture Structural Equation Models for Response-Based Segmentation and Unobserved Heterogeneity, in: Marketing Science, 16. Jg., Nr. 1, S. 39-59.

Lee, J./Sudhir, K./Steckel, J. (2002): A Multiple Ideal Point Model: Capturing Multiple Preference Effects from Within an Idealpoint Framework, in: Journal of Marketing Research, 39. Jg., Nr. 1, S. 73-86.

Lenk, P./DeSarbo, W. (2000): Bayesian Inference for Finite Mixtures of Generalized Linear Models with Random Effects, in: Psychometrika, 65. Jg., Nr. 1, S. 93-119.

McLachlan, G./Krishnan, T. (1997): The EM Algorithm and Extensions, New York.

McLachlan, G./Peel, D. (2001): Finite Mixture Models, New York.

Ramaswamy, V./DeSarbo, W./Reibstein, D./Robinson, W. (1993): An Empirical Pooling Approach for Estimating Marketing Mix Elasticities with PIMS Data, in: Marketing Science, 12. Jg., Nr. 1, S. 103-124.

Vriens, M./Oppewal, H./Wedel, M. (1998): Ratings-Based versus Choice-Based Latent Class Conjoint Models - An Empirical Comparison, in: Journal of the Market Research Society, 40. Jg., Nr. 1, S. 237-248.

Wedel, M./DeSarbo, W. (1996): An Exponential-Family Multidimensional Scaling Mixture Methodology, in: Journal of Business & Economic Statistics, 14. Jg., Nr. 4, S. 447-459.

Wedel, M./DeSarbo, W. (1994): A Review of Recent Developments in Latent Class Regression Models, in: Bagozzi, R. (Hrsg.), Advanced Methods of Marketing Research, Cambridge (MA), S. 352-388.

Wedel, M./Kamakura, W. (2000): Market Segmentation. Conceptual and Methodological Foundations, Boston et al.

Wittink, D./Vriens, M./Burhenne, W. (1994): Commercial Use of Conjoint Analysis in Europe. Results and Critical Reflections, in: International Journal of Research in Marketing, 11. Jg., Nr. 1, S. 41-52.

Wu, J./DeSarbo, W. (2005): Market Segmentation for Customer Satisfaction Studies via a New Latent Structure Multidimensional Scaling Model, in: Applied Stochastic Models in Business and Industry, 21. Jg., Nr. 4/5, S. 303–309.

Anmerkung

Ein Excel-Sheet zur Schätzung des Beispiels „Kaufhäufigkeit Schokoriegel" kann von der Autorin per E-Mail ((sgensler@feweb.vu.nl)) angefordert werden.

Bernd Skiera und Sönke Albers

Regressionsanalyse

Prof. Dr. Bernd Skiera ist Inhaber des Lehrstuhls für Electronic Commerce am Schwerpunkt Marketing an der Johann Wolfgang Goethe-Universität Frankfurt am Main. Prof. Dr. Dr. h.c. Sönke Albers ist Inhaber des Lehrstuhls für Innovation, Neue Medien und Marketing an der Christian-Albrechts-Universität zu Kiel.

1. Zielsetzung

Die lineare Regressionsanalyse ist eines der am häufigsten angewendeten statistischen Analyseverfahren (Hair et al. 2006). Sie untersucht die lineare Abhängigkeit zwischen einer metrisch skalierten abhängigen Variablen (auch endogene Variable, Prognosevariable oder Regressand genannt) und einer oder mehreren metrisch skalierten unabhängigen Variablen (auch exogene Variablen, Prädiktorvariablen sowie Regressoren genannt). Mit Hilfe der linearen Regressionsanalyse können somit Zusammenhänge aufgedeckt und Prognosen erstellt werden. Deswegen wird die Regressionsanalyse im Marketing vor allem für die Schätzung des Zusammenhangs zwischen der Absatzmenge oder dem Marktanteil und solchen Marketinginstrumenten wie dem Preis und dem Werbebudget (so genannte Reaktionsfunktion) eingesetzt. Daneben findet man häufig aber auch vielfältige andere Einsatzmöglichkeiten für die Regressionsanalyse, wie z. B. die Schätzung der Abhängigkeit des Image eines Produkts von Einstellungen bestimmter Zielgruppen oder des Zusammenhangs zwischen Markenloyalität oder Kauferfahrungen und demographischen Merkmalen von Konsumenten. In diesem Beitrag stellen wir die Schätzung von Reaktionsfunktionen in den Vordergrund. Dafür greifen wir auf ein Zahlenbeispiel zurück, an dem das Verfahren und die Vorgehensweise beim Einsatz der Regressionsanalyse erläutert werden.

2. Mathematisch-statistische Erläuterung des Verfahrens

2.1 Problemstellung

Die Grundidee der linearen Regressionsanalyse wird nachfolgend an den in Tabelle 1 dargestellten Daten eines (fiktiven) Unternehmens erläutert. Die Tabelle 1 enthält die Absatzmengen einer Periode von 16 zufällig aus insgesamt 100 Verkaufsbezirken eines Unternehmens ausgewählten Bezirken, die sich nur hinsichtlich der Höhe der eingesetzten Marketinginstrumente Preis, Werbebudget und Anzahl der Außendienstmitarbeiter (ADM) unterscheiden. Der Bezirk 17 und das Marketinginstrument der Mailings werden zunächst nicht berücksichtigt.

Bezirk	Absatz-menge	Anzahl ADM	Preis	Werbe-budget	Anzahl Mailings
1	81.996	7	49	228.753	7.106
2	91.735	5	46	370.062	4.733
3	70.830	4	50	297.909	3.734
4	101.192	6	45	271.884	6.152
5	78.319	6	51	299.919	5.734
6	105.369	7	47	367.644	6.640
7	68.564	3	47	241.362	3.115
8	95.523	7	46	244.575	6.859
9	88.834	7	49	296.100	6.905
10	89.511	5	46	372.498	5.142
11	107.836	6	45	359.511	6.196
12	83.310	7	50	324.837	6.801
13	67.817	4	50	288.303	3.965
14	59.207	6	54	289.470	5.830
15	81.410	6	52	363.501	6.124
16	71.431	3	46	361.974	2.509
17	119.000	3	45	250.000	-

Tabelle 1: Verkaufsinformationen

Die Marketingmanagerin beauftragt ihren Assistenten mit der Analyse der Daten, wobei sie sich insbesondere dafür interessiert, ob:

- der Preis richtig gesetzt ist,
- die Investitionen in Werbung und den Außendienst sinnvoll sind und
- die Aufteilung des Budgets zwischen den beiden Instrumenten der Werbung und des Außendienstes gut gewählt ist.

Das Unternehmen rechnet dabei mit Stückkosten in Höhe von 30 € sowie Kosten für einen Außendienstmitarbeiter in Höhe von 120.000 €.

2.2 Zielfunktion und Schätzung der Regressionskoeffizienten

Mit der Regressionsanalyse wird nachfolgend der Einfluss der metrisch skalierten unabhängigen Variablen (hier Anzahl ADM, Preis und Werbebudget) auf die metrisch skalierte abhängige Variable (hier Absatzmenge) untersucht. Im Falle der in diesem Beitrag im Vordergrund stehenden linearen Regressionsanalyse sieht die Regressionsgleichung wie folgt aus, wobei die Bezirke nachfolgend zur Verallgemeinerung als Beobachtungen bezeichnet werden:

$$y_i = b_0 + \sum_{k \in K} b_k \cdot x_{i,k} + e_i \quad (i \in I), \qquad (1)$$

wobei:

b_0: Konstante der Regressionsfunktion,

b_k: Regressionskoeffizient zur Abbildung des Einflusses der k-ten unabhängigen Variablen,

e_i: Residualgröße der i-ten Beobachtung,

I: Indexmenge der Beobachtungen,

K: Indexmenge der unabhängigen Variablen,

$x_{i,k}$: Wert der i-ten Beobachtung für die k-te unabhängige Variable,

y_i: Wert der i-ten Beobachtung für die abhängige Variable.

Die Werte der abhängigen Variablen y_i und der unabhängigen Variablen $x_{i,k}$ sind beobachtbar (hier in Form der Werte für die in Tabelle 1 dargestellten Bezirke), während die Koeffizienten der Regressionsfunktion b_0 und b_k ($k \in K$) sowie alle Residualgrößen e_i ($i \in I$), die mitunter auch als Residuen, Störgrößen oder Fehlerterme bezeichnet werden, zu schätzen sind. Die Residualgröße e_i beschreibt dabei die Abweichung zwischen dem tatsächlichen Wert der abhängigen Variablen y_i für die i-te Beobachtung und dem auf Basis der Koeffizienten der Regressionsfunktion geschätzten Wert der abhängigen Variablen $\hat{y}_i$.

$$\hat{y}_i = b_0 + \sum_{k \in K} b_k \cdot x_{i,k} \quad (i \in I). \qquad (2)$$

Das Ziel der Regressionsanalyse besteht darin, die Koeffizienten der Regressionsfunktion b_0 und b_k ($k \in K$) so zu schätzen, dass die Summe der quadrierten Abweichungen zwischen dem tatsächlichen Wert der i-ten Beobachtung y_i und deren geschätzten Wert $\hat{y}_i$, also die Summe der quadrierten Residualgrößen, minimiert wird. Dies wird auch als Methode der kleinsten Quadrate bezeichnet (Hansen 1993, S. 53; Schneeweiß 1990, S. 21). Es ergibt sich somit folgende Zielfunktion:

$$\sum_{i\in I} e_i^{\,2} = \sum_{i\in I} \left(y_i - \hat{y}_i\right)^2 = \sum_{i\in I} \left(y_i - b_0 - \sum_{k\in K} b_k \cdot x_{i,k} \right)^2 \rightarrow \min! \qquad (3)$$

Die Betrachtung der quadrierten Abweichungen bietet den Vorteil, dass große Abweichungen eine höhere Bedeutung erfahren als kleinere Abweichungen und die Lösung der Zielfunktion (3) algorithmisch einfach zu ermitteln ist (Pindyck/Rubinfeld 1991, S. 6). Da die Schätzung der Regressionsfunktion in den allermeisten Fällen mit Hilfe eines der in Kapitel 5 dargestellten Softwareprogramme geschieht und wenig zusätzliche Einsichten in das Problem gestattet, wird an dieser Stelle auf die Herleitung der Lösung der Zielfunktion (3) verzichtet. Ausführliche und didaktisch gelungene Beschreibungen des Lösungsverfahrens finden sich beispielsweise in Pindyck/Rubinfeld (1991), Hansen (1993) oder Koutsoyannis (1977).

2.3 Anpassungsgüte

Zur Beurteilung der Anpassungsgüte der linearen Regressionsanalyse lässt man sich von der Überlegung leiten, dass ohne die Kenntnis der unabhängigen Variablen die beste Schätzung des zu erwartenden Werts der abhängigen Variablen durch die Bestimmung des Mittelwerts der abhängigen Variablen erfolgt. Die Güte einer Regressionsanalyse wird nun daran gemessen, um wie viel sich die Aussage durch die Betrachtung von unabhängigen Variablen gegenüber der ausschließlichen Betrachtung der abhängigen Variablen und der damit verbundenen „einfachen" Schätzung in Form des Mittelwerts verbessert. Gemessen wird dies durch das Bestimmtheitsmaß R^2, das den Anteil der durch die Regressionsgleichung erklärten Varianz an der Varianz der „einfachen" Schätzung in Form des Mittelwerts erfasst:

$$R^2 = \frac{\sum_{i\in I} \left(\hat{y}_i - \bar{y}\right)^2}{\sum_{i\in I} \left(y_i - \bar{y}\right)^2} \qquad (4)$$

Mit der Regressionsgleichung wird immer eine Varianz erklärt, die mindestens so hoch wie die Varianz der „einfachen" Schätzung ist, weil die Regressionsgleichung im ungünstigsten Fall den Einfluss der unabhängigen Variablen unberücksichtigt lässt und mit der Konstanten der Regressionsgleichung weiterhin „nur" den Mittelwert der abhängigen Variablen schätzt. Üblicherweise wird durch das Heranziehen der unabhängigen Variablen eine Verbesserung der Schätzung erreicht, die im Extremfall dazu führt, dass die geschätzten Werte der unabhängigen Variablen den beobachteten Werten entsprechen. In diesem Fall wird die gesamte Varianz der „einfachen" Schätzung erklärt. Das Bestimmtheitsmaß kann also zwischen 0 % und 100 % liegen. Negative Werte für das Bestimmtheitsmaß können sich lediglich dadurch ergeben, dass, wie von den meisten Statistikprogrammen angeboten, in der Regressionsgleichung auf die Konstante verzichtet wird, da in einem solchen Fall nicht zwangsläufig mit der „einfachen" Schätzung des Mittelwerts gleichgezogen werden kann.

Diese Überlegungen sollten auch deutlich machen, dass mit der Aufnahme einer zusätzlichen unabhängigen Variablen niemals eine Verschlechterung des Bestimmtheitsmaßes erfolgen kann, da der Erklärungsgehalt der zusätzlichen Variablen im schlechtesten Fall null ist. Im Extremfall ergibt sich ein lineares Gleichungssystem, in dem die Anzahl der Gleichungen (hier die Anzahl der Beobachtungen) der Anzahl der zu schätzenden Koeffizienten (hier Konstante b_0 plus die Anzahl der Regressionskoeffizienten b_k) entspricht. Es ergibt sich dann mit 100 % der größtmögliche Wert für das Bestimmtheitsmaß. Um diesen Effekt des stets ansteigenden Bestimmtheitsmaßes zu vermeiden, kann das folgende korrigierte Bestimmtheitsmaß herangezogen werden (Pindyck/Rubinfeld 1991, S. 78):

$$R_{korr}^2 = R^2 - \frac{|K| \cdot \left(1 - R^2\right)}{|I| - |K| - 1}, \qquad (5)$$

wobei:

| I | : Anzahl der Elemente der Indexmenge der Beobachtungen,

| K | : Anzahl der Elemente der Indexmenge der unabhängigen Variablen (entspricht der Anzahl der Regressionskoeffizienten).

Da sowohl Zähler als auch Nenner des Bruchs positiv sind, kann das korrigierte Bestimmtheitsmaß bestenfalls genauso groß wie das (unkorrigierte) Bestimmtheitsmaß sein.

2.4 Signifikanzprüfungen

Daten liegen häufig nicht für die Grundgesamtheit, sondern nur für eine Stichprobe vor. Dies gilt beispielsweise für einen Großteil der von Marktforschungsunternehmen durchgeführten Befragungen sowie der in Panels und Labor- oder Feldexperimenten erhobenen Daten. Auch in unserem Fall stellen die 16 Bezirke nur eine Stichprobe dar. In einem solchen Fall interessiert, inwieweit die auf Basis der Stichprobe festgestellten Ergebnisse auch für die Grundgesamtheit Gültigkeit haben. Für eine derartige Prüfung muss eine Verteilungsannahme für die Residualgrößen unterstellt werden. Im Falle der Regressionsanalyse (und vieler anderer Verfahren) ist dies die Normalverteilung. Diese Annahme beruht auf der Aussage des zentralen Grenzwertsatzes, der besagt, dass das (gewogene) Mittel von stochastisch unabhängigen Zufallsstichproben aus einer beliebigen Verteilung mit zunehmender Anzahl an Zufallsstichproben wiederum normalverteilt ist (Hansen 1993, S. 68).

Unter Zugrundelegung dieser Annahme können Signifikanzprüfungen für die Regressionskoeffizienten durchgeführt werden. Dazu werden die Irrtumswahrscheinlichkeiten dafür errechnet, dass die betrachteten Regressionskoeffizienten ungleich null sind. Dies bedeutet dann, dass der Zusammenhang zwischen den betrachteten unabhängigen Variablen und der abhängigen Variablen auch in der Grundgesamtheit mit einer bestimmten Wahrscheinlichkeit, nämlich der Differenz zwischen eins und der Irrtumswahrscheinlichkeit, besteht. Die Signifikanzprüfung erfolgt dann dadurch, dass die ermittelte Irrtumswahrscheinlichkeit mit dem vorgegebenen Signifikanzniveau (häufig 5 %) verglichen wird. Wenn die Irrtumswahrscheinlichkeit kleiner als dieses vorgegebene Signifikanzniveau ist, dann spricht man von einem signifikanten Einfluss.

Die Signifikanzprüfung des in der Grundgesamtheit vorliegenden Zusammenhangs zwischen allen unabhängigen Variablen und der abhängigen Variablen wird dabei mit Hilfe des folgenden F-Tests mit $|K|$ und $(|I| - |K| - 1)$ Freiheitsgraden durchgeführt:

$$F_{emp} = \frac{\frac{R^2}{|K|}}{\frac{1-R^2}{|I|-|K|-1}}. \tag{6}$$

Für diesen empirischen F-Wert wird auf der Basis der F-Verteilung die Irrtumswahrscheinlichkeit dafür errechnet, dass der F-Wert von null verschieden ist. Ist diese Wahrscheinlichkeit kleiner als das vorgegebene Signifikanzniveau (z. B. 5 %), so liegt ein signifikanter Einfluss vor.

Wenn mit Hilfe des F-Tests ein signifikanter Zusammenhang zwischen der Gesamtheit der unabhängigen Variablen und der abhängigen Variablen festgestellt wird, sollte noch geprüft werden, ob auch jeder einzelne Regressionskoeffizient signifikant ist. Dies kann mit Hilfe des folgenden t-Tests mit $(|I| - |K| - 1)$ Freiheitsgraden erfolgen, der auch dahingehend erweitert werden kann, dass der Wert des Regressionskoeffizienten nicht gegen den Wert null, sondern gegen einen anderen Wert geprüft wird (Pindyck/Rubinfeld 1991, S. 76 ff.).

$$t_{k,emp} = \frac{b_k}{s_k} \quad (k \in K), \tag{7}$$

wobei:

s_k: Geschätzter Standardfehler des k-ten Regressionskoeffizienten,

$t_{k,emp}$: Empirischer t-Wert für den k-ten Regressionskoeffizienten.

Für diesen empirischen t-Wert wird auf der Basis der t-Verteilung die Irrtumswahrscheinlichkeit dafür errechnet, dass der t-Wert von null verschieden ist. Ist diese Wahrscheinlichkeit kleiner als das vorgegebene Signifikanzniveau (z. B. 5 %), so ist der Einfluss signifikant.

2.5 Standardisierung der Koeffizienten

Häufig möchte man die Einflussstärke der unabhängigen Variablen miteinander vergleichen. Dazu bietet sich der unmittelbare Vergleich der Werte der Koeffizienten nur in den seltensten Fällen an, da die unabhängigen Variablen meistens unterschiedliche Größenordnungen aufweisen. Deshalb wird häufig auf eine Betrachtung der standardisierten Regressionskoeffizienten ausgewichen, da so eine Korrektur der unterschiedlichen Größenordnungen der Variablen vorgenommen wird. Diese standardisierten Regressionskoeffizienten werden durch die Multiplikation des (unstandardisierten) Regressionskoeffizienten b_k mit der Standardabweichung der dazugehörigen unabhängigen Variablen σ_{x_k} und anschließender Division mit der Standardabweichung der abhängigen Variablen σ_y errechnet:

$$beta_k = b_k \cdot \frac{\sigma_{x_k}}{\sigma_y} \quad (k \in K). \tag{8}$$

Wären vor der Durchführung der Regressionsanalyse die abhängige und die unabhängigen Variablen standardisiert worden, dann würden sich die Regressionskoeffizienten $beta_k$ und b_k gleichen. Der Vergleich der absoluten Werte aller standardisierten Regressionskoeffizienten zeigt, wie stark der Einfluss der einzelnen unabhängigen Variablen ist. Hohe absolute Werte deuten dabei einen stärkeren Einfluss an.

Die Betrachtung der standardisierten Regressionskoeffizienten wird kritisiert, wenn die Standardabweichungen der unabhängigen Variablen beeinflussbar sind. So würde unser Unternehmen, wenn es Preise stark, Werbung aber nur wenig variiert hätte, aufgrund der hohen Standardabweichung der Preise (siehe Gleichung (8)) mit Hilfe der standardisierten Regressionskoeffizienten einen starken Einfluss des Preises feststellen. Wenn es dagegen Preise nur wenig, Werbung aber stark variiert hätte, hätte es tendenziell das gegenteilige Ergebnis festgestellt (Wittink 1988, S. 237 ff.). Deswegen ist der Vergleich des Einflusses der unabhängigen Variablen durch die Ermittlung der Elastizitäten der unabhängigen Variablen auf die abhängige Variable vielfach sinnvoller. Diese Elastizitäten sind dimensionslos und geben an, welche relative Veränderung sich bei der abhängigen Variablen durch eine relative Veränderung der unabhängigen Variablen ergibt. Im Falle einer linearen Regressionsgleichung ist die Elastizität als:

$$\varepsilon_{y,x_k} = \frac{\frac{\partial y}{y}}{\frac{\partial x_k}{x_k}} = \frac{\partial y}{\partial x_k} \cdot \frac{x_k}{y} = b_k \cdot \frac{x_k}{y} \tag{9}$$

definiert. Diese Elastizität kann offensichtlich mit der Höhe der Werte der Variablen variieren. Zur Berechnung der durchschnittlichen Elastizität bietet sich daher die Betrachtung der Mittelwerte der jeweiligen Variablen an (Koutsoyannis 1977, S. 66; Pindyck/Rubinfeld 1991, S. 86).

2.6 Interpretation der Ergebnisse

Bei der Interpretation der Ergebnisse müssen zunächst nicht statistische, sondern inhaltliche Kriterien im Vordergrund stehen (Koutsoyannis 1977). Zuerst ist zu überlegen, ob alle relevanten Variablen in der Regressionsgleichung berücksichtigt und in einen sinnvollen funktionalen Zusammenhang gebracht worden sind. Danach bietet es sich an zu prüfen, ob die Vorzeichen der Regressionskoeffizienten plausibel sind. Im Beispiel sollten die Wirkungen der Werbung und des Außendienstes positiv und die des Preises negativ sein (Assmus/Farley/Lehmann 1984; Tellis 1988). Anschließend ist die Größe der Koeffizienten zu betrachten. Hierbei hilft häufig eine Betrachtung der Elastizitäten. So machen Werbeelastizitäten mit Werten größer als eins vielfach wenig Sinn. Gleiches gilt für Preiselastizitäten mit absoluten Werten kleiner als eins. Erst nach dieser inhaltlichen Betrachtung sollten statistische Kriterien wie die Betrachtung des Bestimmtheitsmaßes, der Signifikanz der Regressionsgleichung (F-Test) und der Regressionskoeffizienten (t-Test) herangezogen sowie die Überprüfung der nachfolgend noch dargestellten Annahmen der Regressionsgleichung durchgeführt werden (Koutsoyannis 1977).

2.7 Ergebnisse des Beispiels

Die Schätzung der Regressionsfunktionen erfolgt in diesem Beitrag mit dem Softwareprogramm SPSS 12.0 und ergibt im Falle einer multiplen Regressionsanalyse mit den drei Marketinginstrumenten ADM, Preis und Werbung als unabhängige Variablen und der Absatzmenge als abhängige Variable das in Abbildung 1 dargestellte Ergebnis:

Modellzusammenfassung

Modell	R	R-Quadrat	Korrigiertes R-Quadrat	Standardfehler des Schätzers
1	,959[a]	,919	,899	4546,245

a. Einflußvariablen : (Konstante), WERBUNG, ADM, PREIS

ANOVA[b]

Modell		Quadratsumme	df	Mittel der Quadrate	F	Signifikanz
1	Regression	2,8E+09	3	9,36E+08	45,292	,000[a]
	Residuen	2,5E+08	12	20668341		
	Gesamt	3,1E+09	15			

a. Einflußvariablen : (Konstante), WERBUNG, ADM, PREIS

b. Abhängige Variable: MENGE

Koeffizienten[a]

Modell		Nicht standardisierte Koeffizienten		Standardisierte Koeffizienten		
		B	Standardfehler	Beta	T	Signifikanz
1	(Konstante)	210159,4	23729,909		8,856	,000
	ADM	6723,478	840,997	,665	7,995	,000
	PREIS	-3832,503	444,013	-,725	-8,632	,000
	WERBUNG	,069	,024	,242	2,903	,013

a. Abhängige Variable: MENGE

Abbildung 1: Ergebnisse der linearen Regression

Das Bestimmtheitsmaß R^2 („R Square") und das korrigierte Bestimmtheitsmaß („Adjusted R Square") weisen Werte von 91,9 % und 89,9 % auf. Die aufgrund des F-Tests und der t-Tests ermittelten Irrtumswahrscheinlichkeiten („Signifikanz") sind geringer als das hier von uns vorgegebene Signifikanzniveau von 5 %, so dass alle drei Marketinginstrumente einen signifikanten Einfluss ausüben. So bedeutet beispielsweise der Wert 0,013 in der Spalte „Sig" bezüglich des t-Tests für das Werbebudget, dass lediglich mit einer Wahrscheinlichkeit von 1,3 % in der Grundgesamtheit kein Zusammenhang zwischen dem Werbebudget und dem Absatz besteht.

Die Werte für die Koeffizienten, sofern mit ungerundeten der Regressionsfunktion stehen in der Spalte „B", deren Standardfehler in der Spalte „Std. Error" und die Beta-Werte in der Spalte „Beta". Entsprechend den Erwartungen haben die Anzahl der Außendienstmitarbeiter sowie das Werbebudget einen positiven Einfluss und der Preis einen negativen Einfluss auf die Absatzmenge. Die Stärke des Einflusses kann in diesem Ausdruck aber nicht aus den Werten der Koeffizienten, sondern bestenfalls aus einer Betrachtung der Beträge der Beta-Werte ermittelt werden. Hier stellt sich heraus, dass der Preis einen etwas höheren Einfluss als die Anzahl der Außendienstmitarbeiter und beide Marketinginstrumente wiederum deutlich höhere Einflüsse als das Werbebudget haben. Die Ermittlung der Elastizitäten anhand der Gleichung (9) ergibt eine Außendienstelastizität von 0,45, eine Preiselastizität von -2,21 und eine Werbeelastizität von 0,26. Alle Elastizitäten weisen sowohl plausible Vorzeichen als auch plausible Größenverhältnisse auf (vgl. dazu auch Hanssens/Parsons/Schultz 1990; Mauerer 1995; die Meta-Analysen von Bijmolt et al. 2005, Tellis 1988, Assmus/Farley/Lehmann 1984 und Lodish et al. 1995 sowie die in Skiera 1996, S. 100 ff. dargestellten Ergebnisse einer Befragung).

2.8 Annahmen

Bislang haben wir uns auf die Darstellung des Verfahrens und die damit erreichbaren Ergebnisse konzentriert und sind nicht auf die Annahmen eingegangen, die bei der Anwendung der Regressionsanalyse vorliegen müssen. Diese Annahmen, die sich entweder auf die Residualgrößen, die Beziehung zwischen abhängiger und unabhängigen Variablen, die Beziehung zwischen den unabhängigen Variablen oder die Anzahl der Beobachtungen beziehen, stehen in diesem Abschnitt im Vordergrund.

Annahmen hinsichtlich der Residualgrößen

- Normalverteilung der Residualgrößen e_i,
- Erwartungswert von null für alle Residualgrößen $E(e_i) = 0$,
- Gleiche Varianz für alle Residualgrößen (Homoskedastizität), d. h. $E(e_i2) = δ2$,
- Keine Korrelation zwischen den Residualgrößen (fehlende Autokorrelation), d. h. $E(e_i \cdot e_i') = 0$.

Inhaltlich bedeutet dies im Wesentlichen, dass die mit der Regressionsgleichung verbundenen Residualgrößen weder von der Größe der betrachteten Variablen (Homoskedastizität) noch von den anderen Residualgrößen, bei der Betrachtung von Zeitreihen insbesondere nicht von der Residualgröße der Vorperiode (fehlende Autokorrelation), abhängen. In unserem Beispiel sollten die Werte der Residualgrößen also unabhängig von den Ausprägungen der betrachteten drei Marketinginstrumente sein.

Annahmen hinsichtlich des Zusammenhangs zwischen abhängiger und unabhängigen Variablen

- Erfassung aller relevanten unabhängigen Variablen,
- Linearität des Zusammenhangs.

Um sinnvolle Aussagen tätigen zu können, müssen alle relevanten unabhängigen Variablen erfasst werden. Anderenfalls besteht die Gefahr, dass sich der Einfluss der nicht erfassten Variablen in den Regressionskoeffizienten der erfassten unabhängigen Variablen niederschlägt. In unserem Beispiel sollten also neben den drei betrachteten Marketinginstrumenten keine weiteren relevanten Einflussfaktoren auf den Absatz, z. B. strukturelle Unterschiede zwischen den Bezirken, vorhanden sein. Weiterhin geht die lineare Regressionsanalyse von einem proportionalen, d. h. linearen Zusammenhang zwischen den unabhängigen und der abhängigen Variablen aus.

Annahmen hinsichtlich des Zusammenhangs zwischen den unabhängigen Variablen

Es wird davon ausgegangen, dass keine lineare Abhängigkeit zwischen den unabhängigen Variablen besteht (fehlende Multikollinearität). So ergibt sich beispielsweise im Falle einer hohen Korrelation zwischen zwei unabhängigen Variablen das Problem, dass keiner der beiden Variablen der Einfluss auf die abhängige Variable eindeutig zugesprochen werden kann.

Anzahl der Beobachtungen

Damit das in Gleichung (1) beschriebene Modell überhaupt schätzbar ist, muss die Anzahl der Beobachtungen mindestens so groß wie die Anzahl der zu schätzenden Koeffizienten (Konstante b_o plus die Anzahl aller Regressionskoeffizienten b_k) sein. Signifikante Einflüsse und die damit verbundene Übertragung der Ergebnisse der Stichprobe auf die Grundgesamtheit können aber nur festgestellt werden, wenn die Anzahl der Beobachtungen deutlich größer als die Anzahl der zu schätzenden Koeffizienten ist. Generelle Aussagen über dieses Verhältnis können kaum getroffen werden, da dies stets vom vorliegenden Datensatz abhängt. Wenn die Anzahl der Beobachtungen jedoch nicht zumindest dreimal, besser sogar fünfmal so groß wie die Anzahl der zu schätzenden Koeffizienten ist, so besteht nur eine geringe Chance zur Ermittlung signifikanter Zusammenhänge.

3. Vorgehensweise

Nachfolgend wird die Vorgehensweise beim Einsatz der linearen Regressionsanalyse beschrieben. Es wird auf die häufig notwendige Transformation der Variablen zur Erstellung eines linearen Modells und die Effizienz der Schätzer eingegangen. Außerdem werden die Probleme der Multikollinearität, der Autokorrelation, der Heteroskedastizität und der Ausreißer erörtert.

3.1 Transformation der Variablen

Häufig sollen nichtlineare Zusammenhänge, z. B. der Zusammenhang in unserem Zahlenbeispiel zwischen der Absatzmenge und den einzelnen Marketinginstrumenten, mit Hilfe der nachfolgend dargestellten multiplikativen Absatzreaktionsfunktion geschätzt werden:

$$MENGE = \alpha \cdot ADM^{\delta} \cdot PREIS^{\eta} \cdot WERBUNG^{\beta} \qquad (10)$$

Diese multiplikative Absatzreaktionsfunktion weist gegenüber der linearen Reaktionsfunktion den Vorteil von Wirkungsinteraktionen zwischen den Marketinginstrumenten sowie veränderbarer Grenzerträge für die einzelnen Marketinginstrumente auf (ein ausführlicher Vergleich unterschiedlicher Funktionsverläufe erfolgt in Hruschka 1996, S. 18 ff.). Zur Schätzung dieses nichtlinearen Zusammenhangs kann vielfach auch die lineare Regressionsanalyse herangezogen werden, da diese nur einen linearen Zusammenhang in der zu schätzenden Regressionsgleichung unterstellt. Ein nichtlinearer Zusammenhang zwischen abhängiger und unabhängigen Variablen kann berücksichtigt werden, wenn er linearisierbar ist. Beispielsweise kann die obige multiplikative Absatzreaktionsfunktion durch Logarithmierung linearisiert werden:

$$\ln(MENGE) = \ln(\alpha) + \delta \cdot \ln(ADM) + \eta \cdot \ln(PREIS) + \beta \cdot \ln(WERBUNG). \qquad (11)$$

Die zu schätzende lineare Regressionsgleichung würde dann folgendes Aussehen haben:

$$Q_i = a + \delta \cdot A_i + \eta \cdot P_i + \beta \cdot W_i + e_i \quad (i \in I), \qquad (12)$$

wobei die Variablen Q_i, A_i, P_i und W_i folgendermaßen definiert sind:

$Q_i = \ln(MENGE_i)$,

$A_i = \ln(ADM_i)$,

$P_i = \ln(PREIS_i)$,

$W_i = \ln(WERBUNG_i)$.

In vergleichbarer Form kann eine ganze Reihe weiterer nichtlinearer Modelle linearisiert werden (Pindyck/Rubinfeld 1991, S. 102; Schneeweiß 1990, S. 52; Hair et al. 2006, S. 52 f.). Die lineare Regressionsanalyse liefert für die so linearisierte, ursprünglich multiplikative Reaktionsfunktion (10) die nachfolgenden Ergebnisse.

Die Bestimmtheitsmaße und der F-Wert weisen für diese multiplikative Absatzreaktionsfunktion hohe Werte auf. Das Bestimmtheitsmaß ist jedoch nur für das logarithmierte Modell (11) und nicht für das Ausgangsmodell (10) aussagekräftig. Deswegen empfiehlt es sich, das Bestimmtheitsmaß des Ausgangsmodells für die geschätzten Werte der Koeffizienten im Ausgangsmodell (10) zu berechnen. Es ergibt sich in diesem Fall ein Bestimmtheitsmaß von 93,94 %. Vergleichbar sind die Signifikanzniveaus der einzelnen Variablen. Ein großer Vorteil besteht bei der Verwendung einer multiplikativen Reaktionsfunktion darin, dass die Regressionskoeffizienten die Elastizitäten der jeweiligen Marketinginstrumente darstellen und so eine unmittelbare Interpretation der Ergebnisse erleichtern.

Auch bei dieser Analyse weisen alle Marketinginstrumente das erwartete Vorzeichen und plausible Werte auf. Es ergibt sich also für die in Gleichung (10) dargestellte multiplikative Absatzreaktionsfunktion das folgende (gerundete) Ergebnis:

$$\begin{aligned} MENGE &= \exp(16{,}98) \cdot ADM^{0,40} \cdot PREIS^{-2,34} \cdot WERBUNG^{0,22} \\ &= 23.676.653 \cdot ADM^{0,40} \cdot PREIS^{-2,34} \cdot WERBUNG^{0,22} \end{aligned} \qquad (13)$$

Aufgrund ihrer plausibleren Eigenschaften wird in der Literatur häufig auf die multiplikative und nicht auf die lineare Funktion zurückgegriffen (vgl. beispielsweise Tellis 1988). Wenn wir bei den nachfolgenden Erläuterungen weiterhin auf die lineare Funktion zurückgreifen, so hat das lediglich didaktische Gründe.

Modellzusammenfassung

Modell	R	R-Quadrat	Korrigiertes R-Quadrat	Standardfehler des Schätzers
1	,963[a]	,928	,909	,05198

a. Einflußvariablen : (Konstante), LN_WER, LN_ADM, LN_PREI

ANOVA[b]

Modell		Quadratsumme	df	Mittel der Quadrate	F	Signifikanz
1	Regression	,415	3	,138	51,231	,000[a]
	Residuen	,032	12	,003		
	Gesamt	,448	15			

a. Einflußvariablen : (Konstante), LN_WER, LN_ADM, LN_PREI

b. Abhängige Variable: LN_MENGE

Koeffizienten[a]

Modell		Nicht standardisierte Koeffizienten		Standardisierte Koeffizienten		
		B	Standardfehler	Beta	T	Signifikanz
1	(Konstante)	16,981	1,493		11,372	,000
	LN_ADM	,400	,047	,674	8,565	,000
	LN_PREI	-2,339	,248	-,749	-9,440	,000
	LN_WER	,217	,082	,207	2,647	,021

a. Abhängige Variable: LN_MENGE

Abbildung 2: Ergebnisse für die multiplikative Absatzreaktionsfunktion

3.2 Effizienz der Schätzer

In der Ökonometrie wird der geschätzte Koeffizient als effizienter („efficient“) Schätzer bezeichnet, wenn er erwartungstreu, also unverzerrt („unbiased estimator“), ist und gleichzeitig den geringsten Schätzfehler aller unverzerrt geschätzten Koeffizienten („best estimator“) aufweist (Koutsoyannis 1977, S. 101 ff.; Schneeweiß 1990, S. 71 ff.). Die mit Hilfe der Methode der kleinsten Quadrate geschätzten Koeffizienten sind aber nur dann effizient, wenn die in Kapitel 2.8 dargestellten Annahmen erfüllt sind. Anderenfalls muss entweder eine andere Schätzmethode gewählt oder die Regressionsgleichung in einer anderen Art und Weise formuliert werden.

Bei der Prüfung der Annahmen sollte insbesondere das Vorliegen von Multikollinearität, Autokorrelation und Heteroskedastizität untersucht werden. Die Normalverteilung der Residualgrößen ist dagegen von vergleichsweise untergeordneter Bedeutung, da sie aufgrund des zentralen Grenzwertsatzes bei einer „hinreichend" großen Anzahl an Beobachtungswerten stets erfüllt ist (Hansen 1993, S. 68; Pindyck/Rubinfeld 1991, S. 126). Koutsoyannis (1977, S. 197) erwähnt, dass dies selbst bei Stichproben mit nur 10-20 Beobachtungswerten häufig schon der Fall ist. Außerdem führt das Nichtvorliegen einer Normalverteilung lediglich dazu, dass die in Kapitel 2.4 erörterten F- und t-Tests nicht sinnvoll anwendbar sind. Die ermittelten Koeffizienten sind allerdings weiterhin effizient (Koutsoyannis 1977, S. 197). Es können also bei nicht normalverteilten Residualgrößen lediglich keine Aussagen über die Signifikanzniveaus der betrachteten Zusammenhänge getätigt werden.

3.3 Prüfung auf Multikollinearität

Multikollinearität liegt vor, wenn die unabhängigen Variablen untereinander linear abhängig sind. Sie führt üblicherweise zu hohen Standardabweichungen der Regressionskoeffizienten und dazu, dass diese Regressionskoeffizienten nur unzureichend interpretiert werden können. Multikollinearität in der Form der linearen Abhängigkeit zwischen zwei unabhängigen Variablen kann durch das Betrachten der Korrelationsmatrix aufgedeckt werden. Hohe absolute Werte für die Korrelationen, also Werte zwischen -0,5 und +0,5, deuten auf Multikollinearitätsprobleme hin. Multikollinearität in der Form der linearen Abhängigkeit zwischen mehr als zwei unabhängigen Variablen kann dadurch erkannt werden, dass mehrere lineare Regressionen gerechnet werden, bei denen jede der ursprünglich unabhängigen Variablen durch die anderen unabhängigen Variablen erklärt wird. Die Differenz zwischen eins und dem Bestimmtheitsmaß für eine derartige Regression wird als Toleranz der Variablen und der Kehrwert aus dieser Differenz als „Variance Inflation Factor" (VIF-Wert) bezeichnet. Nur wenn die Bestimmtheitsmaße dieser Regressionen niedrig sind, kann von einer linearen Unabhängigkeit der Variablen ausgegangen werden. Dies spiegelt sich dann in Toleranz- und VIF-Werten nahe eins wider. Niedrigere Toleranz- und höhere VIF-Werte weisen dagegen auf Multikollinearitätsprobleme hin (für weitere Tests zur Aufdeckung der Multikollinearität siehe Koutsoyannis 1977, S. 238 ff.).

In unserem Beispiel weist die in Abbildung 3 dargestellte Korrelationsmatrix durchgehend niedrige Korrelationen zwischen den unabhängigen Variablen (unterstrichene Werte) auf, so dass keine linearen Abhängigkeiten zwischen zwei unabhängigen Variablen

Korrelationen

		ADM	PREIS	WERBUNG
ADM	Korrelation nach Pearson	1	,143	-,080
	Signifikanz (2-seitig)		,597	,767
	N	16	16	16
PREIS	Korrelation nach Pearson	,143	1	-,158
	Signifikanz (2-seitig)	,597		,559
	N	16	16	16
WERBUNG	Korrelation nach Pearson	-,080	-,158	1
	Signifikanz (2-seitig)	,767	,559	
	N	16	16	16

Koeffizienten[a]

Modell		Nicht standardisierte Koeffizienten		Standardisierte Koeffizienten			Kollinearitätsstatistik	
		B	Standardfehler	Beta	T	Signifikanz	Toleranz	VIF
1	(Konstante)	210159,4	23729,909		8,856	,000		
	ADM	6723,478	840,997	,665	7,995	,000	,976	1,024
	PREIS	-3832,503	444,013	-,725	-8,632	,000	,958	1,044
	WERBUNG	,069	,024	,242	2,903	,013	,972	1,029

a. Abhängige Variable: MENGE

Abbildung 3: Prüfung der Multikollinearität

vorliegen. Da außerdem die ebenfalls in Abbildung 3 beschriebenen Toleranz- und VIF-Werte („Tolerance“ und „VIF“), die zusätzlich zu den bereits in Abbildung 1 dargestellten Ergebnissen bei SPSS angefordert werden können, Werte nahe eins aufweisen, kann zudem davon ausgegangen werden, dass auch keine linearen Abhängigkeiten zwischen mehreren unabhängigen Variablen bestehen.

Multikollinearität stellt also bei der Betrachtung der drei bislang berücksichtigen Marketinginstrumente kein Problem dar. Dies ändert sich, wenn nun auch das bislang nicht berücksichtigte Marketinginstrument der Mailings (siehe Tabelle 1) betrachtet wird. Die Anzahl der Mailings korreliert hoch (0,9895) mit der Anzahl der Außendienstmitarbeiter, so dass die in Abbildung 4 dargestellten Ergebnisse der Regressionsanalyse mit diesem zusätzlichen Marketinginstrument einen völlig veränderten Regressionskoeffizienten für die Anzahl der Außendienstmitarbeiter ergibt. Deren Einsatz übt nun einen negativen Einfluss auf die Absatzmenge aus, während die Anzahl der Mailings stark positiv wirkt. Die hohen VIF-Werte für die Variablen ADM und MAILING deuten ebenfalls an, dass Multikollinearität vorliegt. Dies wird auch aus der ebenfalls über SPSS abrufbaren Kollinearitätsdiagnose sichtbar. Hohe Werte für den Konditionsindex, insbesondere Werte über 30, deuten ebenfalls an, dass Multikollinearität vorliegt. Allerdings führt der Konditionsindex nur zu stabilen Ergebnissen, wenn die Stichprobe mehr als 50 Beobachtungen aufweist. Dies ist im vorliegenden Datensatz jedoch nicht der Fall, so dass der Konditionsindex nur wenig plausible Werte aufweist, selbst wenn die Variable Mailings nicht mit betrachtet wird.

Eine ökonometrische Lösung der Multikollinearitätsprobleme ist schwierig (Ansatzpunkte bietet allenfalls die Ridge Regression – vgl. Hair et al. 2006, S. 49; Wittink 1988, S. 101 – und Partial Least Squares, vgl. Tenenhaus 1998), so dass andere Lösungsmöglichkeiten angestrebt werden müssen. So bietet sich eine Erhöhung der Anzahl der Beobachtungen an, sofern in den zusätzlich hinzugefügten Beobachtungen die Variablen – hier die Anzahl der Außendienstmitarbeiter und der Mailings – weniger stark linear voneinander abhängen. Alternativ dazu können entweder die linear voneinander abhängigen Variablen zu einer einzigen Variablen zusammengefasst werden (z. B. mit Hilfe der Faktorenanalyse) oder eine bzw. mehrere dieser Variablen aus der Regressionsgleichung eliminiert werden. So führt beispielsweise die Eliminierung der Anzahl der Außendienstmitarbeiter dazu, dass die Elastizität der Mailings auf einen Wert von 0,41 zurückgeht. Richtig befriedigend können Multikollinearitätsprobleme jedoch häufig nicht behoben werden, da die Anzahl der Beobachtungen meistens fest vorgegeben ist oder gerade die Betrachtung der Einflüsse ganz bestimmter Variablen von Interesse ist. So kann in unserem Zahlenbeispiel nicht festgestellt werden, welchen Einfluss die Anzahl der Außendienstmitarbeiter und der Mailings alleine auf den Absatz nehmen. Dies würde unsere Marketingmanagerin jedoch sicherlich gerne wissen, da sie dann eine entsprechende Optimierung des Marketingmix vornehmen könnte. Zur Ermittlung derartiger Einflüsse müssten die Anzahl der Außendienstmitarbeiter und der Mailings so variiert werden, dass nicht mehr eine derartig hohe Korrelation auftritt. Dies könnte beispielsweise durch entsprechend aufgebaute Experimente erreicht werden.

Korrelationen

		ADM	PREIS	WERBUNG	MAILING
ADM	Korrelation nach Pearson	1	,143	-,080	,989**
	Signifikanz (2-seitig)		,597	,767	,000
	N	16	16	16	16
PREIS	Korrelation nach Pearson	,143	1	-,158	,120
	Signifikanz (2-seitig)	,597		,559	,659
	N	16	16	16	16
WERBUNG	Korrelation nach Pearson	-,080	-,158	1	-,115
	Signifikanz (2-seitig)	,767	,559		,672
	N	16	16	16	16
MAILING	Korrelation nach Pearson	,989**	,120	-,115	1
	Signifikanz (2-seitig)	,000	,659	,672	
	N	16	16	16	16

**. Die Korrelation ist auf dem Niveau von 0,01 (2-seitig) signifikant.

Modellzusammenfassung

Modell	R	R-Quadrat	Korrigiertes R-Quadrat	Standardfehler des Schätzers
1	,965[a]	,931	,906	4371,811

a. Einflußvariablen : (Konstante), MAILING, WERBUNG, PREIS. ADM

Koeffizienten[a]

Modell		Nicht standardisierte Koeffizienten B	Nicht standardisierte Koeffizienten Standardfehler	Standardisierte Koeffizienten Beta	T	Signifikanz	Kollinearitätsstatistik Toleranz	Kollinearitätsstatistik VIF
1	(Konstante)	203009,3	23379,266		8,683	,000		
	ADM	-1372,882	5815,151	-,136	-,236	,818	,019	52,968
	PREIS	-3711,737	435,531	-,702	-8,522	,000	,921	1,086
	WERBUNG	,078	,024	,274	3,288	,007	,899	1,113
	MAILING	7,949	5,654	,809	1,406	,187	,019	52,962

a. Abhängige Variable: MENGE

Kollinearitätsdiagnose[a]

Modell	Dimension	Eigenwert	Konditionsindex	Varianzanteile (Konstante)	ADM	PREIS	WERBUNG	MAILING
1	1	4,904	1,000	,00	,00	,00	,00	,00
	2	,078	7,912	,00	,00	,00	,07	,00
	3	,016	17,753	,02	,00	,05	,75	,00
	4	,001	60,302	,85	,02	,82	,08	,02
	5	,001	95,012	,13	,97	,12	,10	,97

a. Abhängige Variable: MENGE

Abbildung 4: Ergebnisse der Regressionsanalyse bei Multikollinearitätsproblemen

3.4 Prüfung auf Autokorrelation

Autokorrelation bedeutet, dass eine Korrelation zwischen den Störgrößen besteht. Eine derartige Korrelation tritt häufig bei der Analyse von Zeitreihen auf, wenn die zyklischen Schwankungen der Zeitreihe nicht adäquat von den unabhängigen Variablen erfasst werden. Dies führt üblicherweise dazu, dass einige Perioden lang die beobachteten Werte zunächst überschätzt und dann einige Perioden lang unterschätzt werden. Eine Reihe von negativen Residualgrößen wechselt sich also mit einer Reihe von positiven Residualgrößen ab. Autokorrelation bewirkt, dass die Standardfehler der Regressionskoeffizienten unterschätzt werden und damit das Signifikanzniveau der t-Tests überschätzt wird (die Standardabweichung erscheint im Zähler des in Gleichung (7) dargestellten t-Tests). Die geschätzten Regressionskoeffizienten bleiben unverzerrt. Sie sind aber nicht mehr effizient, da der Standardfehler nicht korrekt ermittelt wird (Pindyck/Rubinfeld 1991, S. 138).

Die meisten Tests auf Autokorrelation untersuchen die Autokorrelation erster Ordnung, d. h. die Korrelation zwischen zwei zeitlich aufeinanderfolgenden Residualgrößen (Koutsoyannis 1977, S. 200). Neben einer graphischen Betrachtung der Residualgrößen wird häufig der Durbin-Watson-Test verwendet (Pindyck/Rubinfeld 1991, S. 143):

$$dw = \frac{\sum_{i \in I'} (e_i - e_{i-1})^2}{\sum_{i \in I} e_i^2} \tag{14}$$

wobei:

dw: Wert des Durbin-Watson-Tests,

I': Indexmenge der Beobachtungswerte ohne den ersten Beobachtungswert.

Wenn die Differenz zwischen den Residualgrößen zweier aufeinanderfolgender Beobachtungswerte sehr klein (groß) ist, so liegt positive (negative) Autokorrelation vor und der Zähler der Gleichung (14) nimmt kleine (große) Werte an. Dies führt dazu, dass der Durbin-Watson-Wert dw gegen den Wert null (vier) strebt. Ein Wert von zwei zeigt an, dass keine Autokorrelation erster Ordnung vorliegt. Für eine genaue Darstellung des Signifikanzniveaus des Durbin-Watson-Tests sei auf weiterführende Literatur verwiesen (z. B. Pindyck/Rubinfeld 1991, S. 143 ff.; Schneeweiß 1990, S. 187 ff.; Koutsoyannis 1977, S. 212 ff.).

Vielfach wird bei der Betrachtung von Zeitreihen der Vorperiodenwert der abhängigen Variablen als unabhängige Variable, häufig dann als Lag-Variable bezeichnet, herangezogen. In diesem Fall sollte beachtet werden, dass der Durbin-Watson-Test nicht zur

Fall	X	Y	Y1	Y2	Error1	Error2
1	2	9	11	7	2	-2
2	3	11	15	7	4	-4
3	4	13	17	9	4	-4
4	5	15	17	13	2	-2
5	6	17	15	19	-2	2
6	7	19	15	23	-4	4
7	8	21	17	25	-4	4
8	9	23	21	25	-2	2

Tabelle 2: Zahlenbeispiele zur Darstellung der Problematik der Autokorrelation

Aufdeckung der Autokorrelation geeignet ist. Stattdessen sollte auf Durbins h-Test ausgewichen werden (Pindyck/Rubinfeld 1991, S. 147 ff.).

Die Betrachtung der Autokorrelation ist bei unserem Zahlenbeispiel bedeutungslos, da es sich um Querschnittsdaten handelt und somit keine zeitliche Korrelation, sondern allenfalls eine räumliche Autokorrelation (Cliff/Ord 1973) vorliegen kann, von deren Betrachtung wir an dieser Stelle absehen möchten.

Autokorrelation kann ein großes Problem darstellen, da es vor allem ein Indiz für fehlende unabhängige Variablen ist. Die dargestellten Zahlenbeispiele in Tabelle 2 verdeutlichen dieses Problem.

Die Spalten der x- und y-Werte mögen die Beziehung zwischen x- und y-Werten in der folgenden Form beschreiben:

$$y = 5 + 2 \cdot x \tag{15}$$

Die Spalten „Error1" und „Error2" mögen die Residualgrößen in jeweils einem der beiden Beispiele im Falle einer Autokorrelation erster Ordnung beschreiben. Diese beiden Residualgrößen unterscheiden sich nur durch ihr Vorzeichen. Durch Addition der Werte von „Error1" und „Error2" zu den y-Werten ergeben sich jeweils die unabhängigen Variablen y1 und y2 der beiden Beispiele, z. B. y1 = y + Error1.

	const1	par1	const2	par2
Wert	11,29	0,86	-1,29	3,14
Standardabweichung	1,88	0,32	1,88	0,32
Signifikanzniveau des t-Tests	0,03	0,00	0,52	0,00
R^2	0,55		0,98	
Signifikanzniveau des F-Tests	0,03		0,00	
Durbin-Watson-Wert	1,27		1,27	

Tabelle 3: Ergebnisse der Regressionen im Falle von Autokorrelation

Die Regressionen für die beiden Beispiele mit den abhängigen Variablen y1 und y2 und der unabhängigen Variablen x ergeben die in Tabelle 3 und Abbildung 5 dargestellten Ergebnisse. Es wird deutlich sichtbar, dass die Residualgrößen in beiden Beispielen systematisch unter- bzw. überschätzt werden und die geschätzten Regressionsfunktionen den in Gleichung (15) dargestellten tatsächlichen Zusammenhang nicht widerspiegeln. Die geschätzten Regressionskoeffizienten sind aber dennoch erwartungstreu (d. h. unverzerrt), da bei einer Vielzahl an Regressionen mit den Zufallsstichproben, die auch den in Tabelle 2 dargestellten Datensätzen unterliegen, sich die in Gleichung (15) dargestellten Werte für die Koeffizienten ergeben. Dies kann bereits in den beiden Beispielen daran erkannt werden, dass die Mittelwerte der Konstanten und der Regressionskoeffizienten der beiden Regressionsfunktionen für die beiden Zufallsstichproben den Koeffizienten des in Gleichung (15) unterstellten Zusammenhangs entsprechen

$(\frac{11{,}29-1{,}29}{2}=5\,\text{bzw.}\frac{0{,}86+3{,}14}{2}=2\,)$.

Autokorrelationsprobleme können durch die Erfassung der Einflussgrößen, die für die zeitlichen Schwankungen verantwortlich sind, behoben werden. Erst wenn dies nicht möglich ist, sollte die Behebung des Problems mit Hilfe ökonometrischer Verfahren, z. B. die Cochrane-Orcutt-Prozedur oder die Hildreth-Lu-Prozedur (Pindyck/Rubinfeld 1991, S. 138 ff., für weitere Verfahren siehe Hansen 1993, S. 97 ff.), angestrebt werden. Diese ökonometrischen Verfahren können aber nur zum Ziel führen, wenn die Regressionsgleichung korrekt formuliert ist.

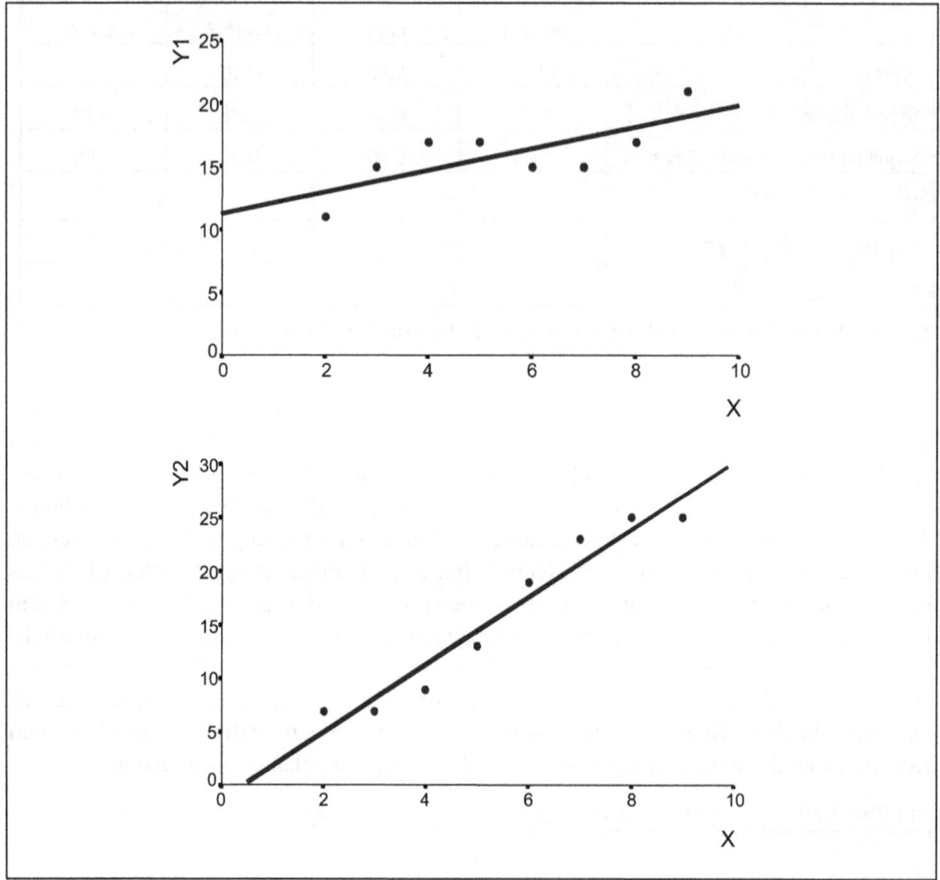

Abbildung 5: Graphische Darstellung der Regressionsfunktionen im Falle der Autokorrelation

3.5 Prüfung auf Heteroskedastizität

Heteroskedastizität bedeutet, dass nicht alle Residualgrößen die gleiche Varianz aufweisen. Im Gegensatz zur Autokorrelation tritt das Problem der Heteroskedastizität seltener bei der Betrachtung von Zeitreihen, sondern eher bei der Betrachtung von Querschnittsdaten auf (Pindyck/Rubinfeld 1991, S. 127). So ist es beispielsweise naheliegend, dass die Schätzung der Marktanteile für Unternehmen mit einem hohen Marktanteil einen größeren erwarteten Fehler aufweist als diejenige für Unternehmen mit einem kleinen

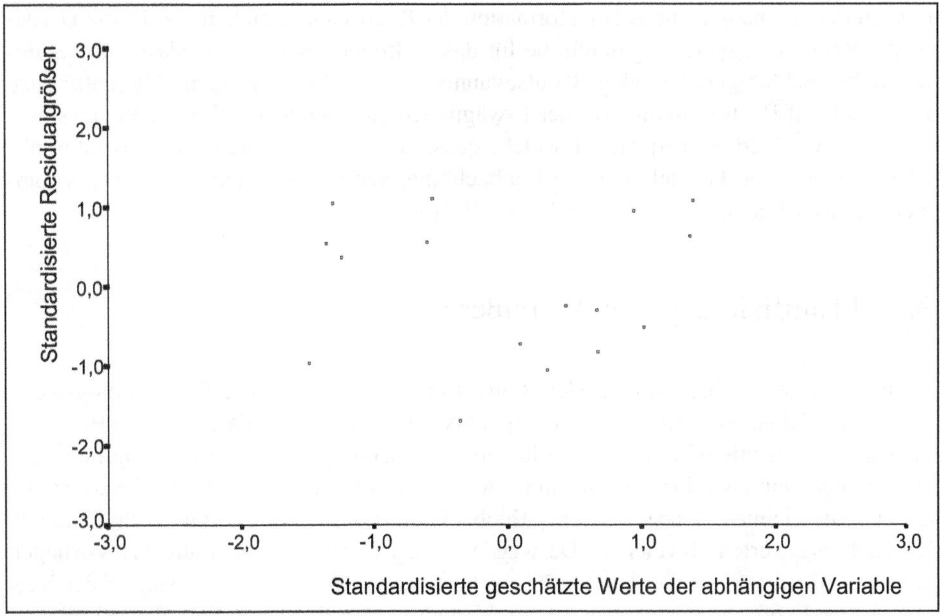

Abbildung 6: Graphische Prüfung der Heteroskedastizität

Marktanteil (ähnlich argumentiert Koutsoyannis 1977, S. 183). Heteroskedastizität führt dazu, dass die Methode der kleinsten Quadrate nicht mehr alle Beobachtungswerte quasi gleich behandelt, sondern mehr Wert auf eine gute Prognose der Werte mit einer hohen Varianz legt und damit implizit eine höhere Gewichtung dieser Beobachtungswerte vornimmt. Dies führt zwar wiederum zu erwartungstreuen, aber nicht mehr effizienten Schätzern, da sie nicht die kleinsten Schätzfehler aufweisen (Pindyck/Rubinfeld 1991, S. 128).

Heteroskedastizität kann durch eine graphische Gegenüberstellung der Residualgrößen mit der abhängigen oder einer der unabhängigen Variablen sowie durch die Anwendung des Goldfeldt-Quandt-Tests, des Breusch-Pagan-Tests oder des White-Tests erkannt werden (Pindyck/Rubinfeld 1991, S. 132 ff.). In unserem Beispiel lässt die graphische Gegenüberstellung in Abbildung 6 keinen Zusammenhang zwischen den standardisierten Residualgrößen und den standardisierten geschätzten Werten der abhängigen Variablen erkennen.

Die Vermeidung der Heteroskedastizität kann häufig nicht durch die Erhebung zusätzlicher Variablen behoben werden, weil vielfach naheliegende Erklärungen, z. B. die oben aufgeführte Schätzung der Marktanteile für große und kleine Unternehmen, für das Auftreten der Heteroskedastizität vorliegen. Deswegen muss das Problem normalerweise mit Hilfe ökonometrischer Verfahren gelöst werden. Dies kann auf Basis inhaltlicher Erwägungen durch eine geeignete Transformation der Regressionsgleichung, z. B. die Division der Regressionsgleichung durch die für das Auftreten der Heteroskedastizität verantwortliche unabhängige Variable (Koutsoyannis 1977, S. 187), erfolgen. Alternativ dazu kann auch auf Basis ökonometrischer Erwägungen eine gewichtete lineare Regressionsanalyse („weighted least squares"), welche quasi die durch die Heteroskedastizität implizit vorgenommene Gewichtung der Beobachtungswerte rückgängig macht, vorgenommen werden (Pindyck/Rubinfeld 1991, S. 129 ff.).

3.6 Identifizierung von Ausreißern

Normalerweise möchte man bei der Regressionsanalyse, dass alle Beobachtungswerte einen vergleichbaren Einfluss auf das Ergebnis haben, und nicht, dass einzelne Beobachtungen das Ergebnis sehr stark beeinflussen. Eine derartige unverhältnismäßig hohe Beeinflussung kann aber durch so genannte Ausreißer auftreten, die sich üblicherweise dadurch auszeichnen, dass deren Beobachtungswerte weit von den anderen Beobachtungswerten abweichen. Deswegen sollten Datensätze stets auf das Vorliegen von Ausreißern geprüft werden. Dafür existiert neben der visuellen Inspektion der Verteilung der Beobachtungswerte oder der Verteilung der Residuen eine ganze Reihe an statistischen Verfahren. Vergleichsweise häufig findet man „Mahalanobis Distance" oder „Cook's Distance". Die Mahalanobis Distance baut auf den quadrierten standardisierten Werten der unabhängigen Variablen auf, während mit Cook's Distance die Veränderung der Residuen aller anderen Beobachtungswerte erfasst wird, wenn der betrachtete Beobachtungswert aus der Regressionsgleichung entfernt wird. Einen gut verständlichen Überblick über diese und weitere statistische Verfahren geben Chatterjee/Hadi (1986).

In unserem Zahlenbeispiel ergeben sich bei der Betrachtung der Residuen, der Mahalanobis Distance und der Cook's Distance keine auffälligen Werte. Der bislang nicht betrachtete Bezirk 17 weist jedoch im Gegensatz zu den anderen Bezirken sehr hohe Absatzzahlen auf. Wenn dieser Bezirk 17, dessen Werte für Cook's Distance und Mahalanobis Distance gerade eben auf einen Ausreißer hindeuten, mit in die Regressionsanalyse aufgenommen wird, so kann eine deutliche Veränderung gegenüber dem bisherigen Ergebnis festgestellt werden (Abbildung 7). So sinkt nicht nur das Bestimmtheitsmaß auf 63,7 % ab, sondern es ändern sich auch die Regressionskoeffizienten und deren Signifikanzniveaus. Es ergeben sich jetzt Elastizitäten für den Außendienst, den Preis und die Werbung in Höhe von 0,27, -2,64 und 0,01.

Wenn die Ausreißer nicht auf Eingabefehler zurückzuführen sind, dann kann für die Behandlung von Ausreißern keine eindeutige Anweisung gegeben werden. Vielmehr hängt deren Behandlung stark davon ab, welche Aussagen mit den Ergebnissen der durchgeführten Regressionsanalyse getroffen werden sollen. Wenn Aussagen für alle Beobach-

Modellzusammenfassung

Modell	R	R-Quadrat	Korrigiertes R-Quadrat	Standardfehler des Schätzers
1	,798[a]	,637	,553	10846,685

a. Einflußvariablen : (Konstante), WERBUNG, PREIS, ADM

ANOVA[b]

Modell		Quadratsumme	df	Mittel der Quadrate	F	Signifikanz
1	Regression	2,7E+09	3	8,95E+08	7,606	,003[a]
	Residuen	1,5E+09	13	1,18E+08		
	Gesamt	4,2E+09	16			

a. Einflußvariablen : (Konstante), WERBUNG, PREIS, ADM

b. Abhängige Variable: MENGE

Koeffizienten[a]

Modell		Nicht standardisierte Koeffizienten		Standardisierte Koeffizienten		
		B	Standardfehler	Beta	T	Signifikanz
1	(Konstante)	289393,7	51273,679		5,644	,000
	ADM	4310,502	1868,547	,399	2,307	,038
	PREIS	-4721,008	1024,570	-,796	-4,608	,000
	WERBUNG	,001	,053	,004	,027	,979

a. Abhängige Variable: MENGE

Abbildung 7: Ergebnisse der Regressionsanalyse beim Vorliegen eines Ausreißers

tungswerte getätigt werden sollen, dann ist eine Eliminierung von Ausreißern natürlich wenig befriedigend. Normalerweise sollen jedoch Aussagen für die Mehrzahl der Beobachtungswerte angestrebt werden, so dass eine Eliminierung der Ausreißer vielfach angebracht ist.

In unserem Beispiel ist die Eliminierung des Ausreißers (Bezirk 17) vermutlich deswegen sinnvoll, weil die Marketingmanagerin stärker an Aussagen interessiert sein dürfte, die für die Mehrzahl der betrachteten Bezirke gelten. Gleichzeitig sollte die Marketingmanagerin jedoch überlegen, warum sich der Bezirk 17 von den anderen Bezirken so stark unterscheidet.

4. Implikationen der Analyse

Wenn an dieser Stelle von dem aus didaktischen Gründen eingeführten Marketinginstrument der Mailings abgesehen wird, so sollte der Assistent die von der Marketingmanagerin in Kapitel 2.1 skizzierten Fragestellungen mit Hilfe der bereits in (13) und hier nochmals aufgeführten multiplikativen Absatzreaktionsfunktion beantworten.

$$MENGE = 23.676.653 \cdot ADM^{0,40} \cdot PREIS^{-2,34} \cdot WERBUNG^{0,22} \qquad (13)$$

Auf Basis dieser Absatzreaktionsfunktion kann folgende Gewinnfunktion bei Annahme von Stückkosten in Höhe von 30 € und Kosten pro ADM in Höhe von 120.000 € gebildet werden:

$$\begin{aligned} \text{GEWINN} &= (\text{PREIS}-30) \cdot 23.676.653 \cdot \text{ADM}^{0,40} \cdot \text{PREIS}^{-2,34} \cdot \text{WERBUNG}^{0,22} \\ &\quad -120.000 \cdot \text{ADM} - \text{WERBUNG} \end{aligned} \qquad (16)$$

Für die Ableitungen ergibt sich:

$$\begin{aligned} \frac{\partial \text{GEWINN}}{\partial \text{PREIS}} &= 23.676.653 \cdot \text{ADM}^{0,40} \cdot (-1,34) \cdot \text{PREIS}^{-2,34} \cdot \text{WERBUNG}^{0,22} \\ &\quad -30 \cdot 23.676.653 \cdot \text{ADM}^{0,40} \cdot (-2,34) \cdot \text{PREIS}^{-3,34} \cdot \text{WERBUNG}^{0,22} \end{aligned} \qquad (17)$$

$$\begin{aligned} \frac{\partial \text{GEWINN}}{\partial \text{ADM}} &= (\text{PREIS}-30) \cdot 23.676.653 \cdot 0,40 \cdot \text{ADM}^{-0,60} \cdot \text{PREIS}^{-2,34} \\ &\quad \cdot \text{WERBUNG}^{0,22} - 120.000 \end{aligned} \qquad (18)$$

$$\begin{aligned} \frac{\partial \text{GEWINN}}{\partial \text{WERBUNG}} &= (\text{PREIS}-30) \cdot 23.676.653 \cdot \text{ADM}^{0,40} \cdot \text{PREIS}^{-2,34} \\ &\quad \cdot 0,22 \cdot \text{WERBUNG}^{-0,78} - 1 \end{aligned} \qquad (19)$$

Durch Nullsetzen der Ableitungen und Auflösen nach den drei Marketinginstrumenten lassen sich der optimale Preis und die optimalen Ausgaben für Außendienstmitarbeiter und Werbung bestimmen. Im vorliegenden Fall ergeben sich für das Rechnen mit ungerundeten Werten die folgenden Ergebnisse:

$p^* = 52{,}39€$

$ADM^* = 672.815{,}53€ \cdot$

$W^* = 370.048{,}66€$

Daraus ergeben sich (wiederum für das Rechnen mit ungerundeten Werten) eine Absatzmenge von 75.131 Stück und ein Gewinn von 639.174,55 €. Der Deckungsbeitrag, also die Absatzmenge multipliziert mit dem Deckungsbeitrag pro Stück in Höhe von 22,39 € (52,39 € - 30 €), beträgt 1.682.038,77 €.

5. Software

Software zur Schätzung der Regressionsanalyse liegt in vielfältiger Form vor. Erste Analysen erlauben fast alle Tabellenkalkulationsprogramme (z. B. Microsoft Excel, Lotus 1-2-3), wobei sich diese Programme insbesondere hinsichtlich der Möglichkeiten zur graphischen Darstellung der Ergebnisse und der Anzahl der statistischen und ökonometrischen Tests unterscheiden. Die Grenzen dieser preisgünstigen Programme liegen in dem angebotenen Funktionsumfang zur einfachen Transformation der Daten, dem Durchspielen unterschiedlicher Varianten der Regressionsanalyse, den Möglichkeiten zur Aufdeckung von Heteroskedastizität und Autokorrelation, der Identifizierung von Ausreißern und dem Anwenden der nichtlinearen Regressionsanalyse. Mit dem preislich deutlich teureren Statistikprogramm SPSS können derartige Analysen leicht durchgeführt werden. Es weist zudem den Vorteil einer hohen Bedienerfreundlichkeit auf. Allerdings sind auch in SPSS nicht alle hier erwähnten Verfahren zur Diagnostik und Bewältigung von Autokorrelation und Heteroskedastizität, z. B. Durbin's h-Statistik, enthalten. Einen höheren Funktionsumfang weisen andere Statistikprogramme wie beispielsweise SAS, STATA, LIMDEP und eViews auf, allerdings bei einer tendenziell niedrigeren Bedienerfreundlichkeit. Prinzipiell alle ökonometrischen Verfahren können bei matrixorientierten Programmen wie R, GAUSS oder MATLAB vorgenommen werden, da der Anwender dort direkt Matrizen bearbeitet. Die Einarbeitungszeit in diese nicht immer sehr bedienerfreundlichen Programme ist allerdings nicht zu unterschätzen. Als Fazit kann festgehalten werden, dass für das gelegentliche Rechnen einer Regressionsanalyse die meisten Tabellenkalkulationsprogramme völlig ausreichend sind. Für ausführlichere Analysen sollte aber auch auf Statistikprogramme wie beispielsweise SPSS, STATA oder SAS zurückgegriffen werden. Erst wenn diese Programme nicht mehr die gewünschten Analysen ermöglichen, sollten matrixorientierte Programme wie z. B. R, GAUSS oder MATLAB herangezogen werden.

6. Ausblick

Häufig entsteht bei der Darstellung statistischer Verfahren wie beispielsweise der Regressionsanalyse der Eindruck, dass bei entsprechend sorgfältiger Vorbereitung die Berechnung der Ergebnisse binnen kürzester Zeit erfolgen kann. Dies ist auch aus rein statistischer Sicht richtig, da die in Kapitel 5 dargestellte Software eine derartige schnelle Berechnung gut unterstützt. Aus inhaltlicher Sicht ergibt sich jedoch meistens die Schwierigkeit, dass selbst bei sorgfältiger Vorbereitung die Ergebnisse der ersten Analyse neben einer möglichen Verletzung der Annahmen der Regressionsanalyse auch zumeist auf Probleme bei der Spezifikation der Regressionsgleichung hinweisen. So treten mitunter positive Preiselastizitäten oder negative Werbeelastizitäten auf. Dies erfordert dann beispielsweise eine in der Regel zeitaufwendige Rücksprache mit den für die Daten Verantwortlichen, die Erhebung zusätzlicher Daten oder eine andere Formulierung der Regressionsgleichung. Deswegen sollten bei empirischen Erhebungen unbedingt auch schon mit kleinen Datensätzen erste statistische Analysen durchgeführt werden, weil diese trotz ihrer geringen Größe bereits Defizite in den Daten andeuten können.

Die in diesem Beitrag dargestellten Zahlenbeispiele bezogen sich entweder auf Querschnittsdaten (Tabelle 1) oder auf Längsschnittdaten (Tabelle 2). Häufig liegen im Marketing, insbesondere bei der Betrachtung von Paneldaten, aber auch so genannte gepoolte Daten vor, die eine Kombination von Längs- und Querschnittsdaten darstellen. Deren Auswertung erfordert einige Besonderheiten bei der Auswertung, z. B. die Berücksichtigung struktureller Unterschiede zwischen den einzelnen Querschnittsdaten, die in diesem Beitrag nicht behandelt werden konnten. Für deren Behandlung wird auf Maddala (1977) und Hsiao (1986) verwiesen.

Zu guter Letzt sei auf den zunehmenden Trend zur Anwendung nichtlinearer Regressionen hingewiesen. Dies hängt sicherlich auch mit der Verfügbarkeit derartiger Analysemöglichkeiten in mittlerweile allen gängigen Statistikprogrammen zusammen und bietet den Vorteil, dass nun vergleichsweise einfach auch nichtlineare und nicht linearisierbare Funktionen geschätzt werden können. Dadurch können noch stärker inhaltliche Erwägungen bei der Formulierung der Regressionsgleichung berücksichtigt werden.

Literaturverzeichnis

Assmus, G./Farley, J.W./Lehmann, D.R. (1984): How Advertising Affects Sales: A Meta Analysis of Econometric Results, in: Journal of Marketing Research, 21. Jg., S. 65-74.

Bijmolt, T.H.A./van Heerde, H./Pieters, R.G.M. (2005): New Empirical Generalizations on the Determinants of Price Elasticity, in: Journal of Marketing Research, 42. Jg., S. 141-56.

Chatterjee, S./Hadi, A.S. (1986): Influential Observations, High Leverage Points, and Outliers in Linear Regressions, in: Statistical Science, 1. Jg., S. 379-416.

Cliff, A.D./Ord, J.K. (1973): Spatial Autocorrelation, London.

Fahrmeir, L./Kaufmann, H./Kredler, C. (1984): Regressionsanalyse, in: Fahrmeir, L./Haberle, A. (Hrsg.), Multivariate statistische Verfahren, Berlin et al., S. 83-154.

Hair, J.F./Anderson, R.E./Tatham, R.L./Black, W.C. (2006): Multivariate Data Analysis, 6. Auflage, New York et al..

Hansen, G. (1993): Quantitative Wirtschaftsforschung, München.

Hruschka, H. (1996): Marketing-Entscheidungen, München.

Hsiao, C. (1986): Analysis of Panel Data, Cambridge et al..

Koutsoyannis, A. (1977): Theory of Econometrics, 2. Auflage, Houndsmill.

Lodish, L.L./Abraham, M.M./Kalmenson, S./Livelsberger, J./Lubetkin, B./Richardson, B./Stevens, M.E. (1995): Advertising Works: A Meta-Analysis of 389 Real World Split Cable T. V. Advertising Experiments, Journal of Marketing Research, 32. Jg., S. 125-139.

Maddala, G. S. (1977): Econometrics, New York et al.

Mauerer, N. (1995): Die Wirkung absatzpolitischer Instrumente. Metaanalyse empirischer Forschungsarbeiten, Wiesbaden.

Pindyck, R.S./Rubenfeld, D. (1991): Econometric Models and Econometric Forecasts, New York et al..

Schneeweiß, H. (1990): Ökonometrie, 4. Auflage, Heidelberg.

Skiera, B. (1996): Verkaufsgebietseinteilung zur Maximierung des Deckungsbeitrags, Wiesbaden.

Tellis, G.J. (1988): The Price Sensitivity of Selective Demand: A Meta-Analysis of Econometric Models of Sales, in: Journal of Marketing Research, 25. Jg., S. 391-404.

Tenenhaus, M. (1998): La régression PLS, Paris, Technip.

Wittink, D. R. (1988): The Application of Regression Analysis, Needham Heights (Mass.).

Jan Wieseke

Mehrebenenmodelle

Dr. Jan Wieseke ist Habilitand am Lehrstuhl für Allgemeine Betriebswirtschaftslehre und Marketing I an der Universität Mannheim.

1. Einleitung

Viele zentrale Fragestellungen der betriebswirtschaftlichen Forschung beziehen sich auf mehr als eine Untersuchungsebene. So ist es beispielsweise in der Marketing- und Managementforschung nicht selten von Relevanz, die Auswirkungen von Strategien der Managementebene auf das Verhalten auf Ebene von Mitarbeitern oder Kunden zu ermitteln. Hinsichtlich möglicher Interaktionen zwischen verschiedenen Ebenen lassen sich interessante Fragestellungen formulieren:

- Wie überträgt sich Markt-/Kundenorientierung der Top-Managementebene auf nachgelagerte Ebenen?
- Inwieweit üben Verkaufsmanager einen Einfluss auf die Umsetzung von Vorgaben der Vertriebssteuerung durch das Verkaufspersonal aus?
- Hängt die Identifikation der Mitarbeiter mit dem eigenen Unternehmen vom Grad der Identifikation der Vorgesetzten ab?
- Wie wirkt sich die Intensität des Werbedrucks für eine bestimmte Marke auf die Markensympathie von Konsumenten in verschiedenen Segmenten aus?
- Welche Wirkung entfaltet ein charismatischer Führungsstil im Top-Management auf niedrigere Hierarchiestufen?

In diesem Beitrag soll ein Überblick über verschiedene Handlungsoptionen bei der Untersuchung von Mehrebenenfragestellungen gegeben werden. Im Kern steht dabei die Mehrebenenanalyse, da diese als erste und bislang einzige Methode in der Lage ist, hierarchisch organisierte Datenstrukturen, die bei Mehrebenenfragestellungen häufig anzutreffen sind, adäquat zu berücksichtigen.

2. Mehrebenenfragestellungen im Spiegel des State of the Art der Marketing- und Managementforschung

Um einen detaillierten Überblick über die Prävalenz von Mehrebenenfragestellungen in der Marketing und Managementforschung zu gewinnen, wurde eine Literaturübersicht empirischer Beiträge aus den Jahren 1998 bis 2004 erstellt. Einen Überblick über den derzeitigen Stand der empirischen Mehrebenenforschung liefert Tabelle 1. Bei der Auflistung berücksichtigt wurden Beiträge aus den Zeitschriften

- Journal of Marketing

- Journal of Marketing Research
- Journal of Consumer Research
- Journal of Retailing
- Journal of Personal Selling & Sales Management
- Academy of Management Journal.

Die vier erstgenannten Journale bilden die wissenschaftliche Weltspitze der Marketingforschung. Das Journal of Personal Selling & Sales Management wurde aufgenommen, da im Vertriebsbereich Mehrebenenfragestellungen besonders häufig auftreten dürften. Auf das Academy of Management Journal wurde zurückgegriffen, da Mehrebenenanalysen in der Management- und der Organisationsforschung bisher in besonderem Maße Anwendung finden.

Wie Tabelle 1 zeigt, ist insgesamt ein stark ansteigender Trend zur Untersuchung von Mehrebenenfragestellungen festzustellen. Vergleicht man die Jahrgänge 1998 und 2004, so hat sich die Zahl der mehrebenen-bezogenen Studien mehr als verdreifacht. Betrachtet man zudem aktuelle Call for Paper für Sonderhefte in hochrangigen Managementjournalen, so scheint sich dieser Trend in der Zukunft zu verfestigen. Beispielsweise beziehen sich aktuelle Call for Paper im Leadership Quarterly (2005, S. 617-618) und im Academy of Management Journal (2005, S. 126-128) explizit auf Mehrebenenfragestellungen.

	Anzahl empirischer Studien mit Mehrebenenfragestellungen							
Journal Jahr	**1998**	**1999**	**2000**	**2001**	**2002**	**2003**	**2004**	**Total**
Journal of Marketing	3	0	4	2	2	2	6	19
Journal of Marketing Research	0	5	0	2	0	0	1	8
Journal of Consumer Research	0	0	0	0	0	0	0	0
Journal of Retailing	0	0	0	1	3	3	5	12
Journal of Personal Selling & Sales Management	0	3	2	4	2	6	1	18
Academy of Management Journal	4	2	3	1	9	10	10	39
Gesamt	7	10	9	10	16	21	23	96

Tabelle 1: Empirische Studien zu Mehrebenenfragestellungen

Untersuchungsebenen		
Unternehmensinterne Untersuchungsebenen		Anteil der Studien
Vorgesetzte – Mitarbeiter	Top-Management – Management	3 %
	(Verkaufs-)Manager / Vorgesetzter – (Verkaufs-)Mitarbeiter	32 %
	Sonstige	10 %
Organisation – Arbeitsgruppe		5 %
Organisation – (Verkaufs-)Mitarbeiter		12 %
Interne und externe Untersuchungsebenen		
(Verkaufs-)Mitarbeiter – Kunde		12 %
Unternehmen – Konsument		7 %
Unternehmen – Unternehmen		16 %
Sonstige		3 %

Tabelle 2: Untersuchungsebenen empirischer Studien zu Mehrebenenfragestellungen

Empirische Studien thematisierten in der Vergangenheit eine Reihe von Problemstellungen, die hierarchische Datensätze der unterschiedlichsten Unternehmensebenen einbeziehen. Basierend auf der Literaturübersicht werden in Tabelle 2 die schwerpunktmäßig untersuchten Ebenen in der Marketing- und Managementforschung abgebildet. Dabei bildet die Manager-Mitarbeiter-Beziehung mit knapp einem Drittel der Beiträge einen thematischen Schwerpunkt bisheriger Studien. Insbesondere Schnittstellen zwischen Verkaufsmanagern und Verkaufsmitarbeitern werden hierbei häufig untersucht. Dies ist sowohl auf die vergleichsweise leichte Verfügbarkeit und Gewinnung von Daten als auch auf die enorme Bedeutung des persönlichen Verkaufs für viele Unternehmen zurückzuführen. Mehrebenenanalysen bleiben aber keineswegs auf unternehmensinterne Fragestellungen beschränkt: 38 % der Studien befassen sich mit internen *und* externen Untersuchungsebenen, wie z. B. der Mitarbeiter-Kunde-Beziehung. Die enorme Vielfalt der untersuchten Ebenen illustriert die Bedeutung von Mehrebenenproblemen in der modernen Marketing- und Organisationsforschung und ließe sich problemlos um weitere Ebenen erweitern. Insofern ist Tabelle 2 keineswegs als abschließende Auflistung der möglichen Anwendungsbereiche von Mehrebenenanalyseverfahren zu verstehen.

3. Methodische Grundlangen von Mehrebenenanalysen

3.1 Datenstrukturen in der Mehrebenenforschung

Betrachtet man die Mehrebenenforschung im organisationalen Kontext, so ist festzustellen, dass zumeist ein hierarchischer Aufbau der Untersuchungseinheiten vorliegt. In Bezug auf die empirische Forschung in diesem Bereich bemerkt Hofmann (1997, S. 723): „Due to the inherently hierarchical nature of organizations, data collected in organizations consist of nested entities. More specifically, individuals are nested in work groups, work groups are nested in departments, departments are nested in organizations, and organizations are nested in environments.“

Werden beispielsweise Mitarbeiter und Vorgesetzte befragt, liegen in der Regel mehr Mitarbeiter- als Vorgesetztendaten vor. Ebenso werden mehrere Kunden von einem Mitarbeiter betreut. Den Aufbau eines prototypischen Zwei-Ebenen-Datensatzes veranschaulicht Abbildung 1. Je eine Führungsperson (z. B. Verkaufsmanager A, B, …) betreut eine gegebene Anzahl ihr unterstellter Mitarbeiter (hier A_1-A_4). Formal ausgedrückt: Eine Menge von Einheiten der Ebene n konstituiert eine Analyseeinheit auf Ebene $n + 1$. Die Ebene der Mitarbeiter sei im Folgenden als Mikroebene, die der Vorgesetzten als Makroebene bezeichnet. Entscheidend für das Verständnis der Notwendigkeit einer speziellen Mehrebenen-Analysetechnik ist die Tatsache, dass die Mitarbeiter A_1-A_4 ggf. anderen Bedingungen ausgesetzt sind als die Mitarbeiter B_1-B_4. Mitarbeiter der Arbeitsgruppe A werden durch möglicherweise langjährige Zusammenarbeit, eine dem Vorgesetzten genehme Selektion der Mitarbeiter oder den Führungsstil des Vorgesetzten beeinflusst. Diese Einflussfaktoren werden als *Kontext* oder *Kontextbedingungen* bezeichnet (Bryk/Raudenbush 2002; Hofmann 1997; Engel 1998). Die Tatsache, dass die Mitarbeiter A_1-A_4 und die Mitarbeiter B_1-B_4 anderen Kontextbedingungen ausgesetzt sind, hat weit reichende Konsequenzen für die Datenauswertung. Sie führt dazu, dass innerhalb der Gruppen keine unabhängigen Beobachtungen vorliegen (eine Voraussetzung für die Anwendung vieler klassischer statistischer Analyseverfahren), und somit die Schätzwerte für die Standardfehler bei Anwendung der klassischen linearen Regression fehlerhaft werden (Hox 2002; Ditton 1998). Aus diesem Grund scheint es geboten, sich mit statistischen Verfahren zu beschäftigen, die speziell für die Auswertung von Mehrebenendaten konzipiert sind.

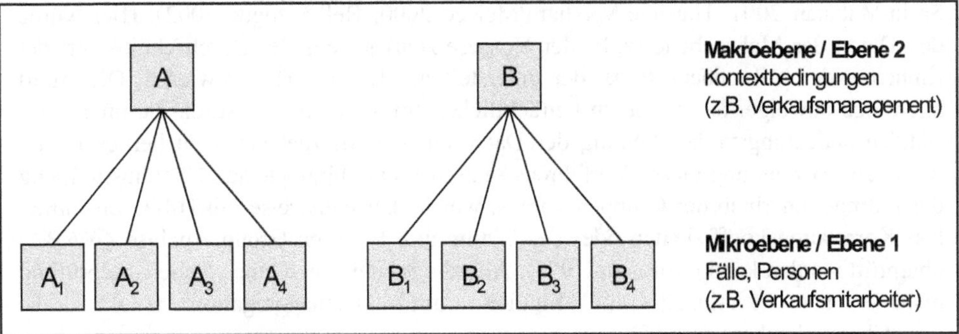

Abbildung 1: Hierarchisch verknüpfte Daten in einem Zwei-Ebenen-Design

3.2 Handlungsoptionen bei der Bearbeitung von Mehrebenenfragestellungen

In der Literatur ergibt sich bei genauerer Betrachtung ein uneinheitliches Bild im Hinblick auf die methodologische Herangehensweise bei der Analyse hierarchischer Datensätze. Daher erscheint es angebracht, verschiedene Ansätze im Hinblick auf ihre Vor- und Nachteile zu beleuchten. Prinzipiell lassen sich fünf grundsätzliche Vorgehensweisen unterscheiden.

Die am häufigsten anzutreffende Variante ist die *Befragung von Mitgliedern einer Untersuchungsebene (meist der Mikroebene)* nach ihrer subjektiven Einschätzung zu Variablen der verschiedenen Untersuchungsebenen (vgl. z. B. Klein/Kim 1998; Lankau/Scandura 2002; Liu/Leach 2001; Piercy/Cravens/Lane 2003; Ragins/Cotton/Miller 2000; Ramus/Steger 2000; Smidts/Pruyn/van Riel 2001). Beispielsweise könnten Mitarbeiter nach ihrer eigenen Arbeitszufriedenheit sowie der gewährten Unterstützung seitens ihres Vorgesetzten befragt werden (Speier/Venkatesh 2002). Problematisch an dieser Vorgehensweise ist die Möglichkeit eines Common Method Bias, der grundsätzlich entsteht, wenn Self-Reports einer Befragungsebene zur Bewertung unterschiedlicher Konstrukte herangezogen werden (Bell/Menguc 2002, Netemeyer et al. 1997). Außerdem kann zusätzlich ein Informant Bias auftreten, der sich aus der hierarchischen Position der Befragten ergibt (Ernst 2001, 2003; Seidler 1974). Zur Kontrolle dieser systematischen Verzerrungstendenzen wird eine separate Befragung der Untersuchungsebenen empfohlen (Bryk/Raudenbush 2002; Kidwell/Mossholder/Bennett 1997).

Sofern Daten auf zwei oder mehr Ebenen erhoben wurden, kommt als weitere relevante Option die *Aggregation der Daten* (meist auf der Mikroebene) in Betracht (vgl. z. B.

Sarin/Mahajan 2001; Hartline/Maxham/McKee 2000; Bell/Menguc 2002). Hier würde den Daten der Makroebene (z. B. der Vorgesetzten) jeweils der Durchschnittswert der Einheiten der Mikroebene (z. B. der unterstellten Mitarbeiter) zugewiesen. Dies führt allerdings unweigerlich zu einem beträchtlichen Informationsverlust, da die unter Umständen bedeutungsvolle Streuung der Daten auf der Mikroebene nicht berücksichtigt wird. Die Anwendung dieses Verfahrens setzt also eine hinreichende Übereinstimmung der Ratings innerhalb der Gruppen voraus, welche beispielsweise mit Hilfe von Intraclass Korrelationskoeffizienten oder der Within and Between Group Analyse (WABA) überprüft werden kann (Hofmann 1997). Allerdings findet sich eine solche Überprüfung bislang nur vereinzelt in Studien mit Datenaggregation (vgl. z. B. Lam/Chen/Schaubroeck 2002).

Durch Datenaggregation wird zudem die Stichprobe auf den Stichprobenumfang der Makroebene reduziert, was nicht selten einen drastischen Verlust an statistischer Power mit sich bringt.

Ebenfalls häufig anzutreffen ist der *Key-Informant-Ansatz*, bei dem auf jeder Ebene jeweils nur eine Auskunftsperson befragt wird (vgl. z. B. Bettencourt 2004; DeCarlo/Rody/DeCarlo 1999; Jap 1999; Madjar/Oldham/Pratt 2002; Moorman/Blakely/Niehof 1998; Siguaw/Simpson/Baker 1998; Tepper/Taylor 2003), womit die Notwendigkeit der Aggregation entfällt. Ein solches Untersuchungsdesign ignoriert jedoch Informationen anderer (nicht befragter) Personen auf den jeweiligen Untersuchungsebenen und birgt somit die Gefahr systematischer Messfehlererhöhung in sich. Beispielsweise bemerken Siguaw/Brown/Widing (1994) als Limitation ihrer Studie, dass die Bewertung der Marktorientierung des Unternehmens und der Kundenorientierung jeweils durch die Verkäufer vorgenommen wird. Aus diesem Grunde wurde die Erhebung von Daten multipler Informanten wiederholt nachdrücklich empfohlen (van Bruggen/Lilien/Kacker 2002; Ernst 2001; Liu/Leach 2001).

Eine weitere Möglichkeit besteht in der *Disaggregation der Daten* (meist auf Makroebene). Dabei wird jeder Einheit der Mikroebene (z. B. Mitarbeitern) *ein* Wert der übergeordneten Makroebene zugewiesen. Statistische Analysen auf dieser Basis verwenden folglich die Fallzahl der Mikroebene (vgl. z. B. Dellande/Gilly/Graham 2004; McAllister/Bigley 2002; Saparito/Chen/Sapienza 2004). Problematisch an diesem Ansatz erweist sich jedoch die Tatsache, dass hierbei die Annahme unabhängiger Beobachtungen, eine Kernannahme klassischer statistischer Analyseverfahren, verletzt wird. Sofern das individuelle Antwortverhalten nicht vollständig unabhängig von den Charakteristika der Makroebene ist, resultiert die Anwendung des Verfahrens in einer Verzerrung der Schätzungen der Standardfehler und erhöht somit die Wahrscheinlichkeit einen Fehler 1. Art zu begehen (Bryk/Raudenbush 2002; Kidwell/Mossholder/Bennett 1997). Außerdem werden Variablen der Makroebene betreffende statistische Analysen auf Basis der Fallzahlen der Mirkoebene untersucht, was ebenfalls die Schätzung der Standardfehler und damit die statistischen Resultate beeinflussen kann (Hofmann 1997).

Methodisches Vorgehen	Anteil der Studien
Einschätzung der Variablen verschiedener Untersuchungsebenen durch Mitglieder der Mikroebene	54 %
Daten-Disaggregation auf der Makroebene	4 %
Daten-Aggregation auf der Mikroebene	20 %
Dyade mit jeweils einer Auskunftsperson/einem Datensatz pro Ebene	14 %
Anwendung hierarchisch-linearer Modelle	4 %
Sonstige	4 %

Tabelle 3: Methodisches Vorgehen in empirischen Studien mit Mehrebenenfragestellungen

Vor diesem Hintergrund verwundert es nicht, dass nur eine Minderheit von Studien bislang ein solches Verfahren eingesetzt hat.

Der fünfte Ansatz zum Umgang mit Mehrebenendatensätzen besteht in der Verwendung von Mehrebenenmodellen, die bisweilen auch als *„hierarchisch-linearen Modelle“ (HLM)* oder „random coefficient models“ bezeichnet werden (de Leeuw/Kreft 1986; Longford 1993). Diese Methode wurde entwickelt, um die oben genannten Problembereiche bei der Analyse von Mehrebenen-Daten in den Griff zu bekommen (Hox 1995).

In hierarchisch-linearen Modellen wird sowohl die Einbettung der Einheiten der Mikroebene in eine Makroebene als auch die Beeinflussung der Makroebene durch Interaktion mit der Mirkoebene berücksichtigt (MacKenzie 2001; Kozlowski/Klein 2000). Der Hauptvorteil besteht darin, dass verschiedene Ebenen simultan in eine einzige Regressionsgleichung integriert werden können (Goldstein 1995).

Die einzelnen Verfahren weisen also spezifische Schwächen und Restriktionen hinsichtlich ihrer Anwendbarkeit auf. Welches Verfahren für ein konkretes Forschungsproblem am besten geeignet ist, hängt vom Forschungskontext und der gewünschten Präzision und Validität der Ergebnisse ab. Dabei erscheint die hierarchisch-lineare Modellierung derzeit als das Leistungsfähigste Analyseinstrument für Mehrebenenprobleme. Gerade aus diesem Grund ist es verwunderlich, dass sich dieser Ansatz bisher nur mäßiger Beliebtheit in der akademischen Forschung erfreut. Vor allem in Marketingjournalen finden sich bislang nur sehr vereinzelt Studien, die hierarchisch lineare Modelle verwenden (vgl. z. B. de Jong/de Ruyter/Lemmink 2004; Pieters/Wedel 2004; van Dolen et al.

2002), während sich im Academy of Management Journal bereits häufiger entsprechende Studien finden.

Besonders häufig wird nach wie vor, ungeachtet der offensichtlichen Schwächen des Verfahrens, die Befragung der Untersuchungseinheiten auf der Mikroebene angewendet (vgl. Tabelle 3). Es lässt sich mutmaßen, dass die bisher eher geringe Präsenz hierarchisch-linearer Modelle in den Standardlehrbüchern zur statistischen Datenanalyse hierfür mitverantwortlich ist.

3.3 Die Arten von Effekten in Mehrebenen-Designs

Grundsätzlich gilt es in mehrebenenanalytischen Untersuchungsdesigns drei Arten von Effekten abzuschätzen (Ditton 1998; Engel 1998). Abbildung 2 illustriert diese anhand eines fiktiven Beispiels des Zusammenhanges zwischen der wahrgenommenen Intensität des Werbedrucks für eine bestimmte Marke (x-Achse) und dem Ausmaß an Markensympathie von Konsumenten in verschiedenen Kundensegmenten:

Die Effekte der individuumsbezogenen Prädiktorvariablen

Bei der Analyse der individuumsbezogenen Prädiktorvariablen handelt es sich um den klassischen und in der Forschung üblichen Ein-Ebenen-Ansatz mit Individuen als Untersuchungseinheiten. Wie in Abbildung 2a ersichtlich, existiert für die Gesamtstichprobe über alle Kundensegmente hinweg eine lineare Beziehung zwischen der Intensität des Werbedrucks und der Markensympathie der Konsumenten. Um die Regressionsgerade variieren die Ausprägungen der beiden Variablen für die einzelnen Individuen.

Die Effekte der gruppenbezogenen Prädiktorvariablen (Kontextuale Unterschiede)

Bei der Analyse der Effekte von Kontextvariablen werden dem Set der Prädiktorvariablen der Mikroebene Variablen der Makroebenen hinzugefügt (vgl. Abbildung 2b). In dem hier verwendeten Beispiel ergibt sich für die verschiedenen Kundensegmente der gleiche Zusammenhang zwischen dem wahrgenommenen Werbedruck und der Markensympathie, so dass alle Regressionen die gleiche Steigung aufweisen. Im Hinblick auf das Niveau zeigen sich dagegen deutliche Unterschiede. Die Individualvarianz ist in Abbildung 2b-d der Einfachheit halber nicht mehr eingetragen.

Cross-Level Wechselwirkungen

Cross-Level Wechselwirkungen liegen vor, wenn die Ausprägungen der individuellen Effekte von der Ausprägung der Kontext-/Gruppenvariablen abhängen. In Abbildung 2c zeigt sich eine Interaktion zwischen den Kundensegmenten und dem Zusammenhang zwischen wahrgenommenem Werbedruck und Markensympathie. Dabei ist die Bezie-

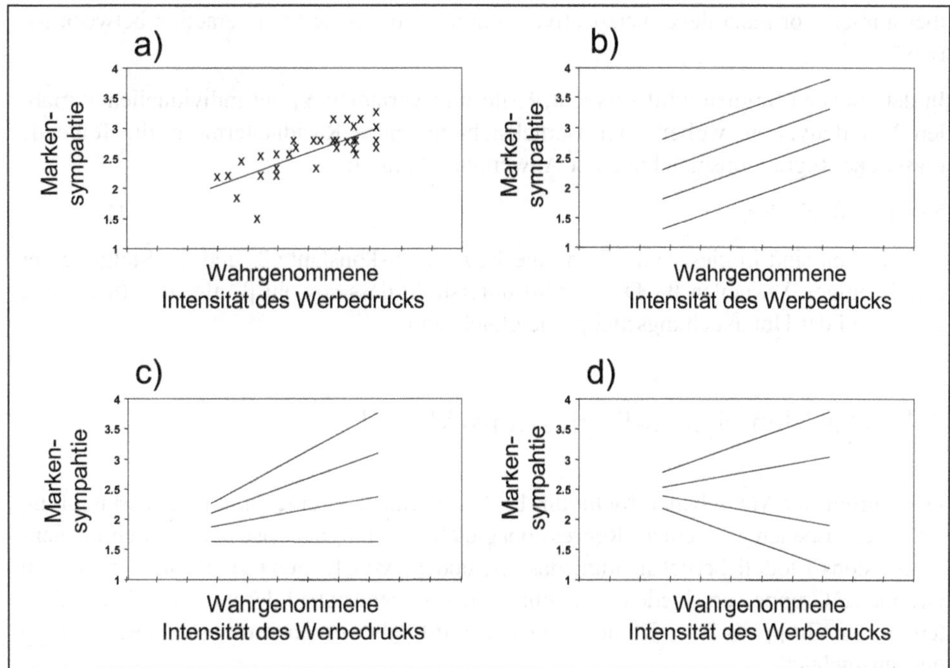

Abbildung 2: Mögliche Zusammenhänge zwischen Variablen auf verschiedenen Ebenen

hung in den Kundensegmenten am stärksten, in denen die größte Markensympathie vorherrscht.

Dieser Fächereffekt zeigt sich zum anderen in den deutlicheren Unterschieden aufgrund des Kontexts bei höherem wahrgenommenen Werbedruck. Ein anderer Fall ist in Abbildung 2d dargestellt. In Kundensegmenten mit hoher Markensympathie besteht ein (zunehmend) positiver Zusammenhang mit der Intensität des wahrgenommenen Werbedrucks, während sich in Kundensegmente mit geringer Markensympathie ein (zunehmend) negativer Zusammenhang ergibt.

Für den in Abbildung 2d dargestellten Fall ist hervorzuheben, dass bei undifferenzierter Betrachtung der Gesamtstichprobe kein Zusammenhang zwischen Werbedruck und Markensympathie feststellbar wäre. Die Betrachtung dieses Beispiels unterstreicht, dass eine Analyse von Mehrebenendaten ohne Berücksichtigung der Makrovarianz bisweilen zu anderen Ergebnissen gelangt als eine Mehrebenenanalyse.

Dennoch werden bis heute hierarchisch organisierte Daten häufig unangemessen analysiert (Ditton 1998). Für die marketingrelevante Konsumentenforschung resümiert MacKenzie (2001, S. 164) daher: „Consumer researchers have tended to emphasize either a micro- or macrolevel perspective without recognizing the interaction between the two."

In den meisten Studien wird versucht, Kriteriumsvariablen Y_i mit individuellen Variablen X_i aufzuklären, wobei unter Berücksichtigung eines Residualterms e_i die folgende klassische Regressionsgleichung zur Anwendung kommt:

$$Y_i = \beta_0 + \beta_1 X_{1i} + e_i \quad (1)$$

Zu schätzen sind in dieser Gleichung die Regressionskonstante β_0 und die Steigung der unabhängigen Variablen β_1. Dabei wird unterstellt, dass sowohl β_0 als auch β_1 für alle Personen i der Untersuchungsstichprobe gleich sind.

3.4 Das Mehrebenen-Regressions-Modell

Der Vorteil der Mehrebenen-Methodik besteht darin, dass eine simultane Verknüpfung mehrerer Ebenen in einer Regressionsgleichung möglich ist. Das Mehrebenen-Regressions-Modell berücksichtigt, dass β_0 und β_1 von Kontext zu Kontext bzw. von Gruppe zu Gruppe verschieden sein können. Die Zugehörigkeit der individuellen Einheiten zu den Gruppen- bzw. Kontexteinheiten wird dabei durch den zusätzlichen Index j gekennzeichnet.

Grundsätzlich gehen Mehrebenen-Regressionsmodelle von einer hierarchischen Verknüpfung der Daten aus, wobei die auf niedrigster Ebene gemessene Kriteriumsvariable Y_{ij} durch Prädiktorvariablen aller vorhandenen Ebenen erklärt wird (Hox 1998). Somit resultiert folgende Grundgleichung für hierarchisch-lineare Modelle mit zwei Ebenen (Goldstein 1995, Hox 2002):

$$Y_{ij} = \beta_{0j} + \beta_{1j} X_{ij} + e_{ij} \quad (2)$$

Demnach ergeben sich verschiedene Regressionsgleichungen in jeder Gruppe j der Ebene zwei. Die β_j-Werte werden dabei durch die Prädiktorvariablen Z_j der Gruppenebene modelliert:

$$\beta_{0j} = \gamma_{00} + \gamma_{01} Z_j + \mu_{0j} \quad (3)$$

$$\beta_{1j} = \gamma_{10} + \gamma_{11} Z_j + \mu_{1j} \quad (4)$$

Dabei kennzeichnet μ die Residualwerte der zweiten Ebene.

Durch Einsetzen der Gleichungen (3) und (4) in (2) erhält man:

$$Y_{ij} = \gamma_{00} + \gamma_{10} X_{ij} + \gamma_{01} Z_j + \gamma_{11} Z_j X_{ij} + \mu_{1j} X_{ij} + \mu_{0j} + e_{ij} \quad (5)$$

Dabei enthält der Part $\gamma_{00} + \gamma_{10} X_{ij} + \gamma_{01} Z_j + \gamma_{11} Z_j X_{ij}$ dieser Gleichung die fixierten Koeffizienten und wird daher auch als „fixierter Teil" bezeichnet. Die übrigen Werte

$\mu_{1j}\, X_{ij} + \mu_{0j} + e_{ij}$ stellen entsprechend den „randomisierten Teil“ der Gleichung dar. Der Term $Z_j\, X_{ij}$ steht für die Interaktion zwischen diesen Prädiktorvariablen, die zu variierenden Regressionskoeffizienten β_{1j} der Prädiktorvariablen X_{ij} führen (Hox 1995).

In den meisten Studien werden mehr als eine Prädiktorvariable auf den verschiedenen Ebenen einbezogen. Bei P Prädiktorvariablen X auf der unteren Ebene und Q Prädiktorvariablen Z auf der höheren Ebene ergibt sich die folgende allgemeine Gleichung:

$$y_{ij} = \gamma_{00} + \gamma_{p0}\, X_{pij} + \gamma_{0q}\, Z_{qj} + \gamma_{pq}\, Z_{qj} X_{pij} + \mu_{pj}\, X_{pij} + \mu_{0j} + e_{ij} \qquad (6)$$

3.5 Die Vorgehensweise bei der Modellierung

Die klassische Vorgehensweise bei der Überprüfung von Mehrebenen-Modellen gliedert sich in vier Schritte (Hox 2002; Engel 1998):

1. Zunächst wird das Null-Modell („Intercept-Only-Model“; Modell A) berechnet, bei dem lediglich eine Konstante, jedoch keine Prädiktorvariablen inkludiert werden. Der Konstanten wird es dabei erlaubt, auf beiden Untersuchungsebenen zu variieren, so dass Parameter für die Varianz beider Ebenen berechnet werden können.
2. In einem zweiten Modell werden die Prädiktoren der niedrigeren Ebene (Mikroebene) in die Regressionsgleichung aufgenommen. Dabei werden sowohl die einzelnen hinzugefügten Parameter als auch die Differenz der Passung dieses Modells (Modell B) im Vergleich zum Null-Modell (Modell A) berechnet. Diese Differenz entspricht einem χ^2-Wert, der mit der Anzahl der hinzugefügten Parameter als Freiheitsgrade auf Signifikanz überprüft wird.
3. Im dritten Schritt werden die Kontextvariablen in die Regressionsgleichung einbezogen. Auch hier werden sowohl die einzelnen Parameter als auch der Fit des veränderten Modells auf Signifikanz überprüft. Ergibt sich für dieses Modell (Modell C) keine signifikante Verbesserung des χ^2-Wertes im Vergleich zum vorherigen Modell (Modell B), so liefern die aufgenommenen Kontextvariablen keinen inkrementellen Erklärungsbeitrag.
4. Abschließend werden die postulierten Cross-Level-Interaktionen in das Modell aufgenommen (Modell D) und die entsprechenden Signifikanztests durchgeführt.

Grundsätzlich testet ein solches Vorgehen – analog einer hierarchischen Regressionsanalyse – ob bei Kontrolle der Prädiktorvariablen der Mikroebene ein Effekt der Variablen der Kontext- bzw. Makroebene existiert.

3.6 Die Parameterschätzung und die Signifikanztests

Die Parameterschätzung bei Mehrebenenanalysen erfolgt über iterative Schätzverfahren, die nach einem konvergierten Modell suchen, das dem Maximum-Likelihood-Kriterium entspricht (vgl. für einen Überblick über verfügbare Schätzverfahren Hox 2002; Goldstein 1995). Häufig wird dabei die als Standardmethode verbreitete „Iterative Generalized Least Squares" (IGLS) Methode verwendet (Rasbash et al. 2000; Goldstein 1995). Den Startpunkt der iterativen Prozedur bildet die Schätzung der fixierten Parameter. Auf dieser Basis werden die randomisierten Werte berechnet, anschließend wiederum die fixierten Parameter korrigiert usw., bis die Prozedur konvergiert.

Eine Überprüfung auf Signifikanz ist sowohl für einzelne Parameter als auch für komplexere Modelle notwendig. Die Signifikanztestung erfolgt über den Vergleich der einzelnen Parameterschätzwerte mit dem Standardfehler. Der resultierende Quotient entspricht einem z-Wert, der sich nach der Standardnormalverteilung verteilt (Hox 2002).

Der Fit eines Vorhersagemodells wird durch die Differenz von Likelihood-Werten zwischen dem einfacheren und dem komplexeren Modell festgestellt. Die Likelihood-Werte sind äquivalent zu χ^2-Werten (Rasbash et al. 2000; Engel 1998). Die für die Signifikanztestung verwendete Anzahl der Freiheitsgrade ermittelt sich durch die zum Modell hinzugefügten Parameter (Duncan/Jones/Moon 1995; van Dick et al. 2005).

3.7 Die Voraussetzungen für die Mehrebenenanalyse

Grundsätzlich gelten bei der Mehrebenenanalyse ähnliche Voraussetzungen wie bei der herkömmlichen Regressionsanalyse (Hox 1998). So ist es beispielsweise notwendig, dass zwischen Prädiktor- und Kriteriumsvariablen ein linearer Zusammenhang vorliegt (Ditton 1998).

Des Weiteren wird angenommen, dass die Fehlervarianzen e_{ij} der niedrigsten Ebene normalverteilt sind, bei einem Mittelwert von Null und gemeinsamer Varianz (common variance) in allen Gruppen. Die Residuen auf der zweiten Ebene μ_{0j} und μ_{pj} sollen einer multivariaten Normalverteilung mit dem Mittelwert von Null entsprechen sowie unabhängig von den Fehlern e_{ij} der niedrigsten Ebene sein (Hox 1998). Zudem wird bei Mehrebenenmodellen eine annähernde Normalverteilung der Werte der abhängigen Variablen gefordert, während sie bei den unabhängigen Variablen nicht von Bedeutung ist.

Bezüglich der Anforderungen an die Stichprobengröße werden insbesondere Anforderungen an die Anzahl der Gruppen der höheren Ebene gestellt (Hox 1998). Naturgemäß verbessern sich die Bedingungen zur Prüfung der Intra-Level-Beziehungen mit ansteigender Gesamtzahl der Individuen, während sich zur Prüfung der Cross-Level-

Beziehungen eine möglichst große Zahl an Aggregationseinheiten als günstig erweist. Als Faustregel werden von Kreft ungefähr 30 Gruppen mit 30 Personen als ausreichend erachtet (Kreft 1996). Allerdings wirkt sich eine Erhöhung der Zahl der Aggregateinheiten bei gleichzeitig reduzierter Zahl der Individualeinheiten günstiger aus als eine umgekehrte Veränderung. In einer Simulationsstudie konnten Hox/Maas (2002) feststellen, dass kleine Stichproben ($n < 50$) auf der zweiten Ebene zu verzerrten Schätzungen des Standardfehlers der zweiten Ebene führen, während die Stichprobengröße auf der ersten Ebene keinen Einfluss auf die akkurate Schätzung der Parameter ergab. So arbeitet Ditton (1998) beispielsweise mit Gruppengrößen von ≥ 2, während Lee (2003) und Mossholder/Benett/Martin (1998) mit $n \geq 3$ arbeiten. Goldstein (1995) plädiert sogar für die Aufnahme von Gruppen mit nur einem Individuum pro Gruppe. Die höheren Anforderungen, die an die Größe der Stichprobe der Makroebene gestellt werden, begründen Snijders/Bosker (1999) anschaulich wie folgt:

„A relevant general remark is that the sample size at the highest level is usually the most restrictive element in the design. For example, a two-level design with 10 groups, i.e. a macro-level sample of 10, is at least as uncomfortable as a single-level design with a sample size of 10. Requirements on the sample size at the highest level, for a hierarchical linear model with q explanatory variables at this level, are at least as stringent as requirements on the sample size in a single level design with q explanatory variables."

4. Statistische Software zur Durchführung von Mehrebenenanalysen

Seitdem hierarchisch lineare Modell häufiger in der Mehrebenenforschung eingesetzt werden, wurden verschiedene Statistikprogramme entwickelt, die entsprechende Datenanalysen erlauben. Im Folgenden soll ein kurzer Überblick über häufig verwendete Mehrebenen-Softwarepakete gegeben wurden.

- HLM6 (Raudenbush/Cheong/Congdon 2004) wurde speziell dafür entwickelt, hierarchisch organisierte Datensätze auszuwerten. Das Format des Programms erscheint benutzerfreundlich, da es dem Anwender erlaubt, Modelle schrittweise zu spezifizieren. Hierbei wird zunächst die Anzahl der Ebenen im Modell festgelegt, bevor die einzelnen Variablen der Regressionsgleichung einzeln spezifiziert werden. Die Datensätze der verschiedenen Ebenen werden von HLM simultan importiert, wodurch eine vergleichsweise unkomplizierte Spezifizierung von Cross-Level-Interaktionen ermöglicht wird. Neuere Versionen von HLM eröffnen die Möglichkeit, nicht normalverteilte (z. B. binomiale) Variablen zu modellieren. Als nachteilhaft erweist sich, dass HLM6 keine Datenbearbeitung zulässt. Demgegenüber steht jedoch die

Möglichkeit, Datensätze aus verschiedensten Programmformaten einzuspeisen (z. B. SPSS, STATA, Excel, SAS, S-PLUS und ASCII).

- Ein weiteres häufig verwendetes Softwarepaket, das speziell auf die Berechnung von Mehrebenenmodellen ausgerichtet ist, findet sich in MLwiN (Goldstein et al. 1998). Im Vergleich zu HLM6 erscheint MLwiN weniger benutzerfreundlich, da es dem Benutzer weniger Handlungsanleitung bietet und somit mehr Benutzerwissen voraussetzt. Auch das Benutzerhandbuch ist vergleichsweise schwer verständlich aufgebaut. Demgegenüber steht eine größere Bandbreite von möglichen Modellen (z. B. multivariate response models, bayesian modeling und bootstrap estimation) und eine größere Flexibilität bei ihrer Spezifizierung. MLwiN ist eine Anpassung des ursprünglichen, syntax-basierten Programms MLn, das auch bei den neueren Software-Versionen nach wie vor verwendetet werden kann. Vorteilhaft erweist sich dabei, dass Datenveränderungen hierbei innerhalb des Programms vorgenommen werden können.
- Unter den derzeit existierenden Mehrebenen-Softwareprogrammen sticht Mplus (Muthén and Muthén 1998-2006) heraus, da es Structural Equation Modeling (SEM) mit Mehrebenendatensätzen erlaubt. Demnach sind mehrebenen-basierte konfirmatorische Faktorenanalysen, Pfadmodelle und andere Strukturgleichungsmodelle mit Mplus darstellbar. Hieraus ergibt sich für die zukünftige Forschung eine weit größere Brandbreite von Modellen, die statistisch prüfbar werden. Die Spezifizierung der Modelle erfordert die Kenntnis der Programmiersyntax, die allerdings in einem gut verständlichen Handbuch detailliert erklärt wird. Nicht zu vernachlässigen ist derzeit jedoch eine gewisse Fehleranfälligkeit bei der Spezifizierung von komplexen Modellen und z. T. lange Berechnungszeiten bei der Datenauswertung.
- Eine Reihe weiterer, umfassenderer Statistikpakete haben mittlerweile HLM-Funktionen integriert, z. B. S-PLUS (Insightful, 2001) und SAS (PROC MIXED). Bliese (2001) gibt hinsichtlich der Berechnung von Mehrebenenmodellen in diesen Programmpaketen eine hilfreiche Übersicht. Vorteilhaft erweist sich bei Verwendung umfassenderer Statistikprogramme, dass in der Regel ohne zeitaufwendige Datentransformationen (zwischen Softwarepaketen) verschiedene Auswertungsansätze für einen Datensatz angewendet werden können. Als nachteilig erweist sich dagegen, dass im Gegensatz zu HLM6 oft grundlegendes Wissen über die Programmierungssprachen notwendig ist und die Bandbreite von spezifizierbaren Modellen geringer ist.

5. Ausblick auf zukünftige Entwicklungen im Bereich von Mehrebenenanalysen

In den letzten Jahren konnte ein deutlicher Anstieg des wissenschaftlichen Interesses an Mehrebenenfragestellungen verzeichnet werden. Mit Blick auf aktuelle Forschungsaufrufe in führenden Management- und Marketingjournalen kann davon ausgegangen werden, dass sich dieser Trend in den nächsten Jahren weiter fortsetzen wird. Umso bedeutender erscheint es daher, dass zum einen bei der Datenerhebung Anstrengungen unternommen werden, um Datensätze von Auskunftspersonen der jeweils relevanten Untersuchungsebenen zu erheben (Kidwell/Mossholder/Bennett 1997). Außerdem sollte versucht werden, mehrere Auskunftspersonen (vor allem in den niedrigeren Untersuchungseinheiten) einzubeziehen, um mögliche Verzerrungen von Key-Informant-Ansätzen auszuschließen. Bei der Datenauswertung sollten Statistikprogramme zum Einsatz kommen, welche die Anforderungen an die Datenanalyse bei Mehrebenendatensätzen erfüllen.

In der Zukunft wird es dabei möglich sein, weitere Fragestellungen statistisch auszuwerten, für die bis vor Kurzem noch entsprechende Auswertungsansätze fehlten. Zu nennen sind hierbei insbesondere Bottum-up-Fragestellungen. Bislang war es nicht möglich, den Einfluss von Variablen einer tieferen Ebene (z. B. Mitarbeiter) auf die Variablen einer höheren Ebene (z. B. Vorgesetzte) statistisch korrekt zu modellieren. In jüngster Zeit wurden jedoch Ansätze entwickelt, die bei der statistischen Auswertung derartiger Fragestellungen etwaige Fehlerquellen durch Datenabhängigkeiten berücksichtigen (Croon/van Veldhoven, 2006).

Literaturverzeichnis

Bell, S.J./Menguc, B. (2002): The Employee-Organization Relationship, Organizational Citizenship Behaviors, and Superior Service Quality, in: Journal of Retailing, 78. Jg., Nr. 2, S. 131-146.

Bettencourt, L.A. (2004): Change-Orientated Organizational Citizenship Behaviors: The Direct Effect and Moderating Influence of Goal Orientation, in: Journal of Retailing, 80. Jg., Nr. 3, S. 165-180.

Bliese, P.D. (2001): Multilevel Random Coefficient Modeling in Organizational Research: Examples using SAS and S-PLUS, in: Drasgow, F./Schmitt, N. (Hrsg.),

Measuring and Analyzing Behavior in Organizations: Advances in Measurement and Data Analysis, San Francisco.

Bryk, A./Raudenbush, S.W. (2002): Hierarchical Linear Models: Applications and Data Analysis Methods, 2. Auflage, Newbury Park.

Croon, M.A./van Veldhoven, M.J. (2006): Predicting Group Level Variables from Variables Measured at the Individual Level: A Latent Variable Multilevel Model, working paper, Tilburg University, Tilburg, The Netherlands.

DeCarlo, T.E./Royd, R.C./DeCarlo, J.E. (1999): A Cross National Example of Supervisory Management Practices in the Sales Force, in: Journal of Personal Selling and Sales Management, 19. Jg., Nr. 1, S. 1-14.

De Jong, A./de Ruyter, K./Lemmink, J. (2004): Antecedents and Consequences of the Service Climate in Boundary-Spanning Self-Managing Service Teams, in: Journal of Marketing, 68. Jg., Nr. 2, S. 18-35.

de Leeuw, J./Kreft, I.G.G. (1986): Random Coefficient Models, in: Journal of Educational Statistics, 11. Jg., Nr. 1, S. 55-85.

Dellande, S./Gilly, M.C./Graham, J.L. (2004): Gaining Compliance and Losing Weight: The Role of the Service Provider in Health Care Services, in: Journal of Marketing, 68. Jg., Nr. 3, S. 78-91.

Ditton, H. (1998): Mehrebenenanalyse. Grundlagen und Anwendungen des Hierarchisch Linearen Modells, München

Duncan, C./Jones, K./Moon, G. (1995): Blood Pressure, Age and Gender, in: Woodhouse, G. (Hrsg.), A Guide to MLn for New Users, London, S. 59-85.

Engel, U. (1998): Einführung in die Mehrebenenanalyse. Grundlagen, Auswertungsverfahren und praktische Beispiele, Wiesbaden.

Ernst, H. (2001): Erfolgsfaktoren neuer Produkte. Grundlagen für eine valide empirische Forschung, Wiesbaden.

Ernst, H. (2003): Ursachen eines Informant Bias und dessen Auswirkungen auf die Validität empirischer betriebswirtschaftlicher Forschung, in: Zeitschrift für Betriebswirtschaft, 73. Jg., Nr. 12, S. 1249-1276.

Goldstein, H. (1995): Multilevel Statistical Models, London.

Goldstein, H./Rasbash, J./Plewis, I./Draper, D./Browne, W./Yang, M./Woodhouse, G./Healy, M. (1998): A User's Guide to MLwiN, London, Institute of Education.

Hartline, M./Maxham, J./McKee, D. (2000): Corridors of Influence in the Dissemination of Customer-Orientated Strategy to Customer Contact Service Employees, in: Journal of Marketing, 64. Jg., Nr. 2, S. 35-50.

Hofmann, D.A. (1997): An Overview of the Logic and Rationale of Hierarchical Linear Models, in: Journal of Management, 23. Jg., Nr. 6, S. 723-44.

Hox, J. (1995): Applied Multilevel Analysis, Amsterdam.

Hox, J. (1998): Multilevel Modeling. When and Why, in: Ingo Balderjahn, I./Mathar, R./Schader, M. (Hrsg.), Classification, Data Analysis, and Data Highways, New York, S. 147-154.

Hox, J. (2002): Multilevel Analysis. Techniques and Applications, Mahwah.

Hox, J./Maas, C.J.M. (2002): Sample Size for Multilevel Modeling, in: Social Science Methodology in the Millennium, Proceedings of the Fifth International Conference on Logic and Methodology, 2. Auflage, Opladen.

Insightful (2001), S-Plus [Computer Software]. Seattle: Insightful Corporation [erhältlich über http:// www.insightful.com].

Jap, S.D. (1999): Pie-Expansion Efforts: Collaboration Processes in Buyer-Supplier Relationships, in: Journal of Marketing Research, 36. Jg., Nr. 1, S. 461-475.

Kidwell, R.E.Jr./Mossholder, K.W./Bennett, N. (1997): Cohesiveness and Organizational Citizenship Behavior: A Multilevel Analysis Using Work Groups and Individuals, in: Journal of Management, 23. Jg., Nr. 6, S. 775-793.

Klein, H.J./Kim, J.S. (1998): A Field of the Influence of Situational Constraints Leadership-Member Exchange, and Goal Commitment on Performance, in: Academy of Management Journal, 41. Jg., Nr. 1, S. 88-95.

Kozlowski, S.W.J./Klein, K.J. (2000): A Multilevel Approach to Theory and Research, in Organizations. Contextual, Temporal, and Emergent Processes, in: Klein, K.J./Kozlowski, S.W.J. (Hrsg.), Multilevel Theory, Research and Methods in Organizations, Foundations Extensions, and New Directions, San Francisco, S. 3-90.

Kreft, I.G.G. (1996): Are Multilevel Techniques Necessary? An Overview, Including Simulation Studies, Los Angeles, California State University, http://www.calstatela.edu/faulty/ikreft/quarterly/quarterly/html

Lam, S.S.K./Chen, X.P./Schaubroeck, J. (2002): Participative Decision Making and Employee Performance in Different Cultures: The Moderating Effects of Allocentrism/Idiocentrism and Efficacy, in: Academy of Management Journal, 45. Jg., Nr. 5, S. 905-914.

Lankau, M.J./Scandura, T.A. (2002): An Investigation of Personal Learning in Mentoring Relationships: Content, Antecedents, and Consequences, in: Academy of Management Journal, 45. Jg., Nr. 4, S. 779-790.

Lee, B.H. (2003): Using Hierarchical Linear Modeling to Illustrate Industry and Group Effects on Organisational Commitment in a Sales Context, in: Journal of Managerial Issues, 15. Jg., Nr. 3, S. 353-368.

Liu, A.H./Leach, M.P. (2001): Developing Loyal Customers with a Value-Adding Sales Force. Examining Customer Satisfaction and the Perceived Credibility of Consultative Salespeople, in: Journal of Personal Selling & Sales Management, 21. Jg., Nr. 2, S. 147-156.

Longford, N.T. (1993): Random Coefficient Models, New York.

MacKenzie, S.B. (2001): Opportunities for Improving Consumer Research through Latent Variable Structural Equation Modeling, in: Journal of Consumer Research, 28. Jg., Nr. 1, S. 159-166.

Madjar, N./Oldham, G.R./Pratt, M.G. (2002): There's No Place Like Home? The Contributions of Work and Nonwork Creativity Support to Employees' Creative Performance, in: Academy of Management Journal, 45. Jg., Nr. 4, S. 757-767.

McAllister, D. J./Bigley, G. A. (2002): Work Context and the Definition of Self: How Organizational Care Influences Organization-Based Self Esteem, in: Academy of Management Journal, 45. Jg., Nr. 5, 894-904.

Moorman, R.H./Blakely, G.L./Niehoff, B.P. (1998): Does Perceived Organizational Support Mediate the Relationship between Procedural Justice and Organizational Citizenship Behavior?, in: Academy of Management Journal, 41. Jg., Nr. 3, S. 351-357.

Mossholder, K.W./Bennett, N./Martin, Ch.L. (1998): A Multilevel Analysis of Procedural Justice Context, in: Journal of Organizational Behavior, 19. Jg., Nr. 2, S. 131-141.

Muthén, L.K./Muthén, B.O. (1998-2006): Mplus User's Guide 4th Edition. Los Angeles: Muthén and Muthén [erhältlich über http://www.statmodel.com].

Netemeyer, R.G./Boles, J.S./McKee, D.O./McMurrian, R. (1997): An Investigation into the Antecedents of Organizational Citizenship Behaviors in a Personal Selling Context, in: Journal of Marketing, 61. Jg., Nr. 3, S. 85-98.

Piercy, N.F./Cravens, D.W./Lane, N. (2003): Sales Manager Behavior Control Strategy and its Consequences: The Impact of Manager Gender Differences, in: Journal of Personal Selling and Sales Management, 23. Jg., Nr. 3, S. 221-237.

Pieters, R./Wedel, M. (2004): Attention Capture and Transfer in Advertising: Brand, Pictorial, and Text-Size Effects, in: Journal of Marketing, 68. Jg., Nr. 2, S. 36-50.

Ragins, B.R./Cotton, J.L./Miller, J.S. (2000): Marginal Mentoring: The Effects of Type of Mentor, Quality of Relationship, and Program Design on Work and Career Attitudes, in: Academy of Management Journal, 43. Jg., Nr. 6, S. 1177-1194.

Ramus, C.A./Steger, U. (2000): The Roles of Supervisory Support Behaviors and Environmental Policy in Employee Ecoinitiatives at Leading-Edge European Companies, in: Academy of Management Journal, 43. Jg., Nr. 4, 605-626.

Rasbash, J./Browne, W./Goldstein, H./Yang, M./Plewis, I./Healy, M./Woodhouse, G./Draper, D./Langford, I./Tobby Lewis, T. (2000): A User's Guide to MLwiN, Centre for Multilevel Modeling Institute of Education, University of London.

Raudenbush, S.W./Cheong, Y.F./Congdon, R.T. (2004): HLM 6: Hierarchical Linear and Nonlinear Modeling, Lincolnwood, IL.

Saparito, P.A./Chen, C.C./Sapienza, H.J. (2004): The Role of Relationship Trust in Bank-Small Firm Relationships, in: Academy of Management Journal, 47. Jg., Nr. 3, S. 400-410.

Sarin, S./Mahajan, V. (2001): The Effect of Reward Structures on the Performance of Cross-Functional Product Development Teams, in: Journal of Marketing, 65. Jg., Nr. 2, S. 35-53.

Seidler, J. (1974): On Using Informants. A Technique for Collecting Quantitative Data and Controlling for Measurement Error in Organizational Analysis, in: American Sociological Review, 39. Jg., Nr. 6, S. 816-831.

Siguaw, J.A./Brown, G./Widing, R.E. (1994): The Influence of the Market Orientation of the Firm on Sales Force Behavior and Attitudes, in: Journal of Marketing Research, 31. Jg., Nr. 1, S. 106-116.

Siguaw, J.A./Simpson, P.M./Baker, T.L. (1998): Effects of Supplier Market Orientation on Distributor Market Orientation and the Channel Relationship: The Distributor Perspective, in: Journal of Marketing, 62. Jg., Nr. 3, S. 99-111.

Smidts, A., Pruyn, A.T./van Riel, C.B. (2001): The Impact of Employee Communication and Perceived External Prestige on Organizational Identification, in: Academy of Management Journal, 49. Jg., Nr. 5, 1051-1062.

Snijders, T.A B./Bosker, R.J. (1999): Multilevel Analysis: An Introduction to Basic and Advanced Multilevel Modeling, London.

Speier, C./Venkatesh, V. (2002): The Hidden Minefields in the Adoption of Sales Force Automation Technologies, in: Journal of Marketing, 65. Jg., Nr. 3, S. 95-111.

Tepper, B.J./Taylor, E.C. (2003): Relationships Among Supervisors' and Subordinates' Procedural Justice Perceptions and Organizational Citizenship Behaviors, in: Academy of Management Journal, 46. Jg., Nr. 1, S. 97-105.

Van Bruggen, G.H./Lilien, G./Kacker, K. (2002): Informants in Organizational Marketing Research. Why Use Multiple Informants and How to Aggregate Responses, in: Journal of Marketing Research, 39. Jg., Nr. 1, S. 469-478.

van Dolen, W./Lemmink, J./de Ruyter, K./de Jong, A. (2002): Customer-Sales Employee Encounters: A Dyadic Perspective, in: Journal of Retailing, 78. Jg., Nr. 4, S. 265-279.

Van Dick, R./Wagner, U./Stellmacher, J./Christ, O. (2005): Mehrebenenanalysen in der Organisationspsychologie: Ein Plädoyer und ein Beispiel, in: Zeitschrift für Arbeits- und Organisationspsychologie, 49. Jg., Nr. 1, S. 27-34.

Peter M. Schulze

Strukturgleichungsmodelle mit beobachtbaren Variablen

Prof. Dr. Peter M. Schulze ist Lehrstuhlinhaber und Leiter des Instituts für Statistik und Ökonometrie der Johannes Gutenberg-Universität Mainz.

1. Konzept und Begriffe

Die im Beitrag „Regressionsanalyse“ dieses Handbuchs behandelten Regressionsmodelle

$$\mathbf{y} = \mathbf{X}\boldsymbol{\beta} + \boldsymbol{\varepsilon} \qquad (1)$$

bilden den zu modellierenden mikro- oder makroökonomischen Sachverhalt in einer einzigen Gleichung ab. Die abhängige Variable y wird dabei durch mehrere andere Variablen x und die nicht beobachtete stochastische Restgröße (latente Variable) ε erklärt. Hier treten nur unilateral gerichtete Abhängigkeiten zwischen den Variablen auf. Die erklärenden Variablen werden extern vorgegeben, wobei sie von außerhalb des Modells oder aus früheren Perioden stammen.

Es gibt aber häufig Situationen, in denen y zwar von x determiniert wird, gleichzeitig einige x-Variablen jedoch durch y erklärt werden. Die in einer Gleichung als modellextern angenommenen Variablen sind also nicht alle exogen, sondern werden teilweise in anderen Gleichungen als endogen angesehen. Daraus folgt die Betrachtung mehrerer Gleichungen gleichzeitig, um die wechselseitigen Beziehungen zwischen ökonomischen Größen erfassen zu können. Dies macht allerdings eine andere Unterscheidung der Variablen nötig: Zum einen hat man die gemeinsam abhängigen (jointly dependent) Variablen; das sind die endogen unverzögerten Variablen, die sich gegenseitig erklären können und die innerhalb des Modells gleichzeitig bestimmt werden. Zum anderen fasst man die endogen verzögerten, d. h. diejenigen, die in der betrachteten Periode nicht durch das Modell erklärt werden, und die nach wie vor exogenen (verzögerten und unverzögerten) Variablen zu den vorherbestimmten (predetermined) Variablen zusammen. Ob eine Variable als gemeinsam abhängig oder vorherbestimmt anzusehen ist, lässt sich entweder aufgrund von a-priori-Überlegungen anhand der dem Modell zugrundeliegenden ökonomischen Theorie oder - in der Praxis weniger häufig - mittels Kausalitätstests entscheiden.

Die *Formulierung (Spezifikation)* des *Mehrgleichungsmodells* enthält

- die gerade behandelte Einteilung der ökonomischen Variablen und die Festlegung der Gleichungszahl,
- die Festlegung der Variablen, die in eine konkrete Modellgleichung eingehen,
- bei Zeitreihendaten die Berücksichtigung möglicher verzögerter Variablen (lags),
- mögliche a-priori-Informationen über Wertebereiche bzw. Restriktionen für Modellkoeffizienten und
- die Festlegung der Gleichungsform (z. B. lineare Beziehungen zwischen den Variablen).

Bei den *Modellgleichungen* lassen sich folgende *Arten* unterscheiden:

- Verhaltens- bzw. Reaktionsgleichungen: Sie beschreiben das Verhalten bzw. Reaktionen der Wirtschaftssubjekte, z. B. Konsumfunktionen oder Angebotsfunktionen.
- Technische Gleichungen: Diese beinhalten technische Beziehungen, z. B. zwischen Input und Output in Form einer Produktionsfunktion.
- Institutionelle Gleichungen: Beispiele hierfür sind die durch staatliche Institutionen festgelegten Regeln, z. B. in Gestalt von Steuerfunktionen.
- Definitionsgleichungen bzw. Identitäten: Sie stellen identisch erfüllte Gleichungen dar, z. B. bei gesamtwirtschaftlicher Betrachtung: Nettoinvestition = Bruttoinvestition – Abschreibungen.
- Gleichgewichtsbedingungen: Hier werden Erfordernisse für das Erreichen ökonomischer Gleichgewichte formuliert. Z. B. wird auf einem Konkurrenzmarkt ein Gleichgewichtspreis erreicht, wenn die Bedingung „Nachfragemenge = Angebotsmenge" erfüllt ist.

Das Schätzproblem beschränkt sich auf die drei erstgenannten Gleichungstypen. Sie sind stochastisch und ihre Parameter sind nicht bekannt. Da sich hierin die grundlegenden strukturellen Zusammenhänge zwischen den ökonomischen Variablen des Modells niederschlagen, nennt man sie Strukturgleichungen und ihre Koeffizienten Strukturparameter. Sind die Werte der Variablen in den Strukturgleichungen beobachtbar, d. h. empirisch erhebbar, so spricht man von Strukturgleichungsmodellen mit beobachteten Variablen. Geht man dagegen von nicht beobachtbaren Variablen aus, zwischen denen bestimmte Beziehungen bestehen, so handelt es sich um Strukturgleichungsmodelle mit latenten Variablen (vgl. Beitrag „Strukturgleichungsmodelle mit latenten Variablen: Kausalanalyse"). Dieser sehr allgemeine Ansatz enthält das hier behandelte Strukturgleichungsmodell mit direkt beobachtbaren Variablen als Spezialfall.

Wenn man ein Mehrgleichungsmodell anhand von Beobachtungsdaten Gleichung für Gleichung schätzt, z. B. mit der Kleinstquadrat-Methode (Ordinary-Least-Squares: OLS-Methode), ohne die möglicherweise vorhandenen Interdependenzen zwischen den Modellgleichungen zu beachten, so kann dies unter schätztheoretischen Gesichtspunkten zu wenig brauchbaren Schätzergebnissen führen.

Ein einfaches Beispiel soll dies verdeutlichen: Die Verkäufe einer Unternehmung hängen ab von den Preisen ihrer Produkte und der Höhe der Werbeausgaben. Gleichzeitig wird der Umfang der Werbung beeinflusst von der Höhe der Verkäufe und den Preisen für die Werbung. Verkäufe und Werbeausgaben sollten deshalb als endogene Variablen angesehen und simultan bestimmt werden.

Es wird also ein Zwei-Gleichungs-Modell formuliert, das eine „Verkaufsgleichung" und eine „Werbegleichung" enthält:

$$V_t = a + cW_t + eP_{vt} + \varepsilon_{1t} \qquad (2a)$$

$$W_t = b + dV_t + fP_{wt} + \varepsilon_{2t} \qquad (2b)$$

Hierbei sind V die mengenmäßigen Verkäufe und W die Zahl der Werbeaktionen. P_v und P_w stellen Preisindizes für Verkäufe und Werbung dar. Die Größen a bis f stellen Schätzparameter dar. ε_1 und ε_2 sind stochastische, nicht beobachtbare Restgrößen. Alle Größen beziehen sich auf die betrachtete Firma in t (t = 1, 2, …, T). Man sieht, dass V_t und W_t gemeinsam abhängige, stochastische Variablen sind, P_{vt} und P_{wt} sind feste vorherbestimmte Größen. Nehmen wir an, es sollen die Parameter der „Verkaufsgleichung" (2a) geschätzt werden, wobei die folgenden Annahmen des klassischen linearen Regressionsmodells (vgl. Beitrag „Regressionsanalyse") für diese Gleichung erfüllt sein sollen: $E(\varepsilon_{1t}) = 0$, $Var(\varepsilon_{1t}) = \sigma_1^2$, $Cov(\varepsilon_{1t}\varepsilon_{1s}) = 0$ (für $t \neq s$) und $Cov(P_{vt}\varepsilon_{1t}) = 0$.

Es lässt sich dagegen zeigen, dass die übliche Annahme $Cov(W_t\varepsilon_{1t}) = 0$ hier nicht erfüllt ist: Es liege eine positive Realisation von ε_{1t} vor, dann wird V_t sich erhöhen - vorausgesetzt die übrigen Größen bleiben unverändert. Mit einem erhöhten V_t wird, wenn $d > 0$ und wenn ε_{1t} und ε_{2t} nicht zu stark negativ korreliert sind, um sich auszugleichen, W_t ebenfalls größer. Dies bedeutet, dass innerhalb der „Verkaufsgleichung" (2a) W_t und ε_{1t} positiv korreliert sind. Analoge Überlegungen führen dazu, dass in der „Werbegleichung" (2b) V_t und ε_{2t} positiv korreliert sind. Damit führt die OLS-Methode zu verzerrten (nicht erwartungstreuen) und inkonsistenten Schätzungen für die Koeffizienten. Dieser Sachverhalt wird als Simultangleichungsverzerrung (simultaneous equation bias) bezeichnet.

Solche Strukturgleichungsmodelle mit beobachteten Variablen können deshalb nicht ohne weiteres mit den Methoden der Regressionsanalyse (vgl. den gleichnamigen Beitrag in diesem Band) behandelt werden, sondern es sind andere Darstellungen, Schätz- und Prüfverfahren zu benutzen. Diese werden im Folgenden mit der Beschränkung auf statische, lineare Strukturgleichungsmodelle diskutiert.

2. Grundlagen

In diesem Abschnitt geht es zunächst um die formale Darstellung (2.1), dann um das Problem der Identifikation (2.2), um Schätzmethoden (2.3) und zum Schluss um Beurteilungskriterien (2.4) im Rahmen von Strukturgleichungsmodellen.

2.1 Formale Darstellung

Verallgemeinert man die *strukturelle Form* für Gleichungssystem (2), so lässt sich dies schreiben als

$$\left.\begin{array}{l} \beta_{11}y_{1t}+\beta_{12}y_{2t}+\cdots+\beta_{1n}y_{nt}+\gamma_{11}x_{1t}+\gamma_{12}x_{2t}+\cdots+\gamma_{1m}x_{mt}=\varepsilon_{1t} \\ \beta_{21}y_{1t}+\beta_{22}y_{2t}+\cdots+\beta_{2n}y_{nt}+\gamma_{21}x_{1t}+\gamma_{22}x_{2t}+\cdots+\gamma_{2m}x_{mt}=\varepsilon_{2t} \\ \vdots \\ \beta_{n1}y_{1t}+\beta_{n2}y_{2t}+\cdots+\beta_{nn}y_{nt}+\gamma_{n1}x_{1t}+\gamma_{n2}x_{2t}+\cdots+\gamma_{nm}x_{mt}=\varepsilon_{nt} \end{array}\right\} \quad (3)$$

für t = 1, 2, ..., T. Hierbei sind y die i = 1, 2, ..., n gemeinsam abhängigen Variablen, x die m vorherbestimmten Variablen, ε die stochastischen Restgrößen. β und γ stellen die strukturellen Koeffizienten dar; sie sind unbekannt und deshalb aufgrund von Daten zu schätzen. Bei den t = 1, 2, …, T Beobachtungswerten kann es sich um Zeitreihen- oder Querschnittsdaten handeln.

In Matrixschreibweise führt Gleichungssystem (3) zu

$$\mathbf{B}\mathbf{y}_t+\mathbf{\Gamma}\mathbf{x}_t=\mathbf{e}_t \quad (4)$$

mit

$$\underset{(nx1)}{\mathbf{y}_t}=\begin{bmatrix} y_{1t} \\ y_{2t} \\ \vdots \\ y_{nt} \end{bmatrix} \qquad \underset{(mx1)}{\mathbf{x}_t}=\begin{bmatrix} x_{1t} \\ x_{2t} \\ \vdots \\ x_{mt} \end{bmatrix} \qquad \underset{(nx1)}{\mathbf{e}_t}=\begin{bmatrix} \varepsilon_{1t} \\ \varepsilon_{2t} \\ \vdots \\ \varepsilon_{nt} \end{bmatrix}$$

$$\underset{(nxn)}{\mathbf{B}}=\begin{bmatrix} \beta_{11} & \beta_{12} & \cdots & \beta_{1n} \\ \beta_{21} & \beta_{22} & \cdots & \beta_{2n} \\ \vdots & & & \\ \beta_{n1} & \beta_{n2} & \cdots & \beta_{nn} \end{bmatrix} \qquad \underset{(nxm)}{\mathbf{\Gamma}}=\begin{bmatrix} \gamma_{11} & \gamma_{12} & \cdots & \gamma_{1m} \\ \gamma_{21} & \gamma_{22} & \cdots & \gamma_{2m} \\ \vdots & & & \\ \gamma_{n1} & \gamma_{n2} & \cdots & \gamma_{nm} \end{bmatrix}$$

Bei Anwendungen werden nicht in allen Gleichungen dieselben gemeinsam abhängigen und dieselben vorherbestimmten Variablen vorhanden sein. Deshalb sind die zugehörigen Parameter aufgrund solcher Restriktionen Null. Außerdem nimmt in jeder Gleichung ein β-Koeffizient den Wert Eins an, um anzuzeigen, dass die zugehörige Variable in der betreffenden Gleichung als „abhängige" Variable angesehen wird (Normierung). Ein Absolutglied lässt sich in jeder Gleichung einführen, wenn jeweils ein x als Scheinvariable für alle t gleich Eins gesetzt wird. Einige Gleichungen im System können Definitionsgleichungen oder Gleichgewichtsbedingungen sein. Sie enthalten keine stochastische Restgröße und ihre Koeffizienten sind bekannt. Bezüglich der stochastischen Restgröße *e* ist zu fordern, dass jede die Annahmen des normalverteilten, klassischen linearen Regressionsmodells (vgl. Beitrag „Regressionsanalyse") erfüllt, d. h. zunächst gilt, dass in jeder der n Gleichungen ε einer Normalverteilung mit Erwartungswert Null und Varianz von σ_{ii} folgt

$$\varepsilon_{it} \sim N(0, \sigma_{ii}) \qquad i = 1,2,\ldots,n. \tag{5}$$

Außerdem sind - bei Zeitreihendaten - die ε in jeder Gleichung *zeitlich* unkorreliert

$$E(\varepsilon_{it}\varepsilon_{is}) = 0 \qquad t,s = 1,2,\ldots,T \quad t \neq s. \tag{6}$$

Allerdings können *gleichzeitige* (kontemporäre*)* Korrelationen zwischen den ε in zwei verschiedenen Gleichungen i und j auftreten

$$E(\varepsilon_{it}\varepsilon_{jt}) = \sigma_{ij} \qquad i,j = 1,2,\ldots,n \quad i \neq j. \tag{7}$$

Die zugehörige Varianz-Kovarianz-Matrix $\mathbf{\Omega}$ lautet

$$\underset{(nxn)}{\mathbf{\Omega}} = \begin{pmatrix} \sigma_{11} & \sigma_{12} & \cdots & \sigma_{1n} \\ \sigma_{21} & \sigma_{22} & \cdots & \sigma_{2n} \\ \vdots & & & \\ \sigma_{n1} & \sigma_{n2} & \cdots & \sigma_{nn} \end{pmatrix} \tag{8}$$

Die Diagonalelemente σ_{ii} bezeichnen die Varianzen der ε in der Gleichung i aus (5). Diese sind für alle t = 1, 2, ..., T konstant. Bei den Elementen außerhalb der Hauptdiagonalen handelt es sich um die Kovarianzen aus (7).

Wenn keine Identitäten im System vorhanden sind, dann ist $\mathbf{\Omega}$ eine reguläre, symmetrische Matrix der Ordnung n x n; liegen *l* Identitäten vor, so ist ihre Ordnung ebenfalls n x n, aber der Rang der Matrix reduziert sich auf (n – *l*). Neben den unter 1 genannten konstituierenden Elementen eines Mehrgleichungsmodells und den Annahmen (5)-(8) über die stochastischen Restgrößen gehört zur Vollständigkeit eines Modells auch noch, dass die Anzahl der Modellgleichungen gleich der Anzahl der gemeinsam abhängigen Variablen ist und, dass das Gleichungssystem eindeutig nach den gemeinsam abhängigen Variablen auflösbar ist. Dafür muss B in (4) regulär, d. h. invertierbar, sein.

Wie dargestellt beschreibt die Strukturform eines Modells die Abhängigkeiten der betrachteten Variablen und die Interdependenzen zwischen den gemeinsam abhängigen Variablen. Nun interessiert häufig die Prognose der gemeinsam abhängigen Variablen unter der Voraussetzung, dass alle Parameter und vorherbestimmten Variablen bekannt sind. Außerdem möchte man wissen, wie groß der Gesamteffekt der vorherbestimmten

Variablen (direkt und indirekt über andere abhängige Variablen) auf jede einzelne gemeinsam abhängige Variable ist. Hierzu berechnet man die *reduzierte Form.*

Aus der strukturellen Form (3) erhält man die reduzierte Form durch Auflösung nach den gemeinsam abhängigen Variablen, d. h. die y-Werte werden in Abhängigkeit von x und ε ausgedrückt. Dies lässt sich schreiben als

$$\left.\begin{aligned} y_{1t} &= \pi_{11}x_{1t} + \pi_{12}x_{2t} + \cdots + \pi_{1m}x_{mt} + \omega_{1t} \\ y_{2t} &= \pi_{21}x_{1t} + \pi_{22}x_{2t} + \cdots + \pi_{2m}x_{mt} + \omega_{2t} \\ &\vdots \\ y_{nt} &= \pi_{n1}x_{1t} + \pi_{n2}x_{2t} + \cdots + \pi_{nm}x_{mt} + \omega_{nt} \end{aligned}\right\} \tag{9}$$

Die π stellen die Koeffizienten der reduzierten Form dar und werden als Multiplikatoren bezeichnet. Die ω sind die stochastischen Restgrößen der reduzierten Form; jedes ω ist eine lineare Funktion aller ε. Die reduzierte Form bezeichnet man auch als Prognoseform des Modells, da man nach Schätzung der zugehörigen Koeffizienten und Kenntnis zukünftiger Werte der exogenen Variablen Prognosewerte der gemeinsam abhängigen Variablen berechnen kann. Dies gilt allerdings nur, solange alle Koeffizienten der strukturellen Form konstant bleiben.

In Matrixschreibweise lässt sich (9) angeben mit

$$\mathbf{y}_t = \mathbf{\Pi}\ \mathbf{x}_t + \mathbf{v}_t \tag{10}$$

wobei

$$\underset{(nxm)}{\mathbf{\Pi}} = \begin{bmatrix} \pi_{11} & \pi_{12} & \cdots & \pi_{1m} \\ \pi_{21} & \pi_{22} & \cdots & \pi_{2m} \\ \vdots & & & \\ \pi_{n1} & \pi_{n2} & \cdots & \pi_{nm} \end{bmatrix} \qquad \underset{(nx1)}{\mathbf{v}_t} = \begin{bmatrix} \omega_{1t} \\ \omega_{2t} \\ \vdots \\ \omega_{nt} \end{bmatrix}$$

Aus (4) folgt, dass $\mathbf{\Pi} = -\mathbf{B}^{-1}\mathbf{\Gamma}$ und $\mathbf{v}_t = \mathbf{B}^{-1}\boldsymbol{\varepsilon}_t$.

Die Varianz-Kovarianz-Matrix der stochastischen Restgrößen der reduzierten Form ist gegeben durch

$$\sum = \mathbf{E}\left(\mathbf{v}_t\mathbf{v}_t'\right) = E\left[\mathbf{B}^{-1}\boldsymbol{\varepsilon}_t\boldsymbol{\varepsilon}_t'\left(\mathbf{B}^{-1}\right)'\right] = \mathbf{B}^{-1}\mathbf{\Omega}\left(\mathbf{B}^{-1}\right)' \tag{11}$$

Damit übernehmen die stochastischen Restgrößen der reduzierten Form alle Eigenschaften der stochastischen Restgrößen aus der strukturellen Form. Als *Beispiel* sei die reduzierte Form des Gleichungssystems (2) angegeben. Setzt man in (2a) für W_t die rechte Seite von (2b) ein und löst nach V_t auf, so erhält man

$$V_t = \pi_{11} + \pi_{12}P_{wt} + \pi_{13}P_{vt} + \omega_{1t} \tag{12a}$$

mit

$$\pi_{11} = \frac{a+bc}{1-cd} \qquad \pi_{12} = \frac{cf}{1-cd} \qquad \pi_{13} = \frac{e}{1-cd} \qquad \omega_{1t} = \frac{\varepsilon_{1t} + c\varepsilon_{2t}}{1-cd}.$$

Analoges Vorgehen führt zur zweiten Gleichung der reduzierten Form

$$W_t = \pi_{21} + \pi_{22}P_{wt} + \pi_{23}P_{vt} + \omega_{2t} \tag{12b}$$

mit

$$\pi_{21} = \frac{b+da}{1-cd} \qquad \pi_{22} = \frac{f}{1-cd} \qquad \pi_{23} = \frac{de}{1-cd} \qquad \omega_{2t} = \frac{d\varepsilon_{1t} + \varepsilon_{2t}}{1-cd}.$$

Damit lässt sich nach einer Schätzung der Koeffizienten z. B. in (12a) der Effekt einer Erhöhung des Verkaufspreisindex P_v auf die Verkäufe V quantifizieren: Er wird durch den Multiplikator π_{13} gegeben.

Anhand der Matrix **B** der Strukturform (4) des Modells lassen sich verschiedene *Modelltypen* unterscheiden. Dies ist wichtig für die weiteren Überlegungen zur Identifikation und zu den Schätzverfahren.

Zunächst kann **B** Diagonalform haben:

$$\mathbf{B} = \begin{pmatrix} \beta_{11} & 0 & \cdots & 0 \\ 0 & \beta_{22} & \cdots & 0 \\ \vdots & & & \\ 0 & 0 & \cdots & \beta_{nn} \end{pmatrix} \tag{13}$$

Hierbei erscheint nur eine endogene Variable in jeder Gleichung; die β-Koeffizienten werden gleich Eins gesetzt. Gilt hierbei (7), so handelt es sich um scheinbar unverbundene Regressionen (SUR), auf die nicht weiter eingegangen werden soll. Ist der Ausdruck (7) gleich Null, d. h. es gibt keine Korrelation zwischen den stochastischen Restwerten verschiedener Gleichungen der Strukturform, so lässt sich bei diesem *Modell unverbundener Gleichungen* jede Gleichung mit den Methoden der Regressionsanalyse (vgl. Beitrag „Regressionsanalyse“) behandeln.

Ist **B** eine untere Dreiecksmatrix mit Einsen auf der Diagonalen

$$\mathbf{B} = \begin{pmatrix} 1 & 0 & \cdots & 0 & 0 \\ \beta_{21} & 1 & \cdots & 0 & 0 \\ \vdots & & & & \\ \beta_{n1} & \beta_{n2} & \cdots & \beta_{n(n-1)} & 1 \end{pmatrix}, \tag{14}$$

dann heißt das System triangulär. Wenn außerdem die Varianz-Kovarianz-Matrix (8) Diagonalgestalt besitzt

$$\mathbf{\Omega} = \begin{pmatrix} \sigma_{11} & 0 & \cdots & 0 \\ 0 & \sigma_{22} & \cdots & 0 \\ \vdots & & & \\ 0 & 0 & \cdots & \sigma_{nn} \end{pmatrix}, \tag{15}$$

so spricht man von einem *rekursiven Modell.* Hierbei treten keine wechselseitigen Beziehungen unter den gemeinsam abhängigen Variablen auf. Die erklärenden Variablen sowie die stochastische Restgröße in jeweils einer Gleichung sind unkorreliert und die Kovarianzen der stochastischen Restgrößen zwischen verschiedenen Gleichungen sind Null. Bei Anordnung der Strukturgleichungen entsprechend (14) kommt in der ersten Gleichung nur eine gemeinsam abhängige Variable vor und in den folgenden Gleichungen tritt jeweils eine weitere gemeinsam abhängige Variable hinzu. Solche Modelle lassen sich als Folge von Einzelgleichungen ansehen und können im Wesentlichen mit den dort geschilderten Instrumenten behandelt werden (vgl. Beitrag „Regressionsanalyse“).

Ist **B** weder diagonal noch triangulär, so handelt es sich um eigentliche simultane Mehrgleichungsmodelle; man spricht von *interdependenten Modellen.* Dieser Modelltyp spielt für die weiteren Überlegungen die größte Rolle.

2.2 Identifikation

Ziel der Analyse von Strukturgleichungsmodellen ist es, die Parameter der Strukturform numerisch zu bestimmen und ggf. Prognosen für die gemeinsam abhängigen Variablen zu erstellen. OLS-Schätzungen der Strukturparameter können - wie erwähnt - wegen der Interdepedenzen zu wenig geeigneten Schätzungen führen. Da jedoch in der reduzierten Form die gemeinsam abhängigen Variablen ausschließlich von den vorherbestimmten abhängen, ist die Schätzung der Koeffizienten der reduzierten Form mit der OLS-Methode brauchbar. Es ist dann zu fragen, ob und wie sich die Strukturkoeffizienten (β, γ) aus den Koeffizienten der reduzierten Form (π) bestimmen lassen. Dies ist das

Identifikationsproblem, das unabhängig von der Berücksichtigung der stochastischen Restgrößen und vor der eigentlichen Schätzung anhand der Daten existiert.

Fehlende Identifizierbarkeit eines Modells oder einzelner seiner Gleichungen zeigt sich darin, dass verschiedene Strukturen dieselbe reduzierte Form haben. In einem solchen Fall kann man nach Schätzung der Parameter der reduzierten Form nicht eindeutig auf die Parameter der strukturellen Form schließen. Nicht identifizierbare Modelle bzw. Gleichungen lassen sich nicht sinnvoll schätzen. Deshalb ist vor der Schätzung festzustellen, ob ein interdependentes Modell oder einzelne seiner Strukturgleichungen identifizierbar sind oder nicht. Als Identifikationskriterien werden das *Abzählkriterium* und das *Rangkriterium* herangezogen. Das notwendige und hinreichende Rangkriterium ist nicht immer leicht zu ermitteln, weshalb man sich in der Praxis oft mit dem notwendigen Abzählkriterium begnügt.

Fasst man in der strukturellen Form die gemeinsam abhängigen Variablen y und die vorherbestimmten zu einem (n + m) x 1-Vektor **z** und die zugehörigen Koeffizientenmatrizen **B** und **Γ** zu einer n x (n + m)-Matrix **A** zusammen, so lässt sich (4) angeben als

$$\mathbf{A}\,\mathbf{z}_t = \mathbf{e}_t \quad t = 1, 2, ..., T \tag{16}$$

Die i-te Gleichung von (16) kann man schreiben als

$$\sum_{l=1}^{s_i} \alpha_{il} z_{lt} = \varepsilon_{it} \tag{17}$$

s_i ist dabei die Zahl der Variablen z, die in der i-ten Gleichung auftritt; s sei die Zahl der Variablen z im gesamten Modell.

Wenn eine Lösung von (17) gefunden werden soll, dann benötigt man wenigstens (n – 1) Gleichungen [(n – 1) deshalb, weil in der i-ten Gleichung ein β-Koeffizient wegen der Normierung gleich Eins gesetzt wird], um die gleiche Zahl wie die in der i-ten Gleichung ausgeschlossenen Variablen (s – s_i) zu erhalten. Man bezeichnet die i-te Strukturgleichung nach dem Abzählkriterium deshalb als

$$\left.\begin{array}{ll} \bullet\ \textit{genau identifiziert, wenn} & (s-s_i) = (n-1) \\ \bullet\ \textit{überidentifiziert, wenn} & (s-s_i) > (n-1) \\ \bullet\ \textit{unteridentifiziert, wenn} & (s-s_i) < (n-1). \end{array}\right\} \tag{18}$$

Aus den Überlegungen zum Abzählkriterium lässt sich zum Rangkriterium überleiten: Die i-te Strukturgleichung eines interdependenten Modells ist dann identifiziert, wenn der Rang der Koeffizientenmatrix der aus dieser Gleichung ausgeschlossenen Variablen so groß ist wie die um Eins verminderte Zahl der Gleichungen des Modells:

$$\text{Rg}\,(\mathbf{A}_i) = n - 1 \tag{19}$$

	Koeffizientenmatrix			
	V	W	P_V	P_W
„Verkaufsgleichung“ (2a)	1	– c	– e	0
„Werbegleichung“ (2b)	– d	1	0	– f

Tabelle 1: Koeffizientenmatrix **A** in Beispiel (2)

wobei $\mathbf{A}_i$ die Matrix der Koeffizienten der aus der i-ten Gleichung ausgeschlossenen Variablen darstellt.

Betrachten wir zur Illustration von Abzähl- und Rangkriterium das Modell*beispiel* (2). Die Zahl der Gleichungen ist n = 2 und die der Variablen insgesamt ist s = 4. Jede Gleichung in (2) enthält $s_i = 3$ (i = 1, 2) Variablen, so dass mit 4 – 3 = 2 – 1 nach (18) ein genau identifiziertes Modell vorliegt, da das Kriterium für beide Modellgleichungen gilt.

Für das Rangkriterium schreibt man zweckmäßigerweise die Koeffizientenmatrix **A** wie in Tabelle 1 auf.

Die Koeffizienten c, d, e und f seien ungleich Null. Will man die größte von Null verschiedene Unterdeterminante von **A** bestimmen, so streicht man für die 1. Gleichung die 1. Zeile und die Spalten der in ihr vorkommenden Variablen V, W, P_V. Es bleibt die (1 x 1)-Matrix (–f), d. h. $Rg(\mathbf{A}_1) = Rg(-f) = 1$. Für die 2. Gleichung streicht man die 2. Zeile und die 1., 2. und 3. Spalte. Der Rang der Matrix (-e) ist ebenfalls gleich Eins. In beiden Fällen entspricht also der Rang der Matrix $\mathbf{A}_i$ der um Eins verminderten Zahl der Modellgleichungen: Beide Gleichungen sind genau identifiziert.

Die eindeutige Berechenbarkeit der Strukturparameter indirekt aus den Koeffizienten der reduzierten Form - und damit Identifizierbarkeit - bei genau identifizierbaren Modellgleichungen soll am Beispiel gezeigt werden. Man benutzt die zwischen diesen bestehenden Relationen bei (12a) und (12b). So erhält man für $c = \frac{\pi_{12}}{\pi_{22}}$ und für $d = \frac{\pi_{23}}{\pi_{13}}$,

was zu $c \cdot d = \frac{\pi_{12} \cdot \pi_{23}}{\pi_{22} \cdot \pi_{13}}$ führt.

Damit lässt sich e aus der Relation bei (12a) berechnen als $e = \pi_{13} - \frac{\pi_{12} \cdot \pi_{23}}{\pi_{22}}$. Gleichermaßen folgt aus π_{22} bei (12b) für f und mit obigem Wert für $d \cdot c$ schließlich $f = \pi_{22} - \frac{\pi_{12}\pi_{23}}{\pi_{13}}$.

Liegen diese Werte für die Strukturparameter vor, so kann man mit Hilfe von π_{11} und π_{21} auch die Absolutglieder a und b der Strukturform bestimmen. Auf diesem Prinzip beruht die indirekte Kleinstquadrat-Methode. Würde man in der „Verkaufsgleichung" eine weitere exogene Variable, deren Koeffizient nicht Null ist, etwa das Einkommen, einführen, dann wäre nach dem Abzählkriterium für die „Verkaufsgleichung" $s = 5$, $s_i = 4$ und $n = 2$ nach (18): $5 - 4 = 2 - 1$, diese Gleichung nach wie vor genau identifiziert. Für die „Werbegleichung" dagegen ergäbe sich nach (18): $5 - 3 > 2 - 1$, also eine Überidentifizierung. Nach dem Rangkriterium erhielte man für die Verkaufsgleichung $Rg(A_1) = Rg(-f) = 1$ und für die Werbegleichung zwei Untermatrizen jeweils vom Rang $Rg(A_1) = 1$.

Wenn man dagegen in der „Werbegleichung" die Preisgröße P_w weglieβe, etwa weil entsprechende Informationen darüber fehlen, so wäre die „Verkaufsgleichung" nach dem Abzählkriterium mit $s = 3$ und $s_1 = 3$ unteridentifiziert und die „Werbegleichung" genau identifiziert. Dies lässt sich ebenfalls anhand des Rangkriteriums zeigen. Da das Abzählkriterium ein notwendiges, das Rangkriterium dagegen ein notwendiges und hinreichendes Kriterium darstellt, müssen beide Kriterien nicht zwangsläufig immer zum gleichen Ergebnis führen.

Die vorangegangenen Überlegungen haben gezeigt, dass das Problem der Identifizierbarkeit eines Modells mit seiner Spezifikation verknüpft ist: Nicht identifizierbare Modelle bzw. Gleichungen lassen sich nicht sinnvoll schätzen. Deshalb bedarf es entsprechender Informationen, um das Problem der Identifikation zu lösen. Die Strukturgleichungen des Modells beruhen wesentlich auf Informationen aus der ökonomischen Theorie und enthalten damit a-priori-Restriktionen. Wie unter 2.1 bereits erwähnt, werden nicht alle gemeinsam abhängigen Variablen durch sämtliche vorherbestimmten Variablen determiniert. Die Koeffizienten der in der betreffenden Gleichung nicht vorkommenden vorherbestimmten Variablen sind deshalb Null (Null-Restriktionen). Außerdem wird in jeder Gleichung der Koeffizient der gerade zu bestimmenden gemeinsam abhängigen Variablen gleich Eins gesetzt (Normierung). Darüber hinaus kann es numerische Festsetzungen von Koeffizienten aufgrund von Definitionszusammenhängen, institutionellen Beziehungen oder bekannten Werten aus früheren Schätzungen geben (z. B. werden in Produktionsfunktionen Skalenerträge oft mit dem Wert Eins angenommen).

Neben den Restriktionen, welche die Koeffizienten der Matrizen **B** und **Γ** betreffen, können in Einzelfällen auch Restriktionen in der Varianz-Kovarianz-Matrix **Ω** zur Identifizierbarkeit führen. So lässt sich z. B. zeigen, dass rekursive Modelle wegen der Diagonalgestalt von **Ω** [vgl. (15)] immer identifizierbar sind.

2.3 Schätzmethoden

Hat man das Strukturgleichungsmodell unter Berücksichtigung seiner Identifizierbarkeit, d. h. jede Modellgleichung ist mindestens genau identifiziert, spezifiziert, so stellt sich die Frage nach den Schätzmöglichkeiten der Strukturkoeffizienten anhand von Daten. Bei unverbundenen Gleichungen [bei (13)] besitzt die OLS-Methode BLU-Eigenschaften (vgl. Beitrag „Regressionsanalyse"), wenn die entsprechenden Modellannahmen erfüllt sind.

Rekursive Modelle können Gleichung für Gleichung konsistent mittels der OLS-Methode geschätzt werden (liegen keine endogenen lag-Variablen vor, so sind die Schätzungen auch erwartungstreu). Damit konzentriert sich hier das Schätzproblem auf die eigentlichen interdependenten Modelle. Wegen der Simultangleichungsverzerrung ist die OLS-Methode hierbei zur Schätzung der Parameter der Strukturgleichungen oft wenig geeignet: Die Schätzungen sind verzerrt und nicht konsistent. Da die einzelnen Gleichungen des Modells im Allgemeinen voneinander abhängen, wird man versuchen, die Parameter aller Gleichungen simultan zu schätzen. Möglicherweise sind aber nicht alle Gleichungen des Modells identifizierbar. Dann greift man auf Einzelgleichungsschätzungen zurück. Das sind solche, die nur die a-priori-Restriktionen der zu schätzenden Gleichung berücksichtigen (deshalb: Schätzung bei beschränkter Information). Diese Schätzungen besitzen den Vorteil der geringeren Anfälligkeit gegenüber Fehlspezifikationen, da nur die gerade zu schätzende Gleichung betrachtet wird und der Modellzusammenhang außer Acht bleibt.

Simultangleichungsschätzungen berücksichtigen dagegen alle a-priori-Restriktionen des gesamten Modells (deshalb: Schätzung bei voller Information oder Systemschätzungen). Zu den *Einzelgleichungsschätzverfahren* zählt die *OLS-Methode*, die aber im interdependenten Modell wegen der erwähnten Nachteile hier nicht behandelt wird (vgl. Beitrag „Regressionsanalyse"). Bei genau identifizierten Modellen [vgl. (18)] kann man von den Parametern der reduzierten Form eindeutig auf die der strukturellen Form zurückschließen. Hierauf beruht die Indirekte Kleinstquadrat-Methode, die aber wegen ihrer geringen praktischen Bedeutung hier nicht behandelt wird.

Das am häufigsten benutzte Einzelgleichungsschätzverfahren aus der Gruppe der *Instrumentvariablen-Methoden* ist die *Zweistufige Kleinstquadrat-Methode* (Two-Stage-

Least-Squares: TSLS-Methode), die deshalb in ihren Grundzügen dargestellt und auch im späteren Beispiel angewendet werden soll.

Betrachtet man in (3) bzw. (4) die erste Gleichung, so lässt sich diese schreiben als

$$\mathbf{y}_1 = \mathbf{Y}_1\boldsymbol{\beta}_1 + \mathbf{X}_1\boldsymbol{\gamma}_1 + \mathbf{e}_1 \tag{20}$$

wobei

$$\underset{(T\,x\,1)}{\mathbf{y}_1} = \begin{pmatrix} y_{11} \\ y_{12} \\ \vdots \\ y_{1T} \end{pmatrix} \quad \underset{(T\,x\,n_1-1)}{\mathbf{Y}_1} = \begin{pmatrix} y_{21} & y_{31} & \cdots & y_{n_1 1} \\ y_{22} & y_{32} & \cdots & y_{n_1 2} \\ \vdots & & & \\ y_{2T} & y_{3T} & \cdots & y_{n_1 T} \end{pmatrix} \quad \underset{(T\,x\,1)}{\mathbf{e}_1} = \begin{pmatrix} \varepsilon_{11} \\ \varepsilon_{12} \\ \vdots \\ \varepsilon_{1T} \end{pmatrix}$$

$$\underset{(T\,x\,m_1)}{\mathbf{X}_1} = \begin{pmatrix} x_{11} & x_{21} & \cdots & x_{m_1 1} \\ x_{12} & x_{22} & \cdots & x_{m_1 2} \\ \vdots & & & \\ x_{1T} & x_{2T} & \cdots & x_{m_1 T} \end{pmatrix} \quad \underset{(n_1-1\,x\,1)}{\boldsymbol{\beta}_1} = \begin{pmatrix} -\beta_{12} \\ -\beta_{13} \\ \vdots \\ -\beta_{1n_1} \end{pmatrix} \quad \underset{(m_1\,x\,1)}{\boldsymbol{\gamma}_1} = \begin{pmatrix} -\gamma_{11} \\ -\gamma_{12} \\ \vdots \\ -\gamma_{1m_1} \end{pmatrix}$$

Wegen der Abhängigkeit der gemeinsam abhängigen Variablen in $\mathbf{y}_1$ von den stochastischen Restgrößen in $\mathbf{e}_1$ führt die OLS-Methode zu inkonsistenten Schätzungen. Die Idee der TSLS-Methode besteht nun darin, diese Abhängigkeiten dadurch zu beseitigen, dass man die Beobachtungswerte in $\mathbf{Y}_1$ durch ihre Schätzwerte $\hat{\mathbf{Y}}_1$ ersetzt. Diese werden in einem ersten Schritt durch OLS-Schätzung der Parameter der Matrix $\boldsymbol{\Pi}_1$ der reduzierten Form

$$\hat{\mathbf{Y}}_1 = \mathbf{X}\boldsymbol{\Pi}_1 = \mathbf{Y}_1 - \hat{\mathbf{V}}_1 \tag{21}$$

gewonnen, wobei $\hat{\mathbf{V}}_1$ die Matrix der Residuen, die bei der Regression von $\mathbf{Y}_1$ bezüglich aller x-Variablen entstehen, darstellt. Im zweiten Schritt werden die $\mathbf{Y}_1$-Werte in (20) durch die $\hat{\mathbf{Y}}_1$-Werte in (21) ersetzt und die erste Strukturgleichung

$$\mathbf{y}_1 = \hat{\mathbf{Y}}_1\boldsymbol{\beta}_1 + \mathbf{X}_1\boldsymbol{\gamma}_1 + \mathbf{e}_1 \tag{22}$$

wiederum mittels der OLS-Methode geschätzt. Diese Prozedur ist für jede Modellgleichung durchzuführen.

Technisch wird die TSLS-Schätzung allerdings nicht in der eben skizzierten zweistufigen Abfolge, sondern in einem Schritt durchgeführt. Schreibt man (20) als

$$\mathbf{y}_1 = \mathbf{Z}_1\boldsymbol{\alpha}_1 + \mathbf{e}_1 \tag{23}$$

wobei

$$\mathbf{Z}_1 = \left(\mathbf{Y}_1 \vdots \mathbf{X}_1\right) \; und \; \boldsymbol{\alpha}_1 = \begin{pmatrix} \boldsymbol{\beta}_1 \\ \ldots \\ \boldsymbol{\gamma}_1 \end{pmatrix}$$

sog. partionierte Matrizen bzw. Vektoren darstellen.

Es lässt sich zeigen, dass der *Koeffizientenvektor* $\boldsymbol{\alpha}_1$ schätzbar ist durch

$$\hat{\boldsymbol{\alpha}}_{1(TSLS)} = \begin{pmatrix} \boldsymbol{\beta}_1 \\ \ldots \\ \boldsymbol{\gamma}_1 \end{pmatrix}_{(TSLS)} = \begin{pmatrix} \mathbf{Y}_1'\mathbf{X}\left(\mathbf{X}'\mathbf{X}\right)^{-1}\mathbf{X}'\mathbf{Y}_1 & \vdots & \mathbf{Y}_1'\mathbf{X}_1 \\ \ldots\ldots\ldots & & \ldots\ldots \\ \mathbf{X}_1'\mathbf{Y}_1 & \vdots & \mathbf{X}_1'\mathbf{X}_1 \end{pmatrix}^{-1} \begin{pmatrix} \mathbf{Y}_1'\mathbf{X}\left(\mathbf{X}'\mathbf{X}\right)^{-1}\mathbf{X}'\mathbf{y}_1 \\ \ldots\ldots\ldots \\ \mathbf{X}_1'\mathbf{y}_1 \end{pmatrix} \tag{24}$$

Hierin sind nur noch die originären x- und y-Beobachtungswerte enthalten.

Die zu (24) gehörende (asymptotische) *Varianz des Koeffizientenvektors* $\boldsymbol{\alpha}_1$ lässt sich schätzen mittels

$$Var\left(\hat{\boldsymbol{\alpha}}_1\right)_{TSLS} = s_{\hat{e}_1}^2 \begin{pmatrix} \mathbf{Y}_1'\mathbf{X}\left(\mathbf{X}'\mathbf{X}\right)^{-1}\mathbf{X}'\mathbf{Y}_1 & \vdots & \mathbf{Y}_1'\mathbf{X}_1 \\ \ldots\ldots\ldots & & \ldots\ldots \\ \mathbf{X}_1'\mathbf{Y}_1 & \vdots & \mathbf{X}_1'\mathbf{X}_1 \end{pmatrix}^{-1} \tag{25}$$

wobei $s_{\hat{e}_1}^2$ zu berechnen ist nach

$$s_{\hat{e}_1}^2 = \frac{\left(\mathbf{y}_1 - \mathbf{Y}_1\hat{\boldsymbol{\beta}}_{1(TSLS)} - \mathbf{X}_1\hat{\boldsymbol{\gamma}}_{1(TSLS)}\right)'\left(\mathbf{y}_1 - \mathbf{Y}_1\hat{\boldsymbol{\beta}}_{1(TSLS)} - \mathbf{X}_1\hat{\boldsymbol{\gamma}}_{1(TSLS)}\right)}{T - n_1 - m_1} \tag{26}$$

Der Wurzelausdruck aus (26) stellt den *Standardfehler der Schätzung* dar. Hier findet man als Nennerausdruck auch manchmal den Wert T angegeben, da (26) nur asymptotisch gilt.

Die TSLS-Methode ist sowohl bei überidentifizierten als auch bei genau identifizierten Strukturgleichungen anwendbar. Sind die üblichen Modellannahmen und Normalverteilung der stochastischen Restgrößen erfüllt, so sind ihre Schätzer konsistent und asymptotisch normalverteilt, jedoch im Allgemeinen nicht erwartungstreu. Der Ansatz hat den Vorteil, dass zur Schätzung einer Gleichung nicht die Kenntnis aller Modellgleichungen erforderlich ist. Allerdings müssen die Datenwerte aller vorherbestimmten Variablen im gesamten Modell vorhanden sein.

In unserem *Beispiel* [Gleichungssystem (2)] würde man, um die „Verkaufsgleichung" (2a) nach der TSLS-Methode zu schätzen, im ersten Schritt aus der reduzierten Form (12b) $\hat{W}_t$ nach (21) bestimmen. Diese geschätzten $\hat{W}_1$-Größen setzt man entsprechend (22) in die Strukturgleichung ein und schätzt in der zweiten Stufe (2a) ebenfalls nach der OLS-Methode.

Zu den Einzelgleichungsschätzmethoden zählt auch die *Maximum-Likelihood-Methode bei beschränkter Information* (Limited-Information-Maximum-Likelihood: LIML-Methode). Unter der Annahme normalverteilter stochastischer Restgrößen wird die Likelihood-Funktion für die endogenen Variablen, die jeweils in der zu schätzenden Gleichung eingeschlossen sind, bezüglich der Parameter maximiert. Die Schätzer sind konsistent und asymptotisch normalverteilt. Bei genau identifizierten Gleichungen sind die LIML-Schätzungen den TSLS-Schätzern äquivalent.

Einzelgleichungsschätzverfahren führen im Allgemeinen nicht zu asymptotisch effizienten Schätzungen, da sie nicht die a-priori-Restriktionen der übrigen Gleichungen bei der Schätzung der betreffenden Gleichung berücksichtigen bzw. die Kovarianzen zwischen den stochastischen Restgrößen der verschiedenen Modellgleichungen vernachlässigen. Dies kann durch eine simultane Schätzung aller Modellgleichungen vermieden werden. Zu diesen *Systemschätzverfahren* gehört die *Dreistufige Kleinstquadrat-Methode* (Three-Stage-Least-Squares: THSLS-Methode). Hier fließen Informationen aus der Varianz-Kovarianz-Matrix (8) in die Schätzung ein. Zu erwähnen ist in diesem Zusammenhang auch die *Maximum-Likelihood-Methode bei voller Information* (Full-Information-Maximum-Likelihood: FIML). Sie maximiert die Likelihood-Funktion aller Parameter (Strukturkoeffizienten und Varianz-Kovarianzen) des gesamten Modells, wobei eine gemeinsame Normalverteilung der Variablen unterstellt wird. THSLS- und FIML-Methode führen zu konsistenten und asymptotisch effizienten Schätzungen, allerdings können Spezifikationsfehler in einer Gleichung die Parameterschätzungen in allen anderen Modellgleichungen beeinflussen. Diese Schätzverfahren werden in der Praxis kaum benutzt.

2.4 Beurteilungskriterien

Liegt das Modell geschätzt vor, so wird man die Ergebnisse der Modellgleichungen beurteilen wollen. Zunächst kann interessieren, ob das Modell insoweit richtig spezifiziert ist, dass zwischen den exogenen Variablen und der stochastischen Restgröße der i-ten

Gleichung aufgrund der Interdependenz des Modells keine Abhängigkeit besteht (Exogenitäts-, Spezifikations- oder Simultaneitäts-Test). Andere Tests zielen darauf ab, ob weitere Modellannahmen, insbesondere (zeitliche) Nicht-Autokorrelation und Homoskedastie der ε-Variablen, erfüllt sind (vgl. Beitrag „Regressionsanalyse").

Darüber hinaus möchte man wissen, ob die geschätzten Modellparameter signifikant von Null verschieden sind. Hieran erkennt man, welche Variablen einen statistisch signifikanten Einfluss auf die endogene Variable in der betrachteten Modellgleichung haben. Zu diesem Zweck lassen sich z. B. t-Werte und/oder Überschreitungswahrscheinlichkeiten (p-values) berechnen.

Die Fragestellungen entsprechen zwar prinzipiell denen bei den Eingleichungsmodellen, die dort benutzten Instrumente können allerdings meist nur eingeschränkt oder in modifizierter Form übernommen werden. Dies hat seinen Grund zum einen in der Komplexität der Wahrscheinlichkeitsverteilungen der Teststatistiken und zum anderen darin, dass die Tests meist nur asymptotische Gültigkeit besitzen. Bei empirischen Untersuchungen liegen häufig aber nur vergleichsweise kleine Stichprobenumfänge vor. Man wird sich bei Anwendungen deshalb an die im jeweils benutzten Softwareprogramm benutzten Beurteilungskriterien halten und diese mit Vorsicht interpretieren.

3. Vorgehensweise

Am Beginn der Analyse von Strukturgleichungsmodellen mit beobachteten Variablen steht die Formulierung der zum Modell gehörenden Strukturgleichungen unter Berücksichtigung der hierzu unter 1 genannten Festlegungen. Dabei wird man bereits die Frage der Datenbeschaffbarkeit für die im Modell vorkommenden Variablen berücksichtigen. Sind die Strukturgleichungen spezifiziert, so ist vor der Schätzung deren Identifizierbarkeit anhand des Abzähl- und/oder Rangkriteriums zu überprüfen. Je nachdem, ob über- oder genau identifizierte Strukturgleichungen vorliegen, können zur Schätzung mit Hilfe der Daten prinzipiell verschiedene Methoden benutzt werden. Welches Schätzverfahren im konkreten Anwendungsfall zu verwenden ist, lässt sich allerdings nur schwer abschätzen. Über die Kleinstichproben-Eigenschaften lassen sich durch Simulationsstudien gewisse Anhaltspunkte gewinnen. Es zeigt sich, dass die Leistungsfähigkeit der Verfahren nicht unerheblich davon abhängt, ob die Modellannahmen erfüllt sind. Bei korrekter Spezifikation des Modells sind die Schätzverfahren bei voller Information denjenigen bei beschränkter Information überlegen. Wegen ihrer einfacheren Handhabbarkeit wird jedoch die TSLS-Methode bei Anwendungen oft bevorzugt. Liegen Fehlspezifikationen vor, so scheint die OLS-Methode gegenüber solchen Verletzungen von Modellannahmen robuster als die anderen unter 2.3 genannten Schätzverfahren. Ein Verfahren mit wünschenswerten asymptotischen Eigenschaften muss also nicht unter allen Bedingungen einem einfacheren Schätzverfahren überlegen sein. Man wird also auf eine möglichst korrekte Spezifikation des Modells achten und aus pragmatischen Gründen die Schätzmethode anwenden, die im benutzten Softwareprogramm vorliegt.

Hat sich die Schätzung anhand der Beurteilungskriterien als brauchbar erwiesen, so lassen sich einerseits über die reduzierte Form Prognosen für die gemeinsam abhängigen Variablen erstellen, andererseits können die geschätzten Strukturkoeffizienten Aufschlüsse über den Einfluss der zugehörigen vorherbestimmten Variablen auf die gemeinsam abhängigen Variablen der jeweiligen Strukturgleichung geben.

4. Beispiel

Ausgangspunkt für das folgende (hypothetische) interdependente Modellbeispiel ist das Modell (2), das hier erweitert wird um eine Gleichung für die Kundenzufriedenheit. Analysiert werden entsprechend (4) folgende drei Strukturgleichungen:

$$\mathbf{y}_1 = \gamma_{11} Const + \gamma_{12}\mathbf{x}_1 + \beta_{12}\mathbf{y}_2 + \boldsymbol{\varepsilon}_1 \tag{27a}$$

$$\mathbf{y}_2 = \gamma_{21} Const + \gamma_{23}\mathbf{x}_2 + \gamma_{26}\mathbf{x}_5 + \beta_{21}\mathbf{y}_1 + \beta_{23}\mathbf{y}_3 + \boldsymbol{\varepsilon}_2 \tag{27b}$$

$$\mathbf{y}_3 = \gamma_{31} Const + \gamma_{34}\mathbf{x}_3 + \gamma_{35}\mathbf{x}_5 + \beta_{31}\mathbf{y}_1 + \boldsymbol{\varepsilon}_3 \tag{27c}$$

Das Modell besitzt drei gemeinsam abhängige und fünf vorherbestimmte Variablen (ohne Scheinvariable). Die Strukturkoeffizienten γ und β sollen mittels Querschnittsdaten anhand einer geeigneten Methode geschätzt werden. Betrachtet werden 20 europäische Verkaufsregionen für ein hochwertiges, langlebiges Konsumgut einer Unternehmung, wobei die (als metrisch skaliert angesehenen) Daten für das abgelaufene Geschäftsjahr vorliegen. Sie sind in Tabelle 2 dargestellt. Die Variablen beziehen sich auf das Produkt und bezeichnen:

y_1 Zahl der standardisierten Werbeeinheiten (in Presse, Rundfunk, Fernsehen)

y_2 Nachgefragte Mengeneinheiten

y_3 Index der Kundenzufriedenheit

x_1 Preis für eine standardisierte Werbeeinheit in 1000 Geldeinheiten

x_2 Preis für eine Einheit des Produkts in 1000 Geldeinheiten

x_3 Messzahl für das Preis-Leistungs-Verhältnis von Konkurrenzprodukten

x_4 Messzahl für die Qualitätseinschätzung durch die Kunden

x_5 Messzahl für die Markenwechsel-Bereitschaft der Kunden.

In dem hier zur Schätzung verwendeten Softwareprogramm WinRATS[1] ist die explizite Aufnahme einer Scheinvariablen für das Absolutglied in den Datensatz nicht nötig; diese Größe wird in der Programmierung als „Constant"-Variable berücksichtigt.

In (27a) wird angenommen, dass die Zahl der Werbemaßnahmen y_1 anhand verschiedener Werbeträger von der Nachfrage nach dem Produkt y_2 positiv und von dem Preis für die Werbemaßnahmen x_1 negativ beeinflusst wird. Tabelle 2 zeigt den verwendeten Datensatz, der aus Gründen der Übersichtlichkeit einen vergleichsweise geringen Umfang aufweist.

Die Nachfrage y_2 (27b) wird von der Höhe des Produktpreises x_2 und von der Bereitschaft der Kunden, vom betrachteten Produkt zu einem anderen Produkt zu wechseln (Wunsch nach Abwechslung; Ausprobieren neuer Marken), x_5 negativ beeinflusst, während die Zahl der Werbemaßnahmen y_1 und die Kundenzufriedenheit y_3 vermutlich positiv einwirken.

Die Kundenzufriedenheit y_3 (27c) hängt positiv ab von der Produktqualität x_4 und von der Zahl der Werbungen y_1, da bei intensiver Werbung dem Verbraucher ein hohes Qualitätsimage - und damit Zufriedenheit - suggeriert werden kann. Negativ wirkt sich dagegen das Preis-Leistungs-Verhältnis von Konkurrenzprodukten x_3 aus, da mit steigender Attraktivität von Konkurrenzprodukten die Zufriedenheit für das betrachtete Produkt sinken kann.

---

[1] Estima, RATS Version 6 Reference Manual, Evanston 2004
Estima, RATS Version 6 User's Guide, Evanston 2004

Z:\...\print datensatz.PRG

ENTRY	Y1	Y2	Y3	X1	X2	X3	X4	X5
1	359.00	85.00	69.00	3.14	4.20	3.80	23.00	61.00
2	416.00	114.00	78.00	3.13	4.00	3.60	35.00	21.00
3	435.00	118.00	82.00	3.03	3.62	3.50	37.00	44.00
4	440.00	120.00	82.00	2.94	3.50	3.30	36.00	22.00
5	411.00	116.00	77.00	2.87	3.45	3.00	29.00	56.00
6	530.00	140.00	95.00	2.78	2.50	3.00	47.00	47.00
7	557.00	144.00	98.00	2.72	2.50	2.80	60.00	50.00
8	473.00	128.00	85.00	3.00	2.63	2.90	35.00	60.00
9	472.00	127.00	86.00	3.00	2.80	3.10	33.00	62.00
10	538.00	141.00	65.00	2.41	2.41	3.30	40.00	40.00
11	548.00	144.00	66.00	2.30	2.39	3.50	36.00	35.00
12	539.00	142.00	65.00	2.29	2.63	3.80	37.00	20.00
13	678.00	173.00	78.00	2.18	2.69	4.10	56.00	26.00
14	944.00	223.00	103.00	1.91	2.66	4.20	88.00	58.00
15	893.00	199.00	94.00	1.66	3.20	4.10	62.00	52.00
16	871.00	192.00	90.00	2.00	3.30	4.40	61.00	51.00
17	794.00	181.00	84.00	2.10	3.40	4.10	29.00	34.00
18	850.00	181.00	87.00	1.38	3.80	4.10	22.00	33.00
19	967.00	220.00	100.00	1.40	3.70	3.50	38.00	30.00
20	1103.00	260.00	110.00	1.40	3.41	3.00	41.00	25.00

Tabelle 2: Daten für 20 europäische Verkaufsregionen

	y_1	y_2	y_3	x_2	x_3	x_4	x_5	x_6
„Werbegleichung“	–1	β_{12}	0	γ_{12}	0	0	0	0
„Verkaufsgleichung“	β_{21}	–1	β_{23}	0	γ_{23}	0	0	γ_{26}
„Kundenzufriedenheits-gleichung“	β_{31}	0	–1	0	0	γ_{34}	γ_{35}	0

Tabelle 3: Koeffizienten der Modellgleichungen (27)

Vor der Schätzung ist die Identifizierbarkeit der Modellgleichungen sicherzustellen. Betrachten wir zunächst das Abzählkriterium: Das Modell enthält insgesamt $s = 8$ Variablen (ohne Scheinvariable). Gleichung (27a) hat $s_1 = 3$ Variablen. Nach (18) ist demnach $8 - 3 > 3 - 1$, d. h. diese Gleichung ist überidentifiziert. Entsprechend sind die Gleichungen (27b) und (27c) ebenfalls überidentifiziert. Für das Rangkriterium schreibt man zweckmäßigerweise die Koeffizientenmatrix des Modells (27) wie in Tabelle 3 dargestellt (vgl. auch Tabelle 1).

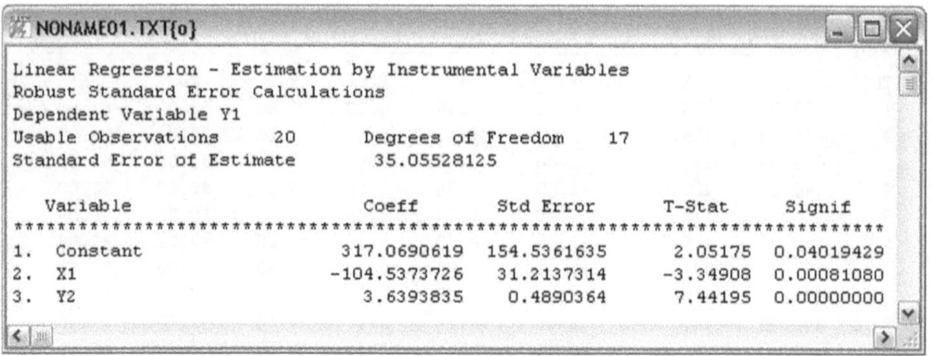
NONAME01.TXT{o}

```
Linear Regression - Estimation by Instrumental Variables
Robust Standard Error Calculations
Dependent Variable Y1
Usable Observations      20       Degrees of Freedom    17
Standard Error of Estimate        35.05528125

   Variable                       Coeff        Std Error       T-Stat     Signif
*******************************************************************************
1.  Constant                  317.0690619  154.5361635      2.05175  0.04019429
2.  X1                       -104.5373726   31.2137314     -3.34908  0.00081080
3.  Y2                          3.6393835    0.4890364      7.44195  0.00000000
```

Abbildung 1: Schätzung der α-Koeffizienten

Zur Bestimmung des Rangs der 1. Modellgleichung streicht man die 1. Zeile und die Spalten der Variablen, die in der 1. Gleichung vorkommen. Man erhält eine (2 x 5)-Matrix. Die größte quadratische Untermatrix kann also höchstens den Rang zwei haben. Davon gibt es hier wenigstens eine (2 x 2)-Untermatrix, deren Determinante ungleich Null ist. Entsprechend (19) lässt sich Gleichung (27a) ebenso identifizieren. Gleiches gilt für die Gleichungen (27b) und (27c).

Damit lassen sich die Modellgleichungen mit Hilfe einer für simultane Mehrgleichungsmodelle geeigneten Methode anhand der in Tabelle 2 gegebenen Daten schätzen. Hier soll dies durch die häufig benutzte TSLS-Methode geschehen. Das dafür benutzte Programmpaket stellt zwar auch die Schätzergebnisse für andere der in Kapitel 2.3 angesprochenen Methoden zur Verfügung, da diese hier aber keine neuen Erkenntnisse erbringen, wird auf ihre Darstellung verzichtet. Die Schätzung der α-Koeffizienten von (23) - hier der „Werbegleichung" (27a) - nach (24) zeigt Abbildung 1.

Zunächst findet sich in der Programmausgabe ein Hinweis auf den benutzten Schätzansatz, hier die Instrumentvariablen-Methode, zu der die TSLS-Methode als Spezialfall gehört.

Um eine der wichtigen Modellannahmen, nämlich Homoskedastie, zu erfüllen, werden sog. White-Standardfehler berechnet („Robust Standard Error Calculations"). Diese verändern nicht die Schätzkoeffizienten, jedoch erfolgt bei Vorliegen von Heteroskedastie eine Korrektur der zugehörigen Standardfehler, so dass sie z. B. für Signifikanztests korrekte Inputwerte liefern.

Auch auf Autokorrelation der ε-Variablen, die auf eine Fehlspezifikation der Schätzgleichungen hindeuten kann, sollte geprüft werden. Da aber im vorliegenden Beispiel Querschnittsdaten vorliegen, versagen die üblicherweise für Zeitreihendaten in den Softwareprogrammen implementierten und zur Prüfung angegebenen Maße, wie z. B. der Durbin-Watson-Test; deshalb wird auf deren Angabe verzichtet.

Auch die Überprüfung der übrigen unter (5)-(8) genannten Modellannahmen unterbleibt, nicht zuletzt wegen der in 2.4 genannten Probleme.

Im Programmoutput wird weiterhin neben der Zahl der Beobachtungswerte („Usable Observations") und der für die Schätzung zur Verfügung stehenden Zahl an Freiheitsgraden („Degrees of Freedom") auch der Standardfehler der Schätzung (Wurzel aus Ausdruck (26): „Standard Error of Estimate") ausgewiesen. Es folgen im anschließenden Block die Nennung der vorherbestimmten Variablen in der betreffenden Gleichung, die geschätzten Werte des Koeffizientenvektors (24) $\hat{\boldsymbol{\alpha}}_{1(TSLS)}$ mit $\hat{\gamma}_{11}, \hat{\gamma}_{12}$ *und* $\hat{\beta}_{12}$ („Coeff.") und die zugehörigen Standardfehler (Wurzel aus Ausdruck (25): „Std Error"). Danach werden die berechneten t-Werte (Quotient aus (24) und Wurzel aus (25): „T-Stat") und die Überschreitungswahrscheinlichkeit („Signif") angegeben. Nimmt man als Faustregel für eine Testentscheidung einen kritischen t-Wert von (betragsmäßig) Zwei an, so deutet ein größerer Wert auf einen signifikant von Null verschiedenen Koeffizienten hin. Benutzt man bei der Überschreitungswahrscheinlichkeit einer Konvention folgend eine Irrtumswahrscheinlichkeit von 5 %., so zeigt ein kleinerer Wert unter „Signif" ebenfalls einen signifikant von Null verschiedenen Koeffizienten.

Im vorliegenden Fall weisen alle Ergebnisse auf signifikant von Null verschieden geschätzte Strukturkoeffizienten hin. Sie zeigen auch die erwarteten Vorzeichen und lassen den jeweiligen Einfluss der vorherbestimmten Variablen auf die gemeinsam abhängigen Variablen erkennen.

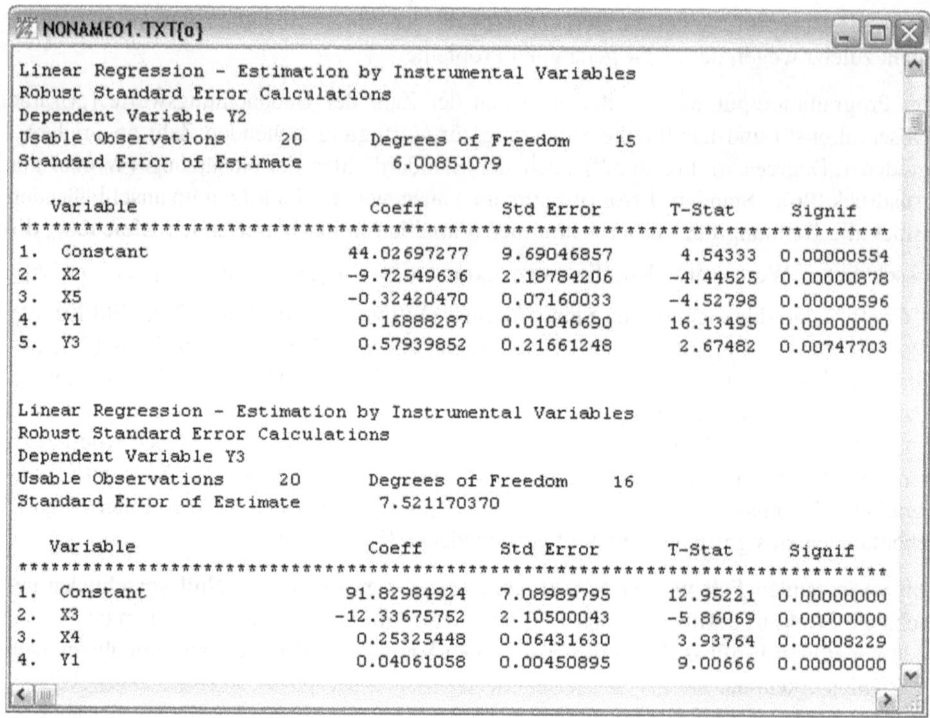

NONAME01.TXT{o}

```
Linear Regression - Estimation by Instrumental Variables
Robust Standard Error Calculations
Dependent Variable Y2
Usable Observations        20         Degrees of Freedom    15
Standard Error of Estimate            6.00851079

   Variable                           Coeff        Std Error      T-Stat     Signif
***********************************************************************************
1.  Constant                       44.02697277    9.69046857      4.54333  0.00000554
2.  X2                             -9.72549636    2.18784206     -4.44525  0.00000878
3.  X5                             -0.32420470    0.07160033     -4.52798  0.00000596
4.  Y1                              0.16888287    0.01046690     16.13495  0.00000000
5.  Y3                              0.57939852    0.21661248      2.67482  0.00747703


Linear Regression - Estimation by Instrumental Variables
Robust Standard Error Calculations
Dependent Variable Y3
Usable Observations        20         Degrees of Freedom    16
Standard Error of Estimate            7.521170370

   Variable                           Coeff        Std Error      T-Stat     Signif
***********************************************************************************
1.  Constant                       91.82984924    7.08989795     12.95221  0.00000000
2.  X3                            -12.33675752    2.10500043     -5.86069  0.00000000
3.  X4                              0.25325448    0.06431630      3.93764  0.00008229
4.  Y1                              0.04061058    0.00450895      9.00666  0.00000000
```

Abbildung 2: Schätzergebnisse zu (27b) und (27c)

Die Schätzergebnisse der „Nachfragegleichung“ (27b) und der Gleichung „Kundenzufriedenheit“ (27c) sind in Abbildung 2 zusammengestellt.

Die Koeffizienten weisen alle das erwartete Vorzeichen auf und sind signifikant von Null verschieden, was man sowohl an den t-Werten $(>|2|)$ als auch an den Überschreitungswahrscheinlichkeiten $(\leq 0{,}05)$ sieht. Größe und Vorzeichen der geschätzten Strukturkoeffizienten zeigen den Einfluss der zugehörigen vorherbestimmten auf die gemeinsam abhängigen Variablen. Für Modellgleichung (27b) erkennt man bspw., dass einerseits die Produktnachfrage von Preiserhöhungen viel stärker negativ betroffen wird als von einer Erhöhung der Markenwechselbereitschaft. Andererseits beeinflusst die Kundenzufriedenheit die Produktnachfrage stärker positiv als die Werbung. Bei dieser Interpretation sind allerdings im Einzelfall die u. U. sehr unterschiedlichen Größenordnungen/Dimensionen der Variablenwerte zu berücksichtigen, weshalb es in einem solchen Fall für Vergleiche sinnvoll sein kann, standardisierte Koeffizienten zu benutzen (vgl. Beitrag „Regressionsanalyse“).

Insgesamt kann die Schätzung des Modells (27) als brauchbar und plausibel angesehen werden.

Geht man davon aus, dass in der laufenden Periode keine gravierenden Änderungen in den betrachteten Verkaufsregionen eintreten, so lassen sich nach der Vorgabe von Werten der vorherbestimmten Variablen aufgrund der reduzierten Form (9) des Modells die Werte der gemeinsam abhängigen Variablen berechnen. Die Schätzung der Koeffizienten der reduzierten Form mittels OLS-Methode ergibt z. B. für y_2 (nachgefragte Mengeneinheiten) folgende Gleichung:

$$\hat{y}_2 = 313{,}25 - 65{,}63x_1 + 10{,}97x_2 - 20{,}89x_3 + 1{,}05x_4 - 0{,}09x_5 \qquad (28)$$

Nimmt man in einer Verkaufsregion z. B. für $x_1 = 2{,}6$, $x_2 = 3{,}9$, $x_3 = 3{,}5$, $x_4 = 55$ und $x_5 = 44$ an und setzt diese Werte in (28) ein, so erhält man voraussichtlich eine Nachfragemenge von $\hat{y}_2 = 166{,}07$ Einheiten.

5. Anwendung im Marketing

Strukturgleichungsmodelle mit beobachteten Variablen können überall dort im Marketing eingesetzt werden, wo sich Verhaltensweisen der Wirtschaftssubjekte in Gleichungsform abbilden lassen und entsprechende Daten für die Variablen entweder als Zeitreihen- oder Querschnittdaten zur Verfügung stehen. Es geht dabei um die Quantifizierung funktionaler Abhängigkeiten zwischen einer zu erklärenden und mehreren erklärenden Variablen. Zentrale zu erklärende Größen können dabei z. B. sein:

- die Höhe des Absatzes für ein Produkt bzw. sein Marktanteil,
- die Höhe der Werbung,
- die Kundenzufriedenheit bzw. die Kundenbindung,
- die Markentreue.

Manche solcher Sachverhalte (unverbundene Mehrgleichungen, rekursive Systeme) lassen sich mit Hilfe der Methoden von Eingleichungsmodellen (vgl. Beitrag „Regressionsanalyse") darstellen. Liegt aber eine gegenseitige, simultane Abhängigkeit zwischen zu erklärenden Variablen in verschiedenen Gleichungen vor, so bedarf es des Instrumentariums zur Analyse interdependenter Modelle. Viele Größen in Modellen der Volks- und Betriebswirtschaftslehre sind nur simultan zu bestimmen, da sie sich gegenseitig beeinflussen, weil Rückkopplungs-Schleifen zwischen ihnen bestehen oder weil bestimmte Variablen nur gleichzeitig bestimmt werden können. Sind die Koeffizienten der Strukturkoeffizienten brauchbar geschätzt, so lässt sich aus ihnen der Einfluss der zugehörigen Variablen - bei Konstanz der übrigen - auf die gemeinsam abhängige Größe ablesen.

Außerdem kann man aus der reduzierten Form bei Kenntnis der vorherbestimmten Variablen die jeweilige Größe der gemeinsam abhängigen Variablen abschätzen bzw. prognostizieren.

Literaturverzeichnis

In praktisch allen gängigen Ökonometrie-Lehrbüchern finden sich Kapitel über Strukturgleichungen mit beobachteten Variablen (Mehrgleichungsmodelle). Im Folgenden wird eine kleine Auswahl angegeben, wobei manche Titel stärker methodisch-formal orientiert sind (Hinweis: M), andere mehr anwendungsorientiert (Hinweis: A):

Berndt, E. (1996): The Practice of Econometrics: Classic and Contemporary, Reading (Mass.) u. a. (A).

Eckey, H.-F./Kosfeld, R./Dreger C. (2004), Ökonometrie. Grundlagen - Methoden - Beispiele, 3. überarb. und erw. Auflage, Wiesbaden (M).

Greene, W. H. (2003): Econometric Analysis, 5. Auflage, Upper Saddle River (New Jersey) (M).

Gujarati, D. (2003): Basic Econometrics, 4. Auflage, New York u. a. (A).

Hackl, P. (2005): Einführung in die Ökonometrie, München u. a. (M).

Murray, M. P. (2006): Econometrics. A Modern Introduction , Boston u. a. (M).

Schulze, P. M./Prinz, A./Schweinberger, A. (2006): Angewandte Statistik und Ökonometrie mit WinRATS, München/Wien (A).

Christian Homburg, Christian Pflesser und Martin Klarmann

Strukturgleichungsmodelle mit latenten Variablen: Kausalanalyse

---

Prof. Dr. Dr. h.c. Christian Homburg ist Inhaber des Lehrstuhls für Allgemeine Betriebswirtschaftslehre und Marketing I an der Universität Mannheim. Dr. Christian Pflesser ist Head of Global Strategy Dispersions & Paper Chemicals bei der BASF AG, Ludwigshafen. Dipl.-Kfm. Martin Klarmann ist wissenschaftlicher Mitarbeiter am Lehrstuhl für Allgemeine Betriebswirtschaftslehre und Marketing I an der Universität Mannheim.

1. Einleitung

Die Kausalanalyse ist „sicherlich diejenige multivariate Methode, die die empirische betriebswirtschaftliche Forschung in den letzten ca. 20 Jahren am stärksten geprägt hat" (Homburg/Klarmann 2006, S. 727) und von der in dieser Zeit auch starke Impulse für die Marktforschung ausgegangen sind. Ein Anhaltspunkt für diese Entwicklung ist die steigende Zahl von Anwendungen der Kausalanalyse in nationalen und internationalen betriebswirtschaftlichen Fachzeitschriften (Homburg/Baumgartner 1995b, S. 1095, Krafft/Haase/Siegel 2003). Ursachen für diese Entwicklung liegen zum einen in der besonderen Leistungsfähigkeit der Kausalanalyse, die die Strukturgleichungsmodelle aus der Ökonometrie zur Analyse von komplexen Abhängigkeitsstrukturen zwischen direkt messbaren Variablen mit der Faktoranalyse aus der Psychometrie zur Messung nicht beobachtbarer Konstrukte verknüpft. Zum anderen wurde auch die verfügbare Software zur Anwendung der Kausalanalyse stetig weiterentwickelt (zu nennen sind hier insbesondere die Softwarepakete LISREL, Mplus, EQS und AMOS), sowohl im Hinblick auf die Einfachheit der Bedienung als auch im Hinblick auf die Integration methodischer Weiterentwicklungen. So wurden die Anwendungsmöglichkeiten der Kausalanalyse deutlich erhöht.

Die Kausalanalyse ist ein multivariates Verfahren, welches auf der Grundlage von empirisch gemessenen Varianzen und Kovarianzen von Indikatorvariablen durch Parameterschätzung Rückschlüsse auf Abhängigkeitsbeziehungen zwischen zugrundeliegenden latenten Variablen zieht (Homburg 1989, S. 2). Es sei an dieser Stelle angemerkt, dass die Bezeichnung Kausalanalyse nicht gänzlich unproblematisch ist, da die Anwendung des Verfahrens nur unter sehr speziellen Bedingungen auch Rückschlüsse auf Kausalitäten zulässt (Pearl 2000, Scholderer/Balderjahn/Paulssen 2006). Kausalmodelle werden deshalb häufig auch zutreffender als „Strukturgleichungsmodelle mit latenten Variablen" bezeichnet. Allerdings hat sich die Bezeichnung Kausalanalyse weitgehend durchgesetzt. Daher werden wir die Bezeichnung auch im Folgenden beibehalten.

Eine wesentliche Eigenschaft der Kausalanalyse ist die Unterscheidung von beobachteten (d. h. messbaren) Indikatorvariablen und latenten Variablen. Bei letzteren handelt es sich um komplexe Konstrukte, die nicht direkt beobachtet und gemessen werden können. Eine ausführliche Darstellung messtheoretischer Aspekte findet der Leser in diesem Buch im Beitrag zur konfirmatorischen Faktorenanalyse, die einen Sonderfall der Kausalanalyse darstellt.

Eine weitere Eigenschaft der Kausalanalyse ist die Möglichkeit, komplexe Dependenzstrukturen zu modellieren und simultan zu schätzen. Beispiele für komplexe Dependenzstrukturen sind wechselseitige Abhängigkeiten oder kausale Ketten. Diese Eigenschaft trägt dazu bei, dass die Kausalanalyse wesentlich leistungsfähiger ist als beispielsweise die multiple Regressionsanalyse, bei der nur einfache Dependenzstrukturen analysiert werden können. Einen Vergleich der wesentlichen Eigenschaften von Kausalanalyse und multipler Regressionsanalyse findet der Leser bei Homburg (1992, S. 499 f.).

Es lassen sich zwei grundlegende Ansätze der Kausalanalyse unterscheiden: die kovarianzerklärende Kausalanalyse (typischerweise als Kovarianzstrukturanalyse oder LISREL-Ansatz bekannt) und die varianzerklärende Kausalanalyse (typischerweise als PLS-Ansatz bekannt). Dieser Beitrag widmet sich vornehmlich der kovarianzerklärenden Kausalanalyse, da es sich hierbei um den Ansatz handelt, der in der Praxis deutlich weiter verbreitet ist und eine Reihe von Vorteilen gegenüber der varianzerklärenden Kausalanalyse bietet. Im Abschnitt 5 dieses Beitrags werden wir aber auch das methodische Prinzip der varianzerklärenden Kausalanalyse vorstellen und beide Ansätze systematisch miteinander vergleichen.

2. Grundlagen

2.1 Datengrundlage und Hypothesenstruktur des Anwendungsbeispiels

Zur Veranschaulichung der im Folgenden darzustellenden Konzepte verwenden wir Daten aus einer Studie, die sich mit dem Kaufverhalten von Kunden eines Versandhauses befasst. Es geht dabei um den Markt für Hometrainer. Die Stichprobe besteht aus n = 320 zufällig ausgewählten Kunden aus der Kundendatei des Versandhauses. Die ausgewählten Kunden wurden telefonisch befragt. Dabei wurden Persönlichkeitsmerkmale, Bedürfnisse, Einstellungen und die Kaufneigung erfasst. Folgende Konstrukte werden berücksichtigt:

- Persönlichkeitsmerkmale
    1. Aktivität
    2. Selbstbewusstsein
    3. Sorge um das eigene Körpergewicht
- Bedürfnisse und Einstellungen
    4. Einstellung zu Sport
    5. Freizeitbedürfnis
- Verhaltensintention
    6. Kaufneigung (im Zusammenhang mit Hometrainern)

Konstrukt	Items zur Messung
1. Aktivität	• "Ich bin ein aktiver Mensch." • "Ich gestalte mein Leben aktiv." • "Ich bin unruhiger als die meisten Menschen."
2. Selbstbewusstsein	• "Mir mangelt es nicht an Selbstbewusstsein." • "Ich habe ein stärkeres Selbstbewusstsein als die meisten Menschen."
3. Sorge um das eigene Körpergewicht	• "Ich denke häufig über mein Gewicht nach." • "Ich suche ständig nach neuen Möglichkeiten zur Gewichtskontrolle."
4. Einstellung zu Sport	• "Ich betreibe sehr gerne Sport." • "Sport ist ein wichtiger Bestandteil meines Lebens."
5. Freizeitbedürfnis	• "Ich nehme mir täglich Zeit für Freizeitbeschäftigung." • "Im Vergleich zu anderen Menschen bin ich sehr freizeitorientiert."
6. Kaufneigung	• Subjektive Wahrscheinlichkeit für den Kauf eines Hometrainers.

Tabelle 1: Items zur Messung der betrachteten Konstrukte

Die Messung der sechs Konstrukte erfolgt in Anlehnung an erprobte Skalen, die bei Bruner/Hensel (1992, 1996) zusammengestellt sind. Insgesamt werden zwölf Items zur Messung der sechs Konstrukte herangezogen (vgl. Tabelle 1). Dabei wurde jeweils auf einer 6-er-Ratingskala der Grad der Zustimmung zu den einzelnen Aussagen erhoben. Eine Ausnahme bildet die Messung der Kaufneigung, bei der die befragte Person eine subjektive Kaufwahrscheinlichkeit angeben sollte. Auf die Vorgehensweise und die Anpassungsgüte der Konstruktmessung wird in Abschnitt 3 noch näher eingegangen werden.

Zwischen den genannten Konstrukten bestehen hypothetische Beziehungen. Es wird davon ausgegangen, dass Persönlichkeitsmerkmale Einfluss auf die Bedürfnisse und Einstellungen haben. Diesen wiederum wird ein Effekt auf die Verhaltensintention unterstellt. Im Einzelnen geht man von folgenden Hypothesen aus:

H1 Je höher die Aktivität einer Person,

a) desto positiver ist ihre Einstellung zu Sport und

b) desto geringer ist das Freizeitbedürfnis.

H2 Je größer das Selbstbewusstsein einer Person,

a) desto positiver ist ihre Einstellung zu Sport und

b) desto geringer ist das Freizeitbedürfnis.

H3 Je größer die Sorge einer Person um das eigene Gewicht,

a) desto negativer ist ihre Einstellung zu Sport,

b) desto höher ist das Freizeitbedürfnis und

c) desto höher ist die Kaufneigung.

H4 Je positiver die Einstellung einer Person zu Sport,

a) desto geringer ist das Freizeitbedürfnis und

b) desto geringer ist die Kaufneigung.

H5 Je höher das Freizeitbedürfnis einer Person, desto geringer ist die Kaufneigung.

Es wird davon ausgegangen, dass aktivere Menschen grundsätzlich eine positivere Einstellung zu Sport haben als weniger aktive Menschen, da Sport im großen Maße mit Aktivität in Verbindung gebracht werden kann (H1a). Weiterhin wird unterstellt, dass aktivere Menschen ihr Leben besser organisieren und daher insgesamt ein geringeres Freizeitbedürfnis haben als weniger aktive Menschen (H1b). Das Selbstbewusstsein einer Person wirkt sich positiv auf die Einstellung zum Sport aus, da Personen mit höherem Selbstbewusstsein sich mehr zutrauen als Personen mit geringerem Selbstbewusstsein (H2a). Letztere sehen im Sport tendenziell eher einen belastenden Prüfungscharakter. Die Höhe des Selbstbewusstseins einer Person wirkt sich weiterhin negativ auf das Freizeitbedürfnis aus, da selbstbewussten Personen tendenziell eher die Verantwortung in anderen Lebensbereichen als Freizeit wichtig ist (H2b). Die Sorge einer Person um das eigene Gewicht wirkt sich negativ auf die Einstellung zu Sport aus, da Sport als Zwang beziehungsweise als notwendiges Übel zur Gewichtsreduktion wahrgenommen wird (H3a). Weiterhin wirkt die Sorge um das eigene Körpergewicht positiv auf das Freizeitbedürfnis einer Person, da tendenziell eher der Wunsch danach besteht, sich "etwas Gutes zu tun" (H3b). Die Sorge um das eigene Körpergewicht hat einen positiven Effekt auf die Kaufneigung, da ein Hometrainer in erster Linie dazu dient, sich "fit zu halten" (H3c). Die Einstellung zu Sport wirkt sich negativ auf das Freizeitbedürfnis aus, weil unterstellt wird, dass Personen mit weniger positiver Einstellung zum Sport ein höheres Freizeitbedürfnis haben als Personen mit positiver Einstellung zum Sport (H4a). Dabei wird keine Aussage darüber gemacht, wie sinnvoll die Freizeitgestaltung jeweils aussieht. Außerdem beeinflusst die Einstellung zu Sport die Kaufneigung negativ, da davon auszugehen ist, dass Sportler andere Sportarten als Hometrainer-Sport bevorzugen und daher tendenziell keinen Hometrainer benötigen (H4b). Das Freizeitbedürfnis einer Person wirkt sich negativ auf die Kaufneigung aus, weil ein Hometrainer als ein Instrument zur zeitsparenden Freizeitgestaltung angesehen werden kann. Daher ist davon auszugehen, dass Personen mit hohem Freizeitbedürfnis tendenziell weniger

Interesse an einem Hometrainer haben (H5). Die Hypothesenstruktur ist in Abbildung 1 zusammengefasst.

Die Hypothesenstruktur lässt erkennen, dass es (latente) Variablen gibt, die ausschließlich andere (latente) Variablen erklären (Persönlichkeitsmerkmale). Diese Variablen werden als exogene latente Variablen bezeichnet. Andererseits gibt es (latente) Variablen, die durch andere latente Variablen erklärt werden und z. T. gleichzeitig andere (latente) Variablen erklären. Diese Variablen nennt man endogene Variablen. In der vorliegenden Struktur sind die Einstellung zu Sport, das Freizeitbedürfnis sowie die Kaufneigung endogene latente Variablen.

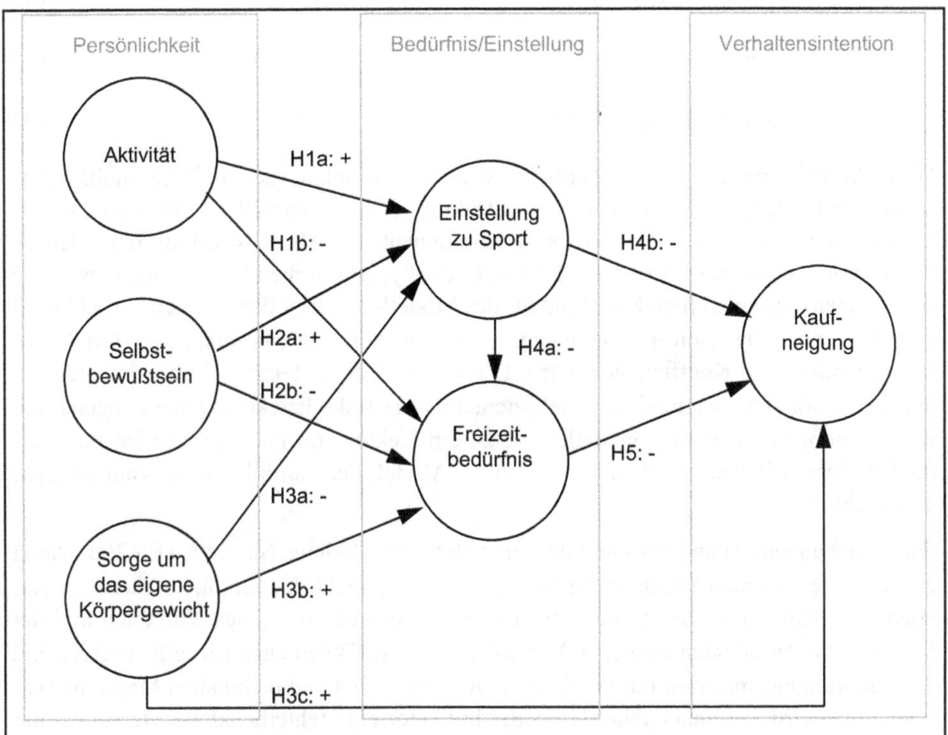

Abbildung 1: Hypothesenstruktur des Anwendungsbeispiels

2.2 Modellspezifikation

Eine grundlegende Besonderheit der Kausalanalyse ist die Unterscheidung zwischen beobachteten und latenten Variablen. Erstere werden auch als Indikatorvariablen oder Indikatoren bezeichnet, für letztere sind die Bezeichnungen Faktoren und Konstrukte üblich. Ausgangspunkt einer kausalanalytischen Untersuchung ist ein Modell aus linearen Gleichungen, das hypothetische Beziehungen zwischen den Modellvariablen beschreibt. Das bekannteste dieser Modelle (das auch dem Computerprogramm LISREL zugrunde liegt) hat die Form (z. B. Jöreskog/Sörbom 1982):

$$\eta = B\eta + \Gamma\xi + \zeta \quad (1)$$

$$y = \Lambda_y \eta + \varepsilon \quad (2)$$

$$x = \Lambda_x \xi + \delta . \quad (3)$$

Diese Modellformulierung verdeutlicht, wie die Kausalanalyse mehrere multivariate Modelle integriert: Gleichung (1) ist ein Strukturgleichungsmodell, dessen Variablen allerdings nicht direkt messbar sind. Diese Komponente des Modells soll im folgenden als Strukturmodell bezeichnet werden. Es drückt die hypothetischen Beziehungen zwischen den latenten Variablen (den Konstrukten) des Modells aus. Bei den latenten Variablen ist zwischen endogenen (mit η bezeichneten) und exogenen (mit ξ bezeichneten) Größen zu unterscheiden. Die Koeffizientenmatrix B modelliert die Effekte zwischen latenten endogenen Variablen, während die Koeffizientenmatrix Γ die Effekte latenter exogener auf latente endogene Variablen modelliert. ζ ist ein Vektor von Fehlergrößen im Strukturmodell, dessen Bedeutung dem Fehlerterm im Modell der multiplen Regressionsanalyse entspricht.

Die Gleichungen (2) und (3) sind faktorenanalytische Modelle. Sie stellen die Beziehung zwischen den latenten Variablen (η bzw. ξ) und den zugehörigen Indikatorvariablen dar. Hierbei enthält der Vektor y die Indikatoren der latenten endogenen Variablen und der Vektor x die der latenten exogenen Variablen. Die Koeffizientenmatrizen Λ_y und Λ_x sind als Faktorladungsmatrizen interpretierbar. Die Vektoren ε und δ enthalten Messfehlervariablen. Es wird also unterstellt, dass jeder Indikator eine fehlerbehaftete Messung einer (unter Umständen auch mehrerer) latenten Variablen darstellt. Dieser Teil des Modells wird auch als Messmodell bezeichnet (vgl. hierzu auch den Artikel zur konfirmatorischen Faktorenanalyse in diesem Buch).

Eine besondere Herausforderung bei der Modellspezifikation ist die Spezifikation von moderierten Effekten, das heißt Effekten, deren Stärke von einer dritten Variable (dem sogenannten Moderator) abhängt (Homburg 2007). Soll ein solcher Effekt in einem Kausalmodell untersucht werden, so besteht zum einen die Möglichkeit, eine Mehrgruppenkausalanalyse durchzuführen. Hierzu wird die Stichprobe entlang der Ausprägungen der Moderatorvariable in mehrere Teilstichproben geteilt und anschließend untersucht, ob der entsprechende Effekt in den verschiedenen Teilstichproben unterschiedlich stark ausfällt (bzw. sogar seine Richtung ändert). Alternativ ist es aber auch möglich, moderierte Effekte über den Einbezug eines Interaktionsterms aus zwei latenten Variablen ins Modell zu integrieren. Hierzu existieren eine Reihe unterschiedlicher Verfahren, einen Überblick geben Marsh/Wen/Hau (2006) und Huber/Heitmann/Herrmann (2006).

Abbildung 2 zeigt das in unserem Anwendungsbeispiel untersuchte Kausalmodell unter Verwendung der kausalanalytischen Notation. Die Abbildung enthält sowohl die Spezifikation des Strukturmodells als auch die Spezifikation der Messmodelle. Die Spezifikation des Strukturmodells kann nach der Definition der verwendeten Konstrukte und der Formulierung von Hypothesen erfolgen (vgl. Abschnitt 2.1). Die Modellierung der Hypothesen im Strukturmodell umfasst die Einteilung der Konstrukte in exogene und endogene latente Variablen und die Festlegung von Art und Richtung der einzelnen Dependenzen. Es sei darauf hingewiesen, dass die Indikatorvariablen den Items aus Tabelle 1 entsprechen. Also ist x_1 beispielsweise der Grad der Zustimmung zu der Aussage "Ich bin ein aktiver Mensch."

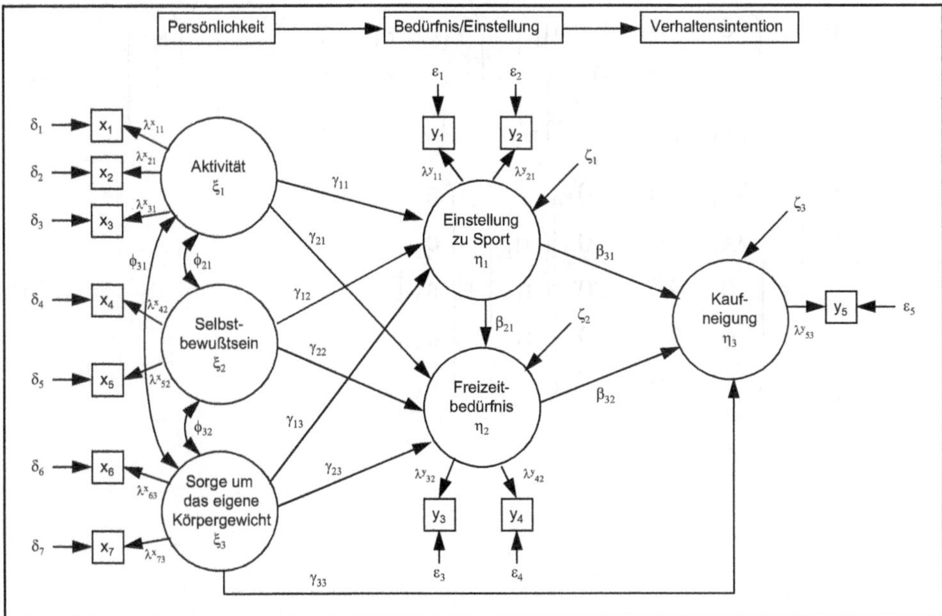

Abbildung 2: Grafische Darstellung des untersuchten Kausalmodells

Die Spezifikation des Messmodells erfordert eine vollständige Operationalisierung der Konstrukte, d. h. es muss festgelegt werden, welche Konstrukte durch welche Indikatoren gemessen werden. Dabei stellt jede Indikatorvariable eine fehlerbehaftete Messung des zugrundeliegenden Konstruktes dar. Den latenten Variablen muss eine Skala zugewiesen werden. Dies geschieht in der Regel durch Fixierung einer Faktorladung auf einen festen Wert (z. B. = 1). Durch das Messmodell werden Messfehler explizit berücksichtigt.

Die drei Persönlichkeitsmerkmale sind exogene latente Variablen und werden durch sieben Indikatoren $x_1, x_2, ..., x_7$ gemessen. Die gekrümmten Pfeile zwischen den exogenen latenten Variablen symbolisieren deren Kovarianzen. Aus der Hypothesenstruktur ergibt sich, dass die Bedürfnisse/Einstellungen und die Kaufneigung endogene latente Variablen sind. Ihre fünf Indikatoren werden mit $y_1, y_2, ..., y_5$ bezeichnet. Es ist zu erkennen, dass auch zwischen endogenen latenten Variablen Effekte vorhanden sind. Weiterhin ist für jede endogene latente Variable eine Fehlervariable vorhanden. Die endogene latente Variable Kaufneigung hat lediglich einen Indikator. Daher ist hier kein Messfehler mehr identifizierbar, d. h. die Varianz von ε_5 beträgt null.

Das Gesamtmodell stellt sich in der Form der Gleichungen (1), (2) und (3) folgendermaßen dar:

$$\begin{pmatrix} \eta_1 \\ \eta_2 \\ \eta_3 \end{pmatrix} = \begin{pmatrix} 0 & 0 & 0 \\ \beta_{21} & 0 & 0 \\ \beta_{31} & \beta_{32} & 0 \end{pmatrix} \begin{pmatrix} \eta_1 \\ \eta_2 \\ \eta_3 \end{pmatrix} + \begin{pmatrix} \gamma_{11} & \gamma_{12} & \gamma_{13} \\ \gamma_{21} & \gamma_{22} & \gamma_{23} \\ 0 & 0 & \gamma_{33} \end{pmatrix} \begin{pmatrix} \xi_1 \\ \xi_2 \\ \xi_3 \end{pmatrix} + \begin{pmatrix} \zeta_1 \\ \zeta_2 \\ \zeta_3 \end{pmatrix} \tag{4}$$

$$\begin{pmatrix} y_1 \\ y_2 \\ y_3 \\ y_4 \\ y_5 \end{pmatrix} = \begin{pmatrix} \lambda^y_{11} & 0 & 0 \\ \lambda^y_{21} & 0 & 0 \\ 0 & \lambda^y_{32} & 0 \\ 0 & \lambda^y_{42} & 0 \\ 0 & 0 & \lambda^y_{53} \end{pmatrix} \begin{pmatrix} \eta_1 \\ \eta_2 \\ \eta_3 \end{pmatrix} + \begin{pmatrix} \varepsilon_1 \\ \varepsilon_2 \\ \varepsilon_3 \\ \varepsilon_4 \\ \varepsilon_5 \end{pmatrix} \tag{5}$$

$$\begin{pmatrix} x_1 \\ x_2 \\ x_3 \\ x_4 \\ x_5 \\ x_6 \\ x_7 \end{pmatrix} = \begin{pmatrix} \lambda^x_{11} & 0 & 0 \\ \lambda^x_{21} & 0 & 0 \\ \lambda^x_{31} & 0 & 0 \\ 0 & \lambda^x_{42} & 0 \\ 0 & \lambda^x_{52} & 0 \\ 0 & 0 & \lambda^x_{63} \\ 0 & 0 & \lambda^x_{73} \end{pmatrix} \begin{pmatrix} \xi_1 \\ \xi_2 \\ \xi_3 \end{pmatrix} + \begin{pmatrix} \delta_1 \\ \delta_2 \\ \delta_3 \\ \delta_4 \\ \delta_5 \\ \delta_6 \\ \delta_7 \end{pmatrix} \quad (6)$$

2.3 Parameterschätzung

Es ist unter geeigneten Voraussetzungen möglich, die Kovarianzmatrix Σ der beobachteten Variablen y und x durch die acht Parametermatrizen B, Γ, Λ_y, Λ_x, ϕ, Ψ, θ_ε und θ_δ auszudrücken (Homburg 1989, S. 151 ff.), d. h.

$$\Sigma = \Sigma(B, \Gamma, \Lambda_y, \Lambda_x, \phi, \Psi, \theta_\varepsilon, \theta_\delta) \quad (7).$$

Hierbei bezeichnen die vier letztgenannten Parametermatrizen die Kovarianzmatrizen der Vektoren ξ, ζ, ε und δ.

Der Grundgedanke der Kausalanalyse besteht darin, die Assoziationen zwischen den beobachteten Variablen (die aus deren Kovarianzmatrix ersichtlich sind) auf Beziehungen zwischen einer kleineren Anzahl zugrundeliegender Konstrukte zurückzuführen. Dies wird durch eine spezielle Spezifikation der Gleichungen (1), (2) und (3) sowie durch eine Reihe zusätzlicher Annahmen erreicht. Diese Spezifikation führt zu einem Vektor α von unbekannten Parametern.

Für das Anwendungsbeispiel besteht der Parametervektor α aus

- den 10 Parametern des Strukturgleichungsmodells β_{21}, β_{31}, β_{32}, γ_{11}, γ_{12}, γ_{13}, γ_{21}, γ_{22}, γ_{23}, γ_{33},
- den insgesamt 12 Faktorladungen λ^y_{11}, λ^y_{21}, λ^y_{32}, λ^y_{42}, λ^y_{53}, λ^x_{11}, λ^x_{21}, λ^x_{31}, λ^x_{42}, λ^x_{52}, λ^x_{63}, λ^x_{73},
- den 6 Varianzen/Kovarianzen der exogenen latenten Variablen ϕ_{11}, ϕ_{21}, ϕ_{22}, ϕ_{31}, ϕ_{32}, ϕ_{33},
- den 3 Varianzen der Fehlervariablen des Strukturgleichungsmodells (der ζ-Variablen) ψ_{11}, ψ_{22}, ψ_{33} und

- den 12 Varianzen der Messfehlervariablen (ε bzw. δ) $\theta^{\varepsilon}_{11}$, $\theta^{\varepsilon}_{22}$, $\theta^{\varepsilon}_{33}$, $\theta^{\varepsilon}_{44}$, $\theta^{\varepsilon}_{55}$, θ^{δ}_{11}, θ^{δ}_{22}, θ^{δ}_{33}, θ^{δ}_{44}, θ^{δ}_{55}, θ^{δ}_{66}, θ^{δ}_{77}.

Es sei darauf hingewiesen, dass 6 der 12 Faktorladungen auf eins fixiert werden, um den jeweiligen Konstrukten eine Skala zuzuordnen (d. h. $\lambda^{y}_{11} = \lambda^{y}_{32} = \lambda^{y}_{53} = \lambda^{x}_{11} = \lambda^{x}_{42} = \lambda^{x}_{63} = 1$). Weiterhin wird die Messfehlervarianz des einzelnen Indikators y_5 auf null fixiert (d. h. $\theta^{\varepsilon}_{55} = 0$). Somit besteht der Parametervektor α aus insgesamt 36 Parametern.

Gleichung (7) lässt sich nun in der Form

$$\Sigma = \Sigma(\alpha) \tag{8}$$

schreiben. Die Kovarianzmatrix der beobachteten Variablen ist also eine Funktion des Vektors der zu schätzenden Modellparameter.

Auf dieser Basis erfolgt die Parameterschätzung mit dem Ziel, einen Vektor $\hat{\alpha}$ von Parameterschätzern so zu ermitteln, dass die vom Modell generierte Kovarianzmatrix

$$\hat{\Sigma} = \Sigma(\hat{\alpha}) \tag{9}$$

der empirisch ermittelten Kovarianzmatrix S möglichst ähnlich wird. Dies geschieht durch Lösung eines Minimierungsproblems:

$$f_s(\alpha) = F(S, \Sigma(\alpha)) \rightarrow \min \tag{10}$$

F bezeichnet hierbei eine Diskrepanzfunktion, die die Unterschiedlichkeit zweier symmetrischer Matrizen misst. Solche Funktionen lassen sich aus den gängigen statistischen Schätzprinzipien (Maximum Likelihood, Weighted Least Squares etc.) ableiten (vgl. Bollen 1989 für eine detaillierte Beschreibung der verschiedenen Diskrepanzfunktionen). In der Regel sollte die ML-Schätzfunktion zum Einsatz kommen (Homburg/Klarmann 2006, S. 376). Eine zentrale Annahme der ML-Schätzfunktion ist dabei die multivariate Normalverteilung der Ausgangsdaten. Um mögliche Verzerrungen durch Abweichungen von dieser Verteilungsannahme zu verhindern, sollte bei Stichproben mit mehr als 250 Fällen deshalb eine robuste ML-Schätzung erfolgen (Homburg/Klarmann 2006, S. 376). Hier werden zentrale inferenzstatistische Prüfgrößen der Kausalanalyse (t-Werte und χ^2-Statistik) ohne die Annahme multivariater Normalverteilung ermittelt (zu den entsprechenden Korrekturverfahren West/Finch/Curran 1995, S. 65 f.).

Ein zentrales Problem bei der Kausalanalyse ist die Frage, ob das spezifizierte Modell identifiziert ist. Dies ist der Fall, wenn die Kovarianzmatrix der Indikatoren genügend Information für eine eindeutige Schätzung der Modellparameter enthält (Homburg/Baumgartner 1995a, S. 5). Das Identifikationsproblem lässt sich durch die Frage formulieren, ob eine Kovarianzmatrix eindeutig die Gesamtheit der geschätzten Parameter bestimmt, oder ob es weitere Kovarianzmatrizen gibt, die zur gleichen Parameterschätzung führen (Bagozzi/Baumgartner 1994, S. 390). Als Anzeichen für nicht identifizierte Modelle sind große Standardfehler sowie unverständliche oder entartete Schätzer (z. B. negative Fehlervarianzen) zu erwähnen. Im Anwendungsbeispiel treten solche Probleme jedoch nicht auf.

Die Identifikation eines Modells kann theoretisch durch ein nichtlineares Gleichungssystem mit $q \cdot (q+1)/2$ Gleichungen und t Variablen (wobei q die Zahl der Indikatoren ist und t die Zahl der zu schätzenden Parameter bezeichnet) gelöst werden. Eine exakte Lösung des Identifikationsproblems ist jedoch praktisch nur in Ausnahmefällen möglich. Eine notwendige Bedingung für die Modellidentifikation ist offensichtlich durch

$$t \leq \frac{q \cdot (q+1)}{2} \tag{11}$$

gegeben. Sie besagt, dass die Anzahl der zu schätzenden Modellparameter (t) höchsten so groß sein darf wie die Anzahl der empirischen Varianzen und Kovarianzen ($q \cdot (q+1)/2$). Die Differenz aus diesen beiden Größen liefert die Freiheitsgrade des Modells (degrees of freedom). Im Anwendungsbeispiel beträgt die Anzahl der zu schätzenden Modellparameter $t = 36$ (vgl. Abschnitt 2.3) und die Anzahl der empirischen Varianzen und Kovarianzen beträgt 78 (= $(12 \cdot 13)/2$). Daher ist im Anwendungsbeispiel die notwendige Bedingung für die Modellidentifikation erfüllt, das Modell hat 42 Freiheitsgrade.

Die wichtigste hinreichende Bedingung zur Modellidentifikation ist die „Two Step"-Regel: Kann man in einem ersten Schritt zeigen, dass in einem Kausalmodell alle Parameter der Messmodelle identifiziert sind und in einem zweiten Schritt, dass alle Parameter des Strukturmodells identifiziert sind, so ist das gesamte Modell identifiziert. Entsprechende Hinweise zur Identifikation der Messmodelle finden sich im Beitrag von Homburg/Klarmann/Pflesser zur konfirmatorischen Faktorenanalyse in diesem Band. Für Strukturmodelle gilt, dass grundsätzlich alle rekursiven Modelle, das heißt alle Modelle, in denen keine latente Variable direkt oder indirekt durch sich selbst beeinflusst wird, identifiziert sind (Bollen 1989, S. 95). Eine ausführliche Darstellung von weiteren Kriterien zur Modellidentifikation findet der Leser bei Bollen (1989, S. 326 ff.).

Im Anwendungsbeispiel werden mit einer Ausnahme alle Konstrukte über zwei oder mehr Indikatoren gemessen. Da die Konstrukte im Verbund mit anderen Konstrukten gemessen werden, reichen zwei Indikatoren zur Identifikation der Messmodelle aus (siehe hierzu auch die Ausführungen im Beitrag von Homburg/Klarmann/Pflesser zur konfirmatorischen Faktorenanalyse). Für die lediglich über eine Indikatorvariable gemessene Kaufneigung wird wie oben bereits beschrieben die Identifikation über die Fixierung des Messfehlers auf Null hergestellt. Alle Parameter der Messmodelle sind daher identifiziert. Das Strukturmodell ist rekursiv und deshalb ebenfalls identifiziert. Gemäß der hinreichenden „Two Step"-Regel ist damit das gesamte Kausalmodell identifiziert.

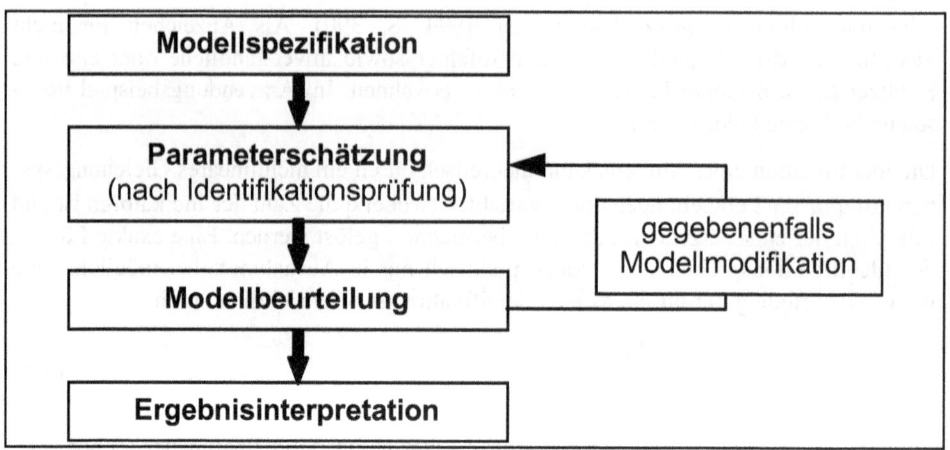

Abbildung 3: Vorgehensweise im Rahmen der Kausalanalyse

3. Vorgehensweise

Die Durchführung einer Kausalanalyse erfolgt in mehreren Schritten (vgl. Abbildung 3). Auf die Modellspezifikation und die Parameterschätzung wurde in den Abschnitten 2.2 bzw. 2.3 ausführlich eingegangen. Der nächste Schritt umfasst die Modellbeurteilung. Fällt die Modellbeurteilung negativ aus, so ist gegebenenfalls eine Modellmodifikation erforderlich. Andernfalls schließt sich an die Modellbeurteilung eine detaillierte Interpretation der Ergebnisse an.

Im Rahmen der Modellbeurteilung geht es um die Frage, inwieweit das spezifizierte Modell geeignet ist, die Assoziationen zwischen den beobachteten Variablen zu beschreiben. Die Modellbeurteilung erfolgt auf der Grundlage verschiedener Anpassungsmaße.

Anpassungsmaße sind Größen, die auf der Basis der Parameterschätzung die Güte der Anpassung des relevanten Modells an den vorliegenden Datensatz beurteilen. In der Abbildung 4 wird ein Überblick zu Anpassungsmaßen im Rahmen der Kausalanalyse vorgestellt. Grundsätzlich ist zwischen globalen und lokalen Anpassungsmaßen zu unterscheiden. Globale Anpassungsmaße beurteilen die Anpassungsgüte des gesamten Modells, während lokale Anpassungsmaße sich auf einzelne Modellteile (bis hin zu einzelnen Gleichungen) beziehen. Insbesondere im Zusammenhang mit der formalen Darstellung der Anpassungsmaße verweisen wir auf den Beitrag zur konfirmatorischen Faktorenanalyse in diesem Buch.

Alle globalen Anpassungsmaße basieren letztendlich auf einem Vergleich zwischen der empirischen Kovarianzmatrix S und der vom Modell reproduzierten Kovarianzmatrix $\hat{\Sigma}$. Je nachdem, wie dieser Vergleich zwischen zwei Matrizen in einer einzigen Zahl abgebildet wird, lassen sich unterschiedliche Kategorien von globalen Anpassungsmaßen identifizieren.

Bei den globalen Anpassungsmaßen unterscheidet man Anpassungsmaße mit Vergleichsstandard und relative globale Anpassungsmaße. Letztere sind nicht zur Beurteilung eines einzelnen Modells, sondern zum Vergleich mehrerer alternativer Modelle geeignet und somit als Modellselektionskriterien aufzufassen. Im Rahmen dieses Artikels wird nur am Rande auf diese Maße eingegangen (für einzelne Maße Homburg/Baumgartner 1995a, S. 169).

Anpassungsmaße mit Vergleichsstandard lassen sich in Stand Alone-Anpassungsmaße und inkrementelle Anpassungsmaße einteilen. Bei letzteren erfolgt die Beurteilung nicht isoliert, sondern in Relation zu einem Basismodell. Dabei handelt es sich um ein Nullmodell, welches keine Information enthält. Es lassen sich inkrementelle Anpassungsmaße unterscheiden, die Freiheitsgrade berücksichtigen (z. B. der „Non-Normed Fit Index", NNFI vgl. Bentler/Bonett 1980 und der „Comparative Fit Index", CFI, vgl. Bentler 1990), und solche, die sie nicht berücksichtigen (z. B. der „Normed Fit Index", NFI, vgl. Bentler/Bonett 1980).

Bei Stand Alone-Anpassungsmaßen lassen sich inferenzstatistische und deskriptive Maße unterscheiden. Die Beurteilung des Modells bei inferenzstatistischen Anpassungsmaßen erfolgt durch einen statistischen Signifikanztest. Beispiele für diese Art von Anpassungsmaßen sind die χ^2-Teststatistik und der RMSEA (root mean squared error of approximation). Der χ^2-Test prüft die absolute "Richtigkeit" eines Modells. Dies ist kritisch zu sehen, da die Zielsetzung empirischer Forschung in der Regel eine möglichst gute Approximation der Realität ist. Dieses und weitere Defizite treten beim RMSEA nicht auf, mit dem getestet wird, ob das Modell die Realität hinreichend gut approximiert (Steiger 1990).

Deskriptive Anpassungsmaße ermöglichen die Beurteilung der Güte der Datenreproduktion des Modells durch Vorgabe von Mindeststandards (Erfahrungswerte). Es lassen sich Anpassungsmaße unterscheiden, die Freiheitsgrade berücksichtigen (z. B. χ^2/df), und solche, die sie nicht berücksichtigen (z. B. der „Standardized Root Mean Square Residual", SRMR, vgl. Bentler 1995). Durch die Berücksichtigung der Freiheitsgrade und somit der Parameterzahl des Modells ist die erstgenannte Gruppe von Anpassungsmaßen von größerer Aussagekraft, da Modelle mit kleinerer Parameterzahl bei sonst gleicher Ähnlichkeit besser beurteilt werden (Jöreskog/Sörbom 1982).

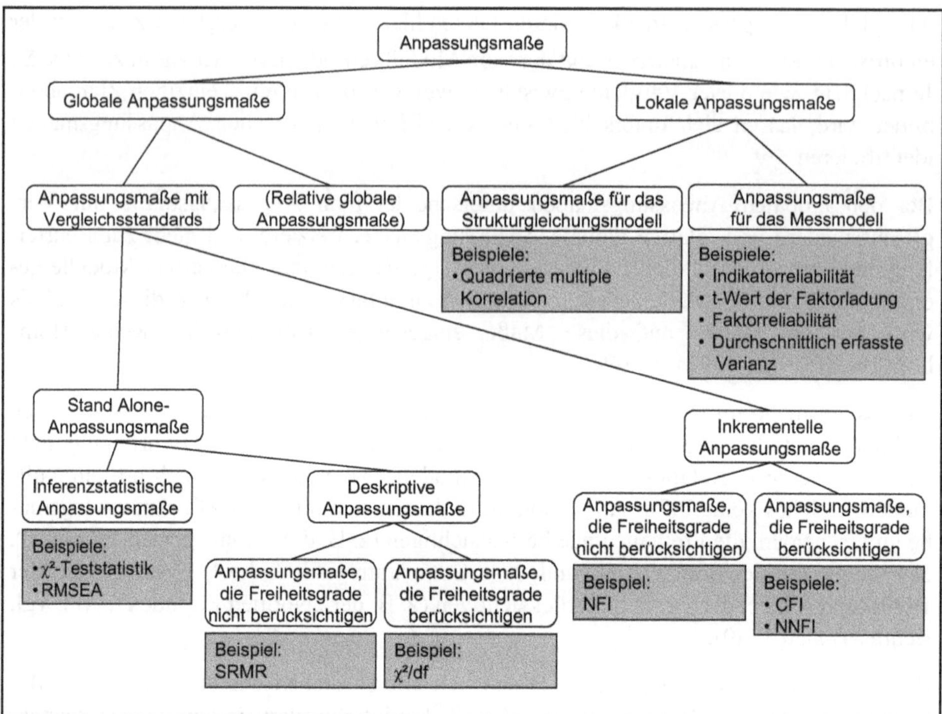

Abbildung 4: Übersicht zu Anpassungsmaßen zur Beurteilung von Kausalmodellen (in Anlehnung an Homburg/Baumgartner 1995a, S. 165)

Analog zum Beitrag zur konfirmatorischen Faktorenanalyse von Homburg/Klarmann/ Pflesser in diesem Band wurde auch in diesem Beitrag im Vergleich zu vorigen Versionen auf eine Darstellung der Anpassungsmaße „Goodness of Fit Index", GFI, und „Adjusted Goodness of Fit Index", AGFI verzichtet. Hintergrund dieser Änderung sind jüngere Simulationsstudien, in denen sich diese Anpassungsmaße als weniger leistungsfähig erweisen (vgl. vor allem Hu/Bentler 1998, 1999 und Sharma et al. 2005).

Lokale Anpassungsmaße beziehen sich entweder auf das Messmodell oder auf das Strukturmodell der Kausalanalyse. Im Rahmen des Messmodells beziehen sich die Anpassungsmaße entweder auf einzelne Indikatoren oder auf einzelne Faktoren. Die Indikatorreliabilität gibt an, welcher Anteil der Varianz des Indikators (x_i) durch den zugrundeliegenden Faktor (ξ_j) erklärt wird. Der Wert ist auf das Intervall [0,1] normiert. Weiterhin kann jede Faktorladung (λ_{ij}) mit einem t-Test auf Signifikanz getestet werden.

Von größerer Bedeutung als Aussagen über einzelne Indikatoren ist die Beurteilung der Faktoren. Dies geschieht in der Regel durch die Faktorreliabilität (FR) und die durchschnittlich erfasste Varianz eines Faktors (DEV). Bei der Berechnung ist zu beachten, dass die Summation über alle Indikatoren einer latenten Variablen erfolgt. Beide Größen sind auf das Intervall [0,1] normiert, hohe Werte lassen auf hohe Qualität der Messung schließen. Für detaillierte Ausführungen hierzu verweisen wir auf den Beitrag zur konfirmatorischen Faktorenanalyse in diesem Band.

Die Beurteilung einzelner Gleichungen des Strukturgleichungsmodells ist durch die quadrierte multiple Korrelation möglich. Für eine endogene latente Variable η_j beträgt sie

$$qmk(\eta_j) = 1 - \frac{\psi_{jj}}{var(\eta_j)} \quad (12).$$

Hierbei bezeichnet $var(\eta_j)$ die geschätzte Varianz des Konstrukts η_j und ψ_{jj} die geschätzte Varianz der zugehörigen Fehlervariablen ζ_j (vgl. Gleichungen (1) und (4)). Auch diese Größe liegt zwischen 0 und 1. Sie gibt den Anteil der Varianz der latenten Variablen η_j an, der durch diejenigen latenten Variablen erklärt wird, die im Rahmen des spezifizierten Modells einen Effekt auf η_j ausüben. Die Größe liegt zwischen 0 und 1; der verbleibende Anteil der Varianz von η_j entfällt auf die Fehlervariable ζ_j.

Die Beurteilung eines Kausalmodells sollte sich unseres Erachtens in fünf Schritten vollziehen (Homburg/Baumgartner 1995a, S. 171):

1. Überprüfung formaler Aspekte
2. Beurteilung der Anpassungsgüte des Messmodells
3. Beurteilung der Anpassungsgüte des gesamten Modells
4. Beurteilung der Anpassungsgüte des Strukturgleichungsmodells
5. Kreuzvalidierung/Vergleich mit alternativen Modellstrukturen

Bei der Überprüfung formaler Aspekte sollte sich der Anwender vergewissern, dass keine entarteten Schätzwerte (z. B. negative Varianzen, unverhältnismäßig hohe Standardfehler von Schätzern) auftreten (hierzu Chen et al. 2001). Solche entarteten Schätzwerte sind Zeichen für grundlegende Fehlspezifikationen im Modell. Werden solche Phänomene beobachtet (was bei sinnvoll spezifizierten Modellen und geeigneten Daten allerdings selten der Fall sein dürfte), erübrigt sich die weitere Modellbeurteilung und selbstverständlich auch jegliche Ergebnisinterpretation. Auch die Überprüfung der Modellidentifikation hat in diesem Schritt zu erfolgen. Eine umfassende Diskussion der Überprüfung formaler Aspekte mit zahlreichen Anwendungsempfehlungen findet sich bei Bagozzi/Baumgartner (1994).

Zentraler Bestandteil der Modellbeurteilung sind die Schritte 2, 3 und 4. Hier kommen die Anpassungsmaße zur Anwendung. Der zweite Schritt stützt sich auf lokale Anpassungsmaße zur Beurteilung des Messmodells, im dritten Schritt werden globale Anpassungsmaße verwendet, und im vierten Schritt gelangen Anpassungsmaße des Strukturmodells zur Anwendung.

Angesichts des kaum noch überschaubaren Spektrums von Anpassungsmaßen stellt sich insbesondere für den an methodischen Belangen weniger interessierten Anwender der Kausalanalyse die Frage, ob es möglich ist, sich auf wenige Maße zu beschränken, welche dies gegebenenfalls sein sollten und welche Anforderungen bzgl. der einzelnen Maße zu stellen sind. Tabelle 2 zeigt eine Empfehlung für ein Basisgerüst zur Beurteilung der Anpassungsgüte eines Kausalmodells. Es soll dem Benutzer der Kausalanalyse als Richtlinie für eine schnelle und in methodischer Hinsicht nicht zu komplexe Beurteilung der Anpassungsgüte dienen.

Folgende Bemerkungen sind allerdings angebracht: Voraussetzung für die Anwendung dieses Basisgerüsts ist, dass (wie bereits erwähnt) gewisse formale Kriterien erfüllt sind. Hierzu zählt insbesondere die Tatsache, dass keine entarteten Schätzungen (z. B. negative Varianzen) vorliegen. Die Angabe von Schwellenwerten ist nicht ganz unproblematisch. Solche Schwellenwerte hängen insbesondere vom Stichprobenumfang und von der Modellkomplexität ab. Bei sehr großen Stichproben sowie bei Modellen geringerer Komplexität sollten die Anforderungen höher sein als in Tabelle 2 spezifiziert. Es ist unseres Erachtens nicht erforderlich, dass die in Tabelle 2 aufgeführten Anforderungen ausnahmslos erfüllt sind. Insbesondere sollte das Unterschreiten einzelner lokaler Anpassungsmaße nicht automatisch zur Ablehnung des untersuchten Modells führen.

Von den inferenzstatistischen Anpassungsmaßen ist aus den bereits erläuterten Gründen lediglich der RMSEA in Tabelle 2 aufgenommen worden. Deskriptive bzw. inkrementelle Anpassungsmaße, die die Freiheitsgrade nicht berücksichtigen, sind abgesehen vom SRMR nicht aufgenommen worden, da sie nicht in der Lage sind, überparametrisierte Modelle als solche zu identifizieren. Die entsprechenden Maße, die die Freiheitsgrade berücksichtigen, sind in jedem Fall vorzuziehen. Relative, globale Anpassungsmaße wurden nicht aufgenommen, da diese lediglich beim Vergleich alternativer Modelle anzuwenden sind.

Anders als in früheren Versionen dieses Beitrags wurden, wie bereits erwähnt, GFI und AGFI nicht mehr in diese Tabelle aufgenommen, da sie bei der Beurteilung der Modellgüte eher eine geringere Rolle spielen sollten. Auf Grundlage der Ergebnisse von Hu/Bentler (1998, 1999) wurden NNFI und SRMR neu berücksichtigt.

Anpassungsmaße	Anforderung
a) Messmodell	
Reliabilitäten (rel) für jeden Indikator	≥ 0.4
Faktorreliabilitäten (FR) für jeden Faktor	≥ 0.6
Durchschnittlich erfasste Varianzen (DEV) für jeden Faktor	≥ 0.5
b) Gesamtmodell	
RMSEA	≤ 0.05 (bzw. 0,1)
SRMR	≤ 0.05 (bzw. 0,1)
χ^2/df	≤ 3
NFI	≥ 0.9
NNFI	≥ 0.9
CFI	≥ 0.9
c) Strukturgleichungsmodell	
Quadrierte multiple Korrelationen (qmk) für jede endogene latente Variable	(≥ 0.4)

Tabelle 2: Empfohlenes Basisgerüst zur Beurteilung der Anpassungsgüte eines Kausalmodells (in Anlehnung an Homburg/Baumgartner 1995a, S. 172)

Im Zusammenhang mit der Beurteilung der Anpassungsgüte des Strukturgleichungsmodells empfiehlt unser Basisgerüst die Ermittlung der quadrierten multiplen Korrelation (vgl. Formel (12)) für jede endogene latente Variable. Es erscheint uns allerdings nicht immer sinnvoll, hier einen Mindestwert zu fordern. Eine solche Forderung wäre nur sinnvoll, wenn das Erkenntnisziel der Untersuchung darin besteht, die jeweiligen endogenen latenten Variablen möglichst vollständig zu erklären. Dann könnte man beispielsweise eine quadrierte multiple Korrelation von mindestens 0.4 fordern. Geht es dem Anwender der Kausalanalyse aber lediglich um die Prüfung bestimmter vermuteter Beziehungen zwischen den latenten Variablen, so sollte er die quadrierten multiplen Korrelationen zwar bei der Interpretation der Ergebnisse zur Kenntnis nehmen, hier aber keine Mindestanforderungen vorgeben.

Der letzte Schritt bei der Beurteilung eines Kausalmodells sollte idealerweise eine Kreuzvalidierung des relevanten Modells sein. Hierbei wird untersucht, inwieweit das Modell in der Lage ist, die in einem zweiten Datensatz auftretenden Strukturen (Kovarianzen zwischen beobachteten Variablen) zu erklären (Cudeck/Browne 1983). Gegebenenfalls kann eine hinreichend große Stichprobe auch geteilt werden, so dass man einen Teil der Daten zur Kalibrierung des Modells und den anderen für die Kreuzvalidierung verwendet (Homburg 1991). Im Rahmen der Kreuzvalidierung empfiehlt es sich, das relevante Modell einem Vergleich mit einer Reihe alternativer Modelle zu unterziehen, die ebenfalls theoretisch plausibel sind. Hierbei können neben den eigentlichen Kreuzvalidierungsindizes (Cudeck/Browne 1983) auch relative, globale Anpassungsmaße zur Anwendung kommen. Die Simulationsstudie von Homburg (1991) zeigt, dass insbesondere das Informationskriterium von Schwarz (1978) für den Vergleich alternativer Modellstrukturen sehr gut geeignet ist.

Im Folgenden soll kurz auf Aspekte einer gegebenenfalls erforderlichen Modellmodifikation eingegangen werden. Die Modellmodifikation kann sich sowohl auf das Messmodell als auch auf das Strukturmodell beziehen. Bezüglich der Modifikationen des Messmodells verweisen wir auf den Artikel zur konfirmatorischen Faktorenanalyse in diesem Buch sowie auf Homburg/Giering (1996). Es sei angemerkt, dass die Modifikation des Messmodells bei der Untersuchung des Kausalmodells abgeschlossen sein sollte. Von dem Versuch einer simultanen Modifikation von Mess- und Strukturmodell kann nur abgeraten werden.

Modifikationen im Strukturmodell lassen sich einteilen in Ansätze der Parameterexpansion und der -kontraktion. Bei der Parameterexpansion werden zusätzliche Parameter eingeführt. In diesem Zusammenhang sind die Modifikationsindizes erwähnenswert. Diese geben zu jedem bislang fixierten Parameter an, inwieweit sich die Modellanpassung, ausgedrückt durch den χ^2-Wert, bei der Einführung des Parameters verbessert. Auf einem 5%-Signifikanzniveau ist eine Verbesserung des χ^2-Wertes von mindestens 3,84 signifikant (χ^2-Differenztest mit einem Freiheitsgrad). Man kann also beispielsweise testen, inwieweit die Erweiterung eines Modells um eine zusätzliche Beziehung zwischen latenten Variablen (d. h. die Einführung eines zusätzlichen γ- oder β-Parameters) zu einer signifikanten Verbesserung führt.

Hinter der Parameterkontraktion steht die Frage, wie sich die Anpassungsgüte des Modells bei Herausnahme von Parametern mit nicht-signifikanten Schätzern verändert. Sowohl für die Parameterexpansion als auch für die -kontraktion wird die Veränderung der Anpassungsgüte über einen χ^2-Differenztest entschieden. Liefert die Parameterexpansion eine signifikante Verbesserung der Anpassungsgüte, so sollte die Expansion durchgeführt werden. Liefert andererseits die Parameterkontraktion eine signifikante Verschlechterung der Anpassungsgüte, so sollte die Kontraktion nicht durchgeführt werden. In formaler Hinsicht handelt es sich um den gleichen Test wie bei dem χ^2-Differenzentest zur Ermittlung der Diskriminanzvalidität von Faktoren im Rahmen einer konfirmatorischen Faktorenanalyse (vgl. hierzu den Beitrag von Homburg/Pfleserr/Klarmann in diesem Buch). Eine detaillierte Darstellung der geschilderten Fragestellung sowie der Vorgehensweise findet der Leser bei Homburg/Dobratz (1991). Es sei abschließend erwähnt, dass im Rahmen der Modellmodifikation relative globale Anpassungsmaße (vgl. Abbildung 4) zur Anwendung kommen können. Ein Beispiel für ein relatives globales Anpassungsmaß ist das Informationskriterium von Akaike (1974). Danach ist unter mehreren alternativen Modellen dasjenige mit dem kleinsten Wert für das Informationskriterium auszuwählen.

Die abschließende Ergebnisinterpretation sollte zwei Komponenten beinhalten. Die erste bezieht sich auf das gesamte Kausalmodell. Es geht also um die Interpretation der gesamten Abhängigkeitsstruktur. Die zweite Komponente bezieht sich auf die Interpretation der einzelnen Parameter. Dabei ist von Interesse, welche Abhängigkeiten Signifikanz aufweisen, wie stark die Abhängigkeiten sind und welche zusätzlichen Erkenntnisse die Betrachtung direkter und indirekter Effekte liefert.

4. Anwendungsbeispiel

Die Schätzung des Kausalmodells im Anwendungsbeispiel mit dem Maximum-Likelihood Schätzverfahren liefert eine sehr gute Modellanpassung. Alle lokalen Anpassungsmaße übertreffen die geforderten Mindeststandards (vgl. Tabelle 3). Die Messung der Konstrukte ist trotz der geringen Item-Zahl als sehr zufriedenstellend einzuschätzen.

Die globalen Anpassungsmaße sind mit Ausnahme des RMSEA und SRMR besser als die Mindeststandards (vgl. Tabelle 4). Sowohl der RMSEA als auch der SRMR fallen etwas zu hoch aus. Dies führt dazu, dass der im Hinblick auf den RMSEA durchführbare "test of close fit" abgelehnt wird. Hierzu ist anzumerken, dass es bei der Modellbeurteilung nicht unbedingt darum geht, dass alle Kriterien erfüllt sind. Vielmehr sollte auf der Basis der verfügbaren Informationen ein positives Gesamturteil abgeleitet werden können. Dies ist im vorliegenden Anwendungsbeispiel gegeben.

	Faktorladung λ	Indikator-reliabilität	Faktor-reliabilität	Durchschnittlich erfasste Varianz
Aktivität (ξ_1)				
x_1	0,80	0,64		
x_2	0,78	0,61	0,81	0,58
x_3	0,71	0,50		
Selbstbewusstsein (ξ_2)				
x_4	0,96	0,93	0,82	0,70
x_5	0,69	0,47		
Sorge um das eigene Körpergewicht (ξ_3)				
x_6	0,81	0,65	0,69	0,53
x_7	0,63	0,40		
Einstellung zu Sport (η_1)				
y_1	0,67	0,44	0,68	0,52
y_2	0,77	0,60		
Freizeitbedürfnis (η_2)				
y_3	0,90	0,81	0,76	0,62
y_4	0,66	0,44		
Kaufneigung (η_3)				
y_5	1,0	1,0	(1,0)	(1,0)

Tabelle 3: Lokale Anpassungsmaße des Kausalmodells im Anwendungsbeispiel

RMSEA	0,072
SRMR	0,063
χ^2 / df	110,59 / 42 = 2,63
NFI	0,90
NNFI	0,94
CFI	0,93

Tabelle 4: Globale Anpassungsmaße des Kausalmodells im Anwendungsbeispiel

Die Überprüfung der Hypothesen zeigt, dass mit zwei Ausnahmen alle Hypothesen 'bestätigt' werden können (vgl. Tabelle 5). Bei über der Hälfte der Hypothesen ergab die Schätzung signifikante Effekte (5%-Signifikanzniveau). Dies ist ein positiv zu wertendes Ergebnis, welches zusammen mit den guten globalen und lokalen Anpassungsmaßen von einer Modellmodifikation absehen lässt.

Es ist erkennbar, dass das Freizeitbedürfnis den stärksten (negativen) Einfluss auf die Kaufneigung hat (β_{32} = -0,48). Einen etwas schwächeren aber hoch signifikanten positiven Effekt auf die Kaufneigung hat die Sorge um das eigene Körpergewicht (γ_{33} = 0,43). Der negative Effekt der Einstellung zu Sport auf die Kaufneigung kann dagegen nicht bestätigt werden (β_{31} = -0,09).

Die Sorge um das eigene Körpergewicht hat einen signifikant negativen Effekt auf die Einstellung zu Sport (γ_{13} = -0,31) und einen signifikant positiven Effekt auf das Freizeitbedürfnis (γ_{23} = 0,26). Außerdem wirkt sich Aktivität signifikant negativ auf das Freizeitbedürfnis aus (γ_{21} = -0,22). Die weiteren Effekte des Strukturmodells sind der Tabelle 5 zu entnehmen. Insgesamt ist festzustellen, dass die vorgestellte Hypothesenstruktur bis auf zwei Ausnahmen gut durch das Datenmaterial bestätigt werden konnte. Insbesondere das Freizeitbedürfnis und die Sorge um das eigene Körpergewicht haben deutliche negative bzw. positive Effekte auf die Kaufneigung.

Nr.	Hypothese (Vorzeichen)	Standardisierter Effekt und (t-Wert)	Signifikanz	
			5%-Niveau	10%-Niveau
1a	$\xi_1 \rightarrow \eta_1$ (+)	γ_{11} = -0,01 (-0,18)	-	-
1b	$\xi_1 \rightarrow \eta_2$ (-)	γ_{21} = -0,22 (-3,23)	ja	ja
2a	$\xi_2 \rightarrow \eta_1$ (+)	γ_{12} = 0,12 (1,50)	-	ja
2b	$\xi_2 \rightarrow \eta_2$ (-)	γ_{22} = -0,10 (-1,47)	-	ja
3a	$\xi_3 \rightarrow \eta_1$ (-)	γ_{13} = -0,31 (-3,20)	ja	ja
3b	$\xi_3 \rightarrow \eta_2$ (+)	γ_{23} = 0,26 (3,18)	ja	ja
3c	$\xi_3 \rightarrow \eta_3$ (+)	γ_{33} = 0,43 (4,88)	ja	ja
4a	$\eta_1 \rightarrow \eta_2$ (-)	β_{21} = -0,18 (-2,28)	ja	ja
4b	$\eta_1 \rightarrow \eta_3$ (-)	β_{31} = -0,09 (-1,22)	-	-
5	$\eta_2 \rightarrow \eta_3$ (-)	β_{32} = -0,48 (-5,92)	ja	ja

Tabelle 5: Ergebnisse des Strukturmodells und der Hypothesenprüfung

Endogene latente Variable	Durch Strukturmodell erklärter Varianzanteil
η_1	0,12
η_2	0,22
η_3	0,28

Tabelle 6: Erklärte Varianzanteile der endogenen latenten Konstrukte im Strukturmodell

Neben den direkten Effekten kann die Untersuchung indirekter Effekte weitere interessante Erkenntnisse liefern. Beispielsweise hat die Sorge um das eigene Körpergewicht neben dem bereits geschilderten direkten (positiven) Effekt (γ_{33}=0,43) auch insgesamt drei über die Konstrukte "Einstellung zu Sport" und "Freizeitbedürfnis" verlaufende indirekte Effekte (vgl. Abbildung 2). Der Gesamteffekt der Sorge um das eigene Körpergewicht auf die Kaufneigung ergibt sich aus der Summe des direkten und aller indirekten Effekte. Ein indirekter Effekt lässt sich durch Multiplikation der einzelnen Effekte des indirekten Weges berechnen. Im Beispiel berechnen sich die drei indirekten Effekte folgendermaßen (vgl. Tabelle 5, Werte sind auf zwei Stellen gerundet):

- Sorge um das eigene Körpergewicht → Einstellung zu Sport → Kaufneigung: $(-0{,}31) \cdot (-0{,}09) = 0{,}03$
- Sorge um das eigene Körpergewicht → Einstellung zu Sport → Freizeitbedürfnis → Kaufneigung: $(-0{,}31) \cdot (-0{,}18) \cdot (-0{,}48) = -0{,}03$
- Sorge um das eigene Körpergewicht → Freizeitbedürfnis → Kaufneigung: $(0{,}26) \cdot (-0{,}48) = -0{,}13$.

Der Gesamteffekt bleibt positiv und beträgt 0,3 (=0,43 + 0,03 -0,03 -0,13).

Der Erklärungsgehalt des Strukturmodells ist in Tabelle 6 dokumentiert. Die erklärten Varianzanteile liegen zwischen 12% und 28%.

Der Erklärungsgehalt der Kaufneigung beträgt in diesem Modell 28%. Diese Größe mag erstaunlich niedrig erscheinen. Man muss sich jedoch in diesem Zusammenhang bewusst machen, dass lediglich wenige Persönlichkeits-, Bedürfnis- und Einstellungskonstrukte in die Analyse einfließen. Wenn man sich die Fragestellung des Anwendungsbeispiels genauer ansieht wird, ist schnell zu erkennen, dass es eine Vielzahl weiterer wichtiger Einflussfaktoren für die Kaufneigung gegenüber Hometrainern gibt. Beispielsweise spielt das verfügbare Einkommen eine Rolle, da Hometrainer nicht billig sind. Außerdem benötigt ein Hometrainer einen gewissen Raum, d. h. die Verfügbarkeit von Wohnraum ist ein weiterer wichtiger Einflussfaktor für die Kaufneigung. Weiterhin sind die Zahl und die Art weiterer betriebener Sportarten von Bedeutung. Und letztendlich können auch die Verfügbarkeit von Informationen oder der Wunsch nach mehr Beratung die

Kaufneigung bezogen auf den Versandhandel stark (negativ) beeinflussen. Führt man sich diese zusätzlichen Determinanten vor Augen, so ist offensichtlich, dass es sich bei unserem Modell lediglich um ein Partialmodell handelt, das von vornherein nicht den Anspruch erheben konnte, einen Großteil der Varianz der Kaufneigung zu erklären. Die Varianzerklärung von 28% kann daher durchaus als zufriedenstellend bezeichnet werden.

5. Die varianzerklärende Kausalanalyse (PLS-Ansatz)

Wie bereits im einleitenden Abschnitt ausgeführt, lassen sich zwei grundsätzliche Ansätze der Kausalanalyse unterscheiden. Die kovarianzerklärende Kausalanalyse (man spricht auch von einer Kovarianzstrukturanalyse oder dem LISREL-Ansatz) zielt darauf ab, die Modellparameter so zu schätzen, dass die gesamte empirische Kovarianzmatrix S möglichst gut durch die durch das Modell implizierte Kovarianzmatrix $\hat{\Sigma}$ reproduziert wird. Im Rahmen der varianzerklärenden Kausalanalyse (man spricht häufig vom PLS-Ansatz) werden die Parameter dahingegen so geschätzt, dass die erklärte Varianz der abhängigen Variablen im Strukturmodell und der Indikatoren in reflektiven Messmodellen maximiert wird (Betzin/Henseler 2005).

Die allgemeine Vorgehensweise bei der Durchführung einer varianzerklärenden Kausalanalyse entspricht in ihren Grundzügen dem Vorgehen bei Durchführung einer kovarianzerklärenden Kausalanalyse (siehe Abbildung 3). Aufgrund des unterschiedlichen methodischen Prinzips beider Verfahren ergeben sich aber in den verschiedenen Verfahrensstufen eine Reihe von Unterschieden, die im Folgenden erläutert werden (einen Vergleich der beiden Verfahren führen auch die Beiträge von Herrmann/Huber/Kressmann 2006 und Scholderer/Balderjahn 2006 durch).

Die Modellspezifikation erfolgt bei der varianzerklärenden Kausalanalyse prinzipiell wie bei der kovarianzerklärenden Kausalanalyse. Unterschiede ergeben sich jedoch im Hinblick auf die Möglichkeiten zur Formulierung von Messmodellen. So macht es der stufenweise Schätzvorgang bei der varianzerklärenden Kausalanalyse einfacher, neben reflektiven Messmodellen auch formative Messmodelle in das Modell zu integrieren. Anders als reflektive Messmodelle, die unterstellen, dass das Konstrukt die Indikatoren kausal beeinflusst, unterstellen formative Messmodelle, dass die Indikatoren kausale Ursachen des Konstrukts darstellen (vgl. zur Unterscheidung zwischen formativen und reflektiven Messmodellen auch den Beitrag zur konfirmatorischen Faktorenanalyse in diesem Band). Es ist jedoch anzumerken, dass es grundsätzlich durchaus möglich ist, auch im Rahmen der kovarianzerklärenden Kausalanalyse formative Konstruktmessungen zu berücksichtigen (MacCallum/Browne 1993, Kline 2006).

Einschränkungen im Rahmen der Modellspezifikation ergeben sich bei der varianzerklärenden Kausalanalyse im Hinblick auf die Modellierung von Konstrukten höherer Ordnung (vgl. hierzu auch die Ausführungen im Beitrag zur konfirmatorischen Faktorenanalyse), das heißt latente Variablen, denen selbst wieder latente Variablen als Indikatoren dienen. Solche Konstrukte können im Rahmen der varianzerklärenden Kausalanalyse nicht modelliert werden.

Die Parameterschätzung erfolgt im Rahmen der varianzerklärenden Kausalanalyse deutlich anders als im Rahmen der kovarianzerklärenden Kausalanalyse (vgl. für eine ausführliche Darstellung Betzin/Henseler 2005). Grundprinzip ist die Zerlegung des gesamten Modells in Teilmodelle, für die Parameter geschätzt werden, während die Parameter der anderen Teilmodelle als gegeben angesehen werden (Fornell/Cha 1994). Für die Schätzung selbst kommt das Prinzip der kleinsten Quadrate zur Anwendung. Diese Kombination aus Zerlegung in Teilmodelle und Schätzprinzip der kleinsten Quadrate liegt auch dem gebräuchlichen Namen für die varianzerklärende Kausalanalyse zugrunde: PLS, d.h. „Partial Least Squares".

Dieses Prinzip der Parameterschätzung hat einen Vorteil im Vergleich zur kovarianzerklärenden Kausalanalyse: Die Zerlegung des Modells in Teilmodelle für die Parameterschätzung reduziert die Anforderungen an die Stichprobengröße. Eine Anwendung der kovarianzerklärenden Kausalanalyse sollte bei Stichprobenumfängen unter 100 Fällen nur mit viel Bedacht erfolgen, nach Möglichkeit sollte ein Stichprobenumfang von 200 bis 250 Fällen angestrebt werden (Homburg/Klarmann 2006, S. 733). Für die varianzerklärende Kausalanalyse empfiehlt Chin (1998) eine Stichprobengröße, die mindestens zehn mal so groß ist wie die Anzahl der Indikatoren der latenten Variable mit den meisten Indikatoren und mindestens zehn mal so groß wie die Anzahl der unabhängigen Variablen, die auf die abhängige Variable wirken, die von den meisten unabhängigen Variablen beeinflusst wird. Marcoulides/Saunders (2006) weisen jedoch darauf hin, dass auch im Rahmen der varianzerklärenden Kausalanalyse bei kleinen Stichprobenumfängen nur sehr große Effekte zutreffend erkannt werden.

Die Parameterschätzung bei der varianzerklärenden Kausalanalyse ist aber auch mit zwei wichtigen Nachteilen im Vergleich zur kovarianzerklärenden Kausalanalyse verknüpft (zu den folgenden Ausführungen detailliert Scholderer/Balderjahn 2006): Zum einen werden anders als bei der kovarianzerklärenden Kausalanalyse reliable Varianz und Messfehlervarianz konfundiert. Die Konsequenz sind verzerrte Parameterschätzer: die Faktorladungen reflektiver Messmodelle fallen zu hoch und die Strukturkoeffizienten (das heißt die γ-Koeffizienten und die β-Koeffizienten) zu niedrig aus. Zum anderen führt die Zerlegung des Gesamtmodells zur Parameterschätzung in Teilmodelle dazu, dass die Parameter in Mediationsmodellen (das heißt Modellen, in denen ein Effekt von einer latenten Variable auf eine andere latente Variable über eine dritte Variable erfolgt, vgl. hierzu Homburg 2007) nicht korrekt geschätzt werden

Im Hinblick auf die Modellbeurteilung ergeben sich ebenfalls deutliche Unterschiede zwischen der varianz- und kovarianzerklärenden Kausalanalyse. Insbesondere stehen bei der varianzerklärenden Kausalanalyse keine globalen Anpassungsmaße zur Verfügung, was eine Beurteilung der Konsistenz eines unterstellten Modells mit den Daten sehr deutlich erschwert. Nur auf Grundlage kovarianzerklärender Schätzungen können fehlspezifizierte Modelle, das heißt zum Beispiel Modelle, in denen ein wichtiger struktureller Pfad fehlt, als solche erkannt werden.

Im Hinblick auf die lokalen Gütemaße stehen bei der varianzerklärenden Kausalanalyse prinzipiell dieselben Gütemaße zur Verfügung wie bei der kovarianzerklärenden Kausalanalyse. Unterschiede ergeben sich vor allem im Hinblick auf die Ermittlung der t-Werte für die Faktorladungen und Strukturkoeffizienten. Mit Hilfe dieser statistischen Prüfgrößen kann überprüft werden, ob die einzelnen Koeffizienten statistisch signifikant von Null verschieden sind. Im Rahmen kovarianzerklärender Verfahren werden diese Werte unter bestimmten Verteilungsannahmen (in der Regel wird von einer multivariaten Normalverteilung der Indikatorvariablen ausgegangen) direkt im Zusammenhang mit der Parameterschätzung ermittelt. Bei der varianzerklärenden Kausalanalyse erfolgt ihre Berechnung über ein sogenanntes „Bootstrapping“: Es wird aus den Ausgangsdaten eine große Zahl zufälliger Teilstichproben gezogen (mit Zurücklegen), und für jede dieser Teilstichproben werden die Modellparameter geschätzt. Auf diese Art und Weise kann die Streuung der Modellparameter berechnet und diese Information zur Berechnung von t-Werten genutzt werden (auch bei der kovarianzerklärenden Kausalanalyse dient die erwartete Streuung der Parameterschätzer, d.h. ihre Standardfehler, als Grundlage für die Berechnung der t-Werte).

Modellmodifikation und Ergebnisinterpretation laufen im Rahmen der varianzerklärenden Kausalanalyse ähnlich ab wie bei der kovarianzerklärenden Kausalanalyse. Einschränkend ist lediglich anzumerken, dass für die Modellmodifikation im Rahmen der varianzerklärenden Kausalanalyse aufgrund des Fehlens globaler Gütemaße deutlich weniger Hinweise auf sinnvolle Verbesserungen zur Verfügung stehen. Folglich ist die Gefahr, dass Verbesserungsbedarf nicht erkannt wird – wie oben ausgeführt – substantiell höher.

6. Anwendung im Marketing

Die Kausalanalyse findet in allen Teilgebieten des Marketing Anwendung. Es handelt sich um eine wertvolle Methode bei der Untersuchung komplexer Dependenzstrukturen. Aus diesem Grund ist die Kausalanalyse für viele empirische Fragestellungen im Marketing von großer Leistungsfähigkeit. Die häufigsten Anwendungen der Kausalanalyse finden sich allerdings traditionell in den Bereichen des Konsumentenverhaltens und im Relationship Marketing.

Aber auch in der Marketingpraxis ist die Kausalanalyse verbreitet. Ursache hierfür ist zum einen der praxisseitige Bedarf nach hochwertigen und aussagekräftigen Marktanalysen und zum anderen die Weiterentwicklung relativ komfortabler Softwarepakete. Als Beispiel sei der Einsatz zur Messung von Kundenzufriedenheit und Kundenbindung genannt (vgl. den Beitrag von Beutin in diesem Band).

Dabei stellt die kovarianzerklärende Kausalanalyse in der Summe die deutliche leistungsfähigere der beiden Kausalanalysevarianten dar. Ihr Einsatz sollte deshalb im Rahmen der Marketing- und Marktforschung den Regelfall darstellen.

Literaturverzeichnis

Akaike, H. (1974): A New Look at the Statistical Model Identification, in: IEEE Transactions on Automatic Control, Vol. 19, S. 716-723.

Bagozzi, R. (1980): Causal Models in Marketing, New York.

Bagozzi, R. (1982): Introduction to Special Issues on Causal Modeling, in: Journal of Marketing Research, Vol. 19, S. 403.

Bagozzi, R./Baumgartner, H. (1994): The Evaluation of Structural Equation Models and Hypothesis Testing, in: Bagozzi, R. (Hrsg.): Principles of Marketing Research, Cambridge, S. 386-422.

Bentler, P. (1990): Comparative Fit Indexes in Structural Models, in: Psychological Bulletin, Vol. 107, No. 2, S. 238-246.

Bentler, P./Bonett, D. (1980): Significance Tests and Goodness of Fit in the Analysis of Covariance Structures, in: Psychological Bulletin, Vol. 88, No. 3, S. 588-606.

Betzin, J./Henseler, J. (2005): Einführung in die Funktionsweise des PLS-Algorithmus, in: Bliemel, F. / Eggert, A. / Fassott, G. / Henseler, J. (Hrsg.): Handbuch PLS-Pfadmodellierung, Stuttgart, S. 49-69.

Bollen, K. (1989): Structural Equation Models with Latent Variables, New York.

Browne, M. (1984): Asymptotically Distribution-Free Methods for the Analysis of Covariance Structures, in: British Journal of Mathematical and Statistical Psychology, Vol. 37, S. 62-83.

Bruner, G., Hensel, P. (1992): Marketing Scales Handbook, Chicago.

Bruner, G., Hensel, P. (1996): Marketing Scales Handbook, Volume 2, Chicago.

Chen, F./Bollen, K./Paxton, P./Curran, P./Kirby, J. (2001): Improper Solutions in Structural Equation Models, Causes, Consequences, and Strategies, in: Sociological Methods & Research, 29. Jg., No. 4, S. 468-508.

Chin, W. (1998): The Partial Least Squares Approach for Structural Equation Modeling, in: Marcoulides, G. (Hrsg.), Modern Methods for Business Research, Mahwah, S. 295-336.

Cudeck, R./ Browne, M. (1983): Cross-Validation of Covariance Structures, in: Multivariate Behavioral Research, Vol. 18, No. 2, 147-167.

Fornell, C./Cha, J. (1994): Partial Least Squares, in: Bagozzi, Richard P. (Hrsg.), Advanced Methods of Marketing Research. Cambridge, S. 52-78.

Herrmann, A./Huber, F./Kressmann, F. (2006): Varianz- und kovarianzbasierte Strukturgleichungsmodelle – Ein Leitfaden zu deren Spezifikation, Schätzung und Beurteilung, in: Zeitschrift für betriebswirtschaftliche Forschung, 58. Jg., S. 34-66.

Homburg, Ch. (1989): Exploratorische Ansätze der Kausalanalyse als Instrument der Marketingplanung, Frankfurt a. M.

Homburg, Ch. (1991): Cross-Validation and Information Criteria in Causal Modeling, in: Journal of Marketing Research, Vol. 28, No. 2, S. 137-144.

Homburg, Ch. (1992): Die Kausalanalyse - Eine Einführung, in: Wirtschaftswissenschaftliches Studium, 21. Jg., Nr. 10, S. 499-508 und S. 541-544.

Homburg, Ch. (2007): Betriebswirtschaftslehre als empirische Wissenschaft – Bestandsaufnahme und Empfehlungen, in: Zeitschrift für betriebswirtschaftliche Forschung, Sonderheft 56/07, S. 27-60.

Homburg, Ch./Baumgartner, H. (1995a): Beurteilung von Kausalmodellen - Bestandsaufnahme und Anwendungsempfehlungen, in: Marketing - Zeitschrift für Forschung und Praxis, 3. Jg., S. 162-176.

Homburg, Ch./Baumgartner, H. (1995b): Die Kausalanalyse als Instrument der Marketingforschung - Eine Bestandsaufnahme, in: Zeitschrift für Betriebswirtschaft, 65, 10, 1091-1108.

Homburg, Ch./Dobratz, A. (1991): Iterative Modellselektion in der Kausalanalyse, in: Zeitschrift für betriebswirtschaftliche Forschung, 43. Jg., Nr. 3, S. 213-237.

Homburg, Ch./Giering, A. (1996): Konzeptualisierung und Operationalisierung komplexer Konstrukte - Ein Leitfaden für die Marketingforschung, in: Marketing - Zeitschrift für Forschung und Praxis, 18. Jg., Nr. 1, S. 5-24.

Homburg, Ch./Klarmann, M. (2006): Die Kausalanalyse in der empirischen betriebswirtschaftlichen Forschung – Problemfelder und Anwendungsempfehlungen, in: Die Betriebswirtschaft, 66. Jg. , Nr. 6, S. 727-748.

Homburg, Ch./Werner, H. (1998): Kundenorientierung mit System: mit Customer-Orientation-Management zu profitablem Wachstum, Frankfurt.

Hu, L.-T./Bentler, P. (1998): Fit Indices in Covariance Structure Modeling: Sensitivity to Underparametrized Model Misspecification, Psychological Methods, Vol. 3, S. 424-453.

Hu, L.-T./Bentler, P. (1999): Cutoff Criteria for Fit Indexes in Covariance Structure Analysis: Conventional Criteria Versus New Alternatives, in: Structural Equation Modeling, Vol. 6, S. 1-55.

Huber, F./Heitmann, M./Herrmann, A. (2006): Ansätze zur Kausalmodellierung mit Interaktionseffekten, in: Die Betriebswirtschaft, 66, Nr. 6, S. 696-710.

Jöreskog, K. (1973): A General Method for Estimating a Linear Structural Equation System, in: Goldberger, A., Duncan, O. (Hrsg.): Structural Equation Models in the Social Sciences, New York, S. 85-112.

Jöreskog, K. (1978): Structural Analysis of Covariance and Correlation Matrices, in: Psychometrica, Vol. 43, S. 443-477.

Jöreskog, K./Sörbom, D. (1979): Advances in Factor Analysis and Structural Equation Models, Cambridge, Mass.

Jöreskog, K./Sörbom, D. (1982): Recent Developments in Structural Equation Modeling, in: Journal of Marketing Research, Vol. 19, No. 4, S. 404-416.

Jöreskog, K./Sörbom, D. (1993): LISREL 8 - User's Reference Guide, Chicago.

Kline, R. B. (2006): Formative Measurement and Feedback Loops, In: Hancock, G., Mueller, R., (Hrsg.), Structural Equation Modeling – A Second Course, Greenwich , S. 43-67.

Krafft, M./Haase, K./Siegel, A. (2003): Statistisch-ökonometrische BWL-Forschung: Entwicklung, Status Quo und Perspektiven, in: Schwaiger, M./Harhoff, D. (Hrsg.), Empirie und Betriebswirtschaft: Entwicklungen und Perspektiven, Stuttgart, S. 83-104.

MacCallum, R./Browne, M. (1993): The Use of Causal Indicators in Covariance Structure Models: Some Practical Issues, in: Psychological Bulletin, Vol. 114, S. 533-541.

Marcoulides, G./Saunders. C. (2006): PLS: A Silver Bullet?, in: MIS Quarterly, 30, No. 2, S. iii-ix.

Marsh, H./Wen, Z./Hau, K. (2006): Structural Equation Models of Latent Interactions and Quadratic Effects, in: Hancock, G., Mueller, R., (Hrsg.), Structural Equation Modeling – A Second Course, Greenwich, S. 225-265.

Pearl, J. (2000): Causality: Models, Reasoning, and Inference, New York.

Scholderer, J./Balderjahn, I./Paulssen, M. (2006): Kausalität, Linearität, Reliabilität: Drei Dinge, die Sie nie über Strukturgleichungsmodelle wissen wollten, in: Die Betriebswirtschaft, 66. Jg., Nr. 6, S. 640-650.

Scholderer, J./Balderjahn, I. (2006): Was unterscheidet harte und weiche Strukturgleichungsmodelle nun wirklich? Ein Klärungsversuch zur LISREL-PLS-Frage, Marketing – Zeitschrift für Forschung und Praxis, 28. Jg., S. 57-70.

Schwarz, G. (1978): Estimating the Dimension of a Model, in: Annals of Statistics, Vol. 6, S. 461-464.

Sharma, S./Mukherjee, S./Kumar, A./Dillon, W. (2005): A Simulation Study to Investigate the Use of Cutoff Values for Assessing Model Fit in Covariance Structure Models, in: Journal of Business Research, Vol. 58, S. 935-943.

Steiger, J. (1990): Structural Model Evaluation and Modification: An Interval Estimation Approach, Multivariate Behavioral Research, Vol. 25, S. 173-180.

West, S./Finch, J./Curran, P. (1995): Structural Equation Models With Nonnormal Variables. Problems and Remedies, in: Hoyle, R.H. (Hrsg.): Structural Equation Modeling, Thousand Oaks, S. 56-75.

Andreas Herrmann und Jan R. Landwehr

Varianzanalyse

Prof. Dr. Andreas Herrmann ist Direktor der Forschungsstelle für Business Metrics an der Universität St. Gallen. Dipl.-Psych. Jan R. Landwehr ist wissenschaftlicher Mitarbeiter an der Forschungsstelle für Business Metrics an der Universität St. Gallen.

1. Verwendungszweck der Varianzanalyse

Mit einer Varianzanalyse kann geprüft werden, ob zwischen verschiedenen Gruppen statistisch bedeutsame Differenzen in den Mittelwerten einer oder mehrerer beobachteter Variablen bestehen. Die Gruppen kann der Untersucher dabei auf der Grundlage eines bestehenden Merkmals der Untersuchungsobjekte oder durch eine experimentelle Manipulation bilden. Da Gruppen diskrete Einheiten sind, müssen die zur Gruppenbildung verwendeten Variablen lediglich kategoriales Skalenniveau aufweisen. Man bezeichnet sie auch als unabhängige Variablen (UV, UVn) oder Faktoren. Die einzelnen Ausprägungen eines Faktors werden Faktorstufen genannt. Dementsprechend repräsentiert jede Faktorstufe eine Versuchsgruppe. Für die beobachteten Variablen wird zum einen metrisches Skalenniveau vorausgesetzt, da dies die Bedingung zur Berechnung von Mittelwerten ist. Zum anderen müssen sie normalverteilt sein, da die Prüfverteilung zur Beurteilung der statistischen Signifikanz nur für normalverteilte Variablen Gültigkeit besitzt. Die beobachteten Variablen bezeichnet man auch als abhängige Variablen (AV, AVn).

Mit den Bezeichnungen UV und AV wird schon impliziert, dass die Varianzanalyse, ähnlich der Regressionsanalyse, einen kausalen Zusammenhang zwischen den untersuchten Variablen unterstellt. Der Untersucher muss die Variablen daher aufgrund sachlogischer Überlegungen so auswählen, dass die Werte der AV eindeutig von den Faktorstufen der UV abhängen. Aufgrund dieser zwingend notwendigen Überlegungen über kausale Zusammenhänge, die schon bei der Planung der Untersuchung und vor jeglicher statistischen Analyse erfolgen müssen, zählt die Varianzanalyse zu den strukturprüfenden Verfahren. Das Verfahren testet also ein vom Untersucher a priori postuliertes Wirkungsmodell auf seine Gültigkeit.

Die Varianzanalyse ist eine vielseitig einsetzbare inferenzstatistische Analysemethode. In Abhängigkeit der Anzahl an UVn und AVn lassen sich verschiedene Arten von Varianzanalysen unterscheiden. Bei einer AV und beliebig vielen UVn bezeichnet man das Verfahren als univariate Varianzanalyse oder ANOVA (analysis of variance). Werden zwei oder mehr AVn erhoben, wird das Verfahren multivariate Varianzanalyse oder MANOVA (multivariate analysis of variance) genannt. In Abhängigkeit der Anzahl an UVn werden die Verfahren als einfaktorielle, zweifaktorielle oder mehrfaktorielle ANOVA bzw. MANOVA bezeichnet. Die Varianzanalyse bietet darüber hinaus die Möglichkeit, den Einfluss von metrisch skalierten Variablen auf die Varianz der AV(n) aus dem Modell herauszurechnen und somit die statistische Power auf den eigentlich interessierenden Zusammenhang zwischen UV(n) und AV(n) zu konzentrieren. In diesem Fall werden die potenziellen Störvariablen als so genannte Kovariablen in die Analyse aufgenommen und das Verfahren wird als Kovarianzanalyse bzw. ANCOVA (analysis of covariance) oder MANCOVA (multivariate analysis of covariance) bezeichnet. Die folgenden Beispiele illustrieren das breite Spektrum an möglichen Fragestellungen für eine Varianzanalyse:

- Welche Werbekampagne ruft die stärkste Präferenz für ein Auto hervor? Zur Beantwortung dieser Frage könnte ein Marktforscher unterschiedlichen Versuchspersonen jeweils eine von drei verschiedenen Werbekampagnen (Familie, Umwelt, Sport) zeigen und danach die Präferenz für das Auto messen (= einfaktorielle ANOVA).
- Man könnte auch die Hypothese aufstellen, dass je nach Fahrzeugart (Sportwagen vs. Geländewagen vs. Limousine etc.) eine andere Art der Werbung die größten Erfolge erzielt. In diesem Fall könnte der Marktforscher die Fahrzeugpräferenz in Abhängigkeit von Fahrzeugart und Art der Werbekampagne analysieren (= zweifaktorielle ANOVA).
- Neben Präferenz könnte man auch Zahlungsbereitschaft und Stärke der Kaufintention erfassen und diese drei AVn in Abhängigkeit von Fahrzeugart und Art der Werbekampagne analysieren (= zweifaktorielle MANOVA).
- Wenn man die Vermutung hat, dass die Präferenz auch vom Einkommen der Konsumenten beeinflusst wird, kann man diese Variable als Kovariable in die Analyse aufnehmen. Dadurch kann man z. B. den Einfluss von Fahrzeugart und Art der Werbekampagne auf die um den Einfluss des Einkommens bereinigte Präferenz untersuchen (= zweifaktorielle ANCOVA).

Bevor alle gerade beispielhaft angeführten Verfahren detailliert beschrieben werden, folgt im nächsten Abschnitt eine grundlegende Einführung in die Testlogik und das Grundprinzip der Varianzanalyse.

2. Grundgedanke der Varianzanalyse

Wie im vorangegangenen Abschnitt dargestellt, besteht der Verwendungszweck der Varianzanalyse in der Prüfung auf Mittelwertsunterschiede zwischen verschiedenen Gruppen. Der Name „Varianzanalyse“ mag daher auf den ersten Blick etwas verwirrend wirken, da man sich doch für Mittelwertsunterschiede und nicht für Varianzen interessiert. In diesem Abschnitt soll dieser scheinbare Widerspruch durch eine allgemeine Einführung in die inferenzstatistische Prüflogik der Varianzanalyse aufgelöst werden. Zur besseren Anschaulichkeit erfolgt diese Einführung anhand der hypothetischen Studie aus dem vorherigen Abschnitt mit „Präferenz“ als AV und „Art der Werbekampagne“ als UV (einfaktorielle ANOVA).

Zur Annäherung an die varianzanalytische Prüflogik wird in einem ersten Schritt nur die AV „Präferenz“ betrachtet. Eine rein deskriptive Analyse dieser Variable wird sehr wahrscheinlich zeigen, dass es Unterschiede zwischen den Kunden in Hinblick auf ihre Präferenz gibt. Die Variable „Präferenz“ weist also eine gewisse Varianz auf. Das Ziel des Untersuchers liegt darin, einen möglichst großen Anteil dieser Varianz zu erklären. Er sucht also nach Einflussfaktoren, die für die Varianz in der AV „Präferenz“ verantwortlich sind. Eine plausible Hypothese ist, dass die Art der Werbekampagne einen Einfluss auf die Ausprägung der Präferenz hat. Daher wird der Anteil der Varianz in der AV „Präferenz“ berechnet, der auf die verschiedenen Stufen der UV „Art der Werbekampagne“ zurückgeführt werden kann. Da noch unzählige andere Faktoren die Präferenz der Versuchpersonen beeinflussen, wird diese UV immer nur einen Teil der Varianz in der AV erklären können. Der Teil der Varianz, den die UV erklären kann, wird systematische Varianz oder erklärte Varianz genannt. Der Teil, den sie nicht erklären kann, wird Fehlervarianz oder unerklärte Varianz genannt.

Im Kern der statistischen Prüfung im Rahmen der Varianzanalyse geht es darum, den Anteil an Varianz, den man durch sein Modell erklären kann, ins Verhältnis zu der nicht erklärbaren Varianz, also der Fehlervarianz, zu setzen. Dieses Grundprinzip ist in Abbildung 1 veranschaulicht. Dargestellt sind idealtypische Verteilungen für die AV „Präferenz“ geordnet nach den 3 Stufen des Faktors „Art der Werbekampagne“. In der Abbildung sind außerdem die beiden angesprochenen Arten von Varianzen dargestellt. Als systematische Varianz wird die Abweichung der Mittelwerte der einzelnen Gruppen ($\mu_{Familie}$; μ_{Umwelt}; μ_{Sport}) vom Gesamtmittelwert der Stichprobe (μ_{gesamt}) bezeichnet. Die systematische Varianz ist in der Abbildung durch die durchgezogenen Doppelpfeile gekennzeichnet. Als Fehlervarianz wird die nicht erklärte Streuung innerhalb jeder Gruppe bezeichnet. Die Fehlervarianz ist durch die gestrichelten Doppelpfeile gekennzeichnet.

Die systematische Varianz wird also ins Verhältnis zur Fehlervarianz gesetzt, um Informationen darüber zu bekommen, ob sich die Gruppenmittelwerte signifikant voneinander unterscheiden. Wie man in Abbildung 1 erkennen kann, wird die systematische Varianz umso größer, je weiter die Mittelwerte der Gruppen auseinander liegen. Gleichzeitig wird die Überschneidung zwischen den Verteilungen umso kleiner, je kleiner die Fehlervarianz ist. Das bedeutet, dass die Wahrscheinlichkeit dafür, dass eine Person aus der Gruppe „Sport“ zufällig die gleiche Präferenz hat wie eine Person aus der Gruppe „Umwelt“ oder der Gruppe „Familie“, mit sinkender Fehlervarianz immer kleiner wird. Das Verhältnis von systematischer Varianz zu Fehlervarianz gibt einem daher Informationen darüber, wie deutlich sich die Mittelwerte der einzelnen Gruppen voneinander unterscheiden.

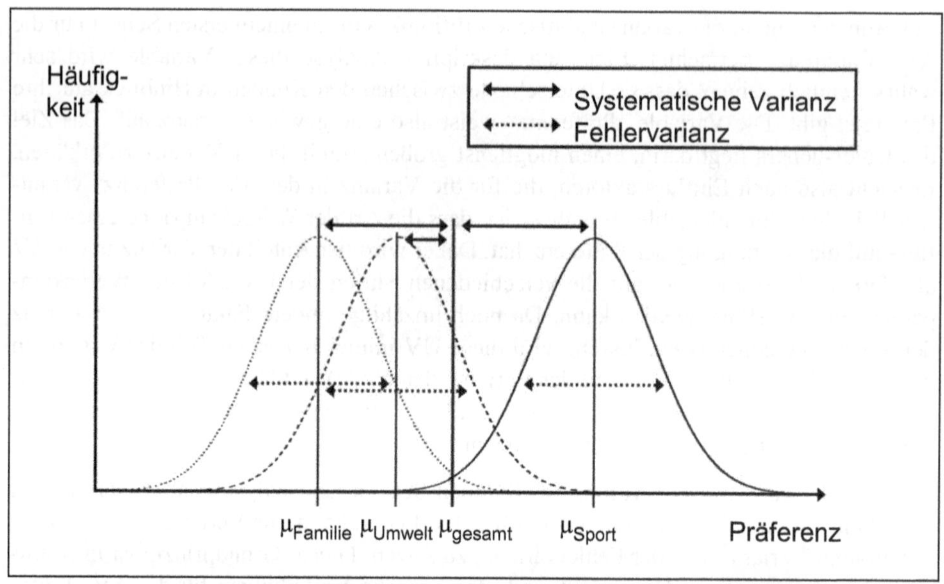

Abbildung 1: Schematische Darstellung von Varianzen in einer einfaktoriellen ANOVA mit dem Faktor „Art der Werbekampagne" und der AV „Präferenz".

Um zu prüfen, ob das Verhältnis aus systematischer Varianz zu Fehlervarianz überzufällig groß ist, benötigt man die nach Fisher benannte F-Verteilung. Der F-Verteilung liegt eine Funktion zugrunde, welche die erwartete Häufigkeit für den Quotienten zweier Varianzen ergibt. Je größer der Quotient wird, desto geringer ist seine erwartete Häufigkeit unter der Annahme, dass nur der Zufall wirkt. Unter Annahme der F-Verteilung kann man die Wahrscheinlichkeit für das Auftreten jedes beliebigen Quotienten aus Varianzen berechnen. So folgt auch der Quotient aus systematischer Varianz und Fehlervarianz der F-Verteilung, wenn die AV innerhalb jeder Gruppe normalverteilt ist und in allen Gruppen die gleiche Varianz aufweist. Dieser idealtypische Fall ist in Abbildung 1 dargestellt. Diese Voraussetzungen an die Verteilungsform der AV sollten in der Praxis bestmöglich erfüllt sein, auch wenn der F-Test relativ robust gegenüber Verletzungen dieser Annahmen ist (für eine detaillierte Beschreibung der F-Verteilung und der zentralen Annahmen der Varianzanalyse siehe Kirk 1995, Kapitel 3).

Bevor die einzelnen Arten der Varianzanalyse und das genaue Vorgehen bei einer Varianzanalyse in den folgenden Abschnitten genauer beschrieben werden, soll das Verfahren nun noch von zwei verwandten Methoden abgegrenzt werden – dem t-Test und der Regressionsanalyse. Ein t-Test kann eingesetzt werden, wenn man sich für den Mittelwertsunterschied von genau 2 Gruppen interessiert. Sobald mehr als 2 Faktorstufen oder die Interaktion von verschiedenen Faktoren von Interesse sind, ist ein t-Test nicht mehr geeignet und die Varianzanalyse die Methode, welche gewählt werden sollte. Die Abgrenzung der Varianzanalyse von der Regressionsanalyse ist auf theoretischer Ebene nicht ganz einfach, da beide Verfahren als Unterformen des allgemeinen linearen Modells (General Linear Model, GLM) angesehen werden können und unter Verwendung von Matrix-Algebra auf sehr ähnliche Weise berechnet werden (für eine Einführung in die Varianzanalyse aus Sicht des GLM siehe Kirk 1995, Kapitel 6; Rutherford 2001). Für die praktische Anwendung lassen sich die Verfahren jedoch in Abhängigkeit des Skalenniveaus der UVn sehr gut voneinander abgrenzen. Grundsätzlich kann man bei kategorialen UVn zwar beide Verfahren einsetzen, die Varianzanalyse ist jedoch gerade bei mehrstufigen UVn und bei mehreren UVn wesentlich einfacher zu handhaben. Bei kategorialen UVn ist die Varianzanalyse also das am besten geeignete Analyseverfahren. Bei metrisch skalierten UVn hingegen kann eine Varianzanalyse nicht eingesetzt werden und die Regressionsanalyse ist das passende Analyseinstrument.

3. Univariate Varianzanalyse (ANOVA)

3.1 Einfaktorielle Varianzanalyse

Nach dieser abstrakten Einführung in die Testlogik der Varianzanalyse folgt in diesem Abschnitt eine konkrete Anleitung für die Durchführung einer einfaktoriellen Varianzanalyse. Dabei sollen die folgenden 5 Schritte als Orientierung dienen:

1. Schritt: Modellspezifizierung

2. Schritt: Zerlegung der Gesamtabweichung

3. Schritt: Berechnung der Varianzen und Messung der Effekte

4. Schritt: Signifikanztest

5. Schritt: Interpretation der Ergebnisse

3.1.1 Modellspezifizierung

Vor der Durchführung der eigentlichen Varianzanalyse stehen immer theoretische Überlegungen über den Wirkzusammenhang zwischen den Variablen. Das bedeutet, dass man auf der Grundlage sachlogischer Überlegungen oder vorhandener Erkenntnisse a priori festlegen muss, welche Variablen als UVn einen Einfluss auf die AVn haben könnten.

Mathematisch formalisiert postuliert man, dass die AV „Y“ eine Funktion der UV „x“ ist:

$$Y = f(x) \tag{1}$$

Dieser funktionale Zusammenhang wird im Modell der einfaktoriellen Varianzanalyse genauer spezifiziert:

$$Y_{gk} = \mu + \alpha_g + \varepsilon_{gk} \tag{2}$$

In der Formel wird definiert, wie ein Beobachtungswert „Y_{gk}“ eines Untersuchungsobjekts „k“, das der Faktorstufe „g“ ausgesetzt war, zustande kommt. „μ“ symbolisiert den Mittelwert der Grundgesamtheit. „α_g“ bezeichnet“ den Einfluss der Stufe „g“ des Faktors „x“ auf die AV „Y“, während „ε_{gk}“ die Residualgröße verkörpert, die alle nicht erklärten Einflüsse auf die AV umfasst.

3.1.2 Zerlegung der Gesamtabweichung

Im ersten Schritt hat der Untersucher aufgrund von theoretischen Überlegungen eine Modellgleichung für die Varianzanalyse aufgestellt. Insbesondere hat er postuliert, dass die verschiedenen Stufen „g“ des Faktors „x“ die AV „Y“ beeinflussen. Um diese Annahme zu prüfen, muss die Varianz der AV „Y“ in ihre systematische Komponente und ihre Fehlerkomponente zerlegt werden. In diesem und dem nächsten Abschnitt wird anhand des folgenden Beispiels beschreiben, wie man die systematische Varianz und die Fehlervarianz berechnet:

Ein Automobilhersteller möchte überprüfen, ob verschiedene Werbebotschaften (A: Sport, B: Familie, C: Umwelt) die Präferenz für ein neues Modell unterschiedlich beeinflussen. Die Werbebotschaft fungiert als nominal skalierte UV mit drei Faktorstufen (A, B und C). Demgemäß können drei Gruppen gebildet werden, denen die Versuchspersonen per Zufall zugeteilt werden. Die Präferenz der Versuchspersonen, die auf einer Intervallskala von 1 (mag ich nicht) bis 10 (mag ich sehr) gemessen wird, stellt die metrische AV dar (siehe Tabelle 1).

	Werbebotschaft A: Sport	Werbebotschaft B: Familie	Werbebotschaft C: Umwelt
Beobachtungswerte für die Präferenz	VP 6: **10** VP 11: **9** VP 2: **7** VP 15: **10** VP 9: **9**	VP 5: **2** VP 12: **3** VP 3: **1** VP 14: **3** VP 7: **1**	VP 4: **4** VP 13: **5** VP 8: **3** VP 10: **6** VP 1: **2**
Summe	45	10	20
Gruppenmittelwert $\overline{Y}_g$	45/5 = **9**	10/5 = **2**	20/5 = **4**
Gesamtmittelwert $\overline{Y}$	75/15 = **5**		

Tabelle 1: Automobil-Präferenzen der Versuchspersonen (VPn) in Abhängigkeit der Werbebotschaft.

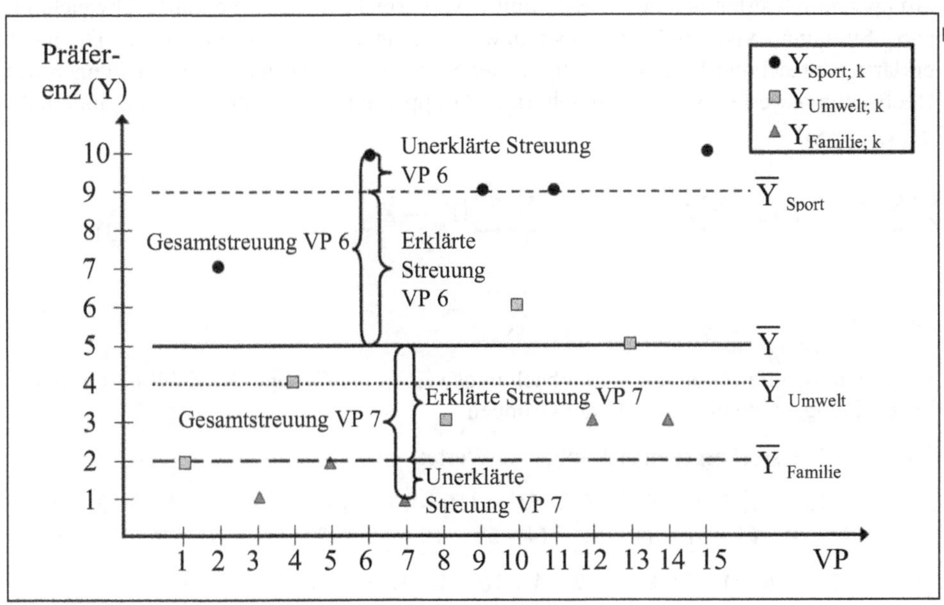

Abbildung 2: Ermittlung von Gesamtstreuung, erklärter Streuung und nicht erklärter Streuung am Beispiel der Automobil-Präferenz-Daten.

Bevor die Gesamtstreuung der Variablen „Y“ in erklärte und unerklärte Streuung zerlegt werden kann, muss der Untersucher den Gesamtmittelwert ($\overline{Y}$) und die Mittelwerte der drei Gruppen ($\overline{Y}_g$) berechnen. Für jeden Beobachtungswert (Y_{gk}) kann er die Gesamtstreuung, die erklärte Streuung und die nicht erklärte Streuung einzeln berechnen. Die Gesamtstreuung ergibt sich aus der Abweichung des Beobachtungswertes vom Gesamtmittelwert ($Y_{gk} - \overline{Y}$). Die erklärte Streuung eines Beobachtungswertes (Y_{gk}) besteht in der Abweichung des dazugehörigen Gruppenmittelwertes vom Gesamtmittelwert ($\overline{Y}_g - \overline{Y}$). Und die unerklärte oder zufällige Streuung wird aus der Abweichung des Beobachtungswertes von dem dazugehörigen Gruppenmittelwert berechnet ($Y_{gk} - \overline{Y}_g$). Dieses Vorgehen ist in Abbildung 2 beispielhaft für zwei Beobachtungswerte der Beispielstudie dargestellt.

Um von den für die einzelnen Beobachtungswerte berechneten Streuungen zu der Gesamtstreuung in der Stichprobe zu kommen, werden die Werte jeder Versuchsperson quadriert und aufaddiert. Die Gesamtabweichung (sum of squares; SS_Y) berechnet sich dementsprechend als Summe der quadrierten Abweichungen[1] der Beobachtungswerte vom Gesamtmittelwert. Aus der Summe der quadrierten Abweichungen zwischen den Gruppenmittelwerten und dem Gesamtmittelwert errechnet sich die erklärte Abweichung (SS_x; Streuung zwischen den Gruppen bzw. Streuung aufgrund des Faktors x). Die nicht erklärte Abweichung berechnet sich aus der Summe der quadrierten Abweichungen der Beobachtungswerte von ihrem zugehörigen Gruppenmittelwert (SS_e; Streuung innerhalb der Gruppen).[2]

$$\underbrace{\sum_{g=1}^{G}\sum_{k=1}^{K}\left(Y_{gk}-\overline{Y}\right)^2}_{SS_Y} = \underbrace{\sum_{g=1}^{G}K\left(\overline{Y}_g-\overline{Y}\right)^2}_{SS_x} + \underbrace{\sum_{g=1}^{G}\sum_{k=1}^{K}\left(Y_{gk}-\overline{Y}_g\right)^2}_{SS_{error}} \qquad (3)$$

mit g: Faktorstufe (Gruppe); k: Beobachtungswert in der Gruppe; K: Zahl der Gruppenbeobachtungswerte und G: Zahl der Gruppen.

Für das Fallbeispiel ergeben sich folgende Werte:

$$SS_Y = (10-5)^2 + (9-5)^2 + (7-5)^2 + (10-5)^2 + (9-5)^2 + (2-5)^2 + (3-5)^2 + (1-5)^2 + (3-5)^2 + (1-5)^2 + (4-5)^2 + (5-5)^2 + (3-5)^2 + (6-5)^2 + (2-5)^2$$

$$= 25 + 16 + 4 + 25 + 16 + 9 + 4 + 16 + 4 + 16 + 1 + 0 + 4 + 1 + 9$$

1 Quadriert wird, weil sich sonst positive und negative Differenzen gegenseitig aufheben würden. Stärkere Abweichungen (Ausreißer) bekommen dadurch eine höhere Bedeutung.

2 Aus Vereinfachungsgründen wird angenommen, dass die Anzahl an Beobachtungswerten in jeder Gruppe gleich ist.

$$= 150$$

$$SS_x = 5 \cdot (9-5)^2 + 5 \cdot (2-5)^2 + 5 \cdot (4-5)^2$$

$$= 80 + 45 + 5$$

$$= 130$$

$$SS_e = (10-9)^2 + (9-9)^2 + (7-9)^2 + (10-9)^2 + (9-9)^2 + (2-2)^2 + (3-2)^2 + (1-2)^2 + (3-2)^2 + (1-2)^2 + (4-4)^2 + (5-4)^2 + (3-4)^2 + (6-4)^2 + (2-4)^2$$

$$= 1 + 0 + 4 + 1 + 0 + 0 + 1 + 1 + 1 + 1 + 0 + 1 + 1 + 4 + 4$$

$$= 20$$

Somit ist auch am Beispiel gezeigt, dass sich die erklärten (SS_x) und die nicht erklärten Streuungen (SS_e) zur Gesamtstreuung (SS_Y) addieren:

$$SS_Y = SS_x + SS_e$$

$$150 = 130 + 20$$

3.1.3 Berechnung der Varianzen und Messung der Effekte

Da die Summen der quadrierten Abweichungen von der Anzahl an Beobachtungswerten abhängen, haben sie ohne Information über die Stichprobengröße keine Aussagekraft. Daher werden die mittleren quadratischen Abweichungen (mean sum of squares) gebildet, indem die Summen der quadrierten Abweichungen durch ihre jeweilige Anzahl an Freiheitsgraden geteilt werden. Die mittleren quadratischen Abweichungen werden auch als Varianzen bezeichnet und stellen aussagekräftige Schätzgrößen dar. Die Varianz der Gesamtabweichung (MS_Y) berechnet sich wie folgt:

$$MS_Y = \frac{SS_Y}{G \cdot K - 1}; \quad \text{für unser Beispiel errechnet sich:} \quad MS_Y = \frac{150}{3 \cdot 5 - 1} = 10{,}71 \quad (4)$$

Entsprechend berechnen sich die Varianzen der erklärten (MS_x) und der nicht erklärten Abweichungen (MS_e):

$$MS_x = \frac{SS_x}{G-1} \quad ; \quad \text{Beispiel:} \quad MS_x = \frac{130}{3-1} = 65 \quad (5)$$

$$MS_e = \frac{SS_e}{G \cdot (K-1)} \quad ; \quad \text{Beispiel:} \quad MS_e = \frac{20}{3 \cdot (5-1)} = 1{,}67 \quad (6)$$

Ein Maß für die Stärke des Faktoreffekts auf die AV ist Eta Quadrat (η^2), das zwischen Null und Eins liegen kann (Malhotra 1996, S. 552). Je näher der Wert an Eins liegt, desto stärker ist der Einfluss der UV auf die AV. Eta Quadrat wird als Anteil erklärter Streuung an der Gesamtstreuung berechnet.

$$\eta^2 = \frac{SS_x}{SS_Y} = \frac{SS_Y - SS_e}{SS_Y} \quad ; \quad \text{mit} \quad 0 \le \eta^2 \le 1 \quad ; \quad \text{Beispiel:} \quad \eta^2 = \frac{130}{150} = 0{,}8667 \qquad (7)$$

Der Wert von Eta Quadrat bedeutet, dass 86,67 Prozent der Variation der Präferenzen für das Auto durch die unterschiedlichen Werbebotschaften erklärt wird. Das spricht für einen sehr starken Faktoreinfluss.

3.1.4 Signifikanztest

Um zu überprüfen, ob ein statistisch signifikanter Einfluss des Faktors auf die AV vorliegt oder ob die Unterschiede zufälliger Natur sind, wird der F-Test verwendet. Aus der Relation von MS_x zu MS_e errechnet sich der empirische F-Wert. Je größer MS_x im Verhältnis zu MS_e ist, desto eher ist eine statistisch signifikante Wirkung anzunehmen.

$$\text{Empirischer F-Wert:} \quad \frac{MS_x}{MS_e} = \frac{\frac{SS_x}{G-1}}{\frac{SS_e}{G \cdot (K-1)}} \quad ; \qquad (8)$$

$$\text{Beispiel:} \quad \frac{MS_x}{MS_e} = \frac{65}{1{,}67} = 38{,}92$$

Der empirische F-Wert wird mit dem kritischen F-Wert aus der F-Tabelle verglichen, der durch das Signifikanzniveau (1 - α) und die Freiheitsgrade im Zähler und Nenner von Gleichung (8) bestimmt wird. Die Größe α muss vom Marktforscher festgelegt werden. Sie gibt die Irrtumswahrscheinlichkeit an, mit der eine wahre Nullhypothese abgelehnt wird.[3] Die Freiheitsgrade im Zähler von Gleichung (8) geben die Spalte, die Freiheitsgrade im Nenner die Zeile der F-Tabelle an, aus welcher der kritische F-Wert abgelesen werden kann.

Für unser Beispiel ergeben sich $G - 1 = 3 - 1 = 2$ Freiheitsgrade im Zähler und $G \cdot (K - 1) = 3 \cdot (5 - 1) = 12$ Freiheitsgrade im Nenner. Diese Freiheitsgrade addieren sich zu den Freiheitsgraden der Gesamtvarianz (MS_Y) $G \cdot K - 1 = 3 \cdot 5 - 1 = 14$ auf. Bei einer Irrtumswahrscheinlichkeit von $\alpha = 0{,}05$ beträgt der tabellarische F-Wert 3,89.

Als Nullhypothese (H_0) wird angenommen, dass der Faktor keinen Einfluss auf die AV hat und somit alle Faktorstufenmittelwerte gleich sind. Damit gibt die Nullhypothese an,

3 Üblicherweise legt man a priori eine Irrtumswahrscheinlichkeit von 1 %, 5 % oder 10 % fest.

dass die beobachteten Abweichungen der Gruppemittelwerte vom Gesamtmittelwert zufälliger Natur sind.

H_0: $\alpha_1 = \alpha_2 = , \ldots , = \alpha_n$; Beispiel H_0: $\alpha_1 = \alpha_2 = \alpha_3$

Die Alternativhypothese H_1 besagt, dass sich mindestens einer der Gruppenmittelwerte signifikant von den anderen unterscheidet. Ist der empirische F-Wert größer als der kritische F-Wert wird die Nullhypothese verworfen und die Alternativhypothese angenommen. In unserem Beispiel übersteigt der empirische F-Wert den Prüfwert deutlich, so dass die Nullhypothese abgelehnt werden kann. Daraus lässt sich folgern, dass sich die Gruppen signifikant voneinander unterscheiden und somit die Präferenz für das Auto von den einzelnen Werbebotschaften unterschiedlich beeinflusst wird.

3.1.5 Interpretation der Ergebnisse

Bei der Interpretation einer einfaktoriellen ANOVA mit mehr als zwei Faktorstufen muss man sehr vorsichtig sein. Im Beispiel hatte der Faktor „Art der Werbebotschaft" drei Faktorstufen. Die Nullhypothese war, dass sich die drei Mittelwerte nicht voneinander unterscheiden, während die Alternativhypothese darin bestand, dass sich mindestens einer der Mittelwerte signifikant von den anderen unterscheidet. In dem Beispiel konnte die Nullhypothese abgelehnt werden. Daraus folgt, dass sich mindestens ein Mittelwert von den anderen unterscheidet. Die Varianzanalyse gibt einem aber keine Information darüber, wie viele und welche Mittelwerte sich voneinander unterscheiden. Um das herauszufinden müssen so genannte multiple Vergleiche durchgeführt werden.

3.1.6 Multiple Vergleiche

Nachdem man durch eine Varianzanalyse aufgedeckt hat, dass es irgendwelche Unterschiede zwischen den Gruppenmittelwerten gibt, kann durch multiple Vergleiche herausgefunden werden, welche Mittelwerte sich genau voneinander unterscheiden. Das Vorgehen kann man sich dabei im Prinzip als eine Reihe von t-Tests vorstellen, die der eigentlichen Varianzanalyse folgen. D. h. man vergleicht mehrfach immer genau zwei Mittelwerte daraufhin, ob sie sich signifikant voneinander unterscheiden. Die Nullhypothese für diese Vergleiche lautet dabei, dass die Differenz zwischen den Mittelwerten gleich Null ist. Das Problem bei diesem Vorgehen ist, dass man neben der Varianzanalyse noch eine ganze Reihe weiterer Tests am gleichen Datenmaterial durchführt. Dadurch steigt aber automatisch die Wahrscheinlichkeit, dass man rein zufällig eine Nullhypothese ablehnt, d. h. der α-Fehler steigt unweigerlich. Aus diesem Grund führt man keine „normalen" t-Tests durch. Stattdessen gibt es zahlreiche spezialisierte Verfahren, die eine Inflation des α-Fehlers verhindern sollen. So lassen sich nach Kirk (1995, S. 158) 22 verschiedene Verfahren zur Berechnung von multiplen Vergleichen unterscheiden. Es würde den Rahmen dieses Kapitels sprengen, all diese Verfahren im Einzelnen zu beschreiben. Stattdessen sollen die fünf Kriterien dargestellt werden, nach denen man entscheiden kann, welches Vorgehen bei einem gegebenen Datensatz am besten geeignet ist[4].

Man unterscheidet zwischen paarweisen und nicht paarweisen Vergleichen. Bei einem paarweisen Vergleich wird geprüft, ob sich die Mittelwerte von genau zwei Gruppen voneinander unterscheiden. Im Gegensatz dazu werden bei einem nicht paarweisen Vergleich die Gruppenmittelwerte von mehreren Gruppen zusammengefasst und mit einem anderen Gruppenmittelwert oder ebenfalls einer Zusammenfassung aus Gruppenmittelwerten verglichen. Weiter unterscheidet man zwischen a priori (geplanten) und post hoc (ungeplanten) Vergleichen. Bei a priori Vergleichen hat der Untersucher schon vor der Datenanalyse Hypothesen darüber, welche Gruppenmittelwerte sich voneinander unterscheiden. Er testet daher nur diese Unterschiede auf Signifikanz. Das hat den großen Vorteil, dass weniger Tests notwendig sind und das Problem der α-Inflation geringer ist. Bei post hoc Vergleichen hat der Untersucher keine genaue Hypothese darüber, welche Gruppenmittelwerte sich voneinander unterscheiden. Daher werden alle Gruppenmittelwerte paarweise miteinander verglichen. Da bei hoher Anzahl an Faktorstufen die Anzahl an notwendigen post hoc Tests sehr groß werden kann, müssen die hierfür eingesetzten Verfahren eine stärker Adjustierung des α-Fehlers vornehmen. Dadurch kann die Teststärke dieser Verfahren geringer ausfallen als die der a priori Tests. Die Verfahren werden außerdem danach unterschieden, ob sie mit ungleichen Zellbesetzungen umgehen können und ob sie homogene oder heterogene Varianzen in den Gruppen annehmen. Ein letzter und sehr wichtiger Unterschied zwischen den Verfahren besteht im Ausmaß der Korrektur für die α-Inflation. Einige Verfahren korrigieren wesentlich strenger als andere. Je strenger (man sagt auch konservativer) ein Verfahren ist, desto geringer ist die Wahrscheinlichkeit für einen α-Fehler. Diesen Vorteil erkauft man sich allerdings durch eine geringere Teststärke.

Im Beispiel der Automobil-Präferenz in Abhängigkeit der Werbemaßnahmen bestanden a priori keine Hypothesen darüber, welche Gruppenmittelwerte sich voneinander unterscheiden. Daher wäre hier ein paarweiser post hoc Test für gleichgroße Zellen und homogene Varianzen durchzuführen. In aufsteigender Strenge könnte man hierfür u. a. die folgenden Tests einsetzen: Fisher's LSD, Duncan, Tukey's HSD oder Scheffé.

4 Aus Platzgründen wird auf eine Unterscheidung zwischen orthogonalen und nicht orthogonalen Vergleichen verzichtet. Eine detaillierte Darstellung der einzelnen Verfahren findet sich bei Kirk (1995, S. 113 ff.) oder Klockars und Sax (1986).

3.2 Mehrfaktorielle Varianzanalyse

In der mehrfaktoriellen Varianzanalyse wird statt dem Einfluss einer UV der gleichzeitige Einfluss mehrerer UVn auf eine AV analysiert. Neben dem Gesamteffekt kann die mehrfaktorielle Varianzanalyse daher auch den isolierten Einfluss jedes Faktors und die Interaktionen zwischen den Faktoren berechnen. In der Praxis werden nur äußerst selten mehr als zwei Faktoren in eine Varianzanalyse einbezogen. Daher wird die mehrfaktorielle Varianzanalyse im Folgenden anhand der zweifaktoriellen Varianzanalye erklärt.

Die zweifaktorielle Varianzanalyse ist vom Prinzip und vom Ablauf eine Erweiterung des einfaktoriellen Verfahrens. Statt einer UV werden nun zwei UVn in die Untersuchung einbezogen. Dadurch erhöht sich im experimentellen Design auch die Zahl der notwendigen Teilstichproben.[5] Nun geht es darum zu klären, ob beide UVn jeweils alleine sowie zusammen einen signifikanten Einfluss auf die AV haben. Der isolierte Einfluss einer UV wird als Haupteffekt, die Wechselwirkung beider UVn als Interaktionseffekt bezeichnet. Der Gesamteffekt setzt sich aus den Haupteffekten und dem Interaktionseffekt zusammen.

3.2.1 Modellspezifizierung

Die AV Y ist, wie in Gleichung (9) verdeutlicht, eine Funktion der beiden Faktoren x_1 und x_2.

$$Y = f(x_1, x_2) \qquad (9)$$

Gleichung (10) spezifiziert den Zusammenhang näher und beschreibt das Modell der zweifaktoriellen Varianzanalyse, das die beiden Haupteffekte und den Interaktionseffekt umfasst (Backhaus et al. 2006, S. 133).

$$Y_{ghk} = \mu + \alpha_g + \beta_h + (\alpha\beta)_{gh} + \varepsilon_{ghk} \qquad (10)$$

α_g und β_h repräsentieren den Einfluss der Faktorstufen g und h der Faktoren x_1 und x_2, μ den Mittelwert in der Grundgesamtheit und $(\alpha\beta)_{gh}$ den Interaktionseffekt. Der Beobachtungswert wird mit Y_{ghk} symbolisiert und ε_{ghk} kennzeichnet die Residualgröße.

5 Liegen beispielsweise zwei Faktoren mit je drei Ausprägungen vor, werden 3 x 3 = 9 Teilstichproben benötigt.

3.2.2 Zerlegung der Gesamtabweichung

Im erweiterten Fallbeispiel möchte der Automobilhersteller herausfinden, ob die Werbebotschaft (wie bisher A, B und C) und der Markenname (TOP oder FUN) alleine bzw. zusammen eine Wirkung auf die Präferenzen der Konsumenten für das Auto haben. Im experimentellen Design ergeben sich somit 3 · 2 = 6 verschiedene Wirkungskombinationen (Zellen), deren Beobachtungswerte in Tabelle 2 abgebildet sind.

	Marke TOP	**Marke FUN**	**Zeilensumme**	**Zeilenmittelwert $\overline{Y}_g$**
Werbebotschaft A	5 6 7 7 5	10 9 9 8 9	75	75/10 = 7,5
Zellenmittelwert $\overline{Y}_{gh}$	30/5 = 6	45/5 = 9		
Werbebotschaft B	1 2 2 3 2	2 4 3 3 3	25	25/10 = 2,5
Zellenmittelwert $\overline{Y}_{gh}$	10/5 = 2	15/5 = 3		
Werbebotschaft C	3 4 4 5 4	7 6 5 5 7	50	50/10 = 5
Zellenmittelwert $\overline{Y}_{gh}$	20/5 = 4	30/5 = 6		
Spaltensumme	60	90		
Spaltenmittelwert $\overline{Y}_h$	60/15 = 4	90/15 = 6		
Gesamtmittelwert $\overline{Y}$	150/30 = 5			

Tabelle 2: Präferenzen der Probanden in Abhängigkeit von der Art der Werbebotschaft und dem Markennamen.

Die Gesamtabweichung lässt sich, wie bei der einfaktoriellen Varianzanalyse, in eine Streuung zwischen den Gruppen (SS_x; erklärte Abweichung) und innerhalb der Gruppen (SS_e; nicht erklärte Abweichung) zerlegen:

$$SS_Y = SS_x + SS_e \qquad (11)$$

Die Streuung zwischen den Gruppen kann wiederum in die Streuungen aufgespalten werden, die durch Faktor 1 (SS_{x1}), Faktor 2 (SS_{x2}) und die Interaktion der Faktoren 1 und 2 (SS_{x1x2}) hervorgerufen werden.

$$SS_Y = SS_{x1} + SS_{x2} + SS_{x1x2} + SS_e \qquad (12)$$

Der Einfluss des Faktors 1 spiegelt sich in den Differenzen der Zeilenmittelwerte vom Gesamtmittelwert wider, während die Differenzen der Spaltenmittelwerte vom Gesamtmittel die Wirkung des Faktors 2 repräsentieren (vgl. Tabelle 2). Der Interaktionseffekt ermittelt sich aus den Abweichungen der Zellenmittelwerte von einem Schätzwert für jede Zelle, der den Prognosewert für eine Situation ohne Interaktionen wiedergibt (vgl. Gleichung (13) und Backhaus et al. 2006, S. 133 ff.).

$$\hat{Y}_{gh} = \overline{Y}_g + \overline{Y}_h - \overline{Y} \qquad (13)$$

Die Gesamtabweichung (SS_Y) berechnet sich wie folgt:

$$SS_Y = \sum_{g=1}^{G}\sum_{h=1}^{H}\sum_{k=1}^{K}\left(Y_{ghk} - \overline{Y}\right)^2 \quad ; \ \text{Beispiel:} \ SS_Y = 176 \qquad (14)$$

Für die Haupteffekte gilt:

$$SS_{x1} = H \cdot K \cdot \sum_{g=1}^{G}\left(\overline{Y}_g - \overline{Y}\right)^2 \quad ; \ \text{Beispiel:} \ SS_{x1} = 125 \qquad (15)$$

$$SS_{x2} = G \cdot K \cdot \sum_{h=1}^{H}\left(\overline{Y}_h - \overline{Y}\right)^2 \quad ; \ \text{Beispiel:} \ SS_{x2} = 30 \qquad (16)$$

Der Interaktionseffekt errechnet sich folgendermaßen:

$$SS_{x1x2} = K \cdot \sum_{g=1}^{G}\sum_{h=1}^{H}\left(\overline{Y}_{gh} - \hat{Y}_{gh}\right)^2 \quad \text{mit:} \qquad (17)$$

$$\hat{Y}_{gh} = \overline{Y}_g + \overline{Y}_h - \overline{Y} \quad ; \ \text{Beispiel:} \ SS_{x1x2} = 5$$

Für die nicht erklärte Streuung ergibt sich:

$$SS_e = \sum_{g=1}^{G}\sum_{h=1}^{H}\sum_{k=1}^{K}\left(Y_{ghk} - \overline{Y}_{gh}\right)^2 \quad ; \ \text{Beispiel:} \ SS_e = 16 \qquad (18)$$

Wiederum ist beispielhaft gezeigt, dass sich die Gesamtabweichung aus der Summe der erklärten Abweichung und der nicht erklärten Abweichung zusammensetzt:

SS_Y	=	$SS_x + SS_e$	=	$SS_{x1} + SS_{x2} + SS_{x1x2} + SS_e$
176	=	160 + 16	=	125 + 30 + 5 + 16

3.2.3 Berechnung der Varianzen und Messung der Effekte

Die Varianzen berechnen sich aus der Division der Streuungen durch die jeweilige Zahl an Freiheitsgraden.

$$MS_Y = \frac{SS_Y}{G \cdot H \cdot K - 1} \quad ; \quad \text{Beispiel:} \quad MS_Y = \frac{176}{3 \cdot 2 \cdot 5 - 1} = 6{,}07 \tag{19}$$

$$MS_{x1} = \frac{SS_{x1}}{G - 1} \quad ; \quad \text{Beispiel:} \quad MS_{x1} = \frac{125}{3 - 1} = 62{,}5 \tag{20}$$

$$MS_{x2} = \frac{SS_{x2}}{H - 1} \quad ; \quad \text{Beispiel:} \quad MS_{x2} = \frac{30}{2 - 1} = 30 \tag{21}$$

$$MS_{x1x2} = \frac{SS_{x1x2}}{(G-1)(H-1)} \quad ; \tag{22}$$

$$\text{Beispiel:} \quad MS_{x1x2} = \frac{5}{(3-1)(2-1)} = 2{,}5$$

$$MS_e = \frac{SS_e}{G \cdot H \cdot (K-1)} \quad ; \tag{23}$$

$$\text{Beispiel:} \quad MS_e = \frac{16}{3 \cdot 2 \cdot (5-1)} = 0{,}67$$

Ein Maß für die Stärke des Gesamteffekts ist das multiple Eta Quadrat (η^2):

$$\text{multiple } \eta^2 = \frac{SS_{x1} + SS_{x2} + SS_{x1x2}}{SS_Y} \quad \text{mit} \quad 0 \le \eta^2 \le 1 \quad ; \qquad (24)$$

$$\text{Beispiel:} \quad \eta^2 = \frac{125 + 30 + 5}{176} = 0{,}9091$$

Je näher dieser Wert an Eins liegt, desto größer ist der erklärte Anteil an der Gesamtabweichung und umso stärker ist der Gesamteffekt. Im Beispiel wird ein Anteil von 90,91 Prozent an der Gesamtstreuung erklärt.

3.2.4 Signifikanztest

Die Prüfung auf Signifikanz der Effekte erfolgt durch den F-Test. Die empirischen F-Werte berechnen sich mittels Division der jeweiligen Varianzen (MS_x, MS_{x1}, MS_{x2}, MS_{x1x2}) durch die Varianz der Reststreuung (MS_e). Für die auf diese Weise ermittelten empirischen F-Werte wird geprüft, ob sie den kritischen F-Wert laut Tabelle überschreiten. Zunächst erfolgt mit Hilfe des F-Tests eine Prüfung des Gesamteffekts (Summe der Haupt- und Interaktionseffekte) auf Signifikanz.

Als Nullhypothese wird angenommen, dass der Gesamteffekt keinen Einfluss auf die abhängige Variable ausübt und somit alle Faktorstufenmittelwerte gleich sind. Ist der empirische F-Wert größer als der Prüfwert, kann die H_0 verworfen werden.

$$\frac{MS_x}{MS_e} = \frac{\dfrac{SS_{x1} + SS_{x2} + SS_{x1x2}}{(G-1)+(H-1)+(G-1)\cdot(H-1)}}{\dfrac{SS_e}{G \cdot H \cdot (K-1)}} \quad ;$$

$$\text{Beispiel:} \quad \frac{MS_x}{MS_e} = \frac{\dfrac{125+30+5}{(3-1)+(2-1)+(3-1)\cdot(2-1)}}{\dfrac{16}{3 \cdot 2 \cdot (5-1)}} = \frac{\dfrac{160}{5}}{\dfrac{16}{24}} = 48 \qquad (25)$$

Im Beispiel ist der Gesamteffekt signifikant, da der empirische F-Wert größer als der tabellarische F-Wert von 2,62 ($\alpha = 0{,}05$) ist. Wenn der Gesamteffekt signifikant ist, erfolgt die Überprüfung des Interaktionseffekts.

$$\frac{MS_{x1x2}}{MS_e} = \frac{\frac{SS_{x1x2}}{(G-1)\cdot(H-1)}}{\frac{SS_e}{G\cdot H\cdot(K-1)}} \quad ;$$

$$\text{Beispiel:} \quad \frac{MS_x}{MS_e} = \frac{\frac{5}{(3-1)\cdot(2-1)}}{\frac{16}{3\cdot 2\cdot(5-1)}} = 3{,}75 \tag{26}$$

Für den Interaktionseffekt lautet die Nullhypothese, dass keine Interaktion auftritt, d. h. es gibt keinen Unterschied in den Mittelwerten der Interaktionsstufen. Für das Beispiel ergibt sich ein empirischer F-Wert von 3,75. Dieser Wert übersteigt den kritischen F-Wert aus der Tabelle von 3,40 ($\alpha = 0{,}05$). Die H_0 kann daher verworfen werden und das Vorliegen eines Interaktionseffekts kann bestätigt werden. Das bedeutet, dass der Effekt des Faktors 1 von der jeweiligen Stufe des Faktors 2 abhängt und umgekehrt. Wenn die Effekte voneinander abhängen, ist es nicht unbedingt notwendig die Haupteffekte auf Signifikanz zu prüfen, weil im Marketing in der Regel die beste Kombination der Faktoren von Interesse ist. Für die vorteilhafteste Kombination der UVn ist es unerheblich ob die Haupteffekte signifikant sind, sofern der Interaktionseffekt signifikant ist. Ein Test der Haupteffekte auf Signifikanz ist nur dann zwingend notwendig, wenn der Interaktionseffekt nicht signifikant ist.

Für die Überprüfung der Haupteffekte gilt:

$$\frac{MS_{x1}}{MS_e} = \frac{\frac{SS_{x1}}{G-1}}{\frac{SS_e}{G\cdot H\cdot(K-1)}} \quad ;$$

$$\text{Beispiel:} \quad \frac{MS_{x1}}{MS_e} = \frac{\frac{125}{3-1}}{\frac{16}{3\cdot 2\cdot(5-1)}} = 93{,}75 \tag{27}$$

$$\frac{MS_{x2}}{MS_e} = \frac{\frac{SS_{x2}}{H-1}}{\frac{SS_e}{G\cdot H\cdot(K-1)}} \quad ;$$

$$\text{Beispiel:} \quad \frac{MS_{x1}}{MS_e} = \frac{\frac{30}{2-1}}{\frac{16}{3\cdot 2\cdot(5-1)}} = 45 \tag{28}$$

Die Nullhypothese besagt, dass der betrachtete Haupteffekt unwirksam ist, d. h. es gibt keinen Unterschied in den Mittelwerten der Faktorstufen. Im Beispiel sind beide Haupteffekte signifikant, da die empirischen F-Werte die Prüfgrößen von 3,40 bzw. 4,26 ($\alpha = 0,05$) deutlich übersteigen. Auch diese H_0 kann daher abgelehnt werden.

3.2.5 Interpretation der Ergebnisse

Aus der Signifikanz des Gesamteffekts kann gefolgert werden, dass sich mindestens ein Gruppenmittelwert von den anderen unterscheidet. Die Interpretation der weiteren Effekte ist bei einer mehrfaktoriellen Varianzanalyse leider wesentlich komplizierter als bei einer einfaktoriellen Varianzanalyse. Aus den beiden hochsignifikanten Haupteffekten können nämlich nur nach einer genaueren Analyse der Art des Interaktionseffekts Schlussfolgerung abgeleitet werden. Man unterscheidet hierzu drei Arten von Interaktionsmustern (siehe Abbildung 4-6). Ein annähernd paralleler Verlauf der Verbindungslinien der Mittelwerte indiziert, dass es keine Interaktionen gibt (vgl. Abbildung 3)[6]. In diesem Fall können die Haupteffekte direkt interpretiert werden, da sich die Faktoren nicht gegenseitig in ihrer Wirkung auf die AV beeinflussen. Nicht parallele Verläufe hingegen deuten auf das Vorhandensein von Interaktionen hin.

Von einer ordinalen Interaktion spricht man, wenn der Einfluss eines Faktors auf die AV nicht über alle Stufen des anderen Faktors gleich bleibt, sich die Rangfolge der Effekte aber nicht ändert (vgl. Abbildung 4). Signifikante ordinale Interaktionen müssen interpretiert und daraufhin überprüft werden, ob sie theoretisch erklärbar sind. Ist dies der Fall, können die Haupteffekte interpretiert werden (Hair et al. 1995, S. 271).

Disordinale Interaktionseffekte liegen vor, wenn sich die Rangfolge der Effekte ändert (vgl. Abbildungen 5 und 6). Kreuzen sich die Linien, so ist der Interaktionseffekt am stärksten, da in diesem Fall der relative Effekt des einen Faktors mit den Faktorstufen des anderen wechselt (vgl. Abbildung 6). Da sich bei signifikanten disordinalen Interaktionen die Richtung der Effekte ändert und somit kein konsistenter Effekt vorliegt, ist eine Interpretation der Haupteffekte nicht möglich.

6 Die Verbindungslinien sind nur zur Verdeutlichung eingetragen. Eigentlich handelt es sich um diskrete Werte.

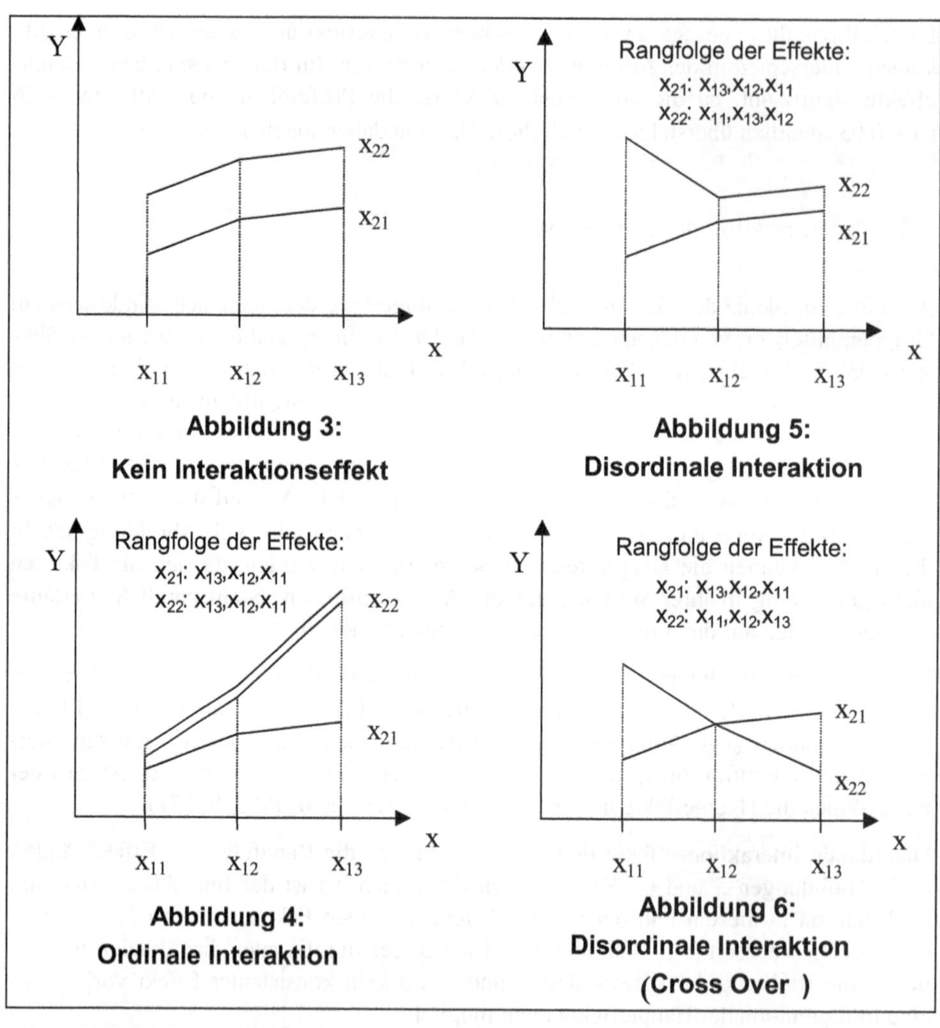

Abbildung 3: Kein Interaktionseffekt

Abbildung 5: Disordinale Interaktion

Abbildung 4: Ordinale Interaktion

Abbildung 6: Disordinale Interaktion (Cross Over)

Wenn man die Mittelwerte aus dem Automobil-Beispiel graphisch darstellt, kann man eine ordinale Interaktion erkennen. Das bedeutet, dass man die beiden signifikanten Haupteffekte interpretieren darf. Da der Faktor „Markenname" nur die beiden Stufen „TOP" und „FUN" hat, kann man direkt aus der Höhe der Mittelwerte folgern, dass der Markenname „FUN" eine höhere Präferenz als „TOP" erzeugt. Der Faktor „Werbemaßnahme" hat drei Stufen und muss daher mit multiplen Vergleichen wie sie in Abschnitt 3.1.6 besprochen wurden analysiert werden, um Aussagen darüber treffen zu können, welche Mittelwerte sich signifikant voneinander unterscheiden.

3.2.6 Interpretationsaspekt: Relative Wichtigkeit der Faktoren

Im Marketing ist es häufig wichtig herauszufinden, welche Stellschraube den größten Einfluss auf eine bedeutende Zielvariable hat, um entsprechende Prioritäten setzen zu können. Im Rahmen einer Varianzanalyse könnte man sich daher dafür interessieren, welcher Faktor den größten Einfluss auf die AV hat. Hierfür kann man als aussagekräftige Messgröße Omega Quadrat (ω^2) berechnen. Bei orthogonalem Design[7] gilt für den relativen Erklärungsbeitrag eines Faktors „x" an der Varianz einer AV „Y":

$$\omega_x^2 = \frac{SS_x - (df_x \cdot MS_e)}{SS_Y + MS_e} \tag{29}$$

$\text{mit}: df_x = \text{Anzahl der Freiheitsgrade des Faktors x.}$

Normalerweise erfolgt eine Interpretation von Omega Quadrat nur für statistisch signifikante Effekte. Je größer Omega Quadrat ausfällt, desto größer ist der Erklärungsbeitrag des betrachteten Faktors. Werte von 0,15 und höher für ω^2 signalisieren einen relativ starken Einfluss. Mittlere Effekte weisen Werte um 0,06 und kleine Effekte Werte von ca. 0,01 auf (Malhotra 1996, S. 563 f.).

3.2.7 Erweiterung auf mehr als zwei Faktoren

Die Vorgehensweise einer n-faktoriellen Analyse mit mehr als zwei UVn entspricht weitgehend dem Ablauf der dargestellten zweifaktoriellen Varianzanalyse. Allerdings sind neben mehr Haupteffekten auch zusätzliche Interaktionseffekte zu berücksichtigen. Bei einer dreifaktoriellen Varianzanalyse beispielsweise gibt es drei Haupteffekte sowie vier Interaktionseffekte, nämlich: die Interaktion der Faktoren 1 und 2, der Faktoren 1 und 3, der Faktoren 2 und 3 sowie der Faktoren 1, 2 und 3. Je mehr Faktoren analysiert werden, desto komplizierter gestaltet sich die Interpretation der Interaktionseffekte. In der Praxis werden daher kaum Varianzanalysen mit mehr als zwei Faktoren eingesetzt.

---

7 Gleiche Anzahl an Beobachtungswerten je Wirkungskombination (Zelle).

4. Multivariate Varianzanalyse

Im Rahmen der Varianzanalyse ist es möglich, neben mehreren UVn auch mehr als eine metrisch skalierte AV gleichzeitig in die Untersuchung einzubeziehen. Das Verfahren wird dann im Gegensatz zur univariaten ANOVA als MANOVA (multivariate analysis of variance) bezeichnet.

Beispielsweise könnte für ein Unternehmen von Interesse sein, wie sich unterschiedliche Produktvarianten (UV) auf Preiswahrnehmung, Qualitätswahrnehmung und Kaufabsicht (AVn) auswirken.

Von der Vorgehensweise und vom Prinzip her stellt die multivariate Varianzanalyse eine Erweiterung des univariaten Verfahrens dar. Das Ziel beider Verfahren ist es, Unterschiede zwischen verschiedenen Gruppen aufzudecken, wobei in der MANOVA die Gruppenunterschiede simultan über mehrere AVn analysiert werden. Mathematisch gesehen ist die MANOVA identisch mit der Diskriminanzanalyse. Die beiden Verfahren unterscheiden sich nur in Hinblick auf die jeweilige Fragestellung. Während man bei der MANOVA auf Grundlage der Gruppenzugehörigkeit den Wert der AV vorhersagen will, ist das Ziel der Diskrimanzanalyse, aus dem Wert der AV die Gruppenzugehörigkeit vorherzusagen (Tabachnik/Fidell 2001, S. 322).

Statt einer MANOVA könnte man natürlich auch für jede AV eine ANOVA durchführen. Diese Vorgehensweise ist dann angebracht, wenn die AVn nicht miteinander korreliert sind, da in diesem Fall die ANOVA eine höhere Power als die MANOVA hat. Negative Korrelationen bzw. moderat positive Korrelationen zwischen den AVn sind hingegen das optimale Einsatzgebiet für eine MANOVA, da sie in diesen Fällen die höhere statistische Power hat. Bei hohen positiven Korrelationen zwischen den AVn sollte man hingegen die hochkorrelierten Variablen zu einem Faktor zusammenfassen oder nur die reliabelste AV nehmen und mit einem dieser Werte eine einfache ANOVA rechnen, da hier wieder die ANOVA die höhere statistische Power hat (Tabachnik/Fidell 2001, S. 357).

Im Grundmodell der ANOVA ist die AV „Y" eine Funktion von einem oder mehreren Faktoren (vgl. Gleichung (1) und Gleichung (9)). Die MANOVA bezieht hingegen, neben einer oder mehreren UVn, auch mehrere AVn simultan in die Untersuchung ein. Hierbei werden die AVn zu einer Variate (Linearkombination von Variablen) gebündelt. Die Grundgleichung der MANOVA lautet:

$$Y_1 + Y_2 + , \dots , Y_n = f(x_1, x_2, \dots , x_m) \tag{30}$$

Für die ANOVA lautet die Nullhypothese, dass alle Gruppenmittelwerte gleich sind. Dagegen besagt die Nullhypothese der MANOVA, dass die aus den AVn gebildete Variate über alle Gruppen gleich ist. Einzigartig an der MANOVA ist, dass die Variate so erstellt wird, dass die Unterschiede zwischen den Gruppen maximiert werden (Hair et al. 1995, S. 264).

Ein wesentlicher Vorteil der MANOVA ist, dass mehrere AVn gleichzeitig analysiert werden können. Diese Möglichkeit verleitet aber leicht zu einer mißbräuchlichen Nutzung des Verfahrens. Die MANOVA ist ebenso wie ihr univariates Gegenstück eine Abhängigkeitsanalyse, die zur Prüfung von theoretisch oder sachlogisch fundierten Hypothesen herangezogen werden kann. Hingegen sollte vermieden werden, das Verfahren für strukturentdeckende Zwecke einzusetzen, indem ohne eine plausible Begründung AVn integriert werden, um auf diese Weise Zusammenhänge aufzudecken. Ein solcher Schritt kann zu schwerwiegenden Fehlinterpretationen führen.

5. Kovarianzanalyse

In der Marktforschung und anderen angewandten Forschungsfeldern ist es oftmals nicht möglich, alle möglichen Einflussgrößen auf die AV durch die experimentelle Anordnung zu kontrollieren.

Beispielsweise könnte das Einkommen der Probanden die AV „Präferenz" so stark beeinflussen, dass der Einfluss der UV „Werbemaßnahme" in der Analyse völlig untergeht.

Wenn der Marktforscher in diesem Fall keine Maßnahme ergreift, geht der durch das Einkommen verursachte Anteil der Varianz als Fehlervarianz in seine ANOVA ein. Dadurch wäre die Fehlervarianz im Verhältnis zur erklärten Varianz relativ groß und die Wahrscheinlichkeit für signifikante Effekte der Faktoren wäre gering. Um dies zu verhindern, kann der Marktforscher das Einkommen der Versuchspersonen als so genannte Kovariable in die Analyse einbeziehen. In diesem Fall wird das Verfahren als Kovarianzanalyse (analysis of covariance, ANCOVA) bezeichnet[8]. Die ANCOVA ist im Prinzip eine zweistufige Analysemethode, bei der Regressionsanalyse und Varianzanalyse sequentiell zum Einsatz kommen. Der Grundgedanke dieser Methode besteht darin, dass man zunächst durch eine Regressionsanalyse den durch die Kovariable verursachten Anteil der Varianz der AV ermittelt. In einem zweiten Schritt werden die Werte der AV um den Einfluss der Kovariablen bereinigt und mit diesen bereinigten Werten wird eine herkömmliche Varianzanalyse gerechnet. Dieses Vorgehen ist in Abbildung 7 verdeutlicht (Neter et al. 1996, S. 1010 ff.). In der Abbildung sind die Daten aus dem Beispiel zur

8 Auch in eine MANOVA können Kovariablen einbezogen werden. Das Verfahren wird dann als MANCOVA (multivariate analysis of covariance) bezeichnet.

einfaktoriellen ANOVA dargestellt (vgl. Abbildung 2). Statt der Versuchspersonen-Nummer ist in dieser Abbildung das Einkommen der Versuchspersonen auf der x-Achse abgetragen. Außerdem sind statt den Gruppenmittelwerten und dem Gesamtmittelwert Regressionsgeraden für die Gesamtstichprobe und die einzelnen Gruppen eingezeichnet.

Vergleicht man Abbildung 7 mit Abbildung 2, so fällt auf, dass die einzelnen Beobachtungen näher an den Regressionsgeraden liegen als sie es in Abbildung 2 an den Mittelwertsgeraden tun. Das zeigt, dass durch die Regressionsgeraden die Fehlervarianz reduziert wird. Im ersten Schritt der ANCOVA wurde der Anteil der Fehlervarianz an der Gesamtvarianz also erfolgreich verringert.

In einem zweiten Schritt werden die Messwerte für die eigentliche Varianzanalyse um den Einfluss der Kovariablen „Einkommen" bereinigt, indem alle Messwerte auf den Mittelwert der Kovariablen standardisiert werden. In diesem Zusammenhang spricht man auch von Adjustierung der AV. Dieses Vorgehen kann man sich graphisch sehr gut veranschaulichen.

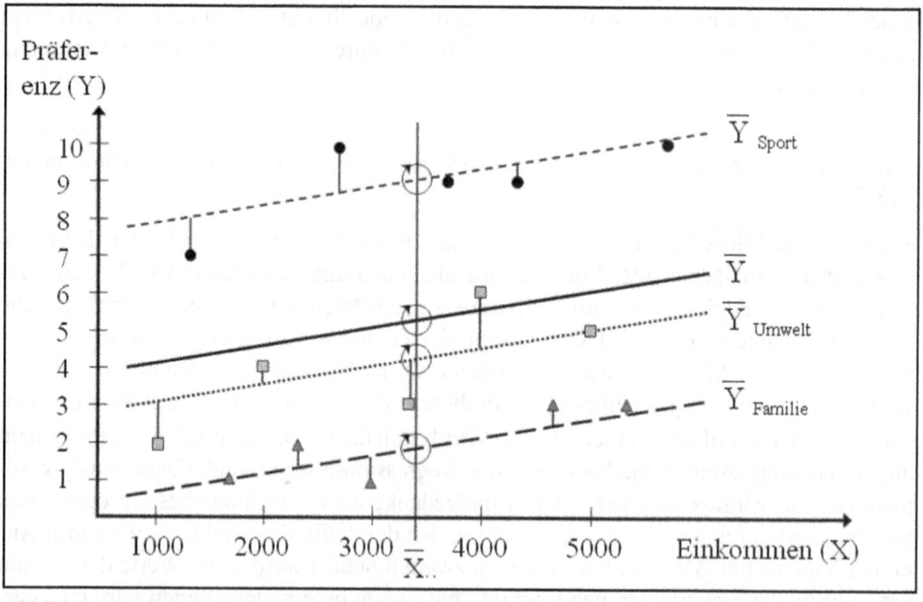

Abbildung 7: Automobilpräferenzdaten geordnet nach Versuchsgruppen in Abhängigkeit der Kovariblen „Einkommen" (vgl. Abbildung 2).

In Abbildung 7 sind die Schnittpunkte der Regressionsgeraden mit der Mittelwertslinie der Kovariablen "X" eingezeichnet. Nun muss man sich vorstellen, dass alle Beobachtungspunkte mit einem immer im Lot befindlichen Bindfaden an ihre jeweiligen Regressionsgeraden gebunden sind und man dann die Regressionsgeraden im Uhrzeigersinn so lange dreht, bis sie genau horizontal verlaufen. Die auf diese Weise gewonnen Messwerte gehen jetzt in eine herkömmliche Varianzanalyse ein. Dieses Vorgehen kann man sich auch mathematisch an der Modellgleichung der ANCOVA verdeutlichen (Kirk 1995, S. 717):

$$Y_{gk} = \mu + \alpha_g + \beta_w(X_{gk} - \overline{X}_{..}) + \varepsilon_{gk}. \tag{31}$$

β_w stellt den Steigungskoeffizienten der Kovariablen „X“ dar. Diese Größe gibt die innerhalb der Gruppe auftretende Regression von Y auf X über alle Gruppen wieder. X_{gk} ist der Wert der Kovariablen für Person g in Gruppe k. $\overline{X}_{..}$ ist der Mittelwert der Kovariablen in der Gesamtstichprobe. Die anderen Ausdrücke in der Gleichung sind identisch mit der Modellgleichung der einfaktoriellen ANOVA. Durch einfaches Umstellen von Gleichung 32 bekommt man die adjustierten Messwerte für die AV „Y“ (Kirk 1995, S. 718):

$$Y_{(adj)gk} = Y_{gk} - \beta_w(X_{gk} - \overline{X}_{..}) = \mu + \alpha_g + \varepsilon_{gk} \tag{32}$$

Man erhält also für die adjustierten Messwerte exakt dieselbe Gleichung wie für die einfaktorielle ANOVA (vgl. Gleichung 2).

Bei der Auswahl geeigneter Kovariablen ist es wichtig, darauf zu achten, dass die Kovariable möglichst hoch mit der AV, aber möglichst gering mit den Faktoren korreliert ist. Durch eine hohe Korrelation der Kovariablen mit der AV kann ein Teil der nicht erklärten Varianz (MS_e) eliminiert werden. Hierdurch verringert sich der Fehlerterm für den F-Test und die Faktoreffekte treten deutlicher zu Tage. Liegt jedoch eine Korrelation mit den Faktoren vor, wird jener Teil der erklärten Varianz, der durch die korrelierten Faktoren erklärt wird, durch Einbeziehung der Kovariablen aus der Analyse beseitigt. Dadurch wird statt der Fehlervarianz die erklärte Varianz verringert, und der Einbezug der Kovariablen würde in diesem Fall die Erklärungskraft der Analyse verringern.

Steht der Forscher vor der Frage, wie viele Kovariablen er berücksichtigen soll, muss er zwischen zwei Zielsetzungen abwägen. Zum einen liegt das Ziel darin, möglichst viele externe Einflüsse auszuschalten. Zum anderen soll dabei aber auch die Zahl der UVn gering gehalten werden, da mit steigender Anzahl an Variablen die für den Signifikanztest zur Verfügung stehenden Freiheitsgrade reduziert werden bzw. der Stichprobenumfang erhöht werden muss, um diesen Rückgang zu kompensieren. Es sollten also möglichst wenige, aber erklärungskräftige Kovariablen integriert werden. Als Faustregel für die maximale Zahl an Kovariablen (K) gilt (Hair et al. 1995, S. 274):

$$K = (0{,}1 \cdot \text{Stichprobenumfang}) - (\text{Anzahl der Gruppen} - 1) \tag{33}$$

Das Hauptinteresse der Marktforscher liegt üblicherweise in der Messung der Faktoreffekte. Aber auch eine Interpretation der Kovariablen kann nützlich sein. Da die Kovarianzanalyse eine Anwendung der Regressionstechnik innerhalb einer Varianzanalyse darstellt, kann der Einfluss der Kovariablen auf die abhängigen Größen in ähnlicher Weise bestimmt werden wie bei einer Regressionsanalyse. Für jede Kovariable lässt sich eine Regressionsfunktion bilden, anhand derer die Stärke der Wirkung auf die AV berechnet werden kann. Liegen dieser Beziehung theoretisch begründete Überlegungen zugrunde, ist es möglich, diese Zusammenhangshypothese anzunehmen oder abzulehnen. Kovariablen mit keinem oder nur geringem Einfluss auf die abhängige Größe lassen sich auf diese Weise eliminieren. Auch der Einfluss der Kovariablen auf den Signifikanztest kann ermittelt werden, indem die Analyse einmal mit und einmal ohne die Kovariablen berechnet wird und die Ergebnisse miteinander verglichen werden. Effektive Kovariablen reduzieren die Fehlervarianz (MS_e) und erhöhen die Sensitivität des Signifikanztests. Ergibt sich durch eine bestimmte Kovariable keine wesentliche Verbesserung der Testsensitivität, kann diese Variable entfernt werden.

Literaturverzeichnis

Backhaus, K./Erichson, B./Plinke, W./Weiber, R. (2006): Multivariate Analysemethoden, 11. Auflage, Berlin, Heidelberg, New York.

Hair, J.F./Anderson, R.E./Tatham, R.L./Black, W.C. (1995): Multivariate Data Analysis, 4. Auflage, Englewood Cliff.

Kirk, R.E. (1995): Experimental Design: Procedures for the Behavioral Sciences, 3. Auflage, Pacific Grove, Albany, Bonn u. a..

Klockars, A.J./Sax, G. (1986): Multiple Comparisons. Sage University Paper series on Quantitative Applications in the Social Sciences, 07-061. Beverly Hills: Sage Pubns.

Malhotra, N.K. (1996): Marketing Research, 2. Auflage, Englewood Cliffs.

Neter, J./Kutner, M.H./Nachtsheim, C.J./Wasserman, W. (1996): Applied Linear Statistical Models, 4. Auflage, Boston, Burr Ridge, Dubuque u. a..

Rutherford, A. (2001). Introducing ANOVA and MANOVA: A GLM approach, London, Thousand Oaks, New Delhi.

Tabachnik, B.G./Fidell, L.S. (2001): Using Multivariate Statistics, 4. Auflage, Boston, London, Toronto u. a..

Heiko Frenzen und Manfred Krafft

Logistische Regression und Diskriminanzanalyse

Dipl.-Kfm. Heiko Frenzen ist wissenschaftlicher Mitarbeiter am Institut für Marketing an der Westfälischen Wilhelms-Universität Münster. Prof. Dr. Manfred Krafft ist Direktor des Instituts für Marketing an der Westfälischen Wilhelms-Universität Münster.

1. Einleitung

In der Betriebswirtschaftslehre wird sowohl der Praktiker als auch der Forscher häufig mit qualitativen Fragestellungen konfrontiert, d. h. es sind Zusammenhänge zu untersuchen, in denen die abhängige Größe z. B. dichotom ausgeprägt ist. Aus den einzelnen Funktionsbereichen seien beispielhaft die Fragen der Eigenerstellung oder des Fremdbezugs (Beschaffung und Produktion), des Kaufs oder Nichtkaufs von Produkten (Marketing) und der Kreditwürdigkeit von Schuldnern (Finanzierung) genannt. In Tabelle 1 sind weitere, potenzielle Anwendungsgebiete im Marketing aufgelistet (vgl. für weitere Beispiele auch Backhaus et al. 2006, S. 156 ff.). Wenn man sich diesen Problemen methodisch nähern will, stellt man schnell fest, dass die herkömmliche Regressionsanalyse nicht geeignet ist, derartige Probleme zu analysieren, da die vom Modell gelieferten Ergebnisse nicht immer im Wertebereich der abhängigen Variablen liegen. Wird z. B. der Kauf (Kodierung der abhängigen Variablen y=1) und Nichtkauf (y=0) eines Produktes betrachtet, so lassen sich geschätzte Werte für Kaufwahrscheinlichkeiten von unter Null oder über Eins nicht sinnvoll interpretieren. Darüber hinaus würde eine binäre abhängige Variable zur Verletzung der Prämisse normalverteilter Residuen führen und folglich inferenzstatistische Aussagen unmöglich machen (Aldrich/Nelson 1984, S. 13 f.; Urban 1993, S. 16 ff.).

Zur Analyse von Fragestellungen, bei denen die abhängige Variable ein nominales Skalenniveau aufweist, ist neben der Diskriminanzanalyse auch die Logistische Regression als potenziell geeignet anzusehen.

Sowohl bei der Logistischen Regression als auch bei der Diskriminanzanalyse handelt es sich um *strukturenprüfende* Verfahren der Dependenzanalyse, bei denen die Abhängigkeit einer nominal skalierten Variable (der Gruppierungsvariable) von mehreren Einflussfaktoren untersucht wird. Damit unterscheiden sich beide Verfahren hinsichtlich der Problemstellung grundsätzlich von sog. taxonomischen (gruppierenden) Verfahren, wie beispielsweise der Clusteranalyse, bei der von ungruppierten Daten ausgegangen wird. Während durch die Clusteranalyse Gruppen erzeugt werden, steht bei der Logistischen Regression und der Diskriminanzanalyse die Untersuchung von vorgegebenen Gruppen im Fokus (Backhaus et al. 2006, S. 157).

In Abschnitt 2 werden zunächst die grundlegenden Zielsetzungen, modelltheoretischen Überlegungen und Prämissen der Diskriminanzanalyse erörtert, bevor aufgezeigt wird, welche Schritte bei der Anwendung der Diskriminanzanalyse im Einzelnen zu beachten sind. In analoger Weise ist der dritte Abschnitt dem Verfahren der Logistischen Regression gewidmet, wobei dieses Verfahren zusätzlich anhand einer Anwendung auf die Fragestellung, ob ein Unternehmen Verkaufswettbewerbe zur Motivationssteigerung im persönlichen Verkauf einsetzt oder nicht, veranschaulicht wird.

Untersuchungsgegenstand	Gruppierung
Direktmarketing/Versandhandel	Bestellung (ja – nein)
Non-Profit-Marketing	Spende (ja – nein)
Handelsforschung	Kauf/Nichtkauf („Choice")
Personalauswahl (Verkäufer, Franchisenehmer)	Erfolgreiche/erfolglose Mitarbeiter
Vertrieb/Persönlicher Verkauf	Handelsvertreter oder Reisende
Markenpolitik	(Nicht-)Markentreue von Kunden
Produktpolitik	Erfolg von Neuprodukten vs. Flop
Adoption von Innovationen	Adopter vs. Nicht-Adopter

Tabelle 1: Potenzielle Anwendungsgebiete der Diskriminanzanalyse und der Logistischen Regression im Marketing

Dabei werden Maße zur Beurteilung der Güte der geschätzten Modelle diskutiert sowie Elastizitäten und Sensitivitätsanalysen als alternative Verfahren zur Interpretation der geschätzten Koeffizienten vorgestellt. Der Beitrag schließt mit einem Fazit und einer kurzen Gegenüberstellung beider Verfahren in Abschnitt 4.

2. Diskriminanzanalyse

2.1 Grundlagen und Prämissen der Diskriminanzanalyse

Die Diskriminanzanalyse stellt ein multivariates (Trenn-)Verfahren zur Analyse von Gruppenunterschieden dar. Mit Hilfe der Diskriminanzanalyse kann untersucht werden, durch welche Variablen sich die Zugehörigkeit von Untersuchungsobjekten zu bestimmten Gruppen erklären oder prognostizieren lässt. Damit kann dem Verfahren – je nach Zielsetzung der Untersuchung – entweder ein diagnostischer oder ein prognostischer Analyseansatz zugrundeliegen.

Die vier Hauptzielsetzungen der Diskriminanzanalyse lassen sich wie folgt beschreiben (Hair et al. 2006, S. 285 f.; Aaker/Kumar/Day 2004, S. 542):

- Bestimmung von Linearkombinationen der unabhängigen Variablen bzw. Merkmalsvariablen, die durch Maximierung der Varianz zwischen den Gruppen relativ zur Varianz innerhalb der Gruppen bestmöglich zur Unterscheidung der Gruppen beitragen. Diese Linearkombination wird auch als Diskriminanzfunktion oder -achse bezeichnet. Durch Einsetzen der Werte der Merkmalsvariablen in die Diskriminanzfunktion kann für jedes Untersuchungsobjekt ein Diskriminanzwert errechnet werden.
- Überprüfung, ob sich die Gruppen signifikant voneinander unterscheiden, auf Basis von Gruppenmitteln der Diskriminanzwerte (Zentroiden).
- Identifikation derjenigen Variablen, die am nachhaltigsten zur Erklärung von Gruppenunterschieden beitragen.
- Zuordnung von neuen Objekten, deren Merkmalsausprägungen bekannt sind, zu den Gruppen (Klassifikation bzw. Prognose).

Die statistische Signifikanz einer Diskriminanzfunktion lässt sich auf Basis der Distanz zwischen den Gruppen-Zentroiden ermitteln. Dazu werden die Verteilungen der Diskriminanzwerte der Gruppen miteinander verglichen. Je weniger sich die Verteilungen dabei überschneiden, desto besser lassen sich die Gruppen auf Basis der Diskriminanzfunktion voneinander unterscheiden. Abbildung 1 illustriert dieses grundlegende Konzept der Diskriminanzanalyse anhand der Verteilungen von zwei Gruppen A und B: Neben den beiden Gruppen-Zentroiden ist auf der Diskriminanzachse auch der kritische Diskriminanzwert bzw. Trennwert Y* eingetragen, anhand dessen sich die Untersuchungsobjekte klassifizieren lassen. Der Überlappungsbereich der beiden Verteilungen entspricht dabei dem Anteil falsch klassifizierter Objekte der Gruppe A (rechts von Y*) und Gruppe B (links von Y*).

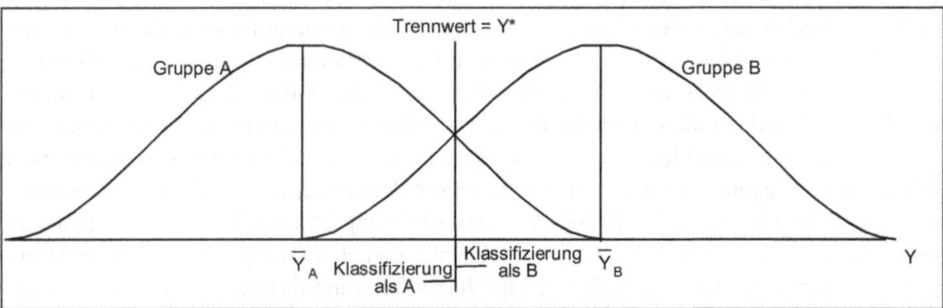

Abbildung 1: Verteilungen der Diskriminanzwerte zweier Gruppen

Wie weiter oben bereits dargelegt, zählt die Diskriminanzanalyse aufgrund der Unterscheidung in nominal skalierte abhängige und metrisch skalierte unabhängige Variablen zu den Verfahren der Dependenzanalyse. Speziell in Hinblick auf die Regressions- und Varianzanalyse können die folgenden Analogien und Unterschiede festgestellt werden:

- Der Diskriminanzanalyse liegt eine zur multiplen Regression analoge Modellstruktur zugrunde. Der wesentliche Unterschied besteht im nominalen Skalenniveau der abhängigen Variable. Darüber hinaus wird in der Regressionsanalyse unterstellt, dass die abhängige Variable eine normalverteilte Zufallsvariable darstellt, während die unabhängigen Variablen bekannt bzw. vorgegeben sind. Bei der Diskriminanzanalyse stellt sich die Situation umgekehrt dar: Für die unabhängigen Variablen wird eine multivariate Normalverteilung angenommen, während die abhängige Variable fixiert ist, d. h. die Gruppen a priori festgelegt sind (Aaker/Kumar/Day 2004, S. 545).
- Bestünde ein umgekehrter Zusammenhang derart, dass die Merkmalsvariablen von der Gruppenzugehörigkeit abhängig sind, so ergäbe sich eine Fragestellung, die mit Hilfe der multivariaten einfaktoriellen Varianzanalyse (MANOVA) zu untersuchen wäre. Dementsprechend kann die Diskriminanzanalyse auch als Umkehrung der MANOVA angesehen werden.

Um die Diskriminanzanalyse sinnvoll anwenden zu können, sollten die *Anwendungsvoraussetzungen* dieses Verfahrens erfüllt sein (siehe zu den Anwendungsprämissen der Diskriminanzanalyse ausführlich Hair et al. 2006, S. 290 f. sowie Tabachnick/Fidell 2007, S. 382 f.). Hierzu gehört wie bei der multiplen Regressionsanalyse die Freiheit von Multikollinearität und Autokorrelation. Auch sollten die betrachteten Zusammenhänge linearer Natur sein, da nichtlineare Beziehungen durch die Diskriminanzfunktion nicht berücksichtigt werden. Darüber hinaus wird gefordert, dass die unabhängigen Variablen einer multivariaten Normalverteilung folgen. Die Diskriminanzanalyse ist jedoch relativ robust gegenüber einer Verletzung der Normalverteilungsannahme, solange diese nicht durch Ausreißer, sondern durch Schiefe verursacht wird. Wenn die Gruppengrößen sehr unterschiedlich sind, sollte die Stichprobe hinreichend groß sein, um Robustheit sicherzustellen: Nach konservativer Schätzung liegt Robustheit vor, sofern die kleinste Gruppe 20 Fälle umfasst, wenn es nur wenige (bis zu fünf) erklärende Variablen gibt (Tabachnik/Fidell 2007, S. 382). Die wichtigste Prämisse für die Anwendung der Diskriminanzanalyse stellt jedoch die Gleichheit der Varianz-Kovarianz-Matrizen der unabhängigen Variablen in den verschiedenen Gruppen dar. Inferenzstatistische Aussagen sind zwar relativ robust gegenüber einer Verletzung dieser Annahme, sofern die Gruppengrößen nicht zu klein oder zu ungleich sind; die Klassifizierung ist jedoch auch bei angemessenen Gruppengrößen nicht robust, weil Beobachtungen eher Gruppen mit größerer Streuung zugeordnet werden. Wenn die richtige Klassifizierung das zentrale Untersuchungsziel darstellt, sollte daher immer auf Homogenität der Varianz-Kovarianz-Matrizen getestet werden (Tabachnik/Fidell 2007, S. 382 f.). Schließlich sollten alle unabhängigen

Variablen mindestens intervallskaliertes Niveau aufweisen, da die Verletzung dieser Prämisse zu ungleichen Varianz-Kovarianz-Matrizen führt.

2.2 Vorgehensweise im Rahmen der Diskriminanzanalyse

Bei der Anwendung der Diskriminanzanalyse sind sechs Schritte zu beachten, die in Abbildung 2 im Überblick dargestellt sind und im Folgenden erläutert werden.

1. Schritt: Problemabgrenzung und Gruppendefinition

Wie bereits erwähnt, ist die Diskriminanzanalyse geeignet, Gruppenunterschiede multivariat zu erklären bzw. im Rahmen der Klassifizierung von Beobachtungen mit bekannten Merkmalsausprägungen, aber unbekannter Gruppenzugehörigkeit zur Prognose zu dienen. Im Rahmen der Durchführung der Diskriminanzanalyse ist es zunächst erforderlich, die abhängige Variable zu definieren, d. h. die zu analysierenden Gruppen zu bestimmen. Diese können sich direkt aus dem Untersuchungskontext ergeben (z. B. Käufer versus Nichtkäufer eines Produktes oder Wähler unterschiedlicher Parteien) oder auch das Ergebnis einer vorgeschalteten Analyse sein. So können beispielsweise Segmente, die im Rahmen einer Clusteranalyse ermittelt wurden, mit Hilfe einer Diskriminanzanalyse weitergehend untersucht werden. Bei Vorschaltung einer Clusteranalyse für die Gruppenbildung können bei der nachfolgenden Diskriminanzanalyse dieselben oder andere Variablen als in der Clusteranalyse verwendet werden. Im ersten Fall besteht das Untersuchungsziel darin, die Eignung der Variablen für die Clusterbildung im Hinblick auf ihre diskriminatorische Bedeutung zu überprüfen. Im zweiten Fall soll die durch die Clusteranalyse erzeugte Gruppierung erklärt werden (Backhaus et al. 2006, S. 188). Beispielsweise könnte in einem ersten Schritt mit Hilfe einer Clusteranalyse eine Segmentierung von Konsumenten nach ihrem Kaufverhalten erfolgen, um in einem zweiten Schritt die segmentspezifischen Unterschiede im Kaufverhalten durch psychografische Variablen mittels Diskriminanzanalyse zu erklären.

Falls die abhängige Variable in ihrer ursprünglichen Form ein metrisches Skalenniveau aufweist, so kann diese in zwei oder mehrere Kategorien (z. B. niedrig/mittel/hoch) eingeteilt und anschließend mit Hilfe der Diskriminanzanalyse untersucht werden. Mit der Definition der Gruppen ist auch die Bestimmung der Anzahl der zu analysierenden Gruppen verbunden. Den einfachsten Fall stellt dabei die Zwei-Gruppen-Diskriminanzanalyse dar (z. B. Bestellung versus Nicht-Bestellung im Versandhandel). Sind mehr als zwei Gruppen gegeben, so kann eine Mehr-Gruppen-Diskriminanzanalyse angewendet werden. Bei der Festlegung der Gruppenanzahl ist allerdings zu berücksichtigen, dass die Beobachtungszahl pro Gruppe mindestens 20 betragen sollte (Hair et al. 2006, S. 289). Aus diesem Grund kann es unter Umständen geboten sein, mehrere Gruppen zu einer Kategorie zusammenzufassen.

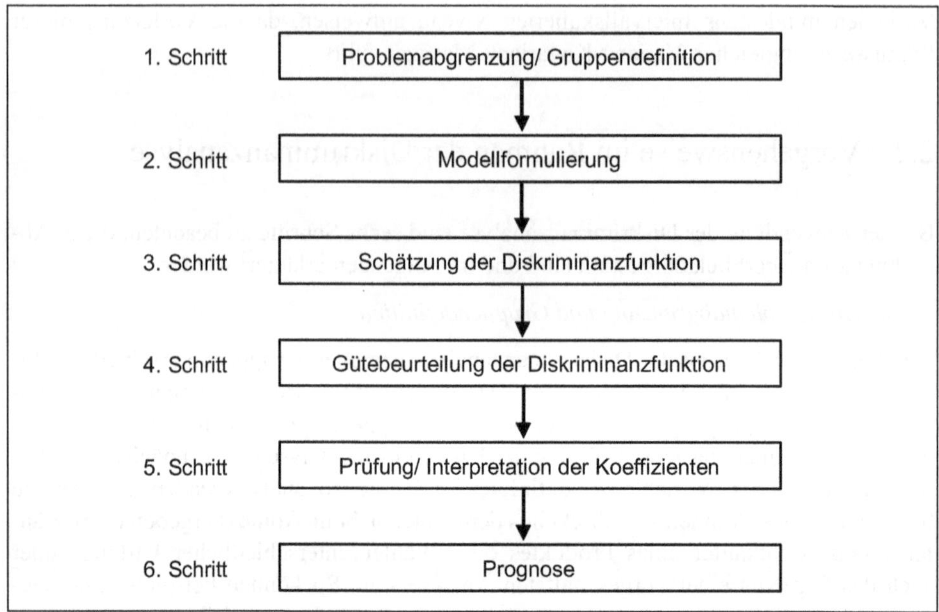

Abbildung 2: Ablaufschritte der Diskriminanzanalyse

2. Schritt: Modellformulierung

Im Rahmen der Diskriminanzanalyse ist eine Diskriminanzfunktion (Trennfunktion) zu schätzen, auf deren Basis eine optimale Trennung zwischen den Gruppen und eine Beurteilung der Diskriminierungsfähigkeit von Merkmalsvariablen ermöglicht wird. Die Diskriminanzfunktion stellt eine Linearkombination der zugrundeliegenden Merkmalsvariablen dar und besitzt allgemein die folgende Form:

$$Y = \beta_0 + \sum_{j=1}^{J} \beta_j \cdot x_j \text{, wobei} \tag{1}$$

Y: Diskriminanzvariable,

β_0: Konstante,

β_j: Diskriminanzkoeffizient der j-ten unabhängigen Variablen x_j ($j \in J$),

x_j: j-te unabhängige Variable ($j \in J$),

J: Indexmenge der unabhängigen Variablen.

Die Diskriminanzfunktion liefert dann durch Einsetzen der Merkmalsausprägungen x_{jk} für jede Beobachtung k einen individuellen Diskriminanzwert Y_k.

3. Schritt: Schätzung der Diskriminanzfunktion

Die Parameter β_j sind auf Basis der gegebenen Daten derart zu schätzen, dass die ermittelten Diskriminanzwerte eine optimale Trennschärfe zwischen den Gruppen gewährleisten. Dazu ist ein sog. Diskriminanzkriterium erforderlich, das die Unterschiedlichkeit der Gruppen misst. Die Schätzung erfolgt dann so, dass das Diskriminanzkriterium maximiert wird.

Um die Unterschiedlichkeit der Gruppen zu beurteilen, ist es zunächst naheliegend, die Distanz zwischen den Gruppen-Zentroiden zu betrachten. Darüber hinaus ist auch die Streuung der Diskriminanzwerte innerhalb einer Gruppe um den Gruppenmittelwert zu berücksichtigen; denn die Unterscheidung zwischen zwei Gruppen gelingt zwar einerseits umso besser, je größer die Distanz ihrer Zentroide ist, andererseits wird sie jedoch erschwert, wenn die Streuung der Gruppen zunimmt. Dieser Sachverhalt wird in Abbildung 3 veranschaulicht, in der drei Paare der Gruppen A und B als Verteilungen über der Diskriminanzachse dargestellt sind. Gegenüber dem oben dargestellten Paar weist das in der Mitte dargestellte Paar eine geringere Unterschiedlichkeit auf, da die Gruppen-Zentroide einen geringeren Abstand aufweisen und sich die Verteilungen der Gruppen A und B folglich stärker überlappen. Vergleicht man nun die beiden ganz unten dargestellten mit den oben dargestellten Gruppen, so weisen die unteren Gruppen zwar identische Zentroide, aber höhere Streuungen auf, so dass auch in diesem Fall eine geringere Diskriminanz gegeben ist.

Somit sollte die Beurteilung der Diskriminanzgüte sowohl auf die Distanz der Gruppen-Zentroide als auch die Streuung der Beobachtungen abstellen. Um eine optimale Trennschärfe unter den Gruppen zu erzielen, wird in diesem Zusammenhang auf das bereits aus der Regressions- und Varianzanalyse bekannte Prinzip der Streuungszerlegung zurückgegriffen:

SS	=	SS_b	+	SS_w	(2)
Gesamt-streuung	=	Streuung zwischen den Gruppen	+	Streuung in den Gruppen	
	=	Erklärte Streuung	+	Nicht erklärte Streuung	

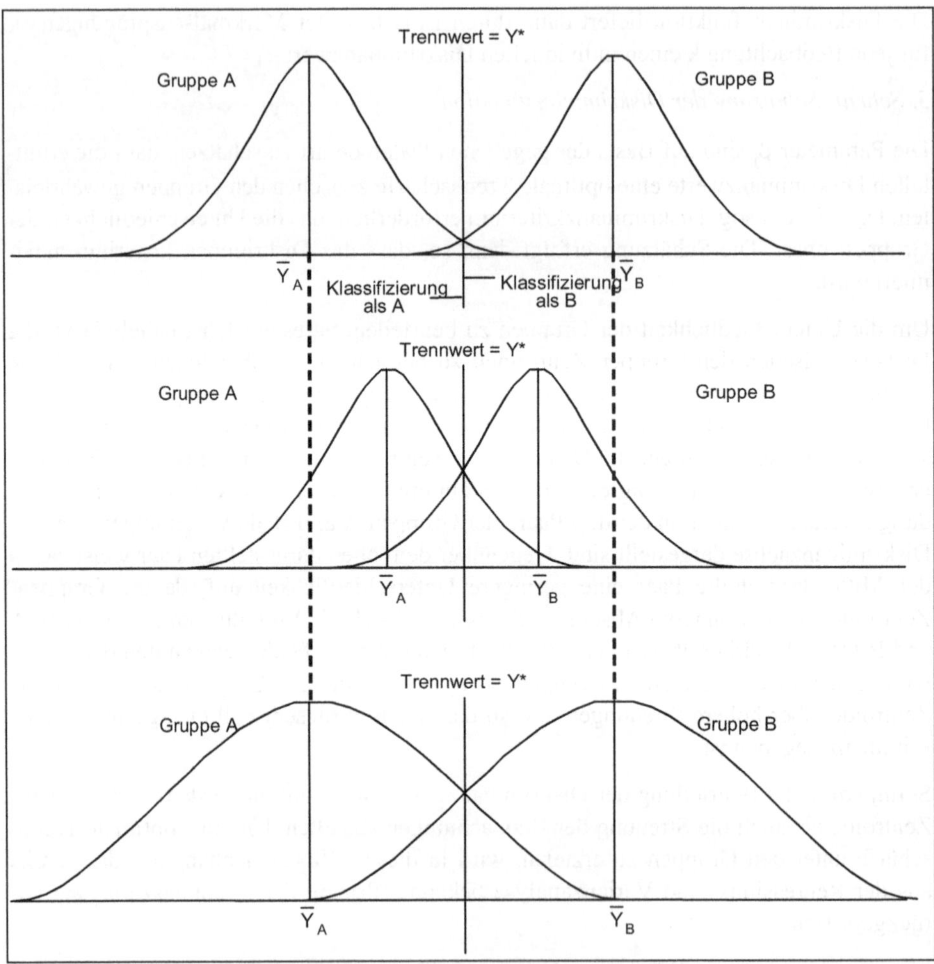

Abbildung 3: Gruppen mit unterschiedlichen Zentroiden und Streuugen

Demnach soll eine Diskriminanzfunktion derart bestimmt werden, dass sich die Gruppenmittel (Zentroide) möglichst deutlich voneinander unterscheiden. Dazu wird folgendes Diskriminanzkriterium zugrundegelegt:

$$\Gamma = \frac{\text{Streuung zwischen den Gruppen}}{\text{Streuung in den Gruppen}} \tag{3}$$

Dieses Kriterium lässt sich wie folgt präzisieren und in ein Optimierungsproblem überführen:

$$\Gamma = \frac{\sum_{g=1}^{G} K_g (\overline{Y}_g - \overline{Y})^2}{\sum_{g=1}^{G} \sum_{k=1}^{K_g} (Y_{gk} - \overline{Y}_g)^2} = \frac{SS_b}{SS_w} \rightarrow \underset{b_j}{\text{Max!}} \qquad (4)$$

Dabei kennzeichnet g (g = 1, 2, ..., G) den Gruppenindex und G entspricht der Zahl der untersuchten Gruppen. Die Diskriminanzkoeffizienten $ß_j$ (j = 1, ..., J) sind demnach so zu bestimmen, dass das Diskriminanzkriterium Γ maximiert wird. Der Maximalwert des Diskriminanzkriteriums

$$\gamma = \text{Max}\{\Gamma\} \qquad (5)$$

wird als Eigenwert bezeichnet, weil er sich mathematisch durch Lösung des sog. Eigenwertproblems ermitteln lässt (siehe hierzu ausführlich Tatsuoka 1988, S. 210 ff.).

Im Mehr-Gruppen-Fall, d. h. bei mehr als zwei Gruppen, können mehr als eine Diskriminanzfunktion bzw. ein Eigenwert ermittelt werden. Die maximale Anzahl der möglichen Diskriminanzfunktionen ist dabei durch I = Min {G–1, J} gegeben. Da gewöhnlich mehr Merkmalsvariablen als Gruppen vorliegen, wird die Anzahl der zu schätzenden Diskriminanzfunktionen i. d. R. durch die Zahl der Gruppen bestimmt. Für die Folge der mit den einzelnen Diskriminanzfunktionen korrespondierenden Eigenwerte gilt

$$\gamma_1 \geq \gamma_2 \geq \gamma_3 \geq \ldots \geq \gamma_I$$

Die erste Diskriminanzfunktion erklärt somit den größten Anteil der Streuung der Merkmalsvariablen. Die zweite Diskriminanzfunktion ist zur ersten unkorreliert (orthogonal) und erklärt den maximalen Anteil der Reststreuung, die nach Ermittlung der ersten Funktion noch verbleibt. Da weitere Diskriminanzfunktionen stets derart ermittelt werden, dass sie den maximalen Anteil der nach Schätzung aller vorangehenden Diskriminanzfunktionen verbleibenden Reststreuung erklären, nimmt der Erklärungsbeitrag der Funktionen sukzessive ab.

Als Maß für die relative Bedeutung einer Diskriminanzfunktion wird der erklärte Varianzanteil bzw. Eigenwertanteil

$$EA_i = \frac{\gamma_i}{\gamma_1 + \gamma_2 + \ldots + \gamma_I} \qquad (6)$$

verwendet. Der Eigenwertanteil entspricht dem durch die i-te Diskriminanzfunktion erklärten Anteil der Streuung an der durch alle I Diskriminanzfunktionen zusammen erklärten Streuung. Die Eigenwertanteile summieren sich dabei immer zu Eins.

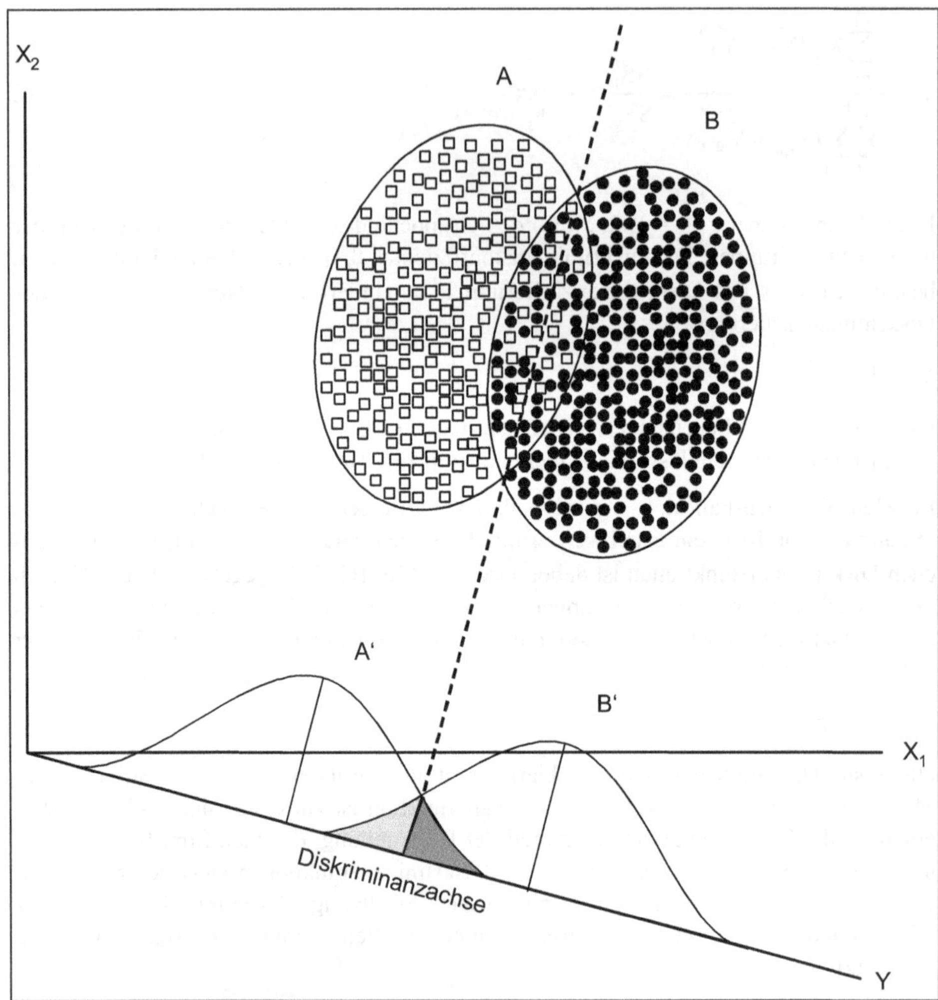

Abbildung 4: Grafische Darstellung einer Zwei-Gruppen-Diskriminanzanalyse

Grafische Darstellung:

In Abbildung 4 wird die Funktionsweise bzw. das Schätzprinzip der Diskriminanzanalyse durch eine grafische Darstellung verdeutlicht.

Dabei liegt die Ermittlung einer Zwei-Gruppen-Diskriminanzfunktion zugrunde. Es sei angenommen, dass für alle Objekte der zwei Gruppen A und B jeweils zwei Messwerte für die beiden Merkmale X_1 und X_2 vorliegen. Die Ausprägungen dieser Merkmale können nun wie in Abbildung 4 in einem Streudiagramm dargestellt werden, wobei die Mitglieder von A durch eckige Punkte und Mitglieder von B durch runde Punkte repräsentiert werden. Die beiden Ellipsen umschließen jeweils einen bestimmten Prozentsatz aller Beobachtungen beider Gruppen, i. d. R. 95 Prozent oder mehr. Zieht man nun eine Gerade durch die beiden Schnittpunkte der Ellipsen und projiziert diese auf eine neue Achse Y, so erzielt man eine minimale Überschneidung der beiden univariaten Verteilungen A' und B'. Die neue Y-Achse repräsentiert dabei die optimale Linearkombination der beiden Ursprungsvariablen X_1 und X_2, eine Projektion der einzelnen Beobachtungspunkte auf die Diskriminanzachse entspricht den Diskriminanzwerten der einzelnen Untersuchungsobjekte.

4. Schritt: Beurteilung der Güte der Diskriminanzfunktion

Zur Beurteilung der Güte einer Diskriminanzfunktion stehen dem Forscher zwei grundsätzliche Ansatzmöglichkeiten zur Verfügung. Eine erste Möglichkeit besteht darin, die durch die Diskriminanzfunktion bewirkte Klassifizierung der Untersuchungsobjekte mit deren tatsächlicher Gruppenzugehörigkeit zu vergleichen. Diese Prüfung der Klassifizierungsgüte wird an späterer Stelle in Zusammenhang mit der Logistischen Regression anhand eines konkreten Beispiels ausführlich erläutert. Die dort beschriebene Gütebeurteilung auf Basis der Klassifizierungsergebnisse ist im Rahmen der Diskriminanzanalyse ebenfalls anwendbar.

Eine zweite grundsätzliche Möglichkeit zur Beurteilung der Güte der Diskriminanzfunktion basiert auf dem bereits oben beschriebenen Diskriminanzkriterium. Der Eigenwert γ stellt den Maximalwert des Diskriminanzkriteriums dar und bildet somit einen Ausgangspunkt für die Beurteilung der Güte bzw. Trennkraft der Diskriminanzfunktion. Da γ den Nachteil besitzt, nicht auf Werte zwischen Null und Eins normiert zu sein, haben sich andere, auf dem Eigenwert basierende Maßzahlen zur Gütebeurteilung etabliert. Hierzu zählt insbesondere der kanonische Korrelationskoeffizient (c):

$$c = \sqrt{\frac{\gamma}{1+\gamma}} = \sqrt{\frac{\text{erklärte Streuung}}{\text{Gesamtstreuung}}} \tag{7}$$

Im Zwei-Gruppen-Fall entspricht die kanonische Korrelation genau der einfachen Korrelation zwischen den geschätzten Diskriminanzwerten und der binären Gruppierungsvariablen.

Das am weitesten verbreitete Kriterium zur Prüfung der Güte der Diskriminanzfunktion bildet Wilks' Lambda (Λ):

$$\Lambda = \frac{1}{1+\gamma} = \frac{\text{nicht erklärte Streuung}}{\text{Gesamtstreuung}} \tag{8}$$

Wie aus der obigen Formel erkennbar ist, stellt Wilks' Lambda ein inverses Gütemaß dar, d. h. niedrigere (höhere) Werte implizieren eine bessere (schlechtere) Trennkraft der Diskriminanzfunktion.

Wilks' Lambda lässt sich in eine Teststatistik transformieren, auf deren Basis Wahrscheinlichkeitsaussagen über die Unterschiedlichkeit von Gruppen ermöglicht werden. Durch die Transformation

$$V = -\left[N - \frac{J+G}{2} - 1\right] \ln \Lambda \tag{9}$$

mit

N: Anzahl der Fälle,

J: Anzahl der Variablen,

G: Anzahl der Gruppen,

Λ: Wilks' Lambda,

ergibt sich eine Prüfgröße, die annähernd χ^2-verteilt ist mit J·(G-1) Freiheitsgraden. Somit lässt sich eine statistische Signifikanzprüfung der Diskriminanzfunktion durchführen. Da die Prüfgröße mit niedrigeren Werten von Λ ansteigt, implizieren höhere Werte eine größere Unterschiedlichkeit der Gruppen.

Im Fall der Mehr-Gruppen-Diskriminanzanalyse kann jede einzelne Diskriminanzfunktion mit Hilfe der obigen Maße auf Basis ihres jeweiligen Eigenwertes evaluiert werden. Dabei misst der i-te Eigenwert γ_i jenen Anteil der erklärten Varianz, welcher der i-ten Diskriminanzfunktion zugerechnet werden kann. Hier zeigt sich eine deutliche Analogie zur Vorgehensweise bei der Hauptkomponentenanalyse, wobei aus den vorhandenen Merkmalsvariablen quasi „Hauptkomponenten" in Form von Diskriminanzfunktionen extrahiert werden (Tatsuoka 1988).

Um die Unterschiedlichkeit der Gruppen insgesamt beurteilen zu können, sind alle Diskriminanzfunktionen bzw. deren Eigenwerte zu berücksichtigen. Ein diesbezügliches Maß stellt das multivariate Wilks' Lambda dar, welches sich durch Multiplikation der univariaten Lambdas ergibt:

$$\Lambda = \prod_{i=1}^{I} \frac{1}{1+\gamma_i} \tag{10}$$

mit

I: Anzahl der möglichen Diskriminanzfunktionen,

γ_i: Eigenwert der i-ten Diskriminanzfunktion.

Um statistisch zu überprüfen, ob sich die Gruppen signifikant voneinander unterscheiden, kann wiederum mit Hilfe der Transformation (9) eine χ^2-verteilte Prüfgröße erzeugt werden.

Weitere Teststatistiken zur Prüfung der Signifikanz von Gruppenunterschieden, die Approximationen der F-Verteilung darstellen und neben Wilks' Lambda wie im Rahmen der MANOVA auch im Rahmen der Diskriminanzanalyse angewendet werden können, sind beispielsweise Hotelling's Trace und Pillai's Trace oder Roy's GCR. Weitere Maße wie Rao's V und Mahalanobis' D^2 werden insbesondere im Rahmen der schrittweisen Diskriminanzanalyse angewendet (Tabachnick/Fidell 2007, S. 397; Hair et al. 2006, S. 413 f.).

Wie bei allen statistischen Tests sei auch an dieser Stelle darauf hingewiesen, dass ein statistisch signifikanter Unterschied keineswegs auch substanziell sein muss. So erweisen sich bei einem hinreichend großen Stichprobenumfang selbst geringe Unterschiede als signifikant. Aus diesem Grund sollten stets auch die absoluten Beträge der Mittelwertunterschiede zwischen den Gruppen sowie des kanonischen Korrelationskoeffizienten und von Wilks' Lambda beachtet werden. Aus Gründen der Interpretierbarkeit ist es i. d. R. sinnvoll, sich auf zwei bis maximal drei Diskriminanzfunktionen zu beschränken, selbst wenn sich weitere Diskriminanzfunktionen als signifikant erweisen (Backhaus et al. 2006, S. 185).

5. Schritt: Prüfung und Interpretation der einzelnen Koeffizienten

Sofern die Prüfung der Diskriminanzfunktion(en) in Schritt 4 eine hinreichende bzw. substanzielle Trennschärfe zwischen den Gruppen ergibt, kann eine Prüfung der einzelnen Merkmalsvariablen vorgenommen werden. Die Beurteilung der Wichtigkeit einzelner Merkmalsvariablen kann zum einen dazu dienen, die Unterschiedlichkeit der Gruppen zu erklären und somit zur Interpretation der Gruppenunterschiede beizutragen. Zum anderen können unwichtige Variablen aus dem Modell entfernt werden, wenn die Spezifikation eines möglichst sparsamen Modells angestrebt wird. Als Alternative zu dieser direkten Methode, bei der zunächst alle unabhängigen Variablen simultan in die Analyse aufgenommen werden, bietet sich die schrittweise Schätzung an. Hierbei werden lediglich die Merkmalsvariablen einzeln nacheinander in die Diskriminanzfunktion einbezogen, die signifikant zur Verbesserung der Diskriminanz beitragen, wobei das Signifikanzniveau durch den Anwender vorzugeben ist. Durch einen Algorithmus werden dann automatisch die wichtigsten Merkmalsvariablen ausgewählt, wobei sich deren relative Bedeutung aus der Reihenfolge ihrer Aufnahme in die Diskriminanzfunktion erkennen lässt (Backhaus et al. 2006, S. 216).

Die diskriminatorische Bedeutung einzelner Variablen kann sowohl univariat als auch multivariat überprüft werden. Im Rahmen einer *univariaten Betrachtung* kann zunächst für jede Merkmalsvariable isoliert überprüft werden, ob sich ihre Mittelwerte zwischen den Gruppen signifikant voneinander unterscheiden. Ebenfalls lässt sich vor Durchführung einer Diskriminanzanalyse für jede Merkmalsvariable auf Basis von Wilks' Lambda isoliert deren Trennfähigkeit überprüfen. Zur Signifikanzprüfung kann jeweils der allgemein übliche F-Test zur Anwendung kommen. Das Ergebnis entspricht dann einer einfaktoriellen Varianzanalyse mit den Gruppen als Faktorstufen.

Aufgrund potenzieller Interdependenzen zwischen den Merkmalsvariablen ist eine univariate Überprüfung der Diskriminanz nicht ausreichend. So ist es beispielsweise möglich, dass eine Variable zwar isoliert betrachtet nur eine geringe diskriminatorische Bedeutung besitzt, jedoch in Kombination mit weiteren Variablen erheblich zur Erhöhung der Diskriminanz beiträgt. In solchen Fällen ist der Eigenwert einer (gemeinsamen) Diskriminanzfunktion höher als die Summe der Eigenwerte der einzelnen Merkmalsvariablen.

Die *multivariate Beurteilung* der diskriminatorischen Bedeutung einer Merkmalsvariablen, also ihrer Bedeutung im Rahmen der Diskriminanzfunktion, kann anhand des standardisierten Diskriminanzkoeffizienten erfolgen. Dieser repräsentiert den Einfluss einer Merkmalsvariablen auf die Diskriminanzvariable und ist folgendermaßen definiert:

$$\beta_j^* = \beta_j \cdot s_j \tag{11}$$

mit

β_j: Diskriminanzkoeffizient von Merkmalsvariable j,

s_j: Standardabweichung von Merkmalsvariable j.

Durch die Standardisierung wird dabei eine von der Skalierung der Merkmalsvariablen unabhängige Beurteilung ihrer Bedeutung ermöglicht. Je höher der Absolutbetrag eines standardisierten Koeffizienten ist, desto höher ist die diskriminatorische Bedeutung der zugehörigen Merkmalsvariablen. Die unstandardisierten Diskriminanzkoeffizienten werden hingegen insbesondere dazu benötigt, um die Diskriminanzwerte zu berechnen (Hair et al. 2006, S. 328).

Eine weitere Möglichkeit zur Interpretation des Einflusses der Merkmalsvariablen besteht in der Berechnung von Korrelationskoeffizienten zwischen den Werten der jeweiligen Merkmalsvariablen und den Diskriminanzwerten. Diese werden als Diskriminanzladungen, kanonische Ladungen oder Strukturkoeffizienten bezeichnet, sind gegenüber den (standardisierten) Diskriminanzkoeffizienten weniger durch potenzielle Multikollinearität zwischen den Merkmalsvariablen beeinflusst und bieten daher u. U. Vorteile im Hinblick auf eine unverzerrte Interpretation der Bedeutung der Merkmalsvariablen. Als Daumenregel deuten Ladungen, die betragsmäßig größer als 0,4 sind, auf substanziell diskriminierende Variablen hin (Hair et al. 2006, S. 328 f.). Die Identifikation von Diskriminanzvariablen mit ausreichend hohen Ladungen ermöglicht es, Profile der Gruppen in Hinblick auf diese Variablen zu erstellen und Unterschiede zwischen den Gruppen zu identifizieren. Die Vorzeichen der Diskriminanzgewichte und -ladungen spiegeln das relative durchschnittliche Profil der Gruppen wider.

Um stabile Schätzwerte der standardisierten Diskriminanzkoeffizienten und Diskriminanzladungen zu erhalten, ist eine hinreichend große Stichprobe erforderlich. Als Richtwert sollten pro unabhängiger Variable mindestens 20 Beobachtungen vorliegen (Hair et al. 2006, S. 288; Aaker/Kumar/Day 2004, S. 549).

6. Schritt: Prognose

Für die Prognose, also die Klassifizierung von neuen Untersuchungsobjekten auf Basis ihrer Merkmalsausprägungen, kann einerseits auf das Distanzkonzept und andererseits auf das Wahrscheinlichkeitskonzept zurückgegriffen werden (siehe zu den Prognosekonzepten ausführlich Backhaus et al. 2006, S. 188 ff.).[1] Beim Wahrscheinlichkeitskonzept wird unter Rückgriff auf die Bayes-Theorie eine entscheidungstheoretisch motivierte Klassifizierung der Objekte vorgenommen. Es baut auf dem Distanzkonzept auf und soll daher zuletzt behandelt werden.

Distanzkonzept:

Auf das Distanzkonzept wurde weiter oben bereits eingegangen. Danach ist ein Objekt k derjenigen Gruppe g zuzuordnen, bezüglich derer die Distanz zum Zentroid minimal wird, d. h. der es auf der Diskriminanzachse am nächsten liegt. Dies entspricht der Prüfung, ob eine Beobachtung links oder rechts vom kritischen Diskriminanzwert Y* liegt (vgl. Abbildung 1). Als Maß wird dabei üblicherweise die quadrierte euklidische Distanz im I-dimensionalen Diskriminanzraum zwischen dem Objekt k und dem Zentroid der Gruppe g herangezogen:

$$D_{kg}^2 = \sum_{i=1}^{I} (Y_{ik} - \overline{Y}_{ig})^2 \qquad (k \in K), (g \in G) \qquad (12)$$

mit

Y_{ik} : Diskriminanzwert von Element k bezüglich Diskriminanzfunktion i,

$\overline{Y}_{ig}$: Zentroid von Gruppe g bezüglich Diskriminanzfunktion i.

Es ist für die Durchführung der Klassifizierung allerdings nicht erforderlich, alle I möglichen Diskriminanzfunktionen zu berücksichtigen. In der Regel reicht es aus, sich auf

1 Ein weiteres Konzept beruht auf Klassifizierungsfunktionen nach R. A. Fisher. Hier wird für jede Gruppe eine Klassifizierungsfunktion bestimmt. Nach Einsetzen der individuellen Merkmalswerte wird ein Objekt derjenigen Gruppe zugeordnet, für die der Funktionswert maximal wird. Dieses Konzept besitzt u. a. den zentralen Nachteil, nur dann angewendet werden zu können, wenn gleiche Streuung in den Gruppen vorliegt, und soll daher nicht näher beschrieben werden.

die signifikanten bzw. wichtigen Diskriminanzfunktionen zu beschränken, da sich hierdurch die Berechnung wesentlich vereinfacht.

Alternativ zur Klassifizierung im Diskriminanzraum lassen sich auch Distanzen im J-dimensionalen Merkmalsraum der Merkmalsvariablen berechnen, ohne dass zuvor eine Extraktion der Diskriminanzfunktion(en) vorgenommen wird. Dabei sind jedoch die unterschiedlichen Maßeinheiten bzw. Varianzen der Variablen sowie auch deren Interkorrelationen zu berücksichtigen. Ein verallgemeinertes Distanzmaß stellt in diesem Zusammenhang die (quadrierte) Mahalanobis-Distanz dar. Diese steigt mit zunehmenden Varianzen der Merkmalsvariablen und abnehmenden Korrelationen zwischen den Merkmalsvariablen.

Die Klassifizierung nach (quadrierten) euklidischen Distanzen im Raum der Diskriminanzvariablen entspricht genau dann der Klassifizierung nach Maßgabe der Mahalanobis-Distanzen im Raum der Merkmalsvariablen, wenn alle I möglichen Diskriminanzfunktionen berücksichtigt werden.

Die Klassifizierung auf Basis des Distanzkonzeptes erfordert es, dass die Streuungen in den Gruppen annähernd homogen sind. Diese Annahme kann z. B. mit Hilfe der Teststatistik „Box's M" überprüft werden. Ist die Annahme homogener Varianzen in den Gruppen verletzt, müssen modifizierte Distanzmaße berechnet werden (Backhaus et al. 2006, S. 192 und S. 223 f.).

Wahrscheinlichkeitskonzept:

Das auf dem Distanzkonzept aufbauende Wahrscheinlichkeitskonzept stellt den flexibelsten Ansatz zur Klassifizierung von Objekten dar. Insbesondere ermöglicht es die Berücksichtigung von sog. *A-priori-Wahrscheinlichkeiten.* Damit sind Wahrscheinlichkeiten gemeint, die a priori, also vor der Durchführung der Analyse, hinsichtlich der Gruppenzugehörigkeit gegeben sind oder geschätzt werden können. Zum anderen können auf Basis des Wahrscheinlichkeitskonzeptes (ungleiche) Kosten einer Fehlklassifikation in verschiedenen Gruppen explizit berücksichtigt werden. Ohne diese Erweiterungen führt es zu den gleichen Klassifizierungsergebnissen wie das Distanzkonzept (Backhaus et al. 2006, S. 192).

Im Wahrscheinlichkeitskonzept werden A-priori-Wahrscheinlichkeiten und bedingte Wahrscheinlichkeiten miteinander verknüpft, um gemäß dem Bayes-Theorem A-posteriori-Wahrscheinlichkeiten für die Klassifizierung von Beobachtungen zu berechnen:

$$P(g \mid Y_k) = \frac{P(Y_k \mid g) \cdot P_k(g)}{\sum_{g=1}^{G} P(Y_k \mid g) \cdot P_k(g)} \qquad (g \in G), (k \in K) \tag{13}$$

mit

$P(g|Y_k)$: A-posteriori-Wahrscheinlichkeit,

$P(Y_k|g)$: Bedingte Wahrscheinlichkeit,

$P_k(g)$: A-priori-Wahrscheinlichkeit.

Durch die Einbeziehung von A-priori-Wahrscheinlichkeiten lässt sich insbesondere berücksichtigen, dass die betrachteten Gruppen mit unterschiedlicher Häufigkeit in der Realität vorkommen. Neben den relativen Gruppengrößen können aber auch subjektive Einschätzungen des Forschers berücksichtigt werden. Die bedingte Wahrscheinlichkeit, in der die in den Merkmalsvariablen enthaltene Information zum Ausdruck kommt, gibt an, wie wahrscheinlich ein Diskriminanzwert Y_k für Objekt k wäre, wenn es zur Gruppe g gehören würde. Zur Ermittlung der bedingten Wahrscheinlichkeiten wird auf das Distanzkonzept zurückgegriffen (Backhaus et al. 2006, S. 193).

Die Klassifizierung wird dann nach Maßgabe der folgenden „Bayes-Regel" vorgenommen:

Ordne ein Objekt k derjenigen Gruppe g zu,
für die der Wert $P(g|Y_k)$ maximal wird!

Ein weiterer Vorteil des Wahrscheinlichkeitskonzeptes besteht in der Möglichkeit, ungleiche *Kosten einer Fehlklassifikation* explizit in die Entscheidungsregel einzubeziehen. Als Beispiel sei hier auf den Bereich der medizinischen Diagnostik verwiesen: So ist der Schaden einer Nicht-Erkennung einer bösartigen Krankheit sicherlich höher als die irrtümliche Diagnose derselben. Um derartige Kalküle abzubilden, wird der Erwartungswert der Kosten gebildet:

$$E_g(K) = \sum_{h=1}^{G} K_{gh} \cdot P(h|Y_k) \qquad (g \in G) \qquad (14)$$

Dabei werden durch K_{gh} die Kosten quantifiziert, die dadurch entstehen, dass ein Objekt fälschlicherweise der g-ten statt der h-ten Gruppe zugeordnet wird.

Die solchermaßen modifizierte Entscheidungsregel lautet dann:

Ordne ein Objekt k derjenigen Gruppe g zu,
für die der Wert $E_g(K)$ minimal wird!

Im Marketingbereich besitzen derartige Entscheidungskalküle z. B. im Zusammenhang mit Neuprodukteinführungsentscheidungen eine besondere Relevanz; hier können unterschiedlich hohe Kosten einer Fehlklassifikation dadurch entstehen, dass Produkte aufgrund einer fehlerhaften Prognose als „Erfolg" bzw. „Flop" in den Markt eingeführt bzw. nicht eingeführt werden. Auch im Versandhandel können unterschiedliche Kosten einer Fehlklassifikation bei Mailing-Aktionen daraus resultieren, dass potenziellen Kunden keine Kataloge zugesendet werden und umgekehrt.

3. Logistische Regression

3.1 Grundlagen und Prämissen der Logistischen Regression

Das Schätzverfahren der Logistischen Regression hat in den vergangenen Jahren eine zunehmende Verbreitung gefunden. Hinsichtlich der Zielsetzungen bzw. Anwendungssituationen unterscheidet sich die Logistische Regression dabei kaum von der Diskriminanzanalyse, d. h. es kann zum einen untersucht werden, welche Variablen in welchem Ausmaß zur Erklärung der Gruppenzugehörigkeit beitragen (Diagnose), und zum anderen kann eine Klassifizierung neuer Beobachtungen in die Gruppen vorgenommen werden (Prognose). Im folgenden Abschnitt sollen die Grundlagen des Schätzverfahrens der Logistischen Regression vermittelt werden (zu den weiteren Ausführungen vgl. auch Krafft 1997). Maße zur Beurteilung des gesamten Modells werden dabei zunächst nur global erläutert, da die Gütemaße zusammen mit den Möglichkeiten zur Interpretation der Koeffizienten in Abschnitt 3.3 anhand eines Beispiels verdeutlicht werden. Zur Veranschaulichung wird dort auf eine Studie von Mantrala/Krafft/Weitz (1998) zum (Nicht-)Einsatz von Verkaufswettbewerben zurückgegriffen. Dabei nimmt die zu erklärende Variable zwei Werte an:

$$y = \begin{cases} 1, \text{falls Verkaufswettbewerbe eingesetzt werden,} \\ 0, \text{falls keine Verkaufswettbewerbe eingesetzt werden.} \end{cases} \tag{15}$$

Zur Analyse einer solchen dichotomen abhängigen Variablen wird im Rahmen der Logistischen Regression unterstellt, dass eine nicht beobachtete („latente") Variable z_k existiere, durch die eine binäre Ausprägung der abhängigen Variablen y_k erzeugt wird:

$$y_k = \begin{cases} 1, \text{falls } z_k > 0, \\ 0, \text{sonst.} \end{cases} \tag{16}$$

Dieses Vorgehen ist Ausgangspunkt der Logistischen Regression. Es wird im Einzelnen davon ausgegangen, dass folgendes Regressionsmodell gegeben sei:

$$z_k = \beta_0 + \sum_{j=1}^{J} \beta_j \cdot x_{jk} + u_k \text{, wobei} \tag{17}$$

z_k : Nicht beobachtete Variable beim k-ten Objekt ($k \in K$),

β_0: Konstante,

β_j: Koeffizient der j-ten unabhängigen Variablen x_{jk} ($j \in J$),

x_{jk}: Ausprägung der j-ten unabhängigen Variablen ($j \in J$) beim k-ten Objekt ($k \in K$),

u_k: Störterm,

K: Indexmenge der Objekte,

J: Indexmenge der unabhängigen Variablen.

Im Gegensatz zum Kleinste-Quadrate-Schätzverfahren gehen wir somit davon aus, dass eine latente und stetige Variable z_k existiert, die zu einer dichotomen Realisierung von y_k führt. Bezogen auf unser Beispiel in Abschnitt 3.3 ist die beobachtete Variable der (Nicht-)Einsatz von Verkaufswettbewerben, während z_k als „Neigung" anzusehen ist, dass Verkaufswettbewerbe eingesetzt werden.

Um die für die Variable z_k errechneten Werte in eine Wahrscheinlichkeit zu transformieren, wird nun eine logistische Funktion als Verknüpfungsfunktion („linking function") verwendet:

$$p_k = \frac{e^{z_k}}{1+e^{z_k}} = \frac{1}{1+e^{-z_k}}, \text{ wobei} \tag{18}$$

z_k: Linearer Prädiktor des Logistischen Modells für das k-te Objekt ($k \in K$),

d. h. $z_k = \beta_0 + \beta_1 \cdot x_{1k} + \beta_2 \cdot x_{2k} + ... + \beta_j \cdot x_{jk} + ... + \beta_J \cdot x_{Jk}$ ($j \in J$).

Daraus folgt:

$$\ln\left(\frac{p_k}{1-p_k}\right) = z_k = \beta_0 + \beta_1 \cdot x_{1k} + \beta_2 \cdot x_{2k} + ... + \beta_j \cdot x_{jk} + ... + \beta_J \cdot x_{Jk} \tag{19}$$

Der Term ln ($p_k/(1-p_k)$), also der natürliche Logarithmus des Quotienten aus Wahrscheinlichkeit und Gegenwahrscheinlichkeit, wird als *Logit* (*Lo*gistic Probability Un*it*) bezeichnet. Dieser Logit hat zur Bezeichnung *Logistische Regression* geführt.

In der in Abschnitt 3.3 betrachteten Studie ist dabei die abhängige Variable p_k die Wahrscheinlichkeit, dass Verkaufswettbewerbe eingesetzt werden. Die logistische Funktion, die S-förmig verläuft, hat die vorteilhafte Eigenschaft, dass selbst für unendlich kleine oder große Werte des Prädiktors z_k nie Werte von p_k außerhalb des Intervalls [0, 1] resultieren (Hosmer/Lemeshow 2000, S. 6).

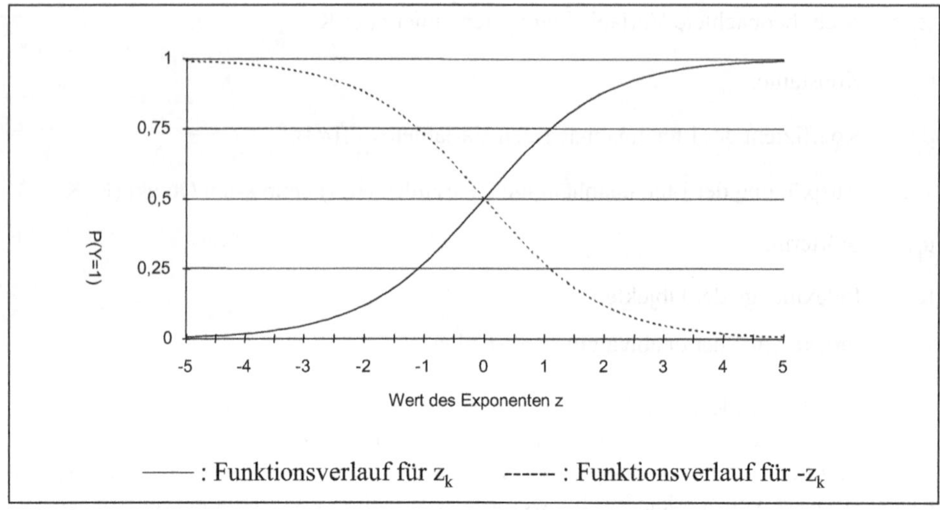

Abbildung 5: Verläufe der logistischen Funktionskurve im Intervall von -5 bis +5

Die nichtlinearen Eigenschaften von Gleichung (18) werden in Abbildung 5 veranschaulicht, indem der Exponent z_k systematisch zwischen -5 und +5 variiert wird. Die Abbildung verdeutlicht, dass Indifferenz vorausgesagt wird, wenn die Summe der gewichteten Einflussgrößen, also z_k, gleich Null ist. Eine weitere wesentliche Eigenschaft des Funktionstyps ist, dass die logistische Funktion symmetrisch bei einem Wendepunkt von p_k=0,5 ist. Es lässt sich zeigen, dass die Konstante β_0 des linearen Prädiktors z_k die Funktion horizontal verschiebt, während höhere Koeffizienten β_j zu einem steileren Verlauf der logistischen Funktion führen. Negative Vorzeichen der Koeffizienten β_j ändern den Ursprung der Kurve, was dem gestrichelten Funktionsverlauf in Abbildung 5 entspricht (Menard 2002, S. 8 ff.; Agresti 2002, S. 122 f.; Backhaus et al. 2006, S. 440 ff.).

Wie bereits erwähnt, wird im Rahmen empirischer Untersuchungen nicht die Eintrittswahrscheinlichkeit, sondern nur der realisierte (Nicht-)Eintritt eines Ereignisses beobachtet. Der logistische Regressionsansatz für den Eintritt des Ereignisses (y_k=1) und seinem Gegenereignis (y_k=0) kann damit für jede Beobachtung k folgendermaßen aufgestellt werden:

$$p_k(y) = \left(\frac{1}{1+e^{-z_k}}\right)^{y_k} \cdot \left(1 - \frac{1}{1+e^{-z_k}}\right)^{1-y_k} \tag{20}$$

Die für die Ermittlung der Wahrscheinlichkeiten erforderlichen z-Werte (Logits) können mit Hilfe von Gleichung (17) berechnet werden, wobei angenommen wird, dass die Störterme u_k einer logistischen Verteilung folgen.

Die Parameter β_j des logistischen Modells sind nun so zu schätzen, dass die Wahrscheinlichkeit maximiert wird, die empirischen Beobachtungswerte für möglichst alle Fälle zu erhalten. Da die betrachteten Werte y_k Realisierungen eines binomialen Prozesses mit der Wahrscheinlichkeit p_k darstellen, die je nach Ausprägung von x_{jk} variieren, können wir folgende Likelihood-Funktion aufstellen, die als Zielfunktion zu maximieren ist:

$$L = \prod_{k=1}^{K} \left(\frac{1}{1 + e^{-z_k}} \right)^{y_k} \cdot \left(1 - \frac{1}{1 + e^{-z_k}} \right)^{1-y_k} \rightarrow \text{Max!} \qquad (21)$$

Um die Logistische Regression sinnvoll anwenden zu können, ist die Einhaltung bestimmter *Prämissen* erforderlich. Dabei bietet dieses Verfahren gegenüber der Diskriminanzanalyse den Vorteil, dass die Annahmen einer multivariaten Normalverteilung und identischer Varianz-Kovarianz-Matrizen zwischen den Gruppen nicht erfüllt sein müssen. Es ist lediglich sicherzustellen, dass die Regressoren voneinander unabhängig, also nicht multikollinear sind, und keine Autokorrelation vorliegt (Aldrich/Nelson 1984, S. 49; Tabachnick/Fidell 2007, S. 443; Menard 2002, S. 5). Zudem sollte sichergestellt sein, dass die Schätzergebnisse nicht durch Ausreißer und sog. beeinflussende Beobachtungen beeinträchtigt werden. Schließlich ist zu beachten, dass eine möglichst große Stichprobe vorliegen muss, da das Maximum-Likelihood (ML)-Schätzverfahren eingesetzt wird, für das aufgrund der asymptotischen Eigenschaften genügend viele Beobachtungswerte erforderlich sind. Als Faustregel wird ein Minimum von 25 Beobachtungen pro Gruppe genannt (Backhaus et al. 2006, S. 480; Urban 1993, S. 1 und S. 13). Einen strengeren Maßstab setzen Aldrich/Nelson (1984), die 100 Freiheitsgrade als Minimum ansehen. Da die erforderliche Beobachtungszahl auch von der Zahl der zu schätzenden Parameter abhängt, wird empfohlen, dass in der kleinsten Gruppe mindestens 10 Beobachtungen je Merkmalsvariable vorliegen sollten (Afifi/Clark/May 2004, S. 297; Hosmer/Lemeshow 2000). Damit ergeben sich hinsichtlich der erforderlichen Stichprobengröße strengere Anforderungen als bei der Diskriminanzanalyse.

3.2 Vorgehensweise im Rahmen der Logistischen Regression

Bei der Anwendung der Logistischen Regression sind sechs Schritte zu beachten, die in Abbildung 6 dargestellt und im Folgenden erläutert werden.

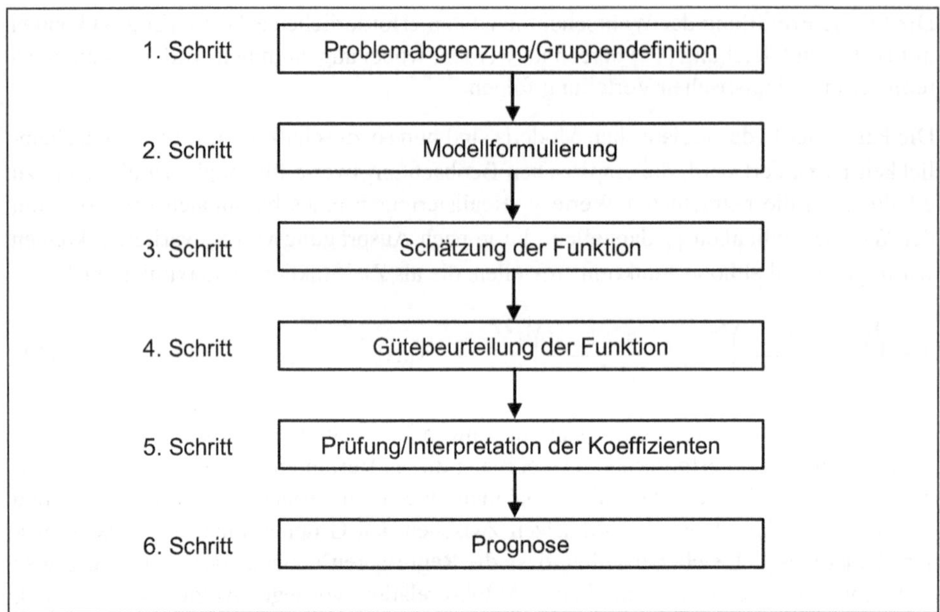

Abbildung 6: Ablaufschritte der Logistischen Regression

1. Schritt: Problemabgrenzung/Gruppendefinition

Wie bereits erwähnt, ist die Logistische Regression wie die Zwei-Gruppen-Diskriminanzanalyse geeignet, Gruppenunterschiede multivariat zu erklären bzw. im Rahmen der Klassifizierung von Beobachtungen in Gruppen zur Prognose zu dienen. Die Logistische Regression ist somit generell geeignet, wenn eine einzelne kategoriale Variable als abhängige Größe vorliegt. Sind bezüglich dieser Variablen mehr als zwei Gruppen gegeben, so kann die multinomial logistische Regression angewendet werden, welche eine Verallgemeinerung der binär logistischen Regression darstellt. Falls die abhängige Variable ein metrisches Skalenniveau aufweist, können entweder die extrem auseinanderliegenden Gruppen als 0 oder 1 kodiert oder aber die metrische Variable in mehrere Kategorien (z. B. niedrig/mittel/hoch) eingeteilt werden. Im Rahmen einer Logistischen Regression werden dann oftmals nur die extremen Gruppen herangezogen (so hat beispielsweise Krafft 1996 nur solche Vertriebsorganisationen in einer Logistischen Regression betrachtet, in denen entweder nur Reisende oder nur Handelsvertreter eingesetzt werden, und die hybriden Vertriebsorganisationen mit sowohl Reisenden als auch Handelsvertretern von der Analyse ausgeschlossen). Dieses Vorgehen wird als „polar extremes approach" bezeichnet (Hair et al. 2006, S. 288).

2. Schritt: Modellformulierung

Im Rahmen der Modellformulierung ist genau zu prüfen, welche unabhängigen Variablen analysiert werden sollen. Im Gegensatz zur Diskriminanzanalyse ist dabei kein metrisches Skalenniveau der erklärenden Variablen erforderlich. Vielmehr können auch Dummy- oder kategoriale Variablen betrachtet werden. Dabei ist zu klären, ob diese nicht metrischen Variablen indikator- oder effektkodiert werden. Gegenüber einer Indikator-Kodierung, bei welcher der Referenzkategorie der Wert 0 zugewiesen wird und der resultierende Koeffizient als relativer Effekt einer Kategorie gegenüber der Referenzkategorie zu interpretieren ist, sind Koeffizienten effektkodierter Variablen als relativer Einfluss einer Kategorie gegenüber dem durchschnittlichen Effekt aller anderen Kategorien zu verstehen. Anders als bei der Indikator-Kodierung wird dabei einer Kategorie der Wert -1 zugewiesen. Die Koeffizienten der Kategorien einer effektkodierten Variablen addieren sich zu Null, so dass der Koeffizient der Referenzkategorie aus den Koeffizienten der anderen Kategorien errechnet werden kann (vgl. dazu ausführlich Hair et al. 2006, S. 96 f. und S. 198 f. sowie Hosmer/Lemeshow 2000, S. 54 ff.).

Da die Logistische Regression zu den strukturen-prüfenden Verfahren zählt, sollte die Auswahl der unabhängigen Größen aufgrund von sachlogischen oder theoretischen Erwägungen erfolgen. Dabei muss eine genügend große Beobachtungszahl vorliegen (siehe Abschnitt 3.1) und die Beobachtungen sollten sich möglichst gleichmäßig auf die analysierten Gruppen verteilen. Sofern eine genügend große Stichprobe gegeben ist, bietet es sich zudem an, eine Aufteilung der Beobachtungen vorzunehmen, und zwar in eine Analyse-Stichprobe und ein Holdout-Sample. Die auf Basis der Analyse-Stichprobe geschätzte Regressionsfunktion kann dann zu Zwecken einer Kreuzvalidierung auf das Holdout-Sample angewandt werden.

3. Schritt: Schätzung

Bevor das aufgestellte Regressionsmodell geschätzt werden kann, sind die Annahmen der Logistischen Regression zu prüfen (siehe hierzu Abschnitt 3.1). Sofern diese Annahmen erfüllt sind, ist das aufgestellte Modell zu schätzen, wobei wie in der Multiplen Regressionsanalyse oder Diskriminanzanalyse schrittweise vorgegangen werden kann („forward/backward elimination“) oder aber alle Regressoren gleichzeitig in die Schätzgleichung eingehen („enter“). Wenn die Logistische Regression zur Überprüfung von Hypothesen eingesetzt wird, ist die letztere Methode zwingend angezeigt. In vorläufigen Schätzungen sollte auch stets geprüft werden, ob beeinflussende Beobachtungen oder Ausreißer vorliegen. Da beeinflussende Beobachtungen die Robustheit der geschätzten Koeffizienten ggf. sehr gefährden, sind diese zu eliminieren. Als Identifikationsmaß wird dabei „Cook's Distance“ empfohlen.

Die Maximierung der in Gleichung (21) dargestellten Likelihood-Funktion wird in Statistikpaketen wie SAS oder SPSS mit Hilfe des Newton-Raphson-Algorithmus erreicht. Dabei führen zwar beliebige Ausgangswerte zum Maximum der konkaven Funktion, üblicherweise werden aber Schätzer aus dem „linear probability model" als Startwerte eingesetzt. Verbal beschrieben besteht das Prinzip des ML-Schätzverfahrens darin, in einem schrittweisen Iterationsverfahren die Schätzungen der Parameter β_j so zu wählen, dass der Beobachtung für diesen Schätzwert eine maximale Wahrscheinlichkeit zukommt. Dieses Vorgehen weicht vom Fall *stetiger* Beobachtungen ab, in denen mit der ML-Methode eine maximale Wahrscheinlichkeits*dichte* angestrebt wird.

Abbildung 7 veranschaulicht die Anpassungsgüte einer logistischen Funktion bei unterschiedlichen Stichproben. Auf der Ordinate ist die abhängige Variable Y dargestellt, wobei y=1 dem Eintritt und y=0 dem Nicht-Eintritt des Ereignisses entspricht. Auf der Abszisse sind die Werte einer unabhängigen Variablen abgetragen. Die logistische Funktion spiegelt jeweils die vorhergesagten (geschätzten) Wahrscheinlichkeiten für das Eintreten des Ereignisses bei unterschiedlichen Werten der unabhängigen Variablen wider. Die tatsächlichen Beobachtungswerte sind dagegen durch Punkte gekennzeichnet. Im oberen Teil (a) ist die logistische Funktion nicht gut an die Beobachtungsdaten angepasst, was in der hohen Überschneidung der beiden Gruppen im mittleren Bereich der Abszisse zum Ausdruck kommt. Die im unteren Teil (b) dargestellte Funktion ermöglicht dagegen eine sehr viel bessere Trennung der beiden Gruppen: Hohe Werte der unabhängigen Variablen korrespondieren mit dem Eintritt des Ereignisses und umgekehrt. Legt man als Trennwert für die Klassifizierung von Beobachtungen auf Basis der logistischen Funktion eine vorhergesagte Wahrscheinlichkeit von 0,5 zugrunde, so erkennt man, dass im oben dargestellten Beispiel (a) sieben Beobachtungen falsch klassifiziert werden, während im unten dargestellten Beispiel (b) alle Beobachtungen der jeweils richtigen Gruppe zugeordnet werden.

4. Schritt: Beurteilung der Modellgüte

Bevor mit der Interpretation einzelner Koeffizienten begonnen werden kann, ist zuerst zu überprüfen, ob ein Schätzmodell der Logistischen Regression insgesamt verwendbar ist. Bei der Überprüfung dieser Frage kann jedoch nicht auf die herkömmlichen Maße und Tests der Linearen Regressionsanalyse (wie Bestimmtheitsmaße oder F-Werte) zurückgegriffen werden, da die Koeffizienten der Logistischen Regression mit Hilfe der ML-Schätzmethode bestimmt werden. Es ist üblich, die Anpassungsgüte des geschätzten Modells mit Hilfe der *Devianz* (oder -2LL) zu beurteilen, die als $-2 \cdot \log(\text{Likelihood})$ berechnet wird, wobei eine perfekte Anpassung der Parameter mit einer Likelihood von 1 (entsprechend einer Devianz von 0) verbunden ist (Aldrich/Nelson 1984, S. 59; Hosmer/Lemeshow 2000, S. 145 f.). Die Likelihood ist inhaltlich mit der Fehlerquadratsumme herkömmlicher Multipler Regressionsanalysen vergleichbar. –2LL wird eingesetzt, da die mit -2 multiplizierte logarithmierte Likelihood asymptotisch χ^2-verteilt ist mit (K-p) Freiheitsgraden, wobei K die Zahl der Beobachtungen und p die Anzahl der Parameter angibt. Gute Modelle, die eine „hohe" Likelihood nahe 1 aufweisen, resultie-

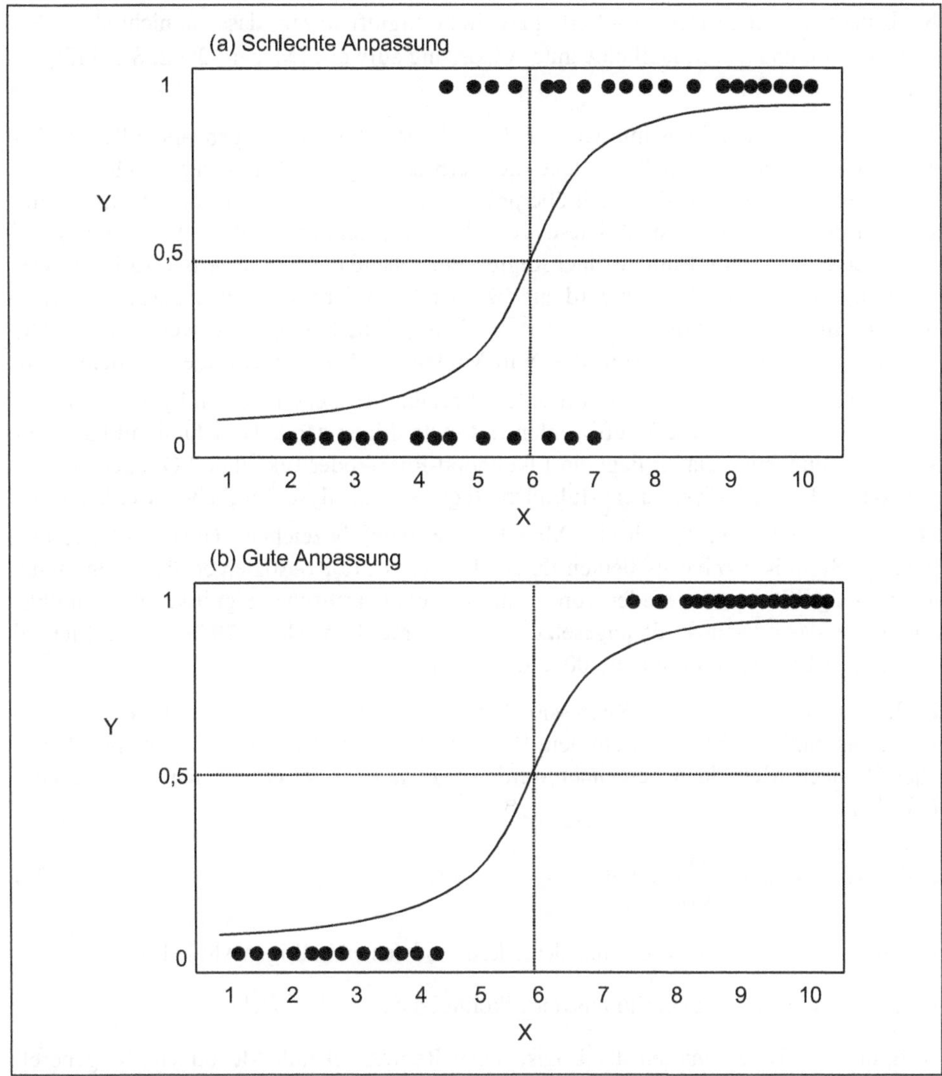

Abbildung 7: Anpassung der Logistischen Funktion bei unterschiedlichen Stichproben

ren in einer Devianz, die nahe 0 ist, während schlechte Anpassungen mit hohen Devianz-Werten verbunden sind. Die Devianz ist im positiven Bereich unbeschränkt.

Ob eine Devianz als relativ „hoch“ oder „niedrig“ einzuschätzen ist, hängt also jeweils von der betrachteten Stichprobe und Analyse ab. Mit dem Wert der Devianz kann die Hypothese H_0 getestet werden, dass das Modell eine perfekte Anpassung aufweist. Dabei bedeuten geringe Devianz-Werte bzw. hohe Signifikanzen, dass H_0 nicht abgelehnt werden kann und das Modell eine gute Anpassung aufweist (Menard 2002, S. 20 ff.; Urban 1993, S. 64 f.).

Neben der Devianz gibt es mit dem *Likelihood-Ratio-Test* und so genannten Pseudo-R^2-Statistiken weitere Gütemaße, welche die Verbesserung der Anpassung durch das Modell gegenüber einem Null-Modell überprüfen, das üblicherweise nur aus einem Schätzwert für die Konstante besteht. Dieses Null-Modell kann dabei mit der Bestimmung der gesamten Fehlerquadratsumme einer Regression anhand des Mittelwerts verglichen werden (Hair et al. 2006). Hierbei wird auf die oben beschriebene Devianz zurückgegriffen, die auch für Inkrementalvergleiche verschiedener Modelle eingesetzt werden kann. Die absolute Differenz der Devianz des Null-Modells und des endgültigen Modells stellt wiederum einen asymptotisch χ^2-verteilten Wert dar, der gegen die Nullhypothese getestet werden kann, dass die Koeffizienten des endgültigen Modells nicht signifikant verschieden von 0 sind. Damit liegt ein Likelihood-Ratio- oder Likelihood-Quotienten-Test vor, der mit dem F-Test einer Multiplen Regressionsanalyse verglichen werden kann. Diese Teststatistik wird auch als „Model Chi-Square" bezeichnet. Hohe χ^2-Werte und niedrige Signifikanzniveaus deuten darauf hin, dass die Koeffizienten des endgültigen Modells signifikant verschieden von 0 sind, wobei als kritisches Signifikanzniveau üblicherweise das 5%-Intervall angesetzt wird (Hosmer/Lemeshow 2000, S. 37; Menard 2002, S. 21 f.; Tabachnik/Fidell 2007, S. 446 ff.).

Im Rahmen der Logistischen Regression kann auf der Basis der Devianz des endgültigen sowie des Null-Modells auch ein dem Bestimmtheitsmaß der Regressionsanalyse ähnliches R^2 nach McFadden berechnet werden. *McFaddens R^2* ergibt sich aus folgender Gleichung:

$$\text{McFaddens } R^2 = 1 - \frac{LL_1}{LL_0}, \text{ wobei} \tag{22}$$

LL_1 = Natürlicher Logarithmus der Likelihood des endgültigen Modells und

LL_0 = Natürlicher Logarithmus der Likelihood des Null-Modells.

Aufgrund der Eigenschaften der Logistischen Regression fällt McFaddens R^2 generell niedriger aus als das R^2 in Linearen Regressionsanalysen, da die beobachteten Werte nur den Wert 0 oder 1 aufweisen, während die geschätzte abhängige Variable eine Wahrscheinlichkeit zwischen 0 und 1 annimmt. Modelle werden daher schon als akzeptabel eingeschätzt, wenn McFaddens R^2 im Intervall 0,2 bis 0,4 liegt (Urban 1993, S. 62 f.). Neben McFaddens R^2 gibt es weitere Pseudo-R^2-Statistiken, die ebenfalls auf einem Vergleich der Anpassungsgüte des Null-Modells und des vollständigen Modells beruhen. So deuten auch bei den R^2-Statistiken nach *Cox & Snell* sowie *Nagelkerke* höhere Werte auf eine bessere Modellanpassung hin, wobei der Maximalwert von 1 einer perfekten Modellanpassung entspricht (Backhaus et al. 2006, S. 448 ff.).

Eine Beurteilung der Modellgüte kann auch auf Basis der Klassifikationsergebnisse erfolgen. Grundlage für die Modellevaluierung bildet hierbei ein Vergleich der vorhergesagten Werte p_k mit den tatsächlichen Beobachtungswerten y_k. Im Rahmen des *Hosmer-Lemeshow-Tests* wird die Vorhersagegenauigkeit anhand der Nullhypothese geprüft, dass die Differenz zwischen den vorhergesagten und beobachteten Werten gleich Null ist (Hosmer/Lemeshow 2000, S. 147 ff.). Dazu werden die Beobachtungen auf Basis der vorhergesagten Werte p_k in 10 etwa gleichgroße Gruppen unterteilt; anschließend wird mit Hilfe eines Chi-Quadrat-Tests überprüft, inwieweit sich die beobachteten und vorhergesagten Häufigkeitswerte unterscheiden. Ein niedriger χ^2-Wert der Teststatistik und ein hohes Signifikanzniveau implizieren wiederum eine gute Anpassung des Modells.

Zur Beurteilung der Vorhersagegenauigkeit logistischer Modelle wird ergänzend die „Confusion-" oder *Klassifikations-Matrix* betrachtet, in der die Klassifizierung aufgrund des logistischen Modells in den Spalten vermerkt und mit der beobachteten Gruppenzugehörigkeit verglichen wird, die in den Zeilen abgetragen wird (Menard 2002, S. 31; Backhaus et al. 2006, S. 179 f.). Die richtig klassifizierten Elemente stehen dann in der Hauptdiagonalen, die falsch klassifizierten Beobachtungen außerhalb der Hauptdiagonalen. Der Anteil der mit Hilfe der Logistischen Regression korrekt klassifizierten Elemente, der als Trefferquote oder „hit ratio" bezeichnet wird, sollte dabei höher sein als die Trefferquote, die sich aus einer zufälligen Zuordnung ergibt. Einschränkend ist hier anzumerken, dass die Trefferquote des Modells dann überhöht ist, wenn die Parameterschätzung der Logistischen Regression und die Berechnung der Trefferquote auf Basis derselben Stichprobe erfolgen (Morrison 1969, S. 158; Hair et al. 2006, S. 311; Afifi/Clark/May 2002, S. 275). Bei Anwendung der geschätzten Koeffizienten auf andere Stichproben (Holdout-Samples) ist daher mit niedrigeren Trefferquoten zu rechnen. Für relativ große Stichproben ist dieser Stichprobeneffekt in der Regel aber als gering einzuschätzen. Bei etwa gleichgroßen Gruppen der abhängigen Variablen wird das *„maximum chance criterion"* (MCC) zur Beurteilung der Klassifizierungsgüte empfohlen, das dem Anteil der größeren Gruppe an der gesamten Stichprobe entspricht (Morrison 1969, S. 158; Hair et al. 2006, S. 301; Aaker/Kumar/Day 2004, S. 550). Da im weiter unten angeführten Beispiel mit 169 Außendiensten bzw. 101 Außendiensten mit bzw. ohne Einsatz von Verkaufswettbewerben (62,6 % bzw. 37,4 % der Stichprobe) recht unterschiedlich große Gruppen vorliegen und zudem die richtige Klassifizierung beider Gruppen angestrebt wird, erweist sich das MCC als kaum geeignet. Nach diesem Kriterium wird nämlich schon eine Lösung als gut beurteilt, bei der alle Außendienste richtig klassifiziert werden, die Verkaufswettbewerbe einsetzen, aber nur wenige der Vertriebsorganisationen, die Verkaufswettbewerbe nicht zur Motivierung verwenden. Insbesondere wenn zwei sehr unterschiedlich große Gruppen analysiert werden oder wenn eine mög-

Kriterium	Akzeptabler Wertebereich
Devianz (–2LL)	Devianz nahe 0; Signifikanzniveau nahe 100%
Likelihood-Ratio-Test ("Model χ^2")	Möglichst hoher χ^2-Wert; Signifikanzniveau < 5%
Pseudo-R^2-Statistiken (McFadden; Nagelkerke; Cox & Snell)	Akzeptabel, sofern größer als 0,2; gut, sofern größer als 0,4
Hosmer-Lemeshow-Test	Möglichst geringer χ^2-Wert, Signifikanzniveau nahe 100%
Klassifikation	Klassifikation mindestens besser als das „proportional chance criterion" $\{\alpha^2 + (1-\alpha)^2$; α: relative Größe einer Gruppe$\}$

Tabelle 2: Akzeptable Wertebereiche der Gütemaße der Logistischen Regression

lichst gleichgute Klassifikation angestrebt wird empfiehlt es sich daher, das „*proportional chance criterion*" (PCC) anzuwenden.

Das PCC entspricht einer zufälligen Trefferquote von $\alpha^2+(1-\alpha)^2$, wobei α der Anteil einer Gruppe an der Gesamtzahl der Beobachtungen ist (Morrison 1969, S. 158; Hair et al. 2006, S. 302; Aaker/Kumar/Day 2004, S. 550). Ob eher das PCC, das MCC oder ein anderes Klassifizierungskriterium anzuwenden ist, hängt nicht zuletzt vom Untersuchungsgegenstand ab. So kann es angezeigt sein, die Fehlklassifizierung nur einer der beiden Gruppen zu minimieren, wenn es beispielsweise um die Einschätzung von Kreditausfallrisiken oder von Flops im Neuproduktgeschäft geht.

Als letztes Gütekriterium des Modells der Logistischen Regression wird in der Literatur das *Histogramm der geschätzten Wahrscheinlichkeiten* diskutiert. Das Histogramm, das mit dem Klassifizierungsdiagramm der Diskriminanzanalyse verglichen werden kann, ist insbesondere daraufhin zu untersuchen, inwieweit Beobachtungen mit Hilfe des Modells der Logistischen Regression eindeutig der richtigen Kategorie zugeordnet wurden, d. h. ob Außendienste, die (keine) Verkaufswettbewerbe einsetzen, sehr hohe (niedrige) Wahrscheinlichkeiten nahe 1 (0) aufweisen. Sofern viele falsch klassifizierte Fälle nahe der indifferenten Wahrscheinlichkeit von 0,5 zu verzeichnen sind, deutet dies zudem darauf hin, dass die Klassifikationsgüte besser zu beurteilen ist, als es durch die Dichotomie „richtig/falsch" zum Ausdruck kommt. Tabelle 2 fasst die hier erörterten Gütekriterien der Logistischen Regression im Überblick zusammen.

5. Schritt: Prüfung und Interpretation der Koeffizienten

Wird die Anpassung des gesamten Modells als akzeptabel eingeschätzt, kann mit der Prüfung und Interpretation der Koeffizienten hinsichtlich ihrer Signifikanz, Richtung und relativen Bedeutung begonnen werden. Dabei ist zu beachten, dass Parameterschätzer einer Logistischen Regression wesentlich schwerer zu interpretieren sind als in der Linearen Regression. Dort entspricht der Koeffizient der absoluten Änderung der abhängigen Variablen bei Erhöhung der unabhängigen Variablen um eine Einheit. Bei der Logistischen Regression repräsentieren die Koeffizienten dagegen die Änderung des Logit der abhängigen Variablen bei einer Änderung der unabhängigen Variablen um eine Einheit (Aldrich/Nelson 1984, S. 41 f.; Hair et al. 2006, S. 365 f.; Agresti 2002, S. 166). Der Logit als natürlicher Logarithmus der „Gewinnchance", also des Verhältnisses der Wahrscheinlichkeit, dass die abhängige Variable gleich 1 ist, zu dessen Gegenwahrscheinlichkeit, stellt aber keine leicht eingängliche abhängige Größe dar. Eine gewisse Interpretationserleichterung bieten hier die sog. „Odds Ratios" bzw. Effekt-Koeffizienten, die man durch die Transformation e^{β} erhält (Hosmer/Lemeshow 2000, S. 49 ff.; Backhaus et al. 2006, S. 442 ff.). Sie zeigen an, wie sich das Chancenverhältnis (Odds) bei Erhöhung der unabhängigen Variablen um eine Einheit ändert. Die Odds beschreiben das Verhältnis der Eintrittswahrscheinlichkeit eines Ereignisses zu dessen Gegenwahrscheinlichkeit:

$$\text{Odds}(y=1) = \frac{P(y=1)}{1-P(y=1)} \tag{23}$$

Um die *Signifikanz* der Koeffizienten einzelner Merkmalsvariablen zu überprüfen, kann zum einen die Wald-Statistik und zum anderen der Likelihood-Quotienten-Test verwendet werden. Das Konfidenzintervall der einzelnen Koeffizienten kann aufgrund der χ^2-verteilten Wald-Statistik bestimmt werden, die sich aus dem Quadrat des Quotienten von Koeffizient und Standardfehler einer Variablen errechnet. Diese Formel gilt nur für metrische Variablen mit einem Freiheitsgrad. Für kategoriale Variablen ist zusätzlich die Zahl der Variablen-Freiheitsgrade zu berücksichtigen. Beim Likelihood-Quotienten-Test wird das vollständige Modell gegen ein reduziertes Modell getestet, das gegenüber dem vollständigen Modell um die zu überprüfende Variable reduziert ist. Die Signifikanzprüfung erfolgt über die Differenz der Devianzen beider Modelle, welche wiederum einer χ^2-Verteilung folgt.

Sofern Variablen signifikante Koeffizienten aufweisen, kann deren *Wirkungsrichtung* direkt interpretiert werden. Wie dabei schon aus Abbildung 5 ersichtlich wurde, bedeuten negative Vorzeichen, dass die Wahrscheinlichkeit p_k sinkt, während positive Vorzeichen steigende Wahrscheinlichkeiten implizieren. Eine Aussage über die *relative Bedeutung* der einzelnen Variablen ist ansatzweise über die oben beschriebenen „Odds Ratios" möglich. Deren Höhe ist jedoch von der Skalierung der Variablen abhängig, so dass zusätzlich auf alternative Interpretationsansätze zurückgegriffen werden sollte, die in Abschnitt 3.3 vorgestellt und auf unser Beispiel angewendet werden.

6. Schritt: Prognose

Zu Anfang des 3. Abschnitts wurde darauf hingewiesen, dass die Logistische Regression auch zu Prognosezwecken eingesetzt werden kann. So kann eine insgesamt akzeptable Schätzung zur Validierung mit Hilfe eines Holdout-Sample dienen. Dabei ist bei der Stichprobenteilung darauf zu achten, dass das Verhältnis der Gruppen in der Analyse- und Validierungs-Stichprobe möglichst gleich ist. Alternativ kann wie bei der Diskriminanzanalyse eine Validierung mittels der U- oder der Jackknife-Methode vorgenommen werden (Hair et al. 2006, S. 311 f.; Aaker/Kumar/Day 2004, S. 550). Die ermittelte Funktion kann aber auch zur Beurteilung von Objekten dienen, die nicht Gegenstand der Studie waren, sondern auf Basis der empirischen Befunde einer Gruppe zugeordnet werden sollen. Hier sei auf Kreditwürdigkeitsprüfungen hingewiesen, bei denen Finanzdienstleister zuerst gute und schlechte Kreditverträge analysieren, um anschließend in der Lage zu sein, neue Kreditanträge bzgl. ihres Risikos einschätzen zu können.

Die in den vorangehenden Abschnitten vorgestellte Methode soll im Folgenden anhand einer Anwendung aus der Steuerung von Verkaufsaußendienstmitarbeitern illustriert werden.

3.3 Anwendungsbeispiel zur Logistischen Regression

3.3.1 Fragestellung, Modell, Schätzung und Güte des Modells

Mantrala/Krafft/Weitz (1998) untersuchen in ihrem Beitrag den Einsatz von Verkaufswettbewerben (VKW) in den USA und Deutschland. Obwohl VKW in der Praxis häufig eingesetzte Motivationsinstrumente darstellen, werden sie in der Forschung eher vernachlässigt. Die Autoren haben daher auf der Basis von Argumenten aus der Institutionen-Ökonomie Hypothesen u. a. zum Einfluss der Verkaufsaußendienstgröße, der Einfachheit der Outputmessung, der schwierigen Ersetzbarkeit von Verkäufern und der Länge des Verkaufszyklus auf die Wahrscheinlichkeit, VKW einzusetzen, formuliert. Dazu werden neben 118 Beobachtungen aus den USA 270 Fälle einer deutschen Studie betrachtet. Der letztgenannte Datensatz wird in Krafft (1996) beschrieben und soll im Weiteren Grundlage des Beispiels sein. In unserem Beispiel werden 231 Beobachtungen zur Schätzung von 4 Parametern verwendet, so dass 226 Freiheitsgrade verbleiben. Damit werden selbst die strengsten Kriterien hinsichtlich der Stichprobengröße und des Verhältnisses von zu schätzenden Parametern und Umfang der Stichprobe erfüllt. Eine

	Prognostizierte Gruppenzugehörigkeit		
Beobachtete Gruppenzugehörigkeit	keine Verkaufswettbewerbe	Einsatz von Verkaufswettbewerben	**Korrekte Klassifizierung**
keine Verkaufswettbewerbe	58	33	63,74 %
Einsatz von Verkaufswettbewerben	24	116	82,86 %
Insgesamt			75,32 %

Tabelle 3: Klassifikationsmatrix zum (Nicht-)Einsatz von Verkaufswettbewerben

vorläufige Überprüfung, ob beeinflussende Beobachtungen vorliegen, ergibt keine signifikanten Werte der Cook's-Distance-Statistik.

Nach bereits sieben Iterationen ist keine Verbesserung der Likelihood des Modells mehr möglich (Verbesserung < 0,01 %). Das endgültige Modell weist eine Devianz von 232,109 auf.

Dieser relativ niedrige Wert (-2LL des Null-Modells: 309,761) und das Signifikanzniveau der Devianz von 1,000 zeigen, dass die Modellanpassung als gut einzustufen ist. Auch nach Maßgabe des Hosmer-Lemeshow-Tests lässt sich bei einem ebenfalls hohen Signifikanzniveau eine sehr gute Modellanpassung konstatieren.

In der VKW-Studie weist das Logistische Modell einen Likelihood-Ratio-Wert von 77,652 auf, der hoch signifikant ist (< 0,00005). Somit wird gegenüber dem Null-Modell durch Einschluss der 4 Parameter eine signifikant bessere Anpassung des Modells an die beobachteten Wahrscheinlichkeiten, VKW zu wählen, erreicht. Zudem ergibt sich für das endgültige Modell ein LL_1-Wert von -116,055 bzw. für das Null-Modell ein LL_0-Wert von -154,880. Wenn man berücksichtigt, dass nur 4 Variablen zur Erklärung herangezogen werden, ist das resultierende McFaddens R^2 von 0,2507 als vergleichsweise gut einzuschätzen.

Von den ursprünglich 270 Fällen weisen 39 fehlende Werte für mindestens eine der 4 Variablen auf. Die verbleibenden 231 Beobachtungen setzen sich aus 91 Außendiensten zusammen, die keine VKW einsetzen (39,39 % der Stichprobe), und 140 Außendiensten, die VKW im Rahmen ihres Anreizsystems verwenden (60,61 %). Somit ist $\alpha = 0{,}61$ und das Proportional Chance Criterion (PCC) beträgt 52,25 %. Mit 75,32 % richtig klassifizierten Beobachtungen ([58+116]/231) ist die Zuordnung im Vergleich zum PCC als gut zu beurteilen, nicht zuletzt da auch die Beobachtungen der kleineren Gruppe ohne VKW mit einer Trefferquote von 63,74 % vergleichsweise gut klassifiziert werden. Tabelle 3 gibt die Klassifikationsmatrix des Logistischen Schätzmodells wieder.

3.3.2 Interpretation der Koeffizienten

In Tabelle 4 sind die Koeffizienten der vier in der Logistischen Regression einbezogenen Variablen sowie der Konstanten wiedergegeben. Alle Parameter weisen signifikante Koeffizienten auf und bestätigen die postulierten Zusammenhänge. Außer der Signifikanz und der Richtung des Einflusses einzelner Variablen ist keine direkte Interpretation der Koeffizienten aus Logistischen Regressionsmodellen möglich. Um die (relative) Bedeutung der einzelnen Einflussvariablen einschätzen zu können, stehen unterschiedliche Möglichkeiten zur Verfügung. Zum einen können *standardisierte Koeffizienten* berechnet werden. Diese spiegeln die von der Skalierung der einzelnen Merkmalsvariablen unabhängigen Einflussstärken wider und können analog zu den standardisierten Koeffizienten der Linearen Regression interpretiert werden; sie geben an, um wie viele Standardabweichungen sich der Logit ändert, wenn sich die unabhängige Variable um eine Standardabweichung erhöht (vgl. hierzu ausführlich Menard 2002, S. 51 ff.). Als eine weitere Methode wird die *partielle Ableitung* der Logit-Funktion nach einer unabhängigen Variablen x_j vorgeschlagen (LeClere 1992, S. 771 f.). Es ist dabei üblich, die partielle Ableitung als marginale Wahrscheinlichkeit p_k hinsichtlich der Änderung der jeweils betrachteten Variablen um eine Einheit anzusehen. Diese Interpretation ist nicht exakt, denn die Höhe der partiellen Ableitung ist eine Funktion der jeweiligen Wahrscheinlichkeit p_k und des Koeffizienten β_j, der aber von der Skalierung der Variablen abhängt. Wenngleich die partielle Ableitung die wahre marginale Wahrscheinlichkeit ggf. approximiert, darf sie mit dieser aufgrund der Skalenabhängigkeit nicht gleichgesetzt werden (LeClere 1992, S. 771 f.).

Interpretation mit Hilfe von Elastizitäten:

Das Problem der Abhängigkeit partieller Ableitungen von der Skalierung der unabhängigen Variablen kann einerseits durch eine Standardisierung der unabhängigen Variablen gelöst werden. Andererseits können die direkten *Elastizitäten* der Variablen zur Interpretation der Koeffizienten der Logistischen Regression herangezogen werden. Elastizitäten sind besser interpretierbar als die nicht skaleninvarianten partiellen Ableitungen der Koeffizienten, da sie dimensionslos sind und im logistischen Modell die prozentuale Änderung der Wahrscheinlichkeit p_k bei einer Änderung der jeweiligen unabhängigen Variablen um 1 % bezeichnen. Die Elastizität der Wahrscheinlichkeit p_k bezüglich infinitesimal kleiner Änderungen von x_j ergibt sich dabei aus folgender Gleichung (LeClere 1992, S. 772):

$$\varepsilon_{j,k} = \frac{x_j}{p_k} \cdot \frac{\partial p_k}{\partial x_j} = \frac{x_j}{p_k} \cdot \frac{e^{-(\beta_0 + \sum_{j \in J} \beta_j \cdot x_j)}}{\left(1 + e^{-(\beta_0 + \sum_{j \in J} \beta_j \cdot x_j)}\right)^2} \cdot \beta_j \qquad (j \in J), (k \in K). \qquad (24a)$$

Die Gleichung kann vereinfacht werden zu

$$\varepsilon_{j,k} = \frac{x_j}{p_k} \cdot \frac{\partial p_k}{\partial x_j} = x_j \cdot (1 - p_k) \cdot \beta_j \qquad (j \in J), (k \in K). \qquad (24b)$$

Die Elastizität resultiert somit aus der Multiplikation der partiellen Ableitung der Wahrscheinlichkeit p_k mit der Ausprägung der unabhängigen Variablen x_j, wobei häufig der Mittelwert der Variablen $\bar{x}_j$ in der Stichprobe verwendet wird (LeClere 1992, S. 773 f.), und Division durch p_k. Wie bei der partiellen Ableitung gilt zwar einschränkend, dass die Elastizitäten je nach Ausgangssituation p_k und Variablenausprägung x_j unterschiedlich hoch ausfallen. Die Dimensionslosigkeit von Elastizitäten ermöglicht aber direkte Vergleiche der relativen Einflüsse verschiedener unabhängiger Variablen auf die Wahrscheinlichkeit p_k.

Zur Ermittlung der jeweiligen Elastizität in unserem Beispiel wird von den Mittelwerten der Nicht-VKW-Beobachtungen ausgegangen. Diese Mittelwerte wurden gewählt, da die Reagibilität der Wahrscheinlichkeit p, VKW einzusetzen, in diesem Punkt groß ist. Bei Verwendung der VKW-Mittelwerte sind demgegenüber nur geringe absolute Änderungen von p zu beobachten, da für die VKW-Mittelwerte eine sehr hohe prognostizierte Wahrscheinlichkeit von 92,67 % resultiert, dass VKW Anwendung finden. Wie aus Abbildung 5 bekannt ist, sind in diesem Extrembereich der logistischen Funktion große Änderungen der Prädiktoren nötig, um die geschätzte Wahrscheinlichkeit zu reduzieren. Sofern die Mittelwerte der Nicht-VKW-Beobachtungen in die Logistische Regressionsfunktion eingesetzt werden, resultiert nach Maßgabe des Modells eine Wahrscheinlichkeit von P=30,301 %, dass Reisenden-Außendienste gewählt werden.

Elastizitäten bieten nun den Vorteil, dass sie von der absoluten Höhe direkt miteinander verglichen werden können. Ebenso wie die partiellen Ableitungen besitzen sie jedoch nur für den betrachteten Punkt der logistischen Wahrscheinlichkeitsfunktion Gültigkeit und variieren mit dem Verlauf der logistischen Funktion.

Alle Elastizitäten, die in Tabelle 4 wiedergegeben sind, weisen absolute Werte auf, die deutlich von 0 abweichen, d. h. der Einfluss der exogenen Variablen auf die Wahrscheinlichkeit, VKW einzusetzen, ist vergleichsweise hoch. Zwischen den Elastizitäten bestehen jedoch substanzielle Unterschiede: Der betragsmäßig stärkste Einfluss geht von der

Variablen „Output geeignet" aus, gefolgt von „Länge des Verkaufszyklus", „Größe des Außendienstes" und „Ersetzbarkeit von Verkäufern". Die von den partiellen Ableitungen abweichende Reihenfolge der Variablen ist dabei auf die Skaleninvarianz der Elastizitäten zurückzuführen.

Für den Fall, dass P=30,301 % ist, kann festgestellt werden, dass mit einer einprozentigen Erhöhung der Größe des Außendienstes (also von 47,71 auf 48,19 Verkäufer) die Wahrscheinlichkeit, VKW einzusetzen, um 0,266 % (von p_k) auf etwa 30,382 % steigt. Sofern sich die Länge des Verkaufszyklus von 18,8 Wochen um 1 % auf etwa 18,988 Wochen erhöht, sinkt nach Maßgabe des Logistischen Modells die Wahrscheinlichkeit p_k um -0,338 % auf 30,199 %. Für die weiteren beiden signifikanten Variablen des Beispiels kann die Wirkung einer einprozentigen Änderung der Einflussfaktoren analog berechnet werden.

Interpretation mit Hilfe von Sensitivitätsanalysen:

Aus der Sicht von Nicht-Ökonometrikern ist die *Sensitivitätsanalyse* die wohl eingängigste Form der Interpretation Logistischer Regressionsmodelle. Hierbei wird die Reaktion der Wahrscheinlichkeit P_k auf unterschiedliche Ausprägungen der unabhängigen Variablen untersucht. Im Einzelnen wird oft von den Stichproben-Mittelwerten der unabhängigen Variablen ausgegangen und P_k für diese Konstellation errechnet. Der Wert einer einzelnen unabhängigen Variablen wird dabei systematisch variiert (z. B. +10 %, +20 %, ..., -10 %, -20 %, ... etc.), während die anderen Variablen konstant gehalten werden. Die Differenz der ursprünglich geschätzten zur resultierenden neuen Wahrscheinlichkeit P_k ist dann als relative Bedeutung einzelner signifikanter unabhängiger Variablen für P_k zu interpretieren. Der Vorteil von Sensitivitätsanalysen liegt in der Veranschaulichung des absoluten Effekts von unterschiedlichen Ausprägungen der unabhängigen Variablen auf die Wahrscheinlichkeit P_k (LeClere 1992, S. 772 f., Urban 1993, S. 46 ff.).

Bezogen auf die hier analysierte Fragestellung ist es z. B. für Verkaufsaußendienstleiter aufschlussreich zu wissen, wie unterschiedliche Niveaus einzelner unabhängiger Variablen die Wahrscheinlichkeit beeinflussen, dass VKW eingesetzt werden (z. B. „Welche Auswirkung hat es auf die Wahrscheinlichkeit, VKW zu verwenden, wenn sich die Verkaufszykluslänge von 10 auf 15 Wochen erhöht?"). Für die Sensitivitätsanalyse werden wiederum die Variablen-Mittelwerte der Nicht-VKW-Beobachtungen als Ausgangssituation gewählt. Es werden nun für jede unabhängige Variable die geschätzten Wahrscheinlichkeiten ermittelt, die sich ergeben, wenn der Wert der betrachteten Variablen durch den ungewichteten mittleren Wert aus Nicht-VKW- und VKW-Beobachtungen bzw. den Mittelwert der VKW-Beobachtungen ersetzt wird, wobei gleichzeitig die Werte der anderen Variablen konstant gehalten werden.

Unabhängige Variable	Logit-Koeffizient	Mittelwerte		Elastizität[a)]	Geschätzte Wahrscheinlichkeit, VKW einzusetzen, wenn der ... in das Logistische Modell eingesetzt wird		
		KVKW	VKW		Mittelwert der KVKW-Stichprobe	Mittlerer Wert aus beiden Stichproben[b)]	Mittelwert der VKW-Stichprobe[b)]
Größe des Außendienstes	+0,0080**	47,71	387,91	+0,26603	30,301 %	62,897 %	86,860 %
Output geeignet	+3,0574**	0,429	0,534	+0,91419	30,301 %	33,794 %	37,473 %
Ersetzbarkeit von Verkäufern	+0,1110**	2,44	2,86	+0,18877	30,301 %	30,796 %	31,295 %
Länge des Verkaufszyklus	-0,0258*	18,8	7,9	-0,33807	30,301 %	33,350 %	36,545 %
Konstante	-2,3121**						

KVKW: kein Einsatz von Verkaufswettbewerben VKW: Einsatz von Verkaufswettbewerben [a)]: errechnet für P_i=0,303

[b)]: Es wurde jeweils nur für die betrachtete Variable der Mittelwert der KVKW-Stichprobe ersetzt (ceteris-paribus-Betrachtung)

*: signifikant im 5%-Intervall **: signifikant im 1%-Intervall

Tabelle 4: Elastizitäten und Sensitivitätsanalyse der signifikanten Variablen zum Einsatz von Verkaufswettbewerben

Die in Tabelle 4 berichteten geschätzten Wahrscheinlichkeiten bestätigen im Wesentlichen die Interpretation nach Maßgabe der Elastizitäten, sofern wir von den Mittelwerten der VKW-Beobachtungen ausgehen: Der absolut größte Einfluss auf die Wahrscheinlichkeit, VKW einzusetzen, geht von der „Größe des Außendienstes" aus. Sofern die Anzahl der Außendienstmitarbeiter von 47,71 (Mittelwert der Außendienste ohne VKW) auf 387,91 (Mittelwert der VKW-Außendienste) steigt, nimmt die geschätzte Wahrscheinlichkeit von 30,301 % auf 86,860 % zu. Auch die Variable „Output geeignet" übt eine erhebliche, wenngleich deutlich geringere Wirkung auf die Änderung der Wahrscheinlichkeit aus, VKW einzusetzen.

Sofern diese zwischen 0 und 1 normierte Multiple-Item-Variable 0,534 (Mittelwert VKW-Fälle) statt 0,429 beträgt, steigt die Wahrscheinlichkeit, VKW zur Motivierung einzusetzen, von 30,301 % auf 37,473 %. Während auch von der „Länge des Verkaufszyklus" ein erheblicher Einfluss auf die geschätzte Änderung der abhängigen Variablen ausgeht, zeigt die Variable „Ersetzbarkeit von Verkäufern" keinen substanziellen Einfluss auf p_k. Unterschiede in der Rangfolge der Variablen zwischen der Elastizitäts- und Sensitivitätsanalyse sind somit auf Ausprägungsunterschiede der betrachteten Variablen zurückzuführen, sofern Mittelwerte der Teilstichproben Gegenstand der Sensitivitätsanalyse sind. Falls Ausprägungen nur in relativ kleinen Bandbreiten variiert werden, ergeben sich keine Unterschiede zu den Ergebnissen der Elastizitätsanalyse. Der wesentliche Vorteil der Sensitivitätsanalyse ist somit die Veranschaulichung der absoluten Effekte von Variablen auf die betrachtete Wahrscheinlichkeit p_k.

3.3.3 Einsatz zu Prognosezwecken

Die Logistische Regression kann auch für die Prognose bzw. zur Kreuzvalidierung eingesetzt werden. Im Rahmen der Kreuzvalidierung könnten beispielsweise die geschätzten Koeffizienten auf einen anderen Datensatz angewendet werden. Die resultierenden Zuordnungen der Beobachtungen der Kontrollgruppe könnten dann mit der beobachteten Zugehörigkeit verglichen werden, um die geschätzten Einflüsse auf der Grundlage einer unabhängigen Stichprobe zu validieren.

Die geschätzte Funktion kann aber auch herangezogen werden, um eine konkrete Entscheidungshilfe zu bieten: Bezogen auf unser Beispiel könnten Unternehmen, die überlegen, ob für die Mitarbeiter einer Vertriebsorganisation VKW eingesetzt werden sollten (oder nicht), die Befunde des hier diskutierten Modells nutzen. In einem ersten Schritt ist dazu anhand der betrachteten Einflussgrößen zu untersuchen, welche Konstellation tatsächlich gegeben ist. Die Ausprägungen der Einflussfaktoren sind dann in das Modell der Logistischen Regression einzusetzen, um nach Maßgabe des für die untersuchte Stichprobe ermittelten üblichen Verhaltens zu schätzen, wie wahrscheinlich der Einsatz

Unabhängige Variable	Logit-Koeffizient	Ausprägung Beispielunternehmen
Größe des Außendienstes (Anzahl Verkäufer)	+0,0080	18
Output geeignet	+3,0574	0,39 [a)]
Ersetzbarkeit von Verkäufern	+0,1110	1,67 [a)]
Länge des Verkaufszyklus (in Wochen)	-0,0258	20
[a)]: Zur Berechnung dieser Kompositskalen siehe Krafft 1996 und die dort zitierte Literatur		

Tabelle 5: Daten des Beispielunternehmens zum Einsatz von Verkaufswettbewerben

von VKW als Anreiz ist. Zur Veranschaulichung wird ein Pharma-Unternehmen herangezogen, für das Daten zu allen Variablen des logistischen Modells vorliegen.

In Tabelle 5 werden die Antworten des Beispielunternehmens wiedergegeben, die zusammen mit den Koeffizienten des Modells der Logistischen Regression in Gleichung (17) eingesetzt wurden. Die geschätzte Wahrscheinlichkeit, dass VKW eingesetzt werden (p_k), beträgt nach Maßgabe des Logistischen Modells 21,31 %. Da das betrachtete Unternehmen zurzeit keine VKW einsetzt, entspricht die derzeitige Gestaltung des Anreizsystems der in der Stichprobe beobachteten üblichen Praxis.

4. Fazit

In den vorangehenden Abschnitten wurden die Grundlagen, Anwendungsvoraussetzungen und Ablaufschritte der Diskriminanzanalyse sowie der Logistischen Regression dargestellt. In Tabelle 6 werden die Verfahren im Hinblick auf einige wesentliche Eigenschaften noch einmal in kompakter Weise gegenübergestellt. Beide Verfahren eignen sich grundsätzlich für Fragestellungen, bei der die zu erklärende Variable ein kategoriales Skalenniveau mit zwei oder mehr Gruppen aufweist. Dabei kann jeweils entweder ein diagnostischer oder ein prognostischer Untersuchungsansatz zugrundeliegen.

Gegenüber der Diskriminanzanalyse weist die Logistische Regression einige zentrale Vorteile auf, die sich insbesondere auf die vergleichsweise hohe Robustheit der Schätzergebnisse beziehen. So ermöglicht die Logistische Regression auch Analysen, bei denen die Prämissen der Diskriminanzanalyse verletzt sind, so bei der Analyse nicht-metrischer Einflussfaktoren (Hosmer/Lemeshow 2000, S. 23). Diese können wie in der Linearen Regression in Form von Dummy-Variablen berücksichtigt werden, während die Verwendung von Dummy-Variablen im Rahmen der Diskriminanzanalyse zu einer

	Logistische Regression	Diskriminanzanalyse
Zielsetzungen	▪ Identifikation von Variablen, die zur Erklärung der Gruppenzugehörigkeit beitragen ▪ Prognose der Gruppenzugehörigkeit neuer Objekte	▪ Ermittlung von Linearkombinationen der unabhängigen Variablen, welche die Trennung zwischen den Gruppen optimieren und die Fehlklassifikation von Objekten minimieren ▪ Identifikation von Variablen, die zur Erklärung von Unterschieden zwischen den Gruppen beitragen ▪ Prognose der Gruppenzugehörigkeit neuer Objekte
Schätzprinzip	Maximum-Likelihood-Ansatz	Maximierung der Streuung zwischen den Gruppen relativ zur Streuung innerhalb der Gruppen (d.h. Maximierung der erklärten Streuung)
Skalierung der Variablen	▪ Abhängige Variable: nominal skaliert ▪ Unabhängige Variablen: metrisch und/ oder nominal skaliert	▪ Abhängige Variable: nominal skaliert ▪ Unabhängige Variablen: metrisch skaliert
Beurteilung der Signifikanz und Einflussstärke der unabhängigen Variablen	▪ Wald-Test, Likelihood Ratio-Test ▪ „Odds Ratio", Standardisierte Koeffizienten, Partielle Ableitungen, Elastizitäten, Sensitivitätsanalysen	▪ F-Test (univariate ANOVA) ▪ Standardisierte Diskriminanzkoeffizienten, Diskriminanzladungen

Tabelle 6: Überblick Logistische Regression und Diskriminanzanalyse (Teil 1)

	Logistische Regression	Diskriminanzanalyse
Interpretation der Parameter-koeffizienten	Parameterkoeffizienten stellen die Auswirkung einer Änderung der unabhängigen Variablen um eine Einheit auf den Logit dar.	Diskriminanzkoeffizienten und -ladungen spiegeln das relative durchschnittliche Profil der Gruppen wider.
Stichproben-größe	▪ Mindestens 25 Beobachtungen pro Gruppe ▪ Mindestens 10 Beobachtungen pro unabhängiger Variable in kleinster Gruppe.	▪ Mindestens 20 Beobachtungen pro Gruppe ▪ Mindestens 5 Beobachtungen pro unabhängiger Variable. Besser: 20 Beobachtungen pro unabhängiger Variable, um stabile Schätzwerte für standardisierte Koeffizienten und Ladungen zu bekommen.
Anwenduungs-prämissen	▪ Nichtlineare Wirkungsbeziehungen ▪ keine Multikollinearität ▪ keine Autokorrelation ▪ Ausschluss von Ausreißern	▪ Lineare Wirkungsbeziehungen ▪ Keine Multikollinearität ▪ Keine Autokorrelation ▪ Ausschluss von Ausreißern ▪ Multivariate Normalverteilung der unabhängigen Variablen ▪ Homogenität der Varianz-Kovarianz-Matrizen der unabhängigen Variablen

Tabelle 6: Überblick Logistische Regression und Diskriminanzanalyse (Teil 2)

Verletzung der Annahme homogener Varianzen in den Gruppen führen würde (Hair et al. 2006, S. 275 und S. 368). Auch die für die Anwendung der Diskriminanzanalyse kritische Annahme multivariat normalverteilter Merkmalsvariablen ist in zahlreichen praktischen Anwendungen nicht erfüllt, so dass auch in diesen Situationen die Logistische Regression vorzuziehen ist. Dies gilt auch für Untersuchungen, in denen die zu analysierenden Gruppen stark unterschiedliche Größen aufweisen (Tabachnick/Fidell 2007, S. 378). Ein weiterer, für empirische Analysen besonders wichtiger Vorteil der Logistischen Regression besteht darin, dass für die mit ihrer Hilfe geschätzten Koeffizienten asymptotisch t-verteilte Statistiken angegeben werden können. Die Konfidenzintervalle der Diskriminanzanalyse sind dagegen nicht interpretierbar (Morrison 1969, S. 157 ff.).

Die Logistische Regression stellt damit im Vergleich zur Diskriminanzanalyse ein äußerst robustes Schätzverfahren dar. Jedoch sollte nicht übersehen werden, dass die Logistische Regressionsanalyse nicht zwangsläufig das dominant bessere Verfahren darstellt. Sofern die Gruppengrößen nicht allzu ungleich ausfallen und die kritischen Verteilungsannahmen der Diskriminanzanalyse erfüllt sind, kann diese im Vergleich zur Logistischen Regression sogar effizientere Schätzwerte liefern und eine höhere Teststärke („Statistical Power") aufweisen (Press/Wilson 1978, S. 701; Tabachnick/Fidell 2007, S. 378 und S. 441). Außerdem erfordert die Anwendung der Logistischen Regression aufgrund der asymptotischen Eigenschaften des ML-Schätzers tendenziell größere Stichprobenumfänge als die Diskriminanzanalyse. Darüber hinaus ist insbesondere inhaltlich zu prüfen, ob der unterstellte logistische Verlauf der Wahlwahrscheinlichkeit p_k für den Untersuchungsgegenstand angemessen ist. Sofern beispielsweise eine lineare Änderung von p_k geeigneter erscheint, sollte vom logistischen Modell abgesehen werden. Dann ist vielmehr zu prüfen, ob lineare Ansätze wie das LPM („linear probability model") oder die Diskriminanzanalyse anzuwenden sind (Aldrich/Nelson 1984).

Literaturverzeichnis

Aaker, D.A./Kumar, V./Day, G.S. (2004): Marketing Research, 8. Auflage, New York u. a..

Afifi, A./Clark, V.A./May, S. (2004): Computer-Aided Multivariate Analysis, 4. Auflage, Boca Raton u. a..

Agresti, A. (2002): Categorical Data Analysis, 2. Auflage, New York, Chichester.

Aldrich, J./Nelson, F. (1984): Linear Probability, Logit, and Probit Models, Beverly Hills.

Backhaus, K./Erichson, B./Plinke, W./Weiber, R. (2006): Multivariate Analysemethoden, 11. Auflage, Berlin, Heidelberg.

Hair Jr., J./Black, W.C./Babin, B.J./Anderson, R.E./Tatham, R.L. (2006): Multivariate Data Analysis, 6. Auflage, Upper Saddle River.

Hosmer, D./Lemeshow, S. (2000): Applied Logistic Regression, 2. Auflage, New York.

Krafft, M. (1996): Handelsvertreter oder Reisende? Eine Überprüfung von Hypothesen der Neuen Institutionenlehre zur Absatzformwahl, in: Die Betriebswirtschaft, 56. Jg., Nr. 6, S. 759-776.

Krafft, M. (1997): Der Ansatz der Logistischen Regression und seine Interpretation, in: Zeitschrift für Betriebswirtschaft, 67. Jg., Nr. 5/6, S. 625-642.

LeClere, M. (1992): The Interpretation of Coefficients in Models with Qualitative Dependent Variables, in: Decision Sciences, 23, S. 770-776.

Mantrala, M./Krafft, M./Weitz, B. (1998): Sales contests: An investigation of factors related to use of sales contests using German and US survey data, in P, Andersson (Hrsg.), Proceedings Track 4 – Marketing Management and Communication, 27th EMAC Conference in Stockholm, S. 365-375.

Menard, S. (2002): Applied Logistic Regression Analysis, Thousand Oaks, CA.

Morrison, D. (1969): On the Interpretation of Discriminant Analysis, in: Journal of Marketing Research, 6, S. 156-163.

Press, S.J./Wilson, S. (1978): Choosing Between Logistic Regression and Discriminant Analysis, in: Journal of the American Statistical Association, 73, 364, S. 699-705.

Tabachnik, B.G./Fidell, L.S. (2007): Using Multivariate Statistics, 5. Auflage, Boston u. a..

Tatsuoka, M.M. (1988): Multivariate Analysis – Techniques for Educational and Psychological Research, 2. Auflage, New York.

Urban, D. (1993): Logit-Analyse: Statistische Verfahren zur Analyse von Modellen mit qualitativen Response-Variablen, Stuttgart.

Thorsten Teichert, Henrik Sattler und Franziska Völckner

Traditionelle Verfahren der Conjoint-Analyse

Prof. Dr. Thorsten Teichert ist Lehrstuhlinhaber des Arbeitsbereichs Marketing und Innovation (AMI) an der Universität Hamburg. Prof. Dr. Henrik Sattler ist Geschäftsführender Direktor des Instituts für Marketing und Medien und Inhaber des Lehrstuhls für BWL - Marketing & Branding an der Universität Hamburg. Prof. Dr. Franziska Völckner leitet das Seminar für Allgemeine BWL, Marketing und Markenmanagement an der Universität zu Köln.

1. Zielsetzung

Die Conjoint-Analyse liefert „Entscheidungshilfen für subjektiv-rationale Entschlüsse zur Auswahl optimaler Handlungsalternativen“ (Chaselon/Henning 1987, S. 63). Ihre Anwendung ist angezeigt, wenn ganzheitliche, kompensatorische Beurteilungen vermutet werden. So werden mit diesem methodischen Ansatz verschiedene Fragestellungen des Entscheidungsverhaltens innerhalb wie auch außerhalb des Marketings beantwortet.

Das Hauptanwendungsgebiet der Conjoint-Analyse liegt in der Ermittlung von Konsumentenpräferenzen. Hier liegen als Ergebnis Präferenzfunktionen vor, welche den Beitrag einzelner Produktmerkmale zum Nutzen eines Produktes mittels eines linear-additiven Modells empirisch ermitteln. Nutzen ist hierbei ein nicht beobachtbares Konstrukt, welches zur Erklärung von realen Kaufverhalten herangezogen wird und die Ausgangsbasis für zahlreiche marketingrelevante Fragestellungen bildet, wie:

- Produktgestaltung, z. B: Welches Produktkonzept (Page/Rosenbaum 1992) beziehungsweise welches Servicepaket wird vom Kunden gegenüber anderen präferiert?
- Preispolitik, z. B: Wie viel darf eine neue Produkteigenschaft kosten? (Völckner 2006)
- Marktsegmentierung, z. B: Welche Produkteigenschaften vermitteln in einzelnen Marktsegmenten einen besonders hohen Nutzen? (Teichert 2001)
- Marktszenarios, z. B: Welchen Einfluss übt ein Neuprodukt auf Marktanteile der Konkurrenten aus? (Conrad 1997)

Trotz oder wegen dieses großen Anwendungsspektrums handelt es sich bei der Conjoint-Analyse nicht um eine einzige, geschlossene Methode, sondern um eine Ansammlung ähnlich gerichteter Ansätze, welche jeweils unterschiedliche Stärken und Schwächen aufweisen (Green/Srinivasan 1978 und 1990; Louviere/Eagle/Cohen 2005). Da eine einheitliche Definition fehlt, wird der Begriff oft großzügig ausgelegt. Im Nachfolgenden sollen unter Conjoint-Analyse Verfahrensansätze der Marktforschung verstanden werden, *welche auf Basis ganzheitlicher Urteile unter Beachtung eines experimentellen Designs einen Nutzen, die Gewichtung einzelner Merkmale und die Teilnutzen ihrer Ausprägungen ermitteln.*

Im Gegensatz zu anderen in diesem Buch aufgeführten Methoden der Marktforschung stellt die Conjoint-Analyse primär kein Schätzverfahren dar, sondern ist vor allem ein Ansatz der Datenerhebung und -interpretation. Bei der Auswertung kann auf eine Vielzahl alternativer, an anderer Stelle erörterter Ansätze zurückgegriffen werden. Daher konzentrieren sich die nachfolgenden Erläuterungen des Verfahrens auf seine experimentelle Gestaltung.

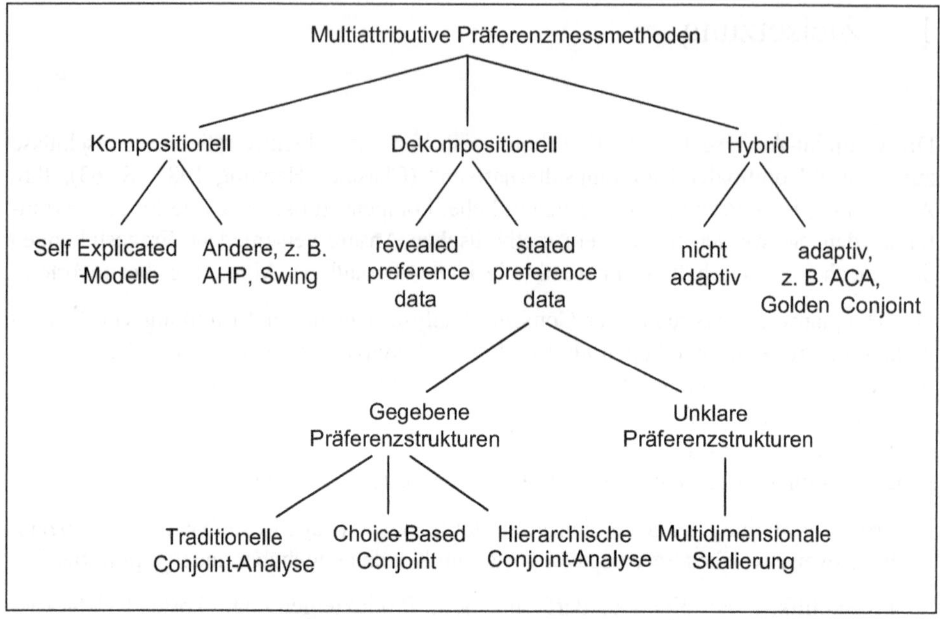

Abbildung 1: Methoden der Präferenzmessung (Quelle: Sattler 2006, S. 156)

Mit diesem Fokus ergänzt die Darstellung andere einführende Arbeiten des deutschsprachigen Raumes (z. B. Backhaus et al. 1993, S. 499 ff.; Weiber/Rosendahl 1997).

In Abbildung 1 werden unterschiedliche Varianten der Conjoint-Analyse in den Bereich der multiattributiven Präferenzforschung eingeordnet (Sattler 2006). Methoden der multiattributiven Präferenzmessung können in kompositionelle, dekompositionelle und hybride (d. h. kombiniert kompositionelle und dekompositionelle) Vorgehensweisen unterteilt werden. Die einfachste Form einer Präferenzmessung wird mittels einer direkten Befragung vorgenommen, der so genannten Self-Explicated-Methode. Darüber hinaus sind im Bereich der Entscheidungstheorie verschiedene Varianten kompositioneller Methoden, wie z. B. AHP- oder Swing-Verfahren, entwickelt worden. Dekompositionelle Verfahren der Präferenzmessung lassen sich in „revealed preference data" und „stated preference data" unterteilen (Abbildung 1). Revealed preference data beruhen in der Regel auf beobachteten Käufen (z. B. Scanner-Paneldaten), aus denen Präferenzen dekomponiert werden. Stated preference data verwenden hingegen Befragungen und weisen somit keinen unmittelbaren Bezug zu realen Kaufentscheidungen auf. Am weitesten verbreitet haben sich verschiedene Varianten von Conjoint-Analysen (Abbildung 1). Aufgrund ihrer besonderen Bedeutung werden Choice-Based oder synonym wahlbasierte Conjoint-Analysen in einem gesonderten Beitrag in diesem Band dargestellt. Sowohl Conjoint-Analysen als auch kompositionelle Methoden setzen voraus, dass die präferenzdeterminierenden Eigenschaften a priori bekannt sind. In manchen Anwendungsfällen kann hiervon jedoch nicht zwangsläufig ausgegangen werden. Sollen z. B. Imagedimensionen von Marken analysiert werden, so ist nicht unmittelbar klar, welche Dimensionen aus Sicht von Konsumenten relevant sind. In diesen Fällen bietet sich der Einsatz einer Multidimensionalen Skalierung (MDS) an.

1.1 Einleitendes Beispiel

Angenommen ein Haushaltsgeräte-Hersteller wolle ein neues Design eines Mixgerätes am Markt einführen. In Vorstudien hat er bereits Vorstellungen über relevante Designkomponenten erlangt (=Modell-Spezifikation im Vorfeld). Er beschränkt daher seine Betrachtungen auf drei Merkmale mit jeweils einer einfachen sowie einer aufwändigen Ausprägung (eine Übersicht findet sich in Tabelle 1).

Um die Erfolgswahrscheinlichkeiten der resultierenden Designalternativen am Markt zu testen, führt er einen Konzepttest (=simulierte Entscheidungssituation) durch. Hierbei variiert er die Ausprägungskombinationen systematisch zu hypothetischen Produkten (=experimentelles Design). Zur Vereinfachung der Befragung wählt er aus den acht (=2^3) möglichen Produkten die in Abbildung 2 gelisteten vier Produktprofile aus, welche eine systematisch variierte Teilmenge aller möglichen Produkte darstellen (=faktorielles Design).

Da der Hersteller befürchtet, dass er nicht sämtliche Kundenwünsche zugleich kostengerecht erfüllen kann, möchte er Trade-offs ermitteln, z. B. ob Plastik als Material vom Konsumenten hingenommen wird, wenn Gestaltung und Fassungsvermögen entsprechend der Kundenbedürfnisse gewählt werden. Deshalb fragt er nicht nach einzelnen Merkmalen isoliert, sondern nach Kombinationen derselben (=dekompositioneller Ansatz), entweder als Nutzenurteil, z. B.:

„Bitte vergleichen Sie die abgebildeten Produkte und bewerten Sie deren Nutzen (z. B. als Rangfolge oder durch Angabe auf einer Nutzenskala von 0-100)."

oder als Wahlurteil:

„Bitte wählen Sie von den abgebildeten Produkten dasjenige, welches Sie am ehesten kaufen würden."

Das experimentelle Design ermöglicht es ihm, aus den so erhobenen ganzheitlichen Urteilen den Beitrag einzelner Merkmalsausprägungen zu ermitteln. So können die Urteile als lineares Gleichungssystem interpretiert und gelöst werden. Hierzu kann man die Ausprägungen der Merkmale A, B und C mittels Dummy-Variablen kodieren (z. B. mit „-1" für die einfache und „+1" für die komplementäre, aufwändige Ausprägungsstufe) und in Bestimmungsgleichungen zusammenfassen. Für den stets vorhandenen Grundnutzen, der sich aus nicht variierten Produktmerkmalen ergibt, kann ein Basiseffekt M

	(Produkt-)Merkmal	(einfache) Ausprägung A	(aufwändige) Ausprägung B
A	Material	Plastik	Chrom
B	Gestaltung	Funktional	Extravagant
C	Fassungsvolumen	1 Liter	3 Liter
	Dummy-Koding	= -1	= +1

Tabelle 1: Merkmalsraum im einleitenden Beispiel eines Mixgerätes

Produkt-merkmal	Produkt i	Produkt j	Produkt k	Produkt 1
A) Material	Plastik	Plastik	Chrom	Chrom
B) Gestaltung	Funktional	Extravagant	Funktional	Extravagant
C) Volumen	3 Liter	1 Liter	1 Liter	3 Liter

Abbildung 2: Produktprofile eines minimalen experimentellen Designs

addiert werden. Bei metrisch skalierten Nutzenurteilen lassen sich dann die ganzheitlichen Nutzenbewertungen U_n für jedes der vier Produktprofile n=i,j,k,l als Gleichungssystem wie folgt unter Einschluss des Grundnutzens M dekomponieren:

$$U_i = -A - B + C + M\,;$$
$$U_j = -A + B - C + M\,;$$
$$U_k = +A - B - C + M\,;$$
$$U_l = +A + B + C + M\,.$$

Aus diesen vier Gleichungen lassen sich die Nutzenbeiträge der einzelnen Merkmalsausprägungen A, B sowie C ermitteln. Durch Einsetzen der gewonnenen Schätzwerte können dann Aussagen auch über die vier nicht erhobenen Produktprofile abgeleitet werden. Somit kann der gesamte Lösungsraum bewertet und ein optimales Produkt ermittelt werden, obwohl nur eine Teilmenge aller möglichen Produkte zur Beurteilung vorgelegt wurde.

Bei fehlerfreiem Antwortverhalten wäre das Gleichungssystem bei vier linear unabhängigen Gleichungen mit vier Variablen hinreichend bestimmt, eine eindeutige Lösung kann mathematisch ermittelt werden. Für reale, stochastisch beeinflusste Beobachtungen hingegen sind zusätzliche Beobachtungen erforderlich, um aus dem Antwortverhalten statistisch gesicherte Rückschlüsse über „wahre" individuelle Nutzenfunktionen zu ermitteln. Sofern je Befragtem mehr Nutzenurteile als Schätzparameter vorliegen, können die individuellen Nutzenbeiträge der einzelnen Merkmalsausprägungen statistisch geschätzt werden, z. B. bei metrischen Nutzenurteilen mit multipler Regressionsanalyse (vgl. den Beitrag von Skiera und Albers in diesem Band).

1.2 Grundlegende Merkmale

Als grundlegende Merkmale der Conjoint-Analyse können folgende aufeinander aufbauende Eigenschaften gelten:

- Simulierte Entscheidungssituation: In einer simulierten Entscheidungssituation wird im Gegensatz zu real-empirischen Marktuntersuchungen kein reales Kaufverhalten untersucht, sondern es werden hypothetische Präferenz- oder Wahlurteile abgefragt.
- Dekompositioneller Ansatz: Um die Realitätsnähe der hypothetischen Befragung zu steigern, wird anstelle einer Beurteilung einzelner Merkmale mit Fragebogentechnik (=self-explicated Modell) eine ganzheitliche Beurteilung von Merkmalsbündeln (=Stimuli) erfragt. Globalurteile werden dann analytisch in ihre Bestandteile, d. h. in die Teilnutzen der einzelnen Merkmalsausprägungen, zerlegt (=dekomponiert). So können Trade-offs sowie Wechselwirkungen (Interaktionseffekte) zwischen einzelnen Merkmalen geschätzt werden.
- Modell-Spezifikation im Vorfeld: Bereits vor der Untersuchung wird ein, in der Regel linear-additives, Nutzenmodell sowie ein Modell zur Transformation von Nutzenurteilen in Wahlentscheidungen spezifiziert. Das Modell wird als gültig unterstellt und axiomatisch nicht umfassend überprüft. Hierin unterscheidet sich die Conjoint-Analyse von dem methodisch deckungsgleichen Conjoint-Measurement (Krantz/Tversky 1971), welches eine empirische Überprüfung des Nutzen- beziehungsweise Entscheidungsmodells als Ziel verfolgt.
- Experimentelles Design: Um ganzheitliche Urteile effizient auf statistischem Wege in unabhängige Parameterschätzungen zu zerlegen, werden Merkmale nicht in Zufallsstichproben erhoben, sondern in einem experimentellen Design systematisch variiert.

Traditionelle Conjoint-Analysen setzen *Nutzenurteile* als abhängige Variable ein. Hieraus resultieren zwei weitere Eigenschaften, die oft als konstitutiv für Conjoint-Analysen betrachtet werden, jedoch zugleich auf Probleme hinweisen:

- Nutzenbewertung: Um Aufschluss über interessierende Größen wie z. B. Marktanteile zu erlangen, ist eine Transformation der geschätzten Nutzenurteile in Wahlverhalten erforderlich. Da die erfragte Nutzenbewertung keine direkten Hinweise hierfür bietet, muss der Erhebende normativ ein Transformationsmodell spezifizieren.
- Individualansatz: Da Nutzen keinen absoluten Bezugspunkt besitzt, sind Vergleiche der Nutzenbewertungen einzelner Befragter methodisch fragwürdig und strengge-

nommen auf hieraus resultierendes, prognostiziertes Auswahlverhalten beschränkt. Daher konzentrieren sich nutzenbasierte Conjoint-Analysen auf die Analyse individueller Nutzenfunktionen und aggregieren diese erst in einem zweiten Schritt, z. B. in Form von Wahlurteilen.

Neuere, so genannte Choice-Based Conjoint-Analysen fragen solche *Wahlurteile* direkt ab (vgl. den Beitrag von Völckner/Sattler/Teichert in diesem Band). Dabei verkehren sich die Eigenschaften traditioneller Conjoint-Analysen: Die Gültigkeit des unterstellten Transformationsmodell ist weniger kritisch, da das Wahlverhalten direkt erfragt wird und dasselbe Transformationsmodell in beide Richtungen, zunächst zur Schätzung der Nutzenwerte wie auch anschließend zur Prognose von Wahlverhalten, verwendet wird. Diesem Vorteil steht aufgrund des binären Skalenniveaus (Kauf oder Nicht-Kauf) ein Verlust an Informationen gegenüber, weshalb dort aufwändigere statistische Verfahren - wie z. B. Hierarchische-Bayes- oder Latent-Class-Algorithmen - zur individualisierten Analyse anzuraten sind.

2. Modelltheoretische Basis

Nutzenmodelle bilden den theoretischen Rahmen für Conjoint-Anwendungen im Marketing. Zunächst werden gängige Bewertungs- und Verknüpfungsregeln dargestellt, die bei der Herleitung von Nutzenwerten genutzt werden können. Nach vorgenommener Nutzenbestimmung werden Regeln zur Auswertung der erlangten Schätzwerte spezifiziert. Weitergehende Auswertungen der Nutzenschätzungen erfordern eine Transformation der Nutzen- in Wahlurteile. Hierzu werden Grundmodellen der Transformation vertieft gegenübergestellt. Abschließend wird die Übertragbarkeit erlangter Wahlurteile auf Marktanteilsschätzungen diskutiert.

2.1 Spezifikation eines Nutzenmodells

Conjoint-Anwendungen gehen von einem stark vereinfachten Kaufentscheidungsmodell aus, bei dem das Präferenzurteil die zentrale Bestimmungsgröße des Kaufentscheidungsprozesses bildet. Annahme ist, dass objektive Produkteigenschaften die individuellen Nutzenurteile bestimmen und dass diese wiederum die Grundlage für zu beobachtendes Wahlverhalten bilden (Abbildung 3). Somit sind zwei ineinandergreifende Modelle zu spezifizieren: ein Nutzenmodell sowie ein Modell zur Transformation von Nutzenurteilen in Wahlentscheidungen. Dies gilt unabhängig von der Wahl der abhängigen Variablen als Nutzen- oder als Wahlurteil.

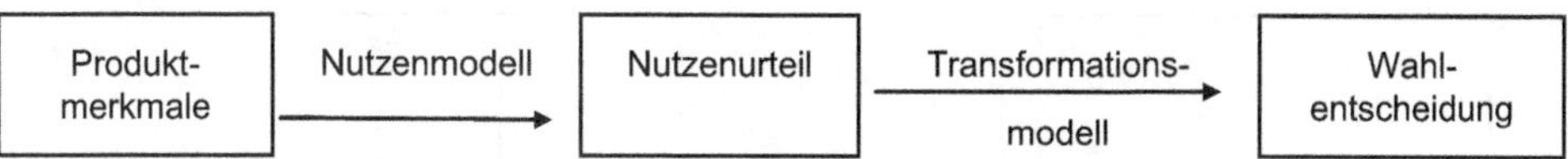

Abbildung 3: Bausteine eines einfachen Kaufentscheidungsmodells

Das bei Conjoint-Analysen unterstellte Nutzenmodell geht auf die multiattributive Nutzentheorie zurück. Der geschätzte Nutzenwert U_s für ein Produkt s mit N Merkmalen lässt sich in zwei Teilfunktionen wie folgt darstellen:

$$U_s = \Psi[f_1(U_{1s}), f_2(U_{2s}), ..., f_N(U_{Ns})] \qquad (1)$$

mit
U_{ns} : Teilnutzenwert von Merkmal n in Produkt s, n=1,2,...,N
f_n : Bewertungsfunktion für Merkmal n, n=1,2,...,N
ψ: Verknüpfungsfunktion.

2.1.1 Bewertungsfunktion für Merkmalsausprägungen

Mit der *Bewertungsfunktion* f werden auf Merkmalsebene isolierte Vergleiche der alternativen Ausprägungen beschrieben. Grundidee ist, dass jeweils mindestens eine Ausprägung den Idealvorstellungen eines Konsumenten voll entspricht. Abweichungen der tatsächlichen Merkmalsausprägung von diesem Idealpunkt führen zu Nutzeneinbußen. Hierbei können unterschiedliche Funktionsverläufe zugrundegelegt werden (Abbildung 4):

- Das Idealpunkt-Modell geht auf die Berechnungen der Einstellungsmessung zurück. Es unterstellt, dass für jedes Merkmal eine Ausprägung existiert, welche der Idealvorstellung eines Konsumenten entspricht. Abweichungen von diesem Idealpunkt führen zu Nutzeneinbußen. Durch Verwendung der quadrierten euklidischen Distanz als zu minimierende Zielgröße wird ein abnehmender marginaler Grenznutzen bei Annäherung an den Idealpunkt modelliert.
- Das Vektor-Modell stellt einen Sonderfall des Idealpunkt-Modells dar, bei dem sich der Idealpunkt im positiven oder negativen Unendlichen sich befindet. Es entspricht dem ursprünglichen Messansatz von Rosenberg und geht von einem proportionalen positiven oder negativen Verhältnis zwischen eigenschaftsspezifischem Nutzen und den jeweiligen, metrisch skalierten Merkmalsausprägungen aus.

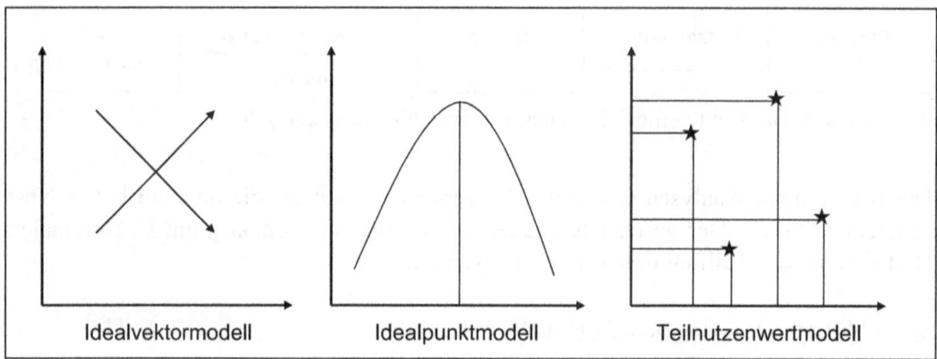

Abbildung 4: Alternative Bewertungsfunktionen für einzelne Merkmalsausprägungen, in Anlehnung an Hahn 1997, S. 52

- Das Teilnutzenwert-Modell schätzt schließlich für jede diskrete Ausprägung eines Attributs separat einen Teilnutzenwert. Die Nutzenwerte stehen in keinem funktionalen Zusammenhang, sondern werden für jede diskrete Ausprägung eines Merkmals separat bestimmt. Hierdurch eignet sich das Modell auch für qualitativ skalierte Eigenschaften, wie z. B. die Farbe eines Produktes.

Zusammenfassend ist das Teilnutzenwert-Modell als ein konservatives Vorgehen einzustufen. Es erfordert keine vorherige Spezifikationen des Funktionsverlaufes und ermöglicht robuste individuelle Schätzungen. Somit überrascht es nicht, dass das Teilnutzenwert-Modell zumeist in Conjoint-Analysen verwendet und teils sogar als ein konstitutives Merkmal der Conjoint-Methode angesehen wird (Shocker/Srinivasan 1979, S. 169). Unter Zugrundelegung dieses Modells wird für jede Ausprägung eines Merkmals in Dummy-Variablen-Kodierung ein Teilnutzenwert mit Gleichung (2) geschätzt:

$$U_{sn} = \sum_{m=1}^{M} \beta_{nm} * X_{snm} \qquad (2)$$

mit:

U_{sn}: ermittelter Teilnutzenwert für Merkmal n in Produkt s

β_{nm}: geschätzter Teilnutzenwert für Ausprägung m von Merkmal n

X_{snm}: Binäre Dummy-Variable mit Ausprägung 1, falls bei Produkt s das Merkmal n die Ausprägung m aufweist; anderenfalls 0.

2.1.2 Verknüpfungsfunktion auf Merkmalsebene

Die *Verknüpfungsfunktion* ψ legt fest, wie die Teilnutzenwerte der Merkmale zusammenzufassen sind. Methodisch-theoretischer Ausgangspunkt der Conjoint-Analyse ist ein allgemeines kompensatorisches Nutzenmodell. Bei dem in der Regel unterstellten einfachen linear-additiven Nutzenmodell ergibt sich nach Gleichung (3) der Gesamtnutzen U_k eines Produktes s aus der Summe der Teilnutzen U_{sn} seiner Produktmerkmale $n=1,...,N$:

$$U_s = \sum_{n=1}^{N} U_{sn} \tag{3}$$

Als *Erweiterungen dieses Grundmodells* können auch komplexe Verknüpfungsfunktionen modelliert werden, z. B. durch Wahl einer Nutzenfunktion mit multiplikativen Elementen oder durch Kombination aus linearen und quadratischen Effekten. Jedoch beschränkt sich die Forschungspraxis weitgehend auf die Modellierung von Wechselwirkungen zwischen einzelnen Merkmalen. Derartige Interaktionseffekte treten auf, wenn die Nutzenbewertung der einzelnen Merkmale nicht unabhängig voneinander erfolgt. Dann liefern einzelne Merkmale nicht nur isoliert, sondern auch in Kombination miteinander einen eigenständigen Nutzenbeitrag.

Interaktionseffekte können als zusätzliche Effekte in das linear-additive Grundmodell integriert werden, indem für die Kreuzprodukte zweier Merkmale separate Teilnutzenwerte geschätzt werden. Den Gesamtnutzen für ein Produkt erhält man durch Addition der Teilnutzenwerte von Haupt- und Interaktionseffekten:

$$U_s = \sum_{n=1}^{N} U_{sn} + \sum_{m=1}^{M} \sum_{m'=1}^{M'} \beta_{nm,n'm'}^{IA} * X_{snm} * X_{sn'm'} \tag{4}$$

mit:

$\beta_{nm;n'm'}^{IA}$: geschätzter Interaktionseffekt zwischen Ausprägung m von Merkmal n und Ausprägung m' von Merkmal n′; m=1,2,...,M ; m'=1,2,...,M'

$X_{snm}; X_{sn'm'}$: Binäre Dummy-Variablen mit Ausprägung 1, falls bei Stimulus s das Merkmal n (n') die Ausprägung m (m') aufweist; anderenfalls 0.

Interaktionseffekte bewirken, dass die Präferenzurteile bezüglich eines Merkmals von den Ausprägungen eines anderen Merkmals abhängen. Dies erschwert die Interpretation der Teilnutzenwerte. Daher kann man Interaktionseffekte am besten graphisch veran-

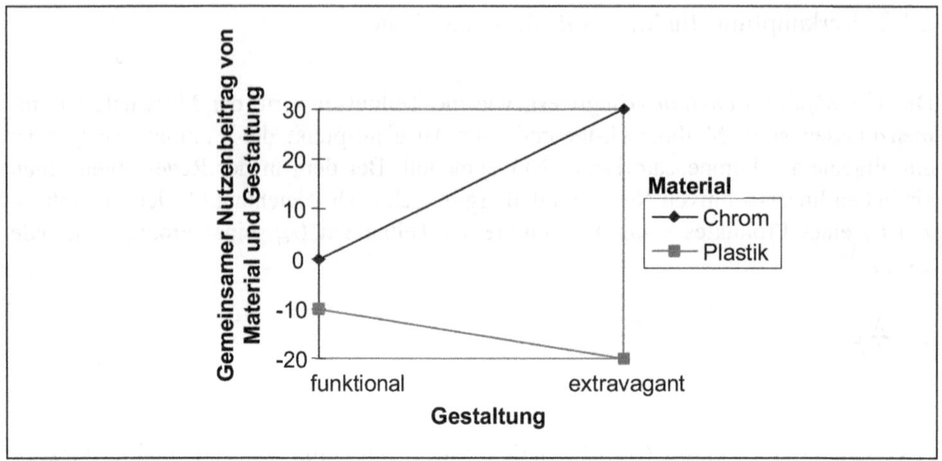

Abbildung 5: Beispiel eines Interaktionseffektes (Überkreuz-Interaktion)

schaulichen. Als Beispiel sei in Abbildung 5 der Konzepttest eines Mixgerätes aufgegriffen und eine mögliche Interaktion der Merkmale „Material" und „Gestaltung" gezeigt.

Der Interaktionseffekt bewirkt, dass die Präferenzkurven nicht parallel verlaufen; das Ausmaß der Abweichung entspricht der Größe des Interaktionseffektes. Die gezeigte so genannten Überkreuz-Interaktion (Carmone/Green 1981, S. 88) ist besonders schwerwiegend, da sie allgemeingültige Aussagen über die Vorziehenswürdigkeit einer Gestaltungsausprägung unmöglich macht.

Interaktionseffekte führen zu einer deutlichen Steigerung der Komplexität des Modells. Deshalb werden sie in der Regel nur bei vorab bestehenden Vermutungen berücksichtigt. Jedoch ist ihre prinzipielle Messbarkeit ein wesentlicher Vorteil der Conjoint-Analyse gegenüber herkömmlicher Fragebogen-Technik.

2.2 Nutzenschätzung und -interpretation

2.2.1 Ansätze zur Normierung der Teilnutzenwerte

Geschätzte Nutzenwerte zweier Befragter können wegen fehlender Skalenbestimmtheit strenggenommen nicht direkt miteinander verglichen werden. Lediglich die aufgrund der Präferenzfunktion abgeleiteten Urteile können miteinander verglichen werden. Zur Milderung dieses Mankos werden Normierungen der Teilnutzenwerte durchgeführt.

Gebräuchliche Normierungen individueller Schätzwerte beruhen auf einer Justierung der Nutzenskala mit anschließender Reskalierung durch Division mit einer einheitlichen Bezugsgröße. Die Justierung führt auf Attributebene zu einer einheitlichen Festlegung des Referenzpunktes. Dies ermöglicht einfachere Vergleiche der Nutzendifferenzen von Attributausprägungen einer Nutzenfunktion. Durch Reskalierung wird das weitere Ziel verfolgt, Vergleiche auch zwischen den Nutzenfunktionen zweier Befragter zu erleichtern. Individuelle Nutzenfunktionen können durch Mittelung approximativ zusammengefasst werden.

Zur Justierung und anschließender Reskalierung stehen verschiedene Ansätze zur Verfügung (Gutsche 1995, S. 134). Eine Zentrierung um den Nullpunkt wird erzielt, indem jeweils der mittlere Nutzenwert $\overline{u}_n$ eines Attributs n von den unnormierten Teilnutzenwerten u_{nm} seiner m Ausprägungen subtrahiert wird.

$$u_{nm}^{just} = u_{nm} - \overline{u}_n \tag{5}$$

Alternativ hierzu wird eine Fixierung der unteren Ausprägungsstufe auf Null durch Subtraktion des kleinsten Teilnutzenwertes $u_n^{\min}$ erzielt.

$$u_{nm}^{just} = u_{nm} - u_n^{\min} \tag{6}$$

Diese beiden Ansätze der Justierung sind gleichermaßen gebräuchlich. Sie führen zu inhaltlich übereinstimmenden Ergebnissen, da Verschiebungen der Skala nicht die relativen Nutzendifferenzen beeinflussen. Eine Fixierung der unteren Ausprägungsstufen auf Null ist in vielen Fällen vorzuziehen, da hiermit negative Nutzenwerte verhindert werden. Dies erleichtert die weitere Auswertung der Nutzenschätzungen, z. B. deren Einsetzen in probabilistischen Wahlmodellen, die stets positive Zahlenwerte als Eingabewerte erfordert. Diese Justierung ist daher zumeist vorzuziehen. Bei dichotomen Attributen bietet sich hingegen die Zentrierung um den Nullpunkt zur Veranschaulichung der Nutzendaten an, da die Attributausprägungen dann spiegelbildlich zum Nullpunkt sind und das positive (negative) Vorzeichen die jeweils bevorzugte (abgelehnte) Attributausprägung kennzeichnet.

Eine Reskalierung erfolgt auf Ebene der gesamten Nutzenfunktion. Es existieren zwei weithin gebräuchliche Normierungsansätze. Eine Möglichkeit ist es, Teilnutzenwerte durch die Summe aller absoluten, justierten Teilnutzenwerte zu dividieren:

$$u_{nm}^{norm} = \frac{u_{nm}^{just}}{\sum_{i=1}^{N} \sum_{j=1}^{M_i} \left| u_{ij}^{just} \right|} \tag{7}$$

Eine Normierung ermittelter Nutzenwerte kann dann zu uneingegrenzt vergleichbaren Werten führen, wenn diese anhand einer metrischen Bezugsgröße, wie z. B. Preis in EUR, vorgenommen wird. Dies ist prinzipiell dann möglich, wenn der Preis entweder direkt als abhängige Variable erfragt oder indirekt als Attribut mit erhoben wird. Da das Attribut Preis jedoch eine hohe Gefährdung durch Verzerrungen zeigt (Balderjahn 1991), ist seine Verwendung als metrische Bezugsgröße zumeist fraglich. Entsprechend wurden historische Bemühungen zur Verwendung von Dollar-Metrik-Skalen in neueren Conjoint-Analysen nicht aufgegriffen.

2.2.2 Ableitung von Bedeutungsgewichten

Die Trennung zwischen Teilnutzenwerten und Bedeutungsgewichten entwickelte sich im Verlaufe praktischer Conjoint-Anwendungen. Sie resultierte aus dem Bedürfnis, eine übergeordnete Maßzahl auf Ebene der Attribute bereitzustellen. Für jedes Attribut wird ein Bedeutungsgewicht ermittelt, welches dessen relativen Einfluss auf den gesamten Produktnutzen ausdrücken soll. Diese Kenngröße soll dem Management z. B. Hinweise auf vorrangige Gestaltungsparameter der Neuproduktentwicklung bieten.

Das Bedeutungsgewicht w_n für ein Attribut n kann berechnet werden als relative Nutzendifferenz zwischen der am wenigsten und der am meisten bevorzugten Ausprägung dieses Attributs, bezogen auf die Summe der Nutzendifferenzen aller Attribute:

$$w_n = \frac{\max(u_n^{norm}) - \min(u_n^{norm})}{\sum_{i=1}^{N} (\max(u_i^{norm}) - \min(u_i^{norm}))} \tag{8}$$

Diese Berechnung basiert auf den Extremwerten der Attributausprägungen und berücksichtigt keine Information über die Verteilung weiterer Ausprägungen. Hieraus folgt eine hohe Sensibilität gegenüber Extrema. Alternative Berechnungsformeln nehmen eine statistische Berücksichtigung aller ermittelten Teilnutzenwerte vor. Z. B. verwendet Gutsche (1995, S. 197 ff.) den Variationskoeffizienten der Teilnutzenwerte aller Attributausprägungen als Nenner.

Bedeutungsgewichte werden vielfach als ein zentrales Ergebnis von Präferenzerhebungen dokumentiert. Sie sind jedoch Artefakte, welche keinen eigenständigen Erklärungsbeitrag leisten. So sind Bedeutungsgewichte nur im Kontext des erhobenen, durch den Erhebenden gestaltbaren Attributraums interpretierbar. Der Ein- beziehungsweise Ausschluss von extremen Ausprägungen entscheidet über die ermittelte Wichtigkeit eines Attributs. Auch ist die geschätzte Attributbedeutung von dessen Diskriminierungsfähigkeit zu unterscheiden. Relevanz ist nur dann gegeben, wenn sowohl Wichtigkeit als auch Diskriminierungsfähigkeit vorliegen. So stufen z. B. Verkäufer von Waschmaschinen die

Schleuderzahl als wichtigstes Produktattribut ein, sehen es jedoch in Diskriminierungsfähigkeit erst auf Rangplatz sechs (Bauer/Herrmann/Homberg 1996). Dies zeigt, dass Angaben über die relative Attributbedeutung keine hinreichende Informationsgrundlage zur Ableitung von Marketingempfehlungen bilden.

2.3 Transformation von Nutzen- in Wahlurteile

Die Transformation von Nutzenurteilen in Wahlentscheidungen ist von zentraler Bedeutung für Management-Auswertungen von Conjoint-Befunden, da nicht Nutzenerfüllung, sondern hieraus abgeleitete Wahlentscheidungen der Konsumenten von betrieblichem Interesse sind. Zur Transformation von Nutzen- in Wahlurteile existieren verschiedene Berechnungsmodelle. Die am weitesten verbreiteten Verfahren sind die Wahlregel des maximalen Nutzens sowie die Attraktions- und Zufallsnutzenmodelle. Diesen Modellen liegt die Annahme zugrunde, dass Nachfrager die nutzenrelevanten Attribute einer Alternative in einem kompensatorischen Bewertungsprozess bewerten, hieraus einen Nutzenwert ableiten und basierend auf einem Nutzenvergleich dargebotener Alternativen die Auswahlentscheidung treffen. Darüber hinaus existieren nicht kompensatorische Modelle, wie Elimination by Aspects, und zweistufige Wahlmodelle (siehe Übersicht in Manrai 1995). Diese Modelle weichen von den Grundvorstellungen eines nutzenmaximierenden Verhaltens ab und stellen den Prozess der Informationsverarbeitung sowie dessen Beschränkungen in den Vordergrund. Diese werden jedoch sehr selten in Conjoint-Analysen eingesetzt und daher im Nachfolgenden nicht betrachtet

Die deterministische *Wahlregel des maximalen Nutzens* (auch: Maximum-Utility-Choice- oder First-Choice-Regel) stellt die einfachste Transformationsregel von Nutzen- in Wahlurteile dar. Sie unterstellt, dass die in der Erhebung abgefragten Nutzenkomponenten eine fehlerfreie sowie vollständige Erklärung des gesamten Produktnutzens ergeben. Entsprechend wählt der Konsument stets die Alternative k aus einem Alternativenset S, welche den höchsten geschätzten Gesamtnutzen U_k bietet. Entsprechend ist die Wahrscheinlichkeit $P(j|S)$, die Alternative j aus einem Auswahlset S zu wählen, entweder gleich null oder gleich eins.

$$P(k|S) = 1 \text{ if } U_k = \max(U_j),\ j \in S \text{ und} \qquad (9)$$
$$P(j|S) = 0 \quad \forall j \in S/\{k\}$$

Attraktionsmodelle basieren auf der stochastischen Nutzentheorie und lassen die Prämisse einer stets nutzenmaximierenden Wahlentscheidung fallen. Demnach weist nicht nur die nutzenmaximale Alternative, sondern auch Produktalternativen mit geringerem Nutzen eine Auswahlwahrscheinlichkeit größer als Null auf. Die Auswahlwahrscheinlichkeiten werden durch den relativen Nutzen der zur Verfügung stehenden Alternativen als erklärendem Parameter bestimmt. Grundlage dieser Modelle sind axiomatische Herleitungen der „stochastischen Nutzentheorie“ von Luce, insbesondere die Annahme der Unabhängigkeit von irrelevanten Alternativen. Anzumerken ist, dass diese so genannte IIA-Prämisse problematisch ist, da ihre – für zahlreiche Anwendungsfälle nachgewiesene – Nichterfüllung zu verzerrten Schätzwerten führen kann (Manrai 1995). Aufbauend auf diesem Modellrahmen wird die Auswahlwahrscheinlichkeit durch das Verhältnis des Nutzens einer Alternative j zu der Summe der Nutzenwerte aller Alternativen in einem Auswahlset S bestimmt (Green/Krieger 1988, S. 16).

$$P(j|S) = \frac{U_j^{\alpha}}{\sum_{s \in S} U_s^{\alpha}} \quad \text{mit } \alpha = 1 \text{ im Grundmodell oder } \alpha \geq 1 \text{ im BTL-Modell} \qquad (10)$$

Dieses Berechnungsmodell ergibt einen annähernd linearen Verlauf der Auswahlwahrscheinlichkeiten bei Nutzenänderungen einer Produktalternative. Hieraus resultieren insbesondere in den Extrembereichen verzerrte Schätzwerte. Selbst Produkte, die einen deutlich unterlegenen Produktnutzen offerieren, erhalten noch positive Kaufwahrscheinlichkeiten (Albers/Brockhoff 1979). Um derartige Extrema abzufangen, können Ober- und Untergrenzen für das Luce-Modell definiert werden (Bachem/Simon 1981). Alternativ hierzu können quadrierte Nutzenwerte verwendet werden, um eine stärkere Differenzierung zwischen den Auswahlwahrscheinlichkeiten von Alternativen mit hohem und geringem Nutzen zu erzielen (Gutsche 1995). Eine weitgehende Flexibilisierung wird schließlich im erweiterten Bradley/Terry/Luce-Modell (BTL-Modell) durch Hinzufügen eines Parameters α erzielt, mit dem die geschätzten Nutzenwerte potenziert werden (Bradley/Terry 1952). Bei Variation des Potenzierfaktors α zwischen 1 und unendlich können sämtliche Zwischenlösungen zwischen reinem Attraktionsmodell und deterministischer Wahlregel des maximalen Nutzens modelliert werden.

Zufallsnutzen-Modelle (McFadden 1981; Ben-Akiva/Lerman 1985) unterstellen im Gegensatz zu den Attraktionsmodellen ein fehlerfreies nutzenmaximierendes Verhalten. Jedoch wird angenommen, dass lediglich Teile des tatsächlichen Gesamtnutzens beobachtet werden können. Der stochastische Term resultiert somit aus erhebungs- und messtechnischen Defiziten (Herrmann 1994, S. 1309). Insbesondere wird davon ausgegangen, dass die erhobenen Attribute nicht den gesamten Produktnutzen beschreiben. Der Gesamtnutzen V_k eines Produktes k setzt sich aus einer deterministischen Komponente U_k, die sich durch die Nutzenwerte der erhobenen Produktattribute ergibt, und einer stochastischen Komponente e_k zusammen, welche aus nicht beobachteten Einflussgrößen resultiert.

$$V_k = U_k + e_k \qquad (11)$$

Werden einem Befragten mehrere Produkte zur Auswahl vorgelegt, so wählt er stets dasjenige, welches den höchsten Gesamtnutzen V_k bietet. Da der Gesamtnutzen jedoch durch die stochastische Komponente in jeder Auswahlsituation unterschiedlich beeinflusst wird, können lediglich Wahrscheinlichkeitsaussagen zu der erwarteten Auswahl abgeleitet werden. Die Wahrscheinlichkeit, dass ein Befragter ein Produkt k aus einem Auswahlset S wählt, beträgt:

$$p_k = p(V_k > V_i) = p(e_i - e_k < U_i - U_k) \forall i \in S \wedge i \neq k \tag{12}$$

Der Fehlerterm e_k kann auf unterschiedliche Weise modelliert werden. Hierin unterscheiden sich die Verfahrensvarianten der Zufallsnutzenmodelle. In den grundlegenden Untersuchungen von Thurstone (1927) wird ein unabhängig und identisch normalverteilter Fehlerterm unterstellt. Bei mehr als zwei Alternativen resultiert ein multinomiales PROBIT-Modell (Haaijer/Wedel 1998), welches jedoch aufgrund komplizierter Mehrfachintegrale äußerst aufwendige Berechnungen erfordert. Deshalb wird in der Regel ein Logit-Modell verwandt, welches eine stark vereinfachte Berechnung der individuellen Wahlwahrscheinlichkeiten ermöglicht.

2.4 Überführung von Wahlurteilen in Marktanteile

Um individuelle Wahlurteile in aggregierte Wahlanteile zu überführen, können einfache Algorithmen angewandt werden. So leitet die oben ausgeführte Wahlregel des maximalen Nutzens aus individuellen Nutzenurteilen binäre Wahlentscheidungen ab. Diese können mittels eines so genannten „Simulationsansatzes“ (Wiley/Low 1983) unter Annahme gleicher Verbrauchsintensität zu Wahlanteilsprognosen zusammengefasst werden, indem relative Häufigkeiten, d. h. die Anzahl der First-Choices bezogen auf die Gesamtanzahl der vorliegenden Wahlurteile, ermittelt werden. Bei den probabilistischen Verfahren können analog durchschnittliche Wahlwahrscheinlichkeiten als Grundlage für Wahlanteilsprognosen verwendet werden.

Da bei der traditionellen Conjoint-Analyse auf Basis von Rang- oder Ratingurteilen ein Nutzenurteil erzwungen wird und ein absoluter Ankerpunkt der Nutzenskala fehlt, können potenzielle Nicht-Käufer nicht erkannt werden. Dies stellt ein Problem dar, falls nicht die Befragung vorab auf potenziell Kaufinteressierte beschränkt wird. Bei der Choice-Based-Conjoint-Methode ist hingegen eine grobe Abschätzung der Kaufbereitschaft durch Einschluss der Nicht-Kaufoption möglich (vgl. den Beitrag von Völckner/Sattler/Teichert in diesem Band). Diese Nicht-Kaufoption wird auf robuste Art von der „Limit-Card“ (Voeth/Hahn 1998) auf die rangbasierte Conjoint-Analyse übertragen, indem Befragte durch physisches Setzen dieser Karte eine Justierung des Nutzen-Nullpunktes vornehmen.

Um aus Wahlanteilen eine grobe Schätzung von Marktanteilen abzuleiten, sind erstere zumindest entsprechend ihrer Repräsentativität nach soziodemographischen Merkmalen der gesamten Population zu gewichten. Auch sind ermittelte Kaufwahrscheinlichkeiten mit erwarteter Kauffrequenz zu multiplizieren. Schließlich sind Informationen über die Perzeption der am Markt zur Verfügung stehenden Alternativen und ihrer Attributausprägungen erforderlich. Dies erfordert eine ergänzende Abfrage von subjektiven Wahrnehmungsurteilen (Green/Rao/DeSarbo 1978). Hier können sich die Methoden der Conjoint-Analyse und der Multidimensionalen Skalierung einander ergänzen. Des Weiteren können Heuristiken zur Kalibrierung der gewonnenen Schätzparameter anhand realer Marktdaten genutzt werden (Green/Krieger 1997). Hierbei können weitere Einflussgrößen, wie Bereitschaft zum Markenwechsel, zur Schätzung hinzugezogen werden.

Zusammenfassend ist festzuhalten, dass die erhobenen Präferenzurteile lediglich eine Grobschätzung von Marktanteilen ermöglichen. Dies sollte somit nicht das vorrangige Ziel von Präferenzerhebungen sein.

3. Vorgehensweise bei der traditionellen Conjoint-Analyse

Aufgrund der experimentellen Vorgehensweise der Conjoint-Analyse ergibt sich eine in der Marktforschung eher untypische Betonung der Vorbereitungs- gegenüber der Auswertungsphase: Während bei vielen empirischen Erhebungen das Datenmaterial als gegeben vorausgesetzt wird und statistische Verfahren zum Ziele haben, unter nicht beeinflussbaren Restriktionen möglichst viel Informationen aus dem Datenmaterial zu extrahieren, können bei der Anwendung der Conjoint-Analyse im Vorfeld bereits quasiideale Auswertungsbedingungen geschaffen werden.

Systematische Vorarbeiten kennzeichnen daher die Durchführung der Conjoint-Analyse: Zunächst ist ein Modell zu spezifizieren, welches die Beziehungen zwischen abhängiger und unabhängigen Variablen abbildet. Die Experimentalvariablen sind festzulegen und ihre jeweiligen Ausprägungen zu bestimmen. Kombinationen der Variablenausprägungen werden dann zu Stimuli zusammengefasst. Ein experimentelles Design wird entworfen, indem eine bewusste Auswahl der in die Untersuchung einzubeziehenden Stimuli vorgenommen und die Beurteilungsaufgabe festgelegt wird. Abschließend wird die Art und Weise der Darstellung festgelegt, mittels derer die Erhebung durchgeführt wird.

3.1 Bestimmung des Experimentalraumes

Die Kenntnis über potenziell relevante Einflussfaktoren ist im Vorfeld der Conjoint-Analyse zu erlangen. Die Auswahl der Experimentalvariablen und ihrer Ausprägungen stellt hierbei ein Kernproblem von Conjoint-Analysen dar. Eine enge Auswahl von Variablen und deren Ausprägungswerten ist erforderlich, um die Erhebung handhabbar zu halten. Gleichzeitig müssen die einbezogenen Merkmalskombinationen einen hinreichend großen Anteil der realen Präferenzbildung erklären, da anderenfalls die Validität des Modells in Frage gestellt ist. Entsprechend sind hohe Anforderungen an die zu berücksichtigenden Merkmale sowie an ihre Ausprägungen zu stellen:

- Die Merkmale müssen relevant sein, d. h. sie müssen einen Einfluss auf die Nutzenbewertung der Konsumenten ausüben. Zur Identifikation der relevanten Merkmale sollten qualitative Erhebungen, z. B. mittels Fokusgruppen und Tiefeninterviews, vorgeschaltet werden.
- Die Merkmale müssen diskriminierungsfähig sein. Dies impliziert, dass sich die Eigenschaften des Zielproduktes und der am Markt befindlichen (Konkurrenz-)Produkte bezüglich dieser Merkmale voneinander unterscheiden.
- Die Variablenanzahl muss hinreichend gering sein. Traditionelle Conjoint-Anwendungen benutzen in der Regel weniger als sieben Variablen mit durchschnittlich weniger als drei Ausprägungen. Bei höherer Variablenanzahl kann auf neuere Formen der Conjoint-Analyse, wie Hybrid-Modelle oder Hierarchisches Design, zurückgegriffen werden.
- Die Variablen sollten redundanzfrei sein. Sie sollten inhaltlich voneinander unabhängige Sachverhalte messen. Durch doppelte Aufführung eines Sachverhaltes käme es zu absurden Merkmalskombinationen, zu Inferenzeffekten und hieraus zu einer Verzerrung der Schätzwerte. Redundanzfreiheit bedeutet jedoch nicht, dass Interaktionseffekte zwischen den Variablen auszuschließen sind.

Nach Bestimmung der Merkmale sind ihre zu berücksichtigenden Ausprägungen festzulegen. Es sind Entscheidungen bezüglich der Art und Anzahl der Ausprägungen zu treffen. Hierbei sind folgende Kriterien zu beachten:

- Die Spannweite der Merkmalsausprägungen sollte größer als in der Realität, jedoch nicht unglaubhaft sein, um eine möglichst genaue Parameterschätzung zu ermöglichen.
- Subjektive Merkmalsausprägungen sind zu vermeiden, um eine interpersonelle Vergleichbarkeit gewährleisten zu können. In einer Vorstudie ist zu überprüfen, dass die Szenariobeschreibungen mit den intendierten Variablenwerten übereinstimmen.
- Die Anzahl von Ausprägungen sollte sich auf ein erforderliches Mindestmaß beschränken, da die Komplexität des Untersuchungsdesigns exponentiell mit der An-

zahl von Ausprägungen ansteigt. Je nach Zielsetzung der Studie sind verschiedene Schwerpunkte zu setzen:

a.) Um die Gültigkeit des additiven Nutzenmodells testen und Nicht-Linearitäten nachweisen zu können, sind mindestens jeweils drei Ausprägungen notwendig.

b.) Sollen Interaktionseffekte geprüft werden, ist eine Dichotomisierung der Variablen zu empfehlen, um die Anzahl möglicher Wechselwirkungen gering zu halten.

- Die Anzahl von Ausprägungen sollte zwischen den Variablen möglichst gering variieren, da ein Einfluss der Ausprägungsanzahl auf das Antwortverhalten nicht auszuschließen ist.
- Schließlich sollten vollkommen unakzeptable Variablenausprägungen vermieden werden, da ansonsten das zugrundeliegende kompensatorische Modell in Frage gestellt wäre.

3.2 Gestaltung eines experimentellen Designs

Ein Experiment beeinflusst im Gegensatz zur Stichprobenerhebung den Zustand der Beobachtungswerte, indem es die Ausprägungen der unabhängigen Variablen (künstlich) variiert. Dies geschieht derart, dass eine gleichzeitige und voneinander unabhängige Schätzung aller Variablen sowie die Kontrolle oder sogar Schätzung von Interaktionseffekten zwischen ihnen möglich ist. Heterogene Feldbesetzungen oder fehlende Werte können so von vornherein ausgeschlossen werden. Die Anlage eines experimentellen Designs kann demnach als ein „strategisches" Vorgehen bei der Datenerhebung charakterisiert werden (Box/Hunter/Hunter 1978).

In Conjoint-Analysen wird das experimentelle Design in einem zweistufigen Vorgehen spezifiziert. Zunächst werden Kombinationen von Variablenausprägungen als zu bewertende *Stimuli* generiert. Anschließend werden diese befragungsgerecht miteinander kombiniert.

3.2.1 Wahl der Stimuli

Bei dem dekompositionellen Verfahren der Conjoint-Analyse werden Präferenzurteile nicht für einzelne Variablen und ihre Ausprägungen isoliert, sondern im Kontext erfragt. In einfachster Fassung werden bei der Zwei-Faktor-Methode (Johnson 1974) jeweils zwei Merkmale zugleich betrachtet. Hierzu werden so genannte Trade-off-Matrizen auf

Stimulus	Haupteffekte			Interaktionseffekte				Mittel-	
	A	B	C	AB	AC	BC	ABC	wert	
1	-1	-1	-1	1	1	1	-1	1	
2	-1	-1	1	1	-1	-1	1	1	Produkt i
3	-1	1	-1	-1	1	-1	1	1	Produkt j
4	-1	1	1	-1	-1	1	-1	1	
5	1	-1	-1	-1	-1	1	1	1	Produkt k
6	1	-1	1	-1	1	-1	-1	1	
7	1	1	-1	1	-1	-1	-1	1	
8	1	1	1	1	1	1	1	1	Produkt l

Tabelle 2: Dummy-Variablen-Kodierung und Effekte eines voll-faktoriellen 2^3 Design

gestellt, welche sämtliche Ausprägungen zweier Merkmale mit M1 beziehungsweise M2 Ausprägungsstufen in M1 * M2 Zellen kombinieren. Für die Zellen werden komparative Präferenzurteile, zumeist in Form von Präferenz-Rangreihen, erfragt. Da dieser Ansatz die Möglichkeiten experimenteller Erhebung nur minimal ausnutzt und eher historische Bedeutung hat, wird dieser im Folgenden nicht weiter erklärt.

Bei der Vollprofilmethode werden sämtliche vorab spezifizierte Merkmale simultan zur Beurteilung vorgelegt. Dazu werden Stimuli als Kombinationen der Ausprägungen aller Merkmale generiert (siehe einleitendes Beispiel, Abbildung 2).

Bei N Merkmalen mit M1 Ausprägungen für das erste Merkmal, M2 Ausprägungen für das zweite Merkmal,... und MN Ausprägungen für das Nte Merkmal sind insgesamt M1 * M2 *...* MN verschiedene Stimuli darstellbar. Bei vollständiger Abfrage aller Stimuli erhält man ein voll-faktorielles Design. Voll-faktorielle Designs können leicht durch Permutationen generiert werden, indem sukzessive die Ausprägung eines Merkmals festgehalten und mit denjenigen aller anderen kombiniert wird.

Sämtliche Beobachtungen des voll-faktoriellen Designs sind nur dann erforderlich, wenn der Einfluss aller Merkmalsausprägungen (Haupteffekte) sowie aller möglichen Wechselwirkungen zwischen ihnen (Interaktionseffekte) separat geschätzt werden soll. So werden alle Beobachtungen eines 2^3-Designs mit 3 dichotomen Merkmalen A, B, C benötigt, um alle hier möglichen Effekte von Mittelwert, 3 Haupteffekte, 3 Zwei-Faktor-Interaktionen (AB, AC, BC) sowie eine Drei-Faktor-Interaktion (ABC) zu bestimmen. Dies wird in Tabelle 2 veranschaulicht, wobei die Merkmalsausprägungen mittels Dummy-Variablen kodiert sind. Die Interaktionseffekte ergeben sich durch Multiplikation der beteiligten Merkmals-Dummies.

Bei nur fünf dichotomen Merkmalen umfasst das voll-faktorielle 2^5-Design bereits 32 Stimuli. Erfahrungswerte zeigen jedoch, dass die Beurteilungsaufgabe nur für bis zu 20 Stimuli mit hoher Ergebnisgüte bewältigt werden kann. Darum wird in der Regel unter der Annahme der Vernachlässigbarkeit von höhergradigen Interaktionseffekten eine systematische Reduzierung der Stimulianzahl vorgenommen. Dieses Verfahren ermöglicht es, nur einen Bruchteil der Stimuli vorzulegen, jedoch gleichzeitig für alle möglichen Merkmalskombinationen Ergebnisse berechnen zu können:

- Bei der systematischen Reduktion von Erhebungsstimuli in Form eines MN-I fraktionell-faktoriellen Designs wird lediglich 1/I der MN möglichen Merkmalskombinationen abgefragt. Diese Teilmenge wird so generiert, dass die Ausprägungsstufen der relevanten Merkmale nicht korrelieren, deren Effekte somit unabhängig geschätzt werden können.
- Eine weitgehende Fraktionierung wird mit einem orthogonalen Haupteffekte-Design erzielt. Dieses erlaubt eine unverzerrte Schätzung aller Merkmale (=Haupteffekte) unter der Bedingung, dass sämtliche Interaktionseffekte vernachlässigt werden können. Bestehen Interaktionseffekte, so liefern orthogonale Haupteffekte-Designs verzerrte Schätzwerte, da sie die Ausprägungen von Haupt- und Interaktionseffekten vollständig korrelieren.

Das Konzept der Fraktionierung und seine Gefahren sollen am einleitend aufgeführten Beispiel veranschaulicht werden. Während die drei Variablen (N=3) mit je zwei Ausprägungen (M=2) insgesamt $2^3 = 8$ mögliche Kombinationen ergeben, wurde in Abbildung 2 durch systematische Reduktion lediglich die Hälfte (I=2) derart erhoben, dass keines der Merkmale miteinander korreliert. Dies zeigen die in Tabelle 2 schraffierten Stimuli, welche einem 2^{3-1} orthogonalen Haupteffekte-Design in Dummy-Variablen-Kodierung entsprechen. Bei dieser Teilmenge von Stimuli entspricht der Wert von C stets demjenigen der Interaktion zwischen A und B; diese Effekte sind somit vollständig miteinander korreliert. Besteht, wie in skizziert, ein Interaktionseffekt zwischen A=Material und B=Gestaltung, so misst der Schätzwert für das Merkmal C=Volumen zugleich diesen Interaktionseffekt und ist somit verzerrt. Um den Effekt von C isoliert zu ermitteln, muss ein höher-fraktionelles Design, in diesem Fall das voll-faktorielle 2^3-Design, als Erhebungsgrundlage gewählt werden.

Zur Generierung fraktionell-faktorieller Designs können zahlreiche Tabellenwerke und Computerprogramme zu Hilfe genommen werden (z. B. Addelman 1962; McLean/Anderson 1984; CONJOINT DESIGNER 1985). Jedoch können einfachere Designs auch selbst ohne großen Aufwand generiert beziehungsweise nachvollzogen werden. So können orthogonale M^{N-1}-Haupteffekte-Designs z. B. dadurch generiert werden, dass die Stimuli eines vollständig faktoriellen Designs mit Variablenanzahl (N-l) verwendet werden. Die Ausprägungsstufen der hinzukommenden l Variablen werden dann jeweils mit denen eines Interaktionseffektes gleichgesetzt. So kann das in Tabelle 2 aufgeführte vollfaktorielle 2^3-Design zugleich als ein fraktionell-faktorielles 2^{5-2}-Design mit fünf dichotomen Variablen genutzt werden, indem Spalten der Interaktionseffekte für die Kodierung der hinzukommenden Variablen genutzt werden, z. B. D=AB und E=AC.

Die Modelladäquanz auch von vorgefertigten Designs kann leicht getestet werden, indem mittels oben ausgeführter Dummy-Variablen-Kodierung eine Korrelationsmatrix von allen vermuteten Haupt- und Interaktionseffekten aufgestellt wird. Wird keine oder nur eine geringe Korrelation ermittelt, so können unverzerrte Schätzparameter ermittelt werden.

3.2.2 Kombination der Stimuli

Die oben gewählten Stimuli definieren bereits ein experimentelles Design, welches eine effiziente Schätzung der relevanten Parameter ermöglicht. Dieses Design kann nochmals systematisch in Teile zerlegt werden, um die Befragung für den Befragten handhabbar zu machen und um durch Doppelabfragen zusätzliche Informationen über stochastisches Antwortverhalten aus der Befragung herauszuziehen. Hierzu sind drei Ansätze vorstellbar, deren Vorteilhaftigkeit von der Beurteilungsaufgabe sowie vom Erhebungsumfeld abhängt:

- Bei Gesamtvergleichen werden die gesamten Stimuli simultan zur Bewertung vorgelegt.
- Mehrfachvergleiche bestehen aus beliebig wählbaren Teilmengen der gesamten Stimuli.
- Bei Paarvergleichen werden sukzessive jeweils nur zwei Stimuli zur Bewertung vorgelegt.

Ein *Gesamtvergleich* aller Stimuli fördert deren komparative Bewertung und fördert so die Aussagekraft der Antworten. Er stellt das gebräuchliche Verfahren der auf Nutzenurteile basierenden Conjoint-Analyse dar. Mit steigender Stimulianzahl steigt jedoch der Bearbeitungsaufwand. So können die Befragten bei S Stimuli insgesamt ½*S(S+1)-1 Vergleiche zwischen einzelnen Stimuli durchführen. Auch wenn Befragte den Aufwand durch Vorselektion der Stimuli einschränken, sind sie oft bei mehr als 20 Stimuli überfordert.

Paarvergleiche legen sukzessive jeweils nur zwei Stimuli zur Bewertung vor. Hierdurch wird die Beurteilungsaufgabe auf Kosten einer eingeschränkt komparativen Bewertung überschaubarer. Paarvergleiche erfordern ein zweites Design, in welchem Teilmengen von jeweils zwei Stimuli derart kombiniert werden, dass sich eine Gesamtbewertung aller Stimuli ergibt. Um Konsistenztests durchzuführen, sind überlappende Kombinationen von jeweils mindestens drei Stimuli erforderlich. Als empfohlene Obergrenze werden 30 Paarvergleiche genannt. Es existieren unterschiedliche Vorgehensweisen, welche eine systematische Kombination der Paarvergleiche anstreben (Hausruckinger/Herker 1992). Aufgrund ihrer einfachen Darstellung eignen sich Paarvergleiche insbesondere für computergestützte Befragungstechniken und fernmündliche Befragungen; sie gewinnen mit deren Verbreitung an Bedeutung.

3.3 Durchführung der Erhebung

3.3.1 Präsentation der Stimuli

Hohe Gestaltungsfreiheiten bestehen bei der Wahl der Präsentationsform. Es können drei gängige Präsentationstypen verwendet werden:

- die reale oder dreidimensionale Darstellung,
- die Bild- oder Filminformation und
- die verbale Beschreibung, entweder mittels Schlagwörtern oder ausführlichem Begleittext.

Die Wahl der Präsentationsform richtet sich insbesondere nach den Inhalten der Untersuchung. Dreidimensionale Darstellungen eignen sich z. B. zum Testen von Produktverpackungen, Bildinformationen zur Beurteilung von Werbeanzeigen, verbale Beschreibungen zur Charakterisierung von nicht greifbaren Produkten wie Finanzdienstleistungen. Übergreifende Anwendung finden die einfach konstruierbaren Profilkarten mit Schlagwörtern, da sie auch bei Konzepttests kostengünstig bereitzustellen sind. Mit zunehmender Verbreitung computergestützter, multimedialer Erhebungsformen ist in Zukunft eine stärkere Durchdringung bildhafter Darstellungen zu erwarten. Diese sollten eine größere Realitätsnähe erzielen und somit zur weiteren Verbreitung des Verfahrens beitragen.

3.3.2 Skalenniveau der abhängigen Variablen

Werden *Nutzenurteile* abgefragt, so ist die Skalierung der abhängigen Variable mit Einschränkungen nahezu beliebig wählbar, da es keine natürliche Nutzenskala gibt. Erfolgt die Erhebung mittels Gesamtvergleich aller Stimuli, so können die Stimuli auf drei Arten miteinander verglichen werden:

- Im einfachsten Falle erfolgen kategorielle Urteile durch eine Einteilung in Präferenzklassen. Dies stellt die geringsten Anforderungen an die Versuchspersonen, bietet jedoch nur geringe Auswertungsmöglichkeiten. Die kategorielle Skalierung findet daher kaum Verwendung.

Beispielhafte Aufgabe: „Bitte ordnen Sie die dargestellten Produkte in eine der Kategorien „negativ“, „indifferent“ und „positiv“ ein.“

- Eine differenziertere Präferenzermittlung erfolgt durch Abfrage einer Rangordnung. Dies führt zu ordinalen Präferenzwerten. Jedoch bestehen methodische Schwächen aufgrund von Grenzen in der Datenqualität und fehlendem Fehlermodell (Teichert 1998).

  Beispielhafte Aufgabe: „Bitte bringen Sie sämtliche Produkte in eine Rangfolge entsprechend ihrer Vorziehenswürdigkeit.“

- Schließlich können intervallskalierte beziehungsweise quasi-metrische Nutzenwerte mittels Ratingskalen oder differenzierteren 0-100 Skalen erhoben werden. Dies stellt hohe Anforderungen an die Befragten und kann daher zu geringerer Reliabilität führen. Aufgrund auswertungstechnischer Vorteile ist diese Vorgehensweise jedoch zunehmend verbreitet.

Ein weites Spektrum an möglichen Skalenniveaus kann ebenfalls bei Paarvergleichen erfragt werden: Ein einfacher Vergleich erfragt lediglich den jeweils vorgezogenen Stimulus. Durch Kombination dieser binären Urteile ergibt sich eine Präferenzrangordnung. Bei so genannten „graded pairs“-Vergleichen wird darüber hinaus der Grad der Bevorzugung, z. B. auf einer Mehrpunkte-Skala, abgefragt. Hieraus leiten sich Ratingskalen ab. Bei der „Dollar“-Metrik schließlich ist der Mehrpreis anzugeben, welcher zu Indifferenz zwischen dem präferierten Stimulus und dessen Alternative(n) führen würde.

3.3.3 Durchführung der Erhebung

Unter den zahlreichen möglichen Erhebungsmethoden haben sich diejenigen besonders bewährt, welche eine intensive Hilfestellung ermöglichen:

- Mündliche Befragungen ermöglichen eine intensive Betreuung der Befragten und die Abfrage qualitativer Zusatzinformationen wie auch die Anfertigung von Verlaufsprotokollen. Sie bergen jedoch die Gefahr einer Manipulation durch den Interviewer und sind kosten- und zeitintensiv.
- Fernmündliche, computergestützte Befragungen eignen sich nur bei einfachen Problemstellungen, da Entscheidungen auf Basis ausschließlich verbaler Informationen hohe Anforderungen an das Erinnerungs- und Kombinationsvermögen des Befragten stellen.
- Schriftliche Befragungen erfordern eine besonders sorgfältige Vorbereitung der Erhebungsunterlagen, da die Befragten bei der Beantwortung alleingelassen sind.
- Hohe Rücklaufquoten bei begrenztem Kostenaufwand können mit kombinierter fernmündlich-schriftlich-fernmündlicher (sog. TMT-)Befragung erzielt werden:

Nach telefonischer Kontaktierung erhalten die Befragten Unterlagen, welche in einer zweiten, zeitlich vorab festgelegten Telefonaktion „eingesammelt" werden.

- Schließlich erfährt die internetgestützte Befragung derzeit weite Verbreitung, z. B. mittels der CVA Internet Software der Firma Sawtooth. Diese Erhebungsform sollte sich wegen ihrer Effizienz bereits in naher Zukunft als Standard etablieren.

3.4 Ermittlung von Nutzenparametern

3.4.1 Schätzverfahren

Den Schätzverfahren der Conjoint-Analyse liegt ein Zielkriterium zugrunde, welches wie folgt formuliert werden kann: *Ermittle die Teilnutzenwerte einer Nutzenfunktion derart, dass bei ihrer modelladäquaten Verknüpfung die empirisch beobachteten ganzheitlichen Urteile der zur Schätzung herangezogenen Stimuli mit minimalem Fehler wiedergegeben werden.* Somit ist als Zielfunktion die Summe der Differenzen f(Δ) zwischen beobachteten und geschätzten Urteilen U_s sowie $\hat{U}_s$ aller zur Schätzung herangezogenen Stimuli S zu minimieren:

$$(13) \qquad \sum_{s=1}^{S} f(U_s - \hat{U}_s) \rightarrow \min!$$

Liegen metrische oder zumindest intervallskalierte Urteile vor, so kann unter Annahme eines normalverteilten Fehlerterms eine Zielfunktion spezifiziert werden, welche eine Minimierung der Summe der quadratischen Abweichungen zwischen beobachteten und geschätzten Gesamtnutzenwerten zum Ziel hat. Dann können *metrische Schätzverfahren* der Varianz- und Regressionsanalyse die Information am besten ausnutzen. ANOVA und OLS führen bei Dummy-Variablen kodierter Berechnung zu Ergebnissen, die durch Reskalierung identisch ineinander überführt werden können. Auch ergeben bei diesen Verfahren aggregierte Analysen dieselben Ergebnisse wie gemittelte Individualanalysen.

Liegen Rangurteile vor, so sind zwingend individuelle Auswertungen vorzunehmen, da Rangplätze zweier Rangordnungen nicht miteinander vergleichbar sind. In Ermangelung einer formalen Fehlertheorie ist eine Minimierung der Rangvertauschungen zwischen beobachteter und geschätzter Rangreihe anzustreben. Zur Lösung dieses Minimierungsproblems können verschiedene *nicht-metrische Schätzverfahren* angewandt werden:

- das lineare Programmierungsverfahren LINMAP (Srinivasan/Shocker 1973), welches durch wählbare Nebenbedingungen die Modellierung zahlreicher Modellvarianten erlaubt,

- die monotonen Regressionsverfahren MONANOVA (Kruskal 1965) und JOHNSON (Johnson 1975), welche iterativ vorgehen und lokale Optima als Schätzwerte ermitteln,
- das Exploded-Logit-Verfahren (Chapman/Staelin 1982), welches Rangurteile durch „Rank Explosion" als Folge voneinander unabhängiger Wahlurteile interpretiert.

Da sich die Conjoint-Analyse vielfach als ein robustes Verfahren erwiesen hat (u. a. Teichert 2001), kann aus pragmatischer Sicht auch bei Vorlage von Rangurteilen auf die einfachere, allgemein verfügbare metrische OLS-Software zurückgegriffen werden: Indem vereinfacht unterstellt wird, dass die Ränge intervallskaliert sind, können die Rangplätze auf äußerst robuste Weise als quasi-metrische Werte interpretiert werden.

3.4.2 Kodierung

Die zur Schätzung erforderliche Kodierung der unabhängigen Variablen unterscheidet sich von derjenigen, welche eingangs zur Generierung des experimentellen Designs verwendet wurde. Sie hängt von der unterstellten Bewertungsfunktion ab. Tabelle 3 zeigt hierzu exemplarisch die Kodierungsalternativen für ein Merkmal mit M=3 beziehungsweise M=4 Ausprägungen (weitere Kodierungshilfen siehe Louviere 1988, S. 62):

- Unter Zugrundelegung des Teilnutzenmodells kann ein Merkmal mit M Ausprägungen mittels (M-1) 0-1 kodierten Dummy-Variablen abgebildet werden. Die Mte Ausprägung ergibt sich als Linearkombination aus den Dummy-Variablen der anderen Ausprägungsstufen und kann daher bei Anwendung der linearen Regression nicht separat geschätzt werden. Sie ist im Mittelwert berücksichtigt und gleich Null zu setzen. Die Schätzwerte der anderen Ausprägungsstufen sind in Relation zu diesem Referenzeffekt zu interpretieren.
- Beliebige Funktionsverläufe quantitativ skalierter Merkmale können durch eine polynomiale Dummy-Variablen-Kodierung approximiert werden. Hierbei wird ein Merkmal mit M Ausprägungen durch eine (M-1)-fache Polynomialfunktion abgebildet. Eine derartige Kodierung ist von Vorteil, da sie die Orthogonalität experimenteller Designs bei den Schätzvektoren stets beibehält. Sie ist leicht zu generieren, wenn gleiche Abstände zwischen einzelnen Ausprägungen eines Merkmales bestehen.
- Besteht im Vorfeld der Untersuchung, z. B. aufgrund früherer Marktstudien, das Wissen um einen Vektorverlauf eines quantitativ skalierten Merkmals, so kann eine lineare Vektorkodierung gewählt werden. Die Kodierung nutzt dann lediglich den linearen Term der polynomialen Dummy-Variablen-Kodierung. Da bei diesem Vorgehen unabhängig von der Ausprägungsanzahl lediglich ein Schätzparameter pro Merkmal verwendet wird, kann das Untersuchungsdesign entsprechend vereinfacht werden.

Aus-prä-gung	Dummy-Variablen für M=3				Dummy-Variablen für M=4 Ausprägungen					
	0-1 Kodierung		Polynomial		0-1 Kodierung			Polynomial		
	X_1	X_2	X_{linear}	$X_{quadrat}$	X_1	X_2	X_3	X_{linear}	$X_{quadrat}$	$X_{kubisch}$
1	1	0	-1	+1	1	0	0	-3	+1	-1
2	0	1	0	-2	0	1	0	-1	-1	+3
3	0	0	1	+1	0	0	1	+1	-1	-3
4					0	0	0	+3	+1	+1

Tabelle 3 : Variablenkodierung zur Auswertung

3.4.3 Gütekriterien und -maße

Der Conjoint-Analyse liegen lediglich Urteile über hypothetische Produkte, jedoch keine realen Käufe vom am Markt befindlichen Produkten zugrunde. Daher muss ein hoher Wert auf die Überprüfung der Aussagekraft der Ergebnisse gelegt werden. Wenn eine externe Validität als Übereinstimmung von prognostizierten Werten und realen Kaufdaten nicht gemessen werden kann, so sind vielfältige Kennziffern der Reliabilität und Validität hinzuzuziehen:

- Durch Überprüfung der Plausibilität der ermittelten Vorzeichen der Nutzenschätzungen kann in einem ersten Schritt die „Face Validity" ermittelt werden. Ist diese nicht gegeben, sollte das verwendete Nutzenmodell (welches in der Regel statistisch nicht getestet werden kann) in Frage gestellt werden.
- Die interne Validität kennzeichnet die Anpassungsgüte der Schätzwerte an beobachtete Werte. Zu bedenken ist, dass das Verhältnis von Beobachtungen zu Schätzparametern oft gängige statistische Anforderungen nicht voll erfüllt (z. B. bei OLS-Regression: > Faktor 3). Somit sind Gütekriterien auf Individualebene oft nur von begrenzter Aussagekraft.
- Die Vorhersagevalidität misst die Übertragbarkeit der Schätzungen auf weitere, nicht zur Schätzung hinzugezogene Merkmalskombinationen. Zu Kontrollzwecken können kleinere Hold-Out-Stichproben oder größere Teilmengen der Erhebung verwendet werden.

In Abhängigkeit vom Skalierungsniveau und vom gewählten Schätzverfahren stehen verschiedene *Gütemaße* zur Verfügung. Besonders weit reichende Auswertungsmöglichkeiten bietet die metrische OLS-Regression.

Ein weithin gebräuchliches und daher im Folgenden beispielhaft ausgeführtes Gütemaß für ordinale Verfahren der Nutzenbeurteilung ist *Kendalls* τ (Kendall 1962). Dies ist ein Maß für den Grad an Übereinstimmung zweier verschiedener Rangreihen. Es ermittelt die minimal erforderliche Zahl von Vertauschungen benachbarter Rangplätze, um die beobachtete Rangfolge in eine Vergleichsrangfolge zu überführen. Beide Rangfolgen ($x_1, x_2, \ldots, x_S$) sowie ($y_1, y_2, \ldots, y_S$) mit S Rangplätzen (=Anzahl der Stimuli) werden hierzu in ihre S(S-1)/2 Rangpaare (x_i, x_j) und (y_i, y_j) zerlegt. Die Differenz zwischen Anzahl der übereinstimmenden Rangpaare P, d. h. solche mit $y_i<y_j$ bei $x_i<x_j$ beziehungsweise mit $y_i>y_j$ bei $x_i>x_j$, und Anzahl der nicht übereinstimmenden, diskordanten Rangpaare Q wird gebildet und in Verhältnis zu der Anzahl aller möglichen Rangpaare gesetzt.

$$\tau = \frac{P-Q}{S(S-1)/2} \tag{14}$$

3.4.4 Aggregation von Nutzenwerten

Ziel von aggregierten Analysen ist in der Regel nicht die Auswertung der Rohdaten, sondern die Verdichtung individueller Schätzergebnisse zu wenigen, aussagekräftigen Grundmustern. Bestehen schon zum Zeitpunkt der Erhebung theoretisch abgeleitete Vermutungen über Abhängigkeiten der Präferenzurteile von Hintergrundvariablen, z. B. in Form von spezifizierten Kundensegmenten, so kann eine *a-priori-Segmentierung* durchgeführt werden. Gruppen werden gebildet, indem Beobachtungswerte anhand der Hintergrundvariablen zusammengefasst werden. Voraussetzung hierfür ist allerdings, dass die Hintergrundvariablen einen starken Einfluss auf die Nutzenurteile ausüben. Bestehen nur schwache Abhängigkeiten, so bleibt ein großer Anteil der interindividuellen Präferenzunterschiede unerklärt.

Die *Benefit- oder a-posteriori-Segmentierung* fasst die geschätzten individuellen Nutzenfunktionen nach ihrer Ähnlichkeit zusammen. Die Unterschiede der ermittelten Teilnutzenwerte finden bei diesem Verfahren im Gegensatz zu der a-priori-Segmentierung direkten Eingang. Somit ist sichergestellt, dass die abgeleiteten Gruppen eine bestmögliche Gruppenbildung der beobachteten Erhebungsdaten ergeben.

3.4.5 Auswahl des Transformationsmodells

Die in Abschnitt 2.3 dargestellten Modelle zur Transformation von Nutzen- in Wahlurteile unterscheiden sich in zwei Grundannahmen: dem Ausmaß der empirischen Nutzenerfassung sowie der Bestimmtheit der auf der Nutzenbewertung basierenden Wahlentscheidung (Abbildung 6 gibt einen Überblick).

Unterstelltes Entscheidungsverhalten	Ausmaß vermuteter Nutzenerfassung	
	Vollständig	Unvollständig
- deterministisch	Wahlregel des maximalen Nutzen	Zufallsnutzen-modelle
- stochastisch	Attraktionsmodelle	-------

Abbildung 6: Einsatz von Modellen zur Transformation von Nutzen- in Wahlurteilen

Aus diesen Grundannahmen der Modelle können modelladäquate Einsatzfelder skizziert werden: Modelle, welche ein deterministisches Entscheidungsverhalten unterstellen, eignen sich besonders für extensive, rational gesteuerte Wahlentscheidungen (Bleicker 1983, S. 130 ff). Bei derartigen „high-involvement"-Entscheidungen sollten Konsumenten auch Produkte mit nur marginalem Mehrnutzen vergleichsweise treffsicher auswählen (Bauer/Herrmann/Gutsche 1985, S. 1448). Wenn die abgefragten Attribute zugleich den gesamten Produktnutzen weitestgehend erklären, dann ist die Anwendung der First-Choice-Regel gerechtfertigt. Somit eignet sich die Wahlregel des maximalen Nutzens insbesondere für Wahlentscheidungen bei wenig komplexen Produkten, welche stark nutzenorientiert erfolgen, z. B. bei Finanzdienstleistungsprodukten oder technischen Kleingeräten.

Bei komplexeren Produkten wie z. B. Automobilen scheint die Verwendung der First-Choice-Regel hingegen weniger gerechtfertigt. Hier ist eine Vielzahl potenziell kaufbeeinflussender Faktoren vorstellbar, die zumeist nicht alle in einer Erhebung berücksichtigt sind. Daher ist die Verwendung eines Zufallsnutzenmodells angezeigt, dem zwar auch ein deterministisches Wahlmodell, jedoch zugleich eine unvollständige Nutzenerfassung bei der Erhebung zugrundeliegt. Die Attraktionsmodelle schließlich bilden Entscheidungssituationen ab, bei denen die Wahlentscheidung stärker von der Nutzenbewertung entkoppelt ist. Dies kann bei Verbrauchsgütern mit häufiger Kauffrequenz vermutet werden, z. B. bei Joghurts oder ähnlichen Lebensmitteln des täglichen Bedarfs. Hier kann Abwechslung im Konsum angestrebt werden und ein Produkt- beziehungsweise Markenwechsel einen eigenen, nutzentechnisch nicht erfassten Wert darstellen.

4. Anwendungen

Die Conjoint-Analyse ist, wie oben skizziert, ein äußerst flexibles Verfahren der Datenerhebung und -interpretation, welches ein breites Anwendungsspektrum bietet. Seit sei

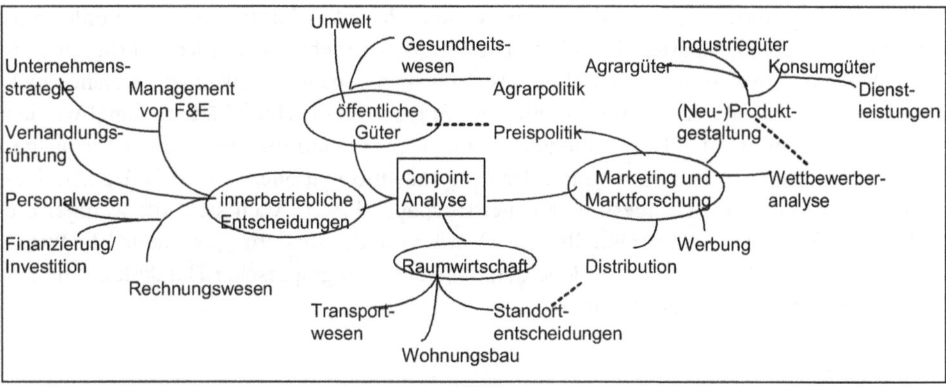

Abbildung 7: Anwendungsfelder der Conjoint-Analyse (Quelle: Teichert 2001, S. 11)

ner Einführung im Gebiet des Marketings in den 70er Jahren hat das Verfahren der Conjoint-Analyse weltweit eine beachtenswerte Verbreitung erfahren.

Abbildung 7 zeigt die Breite der Einsatzfelder der Methodik auf. Angesichts der sehr häufigen und vielfältigen Anwendungen wäre es müßig, einen umfassenden Überblick vermitteln zu wollen. So berichtet allein das deutsche Marktforschungsunternehmen Simon - Kucher & Partners (vormals UNIC) von über 100 durchgeführten Conjoint-Studien seit 1985 (Mengen/Tacke 1996, S. 33). Es sei auf Übersichtsdarstellungen von Green und Srinivasan (Green/Srinivasan 1978 und 1990) sowie auf stichprobenartige Bestandsaufnahmen empirischer Studien von Wittink et al. (1994) und, im deutschsprachigen Raum, von Voeth (1999) und Sattler (2006) verwiesen.

Die exemplarische Darstellung von Einsatzgebieten verdeutlicht die Stärke der Conjoint-Analyse in ihrer betrieblichen Anwendung. Insbesondere die vorangeschrittene Computerisierung von Datenerhebung und -auswertung fördert die Durchdringung des Verfahrens in bestehenden wie auch in neuen Anwendungsgebieten. So kann bereits heute die hohe Akzeptanz in der betrieblichen Anwendung darauf zurückgeführt werden, dass die Conjoint-Analyse einfach handhabbare empirische Erhebungen mit den Auswertungsmöglichkeiten hochwertiger statistischer Verfahren verknüpft. Die Verfügbarkeit von Softwareprogrammen zur Datenerhebung, Auswertung sowie weiteren Verwendung der mittels Conjoint-Analyse gewonnenen Informationen dürfte wesentlich zur Verbreitung des Verfahrens beigetragen haben. So stehen für weiterführende Auswertungen integrierte Softwarepakete zur Verfügung, die vielfältige Modellierungen der Ergebnisse ermöglichen. Beispielsweise zu nennen sind ConjointValueAnalysis (Carmone/Schaffer 1995), Conjoint+Cost (Bauer/Herrmann/Gutsche 1995) sowie PREFSIM (Bauer/Gutsche 1996).

Zentrales Element integrierter Softwareprogramme ist jedoch nicht die Conjoint-Auswertung, sondern Wahlsimulatoren, die Wahlverhalten anhand von demographischen Hintergrundvariablen und für verschiedene Produkt-Markträume sowie unter modifizierten Produktszenarien darstellen. Die Conjoint-Ergebnisse werden bei diesen weitergehenden Auswertungen lediglich als Eingabeparameter verwendet, welche auch durch andere Verfahren wie mittels einfacher Fragebogen-Technik hätten erlangt werden können. So wird bei den Darstellungen zu einem speziell auf die Pharmaindustrie ausgerichteten Softwareprodukt der Anteil der Conjoint-Informationen auf 10 % der herangezogenen Informationen eingestuft (Kucher/Buchholz 1997). Auch steht oft weniger die Modellierung des Nutzenmodells im Vordergrund, sondern „cosmetic features" (Green/Krieger 1997, S. 352), welche dem Anwender in graphischer Darstellung die Ergebnisse menügesteuert aufbereiten.

Literaturverzeichnis

Addelman, S. (1962): Orthogonal Main-Effect Plans for Asymmetrical Factorial Experiments, in: Technometrics, Bd. 4, Nr. 1, S. 21-46.

Albers, S./Brockhoff, K. (1979): A Comparison of two Approaches to the Optimal Positioning of a New Product in an Attribute Space, in: Zeitschrift für Operations Research, Bd. 23, S. 127-142.

Bachem, S./Simon, H. (1982): A Product Positioning Model with Costs and Prices, in: European Journal of Operational Research, Vol. 7, S. 362-370.

Backhaus, K./Erichson, B./Plinke, W./Weiber, R. (1993): Multivariate Analysemethoden: eine anwendungsorientierte Einführung, 7. Auflage, Berlin.

Balderjahn, I. (1991): Ein Verfahren zur empirischen Messung von Preisabsatzfunktionen, in: Marketing ZFP, Bd. 13, S. 33 42.

Bauer, H./Gutsche, J. (1996): PREFSIM: Ein Entscheidungsunterstützungssystem zur Optimierung des Preis-/Leistungsverhältnisses bei der Pkw-Entwicklung, in: Bauer, H./Dichtl, E./Herrmann, A. (Hrsg.), Automobilmarktforschung: Nutzenorientierung von Pkw-Herstellern, München, S. 67-78.

Bauer, H./Herrmann, A./Gutsche, J. (1995): Grundprobleme und Perspektiven einer gewinnmaximalen Produktgestaltung mittels des Conjoint+Cost-Ansatzes, Anmerkungen zum Beitrag „Verbesserungsmöglichkeiten und Entwicklungsperspektiven von Conjoint+Cost“ von Oliver Fröhling in ZfB, 9/64 (1994), S.1143-1164, in: ZfB, Bd. 65, S.1443-1451.

Bauer, H./Herrmann, A./Homberg, F. (1996): Analyse der Kundenwünsche zur Gestaltung eines Gebrauchsgutes mit Hilfe der Conjoint Analyse, Universität Mannheim, Lehrstuhl für ABWL und Marketing II, Arbeitspapier Nr. 110.

Ben-Akiva, M./Lerman, S. (1985): Discrete Choice Analysis. Theory and Application to Travel Demand, Cambridge.

Bleicker, U. (1983): Produktbeurteilung der Konsumenten, Würzburg/Wien.

Box, G./Hunter, W./Hunter, J.St. (1978): Statistics for Experimenters: An Introduction to Design, Data Analysis, and Model Building, New York u. a..

Bradley, R./Terry, M. (1952): Rank Analysis of Incomplete Block Designs, in: Biometrika, S. 324-345.

Carmone Jr, F.J./Schaffer, C. (1995): Review: Adaptive Conjoint System (ACA) Version 4.0, 1994; Choice Based Conjoint System (CBC), 1994; Conjoint Value Analysis System (CVA) Version 1.1, 1994, in: Journal of Marketing Research, Bd. 32, S. 113-121.

Chapman, R.G./Staelin, R. (1982): Exploiting Rank Ordered Choice Set Data within the Stochastic Utility Model, in: Journal of Marketing Research, Bd. 19, S. 288-301.

Chaselon, F./Henning, H.J. (1987): Die Conjoint-Analyse in der Marktforschung, in: Haase, H./Koeppler, K.-F. (Hrsg.), Fortschritte der Marktpsychologie, Werbung und Kommunikation, Band 4, S. 63-99.

CONJOINT DESIGNER (1995), New York: Bretton Clark.

Conrad, T. (1997): Preisbildung mittels der Conjoint-Analyse und eines Simulationsmodells am Beispiel eines Premiumanbieters der Automobilindustrie, Dissertation, Eberhard-Karls-Universität Tübingen.

Green, P.E./Srinivasan, V. (1978): Conjoint Analysis in Consumer Research: Issues and Outlook, in: Journal of Consumer Research, Bd. 5, S. 103-123.

Green, P.E./Srinivasan, V. (1990): Conjoint Analysis in Marketing: New Developments With Implications for Research and Practice, in: Journal of Marketing, Oktober, S. 3-19.

Green, P.E./Krieger, A. (1988): Choice Rules and Sensitivity Analysis in Conjoint Simulators, in: Academy of Marketing Science, Bd. 16, S. 114-127.

Green, P.E./Krieger, A. (1997): Using Conjoint Analysis to view Competitive Interaction through the Customer´s Eyes, in: Journal of Marketing Research, S. 343-367.

Green, P.E./Rao, V./DeSarbo, W. (1978): Incorporating Group-Level Similarity Judgments in Conjoint Analysis, in: Journal Consumer Research, Bd. 5, S. 187-193.

Gutsche, J. (1995): Produktpräferenzanalyse, Berlin.

Haaijer, R./Wedel, M./Vriens, M./Wansbek, T. (1998): Utility Covariances and Context Effects in Conjoint MNP Models, in: Marketing Science, Bd. 17, Nr. 3, S. 236-252.

Hausruckinger, G./Herker, A. (1992): Die Konstruktion von Schätzdesigns für Conjoint-Analysen auf der Basis von Paarvergleichen, in: Marketing ZFP, Heft 2, S. 99-110.

Herrmann, A. (1994): Die Bedeutung von Nachfragemodellen für die Planung marketingpolitischer Aktivitäten, in: Zeitschrift für Betriebswirtschaft, Bd. 64, S. 1303-1325.

Johnson, R.M. (1975): A Simple Method for Pairwise Monotone Regression, in: Psychometrika, Bd. 40, S. 163-168.

Johnson, R.M. (1974): Trade-Off Analysis of Consumer Value, in: Journal of Marketing Research, Bd. 11, S. 121-127.

Kendall, M. (1962): Rank Correlation Methods, 3. Auflage, London.

Krantz, D.H./Tversky, A. (1971): Conjoint-Measurement Analysis of Composition Rules in Psychology, in: Psychological Review, S. 151-169.

Kruskal, J.B. (1965): Analysis of Factorial Experiments by Estimating Monotone Transformations of Data, in: Journal of the Royal Statistical Society, Bd. 27, Series B, S. 251-263.

Kucher, E./Buchholz, Th. (1997): Conjoint-Analysen zur Preisfindung pharmazeutischer Produkte, in: Pharmazeutische Industrie, Bd. 59, S. 641-645.

Louviere, J.J. (1988): Analyzing Decision Making - Metric Conjoint Analysis, London, New Dehli.

Louviere, J., Eagle, T./Cohen, S. (2005): Conjoint Analysis: Methods, Myths and Much More, Working Paper, Centre for the Study of Choice, Faculty of Business, University of Technology, Sydney.

Manrai, A. (1995): Mathematical Models of Brand Choice Behavior, in: European Journal of Operational Research, Bd. 82, S. 1-17.

McFadden, D. (1981): Econometric Models of Probabilistic Choice, in: Manski, C./McFadden, D. (Hrsg.), Structural Analysis of Discrete Data, Cambridge, S. 198-272.

McLean, R./Anderson, V. (1984): Applied Factorial and Fractional Designs, New York.

Mengen, A./Tacke, G. (1996): Methodengestütztes Automobil-Pricing mit Conjoint-Measurement, in: Bauer, H./Dichtl, E./Herrmann, A. (Hrsg.), Automobilmarktforschung: Nutzenorientierung von Pkw-Herstellern, München, S. 33-52.

Page, A.L./Rosenbaum, H.F. (1992): Developing an Effective Concept Testing Program for Consumer Durables, in: Journal of Product Innovation management, Bd. 9, S. 67-277.

Sattler, H. (2006): Methoden zur Messung von Präferenzen für Innovationen, in: Zeitschrift für betriebswirtschaftliche Forschung (zfbf), 54/06, S. 154-176.

Shocker, A. D./Srinivasan, V. (1973): Linear Programming Techniques for Multidimensional Analysis of Preference, in: Psychometrika, S. 337-369.

Teichert, T. (1998): Schätzgenauigkeit von Conjoint-Analysen, in: ZfB Zeitschrift für Betriebswirtschaft, Vol. 68, Nr. 11, S. 1245-1266.

Teichert, T. (2001): Nutzenschätzung in Conjoint-Analysen: Theoretische Fundierung und empirische Aussagekraft, Wiesbaden.

Thurstone, L. (1927): A Law of Comparative Judgment, in: Psychological Review, Bd,. 34, S. 273-286.

Voelckner F. (2006): An empirical comparison of methods for measuring consumers' willingness to pay, in: Marketing Letters, Bd. 17, S. 137-149.

Voeth, M. (1999): 25 Jahre conjointanalytische Forschung in Deutschland, in: Zeitschrift für Betriebswirtschaft, 69. Jg., Ergänzungsheft 2, S. 153-176.

Voeth, M./Hahn, Ch. (1998): Limit Conjoint-Analyse, in: Marketing ZfP, Nr. 2, S. 119-132.

Weiber, R./Rosendahl, T. (1997): Anwendungsprobleme der Conjoint-Analyse, in: Marketing ZfP, Nr. 2, S. 107-118.

Wiley, J./Low, J. (1983): A Monte Carlo Simulation Study of Two Approaches for Aggregating Conjoint Data, in: Journal of Marketing Research, Bd. 20, S. 405-416.

Wittink, D.R./Vriens, M./Burhenne, W. (1994): Commercial Use of Conjoint Analysis in Europe: Results and Critical Reflections, in: International Journal of Research in Marketing, Bd. 11, S. 41-52.

Franziska Völckner, Henrik Sattler und Thorsten Teichert

Wahlbasierte Verfahren der Conjoint-Analyse

Prof. Dr. Franziska Völckner leitet das Seminar für Allgemeine BWL, Marketing und Markenmanagement an der Universität zu Köln. Prof. Dr. Henrik Sattler ist Geschäftsführender Direktor des Instituts für Marketing und Medien und Inhaber des Lehrstuhls für BWL - Marketing & Branding an der Universität Hamburg. Prof. Dr. Thorsten Teichert ist Lehrstuhlinhaber des Arbeitsbereichs Marketing und Innovation (AMI) an der Universität Hamburg.

1. Grundlagen

Wahlbasierte Conjoint-Analysen (synonym Choice-Based Conjoint) gehören zu den multiattributiven Präferenzmessmethoden (Haaijer/Wedel 2003; Louviere/Woodworth 1983). Die Präferenz bringt das Ausmaß der Vorziehenswürdigkeit eines Beurteilungsobjekts für eine bestimmte Person während eines bestimmten Zeitraumes zum Ausdruck (Böcker 1986). Ziel multiattributiver Präferenzmessmethoden ist es, Teilnutzenwerte für die einzelnen Eigenschaftsausprägungen eines Beurteilungsobjekts (z. B. eines Produktes) zu ermitteln. Abbildung 1 ordnet die wahlbasierte Conjoint-Analyse im Verhältnis zu wichtigen alternativen Präferenzmessmethoden ein (vgl. auch den Beitrag Teichert/Sattler/Völckner in diesem Band).

Gemäß einer Befragung deutschsprachiger Marktforschungsinstitute hinsichtlich den am häufigsten eingesetzten Methoden zur Präferenzmessung (Mehrfachantworten waren möglich) ist die Choice-Based Conjoint die am häufigsten (47 %) verwendete Variante der Conjoint-Analyse, gefolgt von einer hybriden Conjoint-Analyse (Adaptive Conjoint-Analysis) mit 42 % der Nennungen (Hartmann/Sattler 2006). An dritter Stelle (20 %) findet sich die traditionelle Conjoint-Analyse, gefolgt von Self-Explicated-Methoden (14 %). Auch in wissenschaftlichen Anwendungen dominieren mittlerweile wahlbasierte Conjoint-Analysen.

Ein Beispiel für eine Choice-Based Conjoint für Pay-TV-Anbieter ist in Abbildung 2 dargestellt. Die Aufgabe der Befragten besteht darin, aus den präsentierten Objekten (hier drei Pay-TV-Angebote) jenes auszuwählen, das sie am ehesten kaufen würden. Gegebenenfalls besteht auch die Möglichkeit, keines der präsentierten Produkte auszuwählen. Typischerweise werden pro Befragtem mehrere solcher Wahlentscheidungen getroffen. Die Befragten sind indirekt dazu gezwungen, bei der Beurteilung der Objekte Trade-offs zwischen Eigenschaften vorzunehmen. Bei der Wahl zwischen Angebot A und B aus Abbildung 2 muss beispielsweise ein Trade-off zwischen einer Preisdifferenz von 5 Euro und einem etablierten versus neuen Anbieter (Premiere versus Tchibo) gemacht werden. In diesen Trade-offs spiegeln sich indirekt die Nutzenwerte der Eigenschaftsausprägungen wider. Im Rahmen der wahlbasierten Conjoint-Analyse werden aus den ganzheitlich bewerteten Alternativen, d. h. der Wahl oder Nicht-Wahl, die Nutzenwerte der einzelnen Eigenschaftsausprägungen mittels statistischer Schätzverfahren abgeleitet.

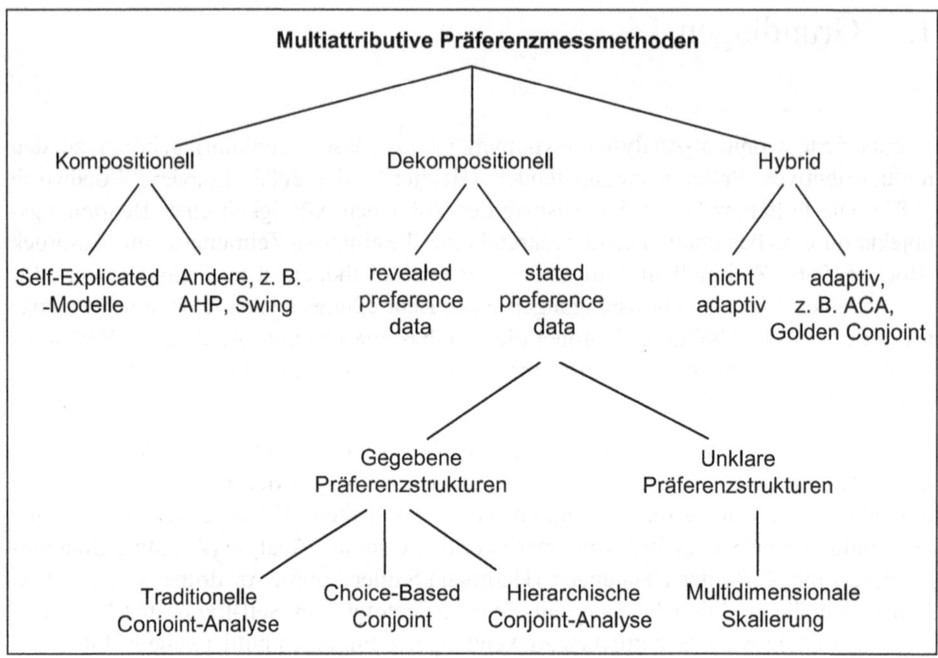

Abbildung 1: Methoden der multiattributiven Präferenzmessung (Quelle: Sattler 2006, S. 156)

Der Hauptunterschied zwischen wahlbasierten Conjoint-Analysen gegenüber traditionellen Conjoint-Analysen (vgl. auch den entsprechenden Beitrag in diesem Buch) besteht darin, dass Probanden die zu beurteilenden Objekte nicht in eine Präferenzrangfolge bringen oder anhand einer Rating-Skala beurteilen, sondern Wahlentscheidungen vornehmen. Diese Wahlentscheidungen werden typischerweise zwischen 3 oder 4 Alternativen (definiert im Rahmen von so genannten Choice Sets, vgl. Abschnitt 3 dieses Beitrags) abgefragt, gegebenenfalls inklusive der Möglichkeit, keine der Alternativen zu wählen. Hieraus resultiert eine Besonderheit der Präferenzstrukturmessung. Während traditionelle Conjoint-Analysen zunächst von einem vollständig deterministischen Präferenzmodell ausgehen, beinhaltet die wahlbasierte Conjoint-Analyse ein probabilistisches Verfahren zur Präferenzstrukturmessung.

Eine Wahlentscheidung weist eine hohe Übereinstimmung mit realen Kaufentscheidungen auf. Im Gegensatz hierzu müssen bei traditionellen Conjoint-Analysen typischerweise ca. 10 bis 30 Alternativen gleichzeitig beurteilt werden, was deutlich unrealistischer ist. Zudem ist eine Auswahlentscheidung realitätsnäher als Präferenz-Ratings oder -Rankings. Allerdings müssen die Wahlentscheide mehrfach über verschiedene Choice Sets vorgenommen werden.

Angebot A
Preis: EUR 24,90 pro Monat
Kameraperspektiven: 6
Fußball: Bundesliga + Champions League
Formel 1: ja
Anbieter: Premiere

Angebot B
Preis: **EUR 19,90** pro Monat
Kameraperspektiven: 6
Fußball: Bundesliga + Champions League
Formel 1: ja
Anbieter: **Tchibo**

Angebot C
Preis: **EUR 14,90** pro Monat
Kameraperspektiven: **1**
Fußball: **Bundesliga**
Formel 1: ja
Anbieter: **Bild**

Abbildung 2: Alternative Produktbündel für hypothetische Pay-TV-Anbieter im Rahmen einer wahlbasierten Conjoint-Analyse

Zudem werden bei der wahlbasierten Conjoint-Analyse vergleichsweise wenig Informationen abgefragt, da pro Choice Set nur eine Information vorliegt und somit die Anzahl der Freiheitsgrade pro Befragtem sehr gering ist.

Der skizzierte hohe Realitätsgehalt wahlbasierter Conjoint-Analysen lässt eine höhere Validität im Vergleich zu traditionellen Conjoint-Analysen, aber auch gegenüber kompositionellen Verfahren der Präferenzmessung, wie insbesondere direkten Präferenzabfragen nach Eigenschaften (Self-Explicated-Modelle, vgl. Abbildung 1), vermuten. Empirische Validitätsvergleichstests wahlbasierter Conjoint-Analysen mit Self-Explicated-Modellen deuten in der Tat auf eine Überlegenheit der Choice-Based Conjoint hin (vgl. zusammenfassend Sattler 2006). Vergleicht man weiterhin die Validität wahlbasierter Conjoint-Analysen mit der traditionellen Conjoint-Analyse, so können die bisherigen empirischen Studien insgesamt nur *tendenziell* Vorteile für die CBC ermitteln (Chakraborty et al. 2002; Elrod/Louviere/Davey 1992; Moore 2004; Moore/Gray-Lee/Louviere 1998; Vriens/Oppewal/Wedel 1998 sowie die dort angegebenen Studien). Mehrere Studien finden keine signifikanten Unterschiede zwischen CBC und der traditionellen Conjoint-Analyse (Elrod/Louviere/Davey 1992; Moore/Gray-Lee/Louviere 1998). Von einer generellen Überlegenheit wahlbasierter Conjoint-Analysen kann also nicht ausgegangen werden, auch wenn sich mittlerweile diese Form der Conjoint-Analyse zu einem Standard sowohl in der Praxis als auch in der Forschung herausgebildet hat (s. o.).

Im Folgenden werden spezifische Elemente wahlbasierter Conjoint-Analysen dargestellt. Bestandteile, die in grundsätzlich gleicher Weise bei traditionellen und wahlbasierten Conjoint-Analysen relevant sind (wie z. B. die Auswahl präferenzdeterminierender Objekteigenschaften), werden nicht gesondert behandelt (vgl. den Beitrag Teichert/Sattler/Völckner in diesem Band).

2. Spezifikation der Nutzenfunktion

Während die traditionelle Conjoint-Analyse von einem vollständig deterministischen Präferenzmodell ausgeht, stellt die wahlbasierte Conjoint-Analyse ein probabilistisches Verfahren zur Präferenzstrukturmessung dar. Der Gesamtnutzen eines Objekts (im Folgenden wird der typische Fall eines Produktes betrachtet) wird als latente Zufallsgröße aufgefasst und durch die Verknüpfung einer deterministischen und einer stochastischen Komponente abgebildet. Die stochastische Komponente erfasst jene Nutzeneinflüsse, die über die deterministische Nutzenkomponente hinausgehen. Sie kann durch nicht beobachtete Eigenschaften, nicht beobachtbare Heterogenität, Messfehler oder eine Missspezifikation der Funktionsform begründet sein (Gensler 2003, S. 49 ff.; Louviere/Woodworth 1983).

$$U_{i,k} = \Psi[V_{i,k}(x_{k,j,n}, \beta_{i,j,n}), \varepsilon_{i,k}] \qquad \forall\, i \in I, k \in K \qquad (1)$$

mit

$U_{i,k}$: Gesamtnutzenwert des Produktes k für den Konsumenten i,

Ψ: Verknüpfungsfunktion, welche die Nutzenbeiträge der $|J|$ Eigenschaften und deren $|N_j|$ Ausprägungen zusammenfasst,

$|J|$: Anzahl der Eigenschaften,

$|N_j|$: Anzahl der Ausprägungen der Eigenschaft j,

$V_{i,k}$: deterministische Nutzenkomponenten des Produktes k für den Konsumenten i,

$x_{k,j,n}$: Wert der n-ten Ausprägung der Eigenschaft j beim Produkt k,

$\beta_{i,j,n}$: Nutzenparameter der n-ten Ausprägung der Eigenschaft j für den Konsumenten i,

$\varepsilon_{i,k}$: stochastische Nutzenkomponenten des Produktes k für den Konsumenten i.

Auch wenn unterschiedliche Funktionsspezifikationen grundsätzlich in Frage kommen, wird in der überwiegenden Anzahl der empirischen Anwendungen für die deterministische Komponente eine linear-additive, kompensatorische Verknüpfungsfunktion der

Bewertungen der Eigenschaften beziehungsweise Eigenschaftsausprägungen angenommen. Für den Gesamtnutzen des Produktes k für den Konsumenten i gilt dann:

$$U_{i,k} = V_{i,k} + \varepsilon_{i,k} \quad \text{wobei } V_{i,k} = \sum_{j \in J} \sum_{n \in Nj} V_{i,k,j,n} \quad \forall\, i \in I, k \in K \tag{2}$$

mit

$V_{i,k,j,n}$: Nutzenbeitrag der n-ten Ausprägung der Eigenschaft j beim Produkt k für den Konsumenten i.

Als Bewertungsfunktionen für die Eigenschaften kann aufgrund der Modellspezifikation der wahlbasierten Conjoint-Analyse das Vektor-Modell und das Teilnutzenwert-Modell herangezogen werden (vgl. den Beitrag von Teichert/Sattler/Völckner in diesem Band). Während das Vektor-Modell einen linearen Zusammenhang zwischen den Eigenschaftsausprägungen und ihrem Nutzenbetrag unterstellt, kann im Teilnutzenwert-Modell jede Eigenschaftsausprägung einen beliebigen Nutzenbeitrag stiften.

Der Choice-Based Conjoint-Analyse liegt die Annahme eines nutzenmaximierenden Wahlverhaltens zugrunde. Das heißt, es wird angenommen, dass die Alternative mit dem höchsten Nutzen gewählt wird. Ein Konsument wählt folglich dann das Produkt k, wenn es ihm einen höheren Nutzen stiftet als alle anderen zur Auswahl stehenden Produktalternativen (Gensler 2003, S. 51; Train 2002, S. 18):

$$U_{i,k} > U_{i,k'} \text{ bzw. } \sum_{j \in J} \sum_{n \in Nj} V_{i,k,j,n} + \varepsilon_{i,k} > \sum_{j \in J} \sum_{n \in Nj} V_{i,k',j,n} + \varepsilon_{i,k'}$$

$$\forall\; i \in I;\, k, k' \in K \text{ und } k' \neq k \tag{3}$$

Aus Formel (3) folgt:

$$\sum_{j \in J} \sum_{n \in Nj} (V_{i,k,j,n} - V_{i,k',j,n}) > \varepsilon_{i,k'} - \varepsilon_{i,k} \qquad \forall\; i \in I, k, k' \in K \text{ und } k' \neq k \tag{4}$$

Aus Formel (4) ist ersichtlich, dass das Produkt k ausgewählt wird, wenn die Differenz zwischen den deterministischen Nutzenkomponenten größer ist als die Differenz zwischen den stochastischen Nutzenkomponenten. Da Letztere nicht beobachtbar ist, kann eine Aussage über die Auswahl des Produktes k durch den Konsumenten i nur mit einer gewissen Wahrscheinlichkeit $W_{i,k}$ ($W_{i,k} = Prob(U_{i,k} > U_{i,k'})$) getroffen werden. Die Auswahlwahrscheinlichkeit bestimmt sich somit nicht anhand des absoluten Nutzens der Alternativen, sondern anhand der Nutzendifferenz zwischen den Alternativen. Typischerweise werden mehr als zwei Produktalternativen gemeinsam betrachtet, sodass mehr als zwei Ausprägungen für die Auswahlentscheidungen vorliegen. Je nach Annahme über die Struktur und Verteilung der stochastischen Nutzenkomponente ergeben sich unterschiedliche Modelle (für eine Übersicht siehe z. B. Train 2002). In den meisten Anwendungen wird angenommen, dass die stochastischen Nutzenkomponenten unabhängig voneinander und identisch verteilt sind und einer univariaten Extremwertverteilung, der Gumbelverteilung, folgen. Da die Differenzen zwischen den stochastischen Nutzenkomponenten unter dieser Verteilungsannahme logistisch verteilt sind, resultiert daraus für die Modellierung der Auswahlwahrscheinlichkeit ein multinomiales Logit-Modell (Hensher/Johnson 1981; Louviere/Hensher/Swait 2000, S. 45 ff.):

$$W_{i,k} = \frac{\exp\left(\sum\limits_{j \in J}\sum\limits_{n \in Nj} \beta_{i,j,n} \cdot x_{k,j,n}\right)}{\sum\limits_{k' \in C_a} \exp\left(\sum\limits_{j \in J}\sum\limits_{n \in Nj} \beta_{i,j,n} \cdot x_{k',j,n}\right)} \qquad \forall\, i \in I,\ k \in C_a \text{ und } C_a \subseteq K \qquad (5)$$

mit

C_a: Indexmenge der Stimuli in Choice Set a.

Aus dem multinomialen Logit-Modell resultiert ein S-förmiger Verlauf der Beziehung zwischen dem Nutzenwert eines Produktes und der Auswahlwahrscheinlichkeit (Abbildung 3).

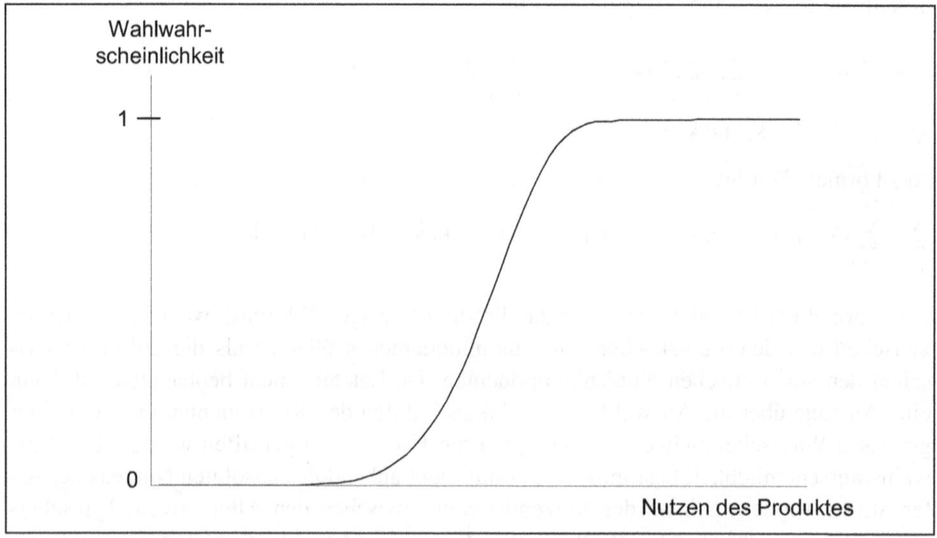

Abbildung 3: S-förmiger Funktionsverlauf des multinomialen Logit-Modells

Eine Alternative zur Gumbelverteilung ist die Annahme einer Normalverteilung, die zu einem Probit-Modell führt. Da die Annahme einer Gumbelverteilung für die stochastische Nutzenkomponente jedoch zu einer sehr kompakten analytischen Form der Wahlwahrscheinlichkeit führt (siehe Formel 5) und damit die Schätzung der Nutzenparameter wesentlich erleichtert, hat sich das multinomiale Logit-Modell zur Modellierung der Wahlwahrscheinlichkeit durchgesetzt (Haaijer/Wedel 2003).

3. Wichtige Entscheidungsprobleme

3.1 Design der Choice Sets

Das experimentelle Design der wahlbasierten Conjoint-Analyse besteht aus einer Reihe an Choice Sets, die durch verschiedene Objektalternativen, Stimuli genannt, beschrieben werden. Unter einem Choice Set werden dabei die Stimuli verstanden, die den Befragten für die Wahlentscheidung jeweils zur Verfügung stehen. Die Stimuli sind als Bündel von Eigenschaften definiert, wobei die Eigenschaftsausprägungen systematisch zwischen den Stimuli variiert werden (Abbildung 4).

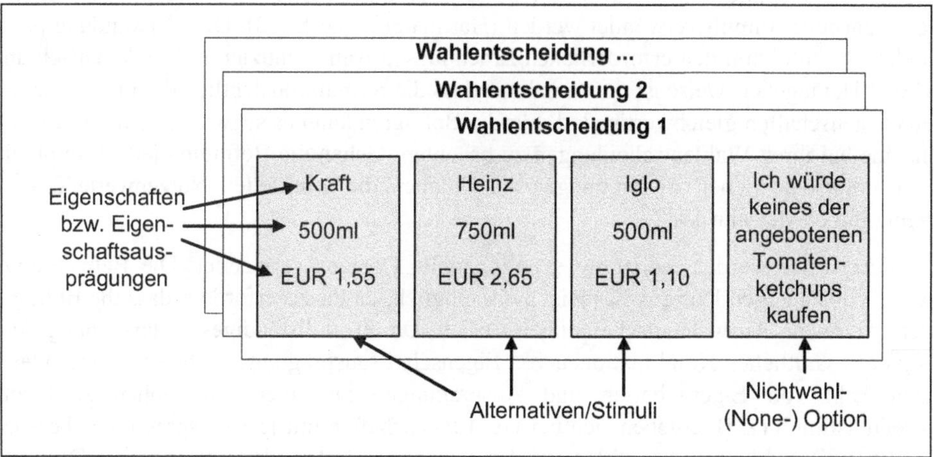

Abbildung 4: Choice Set für das Produkt Tomatenketchup (Eigenschaften: Marke, Größe, Preis)

Bei der Gestaltung der Choice Sets müssen verschiedene Entscheidungen getroffen werden, die nachfolgend diskutiert werden:

1. Wie viele und welche Stimuli werden pro Wahlentscheidung (Choice Set) vorgelegt?

2. Wie viele Wahlentscheidungen sollen die Probanden treffen?

3. Soll es jeweils eine Option geben, keinen der Stimuli zu wählen?

Zu 1: Anzahl und Auswahl der Stimuli pro Choice Set

Die Wahlaufgaben müssen für die Befragten zu bewältigen sein. Dies spricht für eine eher geringe Anzahl an Stimuli pro Choice Set (Batsell/Louviere 1991). Andererseits erhöhen zusätzliche Stimuli in einem Choice Set die Information pro Wahlentscheidung. Darüber hinaus hat sich gezeigt, dass Befragte meist recht effizient bei der Informationsverarbeitung von zusätzlichen Stimuli sind. Daher werden zumeist drei bis fünf Stimuli pro Choice Set empfohlen. In Produktkategorien, in denen die Konsumenten unter einer Vielzahl an Alternativen auswählen können, sollte die Anzahl der Stimuli gegebenenfalls noch größer sein (Hartmann 2004, S. 72 f.). Einige Beispiele hierfür sind die Kategorien Zahncreme, Getränke oder Duschgel, wo viele Marken und deren Preise pro Auswahlentscheidung realistisch sind.

Neben der Anzahl der Stimuli pro Choice Set muss festgelegt werden, welche Stimuli ein Choice Set bilden. Diesbezüglich werden in der Literatur zwei grundsätzliche Herangehensweisen diskutiert. Es kann ein festes Design genutzt oder die Stimuli können zufällig zusammengestellt werden. Bei beiden Herangehensweisen können vollständige oder partielle Stimuli verwendet werden (Hartmann 2004, S. 73). Die Verwendung partieller Stimuli kann den erforderlichen Erhebungsaufwand reduzieren. Problematisch an dieser Herangehensweise ist die Annahme, dass die Stimuli hinsichtlich der nicht gezeigten Eigenschaften gleichwertig sind. Für die Befragten kann es schwierig sein, diese Annahme bei ihren Wahlentscheidungen zu beachten. Gehen die Befragten jedoch implizit von unterschiedlichen Ausprägungen aus, können die ermittelten Nutzenwerte falsch sein (Huber/McCann 1982).

Üblicherweise werden reduzierte experimentelle Designs verwendet. Die Betrachtung eines vollständigen Designs ist meist nicht möglich, da dieses erfordert, dass die Befragten zahlreiche Auswahlentscheidungen treffen. Da ein vollständiges Untersuchungsdesign mit sämtlichen Kombinationen von Eigenschaftsausprägungen schon bei einer kleinen Zahl von Eigenschaften und Ausprägungen zu einer sehr hohen Zahl an Produktstimuli (z. B. ergeben sich bei vier Eigenschaften mit je 3 Ausprägungen bereits 81 Stimuli) und Choice Sets führt, werden sehr häufig fraktionierte orthogonale Designs verwendet (Addelman 1962; vgl. auch den Beitrag von Teichert/Sattler/Völckner in diesem Band). Bei orthogonalen Designs wird unterstellt, dass Wechselwirkungen zwischen Produkteigenschaften nicht auftreten. Es hat sich gezeigt, dass orthogonale Untersuchungsdesigns (bis auf augenscheinliche Ausnahmen) selbst dann zu validen Ergebnissen führen, wenn Wechselwirkungen relevant sind. Das heißt, orthogonale Designs sind sehr robust (Louviere/Hensher/Swait 2000, S. 84 ff.). Die Erstellung eines orthogonalen Designs für Wahlentscheidungen ist ausgesprochen komplex. In der Literatur werden hierzu verschiedene Vorgehensweisen vorgeschlagen, beispielsweise die Anwendung eines zyklischen Verfahrens (Huber/Zwerina 1996, S. 310). Softwarehersteller wie Sawtooth oder SAS bieten neben Programmen zur Analyse von wahlbasierten Conjoint-Daten auch Module zur computergestützten Generierung von (orthogonalen) Choice Designs an.

Generelles Ziel ist es, ein effizientes Design zu entwickeln. Ein Design ist umso effizienter, je kleiner die Varianz und die Kovarianz der geschätzten Nutzenparameter sind. In der Literatur werden neben Orthogonalität verschiedene Eigenschaften effizienter Designs diskutiert, unter anderem die Nicht-Dominanz eines Stimulus im Vergleich zu anderen Stimuli, die minimale Überschneidung von Eigenschaftsausprägungen, die Nutzenbalance zwischen verschiedenen Stimuli und die Ausprägungsbalance (Huber/Zwerina 1996, S. 309 ff.; Toubia/Hauser/Simester 2004). Weitgehend unstrittig ist das Effizienzkriterium der Nicht-Dominanz. Sofern verlässliche Informationen im Hinblick auf bestimmte Produkteigenschaftsausprägungen a priori oder mittels adaptiver Designs (vgl. Abschnitt 4 dieses Beitrags) zur Verfügung stehen, kann über die Verwendung nicht dominanter Stimuli ceteris paribus die Validität gesteigert oder es können Kosten- und Zeitvorteile erzielt werden. Weiterhin wird eine minimale Überschneidung der Eigenschaftsausprägungen gefordert. Diese ist gegeben, wenn die Stimuli in einem Choice Set möglichst nicht überlappende Eigenschaftsausprägungen aufweisen (Sawtooth 1999, S. 12). Das heißt, eine Eigenschaft sollte in einem Choice möglichst selten die gleiche Ausprägung aufweisen. Mit dem Kriterium der Nutzenbalance soll erreicht werden, dass die Nutzenwerte der Stimuli in einem Choice Set gemäß den a priori Erwartungen ähnlich hoch sind. Das Ziel ist es, das Design so zu gestalten, dass auch mit relativ wenigen Probandenbeurteilungen (z. B. Wahlentscheidungen) stabile Nutzenwerte ermittelt werden können. Die Verwendung des Kriteriums ist allerdings strittig, da die Präferenzurteile für die Befragten vergleichsweise schwierig werden und damit zu Belastungseffekten führen können und zudem statistische Probleme auftreten können (Hartmann 2004, S. 73 f.). Zudem kann die Nutzenbalance bei Berücksichtigung einer None-Option deren Auswahl begünstigen, da Konsumenten bestrebt sind, schwierige Entscheidungen zu vermeiden (Haaijer/Kamakura/Wedel 2001). Von Ausprägungsbalance wird schließlich gesprochen, wenn jede Ausprägung einer Eigenschaft gleich oft vorkommt.

Sándor/Wedel (2001) schlagen zur Erhöhung der Effizienz eines experimentellen Designs zudem vor, die a priori Erwartungen der Anwender hinsichtlich der zu schätzenden Nutzenparameter zu berücksichtigen und zeigen, dass dies zu geringeren Standardfehlern und zu einer höheren Prognosevalidität führt. Da die Gestaltung effizienter Designs äußerst komplex ist, empfiehlt sich eine computergestützte Entwicklung des Designs. So bieten Softwarehersteller wie Sawtooth oder SAS neben Programmen zur Analyse von wahlbasierten Conjoint-Daten meist auch eine Funktionalität zur Entwicklung experimenteller Designs an.

Zu 2: Anzahl der Wahlentscheidungen (Choice Sets)

Neben der Anzahl und Zusammensetzung der Choice Sets ist festzulegen, wie viele Wahlentscheidungen ein Befragter treffen soll. Die Bandbreite der in empirischen Anwendungen verwendeten Aufgabenanzahl ist sehr breit und schwankt zwischen vier und 32 Wahlentscheidungen pro Befragtem (Haaijer/Wedel 2003). Je mehr Wahlentscheidungen abgefragt werden, desto mehr Informationen erhält man. Der Zuwachs an Informationen nimmt im Laufe des Interviews allerdings ab. Entscheiden sich die Befragten konsistent (d. h. ist die Streuung der Daten gering), so werden zusätzliche Wahlentscheidungen zunehmend redundant. Weiterhin kosten zusätzliche Wahlentscheidungen Interviewzeit und es steigt die Gefahr, dass Ermüdungseffekte bei den Konsumenten auftreten und keine reliablen Entscheidungen mehr getroffen werden.

Darüber hinaus zeigen Studien, dass sich die Preissensitivität der Befragten im Verlauf des Interviews erhöht, die Markensensitivität hingegen sinkt (Johnson/Orme 1996). Befunde hinsichtlich der internen Validität (gemessen über die Vorhersagegenauigkeit von Holdouts) in Abhängigkeit von der Anzahl der Wahlentscheidungen deuten ebenfalls darauf hin, dass der Nutzen zusätzlicher Wahlentscheidungen im Verlauf des Interviews abnimmt und für eine robuste aggregierte Schätzung eine Größenordnung von sechs Wahlentscheidungen ausreichend zu sein scheint (Sattler/Hartmann/Kröger 2004; Teichert 2001a, S. 220f.).

Zu 3: Integration einer None-Option

Ein Vorteil von wahlbasierten Erhebungen im Vergleich zu rating- oder rankingbasierten Conjoint-Analysen ist, dass den Befragten die Möglichkeit gegeben werden kann, keinen der angebotenen Stimuli zu wählen (None-Option, siehe Abbildung 4). Wenn alle Stimuli in einem Choice Set für einen Befragten inakzeptabel sind und er folglich in der Realität die Einkaufsstätte wechseln oder den Kauf verschieben würde, trägt die None-Option zur Realitätsnähe der Wahlentscheidungsaufgaben bei (z. B. Hartmann 2004, S. 77). Die None-Option kann dabei auch separat abgefragt werden. Das heißt, die Befragten werden zunächst gebeten, die am meisten präferierte Alternative zu wählen. In einem zweiten Schritt wird dann abgefragt, ob diese auch tatsächlich gekauft werden würde. Statt einer None-Option kann in jedes Choice Set auch eine konstante Alternative integriert werden. Dies bietet sich insbesondere dann an, wenn die Konsumenten in der betrachteten Produktkategorie zu einem eher trägen Kaufverhalten neigen (z. B. Telekommunikation oder Stromversorger). Die konstante Alternative wäre in einer solchen Situation dann „ich bleibe bei meinem jetzigen Anbieter“ (Orme 2000).

3.2 Schätzung der Nutzenparameter

3.2.1 Auswertung auf aggregierter Ebene

Da bei der Choice-Based Conjoint-Analyse lediglich binäre Wahlentscheidungen als Daten vorliegen (Abbildung 5), würde die Verwendung einer OLS-Schätzung (vgl. auch den Beitrag von Teichert/Sattler/Völckner in diesem Band) zu einer ineffizienten Schätzung der Nutzenparameter führen. Die Parameter werden deshalb durch Maximum-Likelihood-Schätzverfahren ermittelt.

Um individuelle, unverzerrte Nutzenparameter mittels der Maximum-Likelihood-Methode zu ermitteln, muss eine hinreichende Anzahl an Wahlentscheidungen pro Konsument erhoben werden, da diese die Zahl der Freiheitsgrade determiniert. In der Literatur wird das Vorliegen von mindestens 60 Freiheitsgraden empfohlen (Gensler 2003, S. 58). Bei neun zu schätzenden Parametern müsste jeder Befragte folglich 69 Wahlentscheidungen treffen. Da dies jedoch zu einer Überforderung der Probanden und im Verlauf des Interviews vermutlich zu einer nur noch willkürlichen Produktauswahl führen würde, wurde in der Frühphase wahlbasierter Conjoint-Analysen lediglich eine Nutzenfunktion auf aggregiertem Niveau ermittelt (Louviere/Woodworth 1983; Sawtooth 1999). Damit einhergeht die Annahme einer für alle Konsumenten einheitlichen Nutzenstruktur.

Anders als bei der klassischen Statistik werden bei der Maximum-Likelihood-Schätzung nicht die gesuchten Parameter als fest und die erhobenen Daten als stochastisch angesehen. Vielmehr ist die Verteilung der stochastischen Parameter anhand der festen Daten zu bestimmen. Ausgangspunkt ist die Überlegung, dass die empirisch beobachteten Wahlentscheidungen der Befragten durch verschiedene Nutzenparameter für die einzelnen Eigenschaftsausprägungen erzeugt werden können. Es existiert jedoch ein Parameterset, das die beobachteten Wahlentscheidungen am besten beschreiben kann (Louviere/Hensher/Swait 2001, S. 48). Dieses Set von Nutzenparametern wird im Rahmen des Maximum-Likelhood-Schätzverfahrens systematisch gesucht und ermittelt. Ausgehend von dem in Formel (5) dargestellten Modell der Wahlwahrscheinlichkeit und unter der Annahme, dass die Wahlentscheidungen unabhängig voneinander sind, ergibt sich die zu maximierende Likelihood-Funktion als multiplikative Verknüpfung der Logit-Funktionen der einzelnen Konsumenten. Die zu maximierende Likelihood-Funktion liegt im Intervall [0,1] und gibt die aggregierte Wahrscheinlichkeit an, die Wahlentscheidungen der Konsumenten bei einem Set von Nutzenparametern zu beobachten. Da Wahrscheinlichkeiten miteinander multipliziert werden, ist der Wert der Likelihood-Funktion meist sehr klein, sodass bei der Optimierung der logarithmierte Wert der Likelihood-Funktion betrachtet wird, deren Werte im Intervall $]-\infty, 0]$ liegen. Das heißt, es wird im Rahmen der Optimierung ein Set von Nutzenparametern gesucht, bei dem die logarithmierte Likelihood-Funktion möglichst nahe dem Wert 0 liegt.

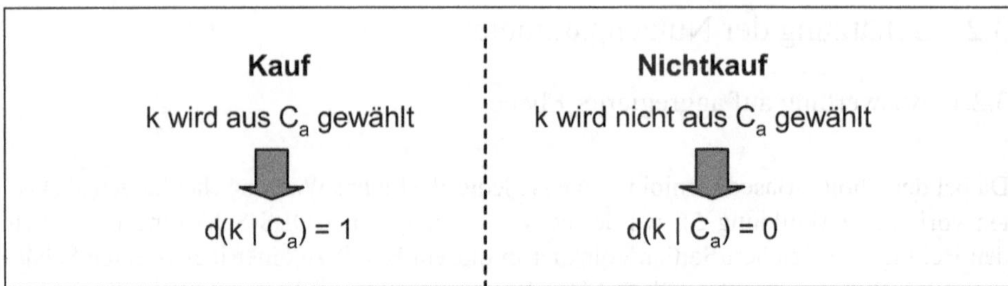

Abbildung 5: Binäre Wahlentscheidungen als Datengrundlage

Eigenschaft/ Eigenschaftsausprägung	Nutzen-parameter	Standard-fehler	t-Wert	Bedeutungs-gewicht
Marke:				37,58 %
Schwartau	0,203***	0,057	3,561	
Mövenpick	0,687***	0,056	12,268	
No Name	-0,890***	0,072	12,361	
Preis:				62,42 %
EUR 1,59	1,190***	0,072	16,528	
EUR 1,99	0,241***	0,068	3,544	
EUR 2,39	-1,431***	0,090	15,900	
*** Werte sind auf dem 1%-Niveau signifikant				

Abbildung 6: Geschätzte Nutzenparameter auf aggregierter Ebene für das Produkt Erdbeermarmelade (Eigenschaften: Marke und Preis)

Abbildung 6 zeigt beispielhaft die Ergebnisse einer aggregierten Auswertung von wahlbasierten Conjoint-Daten (Völckner/Sattler 2005). Als Bewertungsfunktion der einzelnen Eigenschaften wird das Teilnutzenwert-Modell verwendet, wobei die Eigenschaftsausprägungen effekt-codiert in die Analyse eingehen, um lineare Abhängigkeit zwischen den Eigenschaftsausprägungen zu vermeiden. Die Effekt-Codierung äußert sich in den Ergebnissen darin, dass die geschätzten Nutzenparameter einer Eigenschaft und deren Ausprägungen um den Wert Null zentriert sind. Die geschätzten Nutzenparameter erscheinen hinsichtlich ihres Einflusses auf die Wahlwahrscheinlichkeit eines Stimulus plausibel. Zur Interpretation der geschätzten Nutzenparameter sind weiterhin die Bedeutungsgewichte der Eigenschaften angegeben, die analog zu der Vorgehensweise bei der traditionellen Conjoint-Analyse ermittelt wurden (vgl. den Beitrag von Teichert/Sattler/Völckner in diesem Band).

3.2.2 Auswertung auf Segmentebene

Wenn die Konsumenten verschiedene Produkteigenschaften und deren Ausprägungen aufgrund ihrer Bedürfnisse unterschiedlich bewerten, liegt Heterogenität in den Präferenzen vor (Ben-Akiva et al. 1997, S. 274). Die Vernachlässigung der Unterschiedlichkeit in den Präferenzen der Konsumenten bei einer rein aggregierten Schätzung führt zu systematisch verzerrten Nutzenparametern. Eine angemessene Modellierung der Heterogenität in den Präferenzen der Konsumenten eröffnet hingegen die Möglichkeit, einzelne Konsumenten oder Marktsegmente durch ein differenziertes Produktangebot gezielt anzusprechen. Dabei kann zwischen einer Schätzung von Nutzenfunktionen auf Segmentebene und einer Schätzung auf individueller Ebene (Abschnitt 3.2.3) unterschieden werden.

Eine Segmentierung der Konsumenten auf Basis ihrer Nutzenparameter mittels einer Clusteranalyse (vgl. den Beitrag zur Clusteranalyse in diesem Buch) ist aufgrund der aggregierten Schätzung der Nutzenfunktion (siehe Abschnitt 3.2.1) nicht möglich. Für die a priori Segmentierung anhand demographischer oder psychographischer Merkmale zeigt sich, dass diese nur selten zu einer hinreichend guten Segmentierung der Konsumenten hinsichtlich ihrer Präferenzen für Produkteigenschaften beziehungsweise Eigenschaftsausprägungen resultiert (Gensler 2003, S. 107). Darüber hinaus werden bei einer solchen zweistufigen Vorgehensweise zwei unterschiedliche Kriterien optimiert. Die Schätzung eines Latent-Class Choice-Based Conjoint-Modells ermöglicht hingegen die simultane Ermittlung segmentspezifischer Nutzenparameter sowie der Wahrscheinlichkeiten der Segmentzugehörigkeiten eines Konsumenten (DeSarbo/Ramaswamy/Cohen 1995).

Das Latent-Class-Verfahren basiert auf der Annahme, dass die Heterogenität in den Präferenzen durch eine begrenzte Zahl von in sich vollständig homogenen Segmenten abgebildet werden kann. Heterogenität wird somit als ein Phänomen behandelt, welches zwischen Gruppen von Befragten, nicht jedoch zwischen einzelnen Befragten stattfindet. Von der Segment-Nutzenfunktion stochastisch abweichende Nutzenurteile werden als Wahrscheinlichkeiten der Segmentzugehörigkeit modelliert (Teichert 2001b). Sowohl die Segmentzugehörigkeit eines Konsumenten als auch die Zahl der Segmente ist dabei unbeobachtet und muss neben den segmentspezifischen Nutzenparametern ermittelt werden.

Der Aufbau des Latent-Class-Verfahrens ist in Abbildung 7 schematisch dargestellt. Der Anwender gibt die Anzahl der zu ermittelnden Segmente vor. Unter Zugrundelegung von Ausgangswerten wird dann ein iterativ-rekursiver Algorithmus angestoßen. Hierbei werden in einem ersten Schritt die segmentspezifischen Nutzenfunktionen bestimmt. Dies geschieht, indem die Likelihood der beobachteten Wahldaten maximiert wird.

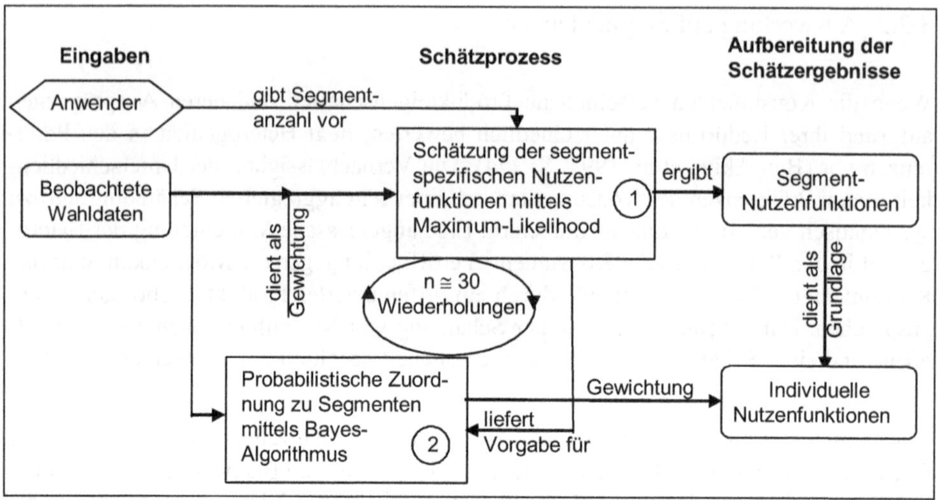

Abbildung 7: Schematischer Ablauf des Latent-Class-Schätzverfahrens (Quelle: Teichert 2001b, S. 800)

Anschließend werden die geschätzten Nutzenfunktionen dazu genutzt, um die individuellen Beobachtungen probabilistisch den Segmenten zuzuordnen.

Hierbei ergeben sich die ex post Wahrscheinlichkeiten der Segmentzugehörigkeiten deterministisch unter Zugrundelegung des Bayes-Algorithmus der bedingten Wahrscheinlichkeiten (DeSarbo/Ramaswamy/Cohen 1995). Die berechneten Wahrscheinlichkeiten bilden die Grundlage für eine erneute Schätzung der segmentspezifischen Nutzenfunktionen.

Diese Schätzschleife wird solange durchlaufen, bis sich nur noch vernachlässigbare Änderungen in der probabilistischen Zuordnung der Befragten zu den Segmenten ergeben (Sawtooth 2004, S. 2). Die auf diese Weise ermittelten Ergebnisse ergeben die Schätzwerte der segmentspezifischen Nutzenfunktionen. Durch Gewichtung mit den Wahrscheinlichkeiten der Segmentzugehörigkeiten können hieraus auch individuelle Nutzenschätzungen abgeleitet werden (siehe das Beispiel in Abbildung 8). Diese liegen jedoch in der konvexen Hülle der segmentspezifischen Nutzenparameter, sodass fraglich ist, ob Latent-Class-Modelle bei Heterogenität innerhalb der Segmente die individuellen Nutzenparameter adäquat abbilden können. Vielmehr erscheint in einem solchen Fall angeraten, eine Auswertung auf individueller Ebene vorzunehmen (siehe Abschnitt 3.2.3). Der in Abbildung 7 dargestellte iterativ-rekursive Prozess wird für unterschiedliche, vom Anwender vorgegebene Segmentzahlen durchgeführt. Die Bestimmung der „optimalen" Zahl der Segmente erfolgt dann im Anschluss auf der Basis von Informationskriterien

Eigenschaft	Ausprägung der Eigenschaft	Latent-Class-Analyse		Aggregierte Schätzung
		Segment 1 (31%) Nutzenparameter	Segment 2 (69%) Nutzenparameter	Nutzenparameter
Preis	EUR 15,30	0,537	0,230	0,276
	EUR 20,40	0,332	0,185	0,203
	EUR 28,10	-0,193	-0,124	-0,133
	EUR 35,70	-0,676	-0,291	-0,346
Bedeutungsgewicht		22,25 %	18,61 %	19,22 %
Spielfilme	Aktu. & Klass.	1,693	0,470	0,719
	Aktuelle	1,404	0,170	0,447
	Klassiker	-0,901	0,104	-0,151
	keine Filme	-2,195	-0,742	-1,015
Bedeutungsgewicht		66,02 %	43,29 %	53,58 %
Fußball	Fußb. komplett	0,003	0,215	0,159
	Topspiele	0,132	0,169	0,141
	kein Fußball	-0,135	-0,384	-0,300
Bedeutungsgewicht		4,90 %	21,39 %	14,18 %
Formel 1	F1 komplett	0,169	0,185	0,159
	Formel 1	0,075	0,000	0,015
	keine Formel 1	-0,243	-0,185	-0,174
Bedeutungsgewicht		6,20 %	13,21 %	10,29 %
Kinderprogramm	Kinder	0,017	0,049	0,044
	kein Kinder	-0,017	-0,049	-0,044
Bedeutungsgewicht		0,62 %	3,50 %	2,72 %

Ableitung individueller Nutzenparameter durch Gewichtung der segmentbezogenen Schätzung am Beispiel der Eigenschaft Preis:

Konsument	Segmentzugehörigkeit		Preis (EUR)			
	Segment 1	Segment 2	15,30	20,40	28,10	35,70
001	0,821	0,179	0,482	0,306	-0,181	-0,607
002	0,006	0,994	0,232	0,186	-0,124	-0,293
003	0,002	0,998	0,231	0,185	-0,124	-0,292
...	...	...	...	...	...	...

Abbildung 8: Geschätzte segmentspezifische Nutzenparameter am Beispiel Pay-TV

(Wedel/Kamakura 2000, S. 91 f.; Sawtooth 2004). Zudem kann die Güte der geschätzten Modelle anhand eines Entropie-Maßes beurteilt werden.

Diese gibt Auskunft über die Trennschärfe der ermittelten Segmentierung, indem der Grad der Unschärfe der Segmentzugehörigkeiten der Konsumenten auf Basis der a posteriori Wahrscheinlichkeiten der Segmentzugehörigkeiten untersucht wird. Das Entropie-Maß liegt im Intervall [0,1], wobei ein Wert nahe „1" angibt, dass eine gute Separation der Segmente gegeben ist.

Zur Illustration der segmentspezifischen Auswertung von wahlbasierten Conjoint-Daten dient die Gestaltung eines Pay-TV-Angebots (Hartmann/Sattler 2004). Abbildung 8 zeigt die geschätzten segmentspezifischen Nutzenparameter und zum Vergleich die Ergebnisse der aggregierten Auswertung.

Die geschätzen Nutzenparameter weisen die erwarteten Vorzeichen auf und sind signifikant. Zur weiteren Interpretation sind zudem die segmentspezifischen Bedeutungsgewichte der einzelnen Eigenschaften angegeben. Es wird deutlich, dass die beiden Segmente in etwa gleich preissensibel sind. Weiterhin zeigt sich, dass das Segment 1 einen besonderen Wert auf das Spielfilmprogramm des Pay-TV-Angebots legt, Fußball und Formel 1 spielen hingegen nur eine untergeordnete Rolle. Im Gegensatz dazu ist für das Segment 2 neben dem Spielfilmpgrogramm auch ein entsprechendes Angebot an Sportsendungen (Fußball und Formel 1) von Relevanz.

3.2.3 Auswertung auf individueller Ebene

Das hierarchische Bayes Choice-Based Conjoint-Modell ermöglicht es, ein multinomiales Logit-Modell auf individueller Ebene zu schätzen, sodass individuelle Nutzenparameter ermittelt werden. Die Grundidee des Verfahrens besteht darin, die Verteilung der Nutzenparameter auf der aggregierten Ebene zu ermitteln und diese Informationen mit den individuellen Wahlentscheidungen zu konditionalen Schätzern der individuellen Werte zu verbinden. Die individuellen Nutzenparameter werden dabei umso stärker durch die individuellen Antworten beeinflusst, je konsistenter und vom Durchschnitt abweichender ein Befragter geantwortet hat (Gensler 2003, S. 170 ff.). Das hierarchische Bayes-Verfahren erzielt somit eine individuelle Auswertung der Wahldaten dadurch, dass die Information der gesamten Stichprobe zur Schätzung individueller Nutzenfunktionen mit herangezogen wird. Das sich ergebende hierarchische Bayes-Modell besteht folglich aus mindestens zwei ineinander geschachtelten Modellebenen (Lindley/Smith 1972). Die erste Modellebene beschreibt die individuelle Auswahlwahrscheinlichkeit für einen Stimulus in Abhängigkeit von den Nutzenparametern. Bei gegebenen individuellen Nutzenparametern bestimmt sich die Wahlwahrscheinlichkeit für einen Stimulus durch das multinomiale Logit-Modell (siehe Formel 5). Die zweite Modellebene stellt eine

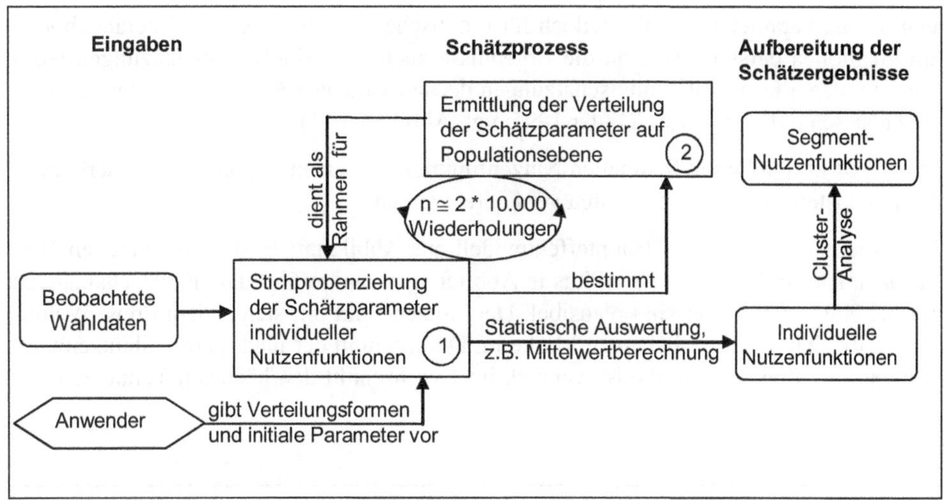

Abbildung 9: Schematischer Ablauf der hierarchischen Bayes-Schätzung (Quelle: Teichert 2001b, S. 801)

Beziehung zwischen den Befragten her, indem eine multivariate Normalverteilung der individuellen Nutzenparameter um unbekannte Mittelwerte angenommen wird (Arora/Allenby/Ginter 1998).

Die Modellparameter werden dann in einem großzahlig iterativen Prozess, zum Beispiel mittels des Metropolis-Hasting-Algorithmus, geschätzt (Chen/Shao/Ibrahim 2000). Abbildung 9 stellt den Ablauf des hierarchischen Bayes-Verfahrens dar.

Der Anwender gibt zunächst Art und Parameter der Verteilungsfunktionen der individuellen Nutzenfunktionen vor. Darauf aufbauend dienen die beobachteten Wahlentscheidungen der Befragten in einem iterativ-rekursiven Prozess dazu, Schätzparameter für die individuellen Nutzenfunktionen zu berechnen. Hieraus werden Schätzungen für die aggregierte Verteilung ermittelt, welche in der nächsten Iterationsstufe wiederum als Basis für die Schätzung der individuellen Nutzenfunktionen herangezogen werden. Dieser Prozess wird großzahlig durchlaufen, bis sich eine Stabilisierung der geschätzten Verteilungsfunktionen ergibt. Zur Prüfung der Konvergenz können beispielsweise die Root-Likelihood-Werte der Iterationen betrachtet werden (vgl. Abbildung 10). Diese so genannte „Burn-In-Time" beträgt in der Regel circa 10.000 Iterationen (Sawtooth 2000, S. 10). Die Iterationen des Burn-In werden jedoch nicht in der finalen Schätzung der Nutzenparameter berücksichtigt. Vielmehr schließen sich nach Erreichen von Konvergenz weitere Iterationen an, in denen die Verteilungsfunktionen durch Zufallsziehungen der ermittelten Funktionsparameter ermittelt werden. Ergebnis des hierarchischen Bayes-Verfahrens sind somit nicht einzelne Punktschätzungen, sondern geschätzte Verteilungen für die Parameter. Da dies jedoch für praktische Anwendungen ein Überangebot an Informationen darstellt, können die Ergebnisse auch auf Mittelwert-Schätzungen reduziert werden, die sich als Punktschätzungen der individuellen Nutzenparameter interpretieren lassen (Allenby/Arora/Ginter 1995; vgl. Abbildung 11).

Die derart ermittelten individuellen Nutzenfunktionen können schließlich mit herkömmlicher Clusteranalyse zu Segmenten verdichtet werden.

Exemplarisch sind für das Haupteffektmodell aus Abbildung 10 die individuellen Nutzenparameter in Form von Box-Plots in Abbildung 11 aufgeführt. Die Punktschätzungen für die Nutzenparameter sind plausibel. Der Nutzen sinkt mit steigendem Preis. Weiterhin ergibt sich für die unbekannte Marke im Durchschnitt der niedrigste Teilnutzenwert, während die Premium-Marke Mövenpick im Durchschnitt den höchsten Teilnutzenwert erhält.

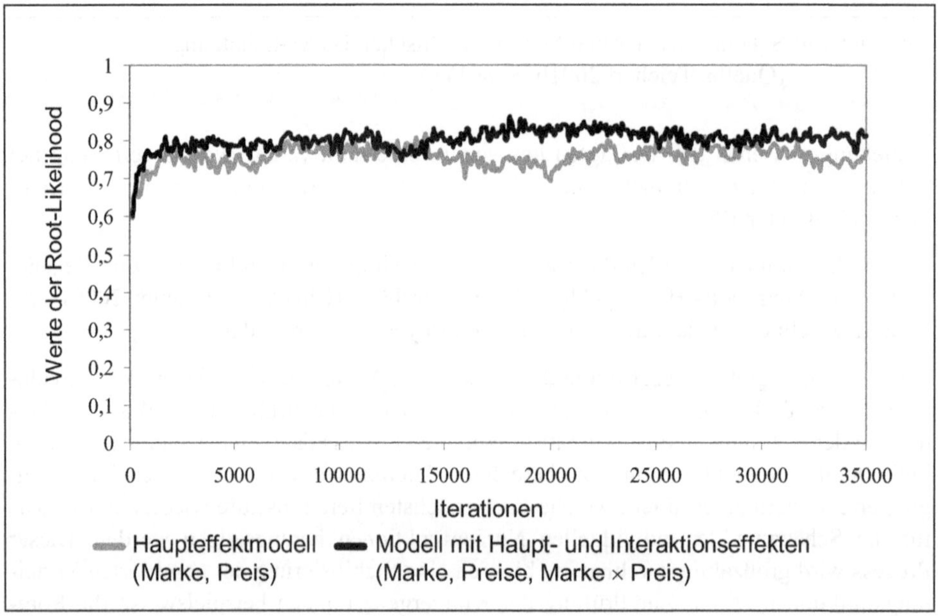

Abbildung 10: Überprüfung der Konvergenz der hierarchischen Bayes-Schätzung des Beispiels „Erdbeermarmelade“

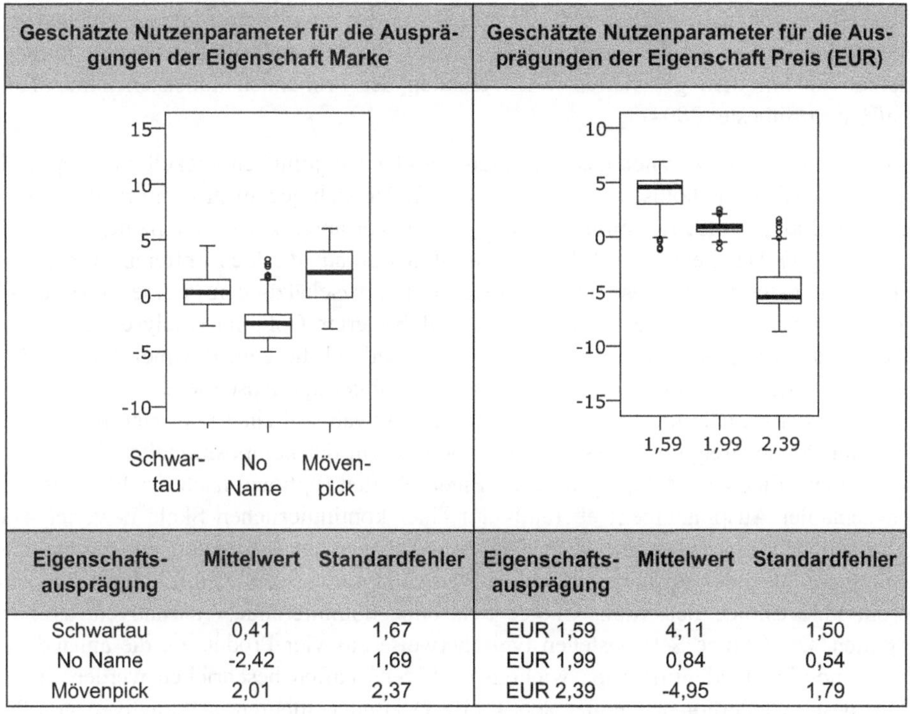

Eigenschaftsausprägung	Mittelwert	Standardfehler	Eigenschaftsausprägung	Mittelwert	Standardfehler
Schwartau	0,41	1,67	EUR 1,59	4,11	1,50
No Name	-2,42	1,69	EUR 1,99	0,84	0,54
Mövenpick	2,01	2,37	EUR 2,39	-4,95	1,79

Abbildung 11: Box-Plots der Nutzenparameter (Mittelwert-Schätzungen) und Mittelwerte der Nutzenparameter über die Konsumenten hinweg für das Beispiel Erdbeermarmelade
(Quelle: Völckner/Sattler 2005)

4. Alternativen zur klassischen wahlbasierten Conjoint-Analyse

In letzter Zeit sind verschiedene Weiterentwicklungen gegenüber der bislang beschriebenen „klassischen" wahlbasierten Conjoint-Analyse vorgenommen worden, unter anderem die so genannte Fast Polyhedral Adaptive Conjoint-Analyse (Toubia et al. 2003; Toubia/Hauser/Simester 2004). Hier werden im Rahmen einer Choice-Based Conjoint die in einem Choice Set zur Wahl stehenden Produktstimuli kontinuierlich gemäß den unmittelbar zuvor getroffenen Wahlentscheidungen konstruiert. Der hierfür eingesetzte

Algorithmus fokussiert sich darauf, was *nicht* von den zuvor getroffenen Wahlentscheidungen bekannt ist, und versucht schnell („fast“), die Sets an Teilnutzenwerten zu reduzieren, die mit dem geäußerten Wahlverhalten der Probanden konsistent sind (Toubia/Hauser/Simester 2004).

Alternativ hierzu ist kürzlich das Verfahren „Golden Conjoint“ entwickelt und empirisch getestet worden (methodische Ergänzungen befinden sich gegenwärtig im Aufbau, Sattler et al. 2007). Golden Conjoint ist ein hybrides Verfahren zur Präferenzmessung (vgl. Abbildung 1). Das heißt, es erfolgt eine Kombination aus direkten Präferenzabfragen in einer kompositionellen Phase und indirekten Präferenzschätzungen in einer dekompositionellen Phase, bei der eine neue Form wahlbasierter Conjoint-Analysen eingesetzt wird. In der kompositionellen Phase werden individuell die zum Beispiel drei bis fünf wichtigsten der zur Wahl gestellten Eigenschaften abgefragt. Anschließend werden diese Eigenschaften gemäß ihrer Relevanz für die Produktwahl auf einer kontinuierlichen Skala mittels Schiebereglern eingestuft. Im letzten Schritt der kompositionellen Phase werden die jeweiligen Ausprägungen dieser Eigenschaften (optional nach der Eliminierung inakzeptabler Ausprägungen) ebenfalls auf einer kontinuierlichen Skala bewertet. Die Informationen über die ordinalen Präferenzreihenfolgen der Ausprägungen werden dann in der nachfolgenden dekompositionellen Phase adaptiv verwendet, um individuell pareto-optimale Choice Sets (d. h. Choice Sets ohne dominierende Alternativen, s.o.) zu erstellen. Die Choice Sets bestehen typischerweise aus vier Produkten, die anhand der zuvor individuell identifizierten wichtigsten Eigenschaften beschrieben werden. In jedem dieser wiederholten Choice Sets (z. B. 7) können mehrere Alternativen gewählt werden, die prinzipiell zum Kauf in Frage kommen. Sind keine (weiteren) akzeptablen Produkte vorhanden, kann über eine Nicht-Wahl-Option zum nächsten Choice Set übergegangen werden. Die Gewichtung der Self-Explicated-Werte und der geschätzten Nutzenwerte aus der dekompositionellen Phase erfolgt durch die bestmögliche Vorhersage der Wahlreihenfolge der Produkte eines oder mehrerer Choice Sets. Durch das adaptive Untersuchungsdesign, die mehrfachen Wahlentscheidungen innerhalb eines Choice Sets und die Möglichkeit, die Befragung internetbasiert durchzuführen, erlaubt diese Form der Präferenzmessung eine hohe Informationseffizienz.

Erste empirische Vergleichsstudien deuten darauf hin, dass Golden Conjoint mindestens ebenbürtig gegenüber traditionellen wahlbasierten Conjoint-Analysen und Fast Polyhedral Adaptive Conjoint-Analysen ist sowie deutliche Validitätsvorteile gegenüber Self-Explicated-Modellen und traditionellen hybriden Conjoint-Analysen (ACA) aufweist (Sattler et al. 2007). Fast Polyhedral Adaptive Conjoint-Analysen weisen gegenüber Self-Explicated-Modellen und ACA ebenfalls höhere Validitätswerte auf (Toubia et al. 2003).

Literaturverzeichnis

Addelman, S. (1962): Orthogonal Main-Effect Plans for Asymmetrical Factorial Experiments, in: Technometrics, 4. Jg., Nr. 1, S. 21-46.

Allenby, G.M./Ginter, J.L. (1995): Using Extremes to Design Products and Segment Markets, in: Journal of Marketing Research, 32. Jg., Nr. 4, S. 392-403.

Allenby, G.M./Arora, N./Ginter, J.L. (1995): Incorporating Prior Knowledge into the Analysis of Conjoint Studies, in: Journal of Marketing Research, 32. Jg., Nr. 2, S. 152-162.

Arora, N./Allenby, G.M./Ginter, J.L. (1998): A Hierarchical Bayes Model of Primary and Secondary Demand, in: Marketing Science, 17. Jg., Nr. 1, S. 29-44.

Batsell, R.R./Louviere, J.J. (1991): Experimental Analysis of Choice, in: Marketing Letters, 2. Jg., Nr. 3, S. 199-214.

Ben-Akiva, M./McFadden, D./Abe, M./Böckenholt, U./Bolduc, D./Gopinath, D./Morikawa, T./Ramaswamy, V./Rao, V./Revelt, D./Steinberg, D. (1997): Modeling Methods for Discrete Choice Analysis, in: Marketing Letters, 8. Jg., Nr. 3, S. 273-286.

Böcker, F. (1986): Präferenzforschung als Mittel marktorientierter Unternehmensführung, in: Zeitschrift für betriebswirtschaftliche Forschung, 38. Jg., Nr. 7/8, S. 543-574.

Chen, M.-H./Shao, Q.-M./Ibrahim, J.G. (2000): Monte Carlo Methods in Bayesian Computation, New York.

Chakraborty, G./Ball, D./Gaeth, G.J./Jun, S. (2002): The Ability of Ratings and Choice Conjoint to Predict Market Shares - A Monte Carlo Simulation, in: Journal of Business Research, 55. Jg., Nr. 3, S. 237-249.

DeSarbo, W.S./Ramaswamy, V./Cohen, S. (1995): Market Segmentation with Choice-Based Conjoint Analysis, in: Marketing Letters, 6. Jg., Nr. 2, S. 137-147.

Elrod, T./Louviere, J.J./Davey, K.S. (1992): An Empirical Comparison of Ratings-Based and Choice-Based Conjoint Models, in: Journal of Marketing Research, 29. Jg., Nr. 3, S. 368-377.

Gensler, S. (2003): Heterogenität in der Präferenzanalyse. Ein Vergleich von hierarchischen Bayes-Modellen und Finite-Mixture-Modellen, Wiesbaden.

Haaijer, R./Wedel, M. (2003): Conjoint Experiments. General Characteristics and Alternative Model Specifications, in: Gustafsson, A./Herrmann, A./Huber F. (Hrsg.), Conjoint Measurement. Methods and Applications, 3. Auflage, Berlin, S. 371-412.

Haaijer, R./Kamakura, W.A./Wedel, M. (2001): The "No-Choice"- Alternative to Conjoint Choice Experiments, in: International Journal of Market Research, 43. Jg., Nr. 1, S. 93-106.

Hartmann, A. (2004): Kaufentscheidungsprognose auf Basis von Befragungen. Modelle, Verfahren und Beurteilungskriterien, Wiesbaden.

Hartmann, A./Sattler, H. (2004): Wie robust sind Methoden zur Präferenzmessung?, in: Zeitschrift für betriebswirtschaftliche Forschung, 56. Jg., Nr. 2, S. 3-22.

Hartmann, A./Sattler, H. (2006): Commercial Use of Conjoint Analysis in Germany, Austria and Switzerland, erscheint in: Gustafsson, A./Herrmann, A./Huber, F. (Hrsg.), Conjoint Measurement: Methods and Applications, 4. Auflage, Berlin.

Hensher, D.A./Johnson, L.W. (1981): Applied Discrete Choice Modelling, New York.

Huber, J./McCann, J. (1982): The Impact of Inferential Beliefs on Product Evaluations, in: Journal of Marketing Research, 19. Jg., Nr. 3, S. 324-333.

Huber, J./Zwerina, K. (1996): The Importance of Utility Balance in Efficient Choice Designs, in: Journal of Marketing Research, 33. Jg., Nr. 3, S. 307-317.

Johnson, R.M./Orme, B.K. (1996): How Many Questions Should You Ask in Choice-Based Conjoint Studies?, in: Sawtooth Software Research Paper Series, Sequim/WA.

Lindley, D.V./Smith, A. F. (1972): Bayes Estimates for the Linear Models, in: Journal of the Royal Statistical Society, Series B., 34. Jg., Nr. 1, S. 1-41.

Louviere, J.J./Hensher, D.A./Swait, J.D. (2000): Stated Choice Methods. Analysis and Application, Cambridge.

Louviere, J.J./Woodworth, G. (1983): Design and Analysis of Simulated Consumer Choice or Allocation Experiments. An Approach Based on Aggregated Data, in: Journal of Marketing Research, 20. Jg., Nr. 4, S. 350-367.

Moore, W.L. (2004): A Cross-Validity Comparison of Rating-Based and Choice-Based Conjoint Analysis Models, in: International Journal of Research in Marketing, 21. Jg., Nr. 3, S. 299-312.

Moore, W.L./Gray-Lee, J./Louviere, J.J. (1998): A Cross-Validity Comparison of Conjoint Analysis and Choice Models at Different Levels of Aggregation, in: Marketing Letters, 9. Jg., Nr. 2, S. 195-207.

Orme, B.K. (2000): Choice-Based Conjoint Analysis 2.6 (Manual), Sequim/WA.

Sándor, Z./Wedel, M. (2001): Designing Conjoint Choice Experiments Using Managers' Prior Beliefs, in: Journal of Marketing Research, 38. Jg., Nr. 4, S. 430-444.

Sattler, H./Hartmann, A./Kröger, S. (2004): Number of Tasks in Choice-Based Conjoint Analysis, in: Conference Proceedings of the 33rd EMAC Conference, Murcia.

Sattler, H./Eggers, F./Hennig-Thurau, T./Marx, P. (2007): Golden Conjoint, erscheint in: Research Papers on Marketing and Retailing, University of Hamburg.

Sawtooth (1999): The Choice-Based Conjoint (CBC) Technical Paper, in: Sawtooth Software Technical Paper Series, Sequim/WA.

Sawtooth (2000): The CBC/HB System for Hierarchical Bayes Estimation Version 4.0, in: Sawtooth Software Technical Paper Series, Sequim/WA.

Sawtooth (2004): The CBC Latent Class Technical Paper (Version 3), in: Sawtooth Software Technical Paper Series, Sequim/WA.

Teichert, T. (2001a): Nutzenschätzung in Conjoint-Analysen: Theoretische Fundierung und empirische Aussagekraft, Wiesbaden.

Teichert, T. (2001b): Nutzenermittlung in wahlbasierten Conjoint-Analysen. Ein Vergleich zwischen Latent-Class- und hierarchischem Bayes-Verfahren, in: Zeitschrift für betriebswirtschaftliche Forschung, 53. Jg., Nr. 8, S. 798-822.

Toubia, O./Simester, D.I./Hauser, J.R./Dahan, E. (2003): Fast Polyhedral Adaptive Conjoint Estimation, in: Marketing Science, 22. Jg., Nr. 3, S. 273-303.

Toubia, O./Hauser, J.R./Simester, D.I. (2004): Polyhedral Methods for Adaptive Choice-Based Conjoint Analysis, in: Journal of Marketing Research, 41. Jg., S. 116-131.

Train, K. (2002): Discrete Choice Models with Simulation, Cambridge.

Völckner, F./Sattler, H. (2005): Separating Negative and Positive Effects of Price with Choice-Based-Conjoint-Analyses, in: Marketing: Journal of Research and Management, 1. Jg., Nr. 1, S. 1-13.

Vriens, M./Oppewal, H./Wedel, M. (1998), Rating-Based Versus Choice-Based Latent Class Conjoint Models – An Empirical Comparison, in: Journal of the Market Research Society, 40. Jg., Nr. 3, S. 237-248.

Wedel, M./Kamakura, W.A. (2000): Market Segmentation. Conceptual and Methodological Foundations, 2. Auflage, Boston u. a..

Klaus-Peter Wiedmann und Frank Buckler

Neuronale Netze

Prof. Dr. Klaus-Peter Wiedmann ist Direktor des Instituts für Marketing und Management an der Leibniz Universität Hannover. Dr. Frank Buckler ist Marketingleiter bei GREIF Inc. und entwickelt seit 1995 neuronale Analysesysteme, die in der Praxis und Wissenschaft Anwendung finden.

1. Einführung: Einsatzgebiete und Nutzen Neuronaler Netze im Überblick

„Neuronale Netze“ (NN) kennzeichnen eine vielgestaltige Methodengruppe, welche die Möglichkeiten des Marktforschers zur erfolgreichen Analyse erhobener Daten erweitert. Neuronale Netze stellen eine Ergänzung des modernen Methodensets der Marktforschung und auf keinen Fall einen Ersatz der konventionellen multivariaten Verfahren dar. Herkömmliche statistische Verfahren sollten immer dann weiterhin Einsatz finden, wenn begründete Hypothesen über die Zusammenhänge vorliegen und die typischen Randbedingungen wie Linearität und Additivität gerechtfertigt werden können. Dann nämlich liefern die klassischen Verfahren – besonders bei kleinen Stichproben – bessere Ergebnisse als Neuronale Netze.

Umgekehrt bieten Neuronale Netze dort Vorteile, wo es darum geht, durch Nichtlinearität oder Moderationseffekte geprägte Zusammenhänge zu analysieren – insbesondere dann, wenn im Vorhinein die Form und Art der Zusammenhänge nicht bekannt sind. Ferner erweisen sich Neuronale Netze dann als überlegen, wenn komplexe sowie dynamische bzw. zeitsensitive Beziehungsmuster vorliegen (Zell 2003, S. 26 ff.; Zimmermann 1991, S. 496).

Dass Neuronale Netze grundsätzlich zur Lösung der gleichen Problemstellungen geeignet sind, wie sie von klassischen Verfahren der multivariaten Statistik in Angriff genommen werden, sei zunächst in Tabelle 1 angedeutet. Anhand zweier Beispiele und unter besonderer Würdigung des Phänomens der Nicht-Linearität sei dann kurz illustriert, welche Vorteile NN im Vergleich zu klassischen multivariaten Verfahren bieten.

Greifen wir einmal die *lineare Regressionsanalyse* heraus. Diese setzt – wie der Name schon sagt – einen linearen Zusammenhang zwischen erklärenden Variablen und zu erklärender Variablen voraus. D. h., das Ergebnis entsteht rein additiv ohne Berücksichtigung von Interaktionen zwischen den erklärenden Variablen. Im Gegensatz dazu kann ein Neuronales Netz jeden prinzipiell relevanten Zusammenhang modellieren, der durch die Beispieldaten repräsentiert wird, d. h. es berücksichtigt auf nichtlineare Weise jede Art von Interaktionen. Die Überlegenheit Neuronaler Netze für viele Anwendungen in diesem Kontext wurde in zahlreichen Studien empirisch bestätigt (Cybenko 1989; Hornik 1990; Hornik et al. 1989; Schneider 1994; Alex 1998, S. 210).

Klassisches Verfahren	Beispiel einer Alternative mit Neuronalen Netzen
Regression	Problemstellungen mit metrischen, zu erklärenden (d. h. abhängigen) Variablen können beispielsweise mit Multi Layer Perzeptren (MLP) oder Radial-Basis-Netzwerken bearbeitet werden.
Logistische Regression/ Diskriminanzanalyse	Für binäre abhängige Variablen können die gleichen Neuronalen Netze wie die für die Regression eingesetzt werden – nur müssen die Transferfunktion des Outputneurons und die Fehlerfunktion des Lernalgorithmus angepasst werden.
Clusteranalyse	Für die Clusteranalyse können bestimmte selbst organisierende Netze wie LVQ, SOM oder ART angewendet werden. Dies sind Neuronale Netze, die nicht zwischen abhängiger und unabhängiger Variable unterscheiden.
Explorative Faktoranalyse	Der Aufbau von Neuronalen Netzen wie MLP kann so gestaltet werden, dass ein Hauptfaktor ermittelt wird (Flaschenhals-Netz). Der Vorteil hierbei liegt darin, dass der Faktor nichtlinear sein kann.
Multidimensionale Skalierung	Dieses Verfahren verwendet meist Methoden der Faktoranalyse (bzw. Hauptkomponentenanalyse). Daher sind Variationen auf Basis Neuronaler Netze denkbar (s. o.).
Conjoint-Analyse	Conjoint-Analysemethoden verwenden zumeist Regressionsanalyseverfahren (ACA) bzw. multinominale Logitregressionen (DCM). Daher sind Variationen auf Basis Neuronaler Netze theoretisch denkbar (s. o.).
Strukturgleichungsmodelle	Der NEUSREL-Ansatz ist ein Beispiel für einen Methodenverbund auf Basis Neuronaler Netze zur Kausalanalyse (Buckler 2001).[1]

Tabelle 1: Anwendungsfelder multivariater Verfahren und Ansatzpunkte für den Einsatz Neuronaler Netze

Die Vorteilhaftigkeit Neuronaler Netze zeigt sich im vorliegenden Zusammenhang etwa auch im Vergleich zur *linearen Diskriminanzanalyse.* Diese setzt voraus, dass die Anzahl der Cluster (i. d. R. zwei), in denen sich die Elemente der Cluster bzw. Klassen befinden, bekannt ist, diese sich nach einer multivariaten Gauß-Verteilungsfunktion verteilen und durch eine Trenngerade relativ gut separieren lassen. All diese Annahmen muss der Anwender einer neuronalen Diskriminanzanalyse nicht mehr treffen.

[1] Aktuelles zum Thema (z. B. eine Ankündigung einer Softwarelösung) auf www.NEUSREL.de

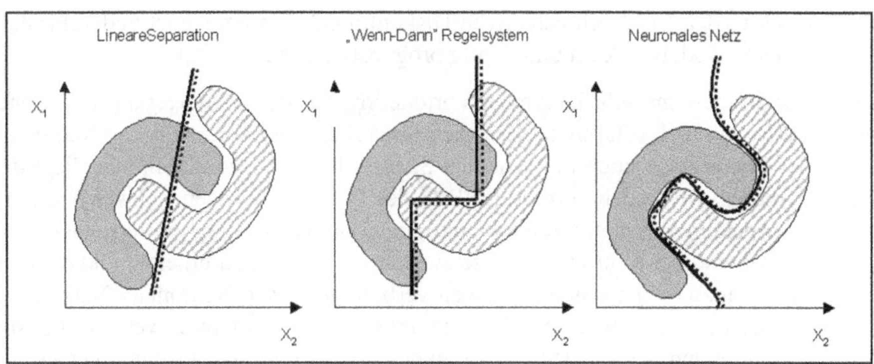

Abbildung 1: Separierung von Daten mit Hilfe verschiedener Verfahren (Lineare Separation = Diskriminanzanalyse bzw. Logistische Regression, „Wenn-dann"-Regelsystem = Entscheidungsbäume) Quelle: Wiedmann/Buckler 2003

Das Verfahren berücksichtigt selbstständig in Ansehung der konkreten Beispieldaten die Anzahl der Cluster sowie deren Form und Unterscheidbarkeit. Damit sind Neuronale Netze nicht nur den einfachen linearen Diskriminanzanalysen überlegen, sondern auch sog. *Entscheidungsbaumverfahren* wie ID3, CHAID oder C4.5, die in jüngerer Zeit zur verbesserten Lösung von Klassifikationsaufgaben propagiert werden (Multhaupt 1998, S. 38). Es handelt sich hierbei jeweils um Systeme aus Wenn-dann-Regeln, die auf der Grundlage von Beispieldaten entwickelt werden und demzufolge – ähnlich wie NN – als Lernverfahren zu begreifen sind. In Abbildung 1 ist dargestellt, wie herkömmliche Verfahren, Entscheidungsbaumverfahren und neuronale Verfahren ein Diskriminanzproblem lösen. In der mittleren Grafik ist zu sehen, dass ein Entscheidungsbaum den Lösungsraum lediglich mit achsenparallelen Trennlinien unterteilen kann. Mit einer überschaubaren Anzahl von Wenn-dann-Regeln können somit keine komplexen Zusammenhänge genügend genau abgebildet werden.

Das Beispiel einer deutlich verbesserten Handhabung des Nicht-Linearitätsproblems mag genügen, um die Stärke Neuronaler Netze in Gestalt der Möglichkeit zu einer sehr flexiblen Modellierung der Realität zu illustrieren. Neuronale Netze sind letztlich in der Lage, jegliche Form real existierender Beziehungsmuster abzubilden

Dass Aspekte wie Nicht-Linearität, Komplexität und Zeitsensitivität nicht allein theoretisch spannende Sachverhalte darstellen, sondern die Marketingpraxis im Innersten berühren (sollten), lässt sich anhand zahlreicher Beispiele verdeutlichen (Wiedmann/Buckler 2003): Angefangen etwa beim Bild des hybriden Konsumenten, dessen

Verhalten sich in der Tat durch zahlreiche Diskontinuitäten auszeichnet und keinesfalls mittels einfacher Modelle erklärt und richtig prognostiziert werden kann.

Trotz der vielfältigen und sehr konkreten Vorteile im Dienste der Steigerung von Marktforschungseffizienz und -effektivität lässt sich feststellen, dass einem Einsatz Neuronaler Netze in der Praxis doch noch mit sehr viel Skepsis begegnet wird. Mitunter liegt dies daran, dass diesem Methodenkonzept das Bild des Undurchsichtigen, schwer Nachvollziehbaren, Suspekten anhaftet. Grund genug, um in diesem Beitrag zu versuchen, Aufbau und Funktionsweise Neuronaler Netze zunächst allgemein zu erhellen und dann am Beispiel zweier, inzwischen schon recht weit verbreiteter Arten Neuronaler Netze etwas genauer zu beleuchten. Als Beispiel einer Interdependenzanalyse werden die sog. „Selbstorganisierenden Karten" (SOM) zumindest knapp und als Beispiel einer Dependenzanalyse das „Multi Layer Perceptron" (MLP) ausführlicher skizziert. Im Anschluss daran wird dann eine allgemein auf den Einsatz Neuronaler Netze bezogene Vorgehenssystematik aufgezeigt. In diesem Kontext findet sich auch ein kurzer Überblick über geeignete Softwarelösungen. Schließlich sollen dann vor allem verschiedene Anwendungsbeispiele angerissen werden.

2. Grundkonzept und Arten Neuronaler Netze

Die von den Fähigkeiten des menschlichen Gehirns ausgehende Faszination war zweifellos wesentlicher Impulsgeber für den in den 1940er Jahren begonnenen Versuch, die biologische Intelligenz bzw. die massiv-parallel vernetzte Maschinerie biologischer Gehirne in computergestützten Neuronalen Netzen nachzubilden. Leitbild war zunächst insbesondere die Fähigkeit des Menschen, all seine Sinne in Echtzeit simultan einzusetzen, um durch Beobachtung bislang Unbekanntes zu erlernen, von Bekanntem auf Unbekanntes durch Verallgemeinerung zu schließen oder vage und unvollkommene Informationen zu verarbeiten. Zwar existiert bis heute ein biologisch orientierter Zweig der Neuroinformatik, inzwischen hat sich aber vor allem die neuronale Konstruktion formal-methodischer Algorithmen als Forschungsrichtung etabliert, die sich vom Nachbilden bekannter Schaltnetze biologischer Systeme (etwa des menschlichen Nervensystems) emanzipiert hat.[2] So sind bspw. Netzwerke, die nicht nur aus einer Neuronenschicht bestehen, sondern aus mehreren, sich überlagernden Neuronenschichten, wie etwa im Falle des sog. „Multi Layer Perceptrons", nicht mehr an einem biologischen Vorbild orientiert, sondern greifen auf vielfältige, theoretisch fundierte Konstruktionsprinzipien der Ma-

[2] Die Entwicklungsgeschichte Neuronaler Netze wird z. B. bei Rojas (1993), Zell (1994), Jung (1997) und Breitner (2003) kurz skizziert.

thematik, Physik etc. zurück (Breitner 2003, S. 109 ff.; Rojas 1993, S. 205 f.; Zell 2003, S. 97 ff.). Daher werden Neuronale Netze heute als Methoden der multivariaten Statistik aufgefasst.

Grundsätzlich lassen sich Neuronale Netze als *lernende Systeme* begreifen, die sich im Sinne eines Baukastensystems aus einer geeigneten Kombination zahlreicher Bausteine rekrutieren, die es aufgrund ihrer Ausgestaltung und Zusammenstellung ermöglichen, real existierende Phänomene komplexer und dynamischer Beziehungsmuster flexibel und präzise auf der Grundlage vorhandener Daten nachzubilden. Bei den einzelnen Bausteinen, den Neuronen, handelt es sich um „kleine Rechenoperatoren", die Input-Output-Relationen abbilden. In Abbildung 2 ist *eine* Bauart eines Neurons symbolisch dargestellt.

Die Verarbeitung findet in diesem Neuron, wie dargestellt, in zwei Schritten statt. Im ersten Schritt werden die Variablen x_n mit den Gewichtungsfaktoren w_n (auch „Gewichte" genannt) multipliziert und dann aufsummiert. Dieses Vorgehen entspricht bis hierher dem bekannten linearen Regressionsmodell. Im zweiten Schritt wird das Ergebnis der ersten Stufe durch die nichtlineare Funktion f_{akt} transformiert. Bei dieser „Transfer- bzw. Aktivierungsfunktion" kommen wahlweise Schwellenwertfunktionen, stückweise lineare Funktionen, sigmoide Funktionen oder Zentrumsfunktionen zum Einsatz. Mathematisch ausgedrückt entspricht dieses Neuron folgender Formel: $y = f_{akt}(\sum x_i w_i + b)$. Die Kombination mehrerer Neuronen eröffnet dann die Möglichkeit, jeglichen Kurvenverlauf abzubilden (ausführlicher zur universellen Approximationseigenschaft von NN vgl. Breitner 2003, S. 136 ff.).

Aufbauend auf verschiedene Arten der Ausgestaltung einzelner Neuronen sowie deren Zusammenstellung bzw. Zusammenschaltung zu einem lernenden Gesamtsystem sind unterschiedliche Netztypen entstanden. Diese lassen sich entweder nach den jeweils spezifischen Aufbauarten[3] oder auch nach den zu lösenden, statistischen Aufgabenstellungen kategorisieren. Im Folgenden seien beide Ansatzpunkte kurz beschritten, um einen besseren gedanklichen Zugang zu Neuronalen Netzen zu ermöglichen.

Kategorisierung Neuronaler Netze nach Aufbaumerkmalen

Ein Neuronales Netz entsteht, indem – wie schon kurz erwähnt – Neuronen in bestimmter Weise zusammengeschaltet und die optimalen Gewichtswerte nach einer bestimmten Methode, einem Lernverfahren, bestimmt werden. Demnach können Neuronale Netze nach folgenden Eigenschaften des Aufbaus kategorisiert werden:

---

[3] Düsing (1997) stellt beispielsweise 9 Kategorisierungsmerkmale auf. Alex (1998) beschreibt in seinem Anhang alle behandelten Netztypen mit 29 Merkmalen.

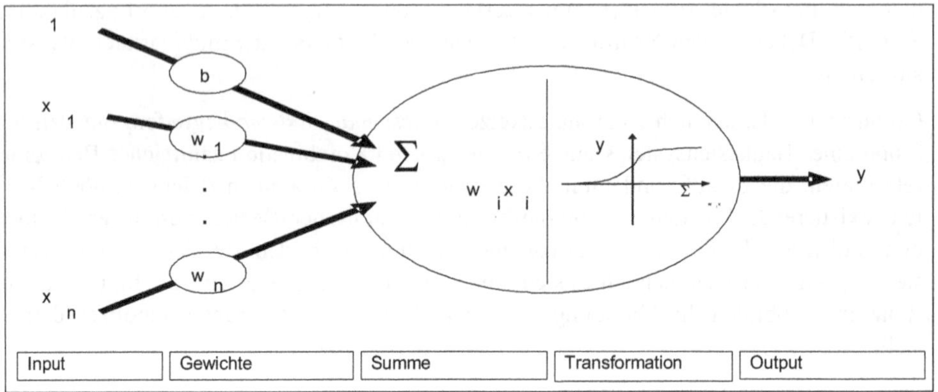

Abbildung 2: Das Modell eines Neurons

- *Aufbau des Neurons*: In dem in Abbildung 2 dargestellten Neuron wurden die Inputs gewichtet, summiert und nichtlinear transformiert. Andere Neuronentypen multiplizieren die gewichteten Inputs. Ferner können verschiedene Aktivierungs- bzw. Transformationsfunktionen, wie lineare, sigmoide (s-förmige) oder stufenförmige Funktionen, gewählt werden, über die sich dann alle wichtigen nichtlinearen Beziehungen abbilden lassen.
- *Aufbau des Netzwerks* (Topologie): Die Topologie ist die Art und Weise, wie die Neuronen eines Neuronalen Netzes miteinander verbunden sind. Grundlegend wird hierbei zumeist zwischen „hierarchischen Netzen" und „nicht hierarchischen Rückkopplungsnetzen" unterschieden. In Abbildung 3 sind vier Topologien dargestellt, die sich jeweils als Untervarianten interpretieren lassen: a) in bestimmten Topologien geben die Neuronen beispielsweise ihren Output nur in eine Richtung weiter (vorwärtsgerichtete Netze), b) andere besitzen eine Rückkopplung, c) einige sind komplett vernetzt und d) weitere Netze zeichnen sich schließlich durch bidirektionale Verbindungen aus (Alex 1998).
- *Art des Lernverfahrens*: Nach der problemorientiert vorzunehmenden Auswahl des Neuronentyps und der Netzwerktopologie erfolgt die spezifische Ausgestaltung der Neuronen und deren Zusammenstellung zu einem Neuronalen Netz auf der Grundlage vorhandener Daten und unter Rekurs auf sog. Trainings- bzw. Lernverfahren. Es gilt, mit Hilfe des Neuronalen Netzes real existierende Beziehungsmuster möglichst gut zu approximieren, indem die optimalen Gewichte gefunden werden. Für die Suche nach den optimalen Gewichten ist das Lernverfahren mit Hilfe eines Datensatzes (Stichprobe) verantwortlich. Grundsätzlich lassen sich dabei Ansätze eines „überwachten", „bestärkenden" sowie „unüberwachten" Lernens unterscheiden (Zell 2003, S. 93 ff.). Beim „überwachten Lernen" wird der Ist-Output des Netzes mit dem Soll-Wert verglichen; danach werden die Gewichte in geeigneter Weise verändert.

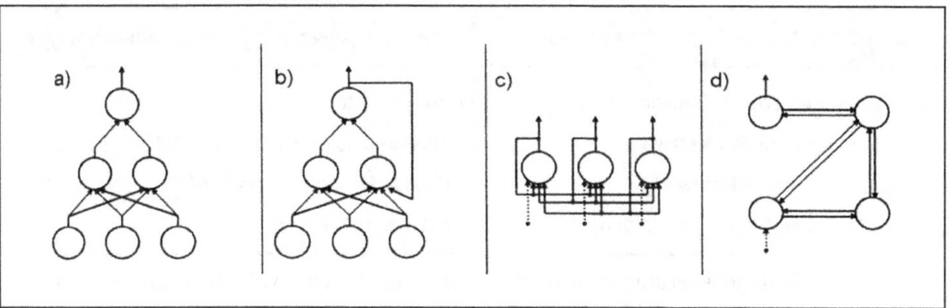

Abbildung 3: Beispiele zentraler Topologien Neuronaler Netze;
Quelle: Alex, B. 1998, S. 83

Beim „unüberwachten (selbstorganisierenden) Lernen" existiert kein Soll-Wert; das Netz soll die Input-Muster möglichst gut repräsentieren – ähnlich einem Clusteransatz.

Der a) Aufbau der einzelnen Neuronen, b) deren spezifische Zusammenschaltung zu einem Neuronalen Netz sowie c) die spezifische Approximation an real existierende Beziehungsmuster im Wege unterschiedlicher Trainings- bzw. Lernverfahren bilden die wesentlichen Elemente, entlang derer innerhalb der Neuroinformatik sehr unterschiedliche NN-Konzeptionen entwickelt wurden. Die hier existierende Fülle ist aus Sicht eines anwendungsorientierten Marktforschers kaum zu überschauen. Vor diesem Hintergrund bietet es sich an, in einem ersten Schritt erst einmal auf der Basis jener NN-Konzeptionen erste Eindrücke und Erfahrungen zu sammeln, die bislang auch in der anwendungsorientierten Forschung Verbreitung gefunden haben. In diesem Sinne erscheint es auch zweckmäßig, in diesem Beitrag die Funktionsweise Neuronaler Netze am Beispiel zweier NN-Konzepte bzw. Netztypen etwas näher zu verdeutlichen. Zuvor sei allerdings noch kurz eine Kategorisierung Neuronaler Netze nach spezifischen Aufgabenstellungen vorgenommen, zumal die später vorzustellenden Netztypen mit den hier identifizierten Kernaufgabenstellungen korrespondieren sollten.

Kategorisierung Neuronaler Netze nach der Aufgabenstellung

Aus einer anwendungsorientierten Perspektive gewinnt vor allem die auch im Blick auf klassische multivariate Verfahren wichtige Unterscheidung in Dependenz- und Interdependenzanalyen an Bedeutung. Je nachdem, welche Aufgabenstellung ins Zentrum gestellt wird, sind Neuronale Netze jeweils unterschiedlich zu konstruieren. Tabelle 2 gibt einen kurzen Überblick über die wichtigsten Netztypen, die entweder stärker zur Dependenz- oder zur Interdependenzanalyse herangezogen werden können.

Neuronale Netze zur Dependenzanalyse	Neuronale Netze zur Interdependenzanalyse
Multi Layer Perceptron (Backpropagation-Netz)	Hopfield Netz
Radiale Basis Funktion Netzwerk	Selbstorganisierende Karte SOM
Cascade Correlation Netzwerk	Adaptive Resonanztheorie ART
Rückgekoppelte (Elman und Jordan) Netze	Boltzmann Maschine

Tabelle 2: Kategorisierung Neuronaler Netze nach der Aufgabenstellung; Quelle: Wiedmann/Buckler 2003

Die Dependenzanalyse sucht Zusammenhänge von erklärenden und zu erklärenden Variablen (z. B. wie hängt der Umsatz vom geforderten Preis, den Werbeausgaben und sonstigen Faktoren ab). In der Interdependenzanalyse werden die Variablen nicht in unabhängige und abhängige Variablen aufgeteilt. Hier werden die Beziehungen zueinander untersucht (z. B. welche typischen Kunden lassen sich auf der Basis einer Fülle von Variablen identifizieren und näher beschreiben).

Die Lernverfahren von Neuronalen Netzen zur *Interdependenzanalyse* minimieren eine vorher definierte Zielfunktion. Je nach Konstruktion dieser Zielfunktion werden diese Verfahren zur Clusterung oder zur Optimierung eingesetzt. Clusterung ist die Aufteilung von Beispieldaten in Gruppen gemäß ihrer „Ähnlichkeit" zueinander (auch als a posteriori Klassifikation bezeichnet). In der Optimierung wird vor allem die Lage der Gruppen zueinander berücksichtigt. Ein klassisches Anwendungsbeispiel ist das Handelsreisenden-Optimierungsproblem.

Für Neuronale Netze zur *Dependenzanalyse* müssen Input- und Outputvariablen definiert werden. Je nach statistischen Eigenschaften der zu erklärenden Variable muss das Lernverfahren des Neuronalen Netzes zur Dependenzanalyse entsprechend angepasst werden. Hier unterscheidet man zwischen den zwei wichtigsten Lernproblemen – der Regression und der a priori Klassifikation, die in folgender Tabelle dargestellt sind (Vapnik 1995, S.16; Bishop 1995, S.5-6).

Skalierung der zu erklärenden Variable	Lernproblemstellung
Metrisch skalierte Variable	Regression (nichtlinear und linear)
Nominal skalierte Variable	A priori Klassifikation

Tabelle 3: Unterscheidung zwischen den wichtigsten zwei Lernproblemen

- Regression: Neuronale Netze können für Regressionsprobleme angewendet werden. Eine Regression bildet den funktionalen Zusammenhang zwischen einer oder mehreren erklärenden Variablen (z. B. Preise, Werbeausgaben, Produkteigenschaften) und einer metrisch skalierten zu erklärenden Variablen (z. B. zukünftiger Umsatz) anhand einer Stichprobe (Beispieldaten der Vergangenheit) nach, wobei dies bis auf eine gewisse Abweichung gelingt. Jedes Regressionsverfahren versucht nun, ein Fehlermaß, das mit Hilfe der Abweichungen berechnet wird, durch geeignete Veränderung der Modellparameter zu minimieren. Die üblicherweise verwandte Fehlerfunktion ist die Summe der quadrierten Abweichungen. Es lässt sich herleiten, dass diese Fehlerfunktion ein optimaler Schätzer der Varianz einer normalverteilten Störgröße ist (Breitner 2003, S. 19 ff.).
- A priori Klassifikation: Neuronale Netze können für a priori Klassifikationen (d. h. Diskriminanzanalyseprobleme) eingesetzt werden. A priori Klassifikationen unterteilen den Lösungsraum, den die erklärenden Variablen (z. B. Alter, Einkommen, Kaufhistorie bzgl. bestimmter Produkte) aufspannen, in Bereiche der a priori festgelegten Klassen4 (z. B. Klasse 1 der Käufer eines Produktes und Klasse 2 der Nichtkäufer des Produktes), indem die zu lernenden Merkmalsvektoren a priori einer Klasse zugeteilt werden und das Verfahren dann Gebiete mit bestimmten Klassenhäufungen ausfindig macht. Dazu wird die Klassenzugehörigkeit durch die Outputvariablen durch „1“ (für zugehörig) und „0“ (für nicht zugehörig) kodiert.

Um das Verständnis Neuronaler Netze im Blick auf die Bewältigung von Aufgaben im Sektor sowohl der Dependenz- als auch der Interdependenzanalyse weiterhin etwas zu vertiefen, erscheint es zweckmäßig, im Folgenden konkret auf zwei Netztypen einzugehen, die gerade auch im Sektor der Marketingforschung bereits eine gewisse Beachtung gefunden haben.

3. Die Funktionsweise Neuronaler Netze – dargestellt am Beispiel zweier Netztypen

Im Sektor von Dependenzanalysen hat bislang vor allem das Konzept des „Multi Layer Perceptron“ Verbreitung gefunden. Nahezu alle vorwärtsgerichteten Netze basieren auf dem Prinzip, dass der gesuchte Zusammenhang durch Überlagerung vieler (a priori festgelegter) Teilzusammenhänge, welche durch die Neuronen repräsentiert werden, nachgebildet wird. Hierbei ist das Perceptron in seiner Grundversion ein spezielles Neuron

[4] Natürlich sind auch Klassifikatoren mit mehr als zwei Klassen realisierbar. Der Anschaulichkeit halber wird dies hier nicht weiter berücksichtigt.

und stellt mit seiner nichtlinearen Transferfunktion ein nichtlineares mathematisches E-lement dar. Das „Multi Layer Perceptron“ überlagert viele dieser Nichtlinearitäten mehrerer Neuronen auf flexible Weise und erzeugt somit neue funktionale Zusammenhänge.

Im Blick auf Interdependenzanalysen hat demgegenüber etwa das Konzept der sog. „Selbstorganisierenden Karten“ Aufmerksamkeit gefunden. Beide Konzepte sollen im Folgenden skizziert werden. Dabei wird das „Multi Layer Perceptron“ sehr viel ausführlicher vorgestellt, da der bisherige Anwendungsschwerpunkt Neuronaler Netze eindeutig im Bereich der Dependenzanalyse liegt.

3.1 Die Selbstorganisierenden Karten (SOM) als Beispiel eines Neuronalen Netzes der Interdependenzanalyse

Den bekanntesten Vertreter für *Neuronale Netze der Interdependenzanalyse* stellen die so genannten ***„Selbstorganisierenden Karten“*** (SOM) (bzw. Self-Organizing-Maps oder Kohohen-Maps) dar. Die SOM sind einschichtige Netze und werden mit Hilfe eines unüberwachten Lernverfahrens trainiert (Zell 2003, S. 179 ff.).

Der n-dimensionale Gewichtsvektor eines Neurons gibt (geometrisch interpretiert) an, wo das Neuron sich im Stichprobenraum (der n Variablen) befindet. Zusätzlich wird anhand eines niederdimensionalen Gitters (meist zwei Dimensionen wie in Abbildung 4 dargestellt) eine lokale Nachbarschaftsbeziehung zwischen den Neuronen definiert. Die Gewichte werden durch das Lernverfahren so angepasst, dass die Neuronen zum einen sehr nahe an den Punkten der Stichprobe liegen, aber zum anderen auch die Topologie des Gitters erhalten bleibt. Als Ergebnis „schmiegt“ sich ein zwei- oder mehrdimensionales Gitter durch die höherdimensionale „Punktwolke“ der Stichprobe. SOMs stellen spezielle Clusterverfahren dar und approximieren als solche die Dichtefunktion der Daten (Hruschka 1999, S. 664 und S. 672)

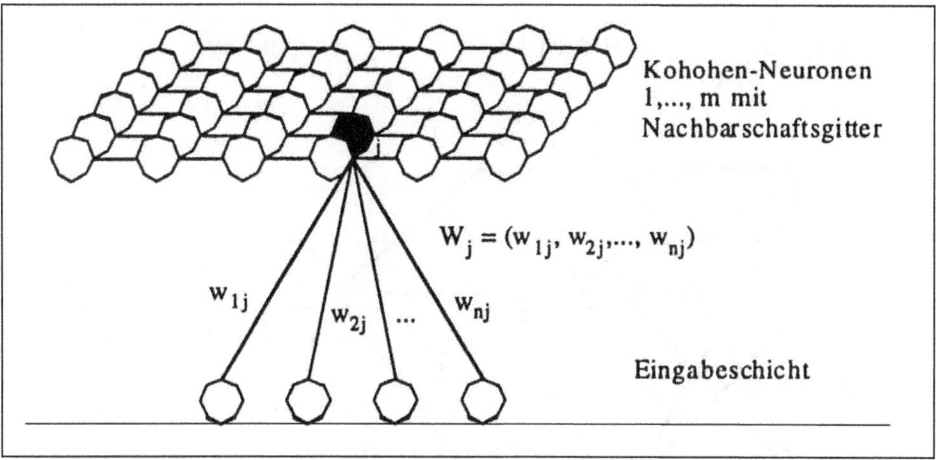

Abbildung 4: Self-Organizing-Map; Quelle: Zell 2003, S. 180

3.2 Das Multi Layer Perceptron als Beispiel eines Neuronalen Netzes der Dependenzanalyse

Ein Multi Layer Perceptron (MLP) ist ein Neuronales Netz, das, wie in Abbildung 5 dargestellt, aus zusammengeschalteten Neuronen besteht. Die Pfeile signalisieren die Signalflussrichtung von links nach rechts, so dass ein MLP zu den vorwärtsgerichteten Netzen gezählt werden kann. Die verwendeten Neuronen, die denen von Abbildung 2 entsprechen, sind wie ersichtlich in Schichten (layers) angeordnet. Es ist auch möglich, ein Neuronales Netz mit zwei verdeckten Neuronenschichten (Hidden Layer) aufzubauen. Man kann zeigen, dass bei bestimmten Zusammenhängen ein Netz mit zwei Hidden Layers insgesamt weniger Neuronen benötigt. Das Konzept des MLP basiert auf der Grundidee des einfachen Perzeptrons, das bereits 1958 entstand (Rosenblatt 1958). Sarle (Sarle 1998) zeigt an einem Beispiel, wie ein zweilagiges MLP mit 50 Neuronen genauso gut ist wie ein dreilagiges MLP mit 4 plus 2 Neuronen. Jedoch gibt es hier bei der Lernprozedur (Abschnitt 2.4.2) mehr Probleme, da dreilagige Netze eher in lokalen Minima der Fehlerfunktion „hängen bleiben“. Dies konnte in anderen Arbeiten bestätigt werden (Breitner 2000; Breitner 2003; Bartels/Breitner 2004). Demnach ist es a priori nicht eindeutig, welche Architektur bessere Ergebnisse liefert.

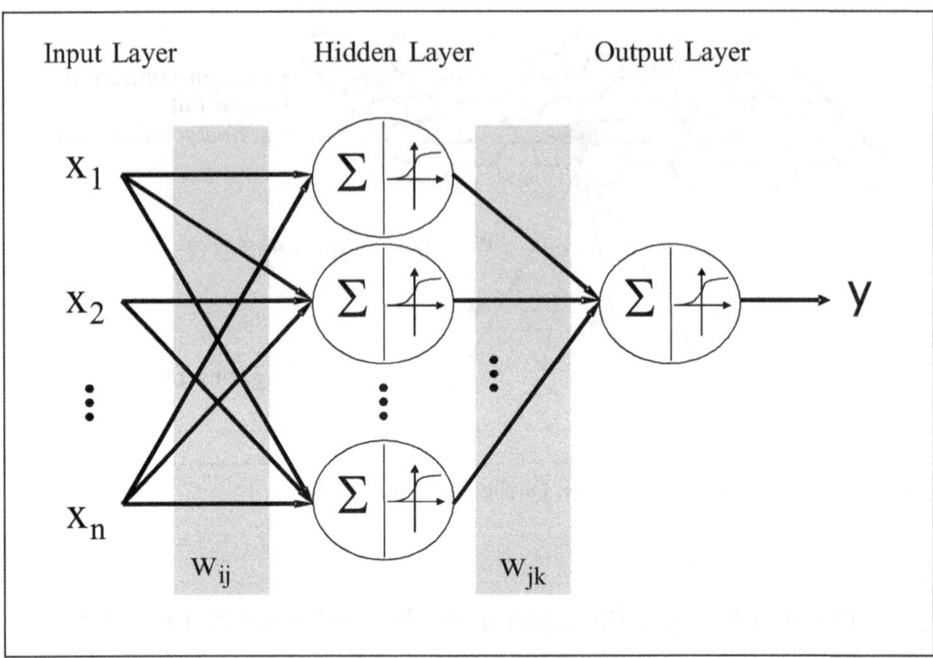

Abbildung 5: Multi Layer Perceptron

Wie oben erwähnt, stellt ein Neuron ohne Transferfunktion quasi eine Regressionsebene dar. Stellt man den Output eines Neurons mit nichtlinearer Transferfunktion in Abhängigkeit von zwei Variablen graphisch dar, so kann man die vom Neuron repräsentierte Funktion wie in Abbildung 6a als „Gebirge" darstellen. Die horizontalen Achsen sind die erklärenden Variablen und die vertikale Achse ist der Ausgabewert des Neurons. Addiert man nun den Output zweier Neuronen, so erhält man beispielsweise ein „Gebirge" wie in Abbildung 6b. Überlagert man weitere Neuronenausgaben so entstehen Funktionen, wie sie in Abbildung 6c oder 6d dargestellt sind. Das Addieren übernimmt das Output-Neuron. Gleichzeitig gewichtet es die Outputs der verdeckten Neuronen. Mit Hilfe dieses Ansatzes ist es möglich, durch Überlagerung definierter Funktionen (in Form der Aktivierungsfunktion) und deren Gewichtung jede beliebige andere Funktion nachzubilden. Der russische Mathematiker Kolmogorov konnte 1957 beweisen, dass jede stetige Funktion durch Addition der Outputs von endlich vielen Neuronen nachgebildet werden kann (Rojas 1993, S. 205 f.). Voraussetzung dafür ist, dass die Neuronen nichtlineare Transferfunktionen haben. Denn eine *nichtlineare* Funktion kann nur durch Überlagerung von *nichtlinearen* Funktionen entstehen (Rojas 1993, S. 205 f.).

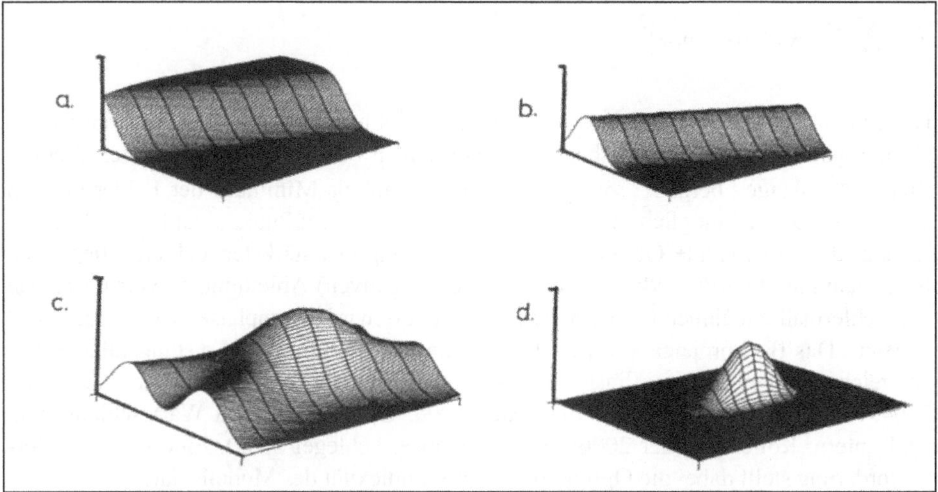

Abbildung 6: Ausgabe von Neuronalen Netzen bei zwei Input-Variablen; Quelle: Müller et al. 1990, S. 53

Der Vorteil Neuronaler Netze besteht also darin, dass durch die beschriebene Methode ein beliebiger, u. U. sehr komplexer und zuvor unbekannter Zusammenhang allein anhand von Vergangenheitsdaten modelliert werden kann. Man kann damit das Modell der Realität anpassen und muss nicht (wie in der Praxis leider weit verbreitet) die „wahrgenommene" Realität an die verengte Perspektive dessen anpassen, was methodisch abgebildet werden kann.

Die genaue Funktionsform ist von den Gewichten abhängig, da diese festlegen, wo und in welchem Ausmaß sich die Nichtlinearität der Aktivierungsfunktionen der Neuronen auswirken. Da die Gewichte so bestimmt werden sollen, dass das Netz sich der Ausprägung der zu erklärenden Variable annähert, wird ein Verfahren benötigt, welches die optimalen Gewichtswerte findet: das Lernverfahren. Das grundlegende Lernverfahren für ein MLP ist der so genannte Backpropagation-Algorithmus.

Lernverfahren – Backpropagation

Der Backpropagation-Algorithmus basiert auf folgendem Prinzip (Rumelhart et al. 1986; Zell 2003, S. 105 ff.; Görz 2003, S. 411 ff.; Stuhlmüller 2006). Im Falle eines Regressionsproblems wird die Soll-Ist-Differenz der Ausprägung der zu erklärenden Variablen (kurz „*t*" für target – die Soll-Größe) und der Netzausgabe (kurz „*o*" für Output – die Ist-Größe) quadriert und über alle Beispielpunkte (kurz „*p*" für pattern) aufaddiert. Damit erhält man folgendes Fehlermaß, welches es zu minimieren gilt:

$$E = \sum_{\forall p} (t^p - o^p(w_1,\ldots,w_n))^2 .$$

Dieses Fehlermaß ist von den Gewichten w_1 bis w_n abhängig. Nun ist es die Strategie des Backpropagation-Algorithmus, beginnend von einem beliebigen Punkt auf der „Fehlerfunktion" solange „bergab"[5] zu gehen, bis das „Tal" als Minimum der Fehlerfunktion erreicht ist. Dies ist möglich, da die Fehlerfunktion an jedem Punkt ableitbar ist. Die Ableitung, der so genannte Gradient, gibt die Richtung des stärksten Fehleranstieges an. Folgt man nun iterativ in kleinen Schritten der (negativen) Ableitung, so verringert sich das Fehlermaß zunehmend. Dieser iterative Prozess wird „Lernphase" bzw. „Training" genannt. Das Backpropagation-Verfahren kommt aufgrund seiner Leistungsfähigkeit in zahlreichen Arbeiten zum Einsatz (Bewertung von Optionsscheinen: Bartels/Breitner 2004; Prognose von Zeitreihen: Eisenbach 2005; Optimierung von Warteschlangen in Callcentern: Köller/Breitner 2006; DAX-Prognose: Schlegel 2005). Eine wichtige Herausforderung stellt dabei die Optimierung der Komplexität des Modells dar.

Optimierung der Komplexität des Neuronalen Netzes

Modelle sind bekanntlich vereinfachte Abbildungen der Realität. Es wird angenommen, dass die vorhandenen Beispieldaten sich aus realen bzw. „echten" Zusammenhängen und zufälligen Einflüssen zusammensetzen. Um zu einem zukunftsfähigen Modell zu gelangen, muss die Modellbildung den Zufallterm ignorieren und darf nicht „blind" die Vergangenheit „fehlerfrei" reproduzieren. Wird dies nicht beachtet, lernen Neuronale Netze nur „auswendig", ohne die Realität zu modellieren – ein Phänomen, das auch als „Overfitting" oder „Überlernen" bekannt ist.

Bei der Optimierung der Komplexität eines Neuronalen Netzes geht es vor allem um die richtige Anzahl der verdeckten Neuronen. In Abbildung 7 ist beispielhaft ein Regressionsproblem mit nur einer erklärenden Variablen dargestellt. In Grafik a) wird versucht, sich mit einer zu geringen Modellkomplexität (mit nur einem linearen Neuron) den Ausprägungen der zu erklärenden Variablen (Kreise) anzunähern. In Grafik c) werden so viele Neuronen verwendet, dass sich die Netzausgabe zwar den „Kreisen" perfekt annähert, jedoch die Netzfunktion (durchgezogene Linie) nur ungenügend mit der „wahren" Funktion (gestrichelte Linie) übereinstimmt. Nur das in Grafik b) dargestellte Netz hat die richtige Komplexität, da neue ungelernte Beispieldaten, die aus der gestrichelten Funktion und einem Zufallsterm entstehen, gut vorhergesagt werden können. Diese Eigenschaft wird „Generalisierungsfähigkeit" genannt.

[5] Interpretiert man eine dreidimensionale Funktion geographisch, entspricht sie einer geschwungenen Oberfläche bzw. einem „Gebirge". Dieses Bild kann verwendet werden, um die Funktionsweise besser zu verstehen.

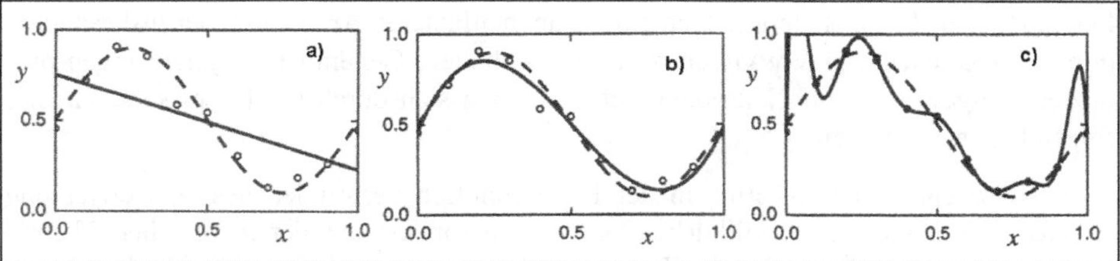

Abbildung 7: Underfitting, Fitting, Overfitting; Quelle: Bishop 1995, S. 11 f.

Um nun eine gute Modellkomplexität zu finden, sind eine Reihe von Heuristiken entwickelt worden, die sich in die Kategorien „Growing", „Pruning" und „Regulation" einordnen lassen:

- *Growing*: Hier wird die Anzahl der verdeckten Neuronen stufenweise erhöht. In jeder Stufe wird ein Netz auf der Basis der vorhandenen Datenmenge angelernt und dann dessen Modellkomplexität bewertet. Als Bewertungsmaßstäbe dienen empirische Gütemaße unter Verwendung von Validierungsdaten oder statistischen Tests (Anders 1997, S. 126 ff.).
- *Pruning*: Beim Pruning beginnt man mit einem „genügend großen" Netzwerk und sortiert Gewichte aus, die einem bestimmten Kriterium nach (z. B. alle Gewichte kleiner 0,01) nicht gebraucht werden. Nach dem „Prunen" eines Gewichtes wird das Netz wieder nachtrainiert. Dies geschieht solange abwechselnd, bis wiederum ein Kriterium (z. B. Minimum der Summe aus Residuensumme und Quadratsumme der Gewichte) für die Modellkomplexität ein Optimum indiziert.
- *Regulation:* Mit der Einsicht, dass bei endlicher Beispieldatenanzahl ein Trade-off zwischen Abweichungsminimierung und Modellkomplexität existiert, fügen Regulationstechniken zur Fehlerfunktion einen Term hinzu, der die Modellkomplexität beschreibt. Somit minimiert der Lernalgorithmus die Abweichungen zur Soll-Größe und die Modellkomplexität während des Lernvorgangs.

Eine systematische – weil von einem Grundprinzip theoretisch hergeleitete und in den Lernprozess eingebrachte – Modellkomplexitätssteuerung ist insbesondere mit dem Ansatz „Bayes'scher Techniken" (Prinzip der „minimalen Beschreibungslänge") sowie den „Support-Vektor-Maschinen" (Prinzip der „Minimierung des strukturellen Risikos") möglich (Vapnik 1995, S. 90 ff.). Beide Ansätze erscheinen im Blick auf ein fundiertes Verständnis Neuronaler Netze so wichtig, dass sie kurz erläutert werden sollen.

Bayes'sche Neuronale Netze

Bayes'sche Neuronale Netze stellen eine Anwendung der Bayes'schen Statistik – eine Erweiterung der klassischen Statistik – auf Neuronale Netze (genauer Multi Layer Perceptren) dar. Der Bayes'sche Ansatz kann hier nicht näher ausgeführt werden (ausführlich in Bishop 1995), er stellt jedoch einen ganzheitlicheren Ansatz dar, der insbesondere durch Einbeziehen von Vorwissen nachweisbar höhere Generalisierungsleistungen produziert. Angewendet auf Neuronale Netze ergeben sich durch die Bayes'sche Theorie folgende Erweiterungen:

- Es wird ein „Penalty-Term" in der Fehlerfunktion verwendet, dessen Gewichtung nicht wie bislang eher willkürlich-heuristisch, sondern aus der Baye'schen Theorie abgeleitet wird. Dieser Penalty-Term sorgt für eine optimale Komplexität des Neuronalen Netzes. In einer speziellen Form (Automatic Relevance Detection (ARD)) eliminiert der Penalty-Term automatisch alle unwichtigen Inputvariablen.
- Nach der Bayes'schen Theorie kann die Plausibilität eines gelernten Neuronalen Netzes berechnet werden. Der Bayes'sche Ansatz lernt verschiedene Neuronale Netze verschiedener Größe an und verwendet nicht das plausibelste Netzwerk, sondern die Prognosen aller Netze gewichtet nach der Plausibilität der Netze. Dies führt zu einer weiteren Steigerung der Generalisierungsleistung.

Bayes'sche Neuronale Netze erzielen eine hohe Generalisierungsleistung, indem die Modellkomplexität erstmals systematisch, aus einer Theorie abgeleitet, gesteuert werden kann.

Support-Vektor-Maschinen

Support-Vektor-Maschinen sind Lernverfahren, die auf Basis eines neuartigen Prinzips (Prinzip der strukturellen Risikominimierung + Anwendung von „Kern-Algorithmen") eine Funktionsschätzung, d. h. Regressionen, Klassifikationen oder Dichteschätzungen, durchführen können. Sie minimieren während des Lernvorgangs gleichzeitig den Fehler bezüglich der Lerndaten sowie die Modellkomplexität. Im Gegensatz zu Neuronalen Netzen erlaubt die neue Herangehensweise die Berechnung von global optimalen Gewichten. Das Ergebnis kann als ein Multi Layer Perceptron interpretiert werden, womit Support-Vektor-Maschinen auch als neue, mit dem Backpropagation-Algorithmus konkurrierende Lernverfahren angesehen werden können. Den Namen hat das Verfahren von der Beobachtung, dass die Lösung nur auf wenigen wichtigen Datensätzen (den sog. Support-Vektoren) der Stichprobe basiert.

Ein Nachteil von Support-Vektor-Maschinen ist die Tatsache, dass vor dem Lernvorgang eine Konstante festgelegt werden muss. Dies führt, ähnlich wie bei der Festlegung der Neuronenanzahl, zur Notwendigkeit der Anwendung von Techniken (wie z. B. der Kreuzvalidierung), um eine adäquate Konstante zu ermitteln.

Mit Support-Vektor-Maschinen sind in verschiedenen Anwendungen sehr gute Ergebnisse erzielt worden. Eine Weiterentwicklung des Verfahrens ist daher ein Schwerpunkt der derzeitigen Forschungsbemühungen im Umfeld Neuronaler Netze.

4. Zentrale Schritte im Zusammenhang mit dem Einsatz Neuronaler Netze in der Marktforschung

Der Einsatz Neuronaler Netze im Rahmen der Marktforschung lässt sich anhand einer kurzen Vorgehenssystematik noch etwas weiter verdeutlichen, die u. a. an den zuvor angesprochenen Aspekten ansetzt und diese aus dem Blickwinkel einer sinnvollen Herangehensweise ordnet sowie entsprechend ergänzt.

Definition des Marktforschungsproblems

Selbstverständlich bedarf es auch beim Einsatz Neuronaler Netze – wie bei allen anderen Verfahren der Marktforschung auch – zunächst einer professionellen inhaltlichen Vorbereitung. Ohne das Marketing-Managementproblem systematisch und fundiert herauszuarbeiten und ebenso differenziert wie operational in ein Marktforschungsproblem zu übersetzen, werden auch Neuronale Netze nicht zu optimalen Ergebnissen führen.

Wichtig erscheint es dann jeweils vor allem, zu überprüfen, ob und ggf. inwieweit die Voraussetzungen für eine optimale Nutzung Neuronaler Netze gegeben sind. Liegen etwa Fragestellungen und empirische Sachverhalte vor, bei denen Neuronale Netze aufgrund ihrer Vorteile hinsichtlich eines Umgangs mit Nichtlinearität, Komplexität und Zeitsensitivität im Vergleich zu anderen Methoden sinnvoll erscheinen?

Grundsätzlich bietet es sich schließlich an, Neuronale Netze gezielt im Verbund mit anderen Methoden (etwa anspruchsvollen Methoden der multivariaten Statistik) einzusetzen. Bei einem sequentiellen Einsatz im Rahmen eines Methodenverbundes ließen sich etwa spezifische Vorteilskombinationen verwirklichen, indem bspw. Neuronale Netze erst einmal zur Exploration komplexer Beziehungsmuster und dann klassische Verfahren der multivariaten Statistik eingesetzt werden, um die identifizierten Dependenzen und/oder Interdependenzen einer kritischen Überprüfung zu unterziehen. Vorstellbar ist aber auch ein unmittelbar paralleler Einsatz Neuronaler Netze und multivariater Verfahren, um dann gezielt Ergebnisvergleiche vornehmen zu können.

SOFTWAREAUSWAHL

Im Anschluss an eine tiefer gehende Reflexion und darauf aufbauende Definition des Marktforschungsproblems gilt es dann, eine Entscheidung hinsichtlich der einzusetzenden Software zu treffen bzw. sich die spezifischen Vor- und Nachteile der bereits vorhandenen Software vor Augen zu führen. Besonders komfortabel ist es freilich, wenn mehrere Softwarepakete zur Verfügung stehen und auch auf dieser Grundlage systematisch Ergebnisvergleiche durchgeführt werden können.

Für die Analyse mit Neuronalen Netzen existiert eine Vielzahl kommerzieller als auch frei verfügbarer Softwarepakete. Eine Übersicht bietet die im Internet von Sarle gepflegte „Frequently Asked Questions"-Website (Sarle 2002; Zell 2003, S. 347-379). In der Marktforschung konnten sich insbesondere vier Softwarelösungen verstärkt durchsetzen. Allen vier st gemein, dass ihre Neuronale-Netze-Software jeweils ein Modul in einem umfassenderen statistischen Analysepaket ist. Dies scheint eine wichtige Anwendungs- bzw. Akzeptanzvoraussetzung für die Anwender zu sein und ermöglicht im Übrigen zugleich in sehr komfortabler Weise die Durchführung der zuvor angeregten Methodenvergleiche.

- *SPSS Clementine – Modul Neural Networks*: Dieses Modul als Teil der Data-Mining-Lösung Clementine ersetzt die zuvor von SPSS vertriebene Software Neural Connection. Leider fehlen in diesem Modul einige wichtige Features, wie z. B. Bayes'sche Neuronale Netze. Der große Vorteil des Moduls ist die einfache Bedienbarkeit sowie die Einbindung in die grafische Analysestrukturierung (per Drag & Drop), die keine Programmierkenntnisse voraussetzt. Eine Einarbeitung ist schnell möglich.

- *STATISTIKA – Modul Neural Network*: Diese Software zeichnet sich durch eine große Bandbreiten an Features, Netzarchitekturen und Algorithmen aus. Zudem können über eine VBA-artige Scriptsprache wie im gesamten Statistika-System komplexe Abläufe programmiert und Analysen automatisiert werden. Die grundlegende Bedienung ist bedienerfreundlich und damit für Anfänger geeignet. Somit ist das Paket sowohl für Anfänger als auch Experten zu empfehlen. Ein Nachteil ist, dass das Bedienerkonzept von dem der sehr verbreiteten SPSS-Familie abweicht.

- *MATLAB Neural Networks*: MATLAB ist die in den Ingenieur- und Naturwissenschaften am weitesten verbreitete Analyse- und Entwicklungsumgebung. Für MATLAB gibt es vom Hersteller eine Vielzahl vielseitiger Analysetoolboxen, unter anderem für Neuronale Netze. Zudem sind viele kostenlose Toolboxen von Anwendern und Wissenschaftlern im Internet verfügbar (u. a. Bayes'sche Neuronale Netze, Support Vektor Machines u. v. m.). Der große Vorteil von MATLAB ist, dass der Anwender grundsätzlich absolut unbeschränkt und zukunftsoffen in seinen Möglichkeiten ist und zugleich immer auf die neuesten Technologien zurückgreifen kann. Der Hauptnachteil besteht darin, dass Kenntnisse der Skriptprogrammierung notwendig sind. Zudem ist die Bedienungsoberfläche nicht ideal für Einsteiger.

- *FAUN*: Aus Sicht der (Neuro-)Informatik ermöglicht der FAUN-Neurosimulator (FAUN = Fast Approximation with Universal Neural Networks) das überwachte Lernen mit Perzeptrons und Netzen mit Radial-Basis-Funktionen (Breitner 2003, S. 165 ff.). FAUN wurde hinsichtlich einer hohen Effizienz beim Training optimiert, um den Einsatz in betriebswirtschaftlichen Echtzeitszenarien zu gewährleisten, und ist in dieser Hinsicht den oben genannten Programmen überlegen (Bartels/Breitner 2004; Köller/Breitner, 2005). Ferner ist eine hohe Plattformunabhängigkeit gewährleistet, so dass in nahezu allen betrieblichen Bereichen ein Einsatz möglich ist. Die Auswertung kann über Exportfunktionen in herkömmlichen Statistikprogrammen durchgeführt werden

Im Kontext der vorliegenden Softwarelösung lässt sich dann entsprechend eine konkrete Vorgehenssystematik definieren, die grundsätzlich dem im Folgenden angedeuteten Muster folgt.

Problemmodellierung und Datenbeschaffung

Rekurrierend auf die softwarespezifischen Optionen hat zunächst eine sachlich richtige Modellierung der jeweiligen Fragestellung im Mittelpunkt zu stehen, an der sich dann auch die Akzentuierung und Operationalisierung der relevanten Variablen und die weitere Datenbeschaffung zu orientieren haben. In der Praxis wird man indessen nicht selten auch den Weg gehen müssen, zu fragen, welche Variablen bereits in welcher Güte vorliegen und welche pragmatischen Arbeitsmodelle sich dann auf dieser Grundlage entwickeln lassen? Solange im Wege eines kritischen Diskurses festgestellt wird, dass sich ein solches pragmatisches Arbeitsmodell nicht zu weit von einem aus theoretischer Sicht zweckdienlichen Grundmodell entfernt, ist diese Vorgehensweise durchaus legitim.

Hinsichtlich der Auswahl der Variablen, die in das Modell einbezogen werden sollen, lassen sich – mutatis mutandis an der Unterscheidung in exploratorische und konfirmatorische Studiendesigns anknüpfend – zwei grundsätzliche Stoßrichtungen unterscheiden: Entweder in Ermangelung oder in bewusster Negation von vorhandenem Wissen werden zum einen möglichst viele Variablen in die Modellbildung einbezogen, um dann später u. U. auf neue Beziehungsmuster zu stoßen; zum anderen kann gerade umgekehrt der Versuch im Zentrum stehen, möglichst konsequent auf vorhandenem Expertenwissen aufzubauen, um die Anzahl der in das Modell einbezogenen Variablen möglichst zu reduzieren, um dem sog. „Fluch der Dimensionen“ zu entgehen. Der „Fluch“ besteht darin, dass mit steigender Anzahl der Variablen der Stichprobenbedarf theoretisch exponentiell steigt (Bishop 1995, S. 7 f.).

Im vorliegenden Zusammenhang mag es sich einerseits anbieten, eine exploratorisch angelegte Modellanalyse (Stufe 1) mit einer konfirmatorischen Modellanalyse (Stufe 2) systematisch zu kombinieren. Das Neuronale Netz der Stufe 1 generiert hier gewissermaßen den Input an Variablen, die in der zweiten Stufe in die Definition eines Neuronalen Netzes einfließen. Ein anderer Ansatz kann hier aber auch darin bestehen, im Wege einer sich auf klassische multivariate Verfahren stützenden „Datenvorverarbeitung“ die Zahl der Variablen zu verringern (*Datenkompression*). Eine der hierzu zumeist eingesetzten Methoden ist die Hauptkomponentenanalyse (HKA). Vielfach wird jedoch nicht beachtet, dass – wenn die Annahmen der HKA nicht zutreffen – Informationen verloren gehen, deren Verlust nicht durch die Dimensionsreduktion kompensiert werden kann (ausführlich dazu Bishop 1995, S. 310–319). Unkundiger Methodeneinsatz kann somit schnell zu schlechten Ergebnissen führen. Verfahren wie die Automated-Relevanz-Detection erlauben es, die Variablenauswahl durch das Neuronale Netz selbst erledigen zu lassen (MacKay 1994). Mit Hilfe dieser Methoden ist es möglich, eine sehr viel größere Variablenanzahl im ersten Schritt zuzulassen.

Entwicklung des Neuronalen Netzes auf der Basis vorhandener Daten

Nach der Modellbildung und Datenbeschaffung bzw. -aufbereitung wird das Neuronale Netz in mehreren Stufen entwickelt: in einer ersten Lernphase, einer Validierungsphase und schließlich einer Testphase. Die – etwa in Gestalt einer vorverarbeiteten *Stichprobe* – vorhandene Datenbasis muss nun zur Verwendung in diesen drei Phasen in drei Teilmengen aufgeteilt werden: die *Lerndaten*, die *Validierungsdaten*[6] und die *Testdaten*. Mit Hilfe der Lerndaten sucht und findet das Lernverfahren die geeigneten Gewichte des Neuronalen Netzes. Im zweiten Schritt wird das sich hier herauskristallisierende Neuronale Netz auf die Testdaten übertragen. Durch Testen der Prognoseleistung des entstehenden Neuronalen Netzes anhand dem Netz unbekannter Validierungsdaten kann hier dann beurteilt werden, inwieweit die Modellkomplexität optimal ist; dies ist die so genannte Kreuzvalidierung. Nach einer bestimmten Anzahl an Lernzyklen wird das Fehlermaß auf den Validierungsdaten wieder ansteigen. Wird nun unkontrolliert weitergelernt, so spricht man von „Overfitting"; das Lernverfahren lernt ab hier die Lerndaten lediglich „auswendig". Das resultierende Neuronale Netz kann die Lerndaten zwar perfekt reproduzieren – andere Datensätze aus dem gleichen Zusammenhang werden jedoch falsch wiedergegeben. Ziel ist es, ein „neuronales Modell" zu erstellen, das mit unbekannten, neuen Daten möglichst gut u. a. klassifizieren oder prognostizieren kann. Dies gilt es dann schließlich in der Test- bzw. Anwendungsphase zu überprüfen.

Wurden die Lerndaten nun dazu genutzt, die einzelnen Gewichte im Neuronalen Netz zu bestimmen, und wurden dann die Validierungsdaten herangezogen, um die geeignete Netzwerkkomplexität zu finden, muss nach dieser „Strukturexploration" die entdeckte Struktur nun überprüft werden. Die Validierungsdaten werden zum Finden der optimalen Modellkomplexität benötigt. Die Generalisierungsfähigkeit des Modells selbst wird jedoch erst mit Hilfe eines weiteren separaten Testdatensets beurteilt.

Zur empirischen Prüfung von Modell-Hypothesen (hier der Netzwerkfunktion) werden jeweils geeignete Gütekriterien benötigt, die den jeweiligen Fragestellungen und damit verknüpften Modelltypen Rechnung tragen. Nachfolgende Tabelle enthält im Blick auf die beiden Kernfragestellungen einer Regressions- und einer Klassifikationsanalyse eine kurze Übersicht über geeignete Gütekriterien. Außer den Gütekriterien in Zeile 3 existieren einige „abgewandelte Formeln" mit gleicher grundsätzlicher Aussage. Der Korrelationskoeffizient misst lediglich den Gleich*lauf*, nicht die Gleich*heit*, und kann somit zu starken Güteverzerrungen führen. Die Trefferquote ist lediglich unzuverlässiger als die Kreuz-Entropie, da die Entscheidung „Treffer vs. kein Treffer" u. U. sehr unsicher ist und so im Einzelfall die Aussage verfälschen kann.

[6] Es gibt neben der einfachen Verwendung von Validierungsdaten eine Reihe weiterer Vorgehensweisen zur Komplexitätsoptimierung (auch gänzlich ohne Validierungsdaten). Siehe dazu Anders/Korn (1996) und Bishop (1996, S. 385 ff.).

	Regression		Klassifikation
Verteilung des Zufallsterms	Gaußverteilt	Laplaceverteilt	Binomialverteilt
Fehlerfunktion	Summe der quadrierten Abweichungen (KQ-Schätzer)	Summe der absoluten Abweichungen	Cross-Entropie-Funktion
Gütekriterium	MSE – mittlerer quadratischer Fehler	MAE – mittlerer absoluter Fehler	Kreuz-Entropie
Suboptimale Gütekriterien	Korrelationskoeffizient		Trefferquote

Tabelle 4: Problemspezifische Gütekriterien

Nach Abschluss der Analysen müssen die Ergebnisse wiederum im Lichte des zunächst in den Mittelpunkt gestellten Managementproblems analysiert und interpretiert werden. Im Zuge dieser inhaltlichen Auseinandersetzung sind dann auch Lernprozesse hinsichtlich eines immer besseren Ausschöpfens der Potenziale Neuronaler Netze möglich. Unsere bisherigen Erfahrungen zeigen, dass bereits nach ca. ein oder zwei Lernschleifen gut funktionierende Neuronale Netze aufgebaut werden können, die helfen, echte Forschritte zu erzielen.

Selbstverständlich ist die hier kurz angerissene Vorgehenssystematik noch recht allgemein. Detailliertere Stufenmodelle der Entwicklung und Anwendung Neuronaler Netze müssten etwa mit Bezug auf einzelne Netztypen, Softwareprogramme sowie auch konkrete Fragestellungen ausgearbeitet werden.

5. Anwendungsbeispiele zum Einsatz von Neuronalen Netzen in der Marktforschung

Um die Bandbreite der Einsatzmöglichkeiten Neuronaler Netze etwas zu verdeutlichen erscheint es zweckmäßig, entsprechende Anwendungsbeispiele sowohl für Problemstellungen der Datenanalyse und Prognose als auch für die Bereiche der Simulation und Optimierung kurz anzureißen.

Die Wirkung von Image- bzw. Qualitätskomponenten – ein Anwendungsbeispiel einer Neuronalen Datenanalyse:

Ein großer deutscher Energieversorger wollte die Einführung eines Ökostrom-Produktes dafür nutzen, sein Ökologie-Image zu stärken. Es war die Frage zu klären, welchen Effekt eine Steigerung dieser Leistungs- bzw. Imagekomponente auf die Bindung aller Kundengruppen haben könnte. Zur Verfügung standen die Daten des regelmäßig erhobenen Kundenzufriedenheitsmonitors mit 700 Datensätzen, in dem sowohl die Kundenbindung als auch diverse Imagekomponenten abgefragt wurden.

Eine univariate Korrelationsanalyse zwischen Kundenbindung und Ökologieeinschätzung ist wenig zielführend, da diverse Scheinkorrelationseffekte nur durch multivariate Analyseverfahren erfasst werden können. Daher wurde eine lineare Regression mit allen Image-Variablen auf die Kundenbindung als abhängige Variable durchgeführt Als Ergebnis hatte das ökologische Engagement einen schwach negativen Einfluss. Diese Aussage widersprach allen bislang vorliegenden Erkenntnissen und unterstütze die Vermutung, dass wir es hier mit einem Methodenartefakt zu tun haben, das seinen Ursprung darin hat, dass die Anwendungsvoraussetzungen der Regressionsanalyse (u. a. Linearität und Additivität der Einflüsse) nicht gegeben waren. Insofern wurde dann in einem weiteren Schritt ein Neuronales Netz gerechnet, das eine deutlich höhere Erklärungsgüte erreichte. Rekurrierend auf den sog. Plate-Algorithmus, mit Hilfe dessen nicht moderierte (d. h. additive) Einflüsse von Variablen separiert werden können, wurde der additive Einfluss der Ökologieeinschätzung auf die Kundenbindung modelliert und dann graphisch verdeutlicht. Hierbei konnte eine umgekehrte U-Funktion identifiziert werden, die zudem einen großen Teil der Varianz erklärte (ausführlich dazu Buckler 2001, S.170). Bei der heutigen mittleren Ökologieeinschätzung war die maximale Kundenbindung zu verzeichnen. Das heißt, sowohl eine Steigerung als auch eine Verschlechterung dieser Imagekomponente führt insgesamt zu einer deutlichen Verschlechterung der Kundenbindung. Es wurde also eine starke Segmentierung der Kunden deutlich: Die positiven Effekte auf Ökologieorientierte („Wenn Strom, dann umweltfreundlich“) wurden durch negative Effekte der Preisorientierten („Ökologie erhöht unnötig die Kosten“) kompensiert. Als Ergebnis wurde eine Marketingstrategie erarbeitet, die nicht auf eine allgemeine Ökologiepositionierung abzielte, sondern ein konsequentes Zielgruppenmarketing verfolgte.

Das Beispiel zeigt, wie mit Neuronalen Netzen durch Verwendung von Zusatzverfahren zur Darstellung und Quantifizierung von Einzelzusammenhängen eine bessere Einsicht in Zusammenhänge möglich wird. Zudem zeigt es auch auf, welche Gefahren mit der Anwendung von nicht problemadäquaten Verfahren (hier die lineare Regressionsanalyse) einhergehen.

Die Analyse der Zahlungsbereitschaft – Ein Anwendungsbeispiel für Neuronale Diagnose- sowie Prognosemodelle:

Der weltweit führende Hersteller für Industrieverpackungen (GREIF Inc.) vertreibt seine Produkte an große Industriekunden. Hierbei werden mit jedem Kunden individuelle Preise vereinbart. Im Rahmen eines kontinuierlichen Verbesserungsprozesses im Vertrieb war es das Ziel, den Beteiligten Informationen zur Entscheidungsunterstützung für die Preisverhandlungen an die Hand zu geben.

Dafür wurde ein System zur Analyse der Zahlungsbereitschaft konzipiert. Als abhängige Variable wurde für jeden Kunden der Rohertrag in Prozent (Preis minus Materialkosten je Stück) aus der Unternehmensdatenbank bezogen. Der Rohertrag ist hier geeignet, da die stark schwankenden Rohmaterialkosten i. d. R. immer direkt an den Kunden weitergegeben werden. Zur Erhebung der erklärende Variablen wurde ein Fragebogen konzipiert, mit dessen Hilfe jeder Kunde nach verschiedenen Kriterien bewertet wurde – etwa danach, inwieweit er zentralisiert einkauft, große Vorteile der GREIF-Produkte wahrnimmt oder eine gute Beziehung zum Einkäufer hat.

Bei der Analyse mit einem Neuronalen Netz wurde u. a. durch Verwendung Bayes'scher Techniken und der Kreuzvalidierung ein besonderer Wert auf die Generalisierbarkeit der Ergebnisse gelegt. Im Ergebnis konnte festgestellt werden, dass lediglich 7 der 21 Inputvariablen prognostische Relevanz besaßen. Die Netzausgabe enthielt für jeden Kunden einen diagnostizierten Rohertragswert. Liegt dieser Wert über dem aktuellen Ist-Wert, ist zu vermuten, dass Preissteigerungen möglich sind. Liegt dieser unter dem Wert, ist Vorsicht bei den Preisverhandlungen angezeigt. Dieses Werkzeug wird zur Unterstützung jeder Preisverhandlung eingesetzt. Es gibt den Vertriebsleitern Mut bei der Durchsetzung höherer Preise. Die guten Erfahrungen waren Ausgangspunkt für einen Lernprozess im Vertrieb, der zudem aufzeigte, wie unterschiedlich die Zahlungsbereitschaften von Kunden sein können. Das Unternehmen schätzt, dass aufgrund dieses Tools weltweit jährlich mind. 10 Mio. EUR mehr eingenommen werden.

Kommunikationsbudget-Optimierung – Ein Anwendungsbeispiel für Neuroanale Simulation und Optimierung

Viele Werbetreibende wie u. a. Automobilhersteller geben jährlich Millionenbeträge im dreistelligen Bereich für diverse Kommunikationskanäle aus. Die Wirkung jeder einzelnen Maßnahme kann zumeist nur vage in Labortests oder durch Recall-Befragungen abgeschätzt werden. Dies ist jedoch nur begrenzt zielführend, da der Hauptteil der Effekte auf dem Zusammenwirken der Einzelmaßnahmen basiert und nicht einfach abgefragt werden kann. Beispielsweise werden bestimmte Sympathie- und Erinnerungswerte meist erst nach der dritten Wahrnehmung einer Kommunikationsmaßnahme erreicht. Andere Instrumente wirken nur dann, wenn bestimmte Vorkommunikationen nicht nur emotional (z. B. im Wege der TV-Werbung), sondern auch rational (z. B. in Zeitschriften) stattgefunden haben. Da jedoch eine Vielzahl von Kanälen parallel bzw. leicht zeitversetzt geschaltet werden, können mit heutigen Werbewirkungsverfahren die Effekte der Instrumente nur unbefriedigend separiert und bewertet werden.

Ein an der Leibniz Universität Hannover entwickelter Ansatz auf Basis Neuronaler Netze verwendet als erklärende Variablen den Kommunikationsplan der Vergangenheit. Als zu erklärende Variablen werden Zielgrößen wie Bekanntheit, Sympathie und Kaufabsicht aus wöchentlich stattfindenden deutschlandweiten Monitoren verwendetet. Die Besonderheit des Ansatzes ist es, nicht eine Zeitpunkt- sondern eine Zeitraumbetrachtung anhand von Längsschnittdaten durchzuführen. Somit kann die Wirkungsverzögerung bestimmter Effekte (als deutlicher Indikator für Kausalität) berücksichtigt werden. Als Input gehen also die Intensität der in den letzten n Zeiteinheiten gefahrenen Kommunikationsbemühungen je Kanal und je Zeiteinheit ein. Ein Neuronales Netz, welches mit dem „Automated Relevance Detection"-Algorithmus ausgestattet ist, erkennt im ersten Schritt, welcher Zeitpunkt vor dem Betrachtungszeitpunkt für die Prognose relevant ist. Im zweiten Schritt wird die Stärke und Qualität der Einflüsse bestimmt und visualisiert. So können qualitative Erkenntnisse analog dem Datenanalyse-Beispiel gewonnen werden. Der gesamte Methodenverbund kann als neuronale Kausalanalyse interpretiert werden (Buckler 2001).

Mit dem optimierten Neuronalen Netz können daraufhin in Simulationen „Wenn-dann-Szenarien" evaluiert werden. Ein weiterer Algorithmus spielt verschiedene „Wenn-dann-Szenarien" automatisiert durch und findet so eine optimale Lösung. Auf Basis von Beispieldatensätzen konnte beispielsweise ermittelt werden, dass eine Reduzierung von Zeitschriftenanzeigen um 37 % (insb. bei den klassischen Nachrichtenmagazinen) zugunsten von mit bestimmten Events gekoppelten Mailings eine Effektivitätssteigerung um 23 % bewirken könnte.

Das Beispiel zeigt zum einen, dass Neuronale Netze richtig angewendet komplexe Ursache-Wirkungszusammenhänge modellieren können. Zum anderen können darauf aufbauend geplante Kommunikationspläne simuliert werden und durch ein automatisches „Durchspielen" optimiert werden. Die Verbindung mit Verfahren zur Visualisierung und Bewertung von Zusammenhängen (Datenanalyse) initiiert ein Lernprozess über die komplexen Wechselwirkungen kommunikativer Maßnahmen.

6. Zusammenfassung und Ausblick

Ein Einsatz Neuronaler Netze sollte immer dort in Erwägung gezogen werden, wo die Anwendungsvoraussetzungen klassischer Verfahren der multivariaten Statistik verletzt werden – also wenn etwa Nichtlinearitäten oder Moderationseffekte (=Interaktionen) vermutet, aber nicht konkret beschrieben werden können. Ist die Datenbasis ausreichend groß, können hier mit Neuronalen Netzen präzisere Analysen erstellt und neue Erkenntnisse gewonnen werden. Die Einsatzgebiete sind dabei äußerst vielfältig. Neuronale Netze können so etwa für Regressionsprobleme, Clusteraufgaben, oder a priori Klassifikationen ebenso sinnvoll angewendet werden wie für explorative Faktoranalysen oder sogar Kausalanalysen. Die Entwicklung geht derzeit dahin, dass Neuronale Netze in anwendungsbezogene Methodenverbünde eingebracht werden, so dass neuartige leistungsfähige Konzepte für Kausalanalysen oder Conjoint-Analysen entstehen. Hierbei helfen Algorithmen und Darstellungsformen, die Einsicht in die ermittelten Zusammenhänge zu gewähren und so den Neuronalen Netzen gelegentlich zugeschriebenen „Black-Box-Charakter“ zu überwinden.

Während bspw. klassische Verfahren der multivariaten Statistik vom Anwender tief greifende Kenntnisse hinsichtlich der Anwendungsvoraussetzungen verlangen, erfordern Neuronale Netze hingegen eher Kenntnisse über ein geeignetes Vorgehen und die richtige Methodenwahl. Mit dem vorliegenden Beitrag konnte hierzu freilich nur ein allererster Einstieg angeboten werden. Zumindest sollte es aber gelungen sein, bestehende Berührungsängste etwas abzubauen, die bislang ganz offensichtlich einer intensiveren Anwendung Neuronaler Netze in der Marktforschung im Wege stehen.

Literaturverzeichnis

Alex, B. (1998): Künstliche Neuronale Netze in Management-Informationssystemen: Grundlagen und Einsatzmöglichkeiten, Wiesbaden.

Anders, U. (1997): Statistische Neuronale Netze, München.

Anders, U./Korn, O. (1996): Model selection in Neural Networks, Discussion Paper Nr. 21, Mannheim.

Bartels, P./Breitner, M.H. (2004): Warrant Pro 1: Market Price Synthesis with a Software Agent and a Neurosimulator,

Bishop, C.M. (1995): Neural Networks for Pattern Recognition, Oxford.

Breitner, M.H. (2000): Heuristic Option Pricing with Neural Networks and the Neurocomputer Synapse 3, in: Optimization, 47, S. 319-333.

Breitner, M.H. (2003): Nichtlineare, multivariate Approximation mit Perzeptrons und anderen Funktionen auf verschiedenen Hochleistungsrechnern, Berlin.

Buckler, F. (2001): Neusrel, Neuer Kausalanalyseansatz auf Basis Neuronaler Netze als Instrument der Marketingforschung, Göttingen.

Cybenko, G. (1989): Approximation by superpositions of a sigmoidal function, in: Mathematics of Control, Signal and Systems 2, S. 303-314.

Düsing, R. (1997): Betriebswirtschaftliche Anwendungsbereiche konnektionistischer Systeme, Hamburg.

Eisenbach, D. (2005): Künstliche Neuronale Netze zur Prognose von Zeitreihen, Münster.

Görz, G. (2003): Handbuch der Künstlichen Intelligenz, 4. Auflage, München.

Hornik, K. (1990): Approximation capabilities of multilayer feedforward networks, in: Neural Networks, 4/2, S. 251-257.

Hornik, K. et al. (1989): Multilayer feedforward networks are universal approximators, in: Neural Networks. 2/5, S. 359-366.

Hruschka, H. (1999): Neuronale Netze, in: Herrmann, A./Homburg, Chr. (Hrsg.), Marktforschung. Methoden, Anwendungen, Praxisbeispiele, Wiesbaden, S. 661-683.

Jung, H.-H. (1997): Neurobasiertes Mass Customizing zur Segmentierung des deutschen PKW-Marktes, Konzeptionelle und methodische Neuausrichtung des Automobilmarketing, Wiesbaden.

Jung, H.H./Wiedmann, K.-P. (1997): Neuronale Netze im Rahmen der Automobilmarktforschung, in: Hippner, H./Meyer, M./Wilde, K.D. (Hrsg.), Computer Based Marketing. Das Handbuch zur Marketinginformatik, Braunschweig/Wiesbaden 1998, S. 437-444.

Köller, F./Breitner, M.H. (2005): Optimierung von Warteschlangensystemen in Call Centern auf Basis von Kennzahlenapproximation, in: Supply Chain Management und Logistik, Heidelberg, S. 461-484.

Köller, F./Breitner, M.H. (2006): Optimierung von Warteschlangensystemen durch Approximation mit Neuronalen Netzen, in: Operations research proceedings 2005, Berlin, S. 263-268.

MacKay, D.J.C. (1994): Bayesian non-linear modelling for the 1993 energy prediction competition (http://wol.ra.phy.cam.ac.uk/mackay/README.html).

Müller, B./Reinhardt, J./Strickland, M.T. (1990): Neural Networks, 2. Auflage, Berlin, Heidelberg, New York.

Multhaupt, M. (1998): Data Mining – Grundlagen und Methoden, Arbeitspapier TU Braunschweig.

Plate, T. (1998): Controlling the hyper-parameter search in MacKay's Bayesian neural nework framework, in: Orr, G./Müller, K.-R./Caruana, R. (Hrsg.), Neural Networks. Tricks of the Trade, Berlin, S. 93-112.

Raffée, H./Wiedmann, K.-P. (1997): Neurobasiertes Informationsmanagement als Erfolgsbasis zukunftsgerichteter Unternehmensführung, in: Bruhn, M./Steffenhagen, H. (Hrsg.), Marktorientierte Unternehmensführung (Festschrift für Heribert Meffert zum 60. Geburtstag), Wiesbaden, S. 437-454.

Rojas, P. (1993): Theorie der Neuronalen Netze, 1. Auflage, Berlin, Heidelberg, NewYork.

Rosenblatt, F. (1958): The Perceptron: a probabilistic model for information storage and organization in the brain, in: Psychological Reviews, Bd. 65, S. 386-408.

Rumelhart, D.E. et al. (1986): Learning representations by back-propagating errors, in:

Nature, 323/6088, S. 533-536.

Sarle, W.S. (2002): Newsgroup comp.ai.neural-nets - Commercial software, in: (http://www.faqs.org/faqs/ai-faq/neural-nets/part6/).

Sarle, W.S. (1998): How many hidden layers should I use, in (ftp://ftp.sas.com/pub/neural/FAQ.html).

Schlegel, H. (2005): Die optimale toplogische Gestaltung eines vierschichtigen Multilayer Perceptrons mit Backpropagation Lernregel in der Anwendung einer DAX Prognose, Köthen.

Schneider, B. (1994): Neuronale Netze für betriebliche Anwendungen: Anwendungspotentiale und existierende Systeme, Münster.

Stuhlmüller, A. (2006): Neuronale Netze: Backpropagation zwischen Theorie und Praxis, in: (http://www.aiplayground.org/backpropagation).

Vapnik, V. (1995): The Nature of Statistical Learning Theory, New York.

Wiedmann, K.-P./Buckler, F. (2003): Neuronale Netze im Marketing-Management, Wiesbaden .

Wiedmann, K.-P./Jung, H.H. (1997): CORIM: Ein neuer Ansatz im Feld des integrierten Informationsmanagement, in: Hippner, H./Meyer,M./Wilde, K.D. (Hrsg.), Computer Based Marketing - Das Handbuch zur Marketinginformatik, Braunschweig/Wiesbaden 1998, S. 317-326.

Wiedmann, K.-P./Jung, H.H. (1997): Neural Networks as Instruments for Automotiv Market Segmentation, in: Klar, R./Opitz, O. (Hrsg.), Classification and Knowledge Organization, Berlin, Heidelberg, New York, S. 604-613.

Wiedmann, K.-P./Jung, H.H. (1997): Neuronale Netze und deren Einsatz bei der Marktsegmentierung in der Automobilindustrie, in: Link, J./Brändli, D./Schleuning, C./Kehl, R.E. (Hrsg.), Handbuch Database Marketing, 2. Auflage, Ettlingen, S. 664-692.

Zell, A. (2003): Simulation neuronaler Netze, 4. Auflage, München.

Zimmermann, H.G. (1991): Neue Ansätze in der Finanzwirtschaft, in: Betriebswirtschaftliche Blätter Nr. 10, S. 496-498.

Dritter Teil

Anwendungen von Marktforschungsmethoden

Mario Rese und Markus Karger

Konkurrenzanalyse

Prof. Dr. Mario Rese ist Inhaber des Lehrstuhls für Marketing an der Ruhr-Universität Bochum und Affiliate Professor an der esmt Berlin. Dipl.-Volksw. Markus Karger ist wissenschaftlicher Mitarbeiter am Lehrstuhl für Marketing an der Ruhr-Universität Bochum.

1. Konkurrenzanalyse: Warum?

Die Beobachtung der Konkurrenz ist ein bedeutsamer Schlüssel zum Markterfolg. Dies weiß jeder Unternehmer nur zu gut. Und trotzdem sind die Marketingwissenschaftler, aber auch die Praktiker mit dem Thema bislang eher stiefmütterlich umgegangen. Relativ zu der Erforschung des Konsumentenverhaltens gibt es deutlich weniger Erkenntnisse zum Wettbewerberverhalten und damit zu einem Kernstück der Konkurrenzanalyse. In der Praxis kann man wiederum beobachten, dass die Kundenanalyse ganz häufig kontinuierlich und auch recht systematisch vorgenommen wird, während die Konkurrenzanalyse nicht selten ad hoc und dann ohne organisatorisch-routinengesteuerte Einbindung erfolgt.

Und auch bei den Inhalten ist sich die Fachgemeinde bei der Kundenanalyse im Vergleich zu den Notwendigkeiten im Rahmen der Konkurrenzanalyse deutlich einiger. Neben einer Kundenstrukturanalyse – Stichwort: Marktsegmentierung – ist das Käuferverhalten relevant; und zwar sowohl prospektiv als auch nachträglich, z. B. als Reaktion auf eine durchgeführte Marketingmaßnahme. Schaut man hingegen in die einschlägigen Arbeiten zur Konkurrenzanalyse, wird man mit einem ganzen Strauß recht heterogener Aktivitäten konfrontiert: (Wettbewerber-) Strategiedurchleuchtung, Konkurrenzvergleich in Form eines Schatten-Benchmarking, Produktanalysen durch reverse engineering, Bilanz- und Kostenstrukturanalysen, Imageanalyse des Konkurrenzunternehmens etc.. All dies und noch einiges mehr sollte ein potentieller Konkurrenz(er)forscher erledigen, um einen Einblick in die Wettbewerbssituation zu erhalten.

Das Problem dieser Aufzählung möglicher Methoden im Rahmen des Feldes der Konkurrenzanalyse liegt in der Unklarheit der Ziele. Wo besteht Forschungsbedarf? Wir gehen ganz kongruent zur Käuferanalyse davon aus, dass im Rahmen der Konkurrenzdurchleuchtung drei Dinge interessieren: (i) Wer sind unsere Konkurrenten? (ii) Welche Verhaltensweisen legen die Konkurrenten heute an den Tag? (iii) Mit welchen Verhaltensweisen welcher Konkurrenten ist in der Zukunft zu rechnen?

Alle drei Fragen, das wird bereits hier deutlich, stellen im Endeffekt das Anbieterverhalten in den Mittelpunkt. An diesem lässt sich zum einen ablesen, auf welche Kunden sich die derzeitige Konkurrenz in welcher Art ausrichtet, um möglichst erfolgreich im Markt zu agieren. Die Konkurrenzstruktur ist genau das Abbild dieser Anbieterbemühungen. Damit wird zunächst deutlich, mit wem man direkt und mit wem nur indirekt im Wettbewerb steht. Zum anderen ist aber auch von Bedeutung, in welche Richtung sich vor allem die weniger erfolgreichen Konkurrenten bewegen werden, um ihre Lage zu verbessern. Konkurrenzanalyse in diesem Sinne verstanden macht deutlich, worauf die oben angesprochenen verschiedenen Methoden Antworten geben sollen: das aktuelle Verhalten bzw. die Verhaltensspielräume der Wettbewerber.

Schon bei dieser Beschreibung schimmert ein sehr rationaler Ansatz zur Beschreibung und Erklärung des Verhaltens von Anbietern durch: Prinzipiell wird angenommen, dass das Streben nach einem möglichst großen Markterfolg die dominante Triebkraft hinter dem Anbieterverhalten ist. Ganz im Sinne des ökonomischen Prinzips geht man davon aus, dass die Konkurrenten bei gegebenem Input in Form von Fähigkeiten und Ressourcen das Bestmögliche an Output – zumeist gemessen in Gewinn oder den aktuell bedeutsamen wertorientierten Kennzahlen ROCE und EVA – realisieren wollen. Dahinter steht die Annahme, dass für die Unternehmen zur Sicherung des Überlebens im Wettbewerb ein Zwang in Richtung ökonomisch rationalem Verhalten existiert. Und je höher der wettbewerbliche Druck, desto konsequenter müssen Unternehmen agieren bei der Suche nach den ökonomisch erfolgreichen, das Überleben sichernden Wegen (Rese et al. 2007).

Letztlich könnte diese ja nicht unplausible Vermutung bezüglich des Verhaltens dafür verantwortlich sein, dass gerade im Marketing nur wenig zur Anbieterverhaltenserforschung beigetragen wurde. Die schon seit langem und auch heute noch präferierten Methoden zur Konkurrenzstrukturanalyse – die Konzepte zur Strategischen Gruppenbildung – gehen ihrem Grunde nach auf volkswirtschaftliche, genauer industrieökonomische Forschung zurück. Hier wird das Verhalten als prinzipiell ökonomisch rational unterstellt. Und auch die Ansätze zur Analyse zu erwartender strategischer Schritte der Mitbewerber sind volkswirtschaftlichen Ursprungs. Angesprochen sind hier spieltheoretische Ansätze, die in modernem Design z. B. in Form der Strategic War Rooms daherkommen.

Allen Lesern ist sofort klar, dass diese Grundannahme in der realen Welt nicht in vollem Maße zutrifft. Irrationales, zum Teil unverständliches Verhalten von Anbietern ist nahezu täglich zu beobachten. Trotzdem gilt: Im Zeitverlauf wird sich gerade in Zeiten scharfen Wettbewerbs ökonomisch rationales Verhalten durchsetzen, sei es weil die Wettbewerber sich so verhalten oder aber weil die, die es nicht tun, aus dem Markt ausscheiden (Rese et al 2007).

Vor diesem Hintergrund zeigt sich unser weiteres Vorgehen im Rahmen einer systematischen Konkurrenzanalyse: In einem ersten Schritt soll die Konkurrenz auf ihre Struktur untersucht werden. Bereits dies ist eine Verhaltensanalyse, denn die Struktur ist Ergebnis des bisherigen Verhaltens der Konkurrenten. Dann wird in einem zweiten Schritt nach dem zu erwartenden zukünftigen Verhalten gefragt. Um auch bei der Prognose taugliche Ergebnisse zu erzielen, stehen uns zwei Dinge zur Seite: zum einen die Annahme, dass die Akteure versuchen werden ihr Verhalten in Richtung des größeren Erfolgs auszurichten, zum anderen eine Analyse der Verhaltensmöglichkeiten in Form der Fähigkeiten und Ressourcenausstattung der Anbieter. Die Idee dahinter ist, dass ein bestimmter Weg nur erfolgreich beschritten werden kann, wenn Attraktivität (des Weges) mit Erreichbarkeit (durch einen bestimmten Akteur) gepaart ist.

2. Anbieterstrukturanalyse mit Hilfe des Strategische-Gruppen-Konzepts

2.1 Was sind Strategische Gruppen?

Beginnend mit Hunt (1972) haben sich vor allem Industrieökonomen für die branchen- bzw. marktinternen Anbieterstrukturen interessiert. Ausgangspunkt war die empirische Beobachtung, dass ganz erhebliche und auch recht stabile Erfolgsunterschiede zwischen verschiedenen Anbietern innerhalb einer Branche/eines Marktes existierten. Dies war zunächst paradox, da doch zu erwarten gewesen wäre, dass die weniger erfolgreichen Anbieter die erfolgreicheren in ihren Strategien kopieren würden. Konsequenz wäre über kurz oder lang eine Harmonisierung der Gewinne. Noch paradoxer wurde die Beobachtung jedoch dadurch, dass es wiederum Anbieter in einer Branche bzw. einem Markt gab, die sich durch recht ähnliche Gewinnniveaus auszeichneten.

Die Forscher gingen dem nach und entdeckten, dass die Anbieter mit vergleichbaren Gewinnniveaus auch ähnlichen Strategien folgten, während Anbieter mit unterschiedlichen Strategien in der Regel auch unterschiedliche Gewinnniveaus erzielten. Der Begriff der Strategischen Gruppe war geboren. Zu einer Strategischen Gruppe zählen alle Anbieter einer Branche bzw. eines Marktes, die ähnliche Strategien verfolgen. Entsprechend lassen sich die Unterschiede zwischen den Gruppen auch als Strategie- und damit Verhaltensunterschiede verstehen.

In vielen empirischen Untersuchungen unterschiedlichster Branchen zeigte sich im Laufe der Zeit, dass sich fast immer mehrere solcher strategischer Gruppen in einer Branche identifizieren ließen. Diese waren zumeist recht stabil, was bedeutet, dass die Mobilität zwischen den Gruppen eingeschränkt war. Im Weiteren interessierten die Forscher drei Fragen: (i) Warum entstehen solche Gruppen? (ii) Was bewirkt die Stabilität der Gruppen? (iii) Unter welchen Bedingungen wird die Stabilität aufgebrochen?

Zur ersten Frage kristallisierten sich über die Zeit drei Begründungsstränge heraus, die ein solches Verfolgen unterschiedlicher Strategien mit unterschiedlichen Gewinnchancen rationalisieren konnten. Der erste Grund lag ganz einfach in den strukturellen Gegebenheiten. So wiesen nicht alle Anbieter die gleichen Eintrittszeitpunkte in den Markt auf; oder sie unterschieden sich bei ihrem Start in der Ausstattung mit technologischem oder auch finanziellem Know-how (Porter 1979). Der zweite Grund wurde in der Kognition der Manager gefunden: Aus Vereinfachungsgründen neigen Manager zu Simplifikationen. Diese betreffen auch die Wettbewerbssituation. Sie fassen die Wettbewerber zu wenigen Gruppen zusammen. Das Marktverhalten der Manager wird von dieser gedachten Struktur beeinflusst: Sie agieren, als existierten diese Gruppen tatsächlich, so dass sie im Ergebnis ganz wie eine self fullfilling prophecy tatsächlich entstehen (Reger/Huff 1993). Der dritte Grund wurde in Wissensunterschieden im Management der Anbieterunternehmen gefunden. Hat ein Anbieter gerade in einer recht jungen Branche nur wenig Erfolg und hat er auch keine bahnbrechende Idee zur Neuausrichtung, ist ein probates Mittel die Kopie der Strategie der Erfolgreicheren. Die Frage ist jedoch, was über die Erfolgsträchtigkeit verschiedener Strategien in der Branche bekannt ist. Im Ergebnis können sich im Rahmen der Evolution der Branche durchaus verschiedene Strategien nebeneinander entwickeln, die ihre relativen Performanceunterschiede erst später offenbaren, wenn es zur Umkehr für die Anbieter zu spät ist (Rese 2000). Alle drei Ursachen sind empirisch recht gut gestützt und geben zusammen den Argumenterahmen für die Gruppenentstehung.

Das zweite Rätsel der relativen Gruppenstabilität hat seine Erklärung sehr früh in den so genannten Mobilitätsbarrieren gefunden. Ganz im Sinne der Wirkungsweise von Markteintritts- und Marktaustrittsbarrieren be- oder verhindern sie den Wechsel der Gruppe bzw. das Eröffnen einer neuen Gruppe, d. h. das Verfolgen einer neuen Strategie. Shepherd und Shepherd (2003) definieren solche Eintrittsbarrieren als die Wettbewerbsnachteile nach Art und Höhe, die Unternehmen beim Versuch des Eintritts in eine Strategische Gruppe im Vergleich zu den etablierten Anbietern zusätzlich hinnehmen müssen. Die mobilitätsbehindernden Barrieren können dabei struktureller und/oder strategischer Natur sein. Während die strukturellen Barrieren quasi natürliche Nachteile beschreiben, die ein Gruppenwechsler hinnehmen muss, werden die strategischen Barrieren von Gruppeninsidern extra erzeugt mit dem Ziel, Eintritte zu verhindern.

Dass es trotzdem keine vollkommene Stabilität in einer Branche gibt, liegt an den so genannten strategischen Brüchen, die immer wieder auftauchen können, Phasen strategischer Ruhe und Stabilität unterbrechen und die gesamte Anbieterstruktur durcheinanderwirbeln können. Ursachen für solche Brüche können in umwälzenden technologischen Entwicklungen, aber auch in einer staatlichen Intervention liegen, die neue Strategieoptionen entstehen lassen, die nicht durch die etablierten Barrieren blockiert sind.

Alles zusammengenommen gibt es gute Argumente, dass die Strategische-Gruppen-Untersuchung ein recht klares strukturelles Bild der Anbietersituation ergibt. Ein Anbieter weiß, wer mit ihm zusammen die gleichen Strategien verfolgt und insoweit in gleicher Art und Weise auf dieselben Kundengruppen zielt. Er weiß aber auch, welche anderen Strategien in seinem Markt existieren, die andere Kundengruppen im Visier haben, die aber womöglich auch versuchen seine Zielsegmente anzusprechen. Der qualitative Unterschied in der Wettbewerbssituation mit Gruppenzugehörigen und Gruppenfremden wird offensichtlich: Mit den Mitgliedern der eigenen Gruppe kämpft man in etwa mit den gleichen Waffen. Hier lautet die Formel des Erfolgs vor allem deren „Beherrschung“. Die Mitglieder anderer Gruppen werden vom Kunden hingegen als sachlich verschiedene Alternative wahrgenommen, wenn man davon ausgeht, dass eine andere

Strategie auch ein sachlich und/oder qualitativ differenziertes Leistungsangebot hervorbringt. Hier ist ein Differenzierungswettbewerb zu überstehen.

Es stellt sich die Frage, wie denn rein technisch eine solche Strukturuntersuchung anzugehen ist. Dieser Frage widmet sich der nächste Teil. Es werden konzeptionell die Schritte vorgestellt, die man gehen kann und gehen sollte, wenn man eine Strategische-Gruppen-Untersuchung durchführen will.

2.2 Wie lassen sich Strategische Gruppen identifizieren?

2.2.1 Abgrenzung des zu untersuchenden Marktes

Den ersten Schritt bildet die Abgrenzung des räumlich und sachlich relevanten Marktes. Nach Bauer (1989, S. 27 ff.) ist dies die Grundlage zur zweckadäquaten Abgrenzung Strategischer Gruppen. Gegenstand der räumlichen Marktabgrenzung ist die Festlegung der Regionen, welche im Rahmen der Konkurrenzanalyse berücksichtigt werden sollen. Beispielsweise können nur Unternehmen aus Deutschland, aus Europa oder über die Grenzen Europas hinaus berücksichtigt werden. Im Rahmen der sachlichen Marktabgrenzung ist festzulegen, anhand welcher genau definierten Leistungen die für die Strukturanalyse heranzuziehenden Wettbewerber ausgewählt werden sollen. Generell gilt: In einer Wettbewerbsanalyse sollten diejenigen Unternehmen berücksichtigt werden, deren Produkte in einer hinreichenden Substitutionsbeziehung zueinander stehen oder deren Handlungen mögliche Auswirkungen auf die Wettbewerbssituation haben können (Hunt 1972, S. 2).

Eine zu enge oder eine zu weite Abgrenzung des relevanten Marktes kann gravierende Folgen für ein Unternehmen haben. Im Falle einer zu engen Marktabgrenzung könnte beispielsweise ein Eisenbahnunternehmen, welches seinen relevanten Markt im Schienenverkehr sieht, eine sinkende Nachfrage nach Personen- und Frachttransport auf einen allgemeinen Rückgang des Bedarfs an Transportleistungen zurückführen, obwohl die Nachfrage tatsächlich steigt, aber zunehmend von anderen Transportmitteln wie PKW, LKW oder Flugverkehr gedeckt wird (Levitt 1960, S. 45 f.). Eine zu weite Marktabgrenzung dagegen kann schnell zu einer nur noch abstrakten Abgrenzung der Strategischen Gruppen ohne expliziten Marktbezug führen.

2.2.2 Auswahl der Abgrenzungsmerkmale

Der nächste Schritt besteht in der Festlegung der Merkmale, anhand derer die Strategischen Gruppen abgegrenzt werden sollen. Diese Merkmale werden bestimmt durch die wettbewerbsrelevanten strategischen Optionen innerhalb einer Branche und beschreiben die Produkt-Markt-Strategien der einzelnen Unternehmen. Zur Bildung der Strategischen Gruppen sollten diejenigen Merkmale in Betracht gezogen werden, welche zusätzlich die entscheidenden Mobilitätsbarrieren der Branche bestimmen (Porter 1999, S. 210 f.). Im Rahmen einer Wettbewerbsanalyse sollten sich hierbei die strategischen Merkmale in den von den Kunden wahrgenommenen Leistungspaketen widerspiegeln. Eine anhand solcher strategischer Merkmale abgegrenzte Strategische Gruppe besteht dann aus Unternehmen, welche aus Sicht der Kunden ähnliche Leistungspakete anbieten (Rese 2000, S. 41 f.). Beispiele solcher Kriterien sind: (i) Produktportfolio (z. B. Anteile der Produkte am Gesamtumsatz), (ii) Produktmerkmale/Produktimage, (iii) Preis(niveaus), (iv) Absatzkanäle, (v) Werbebudget, (vi) Ausgaben für Forschung und Entwicklung oder (vii) Unternehmensgröße.

Die Auswahl der heranzuziehenden Merkmale ist von der zu untersuchenden Branche abhängig und erfordert umfassende Kenntnisse der branchenspezifischen Wettbewerbscharakteristika. Da die Gruppenabgrenzung stark abhängig ist von den verwendeten Abgrenzungskriterien, sollten die gefundenen Gruppen qualitativ oder wenn möglich sogar quantitativ auf ihre Aussagekraft und Robustheit überprüft und gegebenenfalls andere Merkmale als Abgrenzungskriterien herangezogen werden.

2.2.3 Klassifizierung der Wettbewerber

Nach der Auswahl der Abgrenzungskriterien erfolgt die Bestimmung der Strategischen Gruppen. Die Gruppierung kann auf zwei verschiedene Arten durchgeführt werden: quantitativ und qualitativ-deskriptiv (McGee 2003, S. 276).

Bei den quantitativen Verfahren erfolgt die Gruppierung mit Hilfe von statistischen multivariaten Verfahren. Hier werden die Unternehmen anhand von quantitativen Daten in unterschiedliche Gruppen klassifiziert. Mögliche statistische Verfahren zur Gruppenabgrenzung sind die Clusteranalyse, die Faktorenanalyse oder die Multidimensionale Skalierung. Die Faktorenanalyse kann sowohl zur Verdichtung stark korrelierender Variablen als Vorstufe einer Clusteranalyse eingesetzt werden als wie auch zur Gruppierung selbst. Ein entscheidender Nachteil der Faktorenanalyse als Gruppierungsverfahren kann in der häufig recht unscharfen Trennung der Gruppen gesehen werden. Während bei der Clusteranalyse die Wettbewerber eindeutig zu den Gruppen zugeordnet werden, werden die Unternehmen bei einer Faktorenanalyse anteilig mehreren Gruppen gleichzeitig zugeordnet, was der theoretischen Konzeption der Strategischen Gruppen entgegenläuft. Die Multidimensionale Skalierung wird insbesondere bei einer Strategischen Positionierung anhand von Kundenurteilen angewendet.

Das Hauptproblem der quantitativen Abgrenzung der Strategischen Gruppen liegt in der Datenverfügbarkeit. Nur in wenigen Branchen reicht die verfügbare Datenbasis tatsächlich aus. Aus diesem Grund wird statt einer Strategischen Gruppenanalyse häufig eine Strategische Positionierung mit Hilfe von Kundenbefragungen durchgeführt, die aber nicht zwingend zum gleichen Ergebnis kommen muss. Ein weiterer Schwachpunkt einer quantitativen Gruppenabgrenzung liegt in den statistischen Verfahren selbst begründet. Gerade die hier am häufigsten vorzufindende Methode der Clusteranalyse erzeugt immer eine Gruppierung, auch wenn die Unterschiede zwischen den Unternehmen nur gering sind. Zahlreichen empirischen Studien zufolge weisen die mit Hilfe von statistischen Verfahren abgegrenzten Strategischen Gruppen eine sehr geringe Stabilität und eine starke Abhängigkeit von den verwendeten Variablen auf (Leask/Parker 2006, S. 389). Tatsächlich werden quantitativ basierte Gruppenabgrenzungen hauptsächlich im Rahmen von wissenschaftlichen Studien durchgeführt.

Qualitativ-deskriptive Verfahren kennzeichnen pragmatische Ansätze zur Abgrenzung Strategischer Gruppen anhand ihrer zentralen Strategiemerkmale. Neben der leichteren Informationsbeschaffung haben qualitativ-deskriptive Gruppenbildungen den Vorteil, dass hier auch Kriterien verwendet werden können, welche quantitativ nicht ohne weiteres erfassbar sind. Dieses kann unter Umständen zu robusteren Ergebnissen führen. Beispielsweise sagt das Werbebudget als Abgrenzungskriterium wenig über die Strategie eines Unternehmens aus. Viel interessanter wären hier die in der Werbung vermittelten Werbebotschaften, welche allerdings quantitativ nicht erfassbar sind und somit nur in einer qualitativen Gruppenabgrenzung berücksichtigt werden können. Auf der anderen Seite sind qualitative Gruppierungen sehr intuitiv und deutlich stärker mit Subjektivismen behaftet. Darüber hinaus können bei dieser Vorgehensweise nur einige wenige Kriterien zur Gruppenbildung berücksichtigt werden, wodurch die gefundenen Gruppen eine höhere (in den nicht berücksichtigten Kriterien liegende) Heterogenität aufweisen können (Bauer 1991, S. 406).

2.2.4 Test der Gruppenstruktur

Ob trotz aller Mühe die Strategischen Gruppen tatsächlich sachadäquat erfasst wurden, ist letztlich nicht zu beantworten. Es gibt keinen Maßstab für eine optimale Strategische-Gruppen-Struktur, genauso wie es keinen Maßstab für die korrekte Marktsegmentierung gibt. Jedoch gibt es sehr wohl Hinweise auf die Tauglichkeit der gefundenen Struktur. Diese kommen aus der Gegenüberstellung der Marktsegmente und der Strategischen Gruppen. Angenommen beide Gruppierungen wären optimal in dem Sinn, dass die Homogenität der Käufer bzw. der Anbieter innerhalb der Gruppen vollständig gegeben wäre; in dem Fall wäre es logisch nicht denkbar, dass zwei verschiedene Strategische Gruppen erfolgreich ein gleiches Marktsegment bedienen. Die Kunden hätten eine Präferenz für die eine oder andere Gruppe mit ihren jeweiligen Leistungsangeboten. Tritt dieser Fall trotzdem auf, kann das zwei Gründe haben: Die Marktsegmente sind inhomogen und vereinen tatsächlich Kunden mit unterschiedlichen Präferenzen und/oder die Strategische-Gruppen-Struktur ist inadäquat in dem Sinn, dass beiden Gruppen Akteure zugeordnet sind, die sich gar nicht derart stark in ihren Strategien unterscheiden. Als Ergebnis eines solchen Zuordnungsfehlers wird eine Neubildung oder Teilung des Segmentes oder der Gruppe vorgenommen. Sodann wird geschaut, ob sich die Strukturwidersprüche auflösen. In einem iterativen Prozess lässt sich so kontinuierlich sowohl die Marktsegmentierung als auch das Strategische-Gruppen-Bild von Strukturinkompatibilitäten bereinigen und damit verbessern (zum genauen Vorgehen vgl. Söllner/Rese 2001).

2.3 Analyse des zukünftigen Verhaltens der Strategischen Gruppen

Mit der Gruppenstruktur haben wir ein Bild entwickelt über die derzeitigen Positionen, Aktivitäten und Handlungsrichtungen der Konkurrenz. Jedoch wäre die Analyse deutlich interessanter, wenn zusätzlich Aussagen über das zukünftig zu erwartende Verhalten möglich wären. Dies würde es gestatten, unter Berücksichtigung der möglichen Reaktionen der Konkurrenz Strategien zu planen. Und umgekehrt könnte bei strategischen Neuausrichtungen einzelner Wettbewerber das eigene Reaktionspotential abgeschätzt werden. Die absolute Grenze solcher Zukunftsvorhersagen ist die Findigkeit und Raffinesse von Unternehmern. Sie können jederzeit neue erfolgreiche Wege identifizieren, die so bislang nicht bekannt waren. Mit anderen Worten: Strategische Brüche lassen sich nicht vorhersagen und auch nicht ausschließen. Jenseits dieser Möglichkeit gibt die Strategische-Gruppen-Struktur jedoch sehr wohl Informationen, (i) welche Anbieter unter Verhaltensänderungsdruck stehen und (ii) inwieweit sie auf diesen Druck reagieren können, d. h. welche Verhaltensoptionen ihnen überhaupt offenstehen. Der erste Punkt spricht die ökonomische Attraktivität der Gruppe bzw. exakter der darin verfolgten Strategie an. Der zweite Punkt zielt vor allem auf die Mobilitätsbarrieren, die bestimmte Wege der Wettbewerber zulassen, aber andere verschließen oder zumindest erschweren. Beide Punkte sollen im Weiteren hinsichtlich ihrer Anforderungen bei der Durchführung dieses zweiten Schrittes der Konkurrenzanalyse diskutiert werden.

2.4 Wie lässt sich der Verhaltensspielraum der Wettbewerber erfassen?

2.4.1 Ermittlung des wettbewerblichen Drucks auf eine Strategische Gruppe

Der wettbewerbliche Druck kann prinzipiell von zwei Quellen herrühren: (i) Das bediente Käufersegment bzw. die bedienten Segmente verlieren an Attraktivität, sei es weil die Anzahl potentieller Käufer zurückgeht oder die potenziellen Kunden unter stärkeren ökonomischen Druck auf ihren Märkten geraten, mit der Konsequenz schrumpfender Margen und Gewinne. (ii) Die Attraktivität hängt auch von der Besetzungsstärke der Gruppe ab sowie von dem zu erwartenden Eintrittszeitpunkt, mit der Gruppenfremde im Fall gegebener Attraktivität in die Gruppe eintreten. Für den ersten Punkt ist es notwendig, die gefundenen strukturoptimierten Marktsegmente auf ihre wirtschaftliche Attraktivität zu untersuchen. Auf Business-to-Business-Märkten kann ein Blick auf die Finanz- und Erfolgskennzahlen der Kunden helfen. Für Endkonsumenten ist die Vermögens- und Einkommenssituation ein bedeutsamer Faktor. Je höher diese, desto eher wird ein höherer Preis akzeptiert bzw. werden Preisvergleiche nicht mit der eigentlich notwendigen Akribie durchgeführt. Die zweite Dimension der Segmentattraktivität findet sich in der Mengenkomponente: wächst das Segment, ist dies ein gutes Zeichen für die zukünftige Attraktivität der Gruppe. Schrumpft es hingegen, sind rauere Zeiten zu erwarten. Bei kleiner werdendem Käufersegment wird der wettbewerbliche Druck bei gleich bleibender Zahl von Anbietern in der Gruppe zunehmen, mit dem Ergebnis geringerer Attraktivität. Zur Beurteilung der Segmentstärken sind Längsschnittdaten erforderlich. Zur Vorhersage einer stabilen Segmentstruktur können z. B. Fluktuationsmatrizen eingesetzt werden, mit denen auf Basis von Übergangswahrscheinlichkeiten von einem Segment zu den anderen die zu erwartende mengenstabile Segmentstruktur bestimmt wird (Tang et al. 1994). Die aktuelle Besetzungsstärke der Gruppe lässt sich sehr leicht durch abzählen feststellen. Dabei gilt die Faustregel: Je weniger Akteure in der Gruppe, desto größer der strategische Spielraum Übergewinne zu realisieren. Das lehren uns die Oligopolmodelle der Volkswirtschaft. Die „Zuzugsgeschwindigkeit" in ein attraktives Segment hängt wiederum von der Höhe der Mobilitätsbarrieren ab. Diese zu analysieren und für die weitere Verhaltensspielraumbestimmung zu nutzen ist Gegenstand des folgenden Abschnitts.

Zusammenfassend lässt sich sagen, dass die Attraktivität am größten ist, wenn ein Anbieter einem wachsenden und hochprofitablem Kundensegment gegenübersteht und selbst ganz allein die Strategische Gruppe bildet, die zudem mit Mobilitätsbarrieren geschützt ist, so dass mit keinen Fremdeintritten zu rechnen ist. Jede Abweichung von diesem Ideal ist als Einschränkung der Attraktivität zu deuten.

2.4.2 Mobilitätsbarrieren als Beschränkungen des zukünftigen Handlungsspielraums

Stellt ein Anbieter fest, dass sich die Attraktivität seiner Zielsegmente verschlechtert bzw. dass es andere Segmente gibt, die eine höhere Attraktivität aufweisen, muss er über eine Strategieadjustierung und damit über einen Gruppenwechsel nachdenken. Prinzipiell stehen immer zwei offensive Handlungsoptionen (neben dem Austritt aus dem Markt) zur Wahl: (i) Wechsel in eine andere Strategische Gruppe und (ii) Eröffnen einer neuen Gruppe.

Tatsächlich kann mit Hilfe der Strategische-Gruppen-Analyse kaum etwas über die Chancen einer neu eröffneten Gruppe gesagt werden oder über die Wahrscheinlichkeit, dass ein Konkurrent eine solche Gruppe eröffnet. Es muss sie erst geben, damit sie beurteilt werden kann. Über die Wahrscheinlichkeiten eines Gruppenwechsels kann jedoch sehr wohl ein Urteil gefällt werden, und zwar sowohl darüber, wer mit größerer Wahrscheinlichkeit wechseln wird – Stichwort: Attraktivität der bisher bedienten Segmente – als auch, welche Wechseloptionen offenstehen und welche nicht, denn dies steuert sich über die Mobilitätsbarrieren.

Zunächst ist festzuhalten, dass die Mobilitätsbarrieren jeweils von jeder Gruppe aus betrachtet werden müssen. Der Grund ist, dass sie von Gruppe zu Gruppe immer unterschiedlich ausfallen. Will ein Anbieter von Gruppe A in Gruppe C wechseln, hat er andere Barrieren zu überwinden, als wenn ein Akteur dies von Gruppe B versucht, einfach weil die Ausgangslagen unterschiedlich sind. Aber das allein ist noch keine hinreichende Erklärung für unterschiedliche Schwierigkeiten eines Gruppenwechsels. Das zweite Argument ist die unterschiedliche Intensität, mit der die bisherigen Mitglieder der Gruppe C auf Eintrittsversuche reagieren werden. Womöglich werden die Anbieter der Gruppe A nicht als Gefahr wahrgenommen, während die der Gruppe B als höchstgefährlich gelten, so dass nur Letzteren mit massiven Vergeltungsmaßnahmen gedroht wird. Der dritte Grund findet sich darin, dass die Ressourcenausstattung und Fähigkeitenstruktur eines Eintrittswilligen steuert, inwieweit er Barrieren auch überwinden kann. Diese drei Faktoren zusammengenommen steuern den Handlungsspielraum eines jeden Akteurs in der betrachtetem Branche bzw. dem betrachteten Markt und sollen dementsprechend etwas genauer betrachtet werden.

Der erste Aspekt bezieht sich auf die Identifikation der strukturellen Barrieren. Porter (1999) unterscheidet sieben Ursachen, die Barrieren erzeugen können und entsprechend zu prüfen sind. Im Einzelnen sind das (immer aus Sicht der Gruppenetablierten) (1) bereits realisierte Investitionen bei hohem Kapitalbedarf, (2) relative Kostenvorteile (Skalenvorteile), (3) absolute Kostenvorteile, (4) existierende Produktdifferenzierung, (5) existierende Wechselkosten, (6) Zugang zu Vertriebskanälen und (7) staatliche Politik bzw. Regulierung zu Gunsten der Etablierten. Diese Punkte sind immer im Vergleich zu den Fähigkeiten eines Eintrittsinteressierten zu prüfen, um die Höhe der sowieso existierenden Barrieren zu bestimmen. Im zweiten Schritt ist zu fragen, inwieweit die Etablierten aktiv Gegenmaßnahmen ergreifen würden. Minderlein (1989) unterscheidet drei mögliche Formen eines solchen eintrittssperrenden Verhaltens: (1) Verstärkung der strukturellen Barrieren, (2) glaubhafte Androhung von Vergeltung und (3) das Wissen um Vergeltungsmaßnahmen seitens der Etablierten in der Vergangenheit (Investition in einen Ruf der Härte). Hier ist aus Sicht der Etablierten der zu erwartende Schaden durch den Eintritt der Wettbewerber abzuwägen mit den Kosten, die Vergeltungsmaßnahmen verursachen würden. In der Literatur finden sich hierzu einige Modelle, die diesen Trade-off unter zugegebenermaßen sehr restriktiven Annahmen modellieren und damit Empfehlungen für den Einsatz strategischer Barrieren geben. Diese Modelle sind nach wie vor noch wenig praxistauglich. Für den Konkurrenz(er)forscher bedeutet das aber, dass zumindest geprüft werden sollte, inwieweit bereits in vergangenen Situationen die Etablierten in der interessierenden Gruppe eine der drei eintrittssperrenden Maßnahmen durchgeführt haben, um ein Gefühl für die Bedrohung durch strategische Barrieren zu bekommen. Der dritte Aspekt zur Beschreibung des Handlungsraums der Konkurrenten zielt explizit auf deren Ressourcenausstattung. Barrieren sind auch immer ein Ausdruck fehlender Ressourcen und Fähigkeiten. Scheinbar kleine Barrieren können bei fehlenden finanziellen Mittel bereits unüberwindbare Hürden erzeugen. Umgekehrt sind sehr hohe Eintrittsbarrieren für z. B. einen russischen Oligarchen der heutigen Zeit nicht unbedingt ein Argument, den Eintritt nicht zu wagen. Hier geht es darum, das Fähigkeitenpotenzial potentieller Eintrittswilliger zu beurteilen: Welche finanziellen Mittel stehen zur Verfügung? Hat der Akteur die adäquaten Humanressourcen für die neue Strategie? Wie verhält es sich mit dem technologischen Know-how? Letztlich sind dies die Fragen, inwieweit Kernkompetenzen und spezifische Fähigkeiten von Nöten sind, um in die Gruppe einzutreten. Der Ressource Based View zeigt hier seine Bedeutung (Barney 1991). Und gleichzeitig wird deutlich, dass die aus Sicht der Etablierten attraktivsten Barrieren möglichst verbunden sein sollten mit eben diesen Kernkompetenzen. Denn diese zu erlangen ist nach allgemeiner Literaturmeinung eines der schwersten Unterfangen für ein Unternehmen oder braucht auf jeden Fall Zeit. Eines sollte bei der Beschreibung bis hierher bereits deutlich geworden sein: Eine explizite Verhaltensvorhersage ist nicht möglich. Jedoch können diese Überlegungen zumindest herausbringen, welches Verhalten ein bestimmter Konkurrent mit größerer Wahrscheinlichkeit nicht an den Tag legen wird.

Damit sind wir am Ende des konzeptionellen Teils. Nachdem wir bis hierher versucht haben, die Eckpunkte einer systematischen Konkurrenzanalyse herauszustellen, soll im Folgenden in Form eines Lehrbeispiels eine solche Analyse praktisch vorgestellt werden. Wir haben uns dafür den Markt für Extrusionsmaschinen herausgesucht. Ziel dieses Beispiels ist es nicht nur, die von uns vorgeschlagene Vorgehensweise offenzulegen. Ziel ist auch, die Aussagekraft einer solchen Analyse abschätzen zu können. Da wir davon ausgehen, dass die weitaus meisten Leser von der Extrusionsmaschinenindustrie bislang nichts gehört haben, ist dies die beste Voraussetzung, um seinen Verständnisfortschritt nach nur wenigen Seiten Lektüre über die Struktur und die Verhaltenserwartungen der dortigen Akteure zu prüfen.

3. Konkurrenzanalyse am Beispiel europäischer Extrusionsmaschinenhersteller

3.1 Kurzcharakterisierung des Marktes und der Produkte

In Extrusionsmaschinen (Extruder) werden verschiedene Kunststoffe und Zusatzstoffe in Form von Granulat oder Pulver eingeführt, aufgeschmolzen und vermischt. Am Ende des Extrusionsprozesses wird der Kunststoff für die Weiterverarbeitung wieder granuliert. Zentraler Bestandteil eines Extruders sind eine oder mehrere Schnecken, welche sich in einem Zylinder drehen und die Kunststoffe durch Reibung und Druckaufbau erhitzen, mischen und transportieren. Vereinfachend gleicht ein Extruder einem großen Fleischwolf für Kunststoffe.

Im vorliegenden Fall werden Hersteller von Extrusionsmaschinen für die Produktion so genannter Compounds und Masterbatches analysiert. Compounds sind Kunststoffe, welche durch Mischung von Polymeren mit Zusätzen wie beispielsweise Mineralien, Glasfasern oder Farbstoffen in Extrudern erzeugt und anschließend für die Weiterverarbeitung granuliert werden. Diese Compounds werden vom Abnehmer direkt weiterverarbeitet. Masterbatches sind Färbemittel oder andere Zusatzstoffe in konzentrierter Form, welche anderen Kunststoffen als Zusatz beigemischt werden, damit diese die gewünschte Farbe oder Eigenschaft bekommen.

Für die Herstellung von Compounds und Masterbatches werden vorwiegend Extruder mit zwei sich in einem Zylinder drehenden Schnecken verwendet, da diese eine bessere Mischwirkung als Extruder mit nur einer Schnecke besitzen. Für die Verarbeitung von PVC werden Extruder mit gegenläufig drehenden Schnecken benötigt, für die Verarbeitung anderer Polymere kommen hingegen Extruder mit gleichläufig drehenden Schnecken zum Einsatz. Da Extruder vor der Produktion einer neuen Charge gereinigt und umgerüstet werden müssen, spielen insbesondere bei kleinen Chargen die Umrüstzeiten und -kosten eine entscheidende Rolle.

3.2 Identifikation der Strategischen Gruppen

Aufgrund der relativ mageren quantitativen Daten über die Extrusionsmaschinenhersteller war eine Identifikation der Strategischen Gruppen mit Hilfe multivariater Verfahren nicht möglich. Entsprechend wurde hier eine qualitative Analyse der Strategischen Gruppen vorgenommen. Als primäre Wettbewerbsparameter der Produzenten von Extrusionsmaschinen konnten in verschiedenen Tiefeninterviews mit Branchenkennern insbesondere die angebotene Extrusionstechnolgie, die Breite der Produktpalette, die Flexibilität der produzierten Extruder hinsichtlich ihrer Umrüstung sowie die Unternehmensgröße identifiziert werden. Entlang dieser vier Dimensionen sind die folgenden vier Strategischen Gruppen erkennbar:

- Gruppe A: Hersteller von Extrudern zur Aufbereitung von PVC,
- Gruppe B: Anbieter, welche Extruder sowohl für die Aufbereitung von PVC als auch für andere Polymere herstellen,
- Gruppe C: Hersteller von Extrudern zur Herstellung größerer Compounds und Masterbatches aus Nicht-PVC-Polymeren,
- Gruppe D: Hersteller besonders flexibler Extruder für kleinere Compounds und Masterbatches aus Nicht-PVC-Polymeren.

Die Unternehmen der *Gruppe A* haben sich auf die Produktion von gleichsinnig drehenden Doppelschneckenextrudern spezialisiert. Diese Maschinen werden neben der Herstellung von Compounds und Masterbatches aus PVC auch zur Formung von PVC verwendet. Gruppe A setzt sich aus hauptsächlich mittelgroßen Unternehmen zusammen und bildet insgesamt die größte strategische Gruppe.

Gruppe B umfasst hauptsächlich große Hersteller, welche sowohl Extrusionsmaschinen für die PVC-Aufbereitung als auch für die Aufbereitung anderer Polymere herstellen. Einige der Unternehmen stellen auch Einschneckenextruder und gleichsinnig drehende Extruder zur Formung von Kunststoffen her, so dass Gruppe B im Vergleich die umfassendste Produktpalette anbietet.

Gruppe C umfasst größere Extrusionsmaschinenhersteller und bietet gegenläufig drehende Doppelschneckenextruder zur Herstellung von Compounds und Masterbatches aus Nicht-PVC-Polymeren an. Diese Maschinen haben kleine bis sehr große Produktionsleistungen und sind im Verhältnis zur Produktionsmenge relativ günstig.

Die Unternehmen der *Gruppe D* sind kleine bis mittelgroße Unternehmen und stellen wie auch Gruppe C Extruder zur Herstellung von Compounds und Masterbatches aus Nicht-PVC-Polymeren her. Jedoch besitzen die Maschinen innovative Vorrichtungen oder Verfahren für eine besonders schnelle und kostengünstige Reinigung und Umrüstung. Hierdurch eignen sich die Maschinen insbesondere für Kunststofferzeuger, welche verschiedenste Chargen in eher kleinen Mengen herstellen und daher häufig umrüsten müssen. Im Verhältnis zur Produktionsleistung sind diese Maschinen vergleichsweise teuer.

3.3 Segmentierung der Nachfrager

Die durchgeführte Marktsegmentierung zur Prüfung der gefundenen Strategische-Gruppen-Struktur basiert auf Sekundärdaten über die einzelnen aufbereiteten Polymere, die Produkte sowie die jährliche produzierte Menge von europäischen Compoundern und Masterbatchern (Compound- und Masterbatcherzeuger). Der verwendete Datensatz umfasst insgesamt 636 Fälle und deckt nahezu den gesamten europäischen Markt ab. Auch wenn die verwendeten Daten keine direkten Aussagen über die Anforderungen der Plastverarbeiter an die Extrusionsmaschinenhersteller beinhalten, ist eine Ableitung der unterschiedlichen Bedürfnisse anhand der verwendeten Daten möglich. Als Gruppierungsverfahren wurde die Clusteranalyse verwendet (Backhaus et al. 2006, S. 489 ff.).

Im vorliegenden Fall wurden zur Segmentierung Variablen einbezogen, welche aussagen, welche Arten von Polymeren die jeweiligen Kundenunternehmen aufbereiten und ob sie Compounds oder Masterbatches produzieren. Zusätzlich wurde die jährliche Produktionsmenge berücksichtigt. Die entsprechenden Variablen haben die Ausprägung 0, wenn die zugehörige Eigenschaft für ein Unternehmen nicht zutrifft, und 1, wenn sie zutrifft. Somit liegt eine binäre Variablenstruktur vor. Die jährliche Produktionsmenge lag demgegenüber in Form von Größenklassen vor. Da jedoch in einer Clusteranalyse binäre und intervall- bzw. metrisch skalierte Variablen nicht gemeinsam verwendet werden können, war eine Umkodierung der jährlichen Produktionsmenge in eine binäre Struktur erforderlich. Wir haben die einfachste Variante gewählt, bei der die neue Variable die Ausprägung 0 für Unternehmen mit einer jährlichen Produktionsmenge bis 25.000 Tonnen und 1 für Unternehmen mit einer jährlichen Produktionsmenge über 25.000 Tonnen hat. Da bei einigen Unternehmen die Angaben zur Produktionsmenge fehlten, haben wir diese aus der Clusteranalyse ausgeschlossen. Insgesamt wurden so Daten von 594 Unternehmen für die Marktsegmentierung herangezogen.

Die Clusteranalyse wurde mithilfe des Statistikpakets SPSS durchgeführt. Als Proximitätsmaß wurde die Binäre Quadrierte Euklidische Distanz verwendet. Die Distanz zwischen zwei Objekten ergibt sich hierbei als die Anzahl der Wertepaare beider Objekte, bei denen der eine Tatbestand erfüllt und gleichzeitig der andere Tatbestand nicht erfüllt ist (Brosius 2006, S. 670 f.), und entspricht somit der Anzahl der Variablen mit einer unterschiedlichen Ausprägung zwischen den beiden Fällen. Die Binäre Quadrierte Euklidische Distanz kann somit einen Wert von Null (bei vollständiger Übereinstimmung der Objekte) und der Anzahl der verwendeten Variablen (bei keiner Übereinstimmung) annehmen.

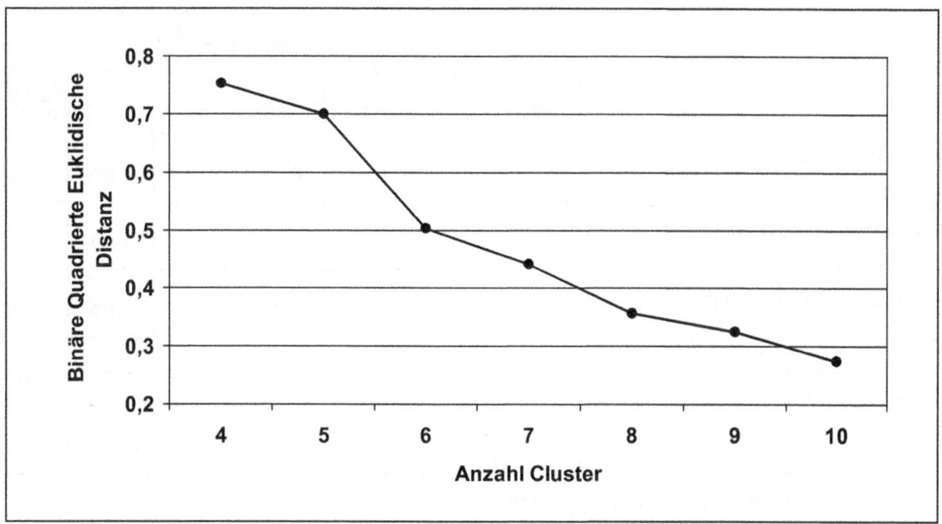

Abbildung 1: Scree-Plot zur Bestimmung der Anzahl der Cluster

Als Fusionierungsverfahren wurde „Average Linkage innerhalb der Gruppen“ gewählt. Bei diesen Verfahren ergibt sich nach jeder Fusion die neue Distanz zwischen zwei Objekten aus dem arithmetischen Mittel der Distanzen aller Objektpaare, die sich aus den in den Clustern enthaltenen Objekten bilden lassen, wobei im Gegensatz zu „Average Linkage zwischen den Gruppen“ Objektpaare aus dem selben Cluster mitberücksichtigt werden. Hierdurch werden mit jedem Fusionierungsschritt die beiden zu fusionierenden Cluster so ausgewählt, dass die durchschnittliche Distanz der Objekte innerhalb des neu entstehenden Clusters möglichst gering ist (Brosius 2006, S. 667).

Die Bestimmung der Anzahl der zu extrahierenden Kundencluster wurde anhand eines Scree-Plots vorgenommen (siehe Abbildung 1). Ein Scree-Plot zeigt die Entwicklung des verwendeten Proximitätsmaßes während der letzten Fusionsschritte auf. Die zur Erstellung des Scree-Plots notwendigen durchschnittlichen Distanzen können hierbei aus der von SPSS ausgegebenen Zuordnungsübersicht entnommen werden. Zur Bestimmung der Anzahl der Cluster ist nach Knickstellen – Elbows – zu suchen, welche Heterogenitätssprünge bei der Clusterbildung anzeigen. Abbildung 1 zeigt jeweils einen Elbow bei 6 Clustern und einen weniger deutlichen bei 8 Clustern. Eine Auswertung der Lösung mit 6 Clustern zeigte, dass diese keine ausreichende Homogenität zur eindeutigen Interpretation der Segmente zuließ, so dass hier die Lösung mit 8 Clustern verwendet wurde.

Zur Interpretation der gebildeten Marktsegmente wurden im Anschluss an die Clusteranalyse für jedes Cluster die Anteilswerte sowie die durchschnittliche jährliche Produktionsmenge der einzelnen Unternehmen im Cluster berechnet (siehe Abbildung 2).

	Marktsegmente; Cluster #							
	1	2	3	4	5	6	7	8
Anteil PVC-Verarbeiter in %	0,00	0,02	1,00	0,03	0,00	1,00	1,00	1,00
Anteil Verarbeiter sonst. Polymere in %	1,00	0,98	1,00	0,98	1,00	0,00	1,00	0,97
Anteil Compoundhersteller in %	0,00	1,00	1,00	0,99	1,00	1,00	1,00	0,00
Anteil Masterbatch-hersteller in %	1,00	1,00	1,00	0,03	0,00	0,00	0,00	1,00
durchschnittliche Produktionsmenge in t/Jahr	3.610	12.487	14.006	7.533	54.773	11.209	16.701	4.098

Abbildung 2: Beschreibung der Segmente

Segment 1 (11,45 % der Unternehmen) umfasst Unternehmen, welche Nicht-PVC-Polymere zu Masterbatches verarbeiten. Masterbatches werden hauptsächlich in kleinen Chargen ab ca. 25 kg hergestellt, was ein häufiges Umrüsten der Extruder erfordert. Dieses äußert sich auch durch die sehr kleine durchschnittliche Produktionsmenge von 3.610 t/Jahr. Segment 1 benötigt insbesondere Extruder mit gleichläufigen Doppelschnecken und geringen Umrüstzeiten. *Segment 2* (19,19 % der Unternehmen) stellt neben Masterbatches auch Compounds her, wobei ebenfalls kein PVC verarbeitet wird. Auch dieses Segment benötigt gleichläufige Doppelschneckenextruder. Da hier die jährliche Produktionsmenge nicht separat für Compounder berechnet werden kann, sind Aussagen über die Anforderungen an die Flexibilität der Maschinen nicht möglich. *Segment 3* (7,41 % der Unternehmen) repräsentiert Unternehmen, welche Compounds und Masterbatches sowohl aus PVC als auch aus anderen Polymeren herstellen und somit ein vollständiges Produktionsprogramm fahren. Dementsprechend werden sowohl gleichläufig wie auch gegenläufig drehende Doppelschneckenextruder benötigt. *Segment 4* (31,65 % der Unternehmen) stellt Compounds aus Nicht-PVC-Polymeren her und benötigt somit gleichläufig drehende Doppelschneckenextruder. Die durchschnittliche Produktionsmenge ist mit 7.533 t/Jahr sehr gering, was auf relativ kleine Produktionsmengen und Chargen hindeutet. Dieses weist auf einen Bedarf nach tendenziell kleineren Extrudern mit geringen Umrüstzeiten hin. *Segment 5* (7,41 % der Unternehmen) stellt wie auch das Segment 4 Compounds aus Nicht-PVC-Polymeren her, umfasst jedoch ausschließlich Unternehmen mit jährlichen Produktionsmengen von mehr als 25.000 t/Jahr. 34,09 % der Unternehmen dieses Segments produzieren sogar mehr als 60.000 t pro Jahr. Die Herstellung solcher Mengen erfordert gleichläufig drehende Doppelschneckenextruder mit besonders hoher Produktionsleistung, wobei die Umrüstkosten im Vergleich zu den anderen Segmenten eine vergleichsweise geringe Bedeutung haben. *Segment 6* (6,23 % der Unternehmen) verarbeitet PVC zu Compounds und benötigt daher ausschließlich gegenläufig drehende Doppelschneckenextruder. Die jährliche Produktionsmenge der Unternehmen bewegt sich im Durchschnitt. *Segment 7* (11,11 % der Unternehmen) stellt Compounds aus PVC und Nicht-PVC-Polymeren her und benötigt insoweit sowohl gegenläufig drehende als auch gleichläufig drehende Doppelschneckenextruder. *Segment 8* (5,56 % der Unternehmen) verarbeitet PVC und andere Polymere zu Masterbatches. Dieses Segment bedarf sowohl gleichsinnig drehende wie auch gegenläufig drehende Doppelschneckenextruder. Die geringen jährlichen Produktionsmengen deuten wiederum auf einen Bedarf nach besonders flexiblen Extrusionsmaschinen hin.

3.4 Prüfung der Strategische-Gruppen-Struktur

Auf Basis der vorliegenden Kundensegmente und Strategischen Gruppen kann nun die Gegenüberstellung erfolgen. Hierzu wurden die Anforderungen der einzelnen Marktsegmente an Extrusionsmaschinen mit den Angebotspaletten der Anbieter jeder Strategischen Gruppe verglichen. Anschließend wurden die einzelnen Marktsegmente denjenigen Strategischen Gruppen zugeordnet, welche die Anforderungen der Marktsegmente gut erfüllen können. Das Ergebnis zeigt Abbildung 3.

Offensichtlich gelingt eine eindeutige Zuordnung der Marktsegmente zu den Strategischen Gruppen nur bei den Segmenten 1, 4 und 5. Diese bestehen aus Unternehmen, welche sich auf die Aufbereitung von Nicht-PVC-Polymeren spezialisiert haben und entweder nur Compounds (Segment 4 und 5) oder nur Masterbatches (Segment 1) herstellen. Insbesondere für die Segmente, welche sowohl PVC als auch Nicht-PVC-Polymere verarbeiten, ist eine eindeutige Zuordnung zu einer Strategischen Gruppe nicht möglich. Die Ursache hierfür liegt in der mangelnden Austauschbarkeit der für die PVC-Aufbereitung benötigten gegenläufig drehenden Doppelschneckenextruder durch gleichläufige Schnecken. Insofern könnten diese Maschinentypen auch als zwei unterschiedliche Märkte betrachtet werden, welche separat untersucht werden müssen. Andererseits gibt es Extrusionsmaschinenanbieter, die beide Technologien im Angebot haben. Insoweit ist ein strategischer Einfluss zumindest nicht auszuschließen.

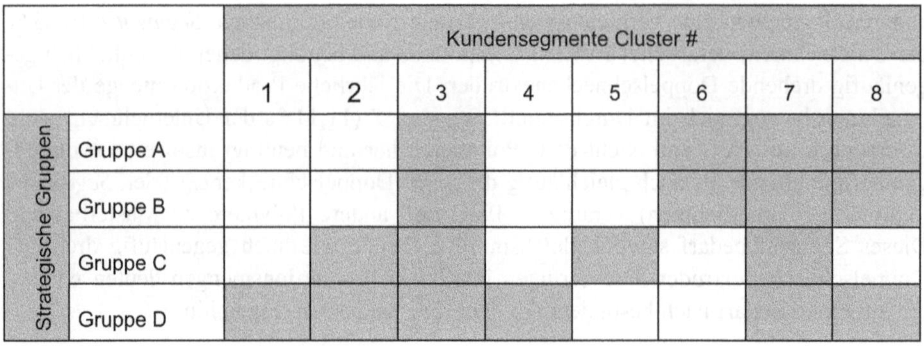

		Kundensegmente Cluster #							
		1	2	3	4	5	6	7	8
Strategische Gruppen	Gruppe A								
	Gruppe B								
	Gruppe C								
	Gruppe D								

Abbildung 3: Vergleich der Marktsegmente mit den Strategischen Gruppen

Auch eine Zuordnung von Segmenten, welche sowohl Compounds als auch Masterbatches herstellen, erweist sich als schwierig, da die vorliegenden Daten keine Analyse der Anforderungen an Extruder für Compounds einerseits und für Masterbatches andererseits ermöglichen. Somit bestehen also größere Heterogenitäten in den Segmenten beziehungsweise Strategischen Gruppen. Hier soll exemplarisch die Diskussion einer solchen strukturellen Unklarheit am Beispiel der Segmente zur PVC-Aufbereitung erfolgen. Im Markt für PVC-taugliche Extruder konkurrieren die Strategischen Gruppen A und B. Da sich die Gruppe A auf die Herstellung von Extrudern zur PVC-Verarbeitung spezialisiert hat, sind Kompetenzvorteile dieser Gruppe gegenüber den Vollsortimentern der Gruppe B denkbar. Somit könnte Gruppe A insbesondere das Kundensegment 6, welches nur gegenläufig drehende Doppelschneckenextruder benötigt, erfolgreich bedienen. Die langfristigen Erfolgsaussichten von Gruppe B sind insbesondere davon abhängig, ob Unternehmen, welche sowohl gleichläufig drehende als auch gegenläufig drehende Doppelschneckenextruder benötigen, beide Anlagentypen vorzugsweise bei einem Unternehmen der Strategischen Gruppe B beziehen oder ob sie die unterschiedlichen Maschinentypen eher bei unterschiedlichen spezialisierten Unternehmen beziehen. Ersteres wäre der Fall, wenn Unternehmen vorzugsweise alle benötigten Leistungen wie Beratung und Wartung von einem Unternehmen erhalten möchten. Die Segmente 3, 7 und 8 würden ihre Extrusionsmaschinen dann vorzugsweise von Unternehmen der Strategischen Gruppe B beziehen. In diesem Fall würden die Strategischen Gruppen A, C und D in diesen Segmenten von der Gruppe B verdrängt. Sollten jedoch die Vorteile einer Spezialisierung auf PVC-Anlagen oder Anlagen für andere Polymere langfristig größer sein als die Vorteile einer integrierten Produktion, werden die Kunden die unterschiedlichen Anlagetypen von den spezialisierten Herstellern beziehen. In diesem Fall könnten die Unternehmen der Gruppe B langfristig in diesen Segmenten nicht erfolgreich weiterbestehen und müssten versuchen, in eine andere Strategische Gruppe zu wechseln oder eine neue Strategische Gruppe aufzumachen.

3.5 Beispielhafte Bestimmung der Verhaltensspielräume

Die vorhergehende Diskussion hat bereits gezeigt, dass im Markt für Extrusionsmaschinen bezogen auf einzelne Segmente ein nicht unerheblicher Konsolidierungs- bzw. Anpassungsdruck herrscht. Damit wird auch bedeutsam, in welche Richtungen sich welche Akteure orientieren können und wollen. Dies soll ebenfalls exemplarisch anhand der spezifischen Konstellation der Strategischen Gruppen C und D diskutiert werden. Für diese beiden Gruppen sind nur diejenigen Marktsegmente interessant, welche Nicht-PVC-Polymere aufbereiten. Entscheidend für den Erfolg dieser Gruppen ist insbesondere die Entwicklung der Losgrößen der Compounds und Masterbatches. Gruppe C profitiert insbesondere von einem Wachstum derjenigen Segmente, welche Kunststoffe in großen Losgrößen herstellen, während Gruppe D dagegen von abnehmenden Losgrößen profitiert. Tatsächlich ist vor allem bei den Masterbatchern ein Trend in Richtung immer kleinerer Losgrößen erkennbar. Dies bedeutet, dass vor allem die Strategische Gruppe D mit den Maschinen mit geringen Umrüstzeiten profitiert. Würde die Abnahme der Losgrößen auch für die Compounder gelten, hätte die Gruppe C ein Problem. Die von ihr gefertigten Anlagen wären immer weniger attraktiv im Vergleich zu denen der Gruppe D. Vor diesem Hintergrund wäre ein Wechseldruck in eine andere Gruppe gegeben. Ob ein Wechsel möglich ist, hängt von den Barrieren und damit von den Fähigkeiten ab. Bezüglich der Gruppe D ist davon auszugehen, dass ein Wechsel nicht so leicht möglich wäre. Die speziellen Technologien für die Erhöhung der Umrüstgeschwindigkeit sind in einem relativ langen Entwicklungsprozess gemeinsam mit anderen Bauteillieferanten entwickelt worden. Zudem sind die Lösungen in weiten Teilen patentrechtlich geschützt. Insoweit müssten die Mitglieder der C-Gruppe nicht nur den Entwicklungsprozess nachholen, sondern zudem mit innovativen Lösungen die Patente umgehen (Rese/Steiner 2006). Insgesamt zeigt sich hier bereits eine wirksame strukturelle Barriere, die zumindest kurz- bis mittelfristig kaum überwindbar ist. Ob ein Wechsel in eine andere Gruppe einfacher wäre, müssten jeweils zusätzliche Betrachtungen identifizieren.

4. Fazit

Dieser Beitrag hatte zum Ziel, ein systematisches Vorgehen für einen Konkurrenzanalyse zu entwerfen. Es sollte deutlich geworden sein, dass sich die verschiedenen Instrumente und Analysevorschläge, wie sie sich in der einschlägigen Literatur finden, zurückführen lassen auf zwei Kernfragestellungen: das aktuelle und das zukünftig zu erwartende Wettbewerberverhalten. Entsprechend soll der hier vorgestellte Ansatz nicht als Ersatz für z. B. ein reverse engineering oder eine Analyse der finanziellen Leistungsfähigkeit der Konkurrenten verstanden werden. Diese Instrumente sind hilfreich, jedoch darf über alle Details die vorgestellte generelle Perspektive nicht verloren gehen. Auch deshalb sollen die Ergebnisse noch einmal in einigen wenigen Punkten fokussiert werden:

- Eine systematische und zielgeleitete Konkurrenzforschung – Was will ich wissen? – ist wichtiger als ein unsystematisches Sammeln von Konkurrenzdaten.
- Die zwei bedeutsamen Aspekte bei der Konkurrenzanalyse sind die aktuelle Konkurrenzstruktur und die Verhaltenspielräume der Wettbewerber.
- Eine Konkurrenzanalyse sollte immer die Kundenanalyse als Fokus der Anbieteraktivitäten integrieren.
- In der Gegenüberstellung von Kunden- und Anbieterinformationen liegt ein erheblicher Erkenntnismehrwert, sowohl für die Konkurrenzseite als auch für die Kundendurchleuchtung.

Komplexität in der Datenerfassung und -auswertung ist kein Qualitätssignal: Der kluge Umgang mit den Informationen und Daten und deren intelligente Vernetzung ist der Schlüssel zur Erkenntnis.

Literaturverzeichnis

Backhaus, K./Erichson, B./Plinke, W./Weiber, R. (2006): Multivariate Analysemethoden. Eine anwendungsorientierte Einführung, 11. Auflage, Berlin u. a..

Bauer, H.H. (1989): Marktabgrenzung. Konzeption und Problematik von Ansätzen und Methoden zur Abgrenzung und Strukturierung von Märkten unter besonderer Berücksichtigung von marketingtheoretischen Verfahren, Berlin.

Bauer, H.H. (1991): Unternehmensstrategie und Strategische Gruppen, in: Kistner, K.-P./Schmidt, R. (Hrsg.), Unternehmensdynamik: Horst Albach zum 60. Geburtstag, Wiesbaden, S. 389-416.

Barney, J. (1991): Firm Resources and Sustained Competitive Advantage, in: Journal of Management, 17. Jg., Nr. 1, S. 99-120.

Brosius, F. (2006): SPSS 14, Bonn.

Hunt, M.S. (1972): Competition in the Major Home Appliance Industry, 1960-1970, Cambridge.

Leask, G./Parker, D. (2006): Strategic group theory. review, examination and application in the UK pharmaceutical industry, in: Journal of Management Development, 25. Jg., Nr. 4, S. 386-408.

Levitt, T. (1960): Marketing Myopia, in: Harvard Business Review, 38. Jg., Nr. 4, S. 45-56.

McGee, J. (2003): Strategic Groups. Theory and Practice, in: Faulkner, D.O./Campbell, A. (Hrsg.), The Oxford Handbook of Strategy. A Strategy Overview and Competitive Strategy, New York, S. 266-307.

Minderlein, M. (1989): Markteintrittsbarrieren und Unternehmensstrategie – Industrieökonomische Ansätze und eine Fallstudie zum Personal Computer-Markt, Wiesbaden.

Porter, M.E. (1979): The Structure within Industries and Companies' Performance, in: Review of Economics and Statistics, 61. Jg., Nr. 2, S. 214-227.

Porter, M.E. (1999): Wettbewerbsstrategie. Methoden zur Analyse von Branchen und Konkurrenten, 10. Auflage, Frankfurt/Main u. a..

Reger, R.K./Huff, A.S. (1993): Strategic Groups. A Cognitive Perspective, in: Strategic Management Journal, 14. Jg., Nr. 2, S. 103-124.

Rese, M. (2000): Anbietergruppen in Märkten. Eine ökonomische Analyse, Tübingen.

Rese, M./Krebs, A./Welling, M./Wilke, A. (2007): A Matter of Survival – Determinants of Rational Behavior in B-to-B Markets, in: Journal of Business Market Management, 1. Jg., Nr. 1, S. 79 – 99.

Rese, M./Steiner, R. (2006): Leistritz Extrusion, in: Plötner, O./Spekman, R. (Hrsg.), Bringing Technology to Market, New York.

Shepherd, W.G./Shepherd, J.M. (2003): The Economics of Industrial Organisation, 5. Auflage, Englewood Cliffs.

Söllner, A./Rese, M. (2001): Market Segmentation and the Structure of Competition. Applicability of the Strategic Group Concept for an Improved Market Segmentation on Industrial Markets, in: Journal of Business Research, 51. Jg., Nr. 1, S. 25-36.

Tang, M.-J./Thomas, H./Fiegenbaum, A. (1994): Modelling Strategic Group Movements. A Markovian Approach and an Example, in: Daems, H./Thomas, H. (Hrsg.), Strategic Groups, Strategic Moves and Performance, Oxford, S. 331-340.

Daniel Baier und Michael Brusch

Marktsegmentierung

Prof. Dr. Daniel Baier ist Inhaber des Lehrstuhls für Marketing und Innovationsmanagement der Brandenburgischen Technischen Universität Cottbus. Dr. Michael Brusch ist wissenschaftlicher Mitarbeiter des Lehrstuhls für Marketing und Innovationsmanagement der Brandenburgischen Technischen Universität Cottbus.

1. Marktsegmentierung als Strategiekonzept

Unter Marktsegmentierung versteht man in der Marketingtheorie und -praxis generell die bewusste Aufteilung eines heterogenen Gesamtmarktes in intern homogene Teilmärkte (z. B. Wind 1978; Freter 1983; Gaul/Baier 1994; Baier 2003; Homburg/Krohmer 2006;).

Dabei reicht der Begriff der Marktsegmentierung weit über die Marktforschungsaufgabe hinaus, Nachfrager so zu Segmenten zusammenzufassen, dass aufgrund möglichst ähnlicher Bedürfnisse eine segmentbezogen einheitliche Marktbearbeitung erfolgen kann (Marktsegmentierung im engeren Sinne, vgl. z. B. Berekoven/Eckert/Ellenrieder 1999, S. 225). Er umfasst z. B. auch die Entscheidung zur konzentrierten oder differenzierten Marktbearbeitung („Auswahl von Marktsegmenten"), ebenso wie die Gestaltung einer geeigneten Produkt- und Preisdifferenzierung („segmentspezifischer Einsatz der Instrumente", Marktsegmentierung im weiteren Sinne, vgl. z. B. Freter 1983, S. 18).

1.1 Einordnung und Bedeutung

Seit seiner Einführung in Marketingtheorie und -praxis durch Smith (1956) hat sich das Strategiekonzept der Marktsegmentierung bewährt. Immer wieder (Frank/Massy/Wind 1972; Böhler 1977; Freter 1983; Wedel/Kamakura 2001) wurde darauf hingewiesen, dass die Marktsegmentierung einen geeigneten Kompromiss darstellt zwischen der in der Regel kostenintensiven, aber zielgenauen „individuellen Marktbearbeitung", bei der sich die Marketingmaßnahmen der Anbieter an den Bedürfnissen jedes einzelnen Nachfragers orientieren, und der kostengünstigeren, aber weniger zielgenauen „undifferenzierten Marktbearbeitung", bei der sich die Marketingmaßnahmen an den Bedürfnissen eines fiktiven durchschnittlichen Nachfragers in einem möglicherweise heterogenen Gesamtmarkt ausrichten.

1.2 Vorgehensweise

Generell erfordert eine Marktsegmentierung gemäß den verschiedenen enthaltenen Aufgabenstellungen ein Vorgehen in mehreren Schritten (z. B. Wind 1978):

1. Festlegung von Kriterien, anhand derer eine Aufteilung des Gesamtmarktes in bezüglich ihrer Bedürfnisse homogene Teilmärkte vorgenommen werden soll.
2. Gewinnung von Daten zur Aufteilung des Gesamtmarktes in homogene Teilmärkte anhand der festgelegten Kriterien.

3. Aufteilung des Gesamtmarktes in Teilmärkte unter Verwendung der gewonnenen Daten.
4. Auswahl von Teilmärkten zur segmentorientierten Bearbeitung.
5. Ableitung und Umsetzung segmentorientierter Marketingmaßnahmen in den ausgewählten Teilmärkten.

Die Schritte 1 und 2 werden nachfolgend im Abschnitt 2 („Datengrundlagen für Segmentierungsanalysen") diskutiert, Schritt 3 im Abschnitt 3 („Segmentierungsverfahren"). Die Schritte 4 und 5 werden im Abschnitt 4 im Rahmen des Anwendungsbeispiels „umweltverträgliche Waschtischarmatur" diskutiert.

2. Datengrundlagen für Segmentierungsanalysen

2.1 Überblick

Eine bewusste Aufteilung heterogener Gesamtmärkte in homogene Teilmärkte kann – je nach vorliegender konkreter Aufgabenstellung und Marktgegebenheiten – aufgrund unterschiedlichster Datengrundlagen vorgenommen werden. So kann eine Marktsegmentierung generell etwa aus Informationen über die Konkurrenz, aus Informationen über das Angebot oder aus Informationen über die Nachfrager abgeleitet werden (vgl. Abbildung 1).

Schränkt man die Zielstellung der Marktsegmentierung allerdings im Hinblick auf die nachfolgende segmentorientierte Marktbearbeitung auf einen engeren Gestaltungsbereich ein, so werden in der Marketingforschung und -praxis häufig nur ausgewählte Datengrundlagen genutzt. Abbildung 2 fasst Überlegungen dieser Art und „Empfehlungen aus der Literatur" zusammen, nach denen – abhängig vom aktuellen Entscheidungsbedarf bzw. von der vorliegenden Problemstellung – bestimmte Datengrundlagen anderen Datengrundlagen vorgezogen werden sollten .

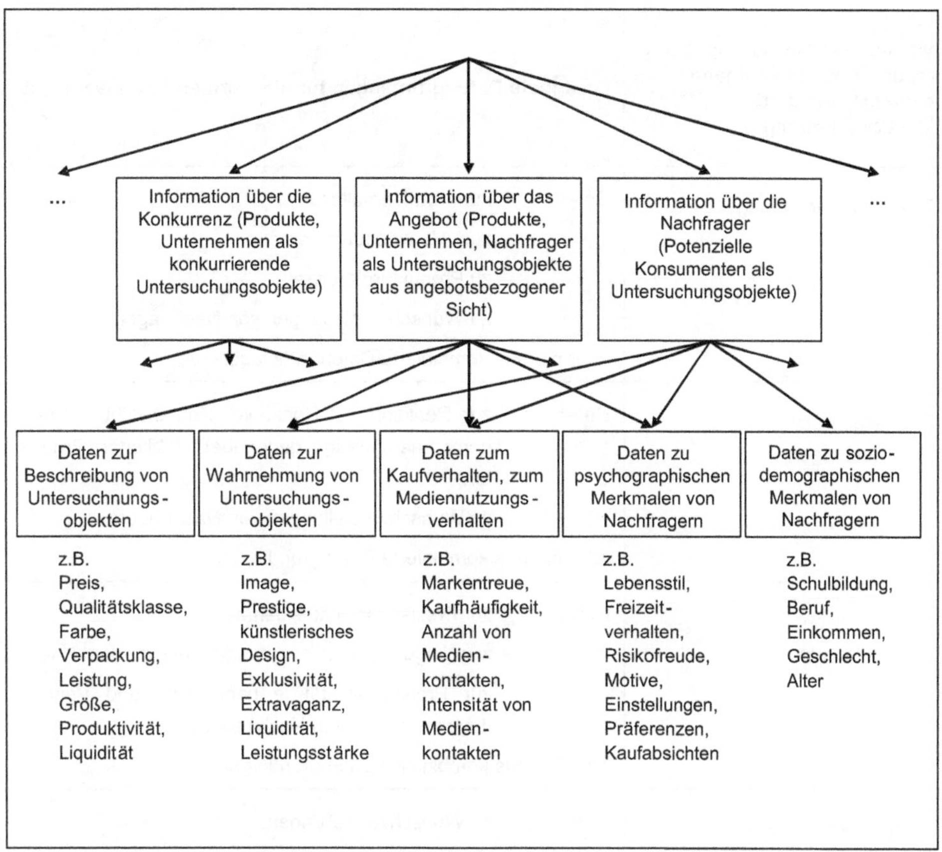

Abbildung 1: Ausgewählte Datengrundlagen für Segmentierungsanalysen (Gaul/Baier 1994, S. 61)

Vorrangiger Gestaltungsbereich für die nachfolgende segment-orientierte Marktbearbeitung	**Geeignete Datengrundlagen für die Segmentierungsanalyse**
Produktpositionierung	Daten ▪ zum Kaufverhalten, ▪ zum Verwendungsverhalten, ▪ zu Produktpräferenzen, ▪ zu Wunschvorstellungen von Nachfragern oder hieraus kombinierte Datengrundlagen
Produktpolitische Entscheidungen	Daten ▪ zur Reaktion auf Konzepte (Kaufabsicht, wahrgenommene Vorzüge gegenüber etablierten Produkten), ▪ zu Wunschvorstellungen von Nachfragern oder hieraus kombinierte Datengrundlagen
Preispolitische Entscheidungen	Daten ▪ zur Preissensitivität allgemein, ▪ zur Neigung zu Preisverhandlungen vor dem Kauf, ▪ zur Preissensitivität je nach Kauf und Verwendungsverhalten von Nachfragern oder hieraus kombinierte Datengrundlagen
Kommunikationspolitische Entscheidungen	Daten ▪ zu Wunschvorstellungen, ▪ zur Mediennutzung, ▪ zu psychographischen Merkmalen, ▪ zum Lebensstil, ▪ zum Kauf- und Verwendungsverhalten oder hieraus kombinierte Datengrundlagen
Distributionspolitische Entscheidungen	Daten ▪ zu Ladentreue bzw. -wechsel, ▪ zu ladenbezogenen Wunschvorstellungen oder hieraus kombinierte Datengrundlagen

Abbildung 2: Geeignete Datengrundlagen für Segmentierungsanalysen in Abhängigkeit vom vorrangigen Gestaltungsbereich (Quelle: Gaul/Baier 1994, S. 94, in Anlehnung an Wind 1978, S. 320)

2.2 Kriterien zur Auswahl von Datengrundlagen

Prinzipiell eignen sich viele der im vorangegangenen Abschnitt diskutierten Datengrundlagen, um den heterogenen Gesamtmarkt in homogene Segmente aufzuteilen. Da aber die nachfolgende segmentorientierte Marktbearbeitung höhere Kosten verursacht als die undifferenzierte Marktbearbeitung, ergeben sich allein bereits aus dem Wirtschaftlichkeitsprinzip eine Reihe zu beachtender Auswahl- bzw. Bewertungskriterien (z. B. Freter 1983, S. 43 f.; Wedel/Kamakura 2001, S. 16):

- Kaufverhaltensrelevanz: Die mit den Segmentierungsgrundlagen ermittelbaren Teilmärkte sollten sich bezüglich ihres Kaufverhaltens unterscheiden. Soziodemographische Daten sind bezüglich dieses Kriteriums nur selten eine geeignete Datengrundlage, da z. B. so genannte „soziodemographische Zwillinge“ (z. B. Personen mit nahezu identischem Alter oder Einkommen) ein unterschiedliches Kaufverhalten aufweisen können.
- Instrumenterelevanz: Die ermittelbaren Segmente sollten mit den kommunikations- und distributionspolitischen Marketinginstrumenten grundsätzlich unterschiedlich erreichbar sein. Nur so können Differenzierungsstrategien wirksam werden. Wahrnehmungsbezogene oder psychographische Datengrundlagen sind hierin anderen Datengrundlagen überlegen.
- Strategierelevanz: Die Aufteilung in Segmente sollte auch den Unternehmenszielen Rechnung tragen können, d. h. aus der vorgenommenen Segmentierung sollten sich unter Beachtung der Unternehmensziele auch umsetzbare Hinweise auf die Positionierung sowie produkt- und preispolitische Maßnahmen ableiten lassen.
- Messbarkeit: Um die Teilmärkte genauer analysieren zu können, sollte eine reliable und valide Gewinnung der Datengrundlagen möglich sein. Direkt beobachtbare Merkmale (z. B. soziodemographische Merkmale wie Alter oder Geschlecht) sind hierin latenten Merkmalen (z. B. Wahrnehmungs- oder Bedürfnismerkmalen) überlegen.
- Dauerhaftigkeit: Eine einmal ermittelte Aufteilung des Gesamtmarktes in Teilmärkte sollte auch eine gewisse zeitliche Stabilität aufweisen.
- Wirtschaftlichkeit: Die Aufteilung in Teilmärkte ist insbesondere dann besonders kostengünstig, wenn keine spezifisch durchzuführende Primärforschung erforderlich ist. Branchenunabhängige, öffentlich verfügbare Datengrundlagen (z. B. vom statistischen Bundesamt oder allgemein verfügbare Nachfragertypologien) sind hierbei besonders geeignet.

Abbildung 3 gibt für verschiedene Datengrundlagen wieder, ob bei diesen die genannten Kriterien typischerweise eher erfüllt oder typischerweise eher nicht erfüllt sind.

Kriterium / Datengrundlage	Kaufverhaltensrelevanz	Instrumenterelevanz	Strategierelevanz	Messbarkeit	Dauerhaftigkeit	Wirtschaftlichkeit
Allgemeine soziodemographische Daten	-	-	-	++	++	++
Allgemeine psychographische Daten (z. B. Lebensstil, Lebenswelten, Konsumententypologien, Mediennutzungsverhalten)	+/-	+/-	-	+/-	+	++
Allgemeine Kaufverhaltensdaten (z. B. Produkt- und Markenwahl)	+	-	-	+	+	+
Marktbezogene psychographische Daten (z. B. spezielle marktbezogene Nachfragertypologien)	++	+	+/-	+/-	+/-	-
Marktbezogene Wahrnehmungsdaten (z. B. Produktimage)	+	++	+	+/-	+/-	-
Markt- und produktbezogene Bedürfnisdaten	++	++	++	+/-	+/-	--

Abbildung 3: Bewertung von Datengrundlagen hinsichtlich wichtiger Kriterien (in Anlehnung an Freter 1983, S. 43 f.; Wedel/Kamakura 2001, S. 16) Legende: ++: Kriterium typischerweise eher erfüllt, …, --: Kriterium typischerweise eher nicht erfüllt

3. Segmentierungsverfahren

3.1 Überblick

Ähnlich wie bei den Datengrundlagen weisen auch die Segmentierungsverfahren eine Vielzahl möglicher Alternativen auf. Grundsätzlich kann man zwischen A-priori-Segmentierungsverfahren und Post-hoc-Segmentierungsverfahren sowie zwischen deskriptiven und prädiktiven Segmentierungsverfahren unterscheiden (Green 1977; Wind 1978; Wedel/Kamakura 2001):

- Bei A-priori-Segmentierungsverfahren erfolgt die Aufteilung des Gesamtmarktes anhand vorgegebener Segmentierungsmerkmale, die in der Datengrundlage bereits enthalten sind. Beispiele einer derartigen Aufteilung könnten bei einem Privatkundenmarkt etwa vorgegebene Alters- oder Einkommensklassen oder die bisher gekaufte Pkw-Marke sein. Die Anwendung von Segmentierungsverfahren dient dann vor allem dazu, z. B. mittels Loglinearem Modell, Kreuztabelle, Regressions- oder Diskriminanzanalyse segmentspezifische Unterschiede herauszuarbeiten.
- Bei Post-hoc-Segmentierungsverfahren hingegen ist die Zuordnung der Nachfrager zu Segmenten vor Anwendung des Segmentierungsverfahrens noch unbekannt. Nachfrager werden aufgrund ähnlicher Merkmalsausprägungen in der Datengrundlage (z. B. hinsichtlich ähnlicher psychographischer Merkmale) oder aufgrund ähnlicher Beziehungen zwischen Merkmalen in der Datengrundlage (z. B. aus der Datengrundlage ableitbare ähnliche individuelle Reaktionen auf Produkteigenschaften, Preise oder Werbung) analytisch zusammengefasst. Bekannte Beispiele von Post-hoc-Segmentierungsverfahren sind etwa die im Kapitel Clusteranalyse beschriebenen verschiedenen Verfahren der partitionierenden, überlappenden oder unscharfen Clusteranalyse (vgl. den Beitrag von Jensen in diesem Band). Diese können auf Merkmale in der Datengrundlage direkt oder auf mittels Logit-, Regressions- oder Conjoint-Analyse aus der Datengrundlage ermittelte individuelle Reaktionsparameter anwendet werden. Modernere, so genannte simultane Segmentierungsverfahren (z. B. die klassenweise Regressionsanalyse oder Mischverteilungsverfahren auf Basis der Conjoint-, Regressions- oder Logit-Analyse) schätzen im Gegensatz zu diesen älteren, so genannten sequentiellen Segmentierungsverfahren allerdings diese Segmentzuordnungen sowie segmentspezifische Reaktionsparameter gleichzeitig (z. B. Baier 1997; Baier/Gaul 1999; Baier/Gaul/Schader 1997; Steiner/Baumgartner 2004).
- Deskriptive Segmentierungsverfahren unterscheiden nicht zwischen unabhängigen und abhängigen Merkmalen in der Datengrundlage. Sie erlauben daher keine Rückschlüsse auf Abhängigkeiten zwischen Segmentzuordnungen und Reaktionen auf Produkteigenschaften, Preise oder Werbung.
- Bei prädiktiven Verfahren hingegen wird explizit zwischen unabhängigen und abhängigen Merkmalen in der Datengrundlage unterschieden. Beispiele für derartige Segmentierungsverfahren sind etwa die Regressions- oder die Diskriminanzanalyse, die man auf a priori segmentierte Datengrundlagen anwendet, aber auch die weiter oben beschriebenen sequentiellen und simultanen Segmentierungsverfahren.

Abbildung 4 verdeutlicht für ausgewählte Segmentierungsverfahren die Zuordnung zu den diskutierten Verfahrensgruppen.

	A priori	Post-hoc
Deskriptiv	Loglineares Modell, Kreuztabelle	Partitionierende, überlappende oder unscharfe Clusteranalyse
Prädiktiv	Regressionsanalyse, Diskriminanzanalyse	Sequentielle (z. B. individuelle Regressionsanalyse plus nachfolgender Clusteranalyse) und simultane Segmentierungsverfahren (z. B. klassenweise Regressionsanalyse)

Abbildung 4: Ausgewählte Segmentierungsverfahren
(in Anlehnung an Wedel/Kamakura 2001, S. 17; Baier 2003)

3.2 Kriterien zur Auswahl von Segmentierungsverfahren

Bei der Auswahl von Segmentierungsverfahren kann man ähnlich wie bei der Auswahl der Datengrundlagen geeignete Kriterien heranziehen. So kann man etwa die vorgestellten Verfahren bezüglich

- ihrer Fähigkeit zur Ermittlung von Segmenten,
- ihrer Fähigkeit zur Reaktionsprognose,
- ihrer statistischen Eigenschaften,
- ihrer Bekanntheit als Segmentierungsverfahren sowie
- ihrer Verfügbarkeit in Standardsoftware

bewerten. Abbildung 5 gibt das Ergebnis einer derartigen Bewertung wieder.

Im nachfolgenden Abschnitt soll der Einsatz eines sequentiellen Segmentierungsverfahrens auf eine Datengrundlage, in der die Kaufpräferenzen einer Stichprobe von Privatkunden auf vorgelegte umweltverträgliche Waschtischarmaturen erfasst sind, beschrieben werden.

Segmentierungsverfahren	Kriterium	Fähigkeit zur Ermittlung von Segmenten	Fähigkeit zur Reaktionsprognose	Statistische Eigenschaften	Bekanntheit als Segmentierungsverfahren	Verfügbarkeit in Standardsoftware
A priori, deskriptiv	Loglineare Modelle	+/-	--	+	++	++
	Kreuztabellen	+/-	--	++	++	++
A priori, prädiktiv	Regressionsanalyse	-	++	++	++	++
	Diskriminanzanalyse	-	++	++	++	++
Post-hoc, deskriptiv	Partitionierende Clusteranalyse	++	--	-	++	++
	Überlappende Clusteranalyse	++	--	-	--	-
	Unscharfe Clusteranalyse	++	--	-	+/-	+
Post-hoc, prädiktiv	Sequentielle Segmentierungsverfahren (z. B. individuelle Regressions- plus nachfolgender Clusteranalyse)	+	+	-	+	+/-
	Simultane Segmentierungsverfahren (z. B. klassenweise Regressionsanalyse)	++	++	+	+	+

Abbildung 5: Bewertung von Segmentierungsverfahren hinsichtlich wichtiger Kriterien (in Anlehnung an Wedel/Kamakura 2001, S. 29; Baier 2003)
Legende: ++: Kriterium typischerweise eher erfüllt, …, --: Kriterium typischerweise eher nicht erfüllt

4. Marktsegmentierung bei umweltverträglichen Waschtischarmaturen

Ein Markenartikelhersteller im Sanitärbereich spielte mit dem Gedanken, das bestehende Produktprogramm im Bereich der Waschtischarmaturen um ein „Öko-Produkt" zu erweitern. Bezüglich der Produktgestaltung gab es verschiedene Ideen und technische Möglichkeiten, es bestand im Hinblick auf eine mögliche Marktsegmentierung jedoch Informationsbedarf bezüglich der Größe der für den Kauf derartiger Produkte in Frage kommenden Marktsegmente sowie bezüglich deren spezifischen Wunschvorstellungen und Preisbereitschaften.

Verfügbare Studien zu Teilmärkten im Sanitärbereich waren aufgrund der Neuartigkeit dieser Produktprogrammerweiterung nur eingeschränkt nutzbar, so dass sich das Unternehmen entschloss, eine eigene Erhebung bezüglich segmentspezifischer Wunschvorstellungen und Preisbereitschaften bezüglich verschiedener, bereits bekannter, aber auch neuer innovativer Produktmerkmale durchzuführen und daraus analytisch eine Marktaufteilung vorzunehmen. Aufgrund der Vermutung, dass ein A-priori- oder ein deskriptives Segmentierungsverfahren für die vorliegende Problemstellung ungeeignet war, sollte ein Post-hoc-/prädiktives Segmentierungsverfahren, genauer eine individuelle Conjoint-Analyse (vgl. Green/Srinivasan 1978 und 1990 und Green et al. 2001 sowie das entsprechende Kapitel in diesem Buch) plus nachfolgender partitionierender Clusteranalyse, zum Einsatz kommen.

Aus Expertengesprächen im Unternehmen und im Handel konnte eine Vielzahl kaufverhaltensrelevanter Produktmerkmale ermittelt werden, aus denen für eine Vorbefragung von Nachfragern insgesamt 17 ausgewählt werden konnten: Erhöhung der Garantiedauer, neuartige Oberflächen, Preis, innovative Bedienungskonzepte, verbessertes Design, Thermostat, Kindersicherung, Wassersparhilfe, Rücknahmeverpflichtung, Pflegeerleichterung, umweltfreundliche Herstellung, Material, Lieferzeit, Ersatzteilverfügbarkeit, Inzahlungnahme, Produkt sieht nach „Öko" aus, Lebensdauer/Reparaturanfälligkeit.

Eine Stichprobe von 35 potentiellen Käufern derartiger Produkte in drei ausgewählten Sanitärfachmärkten konnte aus diesen 17 Merkmalen mit exemplarisch angeführten Ausprägungen jeweils maximal acht Merkmale als aus ihrer Sicht kaufentscheidend auswählen. Eine Häufigkeitsauswertung dieser Befragung sowie eine Diskussion mit den Experten und Entscheidern im Unternehmen führten dazu, dass zu insgesamt fünf Merkmalen mit jeweils fünf Ausprägungen die Wunschvorstellungen einer ausreichend großen Stichprobe von Nachfragern zu erheben waren. Abbildung 6 gibt diese fünf Merkmale mit jeweils fünf Ausprägungen wieder.

Merkmal	Merkmalsausprägungen				
Bedienung	Einhebel-Mischarmatur	2-Griff-Armatur	Fußschalter-Bedienung	Sensor-tasten-Bedienung	Berührungs-lose Bedienung
Material/ Oberfläche	Aluminium	Edelstahl poliert	Messing pulverbeschichtet (alle Farben)	Messing verchromt	Kunststoff (alle Farben)
Öko-Merkmal	Umwelt-freundliche Konstruktion und Herstellung	Rücknahme-verpflichtung des Installateurs	Inzahlung-nahme gebrauchter Armaturen	Umwelt-freundliche Konstruktion und Herstellung und Rücknahme-verpflichtung	Umwelt-freundliche Konstruktion und Herstellung und Inzahlung-nahme
Wasser-/ Energie-sparhilfen	Zeitventil (auf Dauerbetrieb umschaltbar)	Durchfluss-anzeige	Thermostat	Zeitventil und Durchfluss-anzeige	Zeitventil und Thermostat
Preis	175 EUR	225 EUR	275 EUR	325 EUR	375 EUR

Abbildung 6: Merkmale und Merkmalsausprägungen der untersuchten Waschtischarmaturen

Mittels Versuchsplanung konnten aus der Gesamtzahl von 5^5=3.125 möglichen Merkmalsausprägungskombinationen insgesamt 25 als zu bewertende Prototypen für die conjoint-analytische Befragung ausgewählt werden. Zu diesen 25 Prototypen („Estimation sample“) sowie zu weiteren fünf ausgewählten Merkmalsausprägungskombinationen („Holdout sample“) wurden ähnlich wie bei Brusch (2005) jeweils beschreibende Karten für die Befragung einer Stichprobe von Nachfragern des Gesamtmarktes in drei ausgewählten Sanitärfachmärkten erstellt.

Die persönliche Befragung selbst war dreigeteilt: Nach der Kontaktaufnahme nach einem vorgegebenen Zufallsverfahren („jeder zehnte Nachfrager, der zu festgelegten Zeiten den Markt betritt“) wurden zunächst in einem ersten Teil generelle Einstellungen der Befragten zum Umweltverhalten abgefragt. In einem zweiten Teil wurden dann die Probanden aufgefordert, die 25 Prototypen des Estimation sample nach abnehmender Kaufpräferenz zu ordnen (Rang 1 bis 25) und die fünf Prototypen des Holdout sample bezüglich der Kaufabsicht zu bewerten („ganz sicher kaufen“, …, „ganz sicher nicht kaufen“).

Merkmal	Merkmalsausprägung	Teilnutzenwert	Standardabweichung
Bedienung	Einhebel-Mischarmatur	0,606	0,253
	2-Griff-Armatur	0,143	0,228
	Fußschalter-Bedienung	0	0,117
	Sensortasten-Bedienung	0,308	0,183
	Berührungslose Bedienung	0,436	0,218
Material/ Oberfläche	Aluminium	0,037	0,127
	Edelstahl poliert	0,156	0,148
	Messing pulver-beschichtet	0	0,105
	Messing verchromt	0,044	0,122
	Kunststoff (alle Farben)	0,081	0,138
Öko-Merkmal	umweltfreundliche Konstruktion und Herstellung	0,010	0,043
	Rücknahmeverpflichtung des Installateurs	0,001	0,036
	Inzahlungnahme gebrauchter Armaturen	0	0,039
	umweltfreundliche Konstruktion und Herstellung	0,006	0,045
	umweltfreundliche Konstruktion und Herstellung	0,032	0,050

Fortsetzung auf der nächsten Seite

Wasser-/ Energie-sparhilfen	Zeitventil	0,004	0,058
	Durchflussanzeige	0	0,048
	Thermostat	0,024	0,064
	Zeitventil und Durch-flussanzeige	0,015	0,061
	Zeitventil und Thermostat	0,028	0,076
Preis	175 EUR	0,179	0,136
	225 EUR	0,148	0,118
	275 EUR	0,113	0,095
	325 EUR	0,089	0,071
	375 EUR	0	0,028

Abbildung 7: Mittlere normierte Teilnutzenbeiträge und Standardabweichungen

Im abschließenden dritten Teil wurden schließlich noch soziodemographische Daten erhoben (u. a. Alter, Schulbildung, Beruf, Familienstand, Geschlecht).

Insgesamt konnte jeder dritte ausgewählte Proband für eine Teilnahme an der Befragung gewonnen werden. Teilgenommen an der Befragung haben offensichtlich Personen, die am Thema Umweltschutz ein gewisses Interesse haben. Die Befragung selbst dauerte dann im Durchschnitt ca. 41 Minuten, die minimale Befragungsdauer lag bei ca. 16 min., die maximale bei ca. 88 Minuten.

Zur Auswertung der Rangdaten kam die nichtmetrische Conjoint-Analyse (Statistikpaket SAS/STAT, Prozedur TRANSREG) zur Anwendung. Bei der in dieser Prozedur implementierten monotonen Varianzanalyse werden mit dem Rang als abhängiger Größe und den Merkmalen und Ausprägungen der Prototypen als unabhängigen Größen aus den individuellen Bewertungen der Prototypen des Estimation Sample die additiven Beiträge der einzelnen Merkmalsausprägungen zur Kaufpräferenz als so genannte Teilnutzenbeiträge ermittelt. Eine Normierung der Teilnutzenbeiträge in der Form, dass die merkmalsweise schwächsten Teilnutzenbeiträge auf 0 und die bestmögliche additive Bewertung eines möglichen Prototypen 1 beträgt, macht die Ergebnisse interindividuell

Merkmal	Merkmalsausprägung	Segment 1	Segment 2	Segment 3	Segment 4
Bedienung	Einhebel-Mischarmatur	0,722	0,860	0,175	0,318
	2-Griff-Armatur	0	0,648	0	0,083
	Fußschalter-Bedienung	0,020	0	0,051	0
	Sensortasten-Bedienung	0,569	0,151	0,077	0,090
	berührungslose Bedienung	0,711	0,226	0,189	0,181
Material/ Oberfläche	Aluminium	0	0,035	0,050	0,185
	Edelstahl poliert	0,080	0,109	0,161	0,483
	Messing pulverbeschichtet	0,016	0	0	0
	Messing verchromt	0,021	0,081	0,014	0,126
	Kunststoff (alle Farben)	0,083	0,013	0,088	0,211
Öko-Merkmal	umweltfreundliche Konstruktion und Herstellung	0,011	0,003	0,038	0,022
	Rücknahmeverpflichtung des Installateurs	0,009	0,004	0,004	0
	Inzahlungnahme gebrauchter Armaturen	0,004	0	0	0,032
	umweltfreundliche Konstruktion und Herstellung und Rücknahmeverpflichtung	0	0,002	0,028	0,041
	umweltfreundliche Konstruktion und Herstellung und Inzahlungnahme	0,034	0,007	0,060	0,072

Fortsetzung auf der nächsten Seite.

Wasser-/ Energie-sparhilfen	Zeitventil	0,003	0	0,034	0,025
	Durchflussanzeige	0	0,005	0	0,076
	Thermostat	0,038	0,005	0,034	0,065
	Zeitventil und Durchflussanzeige	0,030	0,001	0,051	0
	Zeitventil und Thermostat	0,029	0,001	0,089	0,043
Preis	175 EUR	0,122	0,019	0,502	0,051
	225 EUR	0,101	0,014	0,432	0,006
	275 EUR	0,081	0,002	0,328	0,027
	325 EUR	0,062	0	0,263	0,046
	375 EUR	0	0,004	0	0

Abbildung 8: Probandensegmente auf der Grundlage der Teilnutzenbeiträge

vergleichbar. In Abbildung 7 sind diese Werte als über alle Probanden gemittelte normierte Teilnutzenbeiträge und als zugehörige Standardabweichungen dargestellt.

Man erkennt, dass für den fiktiven mittleren Probanden die günstigste Merkmalsausprägungskombination als Bedienung die Einhebel-Mischarmatur, als Material/Oberfläche Aluminium, als Öko-Merkmal die umweltfreundliche Konstruktion und Herstellung, als Wasser-/Energiesparhilfen ein Zeitventil plus Thermostat sowie als Preis 175 EUR haben sollte. Man erkennt aber an der Höhe der mittleren Teilnutzenbeiträge auch die hohe Bedeutung der Merkmale Bedienung und Preis sowie die große Heterogenität in der Probandenstichprobe.

Daher erfolgte eine Suche nach sich unterscheidenden Marktsegmenten. Es wurde eine partitionierende Clusteranalyse (mittels der k-Means-Variante) über die ermittelten Teilnutzenwerte durchgeführt. Als Ergebnis der mittels Clusteranalyse vorgenommenen Aufteilung wurden vier Marktsegmente identifiziert. Abbildung 8 zeigt die auf Basis der Teilnutzenwerte zusammengefassten vier Probandensegmente.

Ein Vergleich der segmentspezifischen (Abbildung 8) mit den mittleren Teilnutzenwerten (Abbildung 7) verdeutlicht, welch erheblicher Informationsverlust mit einer aggregierten Betrachtung aller Probanden – z. B. hinsichtlich der Bevorzugung verschiedener

Ausprägungen bei den Merkmalen Bedienung und Preis – verbunden ist. Dementsprechend wird im Folgenden auf jene Probandensegmente fokussiert, für die zunächst eine Identifikation der Segmente über die ebenfalls erhobenen Einstellungsdaten aus dem ersten Teil der Befragung und die soziodemographischen Daten aus dem dritten Teil der Befragung erfolgen muss.

Eine Analyse der Probandensegmente – unter zusätzlicher Nutzung demographischer, aber auch kaufanlass- und kaufverhaltensbezogener Angaben – ließ eine Beschreibung der vier Segmente zu:

Segment 1 (46 %): „Die praktisch Orientierten“

- stärkste Präferenz für den Einhebel-Mischer,
- kein nennenswertes Nutzenplus, aber zumindest keine Gegnerschaft gegenüber innovativen Bedienkonzepten und Öko-Merkmalen,
- geringes Preisbewusstsein,
- höchster Anteil ausgeprägt umweltbewusster Personen,
- weitaus geringster Anteil nicht umweltbewusster Personen,
- höchster Anteil Verheirateter,
- höchster Anteil technischer Berufe,
- relativ geringer Anteil junger Personen (<30 Jahre).

Segment 2 (17 %): „Die konservativen Umweltignoranten“

- Bevorzugung der 2-Griff-Armatur und der Einhebel-Mischarmatur sowie von Edelstahl poliert,
- sehr geringes Preisbewusstsein,
- höchster Anteil nicht umweltbewusster Personen,
- geringster Anteil umweltbewussten Kaufverhaltens,
- höchster Frauenanteil,
- geringstes Bildungsniveau,
- geringster Anteil technischer Berufe,
- höchster Anteil junger Personen (<30 Jahre).

Segment 3 (20 %): „Die Preisbewussten“

- interessiert an innovativen Bedienkonzepten,
- sehr hohes Preisbewusstsein,

- ausgeprägt umweltbewusstes Kaufverhalten,
- sehr hoher Prozentsatz der Angabe von „Renovierungen“ als Kaufanlass,
- höchster Anteil Männer,
- mit Abstand höchstes Bildungsniveau,
- hoher Anteil technischer Berufe,
- geringster Anteil älterer Personen (50+ Jahre).

Segment 4 (17 %): „Die edelstahlorientierten Prestigegeleiteten“

- bevorzugt Edelstahl poliert und die Einhebel-Mischarmatur,
- unterdurchschnittliches Umweltbewusstsein,
- höchster Anteil an Personen mit Kindern,
- leicht überdurchschnittliche Angabe von „Neubau“ als Kaufanlass,
- geringster Anteil junger Leute (<30 Jahre).

Mit Kenntnis der vier Segmente (mit Größe und Beschreibung – hier in verkürzter Form vorgestellt) war es möglich, dem Anbieter Hinweise für besonders Erfolg versprechende Marketingmaßnahmen (insbesondere hinsichtlich der Produktgestaltung) zu geben.

Die Personen aus Segment 2 („Die konservativen Umweltignoranten“) sind aufgrund ihrer wenig umweltbewussten und konservativen Einstellung als Zielgruppe für eine umweltverträgliche Waschtischarmatur wenig geeignet. Gleiches gilt für die Personen aus Segment 4 („Die edelstahlorientierten Prestigegeleiteten“), die solange nicht als Käufer einer umweltverträglichen Wascharmatur in Frage kommen, solange nicht ökologische Merkmale einen höheren Prestigewert aufweisen als ästhetische.

Für die Segmente 1 („Die praktisch Orientierten“) und 3 („Die Preisbewussten“) gilt, dass sie jeweils über ein ausgeprägtes Umweltbewusstsein bzw. umweltbewusstes Kaufverhalten verfügen und die beiden zahlenmäßig größten Segmente sind. Demzufolge werden diese beiden Segmente vertiefend analysiert.

Die Segmente 1 und 3 zeigen hinsichtlich der Bewertung der Merkmale insgesamt ein ähnliches Bild: Die Einhebel- und die berührungslose Bedienung werden etwa gleich bewertet, ebenso konkurrieren die Edelstahl- und die Kunststoffausführung miteinander. In beiden Segmenten spielt der Preis eine Rolle, eine Preisschwelle liegt bei 325 EUR. Segment 3 reagiert jedoch so preiselastisch, dass dieses Segment – unabhängig welche Entscheidung hinsichtlich der Produktgestaltung gefällt wird – über einen attraktiven Preis erreicht werden kann. Dabei gilt es zu bedenken, dass die Segmente 2 und 4 eine Einhebel-Mischarmatur in Edelstahl präferieren. Beim Öko-Merkmal wird von allen Segmenten die umweltfreundliche Herstellung und Konstruktion in Verbindung mit einer Inzahlungnahme gebrauchter Armaturen bevorzugt. Interesse für ein Thermostat besteht, jedoch ist die Preisbereitschaft dafür sehr unterschiedlich – im preisbewussten Segment 3 liegt sie nur bei etwa 25 EUR im Bereich zwischen 275 und 325 EUR und etwa 12,50 EUR im Bereich zwischen 175 und 275 EUR (Vergleich der Spannen bei den Teilnutzenbeiträgen). Die Durchflussanzeige wird nur in Segment 4 präferiert.

Zusammenfassend lässt sich festhalten, dass für die Kernzielgruppe (Segmente 1 und 3) die Waschtischarmatur in Edelstahl, sowie – als farbige Alternative – wahlweise auch in Kunststoff angeboten werden sollte. Die berührungslose Bedienung wird in den „umweltfreundlicheren" Segmenten 1 und 3 als sinnvolle Alternative zum klassischen Einhebel-Mischer im Hinblick auf die mögliche Wasserersparnis gesehen. Der Preisvorteil, der langfristig aus dieser Wasserersparnis resultiert, sollte im Rahmen der Kommunikationspolitik explizit herausgestellt werden. Bezüglich des Zeitventils gehen die Meinungen in Segment 1 und 3 sehr auseinander. Ein abschaltbares Zeitventil wäre die beste Lösung (im Falle einer berührungslosen Bedienungsvariante allerdings überflüssig). Ein Thermostat wird als Wasser- und Energiesparhilfe gern angenommen. Bei diesen Zusatzausstattungen sind jedoch die Kosten zu berücksichtigen, da ein Preis von 325 EUR nicht überschritten werden sollte. Für die Einrichtung des ebenfalls gewünschten Pfandsystems zum Zwecke einer Inzahlungnahme gebrauchter Armaturen muss die Unterstützung der Handelspartner bzw. der Installateure sichergestellt werden.

Wie dieses Anwendungsbeispiel zeigt, kann eine Marktsegmentierung die Entscheidungsgrundlage von Unternehmen unterstützen. Erst auf Basis der Ergebnisse einer Marktsegmentierung, können wichtige strategische Entscheidungen (z. B. bei der Gestaltung neu in den Markt einzuführender Produkte) getroffen werden.

5. Implikationen und Ausblick

Bereits im vorgestellten Beispiel erkennt man, welche Bedeutung die Marktsegmentierung für den Instrumenteeinsatz eines Unternehmens haben kann: Erst durch die Anwendung der Conjoint- und der Clusteranalyse war es möglich, den heterogenen Gesamtmarkt so in Teilmärkte aufzuteilen, dass die einzelnen Segmente mit speziellen Produkt-, Preis- und Kommunikationsstrategien ansprechbar wurden.

Im Zeitalter der zunehmenden Individualisierung der Nachfragerwünsche sowie der durch das Internet gegebenen Möglichkeit, Nachfrager individuell mit Produktangeboten und -informationen zu versorgen, ist allerdings die Frage naheliegend, ob die Vorstellung von homogenen Teilmärkten überhaupt noch zeitgemäß ist. Nachfragern ist es heute in vielen Märkten bereits möglich, Produkte individuell zu konfigurieren und zu bestellen (Stichwort Mass Customization), in denen dies früher als zu kostenintensiv angesehen wurde. Man denke etwa kostengünstige Urlaubsreisen oder an den Kauf individuell konfigurierter, aber dennoch preiswerter Rechner im Internet.

Dennoch hat die Marktsegmentierung sicher als strategisches Denkmodell und als gute Kompromisslösung zwischen der in der Regel kostenintensiven, aber zielgenauen „individuellen Marktbearbeitung", bei der sich die Marketingmaßnahmen der Anbieter an den Bedürfnissen jedes einzelnen Nachfragers orientieren, und der kostengünstigeren, aber weniger zielgenauen „undifferenzierten Marktbearbeitung", bei der sich die Marketingmaßnahmen an den Bedürfnissen eines fiktiven durchschnittlichen Nachfragers in einem möglicherweise heterogenen Gesamtmarkt ausrichten, weiterhin ihre Berechtigung und eine große Bedeutung in Marktforschung und Marketingmanagement.

Literaturverzeichnis

Baier, D. (1997): A Constrained Clusterwise Regression Procedure for Benefit Segmentation, in: Hayashi, C. et al. (Hrsg.), Data Science, Classification and Related Methods, Heidelberg, S. 676-683.

Baier, D. (2003): Classification and Marketing Research, in: Taksonomia 10, S. 21-39.

Baier, D./Gaul, W. (1999): Optimal Product Positioning Based on Paired Comparison Data, in: Journal of Econometrics, Bd. 89, Nos. 1-2, S. 365-392.

Baier, D./Gaul, W./Schader, M. (1997): Two-Mode Overlapping Clustering With Applications to Simultaneous Benefit Segmentation and Market Structuring, in: Klar, R./Opitz, O. (Hrsg.), Classification and Knowledge Organization, Heidelberg, S. 557-566.

Berekoven, L./Eckert, W./Ellenrieder, P. (1999): Marktforschung. Methodische Grundlagen und praktische Anwendung, Wiesbaden.

Böhler, H. (1977): Methoden und Modelle der Marktsegmentierung, Stuttgart.

Brusch, M. (2005): Präferenzanalyse für Dienstleistungsinnovationen mittels multimedialgestützter Conjointanalyse, Wiesbaden.

Frank, R.E./Massy, W.F./Wind, Y. (1972): Market Segmentation, Englewood Cliffs.

Freter, H. (1983): Marktsegmentierung, Kohlhammer, Stuttgart.

Gaul, W./Baier, D. (1994): Marktforschung und Marketing Management, München.

Green, P.E. (1977): A New Approach to Market Segmentation, in: Business Horizons, 20. Jg., S. 61-73.

Green, P.E./Krieger, A. M./Wind, Y. (2001): Thirty Years of Conjoint Analysis. Reflections and Prospects, in: Interfaces, Vol. 31: 3, part 2, S. S56-S73.

Green, P.E./Srinivasan, V. (1978): Conjoint Analysis in Consumer Research. Issues and Outlook, in: Journal of Consumer Research, Bd. 5, S. 103-123.

Green, P.E./Srinivasan, V. (1990): Conjoint Analysis in Marketing. New Developments With Implications for Research and Practice, in: Journal of Marketing, 54. Jg., S. 3-19.

Homburg, Ch./Krohmer, H. (2006): Marketingmanagement, Wiesbaden.

Smith, W.R. (1956): Product Differentiation and Marketing Segmentation as Alternative Marketing Strategies, in: Journal of Marketing, 21. Jg., S. 3-8.

Steiner, W.J./Baumgartner, B. (2004): Conjoint-Analyse und Marktsegmentierung, in: ZfB, 74. Jg., Nr. 6, S. 611-635.

Wedel, M./Kamakura, W.A. (2001): Market Segmentation. Conceptual and Methodological Foundations, Boston.

Wind, Y. (1978): Issues and Advances in Segmentation Research, in: Journal of Marketing Research, 15. Jg., S. 317-337.

Martin Spann, Arina Soukhoroukova und Bernd Skiera

Prognose von Marktentwicklungen anhand virtueller Börsen

Prof. Dr. Martin Spann ist Inhaber des Lehrstuhls für Marketing & Innovation der Universität Passau. Dipl.-Kffr. Arina Soukhoroukova ist wissenschaftliche Mitarbeiterin am Lehrstuhl für Marketing & Innovation an der Universität Passau. Prof. Dr. Bernd Skiera ist Inhaber des Lehrstuhls für Electronic Commerce am Schwerpunkt Marketing an der Johann Wolfgang Goethe-Universität Frankfurt am Main.

1. Einleitung

Die Erfolgsaussichten strategischer Planungen und operativer Entscheidungen hängen entscheidend von der Genauigkeit der zugrundegelegten Prognosen der Marktgegebenheiten ab. Somit stellt die Prognose zukünftiger Marktentwicklungen ein zentrales Problem für Unternehmen dar. Fehleinschätzungen oder verspätete Prognosen bezüglich der Absatzentwicklung können hohe negative finanzielle Auswirkungen für ein Unternehmen haben. Beispielsweise führt eine Überschätzung der Verkaufszahlen zu einer Überproduktion und infolgedessen zu hohen Kapitalkosten oder Verlusten bei einem verbilligten Abverkauf. Umgekehrt löst eine Unterschätzung der Absatzentwicklung lange Wartezeiten aus und damit auch entgangene Umsätze, Imageverluste und unzufriedene Kunden.

Zur operativen Marketingplanung benötigen Unternehmen gute Prognosen der Marktentwicklung, da sie sich aufgrund der Wettbewerbssituation und Änderungen in den Konsumentenpräferenzen einer hohen Nachfrageunsicherheit ausgesetzt sehen (Spann 2002). Beispielsweise erfordert die Bestimmung der optimalen Distributions- und Kommunikationsstrategie vor Verkaufsstart eines Neuprodukts als Grundlage genaue Absatzprognosen. Dabei ist insbesondere die Prognose des Erfolgs von Produktneueinführungen, vor allem in instabilen oder dynamischen Märkten, von großer Bedeutung. Solchen Problemen sehen sich beispielsweise Produzenten von IT-Hardware oder Consumer Electronics gegenüber, wie auch die Unsicherheit vor dem Verkaufsstart der XBox 360 von Microsoft gezeigt hat. Auch für Medienprodukte sind genaue Prognosen aufgrund der kurzen Lebenszyklen von teilweise nur wenigen Wochen von großer Bedeutung, da Entscheidungen über Werbebudgets oder Kapazitäten (Leinwände beim Kinofilm oder Auflage bei Büchern) nachträglich kaum revidiert werden können. Beispielsweise hat der Verleger Scholastic die Nachfrage für die 2. Auflage des 6. Harry Potter Buches sehr stark überschätzt, so dass der Buchhandel nun auf 2,5 Mio. unverkauften Ausgaben sitzt.

Des Weiteren erfordert die strategische Marketingplanung verlässliche langfristige Prognosen. Unternehmen müssen ihre Produktportfolios lange im Voraus bestimmen, da die Produktentwicklung mehrere Jahre von der Ideengenerierung bis zur Marktreife beanspruchen kann. So sind bereits mehrere Jahre im Voraus viel versprechende Technologien, neue Märkte sowie die zukünftigen Konsumentenpräferenzen zu identifizieren.

Aus methodischer Sicht können Markterfolgsprognosen in zwei Bereiche differenziert werden (Armstrong 2001): Zum einen können die Prognosen auf Basis statistischer Modelle anhand von Vergangenheitsdaten bestimmt werden. Diese Vorgehensweise setzt voraus, dass die Marktgegebenheiten stabil bleiben. *Vor der Markteinführung* von Neuprodukten können aber lediglich die Vergangenheitsdaten vergleichbarer Produkte verwendet werden. Diese Prämisse ist in vielen dynamischen Branchen oder bei radikalen Innovationen jedoch problematisch.

Zum anderen können *neue* Daten in Form von Konsumentenpräferenzen oder Expertenmeinungen erhoben werden. In der Marktforschung wurden hierfür zahlreiche Methoden, z. B. die Conjoint-Analyse, entwickelt. Dabei wird auf Basis der geschätzten Präferenzen der Probanden deren Kaufentscheidung simuliert, um daraus Verkaufsprognosen für den Gesamtmarkt abzuleiten (Green/Srinivasan 1978; Gensler 2003). Weiterhin können Prognosen durch eine Befragung von Experten erstellt werden. Häufig können Experten besser als die (durchschnittlichen) Konsumenten die zukünftigen Marktentwicklungen einschätzen und ihr Wissen in die Prognosen einfließen lassen. Hierfür wird in der Praxis beispielsweise die Delphi-Methode eingesetzt (Rowe/Wright 2001), um eine Divergenz heterogener Expertenmeinungen durch einen strukturierten iterativen Befragungsprozess auszugleichen.

Eine Zwischenposition zwischen Experten- und Konsumentenbefragungen nehmen so genannte „virtuelle Börsen" ein. Ursprünglich als Wahlbörsen zur Prognose von politischen Wahlergebnissen eingesetzt, hat sich mittlerweile deren Einsatz auf ökonomische Größen sowie den Entertainment- und den Sportbereich ausgeweitet (Soukhoroukova/Spann 2006).

Die Grundidee zur Verwendung von virtuellen Börsen ist in dem Aggregationspotential des Marktmechanismus begründet. Auf Finanzmärkten führen marktbasierte Verfahren zur Informationsaggregation, so dass dadurch Investoren ihre Allokationsentscheidungen alleine anhand der Aktienkurse treffen können (Hayek 1945). Der Nobelpreisträger F. A. Hayek postulierte, dass der Marktmechanismus die effizienteste Möglichkeit ist, solche asymmetrisch verteilten Informationen zu aggregieren. Finanzmärkte sind in der Lage, eine große Anzahl an verschiedenen Wertpapieren durch einen sehr großen anonymen Teilnehmerkreis bewerten zu lassen. Sind die Aktienpreise informationseffizient, so reflektieren sie alle verfügbaren Informationen der Marktteilnehmer (Fama 1998). Zahlreiche empirische Studien unterstützen diese Hypothese (Fama 1998; Theissen 2000). Beispielsweise zeigt Roll (1984), dass die Marktpreise für Orangensaft-Futures eine bessere Prognose für das Wetter in Florida darstellen als die nationale Wettervorhersage der USA. Rohstoffverwandte Aktien und Anleihen sind sehr stark von der Stabilität der ölfördernden Regionen abhängig, so dass sich daraus die Meinung der Investoren über die Krisenwahrscheinlichkeit im Nahen Osten ableiten lässt (Leigh et al. 2003).

Für viele Prognosefragestellungen existieren jedoch keine Finanzmärkte, die entsprechende Daten zur Verfügung stellen können. An dieser Stelle können neue virtuelle Märkte geschaffen werden, um die Erkenntnisse aus der Finanzmarktforschung auf solche Informationsprobleme zu übertragen. Das Ziel dieses Beitrags ist daher die Darstellung der Funktionsweise virtueller Börsen, deren bisheriger Einsatzbereiche und ihrer zukünftigen Entwicklungsmöglichkeiten in der Marktforschung.

Im nächsten Abschnitt wird zunächst die Funktionsweise von virtuellen Börsen vorgestellt. Darauf aufbauend gibt Kapitel 3 einen Überblick über deren aktuelle Einsatzbereiche. Kapitel 4 macht einen Ausblick auf zukünftige Einsatzmöglichkeiten. Der Beitrag schließt mit einem kurzen Fazit.

2. Funktionsweise von virtuellen Börsen

Virtuelle Börsen sind Wertpapiermärkte, die auf einer elektronischen Plattform implementiert werden und dabei über einen eigenen Preisfeststellungsmechanismus verfügen (Forsythe et al. 1999; Soukhoroukova/Spann 2006; Wolfers/Zitzewitz 2004a). Der Begriff „virtuell" bedeutet in diesem Zusammenhang, dass im Unterschied zu Finanzmärkten keine signifikanten Geldbeträge oder Rechtsansprüche an einem virtuellen Market gehandelt werden. Viele virtuelle Börsen verzichten sogar auf jeglichen Geldeinsatz und stellen den Teilnehmern lediglich Sachpreise als Anreiz für gute Prognosen in Aussicht. Im Unterschied zu Börsenspielen, die sich an den Aktienkursen realer Wertpapiermärkte orientieren, findet eine eigenständige Preisbestimmung für virtuelle Aktien statt.

Die theoretische Begründung für das Konzept der Markteffizienz liefert die Hayek-Hypothese, die besagt, dass der Marktmechanismus die effizienteste Möglichkeit ist, die heterogenen und asymmetrisch verteilten Informationen der Marktteilnehmer in einer einzigen Größe, dem Aktienkurs, zu aggregieren (Hayek 1945). Dies gilt selbst im Extremfall, in dem jeder Teilnehmer nur über seine privaten Informationen verfügt. Für einen Marktteilnehmer ist es dadurch ausreichend, seine privaten Erwartungen mit dem aktuellen Aktienpreis zu vergleichen und entsprechend mit Käufen oder Verkäufen zu reagieren.

2.1 Grundidee von virtuellen Börsen

Eine virtuelle Aktie an einer entsprechenden virtuellen Börse beschreibt ein zukünftiges Ereignis oder einen Marktzustand (z. B. Deutschland wird Weltmeister, Stimmenanteil einer Partei bei der Bundestagswahl oder Absatzzahlen eines Produkts im nächsten Monat). Der Endwert der Aktie hängt jeweils vom tatsächlichen Eintritt oder Zustand des Ereignisses ab, d. h. beispielsweise 1 (virtueller) Euro pro Aktie falls Deutschland Weltmeister wird, pro 1 Prozentpunkt Stimmenanteil oder pro 1.000 Stück Absatz (Spann 2002).

Auf Basis dieses Zusammenhangs zwischen der Auszahlung und dem Aktienkurs werden die Erwartungen im Hinblick auf die zugrundeliegenden Ereignisse quantifizierbar, so dass dadurch Teilnehmer ihre Einschätzungen handeln können.

Eine virtuelle Aktie erhält zu einem festgelegten Zeitpunkt T eine Auszahlung, die an die tatsächliche Ausprägung des jeweiligen Ereignisses gekoppelt ist. Die Auszahlung lässt sich formal folgendermaßen darstellen:

$$d_{i,T} = \phi(Z_{i,T}) \quad (i \in I), \tag{1}$$

wobei:

$d_{i,T}$: Auszahlung der Aktie, die von der tatsächlichen Ausprägung des i-ten Ereignisses zum Zeitpunkt T abhängt,

$\phi(\bullet)$: eineindeutige Auszahlungsfunktion,

$Z_{i,T}$: tatsächliche Ausprägung des i-ten Ereignisses zum Zeitpunkt T,

T: Zeitpunkt des Eintritts der tatsächlichen Ausprägung eines zu prognostizierenden Ereignisses,

I: Indexmenge der Ereignisse.

Gleichung (1) macht deutlich, dass es sich hierbei eigentlich um zustandsabhängige Wertpapiere bzw. Derivate (*state contingent claims*) und nicht um Aktien i. e. S. handelt, da deren Endwerte von einem unsicheren Ereignis als Underlying abhängen (Elton/Gruber 1995). Der Preis einer virtuellen Aktie erlaubt einen Rückschluss auf die aggregierten Erwartungen der Teilnehmer der virtuellen Börse bezüglich der tatsächlichen Ausprägung des zukünftigen Marktzustands. Dieser Zusammenhang erklärt sich daraus, dass der Aktienpreis das Ergebnis der Handelsaktivitäten (Aktienkäufe und -verkäufe) der Börsenteilnehmer ist und folglich deren Einschätzungen bezüglich des Werts der Aktien widerspiegelt. In Analogie zu Finanzmärkten entspricht der Preis einer Aktie ihrer diskontierten, erwarteten Auszahlung. Die Diskontierung kann bei kurzen Laufzeiten vernachlässigt werden (Spann 2002).

Es bestehen verschiedene Möglichkeiten solche Auszahlungsfunktionen zu formulieren, die in Tabelle 1 exemplarisch aufgeführt werden (Spann/Skiera 2003). Erwartet beispielsweise ein Teilnehmer einer virtuellen Börse für ein bestimmtes Produkt einen Absatz von 100.000 Euro pro Monat, so ist die entsprechende Aktie bei einer Auszahlungsregel von 1 zu 1.000 aus seiner Sicht 100 virtuelle Euro Wert. Wenn der derzeitige Aktienkurs unter 100 virtuellen Euro liegt, wird er die Aktie erwerben, da diese seinen Erwartungen gemäß unterbewertet ist, und umgekehrt verkaufen, wenn diese überwertet ist, um so einen Gewinn realisieren können. Durch solche Kauf- und Verkaufshandlungen der Markteinteilnehmer bildet sich dann der Aktienkurs, der die aggregierten Einschätzungen der Marktteilnehmer reflektiert.

Auszahlungs-funktion	Prognoseproblem	Beispiele für Auszahlungsfunktion
Binäre Auszahlung	Wahrscheinlichkeit des Eintritts von Ereignis A Wertebereich: 0 – maximale Höhe der Auszahlung	▪ Marktanteil von 30% wird zum 1.1. erreicht ▪ Marktanteil von 30-35% wird zum 1.1. erreicht ▪ Kandidat gewinnt die nächste Wahl ▪ Durchschnittliche Preise für Produkt A steigen
Absolute Zahlen	Höhe eines Marktzustands Wertebereich: 0 – maximal mögliche Höhe des Marktzustands	▪ Umsatzzahlen eines Produkts in einem bestimmten Zeitraum ▪ Besucherzahl eines Kinofilms
Relative Größen	Höhe des Marktanteils Wertebereich: 0 – 100	▪ Marktanteil von Produkt A

Tabelle 1: Auszahlungsfunktion bei virtuellen Börsen

2.2 Voraussetzungen für die Anwendung virtueller Börsen

Damit eine virtuelle Börse in der Lage ist, als Prognoseinstrument zu dienen, sind folgende Voraussetzungen zu erfüllen (Spann/Skiera 2003):

- Marktdesign: Die Auszahlungsregeln für virtuelle Aktien sind so zu modellieren, dass der Aktienkurs eindeutig mit dem zukünftigen Ereignis quantifiziert werden kann.
- Relevantes Wissen der Teilnehmer: Die Prognosegüte eines virtuellen Marktes ist vom Expertenwissen der Teilnehmer abhängig, so dass die Teilnehmer über entsprechende Informationen verfügen bzw. Zugang zu diesen haben sollten. Es ist jedoch keine notwendige Bedingung, dass alle Teilnehmer sog. Experten sind. Laboruntersuchungen zeigen vielmehr, dass bereits ein einziger „Insider“ den Aktienkurs beeinflussen und damit sinnvolle Prognosen herbeiführen kann (Kyle 1985). Oliven/Rietz (2004) untersuchen verschiedene Händlertypen und stellen fest, dass die preisbestimmenden Händler zu weniger Fehlern neigen als die preisnehmenden Händler.
- Anreize für die Teilnahme und Offenbarung des Wissens: Für die informierten Teilnehmer sind Anreize sowohl für die Teilnahme als auch zum Handeln bereitzustellen.

2.3 Gestaltung von virtuellen Börsen

Das Marktdesign von virtuellen Börsen ist entscheidend für deren Funktionsweise sowie der damit verbundenen Attraktivität für Teilnehmer und der daraus resultierenden Prognosegüte. Fehler beim Design können zu Verzerrungen und damit zu Fehlprognosen führen. Dem strukturierten Design von Märkten widmet sich dabei auch die neue interdisziplinäre Fachrichtung „Market Engineering" (Weinhardt et al. 2003). Im Folgenden wird die systematische Vorgehensweise bei der Gestaltung von virtuellen Börsen zur Lösung unternehmerischer Prognoseprobleme vorgestellt, die in drei grundsätzliche Schritte eingeteilt werden kann (Abbildung 1; Spann 2002).

Zunächst muss eine Konkretisierung des Prognoseobjekts vorgenommen werden. Danach ist das Marktdesign genau zu spezifizieren. Dabei besteht eine sehr große Anzahl an Gestaltungsmöglichkeiten für elektronische Märkte (Budimir/Gomber 1999).

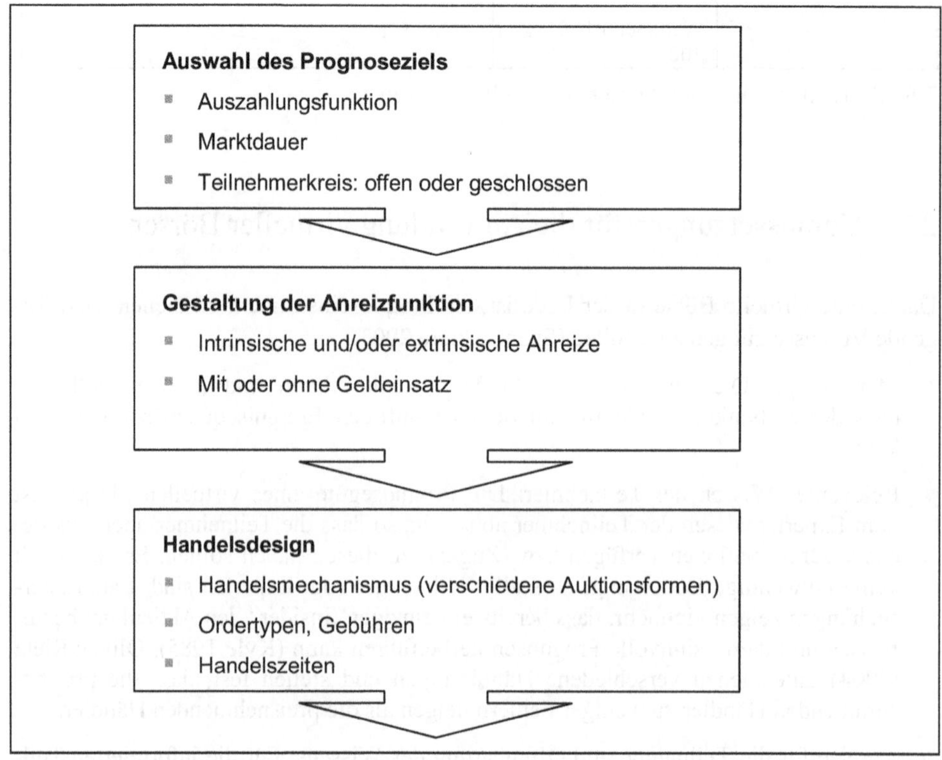

Abbildung 1: Gestaltung von virtuellen Börsen

Einen Überblick gibt Tabelle 2. Die Teilnahme an einer virtuellen Börse kann entweder für einen offenen oder einen geschlossenen Zugangskreis erfolgen. Geschlossene Benutzergruppen können beispielsweise Mitglieder einer Online-Gemeinschaft oder Unternehmensmitarbeiter sowie ausgewählte Kunden sein (Spann/Skiera 2004).

Den Kern einer virtuellen Börse bildet die Preisfeststellung für virtuelle Aktien, d. h. der Handelsmechanismus. Aus der Finanzwelt sind verschiedene Typen der Preisfeststellungen bekannt. Die für die virtuellen Börsen am häufigsten verwendeten sind das Auktionsprinzip („order-driven") und das Market-Maker-Prinzip („quote-driven") (Madhavan 1992). Der Preismechanismus bei virtuellen Börsen soll primär die Anforderungen „Verständlichkeit für Teilnehmer", „Anreizkompatibilität zur Offenbarung persönlicher Einschätzungen" sowie „Unterstützung der Marktliquidität" erfüllen (Ba et al. 2001; Gerke et al. 1995; Spann 2002).

Gestaltungsparameter	Mögliche Ausgestaltungen
Teilnehmerkreis	▪ Offen ▪ Geschlossen: Kunden oder Mitarbeiter
Dauer	▪ Permanent ▪ Begrenzt ▪ Handelszeiten (beschränkt oder permanent)
Ort	▪ Verteilt ▪ Laborexperiment
Preisfeststellung	Auktionsprinzip: kontinuierliche doppelte Auktion, Gesamtkursentwicklung, Call Market, Market-Maker-Prinzip
Handelsbeschränkungen und -gebühren	Preis-, Mengen- und Zeitlimitierung Ausgestaltung (prozentual, fix, Staffelungen)
Startparameter	Anfangsausstattung: virtuelles Geld und virtuelle Aktien; Geldeinsatz Startpreise (vorgegeben oder keine)
Informationstransparenz	▪ Marktendogene Informationen: Kurse, Oderbuch, sonstige Statistiken ▪ Marktexogene Informationen über Prognoseobjekte

Tabelle 2: Gestaltungsmöglichkeiten für das Design einer virtuellen Börse

2.4 Eigenschaften virtueller Börsen als Prognoseinstrument

Eine wesentliche positive Eigenschaft bei der Anwendung virtueller Börsen zur Prognose tatsächlich eintretender Ereignisse besteht darin, dass mit der Informationseffizienz und der Hayek-Hypothese ein theoretisches Fundament für das Funktionieren solcher Börsen vorliegt. Im Gegensatz zu Expertenbefragungen muss also keine Gewichtung der individuellen Befragungsergebnisse zum Erhalten eines aggregierten Ergebnisses vorgenommen werden. Van Bruggen et al. (2002) zeigen beispielsweise, dass das Anwenden unterschiedlicher Gewichtungsregeln zu sehr unterschiedlichen Ergebnissen führen kann. Zudem können die Teilnehmer an einer virtuellen Börse aufgrund der durch den Handelsmechanismus hervorgerufenen Interaktion untereinander Informationen austauschen und dadurch voneinander lernen.

Als eine weitere Besonderheit im Vergleich zu anderen Marktforschungsmethoden ist hervorzuheben, dass hierfür keine repräsentative Stichprobe erforderlich ist, da die Teilnehmer nicht ihre individuellen Präferenzen, sondern ihre Einschätzungen bezüglich der Gesamtentwicklung offenbaren (Spann/Skiera 2003). Darüber hinaus bereitet die Teilnahme an einer virtuellen Börse den Teilnehmern üblicherweise mehr Freude als die Teilnahme an einer Befragung. Dazu kommt, dass die Teilnehmer an einer virtuellen Börse einen Anreiz zur Aufdeckung ihrer tatsächlichen Einschätzung haben. Das Internet begünstigt den Einsatz virtueller Börsen, da hierüber ein großer, verteilter und heterogener Teilnehmerkreis einfach zusammengeführt und deren Einschätzungen leicht über den Marktmechanismus aggregiert werden können.

3. Anwendungsgebiete virtueller Börsen zu Prognosezwecken

Der derzeitige Einsatz von virtuellen Börsen kann anhand des Themenbezugs in die Bereiche Politik, Wirtschaft (betriebswirtschaftliche und volkswirtschaftliche Fragestellungen) sowie Entertainment und Sport klassifiziert werden.

Politische Prognosen

Im Anwendungsbereich *Politik* wurden insbesondere Wahlbörsen zu Prognosezwecken eingesetzt. Wahlbörsen fanden bisher für Präsidentschafts- und Lokalwahlen in den USA sowie für weitere Wahlen insbesondere in Kanada, Deutschland, Niederlande und Österreich statt (Forsythe et al. 1999; Oliven/Rietz 2004; Brüggelambert 1999). Auf vielen weiteren virtuellen Börsen (wahlstreet.de, www.biz.uiowa.edu/iem, paddypower.com oder tradesports.com) können Aktien oder auch Wetten auf (gesellschafts-)politische Ereignisse gehandelt werden (z. B. „Eintritt von Bulgarien in die EU in 2011").

Des Weiteren können virtuelle Börsen auch zur Messung der politischen Stabilität eingesetzt werden (Wolfers/Zitzewitz 2004b). Das bekannteste Beispiel ist der „Policy Analysis Market", der durch das Pentagon initiiert wurde. Dort sollten sowohl politische Stabilitätsindizes als auch Wahrscheinlichkeiten von Ereignissen (z. B. Staatsstreich in einem bestimmten Land) gehandelt werden. Durch die starke Kritik in der Öffentlichkeit wurde dieses Projekt vorerst gestoppt (Hulse 2003).

Wirtschaftliche Prognosen

In den bisherigen Anwendungen wurden v. a. betriebs- oder volkswirtschaftliche Größen prognostiziert. Dietl et al. (2004) und Spann/Skiera (2004) geben hierfür einen Überblick. Die Idee und das Design von Wahlbörsen wurden dabei auf betriebswirtschaftliche Prognosen transferiert. Potenzielle unternehmensinterne Einsatzbereiche sind beispielsweise Unternehmensplanung, Vertrieb, Projektmanagement oder Marktforschung, aber auch die Schätzung volkswirtschaftlicher Zielgrößen (Berlemann 2001; Eliashberg et al. 2000; Gruca 2000; Ortner 2000; Pennock et al. 2000; Plott 2000). Unternehmen, z. B. Hewlett Packard, Microsoft oder Eli Lilly, setzten bereits virtuelle Börsen zu Prognosezwecken intern ein (Surowiecki 2004).

Gruca (2000) führte eine virtuelle Börse zur Prognose des Einspielergebnisses zweier Kinofilme durch. Ortner (2000) veranstaltete eine unternehmensinterne virtuelle Börse zur Prognose des Fertigstellungstermins eines firmeninternen Projekts. Berlemann (2001) wendet virtuelle Börsen zur Prognose der Inflationsrate an.

Plott (2000) führte eine unternehmensinterne Börse bei Hewlett Packard zur Prognose der Absatzzahlen für einen bestimmten Monat durch. Die Prognosegüte der virtuellen Börse war dabei in 15 von 16 Fällen signifikant besser als die der offiziellen Prognose. Berg et al. (2005) erschließen einen neuen Anwendungsbereich für virtuelle Börsen, um den Ausgabepreis beim Google-IPOs zu prognostizieren. Dadurch können virtuelle Börsen behilflich sein, die Unsicherheit beim Ausgabekurs zu reduzieren.

Die Einsatzmöglichkeiten in der Marktforschung wurden dabei erstmalig in Spann (2002) und Spann/Skiera (2003) systematisch diskutiert. Zum einen kann anhand der Aktienkurse auf zukünftige Prognosen geschlossen werden. Zum anderen können aus den Portfoliozusammensetzungen, Handelsverhalten und individuellen Händlercharakteristika zielgruppenspezifische Informationen über das Prognoseobjekt gewonnen werden (Spann/Skiera 2004).

Seit 1995 betreibt Robin Hanson (George Mason University) die „Foresight Exchange", an der politische, Finanz- und wissenschaftliche Ereignisse gehandelt werden können (z. B. „bemannte Basis auf dem Mond bis spätestens 2025").

Abbildung 2: Yahoo! Buzz Game
(Quelle: http://buzz.research.yahoo.com/bk/)

Das „Tech Buzz Game" von Yahoo! (Abbildung 2) ermittelt den Erfolg von technologischen Trends. Dabei können zukünftige Technologien und deren Attraktivität an einer virtuellen Börse gehandelt werden. Die Auszahlung richtet sich dabei nach der Suchhäufigkeit des Begriffs bei der Suchmaschine Yahoo!.

Entertainment & Sport

Die Hollywood Stock Exchange (HSX, Abbildung 3) ist mit mehr als 23.000 aktiven Teilnehmern täglich die mit Abstand größte virtuelle Börse. Dabei werden zwei Typen

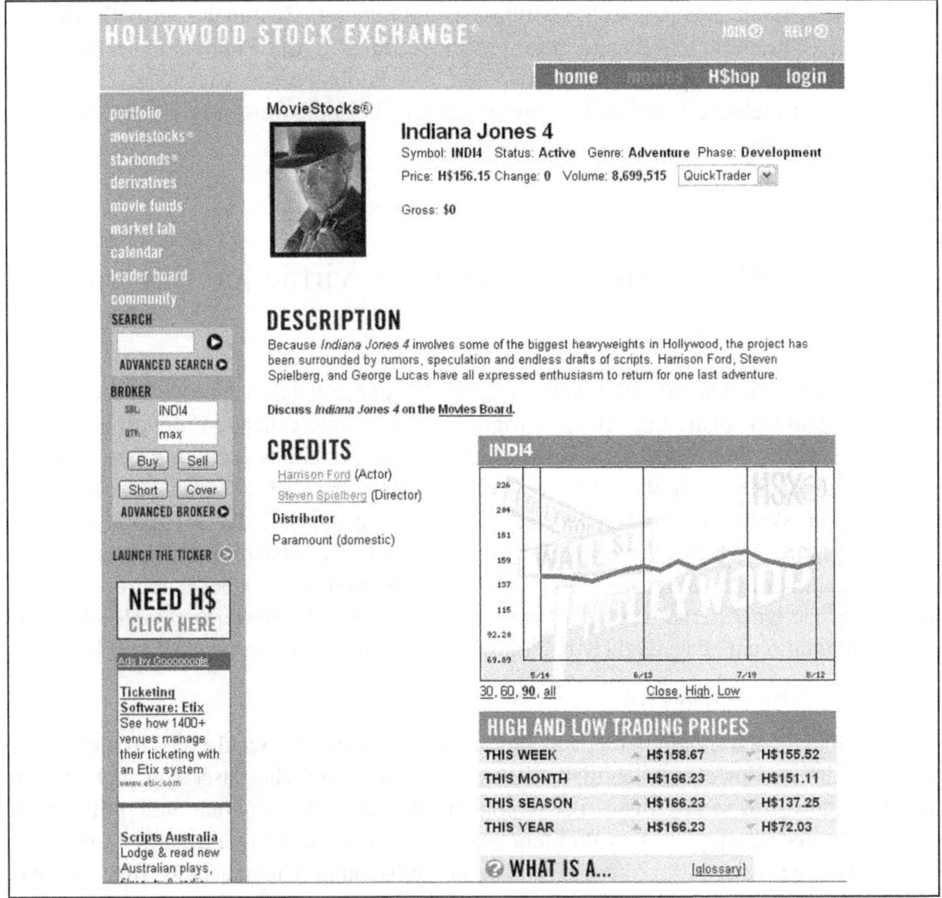

Abbildung 3: Hollywood Stock Exchange
(Quelle: http://www.hsx.com)

von Aktien unterschieden: Einspielergebnisse von einzelnen Filmen und Einspielergebnisse von Schauspielern. Die Filmaktien werden dabei bereits während der Entwicklungsstufe des Films emittiert. Das Tochterunternehmen HSX Research verkauft die entsprechenden Prognosedaten an Filmstudios.

Daten der HSX wurden bereits in mehreren wissenschaftlichen Veröffentlichungen verwendet. Elberse/Eliashberg (2003) stellen ein Prognosemodel für die Filmeinnahmen auf und benutzen die Schlusskurse der HSX, um die Erwartungen bzgl. der Einspielergebnisse vor dem Filmstart zu berücksichtigen. Pennock et al. (2000) und Spann/Skiera (2003) vergleichen die Prognosegüte der HSX im Vergleich zu alternativen Prognosen.

Großer Beliebtheit erfreuen sich Sportbörsen im Internet. Zahlreiche virtuelle Börsen wurden für spezielle Veranstaltungen wie die Formel 1, die Fußballbundesliga oder Fernsehserien (z. B. Big Brother) veranstaltet. Zur Fußballweltmeisterschaft 2006 wurden ebenfalls mehrere virtuelle Börsen angeboten, beispielsweise die Börse „Stoccer" (www.stoccer.de).

4. Zukünftige Einsatzbereiche von virtuellen Börsen

Die im vorangegangen Abschnitt dargestellten Anwendungsmöglichkeiten konzentrieren sich vor allem auf relativ kurzfristige Prognosen. Viel versprechende Ergebnisse wurden hierbei ebenfalls mit einer geringen Teilnehmerzahl erzielt. Die zukünftigen Anwendungsmöglichkeiten von virtuellen Börsen erwachsen primär aus der Fähigkeit von Märkten zur Skalierung im Hinblick auf die Anzahl zu handelnder Wertpapiere sowie der Teilnehmer. Virtuelle Börsen entfalten vor allem bei „großzahligen" Problemen ihre Stärke (Soukhoroukova/Spann 2006). Die Großzahligkeit kann dabei durch die Anzahl der identifizierten Alternativen oder Experten sowie durch die Bewertung vieler Alternativenkombinationen oder möglicher Zeitpunkte charakterisiert sein (siehe Abbildung 4).

Viele unbekannte Alternativen

Bei der Suche nach möglichen neuen Produktideen ist eine Vielzahl von Möglichkeiten denkbar, die im Vorfeld jedoch nicht alle bekannt sind. Ähnliches lässt sich auch auf die Identifikation von zukünftigen Technologien, Wettbewerbsszenarien und politischen Entwicklungen übertragen. Das Problem besteht zunächst in der Identifikation und einer Vorauswahl der relevanten Alternativen, da die vollständige Untersuchung aller Alternativen aus Kosten- und Zeitgründen oftmals nicht vertretbar ist.

An dieser Stelle können virtuelle Börsen soweit angewendet werden, dass virtuelle Aktien durch die Teilnehmer selbst bestimmt und anschließend durch andere Teilnehmer bewertet werden. Bei der „Foresight Exchange" können Teilnehmer neue Aktien vorschlagen, die durch den Administrator frei geschaltet werden müssen. Die an der Johann Wolfgang Goethe-Universität Frankfurt durchgeführte Nobelpreisbörse 2004 ermöglichte die Generierung und Bewertung der Erfolgswahrscheinlichkeiten aus einem unbekannten Set an potenziellen Kandidaten für die verschiedenen Nobelpreiskategorien (Skiera et al. 2004). Das Potential solcher Ideenbörsen liegt darin, eine große Anzahl von unternehmensinternen und externen Experten auf einer zentralen Plattform zu integrieren. Dabei können die Teilnehmer eine große Anzahl an potenziellen Alternativen evaluieren.

Expertenidentifikation

Ein weiterer Anwendungsbereich ist eine schnelle und objektive Identifikation von Experten aus einer großen Grundgesamtheit. Bei Prognosefragestellungen können die Teilnehmer mit dem größten Erfolg an einer virtuellen Börse, der Rückschlüsse auf ihre Informiertheit erlaubt, identifiziert werden. Neben den Mitarbeitern können auch besonders innovative Kunden, sog. Lead User (von Hippel 1986), aus dem Teilnehmerkreis einer virtuellen Börse erkannt werden. Lead User können besonders wertvolle Beiträge zur Neuproduktentwicklung leisten. Die Lead-User-Forschung konzentriert sich bislang hauptsächlich auf den B2B-Bereich oder die Outdoorartikelbranche mit jeweils relativ kleiner Kundenbasis. Dem stehen Konsumgüterhersteller mit einem großen und anonymen Konsumentenkreis gegenüber. Eine virtuelle Börse kann hierbei zur Lead-User-Identifikation eingesetzt werden, da sie besonders interessierte Teilnehmer anzieht („self selection effect") und deren Handelserfolg und damit Kenntnisstand bewerten kann („performance effect") (Spann et al. 2007).

Alternativenbewertung

Dahan et al. (2002) führen eine erste Anwendung einer virtuellen Börse für Konzepttests durch. Sie vergleichen dabei die Aktienkurse mit alternativen Marktforschungsmethoden wie User Design und Conjoint-Analyse. Hierbei besteht jedoch das Problem, dass kein wahres Ereignis zum Zeitpunkt der Durchführung bekannt ist. Folglich können die Ergebnisse nicht extern validiert werden, so dass spezifische Marktdesigns hierfür entwickelt werden müssen.

Ereignisanalyse

Zur Bewertung der Auswirkungen vieler Ereignisse auf ein institutionelles Ziel oder ein Unternehmensziel muss die zu untersuchende Zielgröße permanent gemessen werden. Umfragen oder Zwischenberichte von Unternehmen informieren jedoch nur in relativ großen Abständen, also zu wenigen diskreten Zeitpunkten. Der kontinuierliche Handel auf einer virtuellen Börse erlaubt jedoch die kontinuierliche Bewertung einzelner Ereignisse im Hinblick auf deren Einfluss auf das Prognoseziel. In der Finanzliteratur hat die Event-Study-Methodik mittlerweile bei mehr als 1.000 Veröffentlichungen Anwendung gefunden. Das Ziel ist dabei die Untersuchung der Reaktion von Investoren auf bestimmte Ereignisse (Merger, Desinvestitionen, Vorstandswechsel u. Ä.), um daraus Implikationen für das Management und die Investoren im Hinblick auf die Bedeutung unterschiedlicher Ereignisse abzuleiten. Die Event-Study-Methodik lässt sich ebenfalls für die Aktienkurse an virtuellen Börsen anwenden. Beispielsweise kann auf diesem Wege die Bedeutung eines politischen Ereignisses auf den Wahlausgang ebenso quantifiziert werden wie der Einfluss der Produkteinführung eines Konkurrenzunternehmens auf den Erfolg des eigenen Neuprodukts. Elberse (2006) quantifiziert den Wert eines Stars, indem sie die Kursreaktionen auf Besetzungsankündigungen von Filmen an der HSX mit der Event-Study-Methodik untersucht. Daraus lassen sich Implikationen für Filmstudios bei

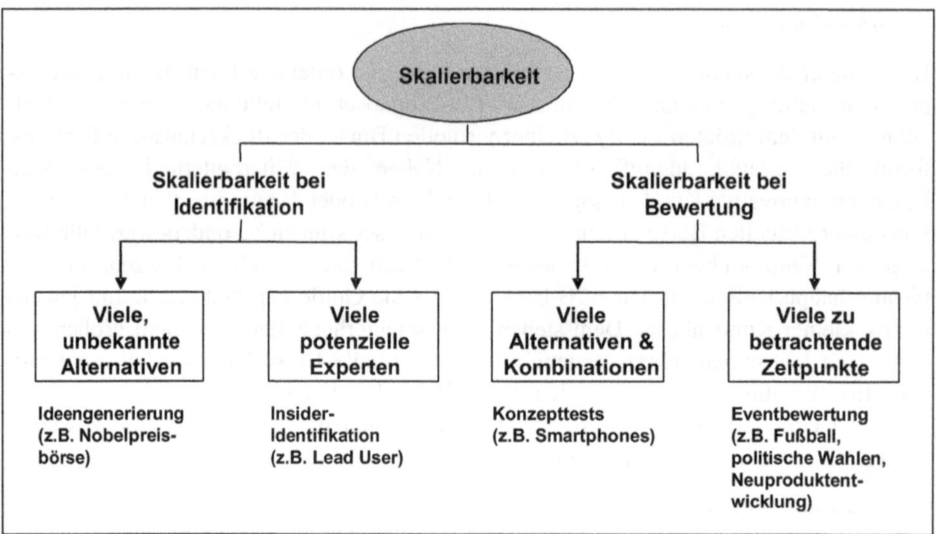

Abbildung 4: Einsatzmöglichkeiten im Hinblick auf Ausnutzung der Skalierbarkeit (Quelle: Soukhoroukova/Spann 2006)

der Akquisition von Topstars ableiten. Wolfers/Zitzewitz (2004b) interpretieren die Daten einer virtuellen Börse zur Stabilität im Nahen Osten als Kriegswahrscheinlichkeit für den dritten Irak-Krieg. Sie verknüpfen diese mit den Kursbewegungen von ölverwandten Aktien. Dadurch lassen sich auch unbeobachtbare Größen, wie Änderung der politischen Stabilität, quantifizieren.

5. Fazit

Abschließend lässt sich feststellen, dass das Potential von virtuellen Börsen zur Lösung von Informationsproblemen noch lange nicht ausgeschöpft ist. Die bisherigen Studien zeigen weitestgehend übereinstimmend, dass virtuelle Börsen vielfach zu mindestens gleichwertigen Prognosen wie andere Marktforschungsinstrumente führen. Verbesserungen sind hier zweifelsohne noch durch eine bessere Festlegung des Marktdesigns möglich. Noch viel versprechender sind aus unserer Sicht aber Untersuchungen, die betrachten, ob virtuelle Börsen auch außerhalb der bisherigen Einsatzgebiete die Verbesserung von Unternehmensentscheidungen gestatten. Solche Einsatzbereiche könnten vor allem in der Identifizierung von Experten, der Generierung und Bewertung von Neuproduktideen und der Ereignisanalyse bestehen.

Literaturverzeichnis

Armstrong, J.S. (2001): Principles of Forecasting: A Handbook for Researchers and Practitioners, Boston.

Ba, S./Stallaert, J./Whinston, A.B. (2001): Optimal Investment in Knowledge Within a Firm Using a Market Mechanism, in: Management Science, 47. Jg, S. 1203-1219.

Berg, J.E./Neumann, G.R./Rietz, T.A. (2005): Searching for Google's Value: Using Prediction Markets to Forecast Market Capitalization Prior to an IPO, Working Paper, University of Iowa, Iowa City.

Berlemann, M. (2001): Forecasting Inflation via Electronic Markets. Results form a Prototype Experiment, Working Paper, Dresden University of Technology, Dresden.

Brüggelambert, G. (1999): Institutionen als Informationsträger: Erfahrungen mit Wahlbörsen, Marburg.

Budimir, M./Gomber, P. (1999): Dynamische Marktmodelle im elektronischen Wertpapierhandel, in: Wirtschaftsinformatik, 41. Jg., S. 218-225.

Dahan, E./Lo, A.W./Poggio, T./Chan, N.T./Kim, A. (2002): Securities Trading of Concepts (STOC), Working Paper, Massachusetts Institute of Technology, Cambridge, MA.

Dietl, H.M./Rese, M./Krebs, A./Franke, B. (2004): Virtuelle Informationsbörsen zur Prognose und Investitionsabsicherung, Lohmar.

Elberse, A. (2006): The Power of Stars: Do Stars Drive Success in Creative Industries?, Working Paper, Harvard Business School.

Elberse, A./Eliashberg, J. (2003): Demand and Supply Dynamics for Sequentially Released Products in International Markets. The Case of Motion Pictures, in: Marketing Science, 22. Jg., S. 329-354.

Eliashberg, J./Jonker, J.-J./Sawhney, M.S./Wierenga, B. (2000): MOVIEMOD: An Implementable Decision-Support System for Prerelease Market Evaluation of Motion Pictures, in: Marketing Science, 19. Jg., S. 226-243.

Elton, E.J./Gruber, M.J. (1995): Modern Portfolio Theory and Investment Analysis, New York.

Fama, E.F. (1998): Market Efficiency, Long-Term Returns, and Behavioral Finance, in: Journal of Financial Economics, 49. Jg., S. 283-306.

Forsythe, R./Rietz, T.A./Ross, T.W. (1999): Wishes, Expectations and Actions: A Survey on Price Formation in Election Stock Markets, in: Journal of Economic Behavior & Organization, 39. Jg., S. 83-110.

Gensler, S. (2003): Heterogenität in der Präferenzanalyse, Wiesbaden.

Gerke, W./Bienert, H./Schroeder-Wildber, U. (1995): Orderbuchtransparenz bei homogenem Informationsangebot - eine experimentelle Untersuchung, in: Kredit und Kapital, 28. Jg., S. 227-269.

Green, P.E./Srinivasan, V. (1978): Conjoint Analysis in Consumer Research: Issues and Outlook, in: Journal of Consumer Research, 5. Jg., S. 103-123.

Gruca, T. (2000): The IEM Movie Box Office Market Integrating Marketing and Finance using Electronic Markets, in: Journal of Marketing Education, 22. Jg., S. 5-14.

Hayek, F.A.v. (1945): The Use of Knowledge in Society, in: American Economic Review, 35. Jg., S. 519-530.

Hulse, C. (2003): Pentagon Prepares a Futures Market on Terror Attacks, in: The New York Times, 29. Juli 2003.

Kyle, A.S. (1985): Continuous Auctions and Insider Trading, in: Econometrica, 53. Jg., S. 1315-1336.

Leigh, A./Wolfers, J./Zitzewitz, E. (2003): What Do Financial Markets Think of War in Iraq?, Working Paper, National Bureau of Economic Research, Cambridge.

Madhavan, A. (1992): Trading Mechanisms in Securities Markets, in: Journal of Finance, 47. Jg., S. 607-641.

Oliven, K./Rietz, T.A. (2004): Suckers Are Born but Markets Are Made: Individual Rationality, Arbitrage, and Market Efficiency on an Electronic Futures Market, in: Management Science, 50. Jg., S. 336-351.

Ortner, G. (2000): Aktienmärkte als Industrielles Vorhersagemodell, in: Zeitschrift für Betriebswirtschaft – Ergänzungsheft, 70. Jg., S. 115-125.

Pennock, D.M./Lawrence, S./Giles, L.C./Nielsen, F.A. (2000): The Power of Play: Efficiency and Forecast Accuracy in Web Market Games, NEC Research Institute, Princeton.

Plott, C.R. (2000): Markets as Information Gathering Tools, in: Southern Economic Journal, 67. Jg., S. 1-15.

Roll, R. (1984): Orange Juice and Weather, in: American Economic Review, 74. Jg., S. 861-880.

Rowe, G./Wright, G. (2001): Expert Opinions in Forecasting: The Role of the Delphi Technique, in: Armstrong, J.S. (Hrsg.), Principles of Forecasting, Dordrecht, S. 125-144.

Soukhoroukova, A./Spann, M. (2006): Informationsmärkte, in: Wirtschaftsinformatik, 48. Jg., S. 61-64.

Skiera, B./Spann, M./Soukhoroukova, A./Kepper, C. (2004): Virtuelle Börsen im Marketing: Wie Erkenntnisse aus der Finanzmarktforschung Marketingprobleme lösen können, in: Forschung Frankfurt, Nr. 3-4, S. 53-55.

Spann, M. (2002): Virtuelle Börsen als Instrument zur Marktforschung, Wiesbaden.

Spann, M./Ernst, H./Skiera, B./Soll, J. H. (2007): Identification of Lead Users for Consumer Products via Virtual Stock Markets, in: Journal of Product Innovation Management, erscheint demnächst..

Spann, M./Skiera, B. (2004): Einsatzmöglichkeiten virtueller Börsen in der Marktforschung, in: Zeitschrift für Betriebswirtschaft, 74. Jg., S. 25-48.

Spann, M./Skiera, B. (2003): Internet-Based Virtual Stock Markets for Business Forecasting, in: Management Science,49. Jg., S. 1310-1326.

Surowiecki, J. (2004): The Wisdom of Crowds, New York.

Theissen, E. (2000): Market Structure, Informational Efficiency and Liquidity: An Experimental Comparison of Auction and Dealer Markets, in: Journal of Financial Markets, 3. Jg., S. 333-363.

van Bruggen, G.H./Lilien, G.L./Kacker, M. (2002): Informants in Organizational Marketing Research: Why use Multiple Informants and How to Aggregate Responses, in: Journal of Marketing Research, 39. Jg., S. 469-478.

von Hippel, E. (1986): Lead Users: A Source of Novel Product Concepts, in Management Science, 32. Jg., S. 791-805.

Weinhardt, C./Holtmann, C./Neumann, D. (2003): Market-Engineering, in: Wirtschaftsinformatik, 45. Jg., S. 635-640.

Wolfers, J./Zitzewitz, E. (2004a): Prediction Markets, in: Journal of Economic Perspectives, 18. Jg., S. 107-126.

Wolfers, J./Zitzewitz, E. (2004b): Using Marketing to Evaluate Policy: The Case of the Iraq War, Wharton Business and Public Policy Department, University of Pennsylvania.

Nikolas Beutin

Messung von Kundenzufriedenheit und Kundenbindung

Dr. Nikolas Beutin ist Geschäftsführender Gesellschafter von Prof. Homburg & Partner, Mannheim/München/Boston, einer international tätigen Unternehmensberatung sowie Lehrbeauftragter an der Universität Mannheim.

1. Kundenzufriedenheit und Kundenbindung als Zielgrößen kundenorientierter Unternehmensführung

Die „Kundenzufriedenheitsbewegung“ startete in den USA vor ungefähr 25 Jahren. Dabei gab es am Anfang vor allem Veröffentlichungen aus den größeren Business Schools sowie einige erste Projekte über Beratungen und Marktforschungsunternehmen. Auch heute ist das Interesse an Kundenzufriedenheit und Kundenbindung ungebrochen. Dabei ist gerade in letzter Zeit trotz oder vielleicht auch gerade wegen der angespannten wirtschaftlichen Lage vieler Unternehmen sogar ein deutliches Anwachsen der Beschäftigung mit den Themen Kundenzufriedenheit und Kundenbindung zu verzeichnen.

Natürlich haben sich die Professionalität in der Durchführung und die Umsetzungsrelevanz der Messungen im Vergleich zu den ersten Konzepten erheblich verbessert. Dennoch gibt es bis heute nicht die „eine“ Vorgehensweise bei Kundenzufriedenheits- und Kundenbindungsmessungen. So existieren weiterhin je nach Land, Branche, Institut, Anwendungsgebiet etc. unterschiedliche Messansätze mit unterschiedlicher Komplexität und Informationsqualität. Von einer Transparenz der verschiedenen Messmethoden kann aus Praxissicht nach wie vor keine Rede sein.

Relativ unumstritten ist heute, dass Kundenzufriedenheit aus einem Vergleich zwischen Erwartung und tatsächlicher Leistung (ggf. unter Einbezug eines Vergleichswertes) entsteht. Unterschiedliche Autoren haben dabei nachgewiesen, dass eine hohe Kundenorientierung in der Unternehmensführung und an der Schnittstelle zum Kunden einer hohen Kundenzufriedenheit förderlich ist (vgl. Abbildung 1 sowie Homburg/Bucerius 2006). Für den tatsächlichen Entstehungsprozess von Kundenzufriedenheit gibt es eine Reihe von Erklärungsansätzen und Theorien aus dem Marketing und der Psychologie. Der interessierte Leser sei an Homburg/Stock-Homburg (2006) verwiesen.

Kundenbindung entsteht idealerweise freiwillig auf Basis von Kundenzufriedenheit. Manchmal jedoch ist dies nicht der Fall (z.B. bei Variety-Seeking Kunden) in anderen Fällen existiert Kundenbindung ohne Kundenzufriedenheit (z.B. bei „unfreiwilliger Bindung“ aufgrund von mangelnden Alternativen, Homburg/Fürst 2005). Demnach ist es für ein Unternehmen immens wichtig, Kundenbindung im eigenen Unternehmen zu konzeptionalisieren und zu messen. Hierbei gewinnen interne Ansätze vermutlich aus Kosten- und Validitätsgründen immer mehr an Bedeutung.

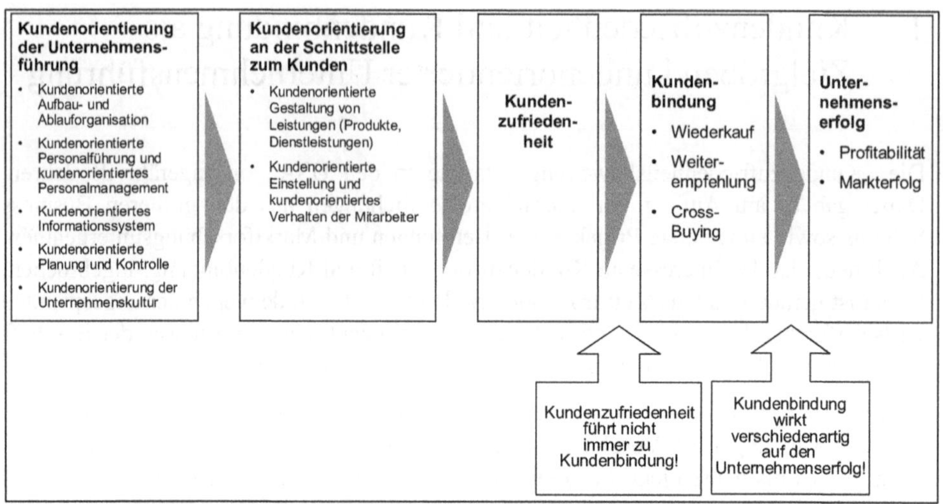

Abbildung 1: Wirkungskette der Kundenorientierung (in Anlehnung an Homburg/Bucerius 2006)

Es besteht somit zum einen nach wie vor ein hoher Bedarf an einer Systematisierung der verschiedenen Messverfahren sowie einer praxisnahen Darstellung der verschiedenen Konzepte. Der vorliegende Beitrag soll diese Zielsetzungen erreichen.

Der nachfolgende Beitrag soll daher zum einen einen Überblick über den Status quo und den State-of-the-Art der Kundenzufriedenheits- und Kundenbindungsmessung geben. Zum anderen besteht immer noch die Frage nach den Erfolgsauswirkungen von Kundenzufriedenheit in der Praxis und natürlich auch von Kundenzufriedenheitsmessung (also idealerweise einem ROI). Da die letzte Frage heute aus unserer Sicht die wichtigste ist, wollen wir uns ihrer im nächsten Abschnitt annehmen, während wir auf die ersten beiden Themen dann später eingehen.

2. Erfolgsauswirkungen von Kundenzufriedenheit und Kundenbindung

Gerade vor dem Hintergrund abnehmender Marketingbudgets und immer stärkerem Rechtfertigungszwang für Investitionen wird der Druck auf den Marketing- und Vertriebsbereich immer größer. So muss heute für jeden € bzw. $ eine Investitionsrechnung erfolgen (Reinecke 2006). Angesichts vor allem im Konsumgüterbereich immenser

Ausgaben für Kundenzufriedenheit und –bindung (z.B. Kundenclubs, Kundenkarten, Messen, Events etc.) von 5-20% der Gesamtkosten wird ein „Return on Customer Satisfaction/Loyalty" immer wichtiger.

Das Resultat dieser Entwicklung ist, dass systematisches Kundenzufriedenheits- und Kundenbindungsmanagement nach unserem Verständnis heute in eine neue Phase eintreten. Wir sprechen dabei sogar von einer „neuen Generation" ihres Managements. Kern dieses „neuen" Ansatzes ist die Verknüpfung der beiden Zielgrößen mit wirtschaftlichen Erfolgsgrößen. Letztlich sind dies am Ende des Tages finanzielle Kennzahlen. Nach unserem Verständnis bedeutet obige Entwicklung ein „Andocken" an existierende finanzwirtschaftliche Modelle (vgl. Abbildung 2). Dies sind bei den meisten Unternehmen (Reinecke 2006, Rust/Lemon/Zeithaml 2004)

- „Return on xxx"-Modelle (z.B. Return on Investment, Return on Marketing, Return on Communication) oder
- Wertbeitragsmodelle (z.B. EVA, Shareholder Value).

Nach den obigen Ansätzen können Kundenzufriedenheit und Kundenbindung Auswirkung auf Mengen, Preise und Kosten haben (Abbildung 2).

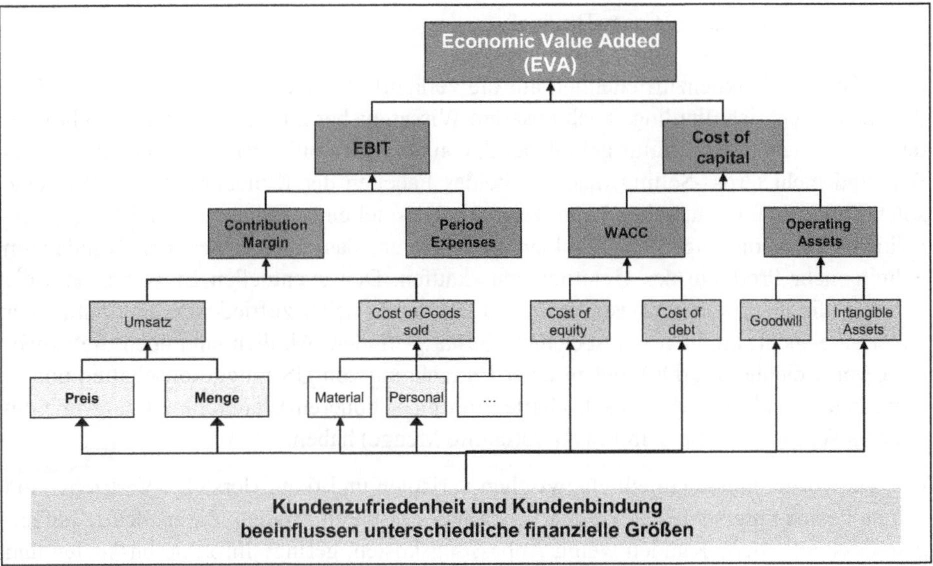

Abbildung 2: EVA-Andockungspunkte von Kundenzufriedenheit und Kundenbindung

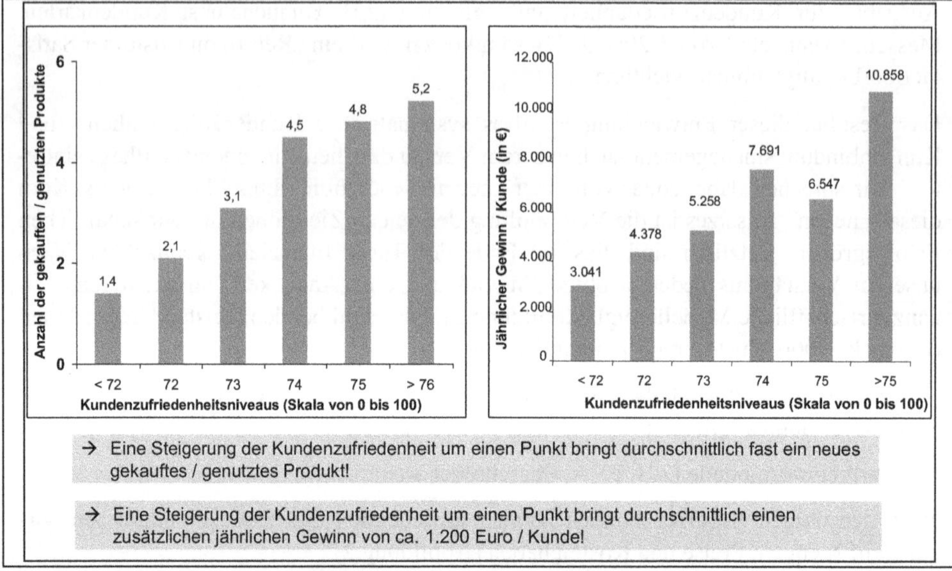

Abbildung 3: Zusammenhang zwischen Kundenzufriedenheit und Anzahl der gekauften Produkte („Cross-Buying“)

Der Effekt der Kundenzufriedenheit auf die verkaufte Menge wurde zwar in vielen Studien untersucht, ist allerdings nach unserem Wissen bisher nur selten veröffentlicht worden. Die allgemeine Literatur geht dabei davon aus, dass zufriedene Kunden „mehr kaufen“ und mehr Cross-Selling machen (beides Facetten der Kundenbindung). Wie eine solche Verknüpfung aussehen kann, zeigt das Beispiel eines Finanzdienstleistungsunternehmens in Abbildung 3. So ist klar zu erkennen, dass die zufriedenen Kunden im Schnitt mehr Produkte des Unternehmens kaufen. Den eventuellen Einwand, dass die Kunden, die mehr kaufen, besser betreut werden und daher zufriedener sind, haben wir dabei untersucht, konnten wir aber nicht bestätigt finden. Ähnlich sind auch die Ergebnisse von Reichheld (2006), der in einer Betrachtung von US Fluggesellschaften über 5 Jahre herausfand, dass die Gesellschaften mit einer höheren Weiterempfehlungsrate ein höheres Wachstum (und damit mehr verkaufte Menge) haben.

Bei den Kosten muss schließlich zwischen variablen und fixen Herstell-, Vertriebs- und Kapitalkosten unterschieden werden. Auch hier existieren Studien, die eindeutig aufzeigen, dass zufriedene Kunden wenig Anpassungskosten, geringe Informationskosten und geringere Handlingkosten verursachen.

Zudem können Deckungsbeiträge oder Ergebniszahlen (wie z.B. EBIT) betrachtet werden. Abbildung 4 enthält eine derartige Untersuchung im Automobilbereich für die Kundenzufriedenheit/Kundenbindung der Autokäufer mit über 1.000 Autohändlern. So gibt es zwar einen klaren Zusammenhang zwischen Kundenzufriedenheit und DB3, jedoch keinen zwischen Kundenbindung und DB3. Hieraus lässt sich die bereits von vielen Autoren postulierte Forderung ableiten, dass Kundenbindung immer unter Kosten-Nutzen-Gesichtspunkten betrachtet werden sollte (Beutin/Lüers 2005). Erfolgt dies jedoch kosteneffizient, so kann ein Automobilhändler bspw. mit einem Gewinn von ca. 100$ pro Jahr (Reichheld 1997, Reichheld/Sasser 2005) oder Ausgaben je nach Fabrikat (und des spezifischen Käufersegments) zwischen 200.000€ und 500.000€ über das gesamte Leben eines Kunden rechnen.

3. Konzeption und Durchführung von Kundenzufriedenheitsmessungen

Im Hinblick auf Kundenzufriedenheitsmessungen kann man zwischen verschiedenen Messverfahren unterscheiden. Eine ausführliche Diskussion findet der Leser bei Beutin (2006a, b). Heute werden von fast allen Unternehmen und Instituten subjektive, mehrdimensionale, merkmalsorientierte Ex-Post-Verfahren gewählt (vgl. Abbildung 4). Hierauf liegt im Folgenden der Fokus. Objektive und implizite Verfahren werden wir im Zusammenhang mit der Messung von Kundenbindung ausführlich diskutieren.

3.1 Konzeption von Kundenzufriedenheitsmessungen

Der folgende Abschnitt orientiert sich an der ausführlichen Diskussion von Beutin (2006a), trägt allerdings den (Weiter-)Entwicklungen des letzten Jahres Rechnung. Im Rahmen der Konzeption einer Kundenzufriedenheitsbefragung gibt es sechs *Entscheidungsfelder*:

- Zielgruppe(n) der Befragung,
- Stichprobengestaltung,
- Art der Befragung,
- Art der Fragestellung,
- Inhalt der Befragung sowie
- Anonymität der Befragung.

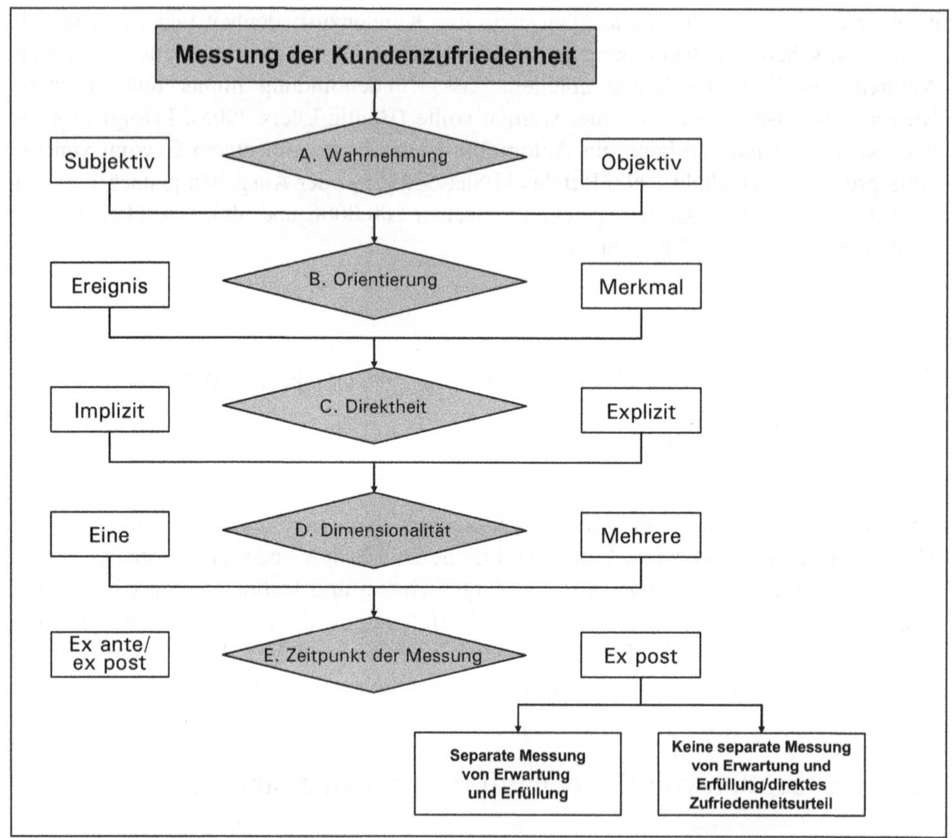

Abbildung 4: Systematisierung von Verfahren zur Messung der Kundenzufriedenheit (Quelle: Beutin 2006a)

Eine Kundenzufriedenheitsmessung ist eigentlich nur in den *Kundengruppen* sinnvoll, die letztlich über die Beziehung zum Lieferanten Auskunft geben können. Insbesondere bei Unternehmen mit mehrstufigen Kundenketten und „Kundengruppen", die aber eigentlich nichts kaufen (z.B. Bauzulieferer und Architekten), ist dies eine besonders relevante Frage. So kann ein Autofahrer i.d.R. nicht besonders viel über seine Zufriedenheit mit elektronischen und technischen Eigenschaften des ABS-Systems der Firma XYZ aussagen. Wichtiger für einen solchen Automobilzulieferer ist hingegen die Zufriedenheitsbeurteilung der Automobilhersteller, Werkstätten und Händler. Daher bietet es sich hier an, die erste Handelsstufe (z.B. Großhändler) in einer anderen Befragung(-sform) zu adressieren als die zweite Stufe (z.B. Einzel-/Fachhandel). Der Handelsbereich ist gerade bei produzierenden Unternehmen ein häufig vernachlässigtes Managementfeld, so dass hier oft Informationen über Kundenzufriedenheit fehlen (Beutin/Grozdanovic 2005; Beutin/Schuppar 2005, 2003a, b).

Zudem ist bei der Betrachtung des momentanen Status Kundengruppen zwischen

- potenziellen,
- existierenden und
- ehemaligen Kunden

zu unterscheiden. So macht es in vielen Fällen Sinn, auch ehemalige Kunden zu befragen. Dies können bspw. „Kündigerbefragungen" bei Versicherungen, Energieversorgungsunternehmen oder Krankenkassen sein, aber auch zum Wettbewerb abgewanderte Unternehmen im Maschinenbau o.ä. Bereichen. Da es meist einen ziehenden Grund für einen Wechsel gibt/gab, ist hier jedoch mit einer geringeren Akzeptanz (und damit geringen Teilnahmequote) zu rechnen, so dass ggf. Teilnahmeanreize, auf jeden Fall jedoch ein stark reduzierter Fragebogen zu empfehlen sind. Eine derartige Befragung kann jedoch bei der Gegenüberstellung mit den existierenden Kunden eindeutig durch die Bestimmung der „echten" Wechselgründe (meist nicht Qualität, Technologie oder Preis) die Gefährdungspotenziale aufzeigen. Ähnlich verhält es sich bei der Befragung von potenziellen Kunden. Da diese in Bezug auf Produkte und Leistungen meist nur bedingt aussagefähig sind, gelten obige Empfehlungen.

Die Frage nach dem konkreten *Ansprechpartner* bei einer Befragung muss ebenfalls im Vorfeld geklärt werden. Während dies bei Privatkunden relativ einfach ist (z.B. Finanzdienstleistung: Konto- bzw. Depotinhaber; Energieversorgung: Haushaltsvorstand), ist dies bei Firmenkunden häufig schwieriger. Insbesondere wenn es sich um ein Einkaufsgremium mit mehreren Entscheidern (z.B. Einkaufskooperation, Buying Center) handelt, macht es Sinn, mehrere Personen zu befragen (v.a. Geschäftsführung, Einkauf, Produktion/Technik, Logistik, F&E). Eine derartige Befragung mehrerer Personen in einem Unternehmen kann entweder getrennt oder aber auch gemeinsam erfolgen, je nachdem, ob die eventuell unterschiedlichen Fragestellungen (z.B. je nach Funktion des Befragten) sinnvoll kombiniert werden können oder nicht. Auf jeden Fall ist zu empfehlen, die Befragung von mehreren Personen in einem Kundenunternehmen zeitnah durchzuführen, da dies sonst sehr schnell zu Reaktanzen führen kann („mein Kollege hat doch schon teilgenommen und alles gesagt").

Die *Gestaltung der Befragungsstichprobe* kann sich ebenfalls als schwierig erweisen. Eine Vollerhebung umfasst eine Befragung aller Kunden. Sie sollte daher v.a. bei kleinen Kundenzahlen (i.d.R. unter 1.000 Kunden) zur Anwendung kommen oder wenn die Kosten der Erhebung relativ unabhängig von der Anzahl der zu befragenden Personen ist – wie beispielsweise bei Online-Befragungen. Damit kommt sie besonders für den Firmenkundenbereich in Frage. Eine Teilerhebung ist dagegen anzuraten, wenn die Kosten durch die Zahl der möglichen Befragten zu groß werden. Man kann beide Methoden auch verknüpfen, indem man z.B. bei den A-Kunden eine Vollerhebung und bei den B- und C-Kunden eine repräsentative Teilerhebung durchführt. Eine Vollerhebung ist natürlich der Idealfall, jedoch oft aus Kostengründen nicht möglich (zu den verschiedenen Methoden der Stichprobengenerierung und der exakten Berechnung von Stichprobenumfängen vgl. den Beitrag von Homburg/Krohmer in diesem Band sowie Homburg/ Krohmer 2006).

Bei der Bestimmung des *Stichprobenumfangs einer Teilerhebung* sind v.a. die Differenzierungskriterien ausschlaggebend. Als Differenzierungskriterium bezeichnen wir ein Kriterium, nach dem bei der späteren Analyse der Kundenzufriedenheitsergebnisse unterschieden werden soll. Differenzierungskriterien sind häufig soziodemografische Kriterien (z.B. Region, Branche, Kundenart oder Umsatzbedeutung eines Kundenunternehmens, aber auch Alter, Beruf, Einkommen oder Geschlecht). Ausgangspunkt ist stets das feinste Differenzierungskriterium, also das mit den meisten Ausprägungen/Kategorien. Für eine repräsentative Auswertung benötigt man einen statistisch zu berechnenden Mindestrücklauf bzw. eine Mindestteilnahmequote pro Ausprägung/Kategorie. Homburg/Schäfer/Schneider (2006) schlagen als Faustregel 30 Kundenantworten pro Ausprägung/Kategorie vor, da sonst die Gefahr besteht, dass die Ergebnisse auf Zufallseffekten beruhen. Diese Faustregel gilt bei einer großen Grundgesamtheit (ab ca. 100 Kunden). Da nicht immer alle Kunden alle Fragen beantworten, ist jedoch bei ausreichend großer Kundenzahl eine Stichprobe von 40-50 Kunden pro Zielgruppe zu empfehlen. Daraus kann dann die Mindestgröße des Stichprobenumfangs bestimmt werden.

Gerade im Firmenkundenbereich ist diese Forderung jedoch häufig nicht haltbar, da oft eine geringere Kundenzahl in den Ausprägungen/Kategorien vorliegt. In diesem Fall muss selbstverständlich von der Faustregel abgewichen und eine exakte Berechnung vorgenommen werden. Pro Ausprägung/Kategorie sollte in diesem Fall jeweils auf Basis der Gesamtkundenzahl in der Ausprägung/Kategorie und einer geschätzten bzw. aus vorherigen Messungen bekannten Standardabweichung ein um den Endlichkeitsfaktor korrigiertes exaktes Konfidenzintervall berechnet werden. In Abhängigkeit von der angestrebten Größe des Konfidenzintervalls kann dann eine saubere Bestimmung der notwendigen Stichprobengröße erfolgen (z.B. 9 zu befragende Kunden bei 10 Kunden bzw. 16 zu befragende Kunden bei 20 Kunden etc.).

Ist die Frage des Ansprechpartners und der Stichprobe geklärt, muss die *Art der Befragung* festgelegt werden. Grundsätzlich sind vier Befragungsarten möglich (vgl. Tabelle 1 und die Ausführungen im Beitrag von Homburg/Krohmer in diesem Band):

- persönliche Befragung
- telefonische Befragung
- schriftliche Befragung
- Internet-/Online-Befragung.

	Persönliche Befragung	Telefonische Befragung	Schriftliche Befragung	Internet-/ Online-Befragung
Teilnahme-quote	Hoch (ca. 40-80%)	Hoch (ca. 30-70%)	Tendenziell niedrig, aber beeinflussbar (ca. 10-40%)	Eher niedrig (ca. 10-30%)
Flexibilität bei der Erhebung	Sehr hoch	Hoch	Gering	Gering
Interaktions-möglichkeit	Sehr groß	Groß	Gering	Gering bis mittel
Durchfüh-rungsprobleme	Zahlreich	Gering	Gering bis mittel	Gering
Eignung bei hoher Komplexität der Befragung	Sehr gut	Gut	Gering	Mittel
Externe Validi-tät	Sehr hoch	Hoch	Gering bis hoch	Gering bis hoch
Beeinflussbar-keit der Ergeb-nisse	Problematisch (Intervie-wereinfluss)	Problematisch (Interviewerein-fluss)	Keine	Keine
Erhebbare Datenmenge	Groß (ca. 50-100 Fragen)	Groß (ca. 50-100 Fragen)	Mittel (ca. 30-70 Fra-gen)	Gering bis mittel (ca. 20-70 Fragen)
Kosten pro Erhebungsfall	Hoch (je nach Qualifikationsle-vel des Interviewers 100-2000 €)	Gering (je nach Land und Zielgruppe 15-100€)	Gering (Vollkosten ca. 5-25€)	Gering bis hoch (je nach Zielgruppe 5-70€)
Notwendiger Zeitaufwand für den Kun-den	Hoch (ca. 30-120 min.)	Mittel (ca. 15-30 min.)	Eher hoch (ca. 20-40 min.)	Mittel (ca. 15-30 min.)
Dauer der Erhebung	Mittel (Wegen Terminvereinba-rung ca. 3-4 Wochen)	Eher kurz (Ca. 2-4 Wo-chen)	Eher lang (3-8 Wochen)	Eher lang (3-8 Wochen)
Zukunftsten-denz	Stabil bis zunehmend	Stabil bis ab-nehmend	Stark abneh-mend	Stark zu-nehmend

Tabelle 1: Übersicht über Vor- und Nachteile verschiedener Befragungsarten (aktualisierte und erweiterte Tabelle von Beutin 2006a)

In den letzten Jahren haben im Zusammenhang mit Kundenzufriedenheitsuntersuchungen *Internet-/Online-Befragungen* sowohl in der Praxis als auch in der Wissenschaft verstärkt an Bedeutung gewonnen. Im Wesentlichen kann man dabei drei verschiedene Befragungsarten unterscheiden:

- So können zum einen *Fragebögen elektronisch verschickt* werden (z.B. per E-Mail). Solche Fragebögen können beispielsweise unter Microsoft (Access, Excel) oder HTML programmiert und mit einer automatischen Rücksendeoption versehen sein. Probleme sind vor allem die eher geringe erhebbare Datenmenge sowie mögliche Reaktanzen gegenüber derartigen Befragungen aufgrund der großen Menge an „Spam-Mails". Dadurch, dass heute gerade im Business-to-Business-Geschäft fast alle Kunden und Lieferanten über E-Mail kommunizieren, existieren allerdings die bis vor kurzem vorherrschenden Repräsentativitätsprobleme nur noch vereinzelt. Letztlich ersetzt diese Art der Befragung jedoch nur eine schriftliche Befragung und ist somit eigentlich keine „echte" Online-Befragung.
- Zweitens kann eine *offene Befragung auf einer Homepage* im Internet durchgeführt werden (frei zugänglicher Fragebogen auf Homepage). Dies kann durch Links oder die Versendung von URLs bekannt gemacht werden. Hier schlagen v.a. die unklare externe Validität und die geringe erhebbare Datenmenge negativ zu Buche.

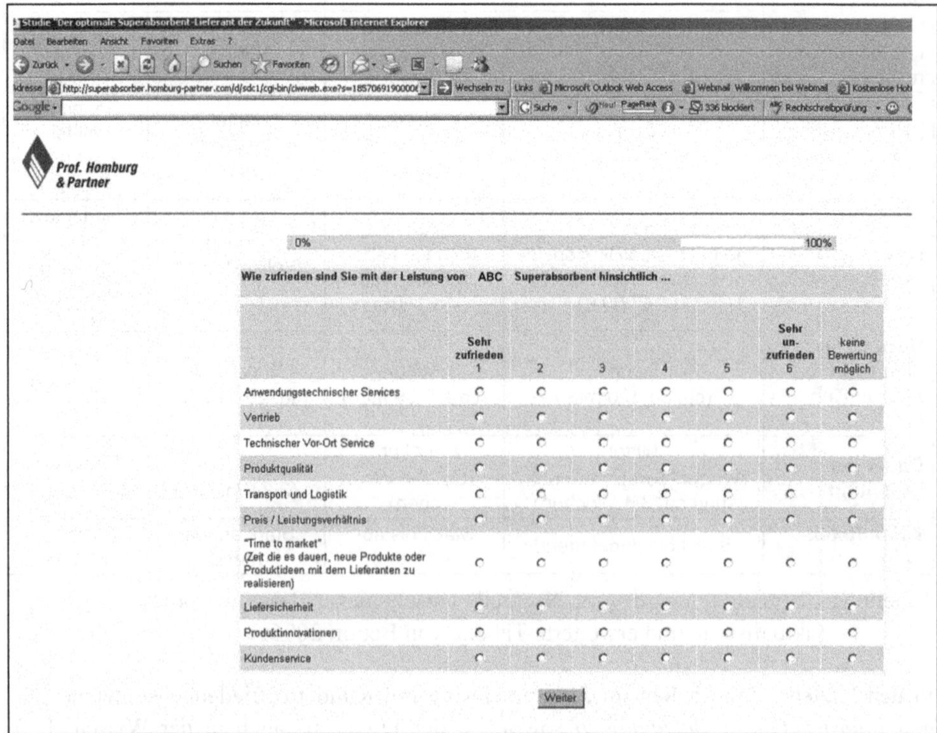

Abbildung 5: Beispiel einer Online-Kundenbefragung in der Chemie

- Drittens kann eine *geschlossene Befragung (nach Anmeldung)* im Internet erfolgen (passwortgeschützter Fragebogen auf Homepage, vgl. Abbildung 5). Dies hat im Vergleich zur vorherigen Methode den Vorteil, dass die externe Validität hoch (und überprüfbar) und die erhebbare Datenmenge größer sind. Ein weiterer Vorteil besteht in der ggf. individuell zugeschnittenen Befragung. So können z.B. spezielle Fragen für Techniker nur an Techniker und spezielle Fragen für Einkäufer nur an Einkäufer gestellt werden. Zudem können auch „etwas sensiblere Daten erhoben" werden, da die Befragung den Befragten i.d.R. „geschützter" erscheint. Zudem können Interaktionsmöglichkeiten und erklärende Bilder die Befragung erleichtern.

Zusammenfassend lässt sich sagen, dass man in vielen Ländern (z.B. USA) bereits *Reaktanzen auf telefonische Befragungen* erkennen kann. Zudem beobachten wir immer häufiger Anweisungen von der Unternehmenszentrale, an telefonischen Befragungen nicht teilzunehmen (v.a. in Frankreich und Spanien). Hinzu kommen unklare bzw. sich verändernde rechtliche Situationen (z.B. in Deutschland). Schriftliche Befragungen sind heute u.E. nicht mehr State-of-the-Art. Generell erwarten wir in den nächsten Jahren in den Industrieländern einen starken Trend zu Online-Befragungen und eine (wieder) wachsende Bedeutung von persönlichen Befragungen. In Südamerika, Asien und Osteuropa erwarten wir hingegen einen weiter wachsenden Anteil an telefonischen Befragungen.

In Bezug auf die *Art der Fragestellung* von Kundenzufriedenheitsmessungen sind im Wesentlichen nur geschlossene und offene Fragen sinnvoll. *Geschlossene Fragen* eignen sich zur Messung von antizipierten Antworten und solchen, die auf einer fest vorgegebenen Antwortskala basieren. Man bekommt zwar quantifizierbare Ergebnisse, der Nachteil ist aber, dass die Kreativität und die individuellen Probleme der Kunden nicht erfasst werden können. Geschlossene Zufriedenheitsfragen werden meist anhand von *Likert-Skalen* erfasst.

Insgesamt sollte eine *Skala so gestaltet sein, dass sie folgenden Anforderungen* entspricht (ähnlich Devlin/Dong/Brown 1993):

- *Ausreichende Breite als Basis für statistische Präzision*: Eine niedrige Anzahl an Skalenpunkten gefährdet die statistische Präzision der Ergebnisse: So zeigen z.B. Bollen/Barb (1981) im Rahmen einer Simulationsstudie, dass Korrelationen bei Skalen mit weniger als 5 Skalenpunkten unterschätzt werden. Preston/Colman (2000) finden ebenfalls, dass sich die Zuverlässigkeit von Skalen mit der Anzahl an Skalenpunkten tendenziell erhöht, der Zugewinn an Präzision lässt aber bei mehr als 7 Skalenpunkten wieder deutlich nach. Demnach *sind Skalen zwischen 5 und 7 Skalenpunkten* zu empfehlen.
- Eine *Beschriftung der Zwischenkategorien der Skala* erhöht die Messgenauigkeit der Skala. So wurde herausgefunden, dass eine zahlenmäßige Hinterlegung dazu führt, dass Extrempunkte eher genutzt werden (z.B. Stadtler 1983) und dass eine Beschriftung der Zwischenstufen die Test-Retest-Reliabilität erhöht (z.B. Weng 2004). Dem-

nach ist zu empfehlen, *eine Beschriftung der Zwischenstufen anhand von Zahlen vorzunehmen.*

- *Kommunizierbarkeit:* Skalenendpunkte müssen intuitiv nachvollziehbar sein. Unklare oder schwer zu kommunizierende Skalenpunkte verlängern Befragungen und verwirren Kunden. Daher ist es wenig überraschend, dass aktuelle Studien (z.B. Viswanathan/Sudman/Johnson 2004) zeigen, *dass Skalen, die eine natürliche Bedeutung für den Befragten haben, anderen Skalen überlegen sind. Besonders zu empfehlen ist daher eine „Schulnotenskala“.* Stark abzuraten ist zudem von „schiefen Skalen“, die am positiven Ende stärker differenziert sind (z.B. 5-er Skalen mit „Äußerst zufrieden“, „sehr zufrieden“, „zufrieden“, „unzufrieden“ und „sehr unzufrieden“).
- *„Fluchtkategorien“* vermeiden: In Situationen, wo konkrete Urteile schwierig sind neigen Kunden dazu, in die vermeintlich bequeme mittlere Kategorie auszuweichen. Um solche bequemen Antworten zu erschweren und eine tatsächliche Einschätzung einer Leistung zu erhalten, *sind Skalen mit einer geraden Anzahl an Skalenpunkten zu empfehlen.* Um unqualifizierte Antworten herausfiltern zu können und erzwungenen Antworten zu vermeiden, wird generell zudem die *Einführung einer Ausweichkategorie „Keine Bewertung/Keine Aussage möglich“ empfohlen.* Wissenschaftliche Studien zeigen zudem, dass bei Skalen mit einer geraden Anzahl von Skalenpunkten mehr „Keine Bewertung“-Antworten erfolgen (z.B. Stadtler 1983), was zu einer höheren Validität der Kundenantworten führt.

Zusammenfassend empfehlen wir eine Sechspunkt-Skala mit einer sinnvollen Beschriftung der Ankerpunkte, einer numerischen Unterstützung und einer „Keine Bewertung/Aussage möglich“-Option. Diese Skala hat sich aufgrund ihrer hohen Intuitivität (Schulnotenskala) und der fehlenden neutralen Mitte europaweit, aber auch international in asiatischen Ländern als völlig unproblematisch erwiesen.

Offene Fragen dienen der Ermittlung von zuvor nicht antizipierten Antworten. Ihr Vorteil ist, dass man damit individuelle und detaillierte Wünsche, Trends und Probleme der Kunden erfassen kann. Außerdem können damit neue Ideen zur Steigerung der Kundenzufriedenheit gewonnen werden. Ihr Nachteil liegt in dem erhöhten Zeitaufwand bei der Befragung und der Auswertung, da z.B. für eine systematische Analyse eine nachträgliche Kodierung bzw. Kategorisierung der erfassten Daten notwendig ist.

Bei den *Befragungsinhalten* ist zwischen

- Gesamtparametern (übergreifende Bewertungen),
- Leistungsparametern (Bereiche, in denen es zu einem Kontakt zwischen Kunden und Unternehmen kommt) und
- Leistungskriterien (Bestandteile der Leistungsparameter zur weiteren Ausdifferenzierung der Leistungsmerkmale) zu differenzieren.

Kundenzufriedenheit (KZI)		Wie zufrieden sind Sie insgesamt mit der Firma XYZ?
		Wie gut erfüllt die Firma XYZ insgesamt Ihre Erwartungen?
Kunden-bindung (KLI)	Wiederkauf	Wenn Sie das betrachtete Produkt/die betrachtete Dienstleistung nochmals kaufen müssten, würden Sie es wieder bei der Firma XYZ kaufen?
		Werden Sie langfristig Kunde der Firma XYZ bleiben?
	Weiterempfehlung	Werden Sie die Firma XYZ weiterempfehlen?
		Werden Sie anderen Personen/Unternehmen zum Kauf bei der Firma XYZ raten?
	Cross-Selling	Werden Sie auch beim Kauf anderer Produkte die Firma XYZ in Erwägung ziehen?
		Werden Sie auch Produkte aus anderen Produktklassen von XYZ beziehen?

Abbildung 6: Empfohlene Fragen zur Gesamtzufriedenheit und Gesamtkundenbindung

Zunächst werden die *Leistungsparameter* (Grobinhalte der Befragung) bestimmt. Diese ergeben sich im Wesentlichen aus den generellen Anknüpfungspunkten des Unternehmens mit den Kunden. Im Business-to-Business-Bereich sind dies neben den Produkten beziehungsweise Dienstleistungen v.a. Auftragsabwicklung, Außen-/ Innendienst, technischer Service, Beschwerdemanagement und Informationen/Marketing des Herstellers (Homburg/Werner 1998). Auch im Konsumgüterbereich sind diese Leistungsparameter relevant, wobei der Fokus jedoch stärker auf produktbezogenen und werblichen Aspekten liegt. Im Dienstleistungsbereich sind mitunter andere Bestandteile heranzuziehen.

Bei der anschließenden Festlegung der *Leistungskriterien* (Einzelfragen zu den Leistungsparametern) ist stärker unternehmensspezifisch vorzugehen. Auch wenn es hier durchaus Aspekte gibt, die in nahezu jeder Messung der Kundenzufriedenheit Anwendung finden (man möge etwa an Fragen zur Schnelligkeit der Auftragsbearbeitung, zur Freundlichkeit von Mitarbeitern oder zur Zuverlässigkeit von Produkten denken), ist die Festlegung einzelner Leistungskriterien eine sehr unternehmensindividuelle Aufgabe.

Bei der Formulierung der einzelnen Fragen (= Leistungskriterien) sollte streng auf *Eindimensionalität* geachtet werden. Es ist streng davon abzuraten, mehrere Aspekte in einer Frage zu vermischen, also bspw. nach der „Freundlichkeit und Zuhörfähigkeit", „Kompetenz und Qualifikation" oder der „Erreichbarkeit und Verfügbarkeit" zu fragen, wie man dies gelegentlich bei unspezifischen Fragebögen antrifft. Diesbezügliche Ergebnisse sind nämlich bei der anschließenden Analyse i.d.R. nicht mehr verwendbar und für die Ableitung von Maßnahmen völlig ungeeignet.

Ein weiterer Schritt ist der Festlegung einzelner *Gesamtfragen* zur Kundenzufriedenheit beziehungsweise Kundenbindung gewidmet. Dies kann v.a. im Form von Indizes geschehen (Kundenzufriedenheitsindex bzw. Customer Satisfaction Index = KZI/CSI; Kundenbindungs-/Kundenloyalitätsindex bzw. Customer Loyalty Index = KLI/CLI). Sie sind i.d.R. standardisiert und weichen auch bei verschiedenen Messungen in unterschiedlichen Branchen meist nur geringfügig voneinander ab (vgl. Abbildung 6 sowie Beutin 2006a und Homburg/Fürst 2005). Dies vereinfacht ihre Bearbeitung erheblich und sichert die branchen- und unternehmensübergreifende Vergleichbarkeit der Indizes.

Durch diese Gesamtfragen wird es dem Kunden ermöglicht, eine *Gesamtbewertung der Geschäftsbeziehung* abzugeben. Ein Befragter kann nämlich mit den einzelnen Leistungsparametern unterschiedlich zufrieden (und zum Teil sogar sehr unzufrieden) sein und trotzdem eine hohe Gesamtzufriedenheit aufweisen.

Ein wichtiger Punkt bei Befragungen ist die Gewährleistung der *Anonymität.* Das vor kurzem novellierte Bundesdatenschutzgesetz (BDSG, in der am 23. Mai 2001 in Kraft getretenen Fassung) verlangt auch von Marktforschungsunternehmen den sorgsamen Umgang mit personenbezogenen Daten (siehe §§ 2 Abs. 4, 27ff. BDSG). Die Pflicht das Datengeheimnis gemäß § 5 BDSG zu wahren, trifft auch sie. Nach herrschender Meinung werden Angaben zur Zufriedenheit als Werturteile angesehen, die unter dem Begriff der personenbezogenen Daten gemäß § 3 Abs. 1 BDSG subsumiert werden. Immer wieder verweigern Befragte die Teilnahme, da sie befürchten, dass ihre Angaben „gegen sie verwendet" werden, weil das Auftrag gebende Unternehmen erfährt, wer warum womit unzufrieden war, was sich negativ auf die Geschäftsbeziehung auswirken könnte. Daher ist insbesondere beim Einsatz eines externen (Beratungs-)Unternehmens sicherzustellen, dass die Angaben anonym bleiben, wenn dies vom Befragten gewünscht wird (insbesondere § 28 Abs. 4, 33ff. BDSG sind hier zu beachten), um der Gefahr einer zunehmenden Aversion gegen Kundenbefragungen vorzubeugen. Verweigert der Befragte die *Weitergabe seiner Angaben,* können die Daten immerhin noch in die anonymisierte Auswertung aufgenommen werden, soweit ein Rückschluss auf den Einzelnen nicht mehr möglich ist.

Nach den Erfahrungen der letzten Jahre ist das Problem der Anonymität jedoch nicht mehr so groß, wie es einmal war. Immer mehr Kunden (Konsumenten) haben sich an systematische Befragungen (z.B. nach dem Autokauf oder dem Werkstattaufenthalt) „gewöhnt" und/oder wollen teilweise sogar direktes Feedback auf ihre Antworten. V.a. im Firmenkundenbereich ist die Anonymität heute nur selten ein Problem. Da es sich hier häufig um „rationale" Geschäftsbeziehungen zwischen Firmen handelt, haben die meisten befragten Kunden (meist Geschäftsführer, Einkäufer oder Techniker) kein Problem mit der Weitergabe ihrer Antworten/Angaben.

3.2 Durchführung von Kundenzufriedenheitsmessungen

Bei der Durchführung von Kundenzufriedenheitsbefragungen sollten 10 Aspekte beachtet werden:

- Teilnahmequote,

- Qualitätssicherung bei der Datenerhebung,
- Qualitätssicherung bei der Dateneingabe/-erfassung,
- Qualitätssicherung bei der Auswertung,
- Festlegung der Analysearten,
- Festlegung der Berichtsstruktur,
- optimale Darstellung,
- Maßnahmen-/Interpretationsworkshops,
- Priorisierung/Fokussierung von Maßnahmen sowie
- Maßnahmencontrolling.

Die Erhöhung der *Teilnahmequote* bzw. die Sicherstellung einer hohen Teilnahmequote kann durch zwei Maßnahmen erfolgen:

- Pretest des Fragebogens sowie
- Incentivierung der Befragung.

Bevor ein Fragebogen zum Einsatz kommt, sollte er zunächst in Form eines *Pretests* bei einigen wenigen, zufällig ausgewählten Kunden auf seine inhaltliche Qualität überprüft werden. Damit werden mehrere Ziele verfolgt: Es soll festgestellt werden, ob der Fragebogen in sich logisch aufgebaut und vollständig ist, sowie ob die Fragen verständlich, eindeutig und neutral formuliert sind. Nach unseren Erfahrungen sollte dies am besten in Form von persönlichen Interviews bei ausgewählten Kunden oder in repräsentativen Fokusgruppen geschehen. Alternativ können auch einige telefonische Interviews vorab geführt werden. Eine kostengünstigere Alternative ist das interne Testen mit Vertriebsmitarbeitern, was besonders sinnvoll ist, wenn diese früher auch mal Kunden waren, was häufig in technischen Branchen anzutreffen ist. Identifizierte Änderungsvorschläge sollten von den Projektbeteiligten diskutiert und die als sinnvoll bewerteten Vorschläge im Fragebogen berücksichtigt werden. Auf diese Weise wird ein von Kunden akzeptierter Fragebogen generiert, der letztlich das Antwortverhalten und die Teilnahmebereitschaft verbessert.

Zudem sollte man sich vor der Erhebung Gedanken über eine mögliche *Incentivierung* machen. So haben wir festgestellt, dass es mittlerweile viele Branchen gibt, die man als „over-researched" bezeichnen kann. So werden bspw. Einkäufer von Automobilherstellern mit Kundenzufriedenheitsbefragungen von Zulieferern oder Ärzte mit Kundenzufriedenheitsbefragungen von Pharmaunternehmen fast täglich kontaktiert. Zudem hat der größere Leistungsdruck zu einer immer geringeren Teilnahmebereitschaft an Befragungen geführt. In vielen Branchen und Ländern ist es daher unumgänglich, Anreize zur Teilnahme zu geben. Dabei gibt es i.W. drei Arten von Teilnahmeanreizen:

- Geschenke,
- Gewinnspiele sowie
- „Social Incentives“.

Die Auslobung von Geschenken als Teilnahmeanreiz einer Befragung ist in der letzten Zeit wegen der notwendigen Versteuerung und des hohen administrativen Aufwandes meistens (und v.a. bei internationalen/globalen Befragungen) nicht mehr praktikabel. Gewinnspiele erfreuen sich bei Konsumerbefragungen weiterhin großer Beliebtheit und können nach unseren Erfahrungen Teilnahmequoten um bis zu 50% verbessern. Im Business-to-Business-Bereich funktioniert dies i.d.R. nicht, da auch hier wieder das Thema Versteuerung und die Frage „wer im Unternehmen erhält den Gewinn?“ problematisch sind. Wir empfehlen daher ein Social Incentive, d.h., dass bspw. für jeden Teilnehmer ein Betrag von x € an gemeinnützige Einrichtungen gespendet wird.

Die Form der *Qualitätssicherung bei der Datenerhebung* hängt von der gewählten Art der Befragung ab. So erstrecken sich die Vorgehensweisen auf die sieben Bereiche Ankündigung, Interviewerbriefing, Kontaktaufnahme, Erhebungsplanung, Besonderheiten während der Erhebung, Quotensteuerung und Datenerfassungsmethode.

Eine Gemeinsamkeit der vier Befragungsarten liegt darin, dass die Befragten vorab auf die bevorstehende Befragung in Form eines *Ankündigungsschreibens* hingewiesen werden sollten. Dadurch wird vermieden, dass der Befragte beim Erstkontakt sofort abblockt. Er kann sich schon im Voraus eine Meinung zu den relevanten Themenkomplexen bilden bzw. sich die nötigen Informationen, z.B. durch interne Anfragen an seine Mitarbeiter, beschaffen. Auch steigert eine Ankündigung der Befragung i.d.R. die Akzeptanz bei den Kunden erheblich. Außerdem können bereits im Rahmen einer Ankündigung nicht mehr aktuelle (Kunden-)Adressen und Ansprechpartner identifiziert werden (z.B. Umzug, Wechsel des Ansprechpartners, Unternehmensumfirmierung).

Bei der telefonischen und persönlichen Befragung ist zudem darauf zu achten, dass die *Interviewer* im Vorfeld ein intensives *Briefing* erhalten. Hier geht es zum einen um die Vermittlung von Produkt- und Branchenkenntnissen. Zum anderen sind häufig auch Informationen über die zu befragenden Ansprechpartner sowie Hinweise zu generellen Verhaltenshinweisen sinnvoll. Wir empfehlen daher ein ausführliches Briefing, das im Idealfall vom und im Unternehmen selbst durchgeführt wird. Bei produzierenden Unternehmen raten wir zudem zu einer Werksbesichtigung durch die Interviewer. Ein derartiges (notwendiges) Interviewerbriefing ist bei der Involvierung von verschiedenen Callcenter(standorten) meist kaum möglich, weshalb von einer „Mehr-Callcenter-Erhebung“ abzuraten ist.

Bei persönlichen und telefonischen Befragungen ist es außerdem angeraten, - im Rahmen einer *Kontaktaufnahme* - Termine vorab zu vereinbaren. Auch bei Online-

Befragungen kann eine Vorab-Kontaktaufnahme, z.B. in Form einer E-Mail, sinnvoll sein.

Auch die *Planung der Erhebung* ist v.a. bei den Befragungen mit persönlichem Bezug besonders wichtig für die Qualitätssicherung. Bei telefonischen Befragungen ist ein systematisches Callcenter-Management und Monitoring notwendig, um die Qualität und die Erfüllung einer ggf. festgelegten Quotierung zu gewährleisten. Falls die Befragung durch einen externen Dienstleister durchgeführt wird, ist dies natürlich die Aufgabe des Dienstleisters (meist ein Marktforschungsunternehmen). Erfahrungen zeigen, dass es hier nicht auf Zertifizierungen oder ISO/DINs ankommt, sondern vielmehr auf die Qualität und den Bildungsstand der Interviewer. So sind v.a. bei komplexen Produkten häufig technisch versierte Interviewer notwendig, die ein „normales" Callcenter nicht immer bieten kann. Auch bei persönlichen Interviews ist ein Management der Interviews angeraten. Hier geht es besonders um Themen wie Routen- und Reiseplanung. Bei schriftlichen Befragungen ist eine Interview-/Befragungsplanung i.d.R. nur schwer vorab möglich. Hier kann eigentlich lediglich eine systematische Vorbereitung der Versendung sowie bei schlechtem Rücklauf eine Nachfassaktion erfolgen. Bei Internet-/Online-Befragungen sollte sich die Planung auf die Vorbereitung von Servern und Software erstrecken. Wichtig ist dabei v.a., ausreichend Vorbereitungszeit für die Programmierung und die Hosting-Organisation einzukalkulieren. Bei Online-Befragungen können zudem E-Mail- oder telefonische Nachfassaktionen durchgeführt werden.

Zudem gilt es, einige *Besonderheiten während der Erhebung* zu beachten. So ist bei persönlichen Kontakten darauf zu achten, dass die Interviewer stets neutrale Gesprächspartner bleiben. Nur so wird gewährleistet, dass die Befragten eine offene und ehrliche Antwort geben. Andernfalls besteht die Gefahr, dass der Interviewer seinem Gesprächspartner Antworten „in den Mund legt". Um dies zu gewährleisten, sollten Interviews täglich mitgeschnitten und analysiert werden, um sofort eingreifen zu können. Zudem empfehlen wir bei Fremdvergabe stichprobenartige Kontrollen bei befragten Kunden durch das Unternehmen selbst. Bei schriftlichen Befragungen sollte eine exakte Erfassung des Rücklaufs erfolgen, so dass die Befragungsdaten anschließend auf Effekte wie beispielweise den Non-Response Bias (d.h. einer systematischen Antwortverweigerung von Teilen der Zielgruppe, vgl. Homburg/Krohmer 2006) überprüft werden können. Bei Internet-/Online-Befragungen ist hingegen v.a. auf die Verlässlichkeit der Technik zu achten.

Des Weiteren sollten Besonderheiten hinsichtlich der *Quotensteuerung* betrachtet werden. Als Quotensteuerung bezeichnet man die Lenkung der Interviews zur Erfüllung einer vorgegebenen Mindestzahl an Antworten bzw. Mindestteilnahmequote unterschiedlicher Kunden-/Marktsegmente oder Kundengruppen (vgl. vorheriger Abschnitt zur Konzeption). Hier gilt für telefonische, persönliche und Online-/Internet-Befragung die „Besonderheit", dass eine Quotensteuerung relativ einfach ist. So können bspw. sowohl über- als auch unterrepräsentierte Kundengruppen und –segmente schon während der Befragung identifiziert und anschließend geringer bzw. verstärkt adressiert werden. Eine derartige „dynamische Quotensteuerung“ ist heute in der Marktforschung Standard und sollte immer erfolgen. Bei schriftlichen Befragungen ist dagegen eine Quotensteuerung schwierig – maximal sind unseres Erachtens ein Nachtelefonieren mit weiterer Incentivierung bzw. eine Nachfassaktion möglich. Bei Internet-/Online-Befragungen hingegen können Kundensegmente mit bereits ausreichenden Teilnehmern theoretisch geschlossen werden und bei problematischen Kundensegmenten zusätzlich incentiviert, nachtelefoniert bzw. per E-Mail nachgefasst werden.

Im Vorfeld der Analyse können zudem *verschiedene qualitätssichernde Maßnahmen* durchgeführt werden, die die nachfolgende *Dateneingabe, -erfassung und -analyse nachhaltig vereinfachen.* Dies fängt bereits bei der Festlegung der Messskalen an. So sollten möglichst einfache Skalen verwendet werden (Abschnitt 3.1). Zur Vorbereitung der Analyse sind zudem zwei weitere Schritte sinnvoll:

- Zum einen sollte vorab bestimmt werden, welche Schritte der Datenanalyse durchgeführt werden sollen (vgl. vorheriger Abschnitt zur Konzeption). Hier geht es v.a. auch darum, ob eine Transformation der Zufriedenheitswerte erfolgen soll. Typisch in der Praxis ist die Transformation von 5er oder 6er Skalen auf eine 0-100 Skala. Dies verändert die Ergebnisse nicht, macht jedoch Unterschiede deutlicher.
- Zum anderen geht es um die Vorbereitung der Datenbank. Hierzu sollten alle (vorgegebenen) Fragen kodiert werden. Bei offenen Fragen sollte zudem ein Raster zur Analyse vorgegeben werden, um die vielen verschiedenen Antworten kategorisieren zu können. Nur wenn diese Schritte in ausreichendem Maße berücksichtigt werden, können bei der anschließenden Erfassung und Analyse der Daten Kosten reduziert und Zeit gespart werden.

Soweit die Daten nicht bereits direkt am Computer erfasst werden (wie bei Internet- und Online-Befragungen), müssen die Fragebögen noch per EDV erfasst werden. Auch die eigentliche *Datenerfassung* ist im Vorfeld zu konzeptionalisieren. Vorarbeiten zur Systematisierung der Dateneingabe wirken sich i.d.R. direkt auf die Kontroll- und Qualitätskosten aus. Zudem können Folgefehler und Korrekturen proaktiv vermieden werden. Je nach Befragungsart stehen hierzu verschiedene Instrumente zur Verfügung:

- Im Rahmen von telefonischen Interviews ist heute die so genannte CATI-Software (Computer Aided Telephone Interviews) eigentlich durchgängig Standard. Standard sind heute zudem webbasierte Programmierungen, die bei entsprechendem Zugangscode auch den Unternehmen eine jederzeitige „real time“-Überprüfung der Befragung ermöglichen. Idealerweise werden die Interviews in Telefonstudios/-labors mit vernetzten Befragungsplätzen, Telefoninterviewersystemen und einem intensiv geschulten Team von Interviewern durchgeführt und unterliegen der ständigen Aufsicht (v.a. zur Qualitätskontrolle). Grundlage sind dabei kodierte und programmierte Fragebögen sowie vernetzte einzelne Interviewerrechner. Das Ergebnis sollte eine automatisch generierte Datenbank mit den Interviews auf einem Server sein. Somit können systematisch Eingabe- und Übertragungsfehler eliminiert werden.

- Stärker standardisierte persönliche Befragungen (vgl. vorheriger Abschnitt) werden heute meist mit CAPI-Software (Computer Aided Personal Interviews) durchgeführt. Alternativ können Scanner eingesetzt werden, die ebenfalls automatisch eine Datenbank generieren. Offene Fragen und Tiefeninterviews müssen jedoch einzeln erfasst werden. Hierzu werden meist Kategorien gebildet, um den Inhalt zu systematisieren. Gerade der letzte Fall birgt natürlich Fehlerquellen und Möglichkeiten der Fehlinterpretation in sich.
- Für Internet-/Online-Befragungen gilt im Wesentlichen dasselbe. Auch hier ist das Ergebnis eine automatisch generierte Datenbank (Ausnahme: Fragebogen per E-Mail verschickt). Automatische Datenbankgenerierung bzw. programmierte Zusammenführungsprozeduren/Software sind heute ebenfalls Standard.
- Im Rahmen schriftlicher Befragungen können bei standardisierten Fragebögen Scanner eingesetzt werden, die ebenfalls automatisch eine Datenbank generieren. Offene Fragen und Tiefeninterviews müssen jedoch auch hier einzeln erfasst werden. Somit gilt das Gleiche wie bei der persönlichen Befragung.

Nach unseren Erfahrungen ist es besonders wichtig, eine ausreichende *Qualitätssicherung bei der Auswertung* von Kundenzufriedenheitsmessungen zu gewährleisten. Hierunter fallen nach unserem Verständnis

- Ausschließen von Übertragungsfehlern bei der Datenanalyse und
- Doppelüberprüfung aller Analysen („Vier-Augen-Prinzip").

Hinsichtlich der verschiedenen Analysearten gilt es, sieben Schritte zu durchlaufen, die an dieser Stelle bis auf den letzten Punkt nicht ausführlich diskutiert werden sollen (der interessierte Leser sei auf die ausführliche Diskussion bei Beutin 2006a, b verwiesen):

- Transformation der Skala,
- Identifikation erster kritischer Werte mittels Ampelskala,
- Identifikation von Problemkunden/-bereichen mittels Top-One-/Top-Two-Box,
- Berechnung der aggregierten Ergebnisse in Form von Indizes,
- Differenzierung der Ergebnisse nach Kundenart/-segment,
- Berechnung der Detailergebnisse in Form von Leistungsparametern und –kriterien sowie
- Bestimmung der Wichtigkeiten der Leistungsparameter.

Ein entscheidender Punkt für die spätere *Ableitung von Maßnahmen* zur Steigerung von Kundenzufriedenheit und Kundenbindung ist die Beschäftigung mit der *Frage der Wich-*

tigkeit einzelner Leistungsparameter für die Bildung von Kundenzufriedenheit/-bindung. Grundsätzlich sind hierbei mit der direkten Erfragung der Wichtigkeit sowie deren indirekter Berechnung z.B. mit Hilfe quadrierter Korrelationen oder der Regressionsanalyse (vgl. hierzu Homburg/Klarmann 2006) zwei verschiedene Verfahren anwendbar. Aus mehreren Gründen ist jedoch die indirekte Berechnung der Wichtigkeit die bessere Alternative (Homburg/Werner 1998):

- Kunden neigen dazu, bei direkten Befragungen *strategische Antworten* zu geben, um z.B. ihre Verhandlungsposition zu verbessern („der Preis ist am wichtigsten").
- Die sogenannte *Social Desirability* („soziale Erwünschtheit") kann außerdem dazu führen, dass bei direkter Wichtigkeitsabfrage Leistungsparameter überbewertet werden, die eigentlich eine eher untergeordnete Rolle spielen („Umweltverträglichkeit ist uns/mir sehr wichtig").
- Häufig kann es auch *unbewusste Entscheidungskriterien* geben, die den Befragten nicht immer bewusst sind, jedoch einen entscheidenden Einfluss auf die Zufriedenheit haben (z.B. gute persönliche Beziehungen zwischen Einkäufer und Verkäufer).
- In der Praxis beobachtet man zudem bei direkter Wichtigkeitsabfrage oft eine *fehlende Differenzierung,* z.B. aufgrund von Anspruchsinflation („alles ist sehr wichtig") und einer damit einhergehenden *Nivellierung in der Mitte*, d.h., dass den Kunden alles gleich wichtig ist.

Auf dieser Basis kann nun ein so genanntes *Kundenzufriedenheitsprofil* aufgestellt werden, das einen Zusammenhang zwischen der (zuvor berechneten) Wichtigkeit bestimmter Leistungsparameter und der diesbezüglichen Leistungsstärke des Unternehmens darstellt. Durch die Position im Profil können für die einzelnen Leistungsparameter strategische Implikationen abgeleitet werden. Der interessierte Leser sei diesbezüglich auf die ausführliche Darstellung solcher Zusatzanalysen bei Beutin (2006a, b) und Homburg/Werner (1998) verwiesen.

Besonders wichtig bei der *Berichtsstruktur* von Kundenzufriedenheitsbefragungen ist die Ermöglichung einer *schnellen Nutzung der Ergebnisse.* In vielen Branchen (z.B. IT, TK, Finanzdienstleistung) mit hoher Dynamik sind Ergebnisse nach 3 Monaten oft schon veraltet. Daher sollte im Vorfeld festgelegt werden, welche Berichte wann erstellt werden. Diese sollten je nach Empfänger und Hierarchieebene unterschiedlich gestaltet sein.

Bezüglich der *Darstellung* empfehlen wir eine Aufbereitung der Ergebnisse in Form von MS Powerpoint-Präsentationen. Die Erstellung von ausformulierten Berichten in MS Word ist heute u.E. nicht mehr zeitgemäß.

Das Hauptproblem des mangelnden Erfolgs von Kundenzufriedenheitsmessungen liegt oft nicht in der Messung selbst, sondern in der mangelhaften anschließenden Umsetzung der abgeleiteten Maßnahmen. Wie weiter vorne bereits dargestellt, werden schon bei der Konzeptionalisierung der Kundenzufriedenheit die Weichen für eine reliable und valide

Datensammlung gestellt. Wie ebenfalls bereits angemerkt, ist es nur sinnvoll, solche Daten zu erheben, die Fragen und Unklarheiten der Projektteilnehmer beantworten. Auch bei der Analyse der Daten steht die Verwendung der Ergebnisse im Vorderpunkt. Idealerweise sollte daher bereits vor der Durchführung einer Kundenzufriedenheitsmessung festgelegt werden, wie die potenziellen Ergebnisse umzusetzen sind.

Eine reine neutrale und rein objektive Nutzung von Kundenzufriedenheitsergebnissen ist in der Praxis kaum möglich. Daher ist es notwendig, diese im jeweiligen situativen Kontext zu sehen. So kann bspw. die reine Beschreibung „50% der Kunden sind unzufrieden" je nach Wettbewerbsumfeld gut oder schlecht sein. Eine sinnvolle Interpretation und die daraus abgeleiteten Maßnahmen können daher letztlich nur gemeinsam mit den betroffenen Bereichen/Einheiten des Unternehmens erfolgen. Wir empfehlen dabei die Festlegung eines solchen Workshop-Termins bereits in der Konzeptionsphase. In einem *Maßnahmen-/Interpretationsworkshop* sollten folgende Aufgaben erledigt werden:

- Interpretation aller Ergebnisse im situativen Kontext,
- Priorisierung/Fokussierung von Maßnahmen (siehe nachfolgende Ausführungen),
- Detaillierte Festlegung von Maßnahmen („Action Plan", vgl. Abbildung 7),
- Festlegung des Maßnahmencontrolling (siehe nachfolgende Ausführungen),

Zur *Priorisierung/Fokussierung von Maßnahmen* müssen zunächst einmal die *drei Ansatzpunkte von Verbesserungen* unterschieden werden (Homburg/Werner 1998):

- Behebung von existierenden Defiziten/Maßnahmen zur Leistungsverbesserung,
- systematischeres Kundenmanagement,
- Verbesserung der kundenorientierten Unternehmensführung.

Besonders die *Defizitbehebung/Festlegung von Maßnahmen zur Leistungsverbesserung* sollte sehr systematisch angegangen werden. Die zu ergreifenden Maßnahmen sollten zunächst sinnvoll kategorisiert werden, um eine vernünftige Umsetzungsplanung machen zu können. Sinnvoll ist bspw. die dargestellte Einteilung in operative Problemlösung bei Einzelfällen, Einführung von Systemen und Instrumenten sowie grundlegende Unternehmensveränderungen (strategisch vs. operativ, vgl. Abbildung 7).

Nachdem die einzelnen Maßnahmen festgelegt worden sind, sollte eine *Priorisierung der Maßnahmen* erfolgen. Dies kann bspw. durch die Unterteilung zwischen strategischen und operativen Maßnahmen geschehen. Anschließend sollten hieraus die zeitliche Dringlichkeit und ein ggf. notwendiges Budget bestimmt werden (vgl. Abbildung 7).

Nr.	Maßnahme	Kategorie	Ziel	Zeitplan	Verantwortlichkeit	Budget
1	Kontaktierung der Kunden, die kontaktiert werden wollten	Operational	■ Veränderungsbereitschaft signalisieren ■ Leads generieren	Juli 2006	■ Liste: N.N. ■ Kontakt: N.N.	■ So viel Zeit wie notwendig
2	Detaillierte Analyse und vorsichtige Kontaktierung der sehr unzufriedenen Kunden	Operational	■ Kundenzufriedenheit erhöhen ■ Geschäft/Umsatz sichern	Juli 2006	■ Liste: N.N. ■ Kontakt: N.N.	■ So viel Zeit wie notwendig
3	Dankschreiben an alle angesprochenen Kunden	Operational	■ Veränderungsbereitschaft signalisieren	Juli 2006	■ Mailing: N.N. ■ Brief/ Unterschrift: N.N.	■ 0,5 Tage
4	Marktbearbeitungsansatz überarbeiten, v.a. Kunden klassifizieren	Strategisch	■ Vertriebseffektivität und -effizienz verbessern ■ Geschäft/Umsatz mit A-Kunden sichern	August 2006	■ t.b.d	■ t.b.d
5	Kommunikationsansatz ändern: ■ Runder Tisch, Konferenzen, Kundenmeetings etc. für Geschäftsführung ■ Messen, Produktbroschüren etc. für Produktioner	Strategisch	■ Nutzung der unterschiedlichen Informationsquellen der unterschiedlichen Hierarchien beim Kunden ■ Bessere Bewertung bei der nächsten Kundenbefragung im Bereich der Produktioner	August 2006	■ t.b.d.	■ t.b.d
6	Beschwerdemanagementprozess verbessern	Strategisch	Klares Definieren von ■ Schnittstellen, ■ Zusagen, ■ Internen Qualitätskennzahlen, ■ …	August 2006	■ t.b.d.	Option 1: ■ Intern: 5 Tage ■ Consultant: 10 Tage Option 2: ■ Intern: 20 Tage
7	…	…	…	…	…	…

Abbildung 7: Beispiel eines Maßnahmenplans eines Maschinenbauunternehmens

4. Konzeption und Durchführung von Kundenbindungsmessungen

Kundenbindung ist auch heute in Zeiten von Kostenreduzierung, Personalabbau und Globalisierung/Internationalisierung eines der vorherrschenden Themen sowohl in der Praxis als auch in der Wissenschaft (Homburg/Krohmer 2006). Ursache hierfür sind vor allem die globale Verstärkung des Wettbewerbs in fast allen Branchen, stagnierende Märkte, steigender Preisdruck und ein kontinuierlich steigendes Anspruchsniveau der Kunden (Reinecke/Dittrich 2006).

Die in den letzten Jahren zu beobachtende Umorientierung der Unternehmen – von der internen Orientierung hin zum Kunden – ist eine deutliche Reaktion auf diese neuen Rahmenbedingungen. Gerade in Zukunft wird es vor allem in den eher stagnierenden westlichen Märkten parallel zur Neukundengewinnung immer wichtiger, bereits vorhandene Kunden zu halten. Hierbei ist es essentiell, die für das Unternehmen wichtigen Kunden zu binden. Oftmals kann nämlich erst aufgrund einer langfristigen Geschäftsbeziehung der erwünschte Profit generiert werden, da hohe Anfangsinvestitionen vorgenommen werden müssen.

Die generellen Auswirkungen eines erfolgreichen Kundenbindungsmanagements sind mannigfaltig und lassen sich nach der Klassifizierung in Abschnitt 2 grob in drei Kategorien einteilen:

- Menge: Gebundene Kunden kaufen wieder, kaufen mehr und auch andere Produkte/Dienstleistungen,
- Preis: Gebundene Kunden sind i.d.R. bereit, höhere Preise zu bezahlen,
- Kosten: Gebundene Kunden verursachen geringere Vertriebskosten (geringere cost of goods sold durch einfacheren Wiederkauf, einfacheres Cross-Selling, Weiterempfehlung etc.), verringern die WACC (bessere Zahlungsmoral und dadurch geringere cost of debt) und können intangible assets (der Kunde und der Kontakt zu ihm als solches, ist ein Wert) sein.

In der Literatur wird zudem der Bereich „Sicherheit" angeführt (Reinecke 2004, Reinecke/Tomczak/Geis 2006, Diller 1995). Diesen werden wir im Folgenden nicht einzeln thematisieren, da er u.E. wie oben bereits dargestellt in den Bereich der Kosten fällt.

4.1 Konzeption von Kundenbindungsmessungen

An diesen positiven monetären (aber auch nicht monetären) Auswirkungen sollte sich dann auch die Kundenbindung ausrichten. Zunächst einmal muss zwischen

- Zielen der Kundenbindung (insgesamt) und
- einzelnen Kundenbindungsmaßnahmen

unterschieden werden.

Die *Ziele der Kundenbindung* lassen sich in die folgenden drei Kategorien einteilen (vgl. Tabelle 2):

- Mengensteigerung/-sicherung
- Preislevelsteigerung/-halten
- Kostensenkung.

Dabei lassen sich die zur Zielüberprüfung notwendigen Kennzahlen managementorientiert in externe und interne Kennzahlen einteilen. Insgesamt fällt schnell auf, dass nur wenige Kennzahlen externe Kennzahlen sind. Somit fußen Kundenbindungsmessungen im Gegensatz zu Kundenzufriedenheitsmessungen stärker auf internen Daten und Kennzahlen. Dies wiederum stellt natürlich andere Anforderungen an die Messung der Kundenbindung.

Der zweite oben erwähnte Bereich sind *einzelne Kundenbindungsmaßnahmen*. Hier muss als erstes angemerkt werden, dass sich sinnvolle Maßnahmen

- zwischen dem B2C- und dem B2B-Bereich (z.B. Danone vs. ThyssenKrupp) und
- zudem auch oft zwischen Unternehmen in der gleichen Branche (z.B. BASF vs. Degussa)

fundamental unterscheiden und so jeweils unterschiedliche, individuelle Ansätze zu wählen sind (Reinecke/Tomczak/Geis 2006, Klingebiel 2000). Eine „One-Size-fits-all"-Perspektive wäre demnach grundlegend falsch, die im Folgenden dargestellten Maßnahmen sind daher als eine Aufzählung der sinnvollsten zu verstehen.

Die Kundenbindungsmaßnahmen werden heute *nach herrschender Meinung in vier Kategorien eingeteilt* (vgl. Tabelle 3 sowie Homburg/Krohmer 2006, Homburg/Bruhn 2005, Diller 1995). Ein wichtiger Schritt bei der Konzeption von Kundenbindungsmessungen ist daher die Aufnahme der durchgeführten Kundenbindungsmaßnahmen. Sind die Kundenbindungsmaßnahmen und ihre Ziele festgelegt, so können diese bzw. deren Erreichung in einem zweiten Schritt evaluiert werden (vgl. den folgenden Abschnitt 4.2).

Ziele	Unterziele	Beispielhafte externe Kennzahlen	Beispielhafte interne Kennzahlen
Mengen-steigerung/ Mengen-sicherung	Wiederkauf des ursprünglich gekauften Produktes/Dienstleistung	▪ Wiederkaufabsicht in % ▪ Im Evoked set für Wiederkauf in %	▪ Wiederkauf innerhalb „normaler" Wiederbeschaffungszeit in %
	Schnellerer Wiederkauf	▪ ---	▪ Dauer bis Wiederkauf/ Wiederbeschaffung
	Mehrkauf der ursprünglich gekauften und höherwertiger Produkte/Dienstleistungen (Up-Selling")	▪ Zusatzkaufabsicht in %	▪ Umsatz pro Kunde wegen Kauf höherwertiger Produkte/Dienstleistungen ▪ Lieferanteil ("Share of wallet") in %
	Kauf anderer Produkte/Dienstleistungen („Cross-Buying")	▪ Bekanntheit der anderen Produkte/ Dienstleistungen in % ▪ Cross-Buying-Absicht in % ▪ Lieferanteil ("Share of wallet") in den Produktkategorien in %	▪ Umsatz pro Kunden wegen Kauf anderer Produkte/ Dienstleistungen ▪ Anzahl verkaufter Produkt-/ Dienstleistungskategorien an den Kunden („Cross-Selling-Rate") ▪ Lieferanteil ("Share of wallet") in den Produktkategorien in %
Preislevel-steigerung	Steigerung des durchgesetzten Netto-Netto-Preises	▪ Preisindexentwicklung in % (z.B. über Panels) ▪ „Willingness-to-pay" (z.B. per Conjoint Analyse oder PSM) in %	▪ Preisindex über alle (Alt-) Kunden in % ▪ Durchschnittliche Netto-Netto-Preisentwicklung des Produktes/der Dienstleistung in %
Kosten-senkung	Senkung der Vertriebskosten	▪ Anzahl Wünsche nach häufigerer Betreuung	▪ Vertriebskosten („cost to serve, SG&A Costs") ▪ Anzahl an Beschwerden ▪ Hitrate von Angeboten ▪ Umsatz pro Kundenbesuch
	Senkung der Produktionskosten	▪ ---	▪ Kosteneinsparungen durch Produkt- und Prozessverbesserungen durch Kundenmitarbeit
	Senkung der Kapitalkosten	▪ ---	▪ Zahlungsmoral von (Alt-)Kunden in Tagen ▪ Stornoquote in %
	Höhere intangible Assets	▪ ---	▪ Wert für Kunden(beziehungen) („Customer Equity")

Tabelle 2: Ziele der Kundenbindung und ihre Messung anhand von Kennzahlen (Weiterentwicklung von Reinecke/Dittrich 2006 und Reinecke/Tomczak/Geis 2006)

Bereich	Preismanagement	Kommunikations-management	Produkt-management	Distributions-management
Eher B2B-Maßnahmen	▪ Gestaffelte mehrjährige Verträge ▪ Preisgarantien ▪ Payback-/Boni-Modelle ▪ Preisbündelung (z.B. pay per use-Modelle) ▪ Gemeinsame Preisplanung (Target Pricing) ▪ …	▪ Kundenclubs (z.B. automatische andere Clubmitgliedschaften bei Platinum American Express) ▪ Einladungen zu speziellen Veranstaltungen / Events (z.B. Formel1, FIFA WM) ▪ Zugang zu speziellen technischen Informationen über Intranet-Bereich ▪ Spezielles Beschwerdemanagement (z.B. 24h Hotline) ▪ …	▪ Maßgeschneiderte Produkte und Dienstleistungen (z.B. Servicevertrag mit Verfügbarkeitsgarantie) ▪ Integration in Produktentwicklung (z.B. Open Source von Webasto) ▪ Übernahme von kundenindividuellen Entwicklungen ins Standardprogramm (v.a. Software) ▪ …	▪ Eigenen persönlichen Ansprechpartner (z.B. Key Account Manager) ▪ Spezieller e-Commerce-Zugang ▪ Direktlieferung (ohne Händler) ▪ …
Eher B2C-Maßnahmen	▪ Treuemarken (z.B. Aral-Einklebemarken) ▪ Kundenkarten (z.B. Shell-Karte, Payback-Karte) ▪ Coupons (z.B. Coupons von Payback) ▪ Preisgarantien (z.B. Praktiker-Baumarkt) ▪ Weiterempfehlungsprämien (z.B. Kunden empfehlen Kunden von der Deutschen Bank) ▪ … ▪	▪ Spezielle Informationen (z.B. Internetportal) ▪ Einladungen zu speziellen Veranstaltungen /Events ▪ Kundenzeitschriften (z.B. Christophorus von Porsche) ▪ Spezielles Beschwerdemanagement (z.B. 24h Hotline) ▪ …	▪ Sonderangebote (z.B. First-Class-Lounges von Lufthansa, Deutsche Bahn Lounges) ▪ Spezielle Produkte (z.B. Companion-Tarif bei American Express) ▪ Gemeinsame Produktentwicklung bzw. Integration (z.B. Open Source bei Adidas) ▪ …	▪ Spezielle, individuelle Hotlines (z.B. Senator-Hotline bei Lufthansa, spezielle Kundenhotline von American Express für Platinum und Centurion Card) ▪ Abonnements (v.a. Zeitschriften z.B. FAZ) ▪ Spezieller e-Commerce-Zugang ▪ Direktlieferung (ohne Händler) ▪ …

Tabelle 3: Ausgewählte einzelne Kundenbindungsmaßnahmen und ihre Kategorisierung (Weiterentwicklung von Homburg/Krohmer 2006, Homburg/Bruhn 2005, Diller 1995)

4.2 Durchführung von Kundenbindungsmessungen

Die Ausführungen des vorherigen Abschnittes zeigen, dass für die *Durchführung von Kundenbindungsmessungen* dabei *im Wesentlichen zwei Methoden* in Frage kommen:

- Erhebung von externen Kennzahlen durch Marktforschung sowie
- Analyse von internen Kennzahlen.

Da für eine *umfassende Messung der Kundenbindung beide Perspektiven unerlässlich* sind, ist in der Praxis eine Zusammenarbeit zwischen i.d.R. verschiedenen Abteilungen notwendig. So liegen nach unseren Erfahrungen die zu untersuchenden Kennzahlen meist nicht gesammelt in einer Abteilung/bei einer Funktion vor. Eine Ausnahme bilden hier allerhöchstens die mit eigenen Marken recht selbstständig agierenden Produktmanager von Konsumgüterherstellern wie Proctor & Gamble, Unilever, Nestlé etc. Gerade aber für den größeren Bereich des B2B-Geschäfts gilt dies nicht.

Die Erhebung der *externen Kennzahlen im Rahmen von Marktforschung* wird heute im B2B-Bereich meist durch die Marketingabteilung durchgeführt, wohingegen in Konsumgüterunternehmen i.d.R. Produkt- oder Brandmanager hierfür verantwortlich sind. Nur wenige Unternehmen haben heute noch größere eigene Marktforschungsabteilungen (z.B. Deutsche Telekom). Dies bedeutet letztlich, dass mit externen Instituten zusammengearbeitet werden muss (Schroiff 2006). Dies kann in Form von Primär- und/oder Sekundärstudien erfolgen.

Regelmäßige und umfassende *Loyalitäts- und Bindungsstudien (Sekundärstudien)* liegen *meist nur in Konsumgütermärkten sowie im Endkundenbereich von Dienstleistungen* vor. So können heute für eigentlich alle wesentlichen Konsumgüterprodukte langjährige Längsstudien auf Basis von Scannerdaten und regelmäßigen Trackings gekauft werden. Ähnliches gilt bspw. für Studien zum Wechsel- und Kaufverhalten hinsichtlich Bankdienstleistungen, Versicherungen, Energieversorgung, Telekommunikation etc.

Bei komplizierten bzw. nicht alltäglichen Produkten gibt es jedoch häufig nicht entsprechende Studien bzw. die Daten/Ergebnisse liegen nicht in dem vom Unternehmen gewünschten Detailgrad vor. So interessiert z.B. ein mittelgroßes Stadtwerk nicht nur die Bindung seiner eigenen privaten Strom- und Gaskunden, sondern auch die der „ähnlichen Stadtwerke" und wahrscheinlich weniger die von E.ON oder RWE. Denn nur, wenn man einen direkten Vergleich hat, kann eine Kennzahl wie „70% aller Kunden sind gebunden" als hoch oder niedrig interpretiert werden. Noch schwieriger wird es – wie bereits erwähnt – wenn man in den B2B-Bereich wechselt. So wird es vermutlich für das mittelgroße Stadtwerk schwierig sein, analoge Informationen für Gewerbekunden, Industriekunden und/oder Großkunden zu bekommen.

Daher kommen die meisten Unternehmen nicht um eine eigene *Primärerhebung* von Kundenbindungsinformationen herum. Zur Erfassung der Kundenbindung sind die in

Abbildung 6 aufgeführten Fragen sinnvoll. Diese decken alle drei Facetten der Kundenbindung ab (Homburg/Krohmer 2006). So herrscht „echte Kundenbindung" nur, wenn Kunden wiederkaufen, das Unternehmen weiterempfehlen (würden) und andere Produkte/Dienstleistungen des Unternehmens kaufen (würden).

Zudem macht es nach unseren Erfahrungen Sinn, nach konkreten Wechselbarrieren bzw. –gründen zu fragen. Dies kann in Form von den in Abbildung 8 aufgezeigten Fragen erfolgen. In der Literatur und Praxis wird dabei meist zwischen *fünf Kundenbindungsgründen* unterschieden:

- situativen (z.B. kein Wettbewerber),
- technisch-funktionalen (z.B. Festlegung auf bestimmte Technologie),
- ökonomischen (z.B. hohe Wechselkosten),
- psychologischen (z.B. persönliche/private Beziehungen mit dem Kunden) und
- vertraglichen Kundenbindungsgründen (z.B. mehrjährige Verträge).

Auf eine detailliertere Diskussion dieser Kundenbindungsgründe wird an dieser Stelle bewusst verzichtet. Der interessierte Leser sei jedoch auf die grundlegenden Arbeiten von Homburg/Krohmer (2006), Meyer/Oevermann (1995), Meffert/Backhaus (1994) und Homburg/Schäfer/Schneider (2006) verwiesen.

Eine wichtige Frage ist bei Kundenbefragungen immer auch, *wer befragt werden soll.* Nach unseren Erfahrungen hat es sich bewährt, eine *Mischung* von

- Kunden,
- Beschwerdeführern,
- ehemaligen Kunden und
- Wettbewerbskunden

zu befragen. Denn nur auf diese Weise lässt sich ein umfassendes Bild erlangen. Eine derartige (Kunden-)Befragung sollte nach unseren Erfahrungen mindestens alle zwei Jahre, besser jedes Jahr erfolgen.

Wechselabsicht	(Tatsächliches) Wechselverhalten	Bindungsgründe
• „Gibt es Serviceleistungen, die der Wettbewerb anbietet und die Sie bei xyz vermissen? Würden Sie deswegen in Zukunft mehr Geschäft mit Wettbewerber abc machen?" (J/N, Rating) • „Werden Sie in Zukunft mehr Geschäfte mit dem Wettbewerber abc mache? Wenn ja, warum?" (J/N, offen) • „Wir glauben, dass es notwendig ist, bei diesem Lieferanten vorsichtig zu sein." (J/N oder Zustimmung) • „Wir glauben, dass sich höhere wirtschaftliche Risiken bei der Beschaffung in Form von höheren Erträgen auszahlen." (J/N oder Zustimmung) • „Wir sind uns im Klaren, dass gelegentliche Misserfolge in der Geschäftsbeziehung mit einem Lieferanten nicht immer unvermeidbar sind."(J/N oder Zustimmung) • „Unser Unternehmen trifft gerne riskante Beschaffungs-entscheidungen." (J/N oder Zustimmung) • „Wir unterstützen die Entwicklung innovativer Beschaffungsstrategien, obwohl wir genau wissen, dass nicht alle in jedem Fall erfolgreich sein werden." (J/N oder Zustimmung) • „Wir sind bei Beschaffungsentschei-dungen gerne auf der sicheren Seite." (J/N oder Zustimmung) • „Wir setzen Beschaffungsstrategien nur um, wenn wir sehr sicher sind, dass sie auch funktionieren." (J/N oder Zustimmung) • „Wir denken, dass dieser Lieferant seinen eigenen Vorteil über Gebühr betont." (J/N oder Zustimmung) • …	• „Haben Sie in den letzten xxx Jahren Ihren Lieferanten/Anbieter gewechselt? Wenn ja, wie häufig?" (J/N, Anzahl) • „Haben Sie in den letzten Jahren einen neuen Lieferanten für dieses Produkt / diese Produktkategorie ausprobiert?" (J/N) • „Wenn unser Lieferant dieses Produkt kurzfristig nicht auf Lager hat, würden wir uns umgehend einen anderen Lieferanten suchen." (J/N oder Zustimmung) • …	**Situative:** • „Im Moment gibt es keinen echten Wettbewerber zu abc." (J/N oder Zustimmung) • „Der Service von xyz ist besser als der vom Wettbewerb abc." (J/N oder Zustimmung) • „Was muss xyz verändern, um als ausschließlicher Lieferant / Hauptlieferant in Frage zu kommen?" (offen) • „Was könnte Firma xyz von Wettbewerber abc lernen?" (offen) • … **Technisch-funktionale:** • „Im Vergleich zu anderen von Ihnen bezogenen Produkten ist das Produkt dieses Lieferanten komplex." (J/N oder Zustimmung) • „Im Vergleich zu anderen von Ihnen bezogenen Produkten ist das Produkt dieses Lieferanten technisch ziemlich anspruchsvoll." (J/N oder Zustimmung) • „Andere Lieferanten könnten sicherlich dieselbe Leistung erbringen wie dieser Lieferant." (J/N oder Zustimmung) • „Unser Lieferant hat beinahe ein Monopol für dieses Produkt." (J/N oder Zustimmung) • „Dies ist einer der wenigen Lieferanten, die es für dieses Produkt gibt." (J/N oder Zustimmung) • „Kein anderer Lieferant hat dieselben Fähigkeiten wie dieser Lieferant." (J/N oder Zustimmung) • „Wir haben einige Beschaffungsalternativen zu diesem Lieferanten." (J/N oder Zustimmung) • … **Ökonomische:** • „Der Aufwand eines Lieferantenwechsels steht in keinem Verhältnis zum Nutzen." (J/N oder Zustimmung) • „Das Preis-Leistungsverhältnis dieses Lieferanten ist besser als bei anderen Lieferanten." (J/N oder Zustimmung) • „Im Großen und Ganzen ist das Angebot dieses Lieferanten besser als das anderer Lieferanten im Beschaffungsmarkt." (J/N oder Zustimmung) • Wenn wir zu einem anderen Lieferanten wechselten, so verlören wir den Großteil der Investitionen, die wir speziell für die Geschäftsbeziehung mit diesem Lieferanten vorgenommen haben." (J/N oder Zustimmung) • „Wir haben erhebliche Personal- und Anlageinvestitionen für die Geschäftsbeziehung mit diesem Lieferanten vorgenommen." (J/N oder Zustimmung) • „Falls wir nicht mehr bei diesem Lieferanten kauften, bräuchten wir viel Zeit, Einsatz und Geld, um die Anpassungen, die wir für diesen Lieferanten gemacht haben, zu verändern." (J/N oder Zustimmung) • … **Psychologische:** • „Warum hält es Sie gerade bei ihrem jetzigen Anbieter?" (offen oder mit vorgegeben Kategorien) • „Es gibt keinen Anlass, über einen Lieferantenwechsel nachzudenken." (J/N oder Zustimmung) • „Wir sind von Zeit zu Zeit bereit, Nachteile in Kauf zu nehmen, um diesem Lieferanten auszuhelfen." (J/N oder Zustimmung) • „Wir sind geduldig mit diesem Lieferanten, wenn er Fehler macht, die uns Probleme bereiten." (J/N oder Zustimmung) • … **Vertragliche:** • „Haben Sie langfristige Verträge mit xyz / abc? Wenn ja, wie lange laufen diese?" (J/N, Dauer) • „Es ist nicht zu erwarten, dass sich unsere Unternehmensziele und -strategien in absehbarer Zeit ändern." (J/N oder Zustimmung) • …

Abbildung 8: Ausgewählte Fragen zu Wechselbarrieren und –gründen (in Anlehnung an die Untersuchung von Beutin 2007)

Parallel hierzu sollte eine *umfassende Analyse der internen Kundenbindungskennzahlen* (vgl. Tabelle 2) erfolgen. Auch bei dieser Diskussion möchten wir damit anfangen, wer die Analyse durchführen sollte, bevor wir auf die Quellen der Kennzahlen eingehen.

Nach unseren Erfahrungen gibt es hinsichtlich der internen Kennzahlen erneut *erhebliche Unterschiede zwischen Konsumgüter-, Dienstleistungs- und Industriegüterunternehmen* (Reinecke/Tomczak/Geis 2006, Klingebiel 2000). Wie bei den externen Kennzahlen sind bei Konsumgüterunternehmen i.d.R. Produkt- bzw. Brandmanager für die Analysen verantwortlich. In B2B-Unternehmen liegen die notwendigen Daten oft im Marketing nicht vor, sondern vielmehr im Vertrieb. Hierdurch entsteht eine weitere Schnittstelle, die die Messung der Kundenbindung in B2B-Unternehmen in der Praxis häufig schwierig macht (Karlshaus 2000, Reinecke/Janz 2006).

Relativ ähnlich sind jedoch die Quellen der *notwendigen finanziellen Informationen.* So sind die notwendigen finanziellen Informationen heute bei den meisten Unternehmen in einem ERP-System gespeichert (oft SAP). Zugriff hierauf und Verantwortung hierfür hat i.d.R. das Controlling. Zu diesen Kennzahlen zählen vor allem Auftragseingang, Umsatz, Deckungsbeitrag, Zahlungsmoral, Wiederkaufquote und -frequenz, Cross-Selling-Rate, Preisindizes, Vertriebs- bzw. SG&A-Kosten etc..

Die *nicht-finanziellen Informationen* hingegen liegen meist in den CRM-Systemen von Unternehmen. Dies können Systeme von größeren Anbietern (wie SAP CRM, Siebel, USeven, Goldmine, Sage etc.) oder auch eigene selbst entwickelte Lösungen sein. Als nicht-finanzielle Informationen sehen wir Aspekte wie Besuchshäufigkeit, Hitrate, Weiterempfehlung, Lieferanteil, Beschwerdehäufigkeit etc..

Die *Schwierigkeit liegt dann natürlich in der Verknüpfung der internen und externen Kunden- und finanziellen Informationen.* Dies kann in der Praxis teilweise sogar unmöglich werden. Betrachten wir beispielsweise einmal Privatkunden aus dem Energiemarkt. Hier kennt ein Energieversorgungsunternehmen zwar die einzelnen Zähler und den Rechnungsempfänger, aber kann meist (und darf teilweise aus Datenschutzgründen auch) nicht die Informationen mit Kundendaten aus dem CRM verknüpfen. Eine Verknüpfung mit externen Marktforschungsergebnissen ist dann meist noch schwieriger bzw. unmöglich. Im Firmenkundengeschäft kommen weitere Schwierigkeiten hinzu: So sind hier die Kunden meist „multi-personal", d.h. es existieren mehrere Ansprechpartner (z.B. Geschäftsführung, Einkauf, Produktion, Qualität, Logistik etc.). Zudem gibt es häufig verschiedene Einheiten und verschiedene (Landes-)Gesellschaften, an die geliefert wird (Schroiff 2006). Wie messe ich hier die Kundenbindung? Letztlich muss nach unseren Erfahrungen ein individueller Ansatz für jedes Unternehmen entwickelt werden.

5. Zusammenfassung und Fazit

An dieser Stelle *fassen* wir unsere obigen Ausführungen noch einmal *zusammen*. Die Themen Kundenzufriedenheit und Kundenbindung haben eine vielleicht sogar noch größere Management-Attention und Wichtigkeit als in den letzten Jahren. Gründe hierfür sind sich weiter öffnende Märkte und eine zunehmende Notwendigkeit, sich mit Effizienz und Effektivität von Mitteleinsatz in Vertrieb und Marketing zu beschäftigen.

Unsere *Diskussion von Kundenzufriedenheitsmessungen* hat gezeigt, dass hier in den nächsten ein bis zwei Jahren erhebliche Veränderungen zu erwarten sind. Die Professionalität der Messungen und die Verwendung der Ergebnisse müssen erheblich verbessert werden. Dabei wird es zu einer weiteren Konsolidierung bei den durchführenden Unternehmen kommen (müssen): Ist es bis zum Jahr 2007 in vielen Unternehmen Usus gewesen, mit verschiedenen Skalen und verschiedenen Instituten und Methoden zum gleichen Thema „Kundenzufriedenheit" zusammenzuarbeiten, so wird sich dies sicherlich erheblich ändern (müssen). Zum anderen wird es in Zukunft aufgrund von Reaktanzen mehr Online- und weniger schriftliche und telefonische Befragungen geben. Dies wird auch den Marktforschungsmarkt in diesem Bereich verändern.

Die Diskussion von Kundenbindungsmessungen zeigt vor allem vier Dinge: Kundenbindung wird heute nur von den wenigsten Unternehmen umfassend gemessen. Kundenbindung in den Bereichen B2C und B2B unterscheiden sich so stark, dass es kaum Überschneidungen und gegenseitige Lernmöglichkeiten gibt. Die Verknüpfung von externen (Marktforschungs-)Daten und internen Kennzahlen ist generell sehr schwierig, meist verhindert durch organisationale Strukturen. Eine immer stärkere Monetarisierung der Kennzahlen im Sinne einer wertorientierten Unternehmenssteuerung ist unumgänglich.

Zusammenfassend lässt sich also sagen, dass erhebliche Veränderungen anstehen. Die Unternehmen, die diese proaktiv angehen, systematisch Make-it-yourself und Outsourcing abstimmen und ihre Dienstleistungslieferanten reduzieren und managen, werden sicherlich auf Jahre hinweg Methodik-, Kosten- und Wettbewerbsvorteile haben.

Literaturverzeichnis

Beutin, N. (2006a): Verfahren zur Messung der Kundenzufriedenheit im Überblick, in: Homburg, Ch. (Hrsg.), Kundenzufriedenheit, 6. Aufl., Wiesbaden, S. 121-170.

Beutin, N. (2006b): Management von Kundenzufriedenheit bei Maschinenbau-/ Industriegüterunternehmen, in: Homburg, Ch. (Hrsg.), Kundenzufriedenheit, 6. Aufl., Wiesbaden, S. 565-580.

Beutin, N. (2007): Kundennutzen in industriellen Geschäftsbeziehungen, 2. vollst. überarb. Aufl., Wiesbaden.

Beutin, N./Grozdanovic, M. (2005): Professionelles Händlermanagement - Ausgestaltung und Erfolgsfaktoren im Business-to-Business Bereich, Arbeitspapier M95, Institut für Marktorientierte Unternehmensführung, Universität Mannheim.

Beutin, N./Lüers, T. (2005): Kundenbindung in liberalisierten Märkten: Das Beispiel der Energieversorgung, in: Bruhn, M./Homburg, Ch. (Hrsg.), Handbuch Kundenbindungsmanagement, 5. Aufl., Wiesbaden, S. 679-704.

Beutin, N./Schuppar, B. (2005): Händlermanagement, in: Albers, S., Hassmann, V., Tomczak, T. (Hrsg.), Loseblattwerk Verkauf, 5.11., Wiesbaden, S. 1-10.

Beutin, N./Schuppar, B. (2003a): Den Händler richtig unter die Lupe nehmen, in: acquisa, 51, 2, 60-62.

Beutin, N./Schuppar, B. (2003b): Mit den richtigen Partnern gewinnen, in: Sales Business, 12, 3, 20-23.

Bollen, K.A./Barb, K.H. (1981): Pearson's R and Coarsely Categorized Measures, in: American Sociological Review, 46, S. 232-39.

Devlin, S.J./Dong, H.K./Brown, M. (1993): Selecting a Scale for Measuring Quality, in: Marketing Research, Vol. 5, No. 3, S. 12-17.

Diller, H. (1995): Kundenbindung als Zielvorgabe im Beziehungsmarketing, Arbeitspapier Nr. 40 des Lehrstuhls für Marketing, Universität Erlangen-Nürnberg, Nürnberg .

Homburg, Ch./Bruhn, M. (2005): Kundenbindungsmanagement - Eine Einführung in die theoretischen und praktischen Problemstellungen, in: Bruhn, M., Homburg, Ch. (Hrsg.), Handbuch Kundenbindungsmanagement: Strategien und Instrumente für ein erfolgreiches CRM, 5. Aufl., Wiesbaden, S. 3-37.

Homburg, Ch./Bucerius, M. (2006): Kundenzufriedenheit als Managementherausforderung, in: Homburg, Ch. (Hrsg.), Kundenzufriedenheit, 6. Aufl., Wiesbaden, S. 53-90.

Homburg, Ch./Fürst, A. (2005): Überblick über die Messung von Kundenzufriedenheit und Kundenbindung, in: Bruhn, M., Homburg, Ch. (Hrsg.), Handbuch Kundenbindungsmanagement: Strategien und Instrumente für ein erfolgreiches CRM, 5. Aufl., Wiesbaden, S. 555-588.

Homburg, Ch./Klarmann, M. (2006): Die indirekte Wichtigkeitsbestimmung im Rahmen von Kundenzufriedenheitsuntersuchungen: Probleme und Lösungsansätze, Homburg, Ch. (Hrsg.), Kundenzufriedenheit, 6. Aufl., Wiesbaden, S. 225-262.

Homburg, Ch./Krohmer, H. (2006): Marketingmanagement: Strategie - Instrumente - Umsetzung - Unternehmensführung, 2. Auflage, Wiesbaden.

Homburg, Ch./Schäfer, H./Schneider, J. (2006): Sales Excellence: Vertriebsmanagement mit System, 4. Aufl., Wiesbaden.

Homburg, Ch./Stock-Homburg, R. (2006): Theoretische Perspektiven zur Kundenzufriedenheit, in: Homburg, Ch. (Hrsg.), Kundenzufriedenheit, 6. Aufl., Wiesbaden, S. 17-52.

Homburg, Ch./Werner, H. (1998): Kundenorientierung mit System, Frankfurt.

Karlshaus, J.-T. (2000): Die Nutzung von Kostenrechnungsinformationen im Marketing, Wiesbaden.

Klingebiel, N. (2000): Integriertes Performance Measurement, Wiesbaden.

Meffert, H./Backhaus, K. (1994): Kundenbindung und Kundenmanagement: Instrumente zur Sicherung der Wettbewerbsposition, Post Graduate Workshop vom 16.-17. Juni 1994 in Münster.

Meyer, A./Oevermann, D. (1995): Kundenbindung, in: Tietz, B./Köhler, R./Zentes, J. (Hrsg.), Handwörterbuch des Marketing (HWM), 2. Aufl., Stuttgart, Sp. 1340-1351.

Preston, C.C./Colman, A.M. (2000): Optimal Number of Response Categories in Rating Scales: Reliability, Validity and Discriminating Power and Respondent Preferences, in: Acta Psychologica, Vol. 104, S. 1-15.

Reichheld, F.F. (1997): Der Loyalitäts-Effekt: Die verborgene Kraft hinter Wachstum, Gewinnen und Unternehmenswert, Frankfurt.

Reichheld, F.F./Sasser, E. (2005): Zero-Migration: Dienstleister im Sog der Qualitätsrevolution, in: Bruhn/Homburg (Hrsg.), Handbuch Kundenbindungsmanagement, 5. Aufl., Wiesbaden.

Reichheld, F.F. (2006): The Ultimate Question – Driving Good Profits and True Growth, Cambridge.

Reinecke, S. (2004): Marketing Performance Management – Empirisches Fundament und Konzeption für ein integriertes Marketingkennzahlensystem, Wiesbaden.

Reinecke, S. (2006): Return on Marketing? Möglichkeiten und Grenzen eines Erfolgsnachweises des Marketing, in: Reinecke, S., Tomczak, T. (Hrsg.), Handbuch Marketingcontrolling, 2. Aufl., S. 3-37.

Reinecke, S./Dittrich, S. (2006): Controlling der Kundenbindung, in: Reinecke, S., Tomczak, T. (Hrsg.), Handbuch Marketingcontrolling, 2. Aufl., S. 309-341.

Reinecke, S./Janz, S. (2006): Organisation des Marketingcontrolling – Träger der Marketingcontrollingfunktionen, in: Reinecke, S., Tomczak, T. (Hrsg.), Handbuch Marketingcontrolling, 2. Aufl., S. 915-932.

Reinecke, S./Tomczak, T./Geis, G. (2006): Marketingkennzahlensysteme – Managementcockpits in Marketing und Verkauf, in: Reinecke, S., Tomczak, T. (Hrsg.), Handbuch Marketingcontrolling, 2. Aufl., S. 891-913.

Rust, R.T./Lemon, K.N./Zeithaml, V.A. (2004): Return on Marketing: Using Customer Equity to Focus Marketing Strategy, in: Journal of Marketing, Vol. 68, January, S. 109-127.

Schroiff, H.-W. (2006): Marketingcontrolling durch Marktforschung, in: Reinecke, S., Tomczak, T. (Hrsg.), Handbuch Marketingcontrolling, 2. Aufl., S. 857-870.

Stadtler, K. (1983): Die Skalierung in der empirischen Forschung – Einführung in die Methoden und Tests der Leistungsfähigkeit verschiedener Ratingskalen, München.

Viswanathan, M./Sudman, S./Johnson, M. (2004): Maximum Versus Meaningful Discrimination in Scale Response: Implications for Validity of Measurement of Consumer Perceptions about Products, in: Journal of Business Research, Vol. 57, No. 1, S. 108-124.

Weng, L.J. (2004): Impact of the Number of Response Categories and Anchor Labels on Coefficient Alpha and Test-Retest-Reliabilität, in: Educational and Psychological Measurement, Vol. 64, No. 6, S. 968-972.

Christoph Bubmann und Alexander Klüh

„Der Kunde im Fokus“: Marktforschungsgestütztes Kundenbindungsmanagement bei der Deutschen Bank

---

Christoph Bubmann ist Managing Director bei der Deutsche Bank Privat- und Geschäftskunden AG und verantwortet den Bereich Vertriebs Service Center. Alexander Klüh ist Assistant Vice President bei der Deutsche Bank Privat- und Geschäftskunden AG und verantwortet das Team Kundenbindungsmanagement.

1. „Der Kunde im Fokus“

1.1 Wachstum durch konsequente Ausrichtung auf den Kunden

Die Deutsche Bank stellt ihre Kunden in den Mittelpunkt ihrer Aktivitäten. Sie erfasst und analysiert die Wünsche ihrer Kunden, deren Bedürfnisse und Erwartungen. Sie kennt ihre Kunden und schafft damit die Grundvoraussetzung für eine gute und langfristige Kundenbeziehung. Die Deutsche Bank wächst mit ihren Kunden, sowohl in ihrem Heimatmarkt als auch in neuen Märkten. Das gelingt vor allem deshalb, weil die konsequente Ausrichtung auf den Kunden durch ein professionelles Kundenbindungsmanagement sichergestellt wird.

1.2 Etablierung eines Kundenbindungsmanagements als entscheidender Hebel

Der Bereich Privat- und Geschäftskunden etablierte bereits vor einigen Jahren ein zentrales Qualitätsmanagement, bei dem der Kunde im Fokus steht. Dieser Bereich teilte sich in zwei Fachbereiche.

Einerseits wurde das operative Qualitätsmanagement geschaffen, das sich überwiegend mit der schnellen und hochwertigen Bearbeitung von Kundenbeschwerden beschäftigte. Schon damals war bewusst: Kunden, die eine Beschwerde vorbringen, sind zunächst stark abwanderungsgefährdet und müssen eine bestmögliche Beschwerdebearbeitung erfahren, um sie an die Bank langfristig zu binden.

Der zweite Fachbereich, das strategisches Qualitätsmanagement, beschäftigte sich mit der längerfristigen Erfüllung der Kundenbedürfnisse und der Erhebung und Messung von Kundenbindung. Über die letzten zwei bis drei Jahre entwickelte sich der Fachbereich kontinuierlich weiter, ist heute unter der Bezeichnung Kundenbindungsmanagement tätig und umfasst ein sehr breites Aufgabenspektrum. Im nachfolgenden Abschnitt werden die dort entwickelten und durchgeführten Messinstrumente überblicksartig vorgestellt.

1.3 Messinstrumente der Deutschen Bank Private & Business Clients im Überblick

Der Fachbereich Kundenbindungsmanagement entwickelt im Rahmen der Deutsche Bank Standards für Qualitätsmessungen speziell auf die Anforderungen der Deutschen

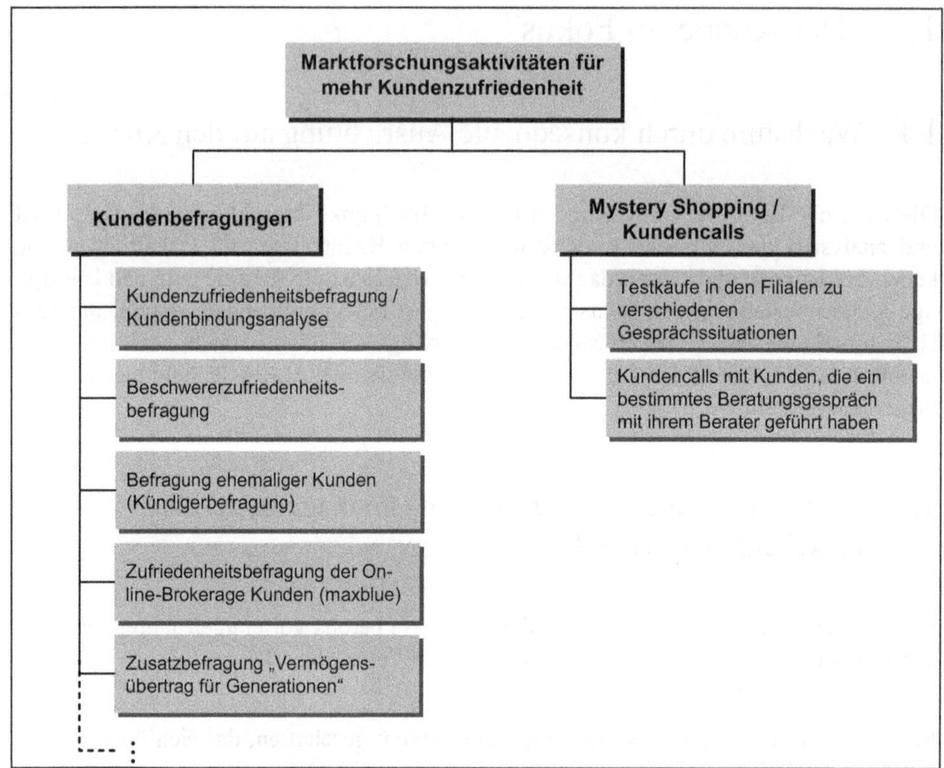

Abbildung 1: Überblick Messinstrumente

Bank Private & Business Clients zugeschnittene Instrumente, vorzugsweise zur Messung der Kundenbindung und der Erfüllung der Service- und Beratungsstandards. Einen Überblick über diese Messinstrumente gibt Abbildung 1 wieder.

Die zusammengefassten Ergebnisse der verschiedenartigen Befragungen werden dem Top-Management zur Verfügung gestellt. Ebenso erhalten die Mitglieder der regionalen Geschäftsleitungen spezifische Auswertungen, Analysen und Reports über die unterschiedlichen Erhebungen. Diese dienen dazu, „vor Ort" und damit an den Vertriebsstandorten konkrete Ansatzpunkte zu identifizieren und Handlungsmaßnahmen zu erarbeiten, um das Qualitätsniveau kontinuierlich weiter zu steigern.

Ergänzend dazu werden von dem Fachbereich Kundenbindungsmanagement in Abstimmung und Zusammenarbeit mit anderen Fachbereichen – wie z. B. Zielgruppenmanagement, Marketing etc. – spezifische Handlungsmaßnahmen erarbeitet, kommuniziert und im Rahmen von Leitersitzungen mit dem Vertrieb vorgestellt.

1.4 Beschreibung der unterschiedlichen Messinstrumente

In diesem Abschnitt wird detailliert dargestellt, welche Schwerpunkte mit der einzelnen Erhebungsmethode verfolgt werden und welche Mengengerüste den einzelnen Erhebungen zugrundeliegen.

1.4.1 Kundenbefragungen

Kundenzufriedenheitsbefragung

Die Studie zur Messung der Kundenzufriedenheit und -bindung umfasst pro Jahr mehrere 10.000 Telefoninterviews mit Bestandskunden. Im Vorfeld einer solchen Befragung, die kontinuierlich durchgeführt wird, werden per Zufall ausgewählte Kunden angeschrieben und über die anstehende Befragung informiert. Sollten diese an der Befragung nicht teilnehmen wollen, können sie sich bei einer kostenfreien Kundenhotline von der Teilnahme ausschließen lassen. Tatsächlich wird aber von dieser Ausschlussmöglichkeit so gut wie kein Gebrauch gemacht, so dass nahezu alle angeschriebenen Kunden auch zu den potenziell Befragten zählen. Die Befragung wird anonym durchgeführt und lässt keinerlei Rückschlüsse auf den Kunden oder ihre Kundenbeziehung zurück.

Aus den Antworten der Befragten lassen sich Werte der Kundenbindung im Sinne eines „mehrdimensionalen Indizes" ermitteln. Dieser Index findet besondere Berücksichtigung, da auch andere Finanzdienstleistungsunternehmen und andere Branchen eine vergleichbare Messmethodik verwenden und somit eine Gegenüberstellung im Markt möglich ist. Außerdem dienen diese Werte auch als Zielvorgabe für Regionen, d. h. nicht nur Ertragszahlen stehen bei der Jahresplanung im Fokus, sondern auch die Kundenzufriedenheit.

Weitere wertvolle Erkenntnisse aus dieser Befragung ergeben sich hinsichtlich der Kundenerwartung zu den verschiedenen Bankdienstleistungen sowie zu dem tatsächlichen Empfinden. Die Differenz zwischen der Kundenerwartung und dem Kundenerlebnis drückt das Maß an Zufriedenheit beziehungsweise Unzufriedenheit aus.

Einzelmerkmale werden bei dieser Befragung zu Rubriken wie z. B. Beratungsqualität, Produktqualität sowie alltägliche Bankgeschäfte zusammengefasst. Ergänzend zu den Fragestellungen zu Merkmalen dieser und weiterer Rubriken werden die Kunden auch darüber befragt, wie häufig sie eine Beratung erleben und ob sie sich schon einmal über die Bank geärgert/beschwert haben.

Beschwererzufriedenheitsbefragung

Bei der Deutschen Bank wird jede Kundenbeschwerde ernst genommen, kritisches Feedback bringt die Bank voran. Besonders vor dem Hintergrund der Kundenbindung ist eine gute Beschwerdebearbeitung ein wesentlicher Baustein in der Wachstumsstrategie. Kunden, die verärgert sind und sich beschweren, erwarten ein gutes Beschwerdehandling. Wird diese Erwartung erfüllt, belohnen sie dies mit einer deutlich höheren Zufriedenheit und auch Bindung als der durchschnittliche Kunde. Für die Deutsche Bank Private & Business Clients ist es daher wichtig, den Prozess der Beschwerdebearbeitung aus den Augen der Kunden regelmäßig zu überprüfen. Zu diesem Zweck werden über einen Selektionsprozess zufällig ausgewählte Beschwerdeführer in halbjährlichem Turnus befragt, wie sie den Prozess der Beschwerdebearbeitung erlebt haben und wie das Beschwerdehandling ihre Meinung über die Deutsche Bank verändert hat. Neben dem Kundenurteil interessiert sich die Bank vor allem auch für Verbesserungsvorschläge der Kunden.

Die Ergebnisse dienen vorwiegend der Optimierung des Beschwerdebearbeitungsprozesses, aber auch für den Zweck eines Benchmarking der Beschwerdebearbeitungsstandorte.

Befragung ehemaliger Kunden (Kündigerbefragung)

Die in 2006 erstmalig durchgeführte Kündigerbefragung beschäftigt sich vorwiegend mit der Erforschung von Abwanderungsgründen ehemaliger Kunden. Weitere Ziele dieser Erhebung sind die Darstellung zielgruppenspezifischer Kündigungsgründe, die Offenlegung von Chancen auf Rückgewinnung ehemaliger Kunden sowie die Erforschung regionsspezifischer Besonderheiten im Zusammenhang mit der Kündigung durch den Kunden.

Zufriedenheitsbefragung der Online-Brokerage Kunden (maxblue)

Analog zur Kundenzufriedenheitsbefragung wird für das Tochterunternehmen maxblue eine spezielle Befragung durchgeführt. Diese hat neben den o. g. allgemeinen Erkenntnissen zur Zufriedenheit und Bindung der Kunden einen speziellen Fokus auf onlinespezifische Themen. Auch dienen die Befragungsergebnisse dem Benchmarking mit Wettbewerbern im Direktbankenbereich. Die spezielle Struktur der Befragung erlaubt zudem den Vergleich mit etablierten, öffentlich verfügbaren Befragungen. Die Befragung der maxblue-Kunden findet jährlich statt, um eine langfristige Vergleichsbasis aufzubauen.

Zusatzbefragung „Vermögen für Generationen“

Diese ergänzende Befragung sieht die Analyse eines neuen Beratungsansatzes vor. Kunden, die ein Gespräch zu dem Beratungsthema „Vermögen für Generationen“ kürzlich führten, werden ähnlich wie bei der Kundenzufriedenheitsbefragung zu ihrer Zufriedenheit mit der Bank befragt. Ergänzend dazu werden gesonderte Fragestellungen speziell zum Beratungsgespräch gestellt. Die Gegenüberstellung von Ergebnissen dieser Befragung und Ergebnissen aus der Kundenzufriedenheitsbefragung lassen Rückschlüsse zu, inwiefern die neuen Ansätze zusätzliche Kundenzufriedenheit beim Kunden erzeugen.

Diese Befragung ist ein Beispiel für die kurzfristige Umsetzbarkeit von Ergänzungen bzw. Modifikationen im Rahmen der bestehenden Befragungen.

1.4.2 Mystery Shopping/Kundencalls

Mystery Shopping (Testkäufe)

Das Mystery Shopping ist abweichend zu den bisher aufgeführten Erhebungsmethoden keine Kundenbefragung. Vielmehr geht es darum, das Erscheinungsbild und das Kundenerlebnis im Investment- & FinanzCenter zu dokumentieren. In der Regel betreten als Neukunde agierende neutrale Marktforscher ein Investment- & FinanzCenter, um festzustellen, ob die für den Vertrieb definierten Service- und Beratungsstandards umgesetzt werden und ob ein Kunde die Leistungen/Services der Bank im angestrebten Leistungsniveau erlebt.

Bei dieser Erhebung steht nicht die Repräsentativität im Vordergrund, sondern das Nullfehlerprinzip. Jedes beobachtete Merkmal hält der Testkäufer anhand eines strukturierten Protokolls fest. Darin enthalten sind ausschließlich geschlossene Fragestellungen, die im Anschluss an das Gespräch zu beantworten sind (Beispiele: Reichte der Berater zur Begrüßung die Hand? Wurden die Chancen/die Vorteile des Produktes/der Produkte erläutert?). Detaillierte Ergebnisse hinsichtlich jeder einzelnen Fragestellung helfen ganz konkret, Verbesserungsansätze für mögliche punktuelle Defizite bei der Umsetzung der Service- und Beratungsstandards zu identifizieren.

Kundencalls (anlassbezogene Kundeninterviews)

Kundencalls sind anlassbezogene Telefoninterviews mit Kunden, die eine bestimmte Beratungsleistung innerhalb der letzten Wochen in Anspruch genommen haben. Ähnlich wie bei den Testkäufen geht es darum, die erlebten Service- und Beratungsstandards und die Wirkung auf den Kunden zu erheben. So werden bspw. Kunden, die vor kurzem ein Girokonto eröffnet haben, im Rahmen dieser Befragung zu ihren Eindrücken während des Beratungsgesprächs befragt. Die Fragestellungen umfassen dabei unterschiedliche Phasen des Gespräches, wie z. B. Kontaktphase, Bedarfsanalyse, Angebot und Verabschiedung (Beispiele: Wie lange mussten Sie etwa warten, bis das Beratungsgespräch beginnen konnte? Nutzte der Berater Grafiken/Textpassagen o. Ä. in den Broschüren, um seine Ausführungen bzw. Sachverhalte näher zu erläutern?). Mögliche Schwachpunkte, die noch nicht in der gewünschten Form vom Kunden erlebt werden, sind sehr schnell erkennbar und können beispielsweise durch Qualifizierungsbausteine rasch beseitigt werden.

Die sehr umfassenden Ergebnisse aus diesen Befragungen und Erhebungen helfen der Bank kontinuierlich, das Angebot der Service- und Beratungsleistung zu optimieren. Das nachfolgende Beispiel erläutert, inwiefern die gewonnenen Erkenntnisse Veränderungsprozesse auslösen und unterstützen.

2. Wachsen mit Bestandskunden

Derzeit zeichnet sich am Markt eine nicht zu unterschätzende Wechselbereitschaft der Kunden ab. Wechselbarrieren sind kaum vorhanden und Lockangebote gegenüber Privatkunden werden immer aggressiver.

Um dieser Entwicklung zu begegnen und Kunden der Deutschen Bank Private & Business Clients noch stärker an die Bank zu binden, wurde ein Projektteam namens „Customer Retention“ gegründet.

2.1 Projektteam „Customer Retention“ zur Stärkung der Kundenbindung

Basis des Projektteams bilden Führungskräfte aus den Bereichen Kundenbindungsmanagement, Produktmanagement, Zielgruppenmanagement, Marketing, Market Research und Customer Relationship Management.

Oberstes Ziel war es bei Projektaufnahme, Kundenbeziehungen zu beschreiben und Merkmale einer unterschiedlich stark ausgeprägten Kundenbeziehung zu identifizieren. Im nächsten Schritt wurde eine Marktanalyse durchgeführt, um das Best-Practice im Umgang mit weniger stark gebundenen Kunden zu umschreiben. Einer der wesentlichsten Bausteine zur Erzielung einer höheren Kundenbindung ist die Analyse der eigenen Messergebnisse. Ergebnisse aus den für die Bank konzipierten Erhebungen helfen dabei sehr viel besser gezielte Handlungsmaßnahmen zu erarbeiten, als das bloße Übertragen von Ansätzen anderer Anbieter am Markt (Adaptieren des Best-Practices).

Die wichtigsten Erkenntnisse aus der Analyse der durchgeführten Messungen sowie die Implikationen zur Steigerung der Kundenbindung folgen im nächsten Abschnitt.

2.2 Analyse marktforschungsgetriebener Erhebungen und Implikationen

Das Projektteam untersucht Ergebnisse der unterschiedlichen Befragungen und entwickelt entsprechende Maßnahmen, um die Kundenzufriedenheit zu erhöhen und damit mehr Kundenbindung zu schaffen. Übergeordnetes Ziel ist es, das Nettokundenwachstum zu steigern.

Im Rahmen einer Kundenbindungsanalyse wurde nach Treibern geforscht, die maßgeblich auf die Kundenbindung wirken. Jene Kunden, die diese Merkmale schwächer bewerten, zeichnen sich auch durch eine schwächere Kundenbindung aus. Darum gilt es, diese Merkmale im Besonderen auf hohem Qualitätsniveau dem Kunden gegenüber zu leben.

Maßgeblich für eine hohe Kundenbindung ist die *Service- und Beratungsqualität.* Diese Erkenntnis aus der Kundenzufriedenheitsbefragung deckt sich mit den Ergebnissen aus dem Mystery Shopping.

Durch Testkäufe und Kundencalls werden von Testkäufern bzw. Kunden die definierten Service- und Beratungsstandards überprüft. Kaum eine Erhebungsform liefert konkretere Ergebnisse darüber, welche Standards durch den Vertrieb umgesetzt werden und welche Service- und Beratungsstandards noch der Fokussierung bedürfen. In einem Protokoll werden dabei die Antworten zu mehreren Dutzend Fragestellungen festgehalten.

Exzellente Ergebnisse erzielt der Vertrieb in Fragestellungen zur Kontaktierung und zu Servicekriterien. Fragestellungen, die sich verstärkt auf das eigentliche Beratungsgespräch beziehen, fallen ebenfalls gut aus. Bezogen auf die Gesamtbank erreicht der konsolidierte durchschnittliche Mystery-Shopping-Wert bereits ein sehr hohes Niveau. Regional existiert eine gewisse Bandbreite unterschiedlich hoher Werte. Aus diesem Grund findet immer wieder ein Austausch zwischen den Regionen statt, um die Andersartigkeit von Beratungsgespräch zu diskutieren und Best-Practice-Ansätze zu identifizieren.

Aus der Kundenzufriedenheitsbefragung lassen sich weitere wichtige strategische Handlungsansätze identifizieren, die im Zusammenhang mit der Beratungsqualität stehen.

Die Literatur beschreibt Kundenzufriedenheit als Differenz zwischen der Erwartungshaltung an eine Leistung und dem tatsächlichem Erleben dieser Leistung. Aus diesem Grund werden im Rahmen der Kundenzufriedenheitsbefragung Kunden in zwei Stufen befragt. Die erste Stufe sieht die Abfrage nach der Bedeutung eines Merkmals vor: „Wie *wichtig* ist dem Kunden z. B. eine ganzheitliche, umfassende Beratung“. Die zweite Stufe bezieht sich dann auf das Erlebnis des Kunden. Die Fragestellung könnte hier lauten: „Wie *zufrieden* sind Sie mit dem Angebot einer ganzheitlichen umfassenden Beratung“.

Solche und ähnliche Fragen werden zu verschiedenen Themenbereichen gestellt.

Mit dieser Erkenntnis gelingt die ständige Ausrichtung auf den Kunden und seine Bedürfnisse. Falls die Kundenerwartung einmal nicht erreicht werden sollte, können das Management bzw. die Mitglieder der regionalen Geschäftsleitung kurzfristig gegensteuern.

Das Projektteam stellt als Fazit fest: Bei Servicekriterien scheint es nur punktuell Optimierungspotenzial zu geben. Der Kunde erfährt beim Betreten eines Investment- & FinanzCenters den Service, den er von der Deutschen Bank erwarten kann. In Bezug auf die Beratungsqualität liefert die Kundenzufriedenheitsbefragung wertvolle Ansätze für Erkenntnisse zur Kundenerwartung. Diese Erkenntnisse fließen mit ein in die Konzeption von Vertriebsqualifizierungsbausteinen sowie gezielten Coachings für Vertriebsmitarbeiter. Eine Auswahl an identifizierten Bausteinen zeigt Abbildung 2.

Speziell für die kontinuierliche Weiterentwicklung von *Service- und Beratungsqualität* agiert seit Mitte 2005 zusätzlich auch ein Team speziell geschulter Vertriebsberater. Deren Aufgabe ist es, die Erkenntnisse der verschiedenartigen Erhebungsmethoden während Filialbesuchen in Handlungsmaßnahmen umzusetzen. Im Investment- & FinanzCenter wird zunächst eine Selbsteinschätzung durch die Führungskräfte vor Ort vorgenommen. Ziel ist es, verschiedene Disziplinen (Kontaktaufnahme, Beratungsqualität, zukünftige Betreuung etc.) aus Kundensicht zu bewerten. Zusätzlich werden mit Hilfe diverser Kennzahlen – abgeleitet aus den unterschiedlichen Erhebungsmethoden – mögliche Abweichungen in den verschiedenen Disziplinen der Selbsteinschätzung berechnet. Dort wo noch Abweichungen bestehen, werden gezielt Handlungsansätze abgeleitet. Großer Vorteil der Vertriebsberater ist dabei die Kenntnis von Best-Practise-Ansätzen anderer Investment- & FinanzCenter. Schnell lassen sich praktische und kurzfristig umsetzbare Tipps direkt auf andere Investment- & FinanzCenter übertragen.

Ein weiterer wichtiger Punkt, der auf die Kundenbindung einwirkt, sind *Konditionen und Gebühren*, so ein Ergebnis aus der Kündigerbefragung. Die Strategie der Deutschen Bank ist es, exzellente Beratungsdienstleistungen am Markt anzubieten; die Beratungsleistung dabei ist an sich unentgeltlich – Produkte jedoch haben einen Preis. Dieser Preis beschreibt das Maß der Professionalität in der Beratung und der umfassenden Produktpalette einer Universalbank.

Für Kunden, welche die Dienstleistungen der Bank ihren Angaben nach nicht häufig genug nutzen und aus diesem Grund die Konditionen als zu hoch empfinden, sollte verstärkt das Angebot einer EDV-gestützten Beratung unterbreitet werden. Die mehrfach ausgezeichnete Finanz- und Vermögensplanung zeigt detailliert die Leistungsfähigkeit der Deutschen Bank im Sinne einer umfassenden und ganzheitlichen computerunterstützten Beratung. Dem Kunden werden Lösungen zu seiner Finanzplanung entsprechend der aktuellen Lebensphase aufgezeigt. Weitere Bedarfe des Kunden werden damit

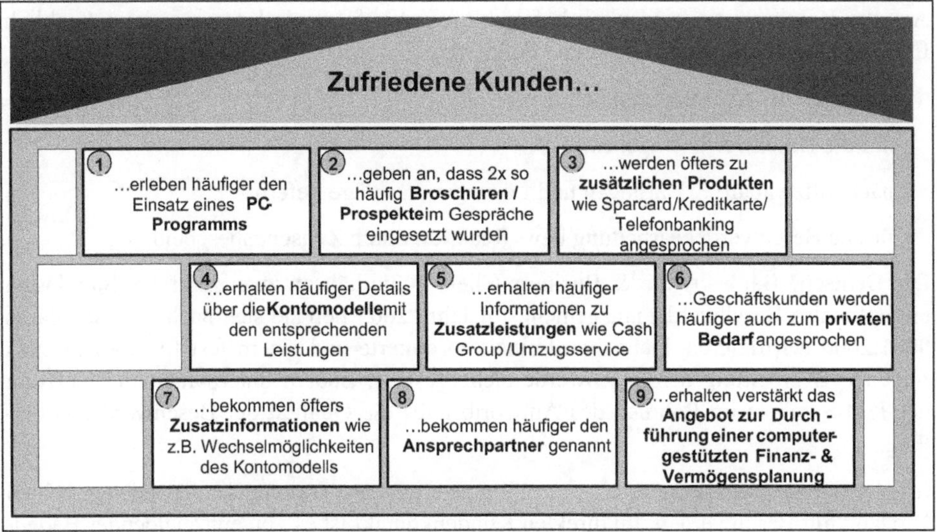

Abbildung 2: Auswahl identifizierter Bausteine

identifiziert, zu welchen im Gespräch Produktempfehlungen erarbeitet werden. Die Folge ist eine höhere Produktnutzung und eine höhere Bindung zur Bank.

Generell gilt es jedoch, dem Kunden die Leistungsfähigkeit und Professionalität der Deutschen Bank unter Beweis zu stellen und ihn dauerhaft hiervon zu begeistern. Essentiell dabei ist ein häufiger Kontakt zum Kunden.

Nicht zu vernachlässigen in Zusammenhang mit hoher Kundenbindung ist das *Beschwerdehandling*. Punktuelle Unzufriedenheiten – unabhängig davon, ob durch das Verschulden der Bank oder von einem beauftragten Dienstleister oder einer Drittbank entstanden – löst die Deutsche Bank Private & Business Clients professionell und rasch. Je nachdem wie professionell die Beschwerdebearbeitung vom Kunden dann empfunden wird, variiert auch seine individuelle Kundenbindung an die Bank. In Fällen, bei denen der Kunde eine exzellente Bearbeitung erfährt, übersteigt der Kundenbindungswert sogar das Niveau von Kunden, die keine Verärgerung in sich trugen. Sollte der Kunde jedoch eine schwächere Beschwerdebearbeitung erleben als erwartet, fällt die Kundenbindung auf ein Niveau mit hoher Abwanderungswahrscheinlichkeit.

Eine gute Beschwerdebearbeitung ist also extrem wichtig. Hierbei gilt es, sowohl Vertriebsmitarbeiter wie auch Kollegen, die zentralseitig die Beschwerden bearbeiten, für dieses Thema zu sensibilisieren.

Aus der Beschwererzufriedenheitsbefragung werden folgende Kriterien als maßgeblich für eine gute Beschwerdebearbeitung definiert:

- Anliegen des Kunden ernst nehmen,
- auf die Beschwerde eingehen,
- nachvollziehbare Erklärungen und Lösungsvorschläge liefern,
- rasche Beschwerdebearbeitung bzw. Reaktion durch Zwischenbescheid.

Die Deutsche Bank Private & Business Clients unterhält an zwei zentralen Standorten ein optimales Beschwerdemanagement. Im Jahre 2005 ließ sie sich nach ISO-Standards 9001:2000 zertifizieren. Damit wird eine koordinierte und einem fest fixierten Prozess folgende Bearbeitung der Beschwerde sichergestellt. Zudem untermauert die Nutzung des ISO-Symbols im Rahmen des Antwortbriefes die Qualität der Beschwerdebearbeitung.

Im Vertrieb erhalten Berater ein speziell ausgerichtetes Training zum kundengerechten Umgang mit Beschwerden. Im direkten Kundenkontakt ist es von entscheidender Bedeutung, dass Beanstandungen ernst genommen und zeitnah sowie kundenorientiert bearbeitet werden. Ziel muss es sein, den Kunden im Falle einer Unzufriedenheit nicht nur zu halten, sondern ihn hochzufrieden werden zu lassen.

Kundenbindung beruht zu einem Teil auch auf *empfundener Kundennähe*. Für Kundennähe sorgen vorzugsweise in großen Investment- & FinanzCenter etablierte Kundenmanager. Bewusst wurden für diese Aufgabe Kundenberater bestimmt, die dem Kunden als Anlaufpunkt für Fragen und als erster Ansprechpartner zur Verfügung stehen. Sie helfen, wenn Kunden bestimmte Informationen benötigen, Fragen zur Orientierung haben oder den richtigen Berater suchen. Auch wirken sie gegen das Entstehen von Wartezeiten, managen und koordinieren die Terminvereinbarungen optimal und tragen außerdem Sorge für Ordnung und Sauberkeit im Investment- & FinanzCenter. Kundenmanager wirken spürbar positiv auf die Kundennähe. Zusätzlich wurden telefonische Rufumleitungen implementiert, die gewährleisten, dass eingehende Anrufe auf der zentralen Rufnummer -0 sowie bei Beraterplätzen stets angenommen werden. Sollte der Berater persönlich nicht abheben können, weil er im Beratungsgespräch ist, werden die Anrufe an einen Agenten der Telefonzentrale geleitet, der eine Vielzahl von allgemeinen Anfragen beantworten und beispielsweise auch Beratungstermine zwischen Kunden und Beratern vereinbaren kann.

Weitere Ansatzpunkte ergeben sich aus einer wertvollen Information aus der Kündiger- wie auch der Kundenzufriedenheitsbefragung: Hohe Kundenbindung entsteht immer dann, wenn auch ein *kontinuierlicher Kontakt* zur Bank besteht. Die Kundenbindung erreicht dann spürbar höhere Werte im Vergleich zu durchschnittlich gebundenen Kunden, wenn in jüngerer Vergangenheit ein Beratungsgespräch stattgefunden hat. Als entscheidende Maßnahme daraus werden verschiedene Kundenbindungsprogramme umgesetzt.

Beginnend bei der Kontoeröffnung bei Neukunden verwendet die Deutsche Bank Private & Business Clients seit längerem einen Papierbogen, um wertvolle Zusatzinformationen neben den eigentlichen relevanten Daten zur Kontoeröffnung (wie Stammdaten, Personalausweisdaten etc.) festzuhalten. Daraus lassen sich wertvolle Hinweise für zukünftige Ansprachen generieren. Außerdem sieht die Kontoeröffnung via Bogen vor, einen konkreten Folgetermin zu vereinbaren, um weitere Bedarfe beim Kunden zu besprechen und die umfassenden Beratungsleistungen der Bank vorzustellen. Andere Maßnahmen beschäftigen sich mit gezielten Mailings zu besonderen Kundenanlässen. Nicht nur die intensive Pflege von Neukunden ist der Deutschen Bank besonders wichtig, sondern auch Aufmerksamkeiten zu Jubiläen bei Bestandskunden wie beispielsweise Geburtstagen oder auch Hochzeiten, Umzug, Start Studium/Ausbildung können berücksichtigt werden. Ergänzend finden auch gezielte Ansprachen/Mailings statt, wenn neue Produkte beworben werden. Gesondert werden zunächst im Rahmen eines Tests zusätzliche Ansprachen von Kunden mit geringerer Kontaktfrequenz pilotiert. Erste Erfahrungen aus dem Test sind sehr positiv. Die Kontaktaufnahme wird durch die Kunden sehr begrüßt und häufig interessieren sich diese bei dieser Gelegenheit auch für neue Produkte.

Zukünftig ist geplant, dass allen Kundenberatern in den Investment- & FinanzCenter gezielte Informationen über selten kontaktierte Kunden zur Verfügung gestellt werden.

Noch einen Schritt weiter gehen Anstrengungen hinsichtlich einer Kündigerdatenbank. Um das Nettokundenwachstum weiter zu steigern, sollen alle Kunden, die ihre Kontoverbindung zur Deutschen Bank auflösen, in einer gesonderten Datenbank erfasst werden. Zudem soll im Moment der Kontokündigung dokumentiert werden, ob der Kunde zukünftig damit einverstanden ist, wenn er durch die Deutsche Bank kontaktiert wird.

3. Langfristiger Change-Of-Mind-Prozess

Kundenzufriedenheitsbefragungen, Mystery Shopping und anlassbezogene Telefoninterviews mit Kunden sowie andere Befragungen und Erhebungen haben eine Berechtigung, wenngleich mit ihrer Durchführung Kosten verbunden sind. Eine Analyse der Ergebnisse hilft im Hause der Deutschen Bank Private & Business Clients maßgeblich, Service- und Beratungsqualität zu steigern und kundenbindende Maßnahmen zu erarbeiten. Zentralseitig werden Standards. konzipiert, um Kundenberatern Hilfestellungen zu geben. Zusätzlich werden neue Vertriebsqualifizierungsbausteine erstellt (bspw. mit Schwerpunkt eines kundengerechten Beschwerdeumgangs). Ebenso werden Standards in der zentralen Beschwerdebearbeitung etabliert.

In der Vertriebsorganisation helfen Workshops, in den Investment- & FinanzCentern bzw. auf Ebene von Marktregionen und Regionen abgeleitete Handlungsmaßnahmen umzusetzen. Dies können u. a. Standards oder Verhaltensregeln sein, die dazu dienen, gegenüber dem Kunden ein Niveau an Service- und Beratungsqualität anzubieten, das er von der Deutschen Bank Private & Business Clients erwarten kann. Der Einsatz von Kundenmanagern spielt eine weitere entscheidende Rolle, wenn es darum geht, Kundennähe zu schaffen.

Der Erfolg aus der Umsetzung von Handlungsideen hängt dabei nicht unwesentlich von der Kommunikation ab. Motivation und häufige Penetration im Sinne einer Bewusstseinsschärfung neuer Vorgehensweisen und gleichzeitig kombiniert mit der Bereitschaft lernfähig zu bleiben, sind Treiber für den Wandel hin zu noch mehr Kundenzufriedenheit. Dass dabei auch eine gewisse Dauer von Nöten ist, liegt auf der Hand.

Eine Fortsetzung bestehender Befragungen sowie die gezielte Erweiterung von zusätzlichen Erhebungen helfen also, Kundenbedarfe, Kundenwünsche und den kundenseitigen Anspruch an die Bank ausführlich zu erheben. Mit den daraus gewonnenen Erkenntnissen und deren Verankerung im Vertriebsprozess gelingt es der Deutschen Bank Private & Business Clients auch zukünftig, die Innovationskraft und das Leistungsversprechen weiter auszubauen, um am Markt weiterhin die erste Adresse für Privat- und Geschäftskunden zu sein.

Manfred Bruhn und Michael Grund

Mitarbeiterzufriedenheit und Mitarbeiterbindung

Prof. Dr. Manfred Bruhn ist Ordinarius für Betriebswirtschaftslehre, insbesondere Marketing und Unternehmensführung, am Wirtschaftswissenschaftlichen Zentrum (WWZ) der Universität Basel und Honorarprofessor an der Technischen Universität München. Dr. Michael A. Grund ist Leiter des Center for Marketing an der HWZ Hochschule für Wirtschaft in Zürich und Studiengangsleiter des Executive MBA Marketing.

1. Mitarbeiterzufriedenheit und -bindung als Themenstellungen des Internen Marketings

Innerhalb der wissenschaftlichen und praktischen Auseinandersetzung mit den Voraussetzungen des Unternehmenserfolges wird seit geraumer Zeit die Notwendigkeit der Sicherstellung der *Qualität* von Unternehmensleistungen mit dem Ziel der Verbesserung der *Kundenzufriedenheit* thematisiert. Unabhängig von den konkreten Operationalisierungen und der Hierarchisierung werden beide Konstrukte – Qualität und Kundenzufriedenheit – als zentrale Determinanten der *Kundenbindung* anerkannt, die vor dem Hintergrund des Verdrängungswettbewerbs wesentliche Beiträge zum ökonomischen Erfolg von Unternehmen zu leisten vermögen.

Kann im Sachgüterbereich über ein umfassendes Qualitätsmanagement vielfach unternehmensintern sichergestellt werden, dass gegenüber den Kunden nur qualitativ hochwertige Leistungen angeboten werden, so weisen die Spezifika von Dienstleistungen – und hier v. a. die Integration des Kunden in den Leistungserstellungsprozess – darauf hin, dass dem *Service Encounter* besondere Bedeutung für die Kundenzufriedenheit zukommt (vgl. z. B. Bitner et al. 1994; Stock 2004; Bruhn 2006a). Die Gestaltung des Kontakts zwischen den Mitarbeitenden und den Kunden eines Dienstleistungsunternehmens ist demnach geeignet, die Kundenzufriedenheit mit der Gesamtleistung wesentlich zu beeinflussen. Bei komplexen Dienstleistungen mit hohen Anteilen von Erfahrungs- bzw. Vertrauensleistungen repräsentiert die Interaktion mit den Mitarbeitenden u. U. sogar das einzige von den Kunden direkt beurteilbare Leistungselement.

Trotz Anerkennung der Abhängigkeit der Kundenzufriedenheit von den Leistungen der Mitarbeitenden wird den *unternehmensinternen Voraussetzungen* der Leistungserstellung z. T. vergleichsweise wenig Beachtung geschenkt. Mitarbeitende werden von einigen Unternehmen als relativ einfach austauschbarer Produktionsfaktor angesehen, so dass den Themen der Mitarbeiterzufriedenheit und Mitarbeiterbindung nicht jener Stellenwert beigemessen wird, der ihnen als bedeutenden Faktoren für den Unternehmenserfolg zukommt.

Die Diskussion über die *Zusammenhänge zwischen Mitarbeiter- und Kundenzufriedenheit* wird in Wissenschaft und Praxis sehr kontrovers und teilweise ideologisch geführt. Es liegen bislang immer noch nur spärliche empirische Befunde über die entsprechenden Zusammenhänge vor (vgl. z. B. Grund 1998; Bernhardt/Donthu/Kennett 2000; Stock 2003; Korunka/Scharitzer/Sonnek 2003). Im Mittelpunkt steht hier eine erweiterte Perspektive, die sich umfassender mit den *Zusammenhängen zwischen Mitarbeiterzufriedenheit, Mitarbeiterbindung, Kundenzufriedenheit und Kundenbindung* beschäftigt. Die bisherige Diskussion fand relativ isoliert statt, d. h. die Personalarbeit beschäftigte sich mit der Arbeits-(Mitarbeiter-)zufriedenheit und das Marketing mit den Themenkomplexen Kundenzufriedenheit, Kundenbindung und ggf. Customer Relationship Management (CRM). Dieser mangelnden Integration des Personal- und des Marketingmanagements ist durch Themenstellungen des Internen Marketings entgegenzuwirken.

Zielsetzung des *Internen Marketings* ist es, die strikte gedankliche Trennung zwischen Marketing- und HR- bzw. Personalmanagement aufzulösen, um durch eine konsequente und gleichzeitige Kunden- und Mitarbeiterorientierung das Marketing als interne Denkhaltung durchzusetzen, um die marktgerichteten Unternehmensziele effizient zu erreichen (Bruhn 1999; 2006b). Mitarbeiterzufriedenheit und Mitarbeiterbindung werden aufgrund der direkten Interaktionen zwischen Mitarbeitenden und Kunden insbesondere in Dienstleistungsunternehmen als zentrale Voraussetzungen für Kundenzufriedenheit und Kundenbindung verstanden. Eine theoretische Auseinandersetzung mit der Mitarbeiter-Kunden-Interaktion legt die Vermutung nahe, dass personelle Konstanz in den Beziehungen zwischen Mitarbeitenden und Kunden geeignet ist, höhere Kundenzufriedenheit und Kundenbindung zu ermöglichen. Darüber hinaus können über die Parallelität von Mitarbeiter- und Kundenbindung Kostensenkungspotentiale erschlossen werden, die z. B. aus niedrigeren Transaktionskosten der Mitarbeiter-Kunden-Interaktion resultieren.

Die kundengerichteten Wirkungen von Mitarbeiterzufriedenheit und Mitarbeiterbindung konnten in einzelnen *empirischen Untersuchungen* aufgezeigt werden. So wurde ermittelt, dass die Kundenzufriedenheit von 75 auf 55 Prozent sinkt, wenn bestimmte Mitarbeitende ein Dienstleistungsunternehmen verlassen (Heskett et al. 1994). In anderen Dienstleistungsunternehmen konnten im Rahmen von Filialvergleichen positive Zusammenhänge zwischen der Kunden- und Mitarbeiterbindung nachgewiesen werden (Schneider/Bowen 1985; Reichheld/Teal 1996). Gerade in interaktionsintensiven und/oder vertrauensgeprägten Branchen zeigt sich häufig, dass Kunden das Unternehmen verlassen, wenn bestimmte Mitarbeitende den Arbeitgeber wechseln (z. B. in den Bereichen Anlageberatung, Werbeagenturen oder Friseurleistungen).

Das Interne Marketing ist mit einer konsequenten Gestaltung der Beziehungen zu Mitarbeitenden und Kunden als integratives Element eines umfassenden Customer Relationship Managements zu verstehen, das sowohl auf die primären Anspruchsgruppen der Kunden und Mitarbeitenden als auch an Anteilseigner (Shareholder), Kooperationspartner und weitere Stakeholder zu richten ist. In der vorliegenden Untersuchung richtet sich der Fokus auf die Einflussfaktoren und Zusammenhänge von Mitarbeiterzufriedenheit und Mitarbeiterbindung. Darüber hinaus werden Bezüge zur Kundenzufriedenheit und Kundenbindung aufgezeigt.

2. Mitarbeiterzufriedenheit und -bindung als kausalanalytische Problemstellung

Untersuchungen zu den Zusammenhängen zwischen der *Arbeitszufriedenheit* und dem Verhalten von Mitarbeitenden haben in den Sozialwissenschaften bereits eine recht lange Tradition. Dem vorliegenden Forschungsproblem der Gewinnung von Erkenntnissen zu den Einflussfaktoren und Zusammenhängen von Mitarbeiterzufriedenheit und Mitarbeiterbindung können diese Untersuchungen allerdings nur bedingt gerecht werden. Neben methodischen Problemen und teilweise stark simplifizierenden Untersuchungsdesigns kann vor allem die Beschränkung der Verhaltensvariablen auf direkt quantifizierbare Größen der Situation in Dienstleistungsunternehmen nicht gerecht werden. Können in einem Sachgüterunternehmen z. B. direkte Beziehungen zwischen der Zufriedenheit der Mitarbeitenden und dem Output bzw. der Einhaltung von Qualitätsnormen aufgestellt werden, so stellt sich im Dienstleistungsbereich bereits die Frage, in welcher Weise der Output sinnvoll quantifiziert werden kann (z. B. für Schaltermitarbeitende in einer Bank: Anzahl Kundenkontakte, Umsatzvolumen usw.).

Somit sind zwei grundsätzliche Problembereiche zu identifizieren: Zum einen entziehen sich Mitarbeiterzufriedenheit und Mitarbeiterbindung ebenso wie Kundenzufriedenheit und Kundenbindung aufgrund ihrer Komplexität einer direkten Beobachtung und haben demnach den Charakter *theoretischer Konstrukte.* Zum anderen kann die Erforschung der *kausalen Beziehungen* zwischen diesen komplexen Konstrukten auf der Basis der einfachen multivariaten Analyseverfahren nicht sinnvoll erfolgen.

Diese Probleme können über den Einsatz der *Kausalanalyse* praktikabel gelöst werden (Bollen 1989; Homburg/Giering 1996; Homburg/Hildebrandt 1998; Fassott 2006). Die Kausalanalyse erlaubt zum einen die Operationalisierung latenter Variablen durch beobachtete Variablen, zum anderen können gleichzeitig vermutete kausale Beziehungen zwischen den latenten Variablen überprüft werden. Der konfirmatorische bzw. strukturprüfende Charakter der Kausalanalyse setzt in diesem Zusammenhang voraus, dass im Vorfeld einer empirischen Untersuchung Überlegungen zu den vermuteten Zusammenhängen zwischen den einzelnen latenten Variablen angestellt werden. Ohne diese Überlegungen ist ein sinnvoller Einsatz der Kausalanalyse nicht möglich (Backhaus et al. 2006).

Aufbauend auf diesem *Hypothesensystem* erfordert der Einsatz der Kausalanalyse zunächst die Entwicklung eines Strukturmodells sowie zweier Messmodelle. Das Strukturmodell bildet die latenten Variablen sowie die vermuteten Beziehungen zwischen diesen Variablen ab. Die Messmodelle – jeweils ein Modell für die latenten exogenen und die latenten endogenen Variablen – erfassen die Operationalisierung der nicht beobachtbaren Variablen durch die (beobachtbaren) Indikatorvariablen (vgl. auch den Beitrag von Homburg/Klarmann/Pflesser in diesem Band).

Zur Schätzung von Kausalmodellen existieren zwei verschiedene Verfahren (vgl. auch den Beitrag von Homburg/Pflesser/Klarmann in diesem Band): Zum einen das Verfahren der Kovarianzstrukturanalyse (Linear Structural Relationships), das vor allem durch die Softwareanwendung AMOS unterstützt wird, sowie zum anderen der varianzbasierte Partial-Least-Squares-Ansatz (PLS-Ansatz), der insbesondere mit Hilfe der Software PLS-Graph und Smart-PLS Anwendung findet (Ringle 2004a; Albers/Hildebrandt 2006). In der Marketingforschung wird zunehmend Rekurs auf den PLS-Ansatz genommen, da dieser im Gegensatz zu den kovarianzbasierten Verfahren insbesondere auch dann zur Anwendung kommen kann, wenn die Multinormalverteilung der manifesten Variablen nicht gegeben ist, die Stichprobe relativ klein ist und formative Konstrukte zu berücksichtigen sind (Albers/Hildebrandt 2006). Für welches der beiden Verfahren der Strukturgleichungsanalyse sich zu entscheiden ist, hängt letztlich vom Anliegen des Forschers ab. Liegt der Fokus der Untersuchung in der bestmöglichen Erklärung der Veränderung einer oder mehrerer Zielvariablen für die Identifikation von zentralen Determinanten, so bietet sich der Rückgriff auf ein varianzbasiertes Verfahren an. Besteht das Anliegen des Forschers jedoch darin, ein neuartiges, theoriebasiertes Hypothesengefüge zwischen latenten Konstrukten zu untersuchen, so ist der Einsatz kovarianzbasierter Verfahren zu favorisieren (Herrmann/Huber/Kressmann 2006). Da im vorliegenden Fall die Ermittlung von Einflussfaktoren auf die Mitarbeiterzufriedenheit und Mitarbeiterbindung im Mittelpunkt steht, wurde sich bei dem im Folgenden dargestellten *Fallbeispiel* für die Anwendung eines varianzbasierten Verfahrens entschieden. Wie in diesem Beitrag an anderer Stelle noch erläutert wird, enthält das vorliegende Kausalmodell zudem neben latenten Variablen, die mit reflektiven Indikatoren zu operationalisieren sind, auch solche, die eine formative Operationalisierung erfordern, wofür sich der PLS-Ansatz als besonders geeignet erweist.

3. Beispiel einer Kausalanalyse zur Mitarbeiterzufriedenheit und -bindung

3.1 Design der empirischen Untersuchung

Als Datengrundlage der Kausalanalyse zu den Zusammenhängen von Mitarbeiterzufriedenheit und Mitarbeiterbindung dient eine empirische Untersuchung der Jahre 1996/1997, die in Zusammenarbeit mit zwei Schweizer Banken durchgeführt wurde

(Grund 1998). Auf Basis *paralleler Kunden- und Mitarbeiterbefragungen* waren hierbei zwei zentrale Aufgaben zu erfüllen: Zum einen stand die Identifikation von Einflussfaktoren und Beziehungen zwischen Kundenzufriedenheit und Kundenbindung sowie zwischen Mitarbeiterzufriedenheit und Mitarbeiterbindung im Mittelpunkt, zum anderen lag der Fokus auf der Ermittlung von Ansatzpunkten zu möglichen Zusammenhängen zwischen der Mitarbeiter- und Kundenzufriedenheit.

Auf Mitarbeiterseite wurde zunächst als modelltheoretische Grundlage der Untersuchung ein *Bezugsrahmen* entwickelt, der die wesentlichen vermuteten Beziehungen umfasst (vgl. Abbildung 1). Hierbei wurde zunächst unterstellt, dass ein direkter Zusammenhang zwischen Mitarbeiterzufriedenheit und Mitarbeiterbindung besteht. Hinsichtlich der Entstehung von Mitarbeiterzufriedenheit bestand des Weiteren die Vermutung, dass drei Gruppen von Einflussfaktoren unterschieden werden können. Diese Einflussfaktoren zeichnen sich durch unterschiedliche Steuerungsmöglichkeiten seitens des Unternehmens aus.

Tendenziell bestehen hinsichtlich der Gestaltung der *Rahmenbedingungen des Internen Marketings* in einem Unternehmen große Einflussmöglichkeiten. Wie andere empirische Untersuchungen gezeigt haben, sind z. B. die Gestaltung der Arbeitsplätze, die unternehmensinterne Kommunikation oder auch die Entscheidungs- und Handlungsspielräume der Mitarbeitenden im Sinne des Empowerment von besonderer Bedeutung (vgl. z. B. auch die Einflussfaktoren im Rahmen des GAP-Modells; Parasuraman et al. 1985; 1988). Die Gestaltbarkeit dieser Kriterien ist als vergleichsweise hoch, wenn auch nicht immer als direkt bzw. kurzfristig anzusehen. Unterschiedlich hohe Einflüsse des Managements sind hinsichtlich der weiteren Kriterien der Arbeit in einem Unternehmen (linker Teil in Abbildung 1) gegeben. Während die Aufbau- und Ablauforganisation oder auch die Leistungen für die Mitarbeitenden weitgehend schnell und direkt beeinflusst werden können, besteht in Hinblick auf die Kriterien der persönlichen Ausgeglichenheit bzw. der individuellen Zukunftsaussichten nur ein mittelbarer Einfluss auf Seiten des Managements. Über das Personalmanagement (z. B. Personalakquisition und -freisetzung) weitgehend nur mittel- bis langfristig steuerbar sind schließlich ausgewählte Soziodemographika der Mitarbeitenden.

Zur Durchführung der Gesamtuntersuchung wurde ein *Kunden- und* ein *Mitarbeiterfragebogen* entwickelt, die beide im Rahmen eines Pretests und einer Voruntersuchung primär auf Verständlichkeit und Machbarkeit untersucht wurden. Innerhalb der Hauptuntersuchung wurden auf Basis einer Stichprobe insgesamt 4.000 Fragebögen an die Kunden der beiden Banken verschickt. Bei den Mitarbeitenden erfolgte die Durchführung einer Vollerhebung mit insgesamt 1.300 Fragebögen. Die Rücklaufquoten erreichten auf Kundenseite 17,3 und 22,7 Prozent, auf Mitarbeiterseite 50 und 54 Prozent.

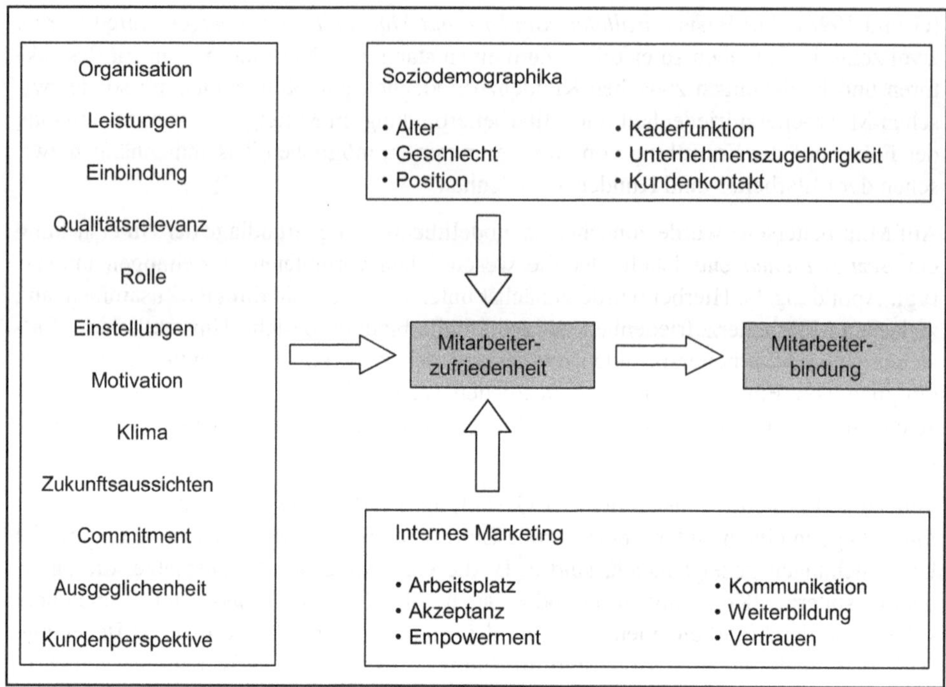

Abbildung 1: Bezugsrahmen der empirischen Untersuchung

Für die Kausalanalyse sind insbesondere drei Bereiche des Mitarbeiterfragebogens von Bedeutung. Im ersten Teil wurden die Befragten aufgefordert, ihre Meinung zu 72 *Einzelstatements zur Mitarbeiterzufriedenheit* zum Ausdruck zu bringen. Hierzu stand eine vierstufige, vollständig verbal verankerte Ratingskala ohne Mittelpunkt zur Verfügung (Berekoven et al. 2004; Kroeber-Riel/Weinberg 2003), die jeweils zwei zustimmende und ablehnende Antwortoptionen zur Verfügung stellte (vgl. Abbildung 2).

Die *globale Mitarbeiterzufriedenheit* wurde über zwei Indikatorvariablen operationalisiert, für die eine sechsstufige, verbal vollständig verankerte Ratingskala zum Einsatz kam. Hier standen jeweils drei positive und drei negative Antwortoptionen zur Verfügung, die aus Gründen der Vertrautheit an den Schweizer Schulnoten orientiert waren (vgl. Abbildung 3). Über die erste Indikatorvariable wurde die Globalzufriedenheit mit dem Unternehmen als Arbeitgeber erfasst, mit der zweiten Indikatorvariablen die Zufriedenheit mit der Kundeninteraktion.

Beispielstatement	Meine Arbeit ist so interessant, dass ich gerne in die Bank komme.			
Verbaler Anker	Trifft voll zu	Trifft eher zu	Trifft eher nicht zu	Trifft überhaupt nicht zu

Abbildung 2: Ratingskala der Einzelzufriedenheitsurteile

	Zufriedenheit mit der Tätigkeit bei der Bank insgesamt					
Verbaler Anker	Sehr zufrieden	Zufrieden	Eher zufrieden	Eher unzufrieden	Unzufrieden	Vollkommen unzufrieden

Abbildung 3: Ratingskala der Globalzufriedenheitsurteile

	Würden Sie die Bank wieder als Arbeitgeber wählen?			
Verbaler Anker	Sicher/sehr wahrscheinlich	Wahrscheinlich	Eher nicht	Mit Sicherheit nicht

Abbildung 4: Ratingskala zur Mitarbeiterbindung

Als dritter Bereich ist die Operationalisierung der *Mitarbeiterbindung* von Interesse. Hierzu erfolgte die Formulierung von vier Statements mit unterschiedlichen Verhaltensperspektiven (vgl. Abbildung 4). Neben der Wiederwahlabsicht (Wiederwahl des Unternehmens als Arbeitgeber) und der Bleibebereitschaft (Drei-Jahres-Perspektive) wurde die Empfehlungsbereitschaft hinsichtlich des eigenen Arbeitsplatzes sowie hinsichtlich des Gesamtunternehmens erhoben. Auch hier kam eine vierstufige Ratingskala ohne Mittelpunkt zum Einsatz, die zwei grundsätzlich positive und zwei negative Antwortoptionen zuließ.

Auf Basis des Bezugsrahmens der empirischen Untersuchung wurden dreizehn Hypothesen generiert, die sowohl auf die Einflussfaktoren der Mitarbeiterzufriedenheit als auch die vermuteten Beziehungen zwischen Mitarbeiterzufriedenheit und Mitarbeiterbindung ausgerichtet waren.

3.2 Voruntersuchungen zur Kausalanalyse

Die Kausalanalyse zur Mitarbeiterzufriedenheit und Mitarbeiterbindung wurde im Rahmen der Datenauswertung durch den Einsatz *weiterer multivariater Analyseverfahren* vorbereitet. Zielsetzung dieser Untersuchungen war zum einen die Eliminierung von Variablen, die nur einen unzureichenden Beitrag zur Erklärung der Mitarbeiterzufriedenheit bzw. Mitarbeiterbindung leisten können. Zum anderen wurde die Generierung von Determinanten der Mitarbeiterzufriedenheit angestrebt, die als latente Variablen im Strukturmodell zur Mitarbeiterzufriedenheit und -bindung Berücksichtigung fanden.

Zur Vorbereitung der Kausalanalyse wurde ein vierstufiges Vorgehen gewählt. In einem ersten Schritt erfolgte die Durchführung linearer *Regressionsanalysen*, bei denen als abhängige Variablen die beiden Globalkriterien der Mitarbeiterzufriedenheit eingesetzt wurden. Als unabhängige Variablen fanden alle 72 Einzelkriterien Eingang in die Untersuchung. Von den weiteren Analysen ausgeschlossen wurden sämtliche Einzelkriterien, die mit einem standardisierten Beta-Wert von < 0,1 nur einen unzureichenden Erklärungsbeitrag zur Mitarbeiterzufriedenheit leisten konnten. Die beiden Regressionsanalysen erreichten R^2-Werte von 0,87 bzw. 0,81, bei F-Werten von 4,33 bzw. 3,34 (Signifikanzniveau von 0,000). Auf Basis des Ausschlusskriteriums von $\beta > 0,1$ verblieben 24 der 72 Prädiktoren.

In der zweiten Stufe wurde eine *Korrelationsanalyse* mit den verbleibenden Einzelkriterien durchgeführt. Um die Bildung von Faktoren der Mitarbeiterzufriedenheit zu ermöglichen, ist es erforderlich, dass die einzelnen Variablen ein bestimmtes Maß an Korrelation aufweisen. Als Grenze für die weiteren Untersuchungen wurde ein durchschnittlicher Korrelationskoeffizient von > 0,3 gewählt. Auf Basis dieses Ausschlusskriteriums verblieben 19 Einzelkriterien. Diese leisten einerseits einen entsprechenden Beitrag zur Erklärung der Mitarbeiterzufriedenheit und sind andererseits zur Bildung von Faktoren der Mitarbeiterzufriedenheit geeignet.

Die Bildung von Faktoren der Mitarbeiterzufriedenheit erfolgte in der dritten Stufe der Voruntersuchungen mit Hilfe der *Faktorenanalyse*. Zur Faktorextraktion wurde die Hauptkomponentenanalyse mit Varimax-Rotation genutzt. Aufgrund der Gütekriterien der Faktorenanalyse (Bartlett-Test auf Spherizität sowie Kaiser-Meyer-Olkin-Maß von 0,85 bei einem χ^2-Wert von 1109,52 und einem Signifikanzniveau von 0,000) ist davon auszugehen, dass die errechneten Korrelationen bei der Faktorenbildung nicht nur zufällig sind, sondern auch für die Grundgesamtheit zutreffen (Kaiser/Rice 1974; Backhaus et al. 2006).

Über die Faktorenanalyse konnten vier Faktoren ermittelt werden, die als zentrale *Determinanten der Mitarbeiterzufriedenheit* zu verstehen sind:

- Führung und Organisation,
- Arbeitsplatz und Arbeitsumfeld,
- Klima und Vertrauen,
- Wertschätzung als Person.

Abschließend wurde eine weitere *Regressionsanalyse* durchgeführt, um den Erklärungsgehalt der vier Faktoren der Mitarbeiterzufriedenheit nochmals zu überprüfen ($R^2 = 0,51$; $F = 28,77$; Signifikanzniveau 0,000).

3.3 Kausalanalyse auf PLS-Basis

Auf Basis der theoretischen Überlegungen zu den Einflussfaktoren und Zusammenhängen zwischen Mitarbeiterzufriedenheit und Mitarbeiterbindung sowie der vorbereitenden Untersuchungen zur Kausalanalyse wurde das Strukturmodell der latenten Variablen aufgestellt. Abbildung 5 zeigt das *Strukturmodell* mit den vier identifizierten Determinanten der Mitarbeiterzufriedenheit.

Um die kausalanalytische Überprüfung des Strukturmodells zu ermöglichen, sind weitere vorbereitende Arbeiten durchzuführen. So ist zunächst die Operationalisierung der latenten exogenen und endogenen Variablen erforderlich. Die Operationalisierung von latenten Variablen kann auf zwei verschieden Arten erfolgen, wobei entsprechend der Wirkungsrichtung zwischen einem Faktor und den dazugehörigen Indikatoren zwischen formativen und reflektiven Indikatoren differenziert wird (Chin 1998a; Fassott/Eggert 2005). Stellen die Indikatoren das Resultat eines Faktors dar, wird von *reflektiven Indikatoren* gesprochen. In solch einem Fall werden die Indikatorvariablen durch die übergeordnete latente Variable reflektiert (Ringle 2004a). Hingegen ist das Kennzeichen *formativer Indikatoren*, dass diese eine Ursache der Bildung oder Veränderung eines Konstrukts repräsentieren. Gemäß dieser Auffassung stellen formative Indikatoren somit „Bausteine" des Konstrukts dar (Eberl 2004). Die Unterscheidung zwischen formativen und reflektiven Indikatoren ist auch im Rahmen der vorliegenden Untersuchung von Bedeutung. Auf Basis sachlogischer Überlegungen erscheint es sinnvoll, die vier latenten exogenen Variablen formativ zu operationalisieren, da die betreffenden Indikatoren als verantwortlich für die Bildung und Veränderung der dazugehörigen Konstrukte angesehen werden. Bei den beiden latenten endogenen Variablen Mitarbeiterzufriedenheit und Mitarbeiterbindung wird hingegen eine reflektive Operationalisierung als geeigneter angesehen. Diese Erkenntnis basiert auf der Überlegung, dass sich die betreffenden Indikatoren immer in Folge und kausal verursacht durch das dahinter stehende Konstrukt verändern. Die latente endogene Variable Mitarbeiterzufriedenheit wird dabei über zwei Indikatoren, die Globalzufriedenheit mit der Bank insgesamt sowie die Zufriedenheit mit der Kundeninteraktion, operationalisiert. Der Mitarbeiterbindung werden vier Indikatoren zugeordnet: Wiederwahlabsicht der Bank als Arbeitgeber, Bleibebereitschaft, Empfehlungsabsicht hinsichtlich des eigenen Arbeitsplatzes sowie in Hinblick auf das Gesamtunternehmen.

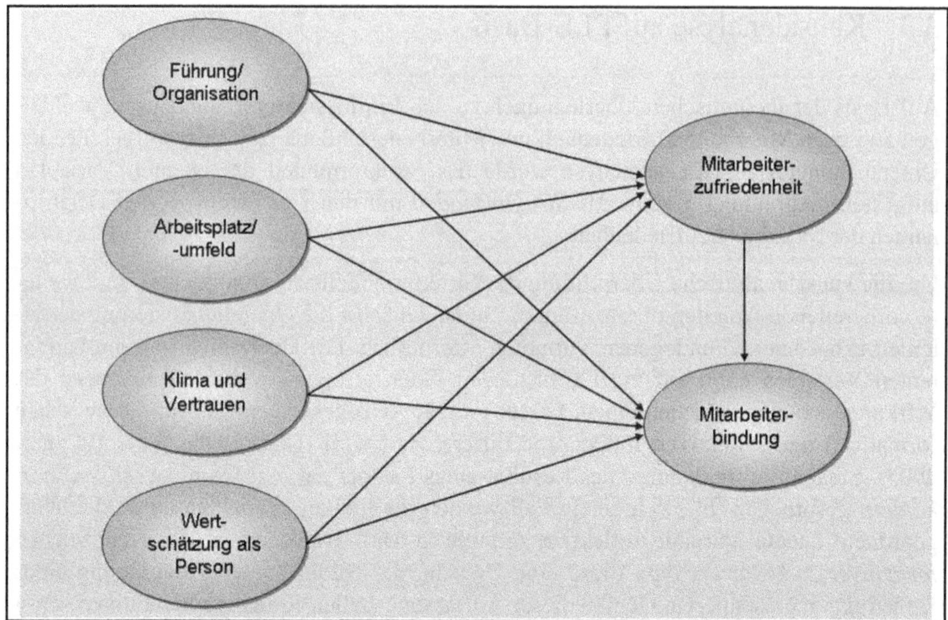

Abbildung 5: Strukturmodell zu den Zusammenhängen von Mitarbeiterzufriedenheit und Mitarbeiterbindung

Das Strukturgleichungsmodell besteht somit aus drei Komponenten: dem Strukturmodell, das die Beziehungen zwischen den latenten Variablen abbildet, sowie dem exogenen und endogenen Messmodell, welche die Zuordnung der direkt beobachtbaren Indikatorvariablen zu den latenten Variablen beschreiben. In Abbildung 6 ist das entwickelte Pfadmodell schematisch dargestellt. Anzumerken ist, dass den latenten endogenen Variablen sowie jeder reflektiven Indikatorvariable eine *Residualvariable* zuzuordnen ist, um etwaige Messfehler erfassen zu können.

Aufgrund der Beschränkung, dass die Anwendungssoftware PLS-Graph und Smart-PLS nur vollständige Datensätze ohne *Missingwerte* bei den in die Untersuchung einbezogenen Indikatorvariablen verarbeiten kann, ist eine Strategie zum Handling jener Datensätze zu bestimmen, die in den jeweiligen Variablen unvollständig sind. Die von SPSS bereitgestellten Optionen der automatischen Beseitigung von Missingwerten (z. B. durch Einsatz des Variablenmittelwertes) führten nicht zu befriedigenden Ergebnissen. So zeigte die Gegenüberstellung einzelner Auswertungen zum Teil signifikante Abweichungen zwischen dem Originaldatensatz und dem automatisch bereinigten Datensatz. Aufgrund dieser Probleme wurden bei der Kausalanalyse schließlich nur jene Fälle berücksichtigt, die in den entsprechenden Variablen vollständig waren.

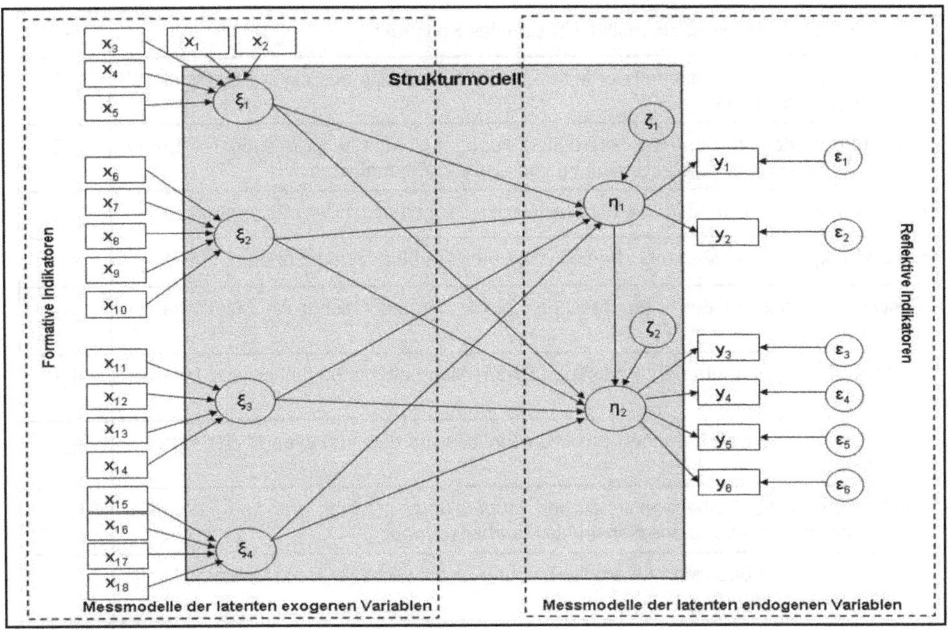

Abbildung 6: Pfaddiagramm der Kausalanalyse

3.4 Ergebnisse der Kausalanalyse

Auf Basis der Ergebnisse der vorbereitenden Untersuchungen sowie der Kausalanalyse konnten von den 13 Hypothesen zur Mitarbeiterzufriedenheit und Mitarbeiterbindung elf bestätigt werden. Zwei Hypothesen wurden verworfen. Bestätigt wurden vor allem die vermuteten Beziehungen zwischen den Zufriedenheitsdeterminanten und der Mitarbeiterzufriedenheit sowie der Stellenwert der Mitarbeiterzufriedenheit für die Mitarbeiterbindung. Abbildung 7 zeigt die Hypothesen im Überblick.

Im Gegensatz zu den Verfahren der Kovarianzstrukturanalyse liegt zur *Beurteilung von PLS-Ergebnissen* für Pfadmodelle mit latenten Variablen noch kein geeignetes globales Gütemaß vor. Zur Abschätzung der Modellgüte erfolgt im Rahmen der vorliegenden Untersuchung daher eine Orientierung an den von Chin vorgeschlagenen Prüfkriterien (Chin 1998b, S. 318). Dabei sind die reflektiven und formativen Messmodelle sowie das Strukturmodell getrennt voneinander zu beurteilen.

Hypothese	
Mitarbeiterzufriedenheit ist ein multidimensionales Konstrukt.	☑
Das globale Zufriedenheitsurteil der Mitarbeitenden setzt sich aus einer Vielzahl einzelner Kriterien zusammen.	☑
Die differenzierte Ermittlung der Mitarbeiterzufriedenheit führt zu relitätsnäheren Ergebnissen als die ausschließliche Ermittlung von Globalzufriedenheiten.	☑
Einzelnen Kriterien kommt für die Mitarbeiterzufriedenheit besondere Bedeutung zu.	☑
Soziodemographische Merkmale beeinflussen die Mitarbeiterzufriedenheit.	–
Identische Globalzufriedenheiten bedingen nicht zwingend identische Mitarbeiterbindung.	☑
Die Realisierung des Internen Marketings fördert Mitarbeiterzufriedenheit und Mitarbeiterbindung.	☑
Mitarbeiterzufriedenheit hat einen positiven Einfluss auf das Verhalten in der Kundeninteraktion.	☑
Wiederwahlabsicht, Bleibebereitschaft und Empfehlungsabsichten erlauben die umfassende Operationalisierung des Konstrukts Mitarbeiterbindung.	☑
Die vergangenheitsbezogene Mitarbeiterbindung ist ein wichtiger Indikator der zukünftigen Mitarbeiterbindung.	–
Zufriedengestellte Beschwerdeführer weisen eine höhere Mitarbeiterbindung auf als Mitarbeitende, die sich noch nicht beschwert haben.	☑
(☑ bestätigt, – nicht bestätigt)	

Abbildung 7: Ergebnisse der Hypothesenprüfung des Mitarbeitermodells

Im Hinblick auf die *reflektiven Messmodelle* sind durchgehend erfreuliche Resultate festzustellen. Fast alle Faktorladungen liegen deutlich über einem Wert von 0,8 bzw. unterschreiten diesen Wert nur knapp. Ferner beträgt die durchschnittlich erfasste Varianz (DEV) für die Konstrukte Mitarbeiterzufriedenheit und Mitarbeiterbindung 0,597 bzw. 0,662 und übersteigt somit klar den geforderten Wert von 0,5. Die Werte für die Konstruktreliabilität verweisen zudem auf das Vorliegen von hoher interner Konsistenz. So nimmt die Prüfgröße für die Mitarbeiterzufriedenheit einen Wert von 0,731 und für die Mitarbeiterbindung einen Wert von 0,886 an. Somit kann den beiden reflektiven Messmodellen eine hohe Zuverlässigkeit zugesprochen werden.

Bei den *formativen Messmodellen* liegen ähnlich positive Ergebnisse vor. Die Überprüfung der Toleranz- und Varianzinflationswerte (VIF) zeigt, dass in den formativen Messmodellen keine zu hohe Multikollinearität vorliegt. Ferner überschreiten nahezu alle formativen Indikatorgewichte den geforderten Mindestwert von 0,1 und bei Betrachtung der dazugehörigen t-Werte zeigt sich, dass fast alle Indikatorgewichte signifikant sind. Anhand der Indikatorgewichte ist zudem erkennbar, wie wichtig die Indikatorvariablen für die Bildung der latenten Variablen sind.

So ist festzustellen, dass der Indikatorvariable Umfeldzufriedenheit eine besonders große Bedeutung für das Konstrukt *Arbeitsplatz und Arbeitsplatzumfeld* zukommt (Gewicht von 0,420). Als weitere wichtige Einzelindikatoren für dieses Konstrukt konnten die emotionale Beurteilung der Arbeit im Unternehmen insgesamt (Arbeitsfreude) sowie die Zufriedenheit mit dem konkreten Arbeitsplatz (Arbeitsplatz-Zufriedenheit) ermittelt werden (Gewicht von 0,392 bzw. 0,291).

Bei der latenten Variable *Klima und Vertrauen* wird die erwartete Entwicklung des Arbeitsklimas in der Zukunft (zukünftiges Arbeitsklima) mit einem Wert von 0,459 besonders hoch gewichtet sowie die komparative Beurteilung der Entwicklung des Klimas im Unternehmen gegenüber der Vergangenheit (Gewicht von 0,333).

Den wichtigsten Einzelindikator für das Konstrukt *Führung und Organisation* stellt mit einem Gewicht von 0,487 die von den Mitarbeitenden perzipierte Gerechtigkeit in der Personalpolitik (Gerechtigkeit) dar. Ebenfalls große Bedeutung hat ein Indikator zur internen Informationspolitik (Gewicht von 0,388) sowie ein Kriterium zur internen Organisation (Gewicht von 0,300).

Das Konstrukt *Wertschätzung als Person* umfasst sowohl strukturelle als auch prozessorientierte Kriterien. Als wichtigste Einzelindikatoren sind der von den Mitarbeitenden wahrgenommene vertikale Dialog (Gewicht von 0,613), die Einbindung in das Unternehmen (Gewicht von 0,324) sowie die wahrgenommene vollständige Ausstattung des Arbeitsplatzes (Gewicht von 0,279) zu enumerieren.

Die Gütebeurteilung des *Strukturmodells* erfolgt über R^2, das den durch die latenten exogenen Variablen erklärten Varianzanteil angibt. Im vorliegenden Fall beträgt der R^2-Wert für die latenten endogenen Variablen Mitarbeiterzufriedenheit und Mitarbeiterbindung 0,452 bzw. 0,464, was als zufriedenstellend anzusehen ist. Die Bestimmung des Stone-Geisser-Testkriteriums Q^2 ergibt für beide latenten endogenen Variablen einen Wert größer Null, d. h. dem Strukturmodell kann insgesamt Schätzrelevanz zugesprochen werden. Die Effektstärke f^2 zeigt die Veränderung des R^2 eines endogenen Konstrukts bei Ausschluss einer exogenen latenten Variablen an, die mit dem endogenen Konstrukt in Beziehung steht (Ringle 2004b: 16). Die Überprüfung der Effektstärke ergibt, dass die exogene latente Variable Arbeitsplatz und Arbeitsplatzumfeld sowohl auf das endogene Konstrukt Mitarbeiterzufriedenheit als auch auf das Konstrukt Mitarbeiterbindung den größten Einfluss hat.

Interessante Ergebnisse liefert die Überprüfung der Pfadkoeffizienten im Strukturmodell. Es zeigt sich, dass das Konstrukt *Arbeitsplatz und Arbeitsumfeld* mit einer Pfadstärke von 0,517 die wichtigste Determinante des endogenen Konstrukts *Mitarbeiterzufriedenheit* darstellt. Die zweitwichtigste Determinante der Mitarbeiterzufriedenheit erfasst das

Konstrukt *Führung und Organisation* (Pfadkoeffizient von 0,143). Der dritthöchste Stellenwert errechnet sich mit einer Pfadstärke von 0,105 für das Konstrukt *Klima und Vertrauen*. Hingegen findet das Konstrukt *Wertschätzung als Person* als postulierte Determinante der Mitarbeiterzufriedenheit empirisch keine Bestätigung. So fällt zum einen die Effektstärke sehr gering aus (0,039), zum anderen weist der dazugehörige t-Wert ebenfalls ein sehr geringes Niveau auf, was auf fehlende Signifikanz hindeutet.

Fasst man diese Ergebnisse zusammen, so lässt sich festhalten, dass die Mitarbeiterzufriedenheit weder ausschließlich über harte noch über weiche Faktoren hinreichend erklärt werden kann. Für die Zufriedenheit sind demnach sowohl die klassischen Determinanten der individuellen Arbeitsplatzgestaltung bzw. des *Mitarbeiter-Arbeitsplatz-Fit* von Bedeutung, als auch weiter gefasste Kriterien der internen Kommunikation und des Klimas bzw. des Vertrauens im Arbeitsumfeld, der Abteilung bzw. dem gesamten Unternehmen.

Auch hinsichtlich der Determinanten der *Mitarbeiterbindung* konnten unterschiedlich starke Beziehungen identifiziert werden. Mit einem Pfadkoeffizienten von 0,386 ist erneut das Konstrukt *Arbeitsplatz und Arbeitsumfeld* der wichtigste Einflussfaktor der Mitarbeiterbindung. Die zweitwichtigste Determinante der Mitarbeiterbindung stellt das Konstrukt *Klima und Vertrauen* dar (Pfadkoeffizient von 0,184). Die *Mitarbeiterzufriedenheit* sowie das Konstrukt *Führung und Organisation* bilden schließlich mit einer Pfadstärke von jeweils 0,128 die drittwichtigste Determinante der Mitarbeiterbindung. Erneut kann das Konstrukt *Wertschätzung als Person* als postulierte Determinante der Mitarbeiterbindung empirisch nicht nachgewiesen werden.

In Hinblick auf das *Gesamtmodell* zeigt sich somit, dass der Zusammenhang zwischen Mitarbeiterzufriedenheit und Mitarbeiterbindung zwar empirisch Bestätigung findet, die Mitarbeiterbindung aber primär direkt durch die drei ermittelten Zufriedenheitsdeterminanten beeinflusst wird. Erklären lässt sich dieses Ergebnis mit der Überlegung, dass Mitarbeitende z. B. aufgrund vertraglicher Regelungen oder mangels anderer Jobangebote ohnehin so stark an das Unternehmen gebunden sind, dass die Mitarbeiterzufriedenheit nicht unbedingt die Hauptdeterminante der Mitarbeiterbindung darstellt. Eine mögliche Begründung für den nicht signifikanten Einfluss des Konstrukts Wertschätzung als Person auf die Mitarbeiterzufriedenheit bzw. Mitarbeiterbindung ist, dass die Wertschätzung, welche die Mitarbeitenden für sich als Person perzipieren, ohnehin schon so stark ausgeprägt ist, dass über diese Variable eine Steigerung der Mitarbeiterzufriedenheit sowie der Mitarbeiterbindung nicht erreicht werden kann. Was diese Resultate konkret für die Marketingpraxis bzw. -forschung bedeuten, wird in den nachfolgenden Abschnitten dargelegt.

4. Implikationen für die Unternehmenspraxis

4.1 Optimierung des Mitarbeiterbindungsmanagements

Die Ergebnisse der Kausalanalyse zur Mitarbeiterzufriedenheit und Mitarbeiterbindung machen deutlich, dass die Mitarbeiterbindung über die Mitarbeiterzufriedenheit sowie vor allem direkt über drei Zufriedenheitsdeterminanten bestimmt wird. Unter *inhaltlichen Gesichtspunkten* lassen sich hieraus Ansatzpunkte für ein *Mitarbeiterbindungsmanagement* im Rahmen des Internen Marketings ableiten, die sowohl spezifisch die einzelnen Determinanten betreffen als auch determinantenübergreifend von Bedeutung sind.

Konkret bezogen auf die einzelnen Determinanten sind Maßnahmen in den Bereichen Arbeitsplatz und -umfeld, Klima und Vertrauen sowie Führung und Organisation erforderlich. In Hinblick auf die wichtigste Determinante Arbeitsplatz und Arbeitsumfeld ist den Maßnahmen des *Personalmanagements* besondere Aufmerksamkeit zu widmen. Dies betrifft insbesondere die Personalakquisition sowie die Personalentwicklung. Die Thematik der Arbeitsplatzzufriedenheit ist demnach schon sehr früh im Personalmanagementprozess aufzugreifen, um einen möglichst optimalen „Match" zu ermöglichen:

- Stellenanzeigen sind so zu formulieren, dass ein realistisches Bild des Arbeitsplatzes und -umfeldes gezeichnet wird.
- Bewerbungsgespräche sind unter Einbindung von Personalabteilung und dem zukünftigen Linienvorgesetzten so zu führen, dass ausreichend Raum für die gegenseitige Abklärung der Erwartungen und Positionen bleibt.
- Vor einer Anstellung ist dem potenziellen Mitarbeitenden die Gelegenheit einzuräumen, die zukünftigen Arbeitskollegen zu treffen und – ohne den direkten Vorgesetzten – weitere Fragen zu besprechen.

Aufgrund der Arbeitsmarktsituation in vielen Branchen mag das gute Angebot an Mitarbeitenden zu der Ansicht verleiten, man könne hier „aus dem Vollen schöpfen". Dies ist zwar vordergründig unter rein quantitativen Gesichtspunkten richtig, doch ändert es nichts an der Tatsache, dass eine suboptimale Stellenbesetzung sehr hohe Kosten verursachen kann. Kurz- bis mittelfristig durch eine rasche Kündigung (sei es von Seiten des Unternehmens oder der Mitarbeitenden), langfristig durch eine suboptimale Performance des Mitarbeitenden.

Das Management von Klima und Vertrauen ist als weitere wichtige Aufgabe des *Internen Marketings* anzusehen. Zwar kann die retrospektiv bessere Einschätzung des früheren Klimas in einem Unternehmen aufgrund der menschlichen Disposition zur „Verklärung" vergangener Zustände nur begrenzt über aktuelle Maßnahmen beeinflusst werden, doch können im Rahmen des Mitarbeiterbindungsmanagements zukunftsgerichtete Aktivitäten ergriffen werden, welche die Erwartungen steuern (z. B. offenerer Umgang mit Informationen sowie Beschleunigung und Erweiterung der internen Kommunikation).

Vielfach geäußerte Kritik an der *Interaktion zwischen Management und Mitarbeitenden* macht zum einen deutlich, dass den Aspekten der menschlichen Zusammenarbeit im Rahmen von Personalentscheidungen vielfach zu wenig Bedeutung beigemessen wird. Ansatzpunkte zur Verbesserung von Mitarbeiterzufriedenheit und Mitarbeiterbindung bestehen hierbei insbesondere über die stärkere Berücksichtigung der Perspektive der Mitarbeitenden bei Entscheidungen des Managements. Zur Bewahrung und zum Aufbau von Vertrauen bzw. zur Verbesserung des Klimas erscheint in diesem Zusammenhang eine stärkere Integration der Mitarbeitenden in die internen Managementprozesse notwendig.

Grundsätzliche Bedeutung für alle Determinanten kommt der Gestaltung der *internen Kommunikation* zu. Die entsprechenden Kriterien, die explizit für die Aspekte Führung und Organisation thematisiert werden, zeigen, dass die Mitarbeiterzufriedenheit durch eine offene und leistungsfähige interne Kommunikation wesentlich gefördert werden kann. Von Bedeutung sind vor allem die Transparenz der internen Zusammenhänge und die frühzeitige kommunikative Einbindung in Unternehmensentscheidungen. Die Notwendigkeit des Prinzips „interne Kommunikation vor externer Kommunikation" ist heute zwar weithin anerkannt, dennoch ist immer wieder zu beobachten, dass es zu Verletzungen dieser Regel kommt – und das vor allem auch im Zusammenhang mit bedeutenden Themen wie Stellenabbau oder Fusionen.

Auch wenn die Wertschätzung, welche die Mitarbeitenden für sich als Person wahrnehmen, nicht als Determinante der Mitarbeiterzufriedenheit und Mitarbeiterbindung identifiziert werden konnte, ist zu gewährleisten, dass diese Wahrnehmung aufrechterhalten bleibt. Denn über die *personenbezogenen Wirkungen* auf die wahrgenommene Einbindung der Mitarbeitenden oder auch die persönliche Wertschätzung wird die konkrete Aufgabenerfüllung durch eine offene interne Kommunikation unterstützt bzw. teilweise erst ermöglicht. Die entsprechenden Zusammenhänge werden deutlich, wenn die Unterstützungsbeziehungen zwischen der Mitarbeiter- und Kundenzufriedenheit, und hier insbesondere die internen und externen Wirkungen erweiterter Handlungs- und Entscheidungsfreiräume der Mitarbeitenden im Sinne des Empowerment, näher untersucht werden.

Auf Basis der Mitarbeiteruntersuchung erscheint *Empowerment* zunächst geeignet, die Mitarbeiterzufriedenheit und die Mitarbeiterbindung über eine positivere Einschätzung der Zufriedenheitsdeterminanten Klima und Vertrauen sowie Führung und Organisation positiv zu beeinflussen (zumindest gegenüber jenen Mitarbeitenden, welche die Übernahme von Verantwortung entsprechend positiv gewichten). Die *gegenüberstellende Un-*

tersuchung der Kundenzufriedenheit und Kundenbindung zeigt darüber hinaus, dass im Sinne der dort ermittelten Zufriedenheitsdeterminanten *Convenience* und *Interaktion* auch unternehmensextern positive Wirkungen durch das Empowerment der Mitarbeitenden zu erwarten sind. Die positive Beeinflussung der Kundenzufriedenheit ist hierbei vor allem über vereinfachte Mitarbeiter-Kunden-Interaktionen auf Basis einer Reduktion der Zahl unterschiedlicher Gesprächspartner sowie der Beschleunigung der jeweiligen Prozesse zu erwarten.

Die Zusammenhänge zwischen Empowerment und den internen Wirkungen auf die Mitarbeiterzufriedenheit sowie den externen Wirkungen auf die Kundenzufriedenheit machen exemplarisch deutlich, welche *Synergiepotentiale* durch das Interne Marketing entwickelt werden können. Entsprechende Synergien können allerdings nur dann erwartet werden, wenn auch die unternehmensinternen Systeme und Prozesse adäquat weiterentwickelt werden. Im Kontext des Empowerment ist hier vor allem die interne Kommunikation zu nennen, welche die Aufgabe besitzt, eine angemessene kommunikative Integration der Mitarbeitenden zu gewährleisten. Wenn über 50 Prozent der Mitarbeitenden in einer Befragung angeben, die Marketingziele des Unternehmens nicht oder nur ungenau zu kennen, so wird offenbar, welche Relevanz der internen Kommunikation und der Integration der Mitarbeitenden für die unternehmensinterne Absicherung des Markterfolges zukommt. Darüber hinaus sind die Potentiale der Mitarbeitenden kontinuierlich weiterzuentwickeln, um auch die Fähigkeit und die Bereitschaft zur Ausschöpfung der individuellen Freiräume sicherzustellen.

Die Gegenüberstellung der Ergebnisse der Mitarbeiteruntersuchung und der Ergebnisse der Kundenuntersuchung zeigt ferner, dass die *Beziehungen zwischen der Mitarbeiterzufriedenheit und der Kundenzufriedenheit* umso enger sind, je interaktiver und individueller die angebotene Dienstleistung ist. So ist die Zufriedenheit der Mitarbeitenden im stärker individualisierten Bereich des Private Banking (bei gleichzeitig höherer Kundenzufriedenheit) höher als im Bereich des stärker standardisierten und automatisierten Retail-Geschäfts.

Vor dem Hintergrund dieses Ergebnisses muss die Strategie der Entpersonalisierung und Automatisierung von Dienstleistungen in Frage gestellt werden. Der persönliche Kontakt zwischen Mitarbeitenden und Kunden wird offensichtlich von beiden Seiten als wertvoll und bereichernd empfunden und führt zu erhöhter Mitarbeiter- und Kundenzufriedenheit.

Sollen Kunden- und Mitarbeiterzufriedenheit sowie Kunden- und Mitarbeiterbindung dementsprechend parallel weiterentwickelt werden, so sind hiermit auch Aufgaben unter *organisatorischen Gesichtspunkten* verbunden. Unter konzeptionellen Aspekten ist Internes Marketing als ein auf Mitarbeitende und Kunden gerichtetes Beziehungsmanagement im Sinne des Relationship Marketings zu verstehen und ist schließlich dem unternehmensweiten Qualitätsmanagement zuzuordnen (Bruhn 2003; 2006a).

Direkt *managementbezogen* fokussiert das Interne Marketing die Optimierung der Schnittstelle zwischen Personal- und Marketingmanagement (Bruhn 1999). Die Zusammenhänge zwischen Mitarbeiterzufriedenheit und Kundenzufriedenheit machen deutlich, dass die stärkere Marketingorientierung des Personalmanagements zusammen mit der stärkeren Personalorientierung des Marketingmanagements geeignet ist, gleichzeitig zur Erreichung mitarbeiter- wie auch kundengerichteter Zufriedenheits- und Bindungsziele beizutragen.

Um die entsprechenden Zusammenhänge auch unter *dynamischen Aspekten* besser beurteilen zu können, sind regelmäßige Kunden- und Mitarbeiterbefragungen erforderlich, die sowohl den Anforderungen des Personal- als auch des Marketingmanagements gerecht werden. Im Mittelpunkt stehen hier insbesondere die Auswirkungen der Entwicklung der Mitarbeiterzufriedenheit auf Kundenzufriedenheit und Kundenbindung.

4.2 Messung der Mitarbeiterzufriedenheit

Die Durchführung von Untersuchungen zur Mitarbeiterzufriedenheit gehört für viele – insbesondere mittlere und größere – Unternehmen zum „State-of-the-art"-Repertoire des Personalmanagements. Dennoch lassen sich große Unterschiede ausmachen, wenn man den Umgang mit der Thematik im Unternehmensalltag vergleicht. Die folgenden fünf Aspekte sind von besonderer Bedeutung:

(1) *Regelmäßigkeit entsprechender Studien*: Es gibt sicherlich immer wieder „gute Gründe", mit der Durchführung der nächsten Untersuchung etwas zu warten. Sei es, weil man gerade mit der Integration eines neuen (zugekauften) Unternehmensbereichs beschäftigt ist, oder sei es, weil ein Umzug in neue Räumlichkeiten bevorsteht. Und so werden aus einem Zyklus von 18 Monaten sehr schnell drei Jahre bis zur nächsten Untersuchung. Dann verwundert es auch nicht, wenn sich die Unternehmensorganisation in dieser Zeit so weit verändert hat, dass Zeitreihenuntersuchungen über bestimmte Organisationseinheiten nichts aussagen oder gar unmöglich sind (weil sich z. B. die Zusammensetzung von Teams oder deren Aufgaben nachhaltig verändert haben).

(2) *Auswertung, Aufbereitung und Kommunikation der Ergebnisse*: Die regelmäßige Durchführung von Zufriedenheitsuntersuchungen ist wenig zielführend, wenn die Zeit zwischen der Datenerhebung, der Auswertung und Aufbereitung der Ergebnisse sowie dem Einleiten von Maßnahmen zu lange dauert. Vergeht zwischen der Erhebung der Daten und der Kommunikation der Ergebnisse ein Jahr (wie es teilweise zu beobachten ist), wird – nicht nur in den Augen der Mitarbeitenden – eine Umfrage schnell zur Alibiübung, die vor allem Kosten verursacht. Dabei sind die Erwartungshaltungen relativ eindeutig: Bereits zusammen mit der Datenerhebung ist ein Zeitplan zu kommunizieren, der

aufzeigt, wann und in welcher Form die Ergebnisse und Erkenntnisse kommuniziert werden. Und dieser Zeitplan ist auch entsprechend einzuhalten.

(3) *Umgang mit kritischen Ergebnissen*: Das Ausklammern kritischer Themen in der Nachbereitungsphase ist nicht empfehlenswert. Jene Punkte, die in einer Zufriedenheitsumfrage schlecht beurteilt wurden, sind mit Sicherheit bereits seit geraumer Zeit exakt auch jene Themen, die in der Kaffeeecke, dem Raucherraum/der Raucherecke bzw. bei gemeinsamen privaten Aktivitäten der Mitarbeitenden ausführlich diskutiert werden. Kritische Themen in der Befragung auszuklammern bzw. bei der Aufbereitung der Ergebnisse „totzuschweigen" ist kontraproduktiv und reduziert im Zweifelsfall nur die Glaubwürdigkeit des Managements. Dies bedeutet nicht, dass alle Anliegen unbedingt zu verfolgen sind. Zwingend notwendig ist in solchen Fällen dann aber eine offene Kommunikation, weshalb ein bestimmter Themenkreis (noch) nicht weiter verfolgt wird oder werden kann.

(4) *Fokussierung*: Gerade in großen Unternehmen mit vielen Mitarbeitenden wird eine Umfrage zu Mitarbeiterzufriedenheit und -bindung zahlreiche Ansatzpunkte für mögliche Optimierungen erkennen lassen. Entsprechende Verfahren (wie z. B. die Kausalanalyse) können helfen, jene Bereiche zu identifizieren, die den größten „Hebel" auf die Mitarbeiterzufriedenheit haben. Aber auch beim Einsatz weniger komplexer Verfahren ist eine Konzentration auf die wichtigsten Punkte zwingend. Es ist im Zweifelsfalle wesentlich zielführender, im Sinne einer 20/80-Betrachtung die Einleitung von Follow-up-Aktivitäten auf die drei bis vier wichtigsten Punkte zu beschränken und hier wirklich etwas zu bewegen, als den Versuch zu unternehmen, möglichst alle Themen umfassend abzudecken. Ein solches Vorgehen birgt die Gefahr der Verzettelung und einer falschen Priorisierung.

(5) *Management der Follow-up-Aktivitäten*: Die Einleitung erfolgreicher und zielführender Maßnahmen setzt auch voraus, dass mit den Erkenntnissen der Untersuchungen professionell gearbeitet wird. Dies erfordert u. a. klare, definierte Verantwortlichkeiten, ein solides Zeitmanagement mit der Definition von Meilensteinen und ein entsprechendes Patronat auf höheren Managementstufen. Nach der Auswahl jener Themenbereiche, die zu bearbeiten sind, ist es notwendig, die Aktivitäten zur Implementierung von Maßnahmen projektorientiert weiterzuverfolgen.

Im negativen Fall weckt die Durchführung von Umfragen zur Mitarbeiterzufriedenheit und -bindung Erwartungen bei den Mitarbeitenden, welche die nachfolgenden Aktivitäten nicht mehr erfüllen. Und so resultieren letztlich eine eher noch sinkende Zufriedenheit, niedrigere Beteiligungsquoten an zukünftigen Umfragen und damit eine Stimmung, dass die Befragungen als sinnlos angesehen werden. Daraus ist ein zentraler Schluss zu ziehen: Ist einem Unternehmen die Zufriedenheit der Mitarbeitenden wirklich wichtig, dann sind Umfragen so professionell wie ein marktgerichtetes Projekt durchzuführen. Andernfalls verzichtet man besser auf deren Durchführung und spart Zeit sowie Kosten.

5. Implikationen für die Wissenschaft

Die *wissenschaftliche Auseinandersetzung* mit Fragestellungen der Mitarbeiterzufriedenheit macht im Kontext des Internen Marketings deutlich, dass durch isolierte Untersuchungen Ansatzpunkte zur gleichzeitigen Optimierung von Mitarbeiter- und Kundenbindung ungenutzt bleiben. Entsprechende Beziehungen zwischen Mitarbeiterzufriedenheit und Kundenzufriedenheit bzw. Mitarbeiterbindung und Kundenbindung konnten bislang nur in einzelnen Untersuchungen identifiziert werden. Die speziellen Charakteristika der hierbei untersuchten Branchen des Dienstleistungsbereichs lassen vielfach keine Übertragung der Ergebnisse auf andere Dienstleistungsangebote zu. Unter wissenschaftlichen Gesichtspunkten stellt sich somit die Aufgabe, der Erforschung der Zusammenhänge zwischen den entsprechenden Konstrukten stärkere Beachtung zu widmen.

Von Interesse ist dabei auch die Untersuchung der *Zusammenhänge zwischen Mitarbeiterzufriedenheit und Kundenzufriedenheit* bzw. Mitarbeiterbindung und Kundenbindung unter dynamischen Gesichtspunkten. So ist zu fragen, ob sich die in einzelnen Unternehmen beobachtbaren Diskrepanzen zwischen (relativ geringer) Mitarbeiterzufriedenheit und (relativ hoher) Kundenzufriedenheit angleichen und in welcher Weise sich eine entsprechende Anpassung vollzieht bzw. welcher *Time-lag* bei diesen Anpassungsprozessen zu beobachten ist.

Erschwert wird die exaktere Evaluierung entsprechender Beziehungen auch durch erhebungstechnische Gesichtspunkte, die u. a. auch mit Fragen der *Anonymität* der einzelnen Befragungen verknüpft sind. Um die Wirkungen der Mitarbeiterzufriedenheit auf die Kundenzufriedenheit und eventuelle positive Rückwirkungen exakter quantifizieren zu können, ist es notwendig, dass ein bestimmtes Maß an Identifizierbarkeit der jeweiligen Interaktionspartner vorhanden ist. Um die jeweiligen Zufriedenheitsdaten gegenüberstellen zu können, sind zunächst z. B. die Interaktionspartner und die Interaktionsintensität zu identifizieren. Die hier zu beobachtenden Schwierigkeiten machen die Beispiele einer Flug- oder Bahnreise deutlich, für die bereits eine vollständige Identifikation der Interaktionspartner nicht problemlos möglich ist. Darüber hinaus zeigen die im Rahmen der vorliegenden Mitarbeiterbefragung zum Ausdruck gebrachten Vorbehalte, dass die Bereitschaft zu detaillierten Angaben sowohl im Kunden- als auch im Mitarbeiterbereich begrenzt ist. Können die entsprechenden Daten erhoben werden, so stellen sich schließlich auch Aufgaben im Bereich der Datenauswertung, die z. B. die Verknüpfung der entsprechenden Mitarbeiter- und Kundendatensätze im Rahmen der Kausalanalyse betreffen.

Festzuhalten bleibt abschließend, dass sämtliche Maßnahmen eines Kunden- und Mitarbeiterbindungsmanagements – wie auch des gesamten Qualitätsmanagements – vor dem Hintergrund von *Wirtschaftlichkeitsbetrachtungen* zu überprüfen sind (Bruhn 1998;

Bruhn/Georgi 1999). Im Kontext von Mitarbeiterzufriedenheit und Mitarbeiterbindung heißt dies beispielsweise auch, im Rahmen der Personalakquisition nicht nur den Fit zwischen Mitarbeitendem und Unternehmen, sondern zwischen dem Mitarbeitenden und dem konkreten Arbeitsplatz sicherzustellen. Zu große Diskrepanzen führen auf Seiten der Mitarbeitenden nicht nur mittel- bis langfristig zu Unzufriedenheit, sondern sind auf Seiten des Unternehmens auch mit den Kosten potenzieller Kundenunzufriedenheit bzw. den Kosten von Fehlakquisitionen und Neubesetzungen verbunden.

Literaturverzeichnis

Albers, S./Hildebrandt, L. (2006): Methodische Probleme bei der Erfolgsfaktorenforschung – Messfehler, formative versus reflektive Indikatoren und die Wahl des Strukturgleichungs-Modells, in: Zeitschrift für betriebswirtschaftliche Forschung, 58. Jg., Nr. 2, S. 2-33.

Arbuckle, J. (1997): Amos Users' Guide Version 3.6, Chicago.

Backhaus, K./Erichson, B./Plinke, W./Weiber, R. (2006): Multivariate Analysemethoden. Eine anwendungsorientierte Einführung, 11. Auflage, Berlin.

Berekoven, L./Eckert, W./Ellenrieder, P. (2004): Marktforschung. Methodische Grundlagen und praktische Anwendung, 10. Auflage, Wiesbaden.

Bernhardt, K.L./Donthu, N./Kennett, P.A. (2000): A Longitudinal Analysis of Satisfaction and Profitability, in: Journal of Business Research, 47. Jg., Nr. 2, S. 161-171.

Berry, L./Burke, M./Hensel, J. (1976): Improving Retailer Capability for Effective Consumerism Response, in: Journal of Retailing, 52. Jg., Nr. 3, S. 3-14 und S. 94.

Bitner, M./Booms, B./Mohr, L. (1994): Critical Service Encounters. The Employee's Viewpoint, in: Journal of Marketing, 58. Jg., Nr. 4, S. 95-106.

Bollen, K. (1989): Structural Equations with Latent Variables, New York.

Bruhn, M. (1998): Wirtschaftlichkeit des Qualitätsmanagement. Qualitätscontrolling für Dienstleistungen, Berlin.

Bruhn, M. (1999): Internes Marketing als Forschungsgebiet der Marketingwissenschaft. Eine Einführung in die theoretischen und praktischen Probleme, in: Bruhn, M. (Hrsg.), Internes Marketing. Integration der Kunden- und Mitarbeiterorientierung, Wiesbaden, S. 15-44.

Bruhn, M. (2003): Relationship Marketing. Management of Customer Relationships, Harlow et al..

Bruhn, M. (2006a): Qualitätsmanagement für Dienstleistungen. Grundlagen, Konzepte, Methoden, 6. Auflage, Berlin.

Bruhn, M. (2006b): Integrierte Unternehmens- und Markenkommunikation. Strategische Planung und operative Umsetzung, 4. Auflage, Stuttgart.

Bruhn, M./Georgi, D. (1999): Kosten und Nutzen des Qualitätsmanagements. Grundlagen, Methoden, Fallbeispiele, München, Wien.

Chin, W.W. (1998a): Issues and Opinions on Structural Equation Modeling, in: MIS Quarterly, 22. Jg., Nr. 1, S. 7-16.

Chin, W.W. (1998b): The Partial Least Approach to Structural Equation Modeling, in: Marcoulides, G.A. (Hrsg.), Modern Methods for Business Research, Mahwah, S. 295-336.

Domsch, M./Ladwig, D. (1999): Mitarbeiterbefragungen als marktorientiertes Instrument einer professionellen Personalarbeit, in: Bruhn, M. (Hrsg.), Internes Marketing. Integration der Kunden- und Mitarbeiterorientierung, Wiesbaden, S. 601-618.

Eberl, M. (2004): Formative und reflektive Indikatoren im Forschungsprozess: Entscheidungsregeln und die Dominanz des reflektiven Modells, Arbeitspapier Nr. 19 der Schriftenreihe EFOplan der Ludwig-Maximilians-Universität München, München.

Fassott, G. (2006): Operationalisierung latenter Variablen in Strukturgleichungsmodellen: Eine Standortbestimmung, in: Zeitschrift für betriebswirtschaftliche Forschung, 58. Jg., Nr. 2, S. 67-88.

Fassott, G./Eggert, A. (2005): Zur Verwendung formativer und reflektiver Indikatoren in Strukturgleichungsmodellen: Bestandsaufnahme und Anwendungsempfehlungen, in: Bliemel, F./Eggert, A./Fassott, G./Henseler, J. (Hrsg.), Handbuch Pfadmodellierung. Methode, Anwendung, Praxisbeispiele, Stuttgart, S. 31-47.

Grund, M.A. (1998): Interaktionsbeziehungen im Dienstleistungsmarketing. Zusammenhänge zwischen Zufriedenheit und Bindung von Kunden und Mitarbeitern, Wiesbaden.

Herrmann, A./Huber, F./Kressmann, F. (2006): Varianz- und kovarianzbasierte Strukturgleichungsmodelle – Ein Leitfaden zu deren Spezifikation, Schätzung und Beurteilung, in: Zeitschrift für betriebswirtschaftliche Forschung, 58. Jg., Nr. 2, S. 34-66.

Heskett, J./Jones, T./Loveman, G./Sasser, W./Schlesinger, L. (1994): Dienstleister müssen die ganze Service-Gewinn-Kette nutzen, in: Harvard Business Manager, 16. Jg., Nr. 4, S. 50-61.

Homburg, C./Giering, A. (1996): Konzeptualisierung und Operationalisierung komplexer Konstrukte. Ein Leitfaden für die Marketingforschung, in: Marketing ZFP, 18. Jg., Nr. 1, S. 5-24.

Homburg, C./Hildebrandt, L. (1998): Die Kausalanalyse: Bestandsaufnahme, Entwicklungsrichtungen, Problemfelder, in: Hildebrandt, L./Homburg, C. (Hrsg.), Die Kausalanalyse: Instrument der empirischen betriebswirtschaftlichen Forschung, Stuttgart, S. 15-43.

Jöreskog, K./Sörbom, D. (1989): LISREL 7. User's Reference Guide, Mooresville.

Kaiser, H./Rice, J. (1974): Little Jiffy. Mark IV, in: Educational and Psychological Measurement, 34. Jg., Nr. 1, S. 111-117.

Korunka, C./Scharitzer, D./Sonnek, A. (2003): Mitarbeiter- und Kundenzufriedenheit in öffentlichen Organisationen. Eine Längsschnittstudie bei der Einführung von New Public Management, in: Zeitschrift für Arbeits- und Organisationspsychologie, 47. Jg., Nr. 4, S. 208-221.

Kroeber-Riel, W./Weinberg, P. (2003): Konsumentenverhalten, 8. Auflage, München.

Parasuraman, A./Zeithaml, V./Berry, L. (1985): A Conceptual Model of Service Quality and Its Implications for Future Research, in: Journal of Marketing, 49. Jg., Nr. 4, S. 41-50.

Parasuraman, A./Zeithaml, V./Berry, L. (1988): SERVQUAL. A Multiple-Item Scale for Measuring Consumer Perceptions of Service Quality, in: Journal of Retailing, 64. Jg., Nr. 1, S. 12-40.

Reichheld, F./Teal, T. (1996): The Loyalty Effect. The Hidden Force Behind Growth, Profits and Lasting Value, Boston.

Ringle, C.M. (2004a): Messung von Kausalmodellen. Ein Methodenvergleich, Arbeitspapier Nr. 14 des Instituts für Industriebetriebslehre und Organisation der Universität Hamburg, Hamburg.

Ringle, C.M. (2004b): Gütemaße für den Partial Least Squares-Ansatz zur Bestimmung von Kausalmodellen, Arbeitspapier Nr. 16 des Instituts für Industriebetriebslehre und Organisation der Universität Hamburg, Hamburg.

Schneider, B./Bowen, D. (1985): Employee and Customer Perceptions of Service in Banks. Replication and Extension, in: Journal of Applied Psychology, 70. Jg., Nr. 3, S. 423-433.

Stock, R. (2003): Der Zusammenhang zwischen Mitarbeiter- und Kundenzufriedenheit. Direkte, indirekte und moderierende Effekte, 2. Auflage, Wiesbaden.

Stock, R. (2004): Erfolgsauswirkungen der marktorientierten Gestaltung des Personalmanagements, in: Zeitschrift für betriebswirtschaftliche Forschung, 56. Jg., Nr. 5, S. 237-258.

Volker Trommsdorff

Produktpositionierung

Prof. Dr. Volker Trommsdorff ist Inhaber des Marketing-Lehrstuhls der Technischen Universität Berlin sowie Honorarprofessor und DAAD-Fachkoordinator der Fakultät für Wirtschaftswissenschaften des Chinesisch-Deutschen Hochschulkollegs der Tongji-Universität Shanghai.

1. Anlässe und Basisstrategien der Positionierung

Produktpositionierung hat zwei Bedeutungen. Die erste Bedeutung ist die der Positionierungs*analyse*: Die für das Produktmanagement hilfreiche Abbildung des im Wettbewerb verbundenen Markensystems, d. h. der einstellungsrelevanten subjektiven Eigenschaften der konkurrierenden Marken. Damit befasst sich dieser Beitrag in der Hauptsache, aber weiter unten, besonders im Abschnitt 3. Zweitens ist unter Positionierung *Strategie* zu verstehen: Positionierungsstrategien und daraus abgeleiteten Maßnahmen des Produktmanagements, die zu gezielten Veränderungen von Positionen führen. Informationsgrundlage für die Positionierungsstrategie ist die Positionierungsanalyse. Mit der strategischen Seite von Positionierung befasst sich dieser Beitrag zunächst.

Produktpositionierung soll Erfolgspotentiale aufbauen und sichern. Eine günstige Position verschafft dem Unternehmen Wettbewerbsvorteile. Die Position kann betriebswirtschaftlich bewertet werden: Das wirtschaftliche Ziel der Produktgestaltung ist ein maximaler Markenwert – oft die größte Komponente des Unternehmenswertes. Der Markenwert wird bestimmt durch hohe Ausprägungen seiner Determinanten, d. h. zunächst – ganz oben in der Zielhierarchie – des markenspezifischen Deckungsbeitrags, sodann – in der Zielhierarchie weiter unten, in der Kausalkette weiter zurück – des Umsatzes bzw. wertmäßigen Marktanteils, sodann des Absatzes bzw. mengenmäßigen Marktanteils und des Preises (bzw. Preispremiums über den Preis des markenlosen Produktes hinaus) und schließlich – noch weiter unten, zugleich noch näher bei den unmittelbaren Folgen von Marketing – von den Determinanten für diese ökonomischen Zielgrößen: konsumentenpsychologische Zustände wie Präferenz, Nutzen und Wertschätzung, Einstellung und Image sowie dahin führende psychologische Prozesse wie Wahrnehmungen, Bewertungen, frühere Erfahrungen usw.

Der betriebswirtschaftliche Positionierungserfolg hängt insbesondere von der Bevorzugung der Marke vor Wettbewerbermarken ab. Somit ist die entscheidende Steuerungsgröße für den wirtschaftlichen Erfolg einer Marke ihre Positionierung in Relation zu konkurrierenden Marken. Positionierung geschieht durch Kommunikation, insbesondere Werbung, und durch Produktgestaltung, d. h. Kombination von Produkteigenschaften. Aus Marketingsicht kommt es dabei primär auf die von den Konsumenten wahrgenommenen (subjektiven) Produkteigenschaften an, erst sekundär auf technisch-objektive Eigenschaften. Mit zunehmender technischer Homogenisierung der meisten Produktmärkte wächst die Bedeutung sozio-emotionaler Markeneigenschaften, weil man Marken immer weniger mit technischen Qualitätsmerkmalen profilieren kann. Besonders auf wettbewerbsintensiven Märkten mit homogenen Produkten braucht die Marke eine emotionale Alleinstellung, was hauptsächlich durch Kommunikationsmaßnahmen zu erreichen ist, aber auch durch emotionale Produktgestaltung (Design).

Anlass einer Positionierung kann die Planung einer neuen Marke sein oder die wettbewerbsstrategische Veränderung der bisherigen Position der Marke. Wenn eine Veränderung praktisch auf einen neuen Start hinausläuft, spricht man vom Relaunch der Marke. Anlässe von Überlegungen und Maßnahmen zur Produktpositionierung können aus proaktiven Marketingstrategien folgen oder aus Reaktionen auf Wettbewerberpositionierungen. Sie zielen ab auf

- Erstpositionierung,
- Produktdifferenzierung,
- Markentransfer,
- Umpositionierung oder
- Positionsverstärkung.

Bei Einführung eines neuen Produktes wird die *Erstpositionierung* festgelegt, geplant oder ungeplant. Spätere Änderungen sind aufwendig und können zu negativen Marktreaktionen führen. Bei *Produktdifferenzierung* und *Markentransfer* soll eine Position ausgebaut oder auf andere Produkte übertragen werden. So soll das aufgebaute Markenkapital zur Geschäftserweiterung genutzt werden. Eine *Umpositionierung* wird meist von unbefriedigenden Deckungsbeiträgen, sinkenden Marktanteilen, Preisverfall und anderen Indikatoren eines auslaufenden Produktlebenszyklus ausgelöst. Die bestehende Positionierung wird hierbei modifiziert, wiederum durch entsprechende Produktgestaltung und Kommunikation. Eine eher defensive Strategie ist die *Positionsverstärkung* gegenüber Wettbewerbern. Hier gilt es, z. B. durch erhöhten Werbedruck oder Maßnahmen der integrierten Kommunikation, das eigene Markenprofil zu erhalten und Angriffen der Konkurrenz auf die eigene Position entgegenzutreten.

2. Theoretische Grundlagen

2.1 Grundbegriffe der Positionierung

Die Begriffe Qualität, Einstellung, Präferenz, Image und USP (Unique Selling Propositon), neuerdings auch CIA (Competitive Innovation Advantage), stehen in engem Zusammenhang mit der Produktpositionierung.

Aus Marketingsicht ist *Qualität* subjektiv-konsumentenorientiert zu definieren. Zu den Vorstellungen, die ein Konsument von der Marke hat, gehören unter anderem auch seine Qualitätsvorstellungen. Die subjektiv wahrgenommene – nicht die objektiv nachweisbare – Qualität ist Gradmesser für den Erfolg der Umsetzung einer Positionierung. Solange es jedoch noch nicht um die operationale Umsetzung von Produktpolitik geht, insbesondere um Positionierungsmaßnahmen wie Verbesserung einer Qualitätseigenschaft, sondern zunächst noch um die strategische Seite der Positionierung, kann der schwierige Qualitätsbegriff noch ausgeklammert bleiben.

Eine *Einstellung* ist der Zustand einer gelernten und dauerhaften Bereitschaft, in einer entsprechenden Situation gegenüber dem betreffenden Objekt mehr oder weniger stark positiv oder negativ zu reagieren (Trommsdorff 2004, S. 159). Sie ist die wertende Prädisposition des Konsumenten gegenüber der Marke auf der Dimension „gut–schlecht" und erklärt sich aus der Kommunikations- und Erfahrungsgeschichte des Konsumenten hinsichtlich der Marke. Einstellungen sind an der Ausprägung von Präferenzen, Verhaltensabsichten und Kaufverhalten beteiligt. Eine *Präferenz* ist eine wettbewerbs-relative Einstellung, z. B. der Grad der Bevorzugung einer Marke vor einer anderen.

Ein *Image* ist die ganzheitliche Grundlage einer Einstellung, also die komplex-mehrdimensionale Struktur hinter einer Einstellung (Trommsdorff 2004, S. 168). Es besteht aus mehr oder weniger wertenden Eindrücken der Marke, die zu einem ganzheitlichen „Bild" verbunden sind. Imageeigenschaften sind somit subjektiv, durchaus nicht voll bewusst, aber mehr oder weniger bewusst zu machen, nicht unbedingt sprachlich codiert, auch bildhaft, episodisch, metaphorisch. Das Image besteht aus kognitiven und emotionalen Elementen. Es beeinflusst die Einstellung und damit die Präferenz und das Kaufverhalten.

Eine modellhafte Abbildung des im Wettbewerb verbundenen Markensystems (Positionierungsmodell) bildet die konkurrierenden Marken über Produkteigenschaftsdimensionen ab. Marken werden als Ausprägungen (Positionen) in diesem Dimensionensystem abgebildet. Oft wird das Modell als geometrische Grafik visualisiert. Die Wettbewerbsbeziehungen der Marken untereinander werden durch ihre räumliche Anordnung ausgedrückt: Die Wettbewerbsintensität zwischen zwei Marken entspricht ihrer Distanz im gemeinsamen Raum.

Ein gültiges Positionierungsmodell repräsentiert die wesentlichen Eigenschaften von Images und erfasst ihre Wirkung auf Einstellungen und Präferenzen. Eine Positionierungsstrategie zielt darauf ab, die Position durch Kommunikations- und Qualitätsmaßnahmen gezielt zu verändern. Im Folgenden werden die Positionierungsanalyse und die Positionierungsstrategie erörtert.

Eine *Positionierungsanalyse* soll die konkurrierenden Marken auf wenigen, aber auf allen wettbewerbsrelevanten, voneinander unabhängigen Imagedimensionen abbilden. Bei nur zwei oder drei Dimensionen können diese in einer flächigen oder räumlichen Grafik abgebildet werden. Eine solche geometrische Darstellung setzt Prämissen voraus – insbesondere metrische Messbarkeit der Merkmale, deren gegenseitige Unabhängigkeit, ein allen Konsumenten und Marken gemeinsamer Wahrnehmungsraum sowie Aggregierbarkeit der Ausprägungen individueller Konsumenten zu jeweils einem repräsentativen Durchschnittswert – die mit psychischer Imagerealität nicht immer im Einklang stehen.

Wenn man davon absehen kann, geben die Markenpositionen die marketingstrategisch relevanten Eigenschaften an. Ihre Lage zueinander und ihre Distanzen informieren dann über die Wettbewerbsverhältnisse: Je näher die Marken beieinander liegen, desto ähnlicher sind ihre Images, desto austauschbarer sind die Konkurrenten.

Für die *Positionierungsstrategie* kommen generisch folgende Alternativen der Neu- oder Repositionierung in Betracht:

- Umpositionierung nicht der (realen) Marke, sondern der (idealen) Vorstellungen der Konsumenten; dieser Fall kommt in der Praxis selten vor.
- Marktpotentialziel: möglichst nahe ins Zentrum der Idealvorstellungen der Konsumenten bzw. eines attraktiven Marktsegments.
- Differenzierungsziel: möglichst weit weg von Wettbewerberpositionen.

Das Differenzierungsziel kann einerseits im Rahmen des bestehenden Imageraumes verfolgt werden, indem man die Marke auf einer oder mehreren wettbewerbsbedeutsamen Dimensionen „wegrückt", man kann die Marke aber auch auf einer neuen Dimension profilieren und sie somit aus dem gemeinsamen Imageraum „herauspositionieren".

Marktpotential- und Differenzierungsziele stehen dann im Konflikt, wenn die Wettbewerber gleiche Marktpotentialziele verfolgen und deshalb eine Positionierung nahe dem Zentrum der Idealvorstellungen (somit also eine Positionierung nahe bei Wettbewerbern) wählen. Der Zielkonflikt kann auf höherer Ebene durch Marktanteilsmaximierung gelöst werden, wenn die Image-Wirkungsbeziehungen in Form von Kaufwahrscheinlichkeiten quantifiziert werden können, etwa über Distanzen zwischen einer potentiellen eigenen Position und den Wettbewerberpositionen einerseits und den idealen Konsumentenpositionen andererseits. Dann kann man die marktanteilsmaximierende Position durch mathematische Optimierung theoretisch bestimmen, bei Einbeziehung der Kosten für die Umsetzung unterschiedlicher Positionen auch die gewinnmaximale Position (Albers 1989).

Eine Variante der Differenzierung, die auf einer Positionierung auf einer ganz anderen Dimension beruht, liegt nahe, wenn die optimale Position schon besetzt oder hart umkämpft ist und eine Profilierung mit etablierten Eigenschaften nicht zielführend erscheint. Bei technisch homogenen Produkten wie Kaffee, Benzin oder Zigaretten, aber auch bei Autos, PCs, Kühlschränken etc. werden oft Alleinstellungen auf einer einzigartigen Dimension angestrebt, besonders wenn der Konsument wenig involviert und nicht zu dezidierter Informationsaufnahme bereit ist. Diese Alternative heißt *Positioning* auf einer andersartigen, alleinstellenden Dimension außerhalb des herkömmlichen Imageraumes und entspricht dem Begriff der USP. Kein Wettbewerber kann sich Qualitätsdefizite erlauben, weshalb sich die Basisnutzen der Marken nicht unterscheiden. Positioning besagt, dass man darüber hinaus zur Wettbewerbsprofilierung mit einer alleinstellenden, einfachen Aussage und möglichst als erster am Markt auftreten sollte.

Der starke Wettbewerb homogener Marken wird unterlaufen, indem Marken auf einer eigenständigen Dimension vom Wettbewerb weit weg positioniert werden. Positioning (Ries/Trout 1986) hat vier Merkmale:

- USP (Unique Selling Proposition),
- KISS (keep it simple and stupid),
- FIRST (als Erster am Markt) und
- VOICE (lautstark, „penetrant").

Positioning versucht eine für die Kaufentscheidung wichtige, dem Kunden aber (noch) unbekannte Eigenschaftsdimension in einzigartiger Weise zu besetzen; nur dann liegt ein echter komparativer Konkurrenzvorteil vor. Positioning kann „Outside-In" vorgehen: hier werden latente Bedürfnisse identifiziert, um nach einer innovativen Dimension zu suchen. Dagegen wird beim „Inside-Out-Positioning" die innovative Dimension aus einem noch ungenutzten Imagepotential gewählt, um in einem zweiten Schritt Kunden mit (latenten) Bedürfnissen hierfür zu suchen (Tomczak/Roosdorp 1996, S. 29). Dadurch bestehen auch auf homogenisierten informations- und werblich überfluteten und gesättigten Märkten durchaus noch Chancen zur Markenprofilierung.

2.2 Positionierung und Segmentierung

Marktsegmentierung bedeutet Einteilung der Zielkunden eines Marktes in Gruppen, die in sich homogen und untereinander heterogen sind. Segmentierung ist nicht nur nach soziodemographischen und Verhaltensmerkmalen möglich, sondern auch nach Imagemerkmalen, besonders gut nach den Idealvorstellungen der Zielkunden im Hinblick auf ein bestimmtes Produkt. Produktpositionierung und Marktsegmentierung gehen also Hand in Hand. Während die Positionierung Marken im Auge hat, fokussiert die Segmentierung Konsumenten. Die Aussagen zu Marktpotential- und Differenzierungsstrategien haben diesen Zusammenhang schon behandelt: Segmentierungsüberlegungen können einer Positionierung vorausgehen (segmentspezifische Positionierung), denn vielleicht haben unterschiedliche Segmente verschiedene Real- und Idealimages. Eine Marktsegmentierung kann aber auch Folge einer Produktpositionierungsstudie sein, etwa wenn sich herausstellt, dass eine einheitliche Positionierung für den Gesamtmarkt ökonomisch nicht vertretbar oder psychologisch nicht durchsetzbar ist (Marktsegmentierung nach Idealpunkten). In der Praxis der Produktpositionierung kommen Segmentierungsüberlegungen meistens als von vornherein segmentspezifische Analyse oder als Abbildung segmentspezifischer Idealpositionen vor.

3. Positionierungsanalyse und Positionierungsmodelle

3.1 Positionierungsanalyse

Jede Abbildung einer Positionierung in Dimensionen der Zielgruppen ist eine modellhafte Vereinfachung der Realität. Positionierungsmodelle spiegeln unterschiedliche Annahmen über das Zustandekommen, die Strukturen und die Wirkungen von Images wider. Die Modelle sollen diese Realität überschaubar und für strategische Entscheidungen kommunizierbar machen. Mittels Darstellung der positionierungsrelevanten Alternativen als Positionierungsmodell wird die Bewertung strategischer Optionen einfacher (Komplexitätsreduktion).

Am Anfang jeder Positionierungsanalyse steht die Darstellung der Ist-Position der betreffenden Marke im Umfeld der Wettbewerbsmarken. Für solche Ist-Analysen ist folgende Vorgehensweise ratsam:

- Bestimmung des relevanten Marktes, hier relevanter Wettbewerbsmarken,
- Bestimmung der Dimensionen des Positionierungsmodells,
- Messung der Imageausprägungen.

3.1.1 Bestimmung des relevanten Marktes

Die Aufgabe ist identisch mit der Ermittlung der zu positionierenden konkurrierenden Marken, weil sie in der Vorstellung der Konsumenten Alternativen darstellen. Hierzu kommen zwei Ansätze in Frage: der wettbewerbsorientierte und der kundenorientierte, idealerweise beide zugleich. Beim wettbewerbsorientierten Ansatz werden die Wettbewerbsmarken durch Befragung von Marktexperten identifiziert. Aufwändiger, doch den von den Zielkunden faktisch wahrgenommenen Wettbewerb besser beschreibend, ist der kundenorientierte Ansatz. Es werden die von Zielkunden wahrgenommenen Alternativen – die im Consideration Set befindlichen Marken – ermittelt. Das Consideration Set umfasst alle Marken einer Produktart, die von Zielkunden als Alternativen in Betracht gezogen werden. Man kann z. B. bei der Befragung die eigene Marke vorgeben und erheben, ob sie vom Befragten als Alternative bezeichnet wird, um dann potentielle Substitutionsmarken abzufragen. Diese und die eigene Marke bilden das relevante Consideration Set (Paulssen 1999).

3.1.2 Bestimmung der Dimensionen

Um die positionierungsrelevanten Imagedimensionen zu bestimmen, kann ebenfalls wettbewerbsorientiert oder kundenorientiert vorgegangen werden. Auch hier werden Experten bzw. Kunden befragt. Bei kundenorientiertem Vorgehen können die Imagedimensionen durch individuelle Befragung oder durch qualitative Verfahren wie Gruppendiskussionen oder Tiefeninterviews exploriert werden. Dabei ist eine indirekte Abfrage der Imagedimensionen über Präferenzen, Ähnlichkeiten oder Substitutionsmöglichkeiten der interessierenden Marken einer direkten Abfrage vorzuziehen, um rationalisierte Antworten zu vermeiden. Direktes Abfragen empfiehlt sich nur bei Experten (ohne entsprechende Eigeninteressen). Auch die inhaltsanalytische Auswertung von Werbeaussagen der relevanten Marken gibt Hinweise auf relevante Positionierungsdimensionen. Meist muss nach der Erhebung der Imagedimensionen ein komprimiertes Dimensionenbündel nach Relevanz selektiert werden. Verhaltens- und marketingrelevante Dimensionen sollten folgende Anforderungen erfüllen:

- Verhaltensrelevanz der Dimensionen: Sie müssen Bedeutung für Einstellungen, Präferenzen, Kaufintentionen und Kaufverhalten haben.
- Instrumentalbezug der Dimensionen: Sie müssen in ihrer Ausprägung durch Marketinginstrumente beeinflussbar sein.
- Diskriminanzfähigkeit der Dimensionen: Es sind nur solche Imagedimensionen relevant, anhand derer die Wettbewerber unterschiedlich erscheinen.

3.1.3 Messung der Imageausprägungen

Klassische Methode der Imagemessung ist das Ratingskalen-Verfahren (Polaritätsprofile, Imagebatterien). Je Imagedimension werden mehrere Items (Aussagen) formuliert und als Ratings (abgestufte Zustimmungswerte, „Schulnoten") zur Beurteilung der Marken formuliert. Wie bei der Exploration imagerelevanter Eigenschaften hat auch die Erhebung der Imageausprägungen Gültigkeitsprobleme, besonders im Falle direkter Abfrage der Ausprägungen. Deshalb ist wiederum die indirekte Abfrage zu erwägen, z. B. als Globalurteile über Ähnlichkeiten, Präferenzen oder Substitutionen. Hier werden keine Eigenschaften vorgegeben, sondern Vergleichsurteile zwischen Marken verlangt. Das entspricht der ganzheitlichen menschlichen Wahrnehmung besser, ist aber schwieriger zu interpretieren und erhebungstechnisch aufwendiger. Methodischen Varianten, verhaltenstheoretische Modelle und Messprobleme erörtert Trommsdorff (1975).

Die wahrgenommenen Ausprägungen der relevanten Merkmale können – über alle Befragten der Zielgruppe aggregiert – als Profil oder in Form geometrischer Modelle abgebildet werden. Profilvergleiche informieren je Item (Einzelrating, Indikator für eine

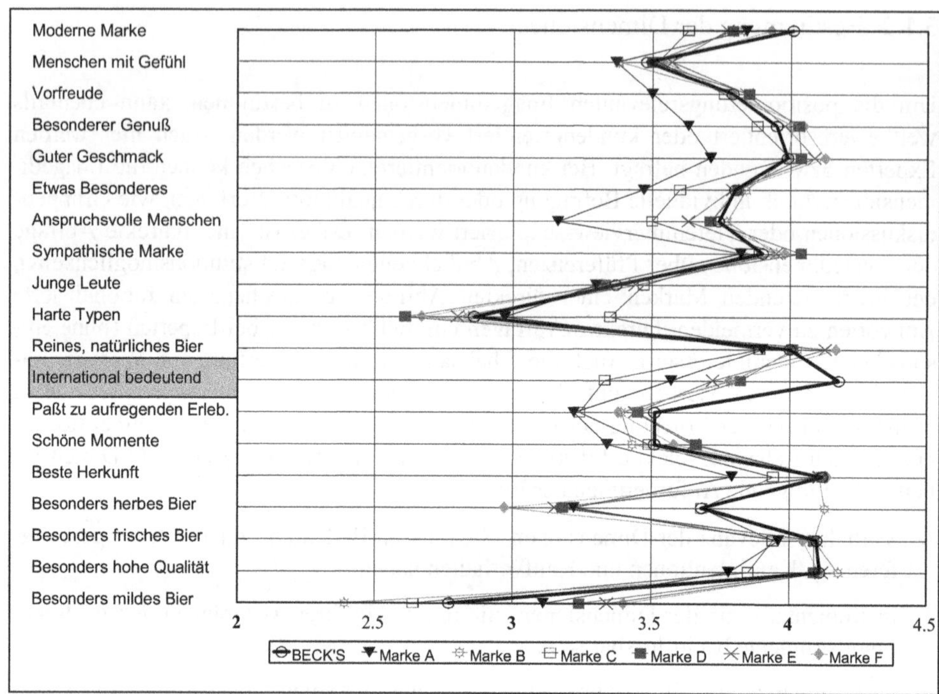

Abbildung 1: Imagedifferential im Premium-Pilsmarkt

Imagedimension) über die Positionsunterschiede. Abbildung 1 zeigt das Imagedifferential von sieben Premium-Pilsmarken, das allerdings wegen der Vielzahl redundanter Items wenig aussagekräftig ist. Das Imagedifferential zeigt kaum mehr, als dass sich Beck´s auf dem Item „International bedeutend" von den Wettbewerbern absetzen kann. Dieses Ergebnis reflektiert die Werbeplattform von Beck´s („Spitzenpilsener von Welt", „grünes Segelschiff"), sagt jedoch nichts darüber aus, ob und wie sich diese Positionierung als Wettbewerbsvorteil gegenüber welchen anderen Marken auswirkt.

Die zahlreichen Merkmale weisen Redundanzen auf, weil die Merkmale nicht auf die strategisch wesentlichen Dimensionen reduziert sind. Ein redundanzarmes Bild ergibt sich, wenn ein (z. B. durch Faktorenanalyse) komprimiertes Modell genutzt wird. Bei weniger als vier Dimensionen kann diese Abbildung in einer einzigen Grafik repräsentiert werden (vgl. Abbildung 2).

Die Dimensionen des Merkmalsraumes sollen wettbewerbsrelevant sein, aber möglichst unabhängig voneinander (orthogonal). Die Koordinaten der realen, gegebenenfalls auch der idealen Marken sollen den Ausprägungen auf den imagerelevanten Dimensionen entsprechen.

Die punktweise Darstellung der Marken im Imageraum erleichtert die Diskussion wettbewerbsstrategischer Entscheidungen. Der Imageraum (vgl. Abbildung 2) verdeutlicht z. B. übersichtlicher, dass Internationalität die für Beck´s relevante Positionierungsdimension ist. In welchem Ausmaß „Internationalität" für Beck´s einen Wettbewerbsvorteil schafft, bleibt mit dieser Methodik allerdings noch offen

Bei der Positionierungsanalyse sind diverse multivariate Analyseverfahren nützlich. Mittels Clusteranalyse können Zielkunden oder Marken zusammengefasst werden, mit Faktorenanalyse und Diskriminanzanalyse können Imageeigenschaften zu Dimensionen verdichtet werden, mit der Mehrdimensionalen Skalierung (MDS) und der Korrespondenzanalyse können Ähnlichkeits- und Präferenzdaten in Dimensionswerte überführt werden. Regressionsanalysen und Kausalanalysen (komplexe Strukturgleichungsmodelle über Software wie LISREL, PLS oder Amos) helfen, multivariate Beziehungen zwischen Image- und Einstellungs- oder Verhaltenswerten zu quantifizieren. Gleiches gilt im Falle nicht metrisch skalierter abhängiger Variablen für die Diskriminanzanalyse.

Die genannten Verfahren dienen der Ermittlung grundlegender Eigenschaften, anhand derer die Konsumenten bestimmte Marken beurteilen, sowie der Ermittlung überschaubar relativer Position der Marken auf diesen Eigenschaften. Die Verfahren (siehe Tabelle 1) schaffen dies entweder kompositionell durch den Weg vom Einzelurteil zum Gesamturteil (besonders faktorenanalytisch) oder dekompositionell durch Auflösen von Globalurteilen in seine Bestandteile (besonders MDS- oder Conjoint-analystisch). Sie finden Anwendung in verschiedenen Positionierungsmodellen (siehe Abschnitt 3.2).

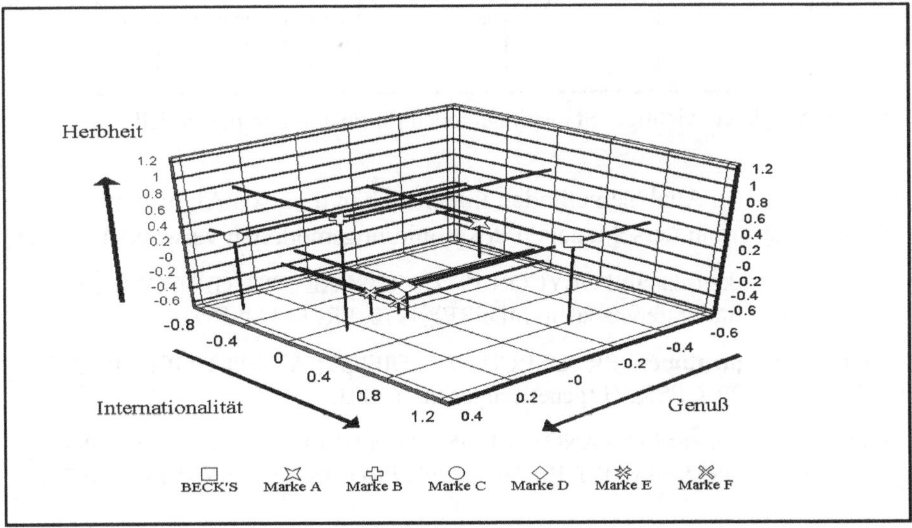

Abbildung 2: Positionierungsmodell im Premium-Pils-Markt

	Verfahren	Input	Datenniveau	Vorteile	Nachteile
Faktoren-analyse	Kompositionell	Eigenschafts-beurteilungen	Mindestens Intervallni-veau	Einfach in der An-wendung, Dimensi-onen sind interpre-tiert	Vorheriges Wis-sen über die Marken und Ei-genschaften erforderlich
Diskrimi-nanzana-lyse	Kompositionell	Eigenschafts-beurteilungen	Mindestens Intervallni-veau	Prognose der Gruppenzugehörig-keit von neuen Marken ist möglich	Vorheriges Wis-sen über Mar-ken und Eigen-schaften erforderlich
MDS	Dekompositi-onell	Ähnlichkeits-, Präferenz-, Substituier-barkeitsdaten	Mindestens Ordinalniveau	Kein Detailwissen über Marken erfor-derlich, Vergleich mit menschlicher Wahrnehmung	Mindestens vier Marken, Inter-pretati-onsprobleme der Dimensio-nen
Korres-pon-denzana-lyse	Kompositionell	Assoziationen	Nominal-daten	Für kategoriale Da-ten geeignet, joint space Darstellung	Ergebnisse schwierig zu interpretieren
Conjoint-Analyse	Dekompositi-onell	Rangwerte	Mindestens Ordinaldaten	Auch fiktive Marken beurteilbar, daher für das Innovations-marketing geeignet	Wissen über die Eigenschaften notwendig, un-realistische Marken stören
Kausal-analyse	Kompositionell	Eigenschafts-beurteilungen	Mindestens Intervallni-veau	Auch indirekte Ein-flüsse von Merkma-len Zielwerte kön-nen modelliert werden	Viele messtheo-retische Prämis-sen

Tabelle 1: Vergleich wichtiger Statistikmethoden für Positionierungsmodelle

Diese statistischen Analysemethoden finden sich in diversen Algorithmen wieder, die wiederum in verschiedenen Positionierungsmodellen verwendet werden:

MDS mit Ähnlichkeitsdaten: POLYCON 1972, PROSCAL 1983, GENFOLD 1984, LOGMAP 1990; mit Präferenzdaten: MDPREF 1972, PREFMAP 1972.

Optimierungsalgorithmen: PRODSRCH 1987, DIFFSTRAT 1988, NICHER 1995, FPPM (fuzzy) 1999, GESRCH (genetic algorithm) 2003.

Conjoint-Algorithmen: MANANOVA 1965, LINMAP 1973, ZIPMAP 1979, POSSE 1981, DESOP 1985, SIMOPT 1987 und 1992, PROLIN 1995, SYMDYN 1997.

3.2 Positionierungsmodelle

Positionierungsmodelle implizieren unterschiedliche Annahmen über das Zustandekommen, die Struktur und die Wirkung von Imagedaten. Ehe ausgewählte Positionierungsmodelle auf Basis von Faktoren-, Cluster-, MDS- und Diskriminanzanalysen vorgestellt werden, muss die Struktur der Datenbasis verstanden werden, die Einfluss auf die Modellarchitektur hat.

Struktur der Datenbasis: Ähnlichkeitsdaten, Präferenzdaten und Aussagen zur Substituierbarkeit

Sollen Ähnlichkeits- oder Präferenzdaten erhoben werden, sind Vergleiche zwischen mindestens vier Marken erforderlich. Der mit der Markenzahl exponentiell steigende Erhebungsaufwand (bei sieben Marken 21 Paarvergleiche) muss eventuell durch reduzierte Erhebungspläne eingegrenzt werden. Außerdem kann eine größere Anzahl von Marken die Consideration Sets der Befragten übersteigen. Dann muss bei der Erhebung nach individueller Relevanz reduziert werden.

Die Verwendung von Ähnlichkeitsdaten beruht auf der Annahme, dass Konsumenten Ähnlichkeiten von Markenpaaren anhand der impliziten, zu messenden Imagedimensionen beurteilen. Unähnlichkeit kann als Distanz abgebildet werden. Zwei Marken werden als nahegelegen positioniert, wenn sie einander ähnlich sind. Redundante ordinale Ähnlichkeitsdaten können mit MDS in metrische Distanzen überführt werden, die als Basis der räumlichen Positionierung zu verwenden sind. Gebräuchlichste Distanzmaße sind die beiden einfachsten Ausprägungen der Minkowski-Metrik (mit den Exponenten 2 und 1) Bei der euklidischen Metrik wird die Distanz zwischen zwei Marken durch die kürzeste Entfernung zwischen den beiden beschrieben („Luftlinie"). Bei der City-Block-Metrik wird die Summe der Abstände der Marken auf jeder Dimension des Positionierungsraumes ermittelt. Verallgemeinerbare Erkenntnisse über die Überlegenheit der einen oder anderen Metrik sind nicht bekannt, daher ist die Entscheidung darüber letztlich von der Plausibilität der Ergebnisse abhängig. Solche Positionierungsräume enthalten jedoch noch keine Bewertungsinformation. Diese können durch die Annahme eingeführt werden, dass große Distanzen zu einer Idealposition negativ, kleine dagegen positiv bewertet werden.

Präferenzurteile hingegen sind bereits wertend. Sie haben direkten Bezug zur Markenbewertung und erlauben die Abbildung der Bewertung auf internem oder externem Weg. Intern sollte dann verfahren werden, wenn die Präferenzurteile durch multivariate Datenanalyse in einen gemeinsamen Präferenzraum (joint space) überführt werden, in welchem die Merkmalsausprägungen und die Präferenzen der Marken zum Ausdruck kommen. Von externer Abbildung der Präferenzen ist dann zu sprechen, wenn die Wahrnehmungs- und die Präferenzdaten getrennt voneinander erhoben werden. Zur grafischen Darstellung von Präferenzen dienen zwei verschiedene Idealrepräsentationen. Im

Idealvektormodell geben Vektoren die Richtung der Vorziehenswürdigkeit der Merkmalskombinationen an. Projektionen der Marken auf einen Vektor entsprechen ihrem Einstellungswert, die Abstände zwischen diesen Werten entsprechen Präferenzen. Im Idealpunktmodell wird eine fiktive „ideale" Marke neben den realen Marken im Positionierungsraum positioniert. Die Einstellungswerte der Marken ergeben sich aus ihren Distanzen zum Idealpunkt, die Präferenzwerte wiederum als Differenzen von Einstellungswerten. Im Falle der Verwendung der euklidischen Distanz stellen konzentrische Kreise (bzw. Kugeln im dreidimensionalen Modell) so genannte Isopräferenzkreise dar. Marken auf einem Isopräferenzkreis mögen die Konsumenten gleich gern. Es ist möglich, die Dimensionen unterschiedlich zu gewichten, falls ihnen für die Einstellungs- und Präferenzbildung eine unterschiedliche Bedeutung zukommt.

Modellansätze wie das single-choice-Modell oder das probabilistic-choice-Modell beziehen Annahmen über das Markenwahlverhalten der Konsumenten in die Erstellung des Positionierungsmodells ein (Albers 1989, S. 196 f.). Die Substitutionsneigung zeigt die Bereitschaft der Konsumenten auf, eine Marke durch die andere zu ersetzen. Der Proband hat die Aufgabe, zu vorgegebenen Marken substitutive Marken zu nennen. Ergebnis ist eine Matrix mit Substitutionsdaten (Bauer 1989, S. 134 f.). Die Substituierbarkeit sagt etwas über die relative Attraktivität der Marken aus. Damit ist diese Methode noch einen Schritt näher am Markenwahlverhalten orientiert als es schon die Präferenzmethode gegenüber der Ähnlichkeitsdatenmethode ist, die das in der Praxis am häufigsten angewendete Verfahren darstellt.

3.3 Vergleich von Positionierungsmodellen

Heute nehmen Positionierungsmodelle auf Basis der Multidimensionalen Skalierung und der Conjoint-Analyse die wichtigste Stellung ein. Die Entwicklung von Modellen begann Anfang der 70er Jahre mit einer Vielzahl neuer MDS-Algorithmen. Klassische Vertreter sind INDSCAL, COSPA, KYST, MULTISCAL und ALSCAL. Einer der ersten Conjoint-Algorithmen für derartige Anwendungen war ZIPMAP. Heute sind zahlreiche methodische Varianten in Standard-Conjoint-Software wie SAWTOOTH integriert.

Zur ersten Modellgeneration von Positionierungsmodellen gehört PERCEPTOR (Urban 1975). Es unterstützt die Bewertung und Verfeinerung von Neuprodukten des täglichen Bedarfs, wird aber auch zu Zwecken des Relaunchs und der Produktelimination eingesetzt. Die Positionen existierender und idealer Produkte werden wahlweise durch Faktorenanalyse oder MDS ermittelt. Heterogene Wahrnehmungen der Konsumenten hinsichtlich der existierenden Marken werden durch Bildung homogener Untergruppen berücksichtigt, für die jeweils ein eigener Wahrnehmungsraum konstruiert wird. Differenziert wird auch nach der zuletzt gekauften Marke, dem Umfang des Consideration Set oder nach zeitabhängigen Variablen (Nommensen 1990, S. 58). Die Annahmen bei der

Berechnung der Kaufwahrscheinlichkeiten und die Unterstellung der Gewinnmaximierung bei der Suche nach der optimalen Markenposition waren Mittelpunkt der Diskussionen über dieses Modell. Diese wurde dann in mehreren neuen Modellen aufgegriffen. Exemplarisch hierfür werden das Modell PROPOSAS von Albers (1989) und Brockhoff (1977 entwickelt und 1989 erweitert) sowie der Ansatz von Horsky und Nelson (1992) vorgestellt.

PROPOSAS soll die gewinnoptimale Position eines Neuproduktes ermitteln. Startpunkt ist ein mittels MDS aus Ähnlichkeitsdaten ermittelter Marktraum, in dem die existierenden Marken und die Idealmarken der Konsumenten abgebildet werden. In einem ersten Schritt wird in diesem Wahrnehmungsraum die absatzmaximale Position des Neuproduktes bestimmt. Zur Berücksichtigung der positionsabhängigen Stückdeckungsbeiträge wird ein zweiter Positionierungsraum erstellt (technischer Eigenschaftsraum), der Informationen über die positionsabhängigen Kosten und Erlöse einer Marke liefert (Albers 1989, S. 194). Zur Bestimmung der gewinnmaximierenden Position werden beide Positionierungskonzepte durch eine Transformationsfunktion verknüpft. Eine eindeutige Zuordnung der technischen Eigenschaften zu den psychologischen Eigenschaften ist bei der Transformation jedoch selten möglich, da hinter einer psychologischen Eigenschaft mehrere technische Eigenschaften stehen können und umgekehrt. Die Ermittlung der gewinnmaximalen Position erfolgt deshalb approximativ. Approximationsverfahren scheinen diese Aufgabe gut zu lösen.

Das Modell von Horsky und Nelson (1992) beruht auf der Annahme, dass bei der Neuproduktgestaltung bei Eigenschaften, denen Präferenzfunktionen vom Typ „je mehr, desto besser" zugrundeliegen, ein Zielkonflikt zwischen Nutzenmaximierung der Konsumenten und Kostenminimierung des Unternehmens besteht. Ziel dieses Modells ist daher die Ermittlung gewinnmaximierender Preis- und Eigenschaftskonzepte für hochpreisige, selten gekaufte Neuprodukte. Reaktionen der Konkurrenten werden bei der Ermittlung der gewinnmaximalen Produktposition spieltheoretisch berücksichtigt. Dateninput sind Eigenschaftsbeurteilungen und Präferenzrangfolgen der Marken. Ziel ist zunächst die Schätzung von Marktanteilen der Marken. Um zur gewinnmaximalen Position zu gelangen, müssen schließlich die eigenschaftsabhängigen Kosten in das Modell integriert werden. Die Schätzung der Kostenfunktion erfolgt auf Basis der Informationen über Marken im bestehenden Markt. Die Schätzung dieser Kostenfunktion ist allerdings wenig realitätsnah. Das Modell hat weitere Schwachpunkte und hat sich in der Praxis nicht durchgesetzt.

Ein anderes Ziel verfolgt Kcon (1983) mit TRINODAL. Hier wird der Erfolg von Werbestrategien durch den Vergleich der Positionierungen von Werbeimages einerseits und der Marke andererseits untersucht. Es soll hauptsächlich den Repositionierungsprozess einer Marke unterstützen, wird jedoch auch bei Produktneueinführungen angewendet. TRINODAL ermöglicht nicht nur die Abbildung von Produktimagepositionen und Idealpunkten, sondern auch von Werbeimagepositionen in einem Modell. Markenimagepositionen und Idealpunkte werden durch MDS ermittelt, Werbeimages aus Verwechslungsdaten bei anonymisierten Werbemitteln (z. B. Anzeigen). Grundgedanke ist, dass die Anzahl der richtigen Identifizierungen der Anzeigen als Maßzahl für die Distanz zu der dazugehörigen Marke zu verwenden ist. Durch Vergleich dieser Werbeimages mit den Produktimages ist zu erkennen, ob eine Repositionierung anzuraten ist, wie diese ggf. aussehen soll und welche Zielposition dann anzustreben ist.

Den genannten Modellen ist gemeinsam, dass sie die Reaktionen des Wettbewerbs nicht einbeziehen. Mit DEFENDER wurde von Hauser und Shugan (1983) ein Modell entwickelt, das Konkurrenzreaktionen beachtet. Eine andere Idee, die Konkurrenz durch Verwendung der Spieltheorie einzubeziehen, stammt von Carpenter (1989). Entscheidungshilfen für den Einsatz der Marketinginstrumente als Antwort auf den Markteintritt eines neuen Wettbewerbers zu geben ist Ziel des Modells von Hauser und Shugan: DEFENDER ermittelt faktorenanalytisch Positionen existierender Marken und der neu in den Markt getretenen Wettbewerbsmarke. Zur Berücksichtigung der Preise werden die Marken im „per-Dollar-Marktraum" positioniert. Seine Dimensionen sind Eigenschaften, welche Konsumenten pro Geldeinheit beim Kauf der Marke zu erhalten glauben. Eine Positionsänderung der Marken kann so durch Änderung der Eigenschaftszusammensetzung oder durch Preisänderungen erreicht werden. DEFENDER beruht auf dem Idealvektorprinzip.

Einen Vergleich der dargestellten Positionierungsmodelle anhand ausgewählter Merkmale zeigt Tabelle 2.

	PERCEPTOR	PROPOSAS	HORSKY & NELSON	TRINODAL	DEFENDER	WISA
Zielsetzung	Bewertung von Produktzufriedenheit und Marketingkonzepten bei Neuprodukten und Relaunches	Bestimmung eines gewinnmaximalen Produktkonzepts	Bestimmung eines gewinnmaximalen Produktkonzepts unter Einbeziehung der Konkurrenz	Überprüfung von Werbestrategien und Unterstützung bei Repositionierung	Marketingstrategien für existierende Produkte bei Einführung einer neuen Wettbwerbsmarke (Verteidigungsstrategien)	Erfassung des Einflusses (eigener und Wettbewerber) von Imagedimensionen auf den Marktanteil, Erfassung von USP-Wirkungen
Ziel-Kriterium	Marktanteil	Gewinn	Gewinn	Minimierung der Werbediffusität	Absatzmenge	Marktanteil

Tabelle 2: Tabellarischer Vergleich von Positionierungsmodellen (Teil 1)

Dateninput	Eigen-schafts-beurteilun-gen oder Ähnlich-keitsurteile	Ähnlichkeits-urteile und Präferenz-rang-reihen	Präferenzdaten und Eigen-schaftsbeurtei-lungen	Ähnlichkeits-, Verwechs-lungs- und Präferenzda-ten	Eigen-schafts-beurteilun-gen	Eigen-schafts-beurteilun-gen
Verfahren	Faktoren-analyse oder MDS	MDS	Erstellung einer Nutzenfunktion, ähnlich CA, MDS und Fak-torenanalyse zur Interpretati-on	MDS	Faktoren-analyse	Faktorena-na-lyse, Kausal-struktur-analyse, keine Rele-vanzen
Bestim-mung der Positionen	Faktoren-werte oder euklidische Distanzen	Euklidische Distanzen	Nutzenwerte	Euklidische Distanzen, spezielle Dis-tanzfunktion der Werbe-images	Faktorwerte	Ermittlung kausaler Zusam-menhänge, incl. Rele-vanzen
Idealmo-dell	Ideal-punktmo-dell	Idealpunkt-modell	Idealvektormo-dell	Idealpunkt-modell	Idealvek-tormodell	Keine Be-rücksichti-gung von Idealvor-stellungen
Eigen-schafts-gewich-tung	Gleichge-wichtung	Unterschied-liche Gewich-tung	Unterschiedli-che Gewich-tung	Gleichge-wichtung	Unter-schiedliche Gewichtung	Unter-schiedliche Gewichtung für jede Marke möglich
Berück-sichtigung Konsu-menten-heteroge-nität	Durch Bil-dung ho-mogener Untergrup-pen	Durch unter-schiedliche Idealpunkte	In der Nutzen-funktion	Durch unter-schiedliche Idealpunkte	Durch un-terschiedli-che Consi-deration Sets und Präferenz-funktion	Durch Bil-dung ho-mogener Untergrup-pen

Tabelle 2: Tabellarischer Vergleich von Positionierungsmodellen (Teil 2)

4. Diskussion

4.1 Schwächen herkömmlicher Positionierungsmethoden

Die angeführten Positionierungsmodelle, die sich alle auf die klassische Positionierungstechnik stützen, haben – gemessen am heutigen Wissen über Images und Konsumentenverhalten – grundsätzliche Schwächen. Die Vorstellung, dass alle Wettbewerbsmarken nach denselben Kriterien beurteilt werden, entspricht einer restriktiven Theorie, nicht der Praxis des Marketing. Tatsächlich profilieren sich Wettbewerber oft auf „eigenartigen“ Dimensionen. Der eine versucht eine technische Innovation, der andere konditioniert seine Marke mit erotischen Emotionen, der dritte stellt den Preis heraus usw. Der starke Wettbewerb homogener Marken wird unterlaufen, indem die Marken psychisch vom Wettbewerb weg in eigenständige Dimensionen hineinbewegt werden.

Von einem gemeinsamen Imageraum im Wettbewerb kann dann nicht die Rede sein. Herkömmliche Positionierungsmodelle können USPs nicht abbilden, weil die betreffende Imagedimension für keine andere oder nur einige wenige andere Marken relevant ist. Die Wettbewerbsbeziehungen lassen sich nicht mehr durch einfache Distanzen im euklidischen Raum veranschaulichen.

4.2 Anforderungen an die Positionierung

Um die aufgeführten Schwächen auszuräumen, müssen neue Anforderungen an die Positionierung formuliert werden:

- *Positioning:* Image-Wettbewerbspotentiale werden nicht auf allen Imagedimensionen zugleich aufgebaut, sondern auf einer oder wenigen Dimensionen, die im Rahmen der Strategie dazu bestimmt wurden. Im Extremfall muss ein Positionierungsmodell die eindimensionale Markenprofilierung auf einer einzigartigen Dimension abbilden.
- *Wettbewerbsorientierung:* Auf den ersten Blick beziehen auch traditionelle Positionierungsstudien den Wettbewerb mit ein, weil Wettbewerbermarken mitpositioniert werden. Für die strategische Planung sollte aber über solche globalen Wettbewerbspositionen hinaus im Einzelnen bekannt sein, welche Beziehungen zwischen bestimmten Wettbewerber-Imagemerkmalen bestehen und wie sie zur Stärkung der eigenen Wettbewerbsposition verändert werden können.
- *Differenzierung:* Eine Imagedimension muss nicht bei allen Marken dieselbe Relevanz haben. Dies unterstellen klassische Positionierungsmodelle. Die relevanten Wettbewerbseffekte müssen jedoch in ihrer wechselseitig differenzierten Bedeutung erfasst werden.
- *Querwirkungen:* Eigenschaften einer Marke beeinflussen nicht nur die eigene Erfolgsposition, sondern auch den Erfolg und Misserfolg von Wettbewerbermarken. Diese Wettbewerbswirkungen sollten durch ein Positionierungsmodell auch abgebildet werden.
- *Zukunftsorientierung:* Zwar stammen die Daten einer Positionierungsanalyse aus Gegenwart und Vergangenheit, aber sie dienen als Entscheidungshilfen für Positionierungsstrategien. Ein brauchbares Modell sollte entsprechende Auswirkungs- und Zukunftsanalysen ermöglichen, etwa in Form von simulativen What-if-Analysen.

5. WISA: Wettbewerbs-Image-Struktur-Analyse

Vor dem Hintergrund komplexerer Markenführung müssen für eine erfolgreiche Markenstrategie folgende Fragen beantwortet werden:

- Welche Imagemerkmale machen die Marke erfolgreich?
- Welche Image-Erfolgsfaktoren haben die wichtigsten Wettbewerber?
- Wie beeinflussen sich die Wettbewerbs-Image-Positionen untereinander?
- Welche Umpositionierung schafft den Wettbewerbsvorteil?
- Wie werden Wettbewerber – mit welchem Erfolg – darauf reagieren?

Diese komplexen Fragen können mit Hilfe der Wettbewerbs-Image-Struktur-Analyse WISA (Literaturangaben bei www.marketing-trommsdorff.de unter Forschung) beantwortet werden. WISA versucht, den praktischen Bedarf an vernetzter Information für komplexe strategische Entscheidungen zu erfüllen. Das Verfahren orientiert sich an den Realitäten des Käuferverhaltens, indem sie den Imagewettbewerb in den Köpfen der Zielkunden abbildet. Daher werden bei WISA (wie auch bei einigen der oben beschriebenen Modelle) zunächst die Consideration Sets der Zielgruppen erhoben.

Wie Einstellungen von heute das Verhalten von morgen prägen, so prägen Imagepositionen von heute Marktanteile von morgen. Diese Zukunftsorientierung liefert WISA durch potentialorientierte Abbildung strategischer Imagedimensionen. Ferner kann WISA, anders als herkömmliche Positionierungsmodelle, eine einzigartige Markenprofilierung auf einer eigenen, einzigartigen Dimension abbilden. Über pauschale Wettbewerbsrelationen hinaus wird untersucht, welche Beziehungen zwischen bestimmten Wettbewerber-Images bestehen und wie sie zur Stärkung der eigenen Wettbewerbsposition verändert werden können. WISA wird der Tatsache gerecht, dass eine Imagedimension nicht bei allen Marken die gleiche Relevanz hat. Dazu analysiert sie alle relevanten Wettbewerbseffekte einzeln, aber auch in ihrem Zusammenwirken. Sie erfasst die wechselseitig differenzierten Bedeutungen der Imagekomponenten konkurrierender Marken. WISA bildet auch die in der Praxis wichtigen Wettbewerbswirkungen von Imagekomponenten einer Marke auf die Imagekomponenten, Einstellungen und Kaufabsichten einer anderen Marke ab (Trommsdorff 2004, S. 170 ff.).

Die Pfade von WISA-Kausalmodellen sind als Effektstärken zu interpretieren. Sie beantworten die Frage, wie stark bedeutsame eigene und fremde Wettbewerbspositionen auf den Erfolg jeder Marke wirken und drücken für alle konkurrierenden Marken und alle wettbewerbsrelevanten Dimensionen wechselseitige Wettbewerbsintensitäten aus. Die Auswertung einer WISA kann entweder konventionell durch multiple Faktorenanalyse und anschließende Regressionsanalyse erfolgen oder – anspruchsvoller und weniger anfällig – durch linearstrukturelle Kausalanalyse (z. B. LISREL). Dabei werden die Kausalstruktur (Einfluss eigener und fremder Imagemerkmale auf das Wettbewerbspotential) und das Messmodell (Operationalisierung der Dimensionen durch Items) simultan geschätzt und auf Gültigkeit getestet.

Ergebnis des „Modelltrimmens“ ist ein bestmögliches Einflussmodell, welches das Erfolgspotential einer Marke aus wenigen wettbewerbsentscheidenden Einflüssen eigener und konkurrierender Imagemerkmale erklärt. Somit erhält das Management Aufschluss über die eigenen und die von Wettbewerbern kontrollierten Image-Erfolgsfaktoren und regt damit konkrete, wettbewerbsstrategische Maßnahmen an. Zum Beispiel kann der Marktforscher, ausgehend von der zukünftigen Positionierung in den Köpfen der Kunden und den Positionen des Wettbewerbs, die Features eines neu zu entwickelnden Produktes vorschlagen und damit zum Schnittstellenmanagement „Marketing – F&E“ sowie zur Innovations-Marktforschung beitragen.

Die Ergebnisse einer WISA sind als Abbild der gegenwärtigen Marktsituation Grundlage der weiteren Entwicklung einer Marke. Die Analyseergebnisse können zur Strategieableitung als Input für **W**hat-**I**f-Analysen (WISA-WI) verwendet werden. Durch Simulation von Positionierungsstrategien werden die voraussichtlichen Konsequenzen von erwogenen Positionierungskonzepten aufgezeigt. Das Vorgehen ersetzt nicht, aber unterstützt und versachlicht notwendige Strategiediskussionen. Einzelheiten zur Anwendung der WISA- und WISA-WI-Methodik finden sich u. a. bei Trommsdorff (2002) und Harms (1998).

6. Ausblick

Vielfach wurden neue Such- und Optimierungs-Algorithmen für Positionierungsmodelle entwickelt, deren Darstellung jedoch über den Rahmen dieses Beitrags hinausgeht. Klassische Positionierungsmodelle werden heute immer mehr in integrierte Marketing-Management-IT-Systeme eingebunden, deren Einzelheiten jedoch aus kommerziellen Gründen kaum publiziert werden.

Im Zuge des zunehmenden kurzfristigen Abverkaufserfolgsdrucks in vielen Industrien, allen voran der Automobilindustrie, verlagert sich das Interesse der Praxis und in der Folge auch der Wissenschaft leider hin zu kurzfristigen Marketing-Optimierungsmodellen. Ein Beispiel ist das Modell SALIENCE von Krieger/Green (2006). Weitere Beispiele finden sich aus Wettbewerbsgründen eher in nicht publizierten firmeninternen Projekten wie etwa BENEFIT der Deutschen Telekom AG oder MSE (Marketing Spend Effectiveness) bzw. den Incentive-Optimierungsstudien innerhalb der Volkswagen AG, jeweils wissenschaftlich begleitet von trommsdorff+drüner, innovation+marketing consultants, Berlin.

Literaturverzeichnis

Albers, S. (1989): Gewinnorientierte Neuproduktpositionierung in einem Eigenschaftsraum, in: Zeitschrift für betriebswirtschaftliche Forschung, 41. Jg., S. 186-209.

Bauer, H.H. (1989): Marktabgrenzung, Berlin.

Carpenter, G.S. (1989): Perceptual Positioning and Competitive Strategy in a Two-Dimensional, Two-Brand Market, in: Management Science, Bd. 35, Nr. 9, S. 120-143.

Hauser, J.R./Shugan, S.M. (1983): Defensive Marketing Strategies, in: Marketing Science, Bd. 2, Nr. 4, S. 319-360.

Horsky, D./Nelson, P. (1992): New Brand Positioning and Pricing in an Oligopolistic Market, in: Marketing Science, Bd. 11., Nr. 2, S. 133-153.

Keon, J.W. (1983): TRINODAL Mapping of Brand Images, Ad Images, and Consumer Preference, Journal of Marketing Research, Bd. 20, Nr. 4, S. 380-392.

Krieger, A.M./Green, P.E. (2006): A Tactical Model for Resource Allocation and its Application to Advertising Budgeting, in: European Journal of Operational Research, 170, 935-949

Marks, U.G./Albers, S. (2001): Experiments in Competitive Product Positioning – Actual Behavior Compared to Nash Solutions, in: Schmalenbachs Business Review, Bd. 53, 150-174

Nommensen, J. (1990): Die Prägnanz der Markenbilder, Heidelberg.

Paulssen, M. (1999): Individual Goal Hierarchies as Antecedents of Market Structure, Diss., Berlin.

Tomczak, T./Roosdorp, A. (1996): Positionierung – Neue Herausforderungen verlangen neue Ansätze, in: Tomczak, T./Rudolph, T./Roosdorp, A. (Hrsg.), Positionierung – Kernentscheidung des Marketing, St. Gallen (Schweiz), S. 26-42.

Trommsdorff, V. (1975): Die Messung von Produktimages für das Marketing, Köln u. a.

Trommsdorff, V. (1995): Positionierung, in: Tietz, B. (Hrsg.), Handwörterbuch des Marketing Bd. 4, 2. Auflage, Sp. 2055-2068.

Trommsdorff, V. et al. (2002): Produktpositionierung, in: Albers, S./Herrmann, A. (Hrsg.), Handbuch Produktmanagement, 2. Auflage, Wiesbaden, S. 359-380.

Trommsdorff, V. (2004): Konsumentenverhalten, 6. Auflage, Stuttgart, Berlin, Köln.

Urban, G.L. (1975): PERCEPTOR: A Model for Product Positioning, in: Management Science, Bd. 21, S. 858-871.

Der Autor dankt früheren (Dr. Andrea Bookhagen und Dr. Constanze Hess) und gegenwärtigen (Umut Asan, Axel Bichler und Vera Waldschmidt) Doktoranden für ihre Mitwirkung an diesem Beitrag bzw. seiner Aktualisierung.

Franz-Rudolf Esch

Messung von Markenstärke und Markenwert

Prof. Dr. Franz-Rudolf Esch ist Inhaber des Lehrstuhls für Betriebswirtschaftslehre mit dem Schwerpunkt Marketing an der Justus-Liebig Universität Gießen sowie Direktor des Instituts für Marken- und Kommunikationsforschung an der Justus-Liebig Universität Gießen.

1. Grundlagen

Schlägt man Geschäftsberichte großer Unternehmen in den USA auf, so wird man auf den ersten drei Seiten eines solchen Jahresberichts fast immer mit dem Markenwert des jeweiligen Unternehmens konfrontiert. Dies ist keineswegs eine neue Form der Selbstverliebtheit der Manager oder ein Muskelspiel zur Einschüchterung der Konkurrenz. Vielmehr möchte man durch diese exponierte Position im Geschäftsbericht die Bedeutung des Markenwerts hervorheben und diese auch den Anspruchsgruppen des Unternehmens vor Augen führen. So veröffentlicht die Business Week zusammen mit Interbrand jährlich eine Liste mit 100 Marken, die angeblich weltweit über den höchsten Markenwert verfügen (Abbildung 1).

Das Interesse an der Marke ist keineswegs neu. Schon Karl Marx beschäftigte sich in seinem Buch „Das Kapital" mit der Aura der Marke, die ein herkömmliches Produkt in ein „sinnlich übersinnliches Ding" verwandle (Marx 1867/1957; Brandmeyer/Deichsel 1991). Die Bedeutung der Marke wird einem spätestens dann bewusst, wenn man selbst Kleinkinder schon Markennamen stammeln hört, bevor sie andere Worte sprechen können. Dass die Marke für viele Konsumenten präferenzprägende Funktionen bei – gerade auf gesättigten Märkten – ansonsten vergleichbaren Produkten übernimmt, wird spätestens klar, wenn man die Ergebnisse von Blindtests von Produkten mit denen von Produkttests mit Darbietung des jeweiligen Markenlabels vergleicht (Esch 2005, S. 10 f.): Selten stimmen die Ergebnisse überein, meist wird das Produkt einer bekannten und beliebten Marke wesentlich besser in einem Test mit Markenname eingeschätzt als bei entsprechender Blinddarbietung (Abbildung 2). Es handelt sich hierbei typischerweise um einen so genannten Halo-Effekt (Kroeber-Riel/Weinberg 2003): Durch das gute Image einer Marke werden automatisch auch einzelne Produkteigenschaften, wie der Geschmack eines koffeinhaltigen Getränkes, besser eingeschätzt.

Es darf deshalb nicht verwundern, dass das Interesse von Markenwissenschaftlern und -praktikern an Marken in den letzten Jahren rapide gestiegen ist. Eine wesentliche Rolle bei der wissenschaftlichen Diskussion spielt dabei die Operationalisierung und Messung des Markenwerts. Der „Markenwert" ist allerdings keine Schöpfung des Marketings. Die Initialwirkung um die Diskussion des Markenwerts ging von Finanzexperten aus, die den Markenwert bei Käufen oder Veräußerungen von Marken und Unternehmen schätzen wollten (Hammann 1992).

1. Coca Cola	52.930 Mio. €
2. Microsoft	44.972 Mio. €
3. IBM	44.398 Mio. €
4. General Electric	38.636 Mio. €
5. Intel	25.532 Mio. €
6. Nokia	23.803 Mio. €
7. Toyota	22.074 Mio. €
8. Disney	22.000 Mio. €
9. McDonald's	21.726 Mio. €
10. Mercedes	17.218 Mio. €

Abbildung 1: Die 10 Marken mit dem höchsten Markenwert
(Quelle: Interbrand 2006)

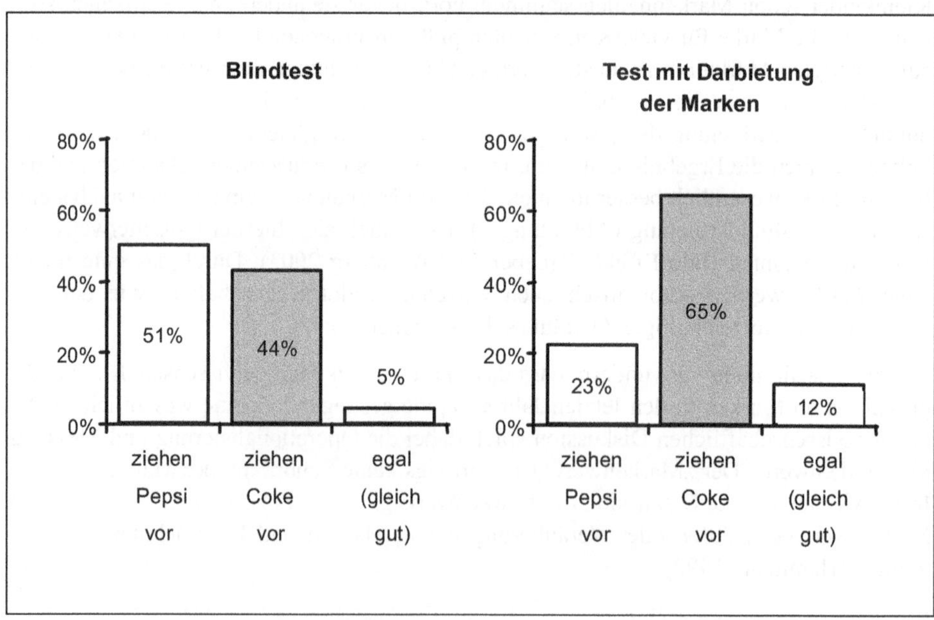

Abbildung 2: Vergleich der Ergebnisse eines Blindtests und eines offenen Tests zwischen Diet Pepsi und Diet Coke
(Quelle: de Chernatony/McDonald 1998, S. 11)

Aus *finanzwirtschaftlicher Perspektive* kann man den Markenwert als „Barwert aller zukünftigen Einzahlungsüberschüsse, die der Eigentümer aus der Marke erwirtschaften kann“, bezeichnen (Kaas 1990, S. 48). Dieser *Markenwert* als *„immaterieller Aktivposten*“ ist allerdings nur schwer quantifizierbar. Nicht zuletzt deshalb gelangen unterschiedliche Messansätze zur Bestimmung eines ökonomischen Markenwerts oft zu extrem voneinander abweichenden Ergebnissen (Esch/Andresen 1997; Jenner 2000, S. 947). Trotz dieser Bewertungsprobleme ist der finanzwirtschaftliche Markenwertansatz wichtig bei Fragen wie der Markenbilanzierung oder -lizenzierung.

Aus der *Marketingperspektive* kann man den Markenwert im einfachsten Falle als den zusätzlichen Wert beschreiben, den ein Produkt eben durch die Marke und nur durch diese erhält (Farquhar 1989). Je größer die aus den Marketingmix-Maßnahmen resultierende Loyalität zur Marke ist, desto größer ist deren Wert (Crimmins 1992). Demzufolge würde die unterschiedliche Preisbereitschaft für eine Marke und ein unmarkiertes Produkt in dem gleichen Produktbereich den Wert einer Marke zum Ausdruck bringen. Allerdings hat man bei solch einfachen Vorschlägen zur Erfassung eines Markenwerts aus der Marketingperspektive das Problem, dass man zwar Unterschiede in der Preisbereitschaft erfassen kann (= evaluatives Maß), aber letztendlich nicht weiß, worauf diese konkret zurückzuführen sind (= diagnostische und therapeutische Größen).

Deshalb erscheint für Zwecke der Markensteuerung und -kontrolle folgende *verhaltenswissenschaftliche Definition* des Markenwerts zweckmäßig zu sein: Der *Markenwert kann als das Ergebnis der unterschiedlichen Reaktionen von Konsumenten auf Marketingmaßnahmen einer Marke im Vergleich zu identischen Maßnahmen einer fiktiven Marke aufgrund spezifischer, im Gedächtnis gespeicherter Markenvorstellungen* verstanden werden (Keller 1993, S. 13).

2. Anwendungsgebiete der Markenwertmessung

Zu den klassischen Anwendungsbereichen der Markenwertmessung zählen die

- Akquisition und der Verkauf von Marken sowie die Bilanzierung des Markenwerts in Ländern, wo dies gesetzlich zulässig ist,
- die Lizenzierung und Schadensbemessung von Marken sowie
- die Markensteuerung und das Markencontrolling.

Die Bilanzierung des Markenwerts ist im europäischen Ausland und den USA längst üblich, nach *deutschen Bilanzierungsvorschriften* hingegen ist die Aktivierung selbst geschaffener immaterieller Vermögensgegenstände gemäß § 248 (2) Handelsgesetzbuch

(HGB) nicht zulässig, mit einer Ausnahme: Zahlt man beim Erwerb einer Marke auch für den immateriellen Posten „Markenwert", besteht für den Betrag, der für diesen derrivativen Markenwert beim Kauf bezahlt werden musste, aufgrund des Vollständigkeitsgebots des § 246 (1) in Verbindung mit § 248 (2) HGB eine Aktivierungspflicht (Greinert 2002, S. 46 f.). Der Teil des Kaufpreises, der sich auf die Marke bezieht, muss sich in diesem Fall exakt ermitteln lassen können (Gerpott/Thomas 2004, S. 395). Wird hingegen ein Gesamtpreis für alle Vermögensgegenstände inklusive der Markenrechte gezahlt und ist der auf die Marke entfallende Kaufpreisanteil nicht eindeutig zu ermitteln, können die entsprechenden Aufwendungen nur als Geschäftswert gemäß § 255 (4) HGB aktiviert werden. Er muss dann allerdings über einen bestimmten Zeitraum abgeschrieben werden (Hammann/Gathen 1994, S. 205). Dies ist aus der Marketingperspektive eine Persiflage auf den Markenwert, eine groteske bilanzpolitische Regelung. Faktisch werden dadurch die hinter dem Markenwert stehenden Überlegungen auf den Kopf gestellt. Schließlich muss jedem Unternehmen daran gelegen sein, den Markenwert zu erhöhen.

Die *internationalen Bilanzierungsvorschriften* der USA weichen hingegen vom deutschen Bilanzrecht ab. Gemäß den United States Generally Accepted Accounting Principles (US-GAAP) muss das erwerbende Unternehmen zusätzlich zu den erworbenen Vermögenswerten und Schulden die Marken als immaterielle Vermögensgegenstände im Zuge einer Purchase Price Allocation einzeln identifizieren und bewerten (Maul/Kasperzak 2004, S. 14). Im Hinblick auf die Bewertung von Marken in Folgeperioden wurde die bisher geltende Bilanzierungsrichtlinie mit der Einführung der Statements of Financial Accounting Standards (SFAS) 141 und 142 in US-GAAP geändert (Wagner et al. 2005, S. 1413). Marken mit einer zeitlich bestimmten Nutzungsdauer sind planmäßig über diese Dauer abzuschreiben, während Marken mit einer zeitlich unbestimmten Nutzungsdauer, wovon bei etablierten Marken auszugehen ist, nicht mehr planmäßig abgeschrieben werden. Letztere unterliegen einem mindestens jährlich durchgeführten Werthaltigkeitstest. Wertkorrekturen müssen immer dann vollzogen werden, wenn der Buchwert der Marke über dem Marktwert liegt (Wagner et al. 2005, S. 1413). Auch das International Accounting Standards Board hat 2004 eine Neuregelung der Markenbilanzierung bei Unternehmenszusammenschlüssen veröffentlicht und leistet damit einen wichtigen Schritt zur Erreichung von Kongruenz mit den SFAS-Rechnungslegungsstandards nach US-GAAP (Sattler 2005, S. 3 f.).

Die seit Beginn der 80er Jahre zu beobachtende „*Mergers and Acquisitions*"-Welle ist nicht zuletzt darauf zurückführbar, dass gerade auf gesättigten Märkten der Kauf von Marken durch Unternehmen zweckmäßiger sein kann als sich dem extrem hohen Flopprisiko der Einführung einer eigenen, neuen Marke auszusetzen (Rangaswamy et al. 1993, S. 61). Spektakuläre Akquisitionen sind in den letzten Jahren in den Blickpunkt der Öffentlichkeit gerückt. Bekanntes Beispiel ist der Kauf von Rowntree durch Nestlé, bei dem der Kaufpreis das Dreifache des Börsenwerts betrug und 26mal höher war als die von Rowntree erzielten Erträge. Bei der Übernahme von Kraft durch Phillip Morris wurden – Schätzungen zufolge – rund 90 Prozent des gezahlten Kaufpreises von 12,9 Mrd. US-Dollar für den Wert der Marke entrichtet (Farquhar et al. 1992). Ein weiteres Beispiel aus der jüngeren Vergangenheit stellt die Akquisition von Becks durch Interbrew dar. Für die Übernahme der Marke Becks hat Interbrew einen Premiumaufschlag von rund 500 Mio. Euro bei einem Kaufpreis von 1,8 Mrd. Euro für die Marke entrichtet (Geffken 2002). Auch die Akquisitionen von Reebok durch Adidas, Gilette durch Procter & Gamble und Appolinaris durch Coca-Cola scheinen markenmotivierter Natur zu sein. Im Rahmen solcher Übernahmen haben die einfachen „Multiples" ausgedient, die früher bei der Akquisition von Unternehmen und Marken als „Berechnungsgrundlage" herangezogen wurden (Kapferer 1992). Allerdings kann auch ein in Geldeinheiten ausgedrückter Markenwert bei solchen Transaktionen bestenfalls als Daumengröße und als Basis für die eigentlichen Kaufverhandlungen dienen, da massive strategische Interessen des oder der Käufer(s) hier die Grenze für den Markenwert bilden.

Der *Markenlizenzierung* wird im Rahmen der Diskussion der Markenbewertung zunehmend Bedeutung beigemessen (PricewaterhouseCoopers et al. 2006, S. 13). Hierbei räumt der Markeninhaber einem anderen Unternehmen das Recht zur Nutzung seiner Marke ein (Irmscher 1997, S. 66). Dieses Nutzungsrecht kann sich entweder auf Produkte beziehen, die der Markeninhaber nicht selbst erstellen und vermarkten möchte (Markenerweiterung durch eine „Buy"-Entscheidung), oder auf Regionen, in denen der Markeninhaber aufgrund unternehmensinterner Restriktionen selbst nicht aktiv werden will. Bei vielen Untenehmen ist der Anteil des Lizenzumsatzes am Umsatz bereits beträchtlich. JOOP erwirtschaftet seinen Umsatz sogar zu 100 % mit Lizenzen (Binder 1997, S. 180). Oftmals übersteigen die Lizenzumsätze den Eigenumsatz von Unternehmen. Abbildung 3 zeigt eine Auswahl bedeutender Lizenzmarken.

Für den Markeninhaber bieten gelungene Markenlizenzvergaben vor allem die Vorteile, dass

- der Bekanntheitsgrad der Marke erhöht wird,
- die Kompetenz der Marke durch positionierungsadäquate Lizenzierungen verstärkt wird,
- das Image der Marke sich verbessert,
- Hebelwirkungen der Kommunikation genutzt werden,
- durch den Lizenznehmer zusätzliche Vertriebswege erschlossen werden können,
- hohen Lizenzeinnahmen in der Regel ein geringer Kostenaufwand entgegensteht und
- markenrechtliche Vorteile entstehen (Binder 2005, S. 529 ff.).

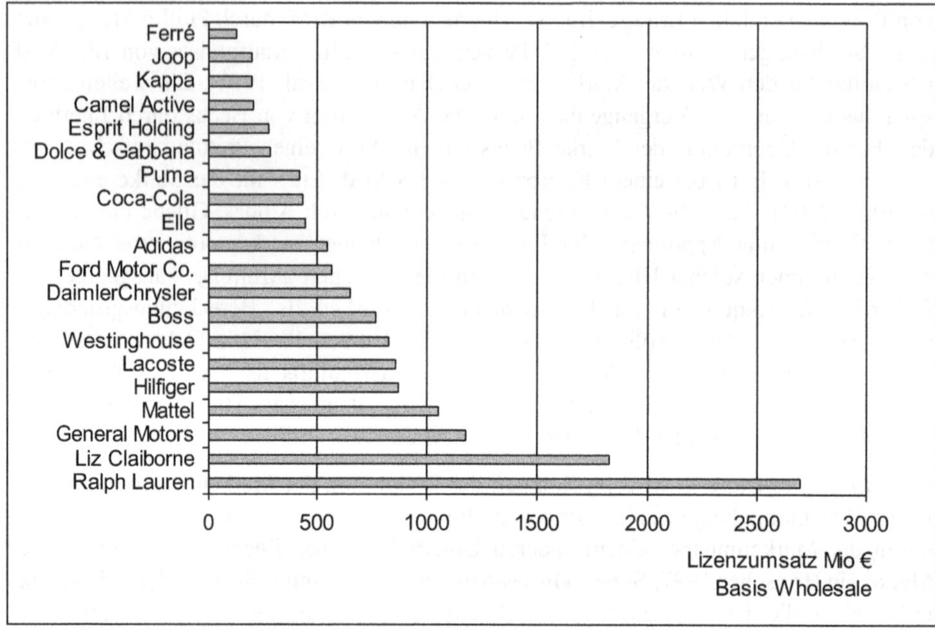

Abbildung 3: Auswahl der größten Lizenzmarken 2002/2003
(Quelle: Binder 2005, S. 526)

Der Markenlizenznehmer wiederum profitiert von dem guten Ruf der Marke und der sich daraus ergebenden Absatzpotentialmöglichkeiten. Voraussetzung dafür ist jedoch eine genaue Analyse des Erweiterungspotentials der Marke, des jeweils avisierten neuen Produktbereichs oder Marktes und des bzw. der potentiellen Partner und deren Fähigkeiten.

Im Zusammenhang mit den steigenden Fällen der *Markenpiraterie*, z. B. der beliebten Kopie von Lacoste-Kleidung, Louis-Vuitton-Taschen und Rolex-Uhren, dient der Wert der Marke auch als Schadensbemessungsgrundlage und ist von zunehmender Bedeutung. Grundsätzlich kann man zwischen Markenpiraterie, Produktpiraterie und dem so genannten Counterfeiting differenzieren. Im erstgenannten Fall wird der Markenname nachgeahmt und für gleichartige Waren eingesetzt (Beispiel: Lacoste-Krokodil auf Handschuhen). Bei der Produktpiraterie wird ein Produkt, z. B. die Ritter-Sport-Verpackung nachgeahmt und mit einem fremden Markenzeichen versehen (z. B. Monte). Im dritten Fall werden die vorangegangenen Nachahmungen kombiniert, indem z. B. das imitierte Lacoste-Krokodil auf nahezu identischen T-Shirts eingesetzt wird (Bekmeier-Feuerhahn 1998, S. 57). Laut Angaben des Aktionskreises deutsche Wirtschaft gegen Produkt- und Markenpiraterie und Verbandsangaben belaufen sich die Schadenschätzungen für Deutschland momentan auf rund 25 bis 70 Milliarden Euro. Weltweit vermutet man eine Schadensumme zwischen 500 und 800 Milliarden Euro (Giersberg 2006, S. 18; Nicolai 2006, S. 12).

Franzen et al. (1994, S. 1379) führen zusätzlich zu den bereits erläuterten klassischen Anwendungsgebieten der Markenwertmessung folgende weitere Anwendungsbereiche an: Vergleich unternehmensinterner Marken untereinander, Vergleich eigener Marken mit Konkurrenzmarken, Vergleich von Marken in unterschiedlichen Märkten, Vergleich zwischen internationalen und nationalen Marken.

Auch die Studien von PricewaterhouseCoopers und Sattler (2001) sowie PricewaterhouseCoopers et al. (2006) indizieren weitere Anwendungsbereiche der Markenwertmessung, wie bspw. die Planung von Kommunikationsmaßnahmen, Aufteilung von Budgets sowie die Kreditsicherung durch Marken. Die Vielzahl der durchgeführten Studien und die steigende Zahl der unterschiedlichen Anwendungsbereiche der Markenwertmessung unterstreichen die hohe und steigende Bedeutung der Markenwertmessung aus finanzwirtschaftlicher und verhaltenswissenschaftlicher Sicht.

Aus *finanzwirtschaftlicher Sicht* bedarf es eines in Geldeinheiten ausgedrückten Markenwerts. Dies stellt allerdings nur eine Seite der Medaille des Markenwerts dar. Aus *Marketingsicht* interessieren hingegen vor allem Aspekte der Markensteuerung und des -controllings: Starke Marken sind bekannt, mit ihnen werden bestimmte Produkteigenschaften und -qualitäten verbunden, sie besitzen ein positives Markenimage und genießen das Vertrauen der Konsumenten, woraus schließlich markentreues Verhalten resultieren soll. Sobald es jedoch um Aspekte der Markenführung geht, kann ein evaluatives Maß, das Auskunft über die Höhe des Markenwerts gibt, nicht das alleinige Ziel bei der Markenwertermittlung sein. Vielmehr geht es darum zu ermitteln, warum ein hoher bzw. niedriger Markenwert zustande gekommen ist, um darauf aufbauend Maßnahmen zur Verbesserung bzw. Erhaltung des Markenwerts ergreifen zu können. Es geht bei der Markensteuerung demnach primär um die Ermittlung wesentlicher Bestimmungsfaktoren des Markenwerts, damit daraus diagnostische und therapeutische Rückschlüsse für die Markensteuerung gezogen werden können. Eine effektive und effiziente Markenkontrolle kann sich demnach keinesfalls nur auf die Ermittlung eines ökonomischen Markenwerts stützen. Weitaus wichtiger ist hier die Kontrolle von Einflussfaktoren, die den Markenwert letztendlich bestimmen (Esch 2005, S. 543).

Vorteile eines hohen Markenwerts für die Markensteuerung

Die Vorteile eines hohen Markenwerts *für Unternehmen* liegen auf der Hand (Esch/Andresen 1994):

- Marken mit hohem Markenwert wird eine höhere Markentreue entgegengebracht als solchen mit geringem Markenwert. Dadurch wird die Realisation konstanter Umsätze möglich und die Abhängigkeit von kurzfristigen Sonderaktionen reduziert. Schließlich ist es auch billiger Kunden zu halten, als Neukunden zu gewinnen (Aaker 1992, S. 33 ff.; Keller 2003, S. 60).

- Bei Marken mit einem hohen Markenwert sind Halo-Wirkungen (Kroeber-Riel/Weinberg 2003) zu erwarten: Der Markenwert wirkt sich positiv auf die Beurteilung einzelner Markeneigenschaften aus. Durch entsprechende Rückkopplungseffekte kann dies zu einer Wirkungsspirale führen: Der Markenwert wirkt sich positiv auf die Wahrnehmung einzelner Marketing-Maßnahmen aus. Diese wiederum beeinflussen den Markenwert positiv usw..
- Der Markenwert verstärkt die Wettbewerbsposition. Daraus resultierende Wettbewerbsbarrieren sind für Konkurrenten nur durch kostspielige Angriffe überwindbar (Keller 2003, S. 60).
- Marken mit hohem Markenwert haben ein wesentlich größeres Potential für mögliche Markenerweiterungen als schwache Marken (Tauber 1988; Aaker/Keller 1990; Sattler 1997).

Für Konsumenten ist ein hoher Markenwert ebenfalls wichtig: Informationen, z. B. in der Werbung, können besser interpretiert und verarbeitet werden, es besteht eine erhöhte Zuversicht beim Kaufabschluss usw.. So wirkt es sich ganz offensichtlich positiv aus, wenn Zigarettenraucher mit jedem Zug an einer Marlboro-Zigarette – bei mit anderen Zigarettenmarken vergleichbarem Geschmack – ein Stück „Freiheit und Abenteuer" inhalieren, die Cowboywelt „erleben". Anders lässt sich der Erfolg dieser Marke kaum erklären.

3. Verhaltenswissenschaftliche Operationalisierung des Markenwerts

Aus Marketingsicht ist man weniger an dem ökonomischen Wert einer Marke interessiert „... als vielmehr an der Art und Weise, wie man zu dieser Bewertung kommt, d. h. dem Verständnis der Markenfunktion, ihrer Entwicklung, ihres Wertzuwachses oder -verlustes." (Kapferer 1992, S. 291). Deshalb spielt die verhaltenswissenschaftliche Operationalisierung des Markenwerts aus der Marketingperspektive eine herausragende Rolle. Für eine solche konsumentenorientierte Perspektive sprechen folgende Gründe:

- Der Markenwert wird vor allem durch die Reaktionen der Konsumenten auf strategische und taktische Maßnahmen zur Gestaltung des Marketingmix geprägt.
- Der Markenwert soll hier vor allem als Indikator zur Steigerung der Marketingproduktivität der Marke gesehen werden. Deren Wert im Vergleich zu dem der Konkurrenz soll Aufschlüsse über strategische Entscheidungen zur Positionierung, zur Integration des Marketingmix usw. geben (Keller 1993).

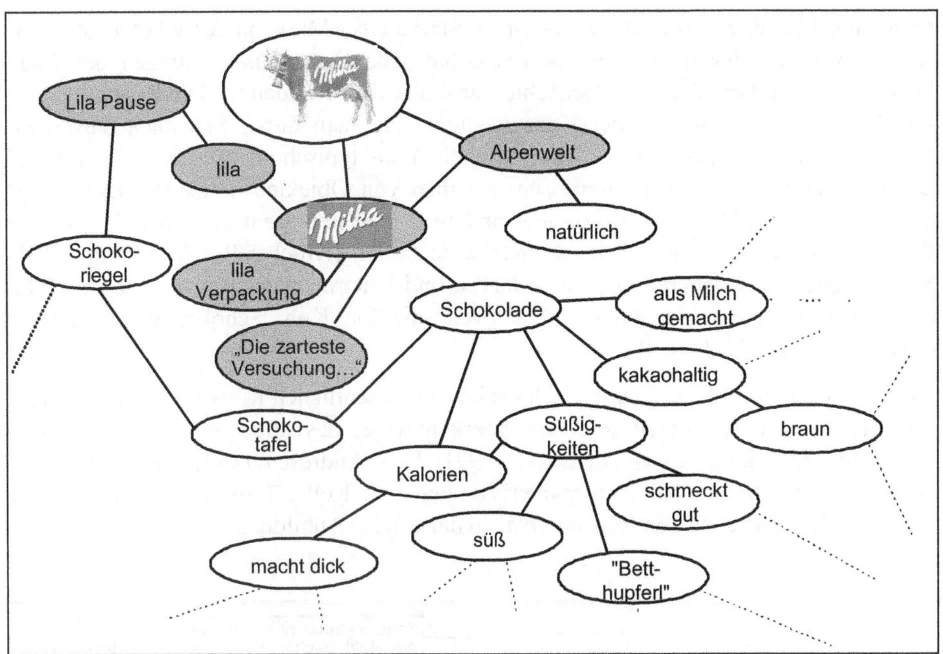

Abbildung 4: Semantisches Netzwerk zur Schokoladenmarke Milka
(Quelle: in Anlehnung an Esch 2006, S. 44)

Der Wert einer Marke liegt nicht im Unternehmen, er spiegelt sich in den Köpfen der Konsumenten wider. Die verhaltenswissenschaftliche Sichtweise des Markenwerts eignet sich deshalb besonders gut zur Markensteuerung und zur Wahrung der Markenkontinuität. Nicht zuletzt deshalb wird der Markenwert zunehmend aus verhaltenswissenschaftlicher Sicht operationalisiert (Aaker 1991; Esch/Andresen 1994; Kapferer 1992; Keller 1993).

Nach Aaker (1992, S. 32) gelten als wesentliche Determinanten eines solchermaßen definierten Markenwerts

- die Bekanntheit der Marke,
- die wahrgenommene Qualität, die letztendlich als Image einer Marke aufzufassen ist,
- die Assoziationen, die man mit einer Marke verbindet,
- die Markentreue, die stark durch die vorangegangenen Faktoren beeinflusst wird, sowie
- weitere Markenvorzüge, z. B. Patente und Markenrechte.

Im Kern geht Aaker davon aus, dass sich die Stärke einer Marke in den Köpfen der Konsumenten widerspiegelt. Verhaltenswissenschaftliche Operationalisierungen des Markenwerts setzen deshalb an den Gedächtnisstrukturen der Kunden an. Die Repräsentation von Wissen im Gedächtnis der Konsumenten kann man durch Schemata darstellen. *Schemata* sind große, komplexe Wissenseinheiten, die typische Eigenschaften und feste, standardisierte Vorstellungen umfassen, die man von Objekten, Personen oder Ereignissen hat (Esch 2006, S. 43). Wie jede andere Wissensrepräsentationsform lassen sich Schemata in Form semantischer Netzwerke darstellen (Kroeber-Riel/Weinberg 2003). Solche Schemata existieren auch für Marken und Unternehmen. Bei der Marke Milka denkt man beispielsweise an die Alpenwelt, die lila Kuh, Schokolade aus zartem Schmelz usw. (Abbildung 4).

Diese Gedächtnisstrukturen lassen sich nach zwei wesentlichen Konstrukten differenzieren: der Markenbekanntheit und dem Markenimage, das allgemein als wesentliche Grundlage des Markenwerts gilt (Aaker 1991; Esch/Andresen 1994; Keller 1993). In Anlehnung an Operationalisierungsüberlegungen von Keller (1993) und Esch (1993) lässt sich das Markenwissen folgendermaßen darstellen (Abbildung 5):

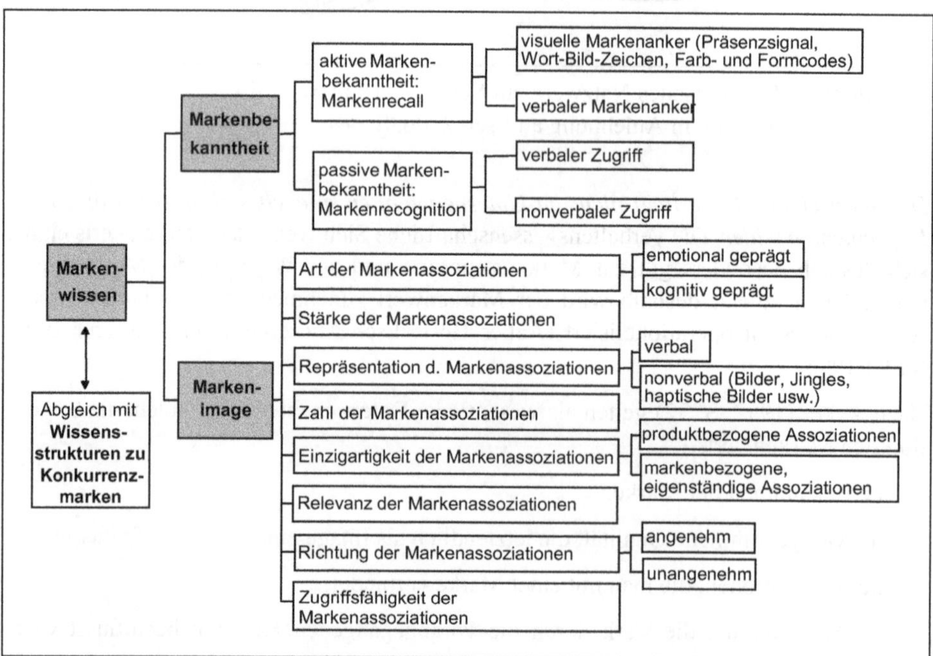

Abbildung 5: Operationalisierung des Markenwissens der Konsumenten (Quelle: Esch 2006, S. 45)

Eine Marke kann über eine aktive oder passive *Markenbekanntheit* verfügen und bildlich oder sprachlich präsent sein (Esch 2005, S. 71 f.). So verfügt z. B. die Marke Schwäbisch-Hall über eine hohe aktive Markenbekanntheit (aktiver Markenrecall) bei den Bausparkassen und ist zudem auch nonverbal repräsentiert durch das Markenzeichen mit den Steinen, den Schwäbisch-Hall-Fuchs als Präsenzsignal sowie dem Jingle „Auf diese Steine können Sie bauen" mit der einprägsamen Melodie.

Das *Markenimage* wiederum kann durch folgende Merkmale gekennzeichnet werden:

- die Art der Assoziationen (emotional oder kognitiv): Viele starke Marken sind in besonderem Maße durch emotionale Inhalte geprägt, die man mit diesen verknüpft.
- die Stärke der mit einer Marke verbundenen Assoziationen: Ob man schnell von einer Eigenschaft auf eine Marke schließen kann, hängt in besonderem Maße von der Stärke der Assoziation zu dieser Marke ab (Beispiel: Frosch-Reinigungsmittel – Umweltfreundlichkeit).
- die verbale oder nonverbale Repräsentation der Assoziationen: Unter den heutigen Markt- und Kommunikationsbedingungen wird es zunehmend wichtiger, nonverbale Inhalte mit Marken zu verknüpfen, da man auf diese leichter und schneller zurückgreifen kann und sich besser daran erinnert (Beispiel: Bild eines Cowboys – Marlboro) (Kroeber-Riel 1993).
- die Anzahl der Assoziationen: Mehr heißt hierbei nicht unbedingt besser. Vielmehr ist hier der Sinnzusammenhang zu anderen Assoziationen (Assoziationsmuster) wichtig, da ansonsten der Zugriff auf eine Marke durch zu viele und schwach verknüpfte Assoziationen erschwert werden kann.
- die Einzigartigkeit der Assoziationen: Dies zielt auf die Unterscheidbarkeit der Assoziationen von allgemeinen Assoziationen zur Produktgruppe und zu Konkurrenzmarken ab. Je mehr einzigartige Assoziationen, desto klarer ist das Image einer Marke.
- die Richtung der Assoziationen: Dies bezieht sich darauf, ob die Assoziationen positive oder negative Gefühle evozieren.
- die Relevanz der Assoziationen für die Konsumenten: Hierdurch soll geprüft werden, ob bestimmte Markenassoziationen auch Bedürfnisse und Wünsche der Kunden treffen und für diese wichtig sind.
- die Zugriffsfähigkeit der Assoziationen: Damit ist gemeint, ob man zu einer Marke eine bestimmte Eigenschaft assoziiert und umgekehrt von dieser Eigenschaft auch unmittelbar die Marke assoziieren kann.

So sind viele Assoziationen zur Hamburg-Mannheimer-Versicherung emotional geprägt. Konsumenten verfügen häufig über ein inneres Bild von „Herrn Kaiser", das besonders stark mit der Hamburg-Mannheimer verknüpft und einzigartig ist. Damit wird Aspekten wie Nähe zum Kunden, Menschlichkeit, Service und persönliche Beziehung zur Versicherung Rechnung getragen. All dies sind angenehme Assoziationen, welche die vielfach eher negativen Assoziationen zu Versicherungen allgemein überlagern. Die „Nähe zum Kunden“ ist zudem für viele Versicherungsnehmer von hoher Relevanz. Schließlich ist auch der Zugriff auf die Versicherung Hamburg-Mannheimer, z. B. durch das Bild des „Herrn Kaiser“, gewährleistet und schnell möglich. Es gibt eine klare Spur von Herrn Kaiser zur Hamburg-Mannheimer und umgekehrt. Aufgrund dieser Ausprägungen des Markenwissens ist mit einem entsprechend hohen Markenwert der Hamburg-Mannheimer zu rechnen. Die Ausführungen verdeutlichen aber auch, dass der Aufbau von Markenwissen und eines Markenwerts mit Lernprozessen zusammenhängt. Somit ergibt sich das aktuelle Markenwissen aus vergangenen Investitionen in eine Marke, aus persönlichen Erfahrungen mit einer Marke sowie aus dem aktuellen Markenauftritt, der z. B. durch Werbung, persönliche Kommunikation, Markenverpackung und ähnlichen Maßnahmen geprägt wird.

Setzt man an solchermaßen operationalisierten Gedächtnisstrukturen der Konsumenten zu Marken an, kann man den Beitrag der Marketingmix-Instrumente zum Aufbau von Markenwissen exakt analysieren und Maßnahmen zum Aufbau und zur Stärkung des Markenwissens ergreifen. Allerdings kann dieses Markenwissen nicht unmittelbar in einen ökonomischen Markenwert umgerechnet werden. Es lassen sich allerdings Beziehungen zwischen dem Markenwissen und ökonomischen Größen, wie z. B. dem Marktanteil einer Marke, herstellen (s. w. u.).

4. Ansätze zur Messung des Markenwerts

Bei den Ansätzen zur Messung des Markenwerts haben sich im Laufe der Jahre zahlreiche Klassifizierungsmöglichkeiten herausgebildet. Die Klassifikation dieses Beitrags orientiert sich am disziplinären Charakter der Modelle, der sich v. a. in der Verwendung unterschiedlicher Eingangs- und Ergebnisgrößen der Ansätze manifestiert (Bentele et al. 2005, S. 36 f.; Gerpott/Thomas 2004, S. 396). Die Systematisierung der Ansätze nach dem disziplinären Charakter resultiert in drei unterschiedlichen Kategorien der Ansätze. Es kann zwischen finanzorientierten, verhaltenswissenschaftlichen und kombinierten bzw. hybriden Ansätzen der Markenwertmessung differenziert werden (Bamert 2005, S. 127 ff.). Finanzorientierte Verfahren sind quantitativer Natur und nutzen sowohl als Eingangs- und Ergebniskriterien der Markenwertmessung monetäre Größen. Verhaltenswissenschaftliche Ansätze hingegen weisen keine monetäre Dimensionierung der Eingangs- und Ergebniskriterien im Rahmen der Markenwertbestimmung auf und ermitteln häufig nur einen relativen Markenwert. Diese beiden Kategorien der Ansätze zur Markenwertmessung korrespondieren mit dem vorab beschriebenen Verständnis des Markenwerts

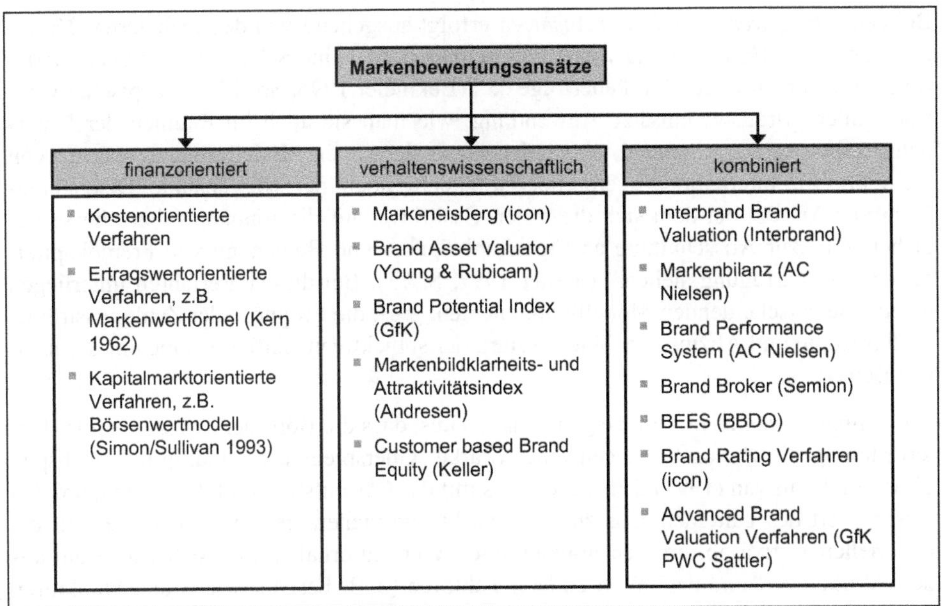

Abbildung 6: Klassifikation der Markenbewertungsansätze
(Quelle: in Anlehnung an Bentele et al. 2005; Gerpott/Thomas 2004)

aus finanzwirtschaftlicher und verhaltenswissenschaftlicher Perspektive. Kombinierte bzw. hybride Verfahren zeichnen sich durch eine Kombination der finanzorientierten und verhaltenswissenschaftlichen Perspektive aus. Diese Ansätze erfassen i. d. R. den ertragswirtschaftlichen, marktlichen und psychographischen Status von Marken und zeichnen sich durch eine Verknüpfung dieser qualitativen und quantitativen Größen aus. Als Ergebnis der Markenbewertung wird bei den Ansätzen dieser Kategorie ein monetärer Wert ausgewiesen (Bamert 2005, S. 129; Gerpott/Thomas 2004, S. 396 f.). Abbildung 6 gibt einen Überblick über ausgewählte Markenbewertungsansätze in verschiedenen Kategorien dieser Klassifikation.

Bei den *finanzorientierten Ansätzen* kann man zwischen kostenorientierten, ertragswertorientierten sowie kapitalmarktorientierten Ansätzen unterscheiden (Bekmeier 1994, S. 383 ff.; Bekmeier-Feuerhahn 1998, S. 68; Cheridito 2003, S. 147). Bei den *kostenorientierten Ansätzen* kommen historische Kostenbewertungen, die quasi die getätigten Investitionen in die Marke aufsummieren sowie gegenwartsbezogene Kostenbewertungen, also ein klassischer Wiederbeschaffungskostenansatz, in Frage (Kapferer 1992). Bei diesen Verfahren geht man von einer inputorientierten Sichtweise aus, wohingegen der Markenwert eher outputorientiert zu betrachten ist. Zudem werden hier Zukunftsaspekte bei der Ermittlung des Markenwerts vernachlässigt.

Bei den *ertragswertorientierten Ansätzen* erfolgt ausgehend von den realisierten Markterfolgen unter „Einbeziehung von Prognosemodellen ... eine Schätzung und Quantifizierung der zu erwartenden Markenerfolge ....“ (Bekmeier 1995, Sp. 1234). Typischerweise finden hier Ertragswertansätze Anwendung, wie man sie auch im Rahmen der Unternehmensbewertung allgemein verwendet. Eines der ersten Modelle hierzu stammt von Kern (1962). International verbreitet ist zudem noch der so genannte Discounted-Cashflow-Ansatz, bei dem sich die freien Cashflows auf die Einnahmeüberschüsse beziehen, die „zur Ausschüttung an Eigenkapitalgeber und Bedienung von Fremdkapitalgebern zur Verfügung stehen.“ (Sattler 1997, S. 73). Bei diesen Verfahren unterliegen jedoch die entscheidenden Modellkomponenten, z. B. die Prognose der Zahlungsströme, Zeithorizonte und Abzinsungsfaktoren stark der subjektiven Einflussnahme eines einzelnen Bewerters.

Kapitalmarktorientierte Ansätze gehen davon aus, dass die Börsenentwicklung einer Unternehmung die Zukunftschancen einer Marke widerspiegelt. So multiplizieren bspw. Simon und Sullivan (1993) den Aktienpreis mit der Gesamtstückzahl der Aktien, um den Gesamtwert des Unternehmens zu erhalten. Davon ziehen sie die Ersatzkosten für die materiellen Aktiva ab, um den immateriellen Wert zu erhalten, der sich wiederum aus dem Markenwert und dem Wert anderer Faktoren (z. B. F&E) sowie Branchenfaktoren ergibt. Der Ansatz von Simon und Sullivan ist primär für Einzelmarkenunternehmen geeignet. Voraussetzungen sind ferner ein transparenter Markt sowie ein börsennotiertes Unternehmen.

Ein rein *verhaltenswissenschaftlich orientiertes Modell* zur Ermittlung eines Markenwerts ist der *Markeneisberg* von icon Forschung und Consulting, Nürnberg (Andresen/Esch 2001; Musiol et al. 2004). Dieser Ansatz zählt nach den Ergebnissen einer Befragung von 344 Markenverantwortlichen zu den mit Abstand bekanntesten Markenbewertungsverfahren in der Praxis (Schimansky 2003, S. 45 ff.) Nach diesem Modell ergibt sich die Markenstärke, d. h. der Markenwert, aus dem

- Markenbild und dem
- Markenguthaben.

Das *Markenbild* repräsentiert in der Analogie des Eisbergs den Teil, der sich über der Wasseroberfläche befindet und „sichtbar“ ist. Im Markenbild manifestiert sich wie der Konsument die Marke wahrnimmt. Die Wahrnehmung der Konsumenten wird v. a. durch die Summe der Marketingmix-Maßnahmen einer Marke bestimmt. Das Markenbild wird geprägt durch

- die Markenbekanntheit,
- die Klarheit des inneren Markenbildes,
- die Attraktivität des inneren Markenbildes,

- die Eigenständigkeit des Markenauftritts,
- die Einprägsamkeit der Werbung sowie
- den subjektiv wahrgenommenen Werbedruck.

Das *Markenguthaben* steht für den Teil des Eisbergs, der sich unter der Wasseroberfläche befindet. Dieser Teil des Eisbergs steht für die nur langfristig veränderbaren Größen wie bspw. die Einstellungen der Konsumenten. Es wird geprägt durch

- die Markensympathie,
- das Markenvertrauen und
- die Markenloyalität (Esch 2005, S. 550 f.; Musiol et al. 2004).

Der Beitrag beider Dimensionen zur Berechnung des Markenwerts ist dabei abhängig vom Alter der Marke. So kann das Markenguthaben bei neuen Marken noch nicht so stark ausgeprägt sein wie bei alten Marken. Nach Auffassung von icon hat das Markenguthaben zwar einen direkteren Bezug zum Markenerfolg, kann allerdings im Wesentlichen nur über den Umweg des Markenbildes beeinflusst werden (Munzinger et al. 2004). Das Markenguthaben selbst hat bei jedem Menschen eine sehr individuelle Historie und beinhaltet direkte oder durch Kommunikation vermittelte Erfahrungen mit einer Marke, die mehr oder weniger positiv bewertet werden können.

Die Differenzierung in die beiden Dimensionen inneres Markenbild und Markenguthaben sind aus pragmatischer Sicht zweckmäßig. Sie können im Erklärungszusammenhang gut eingesetzt werden und bestimmte Zusammenhänge bei der Entwicklung eines Markenwerts deutlich vor Augen führen. Allerdings sind beide Dimensionen nicht unabhängig voneinander. Dies muss bei der Interpretation der Ergebnisse berücksichtigt werden.

Zwischen den einzelnen Dimensionen des Markeneisbergs wurde mit Hilfe einer Metaanalyse von nahezu 1000 internationalen Markenstatusuntersuchungen für ganz unterschiedliche Marken folgende Zusammenhänge zwischen den einzelnen Faktoren des Markeneisbergs ermittelt (Abbildung 7).

Aus den Zusammenhängen der einzelnen Markenwertfaktoren wird die starke Bedeutung der aus der Imageryforschung abgeleiteten Kriterien Klarheit und Attraktivität des inneren Markenbildes auf das Markenguthaben ersichtlich (Esch 2005, S. 552). Diese Ergebnisse können auch auf Kategorieebene oder markenspezifisch heruntergebrochen werden, wodurch man aufschlussreiche Einblicke in die Mechanismen der Markenbildung in unterschiedlichen Branchen oder Markenclustern erhält (Andresen/Esch 2001, S. 1094). Zudem können die für die jeweilige Marke ermittelten Werte für die einzelnen Indikatoren des Markeneisbergs mit Hilfe der umfangreichen icon-brand-navigation-

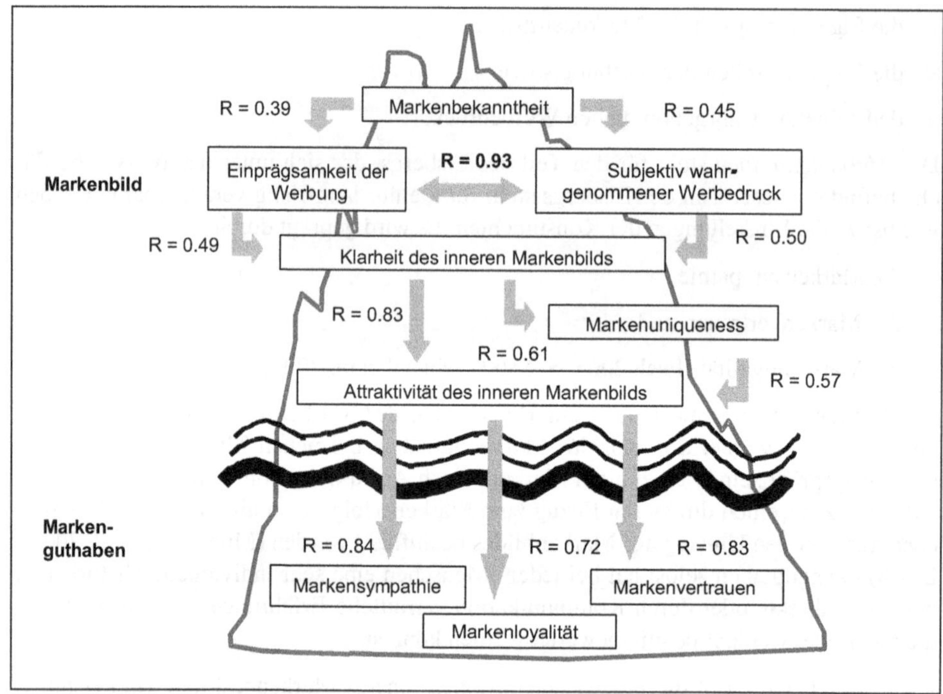

Abbildung 7: Zusammenhänge zwischen den einzelnen Markenwertfaktoren im Markeneisberg von icon (Quelle: Andresen/Esch 2001, S. 1093)

Datenbank zu entsprechenden (durchschnittlichen) Referenzwerten der jeweiligen Branche oder des jeweiligen Produktbereiches in Beziehung gesetzt werden. Dadurch erhält man konkrete Hinweise, in welchen Bereichen die Marke besser oder schlechter als der Branchendurchschnitt wahrgenommen wird, wodurch ein Benchmarking möglich wird (Andresen/Esch 2001).

Zur Überprüfung der externen Validität des Markeneisbergmodells wurde die Beziehung zwischen dem Markeneisberg und Außenkriterien wie dem Marktanteil ermittelt. Zwischen dem Markenwert, der sich aus dem Markenbild und dem Markenguthaben konstituiert, und den Marktanteilen für eine Marke konnte ein starker Zusammenhang nachgewiesen werden. Das Markenguthaben bzw. die Markenguthabenfaktoren korrelieren in diesem Zusammenhang erwartungsgemäß stärker mit dem Marktanteil als das Markenbild bzw. dessen Faktoren (Andresen/Esch 2001, S. 1094 f.; Esch 2005).

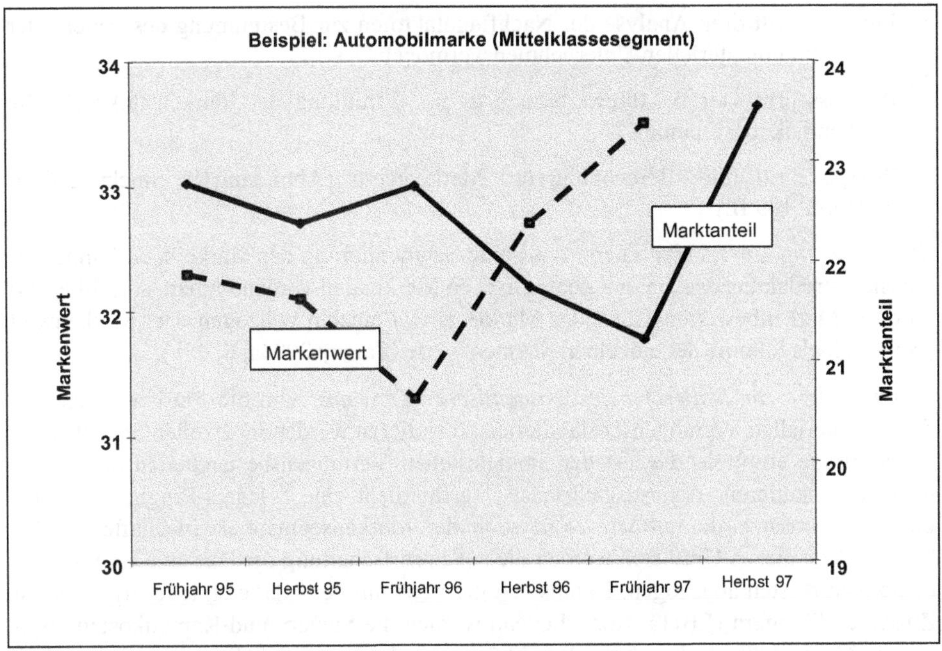

Abbildung 8: Beziehung zwischen dem inneren Markenwert (Markenguthaben und Markenbild) und dem Marktanteil
(Quelle: Andresen 1997)

Abbildung 8 gibt diese Beziehung zwischen dem inneren Markenwert und dem Marktanteil für eine Automobilmarke nochmals graphisch wieder. Bei dieser Darstellung wurde davon ausgegangen, dass der Markenwert von heute die Abverkäufe von morgen beeinflusst. Deshalb wurde der Marktanteil mit einem time lag berücksichtigt.

Nachfolgend werden die *kombinierten bzw. hybriden Verfahren* der Markenwertmessung am Beispiel der in der Praxis der Markenbewertung weit verbreiteten und bekannten Verfahren des Interbrand-Ansatzes sowie des Brand Performance Systems von ACNielsen vorgestellt.

Interbrand entwickelte dieses auf dem Ertragswert basierende Modell der Markenbewertung gemeinsam mit der London Business School. Der Interbrand-Ansatz zählt zu den bekanntesten Indikatormodellen und besteht aus den nachfolgend skizzierten fünf Prozessschritten:

- Prozessschritt eins: Segmentierung der Marke
- Prozessschritt zwei: Finanzanalyse zur Isolierung des ökonomischen Gewinns

- Prozessschritt drei: Analyse der Nachfragefaktoren zur Bestimmung des Anteils der Marke am immateriellen Unternehmensvermögen
- Prozessschritt vier: Wettbewerbsanalyse zur Ermittlung der Markenstärke für die Markenrisikobestimmung
- Prozessschritt fünf: Berechnung des Markenwerts (Abbildung 9; Stucky 2004a; 2004b, S. 109 ff.)

Segmentierung der Marke: Zuerst wird eine Segmentierung der Marke nach kundenbezogenen, produktbezogenen und geografischen Merkmalen vorgenommen. Anschließend wird die Markenbewertung für jedes Marktsegment einzeln vollzogen. Der Markenwert ergibt sich als Summe der einzelnen Segmentwerte (Stucky 2004a, S. 438).

Finanzanalyse zur Isolierung des ökonomischen Gewinns: Um die Markenerträge aus den immateriellen Vermögensbestandteilen zu isolieren werden im zweiten Schritt sämtliche Erträge ermittelt, die aus den immateriellen Vermögensbestandteilen des Unternehmens resultieren. Als Ausgangsbasis hierfür dient eine 5-Jahres-Prognose der zukünftigen Umsätze, die mit dem zu bewertenden Markensegment erwirtschaftet werden können. Von diesen Umsätzen werden die zur Erwirtschaftung der Umsätze eingesetzten operativen Kosten abgezogen. Daraus resultiert das mit der Marke erzielte Ergebnis vor Zinsen und Steuern (EBIT). Anschließend werden die Steuern und Kapitalkosten abgezogen. Man erhält als Ergebnis die Erträge aus dem immateriellen Vermögen (Esch 2005; Stucky 2004b, S. 110 f.).

Analyse der Nachfragefaktoren zur Bestimmung des Anteils der Marke am immateriellen Unternehmensvermögen: Im dritten Schritt soll der Anteil der Nachfrage bzw. der erwirtschafteten Erträge aus dem immateriellen Vermögen erfasst werden, der auf die Marke zurückzuführen ist. Während nach Angaben von Interbrand bspw. bei Konsum- und Luxusgütern mehr als 70 % des immateriellen Werts auf die Marke zurückgeführt werden können, beträgt der Stellenwert der Marke hingegen in der Pharma- und Chemiebranche lediglich 10 % (Stucky 2004a, S. 440). Zur Erfassung des Stellenwerts der Marke werden sowohl das Nachfrageverhalten als auch der Einfluss der Marke auf die Kaufentscheidung der Kunden analysiert: Dies erfolgt mittels vorhandener Marktforschungsdaten (Sekundärforschung) oder durch Workshops und Interviews, teilweise auch durch Primärforschung. Der ermittelte prozentuale Anteil der Marke wird anschließend mit den Erträgen aus dem immateriellem Vermögen multipliziert, um die reinen Markenerträge zu erhalten (Esch 2005; Stucky 2004a, S. 440 ff.).

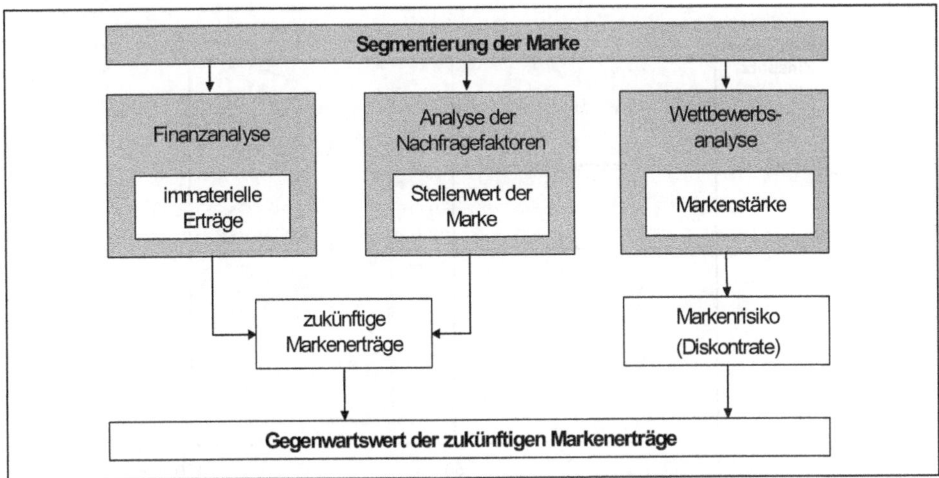

Abbildung 9: Methodische Schritte der Markenbewertung nach Interbrand (Quelle: Stucky 2004a, S. 438)

Wettbewerbsanalyse zur Bestimmung der Markenstärke für die Markenrisikobestimmung: Um das Ertragsrisiko einer Marke beurteilen zu können, wird im Rahmen des vierten Analyseschritts die Markenstärke im Vergleich zum Wettbewerb und zu einer „idealen", „risikofreien" Situation bzw. Idealsausprägung beurteilt. Die Markenstärke wird mittels der folgenden sieben unterschiedlich gewichteten Kriterien bestimmt, die insgesamt 80-100 Subattribute umfassen: Markt (10 %), Markenstabilität (15 %), Marktführerschaft (25 %), Trend der Marke (10 %), Marketingunterstützung (10 %), Internationalität (25 %) und rechtlicher Markenschutz (5 %) (Hammann 1992, S. 226 f.; Stucky 2004a, S. 443). Die Bewertung der Marke erfolgt hierbei wie beim Ursprungsmodell im Sinne eines Scoring-Modells durch eine gewichtete Punktevergabe auf den Subattributen. Die insgesamt erzielten Punktewerte werden durch eine Transformationskurve in eine Diskontrate transformiert (Abbildung 10; Stucky 2004b, S. 122). Diese bringt das mit der Markenstärke nicht linear zusammenhängende Markenrisiko zum Ausdruck. Hierbei gilt: Je schwächer die Marke ist, desto höher ist die Diskontrate, also das markenspezifische Risiko (Esch 2005). Die Transformationskurve hat einen S-förmigen Verlauf, deren Mittelpunkt regelmäßig durch die Kapitalkosten (WACC) bestimmt wird (Abbildung 10). Die Diskontierungsrate selbst setzt sich aus dem marktspezifischen Risiko und der Markenrisikoprämie zusammen.

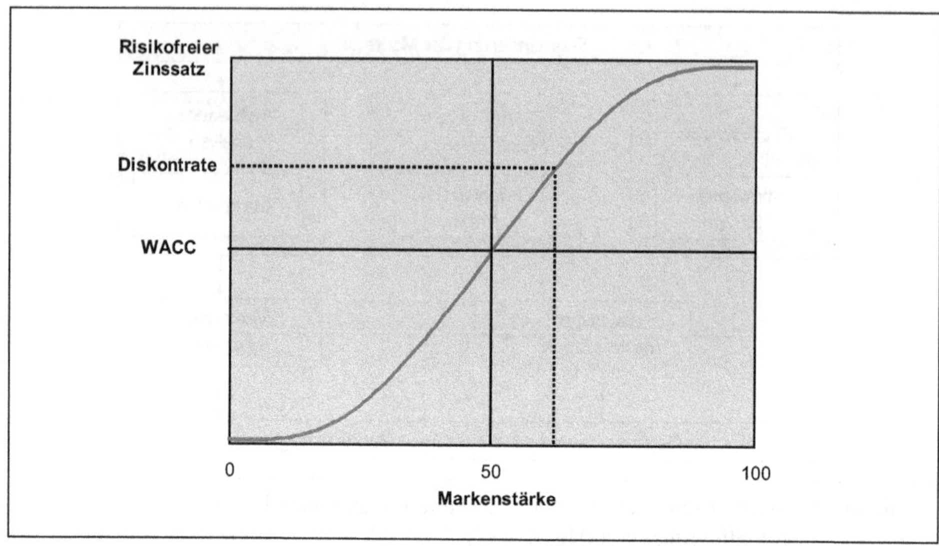

Abbildung 10: Kurvilinearer Zusammenhang zwischen Markenstärke und ihrem Risiko (Diskontrate) im Interbrand-Ansatz
(Quelle: Stucky 2004a, S. 446)

Berechnung des Markenwerts: Im fünften Schritt wird der sich aus zwei Teilwerten zusammensetzende Markenwert im Bewertungsjahr errechnet. Zum einen wird die Summe aller diskontierten Markenerträge des Prognosezeitraums gebildet. Zum anderen wird der Markenertrag des letzten Prognosejahrs mit einer ewigen Wachstumsrate verzinst, weil die Marke über den Prognosezeitraum hinaus weiter besteht und Wert generiert (Esch 2005; Stucky 2004a, S. 448).

Der Interbrand-Ansatz hat den Vorteil, dass sich die Bezugsbasis des Markenrisikos auf zukünftige Markenerträge und nicht auf den Gewinn der letzten Jahre bezieht. Weiterhin ist positiv zu beurteilen, dass der Stellenwert der Marke für unterschiedliche Segmente berücksichtigt wird (Esch 2005). Dagegen ist zu kritisieren, dass die Auswahl und Gewichtung der einzelnen Kriterien subjektiv erfolgt. Zudem unterstellen Punktbewertungsmodelle generell eine Unabhängigkeit der verwendeten Kriterien, die zu einem Gesamtpunktwert addiert werden. Dies ist jedoch nicht der Fall, denn die Kriterien korrelieren z. T. stark miteinander und führen zu Verzerrungen des Ergebnisses. Ferner ist die Ableitung eines Multiplikators anhand der S-Kurve sowie die Begründung für den S-förmigen Verlauf kritisch zu sehen. Zu weiteren Schwächen dieses Modells zählen die Abgrenzung des relevanten Marktes, die mit Unsicherheit behafteten zahlreichen Schätzungen im Rahmen der Markengewinnermittlung sowie das Heranziehen des Nachsteuergewinns, was die Höhe des Markenwerts vom Steuersystem abhängig macht (Bamert 2005, S. 171).

Das Brand Performance System von ACNielsen ist eine Weiterentwicklung der Markenbilanz, und stellt ebenfalls ein indikatororientiertes Scoring-Modell dar (zur Markenbilanz siehe Franzen 2004a, S. 149 ff. und Esch 2005). Der Leitgedanke der Markenbilanz, komplexe Markenbeziehungen und deren Bedeutung der langfristigen Markenpflege einer erfolgreichen Markenführung zuzurechnen, ist jedoch gleich (Franzen et al. 1994, S. 1393). Das Modell ist modular aufgebaut und besteht aus vier Facetten der Markenwertbetrachtung: Hierzu zählen der Brand Monitor als Kern des Brand Performance Systems, das Brand Value System, das Brand Steering System und das Brand Control System (Franzen et al. 1994, S. 1393).

Zuerst wird die Markenstärke aller im Markt relevanten Marken anhand eines kausalanalytisch errechneten Punktwertmodells im *Brand Monitor* ermittelt. Hierzu werden folgende nachfrage- und marktorientierten Indikatoren herangezogen (Abbildung 11) (Franzen 2004b, S. 131 f.):

- Marktattraktivität: Diese Größe ist nicht im Kausalmodell enthalten, fungiert aber als dessen Rahmenparameter. Die Marktattraktivität konstituiert sich aus dem Marktvolumen und dem Marktwachstum (Gewichtung: ca. 15 %).
- Durchsetzungsstärke im Markt: Diese Größe wird anhand des mengen- und wertmäßigen Marktanteils und dessen Wachstum ermittelt (Gewichtung: ca. 35 %).
- Nachfrageakzeptanz: Dieser Faktor setzt sich aus der Markenbekanntheit und dem Vorhandensein der Marke im Relevant Set zusammen (Gewichtung: ca. 40 %) und
- Verbreitungsgrad der Marke: Dieser ergibt sich aus der numerischen und gewichteten Distribution (Gewichtung: ca. 10 %).

Das Ergebnis dieser Bewertung ist ein Markenstärkeindex, der von 0-100 % reicht und einen Vergleich zwischen der eigenen Marke und Wettbewerbsmarken im Hinblick auf dieses Kriterium ermöglicht (Franzen 2004a).

Im Rahmen des *Brand Value Systems* wird die im Brand Monitor ermittelte Markenstärke in einen monetären Finanzwert überführt. Diese Transformation erfolgt basierend auf einem Ertragswertverfahren (Franzen 2004a, S. 158).

Das *Brand Steering Systems* bringt die Berücksichtigung verhaltenswissenschaftlicher Erkenntnisse im Rahmen des Brand Performance Systems zum Ausdruck. In diesem Analyseschritt werden die mit der Marke verbundenen Assoziationen bei den relevanten Zielgruppen ermittelt. Auf diese Weise werden weiterführende Erkenntnisse bzgl. der Gründe für einen steigenden oder fallenden Markenwert ersichtlich. Im Kontext dieser Analyse können auch Markenimages der Konkurrenzmarken erhoben werden und mit den Ergebnissen zur eigenen Marke verglichen werden (Franzen 2004a, S. 158).

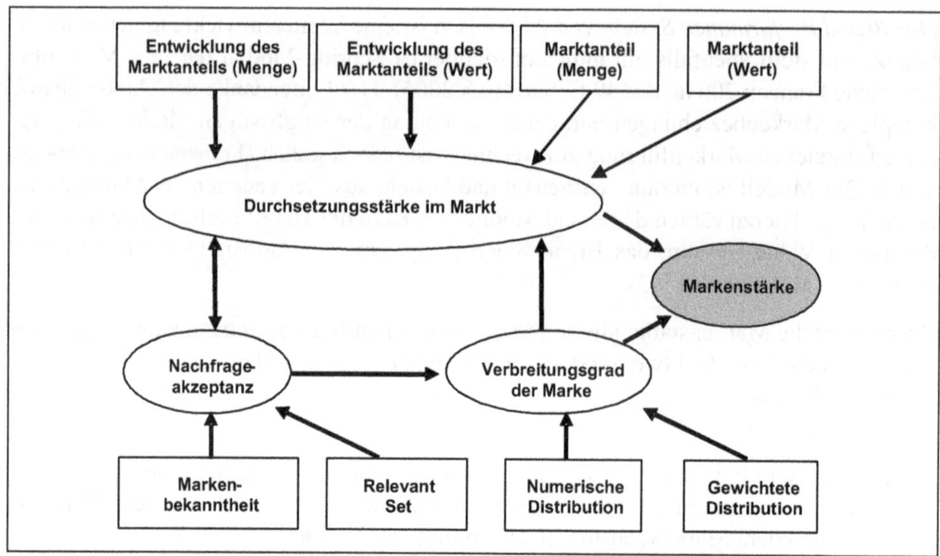

Abbildung 11: Kausalmodell des Brand Performance Systems von ACNielsen (Quelle: Franzen 2004a, S. 155)

Im *Brand Control System* werden die Marketinginvestitionen und der Erfolg der Marketingmaßnahmen zur realisierten Markenstärke in Beziehung gesetzt (Franzen et al. 1994, S. 1394).

Anhand eines Beispiels für die Berechnung des Markenwerts von PRO7 soll das Modell verdeutlicht werden. Zuerst wurde durch den *Brand Monitor* die Markenstärke anhand der oben genannten Markenwertkriterien und deren jeweiligen Gewichtungsparametern von PRO7 ermittelt. Hierbei ergab sich ein Wert von 59 % bei einem Markenstärke-Gesamtwert aller Sender von 301 %. Zur Ermittlung des finanziellen Markenwerts im Rahmen des *Brand Value Systems* wird zunächst die relative Markenstärke im Vergleich zur Konkurrenz ermittelt, welche für PRO7 bei 19,6 % liegt. Ebenso wird die Größe und Profitabilität des Marktes ermittelt: Der Werbeumsatz im TV-Markt betrug 1997 ca. 7,4 Milliarden DM, wovon die fünf untersuchten TV-Sender zusammen einen Umsatz von 6,086 Milliarden DM erzielten. Multipliziert man diesen Betrag mit einer Umsatzrendite von 14 % erhält man einen Wert von 852 Millionen DM. Hiervon kommt PRO7 mit einer Markenstärke von 19,6 % ein jährlicher Gewinnanteil von 167 Millionen DM (= 19,6 % von 852 Millionen DM) zu. Dieser Wert bildet die Berechnungsgrundlage für den monetären Markenwert von PRO7. Bei einem Kapitalisierungszinsfuß von 7,78 % ergibt sich damit ein Markenwert von PRO7 von 2.147 Millionen DM (Franzen 2004a, S. 160 f.) (Abbildung 12).

Ertragswertformel

$$E = \frac{G \times 100}{I}$$

G = Markenstärke -Gewinn in Mio. DM

I = Kapitalisierungszins

Anmerkung: Es wird von einer unendlichen Lebensdauer und einer konstanten Umsatzrendite ausgegangen.

Markenwert von PRO 7

$$E = \frac{167 \times 100}{7{,}78} = 2.147 \text{ Mio. DM}$$

Anmerkung: Der Markenstärke -Gewinn ergibt sich durch Multiplikation der relativen Markenstärke (= 19,6 %) mit dem Gesamtgewinn des aktuellen Jahres (Umsatzvolumen 7,4 Mrd. DM x Umsatzrendite von 14 % = 850 Mio. DM).

Abbildung 12: Ertragswertberechnung zur Ermittlung des Markenwerts für PRO7 (Quelle: in Anlehnung an Franzen 2004a, S. 161)

Das Brand Performance System von ACNielsen hat die Schwächen der Markenbilanz überwunden, indem eine kausalanalytische Validierung des Kriteriensystems erfolgt ist. Darüber hinaus ist das Brand Performance System vergleichsweise einfach mit in der Regel leicht verfügbaren Daten durchführbar. Der Nielsen-Ansatz greift überwiegend auf Paneldaten zurück, so dass hier zumindest bezogen auf diese Daten die Manipulationsgefahr geringer ist als bei dem Interbrand-Modell (Franzen et al. 1994). Dies geschieht aber auf Kosten einer genaueren Erfassung der konsumentenbezogenen Markenstärke. Anders als beim Markeneisberg von icon werden hier die inneren Markenbilder der Konsumenten weniger stark explizit erfasst. Kritisch zu betrachten sind darüber hinaus die Annahmen konstanter Umsatzrenditen und unendlicher Lebensdauer, auch wenn diese modifizierbar sind. Solche Modifizierungen unterliegen dabei jedoch subjektiven Eingriffen und Schätzungen (Esch 2005). Kritisch zu beurteilen sind ferner die subjektiven Einflüsse bei der Ermittlung des Umsatzpotentials sowie die Schätzung der Umsatzrenditen (Bamert 2005, S. 175). Im Zusammenhang mit der Nutzung von Kriterien wie Marktanteil oder Markenbekanntheit erscheint ferner die Abgrenzung des relevanten Marktes besonders erfolgskritisch. Ein weiterer zentraler Nachteil des Brand Performance Systems liegt darin begründet, dass es sich nicht für alle markenstrategischen Grundoptionen eines Unternehmens gleichermaßen eignet. Insbesondere Unternehmensmarken wie Siemens lassen sich nur sinnvoll bewerten, sofern die Brand Performance Analyse auf allen Teilmärkten der Marke durchgeführt würde und die ermittelten Teilmarktmarkenwerte abschließend zu einem Gesamtwert aggregiert würden (Franzen 2004a, S. 166).

Fazit: *Finanzorientierte Messverfahren* können zwar ermitteln, wie sich ein Markenwert entwickelt und wie viel eine Marke in monetären Einheiten gemessen wert ist, aber nicht, warum dieser monetäre Markenwert sich so und nicht anders entwickelt hat. M. a. W. lassen diese Verfahren nur eine Evaluation zu und erlauben keine diagnostischen und therapeutischen Aussagen. Diese Verfahren können nicht beantworten warum der Wert einer Marke hoch oder niedrig ist bzw. welche Maßnahmen zu ergreifen sind, um den Markenwert zu steigern (Esch 2005). Beispiel: In der Praxis führen Erhöhungen des Marketingbudgets oder kurzfristige Umverteilungen des Marketingbudgets häufig zur gewünschten Umsatzleistung. Verkaufsförderungsaktionen sind kurzfristig wirksam, ein größerer Werbedruck kann höhere Umsätze bewirken. Ob diese Maßnahmen den Markenwert aus verhaltenswissenschaftlicher Perspektive steigern, indem sie dem Aufbau einzigartiger und relevanter Gedächtnisstrukturen zuträglich sind oder diesen durch strategisch nicht eingebundene Maßnahmen schwächen, ist durch finanzorientierte Markenwertmessungen kaum zu beantworten.

Die *kombinierten Ansätze* von Unternehmensberatungen und Marktforschungsinstituten zur Berechnung des Markenwerts liefern zurzeit eher heuristische „Daumenwerte". Zur Markensteuerung sind diese Modelle bedingt geeignet, vor allem dann, wenn man statt des errechneten Markenwerts auf Einzelindikatoren rekurriert. Gerade die konsumentenbezogenen Kriterien müssten jedoch in den Modellen von Interbrand und ACNielsen für eine effiziente Markensteuerung noch weiter vertieft werden, um detailliertere Aufschlüsse über die in den Köpfen der Konsumenten verankerten „Markenwerte" geben zu können.

Für die in Bezug auf die Markensteuerung und das Markencontrolling besonders relevanten diagnostischen Fragestellungen, die auch die Empfehlung entsprechender Therapievorschläge ermöglichen, sind deshalb periodisch durchgeführte *verhaltenswissenschaftliche Messungen* des Markenwerts unabdingbar. Diese verhaltenswissenschaftlichen Größen lassen sich dann in einem weiteren Schritt in Beziehung zu ökonomischen Größen setzen. Darauf wird im folgenden Fallbeispiel eingegangen.

5. Fallbeispiel: Ermittlung des Markenwerts für eine Biermarke mit Hilfe des Markeneisbergs von icon

In dem folgenden Fallbeispiel wurde der Markenstatus für eine ostdeutsche Biermarke mit Hilfe des Eisbergmodells von icon erhoben.[1] Zu diesem Zweck wurden einerseits die typischen Konstrukte des Markeneisbergs durch offene und geschlossene Fragen (Profile) erfasst, andererseits noch zusätzlich ein Imageprofil zur Beschreibung der Marken entwickelt.

Der Markeneisberg umfasst das aktuelle Markenbild sowie das Markenguthaben. Bei dem Markenbild wurde die Markenbekanntheit (Recall und Recognition), die Einprägsamkeit der Werbung, der subjektiv wahrgenommene Werbedruck, die Klarheit des inneren Bildes sowie die Attraktivität des inneren Bildes ermittelt. Zur Ermittlung dieser Dimensionen des Markenbildes wurden sowohl geschlossene als auch offene Fragen verwendet. Bei dem Markenguthaben wurde die Markensympathie sowie das Markenvertrauen erfasst. Die Ergebnisse für den Markeneisberg sind in Abbildung 13 dargestellt.

Neben diesen Konstrukten wurde den 432 befragten Personen noch folgendes Imageprofil mit 62 Statements vorgelegt, von denen hier einige wiedergegeben werden:

- findet man in der gepflegten Gastronomie
- einzigartig – besser als andere
- ist für besondere Anlässe
- ist von nationaler Bedeutung
- hat eine glanzvolle elegante Aufmachung
- gut verträglich
- süffig
- exklusiv – elitär
- bitter
- steif
- ist ein anspruchsvolles Bier

1 Die folgende Markenstatusanalyse mit anonymisierten Marken wurde von icon Forschung und Consulting, Nürnberg, zur Verfügung gestellt. Mein Dank gilt Herrn Dr. Thomas Andresen für die freundliche Überlassung eines Teils der Datenauswertungen.

- erfolgreich
- passt in die neue, moderne Zeit
- ein frischer Genuss
- habe ich gern im Haus
- individuell
- gesellig – lebensfroh
- ist ein Premiumpils
- ist für Menschen mit Lebensfreude
- ist für die Freizeit
- für Szenetreffs wie Bistros und Cafés
- Preis-Leistungs-Verhältnis
- nach dem Reinheitsgebot gebraut
- heimatverbunden
- ist aus der Heimat
- ist eine regionale Marke
- ist für Genießer
- würzig
- herb
- stellt Qualität über alles

Zunächst wurden mit Hilfe einer Korrespondenzanalyse die Beziehungen zwischen einzelnen Items und den Marken sichtbar gemacht. Im Prinzip handelt es sich hier um eine vereinfachte Darstellung der wahrgenommenen Kompetenzen der einzelnen Biermarken. Dazu bildet die Korrespondenzanalyse die Ausprägungen einer Kreuztabelle so auf einer Ebene ab, dass die Distanzen der positionierten Objekte darin den Distanzen der Kreuztabelle entsprechen.

Grundsätzlich gilt: Je geringer die Entfernung zwischen einem Statement und einer Biermarke ist, desto häufiger wurde diese Aussage bei einer Biermarke gekreuzt. Je näher Biermarken beieinander liegen, desto ähnlicher sind sich diese Biermarken bezogen auf die Statements. Zwei nahe beieinanderliegende Statements deuten auf ähnliches Antwortverhalten über alle Biermarken hinweg.

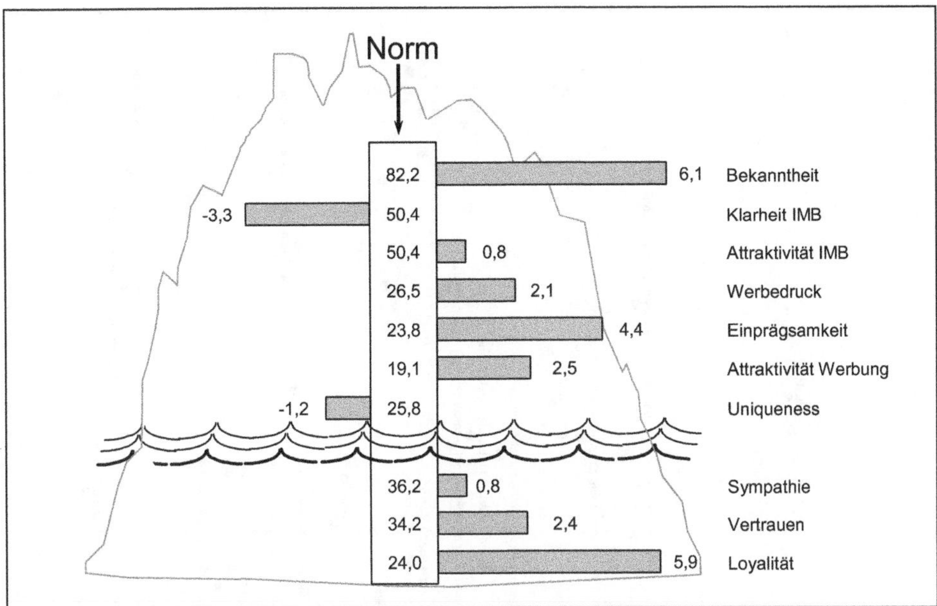

Abbildung 13: Ergebnisse zum Markeneisberg für Biermarke 1
(Quelle: icon Forschung und Consulting, Nürnberg)

Für die hier untersuchte Biermarke 1 kann man folgende Aussage treffen: Biermarke 1 wird eher als unkonventionelle und würzige Marke betrachtet. Sie unterscheidet sich deutlich von den anderen Biermarken. Mit Biermarke 3 ist ihr gemein, dass sie eher als regionale, heimatverbundene Marke betrachtet wird. Ähnlich wie bei Biermarke 5 ist auch bei der hier interessierenden Biermarke eher zutreffend, dass man sie in der Erlebnisgastronomie findet und dass die Kunden den schönen Dingen des Lebens aufgeschlossen sind (Abbildung 14).

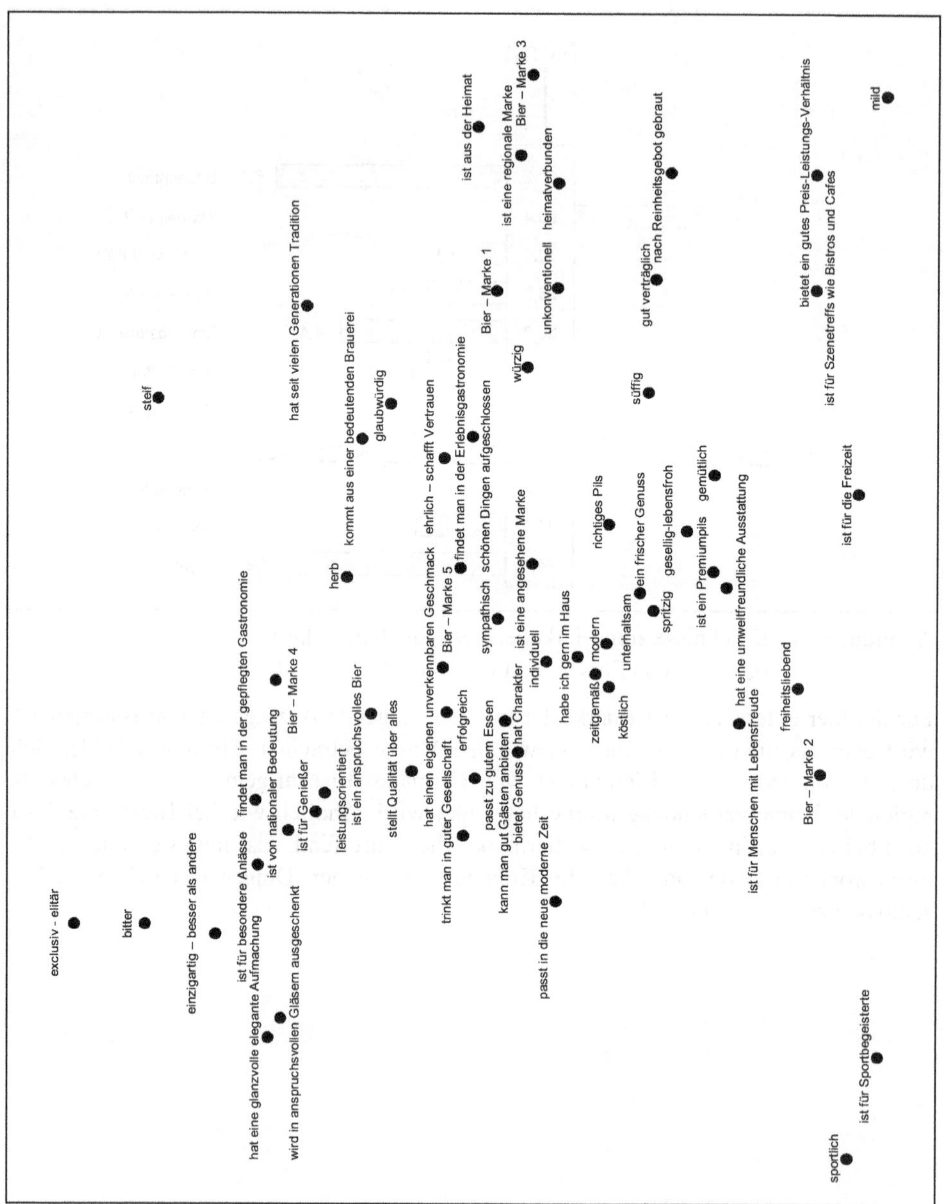

Abbildung 14: Ergebnisse einer Korrespondenzanalyse zwischen Biermarken und Statements zu diesen Marken
(Quelle: icon Forschung und Consulting, Nürnberg)

Im nächsten Schritt wurden stufenweise multiple Regressionsanalysen zwischen den einzelnen Statements (= unabhängige Variablen) und den Dimensionen des Markeneisbergs (= abhängige Variablen) durchgeführt (Abbildung 15).

```
**** MULTIPLE REGRESSION ****

Dependent Variable: Klarheit Bier 1

Method: Stepwise    Criteria  PIN 0,0500  POUT 0,1000

alle Statements

Variable(s) Entered on Step Number
   1:   habe ich gern im Haus
   2:   erfolgreich
   3:   zeitgemäß - modern
   4:   herb
   5:   bietet ein gutes Preis - Leistungs - Verhältnis

Multiple R            0,60216
R Square              0,36260
Adjusted R Square     0,35514
Standard Error       22,16015

Analysis of Variance
                DF    Sum of Squares    Mean Square
Regression       5      119286,51280    23857,30256
Residual       427      209687,78281      491,07209

F =    48,58208     Signif F = 0,0000

----------------- Variables in the Equation -----------------
```

Variable	B	SE B	Beta	T	Sig T
erfolgreich	6,193433	1,941522	0,157965	3,190	0,0015
zeitgemäß	5,177221	1,911386	0,124458	2,709	0,0070
herb	4,415382	1,597703	0,114369	2,764	0,0060
habe ich gerne im Haus	10,222412	1,728264	0,301365	5,915	0,0000
gutes Preis-Leistungs-Verhältnis	4,836385	2,052094	0,116010	2,357	0,0189
(Constant)	-17,493190	4,868941		-3,593	0,0004

Abbildung 15: Multiple Regressionsanalyse zwischen den Items zur Einschätzung der Biermarke 1 und der Klarheit des inneren Bildes zu diesem Bier (Quelle: icon Forschung und Consulting, Nürnberg)

Bei einer schrittweisen multiplen Regression erfolgt die Auswahl der Variablen, die in die Regression einfließen, automatisch. Dabei lässt sich aus der Rangfolge der Aufnahme einzelner Variablen deren Bedeutung (Erklärungskraft in Bezug auf die abhängige Variable) erkennen. Bei diesen multiplen Regressionsanalysen zwischen den einzelnen Items und den Variablen des Markeneisbergs ergaben sich folgende Ergebnisse: Auf die *Klarheit des inneren Bildes* von Biermarke 1 wirken vor allem die Items „erfolgreich", „zeitgemäß", „herb", „habe ich gerne zu Hause" sowie „gutes Preis-Leistungs-Verhältnis". Mit diesen fünf Variablen werden immerhin 36 % der Varianz der abhängigen Variablen Klarheit des inneren Bildes erklärt. Den größten Anteil an der Varianzaufklärung hat dabei das Item „habe ich gern im Haus", gefolgt von der Aussage „erfolgreich".

Die *Attraktivität des Markenbildes* wird – der multiplen Regressionsanalyse zufolge – wesentlich durch die Items „habe ich gerne zu Hause", „erfolgreich", „ist für Menschen mit Lebensfreude", „ist aus der Heimat", „zeitgemäß – modern" sowie „stellt Qualität über alles" geprägt. Das Bestimmtheitsmaß (r^2) liegt bei 61,4 % (Abbildung 16).

Was die *Markensympathie* und das *Markenvertrauen* angeht, konnten mittels multipler Regressionsanalysen 67 % der Varianz bei der Markensympathie und 64 % der Varianz beim Markenvertrauen durch jeweils acht Items erklärt werden. Sowohl bei der Markensympathie als auch beim Markenvertrauen hatte die Aussage „habe ich gern im Haus" den höchsten Erklärungsbeitrag. Darüber hinaus hatte in beiden Fällen das Statement „steif" einen negativen Einfluss auf das Markenvertrauen. Die folgenden Abbildungen 17 und 18 stellen die Beziehungen zwischen den Items und der Markensympathie bzw. dem Markenvertrauen dar.

Abbildung 19 fasst die relevanten Einflussfaktoren auf Markensympathie und -vertrauen sowie auf die Klarheit und Attraktivität des Markenbildes zusammen.

**** MULTIPLE REGRESSION ****

Dependent Variable: Attraktivität Bier 1

Method: Stepwise Criteria PIN 0,0500 POUT 0,1000

alle Statements

Variable(s) Entered on Step Number
1: habe ich gern im Haus
2: erfolgreich
3: ist für Menschen mit Lebensfreude
4: ist aus der Heimat
5: zeitgemäß - modern
6: stellt Qualität über alles

Multiple R	0,78378
R Square	0,61431
Adjusted R Square	0,60888
Standard Error	17,11662

Analysis of Variance

	DF	Sum of Squares	Mean Square
Regression	6	198791,20372	33131,86729
Residual	426	124808,94870	292,97875

F = 113,08625 Signif F = 0,0000

----------------- Variables in the Equation -----------------

Variable	B	SE B	Beta	T	Sig T
erfolgreich	6,48600	1,548666	0,166796	4,188	0,0000
zeitgemäß	5,051428	1,609885	0,122439	3,138	0,0018
habe ich gerne im Haus	13,475936	1,335070	0,399844	10,094	0,0000
stellt Qualität über alles	4,000340	1,678208	0,100266	2,384	0,0176
für Menschen mit Lebensfreude	4,369070	1,705416	0,108993	2,562	0,0108
ist aus der Heimat	5,731688	1,443602	0,132098	3,970	0,0001
(Constant)	-34,159104	4,148506		-8,234	0,0000

Abbildung 16: Multiple Regressionsanalyse zwischen den Items zur Einschätzung der Biermarke 1 und der Attraktivität des inneren Bildes zu diesem Bier (Quelle: icon Forschung und Consulting, Nürnberg)

**** MULTIPLE REGRESSION ****

Dependent Variable: Sympathie Bier 1

Method: Stepwise Criteria PIN 0,0500 POUT 0,1000

alle Variablen

Variable(s) Entered on Step Number
1: habe ich gern im Haus
2: erfolgreich
3: heimatverbunden
4: ist für Genießer
5: steif
6: individuell
7: findet man in der Erlebnisgastronomie
8: ist eine angesehene Marke

Multiple R	0,81839
R Square	0,66976
Adjusted R Square	0,66354
Standard Error	0,41603

Analysis of Variance

	DF	Sum of Squares	Mean Square
Regression	8	149,18132	18,64767
Residual	425	73,55831	0,17308

F = 107,74116 Signif F = 0,0000

------------------ Variables in the Equation ------------------

Variable	B	SE B	Beta	T	Sig T
erfolgreich	0,173928	0,039272	0,170493	4,429	0,0000
heimatverbunden	0,105139	0,036833	0,095037	2,855	0,0045
steif	-0,117172	0,035327	-0,097359	-3,317	0,0010
individuell	0,080780	0,034024	0,080522	2,374	0,0180
ist eine angesehene Marke	0,089180	0,044563	0,078112	2,001	0,0460
habe ich gern im Haus	0,458399	0,034546	0,519356	13,269	0,0000
findet man in der Erlebnisgastronomie	-0,071481	0,032509	-0,071267	-2,199	0,0284
ist für Genießer	0,085305	0,042967	0,081242	1,985	0,0477
(Constant)	0,283440	0,117923		2,404	0,0167

Abbildung 17: Multiple Regressionsanalyse zwischen den Items zur Einschätzung der Biermarke 1 und der Markensympathie (Quelle: icon Forschung und Consulting, Nürnberg)

```
**** MULTIPLE REGRESSION ****

Dependent Variable: Vertrauen Bier 1

Method: Stepwise    Criteria  PIN 0,0500  POUT 0,1000

Variable(s) Entered on Step Number
  1:    habe ich gern im Haus
  2:    glaubwürdig
  3:    bietet Genuß
  4:    steif
  5:    erfolgreich
  6:    ist für Menschen mit Lebensfreude
  7:    findet man in der Erlebnisgastronomie
  8:    hat eine umweltfreundliche Ausstattung

Multiple R              0,80051
R Square                0,64081
Adjusted R Square       0,63403
Standard Error          0,47609

Analysis of Variance
 DF    Sum of Squares     Mean Square
Regression        8      171,45281       21,43160
Residual        424       96,10377        0,22666

F =    94,55403      Signif F =  0,0000

------------------ Variables in the Equation ------------------
```

Variable	B	SE B	Beta	T	Sig T
erfolgreich	0,094629	0,043826	0,084631	2,159	0,0314
glaubwürdig	0,245846	0,049895	0,203788	4,927	0,0000
steif	-0,106040	0,038954	-0,080355	-2,722	0,0068
bietet Genuß	0,139041	0,051173	0,122483	2,717	0,0069
habe ich gern im Haus	0,431954	0,040121	0,445767	10,766	0,0000
findet man in der Erlebnisgastronomie	-0,108231	0,038429	-0,098456	-2,816	0,0051
hat eine umweltfreundliche Ausstattung	0,076745	0,036876	0,068022	2,081	0,0380
ist für Menschen mit Lebensfreude	0,116326	0,047257	0,100922	2,462	0,0142
(Constant)	0,072340	0,121240		0,597	0,5510

Abbildung 18: Multiple Regressionsanalyse zwischen den Items zur Einschätzung der Biermarke 1 und dem Markenvertrauen (Quelle: icon Forschung und Consulting, Nürnberg)

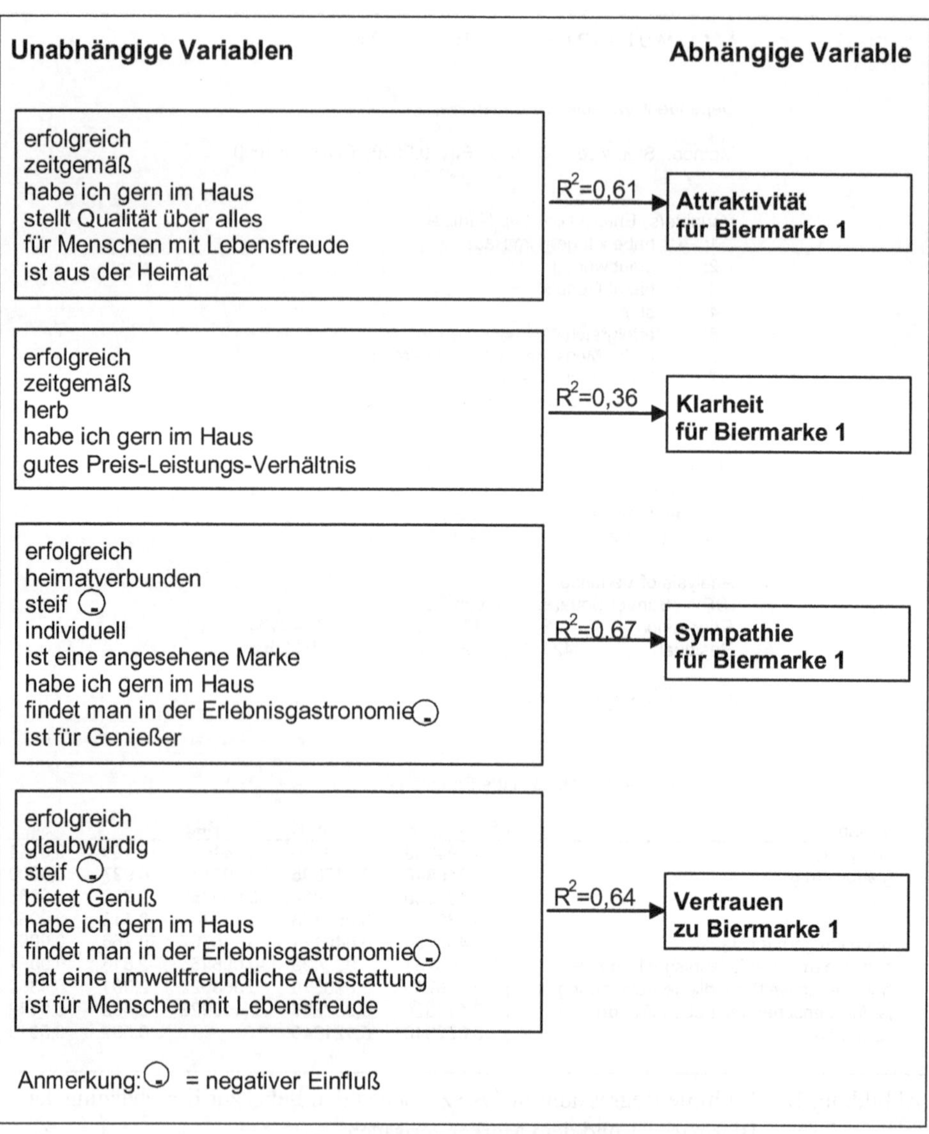

Abbildung 19: Relevante Einflussfaktoren auf Markensympathie und Markenvertrauen sowie auf Klarheit und Attraktivität des Markenbildes (Quelle: icon Forschung und Consulting, Nürnberg)

In einem letzten Schritt erfolgte nun die Berechnung der Beziehung zwischen dem Eisbergfaktor und dem ökonomischen Markenwert mit Hilfe einer schrittweisen multiplen Regressionsanalyse. Auf Basis einer Faktorenanalyse wurden aus den Markenwertfaktoren folgende Dimensionen zur Bildung eines Eisbergfaktors berechnet:

Eisbergfaktor

= (gestützte Bekanntheit

+ Klarheit des inneren Bildes

+ Attraktivität des inneren Bildes

+ Eigenständigkeit

+ Sympathie

+ Vertrauen)

/ 6.

Da eine wesentliche Voraussetzung zur Anwendung der multiplen Regressionsanalyse die Unabhängigkeit der einzelnen Regressoren untereinander ist, wurden die einzelnen Variablen des Markeneisbergs von icon einer Faktorenanalyse unterzogen. Im Rahmen einer Faktorenanalyse wurden die einzelnen Dimensionen des icon-Eisbergs auf Unabhängigkeit bzw. Abhängigkeit geprüft. Ziel war es, hinter einzelnen Ausprägungen des Markeneisbergs stehende Faktoren zu ermitteln, die eine hinreichend genaue Beurteilung der Biermarke ermöglichen. Diese gemeinsamen Einflussgrößen (Faktoren) der Eisberg-Variablen sind nicht direkt messbar. Die Faktoren sollen möglichst einfach sein und die Beobachtungen hinreichend genau erklären.

Die Faktorenanalyse wurde mit Hilfe des Statistikprogramms SPSS berechnet. Nach der Standardisierung der Datenmatrix und der Überführung derselben in eine Korrelationsmatrix wurde eine Kommunalitätenschätzung mit Hilfe der iterativen Methode durchgeführt. Als Verfahren zur Bestimmung der Faktorladungen wurde die Hauptkomponentenanalyse gewählt. Hierbei wird davon ausgegangen, dass keine spezifische und keine Fehlervarianz relevant ist, sondern die gesamte Varianz auf die gemeinsamen Faktoren zurückzuführen ist (Backhaus et al. 2006). Die Ausgangsschätzung der Kommunalitäten wurde bei der Hauptkomponentenanalyse auf 1 gesetzt (Abbildung 20).

Durch dieses Vorgehen wurde das Problem der Multikollinearität zwischen einzelnen Variablen umgangen. Im Rahmen der daran anschließenden multiplen Regressionsanalyse wurde der Eisbergfaktor zur Umgehung der Multikollinearität aus den Faktoren der Eisbergvariablen berechnet.

Variable	Communality	Factor	Eigenvalue	Pct of Var	Cum Pct
gestützte Marken-bekanntheit	1,00000	1	5,17030	64,6	64,6
Klarheit des inneren Markenbildes	1,00000	2	1,20513	15,1	79,7
Attraktivität des in-neren Markenbildes	1,00000	3	0,74598	9,3	89,0
Sympathie zur Mar-ke	1,00000	4	0,49396	6,2	95,2
Markenvertrauen	1,00000	5	0,21423	2,7	97,9
Subjektiv wahrge-nommener Werbe-druck	1,00000	6	0,08354	1,0	98,9
Einprägsamkeit der Werbung	1,00000	7	0,04926	0,6	99,5
Eigenständigkeit der Werbung	1,00000	8	0,03760	0,5	100,0

Abbildung 20: Extrahierte Faktoren mit Eigenwerten und Varianzerklärungsanteil nach der Hauptkomponentenanalyse
(Quelle: icon Forschung und Consulting, Nürnberg)

Nach der Kommunalitätenschätzung erfolgte die Faktorextraktion, da die Zahl der Faktoren kleiner sein muss als die Zahl der Variablen, die den Markeneisberg prägen. Für die Faktorextraktion und -rotation wurde die Kaiser-Normalisierung gewählt. Zur Faktorrotation wurde die Varimaxrotation herangezogen, eine orthogonale Rotation, bei der die Spalten der Faktormatrix vereinfacht werden.

Für unser Beispiel der Berechnung des Markeneisbergs für Biermarke 1 ergaben sich vier Faktoren mit unterschiedlichem Varianzerklärungsanteil. Faktor 1 steht für die Attraktivität und Klarheit des inneren Markenbildes sowie für Sympathie und Vertrauen. Der zweite Faktor steht für den Werbedruck und die Einprägsamkeit der Werbung, Faktor 3 für die Eigenständigkeit der Werbung und Faktor 4 für die gestützte Markenbekanntheit (Abbildung 21). Der erste Faktor kennzeichnet demnach Variablen mit besonderer Relevanz für den Biertrinker, der zweite Faktor spiegelt stärker den kommunikativen Druck, also die Werbeausgaben, wider, der dritte Faktor hingegen die Unterscheidbarkeit von Konkurrenzmarken und der letzte steht für die Präsenz der Marke im Kopf der Kunden. Ganz offensichtlich bestehen zwischen den Variablen Klarheit und Attraktivität des inneren Bildes als Größen, die das Markenbild, d. h. den aktuellen Markenauftritt, prägen, und der Markensympathie und dem Markenvertrauen als das

Markenguthaben begründende Größen enge Beziehungen. Klarheit und Attraktivität des Markenbildes scheinen in besonderem Maße einen Beitrag zum Aufbau von Markenvertrauen und -sympathie zu leisten (s. a. die Zusammenhänge zwischen den einzelnen Eisbergfaktoren in Abbildung 7).

Zur Berechnung des Eisbergfaktors wurden die vier im Rahmen der Faktorenanalyse ermittelten Faktoren herangezogen.

Da der ökonomische Markenwert nicht nur von dem Eisbergfaktor abhängt, wurden in die durchgeführte multiple Regressionsanalyse noch zusätzlich die gewichtete Distribution der Marke sowie einige Konkurrenzmarken als Markendummys mit einbezogen. Die Markendummys sollten berücksichtigen, dass einige Marken signifikant vom durchschnittlichen ökonomischen Markenwert abweichen. Bei der gewichteten Distribution wird von einem exponentiellen Einfluss auf den Marktanteil ausgegangen.

Der ökonomische Markenwert kann mit folgender Formel berechnet werden:

ökonomischer Markenwert = Menge x (Preis - Preis der billigsten Alternative).

Bei der Untersuchung der Bierdaten wurde der Markenwert – abweichend von obiger Formel – hilfsweise wie folgt berechnet:

ökonomischer Markenwert Pilsmarkt = Marktanteil x (Durchschnittspreis - 1) =

ökonomischer Markenwert für Marke 1 = 2,2 x (2,34 - 1) = 2,9.

	Factor 1	Factor 2	Factor 3	Factor 4
Attraktivität des inneren Markenbildes	0,91182	0,24352	0,15536	0,06153
Sympathie zur Marke	0,89615	0,06868	0,18507	0,27943
Markenvertrauen	0,88345	0,11598	0,20083	0,32339
Klarheit des inneren Markenbildes	0,80366	0,41260	0,34874	0,10092
subjektiv wahrgenommener Werbedruck	0,29039	0,90362	-0,03137	0,25243
Einprägsamkeit der Werbung	0,08663	0,77677	0,57813	0,15053
Eigenständigkeit der Werbung	0,38291	0,10045	0,89374	0,15554
gestützte Markenbekanntheit	0,33027	0,33399	0,18495	0,84971

Abbildung 21: Varimaxrotierte Faktormatrix für den Markeneisberg der Biermarke 1 (Quelle: icon Forschung und Consulting, Nürnberg)

Um zu ermitteln, welchen Einfluss der Markeneisberg und dessen Eisbergfaktoren sowie andere Einflussgrößen auf den ökonomischen Markenwert haben, wurde nun eine schrittweise multiple Regression durchgeführt. In diese multiple Regressionsanalyse gingen als unabhängige Variablen der Eisbergfaktor, der sich aus der Klarheit und Attraktivität des Markenbildes, der Markensympathie und dem Markenvertrauen sowie der Eigenständigkeit der Werbung und der gestützten Bekanntheit zusammensetzt, der Werbedruck (= subjektiv wahrgenommener Werbedruck + Einprägsamkeit der Werbung), die gewichtete Distribution und Markendummys ein. Die multiple Regressionsanalyse brachte folgende Ergebnisse (Abbildung 22):

Markenwert = -0,942 + 0,09 * $e^{\text{gewichtete Distribution}}$ + 0,27 * Eisbergfaktor - 4,15 * Markendummy Biermarke 2 - 1,89 * Markendummy Biermarke 3 - 2,40 * Markendummy Biermarke 4 - 1,44 * Markendummy Biermarke 5

$R^2 = 0{,}76$.

Bei der hier untersuchten Marke hatten weder die Einprägsamkeit der Werbung noch der subjektiv wahrgenommene Werbedruck einen signifikanten Einfluss auf den ökonomischen Markenwert. Das negative konstante Glied in der oben dargestellten Gleichung zeigt jedoch, dass sowohl ein gewisser Distributionsgrad als auch ein „Eisberg" vorhanden sein müssen, um den ökonomischen Markenwert der hier getesteten Biermarke zu steigern. Dass die Distribution bei Biermarken eine wichtige Rolle spielt, liegt auf der Hand. Wichtiger ist jedoch der Einfluss des Markeneisbergs auf den ökonomischen Markenwert, da dieser diagnostische und therapeutische Aufschlüsse für eine effektivere und effizientere Markenführung geben kann. Bei dieser Biermarke spielen dabei die Klarheit und Attraktivität der Biermarke sowie die Markensympathie und das Markenvertrauen eine entscheidende Rolle, ebenso wie die Markenbekanntheit und die Eigenständigkeit der Werbung. Hingegen müssen in Bezug auf die Einprägsamkeit der Werbung, deren Aufmerksamkeitsstärke und hinsichtlich des Werbedrucks noch Optimierungsmaßnahmen zur Steigerung des Markenwerts vorgenommen werden.

**** MULTIPLE REGRESSION ****

Dependent Variable: ökonomischer Markenwert aktuell

Method: Stepwise Criteria PIN 0,0500 POUT 0,1000
aktuelle gewichtete Distribution Eisbergfaktor Werbedruck Marke 2 Marke 3 Marke 4 Marke 5 Marke 6 Marke 7

Variable(s) Entered on Step Number
1: Gewichtete Distribution aktuell (e-Funktion)
2: Eisbergfaktor (Klarheit+Attraktivität+Sympathie+Vertrauen+Uniquess+gestützte Bekanntheit)/6
3: Marke 2
4: Marke 3 } Markendummys
5: Marke 4
6: Marke 5

Multiple R	0,86943
R Square	0,75590
Adjusted R Square	0,74096
Standard Error	2,41589

Analysis of Variance

	DF	Sum of Squares	Mean Square
Regression	6	1771,26485	295,21081
Residual	98	571,97867	5,83652

F = 50,57996 Signif F = 0,0000

------------------ Variables in the Equation ------------------

Variable	B	SE B	Beta	T	Sig T
aktuell gewichtete Distribution	0,093666	0,021685	0,379528	4,319	0,0000
Eisbergfaktor	0,273287	0,047915	0,523747	5,704	0,0000
Marke 2	-4,151290	0,742214	-0,307501	-5,593	0,0000
Marke 3	-1,890485	0,724029	-0,140035	-2,611	0,0104
Marke 4	-2,397451	0,722576	-0,177588	-3,318	0,0013
Marke 5	1,446287	0,740365	0,107132	1,953	0,0536
(Constant)	-8,418276	1,608371		-5,234	0,0000

End Block Number 1 PIN = 0,050 Limits reached.

Abbildung 22: Ergebnisse der multiplen Regressionsanalyse zwischen dem ökonomischen Markenwert (abhängige Variable) und dem Eisbergfaktor, der gewichteten Distribution und Konkurrenzmarken (unabhängige Faktoren) (Quelle: icon Forschung und Consulting, Nürnberg)

6. Ausblick: Herausforderungen für die Messung des Markenwerts

Die Ausführungen zum Markenwert haben gezeigt, dass eine alleinige Fokussierung auf einen ökonomisch fassbaren Markenwert für Zwecke der Markensteuerung und der Markenkontrolle zu einseitig wäre. Andererseits benötigt man jedoch einen ökonomischen Wert zur Bestimmung von Lizenzgebühren, als Schadensbemessungsgrundlage, beim Kauf oder Verkauf von Marken und schließlich auch zur Bilanzierung. Allerdings sind die Verfahren zur Ermittlung eines solchen ökonomischen Werts mit einigen Schwächen behaftet, die man einerseits bereits schon aus den Überlegungen zur Unternehmensbewertung kennt und die andererseits in der Operationalisierung der Einflussfaktoren für den zu berechnenden Markenwert liegen. Umgekehrt sind die Verfahren, die primär auf das Markenwissen der Konsumenten rekurrieren, zwar gut zur Markensteuerung geeignet, sie liefern jedoch keinen exakt quantifizierbaren Markenwert.

Künftig sind deshalb folgende Weiterentwicklungen bei der Berechnung des Markenwerts anzustreben: Zunächst ist eine genaue Operationalisierung des Markenwissens bzw. der verhaltenswissenschaftlichen Markenwertindikatoren als Grundlage zur Berechnung des Markenwerts vorzunehmen. Im Rahmen der Auswahl solcher Indikatoren sind explizit emotionale und nonverbale Kriterien des Markenwissens sowie Interdependenzen zwischen den Indikatoren zu berücksichtigen, da diese in besonderem Maße den Markenwert bestimmen. Wenngleich hier erste Ansätze, z. B. durch den Markeneisberg, bereits vorliegen, sind noch weitere, differenziertere Operationalisierungsüberlegungen anzustreben. Dabei ist auf die Validierung der Messverfahren zu achten.

In einem zweiten Schritt sind die Messinstrumente zur Messung einzelner Größen zu verfeinern und Beziehungsgefüge zwischen den Größen des Markenwissens und abhängigen Variablen wie der Kaufabsicht, der Preisbereitschaft und anderen Größen, die den Markenwert mitbestimmen, zu ermitteln. Hier wären vor allem kausalanalytische Studien wünschenswert, wie sie ja teilweise bereits für die Markenbilanz und das Brand Performance System von ACNielsen durchgeführt wurden. Schließlich ist eine Beziehung zwischen dem ökonomischen Markenwert und den Bestimmungsfaktoren des Markenwerts herzustellen. Allerdings steht und fällt die Quantifizierung des ökonomischen Markenwerts mit der Auswahl der Markenwertindikatoren, der Bestimmung des wertdeterminierenden Beitrags der einzelnen Indikatoren sowie der Konzeptionalisierung der Kausalstruktur. In der Markenwertforschung herrscht jedoch bzgl. der Eignung von Markenwertindikatoren für eine monetäre Markenwertmessung und deren Interdependenzen weitgehend Unklarheit. Studien, die diese Problematik adressieren und wie sie von Frahm (2004) durchgeführt wurden, müssen vom Interesse zukünftiger Forschung adressiert werden.

Literaturverzeichnis

Aaker, D.A. (1991): Managing Brand Equity, New York.

Aaker, D.A. (1992): Management des Markenwerts, Frankfurt/Main.

Aaker, D.A./Keller, K.L. (1990): Consumer Evaluations of Brand Extensions, in: Journal of Marketing, 54. Jg., S. 27-41.

Andresen, T. (1997): Konzepte für eine effektivere Markenkommunikation, in: icon Congress 1997, icon Forschung und Consulting, Nürnberg.

Andresen, T./Esch, F.-R. (2001): Messung der Markenstärke durch den Markeneisberg, in: Esch, F.-R. (Hrsg.), Moderne Markenführung. Grundlagen – innovative Ansätze – praktische Umsetzung, 3. Aufl., Wiesbaden, S. 1081-1103.

Backhaus, K./Erichson, B./Plinke, W./Weiber, R. (2006): Multivariate Analysemethoden, 11. Aufl., Berlin et al.

Bamert, T. (2005): Markenwert. Der Einfluss des Marketing auf den Markenwert bei ausgewählten Schweizer Dienstleistungsunternehmen, Wiesbaden.

Bekmeier, S. (1994): Markenwert und Markenstärke – Markenevaluierung aus konsumentenorientierter Perspektive, in: Markenartikel, Nr. 8, S. 383-387.

Bekmeier, S. (1995): Markenwert, in: Tietz, B. et al. (Hrsg.), Handwörterbuch des Marketing, Band 4, 2. Aufl., Stuttgart, S. 1459-1471.

Bekmeier-Feuerhahn, S. (1998): Marktorientierte Markenbewertung: Eine konsumenten- und unternehmensbezogene Betrachtung, Wiesbaden.

Bentele, G./Buchele, M.-S./Höpfner, J./Liebert, T. (2005): Markenwert und Markenwertermittlung: Eine systematische Modelluntersuchung und -bewertung, 2. Aufl., Wiesbaden.

Binder, C.U. (1997): Die Lizensierung von Marken, in: MTP e. V. Alumni/U. Hauser (Hrsg.), Erfolgreiches Markenmanagement, Wiesbaden, S. 179-198.

Binder, C.U. (2005): Lizenzierung von Marken, in: Esch, F.-R. (Hrsg.), Moderne Markenführung. Grundlagen – innovative Ansätze – praktische Umsetzung, 4. Aufl., Wiesbaden, S. 523-548.

Brandmeyer, K./Deichsel, A. (1991): Die magische Gestalt: Die Marke im Zeitalter der Massenware, Marketing Journal, Hamburg.

Cheridito, Y. (2003): Markenbewertung. Umfassendes Konzept zur Markenbewertung und empirische Studie bei Schweizer Publikumsgesellschaften, Bern et al.

Chernatony, L. de/McDonald, M.H.B. (1998): Creating Powerful Brands in Consumer, Service and Industrial Markets, 2. Auflage, Oxford et al.

Crimmins, J.C. (1992): Better Measurement and Management of Brand Value, in: Journal of Advertising Research, 32. Jg., S. 11-19.

Esch, F.-R. (1993): Markenwert und Markensteuerung – eine verhaltenswissenschaftliche Perspektive, in: Thexis, 10. Jg., Heft 5, S. 56-64.

Esch, F.-R. (2005): Strategie und Technik der Markenführung, 3. Aufl., München.

Esch, F.-R. (2006): Wirkungen integrierter Kommunikation, 4. Aufl., Wiesbaden.

Esch, F.-R./Andresen, T. (1994): Messung des Markenwertes, in: Belz, C./Tomczak, T. (Hrsg.), Marktforschung, St. Gallen, S. 212-230.

Esch, F.-R./Andresen, T. (1997): Messung des Markenwerts, in: MTP e. V. Alumni/U. Hauser (Hrsg.), Erfolgreiches Markenmanagement, Wiesbaden, S. 11-37.

Farquhar, P.H. (1989): Managing Brand Equity, in: Marketing Research, Nr. 1, S. 24-33.

Farquhar, P.H./Han, J. Y./Ijiri, Y. (1992): Strategies for Leveraging Master Brands, in: Marketing Research, Nr. 4, S. 32-43.

Frahm, L.-G. (2004): Markenbewertung. Ein empirischer Vergiech von Bewertungsmethoden und Markenwertindikatoren, Frankfurt/Main et al.

Franzen, O. (2004a): Das Brand Performance System von ACNielsen, in: Schimansky, A. (Hrsg.), Der Wert der Marke. Markenbewertungsverfahren für ein erfolgreiches Markenmanagement, München, S. 146-167.

Franzen, O (2004b): Konzept & Markt: ACNielsen Brand Performance System, in: Absatzwirtschaft (Hrsg.), Markenbewertung. Die Tank AG: Wie neun Bewertungsexperten eine fiktive Marke bewerten, Düsseldorf, S. 129-146.

Franzen, O./Trommsdorff, V./Riedel, F. (1994): Ansätze der Markenbewertung und Markenbilanz, in: Bruhn, M. (Hrsg.), Handbuch Markenartikel, Stuttgart, S. 1373-1401.

Geffken, M. (2002): Marken spielen auf vielen Unternehmensfeldern eine wichtige Rolle: Erfolg einer Marke nur schwer zu messen, in: Handelsblatt, 13.05.2002, Online im Internet: http//:www.handelsblatt.com, Zugriff am 24.11.2004.

Giersberg, G. (2006): Produktpiraten verlieren auch in China ihren Schutz. Weltweit werden Plagiate im Wert von 800 Milliarden Dollar gehandelt, in: Frankfurter Allgemeine Zeitung, Nr. 5, S. 18.

Gerpott, T.J./Thomas, S.E. (2004): Markenbewertungsverfahren – Einsatzfelder und Verfahrensüberblick, in: WiSt, Nr. 7, S. 394-400.

Greinert, M. (2002): Die bilanzielle Behandlung von Marken, Lohmar/Köln.

Hammann, P. (1992): Der Wert einer Marke aus betriebswirtschaftlicher und rechtlicher Sicht, in: Dichtl, E./W. Eggers (Hrsg.), Marke und Markenartikel als Instrumente des Wettbewerbs, München, S. 205-245.

Hammann, P./Gathen, A.v.D. (1994): Bilanzierung des Markenwertes und Kapitalorientierte Markenbewertungsverfahren, in: Markenartikel, 56. Jg., Nr. 5, S. 204-211.

icon Forschung & Consulting für Marketingentscheidungen (1994): Brand Trek, Nürnberg.

Interbrand (2006): Interbrand´s Annual Ranking of 100 of the Best Global Brands, 2006.

Irmscher, M. (1997): Markenwertmanagement, Frankfurt/Main et al.

Jenner, T. (2000): Flexibilität und Markenwert, in: Das Wirtschaftsstudium, 29. Jg., Nr. 7, S. 945-951.

Kaas, K.-P. (1990): Langfristige Werbewirkung und Brand Equity, in: Werbeforschung & Praxis, 35. Jg., Nr. 3, S. 48-52.

Kapferer, J.-N. (1992): Die Marke – Kapital des Unternehmens, Landsberg/Lech.

Keller, K.L. (1993): Conceptualizing, Measuring, and Managing Customer-Based Brand Equity, in: Journal of Marketing, 57. Jg., S. 1-22.

Keller, K.L. (2003): Strategic Brand Management: Building, Measuring, and Managing Brand Equity, 2.Auflage, Upper Saddle River.

Kern, W. (1962): Bewertung von Warenzeichen, in: Betriebswirtschaftliche Forschung und Praxis, 14. Jg., S. 17-31.

Kroeber-Riel, W. (1993): Bildkommunikation, München.

Kroeber-Riel, W./ Weinberg, P. (2003): Konsumentenverhalten, 8. Aufl., München.

Marx, K. (1867/1957): Das Kapital. Kritik der politischen Ökonomie, Kröners Taschenausgabe, Stuttgart.

Maul, K.-H./Kasperzak, R. (2004): Der Wert der Marke, in: Absatzwirtschaft (Hrsg.), Markenbewertung. Die Tank AG: Wie neun Bewertungsexperten eine fiktive Marke bewerten, S. 11-17.

Munzinger, U.J./Berens, H./Kuntkes, J. (2004): Der Wert einer Marke entsteht im Kopf des Verbrauchers, in: planung & analyse, 31. Jg., Nr. 2, S. 1-6.

Musiol, K.G./Berens, H./Spannagl, J./Biesalski, A. (2004): icon Brand Navigator und Brand Rating für eine holistische Markenführung, in: Schimansky, A. (Hrsg.), Der Wert der Marke. Markenbewertungsverfahren für ein erfolgreiches Markenmanagement, München, S. 370-399.

Nicolai, B. (2006): Markenverband: Plagiate werden strenger verfolgt, in: Die Welt, Nr. 154.

PricewaterhouseCoopers/Sattler, H. (2001): Praxis von Markenbewertung und Markenmanagement in deutschen Unternehmen, 2. Aufl., Frankfurt/Main.

PricewaterhouseCoopers/GfK/Sattler, H./Markenverband (2006): Praxis von Markenbewertung und Markenmanagement in deutschen Unternehmen.

Rangaswamy, A./Burke, R.R./Oliva, T.A. (1993): Brand Equity and the Extendibility of Brand Names, in: International Journal of Research in Marketing, Nr. 10, S. 61-76.

Sattler, H. (1997): Monetäre Bewertung von Markenstrategien für neue Produkte, Stuttgart.

Sattler, H. (2005): Markenbewertung: State of the Art, in: Research Papers on Marketing and Retailing, Nr. 27, Hamburg.

Schimansky, A. (2003): Schlechte Noten für Markenbewerter, in: Marketingjournal, Nr. 5, S. 44-49.

Simon, C.J./Sullivan, M.W. (1993): The Measurement and Determinants of Brand Equity: A Financial Approach, in: Marketing Science, 12. Jg., S. 28-52.

Stucky (2004a): Monetäre Markenbewertung nach dem Interbrand-Ansatz, in: Schimansky, A. (Hrsg.), Der Wert der Marke. Markenbewertungsverfahren für ein erfolgreiches Markenmanagement, München, S. 430-450.

Stucky (2004b): Interbrand: Interbrand-Modell, in: Absatzwirtschaft (Hrsg.), Markenbewertung. Die Tank AG: Wie neun Bewertungsexperten eine fiktive Marke bewerten, Düsseldorf, S. 103-128.

Tauber, E. M. (1988): Brand Leverage: Strategy for Growth in a Cost-Control World, in: Journal of Advertising Research, 28. Jg. S. 26-30.

Wagner, W./Mussler, S./Jahn, K. (2005): Markenbilanzierung nach IFRS und US GAAP, in: Esch, F.-R. (Hrsg.), Moderne Markenführung. Grundlagen – innovative Ansätze – praktische Umsetzung, 4. Aufl., Wiesbaden, S. 1409-1418.

Hans H. Bauer und Frank Huber

Nutzenorientierte Produktgestaltung

Prof. Dr. Hans H. Bauer ist Inhaber des Lehrstuhls für Allgemeine Betriebswirtschaftslehre und Marketing II an der Universität Mannheim. Prof. Dr. Frank Huber ist Inhaber des Lehrstuhls für Allgemeine Betriebswirtschaftslehre und Marketing I an der Johannes Gutenberg-Universität in Mainz.

1. Kundenzufriedenheit und ihre Messung als Herausforderung für die Automobilbranche

Gegenwärtig sehen sich die PKW-Hersteller weltweit tiefgreifenden Strukturveränderungen in ihren Volumenmärkten gegenüber. Nach langjährigem stetigem Wachstum sinkt z. B. in West-Europa, USA und Japan erstmals die Nachfrage. Weiterhin lassen sich diese für die Automobilwirtschaft so wichtigen Absatzgebiete dadurch charakterisieren, dass die Marktvolumina von einer steigenden Zahl von Wettbewerbern umkämpft sind (Simonian 1996, S. I). Bedingt durch vergleichsweise niedrige Eintrittsbarrieren erscheint vor allem Westeuropa für die Umsetzung der Markterweiterungsstrategien südostasiatischer Automobilhersteller attraktiv. Darüber hinaus gefährdet der durch den Wertewandel induzierte Trend einer abnehmenden Bedeutung materialistischer Werthaltungen zudem den durch das Prestige eines Fahrzeugs erzielbaren Zusatznutzen und erhöht damit vor allem in höherpreisigen Marktsegmenten die Preiselastizität der Konsumenten (Diez 1995, S. 151). Beim Handel führen diese Entwicklungen zu Preiskämpfen, insbesondere im Intra-Brand-Wettbewerb, der in manchen Ländern durch Reimporte aus dem Ausland weiter verschärft wird (Bauer/Huber/Betz 1998). Berücksichtigt man außerdem die Verkaufs-, Lager- und Vorhaltekosten für immer differenziertere Modellpaletten, so kann es nicht verwundern, wenn gegenwärtig die durchschnittliche Umsatzrendite im deutschen Automobilhandel bei unter einem Prozent liegt.

Im Aufbau einer intensiveren Beziehung zum Kunden und einer Erhöhung der Zufriedenheit der Nachfrager mit der Leistung sehen seit einiger Zeit viele Automobilhersteller und -händler eine Lösung der skizzierten Probleme (Johnson 1997, S. 3; einen Überblick zum Stand der Kundenzufriedenheitsforschung liefert Yi 1991). Als ökonomische Konsequenz erhoffen sich Hersteller und Handel von einer erhöhten Kundenzufriedenheit langfristig z. B. durch cross-selling eine Steigerung der Umsätze sowie niedrigere Kosten, die vornehmlich aus der Möglichkeit einer zielgruppengerechten Ansprache und Bearbeitung zufriedengestellter Kunden resultieren. Nachweislich sinkt zudem mit steigender Zufriedenheit unter bestimmten Marktbedingungen die Preiselastizität der Nachfrage. Durch einen höheren Anteil zufriedener Kunden im Käuferportfolio sind die entsprechenden Absatzmengen einem geringeren Schwankungsrisiko unterworfen. Er sichert auf Dauer Umsatz und Marktanteil. Besondere Aufmerksamkeit wird der Kundenzufriedenheit ferner zuteil, weil zufriedene Nachfrager ein höheres Treueverhalten zur Marke und eine größere Bereitschaft zur Weiterempfehlung eines Produkts oder einer Marke zeigen. Ferner ließ sich mit einem Anstieg der Anzahl der zufriedengestellten Kunden eine Erhöhung des Marktanteils konstatieren (Bolton/Drew 1991; Boulding et al. 1993; Danaher/Rust 1996; Rust/Oliver 1994; Woodside et al. 1989).

Da die Realisierung einer hohen Kundenzufriedenheit für die Automobilhersteller inzwischen also fast schon eine zwingende Notwendigkeit darstellt, besitzt die Konzeption eines adäquaten Messansatzes eine besonderen Stellenwert (Boulding et al. 1993; Cronin/Taylor 1992, 1994; Johnson 1998; Parasuraman et al. 1985, 1988, 1991; Rust et al. 1995; Rust/Oliver 1994; Teas 1993, 1994). Die Intensität, mit der Wissenschaftler und Praktiker dieses Forschungsgebiet bearbeiten, dokumentieren eindrucksvoll Peterson und Wilson (1992), die schon damals für die vergangenen 20 Jahre über 15.000 Artikel zur Messung von Kundenzufriedenheit zählten.

Wenngleich also mittlerweile eine schier unüberschaubare Zahl von Beiträgen und eine große Menge von Konzepten existiert, spielen zwei Messmodelle – das „Gap-Modell“ (Parasuraman et al. 1985, 1988, 1991) und das „Performance-Modell“ (Cronin/Taylor 1992, 1994) – in der Zufriedenheitsforschung eine bedeutende Rolle. Zwischen den beiden Konzepten bestehen im Wesentlichen vier Unterschiede. Beim Performance-Modell verkörpert zum einen die wahrgenommene Leistung die Antezendenzvariable für das Zustandekommen von Zufriedenheit. Zum anderen wird die Soll-Komponente in Form einer Vorhersage der Erwartung (will be) klar definiert. Im Gegensatz dazu basiert die Operationalisierung der Soll-Komponente im Rahmen des Gap-Modells entweder auf der Vorhersage, welche Konsumerwartung eintreten wird (will be) oder Präferenz, welche Konsumerfahrung eintreten sollte (should be). Bei dem Performance-Ansatz dienen zudem die Erwartungen des Kunden als Anker für die Bewertung seiner Globalzufriedenheit. Sie berücksichtigen Informationen über vergangene und zukünftige Leistung, was ein ständiges updating zur Folge hat. Ferner besitzen Erwartungen unmittelbar einen positiven Einfluss auf die Zufriedenheit mit der Leistung. Ein Ziel des Beitrages besteht darin, die Messansätze zu vergleichen und eine alternative Methode zur Ermittlung der Zufriedenheit mit einer angebotenen Leistung zu beschreiben. Darüber hinaus richtet sich das Augenmerk auf die nachfrageadäquate Gestaltung einer Produktleistung. Skizziert wird in diesem Zusammenhang ein auf der Means-end- und Conjoint-Analyse basierender Ansatz, welcher zu diesem Zweck wertvolle Dienste leistet (Herrmann/Huber/Gustafsson 1997).

2. Ausgewählte Methoden zur Messung der Kundenzufriedenheit in der Automobilindustrie und deren Grenzen

Eine Möglichkeit zur Erfassung der im Performance- oder Gap-Modell zum Ausdruck kommenden Konstrukte besteht darin, die Serviceleistung in Teilleistungen bzw. das Produkt in seine Schlüsselmerkmale zu dekomponieren (Parasuraman 1988, 1991; Teas 1993). Vor dem Hintergrund der ursprünglichen Erwartungen an das Produkt, der Idealvorstellung des Nachfragers (Schütze 1992) sowie der tatsächlichen Leistung des Produkts bekundet der Proband dann seine Zufriedenheit für jede Teilleistung bzw. jedes

Attribut (Danaher/Mattsson 1994; Johnson 1997; Parasuraman 1988, 1991; Rust/Zahorik 1993). Anschließend bestimmt der Marktforscher die zwischen Erwartung und Leistung bestehende Diskrepanz. Das Augenmerk richtet sich nach Auswertung der Daten auf die Merkmale, bei denen die vom Probanden genannten Werte hinsichtlich Erwartung und Leistung große Lücken aufweisen. Wenngleich dieser Ansatz durch die Einfachheit der Vorgehensweise überzeugt, tauchen bei genauerer Betrachtung einige Schwächen auf (Johnson 1998). Ein Nachteil besteht darin, dass mögliche Interaktionen zwischen den einzelnen Merkmalen ignoriert werden. Problematisch erscheint ferner die alleinige Berücksichtigung des Ausmaßes der Diskrepanz. Aufgrund dieser Eindimensionalität kann der Marktforscher z. B. keine Aussage darüber machen, ob die Merkmale, bei denen die Angaben zu den beiden interessierenden Größen weit voneinander abweichen, für die Entscheidungen des Kunden überhaupt eine bedeutsame Rolle spielen (Hemmasi et al. 1994).

Die Bestimmung der relativen Bedeutung von Produkt- oder Servicemerkmalen für das Zustandekommen des Zufriedenheitsurteils spielt hingegen bei der entsprechenden Verwendung der Regressionsanalyse eine wichtige Rolle. Auf der Basis der von den Käufern erfragten Zufriedenheitswerte bzgl. der einzelnen Leistungskomponenten lässt sich eine Aussage über den Einfluss der einzelnen Leistungskriterien bei der Herausbildung des Zufriedenheitsurteils ableiten (Cronin/Taylor 1992; Danaher/Mattsson 1994; Herrmann 1995; Rust 1994). Zum Einsatz kommt entweder die lineare oder die logistische Regression, die häufig zu ähnlichen Ergebnissen führen (Ostrowski et al. 1993). Die Interpretation der gewonnenen Resultate basiert auf den ermittelten Steigungsparametern. Jenes Merkmal, bei dem der Steigungsparameter den höchsten Wert annimmt, führt zum größten Anstieg der Gesamtzufriedenheit pro Skaleneinheit. Relativ häufig treten bei der Regressionsanalyse von Daten aus Kundenzufriedenheitsbefragungen jedoch Multikollinearitätsprobleme auf (Rust et al. 1994). Zur Korrektur dieses Problems kommt entweder die Hauptkomponentenregression (Rust/Zahorik 1993) oder ein Equity-Schätzer, wenn auch mit unterschiedlichem Erfolg, zur Anwendung (Rust et al. 1994). Ein Erfolg versprechenderes Verfahren zur Lösung des Multikollinearitätsproblems scheint der Einsatz der partiellen Kleinste-Quadrate-Regression mit latenten Variablen (PLS-Regression) zu sein (Helland 1988, 1990).

Ein in der Leistungsgestaltung häufig, in der Zufriedenheitsmessung allerdings bisher kaum eingesetztes Verfahren repräsentiert die Conjoint-Analyse (Green/Rao 1971). Diese Methode ermöglicht die Ermittlung der Zufriedenheitsurteile für eine Palette von Merkmalen auf individuellem oder auf aggregiertem Niveau. Da Conjoint-Analysen mit orthogonalem Design per Definition keine Korrelation zwischen den Merkmalen aufweisen, lassen sich relative Wichtigkeiten berechnen, welche die reale Bedeutung widerspiegeln (und zusammen 100 % ergeben). Aber auch der Conjoint-Ansatz weist einige Schwächen auf. Ein Problem resultiert aus der Verzerrung der berechneten Nutzenwerte, zu der er es dann kommt, wenn der Proband abstrakte (z. B. Marke) und konkrete

Merkmale (z. B. PS-Zahl) gegeneinander abzuwägen hat. Dies kann zu einer signifikanten Unterschätzung des Beitrages bzw. der Bedeutung abstrakter „Kriterien" führen (Neal/Bathe 1997). Kritik entzündet sich ferner an der begrenzten Anzahl von Variablen, die in einer Conjoint-Studie Berücksichtigung finden können. Um den Probanden nicht mit der Rangreihung der Kartensätze zu überfordern, reduziert man die Anzahl der Merkmale auf einige wenige. Dies verträgt sich aber nicht mit der Vielzahl von Leistungsdimensionen, die gemeinhin charakteristisch für Zufriedenheitsanalysen sind.

Darüber hinaus treten in der Automobilbranche weitere Besonderheiten im Zusammenhang mit der Ermittlung der Zufriedenheitsurteile der Nachfager auf, die es bei deren Erfassung zu berücksichtigen gilt. Bedeutung besitzt einerseits der sich im Moment in dieser Branche vollziehende Transformationsprozess. Während unlängst strategische Konzepte, die mit den Schlagwörtern Lean Management, TQM oder Business-Reengineering umrissen werden können, bei den meisten Automobilherstellern inzwischen zu erheblichen Kosteneinsparungen und Qualitätsverbesserungen in den Bereichen Materialwirtschaft, Entwicklung und Produktion geführt haben, sind Service- und Vertriebsstrategien seit Jahren weitgehend unverändert geblieben (Schlote 1995, S. 87). Nachdem die Effizienz der ersten Stufen der Wertschöpfungskette in den meisten Unternehmen erhebliche Steigerungen erfuhr, gilt die Erhöhung von Effizienz und Effektivität in Service und Vertrieb als entscheidender zukünftiger Wettbewerbsvorteil in der Automobilwirtschaft.

Andererseits nehmen Kunden die Fahrzeuge einer bestimmten Produktkategorie als homogenes Produkt wahr. Als Reaktion auf diese Entwicklung neigt das Automobilmanagement verstärkt dazu, die Differenzierung gegenüber den Wettbewerbern mit Hilfe von Service- und Vertriebsleistungen zu forcieren. So genannte Value-Added-Services (Shugan 1994; Bauer/Huber/Schaul 1997) und intelligente Distributionssysteme geben den produktorientierten Firmen ein probates Mittel an die Hand, um ihre Angebotspalette zu erweitern, ihre Märkte auszudehnen und gleichzeitig auf vorhandenen Fähigkeiten und Stärken aufzubauen, statt diese zu gefährden (Johnson 1996). Angesichts der verstärkten Ausrichtung der unternehmerischen Aktivitäten auf diese Funktionsbereiche und der dafür zu tätigenden bzw. bereits getätigten Investitionen stellt sich bei den verantwortlichen Managern allerdings ein gewisses Unbehagen darüber ein, dass die Service- bzw. Distributionsorientierung womöglich eine zu starke (finanzielle) Akzentuierung zu Lasten des eigentlichen Produkts bedeutet. Dies gibt Anlass zu einem weiteren Forschungsziel. Der verantwortliche Manager in der Automobilindustrie muss verstehen, in welcher Weise die Leistungen der Dienstleistungs- und Vertriebsabteilungen den Entscheidungsprozess des Autokäufers determinieren *und* wie zufrieden der Kunde mit diesen Leistungen ist. Mit anderen Worten ausgedrückt bedeutet dies, dass die Relevanz der beiden Komponenten im Kontext mit anderen wichtigen Auswahlkriterien gemessen werden muss. Obschon in der Automobilindustrie zahlreiche Studien existieren, in denen die Zufriedenheit der Nachfrager als Untersuchungsgegenstand im Mittelpunkt steht (Flodin/Nelson/Gustafsson 1997), berücksichtigen die Studien diesen für die Budgetentscheidung des Managers immens wichtigen Aspekt nicht.

Zur Legitimation der Conjoint-Analyse als leistungsfähiges Instrument zur Erfassung der Zufriedenheitsurteile der Nachfrager nach dem Erwerb und der Inanspruchnahme der Leistungen des Automobilherstellers bedarf es demnach der Klärung folgender Aspekte: Zum einen gilt es, den Beweis zu erbringen, dass die Ergebnisse des Conjoint-Measurement dem Automobilmanager bei der Entscheidung darüber, in welchen Funktionsbereichen weitere Investitionen zu tätigen sind, wertvolle Hinweise liefern. Zum anderen muss die Conjoint-Analyse in der Lage sein, die Vielzahl an Merkmalen, durch die sich Zufriedenheitsstudien auszeichnen, zu berücksichtigen. Ferner bedarf es der Klärung des Phänomens der Unterschätzung des Gesamtbeitrages oder der Bedeutung „abstrakter" Kriterien sowie die Beschreibung eines möglichen Lösungsansatzes zur Vermeidung der Verzerrung.

3. Legitimation und Messung der zentralen Entscheidungskriterien beim Fahrzeugkauf

3.1 Der Prozess der hierarchischen Informationsintegration

Um zu erklären, weshalb der Gesamtbeitrag oder die Bedeutung abstrakter „Kriterien" in Conjoint-Studien stark unterschätzt wird, bietet der Ansatz von Louviere (1984) eine interessante Perspektive. Der Autor vertritt die Auffassung, dass Konsumenten in einer Kaufentscheidung die Bewertungsobjekte nicht nur anhand der eigentlichen, konkreten Produktmerkmale evaluieren, sondern ihr Urteil in einem ersten Schritt auf abstrakte Dimensionen gründen. Die Nachfrager wägen demnach abstrakte Merkmale niemals gegen konkrete Variablen ab (dazu auch Corfmann 1991). Vielmehr vereinfachen die Kaufentscheider komplexe Bewertungen dadurch, dass sie die Merkmale in einer Vielzahl von Konstrukten zusammenfassen. Die Konstrukte spiegeln dann die in den einzelnen Attributen zum Ausdruck kommenden Informationen wider. Um die aus mehreren verschiedenen Merkmalen stammenden Informationen in ein Konstrukt zu integrieren, verwenden die Nachfrager Heuristiken. Wenn Probanden solche Kategorisierungsregeln entwickeln, könnten sie diese Regeln routiniert auf neue Situationen übertragen. Statt beispielsweise Informationen über viele verschiedene Merkmale zu verarbeiten, die das „Dienstleistungsangebot" eines Automobilhändlers definieren, könnten sie vereinfachende Regeln entwickeln, um die vielen möglichen Merkmale in bspw. zwei Konstrukte (Freundlichkeit des Personals und Einhaltung von Terminen) zu integrieren. Wenn Probanden nach diesem Modell kategorisieren, müssen sie nur Konstrukte anstelle der sie definierenden Merkmale verarbeiten.

Louviere nannte diesen Prozess „hierarchische Informationsintegration“ (HII). HII ist eine logische Erweiterung der Theorie der Informationsintegration (Anderson 1974, 1981, 1982) auf Situationen, in denen die Annahme Sinn macht, dass Probanden eine potentiell umfassende Menge von Attributen zu klar voneinander abgegrenzten Untermengen von „Entscheidungskonstrukten“ integrieren. Diese kognitive Strategie impliziert, dass Konsumenten zunächst Merkmalsinformationen über Alternativen in (übergeordnete) Konstrukte einbringen und nachfolgend eine Bewertung und einen Vergleich von Alternativen anhand der Konstrukte vornehmen. Basierend auf einer persönlichen Nutzenfunktion käme dann die Aggregation der separaten Konstruktbewertungen zu den Gesamtmeinungen über Alternativen zustande. Eine empirische Bestätigung der geschilderten Vorgänge liefern Louviere/Gaeth (1986), Timmermans (1987) und Louviere/Timmermans (1990).

3.2 Abstrakte Kriterien im Entscheidungsprozess der Nachfrager zur Evaluierung der Leistung der Anbieter

Um die Determinanten der Konsumentenentscheidung und der Zufriedenheitsbeurteilung zu verstehen, müssen wir die gesamte Palette der relevanten Kriterien und ihre hierarchische Beziehung zueinander erfassen. Eine Möglichkeit zur Klassifikation von Auswahlkriterien würde darin bestehen, diese Kriterien in „abstrakte“, über das Produkt hinausgehende Kriterien und in „konkrete“, das Produkt selbst spezifizierende Kriterien zu unterteilen.

Eines der offenkundigsten Kriterien bei der Entscheidung für ein bestimmtes Fahrzeug ist das mit dem Produkt oder der Dienstleistung verbundene *Markenimage* (Bauer/Huber 1998; Jacoby et al. 1977; Baumgartner 1997; Weber 1986). Der Marketingexperte assoziiert mit diesem Begriff in der Regel entweder die traditionelle Vorstellung von einer Herstellermarke (Marlboro) oder den Namen einer Organisation, die ein Produkt oder eine Dienstleistung anbietet (Mercedes Benz, debis, Lufthansa, Shell usw.). Ein Markenimage entsteht u. a. durch den symbolischen Wert, den der Nachfrager der Leistung zuschreibt (Hirschman/Holbrook 1982). Dabei fungiert die Symbolik als Kürzel für andere Qualitäten, z. B. Zuverlässigkeit, Persönlichkeit, Werbeerinnerung usw..

Ein weiteres abstraktes Kriterium repräsentiert der *Preis* (Diller 2000). Das monetäre Aquivalent für eine erhaltene Leistung spielt in der Informationsverarbeitung eine bedeutende Rolle, da der Preis alle anderen Komponenten kompensiert. Mit den bisher genannten Kriterien vergleichen die Autokäufer die *Serviceleistungen* des Anbieters (Burmann 1991; Rapp 1995), die – in Anbetracht der Homogenität der Produkte – in der Wahrnehmung eines Autokäufers einen besonderen Stellenwert besitzen. Ferner berücksichtigen die Nachfrager bei ihrer Entscheidung bzw. Zufriedenheitsbeurteilung die spezifischen Eigenschaften von *Produkten.* Das Produkt steht für eine große Vielfalt an emotionalen wie auch physischen und funktionalen Kriterien (Vershofen 1959). Diese Kriterien operieren auf abstrakter Ebene jedoch als „Nutzenbündel", die Konsumenten gegen andere abstrakte Aspekte abwägen. Als Konsequenz der These von Louviere findet jedoch nie ein direkter Trade-off zwischen einzelnen Aspekten des Produktprofils und abstrakten Variablen statt.

Als nächstes interessiert die Beschreibung eines möglichen Lösungsansatzes zur Vermeidung der Verzerrung. Dieser mittels eines fiktiven Beispiels darzustellende Lösungsansatz soll sowohl die Leistungsfähigkeit der Conjoint-Analyse als Instrument zur kundenorientierten Leistungsgestaltung als auch deren Anwendbarkeit zur Ermittlung der Zufriedenheit der Nachfrager mit der Leistung verdeutlichen und belegen.

4. Zufriedenheitsmessung in der Automobilindustrie mit Hilfe der schrittweisen Conjoint-Analyse – Ein Konzeptentwurf

4.1 Die schrittweise Conjoint-Analyse als integrativer Ansatz für die Produktentwicklung und Zufriedenheitsmessung

Trotz einiger Unzulänglichkeiten (Tscheulin 1992) ist die Conjoint-Analyse in vielerlei Hinsicht eine sehr gute Technik für die Entwicklung und Verbesserung von Dienstleistungen oder Produkten (Wittink/Vriens/Burhenne 1994) durch die Messung der Zufriedenheit mit Merkmalen und der Bedeutung von Merkmalen. Vorteilhaft erscheint das indirekte Befragungsdesign. D. h., der Proband wird nicht aufgefordert zu überlegen, was wichtig ist, sondern nur seine Präferenz anzugeben. Auf Basis der erhobenen globalen Urteile über multiattributive Alternativen (z. B. verschiedene Serviceleistungen von Automobilherstellern) besteht das Anliegen des Marktforschers dann darin, die partiellen Beiträge einzelner Attribute (z. B. Zeit und Ort der Beratung durch Verkäufer, Benachrichtigung bei Lieferverzögerungen) zum Zustandekommen des Globalurteils (z. B. Präferenz für einen bestimmten Autoanbieter) zu ermitteln. Es werden also nicht attributspezifische Einzelurteile zu einem Gesamturteil zusammengefasst (kompositioneller Ansatz), sondern gerade umgekehrt aus den Gesamturteilen der jeweilige Beitrag der einzelnen Attribute bzw. deren Ausprägungen „herauspartialisiert" (dekompositioneller Ansatz). Für die Anwendung der Conjoint-Analyse spricht ferner, dass das Untersuchungsdesign die reale Entscheidungssituation adäquat widerspiegelt.

Merkmal	Merkmalsausprägung
PS (konkretes Merkmal)	90 PS 110 PS 130 PS
Marke (abstraktes Merkmal)	Mercedes-Benz BMW Audi
Lackierung (konkretes Merkmal)	normal metallic perlmutt
Bremssystem (konkretes Merkmal)	ohne ABS mit ABS

Tabelle 1: Fiktives Beispiel für Merkmale und Merkmalsebenen für eine Conjoint-Studie in der Automobilindustrie

Zudem lassen sich mit Hilfe der gewonnenen Resultate sowohl Aussagen zu den einzelnen Merkmalsausprägungen als auch zu den Merkmalen als Entität generieren. Diesem Argument wird nicht nur bei der Leistungsgestaltung, sondern auch bei der Messung der Kundenzufriedenheit besondere Aufmerksamkeit zuteil. Bei Zufriedenheitsstudien reicht die Aussage häufig nicht aus, dass ein bestimmter Dienstleistungsbereich „wichtig" ist. Vielmehr interessiert auch die Zufriedenheit mit den erbrachten Teilleistungen. Beispielsweise reicht die Kenntnis womöglich nicht aus, dass die „Öffnungszeiten der Händler" eine wichtige Dienstleistungsdimension repräsentieren, sondern es muss auch die relative Attraktivität von verschiedenen Öffnungszeiten bekannt sein.

Ein typischer Versuchsaufbau für die Durchführung einer Conjoint-Analyse ist in Tabelle 1 wiedergegeben (siehe Bauer/Huber/Keller 1997 für ein weiteres Beispiel aus der Automobilindustrie). Das in Tabelle 1 veranschaulichte Conjoint-Design zeigt allerdings die bereits angesprochene Vermischung von abstrakten und konkreten Merkmalen. Wie die Ausführungen zum Ansatz der hierarchischen Integration von Informationen dokumentieren, steht eine solche Vorgehensweise jedoch im Widerspruch zu den Erkenntnissen von Louviere.

In jüngster Zeit wurde daher verstärkt eine Abkehr von derartigen Versuchsaufbauten beobachtet. Aufgrund der Verzerrung der Ergebnisse, die bei diesen Untersuchungsdesigns beträchtliche Ausmaße annehmen kann (Pinnell 1994), schlagen wir einen schrittweisen Ansatz vor (Abbildung 1). Der Interviewer nimmt in diesem Fall den Probanden bei der Befragung zweimal in die Pflicht.

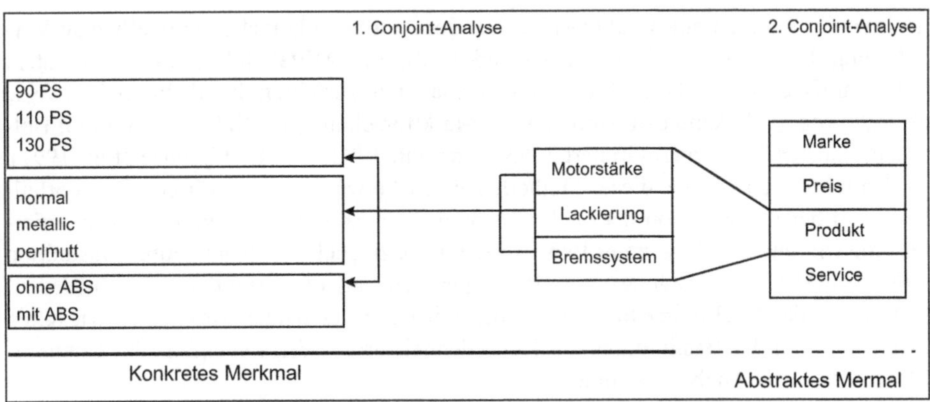

Abbildung 1: Die schrittweise Conjoint-Studie

Im ersten Teil der Erhebung äußert der Interviewte bspw. seine Präferenz im Rahmen einer konventionellen Conjoint-Befragung zu den Produktmerkmalen (den „konkreten" Merkmalen). Im zweiten Teil der Erhebung muss er hingegen seine Präferenz gegenüber ausgewählten „abstrakten" Merkmalen offenlegen. Die Ergebnisse der beiden Modelle werden dann verknüpft. In unserem Fall ersetzt dann das Bündel der konkreten Produktmerkmale in der ersten Conjoint-Analyse das einzelne abstrakte Merkmal der zweiten Conjoint-Befragung, das für die Bündel der Produktmerkmale steht.

Die Ergebnisse der beiden Analysen kommen letztendlich in einem Datensatz zum Ausdruck, jedoch ohne die Verzerrung, die sich ergeben hätte, wenn die Merkmale nicht in das stufenweise Untersuchungsdesign aufgenommen worden wären. Obschon das geschilderte Beispiel sich auf das Attribut Produkt als „Brückenvariable" bezieht, liegt die Vermutung nahe, dass das Merkmal Service mit Merkmalsausprägungen von „sehr gute Dienstleistungsqualität" bis „sehr schlechte Dienstleistungsqualität", das ein Attribut der zweiten Conjoint-Analyse repräsentiert, ebenfalls eine differenzierte Betrachtung erfährt.

Wenngleich unter Berücksichtigung der Erkenntnisse zur Vermeidung von Verzerrungen die Conjoint-Analyse sicherlich ein adäquates Instrument zur *nutzenorientierten Gestaltung* von Leistungen repräsentiert, äußern jedoch auch viele Autoren im Marketing ihre Bedenken gegen eine solche Vorgehensweise (Herrmann 1997). Nach deren Überzeugung determinieren nämlich nicht allein die Nutzenkomponenten eines Produkts die Wahlentscheidung; vielmehr spielen Antriebskräfte wie Motive und Werte bei der Kaufhandlung eine besondere Rolle. Entsprechend gilt es, bei der Konzeption einer Leistung einzelne Werthaltungen, Nutzenkomponenten und Produktmerkmale zu berücksichtigen. Zur Ermittlung kaufentscheidender Werthaltungen, Nutzenelemente und Produktattribute dient in der Marktforschung gemeinhin die Means-end-Analyse. Doch weist auch dieser Ansatz einige Schwächen auf (Herrmann/Huber/Gustafsson 1997), weshalb als nächstes im Rahmen eines Fallbeispiels aus der Automobilbranche die intelligente Verknüpfung der Conjoint- mit der Means-end-Analyse im Mittelpunkt des Interesses steht (Abschnitt 4.2). Da im Gegensatz zum erstgenannten Verfahren die Means-end-Analyse eher als weniger bekanntes Instrument der Marktforschung gilt (Baker/Knox 1995; Botschen et al. 1997; Grunert/Grunert 1995; Gutmann 1982; Valette-Florence et al. 1991), wollen wir die Grundidee dieser Methode zunächst etwas genauer erörtern. Die Vorteilhaftigkeit der Kombination der beiden Methoden sei exemplarisch an der wertorientierten Konzeption eines Pkw unter Beweis gestellt (dazu auch Herrmann/Huber/Gustafsson 1997). In Abschnitt 4.3 liegt dann das Augenmerk auf der Ermittlung der Zufriedenheitsurteile der Nachfrager hinsichtlich des mit Hilfe der beiden Ansätze entwickelten Fahrzeugs. Bei der Bestimmung der Zufriedenheitsurteile dient ebenfalls das Conjoint-Measurement als Analyseinstrument.

4.2 Wertorientierte Gestaltung von Personenkraftwagen

Die zentrale Hypothese des Means-end-Ansatzes besagt, dass Nachfrager Leistungsbündel als Mittel („means“) betrachten, um wünschenswerte Ziele („ends“) bzw. Werte zu realisieren (Kroeber-Riel 1992, S. 142). Wie diese subjektive Produktbewertung, d. h. die Verknüpfung von Leistungsbündeln bzw. Attributen der Leistungsbündel und Werten, zustande kommt, versucht die Means-end-Theorie mittels Erkenntnissen der kognitiven Psychologie zu erklären. Demnach erfolgt die innere Repräsentation des konsumrelevanten Wissens im Gedächtnis in Form von hierarchisch angeordneten kognitiven Strukturen, den sog. Means-end-Ketten. Diese Ketten, die das Ergebnis eines Lernprozesses darstellen, bestehen aus den Kategorien des Produktwissens, die sich auf verschiedenen Abstraktionsniveaus befinden, und deren assoziativen Verknüpfungen (Reynolds/Gutman 1988, S. 12). Bei diesen Kategorien des konsumrelevanten Wissens unterscheiden Walker/Olson (1991) sechs Typen (Abbildung 2).

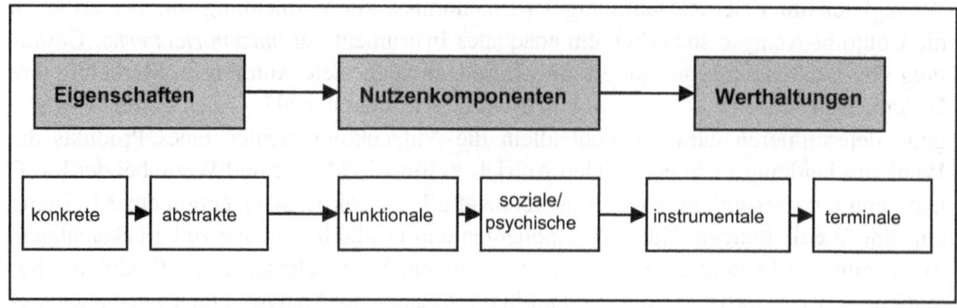

Abbildung 2: Das „Means-end“-Modell von Walker/Olson

Eine Eigenschaft gilt nach Auffassung der beiden Forscher als konkret, wenn ihre Ausprägungen die physikalisch-chemisch-technische Beschaffenheit eines Erzeugnisses beschreibt. Hängt die Ausprägung zwar von objektiven Gegebenheiten ab, wird aber vom Nachfrager nur subjektiv und komplex wahrgenommen, so bezeichnet man ein solches Attribut als abstrakt. Der funktionale Grundnutzen verkörpert die Zwecktauglichkeit eines Gutes und schließt die aus der eigentlichen Produktverwendung resultierenden Konsequenzen ein. Dagegen umfassen soziale/psychische Benefits alle für die Funktionsfähigkeit des Erzeugnisses nicht zwingend erforderlichen Größen, wie z. B. Merkmale, welche die ästhetische Erscheinung eines Gutes steigern. Walker/Olson unterscheiden ferner zwischen Werthaltungen, die wünschenswerte Lebensziele (terminale Werte) wie innere Harmonie oder eine Welt voller Schönheit verkörpern, und Werthaltungen, die wünschenswerte Verhaltensziele (instrumentale Werte) wie tolerante, hilfsbereite oder phantasievolle Handlungen repräsentieren (Rokeach 1973).

Um die erläuterten Elemente der Means-end-Kette sowie die zwischen diesen Komponenten existierenden Relationen zu rekonstruieren bzw. anschließend zu visualisieren, kommen ausgewählte Befragungsinstrumente der qualitativen Marktforschung zum Einsatz. Zur Verfügung stehen Methoden wie der „repertory grid“-Ansatz, das „laddering“-Interview, die Inhaltsanalyse und das „laddering“-Verfahren. Diese Analysetechniken kommen im Rahmen einer Means-end-Analyse allerdings nicht einzeln zur Anwendung. Erst in ihrem Zusammenspiel ermöglichen sie eine Identifikation der Determinanten des individuellen Verhaltens.

Die „repertory grid“-Methode zielt auf die Ermittlung der für die Produktwahl eines Individuums bedeutsamen Eigenschaften ab (Bannister/Fransella 1981, S. 58 ff.). Zu diesem Zweck liegen der Versuchsperson in mehreren Befragungsrunden jeweils Tripel von verschiedenen Pkw mit der Aufforderung vor, die Merkmale zu nennen, nach denen zwei Produkte einander ähnlich, beide aber dem dritten unähnlich sind. Dieses Verfahren wird so lange fortgesetzt, bis der Betroffene keine neuen Attribute mehr angibt und eine umfassende Liste von Eigenschaften mit der Häufigkeit ihrer Nennung existiert. Daraufhin bittet man den Probanden, für jedes betrachtete Merkmal zwei möglichst gegensätzliche (dichotome) Ausprägungen zu nennen, die seinen positiven und negativen Pol repräsentieren. Schließlich erhält die Auskunftsperson die Aufgabe, für jedes Produkt zu entscheiden, ob seine Ausprägung auf dem jeweiligen Attribut eher dem positiven oder dem negativen Pol entspricht. Dadurch lassen sich die verschiedenen Merkmale auf Ähnlichkeit überprüfen. Als Beurteilungskriterium dient der von Kelly (1955, S. 300 ff.)als „matching score“ bezeichnete Wert. Er errechnet sich als Summe aus den übereinstimmenden Ausprägungswerten zweier Zeilen. Ein hoher „matching score“ weist auf eine positive Assoziation hin. Eine mögliche Redundanz der Merkmalsliste, die durch Unterschiede in Sprache und Wortbedeutung der Auskunftspersonen entstehen kann, lässt sich somit erkennen und eliminieren.

Zur Erfassung der Nutzenkomponenten von Produkten und der Werthaltungen bietet sich das „laddering"-Interview an. Das Anliegen dieser nicht standardisierten Befragung besteht darin, die verhaltensprägenden Kräfte der Individuen bei der Güterwahl zu erforschen. Methodisch gesehen dienen mehrere aufeinanderfolgende „Warum"-Fragen dazu, dass eine Auskunftsperson bestimmte Facetten ihrer Vorstellungswelt preisgibt, angefangen von abstrakten Produkteigenschaften bis zu den terminalen Werthaltungen. Olson und Reynolds erläutern diese Vorgehensweise sehr prägnant: „The purpose of laddering is to force the consumer up the ladder of abstraction ... to uncover the structural aspects of consumer knowledge as modeled by the means-end chain ..." (Olson/Reynolds 1983, S. 82).

Dieser Idee zufolge lässt sich das „laddering"-Interview als eine aus mehreren Befragungsrunden bestehende Erhebungstechnik charakterisieren. In einer ersten Runde interessiert die Beantwortung der Frage, warum die mit dem „repertory grid"-Verfahren identifizierten konkreten Merkmale für den Probanden bei der Wahl eines Kfz eine große Bedeutung besitzen. Die aus den Antworten rekonstruierten abstrakten Attribute bilden den Ausgangspunkt, um in einer zweiten Runde die funktionalen Nutzenkomponenten der vorliegenden Produkte zu ergründen. Diese Nennungen vor Augen geht es in einer dritten Runde darum, eine Vorstellung über die mit den betrachteten Marken verknüpften psychischen Nutzenkomponenten zu entwickeln. Diese Befragung wird so lange fortgeführt, bis das Individuum Auskunft über seine instrumentalen und terminalen Werthaltungen gibt (Herrmann 1996, S. 91 ff.).

Im Anschluss an die Interviews erfolgt eine inhaltsanalytische Auswertung der schriftlich fixierten sprachlichen Aussagen. Tabelle 2 zeigt das mit Hilfe der Inhaltsanalyse entwickelte Kategoriensystem.

Durch paarweise Gegenüberstellung der einzelnen Komponenten werden die individuellen Means-end-Ketten in eine Häufigkeitstabelle überführt (Gengler/Reynolds 1995, S. 24 f.). Diese so genannte „implication matrix" enthält die Häufigkeiten aller von den Probanden genannten direkten Relationen zwischen zwei unmittelbar aufeinanderfolgenden Elementen der kognitiven Ketten. Damit findet in dieser Phase der Auswertung nicht nur die Aggregation der qualitativen Aussagen, sondern auch deren Umwandlung in quantitative Daten statt. Die mit Hilfe der „implication matrix" aufgezeigten Verbindungen werden anschließend zur besseren Veranschaulichung in eine Grafik, die sog. „hierarchical value map", überführt. Bei der Transformation erscheint es allerdings nicht angebracht, alle in der „implication matrix" dokumentierten Beziehungen zu visualisieren. Sinn macht vielmehr die Festlegung eines „cut off level". Aufgrund einer solchen Restriktion enthält die aggregierte „hierarchical value map" nur relevante, d. h. oberhalb eines gewissen Häufigkeitsniveaus liegende, Relationen (Abbildung 3). Den methodischen Kern des „laddering"-Verfahrens bildet die zeilenweise Bestimmung aller Verknüpfungen, die diesen Schwellenwert überschreiten.

KP 1	=	Airbag	FN 4	=	Perfekter Klang
KP 2	=	Sportfahrwerk	PSN 1	=	Klassenzugehörigkeit
KP 3	=	Motorleistung	PSN 2	=	Prestigegewinn
KP 4	=	Erreichbarkeit der Bedien-elemente	PSN 3	=	Rasch reagieren können
KP 5	=	Sportsitze	PSN 4	=	Leistungsfähigkeit
KP 6	=	Hi-Fi System	PSN 5	=	Entspannung
KP 7	=	Pkw-Form	IW 1	=	Andere beeindrucken
KP 8	=	Stoßfänger in Wagenfarbe	IW 2	=	Erfolg ermitteln
AP 1	=	Markenimage	IW 3	=	Für andere Verantwortung übernehmen
AP 2	=	Hoher Preis	IW 4	=	Schwierige Situationen meistern
AP 3	=	Elegantes Design	IW 5	=	Wohlbefinden
AP 4	=	Einheitliches Erscheinungs-bild	IW 6	=	Ästhetik
FN 1	=	Stabile Spur	TW 1	=	soziale Anerkennung
FN 2	=	Kraftreserve	TW 2	=	Sicherheit
FN 3	=	Komfort	TW 3	=	Selbstverwirklichung
Legende: KP = Konkrete Attribute AP = Abstrakte Attribute FN = Funktionaler Nutzen			PSN = Psychosozialer Nutzen IW = Instrumentaler Wert TW = Terminaler Wert		

Tabelle 2: Die Kategorien der fiktiven Means-end-Analyse

Mittels der spezifizierten Means-end-Elemente lassen sich Ketten konstruieren, die einen Ausschnitt aus der Wissensstruktur eines Individuums verkörpern. Hiernach führt bspw. die Absicht einer Person, einen Pkw zu kaufen, zunächst zu einer Aktivierung der mit ihm verknüpften konkreten Merkmale (z. B. Sportsitze). Diese dienen dem Nachfrager zur Realisierung funktionaler (Komfort) und sozialer bzw. psychischer (Entspannung) Nutzenkomponenten. Die Nutzendimensionen sind wiederum Ausdruck seiner instrumentalen (Wohlbefinden) und terminalen (Selbstverwirklichung) Werthaltungen (Abbildung 3). Das Ausstattungsmerkmal „Sportsitze" repräsentiert demnach in unserem fiktiven Beispiel ein Mittel zur Selbstverwirklichung. Es verkörpert hingegen nicht den Wert Sicherheit.

Die Notwendigkeit, Werthaltungen bei der Produktgestaltung zu berücksichtigen, sei nochmals verdeutlicht. Angenommen für die Nachfrager spiele die Länge der Frontpartie eines Fahrzeugs beim Kauf eine wesentliche Rolle, so würde das Wissen, dass diese Eigenschaft aus Kundensicht der Erhöhung des Selbstwertes dient, die Produktdesigner zu einer anderen Formgebung inspirieren, als wenn damit der Wert Sicherheit in Zusammenhang stünde. Die Kenntnis der „Warum"-Antworten sollte die Weiter- bzw. Neuentwicklung von Sitzen also ganz maßgeblich beeinflussen.

Nach Durchführung der Means-end-Analyse vermag der Automobilmarktforscher Angaben darüber machen, aufgrund welcher Wert- und Nutzenstrukturen Kunden bestimmte Produkteigenschaften als kaufrelevant erachtet. Um die Präferenzen für einzelne Merkmale und Merkmalsausprägungen der Höhe nach zu ermitteln, wird die Conjoint-Analyse eingesetzt. Basierend auf den mit Hilfe der Means-end-Analyse generierten Merkmalen (Abbildung 4) steht als nächstes die Quantifizierung des Nutzens im Mittelpunkt.

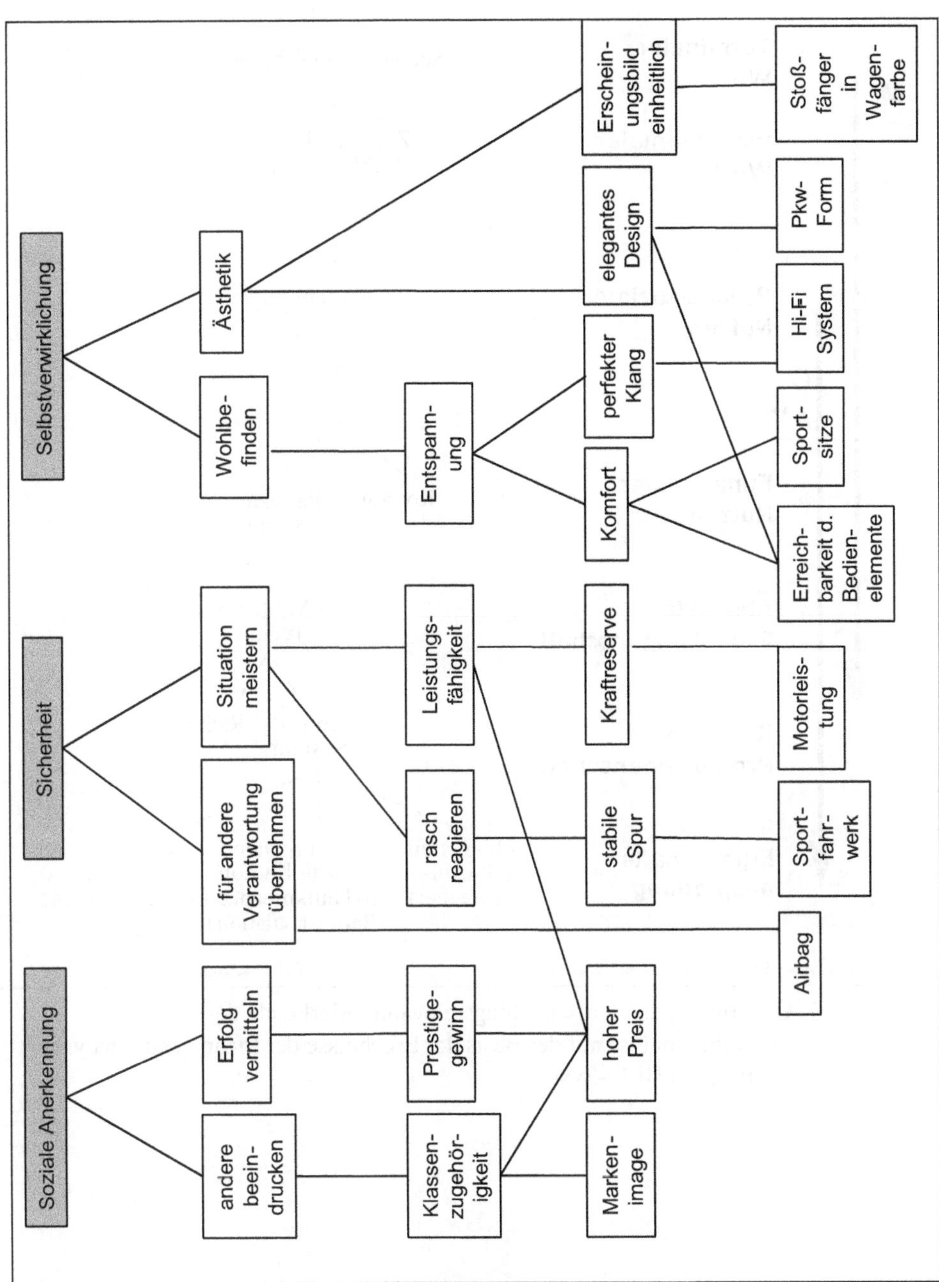

Abbildung 3: Eine fiktive „hierarchical value map" für PKW-Nachfrager

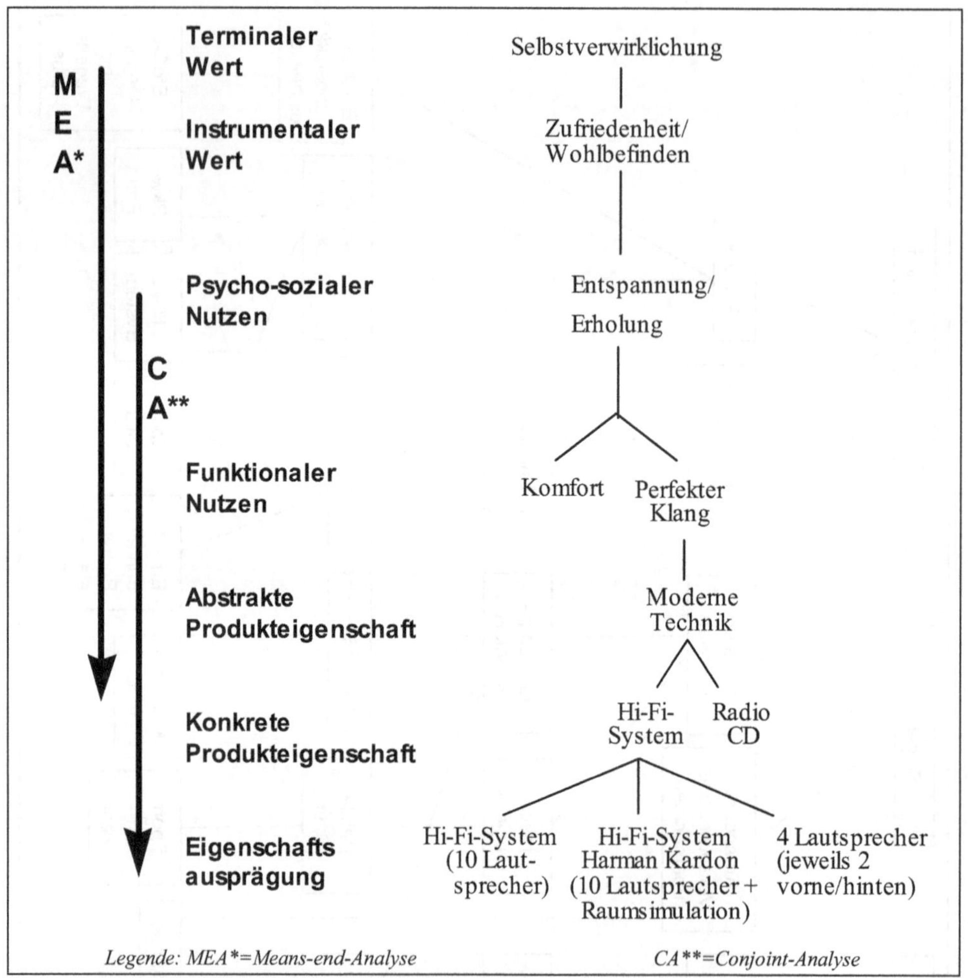

Abbildung 4: Generierung kaufentscheidungsrelevanter Merkmale der Conjoint-Analyse auf der Basis der Ergebnisse der Means-end-Analyse am Beispiel Hi-Fi-System

4.3 Zufriedenheitsmessung für Fahrzeuge mit wertorientiertem Design

Nach der Konzeption oder Modifikation eines Fahrzeugs entsprechend den Kundenwünschen richtet sich das Augenmerk der Hersteller auf die Ermittlung der Zufriedenheit der Nachfrager mit dem angebotenen Produkt (Herrmann/Huber/Gustafsson 1997). In diesem Zusammenhang verkörpert die Zufriedenheitsmessung ein Kontrollinstrument.

Kundenzufriedenheit wird häufig anhand einer fünf- oder siebenstelligen bipolaren Bewertungsskala gemessen, deren Endpunkte die extremen Positionen „sehr unzufrieden" und „sehr zufrieden" beschreiben (Churchill/Surprenant 1982; Herrmann/Bauer/Huber 1997). Sieben Ausprägungen für jedes von z. B. drei Merkmalen würde 7x7x7=343 Merkmalskombinationen erfordern, die der Proband zu bewerten hätte. Mit der Evaluierung einer derart hohen Zahl an Kombinationen wäre der Befragte allerdings zweifelsohne überlastet. Sinnvoller erscheint daher eine dreistufige Skala mit den Ausprägungen schlechter als erwartet, etwa wie erwartet und besser als erwartet. Diese von Oliver (1977) entwickelte und von Rust et al. (1994) empfohlene Skala kommt in ähnlicher Form auch in der von DeSarbo et al. (1994) durchgeführten Conjoint-Studie zum Einsatz.

Angenommen die Menge der abstrakten Merkmale lässt sich durch die Kriterien Preis, Marke, Service und Produktbündel charakterisieren (Tabelle 3), so ergeben sich auf der Basis der zugrundeliegenden dreistufigen Zufriedenheitsskala (3x3x3x3) insgesamt 81 Stimulikombinationen, die der Proband in eine Rangfolge zu bringen hat. Zur Reduzierung der immer noch sehr hohen Zahl an Bewertungsprofilen könnte das orthogonale Feld von Addelman (1962) Verwendung finden.

Merkmal	**Merkmalsebene**		
Preis	Schlechter als erwartet	Etwa wie erwartet	Besser als erwartet
Marke	Schlechter als erwartet	Etwa wie erwartet	Besser als erwartet
Service	Schlechter als erwartet	Etwa wie erwartet	Besser als erwartet
Produktbündel	Schlechter als erwartet	Etwa wie erwartet	Besser als erwartet

Tabelle 3: Die abstrakten Merkmale und Merkmalsebenen für die Conjoint-Analyse

Ein möglicher Fragebogen mit zwölf hypothetischen Profilen ist in Tabelle 4 aufgeführt. Nach der Auswertung stehen dem Management in der Automobilindustrie Erkenntnisse darüber zur Verfügung, in welcher Weise solche zentralen Konstrukte den Informationsverabeitungsprozess determinieren und wie zufrieden die Probanden sind. D. h., man erhält wertvolle Hinweise darüber, in welchen Bereichen (z. B. Service oder Produkt) weitere Investitionen zu tätigen sind.

Die gleiche Bewertungsaufgabe hat der Interviewte für die konkreten Merkmale zu lösen. Im nächsten Schritt werden die Ergebnisse der beiden Analysen miteinander verknüpft. Aus diesem Grund ist es notwendig, die Zufriedenheit mit dem Produkt aus der zweiten Conjoint-Aufgabe den entsprechenden Produkteigenschaften in der ersten Conjoint-Aufgabe unter Verwendung von Reskalierungsverfahren zuzuweisen (Abbildung 5). Mit diesem Ansatz kann der Forscher messen, wie zufrieden die Kunden mit einer breiten Merkmalspalette sind.

Auf diese Weise wird für jeden Probanden ein einziger Datensatz aus beiden Mengen von „abstrakten" und „konkreten" Merkmalen erstellt, allerdings ohne die Verzerrung, die sich ergeben hätte, wenn die Merkmale in einem gewöhnlichen Untersuchungsdesign enthalten gewesen wären.

Der folgende Fragenkatalog beschreibt einige hypothetische Situationen. Nachdem Sie jedes Szenario durchgelesen haben, geben Sie bitte an, wie zufrieden oder unzufrieden Sie gewesen wären, wenn die Leistung in der genannten Qualität erbracht worden wäre.

A	**Wenn das Produkt in etwa Ihren Erwartungen entsprach, wie zufrieden oder unzufrieden wären Sie gewesen, wenn zusätzlich ...**	**Sehr unzu-frieden**						**Sehr zufrieden**
1	der Service schlechter als erwartet, der Preis besser als erwartet und das Auto ein BMW gewesen wäre?	☐	☐	☐	☐	☐	☐	☐
2	der Service besser als erwartet, der Preis schlechter als erwartet und das Auto ein Mercedes Benz gewesen wäre?	☐	☐	☐	☐	☐	☐	☐
3	der Service etwa wie erwartet, der Preis etwa wie erwartet und das Auto ein VW gewesen wäre?	☐	☐	☐	☐	☐	☐	☐
4	der Service besser als erwartet, der Preis besser als erwartet und das Auto ein BMW gewesen wäre?	☐	☐	☐	☐	☐	☐	☐
B	**Wenn das Produkt besser als von Ihnen erwartet war, wie zufrieden oder unzufrieden wären Sie gewesen, wenn zusätzlich ...**	**Sehr unzu-frieden**						**Sehr zufrieden**
5	der Service schlechter als erwartet, der Preis besser als erwartet und das Auto ein Mercedes Benz gewesen wäre?	☐	☐	☐	☐	☐	☐	☐
6	der Service schlechter als erwartet, der Preis schlechter als erwartet und das Auto ein Mercedes Benz gewesen wäre?	☐	☐	☐	☐	☐	☐	☐
7	der Service etwa wie erwartet, der Preis etwa wie erwartet und das Auto ein BMW gewesen wäre?	☐	☐	☐	☐	☐	☐	☐
8	der Service besser als erwartet, der Preis besser als erwartet und das Auto ein VW gewesen wäre?	☐	☐	☐	☐	☐	☐	☐
C	**Wenn das Produkt schlechter als von Ihnen erwartet war, wie zufrieden oder unzufrieden wären Sie gewesen, wenn zusätzlich ...**	**Sehr unzu-frieden**						**Sehr zufrieden**
9	der Service schlechter als erwartet, der Preis besser als erwartet und das Auto ein VW gewesen wäre?	☐	☐	☐	☐	☐	☐	☐
10	der Service etwa wie erwartet, der Preis schlechter als erwartet und das Auto ein VW gewesen wäre?	☐	☐	☐	☐	☐	☐	☐
11	der Service etwa wie erwartet, der Preis schlechter als erwartet und das Auto ein Mercedes Benz gewesen wäre?	☐	☐	☐	☐	☐	☐	☐
12	der Service besser als erwartet, der Preis besser als erwartet und das Auto ein BMW gewesen wäre?	☐	☐	☐	☐	☐	☐	☐

Tabelle 4: Die Conjoint-Profile für die abstrakten Merkmale

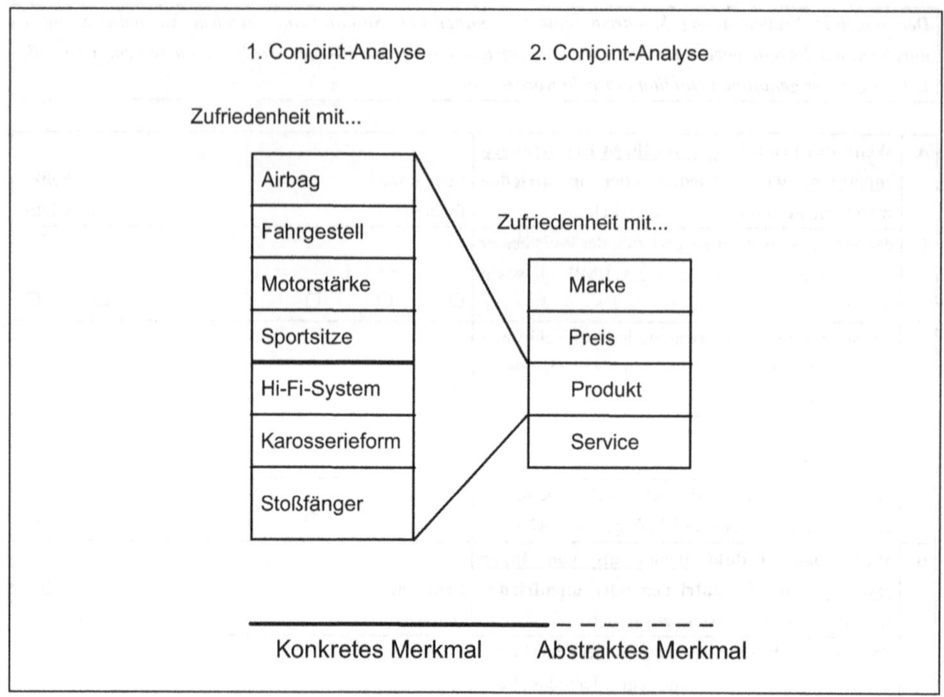

Abbildung 5: Der schrittweise Conjoint-Ansatz für die Fallstudie

5. Implikationen und weiterer Forschungsbedarf

Aus dem oben beschriebenen, komplex erscheinenden Verfahren ergibt sich eine gemeinsame Menge von Teilnutzenwerten für alle Merkmale, unabhängig davon, ob sie abstrakten oder konkreten Ursprungs sind. Die befragten Personen können bezüglich dieser Größen miteinander verglichen werden, so dass sich unterschiedliche Einflüsse von Produkt- und anderen Merkmalen auf die Zufriedenheit der Nachfrager besser nachvollziehen lassen. Nach der Berechnung der Wichtigkeiten für sämtliche abstrakten Auswahlkriterien können diese unter Heranziehung konkreter Merkmale eine detaillierte Untersuchung erfahren.

Wie erinnerlich spielt für die Leistungsgestaltung bspw. nicht nur die Kenntnis der unverzerrten Bedeutung der Produktkriterien eine Rolle, sondern es muss auch bekannt sein, wie Kunden einzelne Produktelemente wahrnehmen. Durch die Kombination der generierten Präferenzdaten in Form einer Performance/Importance-Matrix besteht die

Möglichkeit, eine Aussage darüber zu treffen. Zudem kann der Marktforscher die Attribute der miteinander im Wettbewerb stehenden Produkte (eventuell Konkurrenzprodukte anderer Automobilhersteller) bei dieser Form der Darstellung berücksichtigen.

Da es sich bei den berechneten Teilnutzenwerten in der Regel um individuelle Werte handelt, kann darüber hinaus mit Hilfe der Cluster-Analyse eine Segmentierung von Nachfragergruppen auf der Basis der individuellen Teilnutzenwerte erfolgen. Eine solche Vorgehensweise stößt in der Praxis zumeist auf großes Interesse, da die Beschreibung der explorativ ermittelten Segmente die zielgruppenspezifische Entwicklung von Produkten ermöglicht. Das hier skizzierte Verfahren bietet jedoch noch einen weiteren Vorteil. Bei einer konventionellen Befragung besteht die Gefahr, dass Personen, für die bspw. das Produkt bei der Auswahlentscheidung eine unbedeutende Rolle spielt, womöglich mit solchen Nachfragern in einer Gruppe zusammengefasst werden, für die das Produkt eine sehr hohe Relevanz besitzt. Daher empfiehlt sich ein Ansatz, der die „produktsensitiven" Kunden identifiziert und nachfolgend nur diese segmentiert. Anhand der vorliegenden Daten können wir eine schrittweise Segmentierung vornehmen, indem wir zunächst auf der Basis der abstrakten Merkmale die Automobilkäufer gruppieren, die dem Produkt bei der Entscheidung für eine Leistung einen bestimmten Stellenwert beimessen. Auf diese Weise ließen sich die produktsensitiven Personen feststellen, für die im Anschluss eine zweite Segmentierung durchgeführt wird.

Letztendlich könnten die gewonnenen Daten als Input für ein Simulationsmodell dienen (Gutsche 1995). Mit Hilfe von im Voraus festzulegenden Entscheidungsregeln besteht die Möglichkeit, auf Basis der geäußerten individuellen Präferenz eine „Marktanteilsschätzung" durchzuführen.

Als Schlussfolgerung stellen wir fest, dass sich das Conjoint-Measurement nicht nur für die Gestaltung von Leistungsbündeln, sondern auch für die Messung von Zufriedenheitskriterien in der Automobilbranche eignet. Darüber hinaus besteht mit Hilfe der stufenweisen Analyse die Möglichkeit, eine umfassende Palette wichtiger Auswahlkriterien für den Kunden, einschließlich Service, zu berücksichtigen. Die aus persönlichen Interviews gewonnenen Daten lassen sich für wichtige Forschungsziele verwerten. Dies schließt die Messung der relativen Bedeutung von Produktkriterien im Vergleich zu anderen wichtigen Auswahlkriterien, die Integration der vom Kunden wahrgenommenen Daten, die Identifikation von Marktsegmenten auf Basis von Kundenerfordernissen sowie den Aufbau eines Simulationsmodells ein.

Literaturverzeichnis

Addelman, S. (1962): Orthogonal main effects plans for asymmetrical factorial experiments, in: Technometrics, Bd. 4, February, S. 21-46.

Anderson, N.H. (1974): Information integration theory: A brief survey, in: Krantz, D./Atkinson, R./Luce, D./Suppes, P. (Hrsg.), Contemporary developments in mathematical psychology, San Francisco, S. 236-305.

Anderson, N.H. (1981): Foundations of information integration theory, New York.

Anderson, N.H. (1982): Methods of information integration, New York.

Baker, S./Knox, S. (1995): Mapping consumer cognitions in Europe, in: Bergadaá, M. (Hrsg.), Proceedings of the 24th annual conference of the European Marketing Academy, Paris, S. 81-100.

Bannister, D./Fransella, F. (1981): Der Mensch als Forscher: Die Psychologie der Persönlichen Konstrukte, Münster.

Bauer, H.H./Huber, F. (1998): Die Marke: Dinosaurier oder Erfolgsfaktor für den Wettbewerbs im nächsten Jahrtausend, in: Markenartikel, 60. Jg., Nr. 1, S. 36-41.

Bauer, H.H./Huber, F./Keller, T. (1997): Design of Lines as a product policy variante to retain customers in the automotive industry, in: Johnson, M./Herrmann, A./Huber, F./Gustafsson, A. (Hrsg.), Customer retention in the automotive industry - Quality, Satisfaction and Retention, Wiesbaden, S. 67-92.

Bauer, H.H./Huber, F./Schaul, T. (1997): Value-Added-Services im Bankbereich: Erfolgsgrößen zur nutzenmaximalen Gestaltung einer Kreditkarte, Arbeitspapier Nr. 124 des Instituts für Marketing, Universität Mannheim.

Bauer, H.H./Huber, F./Betz, J. (1998): Erfolgsgrößen im Automobilhandel - Ergebnisse einer kausalanalytischen Studie, in: ZFB, 68.Jg., Nr. 9, S. 979 - 1008.

Baumgartner, B. (1997): Monetäre Bewertung von Produkteigenschaften auf dem deutschen Automobilmarkt mit Hilfe hedonischer Modelle, in: Marketing ZFP, 19. Jg., S. 15-27.

Bolton, R.N./Drew, J.H. (1991): A multistage model of customer`s assessment of service quality and value, in: Journal of Consumer Reserach, Bd. 17, S. 365-384.

Botschen, G./Thelen, E./Pieters, R. (1997): Using Means-end Structures for Benefit Segmentation in a Service Industry, in: Mühlbacher, H./Flipo, J.-P. (Hrsg.), Advances in Service Marketing, Wiesbaden, S. 155-180.

Boulding, W./Kalra, A./Staelin, R./Zeithaml, V. (1993): A dynamic process model of service quality: From expectations to behavioral intentions, in: Journal of Marketing Research, Bd. 30, February, S. 7-27.

Burmann, C. (1991): Konsumentenzufriedenheit als Determinante der Marken- und Händlerloyalität: Das Beispiel der Automobilindustrie, in: Marketing ZFP, 13. Jg., Nr. 4, S. 249 - 258.

Corfmann, R. (1991): Comparability and comparison Levels used in choices among consumer products, in: Journal of Marketing Research, Bd. 28, August, S. 368-374.

Churchill, G.A./Surprenant, C. (1982): An Investigation into the determinants of customer satisfaction, in: Journal of Marketing Research, Bd. 19, November, S. 491-504.

Cronin, J.J.jr./Taylor, S.A. (1992): Measuring service quality: A reexamination and extension, in: Journal of Marketing, Bd. 56, S. 55-68.

Cronin, J.J.jr./Taylor, S.A. (1994): SERVPERF versus SERVQUAL: Reconciling Performance-based and perceptions-minus expectations measurement of service quality, in: Journal of Marketing, Bd. 58, S. 125-131.

Danaher, P./Mattsson, J. (1994): Customer Satisfaction during the service delivery process, in: European Journal of Marketing, Bd. 28, Nr. 5, S. 5-16.

Danaher, P./Rust, R.T. (1996): Indirect marketing benefits from service quality, in: Quality Management Journal, Bd. 3, Nr. 2, S. 63-88.

DeSarbo, W./Huff, L./Rolandelli, M.M./Choi, J. (1994): On the measurement of perceived service quality, in: Rust, R.T./Oliver, R.L. (Hrsg.): Service Quality: New directions in theory and practice, London, S. 201-222.

Diez, W. (1995): Das Handbuch für das Automobilmarketing: Strategien, Konzepte, Instrumente, Landsberg/Lech.

Diller, H. (2000): Preispolitik, 3. Auflage, Stuttgart.

Flodin, S./Nelson, T./Gustafsson, A. (1997): Improved Customer Satisfaction is Volvo Priority, in: Johnson, M./Herrmann, A./Huber, F./Gustafsson, A. (Hrsg.), Customer retention in the automotive industry - Quality, Satisfaction and Retention, Wiesbaden,
S. 41-65.

Gengler, C.E./Reynolds, T.J. (1995): Consumer understanding and advertising strategy. Analysis and strategic translation of laddering data, in: Journal of Advertising Research, Bd. 35, S. 19-34.

Green, P.E./Rao, V.R. (1971): Conjoint-Measurement for quantifying judgmental data, in: Journal of Marketing Research, Bd. 8, S. 355 - 363.

Grunert, K.G./Grunert, S.C. (1995): Measuring subjective meaning structures by the laddering method: Theoretical considerations and methodological problems, in: International Journal of Research in Marketing, Bd. 12, Nr. 3, S. 209-225.

Gutmann, J. (1982): A „means-end" chain model based on consumer categorization prices, in: Journal of Marketing, Bd. 46, Nr. 1, S. 60-72.

Gutsche, J. (1995): Produktpräferenzanalyse, Berlin.

Helland, I.S. (1990): Partial least squares regression and statistical models, in: Scandinavian Journal of Statistics, 17. Jg., S. 97-114.

Helland, I.S. (1988): On the structure of PLSR, in: Communications in Statistics, Simulation and Computation, 17. Jg., S. 581-607.

Hemmasi, M./Strong, K./Taylor, S.A. (1994): Measuring service quality for strategic planning and analysis in service firms, in: Journal of Applied Business Research, Bd. 10, Nr. 4, S. 24-34.

Herrmann, A. (1995): Produktqualität, Kundenzufriedenheit und Unternehmensrentabilität - Eine branchenübergreifende Analyse, in: Bauer, H. H./Diller, H. (Hrsg.), Wege des Marketing - Festschrift zum 60. Geburtstag von Erwin Dichtl, Berlin, S. 237-247.

Herrmann, A. (1996): Nachfragerorientierte Produktgestaltung, Wiesbaden.

Herrmann, A. (1997): Marktorientiertes Qualitätsmanagement - eine Erweiterung des Quality Function Deployment-Ansatzes aus marketingtheoretischer Sicht, in: Zeitschrift für Planung, 8. Jg., S. 185-195.

Herrmann, A./Bauer, H.H./Huber, F. (1997): Wenn Käufer auch verkaufen, in: Marketing ZFP, 19. Jg., Nr. 1, S. 5-14.

Herrmann, A./Huber, F./Gustafsson, A. (1997): From value-orientated quality improvement to customer satisfaction - a case study for passenger cars, in: Johnson, M./Herrmann, A./Huber, F./Gustafsson, A. (Hrsg.), Customer retention in the automotive industry - Quality, Satisfaction and Retention, Wiesbaden, S. 93-115.

Hirschman, E./Holbrook, M. (1982): Hedonic consumption: Emerging concepts, methods and propositions, in: Journal of Marketing, Bd. 46, S. 92-101.

Homburg, C./Rudolph, B. (1995): Theoretische Perspektiven zur Kundenzufriedenheit, in: Simon, H./Homburg, C. (Hrsg.), Kundenzufriedenheit, Wiesbaden, S. 29-53.

Jacoby, J./Szybillo, G.J./Busato-Schach, J. (1977): Information acquistion behavior in brand choice situation, in: Journal of Consumer Research, Bd. 3, S. 209-216.

Johnson, M.D. (1998): Customer orientation and market action, New York.

Johnson, M.D. (1997): Introduction, in: Johnson, M./Herrmann, A./Huber, F./Gustafsson, A. (Hrsg.), Customer retention in the automotive industry - Quality, Satisfaction and Retention, Wiesbaden, S. 1-17.

Johnson, M.D. (1996): Customer Satisfaction in a Global Economy: Challenges for the automotive industry, in: Bauer, H.H./Dichtl, E./Herrmann, A. (Hrsg.), Automobilmarktforschung, München, S. 1-14.

Kelly, G.A. (1955): The Psychology of Personal Constructs, New York.

Louviere, J.J. (1984): Hierarchical information integration: A new method for the design and analysis of complex multiattribute judgment problems, in: Kinnear, T.C. (Hrsg.): Advances in consumer research, Bd. 11, Provo, S. 148-155.

Louviere, J.J./Gaeth, G.J. (1986): Decomposing the determinants of retail facility choice using the method of hierarchical information integration: A supermarket illustration, in: Journal of Retailing, Bd. 63, S. 25-48.

Louviere, J.J./Timmermans, H.J. (1990): Using hierarchical information integration to model consumer response to possible planning actions: A recreation destination illustration, in: Environment and Planning, Bd. 22, S. 291-308.

Neal, W.D./Bathe, S. (1997): Using the value equation to evaluate campaign effectiveness, in: Journal of Advertising Research, Bd. 37, May/June, S. 80-85.

Oliver, R.L. (1977): Effect of expectation and disconfirmation on postexposure product evaluations: An alternative interpretation, in: Journal of Applied Psychology, Bd. 62, S. 480-486.

Ostrowski, P.L./O'Brien, T.V./Gordon, G.L. (1993): Service quality and customer loyalty in the commercial airline industry, in: Journal of Travel Research, Bd. 32, S. 16-24.

Parasuraman, A./Zeithaml, V./Berry, L.L. (1985): A conceputal model of service quality and its implications for future research, in: Journal of Marketing, Bd. 49, Fall, S. 41-50.

Parasuraman, A./Zeithaml, V./Berry, L.L. (1988): SERVQUAL: A multiple-item scale for measuring consumer perception of service quality, in: Journal of Retailing, Bd. 64, Spring, S. 12-40.

Parasuraman, A./Zeithaml, V./Berry, L.L. (1991): Refinement and reassessment of the SERVQUAL Scale, in: Journal of Retailing, Bd. 67, Winter, S. 420-450.

Peterson, R.A./Wilson, W.R. (1992): Measuring customer satisfaction: fact and artifact, in: Journal of the Academy of Marketing Science, Bd. 20, Winter, S. 61-71.

Pinnell, J. (1994): Multi-Stage conjoint methods to measure price sensitivity, in: Weiss, S. (Hrsg.), Sawtooth News, Bd. 10, Nr. 2, S. 5-6.

Rapp, R. (1995): Kundenzufriedenheit durch Servicequalität, Wiesbaden.

Rokeach, M. (1973): The nature of human values, New York.

Rust, R.T./Zahorik, A.J. (1993): Customer Satisfaction, customer retention and market share, in: Journal of Retailing, Bd. 69, Nr. 2, S. 193-215.

Rust, R.T./Oliver, R.L. (1994): Service quality: Insights and managerial implications from the frontier, in: Rust, R.T./Oliver, R.L. (Hrsg.), Service Quality: New directions in theory and practice, London, S. 1-19.

Rust, R.T./Zahorik, A.J./Keiningham, T.L. (1995): Return on quality (ROQ): Making service quality financially accountable, in: Journal of Marketing, Bd. 59, April, S. 58-70.

Schütze, R. (1992): Kundenzufriedenheit. Afters-Sales Marketing auf industriellen Märkten, Wiesbaden.

Schlote, S. (1995): Schlecht beraten, in: Manager Magazin, o. Jg., H. 8, S. 86-93.

Shugan, Steven M. (1994): Explanations for the Growth of Services, in: Rust, R.T./Oliver, R.L. (Hrsg.), Service Quality: New Directions in Theory and Practice, Thousand Oaks, CA, S. 1-19.

Simonian, H. (1996): Differences by region, in: Financial Times, o.Jg.,: 5 März, S. I.

Teas, R.K. (1993): Expectations, performance evaluation, and consumers perceptions of quality, in: Journal of Marketing, Bd. 58, January, S. 132-139.

Teas, R.K. (1994): Expectations as a comparison standard in measuring service quality, in: Journal of Marketing, Vol. 57, October, S. 18-34.

Timmermans, H.J. (1987): hybrid and non-hybrid evaluation models for prediction outdoor behavior: A test of predictive ability, in: Leisure Sciences, Bd. 9, S. 67-76.

Tscheulin, D.K. (1992): Optimale Produktgestaltung, Wiesbaden.

Vallette-Florence, P./Grunert, S.C./Grunert, K.G./Beatty, S. (1991): Une comparaison franco-allemande de l'adhésion aux valeurs personnelles, in: Recherche et Applications en Marketing, Vol. VI, 3/1991, S. 5-20.

Vershofen, W. (1959): Die Marktentnahme als Kernstück der Wirtschaftsforschung, Berlin.

Walker, B.A./Olson, J.C. (1991): Means-end-Chains: Connecting Products With Self, in: Journal of Business Research, Bd. 22, S. 110-122.

Weber, M. (1986): Der Marktwert von Produkteigenschaften, Berlin.

Wittink, D./Vriens, M./Burhenne, W. (1994): Commercial use of conjoint analysis in Europe: Results and critical reflections, in: International Journal of Research in Marketing, 11. Jg., S. 41-52.

Woodside, A.G./Frey, L.L./Daly, R.T. (1989): Linking Service quality, customer satisfaction and behavioral intention, in: Journal of Health Care Marketing, Bd. 9, Nr. 4, S. 5-17.

Yi, Y. (1991): A critical review of customer satisfaction, in: Zeithalm, V. (Hrsg.), Review of Marketing, Chicago, S. 68-123.

Bernd Erichson

Testmarktsimulation

Prof. Dr. Bernd Erichson ist Inhaber des Lehrstuhls für Marketing an der Otto von Guericke-Universität Magdeburg.

1. Marketingpolitische Problemstellung

1.1 Das Neuproduktdilemma

Die Einführung neuer Produkte ist nicht nur von essentieller Wichtigkeit für das Wachstum von Unternehmen, sondern zunehmend auch für deren Existenzerhaltung, da sich die Produktlebenszyklen ständig verkürzen. Es wird geschätzt, dass heute rund 50 % des Umsatzes von Produkten kommt, die erst in den letzten 10 Jahren eingeführt wurden, und 30 % des Umsatzes der nächsten 5 Jahre von Produkten kommen werden, die heute noch nicht existieren.

So wichtig neue Produkte einerseits für Wachstum und Gewinn von Unternehmen sind, so hoch sind andererseits die mit der Einführung neuer Produkte verbundenen Risiken, so dass sich hier von einem Neuproduktdilemma sprechen lässt. 1996 kamen allein im deutschen Lebensmitteleinzelhandel 55.600 neue Artikel in die Regale, von denen nach einem Jahr nur noch die Hälfte dort war. Wenngleich es sich dabei nur zum Teil um echte Produktneuheiten handelt, so wird doch das hohe Risiko der Einführung neuer Produkte deutlich. Die überwiegende Mehrzahl neuer Produkte sind Flops, d. h. sie scheitern im Markt.

Die Einführung neuer Produkte erfordert nicht nur hohe Aufwendungen für deren Entwicklung, sondern auch für die Markteinführung. Insbesondere im Bereich der Verbrauchsgüter fallen mit der Markteinführung hohe Kosten für die Schaffung von Produktionskapazitäten, Distribution und Bekanntheit an. Allein für die Werbestreuung zur Bekanntmachung neuer Marken sind zweistellige Millionenbeträge keine Ausnahme. Hinzu kommen Listungsgelder an den Handel in z. T. ähnlicher Höhe. Insgesamt werden damit oft die technischen Entwicklungskosten eines Produktes um ein Vielfaches von den Einführungskosten überschritten.

Da die Einführung von neuen Produkten einerseits mit hohen Kosten und andererseits mit extremer Unsicherheit verbunden ist, sind geeignete Test- und Prognoseverfahren, mittels derer sich der Markterfolg eines neuen Produktes vor dessen Markteinführung abschätzen lässt, von großer marketingpolitischer Bedeutung.

1.2 Testverfahren für neue Produkte

Zum Testen neuer Produkte existiert eine Reihe von Verfahren. Abbildung 1 gibt eine Übersicht über die wichtigsten Verfahren (Erichson 1995).

Im *Konzepttest* wird die spezifizierte Idee für ein neues Produkt durch Befragung von potentiellen Konsumenten überprüft, um Auskunft über deren Akzeptanz und mögliche weitere Ausgestaltung zu erhalten. Im *Produkttest* wird dann das fertige (marktreife) Produkt getestet. Insbesondere wird hier die subjektive Qualität (Beurteilung) des Produktes bei einer repräsentativen Auswahl von Konsumenten aus der Zielgruppe überprüft. Hiervon zu unterscheiden sind technische Qualitätstests des Herstellers oder Warentests von unabhängigen Institutionen, welche die objektive Qualität betreffen. Meist werden Partialtests einzelner Produktkomponenten (z. B. Markenname, Verpackung, Geschmack, Handhabung) vorgeschaltet. Diese dienen insbesondere dazu, eventuelle Schwächen des neuen Produktes aufzudecken.

Konzepttest und Produkttest sind aber nicht geeignet, um daraus quantitative Prognosen des zu erwartenden Marktanteils- oder Absatzvolumens abzuleiten. Hierzu bedarf es eines umfassenden Tests der gesamten Marketingkonzeption im Rahmen eines Testmarktverfahrens.

Zur Vermeidung von Aufwendungen für erfolglose Projekte ist es einerseits von Vorteil, wenn diese möglichst frühzeitig erkannt und gestoppt werden können. Andererseits ist eine frühzeitigere Erfolgsprognose auch zwangsläufig ungenauer und kann somit die Gefahr bergen, dass Projekte mit hohem Erfolgspotential fälschlich gestoppt werden. Da heute außerdem ein Großteil der Einführungskosten erst mit der Markteinführung anfällt, kommt den Testmarktverfahren an der Schwelle zur Markteinführung besondere Bedeutung zu.

Das klassische Testmarktverfahren bildet der Regionale Testmarkt (RTM). Infolge der Konzentration im Handel, der Überregionalität der Medien und der Verkürzung der Produktlebenszyklen ist dessen Durchführung aber zunehmend schwieriger geworden, so dass ihm heute nur noch geringe Bedeutung zukommt. Ein alternatives Verfahren bildet der Elektronische Testmarkt (ETM), dessen Installation aber mit hohen Investitionen verbunden ist und der daher nur begrenzt verfügbar ist.

Das heute wichtigste Verfahren zur Prognose des Markterfolges neuer Produkte vor deren Markteinführung bildet die Testmarktsimulation bzw. der Simulierte Testmarkt (STM). Er ist schneller und kostengünstiger als andere Testmarktverfahren und ermöglicht Geheimhaltung des Testproduktes vor der Konkurrenz. Clancy, Shulman und Wolf (1994) bezeichnen die Testmarktsimulation als „...one of the most useful - and certainly most validated - tools in all of marketing research" und Ph. Kotler (Clancy et al. 1994) sagt: „Simulated Test Marketing is the kind of contribution that moves marketing practice from being largely an art to the stature of a rapidly maturing science."

Von Marktforschungsinstituten werden heute zahlreiche Verfahren zur Testmarktsimulation angeboten. Vergleichende Übersichten finden sich z. B. bei Gaul/Baier (1994) oder Shocker/Hall (1986). Die nachfolgenden Ausführungen beziehen sich speziell auf TESI, den Testmarktsimulator der Gesellschaft für Konsum-, Markt- und Absatzforschung (GfK) in Nürnberg. Dieses Verfahren wurde mehr als 500-mal für Neuprodukttests in verschiedenartigsten Produktbereichen im In- und Ausland eingesetzt.

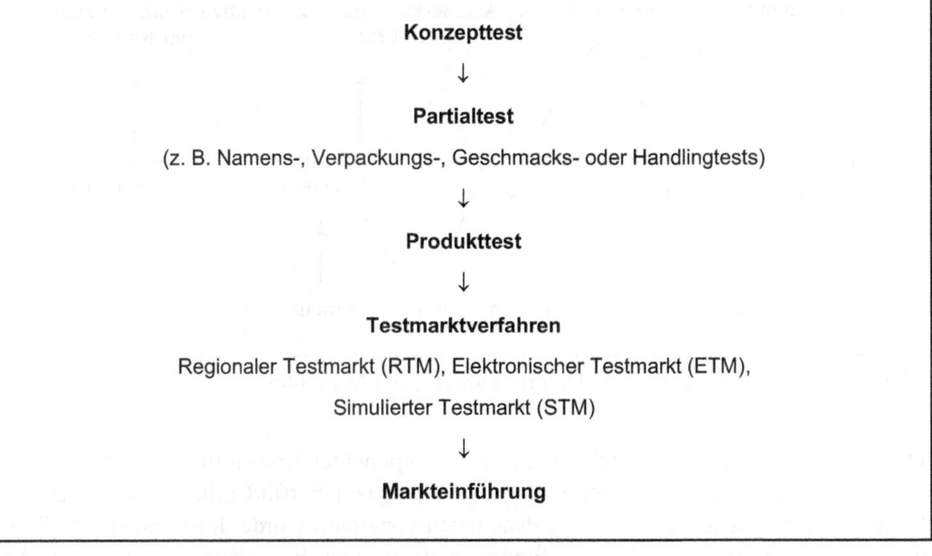

Abbildung 1: Tests bei der Einführung neuer Produkte

2. Grundzüge der Testmarktsimulation

Das Grundproblem der Testmarktsimulation besteht darin, eine Prognose über die zukünftige Marktentwicklung eines neuen Produktes abzugeben, obgleich noch keine Marktdaten für dieses vorliegen. Es handelt sich hierbei also erst in zweiter Linie um ein Problem der Analyse vorhandener Daten und in erster Linie um das Problem der Gewinnung geeigneter Daten.

Der Großteil von Anwendungen der Testmarktsimulation (wie auch der anderen Testmarktverfahren) bezieht sich auf sog. „fast moving consumer goods“ (fmcg), d. h. kurzlebige Verbrauchsgüter, deren Markterfolg nicht nur davon abhängig ist, dass Erstkäufe erfolgen, die oft nur zum Ausprobieren dienen, sondern vielmehr, dass sie von den Konsumenten akzeptiert werden und diese Wiederkäufe tätigen. Die Komponenten und wichtigsten Determinanten des Marktanteils sind in Abbildung 2 dargestellt.

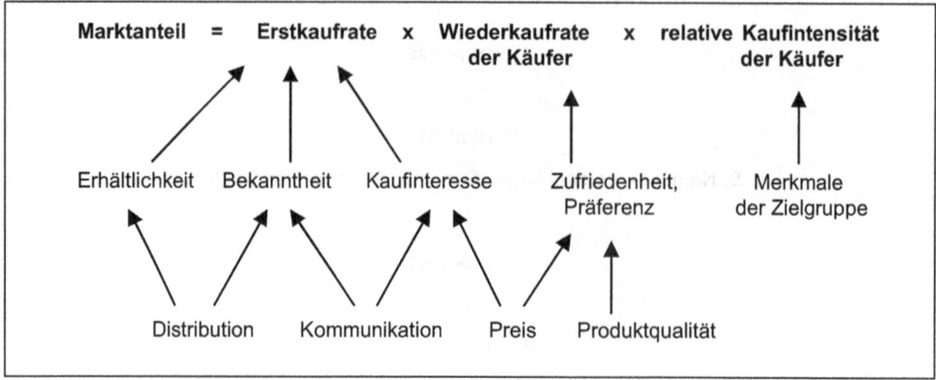

Abbildung 2: Komponenten und Determinanten des Marktanteils

Die Aufsplittung des Marktanteils in die drei Komponenten Erstkaufrate, Wiederkaufrate und relative Kaufintensität entspricht dem Modell von Parfitt/Collins (1968), das zur Marktanteilsprognose auf Basis von Paneldaten konzipiert wurde. Im Rahmen der Testmarktsimulation müssen Wege gefunden werden, um diese Komponenten vor der Markteinführung zu schätzen. Hierzu wird der Adoptionsprozess neuer Produkte bei einer repräsentativen Stichprobe aus der Zielgruppe des Testproduktes (ca. 300-400 Personen) simuliert. Diese werden nach Anwerbung einzeln in ein Teststudio geladen und durchlaufen die Phasen des Adoptionsprozesses (Wahrnehmung → Erstkauf → Einstellungsbildung → Wiederkauf) quasi im Zeitraffer. Dabei wird versucht, die Einflussfaktoren der Kaufentscheidung, insbesondere Produktqualität und Verpackung, Preis, Kommunikation und Platzierung des neuen Produktes und der konkurrierenden Produkte, möglichst vollständig zu berücksichtigen, um eine valide Marktanteilsschätzung zu ermöglichen. Das quantitative Ausmaß von Distribution und Werbung lässt sich dagegen im Studio nicht simulieren, da hier zwangsläufig 100%ige Distributionsrate und Werbereichweite gegeben sind. Diesbezügliche Planungsdaten des Herstellers müssen daher im Modell des Verfahrens berücksichtigt werden.

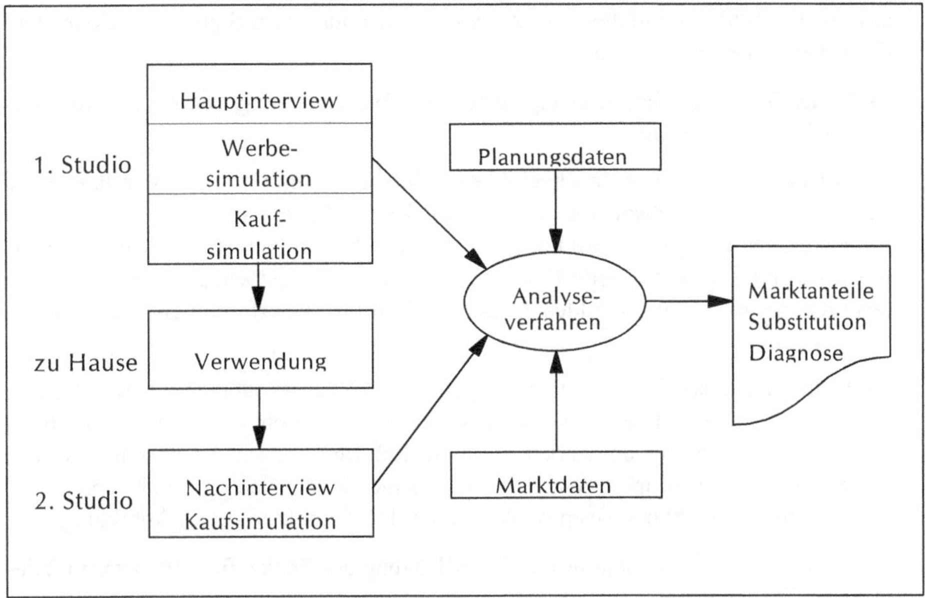

Abbildung 3: Ablauf der Testmarktsimulation

Das Erhebungsverfahren zur Datengewinnung bildet gewöhnlich eine Kombination aus zwei sukzessiven Studiotests, die durch eine Home-Use-Phase (zum Ausprobieren des neuen Produktes unter realen Bedingungen) getrennt sind. Der Ablauf des Verfahrens, der im linken Teil von Abbildung 3 schematisch dargestellt ist, gestaltet sich wie folgt (Erichson 1997):

A. Erster Studio-Test:

- *Hauptinterview*: Erfragung von Markenbekanntheit, Markenverwendung, Kaufverhalten, Präferenz- und Einstellungsdaten für Marken der Produktklasse, in die das neue Produkt eingeführt werden soll, sowie soziodemographischer Merkmale der Testperson. Dabei wird auch das so genannte Relevant Set der Testperson ermittelt, d. h. diejenige Menge von Marken aus der Produktklasse, die für sie bei einer Kaufentscheidung von Relevanz ist. Nur für diese Marken werden Präferenz- und Einstellungsdaten erhoben.

  → Das Hauptinterview dient der Kalibrierung eines Modells zur Abbildung des existierenden Marktes.

- *Werbesimulation*: Mittels Video wird jeder Testperson ein Werbeblock vorgeführt, in den neben Werbung für die wichtigsten Konkurrenzprodukte auch ein Werbespot für das neue Produkt einmontiert ist. Zwecks Vermeidung von Stellungseffekten wird die Reihenfolge der Spots variiert.

→ In der Werbesimulation erfolgt eine erste Wahrnehmung des neuen Produktes durch die Testperson.

- *Kaufsimulation*: In einem nachgebildeten Verkaufsraum (im Studio) erhalten die Testpersonen anschließend Gelegenheit, in der Produktklasse einzukaufen. Neben den etablierten Produkten wird hier auch das neue Produkt angeboten. Jeder Testperson wurde hierfür bereits beim Empfang im Studio ein Geldbetrag ausgehändigt, der den Preis des teuersten Produktes übersteigt. Damit ist die erforderliche Kaufkraft sichergestellt.

  Nach dem Kauf wird die Testperson gefragt, welches Produkt sie gewählt hätte, wenn die zuvor gewählte Marke nicht vorhanden gewesen wäre. Dies wird so oft wiederholt, wie die Person Marken in ihrem Relevant Set hat. Hierdurch wird u. a. die unterschiedliche Markentreue der Konsumenten berücksichtigt. Ein beispielhaftes Ergebnis für die Wahl des Testproduktes in der Kaufsimulation zeigt Abbildung 4.

  → Die Kaufsimulation dient primär zur Schätzung der Erstkaufrate (Penetration) des neuen Produktes.

B. Home-Use-Test:

Testpersonen, die das Testprodukt nicht gekauft haben, erhalten es als Geschenk, während alle anderen die an zweiter Stelle gewählte Marke als Geschenk erhalten. Die Testpersonen wissen nicht, dass ein neues Produkt getestet wird, geschweige denn, welches das Testprodukt ist. Sie verwenden die erhaltenen Produkte zu Hause über einen Zeitraum von einer bis mehreren Wochen, der abhängig ist von der Verbrauchsdauer bzw. Kauffrequenz in der Produktklasse.

→ Der Home-Use-Test gibt jeder Testperson die Gelegenheit, das neue Produkt unter realen Bedingungen kennenzulernen und eine Einstellung zu diesem zu entwickeln.

C. Zweiter Studio-Test:

- *Nachinterview*: Die Präferenz- und Einstellungsmessungen werden in gleicher Weise wie im ersten Studio-Test unter Einschluss des Testproduktes wiederholt. Außerdem werden ganz am Ende des Tests offene Fragen zu Verwendungserfahrungen sowie Likes & Dislikes gestellt.

  → Diese Messungen dienen der Prognose des Wiederkaufverhaltens wie auch der Diagnose von Stärken und Schwächen des neuen Produktes.

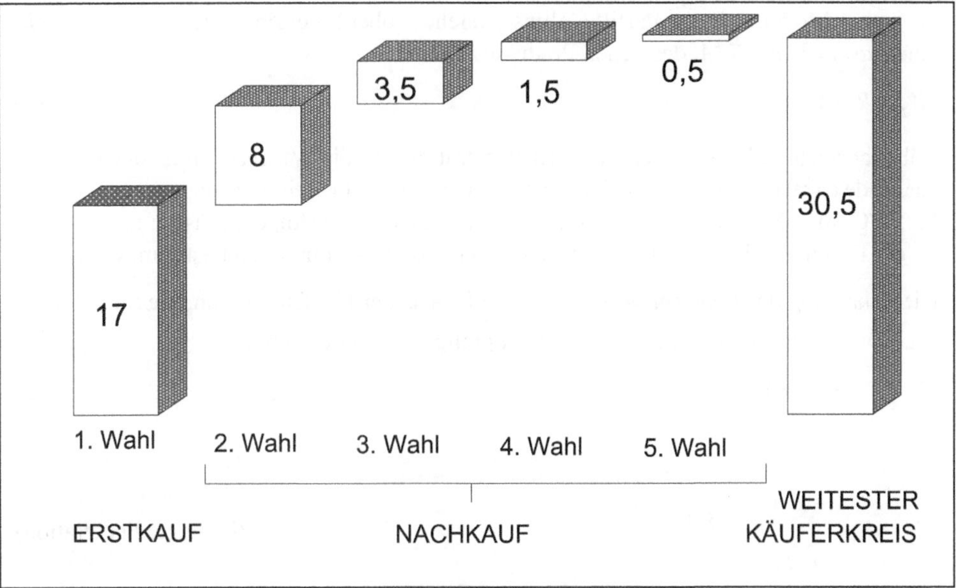

Abbildung 4: Wahl des Testproduktes in der Kaufsimulation

- *Kaufsimulation*: Die Wiederholung der Kaufsimulation ermöglicht die Beobachtung von Käuferwanderungen.

  → Hieraus lassen sich alternative prognostische Informationen sowie, in Verbindung mit den obigen Präferenz- und Einstellungsdaten, zusätzliche diagnostische Informationen gewinnen. Die so gewonnenen Daten bilden die Basis für die Gewinnung prognostischer und diagnostischer Informationen. Auf die dabei zugrundeliegende Methodik wird im Folgenden eingegangen.

3. Methodik der Testmarktsimulation

3.1 Das Grundmodell

Um aus den durch das Erhebungsverfahren der Testmarktsimulation gewonnenen Daten Marktanteilsprognosen zu ermitteln, sind Modelle und Methoden erforderlich, die nachfolgend skizziert werden sollen. Wir beschränken uns dabei auf ein statisches Modell zur Schätzung des Gleichgewichtsmarktanteils, d. h. desjenigen Marktanteils, den das neue Produkt nach Stabilisierung des Penetrationsprozesses erreichen wird. Gemäß dem bekannten Modell von Parfitt/Collins (siehe oben) ergibt sich der *Gleichgewichtsmarktanteil* M_z des neuen Produktes z durch:

$$M_z = R_z \cdot W_z \cdot Q_z \tag{1}$$

Dabei bezeichnet R_z den Grenzwert der Penetration, W_z die Wiederkaufrate und Q_z einen Kaufindex (relative Kaufintensität) für das neue Produkt. Diese Komponenten, die im Parfitt/Collins-Modell auf Basis von Haushaltspaneldaten erfolgen, müssen jetzt auf Basis der Daten aus dem Erhebungsverfahren der Testmarktsimulation bestimmt werden.

Die Schätzung der *Penetration* R_Z erfolgt auf Basis der Kaufsimulation, die im 1. Studio nach Durchführung der Werbesimulation durchgeführt wird, durch:

$$R_z = C_z \cdot E(D, B) \tag{2}$$

mit

$$C_z = K_1 + \sum_{r=2}^{\max(r)} K_r \cdot d^{r-1} \qquad \text{(bedingte Penetration)}$$

und

$$E = \alpha \cdot D + (1-\alpha) \cdot D \cdot B \qquad \text{(Erreichbarkeitsfaktor)}$$

Dabei bezeichnet Kr den Anteil der Personen, die das Testprodukt an r-ter Stelle wählen. K1 wird auch als „Spontankaufrate" bezeichnet. Der Parameter d ist ein Diskontierungsfaktor ($0 \leq d \leq 1$). Damit ergibt sich die „bedingte Penetration" Cz, die im Markt zu erwarten wäre, wenn – wie im Teststudio – hundertprozentige Erreichbarkeit der Zielgruppe durch Distribution und Werbung möglich wäre.

Die bedingte Penetration ist mit einem sog. Erreichbarkeitsfaktor E zu korrigieren, bei dessen Berechnung Marketing-Planungsdaten für gewichtete Distribution (D) und die durch Werbestreuung erzeugte gestützte Bekanntheit (B) einbezogen werden. Die Formel für den Erreichbarkeitsfaktor E bringt zum Ausdruck, dass ein Teil α der Penetration des neuen Produktes allein durch Distribution erzielt wird, während ein anderer Anteil ($1-\alpha$) durch Werbung induziert wird. Die Absatzwirkung der Werbung hängt aber ebenfalls von der Höhe der Distribution ab, was in dem zweiten Summanden der Formel zum Ausdruck kommt. Die Berechnungsformel für den Erreichbarkeitsfaktor ist zu erweitern, wenn zur Erhöhung der Penetration zusätzliche Promotion-Maßnahmen (z. B. Product Sampling) geplant sind.

Die *Wiederkaufrate* W_Z wird wie folgt geschätzt:

$$W_z = \frac{\sum_{i=1}^{N_z} P_{iz} \cdot q_i}{\sum_{i=1}^{N_z} q_i} \qquad (3)$$

Dabei bezeichnet Piz die individuelle Kaufwahrscheinlichkeit von Person i für das Testprodukt z, qi die Kaufintensität von Person i und Nz die Anzahl der Personen, die das Testprodukt in der Kaufsimulation gewählt haben. Die Ermittlung der Kaufwahrscheinlichkeiten Piz erfolgt auf Basis von Präferenzen, die im zweiten Studio nach der Home-Use-Phase gemessen werden. Hierauf wird im folgenden Abschnitt eingegangen.

Der Kaufindex Qz schließlich ergibt sich durch:

$$Q_z = \frac{\sum_{i=1}^{N_z} q_i / N_z}{\sum_{i=1}^{N} q_i / N} \qquad (4)$$

Er reflektiert, ob die Testpersonen, die das Testprodukt in der Kaufsimulation gewählt haben, über- oder unterdurchschnittlich intensive Käufer sind.

3.2 Die Ermittlung von Kaufwahrscheinlichkeiten durch Logit-Analyse

Die Basis für die Schätzung der Wiederkaufrate Wz bilden die Präferenzmessungen, die mit Hilfe von Konstantsummen-Paarvergleichen erfolgen. Aus den Präferenzwerten Vix einer Testperson i für die Marken x in ihrem Relevant Set RSi werden durch Anwendung eines multinominalen Logit-Choice-Modells individuelle Kaufwahrscheinlichkeiten (Markenwahlwahrscheinlichkeiten) abgeleitet:

$$P_{ix} = \frac{1}{1 + \sum_{y \in RS_i} e^{-\beta(V_{ix} - V_{iy})}} \quad \forall x \in RS_i, i = 1, \ldots, N \qquad (5)$$

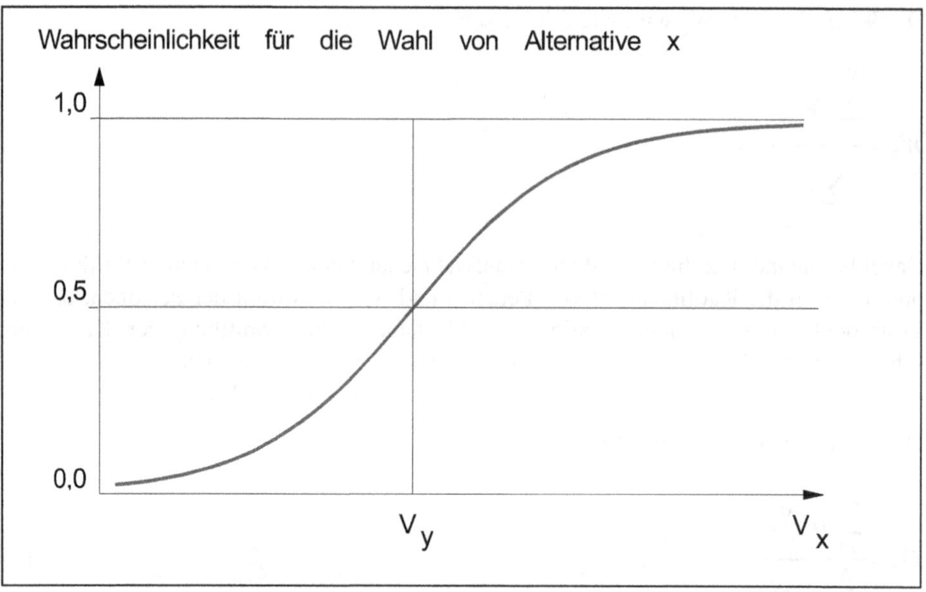

Abbildung 5: Binomiale Logitfunktion

Die Kaufwahrscheinlichkeit einer Person i für das Produkt x ist damit von den Präferenzunterschieden zu allen übrigen Marken y im Relevant Set dieser Person abhängig. Dabei bezeichnet β in (5) einen zu schätzenden Parameter und e die Basis der natürlichen Logarithmen.

Für nur zwei Produkte x und y lässt sich das Logit-Modell graphisch darstellen. Seien V_x und V_y die Präferenzwerte dieser Produkte, so ergibt sich der in Abbildung 5 dargestellte Funktionsverlauf: Je größer der Präferenzunterschied von x gegenüber y, also (V_x - V_y), ist, desto größer ist die Kaufwahrscheinlichkeit von Produkt x. Bei Indifferenz ($V_x = V_y$) dagegen ergibt sich für jedes der beiden Produkte die Kaufwahrscheinlichkeit 0,5.

Der Parameter β lässt sich als „Rationalitätsparameter" interpretieren. Für β=0 ergibt sich eine Gleichverteilung der Kaufwahrscheinlichkeiten und das Modell besagt, dass die Kaufentscheidung rein zufällig erfolgt (random choice), d. h. unabhängig von den Präferenzen. Für großes β dagegen strebt die Kaufwahrscheinlichkeit für das meistpräferierte Produkt gegen 1 und für die anderen Produkte gegen 0, was besagt, dass immer das meistpräferierte Produkt gewählt wird.

Die statistische Schätzung von β erfolgt mittels Maximum-Likelihood-Methode auf Basis der im 1. Studio-Test erhobenen Präferenzen in der Weise, dass die resultierenden Kaufwahrscheinlichkeiten für die existierenden Produkte möglichst gut das Kaufverhalten in der Vergangenheit widerspiegeln. Dazu wird folgende logarithmierte Likelihood-Funktion L maximiert:

$$L = \sum_{i=1}^{N} \sum_{x \in RS_i} d_{ix} \cdot \ln\left[\sum_{y \in RS_i} e^{-\beta\left(V_{ix}-V_{iy}\right)} \right] \tag{6}$$

Dabei bezeichnet d eine Dummy-Variable mit $d_{ix} = 1$, wenn Produkt x von Person i zuletzt gekauft wurde, und sonst 0. Zur Maximierung der Likelihood-Funktion ist ein iteratives Verfahren, z. B. ein Newton-Raphson-Algorithmus, zu verwenden (McFadden 1974; Erichson 1980).

Das Modell lässt sich durch Einbeziehung weiterer Variablen erweitern. Anstelle eines Parameters β ist dann ein Parametervektor zu schätzen. So kann z. B. der Preis der Produkte als weitere Variable einbezogen werden. Die Notwendigkeit hierfür ist davon abhängig, wie die gemessene Präferenz operationalisiert wird. Wird eine „Kaufpräferenz" im Sinne „Welches Produkt würden Sie eher kaufen?" gemessen, so sind im Urteil der Testperson die Preise der Produkte implizit enthalten. Wird dagegen eine „Produktpräferenz" im Sinne von „Welches Produkt hätten Sie lieber?" ermittelt, so müsste neben der Produktpräferenz der Preis als weitere Variable im Modell berücksichtigt werden, um valide Kaufwahrscheinlichkeiten zu erhalten.

Ist das Modell auf Basis der im ersten Studio gemessenen Präferenzen kalibriert worden, so lassen sich die im zweiten Studio nach der Home-Use-Phase gemessenen Präferenzen für das Testprodukt z in das Modell einsetzen und somit individuelle Kaufwahrscheinlichkeiten P_{iz} ableiten. Diese finden dann Eingang in (3) zur Berechnung der Wiederkaufrate.

3.3 Die Ermittlung von Substitutionseffekten

Neben dem Marktanteil M_z für das neue Produkt lassen sich auch dessen Substitutionseffekte auf die konkurrierenden Produkte schätzen. Damit lassen sich eventuelle Kannibalisierungseffekte erkennen, falls der Anbieter des Testproduktes bereits mit anderen Marken bzw. Produkten im Markt vertreten ist.

Die Substitutionseffekte S_a ergeben sich als Differenz der Marktanteile M_a für die etablierten Marken a=1,2,...,A, die sich nach Einführung des neuen Produktes ergeben, gegenüber den ursprünglichen Marktanteilen M'_a vor Einführung des neuen Produktes:

$$S_a = M_a - M'_a \tag{7}$$

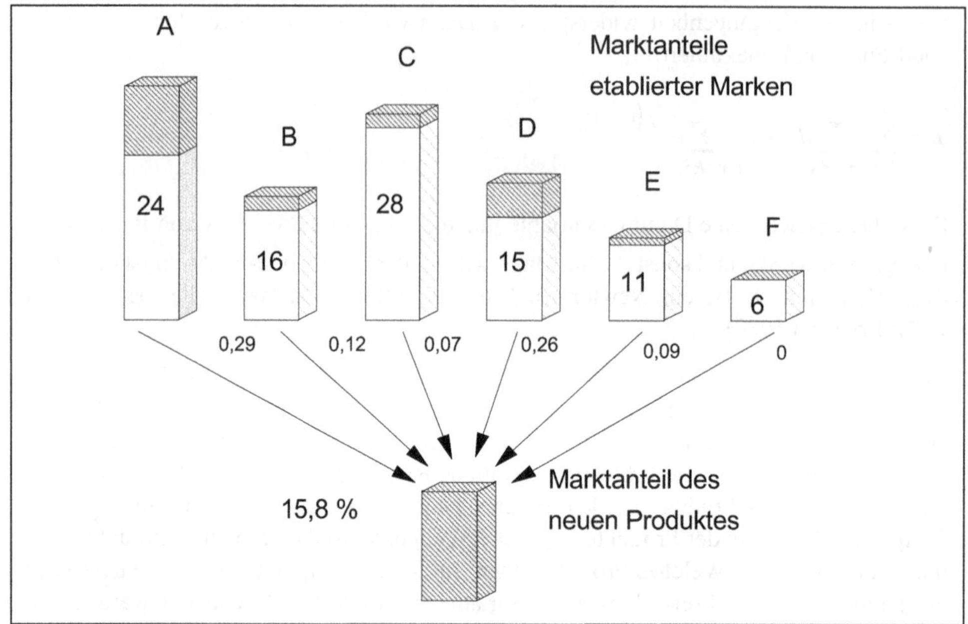

Abbildung 6: Substitutionseffekte

Es muss gelten, dass die (negative) Summe der Substitutionseffekte dem Marktanteil des neuen Produktes entspricht:

$$M_z = -\sum_{a=1}^{A} S_a \tag{8}$$

In Abbildung 6 sind die Substitutionseffekte (Martktanteilsverluste) der etablierten Marken dargestellt. Die kleinen Zahlen an den Pfeilen bezeichnen die *Substitutionsraten* s_a, die angeben, welchen Anteil ihres Marktanteils bzw. Absatzvolumens eine etablierte Marke a an das neue Produkt verliert:

$$s_a = \frac{S_a}{M'} \tag{9}$$

Alternativ zu (1) folgt damit aus (8) und (9) zur Berechnung des Marktanteils M_z für das neue Produkt:

$$M_z = -\sum_{a=1}^{A} s_a \cdot M'_a \tag{10}$$

Formel (10) ermöglicht die *Justierung der Marktanteilsschätzung* am realen Markt, indem anstelle der in der Testmarktsimulation ermittelten Marktanteile M'_a die „tatsächlichen" Marktanteile der etablierten Marken, soweit sie aus Panel-Untersuchungen bekannt sind, eingesetzt werden. Diese indirekte Schätzung ist nützlich, wenn die Stichprobe verzerrt ist und somit Abweichungen zwischen den in der Testmarktsimulation ermittelten und den „tatsächlichen" Marktanteilen bestehen.

3.4 Diskussion

Im Zentrum des Analyseverfahrens zur Gewinnung von Marktanteilsprognosen und Substitutionseffekten steht das multinomiale Logit-Choice-Modell, mittels dessen aus den im Teststudio gemessenen Präferenzen der Testpersonen individuelle Kaufwahrscheinlichkeiten abgeleitet werden. Die verhaltenstheoretischen Annahmen dieses Modells wurden bereits 1959 von Luce in seinem Buch über individuelles Entscheidungsverhalten präzisiert. Die gravierendste Annahme bildet die sog. IIA-Annahme (Independence of Irrelevant Alternatives), die im hiesigen Kontext besagt, dass das Verhältnis der Kaufwahrscheinlichkeiten zweier alternativer Produkte unabhängig vom Vorhandensein oder Nichtvorhandensein anderer Alternativen ist. Daraus folgt, dass die Wirkung einer Marketingmaßnahme für ein Produkt (z. B. Preisänderung oder auch Elimination) zu proportionalen Änderungen der Kaufwahrscheinlichkeiten aller anderen Produkte im Relevant Set einer Person führt und somit die Relation der Kaufwahrscheinlichkeiten aller anderen Produkte konstant bleibt (man spricht daher auch von „constant ratio rule"). Es wird also gleiche Substitutionalität aller Wettbewerbsprodukte im Relevant Set einer Person unterstellt, was sicherlich in der Realität so nicht gegeben ist und somit die ermittelten Substitutionseffekte verzerrt. Die Aufhebung dieser Prämisse durch Berücksichtigung von paarweise unterschiedlichen Substitutionsbeziehungen, wie sie im multinominalen Probit-Modell erfolgt, erfordert die simultane Schätzung sehr vieler Parameter. Die sich daraus ergebenden Anforderungen an das Datenmaterial und die resultierenden schätztechnischen Probleme haben diesen Weg daher bislang als unpraktikabel erscheinen lassen. Um dennoch hinreichend valide Ergebnisse mit dem einfacheren Logit-Modell zu erzielen, bedarf es einer sorgfältigen Abgrenzung des in der Testmarktsimulation berücksichtigten Wettbewerbsumfeldes. Gemildert wird überdies der verzerrende Effekt der IIA-Annahme dadurch, dass sie nur die jeweils im Relevant Set einer Person befindlichen Produkte betrifft und die individuellen Relevant Sets i. d. R. klein in Relation zur Größe der relevanten Produktkategorie sind.

Ein anderes Problem betrifft die Annahme der Homogenität der Zielgruppe bezüglich des Entscheidungsverhaltens, die im Wert von β zum Ausdruck kommt. Da die abhängige Variable des Logit-Modells – die Kaufwahrscheinlichkeit P – nicht beobachtbar ist und auch keine wiederholten Beobachtungen des vergangenen Kaufverhaltens zur Verfügung stehen, muss sie durch eine 0,1-Variable ersetzt werden, die angibt, welches Produkt zuletzt gekauft wurde. Aufgrund dieser beschränkten Information sind keine individuellen Logit-Analysen und damit Schätzungen von β möglich. Eventuelle Segmentierungen müssen daher a priori auf Basis anderer Merkmale, die mit dem Kaufverhalten in Bezug stehen, vorgenommen werden.

4. Implikationen

4.1 Anwendungsaspekte

Da die Datengewinnung im Rahmen einer Testmarktsimulation zwangsläufig weniger realitätsnah ist als bei anderen Testmarktverfahren, ist der Einsatz von Modellen und Methoden erforderlich, um valide Marktprognosen zu erhalten. Dennoch darf die saubere Durchführung des Erhebungsverfahrens nicht vernachlässigt werden, denn die Qualität der Daten bedingt auch die Qualität der Ergebnisse. Die Auswahl der Testpersonen, die Abbildung des relevanten Marktes, die Durchführung von Kauf- und Werbesimulation und insbesondere die Gestaltung der Präferenzmessungen bedürfen hier großer Sorgfalt. Von besonderer Wichtigkeit ist auch, dass die Testpersonen den Zweck des Tests nicht durchschauen. Insbesondere dürfen sie nicht wissen, dass ein neues Produkt getestet wird, und schon gar nicht, welches der Produkte das Testprodukt ist, da sonst unweigerlich eine positive Verzerrung der Beurteilung des Testproduktes resultiert. Voraussetzung für den Einsatz der Testmarktsimulation ist, dass das Testprodukt inklusive Verpackung einführungsreif ist und Werbemittel (TV-Spot, Anzeige) zur Verfügung stehen.

Unter obigen Bedingungen vermag die Testmarktsimulation valide und zuverlässige Ergebnisse zu liefern und ist anderen Verfahren bezüglich Kosten und Schnelligkeit überlegen. Ein Test kostet ca. 100 Tsd. Euro und von der Vorbereitung bis zur Ergebnispräsentation werden ca. 10 Wochen benötigt. Überdies bildet die Testmarktsimulation das einzige Testmarktverfahren, das eine Geheimhaltung des Testproduktes vor der Konkurrenz ermöglicht. Ein weiterer Vorteil, der mit der zunehmenden Internationalisierung des Marketing an Bedeutung gewonnen hat, ist die nahezu unbegrenzte zeitliche und räumliche Verfügbarkeit. Ein STM kann ohne allzu große Schwierigkeiten in jedem Land durchgeführt werden, da keine Abhängigkeit von der dortigen Infrastruktur besteht.

Ein STM erlaubt auch Anwendungen, die ansonsten nicht möglich oder wirtschaftlich kaum vertretbar wären. Er kann zahlreiche alternative Produkte testen, er kann die gleichzeitige Einführung mehrerer neuer Produkte testen oder die Auswirkungen einer Elimination von Produkten untersuchen. Unter bestimmten Bedingungen kann ein Anbieter auch das neue Produkt eines Konkurrenten testen (z. B. wenn dieses im Testmarkt oder im Ausland erhältlich ist), um so seine Gegenmaßnahmen besser planen zu können.

Ein hier nicht behandelter Aspekt bildet das diagnostische Potential der Testmarktsimulation. Es ist nicht nur wichtig, einen Marktanteil zu prognostizieren, sondern auch, diesen zu erklären. Ein STM vermag zu zeigen, welche Konsumenten das neue Produkt kaufen und warum sie es kaufen oder, noch wichtiger, warum Konsumenten es nicht kaufen und somit die gesteckten Absatzziele nicht erreicht werden. Der STM vermag damit wichtige Hinweise zur Verbesserung einer Marketing-Konzeption liefern.

4.2 Modellerweiterungen

Es wurde hier nur das Grundmodell der Testmarktsimulation dargestellt. Insbesondere handelt es sich dabei um ein statisches Modell zur Prognose des Gleichgewichtsmarktanteils, der nach Stabilisierung des Penetrationsprozesses zu erwarten ist. Eine wichtige Erweiterung bildet die Dynamisierung des Modells, um den Zeitpfad der Marktanteilsentwicklung zu prognostizieren (Erichson 1998). Hierbei muss im Unterschied zur obigen Gleichgewichtsbetrachtung auch der Beitrag der Erstkäufe zum Marktanteil betrachtet werden, der in der Anfangsphase nach der Einführung sehr groß ist, bei Konvergenz der Penetration dann aber zunehmend geringer wird.

Die Prognose des Zeitpfades bei der Einführung neuer Produkte ist von großer Wichtigkeit, da sie entscheidungsrelevante Informationen im Rahmen der Gestaltung von Innovationsstrategien liefert. Ein bereits angesprochenes Problem bildet die Verkürzung der Produktlebenszyklen, wodurch der Zeitraum für die Amortisation der getätigten Aufwendungen für F&E und Markteinführung geschmälert wird. Die Zeitdimension wird damit zu einem zunehmend wichtigen Wettbewerbsfaktor.

Ein spezielles Problem in diesem Zusammenhang bildet die Wettbewerbsdynamik auf gesättigten Märkten. Die Anbieter sind ständig gezwungen, sich durch Innovationen Wettbewerbsvorteile zu verschaffen, die aber meist von den Wettbewerbern nach kurzer Zeit imitiert und somit nivelliert werden. Der Erfolg einer Innovation ist daher in starkem Maße davon abhängig, wie lange ein Informationsvorsprung gehalten werden kann bzw. wann die Konkurrenz diesen einholen und mit einem ähnlichen Produkt auf den Markt kommen wird, da hiervon die Rückflüsse der getätigten Investitionen abhängig sind. Für die Modellierung dieser Zusammenhänge bildet die Dynamisierung des Modells eine unerlässliche Voraussetzung.

5. Ausblick

In diesem Beitrag wurden die praktische Bedeutung der Testmarktsimulation sowie deren methodische Grundlagen behandelt. Die Bedeutung der Testmarktsimulation wird in Zukunft sicherlich weiter zunehmen, bedingt durch die Verkürzung der Produktlebenszyklen und die zunehmende Internationalisierung des Marketing.

Die zukünftige Weiterentwicklung der Testmarktsimulation wird auf zwei Ebenen verlaufen. Zum einen werden die Modelle erweitert und verfeinert werden, z. B. um die Wirkung der zeitlichen Verteilung von Werbung und Verkaufsförderung zu erfassen und Reaktionen der Konkurrenz im Innovationswettbewerb zu berücksichtigen, um unterschiedliche Wettbewerbsszenarien am Computer durchspielen zu können.

Zum anderen werden das Erhebungsverfahren sowie die Ergebnispräsentation durch den Einsatz von Multimediatechnologien verbessert und beschleunigt werden. Schon jetzt werden Multimedia-PCs für computergestützte Befragungen im Teststudio eingesetzt, um die Datenqualität zu verbessern und die Auswertung zu beschleunigen. Es wird aber auch daran gearbeitet, durch den Einsatz von Virtual-Reality-Techniken neue Produkte zu testen, die noch nicht produziert wurden. In Verbindung mit dem Internet wird es damit in nicht zu ferner Zukunft vielleicht möglich sein, bei der Testmarktsimulation auf das Teststudio verzichten zu können.

Literaturverzeichnis

Clancy, K.J./Shulman, R.S./Wolf, M.M. (1994): Simulated Test Marketing, New York.

Erichson, B. (1980): Ermittlung von Kaufwahrscheinlichkeiten durch Logit-Analysen, in: Schwarze, J. (Hrsg.), Angewandte Prognoseverfahren, Herne/Berlin, S. 165-188.

Erichson, B. (1995): Markttests, in: Tietz, B./Köhler, R./Zentes, J. (Hrsg.), Handwörterbuch des Marketing, 2. Auflage, Stuttgart, S. 1826-1841.

Erichson, B. (1997): Neuproduktprognose mittels Testmarktsimulation - Praktische Anwendung und methodische Grundlagen, Otto-von-Guericke-Universität Magdeburg, Fakultät für Wirtschaftswissenschaft.

Erichson, B. (1998): Dimensionen der Testmarktsimulation, in: Erichson, B./Hildebrandt, L. (Hrsg.), Probleme und Trends in der Marketing-Forschung, Stuttgart, S. 115-149.

Gaul, W./Baier, D./Apergis, A. (1996): Verfahren der Testmarktsimulation in Deutschland: Eine vergleichende Analyse, in: Marketing ZFP, Heft 3, S. 201-217.

Henry, W./Menasco, M./Takada, H. (1989): New-Product Development and Testing, Lexington et al..

Luce, R.D. (1959): Individual Choice Behavior, New York.

McFadden, D. (1974): Conditional Logit Analysis of Qualitative Choice Behavior, in: Zarembka, P. (Hrsg.), Frontiers in Econometrics, New York et al., S. 105-142.

Parfitt, J.H./Collins, B.J.K. (1968): Use of Consumer Panels for Brand Share Prediction, in: Journal of Marketing Research, S. 131-145.

Shocker, A.D./Hall, W.G. (1986): Pretest Market Models: A Critical Evaluation, in: Journal of Prod. Innov. Management, S. 86-107.

Silk, A.J./Urban, G.L. (1978): Pre-Test-Market Evaluation of New Packaged Goods: A Model and Measurement Methodology, in: Journal of Marketing Research, Mai, S. 171-191.

Urban, G.L./Katz, G.M. (1983): Pre-Test-Market Models: Validations and Managerial Implications, in: Journal of Marketing Research, S. 221-234.

Ludger Gigengack

Marktforschung in der Konsumgüterbranche – Produktentwicklung in gesättigten Märkten

---

Ludger Gigengack ist Director International Market Research Laundry bei der Henkel KGaA Düsseldorf.

1. Marktforschung in gesättigten FMCG-Märkten

In diesem Beitrag wird am Beispiel der Firma Henkel dargestellt, welche Rolle Marktforschung und das damit verknüpfte methodische Instrumentarium in der praktischen Arbeit der Entwicklung neuer Produkte und der Aktualisierung eingeführter Produkte spielt. Die in diesem Buch beschriebene Methodik darf nicht Selbstzweck sein, sondern muss zielgerichtet auf die Marketingfragestellungen hin eingesetzt werden. Daher wird an dieser Stelle primär auf die praktischen Anforderungen an die Marktforschung aus Sicht des Marketing eingegangen.

Vorab ein paar Worte zum Geschäftshintergrund:

Henkel ist u. a. im Bereich „Fast Moving Consumer Goods“ (FMCG) auf gesättigten Märkten (Waschen, Reinigen etc.) aktiv. Bei der dortigen oligopolistischen Anbieterstruktur findet ein intensiver Verdrängungswettbewerb statt. Deshalb kann sich ein Unternehmen langfristig nur durch konsequente Kundenorientierung der Marketingaktivitäten erfolgreich behaupteten. Der ehemalige Vorstandsvorsitzende von Henkel hat dies so als Leitlinie formuliert:

„Qualität muss immer neu errungen werden. Qualität ist eine entscheidende Aufgabe für das gesamte Unternehmen. Sie ist das Ergebnis einer auf den Markt ausgerichteten Zusammenarbeit. Es gibt keine Qualität an sich, es gibt immer nur eine Qualität für den Markt. Unsere Kunden entscheiden darüber. Sie sagen uns durch ihre Kaufentscheidung, ob die Qualität stimmt.“ (Sihler 1991)

Das heißt für die praktische Marketingarbeit, dass der Maßstab jeder auf den Markt gerichteten Entscheidung ist, ob der Verbraucher diese positiv annimmt. Der spätere Kunde muss bereits im Vorfeld die Produktqualität überprüfen und akzeptieren. So sind z. B. zur Qualitätssicherung bei einem Launch (oder Relaunch) bestimmte Schritte der Überprüfung über Marktforschung – d. h. durch den Verbraucher – zwingend vorgeschrieben.

Welche Aufgabe fällt dabei der Marktforschung zu?

Sie greift strategische und taktische Fragestellungen des Marketing auf und verarbeitet sie zu einem Untersuchungsdesign, welches Entscheidungshilfen für die sich aus den Fragestellungen ergebenden Handlungsalternativen liefert. Auf die Phase der Abstimmung des Untersuchungsdesigns und der Beschaffung bzw. Erhebung der Daten soll hier nicht eingegangen werden.

Danach müssen diese Daten zu Informationen verarbeitet werden. Dazu werden je nach Fragestellung die jeweils unterschiedlichen Methoden der Statistik innerhalb der Marktforschung eingesetzt, die in diesem Buch dargestellt werden.

In einer zweiten Stufe werden Informationen darüber hinaus zu übergreifenden Einsichten verdichtet. In dieser Phase werden neben einfachen Darstellungsarten natürlich auch multivariate Verfahren eingesetzt, jedoch setzt spätestens hier ein generelles Problem komplexer Verfahren ein: Die Übersetzung der Einsichten auf die Marktrealität erfolgt immer vor dem Hintergrund eines personenindividuellen mentalen Modells zur Marktmechanik (Schroiff 1984). Da die Erkenntnisse in den meisten Fällen nicht von simpler quantitativer Natur sind, lassen sie immer einen gewissen Interpretationsspielraum zu.

Eine große Anforderung an eingesetzte Methoden bei der Marktforschung besteht daher darin, dass sie bei mehreren Managern (in der Regel alle keine Statistikspezialisten) unabhängig voneinander zur gleichen Interpretation und Handlungskonsequenz führen. In der Praxis ist dies ein fast unlösbares Problem. Die Marktforscher müssen an dieser Stelle Interpretationshilfe geben, um Fehleinschätzungen zu vermeiden (vgl. Beck-Bornholdt/Dubben 1997, die das sehr anschaulich beschreiben).

Marktforschung ist nie Selbstzweck und ist umso effizienter und erfolgreicher, je zielgerichteter sie eingesetzt wird. Für das eingesetzte methodische Spektrum gilt dies in gleicher Weise. Daneben ist immer ein wichtiges Kriterium, dass die Ergebnisse auch für das Management *unmissverständlich* und *vollständig* erfasst und umgesetzt werden können. Als Beispiele für in dieser Hinsicht schwierige Analysen seien Faktorenanalysen oder graphische Darstellungen (Mappings) genannt.

Es ist eine zentrale Aufgabe der Marktforschung, diesen Prozess aus neutraler Sicht sachgerecht zu steuern und das insbesondere durch die Auswahl der entsprechenden Methoden.

Als Basis für die Zielorientierung ist dabei eine definierte (und allen Beteiligten bekannte) Vorgehensweise und Philosophie der Marketingarbeit zu sehen, welche die verschiedenen Elemente des Marketingmix in einem gemeinsamen, ganzheitlichen Prozessmodell steuert, welches für Teilaufgaben (z. B. Kommunikationsentwicklung) dann wieder Teilprozesse enthält. Jede am Prozess beteiligte Einheit eines Unternehmens muss ihren Beitrag an den übergreifenden Zielen ausrichten – inhaltlich wie methodisch (Henkel KGaA 1983). Im Folgenden wird dieses dargestellt.

Da die Marktforschung bei jeder Prozessstufe hypothesengenerierend und überprüfend beteiligt ist, kommt ihr dabei eine wichtige Rolle bei der (Weiter-)Entwicklung dieser Prozessorganisation zu.

Bei aller Marktforschung und Methodik sollte man sich jedoch einer Tatsache immer bewusst sein: Marktforschung kann nicht alles. Die *Ideen* muss man schon selbst generieren und die zentralen *strategischen* Produktentscheidungen muss man auch selbst treffen und kann sie nur begrenzt an den Konsumenten und damit an die Marktforschung delegieren.

2. Grundlagenforschung

Langfristig kann ein Unternehmen nur dann einen Markt erfolgreich bearbeiten, wenn es sich unabhängig vom konkreten Produkt mit den grundsätzlichen Bedürfnissen, Verhaltensweisen und Einstellungen der Konsumenten auseinandersetzt.

Diese auch „strategische Forschung“ genannten Studien sind sehr vielfältig in ihrer Ausprägung.

Es beginnt mit Konsumentenkontakten und -gesprächen im Rahmen von regelmäßigen Hausbesuchen zur Verhaltensbeobachtung oder bei Diskussionsrunden mit Verbrauchern zu allgemeinen Themen rund um die Kategorie.

Primäres Ziel ist hierbei, sich nicht zu weit vom Konsumenten und seinem stärker als gemeinhin angenommen irrationalen oder emotionalen Verhalten zu entfernen. Der Schreibtisch allein ist ein schlechter (und gefährlicher) Platz, um die Welt zu erkunden.

Neben dieser praktizierten Konsumentennähe muss man als Gestalter eines Marktes auch systematisch Potentiale für neue Geschäftsfelder erforschen. Wie kann dies anders geschehen, als durch intensive Erfassung und Analyse des Konsumentenverhaltens und aller auftretenden kleinen und großen Probleme?

Problem-Tracking Studien eruieren alle Probleme, die im Rahmen des Waschprozesses auftreten und gewichten sie nach Häufigkeit und Bedeutung.

Eine detaillierte Beobachtung des Verbraucherverhaltens erfolgt durch Protokollstudien mit Waschtagebüchern. Dabei werden Verhaltensweisen auf folgenden Ebenen erfasst:

- Wie wird Wäsche sortiert?
- Welche Textilien werden in einer Waschladung zusammengefasst?
- Welche Verschmutzungen und Flecken sind auf den Wäschestücken?
- Welches Waschprogramm und welche Temperatur wird genutzt?
- Wie wird das Waschmittel dosiert?
- Werden Zusatzprodukte eingesetzt?
- War das Waschergebnis zufriedenstellend?

Auf dieser Basis erfolgen dann strategische Weichenstellungen zur Marktbearbeitung. Dazu einige Beispiele:

Beispiel 1:

Die Entwicklung des Waschverhaltens zeigt ein deutliches Wachstum der Buntwäschen zu Lasten der Weißwäschen:

	1988	1992	1998	2003
Weißwäsche	28 %	29 %	23 %	20 %
Buntwäsche	50 %	52 %	57 %	58 %
Fein-/Wollwäsche	22 %	19 %	20 %	22 %

Tabelle 1: Entwicklung des Waschverhaltens

Die Konsequenz war die breite Einführung und Forcierung von Buntwaschmitteln, speziell für die grobe Buntwäsche als Line Extender der Universalwaschmittel-Marken: „Persil color" wurde als Pulver-, Flüssig- und Tabs-Waschmittel eingeführt.

Beispiel 2:

Die Waschtemperaturen zeigen einen eindeutigen Trend nach unten. Die Ursache dafür liegt in neuen Textilien und dem Verbraucherbedürfnis, Energie und Zeit zu sparen (niedrigere Waschtemperaturen führen zu geringerem Energieverbrauch und kürzeren Waschzyklen in der Maschine).

	1988	1992	1998	2003
90°	18 %	19 %	11 %	8 %
60°	35 %	30 %	32 %	31 %
40°	23 %	28 %	37 %	38 %
30°	24 %	23 %	20 %	23 %

Tabelle 2: Entwicklung der Waschtemperatur

Die Konsequenz war die Veränderung der Rezepturen durch Addition von Bleichaktivatoren für niedrige Waschtemperaturen und darauf aufbauend die Entwicklung neuer Konzepte wie „40° kraftverstärkt".

Beispiel 3:

Es zeigt sich bei der Analyse des Waschverhaltens, dass z. B. 36 % aller Haushalte normalerweise sämtliche Waschladungen mit einem einzigen Waschmitteltyp waschen (Universalwaschmittel-Pulver).

Diese Konsumentengruppe ignoriert das breite Angebot der für spezielle Anwendungen optimierten Produkte wie Color-, Fein- oder Wollwaschmittel – und sie hat durchaus gute Gründe dafür:

Aus Hausbesuchen erfährt man, dass in kleinen Haushalten eine theoretisch sinnvolle weitgehende Trennung der zu waschenden Textilien nach Farben und Temperaturen dadurch unmöglich gemacht wird, dass es viel zu lange dauert, bis eine sortenreine Waschladung gefüllt ist. Dann schlägt die Stunde der Kompromisse: Wenn verschiedene Textilienarten gemischt werden, macht das Konzept unterschiedlicher Waschmittel wenig Sinn.

Diese beiden Erkenntnislinien führten zu einem Konzept eines „universellen Waschmittels", welches sich in Österreich unter der Marke Dixan bewährt.

3. Marktforschung im Produktentwicklungsprozess

Der Entscheidungsablauf zur Markteinführung von Produkten und die damit verknüpften Marktforschungsprojekte werden im Folgenden schrittweise so dargestellt, wie sie im Normalfall ablaufen. Im Einzelfall kann man natürlich in einzelnen Punkten davon abweichen, wenn es Gründe dafür gibt.

Schritt 1: Gibt es ein ausreichend großes, auf Verbraucherbedürfnissen basierendes Marktpotential?

Der erste Schritt zum neuen Produkt stellt die Idee und genaue Definition des Produktkonzepts dar. Die Suche nach Erfolg versprechenden Konzepten ist ein vielschichtiger Prozess.

Zum Bereich der *strategischen Marktforschung* (Hüttner/Czenskowsky 1986) gehört als Ausgangspunkt die Untersuchung der Verbraucherbedürfnisse, mit dem Ziel, neue Produktpositionierungen zu finden oder bestehende Produkte an veränderte Marktbedürfnisse anzupassen. Zielsetzung ist es, bisher noch nicht abgedeckte Verbraucherbedürfnisse zu finden und neue relevante und glaubwürdige Konzepte zu definieren. Die gründliche und vorurteilslose Beschäftigung mit vordergründigen und latenten Problemen aus dem Anwendungsbereich der Produkte ist die entscheidende Basis für die Innovationskraft eines Unternehmens. Die Herausforderung besteht darin, auch Unmögliches zu versuchen und aus unklar artikulierten Verbraucherbedürfnissen konkrete und nutzbringende Produktleistungen zu entwickeln. Zunächst handelt es sich dabei um Grundlagenforschungsprojekte, die für einen längeren Zeitraum die Basis der Produktentwicklung bilden. Das neue Produkt muss sich konzeptionell sinnvoll in den mehrdimensionalen Positionierungsraum des jeweiligen Marktes einordnen.

Vorbereitend kommen dazu multivariate Positionierungsmodelle zum Einsatz.

Durch Überprüfung von Sekundärmaterial und/oder spezifischen Befragungen erfolgt die quantitative Absicherung des betriebswirtschaftlich notwendigen Bedürfnispotentials.

Beispiel:

Persil Megaperls mit primärer Anwendung „ohne Vorwäsche“:

Aus Wäscheprotokollen und Dosierstudien zur Analyse des Wasch- und Dosierverhaltens ergibt sich folgende Ausgangsbasis:

	1988	1992	1998	2003
ohne Vorwäsche	65 %	85 %	88 %	91 %
mit Vorwäsche	35 %	15 %	12 %	9 %

Tabelle 3: Entwicklung des Waschverhaltens

Schritt 2: *Ist das Produktkonzept (funktionelle Beschreibung des differenzierenden Produkt-Benefits und Reason Why) beim Verbraucher quantitativ ausreichend bedürfnisrelevant?*

Wenn das Konzept auf seine *Relevanz für den Verbraucher* untersucht wird, kann dieses in verschiedenen Qualitätsstufen entsprechend dem Entwicklungsstand erfolgen. Entsprechend steigt damit der prognostische Wert der Konzeptbewertung. Entscheidend hierfür ist, welche Marketingmix-Parameter bereits definiert oder gestaltet sind. Die erste Stufe stellt ein Konzept-Bord (= visualisiertes Konzept) dar, weitere Stufen sind dann ein einfacher Animatic-Film und der endgültige Spot. Die letzte Stufe der Absicherung eines Konzepts ist ein(e) Testmarkt(-simulation).

Es macht immer Sinn, in der frühen Phase verschiedene Varianten konzeptioneller Ansätze durch den Verbraucher bewerten zu lassen, wobei dieses qualitativ mit dem Ziel der Konzeptoptimierung oder quantitativ zur Entscheidung zwischen Alternativen erfolgen kann. Dadurch vermeidet man, dass ein Wettbewerber die Idee aufgreift, Verbesserungsmöglichkeiten findet und letztendlich erfolgreicher ist. Bei reinen „mee-too“-Produkten ist dies in der Regel nicht der Fall.

Man muss sich jedoch immer darüber im Klaren sein, dass man am Ende immer nur die kurzfristigen Auswirkungen von veränderten Konzepten oder Line-Extensions testen kann. Die langfristigen Auswirkungen auf den Markenkern oder das Image ist vom

Verbraucher nicht zu erfragen, da sich eine solche Bewusstseinsveränderung als Ergebnis eines längeren Lernprozesses oder auch unterbewusst abspielt. Dies bleibt eine strategische Entscheidung des Unternehmens.

Die aus allgemeinen Verbraucherbedürfnissen entwickelten konkreten Produktideen müssen im nächsten Schritt natürlich daraufhin überprüft werden, ob sie die identifizierten Verbraucherbedürfnisse auch tatsächlich und glaubhaft abdecken. In einem Konzepttest oder Ähnlichem wird die Relevanz der Idee für den Verbraucher anhand quantitativer und qualitativer Kriterien geprüft. Falls die quantitativen Faktoren über den jeweiligen durch das Unternehmen definierten Normwerten liegen, wird das Konzept weiterverfolgt. In diesem Bereich liegt der methodische Schwerpunkt weniger in komplexer Analytik, als vielmehr in einer sauber aufbereiteten Datenbank mit abgesicherten Normen, d. h. die prognostische Sicherheit in Bezug auf die spätere Produkteinführung ist der entscheidende Aspekt. Normen sollten ambitioniert sein. Durchschnittswerte als Norm sind speziell hier wie auch sonst häufig ein schlechter Ratgeber.

Schritt 3: Ist das Produktkonzept technisch realisierbar?

Das Produktmanagement überprüft in Zusammenarbeit mit der Produktentwicklung, ob das Produktkonzept überhaupt, in welchem Zeitraum und zu welchen Kosten realisierbar ist. In dieser Phase spielt die Marktforschung keine Rolle.

An dieser Stelle sei jedoch insbesondere auf die Reihenfolge der Schritte hingewiesen. Zunächst wird die Verbraucherrelevanz überprüft und dann die Machbarkeit! Das Unmögliche darf immer gedacht werden. Manchmal gibt es doch einen Weg! Nur so kann man „das Unmögliche möglich machen“, da ein Erfolg versprechendes Ziel häufig hohe Kreativität und Engagement hervorruft. Dies heißt natürlich nicht, dass man den Blick für die Realität völlig verlieren darf. Ein Waschmittel, das beim Waschen Knöpfe wieder annäht, wird wohl ein Wunschtraum bleiben.

Schritt 4: Ist das Produktkonzept technisch besser als vergleichbare Wettbewerbsprodukte?

Die Überprüfung der Produktleistung nach objektiven Gesichtspunkten wird durch die technische Produktentwicklung durchgeführt. Letztendlich kann man nur dann langfristig von einer subjektiv empfunden Produktüberlegenheit beim Verbraucher ausgehen, wenn es auf einer objektiven Ebene eine Basis dafür gibt. Marktforschung spielt an dieser Stelle die Rolle, dass sie einen verbraucherbezogenen Anwendungskatalog (d. h. Bewertungskriterien) definiert, auf dessen Basis dann die objektiven Messungen erfolgen. Diese Messkriterien werden in Grundlagenstudien regelmäßig aktualisiert. Dies ist z. B. für Waschmittel das Wissen über die Häufigkeit und Problematik von verschiedenen Anschmutzungen. Ein genereller Wettbewerbsfaktor ist auch die Verbraucherorientierung der *technischen* Produktentwicklung, die historisch eher eine an objektiv messbaren Kriterien ausgerichtete Orientierung hat. Der Verbraucher dagegen urteilt in der Praxis durchaus sehr subjektiv – und manchmal aus Unwissenheit über die chemischen Zusammenhänge auch einfach falsch.

Schritt 5: Ist das Produktkonzept für den Verbraucher erlebbar besser als vergleichbare Wettbewerbsprodukte?

Langfristig ist die Qualität des Produkts selbst sicherlich der wichtigste Faktor im Markt, da der tägliche Einsatz beim Verbraucher zu einer ständigen kritischen Bewertung der Leistung führt. Leistungsdefizite gegenüber dem Wettbewerb in einem noch so kleinen Punkt können langfristig nur in sehr engen Grenzen durch andere Parameter wie Werbung ausgeglichen werden.

Daher ist die umfassende Überprüfung der Produktqualität durch den Verbraucher bei jeder marktwirksamen Veränderung des Produkts zwingend notwendig.

Gefragt sind dabei nicht „saubere“ Rahmenbedingungen, sondern das Erlebnis des Verbrauchers

- unter realen Verschmutzungsbedingungen,
- unter realen Dosierungsbedingungen,
- unter realen Anwendungsbedingungen,
- unter subjektiven Bewertungskriterien und
- unter dem Einfluss des Markenimages und der Produkterfahrung,

was so nie unter klinischen Laborbedingungen nachzustellen ist.

Zu überprüfen sind dabei alle Marketingmix-Parameter des Produkts:

- die Rezepturleistung im Sinne der Primärleistungen,
- der Duft,
- die Verpackung, insbesondere unter Handlingaspekten,
- die Gestaltung unter ästhetischen, aber auch unter Erklärungsaspekten und
- der Markenauftritt.

Neben einem ganzheitlichen Produkterleben in einem Home-Use-Test können in einer Vorstufe einzelne Produktparameter, wie z. B. das Handling der Packung, auch separat untersucht werden. Zu dem Gesamtauftritt des Produkts gehören dabei natürlich auch die Packung und die Marke. Ein „blinder“ Home-Use-Test ist daher nur bei ganz speziellen Fragestellungen sinnvoll, da seine generelle prognostische Güte für das spätere Produkt im Markt sehr eingeschränkt ist. Die Wahrnehmung der Produktleistung erfolgt immer vor einem sehr subjektiven Wissenshintergrund. Jedenfalls weichen die Ergebnisse von gestalteten und blinden Home-Use-Tests teilweise dramatisch voneinander ab.

In der Praxis treten dabei jedoch durchaus Probleme auf:

- Es gibt vereinzelt Produkteigenschaften, die wegen einer kumulativen Wirkung erst sehr langfristig erlebbar werden. Teilweise sind die dafür notwendigen Testzeiträume aus pragmatischen Gründen nicht realisierbar.
- Die synergistische Kombination aus Werbeaussage und anschließendem Erleben dieser Aussage bei der Produktnutzung ist in der Regel aus Timing- und Reihenfolgegründen nicht realitätsnah darzustellen.

Das Benchmarking für die Interpretation der Produkttestergebnisse ist natürlich von entscheidender Bedeutung für den zielgerichteten Wert der Marktforschung.

Falls in der Gesamtpräferenz und in den Dimensionen der intendierten Positionierung (siehe Konzept) das Produkt entsprechend der Zielsetzung als ausreichend gut erlebt wird, wird das Produkt in dieser Stufe freigegeben, ansonsten ist eine Überarbeitung notwendig. Hier liegt ein entscheidender Aspekt. In entwickelten und gesättigten Märkten gibt es in der Regel keine globale Produktüberlegenheit gegenüber allen Wettbewerbsprodukten, sondern nur eine in einzelnen Dimensionen. Es wäre fatal, wenn man sich damit begnügen würde, in *irgendwelchen* durchaus wichtigen Dimensionen besser zu sein. Es müssen immer exakt diejenigen Dimensionen sein, welche die psychologische Positionierung des Produkts ausmachen. Konkret heißt das, dass ein strategisch als handschonend positioniertes Geschirrspülmittel in der Dimension Handschonung überlegen sein *muss*. Dies kann nicht durch eine als überragend erlebte Leistung in anderen Dimensionen „ausgeglichen“ werden.

Beispiel:

Positionierungszielsetzungen von Persil Megaperls waren primär Waschkraft und Fleckentfernung. In einem Home-Use-Test vor Einführung ergab sich: 93 % der Befragten bewerten Persil Megaperls insgesamt und 96 % die Waschkraft als sehr gut/gut. Im Vergleich zur bisher verwendeten Stamm-Marke wird Persil Megaperls in den Dimensionen

- Ergiebigkeit,
- Waschkraft,
- Umweltfreundlichkeit,
- Fleckentfernung und
- Duft

signifikant besser beurteilt als die Wettbewerbsprodukte.

Schritt 6: Ist die Verpackung produkt- und konzeptionsgerecht?

Die Packung hat primär die Aufgabe, die in der Kommunikationsstrategie definierte Produktleistung gestalterisch widerzuspiegeln. Sie muss somit auch die Produktpositionierung widerspiegeln. Es haben sich historisch in allen Märkten bestimmte Gestaltungs- und Farbcodes „eingebürgert", gegen die man nicht versehentlich verstoßen sollte. Reines Gefallen der Packung ist in der Regel eine eher nebensächliche Dimension, auch wenn dies sicherlich stark von der Warengruppe abhängt. Klarheit und Einfachheit der Gestaltung sind fast generell wichtige Kriterien, die in der Praxis bei komplexen Positionierungen nur schwer zu erreichen sind.

Im Packungstest werden die Kommunikationswirkung im Sinne der Leistungspositionierung, der Gefallen der Verpackung und die Displaywirkung geprüft. Der Vergleich findet hier im Wettbewerbsumfeld statt.

Beispiel:

	Persil MP	**Wettbewerber**
Waschkraft	8,0	8,0
Pflege	7,9	7,2
Gesamtpräferenz	8,5	7,9

Tabelle 4: Ergebnisse von Persil Megaperls im Packungstest (Skala von 1 bis 10)

Schritt 7: Entspricht die Kommunikationsleistung von Anzeigen, TV-Spots, Funkspots oder Plakaten der Positionierung des Produktkonzepts? Ist die Kommunikation in den Dimensionen Kaufmotivation (Persuasion) und Loyalitätsförderung („Equity building") effizient?

Entscheidend für die Bewertung der Kommunikation durch die Marktforschung ist zunächst die Stimmigkeit zur *Kommunikationsstrategie*. Generell muss sich die Kommunikationsstrategie immer der Produktstrategie bzw. dem Konzept unterordnen. Sie hat jedoch entscheidende Auswirkung auf das jeweilige Marktforschungsdesign zur Kommunikationsbewertung.

Im Rahmen der Kommunikationsstrategie ist zunächst das generelle Kampagnenziel festzulegen: Handelt es sich um eine Ankündigungskampagne mit einer neuen Produktaussage oder um eine Imagekampagne zur Loyalitätserhöhung? Dahinter steht das Marktmodell, dass der Marktanteil über zwei Parameter gesteigert werden kann:

- Generierung neuer Käufer eines Produkts,
- Steigerung der Bedarfsdeckungsrate (= Kaufwahrscheinlichkeit) bei heutigen Käufern/„Brand Loyalty".

Aus dem Briefing für die Agentur („Copy Strategy“) ergeben sich die intendierten Inhalte der strategischen Produktpositionierung, die durch das konkrete Werbemittel transportiert werden sollen. Hier können auch einzelne symbolhafte Gestaltungselemente wie ein Key-Visual oder ein Slogan enthalten sein. Für eingeführte Produkte ist auch der Aspekt der Kontinuität der Kommunikation zu bewerten.

Das Methodenspektrum zur Kommunikationsbewertung im Pretest-Bereich gliedert sich nach den Indikatoren für die Kommunikationswirkung:

- Qualitative Aspekte

Der unumstrittene Wert von Kampagnenkontinuität konkurriert ständig mit Produktinnovationen, die natürlich auch kommuniziert werden wollen und müssen. Als konstante Elemente sind häufig nur Bilder, Zeichensprache, Personen und Stimmungen möglich. Zu überprüfen ist dann, ob diese noch zu den alten Bildern passen und ob sie kohärent zur Kommunikationszielsetzung sind. Dies ist ein Feld für die qualitative Kommunikationsforschung.

- Kommunikationsinhalte/Equity building

Welche Positionierungsinhalte werden kommuniziert? Stimmen diese und die mentale Repräsentation der Werbung mit der strategischen Produktpositionierung und der Kommunikationsstrategie überein? Verändert die Werbung das Bild der Marke im Kopf des Verbrauchers (Brand Equity) positiv? Dies sind entscheidende Fragen aus produktstrategischer Sicht. Insbesondere bei neuen Spots innerhalb einer Kampagne ist dies einer der wichtigsten Entscheidungsparameter.

Dazu wird ein Kommunikationstest mit quantitativen und qualitativen Elementen durchgeführt, der immer sehr spezifisch auf die Warengruppe und das umworbene Produkt in seinem Wettbewerbsumfeld eingeht.

- Persuasion

Im Vordergrund jeder Kommunikationsbewertung muss immer die Frage stehen: Ist die Kommunikation in der Lage, Produktinteresse („Persuasion“) beim Umworbenen auszulösen? Generiert sie den Wunsch, das Produkt auszuprobieren – insbesondere natürlich auch bei bisherigen Nicht-Verwendern? Wird sie also kurz- und langfristig die Käuferpenetration erhöhen?

Daneben ist der Loyalitätseffekt bei den bestehenden Käufern ein wichtiges Bewertungskriterium. Hiermit ist die Veränderung der Kaufwahrscheinlichkeit für die beworbene Marke (innerhalb des Relevant Set der für den Kauf in Frage kommenden Marken) gemeint.

Im Rahmen von speziellen Marktforschungsstudien ist dies differenziert gemessen worden. Es gibt dazu verschiedene Untersuchungsmodelle im Markt, die auf ähnlichen Grundkonzepten basieren – im Detail unterscheiden sie sich jedoch sehr stark.

Beispiel:

Persil Ankündigungskampagne Megaperls hatte folgende Ergebnisse im TV-Spot-Test (Messwert Persuasion Shift): Testspot 14,8 % (Norm war 7,0 %).

Schritt 8: Erreicht das gesamte ganzheitliche Marketingmix den für den Markterfolg notwendigen Marktanteil?

Am Ende der Untersuchungen und Pretests zu den einzelnen Faktoren des Marketingmix steht die *ganzheitliche* Bewertung des Produkts auf Akzeptanz beim Verbraucher. Die Summe der Einzelteile ergibt im Marketing nie das Ganze. Hier sind die Interdependenzen zwischen den Mix-Faktoren mit zu berücksichtigen. Aus pragmatischen Gründen kann jedoch während der Produktentwicklung nur ein eingeschränkt ganzheitliches Bild untersucht werden.

Vor der endgültigen Markteinführung neuer oder in wesentlichen Parametern veränderter Produkte ist jedoch eine ganzheitliche Bewertung des Marketingmix durch den Konsumenten zur Risikoabsicherung unumgänglich. Testmarketing bzw. Testmarktsimulation repräsentieren dort das eingesetzte Methodenspektrum.

Möglichkeiten des Testmarketing

Um ein fertiges Produkt auf seine Marktakzeptanz zu testen, gibt es grundsätzlich verschiedene Möglichkeiten:

- Regionaler Testmarkt
- Mikrotestmarkt/Storetest
- Experimenteller Mikrotestmarkt
- Testmarktsimulation

In den letzten 20 Jahren haben sich in diesem Bereich viele Veränderungen ergeben.

Regionale Testmärkte

Früher wurden ausschließlich regionale Testmärkte durchgeführt (z. B. Berlin, Saarland etc.). Dies ist heute praktisch nicht mehr möglich, da eine ausreichende Media-Reichweite für die Werbeunterstützung regional nicht mehr ausgesteuert werden kann. Der Handel erlaubt zu akzeptablen Kosten keine regionalen Listungen mehr. Außerdem hat sich die Reaktionsgeschwindigkeit der Wettbewerber inzwischen so erhöht, dass Geheimhaltung ein zentrales Thema ist. Ein realer Testmarkt ist für die Konkurrenz offen und der Zeitbedarf bis zur Ergebnislieferung ist erheblich zu lang. Ein zeitlicher Vorsprung bei der späteren nationalen Einführung ist damit nicht mehr sicherzustellen. Daneben werden die Beeinflussungsmöglichkeiten (bis zu Störungen) eines Wettbewerbers auf dem Testmarkt in der Regel genutzt. Im Falle eines Flops (Listung, Werbung, Promotions etc.) sind die Kosten extrem hoch.

Aus diesen Gründen haben sich die FMCG-Anbieter weitgehend vom regionalen Testmarkt verabschiedet und nutzen die in ihrer prognostischen Güte durchaus gleichwertigen oder besseren Alternativen.

Mikrotestmärkte/Storetests

Gelegentlich setzt man Mini- oder Mikrotestmärkte ein, d. h. eine begrenzte Anzahl von Geschäften wird mit dem Produkt ausgestattet. Kommunikation erfolgt in der Regel systembedingt nur sehr eingeschränkt. Probleme sind dabei natürlich:

- Repräsentanz,
- Zeitbedarf,
- keine volle Abdeckung der Marketingmix-Faktoren sowie
- Geheimhaltung.

Daher werden solche Testmärkte nur zum Test von alternativen Packungsgrößen o. Ä. eingesetzt.

Experimentelle Mikrotestmärkte

Die experimentellen Mikrotestmärkte (wie „BehaviorScan“) bieten eine weitgehende Kontrolle der Marketingmix-Faktoren, da sie

- sich auf eine streng abgegrenzte Region beziehen (mit Kontrollgruppe),
- Werbung beinhalten (TV, Print etc. und gegebenenfalls mit Kontrollgruppe)
- eine genaue Kontrolle der Handelssituation erlauben.

Sie haben allerdings auch Nachteile, da sie

- bei Neuprodukten keine Geheimhaltung gewährleisten und
- ihr Zeitbedarf ähnlich dem des regionalen Testmarktes ist.

Daher empfehlen sich die experimentellen Mikrotestmärkte insbesondere für Werbetests, Werbedrucktests u. Ä..

Testmarktsimulationen

Die konsequenteste Weiterentwicklung eines Testmarktes für neue Produkte ist sicherlich die Testmarktsimulation. Es handelt sich dabei um Labortestmärkte, wie TESI, DESIGNOR, BASES, ASSESSOR, Micro-Test, QUARTZ etc., die als Studiotests laufen. Es sei an dieser Stelle auf das entsprechende Kapitel in diesem Buch verwiesen.

Die wichtigsten Charakteristika sind:

- völlige Geheimhaltung durch Studiotest,

- Raffung der Zeit durch gezielte Produktmitgabe und Messung der Produkterfahrung nach 4-6 Wochen,
- Einfluss der Parameter Werbung, Preis, Distribution ist kontrolliert und
- Ergebnisse sind keine „Black Box“, sondern genau analysierbar.

Die Nachteile sind:

- der Handelseinfluss ist nicht simulierbar und
- die Marktparameter „Produktbekanntheit“ und „Distribution“ und andere Parameter des Marketingplans sind zu schätzen und gehen als externe Parameter ins Modell ein.

Die wichtigsten Mix-Faktoren, die bis zum Start der Untersuchung fertig sein müssen, sind das Produkt, seine Verpackung, sein Preis und die Werbung.

Natürlich ist die zunächst wichtigste Frage: Liefert die Testmarktsimulation verlässliche Ergebnisse? Nach vielen Jahren Erfahrung mit dem Instrument wird heute die Notwendigkeit solcher Testmarktsimulationen bei Henkel nicht mehr in Frage gestellt. Vor jeder wichtigen Produkteinführung oder jedem großen Relaunch wird eine solche Untersuchung durchgeführt.

Die Grenzen des Einsatzes solcher Modelle liegen da, wo auch regionale Testmärkte ihre Grenzen haben, nämlich bei der Antizipation von Wettbewerberaktivitäten und sonstigen Umfeldbedingungen.

Benchmark in diesem System ist natürlich der zu erzielende Marktanteilszuwachs. Es ist eine betriebswirtschaftliche und marktstrategische Entscheidung, wie hoch die Messlatte gelegt wird.

Falls das Marktanteilsziel erreicht wird, erfolgt natürlich der Launch des Produkts. Ansonsten ist zu entscheiden, welche Marketingmix-Parameter zu überarbeiten (und dann wieder zu überprüfen) sind oder ob das Projekt eingestellt wird.

Beispiel:

Die Ergebnisse aus der Testmarktsimulation von Persil Megaperls für den Gesamtmarktanteil von Persil als Prognose für den Zeitpunkt Mitte ‘95 waren:

- vor Einführung von Persil Megaperls 32,0 %,
- nach Einführung von Persil Megaperls 34,3 %.

Auf Persil Megaperls entfallen dabei 15,6 %.
Dies führte zur Einführungsentscheidung.

4. Implikationen

Der geschilderte Prozess zur Einführung neuer Produkte, der ein wichtiger Qualitätsfaktor ist und somit die Floprate erheblich senkt, hat in seiner Vollständigkeit einen Zeitbedarf, der natürlich zu einem Zielkonflikt mit der Reaktionsgeschwindigkeit im Marketing führt. Letztendlich wird man sich immer für die Qualität entscheiden, da dies neben dem konkreten Projekt auch Auswirkungen auf das Image des ganzen Unternehmens bei Handel und Verbraucher hat, was langfristig ein hohes Kapital darstellt.

Es ist eine strategische Entscheidung des Unternehmens zur Geschäftspolitik,

- in welchem Qualitätssegment der Märkte man sich als Unternehmen insgesamt positionieren will,
- ob man eine aktive, dynamische Rolle in den Märkten spielen will und
- ob man sich konsequent von einer Verbraucherorientierung bei der Marktbearbeitung leiten lassen will.

Wenn ein Unternehmen all diese Fragen bejaht, wird es langfristig nur erfolgreich sein, wenn es die Marketingaktivitäten in jeder Stufe durch den Verbraucher reflektieren lässt. Das heißt natürlich nicht, dass man seine Marketingarbeit bis in alle Details vom Verbraucher durch Marktforschung bewerten lässt. Die breite Basis der Grundlagenforschung und das daraus abgeleitete Wissen über Konsumentenbedürfnisse gestattet es manchmal auch einen Prüfschritt zu überspringen, wenn die Rahmenbedingungen wie das Timing dies erfordern. Konsumentenorientierung heißt nicht, immer nach dem Wind der letzten Umfrage zu segeln. Ähnlich wie in der Politik muss man jedoch immer das aktuelle Meinungsbild der Konsumenten kennen, um manchmal ganz gezielt darauf hinzuarbeiten, genau dieses zu verändern. Hersteller und Kunde müssen immer ein sich gegenseitig beeinflussendes kommunikatives und handelndes System sein. Aus Unternehmenssicht ist es daher wichtig, eine Kultur zur Informationsaufnahme und -verarbeitung zu entwickeln. Dies gilt nicht nur für die Phase der Produktentwicklung, sondern auch für die Zeit ab der Markteinführung. Der Aufbau eines vor allem schnellen Feedback-Systems über das Erleben des Produkts unter realen Bedingungen ist dabei ein wichtiger Wettbewerbsfaktor. Dies kann durch ein funktionierendes Beschwerdemanagement geschehen. Zu einem solchen gehört in FMCG-Märkten auch ein direkter Draht zum Endverbraucher, organisiert z. B. über Service-Hotlines. Es ist dann wieder von entscheidender Bedeutung, was man aus diesen Impulsen macht. Sehr produktiv ist erfahrungsgemäß die Denkweise, dass man aus jeder Reklamation lernen kann. Man muss es dann nur noch tun!

5. Qualitative Beobachtung

Die große Herausforderung für betriebliche Marktforschung ist es,

- im Bereich der Grundlagenforschung eine stabile Basis für kundenorientiertes Handeln zu legen und
- im Ad-hoc-Bereich für die jeweilige Fragestellung ein adäquates Konstrukt anzubieten.

Sämtliche Marktforschungsaktivitäten müssen sich mit folgenden Zielen in ein Gesamtkonzept einordnen:

- Die eingesetzten Verfahren müssen sich an einer gemeinsamen Marketingstrategie und an einem gesamthaften Modell des Marketingverständnisses orientieren.
- In unterschiedlichen Reifestadien eines Produkts muss das in der jeweiligen Stufe eingesetzte Testverfahren eine hohe prognostische Güte für die nachfolgende Stufe haben.

Wenn man diese Bedingungen nicht einhält, bekommt man einen orientierungslosen Flickenteppich, der zwar in jedem Fall irgendein Entscheidungskriterium liefert, jedoch keine Gesamtzielsetzung verfolgt. De facto ist dies jedoch ein evolutionärer Prozess, in dem man nie das Optimum erreicht, sondern sich in vielen kleinen Schritten ständig verbessert. Es seien an dieser Stelle jedoch noch einmal die einleitenden Gedanken dieses Kapitels aufgenommen: Es genügt nicht, ein im o. g. Sinne sauberes Methodenspektrum einzusetzen. Die Menschen, die damit umgehen, müssen auch alle dieses Methoden- und Marketingverständnis teilen. Das heißt, dass die Diskussion dieser Themen, das Lernen daraus und das Experimentieren eine permanente Managementaufgabe ist. Marktforschung spielt dabei durchaus eine katalytische Rolle in der Diskussion.

Literaturverzeichnis

Beck-Bornholdt, H.-P./Dubben, H.-H. (1997): Der Hund der Eier legt – Erkennen von Fehlinformationen durch Querdenken, 1. Aufl., Reinbeck.

Henkel KGaA (1983): Geschäftsbericht, Henkel KGaA, Düsseldorf.

Hüttner, M./Czenskowsky, T. (1986): Strategische Orientierung der Marktforschung und ihre Konsequenzen, in: Marktforschung, 30. Jg., Nr. 3, S. 74-78.

Sihler, H. (1991): Focus Quality, Arbeitspapier, Henkel KGaA, Düsseldorf.

Schroiff, H.-W. (1994): Perspektiven der empirischen Marktforschung im Unternehmenskontext: Innovation; Qualität; Verantwortung,Vortrag BVM-Kongress, Bremen.

Martin Einhorn

Nutzen und Grenzen von Onlinemarktforschung in der Automobilindustrie am Beispiel von Audi

---

Dr. Martin Einhorn ist Markt- und Trendforscher bei der AUDI AG und einer ihrer Vertreter im AUDI Lab for Market Research an der Universität St. Gallen.

1. Rahmenbedingungen für die Automobilmarktforschung

Der Wettbewerbsdruck in der Automobilindustrie steigt beständig. Gesättigte Märkte und schrumpfende Bevölkerungen begrenzen das Marktpotenzial in Europa. Wachstumschancen bieten sich in Asien, Nordamerika und Osteuropa. Diese Märkte bergen jedoch gleichzeitig hohe Risiken und bieten nicht mehr den „Heimvorteil" im Vergleich mit Wettbewerbern. Der Wettbewerb im Markt für Premiumautomobile verschärft sich ebenfalls. Hier ringen drei deutsche Marken um die Gunst der Kunden. Zusätzlich bauen Toyota, Honda und Nissan eigene hochpreisige Marken auf und versuchen, in diesem Markt Fuß zu fassen.

Der Schlüssel zum Erfolg unter diesen Bedingungen besteht für Audi darin, Autos zu entwickeln, die optimal den Wünschen der Kunden in verschiedenen Ländern der Welt entsprechen. Weltweit werden sich die Kunden in diesem Markt für jenes Auto entscheiden, das sie als „das beste" aus ihrer Sicht wahrnehmen. Das rechtzeitige Erkennen der Bedürfnisse in verschiedenen Weltregionen gehört deshalb zu einem der Erfolgsfaktoren im Premiummarkt. Fahrzeug- und Marketingkonzepte, technische Detaillösungen und Preise werden aus Kundensicht entwickelt und getestet, bevor sie auf den Markt kommen.

Audi verfügt über hoch entwickelte und erprobte Marktforschungsmethoden, um Kundenbedürfnisse in ihre Produkte zu integrieren. Beispielhaft dafür stehen Car Clinics, die zum Test von Prototypen eingesetzt werden. Diese Methoden sind sehr zuverlässig, aber auch sehr aufwendig in Organisation und Rekrutierung. Internationalisierung und Modellvielfalt treiben die Gesamtkosten für diese Marktforschungen weiter in die Höhe und stoßen damit an die Grenzen der Umsetzbarkeit. Premiumhersteller stehen im Hinblick auf ihre Marktforschung vor dem Dilemma, einerseits der Internationalisierung und Differenzierung Rechnung zu tragen und somit Informationen über mehr Länder, Kundengruppen und Fahrzeugmodelle zu liefern. Andererseits erfordert der Wettbewerbsdruck, mehr Informationen ohne Kosten und organisatorischen Aufwand um den gleichen Faktor zu vervielfachen.

2. Onlinemarktforschung – Entwicklung und Anforderungen

2.1 Die Entwicklung der Onlinemarktforschung

Das Internet erscheint dabei als Königsweg für die Marktforschung, weil es als kostengünstiges und schnelles Medium gilt (Couper/Courts 2006, S.2; Fricker et al. 2005, S. 371). Der stark wachsende Anteil der Onlineforschung an der gesamten Marktforschung lässt sich als ein Indiz dafür werten, dass Onlinemarktforschung Vorteile gegenüber traditioneller Marktforschung bietet. 2005 betrug ihr Anteil bereits 20 %, nach 11 % im Jahr 2004 (nach Angaben eines Brancheninformationsdienstes).

Auch in der Automobilindustrie werden verstärkt Onlineumfragen eingesetzt. Audi gehört dabei zu den Innovatoren. So wurden mit den „Virtual Lab“ globale Trends für Infotainment oder Motorendesign erfasst und in Produktideen umgesetzt. Weiterhin tragen Onlinestudien dazu bei, die weltweite Bedürfnisentwicklung für Antriebe der Zukunft zu verstehen. Audi gehörte zu den ersten Herstellern, welche die Zufriedenheit der Webseitenbesucher im Branchenvergleich einem Benchmarking stellten und damit einen kontinuierlichen, internationalen Verbesserungsprozess seines Internetangebotes unterstützte. Darüber hinaus wurden gezielt Online-Communities eingesetzt, um Kundenbedürfnisse zu diskutieren. Mit dem „Audi Lab for Market Research“ an der Universität St. Gallen werden Kundenwünsche aus Fahrzeugkonfiguratoren realitäts- und zeitnah erfasst und in Konzepte umgesetzt.

Nach diesen oft pragmatischen Studien und Erfahrungen erscheint die Zeit reif für eine kritische Einschätzung der Möglichkeiten, Grenzen und Aufgaben der Onlinemarktforschung speziell für die Automobilindustrie. Im Folgenden sollen daher systematisch Vor- und Nachteile von Onlineforschung für die Aufgaben effektiver und effizienter Automobilmarktforschung dargestellt werden. Die Beurteilungskriterien für Bewertung leiten sich dabei aus dem Marktforschungsprozess sowie aus den Qualitätskriterien für Marktforschung ab.

2.2 Anforderungen an Marktforschung in der Automobilbranche

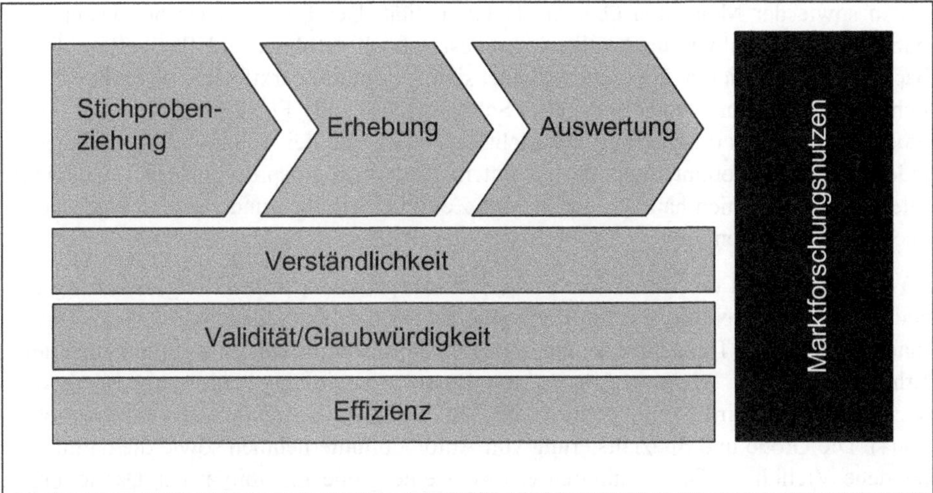

Abbildung 1: Beurteilungskriterien für Marktforschungsnutzen

Das Ziel aller Marktforschungsschritte und ihrer regulierenden Qualitätskriterien besteht in einer wirksamen Information des Unternehmens über Kundenbedürfnisse und einer effizienten Beschaffung der dafür erforderlichen Daten (vgl. Abb. 1). Hierbei müssen folgenden Punkte beachtet werden:

1.) Mit zunehmender Ausdifferenzierung unserer Gesellschaft (Luhmannn 1999, Bd. 2, S. 801 ff.) wird es wichtiger, die „richtigen" Zielsegmente anzusprechen. Die *Stichprobenziehung* muss daher sicherstellen, dass *nur* die Zielpopulation angesprochen wird und dass die Stichprobe mit höchstmöglicher Sicherheit einen repräsentativen Ausschnitt darstellt. In dieser Zielpopulation darf es keine systematischen Verschiebungen in Bezug auf studienrelevante Merkmale geben. Erfahrungen bestätigen immer wieder die Ergebnisrelevanz der Art der Stichprobenziehung (Malhotra/Birks 2003, S 74 ff.). Automobilmarktforschung im Premiummarkt konzentriert sich dabei auf einen Teil der Gesellschaft, welcher entsprechende Fahrzeuge fährt oder fahren wird.

2.) Die richtige *Erhebung* stellt sicher, dass die Befragten den Untersuchungsgegenstand angemessen beurteilen können. Methode, Umfang und handwerkliche Umsetzung dürfen die Befragten weder kognitiv noch emotional überfordern. Vor allem suggestive Situationen und unklare Befragungsinhalte gilt es zu vermeiden, um robuste und nachvollziehbare Aussagen zu erhalten. In der betrieblichen Marktforschung - und damit auch in der Automobilmarktforschung – muss sich die Erhebung übergeordneten Zielen des Unternehmens unterordnen, d. h. sie darf nicht Kundengewinnung, Kundenbindung und Geheimhaltung sensibler Daten konterkarieren.

3.) Die *Auswertung* erfordert eine fehlerfreie und schnelle Übertragung der erhobenen Daten sowie der Metadaten über die Datenqualität. Der Prozess zwischen Datenerhebung und Datenaufbereitung sollte möglichst schnell erfolgen und flexibel auf Feedbackschleifen reagieren. Hier unterscheidet sich Automobilmarktforschung nicht wesentlich von Marktforschung generell. Schnelligkeit und Flexibilität erweisen sich möglicherweise als durchschnittlich wichtiger, da es sich bei Automobilunternehmen in jedem Fall um Großunternehmen mit unterschiedlichen Anspruchsgruppen und mehrgliedrigen Hierarchien handelt, welche den Zeitdruck erhöhen und zu vielfältigen Feedbackschleifen führen.

4.) *Verständlich* ist eine Marktforschung, wenn Ergebnisse, Auswertung, Erhebung und Stichprobe für die Nutzer der Informationen nachvollziehbar und schlüssig sind (Havermans 2005, S. 49). Dazu gehören ein klares Stichprobenkonzept, eine gut dokumentierte Erhebung und der selektive Einsatz von Datenaufbereitungs- und Analysemethoden. Verständlichkeit wird vor allem durch die Denkweise der Nutzer definiert (Einhorn et al. 2004). Die Größe und Spezialisierung von Automobilunternehmen sowie die damit verbundene Vielfalt an Denkstrukturen erfordert eine große Flexibilität der Darstellungsform und einen möglichst selbsterklärenden Forschungsansatz.

5.) *Validität* beinhaltet die klassischen Gültigkeitskriterien, vor allem die Inhaltsvalidität, d. h. dass Ergebnisse einer Methode mit den Ergebnissen einer anderen Methode übereinstimmen oder aber aus verständlichen Gründen abweichen (Malhotra/Birks 2003, S. 147; Kromrey 2000, S. 188 ff.). Aufgrund des reichhaltigen Archivs an unterschiedlichen Marktforschungen bestehen regelmäßig Möglichkeiten, neue Studien anhand von Eckdaten aus ähnlichen vergangenen Forschungen zu validieren. Die *Glaubwürdigkeit* von Marktforschung basiert auf ihrer Verständlichkeit und wird unterstützt durch die involvierten Marktforscher bzw. Institute (Deshpandé/Zaltmann 1982 und 1984; Moormann et al. 1993). Glaubwürdigkeit lässt sich jedoch nicht mit einer einzelnen Studie erreichen, sondern nur langfristig durch zuverlässige Einhaltung der Punkte eins bis vier und ein angemessenes Verhältnis aus Genauigkeit und Zuverlässigkeit bei der Präsentation der Ergebnisse.

6.) *Effizient* ist eine Forschungsmethode dann, wenn sie alle vorgenannten Forderungen auf internationaler Ebene fristgerecht bei minimalen Kosten erfüllt. Große praktische Bedeutung in der praktischen Marktforschung besitzt neben der Minimaldefinition von Effizienz die Maximaldefinition, d. h. dass bei gegebenem Budget die genannten Forderungen möglichst gut erfüllt werden müssen. Aufgrund der anfangs skizzierten Situation gewinnen die drei „Restriktionen" der Effizienz – Internationalität, Zeit und Kosten – in der Automobilindustrie an Bedeutung.

3. Bestandsaufnahme des Nutzens von Onlinemarktforschung

3.1 Die richtige Stichprobe

Die Forderung nach der richtigen Stichprobenziehung trifft die Onlineforschung gleich an ihrer (vermeintlich) schwächsten Stelle (Fricker et al. 2005, S. 372 f.). Die systematische Nichterreichbarkeit verschiedener Zielgruppen wird als wichtiger Nachteil von Onlinestudien gesehen (Couper/Coutts 2006, S. 5; Berrens et al. 2001, S. 10). Die meisten Publikationen und Studien mit diesem Tenor beziehen sich jedoch auf politische Marktforschung, für welche tatsächlich die *digitale Kluft* (engl. Digital Divide) ein wesentliches Problem für „bevölkerungsrepräsentative" Befragungen darstellt (Couper/Coutts 2006, S. 5). Die „digitale Kluft" bezeichnet eine Spaltung der Gesellschaft in einen wohlhabenden Teil mit Zugang zu modernen Kommunikationsmedien und einen Teil, der sich weder Computer noch Internet leisten kann ((N)Onliner Atlas 2006, S. 64).

Die Automobilindustrie zielt jedoch nur ausnahmsweise mit ihren Studien auf die gesamte Bevölkerung. Im Fokus des Interesses stehen vielmehr Personen, die sich PKW kaufen werden. Aus den weltweiten Daten lässt sich schließen, dass ein Autokauf mit entsprechender finanzieller Ausstattung und in der Folge auch mit einer starken Verbreitung von Internetzugängen korreliert. Für die Automobilindustrie erweist sich das Internet zum Teil als sinnvoller Filter, um die Zielgruppe besser einzugrenzen. Vergleichsstudien aus den USA beweisen, dass Onlineprobanden höhere Einkommen und höhere Bildung aufweisen als telefonisch Rekrutierte (Berrens et al. 2001; Couper/Coutts 2006, S. 5). Speziell für die Marke Audi mit sehr innovativen und modernen Kunden erweist sich das Internet als geeignetes Medium, um seine Zielkundschaft zu erreichen. Die Möglichkeit der asynchronen Beantwortung von Onlinefragebögen, m. a. W. das Selbstbestimmungsrecht der Befragten über den Antwortzeitpunkt, bietet weitere Vorteile für Audi und seine Kunden. So können vor allem Berufstätige und Bezieher hoher Einkommen besser erreicht werden.

Kritischer aus Sicht der Automobilmarktforschung, speziell für Premiummarken, stellt sich die *Altersstruktur* der Internetnutzer dar. Die Internetnutzer sind durchschnittlich immer noch jünger als der Bevölkerungsdurchschnitt (Fricker et al. 2005, S. 380 f.) Diese Situation verändert sich jedoch rapide. Erstens erreichen Generationen das Rentenalter, die berufsmäßig das Internet genutzt haben, und zweitens treten Kinder in das Erwachsenenalter ein, die das internet- und sms-lose Zeitalter nicht mehr kennen. Bereits heute erweist sich das Durchschnittsalter der Internetnutzer für Audi nicht als gravierendes Problem, da die Kunden aufgrund ihrer Ausbildung und Einstellungen über alle Altersklassen dem Internet sehr aufgeschlossen gegenüberstehen.

Der kritischste Punkt der Onlineforschung lässt sich in der *internationalen Abdeckung* sehen, da selbst in Europa sehr unterschiedliche Nutzungsstärken des Internets zu beobachten sind. So verfügen bspw. Schweden über 85 % und Island über 87 % Abdeckung der Bevölkerung mit Internetanschlüssen, während es in Griechenland nur 24 % sind ((N)Online-Atlas 2006, S. 65). Dieser Umstand ist aus Sicht von Automobilherstellern nur dann kritisch, wenn die geringe Internetreichweite für die Zielkundschaft gilt, d. h. wenn es bspw. an entsprechender Infrastruktur im Land mangelt.

Einen entscheidenden Einfluss auf die Qualität der Befragung übt die *Art der Rekrutierung* im Internet aus (Couper/Coutts 2006, S. 12 ff.). Prinzipiell lassen sich Online-Rekrutierungen danach unterscheiden, ob die Befragten unabhängig von der Studie vorrekrutiert wurden oder erst im Moment der Befragung (vgl. Abb. 2). Bei einem Panel greift man auf eine Menge registrierter Nutzer zurück, die sich zur Mitwirkung an Studien bereiterklärt haben und über welche einige Daten, wie z. B. Alter, Beruf, Geschlecht und aktuelles Fahrzeug, bekannt sind.

Online-Panels haben generell den Vorteil, dass die Identität der Befragten feststellbar und – bei Einhaltung bestimmter Qualitätskriterien - gesichert ist. Online-Panels können exklusiv aus Kunden oder Interessenten eines Unternehmens bestehen oder unternehmensunabhängig von Marktforschungsinstituten rekrutiert worden sein. Letztere bestehen meist aus mehreren Tausend oder auch Millionen registrierten Panelteilnehmer, die über unterschiedliche Kanäle rekrutiert wurden. Zunehmend entstehen solche unternehmensübergreifende Panels mit Branchen- oder Themenfokus.

Unternehmenseigene Panels setzen sich überwiegend aus Fans und Experten der eigenen Produkte und Marken zusammen, die sich über die Webseite oder andere Kanäle zur Mitwirkung an Befragungen bereit erklärt haben. Diese Panelisten zeichnen sich durch eine hohe intrinsische Motivation aus, ihre Meinung einzubringen. Damit eignen sich Unternehmenspanels zur „Pflege“ bestehender Kunden, sind jedoch zur Erfassung eines „marktgerechten“ Unternehmensbildes völlig ungeeignet. Unzufriedene, potenzielle oder nur wenig interessierte Kunden fehlen in dieser Art Panel. Für einen möglichst weiten Blickwinkel eignen sich die übergreifenden Panels besser. Außerdem verringert sich in diesen Panels die Gefahr von Halo- und Wissenseffekten aus früheren Befragungen zum Thema „Automobil“.

Innerhalb der Online-Panels unterscheidet man die Befragten nach der Art der Rekrutierung. Entweder werden die Personen aktiv angesprochen (z. B. via Telefon oder zufälliger Teaser auf Webseiten) oder sie tragen sich selbst im Panel ein. Letzteres führt oft zu eindrucksvollen Panelgrößen (mit Millionen Mitgliedern), birgt aber die Gefahr von Incentive-Jägern und „multiplen“ Persönlichkeiten.

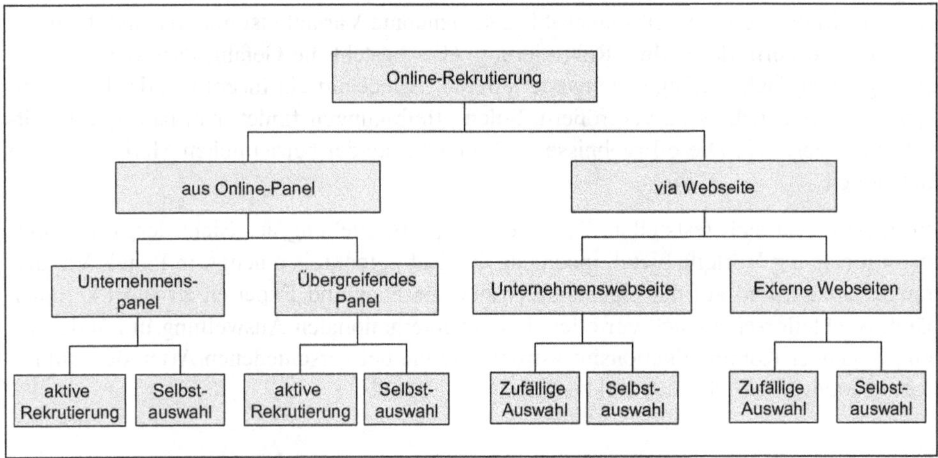

Abbildung 2: Arten der Online-Rekrutierung

Aktiv Rekrutierte verringern systematische Verzerrungen im Panel und gewähren ein Mindestmaß an „Zufälligkeit" der Stichprobenauswahl und Steuerung, allerdings führen sie zu höheren Kosten und kleineren Panels. In der Praxis dominiert oft noch die Eindrücklichkeit von Millionen Panelmitgliedern. Die Erfahrung zeigt jedoch, dass die Qualität (wie Rücklaufquoten, Stichprobenstruktur und Antwortqualität) besonders für automobilrelevante Kriterien in aktiv rekrutierten Panels deutlich besser ist (TNS/Ipsos/NPD 2006).

Eine andere Art der Rekrutierung besteht in der Ansprache von *Besuchern unternehmenseigener oder externer Webseiten*. Die Rekrutierung auf der eigenen Webseite bietet ähnliche Vorteile wie unternehmensspezifische Panels d. h. dass Wünsche und Bedürfnisse von Fans und Experten des Unternehmens erfasst werden können. Dadurch lassen sich relativ hohe Responsquoten (im Vergleich zu Rekrutierung auf anderen Webseiten) erzielen. Die Nachteile bestehen auch hier in einem systematischen „Ausblenden" des Gesamtmarktes und der Kritiker und Skeptiker, woraus sich deutlich positivere Bewertungen von Unternehmen und Produkten ergeben.

Durch Rekrutierung auf externen Webseiten erweitert man die Zielgruppe, allerdings ergeben sich hierbei Stichprobeneffekte aus der thematischen Ausrichtung der Webseiten, die oft nur vermutet werden können, da Identität und Wahrheitsgehalt schwer überprüfbar sind. Es ist beispielsweise anzunehmen, dass Besucher von Gebrauchtwagenportalen mehr Gebrauchtwagen- als Neuwageninteressenten anziehen. Allerdings ist der wirkliche Autobesitz nur durch zusätzlichen Aufwand validierbar.

Die Rekrutierung auf Webseiten erfolgt entweder zufällig, indem z. B. das Rekrutierungsmedium nur für jeden 20ten Besucher sichtbar wird, oder durch einen festen Link mit der Möglichkeit zur Selbstauswahl. Letztgenannte Variante ist mit Abstand die problematischste Form der Online-Rekrutierung. Hier besteht die Gefahr, dass sich einzelne Befragte mehrfach beteiligen, entweder um die Chance auf ein Incentive oder ihren Einfluss auf das Ergebnis zu vergrößern. Solche Befragungen findet man häufig auf Zeitschriftenwebseiten. Diese Ergebnisse sind für Zwecke der betrieblichen Marktforschung untauglich.

Insgesamt lässt sich feststellen, dass die Stichprobenziehung aus Sicht der Automobilmarktforschung Vorteile bietet, indem sie den Befragtenkreis einengt, in Panels Validierungen zulässt und auf der eigenen Webseite die Fans und Experten zu Wort kommen lässt. Nachteile zeigen sich vor allem bei der internationalen Ausweitung in Länder mit ungenügender Kommunikationsinfrastruktur sowie bei verschiedenen Arten der Online-Rekrutierung, die Selbstauswahl zulassen.

3.2 Die richtige Erhebung

In der Automobilindustrie dominieren statische und dynamische Car Clinics die Marktforschung, um sicher zu stellen, dass die Befragten *den Untersuchungsgegenstand angemessen beurteilen* können. Beschreibungen oder Bilder können nur unzureichend die wesentlichen Eigenschaften von Automobilen, wie Größe, Design, Beschleunigung und Bequemlichkeit, vermitteln und lassen am Ende die Frage offen, ob das Urteil auf der Darstellung oder auf dem dargestellten Gegenstand basiert. Onlineforschung eignet sich deshalb nicht für Fragen, die ein Erlebnis des Produktes erfordern. Sie lässt sich jedoch gut einsetzen für Problemstellungen, die auf Bildern, Filmen oder verbalen Fragen basieren.

Die praktische Entscheidung, ob sich ein Befragungsobjekt für Onlineforschung eignet, beruht gegenwärtig auf Erfahrungen von Marktforschern. Teilweise sind diese Entscheidungen trivial. Mit großer Sicherheit kann man z. B. vermuten, dass sich Bequemlichkeit und Material von neuen Autositzen online schwer erfragen lassen. Hingegen lässt sich die Verständlichkeit von Beschriftungen am und im Auto online sehr gut abbilden. Viele Themengebiete erfordern jedoch noch Grundlagenstudien zu ihrer Abbildbarkeit im Internet, z. B. in Form von Paralleltest. Audi hat in der Vergangenheit zahlreiche Themen sowohl online als auch im direkten Erleben befragt und so beispielsweise erkannt, in welchen Bereichen Bedürfnisse sehr gut auch via Internet erhoben werden können.

Eine Stärke der Onlinestudien besteht in der *„individualisierbaren" Befragung*. Es lassen sich sehr komplexe Fragebögen realisieren, die verschiedene Bedingungen bei den Befragten prüfen (Autobesitz, Autokauferwägung, Marke, Modell, Ausstattung usw.) und ihnen in Abhängigkeit von den Antworten passende Fragen stellt. Allerdings erreicht das Internet damit nicht die „Individualisierung" von CAPI- oder CATI-

Befragungen, wo Interviewer nachfragen. Im Vergleich zu CATI können jedoch wesentlich komplexere Stimuli, wie Conjoint-Befragungen, Rankings oder Sortieraufgaben, gestellt werden (Fricker et al. 2005, S 389). Im Vergleich zu CAPI entfällt der Interviewereinfluss und damit reduziert sich der Effekt der sozialen Erwünschtheit in den Antworten. Dieser Vorteil äußert beispielsweise in sehr direkten bis amüsanten offenen Statements der Befragten, welche selten bei anderen Erhebungsmethoden in so unverfälschter Form vorkommen.[1]

Ein weiterer Vorteil von Online-Erhebungen besteht in der *technischen Überwachung des Erhebungsprozesses*. Es gehört mittlerweile zum Standard, dass Rekrutierungs- und Abbruchstatistiken in Echtzeit verfolgt werden. Dadurch lassen sich Probleme im Ablauf frühzeitig erkennen und beheben. Außerdem kann die Inzidenz im Detail geprüft werden, d. h. wie viele Personen wurden kontaktiert und wo und nach welcher Zeit brach welcher Prozentsatz ab. Die auf Grundlage der guten Dokumentationsmöglichkeiten erhobenen Daten und die dabei festgestellten Ausschöpfungsquoten werden gelegentlich als Argument gegen Online-Erhebungen verwendet. Dabei wird nicht berücksichtigt, dass alternative Methoden bestenfalls gleich gut (CATI) sind oder sich einem Monitoring der Inzidenz entziehen (Street Recruitment).[2]

Oft wird die *Schnelligkeit* von Onlineforschung als Vorteil hervorgehoben. Diese Schnelligkeit wird jedoch nicht immer durch den Erhebungsprozess erreicht. Im Gegenteil: Die Rekrutierung über Webseiten kann sehr lange dauern. Obwohl audi.de eine sehr hohe Frequenz aufweist und auch die Teilnahmequoten an Onlinebefragungen hoch sind, dauert es beispielsweise mehrere Wochen, bis eine ausreichende Anzahl an Fahrern eines Fahrzeugmodells mit bestimmten Ausstattungsmerkmalen rekrutiert ist. Die Feldzeiten von Webseitenbefragungen hängen stark ab von der Anzahl der Webseitenbesucher pro Tag, der Frequenz des Rekrutierungsmediums (jeder n-te Besucher), Teilnahmequote und Stichprobenkriterien. Im Gegensatz zu den Intercept-Befragungen auf Webseiten führen Rekrutierungen in Online-Panels wesentlich schneller zu Ergebnissen. Ausreichende Fallzahlen werden oft in wenigen Tagen, in Ausnahmefällen in wenigen Wochen, erreicht.

Die besondere *Stärke der bildlichen Darstellung* bei Onlinebefragungen trifft auf eine wesentliche *Einschränkung: die Geheimhaltung* (z. B. von Prototypen und Kampagnen). Die Offenheit des Mediums – die Möglichkeiten des schnellen Kopierens und Versen-

---

[1] Offene Fragen bei Onlineumfragen sind ein zweischneidiges Schwert. Je höher das Involvement der Befragten, umso nützlicher und reichhaltiger sind die Ergebnisse. Bei geringem Involvement der Befragten erhöhen offene Fragen jedoch die „Drop Outs“ (die Abbrecherquote).

[2] Fricker et al. (2005) zeigen für politische Umfragen eine höhere Responsequote von CAPI im Vergleich zu Online-Erhebungen. Entweder liegen die recht guten Responsequoten im Bereich Automobil an der höheren Attraktivität des Themas „Auto“ oder die Ergebnisse von Fricker et al interferieren mit den relativ schlechten Responsquoten in nicht aktiv rekrutierten Panels.

dens von Onlineinhalten – verhindert einen Einsatz für viele wesentliche Fragestellungen im Automobilbereich. Überall, wo seitens des Unternehmens Interesse besteht, Stimuli oder Fragen geheim zu halten, scheidet Onlineforschung aus. Die Unmöglichkeit der Geheimhaltung stellt für viele Studien ein K.o.-Kriterium für das Medium Internet dar. Verbunden mit dem Fehlen sensorischer Erlebnisse des Befragungsgegenstandes erweist sich die Erhebungsphase als größte Schwäche von Onlinestudien aus Sicht der Automobilmarktforschung.

3.3 Auswertung

Die *fehlerfreie und schnelle Übertragung* der erhobenen Daten stellt einen der wesentlichen Vorteile der Onlinemarktforschung dar. Ohne Medienbrüche gelangen die Antworten direkt in Datenbanken. Erstens werden dadurch Fehlerquellen bei der Datenübertragung und -kodierung ausgeschaltet. Zweitens wird der zeitliche und personelle Aufwand reduziert und drittens stehen ab Beginn der Feldzeit Ergebnisse zur Verfügung. Besonders der geringe Aufwand und die Kürze der Zeitspanne zwischen Feldende und Ergebnislieferung haben zum Image der Onlineforschung beigetragen, „schnell und günstig" sein. Die längeren Feldzeiten bei Rekrutierungen auf Webseiten können diesen Effekt jedoch aufwiegen, so dass sich trotz schnellerer Auswertung größere Projektlaufzeiten ergeben.

Ein weiterer Vorteil der Onlineforschung für die Auswertung besteht in der *Ergänzung des Datensatzes um Metadaten*, wie z. B. um Zeit und Dauer der Befragung, verwendete Software und Onlineherkunft des Befragten. Die anfängliche Skepsis gegenüber der Wahrhaftigkeit von Onlineantworten verbunden mit relativ niedrigen Fallkosten hat zu einem ganzen Bündel an Maßnahmen geführt, um die Qualität der Befragung sicherzustellen. Ein Teil davon nutzt die Metadaten, um bspw. anhand von Durchlaufzeiten die Plausibilität von Antworten zu prüfen. Die geringen Fallkosten und die geringen Kosten einer verlängerten oder erneuten Erhebung begünstigen das „Aussortieren" von unplausiblen Datensätzen. Unterstützt durch Metadaten und statistische Analysemethoden etablieren sich deshalb Qualitätssicherungsmaßnahmen in der Onlineforschung, wie sie in ähnlicher Rigorosität und Transparenz kaum bei anderen Studien zu finden sind.

Das *direkte Einfließen der Befragungsdaten vom Interview in Datenbanken* erfordert ein frühzeitiges Auswertungs- und Datenkonzept, da sich die Struktur der Daten kaum noch ändern lässt. Diese Aufgabe erweist sich als umso schwieriger, da sich Onlinefragebögen für komplexe Stimuli und Fragebogenstrukturen eignen. Als Unternehmen mit einem vielfältigen, individualisierbaren Angebot und als Pionier in der Forschung zur Fahrzeugkonfiguration sammelte Audi umfangreiche Erfahrungen im Umgang mit komplexen Datenstrukturen. Die bisherigen Studien haben gezeigt, dass entscheidungsorientierte Onlinebefragungen neuartige Auswertungskonzepte verlangen, um Ergebnisse verständlich darzustellen und die logischen Zusammenhänge zu verdeutlichen.

Der größte *Aufwand bei der Auswertung* von Onlinestudien besteht in der Verwertung offener Fragen. Offene Nennungen müssen nachbearbeitet und kodiert werden, da eine Kontrolle des Antwortprozesses nicht möglich ist. So kann beispielsweise das Wort „Hybrid" in völlig ungeahnten Schreibweisen im Datensatz auftauchen, wie auch vielfältige Bezeichnungen für Automodelle.[3] Damit wird eine automatisierte Auswertung unmöglich.

Der gesamte Auswertungsprozess erweist sich jedoch in seiner Qualität und Effizienz als die herausragende Stärke der Onlineforschung, auch wenn die neuartigen Möglichkeiten werden noch nicht ausgeschöpft werden und sich als offenes Feld für Innovationen und Grundlagenforschung erweisen, bspw. zur Systematisierung von Qualitätsstandards und Darstellungsformen komplexer Stimuli.

3.4 Verständlichkeit

Besonders Online-Panels bieten Marktforschungsnutzern einzigartige *Transparenz* und damit Verständlichkeit der Studien, von der Stichprobenziehung bis zur Auswertung. In aktiv rekrutierten und gut gepflegten Online-Panels besteht eine recht gute Sicherheit über die „Identität" der Befragten. Aus dem Antwortverhalten über mehrere Befragungen hinweg lässt sich erkennen, ob der Befragte bei der vierten Befragung immer noch männlich ist und unter 40 Jahren oder ob diese Angaben schwanken. Außerdem ermöglichen Panels eine Analyse, welche Zielgruppen an spezifischen Befragungen teilnahmen und welche nicht. Solche Identitätschecks sind bei Webseitenrekrutierung nur schwer möglich (z. B. nur durch telefonische Nachbefragung oder Überführung in Online-Panels). Diese Unsicherheit über die Identität bei Webseitenrekrutierungen gehört zu den Hauptursachen für ein Akzeptanz- und Verständlichkeitsproblem der Onlineforschung generell in der betrieblichen Praxis.

Die *Skepsis* kann auch *als Folge der Transparenz* und Verständlichkeit der Onlinemarktforschung gelten, denn im Gegensatz dazu findet sich eine hohe Akzeptanz für problematische postalische Befragungen in der Automobilindustrie. Einige postalische Studien von Marktforschungsinstituten und Zeitschriften mit weitgehend untransparenten Antwortprozessen und ähnlich ungeklärten Identitäten wie bei Webseitenrekrutierung gehören zu den meistbeachteten und meistrespektierten Studien in der Automobilindustrie. Die wichtigste Aufgabe der Grundlagenforschung besteht daher nicht nur in Studien, um Identitätsangaben bei Onlinestudien zu prüfen und Unterschiede zu anderen Erhebungs-

3 Nebenbei spiegeln Onlineumfragen die Deutsch- (Sprach-)kenntnisse der Befragten wider.

methoden zu erklären, sondern auch in einer effektiven Kommunikation dieser Ergebnisse über Fachkreise hinaus, um neben der Transparenz des Onlineprozesses auch seine relativen Vorteile gegenüber anderen Verfahren zu verdeutlichen.

Kein Erklärungsbedarf besteht hinsichtlich der Eignung von Online-Panels für *klare und verständliche Stichprobenkonzepte*. Zum Ersten kann nach bereits bekannten Daten ausgewählt werden (Alter, Geschlecht), zum Zweiten lässt sich ein klarer Screeningprozess zuschalten, in dessen Verlauf die stichprobenrelevanten Kriterien (Neuwagenkaufen, Kaufhorizont, Preisschwellen usw.) geprüft und nachvollziehbar dokumentiert werden. Das Stichprobenkonzept einer Rekrutierung über die eigene Webseite lässt sich ebenfalls gut nachvollziehen. Hierbei werden vor allem engagierte und treue Audi-Kunden sowie Audi-Interessenten erreicht.

Die Nachvollziehbarkeit und Transparenz der Erhebung kann eine wesentliche Stärke der Onlineforschung darstellen, um die Verständlichkeit des Marktforschungsprozesses zu verbessern. Vorrausetzungen dafür bestehen in selektivem Einsatz von Online-Rekrutierungen und einem fairen Vergleich mit anderen Methoden.

3.5 Validität/Glaubwürdigkeit

Die Glaubwürdigkeit von Marktforschung erweist sich in der betrieblichen Praxis als wesentlicher Faktor für ihre Akzeptanz (Diamantopoulos/Siguaw 2002; Moorman et al. 1993). Onlinestudien verfügen hier noch über *Nachteile gegenüber den klassischen Studien*, die schon aufgrund der jungen Geschichte des Internets bestehen und kurzfristig nicht überwunden werden können. So wie die klassischen Marktforschungsverfahren müssen auch Onlinestudien und Onlineforscher ihre Glaubwürdigkeit nachweisen. Dies gilt insbesondere in der Automobilmarktforschung, wo zwischen Marktforschungsergebnissen und Markterfolg nicht selten fünf bis fünfzehn Jahre vergehen. Die Glaubwürdigkeit, die sich andere Marktforschungsverfahren über Jahrzehnte erworben haben, können Onlinestudien auch nur über einen langen Zeitraum gewinnen.

Das Manko an Glaubwürdigkeit im Vergleich zu anderen Marktforschungsverfahren ist eng mit dem *Validitätsbegriff* verknüpft. Je mehr und schneller sich Onlinestudien Validitätsprüfungen unterziehen, desto stärker und schneller werden sie an Glaubwürdigkeit gewinnen. In der betrieblichen Marktforschung besitzt dabei die externe Validität, in Form von Übereinstimmung mit Marktdaten die größte Hebelwirkung. Eine weitere Möglichkeit besteht in Paralleltests oder Retests von Onlineforschungen und erprobten Methoden. Durch den gleichzeitigen Einsatz von Onlinestudien und glaubwürdigen Marktforschungsverfahren, wie Car Clinics oder die Repetition von Onlinefragen in anderen Studien, kann geprüft werden, ob alle zu gleichen Ergebnissen führen. Praktisch ist diese Validität für die Marktforschungsnutzer im Moment der Entscheidung sehr wichtig und kann ihre Bedenken hinsichtlich der Glaubwürdigkeit zerstreuen. Die Audi-Markt- und Trendforschung hat mittels solcher Validierungen die Akzeptanz von Onlineforschung in verschiedenen Bereichen deutlich verbessern können, so z. B. auch für bestimmte Fragestellungen zu Motoren, wo Präsenzmarktforschung bislang als einzig mögliche Alternative galt.

Untrennbar mit der Glaubwürdigkeit der Markforschung verbunden ist die *Glaubwürdigkeit der Marktforscher selber* (Moormann et al. 1993). Oft waren und sind Onlinemarkforschungen mit neuen Protagonisten und Instituten verbunden, die im Zuge der Internetentwicklung entstanden. Die damit verbundenen Personen und Namen müssen sich ihre Glaubwürdigkeit erst über erfolgreiche Projekte und damit über eine gewisse Zeit erwerben. Im Unterschied zur Onlinemarktforschung insgesamt besteht für einzelne Studien jedoch die Möglichkeit, Glaubwürdigkeit von Personen und Instituten zu transferieren, indem entsprechend renommierte Marktforscher bzw. Institute involviert werden. Dadurch lässt sich die Glaubwürdigkeit von einzelnen Onlinestudien kurzfristig verbessern.

Die gegenwärtigen Nachteile der Onlineforschung in ihrer Glaubwürdigkeit werden nicht von Dauer sein. Validitätsprüfungen und der allmähliche Aufbau von Vertrauen in ihre Ergebnisse und Protagonisten werden der Onlineforschung aufgrund ihrer Verständlichkeit in Zukunft sogar Vorteile gegenüber anderen Studien bringen.

3.6 Effizienz

Nach dem *Minimalprinzip* gilt eine Forschungsmethode dann als effizient, wenn sie den Prozess und alle Qualitätsanforderungen bei minimalen Kosten erfüllt. Betrachtet man allein die *Kosten pro Befragtem*, erweisen sich Intercept-Studien auf eigenen oder fremden Webseiten als effizienteste Variante. Hierbei fallen fast keine Einzelfallkosten an, sondern nur Kosten für die Programmierung, Aufschaltung, Hosting und Incentivierung. Diese Rekrutierung eignet sich deshalb zum Erreichen großer Fallzahlen. In Online-Panels richten sich die Kosten nach Höhe der Incentivierung sowie Inzidenz und verhalten sich damit direkt proportional zu Fragebogenlänge und Seltenheit der Zielgruppe. Die Fallkosten bleiben jedoch deutlich hinter jenen für CAPI und Streetrecruitment zurück. Sie können allerdings ähnlich hoch wie bei CATI-Befragungen werden.

Die Effizienzvorteile von Onlinebefragungen steigen, wenn man die *Internationalisierung* in der Automobilbranche und damit auch ihrer Marktforschung als Zielkriterium setzt. Hierfür fallen im Prinzip nur Übersetzungskosten des Fragebogens (ggf. auch der offenen Nennungen) an. Allerdings muss man die beschränkten Internetzugänge in einigen Ländern berücksichtigen und damit die fehlende Vergleichbarkeit. Die direkte Vergleichbarkeit der Antworten und Antwortqualität internationaler Onlinestudien wird gegenwärtig stillschweigend angenommen. Praktische Erfahrungen zeigen jedoch, dass es eine Reihe unerklärlicher Unterschiede gibt. Während CATI oder CAPI durch Interviewer sublime Anpassungen an nationale Besonderheiten ermöglichen, konfrontieren „nur" übersetzte Onlinefragebögen die Menschen in verschiedenen Ländern direkt mit kulturfremden Stimuli. Ungeeignete Fragebögen zeigen deshalb in einigen Fällen online bereits direkte Wirkung, indem in einigen Ländern die Abbruchquoten steigen. Das Thema „Internationalisierung von Onlinestudien" wirft eine ganze Reihe von ungeklärten Fragen auf, z. B.: Welche Niveauverschiebungen ergeben sich von Land zu Land? Welche Frage- oder Skalentypen eignen sich bzw. eignen sich weniger? Welche Fragen stoßen in anderen Kulturen auf Unverständnis oder Ablehnung? Erst wenn die Fragen zu interkulturellen Unterschieden in der Qualität der Beantwortung von Onlinestudien beantwortet sind, kann die Effizienz von Onlinestudien anhand anderer Kriterien als Kosten und Fallzahlen beurteilt werden.

Nimmt man statt der Fallkosten die *Zeit als Effizienzkriterium*, erweisen sich Online-Panels der Webseitenrekrutierung als deutlich überlegen. Bei hohen Fallzahlen stechen Online-Panels in punkto Schnelligkeit auch allen anderen Studiendesigns aus. Nur CATI kann bei kleinen Fallzahlen oder großen Call-Center-Kapazitäten schneller Ergebnisse liefern als Online-Panels. Die Rekrutierung über Webseiten hingegen erweist sich beim Effizienzkriterium Zeit als schlechteste Alternative aller Studiendesigns, da hier die Feldzeit sehr lange dauert.

In der Praxis wird Effizienz oft nach dem *Maximumprinzip* definiert, d. h. für ein bestimmtes Budget wird ein Maximum an Fällen, Ländern und Geschwindigkeit erwartet. Unter diesen Bedingungen erweisen sich Onlinestudien oft als überlegen. Dies gilt besonders, wenn im Fall von Budgetschranken qualitative Anforderungen (wie Erlebbarkeit des Untersuchungsgegenstandes) untergeordnete Rollen spielen. Je nach Bedeutung der Geschwindigkeit und der Höhe des Budgets wird dann eine Entscheidung für ein Online-Panel oder für Webseitenrekrutierung fallen. Spielt Zeit keine Rolle und ist das Budget sehr klein, ist der letztgenannten Alternative der Vorrang zu geben. In allen anderen Fällen erweisen sich Online-Panels als effizienteste Variante (vorbehaltlich entsprechender Zielgruppenerwägungen, s. o.).

Effizienz ist die wesentliche Stärke von Onlinestudien, besonders unter den Bedingungen von Budgetgrenzen und Internationalisierung. Im Fall von Online-Panels gilt das auch für die Bedingung höchstmöglicher Geschwindigkeit der Ergebnislieferung. Die Internationalisierung der Onlineforschung wirft jedoch noch Fragen an die Qualität der Ergebnisse auf, um die Effizienz fair mit anderen Studien vergleichen zu können.

4. Resümee

Nach der Beschreibung von Umfeld und Anforderungen an Automobilmarktforschung folgte eine Bestandsaufnahme von Erkenntnissen und Erfahrungen, welchen Nutzen Onlinestudien entlang der Marktforschungsphasen und Qualitätskriterien stiften. Aus dieser Perspektive lies sich erkennen, dass Onlinestudien *Vorteile bei der Stichprobenziehung, Auswertung und Effizienz* bieten. *Großes Potenzial* für die Zukunft liegt in einer umfassenden Bewertung der *Verständlichkeit* im Vergleich zu anderen Methoden und einer sich entwickelnden *Glaubwürdigkeit.* Hemmnisse, teilweise unüberwindbarer Art, für den Einsatz von Onlinestudien bestehen in der Erhebungsphase. Das Hauptproblem der politischen Marktforschung, die Nichterreichbarkeit bestimmter Bevölkerungsteile, erweist sich für Hersteller von Premiumautomobilen als wenig relevant. Im Gegenteil, das Internet bietet zum Teil die Chance, eigene Zielgruppen besser zu erreichen.

Die Effizienzvorteile und Kostenvorteile bei der Internationalisierung werden zu einem weiteren Bedeutungsgewinn der Onlinemarktforschung in der Automobilindustrie führen. Dieser Gewinn wird sich in dem Maß realisieren, wie es gelingt, Glaubwürdigkeit in Ergebnisse und Protagonisten der Onlinemarktforschung aufzubauen. Dennoch kann Onlineforschung aufgrund gravierender Nachteile in der Erhebungsphase viele klassische Marktforschungen nicht verdrängen. Ihr Einsatz wird vor allem für Studien erfolgen, wo ihre Effizienzvorteile voll wirksam werden oder sich bestimmte Zielgruppen besser erreichen lassen.

Literaturverzeichnis

Berrens, R.P./Bohara, A.K./Jenkins-Smith, H./Silva, C./Weimer, D.L. (2003): The Advent of Internet Surveys for Political Research – A Comparison of Telephone and Internet Samples, in: Political Analysis, Bd. 11, Nr. 1, S.1-22.

Couper, M.P./Coutts, E. (2006): Probleme und Chancen verschiedener Arten von Online-Erhebungen, in: Diekmann, A. (Hrsg.), Methoden der Sozialforschung, Opladen.

Deshpandé, R./Zaltman, G. (1984): A Comparison of Factors Affecting Researcher and Manager Perception of Market Research Use, in: Journal of Marketing Research, Bd. 21, Februar, S. 32-38.

Deshpandé, R./Zaltman, G. (1982): Factors Affecting the Use of Market Research Information - A Path Analysis, in: Journal of Marketing Research, Bd. 19, Februar, S. 14-31.

Diamantopoulos, A./Siguaw, J.A. (2002): The impact of research design characteristics on the evaluation and use of export marketing research - an empirical study, in: Journal of Marketing Management, Bd. 18, S. 73-104.

Einhorn, M./Rudolph, Th./Drenth, R. (2004): What customer information do category managers need? – An inquiry into category manager's mind, in: ESOMAR Yearbook of Excellence in International Research.

Fricker, S./Galesic, M./Tourangeau, R./Yan, T. (2005): An experimental comparison of web and telephone surveys, in: Public Opinion Quarterly, Bd. 69, Nr 3, S. 370-392.

Havermans, J. (2006): A call for more transparency, in: Research World, November, S. 48-49.

Kromrey, H. (2000): Empirische Sozialforschung, Opladen.

Luhmann, N. (1999): Die Gesellschaft der Gesellschaft, Frankfurt/M.

Malhotra, N.K./Birks, D.F. (2003): Marketing Research, 2. europäische Auflage, Harlow.

Moorman, Ch./ Deshpandé, R./Zaltman, G. (1993): Factors affecting trust in market research relationships, in: Journal of Marketing, Bd. 57, Januar, S. 81-101.

TNS Infratest und Initiative D21 (2006): (N)Onliner-Atlas 2006.

TNS/Ipsos/NPD (2006): Heavier Responder in Online Survey Research – A Joint Research on Research Study from TNS, Ipsos, NPD, 16.10.2006.

Christian Lüthje

Adoption von Innovationen

Prof. Dr. Christian Lüthje ist Direktor des Instituts für Marketing und Unternehmensführung und Leiter der Abteilung für Industriegüter- und Technologiemarketing (IMU-I) an der Universität Bern.

1. Einleitung

Unternehmen, die mittels Innovationen ihr langfristiges Überleben sichern wollen, befinden sich in einem Dilemma. Auf der einen Seite sind Innovationen eine notwendige Bedingung für die Schaffung entscheidender Wettbewerbsvorteile (Schumpeter 1975). Auf der anderen Seite sind Innovationen mit hohen Risiken verbunden. Die erheblichen Flopraten neuer Produkte in Industrie- und Konsumgütermärkten unterstreichen dies eindrucksvoll (Lilien et al. 1992; Brockhoff 1999).

Diffusionstheoretische Ansätze können zur Abschwächung dieses Dilemmas beitragen. Die Diffusionsforschung behandelt die Ausbreitung von Innovationen innerhalb eines sozialen Systems, mit dem Ziel, die Nachfrage nach Innovationen im Zeitablauf zu erklären, zu prognostizieren und zu beeinflussen (Lilien et al. 2000). Erkenntnisse über den zu erwartenden Ausbreitungsverlauf einer neuen Produktkategorie können für die Fundierung zahlreicher Entscheidungen genutzt werden:

Grundsätzliche Markteinführungsentscheidung: Das Ausmaß und die zeitliche Verteilung der Nachfrage nach Innovationen ist eine zentrale Determinante des ökonomischen Neuprodukterfolgs. Unternehmen benötigen Informationen über die zu erwartende Marktdurchsetzung, wenn sie vor der Entscheidung stehen, eine neue Produktkategorie auf dem Markt einzuführen. Da die Markteinführung von Innovationen meist erhebliche Mittel erfordert, ließen sich durch zuverlässige Diffusionsprognosen dramatische Fehlinvestitionen vermeiden.

Marktstrategische Entscheidungen: Kenntnisse der Einflussfaktoren auf den Diffusionsverlauf von Innovationen (z. B. Marktbedingungen in verschiedenen nationalen Märkten) ermöglichen die Festlegung geeigneter Einführungsmärkte oder optimaler Markteinführungszeitpunkte.

Gestaltung des marketingpolitischen Instrumentariums: Sind den Unternehmen die Wirkungen des Marketingmix auf die Adoption von Innovationen bekannt, können beispielsweise Einführungspreise, Verkaufsförderungsaktivitäten oder optimale Werbepfade vorausschauender geplant werden.

Produktionsplanung: Die übergreifende Produktionsprogrammplanung sowie die Beschaffungs-, Losgrößen, Termin- und Kapazitätsplanung für die Herstellung der neuen Produkte bedarf einer Prognose der Nachfrage. Damit lassen sich beispielsweise Materialengpässe, Überkapazitäten oder zu hohe Lagerhaltungskosten vermeiden.

Angesichts des hohen Nutzens zuverlässiger Diffusionsprognosen hat die Marketingforschung in den letzten 50 Jahren erhebliche Anstrengungen zur Modellierung der Ausbreitungsverläufe neuer Produkte unternommen. Nachfolgend werden zunächst die in den 60er Jahren entwickelten Grundmodelle erläutert (Abschnitt 2). Damit werden die Basisannahmen deutlich, auf denen die meisten diffusionstheoretischen Ansätze aufbauen. Anschließend werden beispielhaft Diffusionsmodelle präsentiert, durch welche die restriktiven Prämissen der Grundmodelle sukzessive aufgehoben oder gelockert werden konnten (Abschnitt 3-5). Dazu gehören in diesem Beitrag Modelle

- durch welche die Wirkung absatzpolitischer Maßnahmen erfasst wird (Abschnitt 3),
- die Ersatz- und Mehrfachkäufe integrieren (Abschnitt 4),
- die multinationale Diffusionsverläufe berücksichtigen (Abschnitt 5).

Die Schätzung der Modellparameter ist Voraussetzung für die praktische Anwendung der Diffusionsmodelle. Welche Schätzverfahren für die verschiedenen Diffusionsmodelle zur Verfügung stehen, ist daher Inhalt des sechsten Abschnitts. Dieser Beitrag schließt mit Hinweisen für die Auswahl geeigneter Diffusionsmodelle für die praktische Anwendung (Abschnitt 7).

2. Grundlegende Diffusionsmodelle

Ausgangspunkt der Diffusionsforschung ist die Erkenntnis, dass die Ausbreitung vieler Innovationen ein ähnliches Muster aufweist. Häufig konnte beobachtet werden, dass die kumulierte Anzahl der Adopter einer Innovation einen s-förmigen Verlauf über die Zeit beschrieb. Die frühen Diffusionsmodelle sind Ergebnis des Versuchs, dieses Ausbreitungsmuster in einer einfachen mathematisch-funktionalen Beziehung abzubilden. Den Grundmodellen ist die Annahme gemeinsam, dass sich die Anzahl der Adoptionen in der Periode t (n_t) aus dem Produkt des noch nicht ausgeschöpften Markpotentials ($M - N_{t-1}$) und einer so genannten Hazardrate (h_t) ergibt (Mahajan/Peterson 1985):

$$n_t = h_t\left(M - N_{t-1}\right) \tag{1}$$

n_t: Anzahl der Adopter in Periode t,

N_{t-1}: Bestand an Adopter am Ende der Periode t-1,

M: Umfang des gesamten Übernahmepotentials (maximales Marktpotenzial).

Im stetigen Fall steht die Hazardrate für die bedingte Wahrscheinlichkeit der "Noch-Nicht-Adopter", in der Periode t eine Neuerung zu übernehmen (Bass 1969; Klophaus 1995). Sie bestimmt die Geschwindigkeit und die Form des Diffusionsverlaufs, während das maximale Marktpotential determiniert, bei welcher Adopterzahl sich die Kurve ihrer Sättigung nähert.

Der Konzipierung der bedingten Übernahmewahrscheinlichkeit liegt eine einfache Theorie zugrunde, die durch folgende Definition von Rogers verdeutlicht wird: „Diffusion is the process in which an innovation is communicated through certain channels over time among the members of a social system" (Rogers 2003, S. 5). Demnach kann die Ausbreitung von Innovationen vor allem durch Kommunikationsprozesse erklärt werden. Zwei Arten der Kommunikation mit entscheidender Bedeutung für die Diffusion werden dabei unterschieden: Zum einen wird die Verbreitung neuer Produkte durch unpersönliche Kommunikation gefördert, die in erster Linie über Massenmedien erfolgt. Die Wirkung der Massenkommunikation ist unabhängig von der Zahl der Adopter eines sozialen Systems, die eine Innovation bisher übernommen haben, und wird daher als systemextern bezeichnet („external influence"). Zum anderen verbreiten sich Innovationen über persönliche Kommunikation zwischen den Adoptern und den potentiellen Nachfragern, die das neue Produkt noch nicht gekauft haben. Der durch die Mund-zu-Mund-Kommunikation erzeugte Übernahmedruck hängt von der Anzahl bisheriger Übernehmer ab und wirkt damit aus dem Inneren des sozialen Systems („internal influence"). In den frühen theoretischen Arbeiten wurden den beiden Kommunikationsmechanismen zwei Adoptertypen zugeordnet (Bass 1969): Potentielle Nachfrager, die sich früh über die Medien über Innovationen informieren und ihre Kaufentscheidungen unabhängig von anderen treffen, stellen die „Innovatoren" in einem sozialen System dar. Als „Imitatoren" werden Adopter bezeichnet, die sich bei ihrer Kaufentscheidung von anderen beeinflussen lassen und daher primär durch persönliche Kommunikation und den damit verbundenen sozialen Übernahmedruck beeinflusst werden.

Die frühen Diffusionsmodelle unterscheiden sich nun danach, welche der beiden Kommunikationsmechanismen bei der Operationalisierung der Hazardrate berücksichtigt werden. Fourt/Woodlock (1960) definieren in einem modifiziert exponentiellen „external influence model" die bedingte Kaufwahrscheinlichkeit in der Periode t als über die Zeit konstante Größe ($h_t = p$). Der Parameter p bildet die systemexogenen Einflüsse auf die potentiellen Adopter, insbesondere die Wirkung kommunikationspolitischen Maßnahmen der Anbieter ab. Die Diffusionskurve zeigt für $0 < p < 1$ einen konkaven Verlauf. Im logistischen „internal influence model" von Mansfield (1961) wird die Hazardrate als $q \cdot (N_{t-1}/M)$ operationalisiert. Der Koeffizient q steht für die bedingte Wahrscheinlichkeit, dass ein potentieller Adopter eine Innovation aufgrund des internen Adoptionsdrucks übernimmt. Der systeminterne Druck entsteht dadurch, dass bereits vorhandene Übernehmer über die Innovation mit anderen Mitgliedern des sozialen Systems kommunizieren (Mansfield 1961). Mit steigendem Verbreitungsgrad wird der interne Druck durch persönliche Kommunikation stärker, da ceteris paribus der Term $q \cdot (N_{t-1}/M)$ größer wird. Der Anteil der „Noch-Nicht-Adopter" ($M - N_{t-1}$), der die Innovation zum Zeitpunkt t übernimmt, steigt dadurch mit zunehmender Ausbreitung (Klophaus 1995). Es resultiert für $0 < q < 1$ ein s-förmiger Ausbreitungsverlauf.

Der von Bass entwickelte Ansatz, der aufgrund seiner weiten Verbreitung als das Standardmodell der Diffusionsforschung bezeichnet wird, integriert die beiden zuvor dargestellten Modelle (Bass 1969). Es wird daher häufig als „mixed influence model" bezeichnet:

$$n_t = \left(p + q \frac{N_{t-1}}{M} \right) (M - N_{t-1}) \tag{2}$$

p: Innovationskoeffizient (externer Einfluss),

q: Imitationskoeffizient (interner Einfluss).

Das Bass-Modell enthält den externen und den internen Wirkungskoeffizienten. Es erfasst damit sowohl die als konstant angenommene, durch unpersönliche Kommunikation induzierte innovative Übernahmewahrscheinlichkeit als auch die von der Marktausschöpfung abhängigen, durch persönliche Kommunikation hervorgerufene imitative Kaufwahrscheinlichkeit. Bass (1969) nennt p daher den Innovations- und q den Imitationskoeffizienten. Alternativ werden sie auch als der interne und der externe Wirkungskoeffizient bezeichnet (Gatignon/Robertson 1985; Mahajan et al. 1990). Die Summe der beiden Koeffizienten (q + p) determiniert die Ausbreitungsgeschwindigkeit, der Quotient (q/p) die Form der Diffusionskurve. Das Integral der Gleichung (2) führt bei (q/p) > 1 zur bekannten s-förmigen Verteilung der kumulierten Adopter über die Zeit (Meade/Islam 2006). Bei dieser Parameterkonstellation ist die imitationsfördernde Wirkung persönlicher Kommunikation größer als die innovationsfördernde Wirkung unpersönlicher Kommunikation (Klophaus 1995). Durch das Bass-Modell können lediglich symmetrische Diffusionskurven abgebildet werden, wobei der maximale Absatz genau dann vorliegt, wenn die Innovation eine Penetrationsrate von 50 % erreicht.

Die Darstellung des Bass-Modells als diskrete Funktion mit $n_t = N_t - N_{t-1}$ wird in der Literatur auch häufig als Formulierung in der „adopter domain" bezeichnet. In einer stetigen Version („time domain") formuliert Bass (1969) die Hazardrate h(t), d. h. die bedingte Wahrscheinlichkeit der Übernahme der Innovation, falls noch keine Adoption erfolgt ist, folgendermaßen:

$$h(t) = \frac{f(t)}{1 - F(t)} = p + qF(t) \tag{3}$$

Dabei ist f(t) die Dichtefunktion der stetigen Variable t und beschreibt die Wahrscheinlichkeit des Kaufs zum Zeitpunkt t. F(t) steht für die kumulierte Dichtefunktion zum Zeitpunkt t, so dass f(t) und F(t) per Definition in folgendem Zusammenhang stehen: f(t) = dF(t)/dt. Man erhält damit das stetige Pendant zur Gleichung (2):

$$f(t) = \frac{dF(t)}{dt} = [p + qF(t)][1 - F(t)] \tag{4}$$

Durch Integration der Gleichung (4) ergibt sich unter der Annahme F(0) = 0:

$$F(t) = \frac{1 - e^{-(p+q)t}}{1 + \frac{q}{p} e^{-(p+q)t}} \tag{5}$$

Um das Bass-Modell flexibler zu gestalten, schlagen Easingwood/Mahajan/Muller (1983) vor, den Imitationskoeffizienten q von der Marktpenetration abhängig zu machen. Damit soll berücksichtigt werden, dass sich der interne Druck durch persönliche Kommunikation über die Zeit verändert. Die Autoren vermuten, dass sich der Druck in späten Diffusionsphasen verringert, weil die verbleibenden potentiellen Adopter resistenter gegen Beeinflussungsversuche anderer sind. Mit der Erweiterung der Gleichung (2) durch einen konstanten Parameter ω wird diese Tendenz im Modell erfasst. Für $0 < \omega < 1$ ergeben sich linkssteile und für $\omega > 1$ rechtssteile Verläufe der Adopterzahlen über die Zeit (Easingwood et al. 1983):

$$n_t = \left(p + q \left[\frac{N_{t-1}}{M} \right]^{\omega} \right) (M - N_{t-1}) \tag{6}$$

Durch diese Erweiterung kann das Bass-Modell auch asymmetrischen Verläufen zugänglich gemacht werden. Dennoch beruht das Modell weiterhin auf sehr restriktiven Annahmen, die in der Realität sicherlich nicht immer vorliegen (Mahajan/Peterson 1985; Schmalen/Xander 2000):

- Die Marketingmix-Aktivitäten aller Wettbewerber sind konstant und werden damit durch die beiden Diffusionskoeffizienten erfasst.
- Zwischen der Markteinführung einer Innovation und der Ausschöpfung des Marktpotentials erfolgen nur Erstkäufe. Ein Adopter erwirbt genau eine Einheit der Innovation.
- Innovationen breiten sich in allen Ländern gleich aus. Weiterhin ist die Diffusion in einem Land unabhängig von der Diffusion in anderen Ländern.

Seit dem Ansatz von Bass wurden in der Diffusionsforschung zahlreiche Erweiterungen und Modifikationen der Grundmodelle vorgenommen (Mahajan et al. 2000; Albers 2005; Meade/Islam 2006). Dadurch konnten viele der restriktiven Annahmen aufgehoben werden, die dem Bass-Modell zugrunde liegen. Ausgewählte Modelle sind Gegenstand der folgenden drei Abschnitte.

3. Modelle zur Berücksichtigung absatzpolitischer Maßnahmen

Die Verbreitung von Innovationen vollzieht sich nicht in einer stabilen Umwelt. Die Marktakteure verändern die Bedingungen der Diffusion. Insbesondere versuchen die Anbieter, die Ausbreitung neuer Produkte durch Nutzung des absatzpolitischen Instrumentariums positiv zu beeinflussen. Das Bass-Modell berücksichtigt diese Aktivitäten nicht. Dem Grundmodell liegt implizit die Annahme zugrunde, dass die Marketingaktivitäten für alle Wettbewerber unverändert bleiben und daher durch die beiden konstanten Diffusionskoeffizienten erfasst werden. Diese Schwäche hat intensive Forschungsanstrengungen ausgelöst. Die Erweiterungen des Bass-Modells konzentrieren sich vor allem auf den Preis und die Werbung. Andere Bestandteile des Marketingmix (z. B. Produkteigenschaften, Vertriebsmethoden) sind wesentlich seltener zum Gegenstand von Modellierungsanstrengungen geworden (z. B. Produktproben bei Jain et al. 1995; Produkteigenschaften bei Bähr-Seppelfricke 1999).

Ein erster Ansatz zur Berücksichtigung des Preises als Erklärungsvariable für die Ausbreitung von Innovationen wurde von Robinson/Lakhani (1975) entwickelt:

$$n_t = \left(p + q \frac{N_{t-1}}{M} e^{-aP_t} \right) \left(M - N_{t-1} \right) \tag{7}$$

a: Wirkungskoeffizient des Preises,

P_t: Produktpreis in Periode t.

Sie führen im Vergleich zum Bass-Modell einen zusätzlichen exponentiellen Term (e^{-aPt}) ein, wobei P_t der Preis in der Periode t und a ein konstanter Preiskoeffizient ist. Anhand eines Anwendungsbeispiels wird gezeigt, dass die Strategie zunächst hoher und anschließend fallender Preise die diskontierten Gewinne nicht maximiert. Diese Empfehlung ergäbe sich aus statischen Preismodellen, nach denen der optimale Preis zur Übereinstimmung von Grenzertrag und Grenzkosten führt. Es zeigt sich die Vorteilhaftigkeit einer Penetrationspreisstrategie mit niedrigen Anfangspreisen, Preiserhöhungen bis zu einem Höchstwert und erneuten Preissenkungen gegen Ende des Diffusionsprozesses (Robinson/Lakhani 1975). Es existieren zahlreiche Varianten dieses Modells (z. B. Kalish 1983).

Eines der ersten Modelle, das die Produktwerbung berücksichtigt, ist das Modell von Horsky und Simon (1983). Die Produktwerbung wird dabei, wie auch in allen anschließend entwickelten Modellen, durch die Werbeausgaben operationalisiert.

$$n_t = \left(b + c\ln(A_t) + q\frac{N_{t-1}}{M} \right)(M - N_{t-1}) \qquad (8)$$

A_t: Werbeausgaben der Periode t,

b: Wirkungskoeffizient der Produktinformation über die Medien (ohne Werbung),

c: Wirkungskoeffizient der Werbung.

Unter der Annahme konstanter Werbeausgaben lässt sich diese Gleichung auf das Bass-Modell zurückführen ($p = b + c\ \ln(A_t)$). Das Modell wurde anhand der Ausbreitung des Telefonbankings in den USA empirisch validiert (Horsky/Simon 1983). Dabei zeigte sich, dass die Firmen durch ihre Werbung die Anzahl der Nutzer des Telefonbankings beeinflussen können. Zur Umsetzung einer optimalen Werbepolitik sollten in den ersten Phasen des Diffusionsprozesses intensive Werbeanstrengungen unternommen werden, um die Innovatoren frühzeitig über die Innovationen zu informieren. Nachfolgend können die Werbeausgaben sukzessive reduziert werden, da die Adopter über persönliche Kommunikation zunehmend zur Verbreitung beitragen. Während das Modell von Horsky/Simon (1983) den Einfluss der Werbung auf den Innovationskoeffizienten beschränken, testen Simon/Sebastian (1987) zwei alternative Modelle. Eines berücksichtigt mögliche Wirkungen der Werbung auf den Imitations- und eines auf den Innovationskoeffizienten. Auf die Integration beider Hypothesen in einem Modell wird zur Vermeidung von Multikollinearitätsproblemen verzichtet. Der Test erfolgte anhand der Adoption von Festnetztelefonen in der Bundesrepublik Deutschland (Simon/Sebastian 1987). Das Modell, das die Werbeausgaben mit der Imitationskomponente verknüpft, ist dem Innovationsmodell überlegen. Dies widerspricht der Modellvalidierung durch Horsky/Simon (1983). Folglich empfehlen Simon/Sebastian (1987), die Werbung in erster Linie auf die Imitatoren zu konzentrieren.

Diesen frühen Versuchen zur Abbildung der Marketinginstrumente in Diffusionsmodellen sind zahlreiche Forschungsarbeiten gefolgt. Bass/Krishnan/Jain (1994) reagierten auf die verschiedenen Modellierungsansätze mit der Entwicklung des „Generalized Bass Model“ (GBM), das sowohl die Preis- als auch die Werbepolitik integriert. Dazu wird die Hazardfunktion des Bass-Modells wie folgt erweitert (Bass et al. 1994):

$$n_t = \left(p + q\frac{N_{t-1}}{M} \right) \cdot x_t \cdot (M - N_{t-1}) \qquad (9)$$

x_t: Marketingpolitische Maßnahmen in Periode t.

Der Term x_t steht für die laufenden marketingpolitischen Maßnahmen (Preis und Werbung) der Periode t. Grundannahme des GBM ist, dass Wirkungen der Marketinginstrumente nur dann erfassbar sind, wenn sich die Höhe des Preises und der Werbeausgaben über die Zeit ändern. Formal wird dies dadurch erreicht, dass im Term x_t die Änderungen des Preises und der Werbeausgaben gegenüber der Vorperiode berücksichtigt werden. Diese werden mit dem Basiswert der Vorperiode gewichtet, mit einem Wirkungskoeffizient der Werbung (c) und des Preises (d) multipliziert und schließlich zum Wert Eins addiert. Wenn sich keine Änderungen ergeben ($P'_t = 0$ und $A'_t = 0$), nimmt x_t den Wert Eins an, so dass das Bass-Modell ohne die Abbildung der Marketinginstrumente resultiert.

$$x_t = 1 + c\left(\frac{A'_t}{A_{t-1}}\right) + d\left(\frac{P'_t}{P_{t-1}}\right) \tag{10}$$

P't: Absolute Änderung des Preises von der Vorperiode (t-1) zur aktuellen Periode (t),

A'_t: Absolute Änderung der Werbeausgaben von der Vorperiode (t-1) zur aktuellen Periode (t),

P_{t-1}: Preis in Periode t-1,

A_{t-1}: Werbeausgaben in Periode t-1,

c: Wirkungskoeffizient der Werbung,

d: Wirkungskoeffizient des Preises.

Das GBM hat noch eine weitere interessante Eigenschaft: Es lässt sich auch dann auf das Bass-Modell zurückführen, wenn die relativen Änderungen der Preise und Werbeausgaben einer Periode gegenüber der Vorperiode immer gleich sind. Der Marketingfaktor x_t ist dann eine Konstante. Bass et al. (1994) äußern auf der Grundlage ihrer Beobachtungen die Vermutung, dass dieses Muster in der Realität häufig auftritt, vornehmlich in Form gleichmäßiger Preissenkungen und Werbebudgeterhöhungen über die Zeit. Dieser Umstand wird als Begründung angeführt, dass das Bass-Modell (2) auch ohne Berücksichtigung des Marketingmix viele reale Ausbreitungsverläufe gut abbilden kann. Das GBM wird auf der Grundlage von Daten aus drei Produktbereichen geschätzt (Klimageräte, Farbfernseher, Wäschetrockner). Die Erklärungsgüte des GBM erweist sich als sehr gut, wenn auch nicht als wesentlich besser als beim Bass-Modell. Dies könnte als Hinweis darauf gewertet werden, dass konstante prozentuale Änderungen des Preises und der Werbeausgaben über die Perioden tatsächlich bei vielen Produktkategorien auftreten.

Krishnan/Bass/Jain (1999) unternehmen mit einer Variation des GBM den Versuch, Empfehlungen für eine optimale Preispolitik abzuleiten. In Erweiterung des GBM wird neben den Preisänderungen auch die Höhe des Preises berücksichtigt. Der absolute Preis beeinflusst dabei sowohl die Ausbreitungsgeschwindigkeit als auch das Marktpotential. Ausgehend vom GBM wird ersterer Einfluss durch die Erweiterung des Parameters der laufenden Marketinganstrengungen durch einen konstanten und positiven Term g erreicht.

$$x_t = g + d\frac{P'_t}{P_{t-1}} \text{ , mit } g = 1 + h\ln(P_0) \text{ und } h \leq 0 \tag{11}$$

P't: Absolute Änderung des Preises von der Vorperiode (t-1) zur aktuellen Periode (t),

P_0: Einführungspreis,

g: Wirkungskoeffizient der Preishöhe auf die Diffusionsgeschwindigkeit,

h: Preisparameter,

d: Wirkungskoeffizient des Preises.

Der Einfluss der Preishöhe auf das Marktpotential wird durch die Multiplikation der Adoptionsfunktion mit dem Wirkungskoeffizienten g modelliert. Wenn der Preisparameter h nahe Null liegt, reduziert sich das erweiterte Modell auf das GBM. Es reduziert sich zum Bass-Modell, wenn die Preise von Periode zu Periode um den gleichen Faktor reduziert werden. Für die Optimierung wird als Zielfunktion der kumulierte, diskontierte Periodengewinn über den gesamten Planungshorizont der Innovation verwendet. Die Kostenfunktion berücksichtigt dabei Erfahrungskurveneffekte. Krishnan et al. (1999) können durch Simulation zeigen, dass der optimale Preispfad in erster Linie durch das Produkt der Preiselastizität und der Diskontierungsrate bestimmt wird. In der Regel ist eine Politik zunächst ansteigender und danach monoton fallender Preise optimal (Produkt < 1). Lediglich bei sehr hoher Preissensitivität und hohen Diskontierungssätzen (Produkt > 1) ist eine sofortige Politik monotoner Preissenkungen zu empfehlen (Krishnan et al. 1999).

4. Modelle zur Berücksichtigung von Ersatz- und Mehrfachkäufen

Dem Bass-Modell liegt implizit die Annahme zugrunde, dass jeder Kauf eines neuen Produkts einen Erstkauf, d. h. eine Adoption darstellt. Ersatzkäufe und Mehrfachkäufe finden im Modell keine Berücksichtigung. Diese Einschränkung ist deswegen schwerwiegend, weil existierende Verkaufsdaten Erst-, Ersatz- und Mehrfachkäufen in der Regel nicht getrennt ausweisen. Durch die Anwendung des Bass-Modells auf nicht ausdifferenzierte Verkaufsdaten werden also Absatzzahlen mit Adopterzahlen gleichgesetzt. Diese Annahme ist für langlebige Gebrauchsgüter zumindest in den ersten Phasen der

Diffusion weniger problematisch als für Güter des täglichen Gebrauchs. Aber selbst für langlebige Artikel wie Haushaltsgeräte oder Produkte der Unterhaltungselektronik finden aufgrund von Defekten oder technischer Veralterung irgendwann Ersatzkäufe statt. Zudem werden in zahlreichen Haushalten nicht nur ein, sondern mehrere Produkte einer Kategorie angeschafft. In späten Diffusionsphasen machen Ersatz- und Mehrfachkäufe häufig einen größeren Teil der Verkaufszahlen aus als die Erstkäufe (Ratchford et al. 2000). Mit der Anwendung des Bass-Modells auf undifferenzierte Absatzzahlen dürfte also der Einfluss der persönlichen (interne Wirkung) und unpersönlichen Kommunikation (externe Wirkung) auf die Adoption tendenziell überschätzt werden.

Ein erster möglicher Ansatz, auf diese Beschränkungen des Bass-Modells zu reagieren, ist die Herausrechnung von Ersatz- und Mehrfachkäufen aus vorliegenden Absatzzahlen. So ist es denkbar, mit Hilfe von Informationen über die Lebensdauer von Produkten den Anteil von Ersatzkäufen an allen Käufen abzuschätzen. Für die Herausrechnung von Erweiterungskäufen kann unter Umständen auf gesonderte Marktforschungsstudien zurückgegriffen werden, in denen Informationen über die durchschnittliche Anzahl von Produkten pro Konsument oder Haushalt erhoben werden.

Ein zweiter Ansatz ist die Nutzung von Diffusionsmodellen, die auch Ersatz- und Mehrfachkäufe abbilden.

4.1 Ersatzkäufe

Für die Berücksichtigung von Ersatzkäufen wurden zahlreiche Modelle entwickelt. Alle Modelle basieren auf der Definition, dass sich der Absatz einer Periode aus den Erst- und Ersatzkäufen zusammensetzt.

$$s_t = n_t + r_t \qquad (12)$$

s_t: Gesamtabsatz in Periode t,

n_t: Erstkäufe (Anzahl der Adopter) in Periode t,

r_t: Ersatzkäufe in Periode t.

Die Erstkäufe (n_t) können mit dem Bass-Modell abgebildet werden. Bezüglich der Ersatzkäufe (r_t) wird für häufig gekaufte Produkte davon ausgegangen, dass sie zu jeder Zeit annähernd proportional zu der aktuellen Zahl der Konsumenten sind. Bei langlebigen Gebrauchsgütern wird in zahlreichen Modellen unterstellt, dass die Wahrscheinlichkeit für den Ersatz eines alten Produkts durch ein neues Produkt in erster Linie vom Produktalter abhängt. Beispielsweise beruht das Modell von Kamakura/Balasubramanian (1987) auf dieser Annahme:

$$r_t = \sum_{i=1}^{t-1} (n_i + r_i)(Q_{t-i} - Q_{t-i-1}) \tag{13}$$

Q: Überlebenswahrscheinlichkeit eines Produkts.

Die existierenden Modellierungsansätze unterscheiden sich vor allem bezüglich der Verteilungsannahme, die der Überlebensfunktion Q_a zugrundeliegt. Bekannte Modelle unterstellen eine Rayleigh-Verteilung (Olson/Choi 1985), eine Weibull-Verteilung oder, wie das Modell von Kamakura/Balasubramanian (1987), eine abgeschnittene Normalverteilung.

$$Q_a = \frac{\Phi(wa/L - h)}{\Phi(-h)}, \quad \text{mit} \quad w = h + \frac{\phi(-h)}{\Phi(-h)} \quad \text{und} \quad \Phi(x) = \int_{z=x}^{\infty} \phi(z)dz \tag{14}$$

a: Alter bzw. Nutzungszeit des Produkts,

L: Durchschnittliche Ersatzzeit,

h: Gestaltparameter der Verteilung,

$\phi(\cdot)$: Dichtefunktion der Standardnormalverteilung.

Hinter der Überlebensfunktion der Gleichung (14) steht implizit die Annahme, dass die durchschnittliche Ersatzzeit für die Produkte (L) über den Diffusionsverlauf unverändert bleibt (Kamakura/Balasubramaniam 1987). Dies muss nicht der Realität entsprechen. Für die Vermutung sich verlängernder Ersatzzeiten spricht, dass technische Weiterentwicklungen die Zuverlässigkeit und Langlebigkeit der Produkte erhöhen. In die gleiche Richtung wirkt der Trend zu längeren Garantiezeiten in vielen Produktkategorien. Es lassen sich aber auch Argumente für verkürzte durchschnittliche Nutzungszeiten finden. Bei Konsumgütern sind nicht alle Ersatzkäufe durch Defekte oder technische Veralterung quasi erzwungen. Häufig werden Produkte ohne unmittelbaren Zwang ersetzt. Diese Art unerzwungener Ersatzkäufe wird gerade in späteren Diffusionsphasen durch Marketinganstrengungen gefördert (z. B. Produktwerbung, Preissenkungen, Produktauffrischungen). Eine Forcierung nicht erzwungener Ersatzkäufe führt zu sinkenden durchschnittlichen Nutzungszeiten.

Steffens (2001) schlägt zur Berücksichtigung veränderten Ersatzkaufverhaltens eine Erweiterung des Modells von Kamakura/Balasubramanian (1987) vor. Statt wie in Gleichung (13) von einer konstanten durchschnittlichen Ersatzzeit auszugehen, wird im erweiterten Modell zugelassen, dass sich die durchschnittliche Ersatzzeit im Verlauf des Diffusionsprozesses ändern kann. Das Modell wurde im Australischen Pkw-Markt getestet (Steffens 2001). Zunächst zeigt die Analyse, dass es im Beobachtungszeitrum (1971-1993) zu einer deutlichen Erhöhung des durchschnittlichen Ersatzalters der Automobile gekommen ist. Die These konstanter durchschnittlicher Ersatzzeiten muss demnach für Pkw verworfen werden. Die Funktion der Überlebenswahrscheinlichkeit eines Produkts unter Annahme der abgeschnittenen Normalverteilung hat dabei hohe Erklärungskraft. Steffens (2001) testet anschließend das Modell mit zeitvariabler durchschnittlicher Ersatzzeit L_t und verwendet dabei folgende Funktion:

$$L_t = \alpha + \beta(t - t_0) + \gamma(P_t - P_0) + \delta(P_{t-1} - P_0) \quad (15)$$

L_t: durchschnittliche Ersatzzeit der Produkte in der Periode t,

t_0: Einführungsjahr,

$\alpha, \beta, \gamma, \delta$: Modellparameter.

Mangels entsprechender Daten ist Steffens (2001) gezwungen, die Zeit als Proxy für zahlreiche Einflussfaktoren auf die Ersatzzeit zu nutzen (z. B. neue Produktdesigns, Werbung, Gebrauchtwagenpreise). Im Vergleich zum Modell mit konstanter Ersatzzeit ($L_t = \alpha$) kann das dynamische Modell die vergangenen Ersatzkäufe wesentlich besser abbilden. Auch die Prognosegüte ist beim erweiterten Modell mit variabler Ersatzzeit deutlich höher als beim Modell von Kamakura/Balasubramanian (1987).

4.2 Mehrfachkäufe

Im Vergleich zu Ersatzkäufen sind Mehrfachkäufe wesentlich seltener in Diffusionsmodellen berücksichtigt worden. Bekannte Modelle wurden von Bayus/Hong/Labe (1989) und Steffens (2003) entwickelt. Beide Modelle weisen starke Ähnlichkeiten zu den zuvor behandelten Ersatzkaufmodellen auf. Das Modell von Bayus et al. (1989) beruht auf der Annahme, dass sich die Mehrfachkäufe in einer Periode t durch die bis zur Periode t-1 angeschafften und noch immer in Verwendung befindlichen Produkte multipliziert mit einer Mehrfachkaufwahrscheinlichkeit ergeben. Diese Wahrscheinlichkeit ist wie bei den Ersatzkaufmodellen in erster Linie vom Alter der aktuell genutzten Produkte abhängig. Für einen individuellen Adopter steigt annahmegemäß die Wahrscheinlichkeit für einen Mehrkauf mit dem Alter der aktuell genutzten Produkteinheit.

Steffens (2003) kritisiert an diesem Modell, dass es in erster Linie für kurzfristige Prognosen der Mehrfachkäufe geeignet ist; vor allem deshalb, weil im Modell keine Obergrenze für die Anzahl der Wiederholungskäufe enthalten ist. Die Mehrfachkäufe werden in seinem Modell, ähnlich wie die Erstkäufe im Bass-Modell, als Diffusionsprozess modelliert, der von externen und internen Einflussfaktoren (p, q) abhängt. Dahinter steht die Annahme, dass auch Mehrfachkäufe für die Adopter Innovationen darstellen, weil sie die zusätzlichen angeschafften Produkte häufig für neue Verwendungszwecke einsetzen (z. B. der Zweitwagen als Stadtauto, zusätzlicher PC für die Kinder). In diesem Ansatz werden zwei getrennte Schätzungen für die Mehrfachkäufe in Periode t vorgenommen, eine für den Kauf der ersten zusätzlichen Produkteinheit (u_t) und eine für die Käufe der zweiten, dritten bis n-ten Zusatzeinheit (v_t) (Steffens 2003).

$$u_t = (\pi_1 N_{t-1} - U_{t-1})(p_1 + q_1 U_{t-1}) \tag{16}$$

$$v_t = (\pi_2 U_{t-1} - V_{t-1})(p_2 + q_2 U_{t-1}) \tag{17}$$

u_t: Anzahl der Käufer der ersten Zusatzeinheit in der Periode t,

v_t: Anzahl der Käufer der zweiten, dritten bis n-ten Einheit in Periode t,

N_{t-1}: Bestand an Adoptern (Erstkäufer) am Ende der Periode t-1,

U_{t-1}: Bestand an Mehrfachkäufern (erste zusätzliche Produkteinheit) am Ende der Periode t-1,

V_{t-1}: Bestand an Mehrfachkäufern (zweite bis n-te zusätzliche Produkteinheit) am Ende der Periode t-1,

π_1, π_2: Konstante Modellparameter,

p, q: Innovations- bzw. Imitationskoeffizient.

Die Anzahl potentieller Adopter der ersten zusätzlichen Produkteinheit wird als konstanter Prozentsatz (π_1) der bisherigen Erstkäufer angenommen und so nach oben begrenzt. Ebenso wird die Zahl der potentiellen Adopter der zweiten bis n-ten Zusatzeinheit des Produkts als konstanter Anteil (π_2) der bisherigen Mehrfachkäufer begrenzt. Steffens vergleicht die Erklärungskraft dieses Modells und des Ansatzes von Bayus et al. (1989). In zwei Anwendungen (Ausbreitung von Farbfernsehern in den USA, Diffusion von Pkw in Australien) wird gezeigt, dass die Modellierung der Mehrfachkäufe als Diffusionsprozess zu einer besseren Anpassung an die historischen Daten und zu einer höheren Prognosegüte führt als die Modellierung der Mehrfachkäufe als Funktion vom Produktalter. Die bessere Anpassungs- und Prognosegüte wird insbesondere bei langfristigen Prognosen deutlich.

5. Modelle zur Berücksichtigung multinationaler Diffusionsverläufe

Die Globalisierung der meisten Märkte rückt die Frage der multinationalen Ausbreitung von Innovationen in den Vordergrund. Es wurden daher in den letzten Jahren erhebliche Anstrengungen zur Berücksichtigung des internationalen Kontexts unternommen. Die neu entwickelten Modelle verfolgen zwei zentrale Zielsetzungen:

- die Berücksichtigung makroökonomischer oder kultureller Variablen einer Volkswirtschaft, die einen Einfluss auf die Ausbreitung von Innovationen ausüben und somit die Unterschiede zwischen den Diffusionsprozessen in verschiedenen Ländern erklären können (Abschnitt 5.1).
- die Modellierung von Interaktionseffekten zwischen den Diffusionsprozessen in unterschiedlichen Ländern (Abschnitt 5.2).

5.1 Berücksichtigung länderspezifischer Unterschiede

Durch die Berücksichtigung länderspezifischer Einflüsse in den Modellen wird die vereinfachende Annahme aufgegeben, dass die Ausbreitung von Innovationen in den Ländern der Welt ähnlich verläuft. Ein starker Hinweis für die Unzulänglichkeit dieser Annahme sind die Schwierigkeiten, international verschiedenartige Ausbreitungsprozesse durch einfache Diffusionsmodelle abzubilden. Die Anwendung des Bass-Modells auf Diffusionsverläufe in unterschiedlichen Ländern hat zu enttäuschenden Ergebnissen geführt. Selbst wenn genügend Daten zur Schätzung der Modelle vorliegen, resultieren häufig unplausible Parameterwerte für p und q sowie prognostizierte Adopterzahlen mit geringer Augenscheinvalidität (Heeler/Hustad 1980; Dekimpe et al. 1998).

Die meisten Ansätze berücksichtigen internationale Unterschiede durch die entsprechende Modellierung der innovativen und imitativen Übernahmewahrscheinlichkeit (p, q). Gatignon/Eliashberg/Robertson (1989) lehnen sich am Bass-Modell an und schlagen folgende Gleichung zur Schätzung länderspezifischer Adoptionswahrscheinlichkeiten vor:

$$p_i = \sum_k g_{p,i,k} Z_{i,k} + \mu_{p,i} \qquad \text{und} \qquad q_i = \sum_k g_{q,i,k} Z_{i,k} + \mu_{q,i} \tag{18}$$

p_i: Innovationskoeffizient in Land i,

q_i: Imitationskoeffizient in Land i,

$Z_{i,k}$: Makroökonomische, kulturelle Einflussvariable k in Land i,

$g_{p,i,k}$: Einflusskoeffizient der Einflussvariable k in Land i auf den Innovationskoeffizienten,

$g_{q,i,k}$: Einflusskoeffizient der Einflussvariable k in Land i auf den Imitationskoeffizienten,

$\mu_{p,,i}$; $\mu_{q,,i}$: Fehlerterme.

Dieses Modell wurde auf der Grundlage von Absatzzahlen zwischen 1965 und 1980 in vierzehn westeuropäischen Ländern für sechs Kategorien elektronischer Hausgeräte getestet (z. B. Geschirrspüler, Rasenmäher, Farbfernseher). Dabei wurden drei nationale Einflussfaktoren berücksichtigt: Weltoffenheit der Bevölkerung („cosmopolitanism"), Mobilität der Bürger und Beschäftigungsgrad von Frauen. Zur Bestimmung der Modellparameter kam ein mehrstufiges Schätzverfahren zur Anwendung (OLS und GLS). Im Ergebnis resultieren plausible Werte für das Marktpotential sowie für die Imitations- und Innovationskoeffizienten. Weiterhin zeigt sich, dass alle drei kulturellen Einflussvariablen einen Einfluss auf p_i und q_i haben: Die Weltoffenheit erhöht insbesondere die innovative Übernahmewahrscheinlichkeit p_i, der Mobilitätsgrad erhöht in erster Linie die imitative Adoptionswahrscheinlichkeit q_i (Gatignon et al. 1989).

Einen neueren Versuch zur Modellierung länderspezifischer Einflussfaktoren unternehmen Dekimpe/Parker/Sarvary (1998). Mit ihrem Ansatz stellen sie insbesondere darauf ab, dass Diffusionsverläufe in verschiedenen Ländern nicht ohne weiteres miteinander verglichen werden können. Um Vergleichbarkeit herzustellen, müssen vier Variablen in den Modellen Berücksichtigung finden, welche die Diffusionsprozesse in einem Land stark beeinflussen:

- die Größe des sozialen Systems (z. B. Anzahl der Haushalte eines Landes),
- der Anteil der potentiellen Adopter (z. B. Anteil der Haushalte, die aus einer Innovation Nutzen ziehen können und über die finanziellen Mittel zu deren Anschaffung verfügen),
- das Einführungsjahr der Innovation und
- die Wachstumsrate der Adopter zwischen dem Einführungsjahr der Innovation und dem Ausschöpfen des gesamten Adopterpotentials.

Für ein Land i wird folgende Diffusionsfunktion formuliert (Dekimpe/Parker/Sarvary 1998):

$$n_{i,t} = \left(\frac{n_{i,1}}{C_i S_i} + B_i \frac{N_{i,t-1}}{C_i S_i} \right) \left(C_i S_i - N_{i,t-1} \right) \text{ mit } t = \{1,2,...\} \text{ und } N_{i,0} = 0 \qquad (19)$$

$n_{i,t}$: Anzahl der Adopter des Landes i in Periode t,

$N_{i,t-1}$: Bestand an Adoptern des Landes i am Ende der Periode t-1,

C_i: Maximaler Anteil der potentiellen Adopter im sozialen System des Landes i ($0 \leq C_i \leq 1$),

S_i: Anzahl der Mitglieder des sozialen Systems in Land i,

B_i: Wachstumsrate der Adopter bis zur Ausschöpfung des Adopterpotentials.

Der Term C_iS_i kann analog zum Bass-Modell als Marktpotential eines Landes interpretiert werden. Die beiden Variablen C_i und S_i sollen extern geschätzt und in die Schätzung der weiteren Modellparameter als fixierte Werte eingehen. Der Achsenabschnitt der Penetrationskurve wird durch $A_{i,1} = (n_{i,1}/C_iS_i)$ definiert und entspricht dem Innovationskoeffizienten im Grundmodell von Bass. Die neue Formulierung des Innovationskoeffizienten weist einige Vorteile auf. $A_{i,1}$ wird mit Hilfe des Adopterzuwachses in der ersten Periode berechnet und berücksichtigt, dass das Marktpotential zwischen den Ländern differiert. Dieser Koeffizient ist also für jedes Land eindeutig interpretierbar und erfordert für seine Berechnung lediglich die Adopterzahlen der ersten Periode nach Markteinführung. Falls genügend Daten des Ausbreitungsverlaufs vorliegen, kann die Wachstumsrate ähnlich wie beim Vorgehen von Gatignon et al. (1989) für jedes Land getrennt geschätzt werden, wobei $A_{i,1}$ sowie C_i und S_i fixiert sind. Für Länder, in denen diese Daten (noch) nicht zur Verfügung stehen, entwickeln Dekimpe et al. (1998) folgende Gleichung zur Bestimmung von $A_{i,1}$ und B_i:

$$A_{i,1} = (1 + e^{-d_1 Z_i})^{-1} \tag{20}$$

$$B_i = (1 + e^{-d_2 Z_i})^{-1} \tag{21}$$

Z_i: Vektor länderspezifischer Einflussfaktoren in Land i,

d_1, d_2: Wirkungskoeffizienten der Einflussfaktoren auf $A_{i,1}$ bzw. B_i.

Der Vektor Z_i enthält verschiedene länderspezifische Einflussfaktoren eines Landes i, wie beispielsweise das Bevölkerungswachstum, den BIP oder die ethnische Zusammensetzung der Bevölkerung. Aus Vereinfachungsgründen wurde hier eine lineare Funktion (d_1Z_i, d_2Z_2) genutzt. Komplexere Funktionen sind ebenso formulierbar. In diesem Punkt ist dieser Ansatz ähnlich zur zuvor präsentierten Gleichung (18) im Modell von Gatignon et al. (1989).

Zur empirischen Anwendung des Modells wurden Absatzzahlen von Mobiltelefonen in 184 Ländern im Zeitraum von 1979 bis 1992 genutzt. Dabei konnte gezeigt werden, dass durch das „Matchen" der Diffusionsmodelle zwischen den Ländern nationale Unterschiede in den Ausbreitungsprozessen gut abgebildet und erklärt werden können. Wenn die externe Schätzung von C_i und S_i gelingt, können Unternehmen bessere Strategien für den Eintritt in internationale Märkte entwerfen. In der Anwendung des Modells wird zudem deutlich, dass die Schätzungen des Achsenabschnitts der Penetrationskurve ($A_{i,1}$) und der Wachstumsrate der Adopter (B_i) mit Hilfe makroökonomischer, kultureller und sozialer Einflussfaktoren (Z_i) gut gelingen.

Es existiert eine Reihe weiterer Studien, welche länderspezifische Einflüsse auf den Innovations- und Imitationskoeffizienten untersuchen (z. B. Ihde 1996; Talukdar et al. 2002; Van den Bulte/Stremersch 2004). Zu den zahlreichen Variablen, welche die Parameterwerte p und q nachweislich beeinflussen, gehören vor allem Kennzahlen der wirtschaftlichen Entwicklung (z. B. Bruttoinlandsprodukt, Pro-Kopf-Einkommen, Analphabetismusrate, Urbanisierungsgrad, Beschäftigungsrate der Frauen) oder Kennzeichen der nationalen Kultur (ethnische Heterogenität der Bevölkerung, Individualismus, Maskulinität, Machtdistanz).

5.2 Modellierung von Interaktionseffekten bei multinationalen Diffusionsprozessen

International operierende Unternehmen müssen nicht nur berücksichtigen, dass Diffusionsverläufe zwischen Ländern aufgrund länderspezifischer Gegebenheiten variieren können. Es ist darüber hinaus zu beachten, dass sich die Ausbreitung von Innovationen in verschiedenen Ländern gegenseitig beeinflussen kann. Interdependenzen zwischen Diffusionsprozessen verschiedener nationaler Märkte sind folglich ebenfalls Gegenstand zahlreicher Modellierungsanstrengungen geworden. Einige Modelle berücksichtigen den Effekt der frühen Diffusion einer Innovation in einem Land („lead country") auf die nachfolgende Ausbreitung der Innovation in einem anderen Land („lag country").

Putsis/Balasubramanian/Kaplan/Sen (1997) bezeichnen alle Interaktionsmuster zwischen Ländern als „mixing". Sie unterscheiden drei denkbare Formen des mixing. Die erste Form ist durch das Fehlen jeglicher Interaktion zwischen den Populationen der Länder gekennzeichnet („pure segregation"). Die zweite Interaktionssituation ist dadurch charakterisiert, dass Kontakte zwischen Populationen völlig frei sind („random mixing"). Die Formen pure segregation und random mixing können als die beiden Pole eines Interaktionskontinuums interpretiert werden. Die dritte mixing-Form umfasst dann alle denkbaren Interaktionen auf diesem Kontinuum zwischen vollständiger Isolation und völliger Kontaktfreiheit („Bernoulli noise mixing"). Die drei Interaktionsmuster spiegeln sich in den individuellen Kontaktwahrscheinlichkeiten p_{ij} eines Individuums in Land i mit einem Individuum in Land j wider (j = 1, …, J mit J als Anzahl der betrachteten Länder). Präziser formuliert bezeichnet p_{ij} die bedingte Wahrscheinlichkeit, dass ein gegebener Kontakt eines Individuums in Land i ein Kontakt mit einem Individuum des Landes j ist. Diese bedingte Wahrscheinlichkeit kann für die drei denkbaren Interaktionsformen folgendermaßen definiert werden (Putsis et al. 1997):

Pure segregation: $p_{ij}^{PS} = \{1 \text{ wenn } i = j;\ 0 \text{ sonst}\}$ (22)

Random mixing: $p_{ij}^{RM} = k_j N_j \Big/ \left(\sum_{l=1}^{J} k_l N_l \right) \forall i$

Bernoulli noise: $p_{ij}^{BN} = \varepsilon_{i(i=j)} + (1-\varepsilon_i)\left[k_j N_j (1-\varepsilon_j) / \sum_{l=1}^{J} k_l N_l (1-\varepsilon_l)\right]$

mit $0 \leq \varepsilon_i \leq 1 \; \forall$ i und ε_i=1 für i=j

p_{ij}: Kontaktwahrscheinlichkeit eines Individuums des Landes i mit Individuum des Landes j,

N_i, N_j: Bestand an Adoptern in Land i bzw. Land j,

k_i, k_j: Effektive Kontaktrate der Bevölkerung in Land i bzw. in Land j,

ε_i, ε_j: Bernoulli-mixing-Variable ($0 \leq \varepsilon_j \leq 1$) des Landes i bzw. des Landes j,

J: Anzahl aller betrachteten Länder.

Im Zustand der pure segregation ist die Kontaktwahrscheinlichkeit zwischen den Bevölkerungen verschiedener Länder gleich Null. Bei random mixing hängt die bedingte Wahrscheinlichkeit, dass ein gegebener Kontakt der Bevölkerung des Landes i ein Kontakt mit der Bevölkerung des Landes j ist, von der effektiven Kontaktrate (k_i) eines Landes ab. Sie ist ein Maß für die Kontaktfreude der Bevölkerung und ihrer Empfänglichkeit für persönliche Kommunikation. Sie ist damit ähnlich dem Imitationskoeffizienten q im Bass-Modell interpretierbar. Welcher Punkt beim Interaktionsmuster Bernoulli noise mixing auf dem Kontinuum zwischen den beiden Extrema erreicht wird, hängt vom Parameter ε_i ab, wobei $\varepsilon_i = 0$ random mixing und $\varepsilon_i = 1$ pure segregation impliziert.

Der Zuwachs an Adoptern eines Landes i in der Periode t wird durch folgende Gleichung abgebildet:

$$n_{i,t} = \left(\alpha_i + k_i \sum_{j=1}^{J} p_{ij} \frac{N_{i,t-1}}{M_{i,t-1}}\right)\left(M_{i,t-1} - N_{i,t-1}\right) \tag{23}$$

α_i: Wirkungskoeffizient unpersönlicher Kommunikation des Landes i.

Man erkennt unmittelbar die Ähnlichkeit mit dem Bass-Modell. Der Term α ist analog zum Innovationskoeffizienten p als Wirkungskoeffizient unpersönlicher Kommunikation zu interpretieren. Der Imitationskoeffizient q besteht in diesem Ansatz aus dem Produkt der effektiven Kontaktrate k_i und der Kontaktwahrscheinlichkeit p_{ij}. Dadurch werden die Wirkung persönlicher Kommunikation in einem Land *und* die Interaktionen zwischen den Ländern erfasst. Weiterhin wird zugelassen, dass sich das Marktpotential mit der Zeit verändert ($M_{i,t-1}$). Durch einsetzen der Bernoulli-Noise-Gleichung (22) in (23) und Auflösung ergibt sich folgende Schätzgleichung:

$$n_{i,t}=\alpha_i\left(M_{i,t-1}-N_{i,t-1}\right)+k_i\left(M_{i,t-1}-N_{i,t-1}\right)\left(\varepsilon_i\frac{N_{i,t-1}}{M_{i,t-1}}+\left(1-\varepsilon_i\right)\sum_{j=1}^{J}k_jN_{j,t-1}(1-\varepsilon_j)/\sum_{l=1}^{J}k_lN_l\left(1-\varepsilon_l\right)\right) \quad (24)$$

Das Modell wurde mit Hilfe von Verkaufszahlen in vier Produktkategorien (Videorekorder, Mikrowellen, CD-Spieler, Heimcomputer) in zehn Ländern der Europäischen Union geschätzt (Putsis/Balasubramanian/Kaplan/Sen 1997). Die Daten stammen überwiegend aus den 80er Jahren. Die Parameter a und k wurden für jedes Land extern geschätzt, wobei a als lineare Funktion der Verbreitungsrate von Fernsehgeräten und k als lineare Funktion des BIP pro Kopf formuliert wurden. Wie schon bei Gatignon et al. (1989) zeigt sich, dass die beiden Parameter zwischen den Ländern stark variieren. Anschließend wurde die Gleichung (24) zunächst ohne Restriktionen für den Bernoulli-Parameter (ε_i) geschätzt. Für ε_i resultierten signifikante Schätzwerte mit geringer Standardabweichung. Dies ist ein erster Hinweis für die Angemessenheit der Modellierung von Kontaktwahrscheinlichkeiten zwischen Ländern mit Hilfe der Bernoulli-noise-Gleichung (22). In einer weiteren Analyse wurde das Modell mit unterschiedlichen fixierten Werten des Parameters ε_i im Wertebereich zwischen Null und Eins geschätzt. Der mittlere prozentuale Schätzfehler des Modells (MAPE) reagierte stark auf diese Restriktion. Die Funktion des mittleren prozentualen Schätzfehlers in Abgängigkeit vom fixierten Wert ε_i zeigt einen ausgeprägten umgekehrt u-förmigen Verlauf. Dieses Ergebnis unterstreicht erneut die Notwendigkeit, Interaktionsmuster zwischen den Ländern zu berücksichtigen und flexibel zu modellieren, um zuverlässige Prognosen nationaler Diffusionsprozesse anstellen zu können. In der Tat zeigen die Analysen, dass ein erheblicher Anteil des Absatzes der Produkte durch persönliche Kommunikation zwischen den Ländern erklärbar ist.

Durch die Anwendung dieses Ansatzes können Entscheidungsträger in den Unternehmen relevante Informationen für die Bearbeitung internationaler Märkte gewinnen. Ein interessanter Index ist beispielsweise der Quotient aller externen Kontakte eines Landes i als Prozentsatz aller Kontakte zwischen allen betrachteten Ländern $(1-p_{ii})(c_iT_i/\sum c_jT_j)$. Dieser Index kann als Maß für den externen Einfluss interpretiert werden, den ein Land über persönliche Kommunikation auf die Diffusion anderer Länder ausübt. Es erscheint empfehlenswert, Innovationen zunächst in Ländern einzuführen, bei denen sowohl dieser Index als auch die landesinterne Kontaktwahrscheinlichkeit p_{ii} hohe Werte annimmt. Innovationen werden sich in diesen Ländern dank zahlreicher imitativer Adoptionen schnell ausbreiten und über den starken externen Einfluss zu positiven Diffusionseffekten in nachfolgenden Ländern führen.

6. Schätzung der Modellparameter

Die weite Verbreitung des Bass-Modells ist unter anderem auf seine einfache Handhabung zurückzuführen. Die Modellparameter p, q und M können in einer linearen Regression mittels der Methode der kleinsten Quadrate (ordinary least squares - OLS) ermittelt werden. Dazu muss die muss die Gleichung (2) umgeformt werden und ein additiver Fehlerterm (μ_t) zugefügt werden (Bass 1969):

$$n_t = a + bN_{t-1} + cN_{t-1}^{\;2} + \mu_t \text{ mit } a = pM \; ; \; b = q - p \; ; \; c = -q / M \qquad (25)$$

Mit Schätzung der Regressionskoeffizienten a, b und c sind die Parameter des Bass-Modells über folgende Gleichungen berechenbar:

$$M = \frac{-b - \sqrt{b^2 - 4ac}}{2c} \; ; \; p = \frac{a}{M} \; ; \; q = -Mc \qquad (26)$$

Der Vorteil der Einfachheit der Schätzung des Bass-Modells in der diskreten Form („adopter domain“) mittels OLS wird jedoch durch zahlreiche Nachteile relativiert (Schmalen/Xander 2000; Putsis/Srinivasan 2000). Im Folgenden werden das Problem des so genannten „time-interval Bias“ und die Schwierigkeit der Schätzung mit wenigen Absatzzahlen herausgegriffen.

6.1 Schätzverfahren zur Vermeidung des „time-interval Bias“

Das erste zentrale Problem resultiert aus der Verwendung diskreter Zeitreihendaten bei der Schätzung der Gleichung (25). Die rechte Seite der Gleichung ist stetig und ist die Ableitung von N(t) bewertet zum Zeitpunkt t-1 (dN(t)/dt). Bei der Schätzung der Parameter werden für die linke Seite jedoch diskrete, über eine Periode aggregierte Absatzahlen (n_t=N_t-N_{t-1}) eingesetzt. Durch den Versuch, eine stetige Funktion mit diskreten Zeitreihendaten anzunähern, entsteht ein „time-interval Bias“ (Putsis/Srinivasan 2000). Bei Schätzungen der Gleichung (25) mittels OLS kann gezeigt werden, dass der Absatz zum Zeitpunkt t in Phasen starken Anstiegs des kumulierten Absatzes überschätzt und in Phasen langsamen Wachstums des kumulierten Absatzes unterschätzt werden. Eine zu hohe/niedrige Prognose ist somit in den frühen/späten Phasen der Diffusion vor/nach Erreichen des Absatzmaximums zu erwarten. Diese Verzerrung reduziert sich tendenziell, je kürzer die Zeitperioden sind, über welche die Absatzzahlen aggregiert werden. Putsis (1996) variierte die Zeitintervalle der zur Schätzung verwendeten Absatzdaten und verglich die Güte der Modellschätzungen mittels OLS. Es zeigt sich, dass der time-interval

Bias bei kürzeren Zeitintervallen an Bedeutung verliert. Der Prognosefehler reduziert sich deutlich, wenn statt Jahreszahlen saisonbereinigte Quartalsdaten verwendet werden (Putsis 1996).

Eine Reaktion auf dieses Problem ist die Anwendung anderer Schätzverfahren. Vor allem nichtlineare Regressionen (non linear least squares - NLS) und die Maximum-Likelihood-Schätzung (ML) sind dabei zur Anwendung gekommen.

Das Modell von Schmittlein/Mahajan (1982) ist ein Beispiel für einen *ML-Ansatz*, der zur Vermeidung des time-interval Bias beiträgt. Das Modell berücksichtigt, dass nicht alle Mitglieder eines sozialen Systems potentielle Adopter einer Innovation sind. Dabei wird die Wahrscheinlichkeit, dass ein Individuum in einem sozialen System irgendwann im Diffusionsprozess adoptiert, als c bezeichnet. Wird also eine Stichprobe aus dem System der Größe D gezogen, entspricht die erwartete Anzahl potentieller Adopter cD. Der Erwartungswert für die Zahl bereits realisierter Adoptionen in einer Stichprobe der Größe D ist folglich E[N(t)]=cDF(t), wobei F(t) ähnlich wie in Gleichung (5) ausgedrückt werden kann (Schmittlein/Mahajan 1982):

$$F(t) = \frac{1-e^{-bt}}{1+ae^{-bt}} \text{ mit } a = q/p\,;\; b = p+q \qquad (27)$$

Die Likelihood-Funktion lautet dann:

$$L(a,b,c,n_t) = [1-cF(t-1)]^{(M-N_{t-1})} \prod_{i=1}^{t-1} [cF(i)-cF(i-1)]^{n_i} \qquad (28)$$

Die ML-Schätzer für die Modellparameter p, q und M können aus den ML-Schätzern für die Parameter a, b und c über folgende Gleichungen berechnet werden:

$$\hat{p} = \frac{\hat{b}}{(\hat{a}+1)}\,;\; \hat{q} = \frac{\hat{a}\hat{b}}{(\hat{a}+1)}\,;\; \hat{M} = \hat{c}D \qquad (29)$$

Ein gutes Anschauungsbeispiel für einen *NLS-Ansatz* wurde von Srinivasan/Mason (1986) entwickelt. Sie lösen das Problem des time-interval Bias, indem sie die rechte Seite der Gleichung (25) an die Verwendung über Perioden aggregierter Absatzzahlen auf der linken Seite anpassen. Sie nutzen dabei die „time domain"-Formulierung des Bass-Modells (siehe Gleichungen (3) bis (5)):

$$n_t = M[F(t) - F(t-1)] + \mu_t \text{ mit } \mu_t\text{: Fehlerterm} \qquad (30)$$

Setzt man Gleichung (5) ein, erhält man:

$$n_t = M\left(\frac{1-e^{-(p+q)t}}{1+\frac{q}{p}e^{-(p+q)t}} - \frac{1-e^{-(p+q)(t-1)}}{1+\frac{q}{p}e^{-(p+q)(t-1)}}\right) + \mu_t \tag{31}$$

Auf der Basis dieser Gleichung können die Parameter p und q direkte unter Anwendung von NLS geschätzt werden (Srinivasan/Mason 1986). In einem ähnlichen NLS-Ansatz von Jain/Rao (1990) wird die Hazardrate als [F(t)-F(t-1)]/[1-F(t-1)] modelliert und mit der Anzahl der Noch-nicht-Übernehmer zum Zeitpunkt t ($M-N_{t-1}$) multipliziert.

In einem Vergleich der drei Schätzverfahren OLS, ML (Schmittlein/Mahajan 1982) und NLS anhand von Daten in vier Produktkategorien (Wäschetrockner, Klimageräte, Geschirrspüler, Farbfernseher) treten wie erwartet deutliche Unterschiede auf (Srinivasan/Mason 1986). Die Anpassungsgüte an die empirischen Absatzzahlen und die Prognosegüte sind bei ML und NLS deutlich besser als bei OLS, wobei ML und NLS ähnlich gut abschneiden. Deutliche Unterschiede zwischen den beiden Schätzverfahren ML und NLS zeigen sich bei den Standardfehlern der Parameterschätzer. Die Standardfehler bei NLS sind deutlich höher als bei der ML-Schätzung. Dies kann dadurch begründet werden, dass im ML-Ansatz von Schmittlein/Mahajan (1982) lediglich der Stichprobenfehler berücksichtig wird. Andere Fehlerkomponenten werden ignoriert. Die Standardfehler der Parameterschätzer werden damit im ML-Ansatz unterschätzt. Der NLS-Ansatz berücksichtigt hingegen über den Term μ_t (siehe Gleichung (31)) auch Fehler, die durch Vernachlässigung relevanter Variablen oder durch falsche Modellspezifikationen verursacht werden. Wenn mit geringen Stichprobenfehlern zu rechnen ist, wie es z. B. bei der Ziehung großer Stichproben D der Fall ist, führt der NLS-Ansatz tendenziell zu valideren Ergebnissen als der ML-Ansatz von Schmittlein/Mahajan (1982).

Obwohl die Schätzung mit NLS bei der Anwendung von Diffusionsmodellen weit verbreitet ist, treten auch bei diesem Schätzverfahren ungelöste Probleme auf. In einer umfangreichen Studie wurden empirische und simulierte Daten genutzt, um Verzerrungen der Parameterschätzungen im Bass-Modell zu untersuchen (Van den Bulte/Lilien 1997). Die Ergebnisse zeigen, dass das Marktpotential M und der Innovationsparameter p systematisch unterschätzt werden, während der Imitationsparameter q überschätzt wird. Das Ausmaß des Bias hängt dabei unter anderem von der Anzahl der in die Schätzung eingebrachten Datenpunkte ab. Erhöht sich die letzte, bei der Schätzung noch berücksichtigte kumulierte Marktpenetration um 10 %, so resultieren im Durchschnitt 5 % höhere Schätzwerte für das Marktpotential M, eine Verringerung des Schätzwertes für q um 10% und ein durchschnittlicher Anstieg des geschätzten Wertes von p um 15 %. Die ermittelten Schätzwerte der Modellparameter sind offensichtlich abhängig von der Länge der Zeitreihe, für die Absatzdaten zur Verfügung stehen.

6.2 Vorgehen beim Vorliegen weniger Absatzzahlen

Das zweite zentrale Problem der Schätzung des Bass-Modells mit OLS tritt insbesondere bei frühen Diffusionsprognosen zutage. Liegen Absatzdaten nur für wenige Perioden vor, resultieren aus der Anwendung des Bass-Modells keine stabilen Schätzungen der Regressionskoeffizienten. Dieses Problem ist unter anderem auf Multikollinearität der unabhängigen Variablen (hohe Korrelation zwischen N_{t-1} und N_{t-1}^2 in Gleichung (25)) zurückzuführen (Srinivasan/Mason 1986). Häufig ergeben sich unplausible Werte für die Parameter, wie beispielsweise Innovationskoeffizienten mit negativem Vorzeichen. Dieses Problem weisen vor allem rechtssteile Diffusionsverläufe auf, bei denen das Maximum der Adopterzugewinne erst erreicht wird, wenn mehr als 50 % des Marktpotentials ausgeschöpft wurden (Schmalen/Xander 2000). In einer breiten Anwendung des Bass-Modells (15 Produktkategorien in verschiedenen Ländern) zeigt sich, dass sich der Modellfit erst ab zehn Datenpunkten deutlich verbessert. Weiterhin machen die Analysen deutlich, dass insbesondere bei Konsumgüterprodukten zuverlässige Prognosen erst dann möglich sind, wenn das Maximum des Periodenabsatzes bereits erreicht wurde (Heeler/Hustad 1980).

Wie im vorherigen Abschnitt 6.1 dargelegt, tritt das Problem verzerrter Schätzungen bei wenigen Datenpunkten auch mit NLS auf. Es kann also nicht einfach durch den Wechsel von OLS auf ein anderes Schätzverfahren gelöst werden. Das Problem wird eklatant, wenn keinerlei Absatzdaten für die Diffusion einer neuen Produktkategorie vorliegen. Dies ist etwa dann der Fall, wenn ein potentielles Pionierunternehmen *vor* der Entscheidung zur Markteinführung einer Innovation die Diffusion prognostizieren möchte. Man kann hier ein Dilemma konstatieren. Zum einen sind Anwendungen von Diffusionsmodellen umso nützlicher, je früher sie durchgeführt werden können. Zum anderen sind stabile und unverzerrte Schätzungen der Modelle nicht möglich, wenn zu wenige oder keinerlei Absatzzahlen vorliegen.

Ein Ausweg aus diesem Dilemma ist der Rückgriff auf Daten vergangener Diffusionsprozesse. Zur Prognose werden Parameterwerte analoger Produktkategorien verwendet, die sich bereits im Markt verbreitet haben und für die folglich ausreichende Absatzdaten zur Modellschätzung vorliegen. Die These lautet dabei, dass man durch den Rückgriff auf Analogien besser Prognosen erhält als durch intuitive Schätzungen der Entscheider oder repräsentative Marktbefragungen. Letztere haben bei radikalen Innovationen immer wieder zu Fehlprognosen geführt.

Das Analogieverfahren steht und fällt mit der Auswahl geeigneter analoger Produkte. Am einfachsten ist die Vorgehensweise, die existierenden Parameterwerte für ein ähnliches Produkt unverändert zu übernehmen. Dabei helfen publizierte Listen, in denen die geschätzten Modellparameter für verschiedene Produktkategorien aufgeführt werden (Lilien/Rangaswamy/Van den Bulte 2000). Die Ähnlichkeit zweier Innovationen kann sich jedoch auf verschiedene Dimensionen beziehen. Beispielsweise können zwei Produkte ähnliche Diffusionsverläufe aufweisen, weil sie sich bezüglich der Produkteigenschaften ähneln. Die Ausbreitung zweier Innovationen kann aber auch dadurch ähnlich sein, dass sie unter vergleichbaren (nationalen) Marktbedingungen eingeführt werden. Schließlich ist es denkbar, dass eine Innovation nicht einem einzigen existierenden Produkt ähnelt, sondern Ähnlichkeiten zu mehreren Produkten aufweist. Es wird daher nur selten gelingen, unmittelbar eine analoge Produktkategorie zu finden, die in allen Belangen ähnlich zur aktuellen Innovation ist. Daher wird vorgeschlagen, die Parameterwerte der ausgewählten Produktkategorien zu korrigieren bzw. zu aggregieren (Albers 2004):

Verwendung der Parameter eines ähnlichen Produkts als Basis und Korrektur um länderspezifische Rahmenbedingungen: Wie in Abschnitt 5 dargelegt wurde, beeinflussen makroökonomische Variablen oder kulturelle Merkmale einer Volkswirtschaft den Ausbreitungsverlauf von Innovationen (z. B. Bevölkerungswachstum, Urbanisierungsgrad, BIP, Bildungsstand). Eine sinnvolle Vorgehensweise ist also, die Parameterwerte für ein Produkt mit ähnlichen Produkteigenschaften als Ausgangsbasis zu verwenden und diese Werte dann um länderspezifische Effekte zu korrigieren. Besonders naheliegend ist diese Vorgehensweise, wenn man den Diffusionsverlauf für ein Produkt prognostizieren möchte, das bereits in einem anderen Land eingeführt worden ist. Die länderspezifischen Korrekturkoeffizienten lassen sich in Studien nachlesen, in denen die Modellparameter auf der Grundlage von Absatzzahlen in mehreren Ländern geschätzt und als Funktion länderspezifischer Variablen modelliert wurden (Gatignon/Eliashberg/Robertson 1989; Ihde 1996; Dekimpe/Parker/Sarvary 1998; Talukdar/Sudhir/Ainslie 2002).

Verwendung der Parameterwerte in einem ähnlichen (nationalen) Markt als Basis und Korrektur um Produkteigenschaften: In einer Umkehrung der zuvor beschriebenen Vorgehensweise könnte man auch an Parameterschätzungen für ähnliche Märkte ansetzen. Diese Ausgangswerte können anschließend um die diffusionsrelevanten Eigenschaften der betreffenden Innovation korrigiert werden (z. B. technisches Risiko, Nutzenaspekte). Die produktspezifischen Korrekturkoeffizienten resultieren aus Studien, in denen die Diffusionsmodelle mit Absatzdaten aus verschiedenen Produktkategorien geschätzt werden (Sultan et al. 1990; Bähr-Seppelfricke 1999). In diesen Studien werden Produkteigenschaften operationalisiert und für die analysierten Produktkategorien gemessen. Es ist dann möglich, den Einfluss der verschiedenen Produkteigenschaften auf die geschätzten Parameterwerte zu ermitteln. Ein anschaulicher Ansatz zur Absatzprognose neuer Musik-CDs auf der Grundlage von Eigenschaften der Musik (z. B. Genre) und der Künstler (z. B. Geschlecht) findet sich bei Lee et al. (2003).

Verwendung der Parameterwerte mehrerer analoger Produkte und Berechnung eines gewichteten Index:

Häufig existiert kein einzelnes Produkt, das der aktuellen Innovation stark ähnelt. Die neue Produktkategorie kann vielmehr als Mischung mehrerer bestehender Produkte interpretiert werden. In diesen Fällen macht es Sinn, die Prognose auf den Parameterschätzungen mehrerer ähnliche Produkte zu fundieren. Ein einfaches Verfahren besteht darin, die Prognose mit einem gewichteten Index der Parameterwerte mehrerer ähnlicher Produkte anzustellen. Methodisch anspruchsvollere Verfahren sind bei Albers (2004) beschrieben.

7. Auswahl geeigneter Diffusionsmodelle für praktische Anwendungen

Die Ausführungen dieses Beitrags machen deutlich, dass ein optimales, für alle praktischen Anwendungen geeignetes Diffusionsmodell nicht existiert. Die Entscheidungsträger in den Unternehmen müssen vielmehr die Wahl eines Diffusionsmodells an den Beschränkungen und Anforderungen des vorliegenden Anwendungsfalls ausrichten. Dazu ist es zunächst erforderlich, die Datenlage, die Merkmale der Innovation und die spezifischen Marktbedingungen zu analysieren. Auf der Basis dieser Analyse kann dann ein situationsgerechtes Diffusionsmodell gewählt werden. In der folgenden Tabelle 1 werden Fragen formuliert, die bei einer Situationsanalyse beantwortet werden sollten. Wird eine Frage bejaht, können Entscheidungsträger in den angegebenen Beiträgen geeignete Vorgehensweisen, Modelle und Anwendungsbeispiele auffinden.

1. Datenlage	
a)	Ist die Innovation noch nicht in den Markt eingeführt? Stehen also noch keine Absatzdaten für die Parameterschätzung zur Verfügung?
→	Sultan/Farley/Lehmann (1990); Ihde (1996); Bähr-Seppelfricke (1999); Neelamegham/Chintagunta (1999); Islam et al. (2002); Lee/Boatwright/Kamakura (2003); Albers (2004)
b)	Liegen vor der Markteinführung zumindest Vorbestelldaten vor?
→	Moe/Fader (2002)
2. Art der Innovation	
a)	Handelt es sich um eine Produktkategorie, bei der Ersatz- und Wiederholungskäufe bereits zu Beginn der Diffusion einen großen Teil aller Käufe ausmachen?
→	Olson/Choi (1985); Bayus/Hong/Labe (1989); Islam/Meade (2000); Steffens (2001); Steffens (2003)
b)	Wird die Innovation mit der Zeit weiterentwickelt? Ist also damit zu rechnen, dass zukünftig neue Produktgenerationen auf den Markt kommen (substitutive Beziehung)?
→	Norton/Bass (1987); Mahajan/Muller (1996); Islam/Meade (1997); Danaher et al. (2001); Danaher/Hardie/Putsis (2001)
3. Marktliche Rahmenbedingungen	
a)	Soll die Innovation in mehreren, sehr unterschiedlichen Ländern eingeführt werden?
→	Gatignon/Eliashberg/Robertson (1989); Ihde (1996); Ganesh et al. (1997); Putsis/Balasubramanian/Kaplan/Sen (1997); Dekimpe/Parker/Sarvary (1998); Dekimpe et al. (2000); Talukdar/Sudhir/Ainslie (2002); Kumar/Krishnan (2002); Tellis et al. (2003); Desiraju et al. (2004); Van den Bulte/Stremersch (2004)
b)	Muss mit Lieferbeschränkungen gerechnet werden?
→	Islam/Fiebig (2001); Ho et al. (2002); Kumar/Swaminathan (2003)
c)	Sind die Adopter heterogen? Sind unterschiedliche Kundengruppen wahrscheinlich?
→	Chatterjee/Eliashberg (1990); Klophaus (1995); Schmalen/Xander (2000); Song/Chintagunta (2003)

Tabelle 1: Entscheidungshilfe bei der Auswahl eines Diffusionsmodells

Literaturverzeichnis

Bähr-Seppelfricke, U. (1999): Diffusion neuer Produkte. Der Einfluss von Produkteigenschaften, Wiesbaden.

Bass, F.M. (1969): A new product growth model for consumer durables, in: Management Science, 15. Jg., S. 215-227.

Bass, F.M./Krishnan, T.V./Jain, D.C. (1994): Why the Bass model fits without decision variables, in: Marketing Science, 13. Jg., Nr. 3, S. 203-223.

Bayus, B.L./Hong, S./Labe, R.P.J. (1989): Developing and using forecasting models of consumer durables, in: Journal of Product Innovation Management, 6. Jg., S. 5-19.

Brockhoff, K. (1999): Produktpolitik, Stuttgart.

Chatterjee, R./Eliashberg, J. (1990): The innovation diffusion process in a heterogeneous population. A mircomodeling approach, in: Management Science, 36. Jg., Nr. 9, S. 1057-1074.

Danaher, P.J./Hardie, B.G.S./Putsis, W.P.J. (2001): Marketing-mix variables and the diffusion of successive generations of a technological innovation, in: Journal of Marketing Research, 38. Jg., Nr. 4, S. 501-514.

Dekimpe, M.G./Parker, P.M./Sarvary, M. (1998): Staged estimation of international diffusion models. An application to global cellular telephone adoption, in: Technological Forecasting and Social Change, 57. Jg., S. 105-132.

Dekimpe, M.G./Parker, P.M./Sarvary, M. (2000): Global diffusion of technological innovations. A coupled-hazard approach, in: Journal of Marketing Research, 37. Jg., Nr. 1, S. 47-59.

Desiraju, R./Nair, H./Chintagunta, P. (2004): Diffusion of new pharmaceutical drugs in developing and developed nations, in: International Journal of Research in Marketing, 21. Jg., S. 341-357.

Easingwood, C.J./Mahajan, V./Muller, E.W. (1983): A non-uniform influence innovation diffusion model of new product acceptance, in: Marketing Science, 2. Jg., S. 273-296.

Fourt, L.A./Woodlock, J.W. (1960): Early prediction of market success for new grocery products, in: Journal of Marketing, 25. Jg., Nr. 2, S. 31-38.

Ganesh, J./Kumar, V./Subramanian, V. (1997): Learning effect in multinational diffusion of consumer durables. An exploratory investigation, in: Journal of the Academy of Marketing Science, 25. Jg., Nr. 3, S. 214-228.

Gatignon, H./Eliashberg, J./Robertson, T.S. (1989): Modeling multinational diffusion patterns. An efficient methodology, in: Marketing Science, 8. Jg., Nr. 3, S. 231-247.

Gatignon, H./Robertson, T.S. (1985): A propositional inventory for new diffusion research, in: Journal of Consumer Research, 11. Jg., Nr. 4, S. 849-867.

Heeler, R.M./Hustad, T.P. (1980): Problems in predicting new product growth for consumer durables, in: Management Science, 26. Jg., Nr. 10, S. 1007-1020.

Ho, T.-H./Savin, S./Terwiesch, C. (2002): Managing demand and sales dynamics in new product diffusion under supply constraint, in: Management Science, 48. Jg., Nr. 2, S. 187-206.

Horsky, D./Simon, L.S. (1983): Advertising and the diffusion of new products, in: Management Science, 1. Jg., Nr. 4, S. 1-18.

Ihde, O.B. (1996): Internationale Diffusion von Mobilfunk. Erklärung und Prognose länderspezifischer Effekte, Wiesbaden.

Islam, T./Fiebig, D.G. (2001): Modelling the development of supply-restricted telecommunications markets, in: Journal of Forecasting, 20. Jg., S. 249-264.

Islam, T./Fiebig, D.G./Meade, N. (2002): Modelling multinational telecommunications demand with limited data, in: International Journal of Forecasting, 18. Jg., S. 605-624.

Islam, T./Meade, N. (1997): The diffusion of successive generations of a technology. A more general model, in: Technological Forecasting and Social Change, 56. Jg., Nr. 1, S. 49-60.

Islam, T./Meade, N. (2000): Modelling diffusion and replacement, in: European Journal of Operational Research, 125. Jg., S. 551-570.

Jain, D./Mahajan, V./Muller, E. (1995): An approach for determining optimal product sampling for the diffusion of a new product, in: Journal of Product Innovation Management, 12. Jg., Nr. 2, S. 124-135.

Jain, D.C./Rao, R.C. (1990): Effect of price on the demand for durables. Modeling estimation and findings, in: Journal of Business Economics and Statistics, 8. Jg., Nr. 2, S. 163-170.

Kalish, S. (1983): Monopolistic pricing with dynamic demand and production cost, in: Marketing Science, 2. Jg., Nr. 2, S. 134-159.

Kamakura, W.A./Balasubramaniam, S.K. (1987): Long-term forecasting with innovation diffusion models. The impact of replacement purchases, in: Journal of Forecasting, 6. Jg., Nr. 1, S. 1-19.

Klophaus, R. (1995): Marktausbreitung neuer Konsumgüter. Verhaltenswissenschaftliche Grundlagen, Modellbildung und Simulation, Wiesbaden.

Krishnan, T.V./Bass, F.M./Jain, D.C. (1999): Optimal pricing strategy for new products, in: Management Science, 45. Jg., Nr. 12, S. 1650-1663.

Kumar, S./Swaminathan, J.M. (2003): Diffusion of innovations under supply constraints, in: Operations Research, 51. Jg., Nr. 6, S. 866-879.

Kumar, V./Krishnan, T.V. (2002): Multinational diffusion models. An alternative framework, in: Marketing Science, 21. Jg., Nr. 3, S. 318-330.

Lee, J./Boatwright, P./Kamakura, W.A. (2003): A Bayesian model for prelaunch sales forecasting of record music, in: Management Science, 49. Jg., Nr. 2, S. 179-196.

Lilien, G./Kotler, P./Moorthy, K.S. (1992): Marketing models, Englewood Cliffs.

Mahajan, V./Muller, E. (1996): Timing, diffusion, and substitution of successive generations of technological innovations. The IBM mainframe case, in: Technological Forecasting and Social Change, 51. Jg., S. 109-132.

Mahajan, V./Muller, E./Srivastava, R.K. (1990): Determination of adopter categories by using innovation diffusion models, in: Journal of Marketing Research, 27. Jg., S. 37-50.

Mahajan, V./Muller, E./Wind, Y. (2000): New-product diffusion models, in: International series in quantitative marketing, Boston et al.,

Mahajan, V./Peterson, R.A. (1985): Models for innovation diffusion, Beverly Hills et al..

Mansfield, E. (1961): Technological change and the rate of imitation, in: Econometrica, 29. Jg., S. 741-766.

Meade, N./Islam, T. (2006): Modelling and forecasting the diffusion of innovation: A 25-year review, in: International Journal of Forecasting, 22. Jg., S. 519-545.

Moe, W.W./Fader, P.S. (2002): Using advance purchase orders to forecast new product sales, in: Marketing Science, 21. Jg., Nr. 3, S. 347-364.

Neelamegham, R./Chintagunta, P.K. (1999): A Bayesian model to forecast new product performance in domestic and international markets, in: Marketing Science, 18. Jg., Nr. 2, S. 115-136.

Norton, J./Bass, F.M. (1987): A diffusion theory model of adoption and substitution for successive generations of high-technology products, in: Management Science, 33. Jg., Nr. 9, S. 1069-1086.

Olson, J./Choi, S. (1985): A product diffusion model incorporating repeat purchases, in: Technological Forecasting and Social Change, 27. Jg., S. 385-397.

Putsis, W.P.J. (1996): Temporal aggregation in diffusion models of first-time purchase. Does choice of frequency matters?, in: Technological Forecasting and Social Change, 51. Jg., S. 265-279.

Putsis, W.P.J./Balasubramanian, S. K./Kaplan, E. H./Sen, S. K. (1997): Mixing behavior in cross-country diffusion, in: Marketing Science, 16. Jg., Nr. 4, S. 354-369.

Robinson, B./Lakhani, C. (1975): Dynamic price models for new product planning, in: Management Science, 10. Jg., Nr. 2, S. 1113-1122.

Rogers, E.M. (2003): Diffusion of innovations, New York et al..

Schmittlein, D.C./Mahajan, V. (1982): Maximum Likelihood estimation for an innovation diffusion model of new product acceptance, in: Marketing Science, 1. Jg., Nr. 1, S. 57-78.

Schumpeter, J.A. (1975): Capitalism, socialism and democracy, New York.

Simon, H./Sebastian, K.-H. (1987): Diffusion and advertising. The German telephone campaign, in: Management Science, 33. Jg., Nr. 4, S. 451-466.

Song, I./Chintagunta, P.K. (2003): A micromodel of new product adoption with heterogeneous and forward-looking consumers, in: Quantitative Marketing and Economics, 1. Jg., S. 371-407.

Srinivasan, V./Mason, C.H. (1986): Nonlinear least squares estimation of new-product diffusion models, in: Marketing Science, 5. Jg., Nr. 2, S. 169-178.

Steffens, P.R. (2001): An aggregate sales model for consumer durables incorporating a time-varying mean replacement age, in: Journal of Forecasting, 20. Jg., S. 63-77.

Steffens, P.R. (2003): A model of multiple-unit ownership as a diffusion process, in: Technological Forecasting and Social Change, 70. Jg., S. 901-917.

Sultan, F./Farley, J.U./Lehmann, D.R. (1990): A meta-analysis of applications of diffusion models, in: Journal of Marketing Research, 27. Jg., Nr. 1, S. 70-77.

Talukdar, D./Sudhir, K./Ainslie, A. (2002): Investigating new product diffusion across products and countries, in: Marketing Science, 21. Jg., Nr. 1, S. 97-114.

Tellis, G.G./Stremersch, S./Yin, E. (2003): The international takeoff of new products. The role of economics, culture and country innovativeness, in: Marketing Science, 22. Jg., Nr. 2, S. 188-208.

Van den Bulte, C./Lilien, G.L. (1997): Bias and systematic change in the parameter estimates of macro-level diffusion models, in: Marketing Science, 16. Jg., Nr. 4, S. 338-353.

Van den Bulte, C./Stremersch, S. (2004): Social contagion and income heterogeneity in new product diffusion. A meta-analytic test, in: Marketing Science, 23. Jg., Nr. 4, S. 530-544.

Markus Voeth und Christian Niederauer

Ermittlung von Preisbereitschaften und Preisabsatzfunktionen

Prof. Dr. Markus Voeth ist Inhaber des Lehrstuhls für Marketing der Universität Hohenheim. Dipl.-Kfm. Christian M. Niederauer ist wissenschaftlicher Mitarbeiter am Lehrstuhl für Marketing der Universität Hohenheim.

1. Zahlungsbereitschaften zur Bestimmung von Preisabsatzfunktionen

Ganz unabhängig davon, ob bei der Preisbestimmung für Produkte und Dienstleistungen eine Premium- oder eine Discount-Strategie zugrundegelegt wird, müssen sich Unternehmen im Vorfeld ihrer Pricing-Entscheidungen der damit verbundenen Auswirkungen auf den Absatz und damit auf den Umsatz bzw. den Gewinn bewusst sein. Da sich Preisänderungen im Rahmen des Preismanagements wie kaum eine andere Entscheidung bei den übrigen Instrumenten des Marketingmix direkt und unmittelbar auf das Verhalten der Marktteilnehmer (Wettbewerber und Kunden) sowie wirtschaftliche Erfolgsgrößen auswirken, bezeichnet Diller (2000) die Preispolitik als „schärfste Marketingwaffe".

Um allerdings diese Auswirkungen a priori beurteilen bzw. abschätzen zu können, sind vor allem Informationen darüber erforderlich, wie viel Nachfrager für ein bestimmtes Produkt oder eine bestimmte Leistung zu zahlen bereit sind. Dieser Betrag drückt sich in der maximalen Zahlungsbereitschaft aus, die für ein bestimmtes Produkt vor dem Hintergrund eines gegebenen Wettbewerbsszenarios besteht. Bekannte und häufig verwendete Synonyme sind unter anderem Preisbereitschaft, Reservationspreis sowie Maximal- oder Prohibitivpreis (Simon 1992; Diller 2000). Gerade vor dem Hintergrund der zunehmenden Preisorientierung der Nachfrager in vielen Märkten ist es inzwischen unumgänglich, den Preis konsequent am Kundennutzen auszurichten. Dieses dem Begriff „Value Pricing" subsumierte Vorgehen setzt ebenfalls die valide Messung kundenseitiger Zahlungsbereitschaften für die erfolgreiche Vermarktung im Rahmen eines modernen Preismanagements voraus. Nur wenn der Nutzen die Zahlungsbereitschaft des Kunden zumindest erreicht, kommt für diesen die Option „Kauf" überhaupt erst in Frage. Somit steht die Marktforschungspraxis heute vor der zentralen Herausforderung, verlässliche Informationen über diese Zahlungsbereitschaften der potenziellen Kunden zu generieren. Nur so lassen sich die Konsequenzen und Auswirkungen alternativer Preisstrategien vor der eigentlichen Preisentscheidung abschätzen und in sog. Preisabsatzfunktionen veranschaulichen. Preisabsatzfunktionen stellen dabei der Größe nach geordnete Abfragen der Zahlungsbereitschaften von Marktsegmenten oder Nachfragergruppen dar.

Die einfachste Variante von Preisabsatzfunktionen ist die sog. lineare Preisabsatzfunktion der Form $x(p) = a - b \cdot p$, wobei der Parameter a als Sättigungsmenge (maximaler Absatz, der sich bei einem hypothetischen Preis von Null ergibt) interpretiert werden kann. Parameter b, der auch als Grenzabsatz bezeichnet wird, ist in der Regel positiv, d. h. eine Preiserhöhung geht tendenziell mit einer Verringerung des Absatzes einher, und beschreibt die Reaktion des Absatzes auf eine Preisänderung um eine Einheit. Neben diesem linearen Funktionsverlauf lassen sich in der Realität häufig auch andere Funktionsverläufe beobachten (Simon 1992; Diller 2000): z. B. das multiplikative Modell, das Gutenberg-Modell (doppelt geknickter Verlauf) oder das Attraktionsmodell (logistische

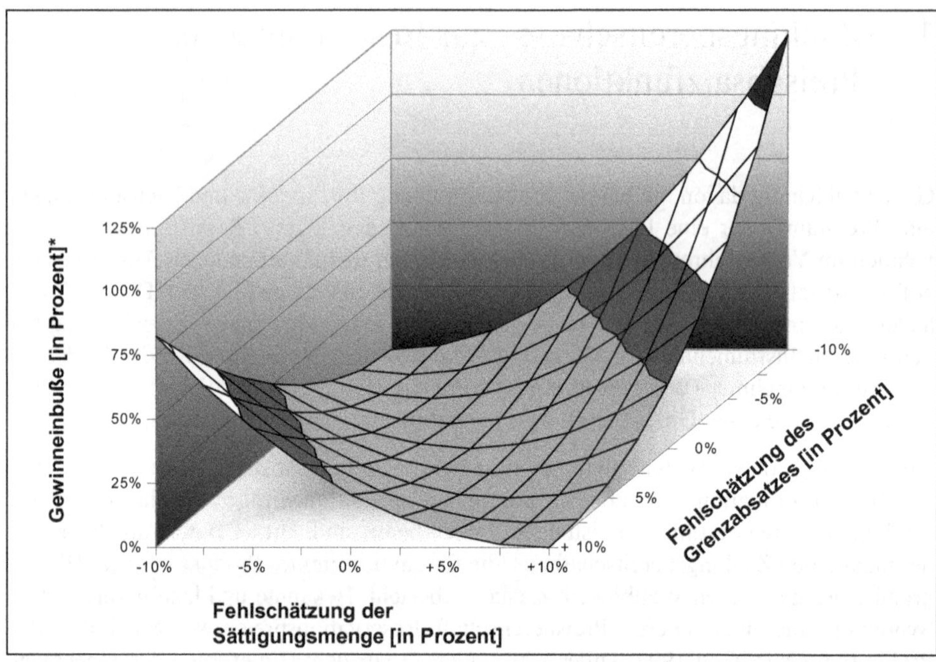

Abbildung 1: Gewinneinbuße bei Parameterfehlschätzungen der Preisabsatzfunktion (* Werte über 100 Prozent stehen hier für Verluste)

Funktion). Welches Modell in einem bestimmten Markt am geeignetsten ist, hängt dabei von der Verteilung der Zahlungsbereitschaften der Nachfrager ab. Ist beispielsweise von einer Gleichverteilung der Zahlungsbereitschaften auszugehen, so ist die lineare Preisabsatzfunktion am ehesten geeignet, als funktionaler Zusammenhang zu dienen.

Welche Bedeutung dabei einer exakten Bestimmung der Preisabsatzfunktion und damit der zugrundeliegenden Zahlungsbereitschaften zukommt, lässt sich an folgendem einfachen Rechenbeispiel veranschaulichen: Ein Hersteller von HDTV-Festplattenrecordern der neusten Generation, der für die kommende Planperiode von Fixkosten i. H. v. 0,5 Mio. € und variablen Kosten i. H. v. 1.000 € pro Stück ausgeht, steht vor der Entscheidung, den Preis für die anstehende Markteinführung festzulegen. Er will dabei seinen Gewinn maximieren. Falls die Marketingabteilung bei der Bestimmung der Preisabsatzfunktion die Sättigungsmenge und/oder den Grenzabsatz über- bzw. unterschätzt, so ergibt sich durch den darauf aufbauend „falsch" gesetzten Preis eine suboptimale Absatzmenge und ein z. T. drastisch niedrigerer Gewinn (vgl. Abbildung 1). Im Beispiel wurde dabei von einer „wahren" Preisabsatzfunktion von $x(p) = 2.500 - p$ ausgegangen.

2. Methoden zur Messung von Zahlungsbereitschaften

Die empirische exakte Bestimmung von Preisabsatzfunktionen erfordert die valide Messung der Zahlungsbereitschaften. Hierfür werden in der Literatur und Marktforschungspraxis verschiedene Methoden vorgeschlagen, die sich grundsätzlich danach unterscheiden lassen, ob Zahlungsbereitschaften auf aggregiertem oder individuellem Niveau gemessen werden (Balderjahn 2003). Bei der Messung von aggregierten Zahlungsbereitschaften können im Gegensatz zu der individuellen Messung keine Aussagen darüber gemacht werden, wie hoch der maximale Betrag ist, den ein einzelner Kunde für das untersuchte Produkt zu zahlen bereit ist. Stattdessen werden lediglich funktionale Zusammenhänge zwischen Preisen und Absatzmengen erhoben. Die konkreten Messansätze lassen sich weiterhin in drei Gruppen einordnen, je nachdem auf welcher der folgenden Datengrundlagen sie basieren (Sattler/Nitschke 2003):

- Kaufdaten,
- Präferenzdaten,
- Kaufgebote.

Einen dieser Systematik folgenden Überblick der jeweils wichtigsten Instrumente zur Messung von Zahlungsbereitschaften gibt Abbildung 2.

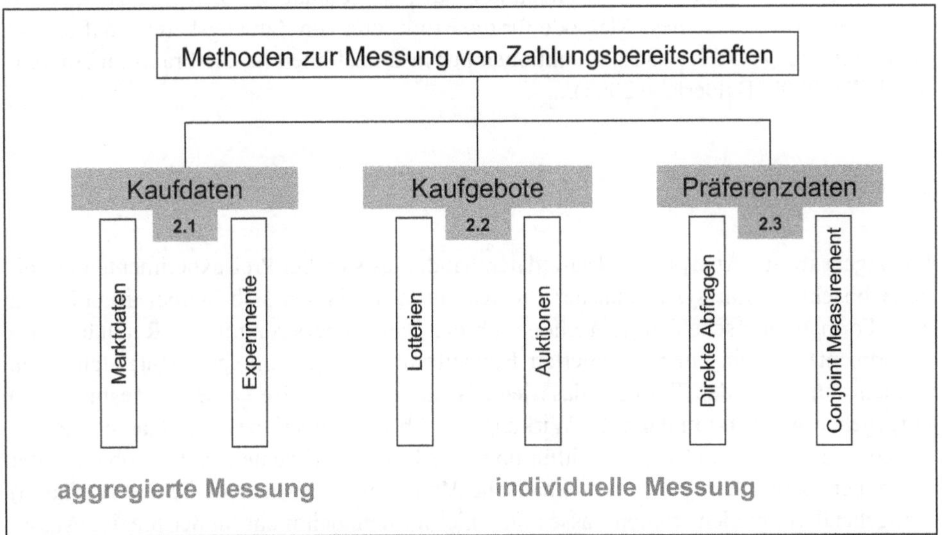

Abbildung 2: Überblick der Methoden zur Messung von Zahlungsbereitschaften (Quelle: in enger Anlehnung an Sattler/Nitschke 2003)

2.1 Kaufdaten

2.1.1 Marktdaten

Markt- oder Kaufdaten (revealed preference data) stellen reale (historische) Marktinformationen zu Absatzmengen und zugehörigen Preisen dar, die systematisch für bestimmte Produkte oder Produktkategorien erfasst wurden und regressionsanalytisch zu Preisabsatzfunktionen verdichtet werden. Die Daten stellen dabei reine Beobachtungen ohne systematische Variation dar. Ein Vorteil bei der Analyse von Marktdaten für die regressionsanalytische Ableitung von Preisabsatzfunktionen ist im geringen Zeitaufwand sowie den relativ geringen Kosten zu sehen, sofern relevante Daten durch Studien von Marktforschungsinstituten (Scannerdaten) oder eigenen Erfassungssystemen bereits vorliegen. Allerdings sollten die Preise während des Beobachtungszeitraums nicht konstant sein und mögliche Einflussgrößeneffekte auf die erfassten Absatzzahlen (z. B. allgemeine Kaufzurückhaltung, Senkung von Konkurrenzpreisen und/oder Variationen beim Einsatz der anderen Marketingmixinstrumente) müssen ebenfalls eindeutig nachvollzogen werden. Jedoch selbst dann, wenn diese Voraussetzungen gegeben sind, unterliegt dieses Vorgehen in der Praxis einer Reihe von Restriktionen, da es sich bei der zugrundeliegenden Datenbasis immer um Vergangenheitsdaten handelt, deren Aussagefähigkeit für aktuelle und zukünftige Marktsituationen nur begrenzt gegeben ist. Weiterhin schließt diese Tatsache die sinnvolle Anwendbarkeit auf Neuprodukte weitgehend aus. Aus den genannten Gründen ist diese Methode für die Ermittlung von Zahlungsbereitschaften und die Bestimmung von Preisabsatzfunktionen nur in Einzelfällen für die Praxis zu empfehlen (Diller 2000; Balderjahn 2003).

2.1.2 Experimente

Im Gegensatz zur Analyse von Marktdaten handelt es sich bei Preisexperimenten um eine Beobachtung mit systematischer Preisvariation. Es lassen sich hierbei grundlegend zwei Formen unterscheiden, je nachdem ob die Datengenerierung in der Realität (Feldexperiment) oder in einer simulierten Einkaufssituation (Laborexperiment) stattfindet. Gemeinsam ist beiden Formen, dass jeweils alternative Preise (z. B. in Testmärkten) vorgegeben werden, um dann die Wirkung auf Absatzmengen bzw. Marktanteile zu erfassen. Auch wenn mit der Durchführung von Preisexperimenten viele Problemfelder der reinen Beobachtung ohne systematische Variation (z. B. mangelnde Preisvariation) weitgehend vermieden werden, lassen sich hiermit dennoch nicht immer präzise Aussagen hinsichtlich der tatsächlichen Zahlungsbereitschaften der Konsumenten tätigen. Es kann lediglich festgestellt werden, ob die Zahlungsbereitschaft der Käufer über dem vorgegebenen Preis liegt. Wie viel mehr die einzelnen Käufer zu zahlen bereit gewesen wären oder wie viel weniger das Produkt hätte kosten müssen, damit auch jetzige Nicht-Käufer das Produkt gekauft hätten, wird so nicht erfasst. Weiterhin ist auch nicht auszuschließen, dass verfälschende Effekte, wie Umweltveränderungen während des Experiments oder Einflüsse des Messvorgangs auf das Ergebnis, auftreten und zu falschen Kausalitätsschlussfolgerungen führen. Trotz dieser Einschränkungen finden Experimente in bestimmten Branchen zur Ermittlung von Zahlungsbereitschaften Verwendung. Die am häufigsten in der Praxis anzutreffende Anwendung von Preisexperimenten im Marketing liegt in Testmärkten und Testmarktsimulatoren von Marktforschungsinstituten wie beispielsweise der GfK oder A.C. Nielsen. Im Gegensatz zur Methode auf Basis von Marktdaten lassen sich Preisexperimente prinzipiell auch auf Neuprodukte anwenden (Homburg/Krohmer 2003; Hammann/Erichson 2006).

2.2 Kaufgebote

Kaufgebote von Nachfragern werden seit vielen Jahren vorwiegend in der volkswirtschaftlichen Literatur und in der Psychologie intensiv behandelt beziehungsweise diskutiert. Zur Messung von Zahlungsbereitschaften im wissenschaftlichen und praxisorientierten Marketingbereich zeigt sich hingegen erst in den letzten Jahren eine vermehrte Verwendung von Lotterien und Auktionen. Dies ist vor allem auf die Ausbreitung des Internets zurückzuführen, wodurch innovative Preisbildungsmechanismen insbesondere auf elektronischen Märkten an Bedeutung gewinnen und auch für Marktforschungszwecke genutzt werden können (Reichwald et al. 2000; Schäfers 2004).

2.2.1 Lotterien

Eine Variante der Methoden, die auf Kaufgeboten basieren, sind Lotterien. Hier erlangt vor allem der BDM-Mechanismus, der auf die Arbeiten von Becker/DeGroot/Marschak von 1964 zurückgeht, bei der Messung von Zahlungsbereitschaften zunehmende Aufmerksamkeit (Becker et al. 1964). Dabei werden in einem ersten Schritt die Probanden gebeten, am Point of Sale ein verbindliches Preisgebot abzugeben, zu dem sie maximal bereit wären, ein bestimmtes Produkt oder eine Leistung zu kaufen. Im Unterschied zur direkten Abfrage (2.3.1) wird anschließend zufällig ein Preis gezogen. Unterschreitet dieser Preis das Gebot oder entspricht er genau dem geäußerten Maximalpreis, so bekommt der Proband den Zuschlag und kauft das Produkt zum gezogenen Preis. Ist der Preis höher als das abgegebene Gebot, kann der Proband das Produkt nicht kaufen.

Da das Gebot durch die zweistufige Vorgehensweise vom endgültigen Kaufpreis entkoppelt ist, kann von Anreizkompatibilität ausgegangen werden. Wichtig ist dabei allerdings, dass den teilnehmenden Testpersonen schon vor der Abgabe des verbindlichen Angebots erklärt wird, dass der Preis des angebotenen Produktes noch nicht feststeht und erst durch einen Zufallsmechanismus ermittelt wird. Weiterhin ist es von Vorteil, wenn zusätzlich erläutert wird, warum es die beste Strategie ist, seine maximale Zahlungsbereitschaft als Kaufgebot abzugeben (Wertenbroch/Skiera 2002).

Trotzdem ist aufgrund der ungewöhnlichen Art des Produkterwerbs und der offensichtlichen Testsituation mit strategischem, zumindest aber nicht in der Realität anzutreffendem Verhalten zu rechnen, was zu Verzerrungen der Messergebnisse führen kann. So kann beispielsweise eine mögliche Skepsis der Teilnehmer bezüglich der ordnungsgemäßen Funktionsweise des Zufallsmechanismus ein Unterbieten der tatsächlichen Zahlungsbereitschaft zur Folge haben. Dies und der mit dem aufwändigen Ablauf einhergehende hohe Kosten- und Zeitbedarf führen zu Einbußen bei der Praktikabilität (Schäfers 2004). Darüber hinaus darf nicht übersehen werden, dass die Funktion des Preises im Rahmen der Entstehung von Zahlungsbereitschaft ausgeschaltet wird. So bildet sich in vielen Märkten die Zahlungsbereitschaft z. T. auch erst nach der Kenntnis der im Markt geforderten Preise („Das Produkt muss wohl so viel wert sein, wenn es im Markt so viel kostet!").

2.2.2 Auktionen

Auktionen oder Versteigerungen besitzen beim Verkauf von Raritäten oder im Börsengeschäft (z. B. Bookbuilding-Verfahren bei der Ausgabe neuer Aktien) traditionell eine hohe Relevanz (Diller 2000). Die bekanntesten Formen sind die englische Auktion bzw. Höchstpreisauktion (z. B. ebay) und deren Umkehrung in Form der sog. holländischen Auktion, die häufig in B2B-Marktplätzen wie Covisint (Automobilindustrie) oder Omnexus (Chemische Industrie) eingesetzt wird (Wirtz 2001). Als Methode zur Erhebung von Zahlungsbereitschaften werden Auktionen insbesondere von Skiera/Revenstorff (1999) vorgeschlagen. Die einzelnen Ausprägungsformen von Auktionen lassen sich anhand der beiden Dimensionen „Preistransparenz" und „Art des Wettbewerbs" gemäß Abbildung 3 einordnen.

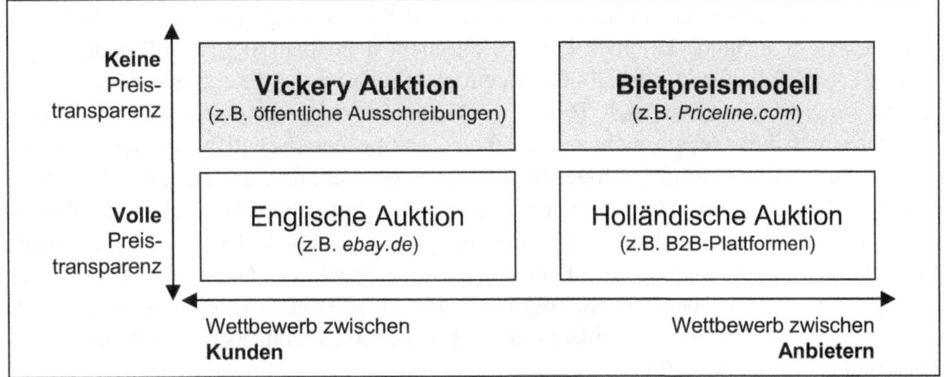

Abbildung 3: Klassifikation der Auktionen zur Messung von Zahlungsbereitschaften (Quelle: in Anlehnung an Bauer et al. 2005)

Von den verschiedenen Auktionstypen scheint vor allem die Vickrey-Auktion (second-price sealed-bid auction) als am besten geeignet (kritisch dazu aber Kaas/Ruprecht 2006), Zahlungsbereitschaften zu ermitteln (Balderjahn 2003). Bei dieser Auktionsform nach Vickrey (1961) gibt jeder interessierte Bieter ein einziges Gebot in verdeckter Form ab. Den Zuschlag erhält dann der Bieter mit dem höchsten Gebot. Jedoch muss dieser nicht den von ihm selbst gebotenen Preis entrichten, sondern nur den Betrag des ersten zurückgewiesenen Gebots. Somit entspricht der endgültige Kaufpreis dem zweithöchsten Gebot. Durch diese Vorgehensweise wird sichergestellt, dass es für jeden Bieter die optimale Strategie ist, ein Gebot genau in Höhe seiner tatsächlichen Zahlungsbereitschaft abzugeben, da sie mit ihrem Gebot den zu zahlenden Kaufpreis nicht unmittelbar beeinflussen können, wie dies bei den traditionellen Auktionen der Fall ist (McAfee/McMillan 1987). Wird diese Methode zur Messung von Zahlungsbereitschaften verwendet, ist es sinnvoll, die Probanden bereits im Vorfeld der Durchführung der Auktion auf die „beste“ Bietstrategie hinzuweisen, auch wenn dadurch nicht gewährleistet ist, dass sich die Bieter entsprechend verhalten (Skiera/Revenstorff 1999).

Als wesentlicher Vorteil gegenüber anderen bekannten Auktionsformen ist neben dem theoretischen Anreiz zur Angabe der tatsächlichen Zahlungsbereitschaft die Tatsache zu nennen, dass Gebote von allen Bietern erhoben werden (Skiera/Revenstorff 1999). Nachteilig hingegen ist, dass die Bietersituation häufig nicht realen Kaufsituationen entspricht, da Bieter in der Regel in einem Wettbewerb um knappe oder einzigartige Güter antreten, für die es keine Substitute gibt. In der Realität sind jedoch die meisten Produkte in den Distributionskanälen in ausreichender Stückzahl verfügbar. Dies schränkt die Anwendbarkeit der Methode auf wenige Produktkategorien stark ein (Hoffman et al. 1993; Backhaus et al. 2005). Zudem ergibt sich das Problem des erhöhten Preisbewusstseins durch die direkte Preisabgabe (Balderjahn 2003). Verzerrungen treten auch auf, wenn nur ein Nachfrager ein hohes Interesse an der Ware zeigt, da in diesem Fall sehr geringe Preise zustande kommen können, die nicht mehr dem Wert des Produktes gerecht werden (Reichwald et al. 2000). An einigen Stellen in der Literatur wird außerdem darauf hingewiesen, dass sich Bieter in Auktionen trotz der vorhandenen Anreizkompatibilität ihre Gebote nicht nur an ihrer Zahlungsbereitschaft ausrichten, sondern vielmehr ein höheres Angebot abgeben, um sicherzustellen, dass sie den Zuschlag erhalten (Kagel 1995). Diese Aussage wird durch die Ergebnisse von Ding et al. (2005) gestützt, die unter einer Vielzahl von Annahmen zeigen konnten, dass Käufer bei einem erfolgreichen Gebot eine Art Zusatznutzen aus dem Aspekt des Gewinnens ziehen, den sie mit „Excitement" bezeichnen. Insgesamt gibt es sowohl Belege für eine Tendenz zum Unter- als auch zum Überbieten der tatsächlichen Zahlungsbereitschaft durch die Bieter (Kaas/Ruprecht 2006).

Ein weiteres innovatives Auktionskonzept, das zur Ermittlung von Preisabsatzfunktionen angewendet wird, ist das sog. Bietpreismodell oder Reverse Pricing, welches Unternehmen (z. B. www.priceline.com) für den Verkauf von Flügen und Hotelübernachtungen einsetzen. Hier bekommen Kunden die Möglichkeit, den Preis im Sinne eines „Customer-driven Pricing" aktiv mitzugestalten. Zu Beginn des Bietpreismodells entscheidet der Käufer, ob und gegebenenfalls in welcher Höhe er ein verbindliches Kaufgebot bei einem entsprechenden Verkäufer für ein bestimmtes Produkt abgibt. Übersteigt dieses Gebot eine vom Verkäufer festgelegte, dem Käufer unbekannte Preisschwelle, wird das Angebot angenommen und die Transaktion kommt zustande. Liegt der vom Käufer gebotene Preis unterhalb der Preisschwelle, erteilt der Verkäufer dem Käufer eine Absage und der Käufer hat für eine gewisse Zeitspanne (i. d. R. mehrere Tage) keine Möglichkeit, ein weiteres Gebot für das Produkt abzugeben. Diese Vorgehensweise in Verbindung mit der für Käufer unbekannten Preisschwelle verhindert, dass sich Bieter mit einer Vielzahl von inkremental erhöhten Geboten sukzessive an den geringsten akzeptablen Verkaufspreis des Verkäufers herantasten. Stattdessen müssen sie gleich mit dem ersten Gebot ihre Zahlungsbereitschaft offenbaren, wenn wirkliches Interesse an dem Produkt besteht. Aus Markforschungssicht ergibt sich durch dieses Vorgehen der Vorteil, dass Kunden unabhängig vom Zustandekommen eines Kaufs ihre Wertschätzung (Preis) und damit ihre Zahlungsbereitschaft für ein Produkt angeben müssen (Bauer et al. 2005; Spann et al. 2005).

Der wesentliche Vorteil dieser Methode ist in ihrer Einfachheit zu sehen, da der Kunde lediglich ein Produkt auswählt, das ihn interessiert, und dazu einen Preis angibt, den er maximal zu zahlen bereit ist. Somit ist kaum mit einer Überforderung der Kunden zu rechnen, die sich beispielsweise bei der zuvor beschriebenen, erklärungsbedürftigen Vickrey-Auktion ergeben könnte (Sattler/Nitschke 2003). In der Anwendungspraxis ergeben sich allerdings einige Probleme aus der Tatsache, dass gerade durch den nahezu uneingeschränkten Austausch von Informationen über digitale Kommunikationsmedien wie das Internet die Voraussetzung von Preisintransparenz nur in eingeschränktem Umfang gegeben ist. So kann die Kenntnis der Rechnungspreise anderer Kunden den Präferenzbildungsprozess des Bietenden maßgeblich beeinflussen (Bauer et al. 2005). Auch die zweite notwendige Bedingung der Unterbindung von Mehrfachgeboten und des damit verbundenen sukzessiven Herantastens an die vom Verkäufer festgesetzte Preisuntergrenze ist durch verschiedene Umgehungsmöglichkeiten wie den Einsatz von Strohmännern nicht vollständig kontrollierbar. Weiterhin kann im Gegensatz zu den bisher unter 2.2 beschriebenen Verfahren insgesamt nicht von „Anreizkompatibilität" des Verfahrens ausgegangen werden, da die optimale Strategie für den Käufer darin besteht, ein Gebot unterhalb seiner maximalen Zahlungsbereitschaft abzugeben. Dies ist darauf zurückzuführen, dass hier das Kaufgebot auch den Verkaufspreis und nicht nur den Zuschlag festlegt (Spann et al. 2005). Die ermittelten Zahlungsbereitschaften weichen folglich von den tatsächlichen Werten tendenziell etwas nach unten ab.

2.3 Präferenzdaten

Erhebungen von Präferenzdaten (stated preference data) stellen heute ein in der Marktforschungspraxis häufig eingesetztes Mittel zur Messung von Zahlungsbereitschaften dar. Dabei können direkte Abfragen, die schon seit Mitte des letzten Jahrhunderts eingesetzt werden, von indirekten Befragungsmethoden, welche gerade in den letzten Jahren eine zunehmende Verbreitung erfahren haben, unterschieden werden (Diller 2000; Backhaus et al. 2005).

2.3.1 Direkte Abfrage

Bei dieser Methode der Messung von Zahlungsbereitschaften auf individuellem Niveau werden Präferenzdaten mit Hilfe von expliziten Fragen nach dem maximalen Betrag erhoben, den ein Nachfrager für ein bestimmtes Produkt oder eine bestimmte Leistung zu zahlen bereit ist. Dieses einfache und kostengünstige Vorgehen ist allerdings mit spezifischen Problemen behaftet. So lenkt die einseitige Frageformulierung die Aufmerksamkeit der Befragten sehr stark auf den Preis, wodurch die nachfragerseitige Preissensibilität und das Preisbewusstsein häufig künstlich erhöht werden. Dieser Effekt wird durch die meist fehlende Nutzenargumentation bei der isolierten Preisbetrachtung noch verstärkt, was die Validität dieser Methode zusätzlich eingeschränkt. Dies führt häufig zu einer starken Diskrepanz zwischen der geäußerten Präferenz und dem tatsächlichen Kaufverhalten. Hinzu kommt noch die Tatsache, dass sich die Probanden ihrer Zahlungsbereitschaft vor allem bei Neuprodukten oder aber im Dienstleistungsbereich oft nicht bewusst sind und es ihnen damit schwer fällt, ihre Preisvorstellungen aktiv zu äußern (Homburg/Krohmer 2003).

2.3.2 Conjoint Measurement

Aufgrund der beschriebenen Mängel bei der Verwendung direkter Befragungen werden heute häufig indirekte Methoden zur Erfassung von Zahlungsbereitschaften und zur anschließenden Bestimmung von Preisabsatzfunktionen eingesetzt. Hier hat die Conjoint-Analyse sowohl in der Wissenschaft als auch in der Marktforschungspraxis einen hohen Verbreitungsgrad und allgemeine Akzeptanz erreicht (Gustafsson et al. 2003). Der Preis ist bei diesem dekompositionellen Verfahren der Präferenzmessung nicht mehr der zentrale oder gar alleinige Untersuchungsgegenstand, sondern wird als eines von vielen Merkmalen des vorgelegten Produktes in die Bewertung integriert. Auf Basis der erhobenen Präferenzurteile lässt sich anschließend der Nutzenbeitrag einzelner Produktbestandteile – und damit auch des Preises – ermitteln.

Um darüber hinaus die maximale Zahlungsbereitschaft für ganze Produkte bestimmen zu können, sollten Varianten der traditionellen Conjoint-Analyse zum Einsatz kommen, die nicht alleine auf Präferenzen, sondern auf Auswahlabsichtsinformationen basieren. In diesem Zusammenhang kann zum einen auf die Choice-Based-Conjoint-Analyse (CBCA) zurückgegriffen werden (Louviere/Woodworth 1983), bei der Probanden systematisch variierte Choice-Sets zur Beurteilung vorgelegt werden, für deren durch Ausprägungen aller Merkmale gekennzeichneten Produkte anzugeben ist, ob und ggf. welches gekauft würde. Aus den Schätzergebnissen für den Teilnutzen der Ausprägungen lässt sich dann ermitteln, wo die maximale Zahlungsbereitschaft der Kunden liegt. Im Gegensatz dazu wird bei der Limit Conjoint-Analyse (LCA) die Interpretation von Auswahlabsichtsinformationen durch das Setzen einer sog. Limit-Card möglich (Voeth/Hahn 1998). Nachdem der Proband zunächst hypothetische Produkte entsprechend seinen Präferenzen in eine Reihenfolge gebracht bzw. diese anhand einer Ratingskala beurteilt hat, gibt er anschließend seine individuelle Kaufgrenze an, die in der LCA als Nutzen-Nullpunkt interpretiert wird. Maximale Zahlungsbereitschaften lassen sich dann aus den Ergebnissen ableiten, indem vorausgesetzt wird, dass Produkte mindestens einen Gesamtnutzen von Null (Kaufgrenze) erreichen müssen.

Sofern darüber hinaus die Anzahl der zur Beschreibung der Produkte notwendigen Merkmale (neben dem Preis) sehr groß ist, sollte anstatt der CBCA oder der LCA die Hierarchisch Individualisierte Limit Conjoint-Analyse (HILCA) eingesetzt werden (Voeth 2000). Bei diesem Verfahren, das auf dem Grundgedanken der LCA aufbaut, können Probanden zunächst aus einer beliebig großen Zahl an Produktmerkmalen die für sie individuell bedeutsamen Merkmale auswählen. Damit trägt das Verfahren der Tatsache Rechnung, dass häufig zwar kundenübergreifend viele verschiedene Merkmale relevant sind, zugleich aber für den Einzelnen nur vergleichsweise wenige, jedoch probanden-übergreifend verschiedene Merkmale von Bedeutung sind. Für diese individuell bedeutsamen Merkmale werden dann über eine Rating-Bewertung der Ausprägungen erste Einschätzungen der Merkmalsgewichte ermittelt. Während für die – gemessen an den Spannen der Ausprägungsbeurteilungen der Merkmale – fünf individuell wichtigsten Merkmale anschließend eine online-basierte LCA durchgeführt wird, gehen die Rating-Vorbeurteilungen der übrigen Merkmale direkt in die Nutzenergebnisse ein, indem diese Angaben auf dem Skalenniveau der Conjoint-Teilnutzenwerte ausgedrückt werden.

2.4 Zusammenfassende Anwendungsempfehlungen für die Methodenauswahl

Bei der empirischen Überprüfung der Validität und Beurteilung der Praktikabilität von Methoden zur Messung von Zahlungsbereitschaften in verschiedenen Situationen ergibt sich letztendlich immer das Problem, dass die tatsächliche Zahlungsbereitschaft eine Unbekannte darstellt und somit nicht als Qualitätsmaßstab dienen kann (Skiera/Revenstorff 1999). Aus diesem Grund lassen sich lediglich erfahrungsbasierte Empfehlungen für verschiedene Anwendungssituationen geben. Tabelle 1dient somit eher als praxisorientierte Orientierungshilfe bei der Auswahl der optimalen Messmethode in Abhängigkeit von in der Literatur häufig genannten situativen Einflussvariablen oder Bedingungen (Backhaus et al. 2005; Sichtmann/Stingel 2007).

Es bleibt damit zu betonen, dass es nicht *die* Methode zur Messung von Zahlungsbereitschaften gibt, sondern dass immer kontextabhängig nach Abwägung der spezifischen Vor- und Nachteile die vorteilhafteste Möglichkeit zu bestimmen ist. Hier spielen neben den in der Tabelle aufgeführten Kriterien natürlich auch andere Aspekte wie Praktikabilität, Know-how oder Budget- und Zeitrestriktionen eine wichtige Rolle.

<table>
<tr><th colspan="2" rowspan="2">Methode</th><th colspan="4">Empfehlung bei folgenden Eigenschaften</th><th></th></tr>
<tr><th>Neuprodukt</th><th>High-Involvement-Produkt</th><th>Low-Involvement Produkt</th><th>Keine Verfügbarkeits-beschränkung</th><th>typische Einsatz-szenarien</th></tr>
<tr><td colspan="2">Marktdaten</td><td>-</td><td>o</td><td>o</td><td>o</td><td>Produktvariation/ -verbesserung</td></tr>
<tr><td rowspan="3">Conjoint-Analyse</td><td>HILCA</td><td>+</td><td>+</td><td>o</td><td>o</td><td rowspan="3">Neuprodukt-einführung</td></tr>
<tr><td>LCA</td><td>+</td><td>+ / o</td><td>o</td><td>o</td></tr>
<tr><td>CBCA</td><td>+</td><td>o</td><td>+</td><td>o</td></tr>
<tr><td colspan="2">Auktionen</td><td>o</td><td>o</td><td>+</td><td>-</td><td>Knappheitsgüter</td></tr>
<tr><td colspan="7">+ Anwendung empfohlen   o Anwendung möglich   - Anwendung nicht zu empfehlen</td></tr>
</table>

Tabelle 1: Fallspezifische Empfehlungen für die Methodenauswahl

3. Empirische Bestimmung am Beispiel von Tickets für die FIFA WM 2006™

Im Folgenden soll die Ermittlung von maximalen Zahlungsbereitschaften an einem konkreten Beispiel vorgeführt werden. Exemplarisch wird dabei der Einsatz der LCA beschrieben, da sich dieses Verfahren aufgrund seiner Robustheit in vielen praktischen Fällen zur Ermittlung eignet. Als Praxisanwendung dient dabei die FIFA Fussball-WM 2006™ in Deutschland, für deren Tickets im Vorfeld die maximalen Zahlungsbereitschaften in der deutschen Bevölkerung mit Hilfe der LCA ermittelt wurden, um darauf aufbauend Hilfestellung für das Ticket-Pricing zu geben (Voeth/Schumacher 2003).

3.1 Problemstellung und Erhebungsinstrument

Eine der größten Herausforderungen in der Vorbereitung großer Sportereignisse wie beispielsweise der FIFA WM 2006™ ist die Festlegung von Ticket-Preisen für die einzelnen Spiele oder Veranstaltungen. Ob Preise zu hoch, angemessen oder zu niedrig sind, hängt hierbei letztlich von der Zahlungsbereitschaft der adressierten Zielgruppen ab. Ticket-Preise, die weit oberhalb vorhandener Zahlungsbereitschaften der ins Auge gefassten Zielgruppen liegen, gefährden so die Akzeptanz des Sportgroßereignisses national wie international. Auf der anderen Seite sind auch Ticket-Preise, die weit unterhalb der Zahlungsbereitschaft der ins Auge gefassten Zielgruppen liegen, zu vermeiden, da dies dazu führt, dass der Bereich Ticketing einen zu geringen Beitrag zur Finanzierung des Fußball-Großereignisses leistet und zudem die Funktion des Ticket-Preises als Nachfragesteuerungsinstrument ausgeschaltet wird. Da somit einerseits Informationen über die Zahlungsbereitschaft für Tickets eine zentrale Bedeutung für die Ausgestaltung der Preise zukommt und andererseits für solche sportlichen Großereignisse in der Regel keine aktuellen Daten im Vorfeld verfügbar sind, müssen verlässliche Informationen über Zahlungsbereitschaften der Bevölkerung generiert werden (Voeth/Schumacher 2003). Aufgrund der Tatsache, dass zum Zeitpunkt der Durchführung der Studie allerdings noch keine Tickets für die WM 2006 verfügbar waren und daher Feldexperimente sowie Auktionen nicht ohne weiteres möglich waren, die vorliegenden Vergangenheitsdaten (WM 2002, WM 1998) keine ausreichenden Preis-Mengen-Variationen zuließen bzw. nicht direkt mit der Ausgangssituation bei der WM 2006 vergleichbar waren, wurde im vorliegenden Fall auf die Methode des Conjoint-Measurement zurückgegriffen. Als Messinstrument wurde die LCA gewählt, die durch eine Integration von Auswahlentscheidungen in die Erhebung Schätzungen von maximalen Zahlungsbereitschaften ermöglicht (Voeth/Hahn 1998). Auf die Durchführung einer HILCA wurde verzichtet, da keine große Merkmalszahl zu erwarten war.

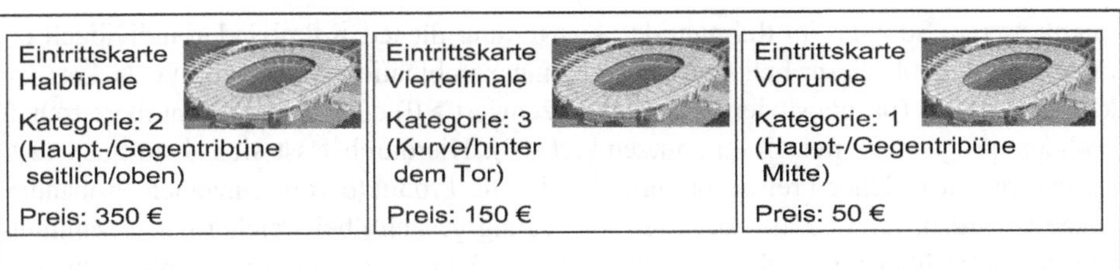

Abbildung 4: Beispielhafte Ticketangebote

Die grundlegende Vorgehensweise der LCA gliedert sich wie folgt:

1. Probanden bekommen fiktive, systematisch variierte Angebote (sog. Stimuli) vorgelegt, die durch Kombinationen von Ausprägungen der als relevant erachteten Merkmale gekennzeichnet sind.
2. Diese Stimuli sollen die Probanden gemäß ihren Präferenzen in eine Rangfolge bringen oder auf einer vorgegebenen Ratingskala beurteilen.
3. Zusätzlich soll jeder Proband durch das Setzen eines Limits angeben, bis zu welchem Rang bzw. bis zu welchem Angebot er diese zu kaufen bereit ist.

Als relevante Merkmale für die Beurteilung einer Eintrittskarte wurden neben der Spielrunde (z. B. Vorrunde oder Achtelfinale) der Preis und die Sitzplatz-Kategorie identifiziert. Die Attraktivität des Spiels (z. B. Beteiligung der deutschen Fußball-Nationalmannschaft) wurde bewusst nicht berücksichtigt, da die spiel-unabhängige Zahlungsbereitschaft ermittelt werden sollte. Abbildung 4 zeigt beispielhaft drei Stimulikarten, die den Probanden im Rahmen der Studie vorgelegt wurden.

Dabei wurden mehr als 2100 persönliche Interviews repräsentativ im Hinblick auf Alter und Geschlecht in der deutschen Bevölkerung der über 14-Jährigen durchgeführt.

3.2 Exemplarische Vorgehensweise bei der Auswertung von Präferenzdaten

Während sich die individuellen Zahlungsbereitschaften bei der direkten Preisabfrage oder den unter 2.2 beschriebenen Methoden auf Basis von Kaufgeboten unmittelbar aus den Antworten bzw. Geboten der Befragten ergeben, sind diese bei der Conjoint-Analyse aus den geschätzten Teilnutzenwerten zu berechnen (Voeth/Schumacher 2003). Da bei der LCA die Probanden fiktive Produktalternativen nicht alleine im Hinblick auf ihre Vorziehenswürdigkeit beurteilen, sondern zudem auch angeben, welche der vorgelegten Produktalternativen ihnen kaufenswert und welche ihnen nicht kaufenswert erscheinen, lässt sich die Grenze zwischen kaufenswerten und nicht kaufenswerten Alternativen anschließend innerhalb der Nutzenschätzung als Nutzen-Nullpunkt interpretieren. So kann im Rahmen der Auswertung für jeden Probanden individuell ermittelt werden, ob dieser beliebige Ausprägungskombinationen (hier fiktive Tickets) zu kaufen bereit ist (prognostizierter Gesamtnutzenwert > 0) oder ob keine Kaufbereitschaft vorliegt (prognostizierter Gesamtnutzenwert < 0). Hierdurch lässt sich dann auch feststellen, bis zu welcher Preisausprägung bestimmte Produkte vom einzelnen Probanden gekauft würden. Es wird also die Preisausprägung gesucht, bei welcher der Gesamtnutzen des betrachteten Produktes genau Null und damit der Kaufgrenze entspricht. Die konkrete Bestimmung der maximalen Zahlungsbereitschaft von Proband 3 für die Spielrunde „Halbfinale" und die Sitzplatzkategorie 1 („Haupt- oder Gegentribüne, Mitte") ist in Abbildung 5 anhand eines Beispiels illustriert.

- Die maximale Zahlungsbereitschaft ist der Preis, bei dem der Gesamtnutzen eines WM-Tickets 0 wird. Deshalb muss in diesem Beispiel gelten:

  0 = Gesamtnutzen = Gesamtnutzen ohne Preis + Teilnutzenwert n_p des Merkmals „Preis"

  ↔ 0 = Basisnutzen + Teilnutzenwert der Ausprägung „Kategorie 1" + Teilnutzenwert der Ausprägung „Viertelfinale" + n_p

- Der Basisnutzen sowie die Teilnutzenwerte für Proband 3 sind aus dem Conjoint-Output ersichtlich, der mit Hilfe der eingesetzten Software SPSS generiert wurde.

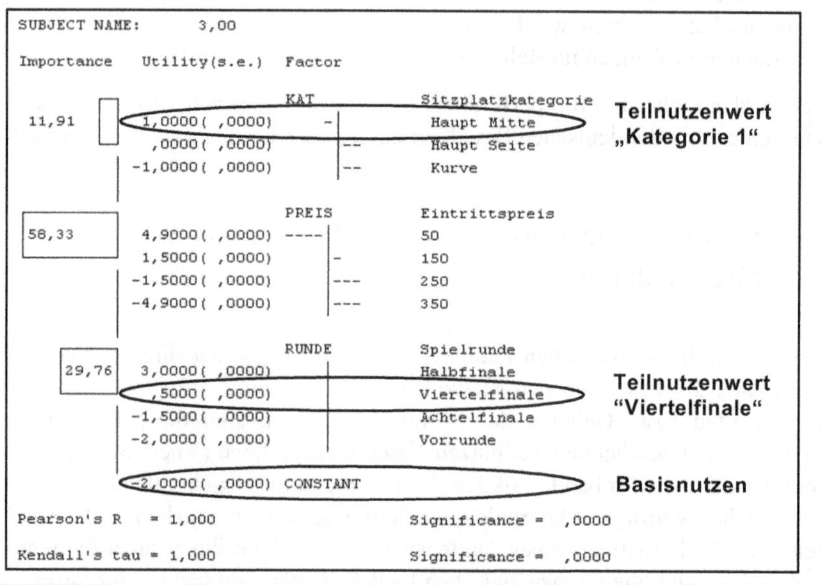

Abbildung 5: Exemplarische Berechnung von Zahlungsbereitschaften (Teil 1)

- Zur Bestimmung der maximalen Zahlungsbereitschaft wird also die Preisausprägung gesucht, bei der ein Teilnutzenwert von 0,5 auftritt. Da dieser bei keiner punktuell abgefragten Preisausprägung genau erzielt wird, ist zuvor zumeist ein funktioneller Zusammenhang zwischen Preisen und Preis-Nutzen zu ermitteln (Backhaus et al. 2006). Wird wie in diesem Beispiel ein linearer Zusammenhang unterstellt, so kann dieser mit Hilfe der Regressionsanalyse geschätzt werden:

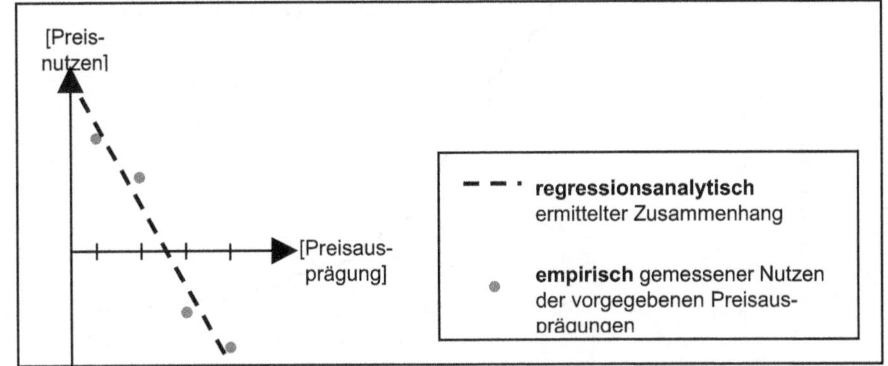

Man erhält als Funktion der linearen Regressionsgerade: $n_p = 6{,}48 - 0{,}0324 \cdot p$

- So lässt sich ermitteln, dass bei einer Ausprägung der Variable „Preis" von 184,57 ein Nutzen von 0,5 anfällt und der Proband 3 somit maximal 184,57 € für ein Ticket der „Kategorie 1" in der Spielrunde „Viertelfinale" zu zahlen bereit wäre.

Abbildung 5: Exemplarische Berechnung von Zahlungsbereitschaften (Teil 2)

3.3 Ergebnisse der Studie – Preisabsatzfunktionen

Werden die auf die oben beschriebene Weise empirisch ermittelten maximalen Zahlungsbereitschaften der befragten Probanden der Größe nach sortiert, so lassen sich hierdurch Preisabsatzfunktionen darstellen. In Abbildung 6 sind auf der Ordinate nicht die absoluten Zahlen, sondern der Anteil der Probanden mit entsprechend hoher Zahlungsbereitschaft für die verschiedenen Sitzplatz-Kategorien und der Spielrunde „Viertelfinale" dargestellt.

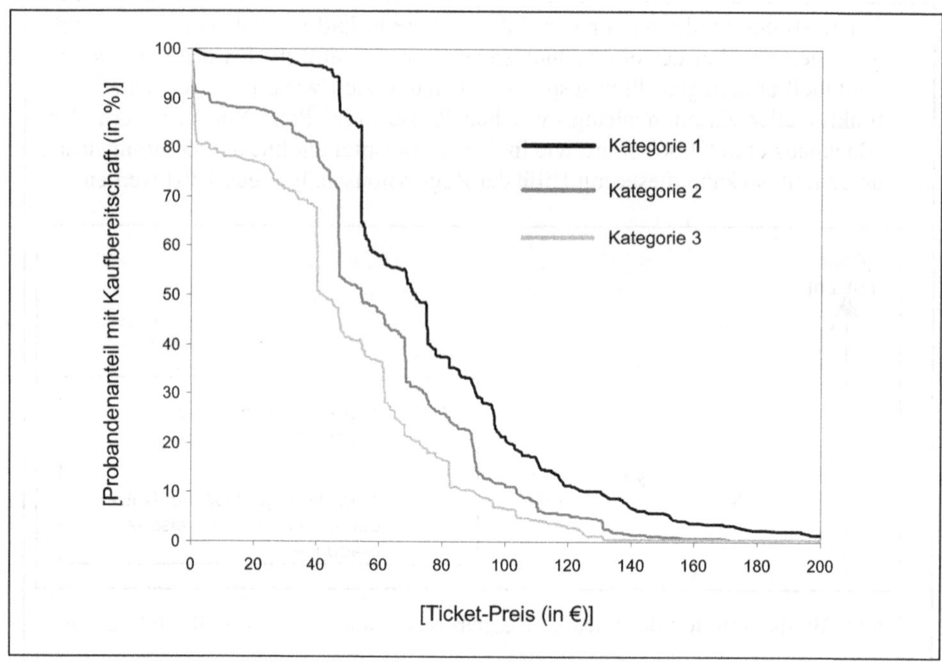

Abbildung 6: Empirische Preisabsatzfunktionen (Viertelfinale)
(Quelle: Voeth/Schumacher (2003))

Die Funktionsverläufe in Abbildung 6 legen nahe, dass zwischen den Ticket-Preisen und dem Anteil der Probanden, die die Tickets zu kaufen bereit sind, ganz offenbar kein einfacher linearer Zusammenhang besteht. So weisen alle Funktionen ab einer gewissen Schwelle eher einen logistischen Zusammenhang auf. Tatsächlich führt eine Regressionsanalyse, die ein logistisches Modell anstatt eines einfach-linearen Modells unterstellt, bei allen Kategorien zu einer besseren Anpassung. Hintergrund für die häufig anzutreffende Überlegenheit der logistischen gegenüber der linearen Funktion ist darin zu sehen, dass erstere eine Normalverteilung der Zahlungsbereitschaften und letztere eine Gleichverteilung der Zahlungsbereitschaften unterstellt. Da aber bei vielen Produkten eher davon auszugehen ist, dass der überwiegende Anteil der Nachfrager eine mittlere Zahlungsbereitschaft und weniger eine hohe oder niedrige Zahlungsbereitschaft aufweist, liefern logistische Funktionen im Vergleich zu linearen Funktionen zumeist genauere Annäherungen an die empirisch erhobenen Daten.

In Abbildung 7 ist schließlich die geschätzte Preisfunktion für Viertelfinaltickets in der zweitbesten Kategorie grafisch dargestellt:

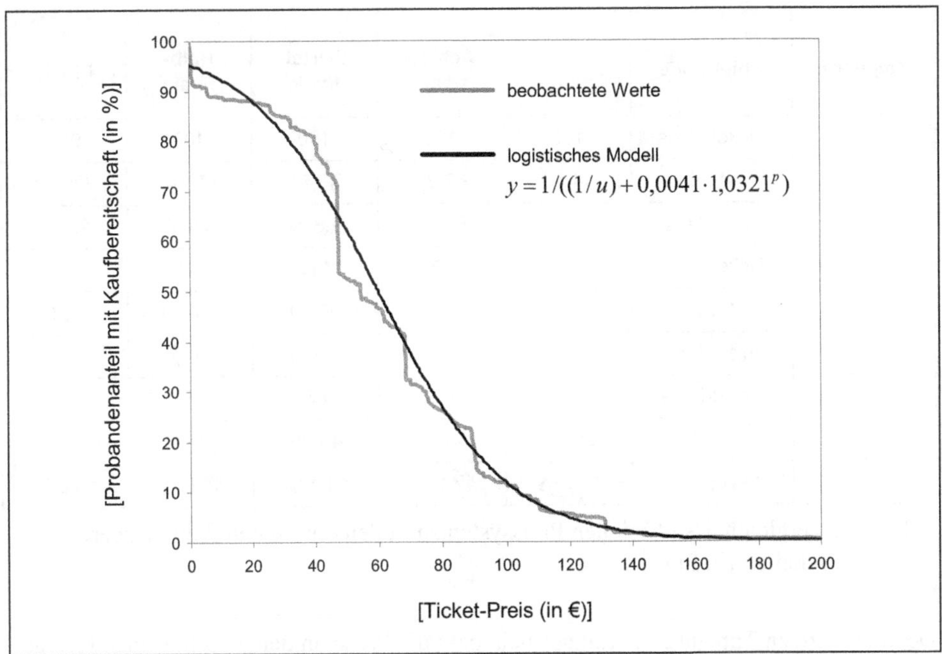

Abbildung 7: Grafische Darstellung der resultierenden Preisabsatzfunktion (Viertelfinale, Kategorie 2)

Ein Vergleich der erhobenen durchschnittlichen Zahlungsbereitschaften (ZB) der Gesamtbevölkerung mit dem durch die FIFA und das Organisationskomitee der FIFA WM 2006™ im Herbst 2003 festgelegten Preissystems (Tabelle 2) zeigt, dass die offiziellen Ticket-Preise in den zentralen Sitzplatzkategorien 1 bis 3 die durchschnittlichen Zahlungsbereitschaften in der Bevölkerung z. T. erheblich übersteigen. Obwohl die sich daraus ergebende niedrige Akzeptanz der Preise in der Gesamtbevölkerung vermutlich dennoch ausgereicht hätte, die vorhandenen Kapazitäten auszulasten, wurde durch die Bereitstellung eines begrenzten Kontingents niedrigpreisiger Tickets innerhalb der günstigsten Kartenkategorie 3 dem Wunsch Rechnung getragen, die FIFA WM 2006™ nicht als Exklusiv-Event zu positionieren. Mit der Einführung dieser sog. Kartenkategorie 4 konnte der Veranstalter bzw. Ausrichter eine erhebliche Steigerung der allgemeinen Akzeptanz des Preissystems erreichen (Voeth 2004).

Kategorie	Spielrunde	Vor-runde	Achtel-finale	Viertel-finale	Halb-finale	Finale
1	Ticket-Preis	100	120	180	400	600
	Ø ZB	44,53	62,26	79,71	170,90	230,01
	Akzeptanz	4,2 %	5,0 %	2,3 %	3,9 %	2,2 %
2	Ticket-Preis	60	75	110	240	360
	Ø ZB	32,70	45,18	59,69	120,34	162,94
	Akzeptanz	10,1 %	11,4 %	8,3 %	5,4 %	3,8 %
3	Ticket-Preis	45	60	85	150	220
	Ø ZB	25,17	33,90	46,85	88,85	121,96
	Akzeptanz	15,3 %	17,5 %	11,1 %	15,9 %	13,0 %

Tabelle 2: Vergleich des offiziellen Preissystems mit den ermittelten Zahlungsbereischaften (in Euro)

Deutlich wird an Tabelle 2 allerdings auch, dass die Preise in den verschiedenen Kategorien nicht in gleicher Weise die Zahlungsbereitschaftsstruktur der deutschen Bevölkerung abbilden. So ist es zwar einerseits angemessen, dass die Akzeptanz-Werte (Anteil der Bevölkerung, dessen maximale ZB größer als die geforderten Ticketpreise ist) von Kategorie 1 bis Kategorie 3 stetig zunehmen; zugleich zeigt sich aber auch, dass nur bei den Kategorien 1 und 3, nicht aber bei Kategorie 2, eine in etwa gleiche Akzeptanz über die verschiedenen Spielrunden zu beobachten ist. Da bei Kategorie 2 die Akzeptanz von Spielrunde zu Spielrunde immer stärker abnimmt, scheinen hier die Preise in späteren Spielrunden zu stark angewachsen zu sein. Demnach wurde die Zahlungsbereitschaftsstruktur bei der Festlegung der Ticket-Preise insgesamt nicht vollständig getroffen.

4. Schlussbemerkung und Ausblick

Die zentrale Aufgabe des Preismanagements ist es, den durch Produkt-, Distributions- und Kommunikationspolitik für den Kunden geschaffenen Wert in Form von Erlösen abzuschöpfen. Dabei ist die Kenntnis von Preisabsatzfunktionen, welche den funktionalen Zusammenhang zwischen Absatz und Verkaufspreis beschreiben, für eine optimale

Preisentscheidung von elementarer Bedeutung. Jedoch sind die für deren Bestimmung benötigten maximalen Zahlungsbereitschaften potenzieller Nachfrager in der Regel nicht direkt verfügbar. Aus diesem Grund werden in der modernen Marktforschung verschiedene Messmethoden eingesetzt, die jeweils unterschiedliche Stärken und Schwächen bei der Erfassung der im Markt vorhandenen Zahlungsbereitschaften aufweisen. Vor diesem Hintergrund ist es für Unternehmen unverzichtbar, die spezifischen Anwendungsvoraussetzungen umfassend zu prüfen und je nach Kontext ein geeignetes Untersuchungsdesign zu implementieren. Eine Orientierungshilfe kann hierbei zunehmend von empirischen Forschungsarbeiten erwartet werden, die sich mit der Vorteilhaftigkeit einzelner Messansätze in unterschiedlichen praxisorientierten Szenarien beschäftigen, um daraus über die Identifizierung möglicher Einflussfaktoren generalisierbare Handlungsempfehlungen ableiten zu können.

Literaturverzeichnis

Backhaus, K./Erichson, B./Plinke, W./Weiber, R. (2006): Multivariate Analysemethoden. Eine anwendungsorientierte Einführung, Berlin.

Backhaus, K./Voeth M./Sichtmann, C./Wilken, R. (2005): Conjoint-Analyse versus direkte Preisabfrage zur Erhebung von Zahlungsbereitschaften. Eine modifizierte Replikationsstudie, in: Die Betriebswirtschaft, 65. Jg., Nr. 5, S. 439-457.

Balderjahn, I. (2003): Erfassung der Preisbereitschaft, in: Diller, H./Hermann, A. (Hrsg.), Handbuch Preispolitik. Strategien – Planung – Organisation - Umsetzung, Wiesbaden, S. 387-404.

Bauer, H./Grether, M./Neumann, M. (2005): Das Bietpreismodell zur Ermittlung von Preis-Absatz-Funktionen, in: Jahrbuch der Absatz und Verbrauchsforschung, 51. Jg., Nr. 3, S. 287-305.

Becker, G.M./DeGroot, M.H./Marschak, J. (1964): Measuring Utitlity by a Single-Response Sequential Method, in: Behavioral Science, 9. Jg., Nr. 3, S. 226-232.

Diller, H. (2000): Preispolitik, Stuttgart.

Ding, M./Eliashberg, J./Huber, J./Saini, R. (2005): Emotional Bidders. An Analytical and Experimental Examination of Consumers' Behavior in Pricline-like Reverse Auctions, in: Management Science, 51. Jg., Nr. 3, S. 352-364.

Gustafsson, A./Herrmann, A./Huber, F. (2003): Conjoint-Analysis as an Instrument of Market Research Practice, in: Gustafsson, A./Herrmann, A./Huber, F. (Hrsg.), Conjoint Measurements. Methods and Applications, Berlin, S. 5-46.

Hammann, P./Erichson, B. (2006): Marktforschung, Stuttgart.

Hoffmann, E./Menkhaus, D.J./Chakravarti, D./Field, R.A./Whipple, G.D. (1993): A Case Study of New Packaging for Fresh Beef, in: Marketing Science, 12. Jg., Nr. 3, S. 318-338.

Homburg, Ch./Krohmer, H. (2003): Marketingmanagement. Strategien, Intrumente, Umsetzung, Wiesbaden.

Kaas, K.P./Ruprecht, H. (2006): Are the Vickery Auction and the BDM Mechanism Really Incentive Compatible? Empirical results and optimal bidding strategies in cases of uncertain willingness-to-pay, in: Schmalenbachs Business Review, 58 Jg., Nr. 1, S. 37-55.

Kagel, J.H. (1995): Auctions: A Survey of Experimental Research, in: Kagel, J.H./Roth, A.E. (Hrsg.), The Handbook of Experimental Economics, S. 501-585.

Louviere, J.J./Woodworth, G (1983): Design and Analysis of Simulated Consumer Choice or Allocation Experiments: An Approach Based on Aggregate Data, in: Journal of Marketing Research, 20. Jg., Nr. 1, S. 305-367.

McAfee, R.P./McMillan, J. (1987): Auctions and Bidding, in: Journal of Economic Literature, 25. Jg., Nr. 2, S. 699-738.

Reichwald, R./Hermann, M./Bieberbach, F. (2000): Auktionen im Internet, in: Das Wirtschaftsstudium, 29. Jg., Nr. 4, S. 542-552.

Sattler, H./Nitschke, T. (2003): Ein empirischer Vergleich von Instrumenten zur Erhebung von Zahlungsbereitschaften, in: Zeitschrift für betriebswirtschaftliche Forschung, 55. Jg., Nr. 6, S. 364-381.

Schäfers, B. (2004): Preisgebote im Internet. Neue Ansätze zur Messung individueller Zahlungsbereitschaften, Wiesbaden.

Sichtmann, C./Stingel, S. (2007): Limit Conjoint Analysis and Vickrey Auction as Methods to Measure Consumers' Willingness-to-Pay – An Empirical Comparison, in: European Journal of Marketing, 41. Jg.

Simon, H. (1992): Preismanagement. Analyse, Strategie, Umsetzung, Wiesbaden.

Skiera, B./Revenstorff, I. (1999): Auktionen als Instrument zur Erhebung von Zahlungsbereitschaften, in: Zeitschrift für betriebswirtschaftliche Forschung, 51. Jg., Nr. 3, S. 224-242.

Spann, M./Skiera, B./Schäfers, B. (2005): Reverse-Pricing-Verfahren und deren Möglichkeit zur Messung von individuellen Suchkosten und Zahlungsbereitschaften, in: Zeitschrift für betriebswirtschaftliche Forschung, 57. Jg., Nr. 3, S. 107-128.

Vickrey, W. (1961): Counterspeculation, Auctions and Competitive Sealed Tenders, in: Journal of Finance, 16. Jg., Nr. 1, S. 8-37.

Voeth, M. (2000): Nutzenmessung in der Kaufverhaltensforschung – Die Hierarchische Individualisierte Limit Conjoint-Analyse (HILCA), Wiesbaden.

Voeth, M. (2004): Ticket-Pricing bei der WM 2006 – Eine Akzeptanzanalyse, in: Wegweiser GmbH (Hrsg.), Investitionen und Innovationen. Deutschland 2006, Berlin, S. 98-100.

Voeth, M./Hahn, C. (1998): Limit Conjoint-Analyse, in: Marketing – Zeitschrift für Forschung und Praxis, 20. Jg., Nr. 2, S. 119-132.

Voeth, M./Schumacher, A. (2003): Ticket Pricing für die WM 2006. Empfehlungen auf Basis von Informationen zur Zahlungsbereitschaft der deutschen Bevölkerung, Stuttgart.

Wertenbroch, K./Skiera, B. (2002): Measuring Consumers' Willingness to Pay at the Point of Purchase, in: Journal of Marketing Research. 39. Jg., Nr. 5, S. 228-241.

Wirtz, B.W. (2001): Electronic Business, Wiesbaden.

Günter Silberer und Oliver B. Büttner

Marktforschung am Point of Sale

Prof. Dr. Günter Silberer ist Direktor des Instituts für Marketing und Handel der Georg-August-Universität Göttingen. Dipl.-Psych. Oliver B. Büttner ist wissenschaftlicher Mitarbeiter am Institut für Marketing und Handel der Georg-August-Universität Göttingen.

1. Einleitung

Wo immer sich Hinweise auf den Ort von Kaufentscheidungen finden, deuten diese auf die zentrale Bedeutung des Point of Sale (POS) hin. Zahlreiche Kaufentscheidungen fallen erst dort; wenn auch nicht die generelle Entscheidung etwas zu kaufen, so doch die Wahl der Marke und die Bestimmung der Artikelanzahl (z. B. Cobb/Hoyer 1986). Deshalb muss es viele Anbieter interessieren, was am POS passiert – wie sich die Besucher verhalten und was dieses Verhalten beeinflusst. Es liegt somit nahe, sich mit den Möglichkeiten einer Marktforschung am POS zu befassen. Damit ist nicht nur die Erforschung des Käuferverhaltens gemeint, sondern auch die Analyse des Angebotes und des Anbieterverhaltens.

Verstehen wir unter einem Point of Sale bzw. Verkaufspunkt einen Ort, an dem Anbieter ihre Leistungen präsentieren, an dem sich Interessierte einfinden und an dem Käufe unmittelbar getätigt werden können, dann lassen sich drei Gruppen unterscheiden: (1) Verkaufspunkte im Domizil des Anbieters, (2) Verkaufspunkte im Domizil der Nachfrager und (3) Verkaufspunkte an anderer Stelle. Zu den Verkaufspunkten im Domizil der Anbieter zählen vor allem eigene Geschäfte (Niederlassungen, Filialen), Fabrikverkauf und Hausmessen. Zu den Verkaufspunkten im Domizil der Nachfrager lassen sich der Einsatz von Reisenden und Vertretern (stationäre Agenturen ausgenommen) zählen, aber auch Mailings und der ambulante Handel. Beim Verkauf über mediale Kanäle, wie z. B. beim TV-, Internet- und „Handyverkauf" – mit anderen Worten: beim TV-Commerce, E-Commerce und M-Commerce – sowie beim Katalogversand, kann das Angebot den Adressaten in seinem Hause erreichen, aber auch außerhalb. Außerdem können bei solchen Vertriebskanälen der Präsentationsort oder das Präsentationsmedium und das Bestellmedium durchaus auseinanderfallen. Zu den Verkaufspunkten an anderen Plätzen sind vor allem Messen und (Verkaufs-)Ausstellungen, die Wochenmärkte und elektronische Marktplätze zu zählen. Vor diesem Hintergrund wird deutlich, dass eine Marktforschung am POS grundsätzlich an sehr vielen Verkaufspunkten stattfinden kann. Dies gilt auch bezogen auf einen einzelnen Anbieter, wenn sich dieser für einen Multi-Channel-Vertrieb oder für ein Standortsplitting, so z. B. für den Verkauf über viele einzelne Filialen oder Niederlassungen, entschieden hat.

Die Möglichkeiten der POS-Forschung waren schon immer Gegenstand der Marktforschung (z. B. Berekoven et al. 2004), der Handelsforschung (z. B. Müller-Hagedorn 2005) und der Käuferforschung (Kroeber-Riel/Weinberg 2003). Dennoch findet sich unseres Wissens bislang kein Versuch, dieses Thema in seiner Breite und Tiefe zu skizzieren. Mit den folgenden Ausführungen wollen wir hierzu einen Beitrag leisten. Wir werden uns auf Verkaufspunkte im stationären Handel beschränken. Dies ist in der Bedeutung des stationären Handels begründet; hierzu liegen auch die meisten Forschungsergebnisse vor.

2. Marktforschung an Verkaufspunkten im Überblick

Bei stark frequentierten Verkaufspunkten mit konkurrierenden Anbietern liegt es nahe, nicht nur das Besucher- und Käuferverhalten zu untersuchen, sondern auch die konkurrierenden Angebote und Anbieter. Bei den Angeboten interessieren i. d. R. die Struktur, die Breite und die Tiefe des *Sortiments*, das *Preisniveau* und auch einzelne, strategisch bedeutsame Preise sowie die *Serviceangebote*. Unter Umständen können auch *bauliche Gegebenheiten* und *Standortqualitäten*, z. B. das Umfeld, von Interesse sein, zumal auch diese Faktoren den Kundenzufluss, das Kauferleben und das Kaufverhalten beeinflussen. Auf der Verhaltensebene verdient neben dem Besucher- und Käuferverhalten auch das Anbieterverhalten, wie etwa Verkaufsförderungsaktionen, Unterhaltungs- und Informationsangebote, Interesse. Bedeutsam ist auch der Umstand, dass sich eine Untersuchung am POS nicht nur für das Angebot und das Verhalten der Akteure vor Ort interessieren kann, sondern auch für das Verhalten der Besucher vor der Nutzung des POS. So lassen sich Besucher und Käufer unter anderem nach ihren Kaufplänen und nach ihrem Informationsverhalten vor dem Besuch befragen, auch nach dem bereits erfolgten Besuch konkurrierender Verkaufspunkte.

Eine wichtige Aufgabe der POS-Forschung ist die Förderung des Anbieter- und des Nachfrager*interesses*. Dazu zählen auf der Anbieterseite die Verkaufserfolge, der Umsatz, die Kosten und das eingesetzte Kapital, insbesondere die Deckungs- und Gewinnbeiträge sowie die Umsatz- und Kapitalrentabilitäten. Auch warenwirtschaftliche Sachverhalte wie z. B. Umschlagshäufigkeit und Flächenproduktivität sind in diesem Zusammenhang zu nennen. Mit diesen Aufgaben beschäftigt sich insbesondere die Handelsbetriebslehre, aber auch das Marketing- und Vertriebs-Controlling. Auch klassische Betriebsvergleiche in der Handelsforschung sind mit diesen Fragen befasst. Mit den Interessen der Käufer – etwa dem Wunsch, gute Ware preisgünstig, bequem und in angenehmer Atmosphäre einkaufen zu können – beschäftigt sich vor allem die Konsumentenforschung, aber auch die Handelsforschung.

Grundlegend ist die Unterscheidung zwischen *Primärforschung* und *Sekundärforschung*. Liegen bereits Daten vor, beispielsweise die Aufzeichnungen der Scannerkassen bzw. der angeschlossenen DV-Systeme, so liegt es nahe, diese Daten u. a. mit der Absicht auszuwerten, den Kaufverbund anhand der aufgezeichneten Warenkörbe zu erforschen. Ähnliches gilt für Daten, die bei Kundenkarten und gekoppelten Bonussystemen, aber auch bei der registrierten Zahlungsmittelwahl (Bargeld, Geldkarte, Kreditkarte oder Kauf auf Kredit) anfallen und gespeichert werden. Um Primäranalysen handelt es sich dagegen, wenn Ladenbesucher befragt und/oder beobachtet werden, um deren Besuchs- und Kaufmotive sowie deren Verhalten am POS in Erfahrung zu bringen. POS-Forschung ist in Bezug auf derartige Datenquellen und Datenbanken jedenfalls nicht nur

Datenerhebung, sondern auch Datenauswertung. Und die Nutzung vorhandener Daten impliziert oft auch deren Verknüpfung und somit die so genannte Datenfusion. Wie bei allen Erhebungen und Auswertungen sind vor allem bei der Datenfusion die Regelungen des Datenschutzes zu beachten.

Angesichts der zahlreichen Möglichkeiten und Aspekte einer Marktforschung am POS sei hier die Analyse des Besucher- und Käuferverhaltens in einem Ladengeschäft von besonderem Interesse; zum einen die Analyse des offenen, beobachtbaren Verhaltens, zum anderen die Analyse des verdeckten, nicht beobachtbaren Verhaltens.

3. Möglichkeiten einer Analyse offenen Verhaltens im stationären Handel

3.1 Allgemeines zum Verhalten im Laden

Die Erfassung des offenen Besucher- bzw. Kundenverhaltens in einem Laden hängt zunächst einmal davon ab, welches Verhalten bestimmt werden soll. So macht es einen Unterschied, ob (1) nur das Laufverhalten oder auch Zuwendungsreaktionen, wie Anschauen, Anfassen, Zurücklegen und Mitnehmen, zu erfassen sind; ob (2) nur das Suchverhalten untersucht werden soll, also das Verhalten von Besuchern, die bestimmte Produkte kaufen wollen, oder auch das Verhalten jener Besucher, die den Laden ohne Kaufabsicht betreten (Bloch/Richins 1983; Iyer 1989; Kahn/Schmittlein 1992; Babin/Darden 1995); ob (3) das Verhalten während des gesamten Ladenbesuches interessiert oder nur ein Teil dieses Geschehens, so z. B. das Verhalten in einer bestimmten Abteilung oder gar an einem ausgewählten Regal; ob (4) nur das kaufrelevante Verhalten von Interesse ist oder auch die Rückgabe von Leergut, das Umtauschen von Waren oder das Einlösen von Bonuspunkten. Insgesamt kann das Verhalten einzelner Besucher erfasst werden oder auch das ggf. divergierende Verhalten bei Gruppen, z. B. Paaren, Eltern mit Kindern oder Gruppen von Gleichaltrigen. Zudem kann Verhalten nicht nur in Bezug auf einen einzelnen Ladenbesuch interessieren, sondern auch bezogen auf eine Reihe mehrerer, wiederholter Geschäftsbesuche.

3.2 Klassische und neuere Erhebungsinstrumente

Der Blick auf das Methodenarsenal der Verhaltensforschung und auf bislang realisierte Verhaltensstudien am POS macht schnell deutlich: Es kommen mehrere Erhebungsinstrumente in Frage. Dabei lassen sich vier Gruppen unterscheiden: Beobachtungsmethoden, Filmaufnahmen, Registrierungstechniken und Befragungsmethoden (Granbois 1968, S. 28). Wenn wir diesbezügliche Erhebungsinstrumente darstellen, soll uns deren Eignung ebenso interessieren wie deren Realisierbarkeit (Bortz/Döring 2002; Silberer 2007). Die *Eignung bzw. Validität* eines Messinstruments ist dann gegeben, wenn das zu messende Verhalten tatsächlich erfasst wird. Wenn nicht alle Aspekte eines Verhaltens erfasst werden sollen, kann das betreffende Instrument nicht mit dem Argument kritisiert werden, dass es nur gewisse Aspekte des Kundenverhaltens am POS erfasst. Und in Sachen *Realisierbarkeit* ist nicht nur auf das technisch Machbare zu achten, sondern auch auf die *soziale Akzeptanz* bei allen Beteiligten – bei den Probanden und anderen Ladenbesuchern, den Mitarbeiter und dem Management. Ladenbesucher müssen einer Erhebung i. d. R. zustimmen. Außerdem muss damit gerechnet werden, dass potentielle Beobachter des Messvorganges durch unübliche Vorgänge verunsichert werden. Auch können die Mitarbeiter des Geschäfts Bedenken äußern, wenn Gespräche mit Besuchern beobachtet oder aufgezeichnet werden sollen. Ein weiteres Beurteilungskriterium – die *externe Validität* – ist ebenfalls zu beachten, denn eine Messung des Besucherverhaltens sollte Rückschlüsse auf andere Besucher und auch auf Alltagssituationen, in denen keine Erhebungen durchgeführt werden, zulassen und das widerspiegeln, was im Alltag ohne Messversuche abläuft. Dazu bedarf es einer sachgerechten Auswahl von Probanden bzw. einer Lösung des Selektivitätsproblems und einer Vorgehensweise, welche die Verhaltenssituation der Probanden nicht verzerrt bzw. Reaktivitätseffekte erzeugt. Wells und Lo Sciuto (1966, S. 228 f.) fordern, dass eine Stichprobe repräsentativ ist und dass die Studie alle Aspekte eines Ladens abdeckt sowie unterschiedliche Zeiten einbezieht. Ob ein derart hoher Anspruch an die externe Validität bzw. an die Übertragbarkeit der Befunde immer zu realisieren ist, darf bezweifelt werden, zumal ein Streben nach interner Validität oft nicht ohne Einschränkungen der externen Validität erreicht werden kann. Kommen wir zu den Erhebungsmethoden im Einzelnen.

3.2.1 Beobachtungsmethoden

Da das Lauf- und Zuwendungsverhalten am POS ein offenes Verhalten ist, liegt es nahe, die Beobachtung als Erhebungsmethode in Betracht zu ziehen (für einen Überblick s. Feger 1983). Die Tatsache, dass durch Beobachtungen keine Verhaltenspläne und auch keine Haushaltsmerkmale erfassen können (z. B. Granbois 1968, S. 29), ändert daran nichts. Beobachter können sich passiv verhalten (nicht teilnehmende Beobachtung) oder aber auch sich aktiv am Geschehen beteiligen (teilnehmende Beobachtung). Dem beobachteten Ladenbesucher kann der Umstand der Beobachtung vorenthalten (verdeckte Beobachtung), aber auch bewusst gemacht bzw. vorher mitgeteilt werden (offene Beobachtung). Wer sich nicht nur für das (offene) Verhalten interessiert, sondern auch für dessen Gründe, muss eine Befragung als ergänzende Methode in Betracht ziehen. In diesem Fall kann allein schon der Umstand der Befragung dazu führen, dass die Beobachtung bewusst wird und somit eine entsprechende Erlaubnis zumindest im Nachhinein eingeholt werden muss.

Die verdeckte, passive Beobachtung: Bislang durchgeführte Studien setzten überwiegend auf die verdeckte, passive Beobachtung. Klassische Beispiele liefern die Studien von Wells und LoSciuto (1966) und Granbois (1968), in denen der Kundenlauf am POS beobachtet wurde. Wells und LoSciuto (1966, S. 227) konzentrierten sich auf das Verhalten in jenen Gängen, in denen Produkte angeboten wurden, bei denen der Besucher ein Kaufinteresse zu erkennen gab. Beobachter hatten die Aufgabe, das Anschauen, Zurücklegen und Mitnehmen von Produkten zu erfassen und auch zu erkennen, worauf geachtet wurde (z. B. Gewicht und Preis) und wer auf wen Einfluss ausübte. Granbois (1968, S. 29) setzte Beobachter in Mitarbeiterkleidung ein, die den Kundenlauf sowie Punkte, an denen Produkte angeschaut oder mitgenommen wurden, in einen Ladengrundriss einzutragen hatten. Von insgesamt 388 beobachteten Ladenbesuchern hatte nur eine Person die Beobachtung bemerkt. Ähnliche Erfolge berichteten z. B. Botelho (2002, S. 26 f.) und Baldauf et al. (1997, S. 106 f.) bei ihren Kundenlaufstudien. In der breit angelegten ISB-Studie (Institut für Selbstbedienung und Warenwirtschaft 1986) berichten die Autoren von 819 erfolgreichen Beobachtungen bei ca. 1.000 Beobachtungsversuchen.

Neben dem Kundenlauf lassen sich auch bestimmte Formen der Zuwendung erfassen. Bei der Beobachtung des Zuwendungsverhaltens an einem Regal setzte Hoyer (1984, S. 825) einen Beobachter in Mitarbeiterkleidung ein, der den Besucher von hinten beobachtete und festzustellen hatte, welche Marken betrachtet, entnommen und gekauft wurden, aber auch, wie viel Zeit dafür benötigt wurde. Von Interesse waren dabei auch Vergleichsprozesse: Vergleiche zwischen verschiedenen Marken und Vergleiche von Merkmalen bei einer bestimmten Marke. Wohl wissend, dass derartige Prozesse bei kleinformatigen Produkten nicht zu beobachten sind, hatte sich Hoyer für das Waschmittelregal entschieden. Da Zuwendungsreaktionen besser von vorne zu beobachten sind, könnten hinter den Regalen Einwegspiegel eingesetzt werden, hinter denen ein Beobachter steht und die visuelle Zuwendung erfasst. Wenn es darum geht, das Interaktionsverhalten zwischen dem Verkaufs- und Servicepersonal einerseits und den Besuchern andererseits zu erfassen, wäre auch daran zu denken, die eigenen Mitarbeiter als verdeckte, aber teilnehmende Beobachter einzusetzen (Bitner 1992, S. 61 f.).

Die offene, passive Beobachtung: Eine Beobachtung erfolgt offen, wenn die Erlaubnis vorab erbeten und von den zu beobachtenden Personen erteilt worden ist. Verhält sich der Beobachter eher passiv, so ist dessen Einfluss u. U. gering, was keineswegs ausschließt, dass der Beobachtete allein schon auf den Umstand des Beobachtetwerdens in irgendeiner Weise reagiert (Silberer 2007). Ein Beobachter, der am Geschehen aktiv teilnimmt, z. B. ein Verkäufer, kann dem Beobachteten als solcher bekannt sein, muss es aber nicht. Sollen Beobachter dagegen die ausgewählten und einwilligenden Personen während des Ladenbesuchs begleiten, kann dies nicht inkognito erfolgen. In der Studie von Payne und Ragsdale (1978, S. 572 f.) wurden 19 Hausfrauen sogar bei mehreren wöchentlichen Einkäufen begleitet. Die Begleiter hatten dabei den Kundenlauf, die Mitnahme von Produkten, die Benutzung eines Einkaufszettels, den Einsatz von Coupons und das Verhalten in der Süßwarenabteilung festzuhalten. Dieses Vorgehen erklärt sich daraus, dass zeitgleich auch die Überlegungen der Besucher anhand der Denke-Laut-Methode erfasst werden sollten und Begleiter auch die Aufgabe hatten, die Artikulation der Gedanken nicht abreißen zu lassen. Diese Doppelaufgabe hatten auch die Begeleiter in der Studie von Titus und Everett (1996, S. 267 f.). Ladenbesucher mit dem Auftrag, 21 Produkte im Geschäft zu finden, waren zu begleiten, deren Suchwege zu beobachten und deren ununterbrochene Gedankenartikulation sicherzustellen.

3.2.2 Filmaufnahmen

Filmaufnahmen eignen sich ebenfalls für die Erfassung des Verhaltens am POS (zur Videographie s. Belk/Kozinets 2005). Man kann dabei von einer kameragestützten Beobachtung sprechen, aber auch von einer Art Registrierung, wenn kein Kameramann im Einsatz ist.

Aufnahmen mit Raumkameras: In vielen Geschäften sind Raumkameras aus Sicherheitsgründen fest installiert. Sie dürfen jedoch nicht zu Marktforschungszwecken benutzt werden. Newman und Foxall (2003, S. 592 f.) plädieren jedoch dafür, die Raumkameras so zu nutzen, dass keine rechtlichen und ethischen Schranken verletzt werden. Dies könnte dadurch geschehen, dass ein zentraler Rechner die Videos per Musterkennung auswertet und somit das Lauf- und Zuwendungsverhalten der Besucher erfasst. Dabei müssten die Gesichter von Mitarbeitern und Kunden unkenntlich gemacht werden. Erste Anwendungen zeigen, dass die Aufzeichnung von Laufwegen in einem bestimmten Raum und die Anonymisierung der involvierten Mitarbeiter durchaus gelingen kann (Newman/Foxall 2003, S. 593 f.). Ob eine Raumkamera in der Lage ist, alle Stellen eines Geschäfts und damit jedes denkbare Zuwendungsverhalten eines Ladenbesuchers zu erfassen, bleibt offen.

Aufnahmen eines nachfolgenden Kameramanns: Eine geeignete Erfassung von Lauf- und Zuwendungsaktivitäten gelingt, wenn der Besucher von einem Kameramann möglichst unauffällig „verfolgt" wird (siehe dazu die Methode der videogestützten Gedankenrekonstruktion, Silberer 2005; Büttner/Silberer 2007a). Hier bieten kleine, handliche Filmkameras gute Möglichkeiten. Allerdings müssen bei diesem Vorgehen die Besucher ihr Einverständnis erklären. Auch Mitarbeiter müssen damit einverstanden sein, soweit sie auf den so entstandenen Filmaufnahmen auftauchen können. Außerdem sollten unbeteiligte Besucher nicht befürchten, in den Filmaufnahmen zu erscheinen, oder andere Störungsgefühle entwickeln. Erste Erfahrungen mit diesem Verfahren zeigen, dass ein behutsamer, unauffälliger Einsatz kleiner, digitaler Filmkameras möglich und die Akzeptanz vor allem bei jüngeren Generationen gegeben ist (Silberer 2005, S. 268). Eine unmittelbar anschließende Filmvorführung am PC erlaubt es, mit der betreffenden Person jene Lauf- und Zuwendungsaktivitäten zu klären, bei denen der Film allein keine hinreichenden Informationen bietet. Jedenfalls gilt, dass der diagnostische Gewinn bei der Methode des nachlaufenden Kameramanns mit einer Einschränkung der Repräsentativität der Stichprobe und einer Reaktivität der Probanden „erkauft" werden muss.

Standortgebundene Filmaufnahmen: Bei den standortgebundenen, z. B. regalgebundenen, Filmaufnahmen lassen sich zwei Varianten unterscheiden: Aufnahmen in Richtung Regalfront und Aufnahmen aus der Regalwand heraus. Norman Albers (zitiert bei Hicks/Kohl 1955) arbeitete schon früh mit einer Zeitraffer-Kamera, um das Verhalten der Kunden am Milchregal über Wochen hinweg zu erfassen. Auf diese Weise gelang es, Hinweise auf die Käufer (Geschlecht, Altersgruppe) und deren Verhalten bei Produktkäufen zu gewinnen, jeweils mit genauesten Zeitangaben (Hicks/Kohl 1955, S. 169 f.). Als Vorteile dieses Verfahrens heben Hicks und Kohl (1955, S. 170) nicht nur den möglichen Dauerbetrieb und die niedrigen Kosten hervor, sondern auch die Möglichkeit, das Besucherverhalten ohne Störeffekte zu erfassen.

Gelegentlich werden hinter einem Regal Einwegspiegel aufgebaut, um das Kundenverhalten unbemerkt beobachten bzw. filmen zu können. Russo und Leclerc (1994) arbeiteten mit einer Videokamera hinter dem Regal, also hinter einem solchen Einwegspiegel. Auf diese Weise wollten sie das Wahrnehmungsverhalten der Besucher als visuelle Zuwendung möglichst genau erfassen. Die Kunden sollten sich auf einen ganz bestimmten Punkt stellen, damit die erforderlichen, auswertbaren Aufnahmen gelingen würden (Russo/Leclerc 1994, S. 275 f.). Die Auswertung der Videoaufnahmen erlaubte eine Bestimmung der Blickfixationen und der Dauer bestimmter Fixationssequenzen, nicht aber der Dauer einzelner Fixationen (Russo/Leclerc 1994, S. 276).

Aufnahmen mit einer „Augenkamera": Eine klassische Technik für die Erfassung der visuellen Aufmerksamkeit ist die „Augenkamera" (Barrett 1995, S. 164 f.; Berekoven et al. 2004). Diese Ausrüstung besteht aus zwei Teilsystemen: zum einen aus der Aufzeichnung des Blickfeldes anhand einer sehr kleinen Videokamera (Erzeugung des Blickfeldvideos), zum andern aus der Erfassung der Blickfokussierung bzw. der Fixationen und der Blickfokusänderungen (Saccaden). Beide Systeme müssen im konkreten Anwendungsfall kalibriert werden, wenn valide Ergebnisse erzeugt werden sollen. Die Anforderungen an die Erstellung von Blickvideos sind nicht so hoch wie an die Aufzeichnung von Blickverläufen.

Bisherige Blickverlaufsstudien mit POS-Bezug wurden zumeist im *Labor* durchgeführt. Chandon (2002; Chandon et al. 2002) sowie Young (2002) bzw. das Unternehmen „Perception Research Services" gingen zwar in die Geschäfte, arbeiteten dort aber nicht am Regal, sondern in laborähnlichen Umgebungen. Sie zeigten den Besuchern dort Fotos von Produkten bzw. Marken anhand von Diaprojektionen, um visuelle Zuwendungsreaktionen zu erfassen und Kaufbereitschaften abzufragen. Gemessen wurden die Zeit bis zur ersten Blickfixierung, die Anzahl dieser Fixierungen, die Dauer von Fixierungen bestimmter Flächen und die gesamte Betrachtungsdauer – jeweils bezogen auf ein Produkt bzw. eine Marke. Visuelle Regalzuwendungen im Labor hat auch Leven (1992) anhand von Regal-Dias untersucht. Pieters und Warlop (1999) arbeiteten ebenfalls mit Regal-Dias, Schröder und Berghaus (2005) dagegen mit einem nachgebauten, realen Süßgebäckregal. Leven (1992, S. 16 f.) interessierte sich für die Trefferquote bei der Suche bestimmter Zeitschriftentitel und die „Struktur“ der Suche. Pieters und Warlop (1999, S. 11) bestimmten so genannte „intra-brand saccades“ und „inter-brand saccades“, mussten aber 10 Probanden wegen Kalibrierungsproblemen aussondern. Schröder und Berghaus (2005) ließen drei Artikel, deren Kauf für die Probanden in Frage kam, suchen, um dabei den Blickverlauf aufzuzeichnen. Immerhin konnte auf diese Weise in Erfahrung gebracht werden, wie viele Fixationen auf bestimmte Flächen entfielen: erstens auf die Regalflächen, zweitens auf die entnommenen Produkte und drittens auf sonstige Dinge (S. 322 f.).

Zu den seltenen Blickverlaufsstudien am Regal, die *im Feld* durchgeführt wurden, zählt die Untersuchung von Schröder et al. (2005). In drei Warenhäusern interessierte das Blickverhalten in der Warengruppe Frischkäse, nämlich die Häufigkeit und Dauer der Wahrnehmung bestimmter Regalflächen und des Blickverlaufs bzw. des Blickverlaufsmusters (Schröder et al. 2005, S. 33). Dabei wurden jene Besucher in die Untersuchung einbezogen, die Frischkäse kaufen wollten.

3.2.3 Registriertechniken

Unter einer Registrierung sei hier das Erfassen von Sachverhalten verstanden, bei der kein Personal zum Einsatz kommt. Genauer betrachtet gilt dies auch für bestimmte Videotechniken, so dass die hier gewählte Einteilung nicht ganz überschneidungsfrei sein kann. Registrierungstechniken lassen sich auch am POS einsetzen, zum einen auf eher aggregierter Ebene, zum anderen auf eher individueller Ebene. Bezüglich der aggregierenden Messung ist z. B. an folgende Möglichkeiten zu denken: (1) Erfassung des Besucheraufkommens an bestimmten Punkten bzw. Passagen anhand von Lichtschranken, (2) Erfassung von Abverkäufen und Umtauschvorgängen an Scannerkassen, (3) Erfassung von Warenkörben bzw. Verbundkäufen mit Scannerkassen und (4) die Erfassung von „Besucherströmen“ anhand von Fuß- bzw. Schmutzspuren oder anhand von Abnutzungsspuren im Bodenbelag.

Für die Erfassung des Kundenlaufs und des Verweilens an Regalen und anderen Auslagen kommen auch Registrierungstechniken in Frage, die Verhaltenssequenzen auf individueller Ebene erfassen. Der computergestützte Einsatz von Raumkameras ist bereits angesprochen worden. Denkbar und technisch realisierbar sind darüber hinaus Ortungssysteme (Silberer 2007). Über Kommunikationsnetze wie Mobilfunk und Kurzstreckenfunk können entsprechend ausgerüstete Einkaufswagen, ggf. aber auch Personen, Paletten oder gar einzelne Produkte, geortet und somit in ihrer Bewegung verfolgt werden. Erfolg versprechend ist vor allem die Radio-Frequency-Identification-Technik (RFID-Technik). RFID-Tags, die auf Funksignale ansprechen und ID-Daten bereithalten, können in Einkaufswagen eingebaut werden, die entsprechenden Sender und Registriergeräte in Regale und andere Standorte. Sörensen (2003) und Larson et al. (2005) sehen in der Bewegung von Einkaufswagen eine gute Annäherung an das Laufverhalten der Besucher, weil sich diese zumindest in der Bewegungsphase in unmittelbarer Nähe befinden und sich auch sonst in der Nachbarschaft aufhalten. Je dichter entsprechende Registrierpunkte verteilt sind, desto besser lassen sich Kundenlauf und die Dauer von Stopps abschätzen. Wichtig wären vor allem Registrierpunkte am Eingang und an den Kassen bzw. Ausgängen, damit auch die Besuchsdauer ermittelt werden kann.

Eine Ortung von Personen rückt ebenfalls in greifbare Nähe, so dass ein Rückschluss vom Wagenlauf auf den Kundenlauf zu überprüfen wäre. RFID-Tags könnten freiwilligen Ladenbesuchern z. B. als Bestandteile von Gutscheinen übergeben werden, die nach dem Kauf an der Kasse eingelöst werden dürfen. RFID-Tags sind aber auch in Kunden- bzw. Bonuskarten integrierbar, weshalb sich der Kundenlauf sogar über mehrere Ladenbesuche und ggf. über unterschiedliche Händler hinweg registrieren ließe – das Einverständnis des Karteninhabers vorausgesetzt (Silberer 2007). Das Beispiel des Tagesgutscheins mit RFID-Tag macht deutlich, dass eine Personenidentifizierung nicht erforderlich ist, um mit dieser neuen Registriertechnik den individuellen Kundenlauf in Erfahrung zu bringen.

3.2.4 Befragungsmethoden

Das Verhalten ist einer Selbstbeobachtung zugänglich und somit auch einer Befragung (für einen Überblick s. Schwarzer 1983; Decker/Wagner 2002; Berekoven et al. 2004). Liegt es jedoch längere Zeit zurück, so können meist nur wenige Ausschnitte erinnert werden. Um diese Gefahr zu minimieren, muss unmittelbar in Anschluss an das Verhalten befragt werden. Es kann aber auch darum gebeten werden, das eigene Verhalten schon während des Ladenbesuchs mitzuteilen. Dies ist häufig dann sinnvoll, wenn es sich um eine längere, komplexe Verhaltenssequenz handelt, so z. B. um den Besuch eines größeren Geschäfts mit reichhaltigem Angebot. Wenn sich die Ladenbesucher auf die Bitte einlassen, all das, was sie gerade tun – ihr Agieren, aber auch ihr Reagieren – sofort auszusprechen, lassen sich diese Aussagen mit einem Diktiergerät aufzeichnen und für sorgfältige, wiederholte Auswertungen nutzen. Die Just-in-time-Artikulation birgt allerdings die Gefahr, dass die Verhaltenssituation beeinflusst und damit „reaktives Verhalten" erzeugt wird (Russo et al. 1989).

Die POS-Forschung kennt wenige Versuche, das Verhalten über die *„Handle-laut-Methode"* zu erfassen. Bei Payne und Ragsdale (1978, S. 572) hatten Mütter bei mehreren Einkaufstrips einer Begleiterin gegenüber zu artikulieren, wohin sie gerade gehen, was sie gerade machen, was sie suchen und welche Produkte sie gerade bemerken oder betrachten. Ähnlich groß war die Aufgabe der Probanden bei Titus und Everett (1996): Sie hatten den Laden nach den Produkten, die auf einem Einkaufszettel aufgelistet waren, zu durchsuchen und dabei auszusprechen, wo sie suchen, warum sie dort suchen, welche Anhaltspunkte sie suchen um sich im Laden zurechtzufinden und was ihnen sonst noch durch den Kopf geht (Titus/Everett 1996, S. 267). Auch hier wurde eine Begleitperson mit auf den Weg gegeben, damit sie die Artikulation der Gedanken und des Verhaltens in Gang hält (Titus/Everett 1996, S. 267). Wenn es bei längeren Ladenbesuchen darum geht, die Überforderung im Rahmen einer Nachherbefragung zu vermeiden und keine Reaktivität im Rahmen der „Handle-Laut-Methode" (Silberer 2007) zu erzeugen, bleibt immer noch die Möglichkeit, nur ganz bestimmte, inhaltlich begrenzte Sachverhalte, wie z. B. den Besuch einer Abteilung oder das Verhalten an einem bestimmten Regal, zu erfragen.

Schließlich ist auch die Möglichkeit zu erwähnen, die *Vorherbefragung* mit der *Nachherbefragung* zu kombinieren. Dies liegt zum Beispiel dann nahe, wenn es darum geht, ungeplante Käufe zu erfassen und den Umfang ungeplanter Käufe zu bestimmen. So ist z. B. Prasad (1975, S. 5 f.) vorgegangen: Vor dem Einkauf wurde nach den geplanten Käufen gefragt und nach dem Geschäftsbesuch sollten tatsächlich getätigte Käufe aufgelistet werden.

3.2.5 Möglichkeiten der Methodenkombination

Unterschiedliche Leistungspotentiale diverser Methoden legen einen kombinierten Einsatz ausgewählter Methoden nahe. Dieses Vorgehen ist in einigen bislang durchgeführten POS-Studien bereits praktiziert worden. Von den zahlreichen Möglichkeiten seien hier nur einige herausgegriffen, so z. B. die Kombination (1) der Beobachtung des Kundenlaufs und des Einsatzes einer Augenkamera bezüglich der Zuwendungen an einem bestimmten Regal, (2) der Beobachtung des Kundenlaufs und der anschließenden Befragung bezüglich der Zuwendungsreaktionen, z. B. der Produktmitnahme in bestimmten Abteilungen (Diller/Kusterer 1986; Wittmann 1990, S. 63), (3) der Selbstbeobachtung des Probanden und der Fremdbeobachtung durch eine Begleitperson (z. B. bei Titus/Everett 1996), (4) der Filmaufnahme des Kundenlaufs und der anschließenden videogestützten Befragung zu konkreten Zuwendungsreaktionen am Regal (z. B. Silberer et al. 2007), (5) der Zuwendungsregistrierung am Regal mit Aufnahmen von der Vorderseite und mit Aufnahmen aus dem Regal heraus bzw. von verdeckten Beobachtern oder Filmen hinter der Regalwand, (6) der Befragung der Ladenbesucher und der Befragung des Personals, das die Besucher beobachten konnte, und (7) der Erhebung im Geschäft nach der gezielten Analyse nur apparativ zu erfassender Zuwendungsreaktionen im Labor, wobei im Labor bestimmte Situationen aus dem Laden nachgestellt werden. Dieses Vorgehen wählte Leven (1992), als er Blickreaktionen bei bestimmten Regaltypen im Labor verfolgte und anschließend die Verkaufserfolge dieser Regaltypen im Feld verglich.

3.3 Ausgewählte Aspekte der Datenauswertung

Wenn es darum geht, das Verhalten am POS zu beschreiben, kommt es nicht nur auf die Validität der Datenerhebung an, sondern auch auf die Art und Weise der Datenauswertung. Deshalb sollen hier einige Möglichkeiten der Datenauswertung aufgezeigt werden. Dabei beschränken wir uns auf solche Auswertungsinstrumente, die bei der Verhaltensbeschreibung in Betracht kommen, und konzentrieren uns auf den Fall, in dem der Kundenlauf sowie wichtige Zuwendungsreaktionen beobachtet worden sind (für einen Überblick zu Auswertungsverfahren s. Hildebrandt/Homburg 1998; Decker/Wagner 2002; Berekoven et al. 2004; Backhaus et al. 2006; sowie die Beiträge in diesem Band).

Im Rahmen einer *univariaten Datenauswertung* lässt sich z. B. die Streuung der Verweildauer, die mittlere Verweildauer, die Streuung der Anzahl betretener Flächen und die mittlere Anzahl der betretenen Flächen berechnen. Dasselbe gilt für die Streuung und die mittlere Anzahl der Zuwendungsreaktionen. Die *bivariate Datenanalyse* kann u. a. die Korrelation zwischen der Verweildauer und der Anzahl der betretenen Flächen sowie der Produktkäufe oder die Korrelation zwischen Laufvariablen und Zuwendungsvariablen bestimmen. Errechnen ließe sich außerdem die Interdependenz der Zuwendungsreaktionen, zu denen auch das Kaufverhalten als besonders interessierende Zuwendungsvariable – Anzahl der Produktkäufe und Anteil der ungeplanten Käufe – zu zählen sind. Eine nähere Inspektion des Laufverhaltens lässt sich ebenfalls bivariat anlegen. Dabei empfiehlt sich z. B. die Berechnung von Übergangsmatrizen, aus denen man ersehen kann, wie häufig von einer bestimmten Ladenfläche auf die andere Ladenfläche gewechselt wurde. Übergangsmatrizen sind aber auch auf die visuelle Wahrnehmung am Regal bzw. für Blicksequenzen anwendbar. Ein Beispiel hierfür findet sich bei Schröder und Berghaus (2005, S. 330 f.).

Die *multivariate Datenauswertung* bietet weitere Einsichten in das Lauf- und Zuwendungsgeschehen. Man denke vor allem an die *multiple Regression*, mit deren Hilfe sich z. B. bestimmen lässt, wie stark der Einfluss ist, den Flächenkontakte und Zuwendungsaktivitäten auf die Dauer des Ladenbesuchs oder auf die Anzahl der gekauften Produkte ausüben. Analoges gilt für die Möglichkeiten einer komplexeren *Kausalmodellierung*

(Hildebrandt/Homburg 1998). Im Rahmen der multivariaten Analyse ist aber auch an die *Sequenzanalyse* zu denken, denn es sind nicht nur die Flächenkontakte als Sequenzen erhoben worden, sondern auch die Abfolge verschiedener Zuwendungsaktivitäten. Zu den wenigen Sequenzanalysen zählen die Arbeit von Ruiz et al. (2004, S. 335) mit dem Versuch, activity-based clusters zu bestimmen, die Studie von Larson et al. (2005, S. 7 ff.) mit dem Versuch, registrierte Kontaktsequenzen zu clustern, sowie diverse Sequenzclusterungen mit Kundenlaufdaten aus Untersuchungen in Ladengeschäften und in Onlineshops bei Silberer (2007) und Engelhardt (2006).

4. Möglichkeiten einer Analyse des Einkaufserlebens im stationären Handel

4.1 Allgemeines zum Einkaufserleben

Die bisherigen Ausführungen haben sich auf das offene, beobachtbare Verhalten konzentriert. Für die Marktforschung am POS sind jedoch auch nicht beobachtbare, innere Prozesse der Konsumenten interessant – das so genannte *Einkaufserleben.* Hierunter lässt sich „das Wahrnehmen und Empfinden der Umwelt oder der eigenen Person" während des Ladenbesuchs verstehen (Silberer 1989, S. 61). Damit sind zwei fundamentale Klassen psychischer Prozesse angesprochen – kognitive und affektive Prozesse. Kognitive Prozesse beziehen sich auf das, was im Allgemeinen als Denken bezeichnet wird (Anderson 1996, S. 15 f.). Kognition meint die Aufnahme, Verarbeitung und Speicherung von Informationen (Anderson 1996, S. 24 f.; Kroeber-Riel/Weinberg 2003, S. 225). Affektive Prozesse umfassen Gefühle und Stimmungen; sie sind dadurch gekennzeichnet, dass sie als positiv oder negativ erlebt werden und mit einem unterschiedlichen Grad an Aktivierung einhergehen (Birbaumer/Schmidt 1996, S. 647; Mau 2004, S. 479). Kognitive und affektive Prozesse sind eng miteinander verwoben und auch im Bereich des Konsumentenverhaltens lassen sich kaum Bereiche finden, an denen nicht beide beteiligt sind.

Warum sollten sich Hersteller und Handel im Rahmen der Marktforschung am POS für das Einkaufserleben interessieren? Kaufbegleitende kognitive und affektive Prozesse sind dafür verantwortlich, wie die Laden- und Sortimentsgestaltung auf das Besuchs- und Kaufverhalten wirkt (Gröppel-Klein 2006, S. 680-684). Dementsprechend lässt sich die Kenntnis solcher Prozesse für die Gestaltung von Ladenumwelten und die Prognose des Kundenverhaltens nutzen (Silberer 1989, S. 60). Aus der Bestimmung von Such- und Orientierungsreaktionen lassen sich Empfehlungen für den Ladenbau ableiten (Titus/Everett 1996; Gröppel-Klein et al. 2006) und Vorschläge für die Warenplatzierung im Regal generieren (Zielke 2002; Schröder et al. 2005). Weitere wichtige Aspekte betreffen die Entscheidungsprozesse vor Ort. Hier lassen sich z. B. die Wahrnehmung, Bewertung und Auswahl von Produkten am Regal untersuchen (Hoyer 1984) und somit Fragen zur Sortimentsgestaltung beantworten. Hersteller dürften sich vor allem dafür interessieren, wie die eigenen Produkte im Umfeld der Konkurrenz wahrgenommen und bewertet werden und warum sie Käufer finden bzw. Ladenhüter bleiben.

Im Folgenden wollen wir aufzeigen, welche Methoden bei einer validen Messung des Einkaufserlebens in Frage kommen. Dabei konzentrieren wir uns auf die Erfassung kognitiver Aspekte des Einkaufserlebens. Ausführlicheres zur Erfassung affektiver Prozesse findet sich bei Silberer (1989), Mau (2004) sowie Weinberg und Salzmann (2004).

4.2 Die Erfassung kognitiver Prozesse

Die Erfassung kognitiver Aspekte des Kundenerlebens lässt sich in statische und dynamische Vorgehensweisen unterteilen. Statische Ansätze zielen auf die Erfassung einzelner Kognitionen oder kognitiver Strukturen zu einem bestimmten Zeitpunkt. Dynamische Ansätze hingegen versuchen, die kaufbegleitenden kognitiven Prozesse nachzuzeichnen. Hierbei können prozessbegleitende und rekonstruierende Verfahren unterschieden werden (Ericsson/Simon 1993; Silberer 2005; Büttner/Silberer 2007a). Bei all diesen Verfahren ist man auf Selbstauskünfte der Probanden angewiesen. Deshalb ist zu beachten, dass die Erfassung auf bewusst erlebte Gedanken beschränkt bleibt und mit Antwortverfälschungen im Sinne sozialer Erwünschtheit zu rechnen ist, besonders dann, wenn sensible Bereiche des persönlichen Einkaufsverhaltens berührt werden.

4.2.1 Statische Erfassung von Kognitionen

Oftmals interessieren im Rahmen der Marktforschung am POS Beurteilungen der Ladenumwelt. Beispiele sind Studien zur wahrgenommenen Orientierungsfreundlichkeit (Bost 1987), zur Bewertung von Ladeneigenschaften (Morschett et al. 2005) oder zur Preiswahrnehmung (Zielke 2006). Aufschlussreich sind solche Befunde etwa beim Vergleich verschiedener Geschäfte oder wenn unterschiedliche Besuchersegmente identifiziert werden sollen, etwa mit Hilfe einer Clusteranalyse. Solche einstellungsähnlichen Konstrukte lassen sich kostengünstig über Rating-Skalen im Rahmen von Fragebögen erfassen, die entweder von den Probanden direkt ausgefüllt oder vermittelt über einen

Interviewer erhoben werden.[1] Bei der Konstruktion des Fragebogens sollte bevorzugt auf Multi-Item-Skalen zurückgegriffen werden, zu denen bereits positive Befunde bezüglich Reliabilität und Validität vorliegen. Müssen die Skalen erst neu entwickelt werden, so sind hierbei testtheoretische Aspekte zu berücksichtigen (Bühner 2004).

Auch komplexe Gedächtnisstrukturen können für die Marktforschung am POS von Interesse sein. So spielen Repräsentationen der Ladenumwelt im Gedächtnis der Konsumenten – so genannte mentale Landkarten (mental maps) – eine wichtige Rolle für das Such- und Orientierungsverhalten in Ladengeschäften (Gröppel-Klein et al. 2006). Für die Erfassung solcher mentalen Landkarten der Ladenbesucher müssen spezielle Verfahren eingesetzt werden, etwa das Einzeichnen von Produktstandorten in Grundrisse des Ladens (Gröppel-Klein et al. 2006, S. 40). Die Landkarten können auf unterschiedlichen Ebenen untersucht werden. So kann bei der Gestaltung von Einkaufszentren die Lage einzelner Geschäfte interessieren, während auf Ladenebene eher interessiert, wo die Ladenbesucher die einzelnen Produktgruppen verorten. Optimierungsvorschläge lassen sich aus den Abweichungen zwischen mentalen Landkarten und dem tatsächlichen Aufbau des Ladens ableiten. Zudem können mentale Landkarten alleine bereits Aufschluss darüber geben, welche Anhaltspunkte die Konsumenten nutzen, um sich im Einkaufszentrum, im Laden oder am Regal zu orientieren.

Bei statischen Erhebungsverfahren ist zu entscheiden, ob die entsprechende Erhebung vor oder nach dem Ladenbesuch stattfinden soll. Dies ist u. a. davon abhängig zu machen, ob sie als Einfluss auf oder als Wirkung des aktuellen Ladenbesuchs untersucht werden. Zudem kann der wiederholte Einsatz statischer Erhebungsmethoden zeitliche Veränderungen abbilden, etwa Veränderungen während eines Ladenbesuchs (Messung vor und nach Besuch) oder Änderungen über mehrere Ladenbesuche hinweg. Dabei wäre u. a. an Veränderungen der Preiswahrnehmung oder der mentalen Landkarte über längere Zeiträume hinweg zu denken.

4.2.2 Prozessbegleitende Erfassung kaufbegleitender Gedanken

Eine Möglichkeit, die Gedanken der Ladenbesucher direkt als Prozess zu erfassen, stellt die *Denke-Laut-Methode* dar (Ericsson/Simon 1993). Hier werden die Probanden aufgefordert, parallel zum Einkaufsgeschehen die Gedanken zu äußern, die ihnen durch den Kopf gehen (Payne/Ragsdale 1978; Titus/Everett 1996). Dies lässt sich über ein Aufzeichnungsgerät, etwa ein Diktiergerät, mitschneiden und anschließend auswerten. Die

---

[1] Fragebogenuntersuchungen und Interviews am POS unterscheidet sich prinzipiell nicht von Befragungen in anderen Kontexten (z. B. im Labor, postalisch oder per Telefon). Siehe hierzu z. B. Schwarzer (1983), Bortz und Döring (2002), Decker und Wagner (2002), Berekoven et al. (2004) sowie die entsprechenden Beiträge in diesem Band.

Probanden können entweder alleine (mit dem Aufzeichnungsgerät) einkaufen oder von einem Beobachter begleitet werden. Für letzteres spricht, dass die Probanden zum lauten Denken ermuntert werden können (Titus/Everett 1996).

Ein Vorteil des lauten Denkens besteht darin, dass sich mit dieser Methode kaufbegleitende Gedanken in ihrer sequentiellen Abfolge und, durch den Einsatz eines Beobachters, in Zusammenhang mit dem Einkaufsverhalten untersuchen lassen. Die Methode birgt jedoch Gefährdungen der Validität. Durch die Aufgabe des Verbalisierens wird Aufmerksamkeitskapazität gebunden und der eigentliche Einkaufsprozess bzw. das, was von der Ladenumwelt wahrgenommen wird, kann z. T. erheblich beeinflusst werden (Büttner/Silberer 2007b). Dies gilt v. a. dann, wenn von den Probanden nicht nur das Verbalisieren der Gedanken, sondern auch komplexe Schlussfolgerungen eingefordert werden, wie Begründungen für die Produktwahl. Zusätzlich zur Bindung von Aufmerksamkeit kann eine solche Vorgehensweise Gedanken produzieren, die den Probanden in einer tatsächlichen Einkaufssituation – man denke etwa an Gewohnheitskäufe oder Käufe von Low-Involvement-Produkten – nicht gekommen wären. Um diese Gefahr zu reduzieren, sind die Instruktionen für die Verbalisierung möglichst wenig direktiv zu gestalten (Ericsson/Simon 1993). Die Probanden werden dabei nicht zu Begründungen ihres Einkaufsverhaltens o. Ä. „gedrängt", sondern gebeten, ihre Gedanken so zu äußern wie sie ihnen gerade durch den Kopf gehen.

4.2.3 Rekonstruktion kaufbegleitender Gedanken

Um der Gefahr der Reaktivität durch das kaufbegleitende Verbalisieren zu begegnen, könnten die Gedanken auch nach dem Einkauf in Form von retrospektiven Protokollen erhoben werden. Solche Berichte sind jedoch aufgrund der begrenzten menschlichen Gedächtniskapazität in ihrer Vollständigkeit so gefährdet, dass sie allenfalls zur Erfassung einzelner, besonders zentraler Gedanken geeignet sind (Ericsson/Simon 1993).

Einen Ausweg bietet die Darbietung von Erinnerungshilfen im Rahmen einer gestützten Gedankenrekonstruktion nach dem Einkauf. Hier kann v. a. die Videoaufzeichnung des Einkaufsverhaltens hilfreich sein. Im Rahmen der *videogestützten Gedankenrekonstruktion* wird der Proband mit seinem Einverständnis von einem Kameramann begleitet, der den Probanden während des Einkaufens filmt (Silberer 2005; Büttner/Silberer 2007a). Alternativ kann auch das Blickfeld des Probanden über eine kleine Kamera aufgezeichnet werden, die am Kopf des Probanden befestigt wird (Büttner/Silberer 2007b). Im Rahmen dieser Methode wird den Probanden das Video des Einkaufs im Anschluss an den Einkauf vorgeführt und sie werden aufgefordert, parallel hierzu die Gedanken aus der vorherigen Einkaufsepisode zu äußern, an die sie sich erinnern. Es handelt sich also um eine Art „nachträgliches lautes Denken". Diese Äußerungen werden aufgezeichnet und mit dem ursprünglichen Video kombiniert. Das Endresultat ist ein Video, das die Bilder des Einkaufsgeschehens und die verbalisierten Gedanken des Probanden enthält.

Der große Vorteil gegenüber der Denke-Laut-Methode ist, dass der eigentliche Einkaufsprozess so nicht durch die Aufgabe des Verbalisierens beeinflusst wird. Dieser Vorteil wird aber auch durch einige Nachteile erkauft. So kann die Anwesenheit des Kameramanns oder die Aufzeichnung über eine kleine Kopfkamera ebenfalls das Einkaufsverhalten und die begleitenden kognitiven Prozesse verändern und somit die externe Validität gefährden (Büttner/Silberer 2007b). Eine weitere Gefahr besteht in der „Fabrikation" von Gedanken, d. h. der Äußerung von Gedanken, die während des Einkaufs nicht gedacht wurden (Russo et al. 1989). Diesem kann zum einen durch nondirektive Verbalisierungsinstruktionen begegnet werden. Zum anderen ist eine sorgfältige Bereinigung der Daten im Zuge der Datenauswertung sinnvoll, bei der Gedanken, die unter Fabrikationsverdacht stehen, besonders gekennzeichnet oder aus der Analyse herausgenommen werden. Auch muss in Kauf genommen werden, dass nicht alle vorherigen Gedanken während der Befragung erinnert werden können. Diese Gefahr wird durch den Einsatz der Gedächtnisstütze zwar reduziert, kann aber nicht vollständig ausgeschlossen werden. Insgesamt bietet jedoch gerade die Kombination aus Videoaufnahmen und den begleitenden Gedanken ein besonders reichhaltiges Datenmaterial.

4.3 Die Erfassung affektiver Prozesse

Affektive Prozesse werden häufig mit Hilfe von Rating-Skalen im Rahmen einer Befragung erhoben (Mau 2004; Weinberg/Salzmann 2004). Die POS-Forschung leidet jedoch darunter, dass immer wieder neue Skalen ad hoc erstellt werden, bei denen die Validität ungeklärt bleibt (für einen Überblick siehe Silberer 1989). Dabei existieren gerade zum affektiven Erleben standardisierte Fragebögen aus der psychologischen Forschung, etwa der Multidimensionale Befindlichkeitsfragebogen (MDBF; Steyer et al. 1997). Diese bieten den Vorteil, dass sie nach psychometrischen Gütekriterien konstruiert wurden und Daten zu Reliabilität und Validität vorliegen. Solche Fragebögen lassen sich auch am POS einsetzen.

Bei der Erfassung affektiver Prozesse lassen sich auch die auf Selbstauskünften beruhenden prozessorientierten Verfahren einsetzen. So können Probanden aufgefordert werden, ihre Gefühle während des Einkaufs oder videogestützt nach dem Einkauf frei zu verbalisieren. Die Validität solcher Daten kann jedoch angezweifelt werden: Zum einen ist bei einem kontinuierlichen Beobachten des eigenen Gefühlszustandes von einer Überforderung der Probanden und einer starken Beeinträchtigung des Einkaufserlebens und -verhaltens auszugehen. Zum anderen sind viele Aspekte des emotionalen Erlebens nur schwer zugänglich oder verbalisierbar (Mau 2004, S. 480 f.).

Zu berücksichtigen ist, dass die bisher vorgestellten Ansätze auf Selbstauskünften der Probanden basieren und die Erfassung affektiver Prozesse somit auf mitteilbare, bewusst erlebte Gefühlszustände beschränkt bleibt. Denkbare Alternativen wären die Beobachtung des Ausdrucksverhaltens und die Messung physiologischer Parameter (Mau 2004; Weinberg/Salzmann 2004). So zeigen sich Emotionen häufig in speziellen Veränderungen des Ausdrucksverhaltens, d. h. von Mimik und Gestik. Hier existieren spezielle Verfahren, mit denen aus dem Ausdrucksverhalten auf die entsprechenden Emotionen geschlossen werden kann (Cohn/Ekman 2005). Die Anforderungen an die Beobachter sind dabei allerdings so hoch, dass ein Einsatz im Laden schnell an Grenzen stößt. Mittlerweile können am POS auch physiologische Methoden wie die Erfassung der Herzfrequenz oder der Hautleitfähigkeit mit tragbaren Geräten angewendet werden (Gröppel-Klein/Baun 2001). Mit den physiologischen Messungen lässt sich die Intensität des Erlebens, jedoch nicht deren inhaltliche Ausrichtung erfassen.

4.4 Ausgewählte Aspekte der Datenauswertung

Sind die Daten erhoben, können sie mit geeigneten Auswertungsverfahren analysiert werden. Wir wollen hier die Auswertung von verbalen Gedankenprotokollen, wie sie mit der Denke-Laut-Methode oder der videogestützten Gedankenrekonstruktion gewonnen werden, näher darstellen, da hier spezielle Schritte der Datenaufbereitung notwendig sind, bevor mit einer statistischen Analyse begonnen werden kann.[2] Für die Protokollanalyse existiert eine Reihe alternativer Verfahren, u. a. im Bereich qualitativer Auswertungsverfahren (z. B. Ericsson/Simon 1993; Bortz/Döring 2002, S. 329-337). Im Folgenden soll ein Verfahren zur Analyse von Gedankenprotokollen vorgestellt werden, welches im Vorgehen der quantitativen Inhaltsanalyse entspricht (Bortz/Döring 2002, S. 147-153).

Für die Auswertung wird ein Kategoriensystem verwendet, anhand dessen die Äußerungen der Probanden jeweils einer bestimmten Gedankenklasse zugeordnet werden (für ein Beispiel s. Büttner et al. 2005, S. 2 ff.). So könnte in einem hypothetischen Kategoriensystem die Äußerung „den roten MP3-Player finde ich nicht so schön" als „Produktbewertung" und die Äußerung „Wo ist denn die CD?" als „Produktsuche" kodiert werden. Dabei kann die Kodierung je nach Fokus auf der Ebene einzelner Äußerungen oder längerer Gedankenepisoden stattfinden. Das Kategorienschema selbst ist jeweils vor dem Hintergrund der Fragestellung zu wählen. Wenn beispielsweise Fragen der räumlichen

[2] Die Auswertung von Fragebogendaten unterscheidet sich in der POS-Forschung nicht prinzipiell von der in anderen Bereichen (siehe hierzu z. B. Bortz/Döring 2002; Decker/Wagner 2002; Bühner 2004; sowie die Beiträge in diesem Band). Für die Auswertung physiologischer Daten und Beobachtungen des Ausdrucksverhaltens sei auf die Spezialliteratur zum Thema verwiesen (z. B. Cohn/Ekman 2005).

Aufteilung oder der Warenplatzierung interessieren, so sind v. a. Kognitionen relevant, die sich auf Orientierungsprozesse im Raum oder die Suche nach Produkten beziehen. Hier könnte beispielsweise nach verschiedenen Arten von Suchproblemen unterschieden werden (Titus/Everett 1996). Steht die Sortimentsgestaltung im Fokus, werden eher die von den Kunden angewendeten Entscheidungsstrategien oder die für die Entscheidung herangezogenen Produktattribute (z. B. Preis, Verpackungsgröße, Menge) als relevante Kategorien in Frage kommen (Payne/Ragsdale 1978). Dabei muss der interessierende Sachverhalt im Kategoriensystem in der erforderlichen Detailliertheit abbildbar sein. Die Kategorien können sowohl deduktiv aus der Fragestellung oder auch induktiv aus dem Datenmaterial gewonnen werden. Meist wird man eine Mischung aus induktiver und deduktiver Vorgehensweise wählen, etwa wenn vorab festgelegte Kategorien sich bei der Auswertung als zu eng herausstellen oder einzelne Kategorien im ursprünglichen Kategoriensystem noch nicht berücksichtigt wurden (Bortz/Döring 2002, S. 151).

Eine Gefahr besteht darin, dass bei der Zuordnung von Gedanken zu Kategorien immer ein Interpretationsspielraum besteht und somit die Reliabilität gefährdet sein kann. Die Güte der Kodierung sollte deshalb überprüft werden, indem das gleiche Datenmaterial (bzw. ein Ausschnitt) von mindestens zwei Urteilern kodiert und ein geeignetes Maß der Urteilerübereinstimmung berechnet wird (Bortz et al. 2000, S. 449-502).

Ergebnis der Kodierung sind letztendlich nominalskalierte Daten, auf die entsprechende nichtparametrische Auswertungsverfahren anwendbar sind (Bortz et al. 2000). Sie können aber auch in metrische Daten transformiert werden, etwa indem Entscheidungsprozesse in ihrer Dauer beschrieben werden oder der Anteil bestimmter Arten von Gedanken an allen Gedanken für die Probanden berechnet wird; dies ermöglicht den Einsatz statistischer Verfahren, die auf intervallskalierten Daten basieren (z.B. Büttner et al. 2005, S. 8-11). Beispielsweise lassen sich so die Gedanken unterschiedlicher Besuchergruppen bzw. in verschiedenen Geschäften mit Varianzanalysen vergleichen. Ein weiteres Auswertungsbeispiel wäre die Anwendung der Clusteranalyse, um Kundensegmente zu identifizieren, die den Ladenbesuch unterschiedlich erleben.

5. Ausgewählte Möglichkeiten der Datenfusion

Wie die vorangegangenen Ausführungen gezeigt haben, besitzen alle Verfahren – und die daraus resultierenden Daten – ihre jeweiligen Vor- und Nachteile. Eine geschickte Fusion von Daten unterschiedlicher Herkunft kann deshalb sowohl die Aussagekraft der Ergebnisse deutlich verbessern als auch Kosten sparen. Dies gilt v. a. dann, wenn Primär- und Sekundärdaten zusammengeführt werden.

Primärdaten werden von den bereits dargestellten Verfahren zur Untersuchung des Verhaltens und Erlebens geliefert. Beobachtungsdaten beispielsweise sind relativ einfach zu gewinnen, sie bleiben allerdings mehrdeutig. Bedeutet etwa das längere Verweilen in der CD-Abteilung, dass der Kunde das Produktangebot sehr attraktiv findet oder dass er aufgrund der schlechten Sortierung das gewünschte Produkt nicht findet? Erst die Kombination mit Befragungsdaten wird hier Gewissheit schaffen, etwa durch Interviews vor und nach dem Einkauf, wie Lowrey et al. (2005) im Rahmen ihres „Shopping with Consumers" vorschlagen. Bei der videogestützten Gedankenrekonstruktion ist eine Kombination von Beobachtungs- und Befragungsdaten relativ unproblematisch möglich: Durch die Kombination von beobachtbarem Verhalten (Bildspur) und Kundenkommentaren (Audiospur) lassen sich Verhalten und die begleitenden kognitiven Prozesse eindeutig einander zuordnen. Zur Unterstützung bei der Kodierung und Auswertung solcher Videos existieren auch einige Softwarepakete.[3]

Die am POS erhobenen Primärdaten lassen sich ebenfalls mit bereits vorliegenden Sekundärdaten verknüpfen. Über das Element „Verkaufsfläche" können Verhaltens- und Erlebensdaten etwa mit betriebswirtschaftlichen Kenngrößen verknüpft und für die Diagnose der Ladenumwelt genutzt werden. Beim Einsatz von Bondaten aus Scannerkassen (Decker/Wagner 2002, S. 208 ff.) sind Absatzzahlen einzelner Produktgruppen und Artikel bestimmbar. Über die Zuordnung von Produktgruppen und Artikel zu Verkaufsflächen lassen sich Kennzahlen wie der Absatz oder die Deckungsbeiträge auch für einzelne Flächen berechnen. Je nach Fragestellung kann der Laden in große (z. B. Abteilungen) oder kleine Flächen (z. B. Regale) eingeteilt werden. Zusätzlich können die Laufdaten den Absatzzahlen gegenübergestellt werden und das Verhältnis zwischen Kundendurchlauf und Absatz berechnet werden. Hierüber lassen sich erfolgreiche und weniger erfolgreiche Ladenflächen identifizieren und erste Hinweise auf bessere Gestaltungsmöglichkeiten generieren. In einem nächsten Schritt könnte dann die Erhebung von Daten zu Zuwendung und kaufbegleitenden Gedanken mittels videogestützter Gedankenrekonstruktion stehen, um den Ursachen für die unterschiedlichen Flächenproduktivitäten genauer nachzugehen.

Eine weitere Verknüpfungsmöglichkeit von Primär- und Sekundärdaten besteht über Kundenkarten, wenn die Kunden bereit sind, diese vor oder nach einer Befragung bzw. Beobachtung vorzuzeigen und der Nutzung ihrer Daten zuzustimmen. In solchen Fällen ließen sich Beobachtungs- und Befragungsdaten mit solchen Daten zum Einkaufsverhalten zusammenspielen, die über einen einzelnen Einkauf hinausgehen. Hier könnte nach Zusammenhängen zwischen der Mikroebene des einzelnen Ladenbesuchs und den in Kundendatenbanken gespeicherten Makrodaten (wie beispielsweise Regelmäßigkeit des Ladenbesuchs, durchschnittliche Einkaufssumme oder die Präferenz für bestimmte Produkte) gesucht und ggf. entdeckte Zusammenhänge für eine differenzierte Kundenan-

[3] Z. B. *The Observer*® (Noldus Information Technology) und *INTERACT*® (Mangold International GmbH).

sprache genutzt werden. Zudem ließen sich in solche Datenbanken auch Informationen über das Verhalten an verschiedenen POS (z. B. Filiale A, Filiale B, Online Shop) integrieren. Ein wichtiger und am konkreten Unternehmensfall zu prüfender Vorteil einer Aufnahme von Verhaltens- und Erlebensdaten in die Kundendatenbanken wäre die Verbesserung der Prognosekraft der Datenbanksysteme. Insgesamt bleibt jedoch zu bedenken, dass Datenfusionen, die persönliche Daten beinhalten, in einem sensiblen Bereich stattfinden und im Hinblick auf den Datenschutz und die Persönlichkeitsrechte der Kunden schnell an Grenzen stoßen.

6. Zusammenfassung und Ausblick

Zu Beginn haben wir darauf hingewiesen, dass es eine Reihe unterschiedlicher Verkaufspunkte gibt und dass diese nicht alle behandelt werden können. In unserer Darstellung der Methoden einer Verhaltensforschung am POS haben wir uns auf ihre Anwendung im stationären Handel beschränkt. Im Vordergrund stehen zwei Kategorien des Besucherverhaltens – einerseits das Lauf- und Zuwendungsverhalten als direkt beobachtbares, äußeres Verhalten, andererseits kognitive und affektive Prozesse als „inneres Verhalten". Für beide Verhaltensbereiche stellt die empirische Markt- und Sozialforschung ein reichhaltiges Methodenarsenal zur Verfügung. Aufgrund der technischen Entwicklung (Miniaturisierung, Digitalisierung) sind neue Technologien (z. B. RFID) hinzugekommen, außerdem wurde der Einsatz bekannter Verfahren erleichtert und verbessert (z. B. durch kleine digitale Videokameras). Es ist zu erwarten, dass sich dieser Trend fortsetzt. Dabei ist allerdings zu beachten, dass neue Technologien die sorgfältige Planung, Durchführung und Auswertung von POS-Studien nicht ersetzen.

Die Auswahl und die Kombination von Erhebungsmethoden müssen sich an der Machbarkeit, der Validität und der Generalisierbarkeit orientieren. Entscheidend wird immer auch das erkennbare Kosten-Nutzen-Verhältnis sein. Sinnvoll dürfte auch die Kombination von sekundär- und primärstatistischen Analysen sein. Der Methodenmix kann auch abgestuft erfolgen. So könnten beispielsweise kostengünstige Verfahren – etwa die Verwendung von Sekundärdaten oder kurze Befragungen – im Sinne einer ersten Bestandsaufnahme eingesetzt werden, um diejenigen Aspekte der Ladenumwelt zu bestimmen, die einer erhöhten Aufmerksamkeit und einer zweiten, vertieften Analyse bedürfen – z. B. besonders produktive und besonders problematische Flächen. Hierzu wäre dann der Einsatz diagnostisch wertvoller, aber aufwändiger Verfahren, wie der videogestützten Gedankenrekonstruktion, zu zählen.

Literaturverzeichnis

Anderson, J.R. (1996): Kognitive Psychologie, 2. Auflage, Heidelberg.

Babin, B.J./Darden, W.R. (1995): Consumer self-regulation in a retail environment, in: Journal of Retailing, 71. Jg., Nr. 1, S. 47-70.

Backhaus, K./Erichson, B./Plinke, W./Weiber, R. (2006): Multivariate Analyseverfahren, 11. Auflage, Berlin.

Baldauf, A./Srnka, K.J./Wagner, U. (1997): Untersuchung eines neuartigen Shop-Konzeptes mittels Kundenlaufstudie, in: der markt, 36. Jg., Nr. 4, S. 103-111.

Barrett, P. (1995): Psychophyisiological methods, in: Breakwell, G.M./Hammond, S./Fife-Schaw, C. (Hrsg.), Research methods in psychology, London.

Belk, R.W./Kozinets, R.V. (2005): Videography in marketing and consumer research, in: Qualitative Market Research, 8. Jg., Nr. 2, S. 128-141.

Berekoven, L./Eckert, W./Ellenrieder, P. (2004): Marktforschung. Methodische Grundlagen und praktische Anwendung, 10. Auflage, Wiesbaden.

Birbaumer, N./Schmidt, R.F. (1996): Biologische Psychologie, Berlin.

Bitner, M.J. (1992): Servicescapes. The impact of physical surroundings on customers and employees, in: Journal of Marketing, 56. Jg., Nr. 2, S. 57-71.

Bloch, P.H./Richins, M.L. (1983): Shopping without purchase. An investigation of consumer browsing behavior, in: Bagozzi, R.P./Tybout, A.M. (Hrsg.), Advances in Consumer Research, 10. Jg., Ann Arbor, MI, S. 389-393.

Bortz, J./Döring, N. (2002): Forschungsmethoden und Evaluation für Sozialwissenschaftler, 3. Auflage, Berlin.

Bortz, J./Lienert, G.A./Boehnke, K. (2000): Verteilungsfreie Methoden in der Biostatistik, 2. Auflage, Berlin.

Bost, E. (1987): Ladenatmosphäre und Konsumentenverhalten, Heidelberg.

Botelho, V.M. (2002): Analyseverfahren zum Kundenlauf. Diplomarbeit am Institut für Marketing und Handel, Georg-August-Universität Göttingen.

Bühner, M. (2004): Einführung in die Test- und Fragebogenkonstruktion, München.

Büttner, O.B./Rauch, M./Silberer, G. (2005): Consumer cognition at the point of sale. Results from a process tracing study, Beitrag zur Tracking-Forschung Nr. 11, Institut für Marketing und Handel, Georg-August-Universität Göttingen.

Büttner, O.B./Silberer, G. (2007a): Video-cued thought protocols. A method for tracing cognitive processes at the point of purchase, in: Lowrey, T.M. (Hrsg.), Brick & mortar shopping in the 21st century, Mahwah, NJ.

Büttner, O.B./Silberer, G. (2007b): Research spoilt the shopping trip. Comparing the reactivity of thinking aloud and video-cued thought protocols at the point of purchase, in: Flexible marketing in an unpredictable world. Proceedings of the 36th EMAC conference, 22-25 May, Rey Kjavih [CD Rom].

Chandon, P. (2002): Do we know what we look at? An eye-tracking study of visual attention and memory for brands at the point of purchase, Working paper No. 2002/60/MKT, Fontainebleau, France: INSEAD.

Chandon, P./Hutchinson, J.W./Young, S.H. (2002): Unseen is unsold. Assessing visual equity with commercial eye-tracking data, Working Paper No. 2002/85/MKT, Fontainebleau, France: INSEAD.

Cobb, C.J./Hoyer, W.D. (1986): Planned versus impulse purchase behavior, in: Journal of Retailing, 62. Jg., Nr. 4, S. 384-409.

Cohn, J.F./Ekman, P. (2005): Measuring facial action, in: Harrigan, J.A./Rosenthal, R./Scherer, K.R. (Hrsg.), The new handbook of methods in nonverbal behavior research, Oxford.

Decker, R./Wagner, R. (2002): Marketingforschung. Methoden und Modelle zur Bestimmung des Käuferverhaltens, München.

Diller, H./Kusterer, M. (1986): Erlebnisbetonte Ladengestaltung im Einzelhandel. Eine empirische Studie, in: Trommsdorff, V. (Hrsg.), Handelsforschung 1986, Jahrbuch der Forschungsstelle für den Handel, Heidelberg, S. 105-123.

Engelhardt, J.-F. (2006): Kundenlauf in elektronischen Shops, Hamburg.

Ericsson, K.A./Simon, H.A. (1993): Protocol analysis. Verbal reports as data, 2. Auflage., Cambridge, MA.

Feger, H. (1983): Planung und Bewertung von wissenschaftlichen Beobachtungen, in: Feger, H./Bredenkamp, J. (Hrsg.), Datenerhebung. Enzyklopädie der Psychologie, Themenbereich B, Serie 1, Bd. 2, Göttingen, S. 1-75.

Granbois, D.H. (1968): Improving the study of customer in-store behavior, in: Journal of Marketing, 32. Jg., Nr. 4, S. 28-33.

Gröppel-Klein, A. (2006): Point-of-Sale-Marketing, in: Zentes, J. (Hrsg.), Handelsmarketing, Wiesbaden, S. 671-692.

Gröppel-Klein, A./Bartmann, B./Germelmann, C.C. (2006): Die Bedeutung von Mental Maps für die Orientierung am Point-of-Sale, in: NeuroPsychoEconomics, 1. Jg., Nr. 1, S. 30-47.

Gröppel-Klein, A./Baun, D. (2001): The role of customers' arousal for retail stores. Results from an experimental pilot study using electrodermal activity as indicator, in: Gilly, M.C./Meyers-Levy, J. (Hrsg.), Advances in Consumer Research, 28. Jg., Valdosta, GA, S. 412-419.

Hicks, J.W./Kohl, R.L. (1955): Memomotion study as a method of measuring consumer behaviour, in: Journal of Marketing, 20. Jg., S. 168-170.

Hildebrandt, L./Homburg, C. (Hrsg.) (1998): Die Kausalanalyse. Ein Instrument der empirischen betriebswirtschaftlichen Forschung, Stuttgart.

Hoyer, W.D. (1984): An examination of consumer decision-making for a common repeat purchase product, in: Journal of Consumer Research, 11. Jg., Nr. 3, S. 822-829.

Institut für Selbstbedienung und Warenwirtschaft (1986): Kundenlauf-Studie in einem SB-Warenhaus, Köln.

Iyer, E.S. (1989): Unplanned purchasing - Knowledge of shopping environment and time pressure, in: Journal of Retailing, 65. Jg., Nr. 1, S. 40-57.

Kahn, B.E./Schmittlein, D. C. (1992): The relationship between purchases made on promotion and shopping trip behavior, in: Journal of Retailing, 68. Jg., Nr. 3, S. 294-315.

Kroeber-Riel, W./Weinberg, P. (2003): Konsumentenverhalten, 8. Auflage, München.

Larson, J.S./Bradlow, E.T./Fader, P.S. (2005): An exploratory look at supermarket shopping paths, in: International Journal of Research in Marketing, 22. Jg., Nr. 4, S. 395-414.

Leven, W. (1992): Warenpräsentationen im Einzelhandel, dargestellt am Beispiel der Zeitungs- und Zeitschriftenpräsentation, in: Marketing ZFP, 14. Jg., Nr. 1, S. 13-22.

Lowrey, T.M./Otnes, C.C./McGrath, M.A. (2005): Shopping with consumers. Reflections and innovations, in: Qualitative Market Research, 8. Jg., Nr. 2, S. 176-188.

Mau, G. (2004): Zur Messung des Einkaufserlebens in realen und virtuellen Geschäften, in: Trommsdorff, V. (Hrsg.), Handelsforschung 2004. Neue Erkenntnisse für Praxis und Wissenschaft des Handels, Köln, S. 477-496.

Morschett, D./Swoboda, B./Foscht, T. (2005): Perception of store attributes and overall attitude towards grocery retailers. The role of shopping motivations, in: International Review of Retail, Distribution and Consumer Research, 15. Jg., Nr. 4, S. 423-447.

Müller-Hagedorn, L. (2005): Handelsmarketing, 4. Auflage, Stuttgart.

Newman, A.J./Foxall, G.R. (2003): In-store customer behaviour in the fashion sector. Some emerging methodological and theoretical directions, in: International Journal of Retail & Distribution Management, 31. Jg., Nr. 11, S. 591-600.

Payne, J.W./Ragsdale, E.K.E. (1978): Verbal protocols and direct observation of supermarket shopping behavior. Some findings and a discussion of methods, in: Hunt, H.K. (Hrsg.), Advances in Consumer Research, 5 Jg., Chicago, S. 571-577.

Pieters, R./Warlop, L. (1999): Visual attention during brand choice. The impact of time pressure and task motivation, in: International Journal of Research in Marketing, 16. Jg., Nr. 1, S. 1-16.

Prasad, V.K. (1975): Unplanned buying in two retail settings, in: Journal of Retailing, 51. Jg., Nr. 3, S. 3-12.

Ruiz, J.-P./Chebat, J.-C./Hansen, P. (2004): Another trip to the mall. A segmentation study of customers based on their activities, in: Journal of Retailing and Consumer Services, 11. Jg., S. 333-350.

Russo, J.E./Johnson, E.J./Stephens, D. (1989): The validity of verbal protocols, in: Memory & Cognition, 17. Jg., Nr. 6, S. 759-769.

Russo, J.E./Leclerc, F. (1994): An eye-fixation analysis of choice processes for consumer nondurables, in: Journal of Consumer Research, 21. Jg., Nr. 2, S. 274-290.

Schröder, H./Berghaus, N. (2005): Blickaufzeichnung der Wahrnehmung am Regal - Methodendemonstration am Beispiel Süßgebäck, in: Trommsdorff, V. (Hrsg.), Handelsforschung 2005. Neue Erkenntnisse für Praxis und Wissenschaft des Handels, Stuttgart, S. 315-335.

Schröder, H./Berghaus, N./Zimmermann, G. (2005): Das Blickverhalten der Kunden als Grundlage für die Warenplatzierung im Lebensmitteleinzelhandel, in: der markt, 44. Jg., Nr. 172, S. 31-43.

Schwarzer, R. (1983): Befragung, in: Feger, H./Bredenkamp, J. (Hrsg.), Datenerhebung. Enzyklopädie der Psychologie, Themenbereich B, Serie 1, Bd. 2, Göttingen, S. 302-320.

Silberer, G. (1989): Die Bedeutung und Messung von Kauferlebnissen im Handel, in: Trommsdorf, V. (Hrsg.), Handelsforschung 1989. Grundsatzfragen, Wiesbaden, S. 59-76.

Silberer, G. (2005): Die videogestützte Rekonstruktion kognitiver Prozesse beim Ladenbesuch, in: Marketing ZFP, 27. Jg., Nr. 4, S. 263-271.

Silberer, G. (2007): Behavior at the POS. Classical and newer methods of recording it, in: Lowrey, T.M. (Hrsg.), Brick & mortar shopping in the 21st century, Mahwah, NJ.

Silberer, G./Rauch, M./Büttner, O. (2007): POS Verhalten von Pärchen und Singles, Manuskript in Vorbereitung.

Sorensen, H. (2003): The science of shopping, in: Marketing Research, 15. Jg., Nr. 3, S. 30-35.

Steyer, R./Schwenkmezger, P./Notz, P./Eid, M. (1997): Der Mehrdimensionale Befindlichkeitsfragebogen (MDBF) - Handanweisung, Göttingen.

Titus, P.A./Everett, P.B. (1996): Consumer wayfinding tasks, strategies, and errors. An exploratory field study, in: Psychology & Marketing, 13. Jg., Nr. 3, S. 265-290.

Weinberg, P./Salzmann, R. (2004): Neuere Ansätze der Emotionsforschung aus Marketingsicht, in: Wiedmann, K.-P. (Hrsg.), Fundierung des Marketing. Verhaltenswissenschaftliche Erkenntnisse als Grundlage einer angewandten Marketingforschung, Wiesbaden, S. 45-62.

Wells, W.D./Lo Sciuto, L.A. (1966): Direct observation of purchasing behavior, in: Journal of Marketing Research, 3. Jg., S. 227-233.

Wittmann, N. (1990): Wo Kunden laufen, da läuft auch das Geschäft nach Wunsch, in: Handel heute, 11. Jg., Sonderdruck, S. 62-66.

Young, S.H. (2002): Winning at retail, in: Global Cosmetic Industry (GCI), 10. Jg., S. 61-64.

Zielke, S. (2002): Kundenorientierte Warenplatzierung. Modelle und Methoden für das Category Management, Stuttgart.

Zielke, S. (2006): Measurement of retailers' price images with a multiple-item scale, in: The International Review of Retail, Distribution and Consumer Research, 16. Jg., Nr. 3, S. 297-316.

Karen Gedenk

Erfolgsmessung bei Verkaufsförderungsaktionen

Prof. Dr. Karen Gedenk leitet das Seminar für Allgemeine Betriebswirtschaftslehre, Marketing und Marktforschung an der Universität zu Köln.

1. Problemstellung

Verkaufsförderungsaktionen bzw. Promotions sind für viele Unternehmen ein zentrales Marketinginstrument. Beispielsweise werden Produkte im Sonderangebot verkauft, in die Zweitplatzierung gestellt, mit Zugaben versehen, und Unternehmen veranstalten Gewinnspiele. Konsumgüterhersteller geben laut der Werbeklima-Studie von GfK und WirtschaftsWoche 22 % ihres Kommunikationsbudgets für Verkaufsförderung aus, und auch bei Industriegüterunternehmen bzw. Dienstleistern sind es noch 15 % bzw. 12 % (GfK/WirtschaftsWoche 2006). Hinzu kommen meist Rabatte und Leistungen für den Handel. Händler tätigen einen erheblichen Anteil ihres Umsatzes im Rahmen dieser Aktionen. Im deutschen Lebensmitteleinzelhandel sind es durchschnittlich 12 %, in manchen Produktkategorien wie z. B. Kaffee sogar über 50 % (Angaben von ACNielsen für 2005).

Dem steht gegenüber, dass Verkaufsförderungsaktionen häufig nicht erfolgreich sind. McKinsey findet 2002 bei der Untersuchung von 5.000 Promotions in 6 europäischen Ländern, dass nur 40 % von ihnen für Hersteller profitabel sind (o. V. 2002). Srinivasan et al. (2004) stellen bei der Analyse von Promotions von 63 Marken aus 21 Produktkategorien fest, dass nur 6 % den Gewinn von Händlern steigern. Und Ailawadi et al. (2006) finden bei der Analyse sämtlicher Promotions des Jahres 2003 der Drogeriemarktkette CVS, dass weniger als die Hälfte von ihnen profitabel ist.

Ähnlich wie bei der Werbung mögen sich daher manche Manager denken, dass sie die Hälfte ihrer Promotion-Gelder zum Fenster hinauswerfen und gerne wüssten, welche Hälfte dies ist. Im Vergleich zur Werbung lässt sich diese Frage bei Verkaufsförderung allerdings wesentlich besser beantworten. Daten sind insbesondere im Bereich des Lebensmitteleinzelhandels reichlich vorhanden, und Modelle für ihre Analysen sind in den letzten Jahren wesentlich weiterentwickelt worden. Die Erfolgsmessung bei Verkaufsförderungsaktionen ist damit zwar aufwändig, aber machbar und vor dem Hintergrund erheblicher Budgets und der Gefahr großer Fehlinvestitionen von entscheidender Bedeutung.

Ziel dieses Beitrags ist es, einen Überblick über relevante Datenquellen und Analyseansätze zu geben. Dabei erfolgt eine Konzentration auf konsumentengerichtete Promotions, also Aktionen, mit denen sich Hersteller und Händler an ihre Endkunden wenden. Zur Erfolgsmessung bei Handels-Promotions, d. h. bei Aktionen von Herstellern an den Handel, sei auf Gedenk 2002 (S. 128 ff.) verwiesen. Im folgenden Abschnitt werden zunächst wesentliche Verkaufsförderungsinstrumente vorgestellt und ihre Wirkungen systematisiert, welche es zu messen gilt. Abschnitt 3 gibt einen Überblick über Methoden der Erfolgsmessung. Dabei stehen verschiedene Datenquellen und die sich aus ihnen ergebenden Möglichkeiten im Mittelpunkt. Da Paneldaten für Konsumgüterunternehmen die zentrale Datenquelle darstellen, werden zu ihrer Analyse in Abschnitt 4 einige Beispiele gegeben.

2. Instrumente der Verkaufsförderung und ihre Wirkungen

Bei der konsumentengerichteten Verkaufsförderung können zunächst Preis- von Nicht-Preis-Promotions unterschieden werden (Gedenk 2002, S. 18 ff.). Zu den Preis-Promotions zählen zeitlich befristete Preissenkungen wie Sonderangebote, Coupons und Multi-Item-Promotions (z. B. „drei zum Preis von zweien"). „Unechte" Nicht-Preis-Promotions umfassen z. B. Displays, Promotion-Werbung in Handzetteln und Zeitungsbeilagen sowie POS-Materialien. Sie werden als „unecht" bezeichnet, da sie oft zur Unterstützung von Preis-Promotions eingesetzt und von vielen Konsumenten selbst dann mit Preissenkungen assoziiert werden, wenn letztere nicht vorliegen. „Echte" Nicht-Preis-Promotions stellen demgegenüber eine Marke, ein Produkt bzw. ein Unternehmen in den Vordergrund, z. B. durch Zugaben, Gewinnspiele oder Warenproben. Mit Preis- und „unechten" Nicht-Preis-Promotions werden meist kurzfristige Umsatz- und Gewinnziele verfolgt, während bei „echten" Nicht-Preis-Promotions häufig langfristige Image- und Gewinnziele im Vordergrund stehen.

Entscheidend für die Erfolgsmessung bei Verkaufsförderungsaktionen ist zunächst die Frage, welche Wirkungen von Promotions erfasst werden sollen. Selbst wenn kurzfristige Wirkungen im Vordergrund stehen, dürfen langfristige Effekte nicht ignoriert werden. Zudem sind kurzfristige Effekte in ihre Bestandteile zu zerlegen, damit die Vorteilhaftigkeit von Promotions für Hersteller und Händler bestimmt werden kann. Abbildung 1 gibt einen Überblick über Absatzwirkungen des Aktionsproduktes im Aktionsgeschäft.

Angenommen, Tengelmann habe Milka-Schokolade im Angebot. Dann wird Tengelmann kurzfristig bei Milka-Schokolade einen deutlichen Absatzanstieg verzeichnen. Dieser kann dadurch entstehen, dass Konsumenten ohne die Aktion bei Rewe gekauft hätten (Geschäftswechsel), Ritter Sport gekauft hätten (Markenwechsel), Gummibärchen gekauft hätten (Kategoriewechsel) oder dadurch, dass sie durch das Angebot mehr bzw. früher Milka-Schokolade kaufen als ohne die Aktion (Kaufakzeleration i. w. S.). Diese Unterscheidung ist deshalb wichtig, weil z. B. Markenwechsel für den Hersteller vorteilhaft ist, nicht jedoch für den Händler, während es sich beim Geschäftswechsel umgekehrt verhält. Um die Vorteilhaftigkeit von Kaufakzeleration i. w. S. zu beurteilen, muss diese weiter zerlegt werden. Kaufen Konsumenten mehr und/oder früher, so führt dies in manchen Kategorien zu Mehrkonsum, d. h. es wird z. B. mehr Schokolade gegessen.

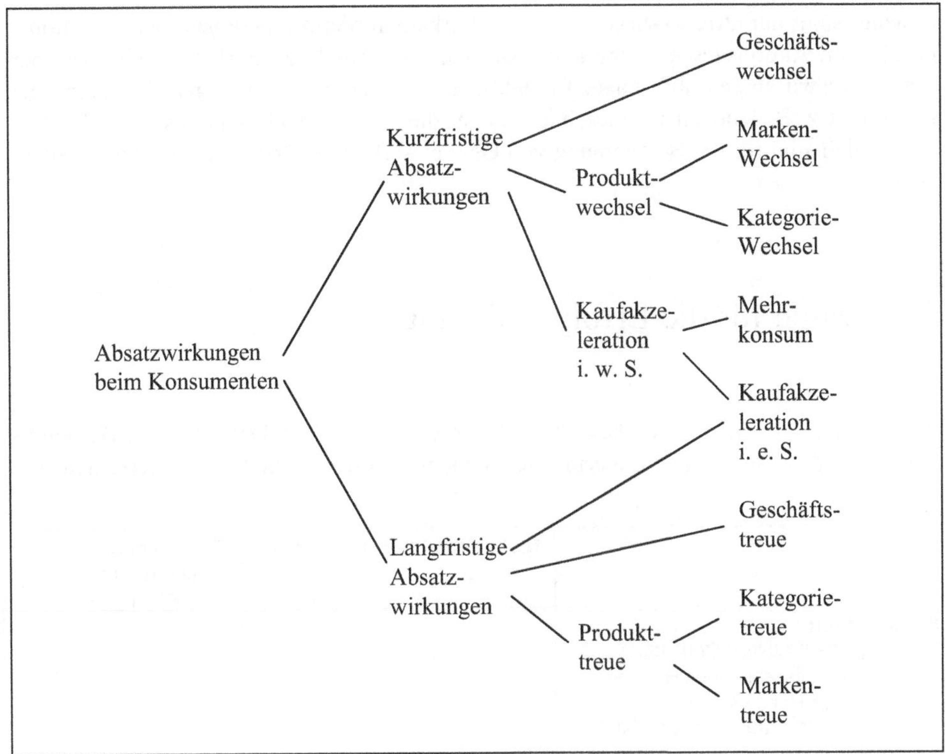

Abbildung 1: Absatzwirkungen von Verkaufsförderung
(Quelle: Gedenk 2002, S. 104)

Dies ist für Hersteller und Händler positiv. Ein anderer Teil des Mehrabsatzes ist dagegen aus der Zukunft vorgezogen (Kaufakzeleration i. e. S.). Hier kann man wiederum danach unterscheiden, ob Konsumenten ohne die Aktion später die gleiche Marke bzw. im gleichen Geschäft gekauft hätten oder ob es gelingt, zukünftigen Absatz von der Konkurrenz zu stehlen (Ailawadi et al. 2007). Nur im letztgenannten Fall entsteht ein Netto-Mehrabsatz.

Langfristig können Verkaufsförderungsaktionen auf die Treue zu Geschäften, Marken und Produktkategorien wirken. Bezogen auf die Markentreue sind häufig negative Effekte von Sonderangeboten gemessen worden, welche u. a. damit erklärt werden können, dass Preis-Promotions die Referenzpreise senken und Konsumenten zu Schnäppchenjägern erziehen (Gedenk 2002, S. 245 ff.). Hier wird verschiedentlich ein Konflikt zwischen Marketing und Vertrieb gesehen, in dem Sinne, dass der Vertrieb auf kurzfristige Absatzsteigerungen ausgerichtet ist, während das Marketing darüber hinaus langfristig eine starke Marke aufbauen will.

Bislang sind nur Absatzwirkungen von Verkaufsförderungsaktionen beim Aktionsprodukt im Aktionsgeschäft betrachtet worden. Insbesondere für Händler sind darüber hinaus Auswirkungen auf andere Produktkategorien zu berücksichtigen. So kann eine Promotion z. B. Kunden ins Geschäft ziehen, die weitere Nicht-Aktionsartikel kaufen. Schließlich sind für die Bestimmung von Gewinnwirkungen Preise und Kosten einzubeziehen.

3. Daten für die Erfolgsmessung

Abbildung 2 gibt einen Überblick über relevante Datenquellen. Dabei wird in Befragungen vs. Beobachtungen und Experimente vs. nicht-experimentelle Daten unterschieden.

	Nicht-experimentelle Daten	**Experimente** ▪ Feldexperimente ▪ Laborexperimente
Beobachtung ▪ Aggregierte Kaufverhaltensdaten - Abverkaufszahlen des Handels - Scanner-Handelspanels ▪ Disaggregierte Kaufverhaltensdaten - Verbraucherpanel - Single-Source-Panel - Bonusprogramm-Daten - Logfile-Daten		
Befragung		

Abbildung 2: Daten für die Erfolgsmessung

Nicht-experimentelle Beobachtungsdaten

Der größte Teil der wissenschaftlichen Forschung zu Promotions basiert auf nicht-experimentellen Beobachtungsdaten, insbesondere auf Scanner- und Paneldaten (Günther et al. 1998). Auch in der Praxis ist dies eine zentrale Datenquelle, insbesondere für Konsumgüter, die über den Lebensmitteleinzelhandel vertrieben werden. Grundsätzlich zu unterscheiden sind dabei aggregierte Daten auf der Ebene von Geschäften von disaggregierten Daten auf der Ebene einzelner Haushalte.

Händler verfügen über aggregierte Daten aus ihren Scannerkassen und stellen diese teilweise auch Herstellern für die Analyse des Promotion-Erfolgs zur Verfügung. Handelspanels weisen demgegenüber den Vorteil auf, dass sie Daten mehrerer Händler erfassen. Traditionelle Handelspanels sind für die Analyse von Promotions allerdings wenig geeignet, da sie Daten nur für größere Zeitintervalle (z. B. 2-Monats-Intervalle) erheben, während Promotions meist nur für kurze Zeit (oft eine oder zwei Wochen) stattfinden. Scanner-Handelspanels, welche dieses Problem nicht aufweisen, werden in Deutschland von IRI und ACNielsen angeboten. Sie erfassen für bestimmte Produktkategorien über Scannerkassen die Preise und den Absatz einzelner Artikel in einigen hundert Super-, Verbraucher- und Drogeriemärkten. Zudem werden wöchentlich durch Mitarbeiter der Marktforschungsinstitute Marketingvariablen im Geschäft erhoben, z. B. der Einsatz von Displays und Handzetteln/Beilagen/Inseraten.

Aggregierte Daten erlauben sehr gut die Erfassung des kurzfristigen Mehrabsatzes durch Promotions. Darüber hinaus gibt es Modelle, mit denen der kurzfristige Mehrabsatz in seine Bestandteile zerlegt und langfristige Effekte gemessen werden können (z. B. van Heerde et al. 2000; van Heerde et al. 2004). Allerdings ist dies noch präziser möglich, wenn man auf disaggregierte Daten zurückgreift, in denen das Kaufverhalten einzelner Haushalte über die Zeit verfolgt werden kann, so dass Aggregationsbiases vermieden werden (Neslin/Schneider Stone 1996).

Disaggregierte Daten liegen vielen Unternehmen in Form von Verbraucherpanels, insbesondere Haushaltspanels, vor. Allerdings besteht hier das Problem, dass kaum Informationen zu den Promotions enthalten sind, welche Konsumenten beim Einkaufen im Geschäft vorgefunden haben. Die Panelteilnehmer machen zwar Angaben dazu, ob sie während der Aktion gekauft haben. Die sind jedoch ungenaue subjektive Wahrnehmungen, die zudem nur für das gekaufte Produkt vorliegen und nicht für konkurrierende Produkte, welche nicht gewählt wurden. Wesentlich aussagekräftiger für die Erfolgsmessung bei Verkaufsförderungsaktionen sind daher Single-Source-Panels, wie sie z. B. die GfK mit dem BehaviorScan anbietet (www.gfk.de). Hier wird ein Verbraucher- mit einem Handelspanel kombiniert. So nehmen am BehaviorScan 3.000 Haushalte teil sowie ein Großteil der Geschäft in Haßloch in der Pfalz. Die Einkäufe der Haushalte werden über Identifikationskarten im Geschäft erfasst. Von den Händlern liegen präzise Preisinformationen vor, und Nicht-Preis-Promotions können durch Mitarbeiter der GfK erfasst werden. Darüber hinaus besteht die Möglichkeit, einzelne Haushalte gezielt mit Werbung anzusprechen, was für die Analyse des Verkaufsförderungserfolgs allerdings in aller Regel keine Rolle spielt.

Eine ähnliche Struktur der Daten findet sich bei Bonusprogrammen von Händlern. Die Händler kennen ihre Preise und Promotions und können das Kaufverhalten einzelner Haushalte über die Zeit beobachten. Die zentrale Schwierigkeit besteht hier allerdings darin, dass nur Käufe in Geschäften erfasst werden, die am Bonusprogramm teilnehmen, während Käufe in Konkurrenzgeschäften nicht beobachtet werden können. Gleiches gilt im Internet-Geschäft für Logfiles (Lutzky/Teichmann 2002). Sie können alle Aktivitäten von Kunden auf einer Website aufzeichnen, erfassen jedoch nicht, was die Kunden auf anderen Webseiten kaufen. Weitere Probleme bestehen bezüglich der Identifikation von

Kunden, des Datenschutzes und der schieren Menge der Daten in Logfiles. Die Analyse von Logfiles steht daher noch am Anfang.

Die geschilderten disaggregierten Daten erlauben eine sehr detaillierte Analyse der Reaktionen von Konsumenten auf Promotions. Anders als bei aggregierten Daten kann nicht nur die Entwicklung von Absatz bzw. Marktanteil insgesamt untersucht werden. Vielmehr können einzelne Entscheidungen von Konsumenten modelliert werden, wie die Geschäftswahl, die Entscheidung, in einer Produktkategorie zu kaufen, die Markenwahl und die Entscheidung für eine Kaufmenge (Gedenk 2002, S. 160 ff.). Dies erlaubt eine detaillierte Dekomposition von Promotion-Effekten.

Bei der Wahl zwischen aggregierten und disaggregierten Daten ergibt sich somit ein Trade-Off zwischen Aussagekraft und Aufwand. Disaggregierte Daten erlauben zwar besonders tiefgehende Analysen, sind aber sehr teuer in der Beschaffung und extrem aufwändig in der Auswertung. Manager arbeiten in der Praxis daher meist mit aggregierten Daten. Wissenschaftler haben jedoch zahlreiche Studien zu Promotionwirkungen auf Basis von disaggregierten Daten vorgelegt, aus denen sich mehr oder weniger generalisierbare Erkenntnisse ableiten lassen (für einen Überblick siehe Gedenk 2002; Neslin 2002).

Generell können nicht-experimentelle Beobachtungsdaten viele Erkenntnisse zum Erfolg von Verkaufsförderungsaktionen liefern. Allerdings unterliegen diese Marktdaten auch gewissen Einschränkungen:

- Marktdaten liegen bei anderen Produkten als Fast Moving Consumer Goods, die über den Lebensmitteleinzelhandel vertrieben werden, nur eingeschränkt vor. Dies gilt insbesondere für disaggregierte Daten.
- Marktdaten generell liegen nur für am Markt eingeführte Produkte und bereits eingesetzte Promotions vor.
- Mit Marktdaten ist es auf Grund vielfältiger Einflüsse auf das Kaufverhalten meist schwierig, Promotion-Effekte zu isolieren.
- Mit Marktdaten kann man Verhalten untersuchen, aber nicht Einstellungen, Emotionen und Motive, die dieses Verhalten verursachen.

Die Erfolgsmessung bei Verkaufsförderungsaktionen wird daher verschiedentlich durch die Verwendung der weiteren in Abbildung 2 genannten Datenquellen ergänzt.

Weitere Datenquellen

Zunächst können Befragungen eingesetzt werden, um Einstellungen, Images, Emotionen, Motive und Verhaltensabsichten zu erheben. Sie können zur Lösung aller vier oben angesprochenen Probleme beitragen. So sind Befragungen für alle Produktkategorien möglich sowie für neue Produkte bzw. neue Promotions. Sie erlauben die gezielte Frage nach der Wirkung von Promotions und die Abfrage von Einstellungen, Images und Motiven, welche Hintergründe für das Kaufverhalten liefern. Auch Konsumentencharakteristika können abgefragt werden, welche möglicherweise die Promotion-Response beeinflussen. Ein Nachteil ist bei allen Befragungen die möglicherweise eingeschränkte externe Validität. Geben Befragte ihre wahren Einstellungen an, und verhalten sie sich tatsächlich so, wie sie es in Befragungen angeben?

Nicht-experimentelle Befragung wurden z. B. eingesetzt, um die Deal-Proneness zu untersuchen, d. h. um zu analysieren, welche Konsumenten besonders häufig Promotions nutzen (z. B. Ailawadi et al. 2001). Wesentlich häufiger sind allerdings experimentelle Befragungen, bei denen Promotions systematisch variiert werden. Da bei Experimenten andere Variablen als die Testvariablen möglichst konstant gehalten werden, erlauben Experimente die Analyse von Kausaleffekten, d. h. die Isolierung von Promotionwirkungen und Einflüssen darauf. Beispielsweise untersuchen Simonson et al. (1994) die Wirkung von Produktzugaben, welche sich im Feld nur schwer isolieren lässt. Auch zum Framing von Promotions wurden viele Laborexperimente durchgeführt. So wurde etwa untersucht, unter welchen Bedingungen es günstiger ist, einen Preisnachlass absolut oder in Prozent anzugeben (z. B. Chen et al. 1998).

Schließlich bieten sich Feldexperimente basierend auf Beobachtungsdaten zur Erfolgsmessung bei Verkaufsförderungsaktionen an. Sie kombinieren den Vorteil hoher interner mit demjenigen hoher externer Validität. So können im Vergleich zu nicht-experimentellen Beobachtungen Promotion-Effekte besser isoliert werden, und im Vergleich zu Befragungs-Experimenten liegt eine größere Realitätsnähe vor. Leider scheuen Manager häufig vor Feldexperimenten zurück. Neben den Kosten befürchten sie vielfach negative Rückwirkungen auf ihr Geschäft, wenn mit Kunden „experimentiert" wird. Dabei können aus einfachen Store-Tests häufig sehr interessante Erkenntnisse gewonnen werden. Beispielsweise zeigen Wansink et al. (1998), dass Mengenrestriktionen bei Preis-Preis-Promotions die durchschnittlich gekaufte Menge nach oben treiben können. Dies kann u. a. mit einem Anchoring & Adjustment-Effekt erklärt werden, d. h. damit, dass Konsumenten die in der Begrenzung angegebene Menge als Anker verwenden und ihre gekaufte Menge daran orientieren.

4. Erfolgsmessung auf Basis von Paneldaten

Da in der Praxis vor allem aggregierte Scanner- bzw. Handelspaneldaten für die Erfolgsmessung bei Verkaufsförderungsaktionen herangezogen werden, sollen hier zunächst die beiden bekanntesten Modelle zur Analyse dieser Daten vorgestellt werden:

das in Kooperation mit ACNielsen entwickelte SCAN*PRO- und das in Zusammenarbeit mit IRI entwickelte PROMOTIONSCAN-Modell. SCAN*PRO (Wittink et al. 1987) besteht im Kern aus einer multiplikativen Absatzreaktionsfunktion, die mit allen Paneldaten geschätzt wird. PROMOTIONSCAN (Abraham/Lodish 1993) ist dagegen ein Baseline-Ansatz. Die Baseline, d. h. der Absatz, der ohne Promotions erreicht würde, wird auf Basis des Absatzes in promotionfreien Perioden ermittelt. Der Effekt einer Verkaufsförderungsaktion ergibt sich dann aus dem Vergleich des tatsächlichen Absatzes mit dem Baseline-Absatz. Schließlich soll anhand eines dritten Beispiels (Ailawadi et al. 2007) gezeigt werden, welche tiefergehenden Analysemöglichkeiten sich bei disaggregierten Daten aus einem Single-Source-Panel ergeben.

*SCAN*PRO*

SCAN*PRO (Wittink et al. 1987; van Heerde et al. 2002) modelliert den Absatz als multiplikative Funktion von Preis- und „unechten" Nicht-Preis-Promotions:

$$Q_{igt} = \prod_{j \in I} \left[\left(\frac{P_{jgt}}{BP_{jg}} \right)^{\beta_j} \cdot \gamma_{1j}^{\;HBI_{jgt}} \cdot \gamma_{2j}^{\;DIS_{jgt}} \cdot \gamma_{3j}^{\;HUD_{jgt}} \right] \prod_{t \in T} \left[\delta_t^{\;W_t} \right] \cdot \prod_{g \in G} \left[\lambda_g^{\;Z_g} \right] \cdot e^{u_{igt}} \qquad (i \in I) \quad (1)$$

mit:

Q_{igt} = Absatzmenge der i-ten Marke im g-ten Geschäft in der t-ten Periode,

P_{jgt} = Preis der j-ten Marke im g-ten Geschäft in der t-ten Periode,

BP_{jg} = Basispreis der j-ten Marke im g-ten Geschäft (Median der Preise aus Perioden ohne Verkaufsförderung),

HBI_{jgt} = Dummy für Handzettel/Beilage/Inserat (1, wenn für die j-te Marke im g-ten Geschäft in der t-ten Periode ein(e) Handzettel/Beilage/Inserat vorliegt, aber kein Display; 0 sonst),

DIS_{jgt} = Dummy für Display (1, wenn für die j-te Marke im g-ten Geschäft in der t-ten Periode ein Display vorliegt, aber kein(e) Handzettel/Beilage/Inserat; 0 sonst),

HUD_{jgt} = Dummy für Handzettel/Beilage/Inserat und Display (1, wenn für die j-te Marke im g-ten Geschäft in der t-ten Periode ein(e) Handzettel/Beilage/Inserat und ein Display vorliegen; 0 sonst),

W_t = Dummy für Periode (1, wenn Beobachtung aus der t-ten Woche stammt; 0 sonst),

Z_g = Dummy für Geschäft (1, wenn Beobachtung aus dem g-ten Geschäft stammt; 0 sonst),

u_{igt} = Fehlerterm der i-ten Marke im g-ten Geschäft in der t-ten Periode,

I = Indexmenge der Marken,

G = Indexmenge der Geschäfte,

T = Indexmenge der Perioden.

Wittink et al. schlagen vor, die Paneldaten auf das Niveau von Wochen, Geschäften und Marken zu aggregieren. Die Analyse erfolgt dann für einzelne Marken, während über alle Geschäfte eines Marktes (einer Region) gepoolt wird. Der Absatz einer Marke hängt dabei von Preis und Promotions dieser Marke ab, aber auch von Preisen und Promotions relevanter Konkurrenzmarken. Um den Preis über alle Geschäfte eines Marktes hinweg vergleichbar zu machen, wird er relativiert, indem er durch den Basispreis des jeweiligen Geschäftes geteilt wird. Der Basispreis eines Geschäftes ist dabei der Median der Preise aus Perioden, in denen im jeweiligen Geschäft keine Verkaufsförderungsaktion für die betrachtete Marke durchgeführt wird. Entsprechend können auch die Absatzmengen durch Division durch einen Basisabsatz relativiert werden. Oft werden Größenunterschiede zwischen den Geschäften stattdessen allerdings – wie in Geichung (1) dargestellt – durch die Aufnahme von Geschäftsdummies Z_g berücksichtigt. „Unechte" Nicht-Preis-Promotions werden durch drei Dummyvariablen für reine Handzettel/Beilagen/Inserate und reine Display-Promotions sowie für Kombinationen der beiden Instrumente erfasst. Dies kann natürlich je nach Produktkategorie und Datensatz angepasst werden. Schließlich wird mit Indikatorvariablen für die Wochen W_t für Saisoneffekte und außergewöhnliche Ereignisse kontrolliert.

Die Wirkung von Preis-Promotions schlägt sich in der Preis-Elastizität β_j nieder. Für $i = j$ ist dies die direkte Elastizität, während durch $i \neq j$ die Kreuzelastizitäten gekennzeichnet sind. Die Promotionparameter γ_{1j} bis γ_{3j} können als Multiplikatoren interpretiert werden, die angeben, um wie viel höher bzw. geringer der Absatz bei Einsatz der Promotion ist als ohne.

Ein Beispiel für den Einsatz des SCAN*PRO-Modells findet sich in der Studie von Foekens et al. (1999). Die Autoren schätzen das oben dargestellte Modell mit Scannerdaten aus 28 Geschäften einer amerikanischen Handelskette für drei Marken einer Lebensmittel-Produktkategorie. Die geschätzten Parameter für Preise und Promotions zeigt Tabelle 1. Direkte Effekte sind durch Grauschattierungen gekennzeichnet.

Unabhängige Variable	Abhängige Variable: Absatz von Marke...		
	A	B	C
P_A	-2,96	0,26	0,54
P_B	0,69	-2,42	1,34
P_C	1,08	0,38	-3,21
HBI_A	n. s.	1,48	0,63
DIS_A	1,80	n. s.	0,82
HUD_A	1,75	1,34	0,54
HBI_B	0,38	n. s.	n. s.
DIS_B	n. s.	1,54	n. s.
HUD_B	0,33	2,08	0,61
HBI_C	n. s.	1,42	2,12
DIS_C	n. s.	n. s.	2,41
HUD_C	n. s.	1,26	3,22
n. s. = nicht signifikant			

Tabelle 1: Parameter des SCAN*PRO-Modells von Foekens et al. (1999)
(Quelle: Foekens et al. 1999, S. 262)

Man erkennt, dass die drei direkten Preiselastizitäten für Promotion-Preiselastizitäten typische Werte um -3 aufweisen (Bijmolt et al. 2005). Auch die Kreuzpreiselastiztiäten sind signifikant. Die positiven Werte zeigen an, dass Preis-Promotions zu Markenwechsel führen – senkt eine Marke den Preis, verlieren die anderen an Absatz. Bei den „unechten“ Nicht-Preis-Promotions fällt zunächst auf, dass Handzettel/Beilagen/Inserate nur bei Marke C einen signifikanten direkten Effekt haben. Hier ist der Absatz bei Vorliegen einer solchen Promotion 2,12 mal so hoch wie der Absatz ohne Promotion. Displays führen bei allen drei Marken ungefähr zu einer Verdopplung des Absatzes. Der zusätzliche Einsatz von Handzetteln/Beilagen/Inseraten erhöht den Absatz bei zwei Marken noch etwas weiter. Einige Multiplikatoren für die Kreuzeffekte bei den Marken A und C sind kleiner als 1 und zeigen somit an, dass auch die „unechten“ Nicht-Preis-Promotions Markenwechsel verursachen. Bei Marke B ergeben sich dagegen signifikante Multiplikatoren größer als 1. Marke B profitiert also von „unechten“ Nicht-Preis-Promotions der Konkurrenz. Dies kann mit einem Aufmerksamkeits-Effekt erklärt werden. Handzettel/Beilagen/Inserate (allein oder in Kombination mit Displays) für die Marken A und C lenken die Aufmerksamkeit der Konsumenten auf die Produktkategorie. Offenbar hat Marke B viele treue Kunden, die aufgrund der Promotion mehr von der Kategorie kaufen als sonst, aber bei Marke B bleiben. Erst Preis-Promotions können sie zum Markenwechsel bewegen. Marke B scheint somit eine besonders starke Marke zu sein. Marke A sollte Händlern keine Werbekostenzuschüsse zahlen, da von Handzetteln / Beilagen / Inseraten für Marke A nur Marke B profitiert.

Dieses einfache SCAN*PRO-Modell ist im Laufe der Jahre vielfach erweitert worden (van Heerde et al. 2002). Beispielsweise schätzen Foekens et al. (1994) geschäftsspezifische Parameter. Foekens et al. (1999) machen die Parameter des SCAN*PRO-Modells zu einer Funktion vergangener Promotions und zeigen, dass die Promotionwirkung von der Höhe und dem Timing vergangener Aktionen abhängt. Van Heerde et al. (2000) fügen Lead- und Lag-Effekte ein, um Kaufakzeleration untersuchen zu können. Van Heerde et al. (2001) zeigen, dass unterschiedlich starke Preissenkungen zu unterschiedlichen Effekten führen, und van Heerde et al. (2004) geben ein Beispiel dafür, dass eine Dekomposition des kurzfristigen Mehrabsatzes in Folge von Promotions auch mit aggregierten Daten möglich ist. SCAN*PRO ist aber nicht nur von Wissenschaftlern eingesetzt worden. Die weite Verfügbarkeit von Scannerhandelspanels und die einfache Anwendbarkeit des Modells haben dazu geführt, dass es von ACNielsen auch in der Praxis über 3.000 mal eingesetzt worden ist (van Heerde et al. 2002, S. 201).

PROMOTIONSCAN

Bei SCAN*PRO wird der Einfluss von Promotions auf den Absatz direkt modelliert und mit Paneldaten aller Wochen geschätzt. Einen etwas anderen Ansatz wählen Abraham/Lodish (1993) bei ihrem PROMOTIONSCAN-Modell. Sie schätzen eine Baseline, welche den Absatz ohne Promotions wiedergibt, nur auf Basis von Daten aus Perioden, deren Absatz nicht von Promotions beeinflusst ist. Im Einzelnen gehen sie in folgenden Schritten vor:

1. Bereinigung um Trend- und Saisoneinflüsse,
2. Elimination von Perioden, deren Absatz durch Promotions beeinflusst ist,
3. Elimination von Ausreißern,
4. Berechnung einer vorläufigen Baseline durch Glätten (mit gleitenden Durchschnitten) und Wiedereinführung von Trend- und Saisoneffekten,
5. Korrektur um Vorratslücken des Handels und Marktfaktoren (z. B. Marketing-Aktivitäten von Konkurrenten).

Einige dieser Schritte werden iterativ mehrfach durchlaufen. Zusammen mit abschließenden Konsistenzchecks führt dies zu robusten Schätzungen, die weitgehend automatisch erstellt werden. Liegt eine Baseline vor, kann der Effekt einer Verkaufsförderungsaktion ermittelt werden, indem man den tatsächlichen Absatz mit dem Baseline-Absatz vergleicht. Während der Promotion sollte sich ein Mehrabsatz ergeben, während Kaufakzeleration i. e. S. zu einem Minderabsatz in Folgeperioden führt.

Eine Kernschwierigkeit bei PROMOTIONSCAN besteht darin, Perioden zu identifizieren, deren Absatz nicht von Promotions beeinflusst ist. Ein Einfluss auf den Absatz besteht nicht nur in den Wochen, in denen Promotions stattfinden, sondern bei Kaufakzeleration auch in den daran anschließenden Wochen. In Produktkategorien mit häufigen Promotions finden sich somit z. T. nur sehr wenige promotionfreie Perioden, mit denen die Baseline geschätzt werden kann.

Auch Baseline-Verfahren werden in der Praxis häufig eingesetzt. Ein Beispiel, das Wissenschaft und Praxis verknüpft, findet sich bei Ailawadi et al. (2006). Die Autoren wählen die vergleichsweise einfache und robuste Analysemethode, um sämtliche Promotions der US-amerikanischen Drogeriemarktkette CVS zu untersuchen, d. h. ca. 36 Mio. Verkaufsförderungsaktionen in 189 Produktkategorien und 3.808 Geschäften. Sie schätzen eine Baseline, indem sie gleitende Durchschnitte über promotionfreie Wochen vor und nach einer Verkaufsförderungsaktion bilden. Die Anzahl berücksichtigter Wochen variiert dabei in Abhängigkeit der Umschlagshäufigkeit und Saisonalität der Produkte. Die Differenz zwischen tatsächlichem und Baseline-Absatz des Aktionsartikels im Aktionszeitraum ergibt den kurzfristigen Mehrabsatz des Aktionsartikels.

Anschließend zerlegen Ailawadi et al. (2006) diesen Mehrabsatz und betrachten zusätzliche Effekte der Aktion auf andere Produktkategorien. Aus Sicht des Händlers ist interessant, welche Teile des kurzfristigen Mehrabsatzes von anderen Artikeln der gleichen Produktkategorie (Markenwechsel) bzw. aus der Zukunft (Kaufakzeleration i. e. S.) entliehen sind. Diese beiden Effekte bedeuten für den Händler netto keinen Mehrabsatz, während der restliche kurzfristige Mehrabsatz inkrementell ist. Auch Mehrabsatz in anderen Produktkategorien (z. B. aufgrund von Geschäftswechsel) ist für den Händler vorteilhaft. Ailawadi et al. (2006) ermitteln daher auf Basis der Scannerdaten von CVS, welcher Absatz anderen Artikeln der gleichen Produktkategorie verloren geht. Die Kaufakzeleration i. e. S. isolieren sie auf Basis von Bonusprogrammdaten, da dies mit disaggregierten Daten genauer möglich ist als mit aggregierten (Neslin/Schneider Stone 1996). Den Mehrabsatz anderer Produktkategorien ermitteln sie wiederum mit aggregierten Scannerdaten. Schließlich liegen den Autoren auch Daten zu Kosten und Zahlungen aus Handels-Promotions der Hersteller vor, so dass sie nicht nur die Absatzeffekte der Promotions, sondern auch deren Profitabilität bestimmen können. Tabelle 2 zeigt die Mediane der Befunde für vier Gruppen von Produktkategorien sowie das gesamte Sample.

Man erkennt zunächst einen kurzfristigen Mehrabsatz von etwa 300 %. Bei durchschnittlichen Discounts von ca. 30 % ergeben sich Preiselastizitäten von grob -10. Diese erfassen allerdings neben dem Preiseffekt auch die Wirkung anderer Promotion-Instrumente, insbesondere von Displays und Handzetteln/Beilagen/Inseraten. Knapp die Hälfte des kurzfristigen Mehrabsatzes stammt aus Markenwechsel und etwa 10 % aus Kaufakzeleration i. e. S. Etwa 45 % sind somit echter Netto-Mehrabsatz für CVS. Interessanterweise profitieren in drei von vier Gruppen von Produktkategorien auch die anderen Kategorien von den Promotions. Über alle Produktkategorien werden für jede Einheit Mehrabsatz des Aktionsartikels 0,16 Einheiten von Artikeln aus anderen Produktkatego-

Effekt	Gesamtes Sample	Gesundheit	Schönheit	Nahrungsmittel	Sonstiges
Kurzfristiger Mehrabsatz	310 %	264 %	314 %	308 %	421 %
Anteil Markenwechsel	0,46	0,50	0,47	0,40	0,43
Anteil Kaufakzeleration i. e. S.	0,10	0,11	0,09	0,15	0,08
Mehrabsatz anderer Produktkategorien	0,16	-0,04	0,30	0,05	0,28
Netto-Mehrabsatz	1,05	0,58	1,35	2,07	1,71
Baseline-Absatz	0,86	0,80	0,67	2,00	0,75
Netto-Mehrgewinn	-0,62	-0,93	0,23	-1,14	0,08
Baseline-Gewinn	1,29	1,69	1,24	0,91	0,94

Tabelle 2: Befunde von Ailawadi et al. 2006 (Mediane)
(Quelle: Ailawadi et al. 2006, S. 527)

rien mehr verkauft. So ergibt sich im Median ein Netto-Mehrabsatz von 1,05 Einheiten bei einem Baseline-Absatz von 0,86 Einheiten. Der Gewinn aus den Promotions ist allerdings in zwei von vier Gruppen von Produktkategorien deutlich negativ. D. h. der Mehrabsatz und die Zahlungen der Hersteller reichen nicht aus, um den Verlust an Marge auszugleichen. Insgesamt ist mehr als die Hälfte der untersuchten Verkaufsförderungsaktionen nicht profitabel für CVS.

In weiteren Analysen versuchen Ailawadi et al. (2006), Unterschiede in der Absatz- und Gewinnwirkung von Verkaufsförderungsaktionen zu erklären. Während sich die Geschäfte nur wenig in Bezug auf die Effektivität von Verkaufsförderungsaktionen unterscheiden, finden sich deutliche Unterschiede zwischen Marken, Kategorien und Promotiontypen, die z. T. durch die betrachteten Einflussgrößen erklärt werden können. Interessanterweise zeigen sich dabei häufig gegenläufige Einflüsse auf Absatz versus Gewinn. Beispielsweise hat die Stärke der Preissenkung einen positiven Einfluss auf den Mehrabsatz (da ein stärkerer Kaufanreiz entsteht), aber einen negativen Einfluss auf den Mehrgewinn (da die Marge stärker gesenkt wird). Auch die Höhe des Marktanteils einer Marke wirkt positiv auf den Mehrabsatz, aber negativ auf den Mehrgewinn. Dies unterstreicht, wie gefährlich es ist, beim Promotion-Controlling den Fokus allein auf Absatzeffekte zu legen. Manager dürfen nicht nur Absatzziele, sondern müssen Gewinn- bzw. Deckungsbeitragsziele erhalten. Bei falschen Anreizsystemen ist es für Manager in der Praxis schwierig, unprofitable Promotions zu eliminieren, da dies oft nur zu Lasten des Absatzes möglich ist.

Die geschilderten Methoden zur Analyse aggregierter Daten haben den großen Vorteil, dass Scannerdaten des Handels bzw. Scannerhandelspanels zumindest für Konsumgüter einfach verfügbar sind und ihre Auswertung weitgehend automatisiert erfolgen kann. Demgegenüber erlauben disaggregierte Daten jedoch genauere Aussagen. Das Beispiel von Ailawadi et al. (2006) zeigt, wie beide Arten von Analysen miteinander verknüpft werden können – die Autoren verwenden disaggregierte Daten zur Bestimmung der Kaufakzeleration i. e. S.. Wie mit disaggregierten Daten eine noch stärkere Dekomposition von Promotion-Effekten erfolgen kann, zeigt das folgende Beispiel von Ailawadi et al. (2007).

Dekomposition auf Basis von Single-Source-Daten

Ailawadi et al. (2007) analysieren die Vorteilhaftigkeit von Sonderangeboten und „unechten" Nicht-Preis-Promotions aus Sicht von Konsumgüterherstellern. Ihr Modell basiert auf Daten aus Single-Source-Scannerpanels und bildet die Entscheidungen der Konsumenten zum Kategoriekauf, zur Markenwahl und zur Kaufmenge ab:

$$P_{ht}(i\,\&\,q) = P_{ht}(inc)\cdot P_{ht}(i\mid inc)\cdot P_{ht}(q\mid inc\,\&\,i) \qquad (h\in H;\ t\in T) \qquad (2)$$

mit

$P_{ht}(i\,\&\,q)$ = Wahrscheinlichkeit, dass der h-te Haushalt beim t-ten Einkaufstrip die Menge q von Marke i kauft,

$P_{ht}(inc)$ = Wahrscheinlichkeit, dass der h-te Haushalt beim t-ten Einkaufstrip einen Kauf in der Produktkategorie tätigt,

$P_{ht}(i\mid inc)$ = Wahrscheinlichkeit, dass der h-te Haushalt beim t-ten Einkaufstrip die Marke i kauft, gegeben einen Kauf in der Kategorie,

$P_{ht}(q\mid inc\,\&\,i)$ = Wahrscheinlichkeit, dass der h-te Haushalt beim t-ten Einkaufstrip die Menge q kauft, gegeben einen Kauf in der Kategorie und einen Kauf von Marke i,

H = Indexmenge der Haushalte,

T = Indexmenge der Einkaufstrips.

Jeder Einkaufstrip eines Haushalts ist eine Beobachtung. Ein Haushalt entscheidet bei einem Einkaufstrip zunächst, ob er einen Kauf in der betrachteten Produktkategorie tätigt. Ist dies der Fall, so wählt er eine Marke und entscheidet schließlich über die gekaufte Menge. Kategoriekauf und Markenwahl werden über ein Nested-Logit-Modell erfasst, die Markenwahl über ein Poisson-Modell.

Ziel des Beitrags von Ailawadi et al. (2007) ist die detaillierte Analyse der Kaufakzeleration. Kaufakzeleration i. w. S. ist zunächst in den Kategoriekauf- und Kaufmengen-

Modellen erkennbar: Konsumenten kaufen früher und/oder mehr als ohne die Promotion. Dies resultiert teilweise in Mehrkonsum der Konsumenten. Konsum und Lagerbestand der Haushalte können in Paneldaten natürlich nicht beobachtet werden, so dass Annahmen zum Konsum getroffen und Lagerbestände entsprechend fortgeschrieben werden müssen. Die Autoren treffen die Annahme flexiblen Konsums und schätzen die Stärke dieser Flexibilität. Es zeigt sich, dass Haushalte mehr von einem Produkt konsumieren, wenn sie eine größere Menge dieses Produktes vorrätig haben. Promotions, welche über Kaufakzeleration i. w. S. die Vorratsmenge von Haushalten erhöhen, führen damit zu Mehrkonsum.

Neben Mehrkonsum tritt auch Kaufakzeleration i. e. S. auf, d. h. es werden Käufe aus der Zukunft vorgezogen. Ailawadi et al. (2007) unterscheiden, ob diese Käufe beim eigenen Absatz entliehen werden („Loyale Lagerhaltung“) oder bei demjenigen von Konkurrenzmarken („Vorgezogener Markenwechsel“). Schließlich untersuchen sie noch die Wirkung von Kaufakzeleration auf die Markentreue von Konsumenten. Markentreue-Effekte werden dabei über differenzierte Feedback-Variablen im Markenwahl-Modell erfasst. Deren Parameter zeigen, dass Promotions die Markentreue senken, wobei dieser Effekt aber geringer ist, wenn Konsumenten Kaufakzeleration i. w. S. betreiben. Dies kann z. B. damit erklärt werden, dass Konsumenten sich stärker an ein Produkt gewöhnen, wenn sie mehr von ihm konsumieren.

Schließlich ist bei der Analyse disaggregierter Daten zu berücksichtigen, dass sich Konsumenten in ihren Markenpräferenzen und in ihrer Reaktion auf Marketingmix-Variablen unterscheiden. Wird diese Heterogenität vernachlässigt, so sind Modell-Parameter verzerrt. Ailawadi et al. (2007) verwenden daher ein Continous-Mixture-Modell, bei dem die Modellparameter jeweils einer Normalverteilung folgen (Train 2003, S. 138 ff.). Sobald die Parameter des Kaufverhaltensmodells geschätzt sind, kann der Mehrabsatz durch Promotions bestimmt und in seine Bestandteile zerlegt werden. Dies geschieht mit Hilfe einer Monte-Carlo-Simulation. Das Kaufverhalten der Panelhaushalte wird einmal für die im Panel vorliegenden Bedingungen und ein weiteres Mal nach Einführung einer zusätzlichen Promotion simuliert. Unterschiede sind auf die Promotion zurückzuführen und können den einzelnen Promotionwirkungen zugeordnet werden.

Tabelle 3 zeigt die Ergebnisse dieser Dekomposition für eine Joghurt- und eine Ketchupmarke. Die ihnen zugrundeliegenden Kaufverhaltensmodelle wurden mit US-amerikanischen Single-Source-Scannerpanels für Joghurt und Ketchup geschätzt. Promotions wurden dabei über eine Dummy-Variable für Sonderangebote und/oder Handzettel/Beilagen/Inserate bzw. Displays erfasst.

		Joghurt („Dannon“)		Ketchup („Del Monte“)	
		Einheiten	% des kurzfr. Mehrabsatzes	Einheiten	% des kurzfr. Mehrabsatzes
Baseline-Absatz		3,88		0,80	
Kurzfristiger Mehrabsatz		12,45	100 %	3,85	100 %
Dekomposition des kurzfristigen Mehrabsatzes					
Markenwechsel		4,78	38,4 %	2,26	58,6 %
Kaufakzeleration i. w. S.	Kurzfr. Mehrkonsum	6,50	52,2 %	1,14	29,5 %
	Loyale Lagerhaltung	0,41	3,3 %	0,21	5,4 %
	Vorgezogener Markenwechsel	0,76	6,1 %	0,25	6,5 %
Langfristige Effekte aus Kaufakzeleration					
Langfr. Mehrkonsum		-1,61	-12,9 %	0,04	1,1 %
Markentreue-Effekte aus Kaufakzeleration		0,20	1,6 %	0,03	0,8 %

Tabelle 3: Dekompositions-Befunde von Ailawadi et al. (2007)
(Quelle: Ailawadi et al. 2007)

Wie in den vorangegangenen Beispielen erkennt man zunächst einen starken kurzfristigen Mehrabsatz. Bei der Joghurtmarke „Dannon“ besteht dieser zu ca. einem Drittel aus Markenwechsel und zu ca. zwei Dritteln aus Kaufakzeleration i. w. S. Letztere führt wiederum in erheblichem Umfang zu Mehrkonsum. D. h. Promotions bringen Konsumenten in dieser Produktkategorie dazu, mehr zu kaufen und mehr zu konsumieren, was für Hersteller vorteilhaft ist. Kaufakzeleration i. e. S. tritt nur in geringem Umfang auf, wobei interessanterweise eher Absatz der Konkurrenzmarken als der eigenen Marke vorgezogen wird. Dies gilt für drei der vier betrachteten Marken. Bei der Ketchupmarke „Del Monte“ ist es plausibel, dass im Vergleich zu Joghurt weniger Mehrkonsum auftritt. Dafür ist hier der Anteil des Markenwechsels am kurzfristigen Mehrabsatz höher. Auch für drei von vier Ketchupmarken gilt, dass der vorgezogene Markenwechsel stärker ist als die loyale Lagerhaltung.

Tabelle 3 zeigt weiterhin, dass Promotions den Konsum nicht nur kurzfristig, sondern auch langfristig beeinflussen können. Schließlich erkennt man einen schwachen Effekt von Kaufakzeleration auf die Markentreue. Es sei darauf hingewiesen, dass dies nicht der Markentreue-Effekt einer Promotion insgesamt ist, sondern nur derjenige Teil, der auf eine größere gekaufte und konsumierte Menge zurückzuführen ist.

Insgesamt zeigt sich somit, dass Kaufakzeleration i. w. S. für Hersteller sehr vorteilhaft sein kann. Dies führt nicht nur in manchen Produktkategorien zu erheblichem Mehrkonsum, sondern kann auch zukünftigen Absatz von der Konkurrenz abziehen und die Markentreue steigern.

5. Zusammenfassung

Um den Erfolg von Verkaufsförderungsaktionen zu bestimmen, müssen neben dem kurzfristigen Mehrabsatz auch dessen Bestandteile sowie langfristige Absatzeffekte gemessen werden. Meist geschieht dies mit Paneldaten. Aggregierte Daten können aus den Scannerkassen des Handels und aus Scanner-Handelspanels vorliegen, disaggregierte Daten insbesondere aus Single-Source-Scannerpanels. Hier ergibt sich ein Trade-Off zwischen Aufwand und Aussagekraft. Disaggregierte Daten erlauben eine genauere Erfassung der Promotion-Effekte, sind aber nur begrenzt verfügbar, teuer in der Beschaffung und aufwändig in der Analyse. Anhand von Beispielen wurde gezeigt, wie aggregierte und disaggregierte Paneldaten ausgewertet werden können. Da Paneldaten – wie alle Marktdaten – gewissen Beschränkungen unterliegen, ist es oft sinnvoll, zusätzlich mit Befragungen und Experimenten zu arbeiten. Schließlich sei darauf hingewiesen, dass beim Promotion-Controlling der Fokus nicht einseitig auf Absatzeffekte gelegt werden darf, da Absatzsteigerungen oft zu Lasten des Gewinns gehen.

Literaturverzeichnis

Abraham, M.M./Lodish, L.M. (1993): An Implemented System for Improving Promotion Productivity Using Store Scanner Data, in: Marketing Science, 12. Jg., Summer, S. 248-269.

Ailawadi, K.L./Gedenk, K./Lutzky, C./Neslin, S.A. (2007): Decomposition of the Sales Impact of Promotion-Induced Stockpiling, in: Journal of Marketing Research, 44. Jg, August.

Ailawadi, K.L./Harlam, B.A./César, J./Trounce, D. (2006): Promotion Profitability for a Retailer. The Role of Promotion, Brand, Category, and Store Characteristics, in: Journal of Marketing Research, 43. Jg., November, S. 518-535.

Ailawadi, K.L./Neslin, S.A./Gedenk, K. (2001): Pursuing the Value-Conscious Consumer: Store Brands Versus National Brand Promotions, in: Journal of Marketing, 65. Jg., January, S. 71-89.

Bijmolt, T.H.A./van Heerde, H.J./Pieters, R.G.M. (2005): New Empirical Generalizations on the Determinants of Price Elasticity, in: Journal of Marketing Research, 42. Jg., May, S. 141-156.

Chen, S.-F.S./Monroe, K.B./Lou, Y.-C. (1998): The Effects of Framing Price Promotion Messages on Consumers' Perceptions and Purchase Intentions, in: Journal of Retailing, 74. Jg., Nr. 3, S. 353-372.

Foekens, E.W./Leeflang, P.S.H./Wittink, D.R. (1994): A Comparison and an Exploration of the Forecasting Accuracy of a Loglinear Model at Different Levels of Aggregation, in: International Journal of Forecasting, 10. Jg., Nr. 2, S. 245-261.

Foekens, E.W./Leeflang, P.S.H./Wittink, D.R. (1999): Varying Parameter Models to Accomodate Dynamic Promotion Effects, in: Journal of Econometrics, 89. Jg., March/April, S. 249-268.

Gedenk, K. (2002): Verkaufsförderung, München.

GfK/WirtschaftsWoche (Hrsg.) (2006): Werbeklima I/2006 Deutschland, Düsseldorf.

Günther, M./Vossebein, U./Wildner, R. (1998): Marktforschung mit Panels. Arten - Erhebung - Analyse - Anwendung, Wiesbaden.

Lutzky, C./Teichmann, M.-H. (2002): Logfiles in der Marktforschung. Gestaltungsoptionen für Analysezwecke, in: Jahrbuch für Absatz- und Verbrauchsforschung, 48. Jg., Nr. 3, S. 295-317.

Neslin, S.A. (2002): Sales Promotion, in: Weitz, Barton/Wensley, Robin (Hrsg.), Handbook of Marketing, London/Thousand Oaks/New Delhi, S. 310-338.

Neslin, S.A./Schneider Stone, L.G. (1996): Consumer Inventory Sensitivity and the Postpromotion Dip, in: Marketing Letters, 7. Jg., Nr. 1, S. 77-94.

o. V. (2002): Promotions - Fass ohne Boden?, in: Lebensmittelzeitung, o. Jg., 24.05., S. 36.

Simonson, I./Carmon, Z./O'Curry, S. (1994): Experimental Evidence on the Negative Effect of Product Features and Sales Promotions on Brand Choice, in: Marketing Science, 13. Jg., Winter, S. 23-40.

Srinivasan, S./Pauwels, K./Hanssens, D.M./Dekimpe, M.G. (2004): Do Promotions Benefit Manufacturers, Retailers, or Both?, in: Management Science, 50. Jg., May, S. 617-629.

Train, K. (2003): Discrete Choice Methods with Simulation, Cambridge.

van Heerde, H.J./Leeflang, P.S.H./Wittink, D.R. (2000): The Estimation of Pre- and Postpromotion Dips with Store-Level Scanner Data, in: Journal of Marketing Research, 37. Jg., August, S. 383-395.

van Heerde, H.J./Leeflang, P.S.H./Wittink, D.R. (2001): Semiparametric Analysis to Estimate the Deal Effect Curve, in: Journal of Marketing Research, 38. Jg., May, S. 197-215.

van Heerde, H.J./Leeflang, P.S.H./Wittink, D.R. (2002): How Promotions Work: Scan*Pro-Based Evolutionary Model Building, in: Schmalenbach Business Review, 54. Jg., July, S. 198-220.

van Heerde, H.J./Leeflang, P.S.H./Wittink, D.R. (2004): Decomposing the Sales Promotion Bump with Store Data, in: Marketing Science, 23. Jg., Summer, S. 317-334.

Wansink, B./Kent, R. J./Hoch, S.J. (1998): An Anchoring and Adjustment Model of Purchase Quantity Decisions, in: Journal of Marketing Research, 35. Jg., February, S. 71-81.

Wittink, D.R./Addona, M.J./Hawkes, W.J./Porter, J.C. (1987): Scan*Pro. A Model to Measure Short-Term Effects for Promotional Activities on Brand Sales, Based on Store-Level Scanner Data, Arbeitspapier, Cornell University.

Franz-Rudolf Esch

Werbewirkungsforschung

Prof. Dr. Franz-Rudolf Esch ist Inhaber des Lehrstuhls für Betriebswirtschaftslehre mit dem Schwerpunkt Marketing an der Justus-Liebig-Universität Gießen sowie Direktor des Instituts für Marken- und Kommunikationsforschung an der Justus-Liebig-Universität Gießen.

1. Relevanz der Werbewirkungsforschung in Theorie und Praxis

Weltweit gelten mittlerweile mehr als 75 % aller Märkte als gesättigt (Harrigan 1989). Auf stagnierenden und gesättigten Märkten mit austauschbaren Produkten findet heute zunehmend eine Verschiebung vom Produkt- zum Kommunikationswettbewerb statt (Esch 2006, S. 2). Die strategische Bedeutung der Kommunikation wächst. Nicht zuletzt deshalb wird Werbung heute als Investition in den Aufbau eines Markenimages und eines Markenwertes betrachtet.

Der Wirksamkeit des Einsatzes der Werbeausgaben für den Aufbau klarer Markenimages stehen jedoch

- das nachlassende Interesse der Konsumenten an Werbung,
- die wachsende Zahl von Werbung (liefen 1990 rund 1.500 Fernsehwerbespots täglich, so waren dies 1994 bereits 3.050 Fernsehwerbespots) sowie die wachsende Zahl der Medien, in denen geworben werden kann,
- das wachsende Informationsangebot, das bereits 1987 zu einer Informationsüberflutung des Konsumenten von über 98 % führte (Brünne/Esch/Ruge 1987),

entgegen.

Die Werbeausgaben werden durch die Zersplitterung der Kommunikationswirkungen aufgrund dieser Markt- und Kommunikationsbedingungen immer weniger wert. So sank die Erinnerung an 150 Werbekampagnen, die von der GfK (Gesellschaft für Konsumforschung, Nürnberg) über einen längeren Zeitraum analysiert wurden, von 18 % im Jahr 1985 auf 12 % im Jahr 1993 bei etwa vergleichbaren Werbeausgaben. Solche Wirkungsverluste sind aufgrund der externen Bedingungen, die Unternehmen als Datum akzeptieren und bei ihrer Kommunikationsgestaltung antizipieren müssen, nicht verwunderlich.

Unter solchen Rahmenbedingungen gewinnt die Kontrolle der Werbewirkung wesentlich an Bedeutung. Ob und wie sich Werbeinvestitionen, die bei vielen Unternehmen immerhin bei 5 bis 10 % des Umsatzes liegen, amortisieren, soll durch Werbewirkungskontrollen ermittelt werden.

Werbewirkungsmessungen zählen zu den am weitesten entwickelten Messmethoden zur Wirkungskontrolle der Kommunikation und liegen nach wie vor im Blickpunkt wissenschaftlicher Forschung. Sie lassen sich mit leichten Modifikationen auf andere Kommunikationsmaßnahmen, wie Sponsoring, Events, Product Placement oder Internet-Kommunikation, übertragen. Gerade im wissenschaftlichen Bereich beruhen die meisten Wirkungsmodelle zur Kommunikation und deren Überprüfung auf Untersuchungen im

Bereich der Werbung. Sie dienen als Richtschnur für die Überprüfung von Kommunikationswirkungen.

2. Anforderungen an die Werbewirkungskontrolle

In der Frühzeit der Werbewirkungsforschung ging man von einheitlichen Modellen der Werbewirkung aus. Danach musste eine erfolgreiche Werbung festgelegte Stufen der Werbewirkung passieren. Das wohl bekannteste Werbewirkungsmodell, das kennzeichnend für diese Denkweise ist, lässt sich durch das so genannte AIDA-Modell beschreiben. Danach muss zunächst die Aufmerksamkeit der Zielgruppe erzeugt werden (Attention), auf der zweiten Stufe dann Interesse an einem Produkt geweckt werden (Interest), das schließlich Wünsche nach dem Produkt und dessen Leistungen auslöst (Desire) und auf der letzten Stufe eine Aktion, konkret den Kauf eines Produktes, bewirkt (Action) (Lewis 1898; Übersicht in Behrens 1996, S. 280 ff.).

So anschaulich solch einfache Formeln sein mögen, so wenig sind sie geeignet, unter den heutigen Bedingungen noch Aufschluss über mögliche Werbewirkungen zu geben. Die *Werbung folgt* längst *nicht mehr einem einheitlichen Werbewirkungsmodell* mit fest zu durchlaufenden, hintereinandergeschalteten Stufen.

Vielmehr richten sich die zu erzielenden und durch Werbewirkungskontrollen zu erfassenden Werbewirkungen danach,

- welche Ziele mit der Werbung verfolgt werden,
- wie das Interesse (Involvement) der Zielgruppe zum Zeitpunkt des Kontaktes mit der Werbung ist,
- wie die Werbung selbst gestaltet ist (sprach- oder bildbetont, emotional oder sachlich) und
- wie viele Wiederholungen geschaltet werden (auch Kroeber-Riel/Weinberg 2003, S. 612 ff.; Kroeber-Riel/Esch 2004, S. 165).

Werbeziele lassen sich grob gesprochen in Aktualisierungsziele und Profilierungsziele differenzieren (Kroeber-Riel 1991, 1993a). Mit Aktualität als Werbeziel bezweckt man, entweder die Bekanntheit einer Marke zu erhöhen (Ziel: Erreichung von „top of mind"-Awareness: Beispiel „Chiquita = Banane") oder Angebote einer Marke zu aktualisieren (z. B. Prepaid-Karte zum Abtelefonieren von der Deutschen Telekom). Mit dem Ziel der Profilierung (Positionierung) will man für eine Marke ein klares Image aufbauen und festigen. Je nach Bedürfnissen und Wünschen der Konsumenten kann dies entweder durch ein Sachprofil (Caterpillar bietet einen 24-Stunden-Reparaturservice für seine Baumaschinen weltweit), durch ein Erlebnisprofil (Marlboro ist Abenteuer und Freiheit) oder durch eine gemischte Positionierung (Information und Emotion) nach dem klassischen Means-end-Ansatz „appelliere an ein Bedürfnis und zeige, dass dein Produkt in der Lage ist, dieses Bedürfnis zu befriedigen“ (z. B. Du-darfst-Erlebnis „Narzissmus“, „seinen Körper lieben“, „schlank und schön sein“; Information: „trotzdem soviel essen, wie man will“) erfolgen (Kroeber-Riel 1993a; Kroeber-Riel/Esch 2004, S. 67 f.).

Das Interesse oder *Involvement* beschreibt die „Ich-Beteiligung“, mit der sich Rezipienten mit Werbung auseinandersetzen (Kroeber-Riel 1993a). Neben dem Produktinteresse spielt hierbei vor allem das situative Involvement eine entscheidende Rolle für die Aufmerksamkeit, die man der Werbung widmet. Das situative Involvement wird durch Faktoren wie Zeitdruck oder bevorstehenden Kauf eines Produktes beeinflusst. Heute kann man in der Werbung von überwiegend wenig involvierten Konsumenten ausgehen, welche die Werbung eher flüchtig und beiläufig aufnehmen. Dafür sprechen u. a. die geringen Betrachtungszeiten für Werbung, die unabhängig von den beworbenen Produkten, Zielgruppen und Zeitschriften, in denen die Werbung platziert wird, bei rund zwei Sekunden liegen (Kroeber-Riel 1993a). Es ist allerdings nachvollziehbar, dass die Wirkungskriterien je nach Interesse der Konsumenten und Grad bzw. Art der Auseinandersetzung mit der Werbung variieren müssen. Flüchtiges und beiläufiges Betrachten von Werbung (= peripherer Weg der Beeinflussung) und intensive gedankliche Auseinandersetzung mit Werbebotschaften (= zentraler Weg der Beeinflussung) ziehen unterschiedliche Wirkungspfade und Kontrollgrößen nach sich.

Bei der *Gestaltung der Werbung* geht es primär darum, ob diese eher *bild- oder sprachbetont* gestaltet ist. Da Bilder gegenüber der Sprache schneller aufgenommen, verarbeitet und gespeichert werden, weitestgehend die kognitive Kontrolle der Rezipienten unterlaufen und besser zur Vermittlung von Emotionen und Stimmungen geeignet sind, resultieren aus einem dominanten Bildeinsatz in der Werbung auch andere Wirkungen als bei der Vermittlung der Schlüsselbotschaft durch Sprache (Kroeber-Riel 1993b). Entsprechend sollten auch andere Wirkungsmessungen zum Zuge kommen, weil sich die Bildwirkungen überwiegend in der rechten Gehirnhälfte niederschlagen, Sprachwirkungen hingegen in der linken Hemisphäre.

Mit der *Zahl der Wiederholungen* ist sowohl die Häufigkeit der Wiederholung als auch das Muster der Werbewiederholungen (massierte versus verteilte Werbung) innerhalb eines Werbemediums bzw. mehrerer Werbemedien gemeint. Entsprechend dieser Überlegungen lässt sich folgendes stark vereinfachte Werbewirkungsschema entwickeln, bei dem – je nach Interesse der Betrachter und nach Art der Werbung (die sich nach der Gestaltung der Werbung und den verfolgten Werbezielen richtet) – unterschiedliche Wirkungspfade zum Zuge kommen (Abbildung 1).

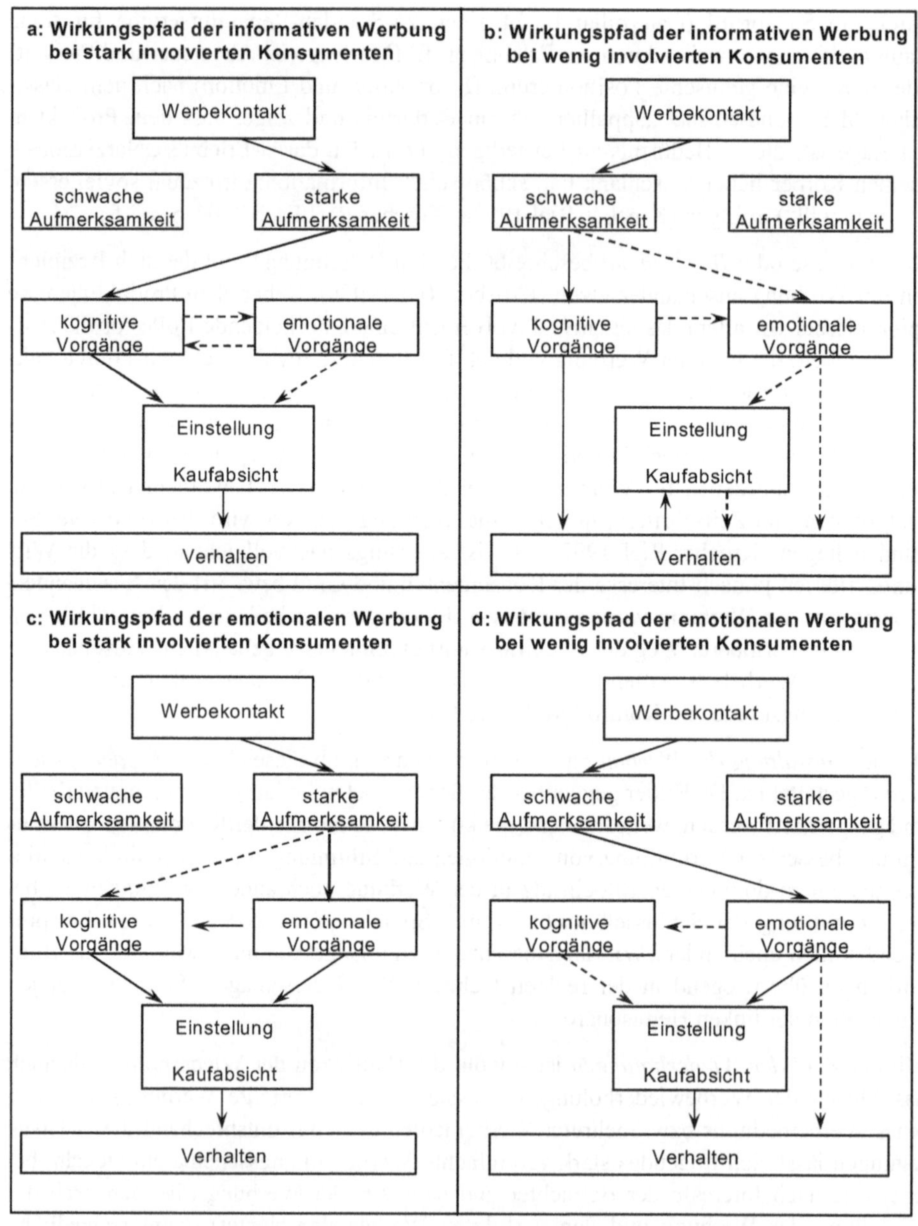

Abbildung 1: Werbewirkungsmodell mit unterschiedlichen Wirkungspfaden (Quelle: in Anlehnung an Kroeber-Riel/Weinberg 2003, S. 614 ff.)

Anders als beim AIDA-Modell sind – je nach eingeschlagenem Werbewirkungspfad – unterschiedliche Werbewirkungsgrößen von Relevanz. Im Extremfall kann es sogar dazu kommen, dass man nur aufgrund der Bekanntheit einer Marke ein Produkt kauft und sich die Einstellung erst nach dem Gebrauch bildet (siehe Pfad b).

3. Überblick über Werbewirkungsmessungen

3.1 Grundlagen zur Werbewirkungsmessung

Bei einer ersten groben Klassifikation der Werbewirkungsmessung kann man danach differenzieren, ob es sich um *Werbepretests oder -posttests* handelt, d. h. ob die Messung vor oder nach der Schaltung der Werbung erfolgt. Diese Werbewirkungsmessungen können wiederum *diagnostischen oder evaluativen Charakter* haben (Kroeber-Riel 1993a). Eine evaluative Werbewirkungsmessung gibt Auskunft über die Gesamtwirkung einer Messung. Hier werden in der Regel „Over-all"-Beurteilungen der Werbung durchgeführt (z. B. „Die Werbung finde ich gut", mit unterschiedlichen Ausprägungen zur Zustimmung oder Ablehnung). Durch solche evaluative Messungen hat man zwar einen einfachen Benchmark zum Vergleich mit der klassenbesten Werbung, allerdings erhält man keinen Aufschluss über therapeutische Maßnahmen. Dazu dienen wiederum die diagnostischen Messungen, bei denen explizit verschiedene Werbewirkungsgrößen erfasst werden. Dadurch kann erklärt werden, warum eine Werbung als mehr oder weniger gelungen empfunden wird.

Werbewirkungsmessungen können ferner im *Labor oder im Feld* durchgeführt werden. Gerade bei Pretests sind Laboruntersuchungen am weitesten verbreitet. Schließlich lassen sich – neben der Unterscheidung in evaluative und diagnostische Messungen – auch noch Differenzierungen in *ökonomische und außerökonomische Werbeerfolgskontrollen* vornehmen. Letztere zielen primär auf psychologische Wirkungsgrößen ab. Da die Beziehung zwischen der Wirkung von Werbung und dem daraus resultierenden Werbeerfolg aufgrund einer Vielzahl weiterer Variablen mit Einfluss auf ökonomische Größen (wie z. B. den Umsatz) kaum herstellbar ist, greift man in der Regel auf solche psychologischen Größen zurück, die den künftigen Erfolg erklären können und leichter auf die Wirkung der Werbung zurückzuführen sind, wie z. B. auf die durch Werbung erzeugte Einstellung zur Marke (Behrens 1996; Esch 2006; Kroeber-Riel 1993a; Steffenhagen 2000). Es existieren jedoch so genannte Single-Source-Messverfahren, wie das GfK-BehaviorScan in Haßloch (Pfalz), wo man verschiedenen Haushalten unterschiedliche Werbungen für eine Marke durch die Steuerung von Werbefernsehsendungen und durch das Verteilen unterschiedlicher Zeitschriften zeigen kann, um anschließend in den dem

System angeschlossenen Läden in Haßloch über Scannerkassen und ID-Karten der beteiligten Haushalte Werbewirkungen auf Verkäufe bei „fast moving consumer goods" untersuchen zu können (z. B. Berekoven/Eckert/Ellenrieder 2004, S. 408 ff.). Ein vergleichbares Instrument stellt das Nielsen Single-Source-Panel dar. Allerdings sind Single-Source-Messverfahren extrem teuer und werden deshalb für reine Werbewirkungsuntersuchungen nur selten genutzt, sondern dienen vielmehr der Überprüfung der Erfolgswahrscheinlichkeit neu eingeführter oder veränderter Produkte und Marken.

3.2 Werbewirkungsgrößen

Bei der Werbewirkungsmessung können unterschiedliche Werbewirkungsgrößen erfasst werden. Die zu kontrollierenden Größen richten sich wesentlich nach den mit der Werbung verfolgten Zielen, dem Involvement der Kunden und den daraus resultierenden relevanten Werbewirkungspfaden.

Grundsätzlich kann man die Werbewirkungen dahingehend klassifizieren, ob es sich um kurzfristige Wirkungen (z. B. die Erzielung von Aufmerksamkeit) oder um langfristige Wirkungen (z. B. den Aufbau von Gedächtnisstrukturen für Marken oder die Bildung einer Markeneinstellung) handelt (Steffenhagen 2000). Entsprechend dem oben vorgestellten Werbewirkungsmodell wird hier nach folgenden Wirkungen differenziert (Kroeber-Riel 1993a):

- *Aktivierungswirkungen:* Bei Aktivierungswirkungen geht es darum zu ermitteln, ob die Werbung Aufmerksamkeit erzeugt, d. h. sich in der Kommunikationsflut durchsetzen kann und überhaupt Beachtung findet. Ferner wäre hier zu ermitteln, ob neben dieser Kontaktschaffung durch aktivierende Reize (die auffällige Gestaltung der Werbung) auch eine bessere Kontaktnutzung bewirkt wird.
- *Kognitive Wirkungen:* Hier stehen Aspekte der Aufnahme der Schlüsselbotschaft, des Verständnisses der Schlüsselbotschaft, deren Glaubwürdigkeit und der Speicherung der Schlüsselbotschaft im Vordergrund. Es geht also auch um die gedankliche Auseinandersetzung mit der Werbung.
- *Emotionale Wirkungen:* Das Gefallen und die Akzeptanz der Werbung, Irritationswirkungen sowie spezifische Erlebniswirkungen stehen hier ebenso wie die Aufnahme und Speicherung emotionaler Reize im Blickpunkt der Betrachtung.
- *Komplexe Haltungen:* Diese betreffen die Einstellungen zur Marke und zur Werbung, die inneren Bilder bzgl. einer Marke sowie die Kaufabsicht.

Abbildung 2 gibt die jeweils bevorzugt nutzbaren Messmethoden für die einzelnen Wirkungsbausteine sowie deren Messrelevanz in Abhängigkeit von den verfolgten Werbezielsetzungen an.

Werbewirkungen		Messung durch \ Werbeziele	Aktualität	Sachorientierte Positionierung	erlebnisbetonte Positionierung	gemischte (emotionale u. sachorientierte) Positionierung
Aktivierungswirkung		EDR-Messung	✈✈✈	✈✈	✈✈✈	✈✈
		verbale und nonverbale Aktivierungsskalen	✈✈✈	✈✈	✈✈✈	✈✈
		Markenbeachtung und Markenerinnerung	✈✈✈	✈✈	✈✈✈	✈✈
Kognitive Wirkungen	Informationsaufnahme	Blickaufzeichnung	✈✈✈	✈✈	✈✈✈	✈✈
		Beobachtung des Aufnahmeverhaltens	✈	✈✈	✈✈	✈✈
		Befragung		✈✈		
	Informationsverarbeitung	Kognitive Reaktionsanalyse		✈✈✈		✈✈
		Wahrnehmungs- und Verständnismessungen		✈✈✈		✈✈
		Glaubwürdigkeits- und Stimmigkeitsmessungen		✈✈✈		✈✈
	Informationsspeicherung	Recall- und Recognitionmessungen		✈✈✈		✈✈
		Imagemessungen		✈✈		
Emotionale Wirkungen	Aufnahme emotionaler Reize	Beobachtung				
		Blickaufzeichnung				
	emotionales Wahrnehmungsklima	Akzeptanzprofile (verbale u. nonverbale) und Irritationsprofile	✈✈✈			
		spontane Gefallensäußerung und Irritationsprofile	✈✈✈	✈✈	✈✈✈	✈✈
	Erlebniswirkungen	spezifische Erlebnisprofile			✈✈✈	✈✈
		Recognition und Recall von Erlebnisinhalten			✈✈✈	✈✈
Komplexe Haltungen	Einstellungen, Image	Einstellungs- und Imageskalen; Multiattributmessungen	✈✈	✈✈✈		✈✈
		Messung der empfundenen Eigenständigkeit/ Austauschbarkeit		✈✈	✈✈✈	✈✈
	innere Bilder	Techniken zur Messung innerer Bilder, insb. Bilderskalen	✈✈		✈✈✈	✈✈
	Kaufabsicht	Konstantsummenskalen, Flächenskalen, simuliertes Wahlverhalten	✈✈	✈✈	✈✈	✈✈
	Verhalten	Beobachtung; Verhaltensregistrierung; ersatzweise: Befragung nach erinnertem Verhalten	✈	✈	✈	✈

✈✈✈ = sehr wichtig ✈✈ = wichtig ✈ = beachtenswert

Abbildung 2: Zur Beziehung zwischen Werbewirkungen, Messmethoden und Werbezielen (in Anlehnung an Kroeber-Riel 1993a, S. 97; Esch 1998, S. 163)

3.3 Werbepretests

Unter Werbepretests versteht man Wirkungsüberprüfungen von Werbung, bevor diese überhaupt im Markt geschaltet wird. Werbepretests dienen dazu, aus mehreren möglichen Alternativen die – bezogen auf die Werbezielsetzung – beste Alternative auszuwählen und mögliche Wirkungsschwächen zu analysieren, um vor der Schaltung die Werbung zu optimieren. Demnach geht es bei Werbepretests auch darum, Vorhersagen über die voraussichtliche Werbewirkung zu erhalten.

Werbepretests können sich dabei auf die *Überprüfung von Werbung in unterschiedlichen Fertigungsstadien* beziehen – vom ersten Werbekonzept (z. B. von ersten Scribbles) bis hin zur fertig gestellten Werbung (Leven 1993, S. 380). Hier können in ersten Vorstufen der Werbewirkungstests auch qualitative Untersuchungen, z. B. durch Gruppendiskussionen und Fokusgruppeninterviews, durchgeführt werden, um einen tieferen Einblick in die durch die Werbung ausgelösten Empfindungen zu erhalten. Diese Erkenntnisse können dann auch zur Gestaltung der weiteren (quantitativen) Wirkungsuntersuchungen dienen, die repräsentative Schlüsse auf die voraussichtliche Wirkung der Werbung in der interessierenden Grundgesamtheit zulassen sollen.

Gerade bei der Fernsehwerbung ist der Test von *Storyboards oder Animatics* weit verbreitet. Folgt man den vorliegenden Untersuchungsergebnissen, geben bereits Storyboard- und Animatic-Tests valide Auskunft über die voraussichtliche Wirkung der endgültigen Fernsehspotversion. Storyboards sind Layouts, die sich aus einer Reihe gezeichneter Szenen mit den jeweils vorgesehenen Spotinhalten zusammensetzen, mit Texten unterlegt und zum Teil auch schon mit Akustik (Sprache und Musik) versehen sind. Animatics sind hingegen gefilmte Serien von Storyboardbildern, Fotographien oder erste, mit einfachen Mitteln gedrehte Fernsehspots, die einen Einblick geben sollen, wie der spätere Spot aussehen könnte (Schweiger/Schrattenecker 2005, S. 244 ff.).

Da die Entwicklung bzw. das Drehen eines Werbespots – je nach Drehstandort, Komplexität des Films, Art der Animationen usw. – durchaus mehr als eine halbe Million Euro verschlingen kann, ist es zweckmäßig, Vorversionen eines solchen Spots zu testen, um unnötige Geldausgaben zu vermeiden. Da es eine Vielzahl von Gestaltungsmöglichkeiten für solche Werbepretests gibt, erfolgt hier eine Beschränkung auf einige wichtige *hochstandardisierte Pretestverfahren* von Marktforschungsunternehmen. Zwar verfügen solche standardisierten Pretestverfahren nicht über die gleiche Flexibilität der Testgestaltung und des für das jeweils zu testende Werbematerial maßgeschneiderte Methoden- und Diagnostik-Mix wie bei spezifisch entwickelten Werbepretests, allerdings bieten sie dafür Unternehmen einfache Benchmarking-Optionen, sowohl in Bezug auf mit diesen standardisierten Pretests getesteten eigenen Werbungen für die gleiche oder für verschiedene Marken als auch in Bezug auf Vergleichswerte von Werbung aus der gleichen oder aus anderen Branchen.

Kriterium	AD PLUS (Icon Added Value) (Stand: August 2006)	AD*VANTAGE (GfK) (Stand: August 2006)	NEXT* (IPSOS) (Stand: August 2006)	AdEval™ (TNS Infratest) (Stand: August 2006)	Millward Brown Link™ (Stand: August 2006)
Befragungsmethode	Persönliche Interviews im Teststudio	Monitorbefragung im Teststudio / Online-Interviews optional	Next*TV in-home: Telefonische Interviews Next*TV express: Selbstausfüller (CASI / CAWI / PAPI)	Persönliche Studio- / In-home- / In-office-Interviews / Online-Interviews	CASI (computer aided self completion Interview) im Teststudio oder CAWI (Computer aided Web based Interview)
Testansatz	▪ Verschleierter Testzweck (Fernsehprogrammtest) ▪ Einbettung des Testspots in einen Werbeblock mit 9 Commercials ▪ Standardisierte Produktkategorieposition ▪ Werbeblock zwischen verschiedenen Programmteilen aus verschiedenen Genres eingebunden	▪ Verschleierter Testzweck ▪ Einbettung des Testspots in einen Werbeblock mit 9 Commercials randomisiert ▪ Werbeblock zwischen zwei Programmteilen eingebunden	Next*TV in-home: ▪ Verschleierter Testzweck (Vorabendprogrammtest) ▪ Einbettung des Testspots in einen Standard-Werbeblock mit 12 Commercials ▪ Werbeblock zwischen zwei Programmteilen eingebunden ▪ Telefonische Befragung 1-day-after (‚next day') für Recall-Messung + Intensivkontakt für Diagnose Next*TV express: ▪ Intensivkonkontakt, keine Verschleierung	▪ Exklusive Befragung (nicht Multiclient) ▪ Einbettung des Testspots in einen regelmäßig aktualisierten Standard-Werbeblock mit 10 Commercials ▪ Verschleierter Testzweck möglich ▪ Intensivkontakt zwecks eingehender Diagnose	▪ Testzweck nicht verschleiert ▪ CASI: Um Proband auf Werbung einzustimmen Vorführung des Testspots in einem Umfeld mit 4 Spots. Dieses Umfeld ist in verschiedenen Versionen im Einsatz. Danach 4 Fragen zum Warmmachen zu einem Dummy-Spot, danach erneute Vorführung des Testspots ▪ CAWI: Fragen nach Einstellung zu Werbung, danach 2-malige Vorführung des Testspots

Abbildung 3: Verbreitete Werbepretests in der Marktforschungspraxis (Teil 1)

Kriterium	AD PLUS (Icon Added Value) (Stand: August 2006)	AD*VANTAGE (GfK) (Stand: August 2006)	NEXT* (IPSOS) (Stand: August 2006)	AdEval™ (TNS Infratest) (Stand: August 2006)	Millward Brown Link™ (Stand: August 2006)
Stichprobe	▪ Standardstichprobe: N = 100-150 ▪ Zielgruppe individuell gemäß Kundenbriefing definierbar	▪ Standardstichprobe: N = 125 ▪ Zielgruppe individuell gemäß Kundenbriefing definierbar	▪ Standardstichprobe: N = 120 ▪ Zielgruppe individuell gemäß Kundenbriefing definierbar	▪ Individuelle Stichprobenzusammensetzung gemäß Zielgruppe ▪ N ≥ 120	▪ Standardstichprobe: N = 100 ▪ Zielgruppe individuell gemäß Kundenbriefing definierbar. Empfohlen werden Kategorieverwender, Nichtablehner der Kundenmarke. Sofern Quote auf Markenverwender gewünscht Booster empfohlen

Abbildung 3: Verbreitete Werbepretests in der Marktforschungspraxis (Teil 2)

Kriterium	AD PLUS (Icon Added Value) (Stand: August 2006)	AD*VANTAGE (GfK) (Stand: August 2006)	NEXT* (IPSOS) (Stand: August 2006)	AdEval™ (TNS Infratest) (Stand: August 2006)	Millward Brown Link™ (Stand: August 2006)
Awareness (Recall)	▪ Ca. 7 Minuten nach Werbemittelkontakt und nach inhaltlicher bzw. befragungstechni-scher und visueller Distraktion ▪ Analyse nach Dachmarke, Subbrand, Line Extension etc. ▪ Zusätzlich Ermittlung des Uniqueness-Potentials und der zentralen Bilder / Key Visuals	▪ 10 Minuten nach Werbemittelkontakt ▪ Analyse nach Dachmarke, Subbrand, Line Extension etc.	Next*TV: ▪ 1 Tag nach Werbemittelkontakt telefonische Befragung, um Langzeiterinnerung zu messen ▪ Maß: Related Recall (Claiming für die Marke + Proving durch erinnerte Werbeinhalte) ▪ Identifikation der Komponenten: - Erinnerung des Werbemittels (Visibility) - Zuordnung zur Marke (Brand Linkage) Next*TV express: ▪ Modellierung des Related Recall mittels eines validierten Modells	▪ Nach Kontakt mit Werbeblock ▪ Über bloße Markenerinnerung hinaus wird die Bereitschaft zur Auseinandersetzung mit dem Werbemittel gemessen ▪ Vergleich der Kommunikationsleistung nach flüchtigem mit der nach intensiverem Werbekontakt	▪ Basierend auf umfangreichen empirischen Erfahrungen aus dem In-Market-Monitoring von Werbung, wurden Erfolgsfaktoren von effektiver Werbung identifiziert ▪ Diese Parameter dienen der Vorhersage der markenbezogenen Durchsetzungsfähigkeit mittels des Awareness Index (AI) ▪ Der AI gibt das Potential eines Spots an, pro 100 GRPs zusätzliche Werbe-Awareness für die beworbene Marke zu generieren ▪ Parallelvergleiche haben gezeigt, dass der Recall von neuen und interessanten Informationen beeinflusst wird. Der AI ist hingegen sowohl bei rationaler wie auch emotionaler Werbung gleichgut ermittelbar

Abbildung 3: Verbreitete Werbepretests in der Marktforschungspraxis (Teil 3)

Kriterium	AD PLUS (Icon Added Value) (Stand: August 2006)	AD*VANTAGE (GfK) (Stand: August 2006)	NEXT* (IPSOS) (Stand: August 2006)	AdEval™ (TNS Infratest) (Stand: August 2006)	Millward Brown Link™ (Stand: August 2006)
Preference Shift	Pre und Post gleiche Abfrage (Verlosung vor und nach den Werbekontakten; aufgrund dieser einheitlichen Bedingungen entfallen die Probleme unterschiedlicher Grundattraktivitäten von Marken / Produkten): ▪ Produktpräferenz ▪ Relevant Set und First Choice ▪ Erkennen von Kategorieeffekten durch Shift-Messung des gesamten Wettbewerbsumfeldes ▪ Kunden- und kategoriespezifische Abfragen zur Präferenzbildung und Handlungsorientierungen möglich	Pre und Post unterschiedliche Abfrage (Basisshiftkorrekturen ermöglichen die Messung der „reinen" Werbewirkung): ▪ Produktpräferenz ▪ Relevante Set und First Choice ▪ Loyalty ▪ Messung der Effizienz von Cross-Media-Kampagnen	Bestimmung der Verhaltensänderung per experimentellem Design. Indikatoren je nach Marktsituation und werblicher Zielsetzung. ▪ FMCG: Kaufabsicht und Kauffrequenz, Verrechnung zu Kaufwahrscheinlichkeit; Design: Testzelle vs. Kontrollzelle ▪ FMCG, wenn adäquat zu Marktsituation und Zielen: Brand Shift (Lotterie); Design: Pre-Post-Shift ▪ Durables: Consideration & Preference (conjoint-ähnliche Präferenzmessung); Design: Testzelle vs. Kontrollzelle	Ergebnisdifferenzierung nach: ▪ Involvementpotential (Wirkung der Kreativ-Idee) ▪ Motivationsleistung (Überzeugungskraft für die beworbene Marke) ▪ Der Einfluss von Markenloyalität wird berücksichtigt, so dass z. B. kleine Marken nicht benachteiligt werden Trennung von Marken- und Werbeeffekt über ein validiertes, mehrdimensionales, kumulatives Modell. Interindividuell unterschiedliche Produktattraktivitäten werden bei der Bewertung berücksichtigt. (Keine Shift-Messung)	▪ Je nach Erfahrungshintergrund mit der Marke (User, Trialists, Non-Trialists) introspektive Frage nach Einfluss des Spots auf das Kaufverhalten ▪ Antworten der drei identifizierten Gruppen werden zum sog. „adjusted Persuasion Score" zusammengefasst ▪ Validierungs-Studien haben gleichwertige Ergebnisse zu Pre-Post-Persuasion-Shift-Messung ergeben

Abbildung 3: Verbreitete Werbepretests in der Marktforschungspraxis (Teil 4)

Kriterium	AD PLUS (Icon Added Value) (Stand: August 2006)	AD*VANTAGE (GfK) (Stand: August 2006)	NEXT* (IPSOS) (Stand: August 2006)	AdEval™ (TNS Infratest) (Stand: August 2006)	Millward Brown Link™ (Stand: August 2006)
Kommunikationsleistung	▪ Abfrage nach Wiedervorführung im Werbeblock ▪ Offene und ungestützte Standardabfrage folgender Dimensionen: - Content Recall (offene Abfrage erinnerter Werbeinhalte) - Offene und gestützte Abfrage der übermittelten Botschaften, Produkteigenschaft - Einprägsame Elemente als Gedächtnisanker - Keyvisuals und iconographische Elemente - Spontane Abfrage der Hauptaussage - Differenzierung zum Wettbewerb - Ausführliches kognitives Profil zu Verständlichkeit, Relevanz etc.	▪ Abfrage nach Wiedervorführung im Werbeblock ▪ Offene und ungestützte Standardabfrage folgender Dimensionen: - Nacherzählung der Werbung - Hauptaussage - Kommunizierte Produkteigenschaften - Werbeprofile sowie Produktprofile - Emotion-Profil	Nur Next*TV: ▪ Abfrage 1 Tag nach Werbekontakt Next*TV und Next*TV express: - Nach isolierter (Wieder-) Vorführung: - Nacherzählung der Werbung - Aussagen + Hauptaussage - Beurteilung der Hauptaussage	▪ Offene und ungelenkte Nacherzählungsfragen ▪ Treiberanalyse der Werbewirkung: Bestimmung inhaltlicher Treiber und Barrieren der Werbekommunikation ▪ Analyse des Zusammenspiels der Bestandteile der Werbung (Wie unterstützt die Kreatividee die Produkt- / Markenpositionierung?) ▪ Besonderheit: indirekte Analyse (d. h. Werbewirkung wird nicht durch den Befragten selbst evaluiert)	▪ Durch die Nettozählung der Nennungen aus verschiedenen offenen Fragen (Nacherzählung der Geschichte, spontane Eindrücke über die Marke, Erinnerung an auffällige Elemente) wird die „total spontaneous communication" ermittelt ▪ Zusätzlich gestützte Abfrage von spotspezifischen Statements

Abbildung 3: Verbreitete Werbepretests in der Marktforschungspraxis (Teil 5)

Kriterium	AD PLUS (Icon Added Value) (Stand: August 2006)	AD*VANTAGE (GfK) (Stand: August 2006)	NEXT* (IPSOS) (Stand: August 2006)	AdEval™ (TNS Infratest) (Stand: August 2006)	Millward Brown Link™ (Stand: August 2006)
Markenorientierung	▪ Markenpassung: Passung des Spots zur Marke ▪ Markenanbindung: Typische Elemente für die Marke ▪ Markeneffekte: Messung der Effektstärke von Visuals und Botschaften auf die Marke	▪ Fit des Spots zum Markenbild	▪ Bestimmung der Einstellungsänderung per experimentellem Design (Testzelle vs. Kontrolle) ▪ Indikatoren: - Brand Equity: - Positionierung: kunden- und kampagnenspezifische Attribute - Emotionalisierung: Messung mit Emoti*Scape™ (Visualisierung der Emotionen)	▪ Die werbliche Markenpositionierung wird über ein projektives Verfahren indirekt gemessen. Dieses bildet ab, in welcher Weise das Werbemittel die funktionale und emotionale Markenpositionierung unterstützt. Um Optimierungsmöglichkeiten aufzuzeigen werden kategoriespezifische Konsumentenbedürfnisse berücksichtigt ▪ Einbeziehung der individuellen Markenbindung in die Berechnung der Werbewirkung	▪ Introspektive Frage, wie gut sich erkennen lässt, dass Werbung für Marke X war, getrennt nach Parent- und Variant-Brand ▪ Markensignale (spontan) ▪ Spontane Markenerinnerung ▪ Ermittlung der Wichtigkeit der Rolle, welche die Marke in der Geschichte spielt (spontan: brand at story; gestützt: ease of establishing)
Vernetzung mit anderen Instrumenten	Ja	Ja	Ja	Ja, mit Konzepttest, Tracking, Positionierungs- und Segmentierungstools	Ja, ATP (Advanced Tracking Programm), ab 2006: Dynamic Tracking

Abbildung 3: Verbreitete Werbepretests in der Marktforschungspraxis (Teil 6)

Kriterium	AD PLUS (Icon Added Value) (Stand: August 2006)	AD*VANTAGE (GfK) (Stand: August 2006)	NEXT* (IPSOS) (Stand: August 2006)	AdEval™ (TNS Infratest) (Stand: August 2006)	Millward Brown Link™ (Stand: August 2006)
Diagnose	▪ Attraktivitätsdimensionen (spontane Nennung von Likes und Dislikes) sowie Allgemeine Likeability ▪ Uniqueness der kreativen Umsetzung ▪ Ausführliche emotionale Profile ▪ Neuigkeitswert vermittelter Botschaften ▪ Ermittlung ausbaufähiger Key Visuals ▪ Analyse der Zusammenhänge zwischen Visuals und Aussagen (T-Schema des Werbemittels) ▪ Individuelle und kundenspezifische Erweiterung des Fragenprogramms	▪ Werbeinhalte ▪ Attraktivitätsdimensionen (Likes / Dislikes) ▪ CEMB (Analyse zu Ad Idea, emotionale und rationale Wirkung, Einwirkung auf die Marke) ▪ Persuasion Driver Analysis ▪ Scene-to-Scene-Analyse (nonverbale Messung relevanter Dimensionen des Filmes) ▪ Individuelle kundenspezifische Erweiterung des Fragenprogramms möglich	▪ Separate Diagnose von Reach (Durchsetzungsstärke) und Response (Verhaltens- und Einstellungsänderung) ▪ Kognitive Reaktionen: - Kommunikation - Verständnis - Copy Profile - Drivers Analysis (Werbeinhalte bei positiver Response vs. ohne positive Response) ▪ Emotionale Reaktionen: - Emoti*Scape™: Emotionen zur Werbung und zur Marke - Emoti*Trace: Verlauf der Emotionen während des Werbekontaktes	▪ Siehe „Treiberanalyse der Werbewirkung" ▪ Attraktivitätsdimensionen (Likes / Dislikes) ▪ Projektives Verfahren zur werblichen Markenpositionierung ▪ Unterstützt die Optimierung von Werbung über verschiedene Entwicklungsstufen unter Verwendung konsistenter Maße (Verbalkonzept, Kreativentwurf, fertiges Werbemittel) ▪ Individuelle Erweiterung des Fragenprogramms problemlos möglich	▪ Rationale Reaktionen mittels Fragen nach Neuigkeit der Informationen, Relevanz der Aussage, Differenzierung vom Wettbewerb, Glaubwürdigkeit ▪ Emotionale Reaktionen mittels Fragen nach Spotgefallen, spontane Likes / Dislikes, Effekt auf Markensympathie, Stimmung und Atmosphäre im Spot, Emotionen die hervorgerufen werden können. Daraus Ermittlung des „Feel-good-Faktors" (Dominanz positiver oder negativer Emotionen) ▪ Interest Trace: nonverbale Messung des Interesses im Spotverlauf

Abbildung 3: Verbreitete Werbepretests in der Marktforschungspraxis (Teil 7)

Kriterium	AD PLUS (Icon Added Value) (Stand: August 2006)	AD*VANTAGE (GfK) (Stand: August 2006)	NEXT* (IPSOS) (Stand: August 2006)	AdEval™ (TNS Infratest) (Stand: August 2006)	Millward Brown Link™ (Stand: August 2006)
Übertragbarkeit auf andere Werbeträger	Ja: TV / Print / Cinema / Radio / Plakat	Ja: TV / Print / Cinema / Radio / Plakat / Online / Direct Mail / POS	Ja: TV / Print / Plakat / Radio / Kampagnen, auch Multimedia	Ja: TV / Cinema / Print / Plakat / Radio / Onlinewerbung / Kundenzeitschriften / POS-Maßnahmen	Ja: TV / Print / Cinema / Radio / Plakat / Internet u. a.
Datenbank & Erfahrung	Breite Datenbasis für alle Produktkategorien	Breite Datenbasis	Breite Datenbasis	Breite Datenbasis, disaggregierte Datenbank (Subgruppennormen ausweisbar)	▪ Sehr breite (auch internationale) Datenbasis, kann aufgeschlüsselt werden nach Produktkategorien, aired ads, finished / unfinished films etc. ▪ Verfügbar in ~ 80 Ländern
Kosten	Stand 2006: je nach Leistungsmodul und Stichprobengröße ab ca. 15.000 Euro	Stand 2006: N = 125 ab ca. 16.000 Euro	Stand 2006: je nach Tool, Stichprobe und Leistungsmodulen	Stand 2006: N = 120 ab 15.300 Euro (Studiotest) N = 120 ab 12.900 Euro (online)	Stand 2006: ab ca. 14.500 Euro

Abbildung 3: Verbreitete Werbepretests in der Marktforschungspraxis (Teil 8)

Abbildung 3 zeigt eine Übersicht über einige ausgewählte standardisierte Pretestverfahren von Marktforschungsunternehmen.

Die Werbepretests unterscheiden sich grundlegend danach, ob es sich um eine verschleierte und eher realitätsnahe Testsituation handelt (wie z. B. beim AD*VANTAGE-Test oder bei AD PLUS) oder um eine Forced-exposure-Situation (wie bspw. beim AdEval™-Test oder beim Millward Brown Link™). Ferner werden unterschiedliche diagnostische Fragen gestellt und Schwerpunkte vorgenommen. So repräsentieren der AdEval™-Test und Millward Brown Link™ eher typische High-Involvement-Tests mit entsprechendem Frageteil, während der AD*VANTAGE-Test und AD PLUS zum Teil auch Markendiagnostikteile und bildliche Messteile umfassen, die eher dem Bild des flüchtigen Werbebetrachters gerecht werden.

Gerade die beiden letztgenannten Verfahren haben einen ähnlichen Testaufbau, der nochmals das Vorgehen bei diesen Werbepretests verdeutlicht. Beispielhaft wird hier der Aufbau von AD PLUS vorgestellt.

Bei AD PLUS werden die Testpersonen im Rahmen eines Wirkungstests von Fernsehwerbung zu einem Test eines Fernsehprogramms eingeladen. Zunächst erfolgt dann im Teststudio eine „Warm-up"-Phase, in der man allgemeine soziodemographische Daten erfragt. Ferner werden Markenpräferenzen erfasst. Diesem Teil des Kennenlernens folgt die Vorführung eines Fernsehprogramms mit einem Werbeblock, der den Testspot enthält. Daran schließen sich Fragen zu den Programmen und die Messung der Marken-Awareness an. In einem weiteren Teil werden den Probanden nochmals die Werbespots in dem Werbeblock vorgeführt. Daran schließt sich nach einer Pause die so genannte Preference-Shift-Messung an, die aufgrund des nun möglichen Vorher-nachher-Vergleichs die Ermittlung von Präferenzänderungen erlaubt. Abschließend folgen diagnostische Fragen zum Werbespot und zur Marke.

Neben empirischen Untersuchungen können alternativ *Expertensysteme zur Werbewirkungsanalyse* als Pretestmethode zum Einsatz kommen. Mit Hilfe solcher Expertensysteme kann man für unterschiedliche Werbemittel diagnostische Werbewirkungsüberprüfungen durchführen. Beispielhaft seien hier die CAAS-Diagnosesysteme (CAAS = Computer Aided Advertising System) skizziert, die elektronische Werbemittel (Fernseh- und Radiospots) sowie Printwerbung (Zeitschriften- und Zeitungswerbung) überprüfen können (Esch/Kroeber-Riel 1994). Im Ergebnis erhalten die Benutzer nach einem Beurteilungsdurchlauf eine Expertise mit einer Gesamtbeurteilung sowie Stärken und Schwächen für einzelne diagnostische Werbewirkungsbausteine. Abbildung 4 gibt beispielhaft eine Animatic-Version eines Werbefilms für Lenor-Weichspüler und eine zugehörige Expertise des CAAS-Diagnosesystems zur Fernsehwerbung auszugsweise wieder.

Eine Familie findet bei der ersten Besichtigung des Urlaubsdomizils im Badezimmer zahlreiche Handtücher.

Die Kinder merken sofort, daß die Handtücher nicht so flauschig wie die zuhause sind.

Mittlerweile ist die Familie wieder zuhause; die Urlaubswäsche wurde schon mit Lenor gewaschen.

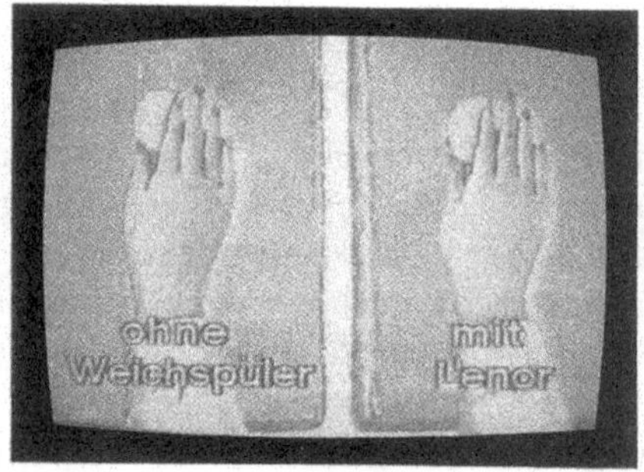

Denn der Wattetest beweist: Bei mit Lenor gewaschener Wäsche bleibt kein Watteflusen hängen!

Die Kinder testen gleich wieder die gewohnt weiche Qualität ihrer Handtücher und freuen sich sehr darüber.

Im Abschluß-Packshot fällt die „Lenor"-Flasche auf einen weichen Wäschestapel, in dem sie tief versinkt.

Abbildung 4: Auszüge aus dem Lenor-Animatic-„Hotel" mit Expertiseausschnitten des CAAS-Diagnosesystems (Teil 1)
(Quelle: Esch/Kroeber-Riel 1994, S. 218 ff.)

Expertise zu dem Lenor-Animatic-„Hotel“

Beurteilung des Spots

Die Beurteilung des Spots setzt sich aus folgenden Wirkungsbausteinen zusammen:

- Gesamtbeurteilung des Spots
    - •
    - •
    - •
- Durchschlagskraft des Spots
    - Aktivierungswirkung
    - Einprägsamkeit
    - Austauschbarkeit
    - Lebendigkeit
- Zielerreichung des Spots
    - Lernen der Marke
    - Lernen der Schlüsselbotschaft
    - Akzeptanz
    - Unterhaltungswert
    - Irritation

Gesamtergebnis:

Sie können bei diesem Fernsehspot kaum mit einem Werbeerfolg rechnen.

•

•

•

Die *Durchschlagskraft* des Spots ist zu gering.

Damit ist eine notwendige Voraussetzung für den Werbeerfolg des Spots nicht erfüllt. Sie können davon ausgehen, dass dieser Fernsehspot keinen Beitrag zum Markenlernen und zum Lernen der Schlüsselbotschaft leistet, selbst wenn Marke und Schlüsselbotschaft in angemessener Weise dargeboten werden. Dies liegt darin begründet, dass sich der Fernsehspot aufgrund seiner geringen Durchschlagskraft nicht in dem Konkurrenzumfeld anderer Werbespots und dem üblichen Fernsehprogramm durchsetzen kann.

Abbildung 4: Auszüge aus dem Lenor-Animatic-„Hotel“ mit Expertiseausschnitten des CAAS-Diagnosesystems (Teil 2)
(Quelle: Esch/Kroeber-Riel 1994, S. 218 ff.)

Ursache 1: Die Aktivierung des Spots ist zu gering.

Der Spot hat in dieser Form kaum eine Chance, von den Zuschauern wahrgenommen und genutzt zu werden. Sie sollten auf jeden Fall versuchen, den Spot durchgängig aktivierend zu gestalten, um so – gerade bei längeren Spots – die Aufmerksamkeit des Zuschauers zu fesseln.

Sie setzen zu Beginn Ihres Spots keine Auftaktaktivierung, d. h. auffällige akustische Reize ein. Eine akustische Auftaktaktivierung bringt den Zuschauer zum „Einsteigen" in den Spot, indem er eine Orientierungsreaktion auslöst. Ohne den Einsatz einer Auftaktaktivierung können Sie aber erst im späteren Verlauf des Spots – wenn überhaupt – den Kontakt mit den Zuschauern sicherstellen. Dadurch verschenken Sie bei Zuschauern, die gerade nicht auf den Fernseher schauen, wertvolle Sendesekunden.

Forschungs-Highlight zur Auftaktaktivierung:

Die Gesamterinnerung an einen Spot ist signifikant höher bei Vorliegen einer Auftaktaktivierung als beim gleichen Spot ohne Auftaktaktivierung (ca. 30 %).

Innerhalb der letzten 10 Sekunden ist die Aktivierungskraft des Spots durchschnittlich. Die bildlichen Szenen weisen lediglich eine mittlere Aktivierungskraft auf. Hier können Sie noch Aktivierungsreserven durch den Einsatz emotionaler, überraschender oder physisch intensiver Reize nutzen.

Im weiteren Verlauf des Spots ist die Aktivierungskraft des Spots nicht ausreichend.

Die bildlichen Szenen haben quasi keine aktivierende Wirkung, sie können die Zuschauer nicht an den Bildschirm fesseln. Sie sollten auf jeden Fall die Aktivierungsstärke des Spots im weiteren Verlauf durch entsprechenden Einsatz aktivierender Reize (emotionale, überraschende, physische intensive Reize wie beispielsweise schnelle Bildschnitte oder Zoomtechniken) erhöhen.

•
•
•

Ursache 2: Der Spot ist wenig einprägsam gestaltet.

Der Spot ist austauschbar gestaltet.

Der Spot ist sowohl innerhalb der ersten 10 Sekunden als auch im weiteren Verlauf austauschbar gestaltet.

Durch die Verwendung von bildlichen Szenen, die weit verbreiteten Klischees der Werbebranche entsprechen, verringern Sie die Auffälligkeit des Spots. Sie erschweren es somit den Konsumenten, sich später an den Spot zu erinnern bzw. die Spotinhalte in Verbindung mit Ihrer Marke aus dem Gedächtnis abzurufen.

Abbildung 4: Auszüge aus dem Lenor-Animatic-„Hotel" mit Expertiseausschnitten des CAAS-Diagnosesystems (Teil 3)
(Quelle: Esch/Kroeber-Riel 1994, S. 218 ff.)

Der Spot ist ansatzweise lebendig (vivid) gestaltet.

Von der Lebendigkeit hängt es wesentlich ab, ob der Spot klar und deutlich vor den inneren Augen der Konsumenten steht.

Der Spot ist sowohl innerhalb der ersten 10 Sekunden als auch im weiteren Verlauf ansatzweise lebendig gestaltet.

Bei den bildlichen Szenen haben Sie noch Optimierungsreserven bezüglich einer lebendigeren Gestaltung. Verwenden Sie assoziationsreiche Bilder, die später den gedanklichen Zugriff im Gedächtnis der Konsumenten auf den Spot erleichtern. Dazu können Sie an starke Schemavorstellungen der Konsumenten appellieren, etwa an emotionale Schemata wie biologisch vorprogrammierte, kulturell geprägte oder zielgruppenspezifisch gelernte Schemavorstellungen. Sie können natürlich auch andere assoziationsreiche bildliche Szenen einsetzen.

•

•

•

Die *Zielerreichung* des Spots ist nicht gewährleistet.

Ursache 1: Sie haben zwar gute Voraussetzungen geschaffen, dass die Schlüsselbotschaft gelernt werden kann, allerdings wird das Lernen der Schlüsselbotschaft durch die geringe Durchschlagskraft Ihres Spots in Frage gestellt. Ohne eine ausreichende Durchschlagskraft ist eine notwendige Bedingung für das Lernen der Schlüsselbotschaft nicht erfüllt.

Der Bedürfnisappell und die Informationen zur Eignung des Produktes zur Bedürfnisbefriedigung werden klar vermittelt. Dem Lernen der Schlüsselbotschaft steht somit nur noch die Durchschlagskraft Ihres Spots im Wege.

Ursache 2: Der Spot leistet keinen Beitrag zum Lernen der Marke

Innerhalb der ersten 10 Sekunden leistet der Spot keinen Beitrag zum Markenlernen.

Zum einen ist die Durchschlagskraft des Spots zu gering. Diese ist jedoch eine notwendige Voraussetzung für das Markenlernen. Zum anderen zeigen Sie die Marke in diesem Zeitintervall weder klar erkennbar in bildlichen Szenen noch unterstützen Sie das Markenlernen akustisch. Stellen Sie den Markennamen, das Markenzeichen oder die Markenabbildung klar erkennbar mindestens zweimal innerhalb der ersten 10 Sekunden dar (durchschnittliche Einblendungszeit von 1,5-2 Sekunden vorausgesetzt) und vermitteln Sie den Markennamen zusätzlich akustisch. Die bildliche Darstellung der Markenabbildung kann vor allem am Point of Sale für das Wiedererkennen der Marke wichtig sein, vorausgesetzt die Markenabbildung hebt sich von der Konkurrenz ab.

Im weiteren Verlauf haben Sie gute Voraussetzungen dafür geschaffen, dass der Spot einen Beitrag zum Markenlernen leistet.

•

•

•

Abbildung 4: Auszüge aus dem Lenor-Animatic-„Hotel" mit Expertiseausschnitten des CAAS-Diagnosesystems (Teil 4) (Quelle: Esch/Kroeber-Riel 1994, S. 218 ff.)

Ursache 3: Der Spot weist Akzeptanzdefizite auf

Ihr Spot ist wenig unterhaltsam gestaltet.

Der Unterhaltungswert ist aber gerade bei der Ansprache wenig involvierter Konsumenten von besonderer Bedeutung. Für wenig involvierte Konsumenten gilt nämlich die Formel: „Gefallen geht über Verstehen".

Der Unterhaltungswert Ihres Spots liegt innerhalb der ersten 10 Sekunden unter dem Durchschnitt sonst üblicher Fernsehspots.

•
•
•

Bei dem Spot besteht eine große Irritationsgefahr.

Innerhalb der ersten 10 Sekunden wirkt der Spot etwas, im weiteren Verlauf sogar stark irritierend. Aus Untersuchungsergebnissen des Instituts für Konsum- und Verhaltensforschung wissen wir, dass dies einen negativen Einfluss auf die Kaufwahrscheinlichkeit hat und sich beim simulierten Wahlverhalten – verglichen mit nicht irritierenden Spots – eine deutlich geringere Zahl an Käufen der entsprechenden Marke ergab. Achten Sie also darauf, dass dem Spot keine negativen Äußerungen wie dümmlich, übertrieben oder geschmacklos zugeordnet werden.

Für eine umfassende Marktforschungsuntersuchung empfehlen wir Ihnen folgendes Profil:

•
•
•

Abbildung 4: Auszüge aus dem Lenor-Animatic-„Hotel" mit Expertiseausschnitten des CAAS-Diagnosesystems (Teil 5)
(Quelle: Esch/Kroeber-Riel 1994, S. 218 ff.)

Die CAAS-Expertensysteme bieten den Nutzern folgende Vorteile:

- Die Werbewirkungsüberpüfung erfolgt zielorientiert. Je nach verfolgtem Werbeziel werden unterschiedliche Schwerpunkte in der Diagnose gelegt.
- Neben allgemeinen Werbewirkungskriterien, wie Aufmerksamkeitswirkungen, Akzeptanzwirkungen oder dem Lernen der Schlüsselbotschaft und Marke, werden auch strategische Aspekte der Werbewirkung analysiert. Es wird geprüft, inwieweit die Werbung in eine Werbekampagne integriert ist, ob der Bezug zum verfolgten Positionierungsziel gewährleistet ist und ob die Werbung sich klar von der Konkurrenz abgrenzen kann.
- Bei dem Beurteilungsprozess wird eine Low-Involvement-Situation für alle Werbemittel antizipiert. Dennoch sind bei der Printwerbung auch Simulationen höheren Involvements möglich, sofern man solche Marktbedingungen erwartet.

- Die Expertise erschöpft sich nicht in einer Diagnose, sondern umfasst auch konkrete Verbesserungsvorschläge und Hinweise auf neue Forschungserkenntnisse.
- Die Werbewirkungsüberprüfung bis hin zum Schlussbericht erfolgt schnell: Spätestens innerhalb einer Woche liegen die Ergebnisse vor.
- Die Werbewirkungsanalyse ist kostengünstig. Eine Expertise kostet zwischen 2.000 und 4.000 Euro.

Diesen Vorteilen stehen verschiedene Nachteile gegenüber. So weisen die *Expertensysteme* noch Schwächen im Bereich der Akzeptanzprüfung bei spezifischen Zielgruppen auf. Dennoch können solche Expertensysteme empirische Wirkungsüberprüfungen ersetzen. Sie eignen sich besonders als Vorstufe nachfolgender empirischer Pretests, um sicherzustellen, dass hoffnungslose Entwürfe nicht aufwendig getestet werden. Insofern übernehmen sie die *Funktion eines Werbe-TÜV*, der – betrachtet man die heutigen Werbeumsetzungen – wertvolle Dienste leisten kann.

3.4 Werbeposttests

Bei den Werbeposttests kann man grundsätzlich zwischen zeitpunktbezogenen und zeitraumbezogenen Posttests unterscheiden. Letztere bezeichnet man als so genannte Werbetrackings. Ferner ließe sich noch nach ökonomischen und außerökonomischen Kriterien, die im Rahmen solcher Verfahren zur Messung verwendet werden können, differenzieren. Da bei ökonomischen Kriterien jedoch der Einfluss anderer Marketinginstrumente und anderer Störeinflüsse groß ist, werden in der Regel primär außerökonomische Messkriterien in Posttests herangezogen, da diese neben diagnostischen Aussagen auch gezielte Maßnahmen ermöglichen. Zeitpunktbezogene Posttests können im Prinzip in Analogie zu den Pretests entwickelt werden. Verbreitet sind hier auch Verfahren, die sich ausschließlich auf Messgrößen wie den (Marken-)Recall oder die (Marken-)Recognition beschränken, z. B. durch Erfassung des so genannten *Day-After-Recalls* nach Ausstrahlung eines Werbespots im Vorabendprogramm.

Da *Trackingstudien* eine kontinuierliche Betrachtung der Werbewirkung ermöglichen, wird darauf im Folgenden näher eingegangen. Trackingstudien kann man als kontinuierliche Posttests bezeichnen, bei denen in (Befragungs-)Wellen die Wirkungen der Werbung gemessen werden. Hierbei stehen weniger einzelne Medien, sondern vielmehr ein Medienmix im Rahmen einer Werbekampagne im Blickpunkt der Betrachtung (Berekoven/Eckert/Ellenrieder 2004, S. 185). Ziel solcher Trackingstudien ist im Allgemeinen

- *die Bewertung der werblichen Leistungsfähigkeit einzelner Werbekampagnen in Abhängigkeit von Mediaeinsatz und Störgrößen;*

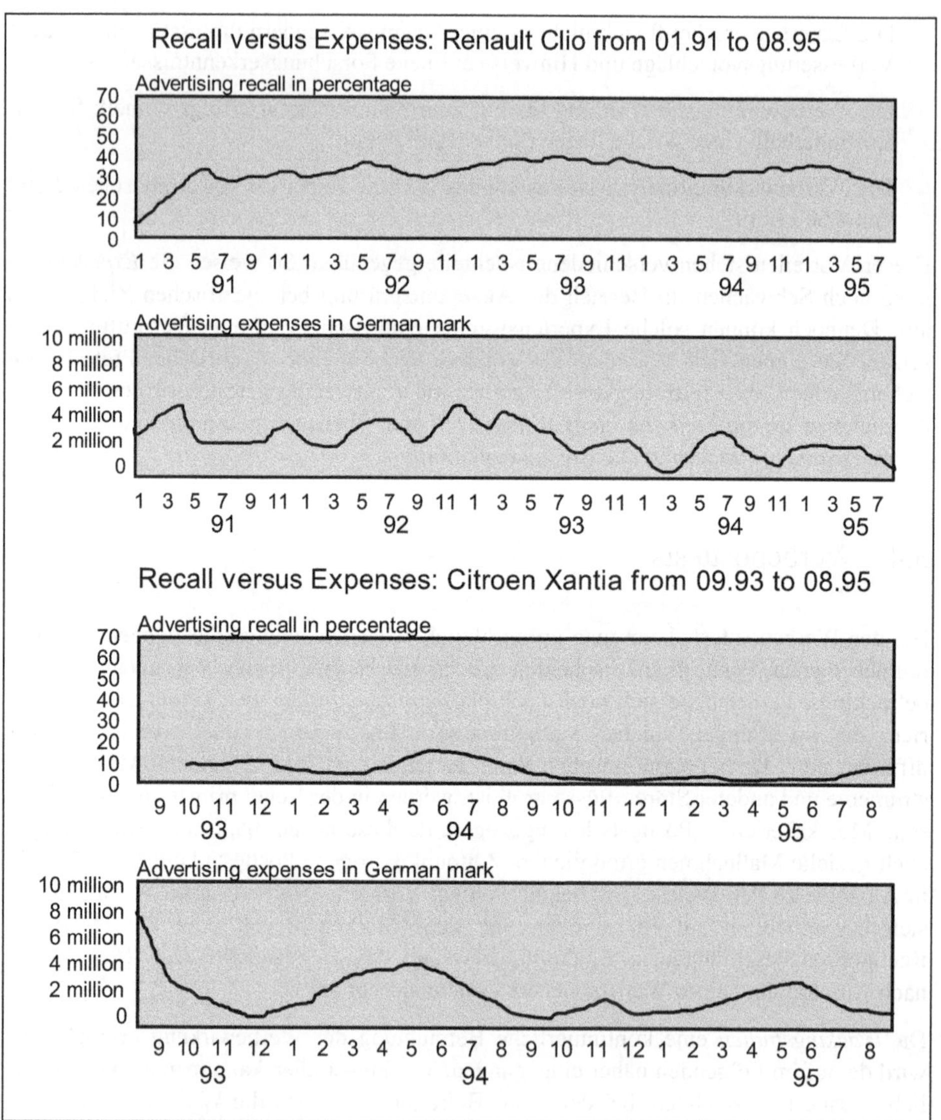

Abbildung 5: Trackingergebnisse zur Werbeffizienz von Renault Clio und Citroën Xantia
(Quelle: Esch/Andresen 1996, S. 90 f.)

- *die Planung der optimalen Mediastrategie (durch Inter- und Intramedienvergleiche sowie durch Bewertung von Spill-over- und Carry-over-Effekten) und*
- *die Ableitung von Aussagen und Empfehlungen zu Fragen der wirksamen Kampagnengestaltung.*

Die Grundlage für die Überprüfung der Effizienz der Werbekampagnen bilden in der Regel Daten der Nielsen-Werbeforschung zu den Mediaspendings für die einzelnen Werbekampagnen. Diese können dann mit den Ergebnissen zu einzelnen diagnostischen Größen in Bezug gesetzt werden, um Auskunft über die Relation zwischen Werbewirkung und Werbeausgaben auch im Vergleich zu Konkurrenzmarken zu erhalten. Beispielhaft sind in Abbildung 5 solche Trackingergebnisse für den Renault Clio und den Citroën Xantia aufgeführt.

Die jeweiligen Trackinginstrumente unterscheiden sich vor allem in den Kriterien

- Erhebungsrhythmus,
- Fragenprogramm sowie in der
- Erhebungsmethode.

Abbildung 6 zeigt einige verbreitete Trackingverfahren mit zugehörigen Spezifikationen.

Werbetrackingstudien sind, wie bereits erwähnt, ein sinnvolles Instrumentarium zur laufenden Überprüfung von Werbekampagnen. Durch solche Trackingstudien kann man u. a. Aufschluss über die Durchsetzungsfähigkeit einer Werbekampagne im Markt, die optimale Werbebudgethöhe, die optimale Medienauswahl, die zeitliche Verteilung der Werbegelder (z. B. pulsierend/massiert oder kontinuierlich), die Markenwerbestrategie, die Zeitpunkte für Kampagnenvariationen aufgrund möglicherweise auftretender Wear-out-Effekte, die Reaktionen auf Konkurrenzmaßnahmen und die Integration der Kampagne in den Marketingmix erhalten.

Kriterium	AD TREK von Icon Added Value (Stand: August 2006)	GfK ATS® (Stand: August 2006)	Brand*Graph von IPSOS (Stand: August 2006)	Millward Brown (Stand: August 2006)
Leistung	▪ Das Instrument AD TREK zielt auf eine kundenindividuelle, maßnahmenorientierte Synthese von Werbeerfolgskontrolle und Media-Controlling unter Berücksichtigung der Höhe und der zeitlichen Verteilung von Werbeinvestitionen ▪ Durch ergänzende Sales- und Media-Modelle dient AD TREK zur ROI- Überprüfung und Steuerung von Marketingmaßnahmen ▪ Ergänzend wird ein 360° Marketing Activity Tracking angeboten (Promotions, Produktneueinführung, Verpackungsänderungen, Sponsoring, Internet etc.)	▪ Beratung des Kunden in Richtung einer optimalen Kommunikation (Qualität und Effizienz) auf Basis kampagnenbegleitender Beobachtung und Bewertung der erzielten Werbewirkung ▪ Prognose und Simulation anhand von Zeitreihenmodellierung (v. a. Wahrnehmungsdimensionen)	▪ Kombiniertes Marken- und Werbetracking ▪ Wettbewerbsstärke der Marke im Konkurrenzumfeld (Brand Health und Brand Equity) ▪ Ermittlung der kategorie- und markenspezifischen Treiber ▪ Einfluss der Kommunikation auf die Marke ▪ Datenbankbasierte Werbeerfolgskontrolle unter Berücksichtigung der Höhe und zeitlichen Verteilung des Werbedrucks	▪ Dynamischer, modularer Ansatz; d. h. abhängig von individuellen Fragestellungen wird die Studie aus einzelnen Bausteinen zusammengesetzt, wobei einzelne Module flexibel in Abhängigkeit der Marketingmaßnahmen (z. B. Relaunch einer Marke) zeitlich begrenzt hinzugefügt werden Module: ▪ Markengesundheit, d. h. Bekanntheit, Verwendung, Präferenz etc. ▪ Positionierung & Markenwert ▪ Preis-Leistungs-Merkmale ▪ Werbebekanntheit (gesamt, TV, andere Medien) ▪ WOM ▪ Werbediagnostik ▪ Markenerfahrung ▪ Design und Verpackung ▪ Wahrnehmung und Einfluss von POS-Maßnahmen ▪ Segmentierung ▪ Neben der isolierten Betrachtung kommunikationsbezogener Daten (Werbeeffektivitäts- und Effizienzmessung) auch Integration in ein umfassendes Marketing-Informationssystem

Abbildung 6: Verbreitete Werbetrackingstudien in der Praxis (Teil 1)

Kriterium	AD TREK von Icon Added Value (Stand: August 2006)	GfK ATS® (Stand: August 2006)	Brand*Graph von IPSOS (Stand: August 2006)	Millward Brown (Stand: August 2006)
Befragungsmethode	▪ Kontinuierliche Verbraucherbefragung ▪ CATI (Computer Assisted Telephone Interview) Selbstwahlsystem ▪ Wöchentliche Erhebung ▪ Exklusiv oder Multiclient	▪ Kontinuierliche Verbraucherbefragung ▪ Mit CAPI, CATI oder CAWI möglich ▪ Erhebungsfrequenz in Abstimmung mit Kunde (von wöchentlich bis jährlich oder in Wellen) ▪ Exklusiv oder muticlient	▪ In Wellen oder kontinuierlich ▪ Exklusiv ▪ Befragungsmethode: flexibel, CAPI, CATI oder CAWI	▪ Kontinuierliche Wellenbefragung innerhalb der relevanten Zielgruppe ▪ Datenerhebungsmethode abhängig vom jeweiligen Landesstandard, in Deutschland CASI (d. h. Befragte füllen in einem Teststudio den FB eigenständig am Computer aus) oder zunehmend auch CAWI (abhängig von Zielgruppe) ▪ Wöchentliche Erhebung ▪ Exklusiv, ggf. auch Multiclient
Zielgruppe (Standard)	▪ Potential im weitesten Sinne (Usage)	▪ I. d. R. Marketingzielgruppe des Kunden	▪ Potential im weitesten Sinne (Usage)	▪ Verwender der Kategorie
Auswahl der Zielpersonen	▪ Zufallsauswahl oder Quotenauswahl	▪ Quotenauswahl	▪ Quotenauswahl	▪ Quotenauswahl
Stichprobengröße (Standard)	▪ 50-500 pro Woche	▪ 200-300 pro Berichtsperiode	▪ Minimum 300 pro Welle bzw. Berichtszeitraum	▪ 50 pro Woche
Gestützte Werbeerinnerung	▪ In letzter Zeit ▪ In den letzten 10 Tagen	▪ In letzter Zeit ▪ Auch medienspezifisch	▪ In letzter Zeit	▪ In letzter Zeit

Abbildung 6: Verbreitete Werbetrackingstudien in der Praxis (Teil 2)

Kriterium	AD TREK von Icon Added Value (Stand: August 2006)	GfK ATS® (Stand: August 2006)	Brand*Graph von IPSOS (Stand: August 2006)	Millward Brown (Stand: August 2006)
Anpassung an Werbe-spending-phase	▪ Ja ▪ Nein, wenn Multiclient	▪ Ja ▪ Nein, wenn Multiclient	▪ Ja	▪ Abhängig von Fragestellung und Budget
Offene Werbeinhalte	▪ Nennungsspezifische Codierung ▪ Kampagnenspezifische Codierung ▪ Proven Recall (der Prozentsatz von Probanden, von denen man mit Bestimmtheit sagen kann, dass sie eine bestimmte Kampagne wahrgenommen haben)	▪ Nennungsspezifische Codierung ▪ Kampagnen-Recall (Anteil der Zielgruppe mit spezifischer Erinnerung an die Kampagne) ▪ Situative Auswahl relevanter Verbatims	▪ Codierung der Werbeinhalte ▪ Proven Recall (der Prozentsatz von Probanden, von denen man mit Bestimmtheit sagen kann, dass sie eine bestimmte Kampagne wahrgenommen haben)	▪ Zuordnung über Werbeinhalte (Story Recall) ▪ Kampagnen- und exekutionsindividuelle Kommunikation ▪ Slogan
Gestützte Werbeinhalte	▪ Bildinhalte, Bilder ▪ Claims / Slogan	▪ Recognition-Test (Werbemittelvorlage) ▪ Slogans (auch Jingles, Key Visuals nach Bedarf)	▪ Optional	▪ Branding ▪ Rationale und emotionale Reaktion ▪ Aktivierungspotential ▪ Kommunikation
Image	▪ Ja ▪ Auch Markenstärke möglich	▪ Ja	▪ Brand Health (Brand Equity unter Berücksichtigung des kategoriebezogenen Markeninvolvements und Preiswahrnehmung) ▪ Spezifische Attribute	▪ Ja ▪ Abfrage zusätzlicher Markenwertattribute möglich

Abbildung 6: Verbreitete Werbetrackingstudien in der Praxis (Teil 3)

Kriterium	AD TREK von Icon Added Value (Stand: August 2006)	GfK ATS® (Stand: August 2006)	Brand*Graph von IPSOS (Stand: August 2006)	Millward Brown (Stand: August 2006)
Verwendung	▪ Relevant Set ▪ First Choice ▪ Kauf ▪ Kaufplanung	▪ Kauferwägung ▪ Kaufpräferenz ▪ Kaufverhalten	▪ Verwendungsverhalten	▪ Markenerfahrung ▪ Markenverwendung ▪ Markenpräferenz (bzw. auch -wunsch)
Mediennutzung	▪ Ja (optional)	▪ Ja (optional)	▪ Optional	▪ Ja
Reporting	▪ Individuell; z. B. wöchentlich, monatlich oder flightorientiert ▪ Reportinginhalte individuell und kundenspezifisch abgestimmt ▪ Learning-Workshops, z. T. mt Modeling-Ergebnissen i.d.R. einmal jährlich.	▪ Berichtsperioden und Inhalte (Toplines, Grafikreports, Tabellen) in Absprache mit Kunden	▪ Nach jeder Welle ▪ Kontinuierliche Anlage: entsprechend Kundenanforderung	▪ Auf Kundenwunsch, i. d. R. monatliches Update von Kerndaten in kommentierter Form, umfassende Analyse auf halbjährlicher oder jährlicher Basis
Werbedruckmaß	▪ Geld und / oder GRPs (Gross Rating Points)	▪ Geld oder GRPs (Gross Rating Points) (nach Absprache)	▪ GRPs (Gross Rating Points)	▪ Gewichtete GRPs (Gross Rating Points) bei TV, bei anderen Medien i. d. R. absolute Spendings

Abbildung 6: Verbreitete Werbetrackingstudien in der Praxis (Teil 4)

Kriterium	AD TREK von Icon Added Value (Stand: August 2006)	GfK ATS® (Stand: August 2006)	Brand*Graph von IPSOS (Stand: August 2006)	Millward Brown (Stand: August 2006)
Datenbank & Erfahrung	▪ 100 Kunden aus Konsum- und Gebrauchsgüterindustrie, Finanz- und Versicherungswesen ▪ Datenbank mit über 1200 Kampagnen	▪ Datenbank mit > 800 Marken aus > 100 Trackings (ca. 2/3 FMCG) ▪ Versch. themenspezifische Datenbanken (Neukampagnen, Neuprodukte, Spotlängen etc.) ▪ GfK ATS® seit 1982	▪ Internationale Datenbank	▪ Seit den 70er Jahren ▪ Weltweit aktuell über 1300 (in D: 40) Trackingstudien (Stand 2006) ▪ Sehr umfassende Datenbank zum Benchmarking
Kosten pro Stimme	▪ 25 bis 50 Euro je nach Zielgruppe und Fragebogenumfang ▪ Bei Multiclient-Studien abhängig von Anzahl der Teilnehmer deutlich günstiger	▪ Ab ca. 30 Euro / 50 Euro (große / kleine Volumen) je nach Erhebungsmethode, Zielgruppe, Fragebogenumfang etc.	▪ Je nach Zielgruppe, Stichprobengröße und Fragebogenumfang	▪ Ca. 50 bis 80 Euro je nach Zielgruppe, Studien- und Fragebogenumfang
Vernetzung mit anderen Instrumenten	▪ AD TREK ist Teil eines integrierten Instrumentariums zur Marken- und Kommunikationsforschung	▪ ATS® ist ein Baustein einer Reihe von Tools, mittels derer die GfK den Marketingzyklus beim Kunden begleitet ▪ Zum Beispiel Vernetzung auf Kampagnenbasis zu AD*VANTAGE® (Pretest)	▪ Ja, u. a. Next* (Pretest)	▪ Unter anderem Link-Test (Pretest), BrandDynamics (Markenwertanalyse), Demand & Activation (Messung des Einflusspotentials von Kommunikationskanälen auf Präferenzbildung und POS-Aktivierung); TGI (europäische Verbraucheranalyse)

Abbildung 6: Verbreitete Werbetrackingstudien in der Praxis (Teil 5)

4. Fallbeispiel: Wirkungsüberprüfung unterschiedlich koordinierter Werbung

Zielsetzung der Studie: In dieser Pretest-Studie wurde die Wirkung unterschiedlich integrierter Kommunikation zwischen Werbemitteln, konkret zwischen Fernseh- und Zeitschriftenwerbung, für die Württembergische Versicherung untersucht. Die Studie wurde zu wissenschaftlichen Zwecken durchgeführt. Das Experiment erfolgte unter Low-Involvement-Bedingungen. Durch die Studie sollte festgestellt werden, welche der möglichen inhaltlichen Abstimmungsmaßnahmen zwischen der Fernsehwerbung und der Zeitschriftenwerbung für die Württembergische Versicherung die besten Ergebnisse verspricht.

Untersuchungsdesign: In der Untersuchung wurden drei verschiedene Integrationsformen berücksichtigt: Schlüsselbildintegration, Sprachintegration und zersplitterte Kommunikation. Bei der Abstimmung durch Schlüsselbilder wird die Schlüsselbotschaft der Werbung durch ein gleich bleibendes visuelles Grundmotiv vermittelt.

Für die Württembergische Versicherung wurde hier die Schlüsselbotschaft „solide“ durch das Bild „Fels in der Brandung“ in Fernseh- und Zeitschriftenwerbung vermittelt. Bei der Sprachintegration erfolgte die Abstimmung zwischen Print und TV durch den Slogan „Die solide Versicherung“. Bei der zersplitterten Kommunikation erfolgte hingegen keine inhaltliche Abstimmung zwischen der Print- und der Fernsehwerbung, d. h. es wurden immer wieder andere Inhalte und Eindrücke mit der Württembergischen Versicherung verknüpft. Um Reihenfolgeeffekte bei der Darbietung von Fernseh- und Zeitschriftenwerbung zu vermeiden, wurden Gruppen gebildet, die entweder die Fernsehwerbung oder die Zeitschriftenwerbung zuerst sahen. Demnach wurden die Faktoren Integrationsform und Mediaexpositionsfaktor miteinander kombiniert. Insgesamt wurden in sechs Gruppen jeweils unterschiedliche Integrationsformen für die Württembergische Versicherung in einer unterschiedlichen Medienreihenfolge dargeboten.

Die Testwerbung wurde in einem Zeitschriftenfolder mit 40 Seiten dargeboten. Wie in der Realität enthielt jede zweite Seite Werbung. Neben der Testwerbung umfasste die Zeitschrift auch Konkurrenzanzeigen, da diese die Erinnerung an die eigene Werbung beeinträchtigen konnte. Die Testwerbung im Fernsehen war in einen typischen Werbeblock (mit Konkurrenzwerbung) in einem Fernsehprogramm eingebunden, in dem es um die Sicherheit von Automobilen, Crashtests und Darstellungen von Autounfällen im Reality-TV ging.

Untersuchungsablauf: 120 Testpersonen wurden zufällig auf die Testgruppen verteilt. Die Probanden erhielten zur Ablenkung den Hinweis, die Studie diene zur Überprüfung der Wirkung der Informationsüberflutung und zur Darstellung der Sicherheit von Automobilen in den Medien. Danach wurden allgemeine Fragen zum Nutzungsverhalten von Medien, zur Einstellung zur Werbung usw. gestellt. Dem folgte die Exposition der Zeitschrift oder des Fernsehfilms mit Werbung. Anschließend erfolgten wiederum Ablenkungsfragen, bevor dann das andere – noch nicht betrachtete – Werbemedium gezeigt wurde. Diesem Expositionsteil folgten weitere Ablenkungsfragen und eine Gruppendiskussion, bevor nach 15 Minuten der eigentliche Testfragebogen verteilt wurde. Durch diese zeitliche Verzögerung der eigentlichen Befragung wurde sichergestellt, dass tatsächlich das Langzeitgedächtnis der Testpersonen und nicht das Kurzzeitgedächtnis getestet wurde.

Als abhängige Variablen wurden in die Untersuchung vor allem solche Wirkungsgrößen einbezogen, die sich auf die Prüfung der Gedächtniswirkungen zur Württembergischen Versicherung sowie auf die Untersuchung von Einstellungsgrößen zur Marke und Werbung bezogen. Hierbei wurde zwischen verbalen und nonverbalen Messmethoden differenziert (siehe Abbildung 7). Grundsätzlich wurde vermutet, dass die Schlüsselbildintegration unter den herrschenden Markt- und Kommunikationsbedingungen in Bezug auf die genannten abhängigen Größen besser abschneidet als die Sprachintegration bzw. die zersplitterte Kommunikation. Als intervenierende Größen (Störgrößen) wurden noch das Produktinvolvement, die Einstellung zur Werbung allgemein und das Mediennutzungsverhalten erfasst.

Messmodalität / Messgröße	sprachbezogen	bildbezogen
Erinnerung – Recall	▪ Markenrecall ▪ Protokolle lauten Denkens: Erinnerung an Werbeinhalte	▪ Bildrecall (erinnerte Bildinhalte zum Angebot und zur Werbung)
Recognition	▪ Markenrecognition ▪ Headlinerecognition ▪ Sloganrecognition	▪ Bildrecognition
Einstellung (und Kaufabsicht)	▪ Einstellung zum Werbemittel mittels Anmutungsprofilen ▪ Over-all-Einstellung zum Werbemittel ▪ Einstellung zur Marke mittels Einstellungsprofilen ▪ Over-all-Einstellung zur Marke ▪ Skala zur Kaufabsicht	Messung der Dimensionen innerer Bilder ▪ Leichtigkeit des Zugriffs ▪ Vividness mittels ▪ Marks-Skala ▪ Klarheitsskala ▪ Bilderskala „Gebirgsstraße" ▪ Bilderskala „Auto"

Abbildung 7: Überblick über die kontrollierten abhängigen Variablen (Quelle: Esch 2006, S. 256 ff.)

Integrationsform / Markenrecall	Schlüsselbildintegration	Sprachintegration	keine Integration
Marken nicht erinnert	1	20	37
Marke auf Rang 1 bis 3 genannt	16	4	0
Marke auf Rang 4 bis 12 genannt	23	16	3
Anmerkung: WBV = Württembergische Versicherung; Chi-Quadrat-Wert nach Pearson: 69,1 (DF = 4; Sign. = 0,00); Cramer's V = 0,54			

Abbildung 8: Ergebnisse zur Beziehung zwischen Markenrecall und Integrationsform (Quelle: in Anlehnung an Esch 2006, S. 308)

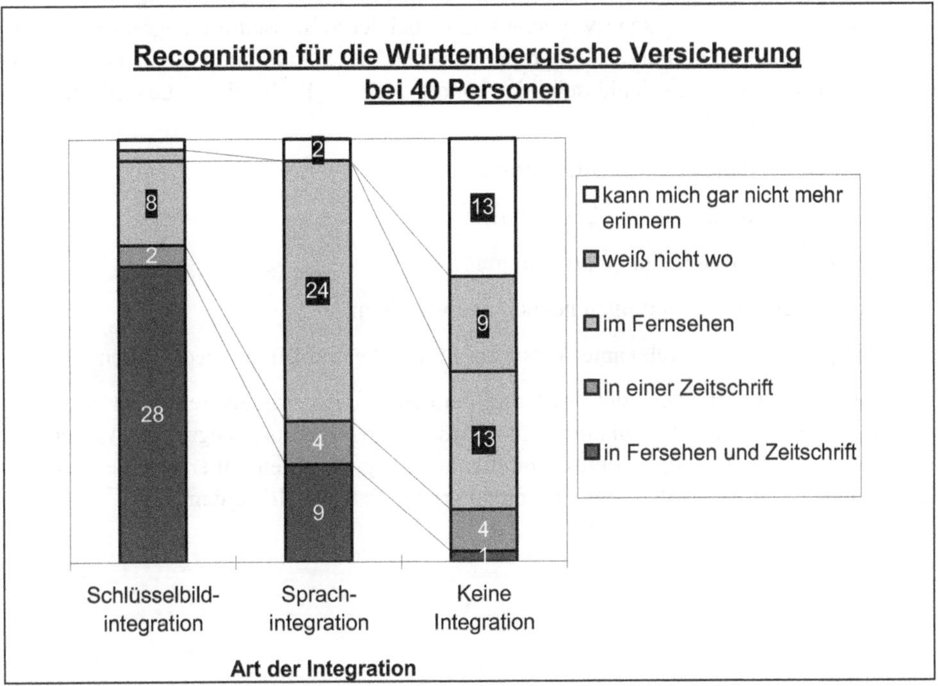

Abbildung 9: Ergebnisse zur Beziehung zwischen Markenrecognition und Integrationsform (Quelle: in Anlehnung an Esch 2006, S. 310)

Die sehr hohen Recognition-Werte (Abbildung 8) sind wahrscheinlich darauf zurückzuführen, dass die Durchschlagskraft der Fernsehwerbung höher ist als die der Printwerbung und/oder die Simulation der Low-Involvement-Situation beim Fernsehen nicht optimal war. Deshalb ist folgendes Resultat beachtenswert, das die integrative Kraft der Schlüsselbilder unterstreicht: Die Markenerinnerung ist bei der Sprachintegration und bei zersplitterter Kommunikation primär auf die Fernsehwerbung zurückzuführen. Im Fall zersplitterter Kommunikation waren es bei der Württembergischen Versicherung 49 % der Testpersonen, die dieses Angebot als nur im Fernsehen beworben identifizierten. 33,3 % der Probanden konnten nicht angeben, ob das Angebot im Fernsehen, in der Zeitschrift oder in beiden Medien beworben wurde (siehe Abbildung 9).

Anders bei der Schlüsselbildintegration: Knapp 72 % der Probanden, welche die Württembergische Versicherung als beworbene Marke identifizierten, erinnerten sich daran, dass das Angebot im Fernsehen und in der Zeitschrift beworben wurde. Eine Integrationswirkung wird demnach vor allem bei der Schlüsselbildintegration wahrgenommen (Esch 2006, S. 310).

Ergebnisse zur Wiedergabe der Werbe- und Markeninhalte: Die Erinnerung an die Werbung für die Württembergische Versicherung ist bei der Schlüsselbildintegration wesentlich besser als bei den anderen Integrationsformen (siehe Abbildungen 10, 11, 12, 13). Bei der Integration durch Schlüsselbilder können sich die Probanden – unabhängig von dem jeweiligen Angebot –

- besser an die dargebotenen Bilder erinnern,
- mehr Assoziationen zur Werbung äußern,
- mehr positive Assoziationen produzieren,
- weniger negative Äußerungen nennen und vor allem
- mehr positionierungsrelevante Aussagen, Eindrücke und Bilder wiedergeben.

Die Sprachintegration schneidet wiederum bei den offenen Erhebungen meist besser ab als die zersplitterte Kommunikation. Lediglich bei positiven und negativen Assoziationen sowie beim Bildrecognitiontest konnten keine signifikanten Unterschiede zwischen zersplitterter Kommunikation und Sprachintegration festgestellt werden.

Integrations-form / Bildrecall	Schlüsselbild-integration	Sprachintegration	keine Integration	Chi-Quadrat-Wert nach Pearson	DF	Sign.	Cramers V Koeffizient
Württembergische Versicherung	80 %	20 %	5 %	59,2	3	0,00	0,5
N	40	40	40				

Abbildung 10: Ergebnisse zur Beziehung zwischen Bildrecall und Intregrationsform (Quelle: in Anlehnung an Esch 2006, S. 317)

Integrations-form / Recognition	Schlüsselbild-integration	Sprachintegration	keine Integration	Chi-Quadrat-Wert nach Pearson	DF	Sign.	Cramers V Koeffizient
Bild-recognition	37	9	7	59,6	4	0,00	0,5
Headline-recognition	34	25	4	49,7	4	0,00	0,5
Slogan-recognition	24	17	0	42,7	4	0,00	0,4
Anmerkung: Neben den hier aufgeführten korrekten Zuordnungen gab es noch die Ausprägungen „falsch“ und „keine Angaben“.							

Abbildung 11: Ergebnisse zur Beziehung zwischen Bild-, Headline- und Sloganrecognition und Integrationsform (Quelle: in Anlehnung an Esch 2006, S. 317 ff.)

Assoziation zur Württembergischen Versicherung	Schlüsselbild-integration		Sprachintegration		keine Integration	
	Mittelwert	Standard-abweichung	Mittelwert	Standard-abweichung	Mittelwert	Standard-abweichung
Zahl der Assoziationen	7,85	4,0	4,38	1,92	3,3	2,43
positive Assoziationen	5,68	2,96	1,9	1,6	0,98	1,12
negative Assoziationen	0,48	0,96	1,18	0,84	1,23	1,25
neutrale Assoziationen	1,73	1,72	1,3	0,99	1,1	1,28
positionierungsrelevante Assoziationen	2,85	1,76	0,7	0,72	0,2	0,52

Abbildung 12: Mittelwerte und Standardabweichungen zur Württembergischen Versicherung
(Quelle: in Anlehnung an Esch 2006, S. 313 f.)

Assoziationen zur Württembergischen Versicherung	Integrationsform (I)			Reihenfolge Print – TV (R)			Interaktion (I*R)			Regression (Kovariate)			Fehler (Within and Resid-ual) MS	DF
	MS	F	Sign.	MS	F	Sign.	MS	F	Sign.	MS	F	Sign.		
Zahl der Assoziationen	189,2	23,7	0,00	4,1	0,5	0,48	6,3	0,8	0,46	23,7	2,9	0,005	8,0	118
positive Assoziationen	220,1	49,8	0,00	0,001	0,002	0,97	2,1	0,5	0,63	8,6	1,8	0,06	4,4	118
negative Assoziationen	7,2	6,9	0,002	2,8	2,7	0,10	0,2	0,2	0,85	1,2	1,2	0,32	1,1	118
neutrale Assoziationen	2,8	1,6	0,20	0,002	0,001	0,97	4,4	2,6	0,08	3,8	2,2	0,03	1,7	118
positionierungsrelevante Assoziationen	73,7	55,2	0,00	0,2	0,1	0,74	1,9	1,4	0,24	2,2	1,6	0,13	1,3	118

Anmerkung: Zahl der Freiheitsgrade: Integrationsform (DF=2); Zahl der Wiederholungen (DF=1).
Folgende Kovariate wurden in die Analyse miteinbezogen: Das Mediennutzungsverhalten von Fernsehen und Zeitschriften, die Markenbekanntheit vor der Untersuchung, die Imagery-Fähigkeit allgemein (Marks-Skala und Leichtigkeitsskala), das Produktinvolvement sowie die Einstellung zur Werbung allgemein (Summenscore aus den Einzel-Items).

Abbildung 13: Zweifaktorielle Varianzanalysen zur Beziehung zwischen Assoziationen zur Württembergischen Versicherung, Integrationsform und Mediaexpositionsfaktor (Teil 1, Quelle: Esch 2006, S. 368)

Assoziationen zur Württembergischen Versicherung	Einfluss der Kovariate: Imagery-Fähigkeit (Marks-Skala) allgemein		Mediennutzungsverhalten Zeitschriften		Bekanntheit der Württembergischen Versicherung		Produktinvolvement	
	F	Sign.	F	Sign.	F	Sign.	F	Sign.
Zahl der Assoziationen	5,2	0,03			4,5	0,04	12,3	0,01
positive Assoziationen	3,0	0,09			3,7	0,06	4,4	0,04
negative Assoziationen							4,3	0,04
neutrale Assoziationen			2,8	0,1			9,0	0,01
positionierungsrelevante Assoziationen			2,8	0,09	5,3	0,02		

Anmerkung: Hier werden nur die Kovariate mit signifikantem Einfluss auf die abhängigen Variablen wiedergegeben.

Abbildung 13: Zweifaktorielle Varianzanalysen zur Beziehung zwischen Assoziationen zur Württembergischen Versicherung, Integrationsform und Mediaexpositionsfaktor (Teil 2, Quelle: Esch 2006, S. 368)

In Bezug auf das *innere Bild* von der Württembergischen Versicherung, die Einstellung zur Werbung der Württembergischen Versicherung und zur Marke selbst sowie in Bezug auf die Kaufabsicht zeigt sich ein ähnliches Bild: Das innere Bild zur Württembergischen Versicherung ist bei der Schlüsselbildintegration signifikant besser als bei der Sprachintegration und der zersplitterten Kommunikation (siehe Abbildungen 14 und 15). Zwischen Sprachintegration und zersplitterter Kommunikation bestehen keine (signifikanten) Unterschiede. Bei der Einstellung zur Werbung schneidet die Schlüsselbildintegration ebenfalls am besten ab. Die Sprachintegration ist hingegen nur bei drei der vierzehn Items zur Messung der Einstellung zur Werbung der zersplitterten Kommunikation überlegen (siehe Abbildungen 16 und 17). Bei der Einstellung zur Marke schneidet die zersplitterte Kommunikation wiederum deutlich schlechter ab als die beiden anderen Kampagnenformen.

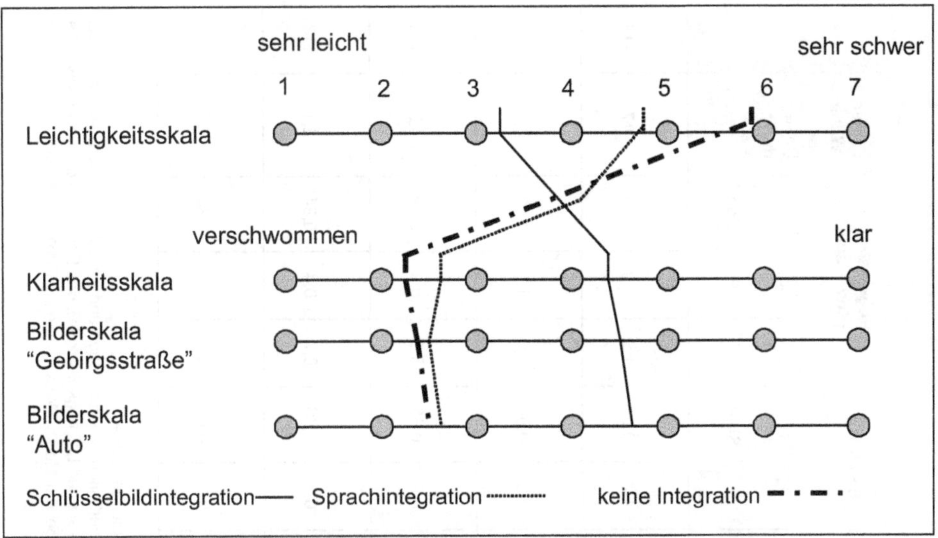

Abbildung 14: Skalen mit Mittelwerten zum inneren Bild der Württembergischen Versicherung (Quelle: Esch 2006, S. 293)

Hingegen ergaben sich zwischen der Schlüsselbildkampagne und der Sprachkampagne keine großen Unterschiede (siehe Abbildungen 18 und 19). Allerdings schnitt die Schlüsselbildkampagne für die Württembergische Versicherung wiederum deutlich besser in Bezug auf die Kaufabsicht ab als die Sprachkampagne, welche wiederum bessere Resultate als die zersplitterte Kampagnenvariante erzielte. Während bei der Schlüsselbildintegration 40 % der Probanden die Absicht äußerten, wahrscheinlich eine Versicherung bei der Württembergischen Versicherung abzuschließen, gaben dies bei der Sprachintegration und der zersplitterten Kommunikation lediglich 5 % der Befragten an (Esch 2006, S. 328).

Nach diesen Ergebnissen liegt die Entscheidung für die Wahl einer Werbekampagne für die Württembergische Versicherung auf der Hand: Es kommt nur die Kampagne mit dem Schlüsselbild des „Fels in der Brandung" in Frage, da bei dieser Kampagne die mit Abstand besten Ergebnisse in Bezug auf die überprüften Werbewirkungsgrößen erzielt werden konnten.

Imagery-Skalen	Integrationsform (I)			Reihenfolge Print – TV (R)			Interaktion (I*R)			Regression (Kovariate)			Fehler (Within and Resi-dual)	DF
	MS	F	Sign.	MS	F	Sign.	MS	F	Sign.	MS	F	Sign.	MS	
Leichtigkeit	62,2	36,7	0,00	11,1	6,6	0,01	7,1	4,2	0,02	1,5	0,9	0,56	1,7	118
Marks-Skala	14,98	25,8	0,00	2,0	3,4	0,07	1,5	2,5	0,09	1,0	1,7	0,12	0,6	118
Klarheit	175,7	40,6	0,00	4,0	0,9	0,34	0,7	0,2	0,85	3,9	0,9	0,52	4,3	118
Bilderskala „Gebirgsstraße"	37,4	18,0	0,00	2,1	1,0	0,32	0,6	0,3	0,76	0,7	0,4	0,94	2,1	118
Bilderskala „Auto"	55,8	33,7	0,00	9,0	5,4	0,02	0,9	0,5	0,60	2,4	1,4	0,20	1,7	118

Anmerkung: Zahl der Freiheitsgrade: Integrationsform (DF=2); Zahl der Wiederholungen (DF=1).
Folgende Kovariate wurden in die Analyse miteinbezogen: Das Mediennutzungsverhalten von Fernsehen und Zeitschriften, die Bekanntheit der Württenbergischen Versicherung, die Imageryfähigkeit der Probanden (Marks-Skala und Leichtigkeitsskala), das Produktinvolvement sowie die Einstellung zur Werbung allgemein (Summenscore der sieben Items). Lediglich bei der Marks-Skala konnte ein Effekt der Kovariate Einstellung zur Werbung allgemein festgestellt werden (Beta = -0,12, Sign. = 0,1).

Abbildung 15: Zweifaktorielle Varianzanalyse zum inneren Bild von der Württembergischen Versicherung
(Quelle: Esch 2006, S. 370)

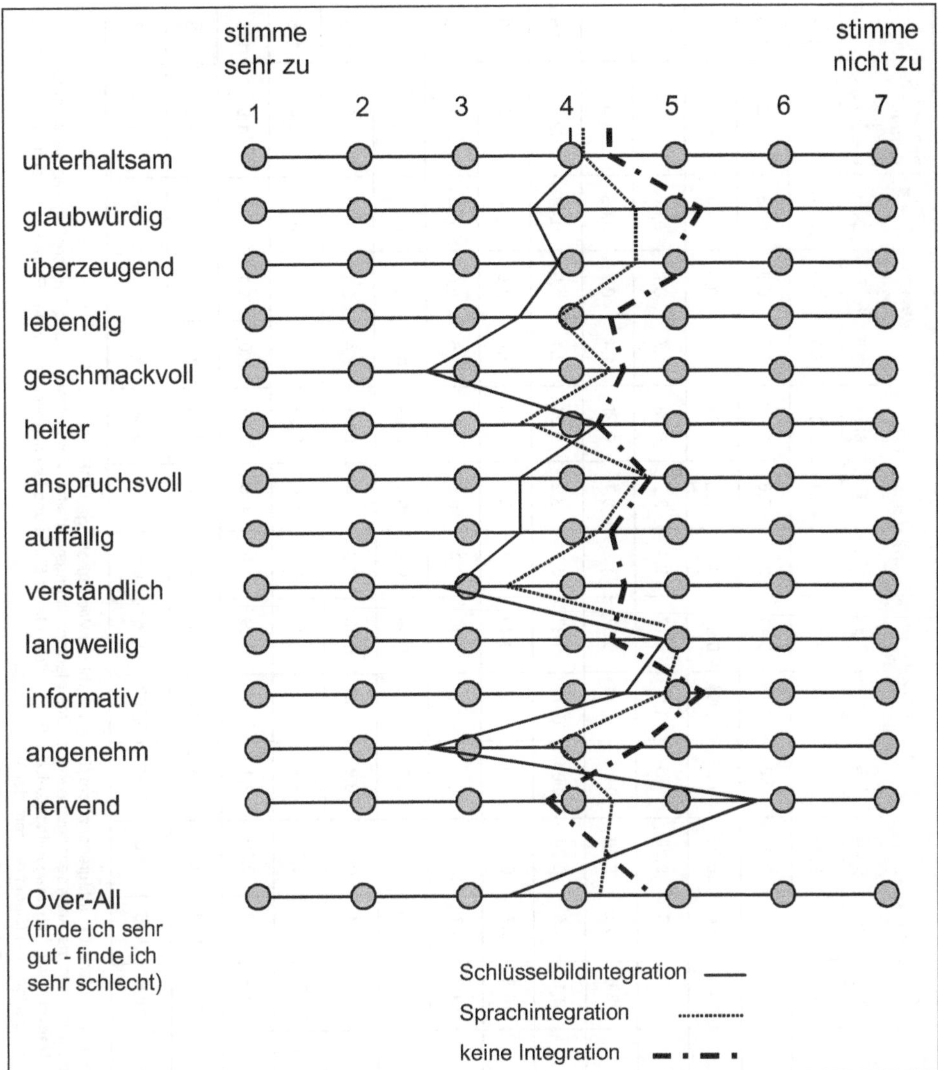

Abbildung 16: Skalen mit Mittelwerten zur Einstellung zur Werbung der Württembergischen Versicherung
(Quelle: Esch 2006, S. 324)

Einstellungen zur Werbung für die Württembergische Versicherung	Integrationsform (I)			Reihenfolge Print – TV (R)			Interaktion (I*R)			Regression (Kovariate)			Fehler (Within and Residual) MS	DF
	MS	F	Sign.	MS	F	Sign.	MS	F	Sign.	MS	F	Sign.		
unterhaltsam	0,3	0,2	0,83	0,05	0,03	0,87	6,4	3,7	0,03	5,6	3,2	0,002	1,7	118
glaubwürdig	19,5	16,5	0,00	0,8	0,7	0,41	3,1	2,6	0,08	1,0	0,8	0,58	1,2	118
überzeugend	13,4	9,4	0,00	0,01	0,004	0,95	4,0	2,8	0,07	1,1	0,8	0,64	1,4	118
lebendig	3,7	1,6	0,20	4,3	1,9	0,17	8,4	3,7	0,03	1,7	0,7	0,67	2,3	118
geschmackvoll	33,6	17,9	0,00	0,05	0,03	0,87	1,3	0,7	0,51	1,4	0,7	0,65	1,9	118
heiter	3,1	1,5	0,24	0,05	0,03	0,87	6,8	3,2	0,04	2,1	1,0	0,44	2,1	118
anspruchsvoll	16,8	9,7	0,00	2,9	1,7	0,20	1,4	0,8	0,45	2,7	1,6	0,14	1,7	118
auffällig	8,07	4,7	0,01	0,1	0,1	0,80	1,4	0,9	0,43	1,5	0,9	0,54	1,7	118
verständlich	25,0	19,4	0,00	0,6	0,5	0,49	0,2	0,1	0,88	0,8	0,6	0,78	1,3	118
langweilig	4,6	2,3	0,10	6,9	3,5	0,06	2,8	1,4	0,24	0,4	0,2	0,99	2,0	118
informativ	3,3	2,3	0,10	4,9	3,5	0,06	0,6	0,4	0,66	1,4	1,0	0,46	1,4	118
angenehm	33,9	18,4	0,00	2,1	1,1	0,29	1,0	0,5	0,59	2,0	1,1	0,38	1,8	118
nervend	29,2	12,4	0,00	4,3	1,8	0,18	4,1	1,7	0,18	3,5	1,5	0,18	2,3	118
Over-all (gefällt mir sehr gut – sehr schlecht)	18,9	15,5	0,00	0,003	0,003	0,96	0,5	0,4	0,68	1,3	1,1	0,38	1,2	118

Anmerkung: Zahl der Freiheitsgrade: Integrationsform (DF=2); Zahl der Wiederholungen (DF=1). Folgende Kovariaten wurden in die Analyse miteinbezogen: Das Mediennutzungsverhalten von Fernsehen und Zeitschriften, die Bekanntheit der Württembergischen Versicherung, die Imageryfähigkeit der Probanden (Marks-Skala und Leichtigkeitsskala), das Produktinvolvement sowie die Einstellung zur Werbung allgemein (Summenscore der sieben Items).

Abbildung 17: Zweifaktorielle Varianzanalyse zur Einstellung zur Werbung der Württembergischen Versicherung (Quelle: Esch 2006, S. 372)

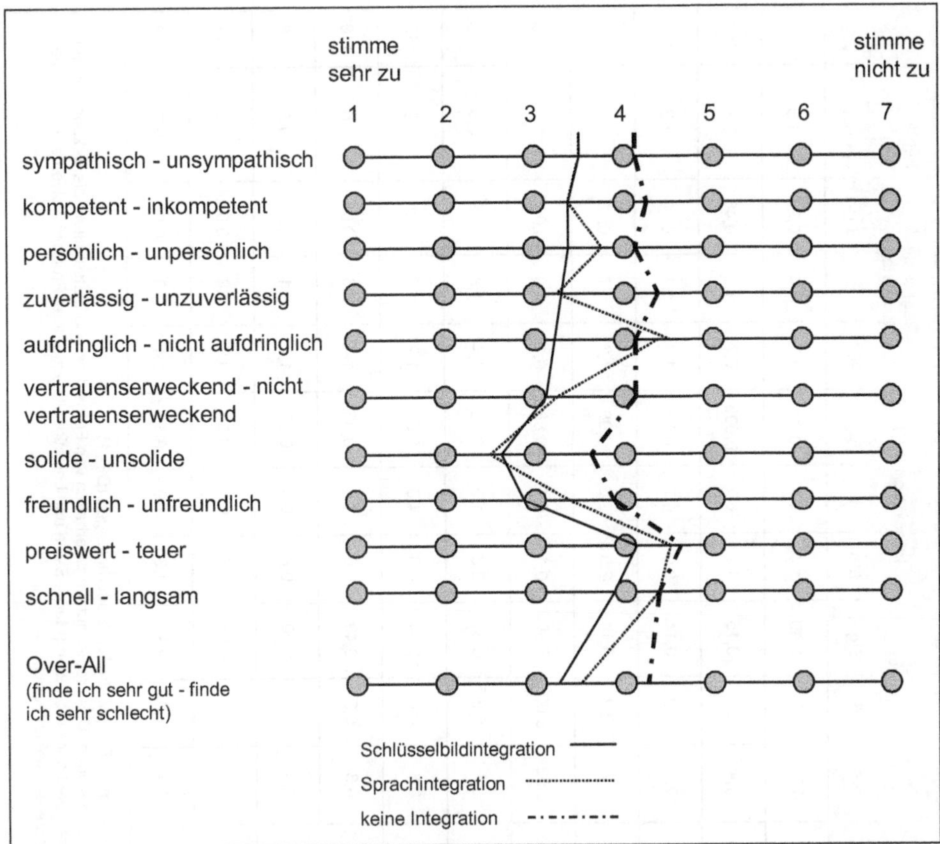

Abbildung 18: Skalen mit Mittelwerten zur Einstellung zur Werbung der Württembergischen Versicherung
(Quelle: Esch 2006, S. 327)

Einstellungen zur Württembergischen Versicherung	Integrationsform (I)			Reihenfolge Print – TV (R)			Interaktion (I*R)			Regression (Kovariate)			Fehler (Within and Residual) MS	DF
	MS	F	Sign.	MS	F	Sign.	MS	F	Sign.	MS	F	Sign.		
sympathisch – unsympathisch	4,2	3,3	0,04	0,03	0,02	0,89	1,4	1,1	0,34	1,7	1,4	0,23	1,3	118
kompetent – inkompetent	7,6	11,2	0,00	1,4	2,1	0,15	4,2	6,2	0,003	0,7	1,0	0,46	0,7	118
persönlich – unpersönlich	4,2	3,4	0,04	2,7	2,2	0,14	0,9	0,7	0,50	1,3	1,1	0,38	1,2	118
zuverlässig – unzuverlässig	10	12,8	0,00	1,7	2,2	0,14	2,0	2,6	0,08	1,3	1,7	0,10	0,8	118
nicht aufdringlich – aufdringlich	7,1	6,7	0,002	0,02	0,02	0,90	0,1	0,1	0,88	3,1	2,9	0,006	1,1	118
nicht vertrauenserweckend – vertrauenserweckend	8,6	11,4	0,00	0,2	0,3	0,61	0,8	1,0	0,38	1,4	1,8	0,09	0,8	118
solide – unsolide	9,9	10,5	0,00	0,6	0,6	0,44	4,5	4,8	0,01	1,2	1,3	0,26	0,9	118
freundlich – unfreundlich	8,0	14,6	0,00	0,3	0,5	0,49	0,6	1,1	0,35	1,4	2,6	0,01	0,6	118
preiswert – teuer	1,6	2,0	0,15	1,3	1,6	0,20	0,8	0,9	0,39	1,7	2,1	0,05	0,8	116
schnell – langsam	1,7	3,4	0,04	0,1	0,2	0,68	0,3	0,6	0,58	0,9	1,8	0,08	0,5	117
Over-all (gefällt mir sehr gut – sehr schlecht)	8,0	11,4	0,00	1,4	1,9	0,17	1,3	1,9	0,16	1,4	2,0	0,05	0,7	118

Anmerkung: Zahl der Freiheitsgrade: Integrationsform (DF=2); Zahl der Wiederholungen (DF=1).
Folgende Kovariaten wurden in die Analyse miteinbezogen: Das Mediennutzungsverhalten von Fernsehen und Zeitschriften, die Bekanntheit der Württembergischen Versicherung, die Imageryfähigkeit der Probanden (Marks-Skala und Leichtigkeitsskala), das Produktinvolvement sowie die Einstellung zur Werbung allgemein (Summenscore der sieben Items).

Abbildung 19: Zweifaktorielle Varianzanalyse zur Einstellung der Werbung der Württembergischen Versicherung
(Quelle: Esch 2006, S. 374)

5. Ausblick: Herausforderungen an die Werbewirkungsforschung

Trotz einer Vielzahl von Messmethoden und Optionen zur Gestaltung von Werbetests kann man in der Praxis nach wie vor ein *schematisches 08/15-Testmuster* wahrnehmen, indem Werbung über einen Kamm geschoren und nach einem gleich bleibenden Testraster überprüft wird. Zudem wird Werbung auch häufig in *Forced-exposure-Situationen* getestet. Man vermutet, dass ein solcher Test ähnliche Ergebnisse bringt wie eine Vielzahl von Wiederholungen unter Low-Involvement-Bedingungen mit flüchtigem Betrachtungsverhalten. Dabei verkennt man jedoch grundlegende Wirkungsunterschiede und Wirkungsmechanismen bei Low- und High-Involvement-Werbung. Zudem dominiert nach wie vor die Befragung als bevorzugte Messmethode, die Testsituationen sind oft zu artifiziell und simpel gestaltet (Kroeber-Riel 1993a). Ein weiteres, wichtiges Problem vieler Werbewirkungsuntersuchungen ist in der mangelnden Integration der Untersuchung sowie der Untersuchungsergebnisse in die im Rahmen der strategischen Markenführung gesetzten Ziele zu sehen. Strategische Wirkungsaspekte werden durch Werbewirkungstests oft zu Lasten allgemeiner Wirkungskriterien, die für den Werbeerfolg zwar notwendig aber nicht hinreichend sind, vernachlässigt.

Deshalb sind künftig folgende Anforderungen an Werbewirkungstests zu stellen:

- Werbepretests sind nach Positionierungszielen differenziert zu gestalten. Wenn das Ziel der Werbung eine Aktualisierung der Marke bei der Zielgruppe ist, um als Marke „top of mind" zu werden, muss ein Test anders gestaltet sein als bei einer emotionalen oder sachorientierten Positionierung. Entsprechend müssen Werbewirkungsgrößen für die jeweiligen Werbeziele maßgeschneidert werden. Je nach Werbezielsetzung sollten auch Datenbankvergleiche primär bezogen auf Werbung mit gleicher Zielsetzung (in der gleichen Branche oder branchenübergreifend) erfolgen.
- In Werbepretests ist Konkurrenzwerbung explizit zu berücksichtigen, was in der Regel vernachlässigt wird. Dies entspricht nicht den natürlichen Bedingungen, bei denen die Zielgruppe neben der eigenen Werbung auch Konkurrenzwerbung sieht oder hört. Es ist schon lange bekannt, dass sich durch Konkurrenzwerbung die Erinnerung an Werbung durch Interferenzen zwischen den Konkurrenzmarken dramatisch verschlechtert.
- Es sind quasi-biotische Untersuchungsbedingungen herzustellen. Pretests, die heute immer noch unter Forced-exposure-Bedingungen stattfinden, sind zur Werbewirkungsüberprüfung bei wenig involvierten Konsumenten, dem Standardfall der Werbung, nur bedingt tauglich.

- Natürliche Betrachtungssituationen werden bereits zum Teil bei Untersuchungen von Printwerbung realisiert, sofern die Probanden eine Zeitschrift mit entsprechender Blätteranweisung erhalten. Ein Folder, der ausschließlich Werbung enthält, wird einer natürlichen Situation hingegen kaum gerecht. Beim Fernsehen existiert m. E. zur Zeit noch kein Test, bei dem die Werbewirkungsüberprüfung unter Low-Involvement-Bedingungen erfolgt, im Gegenteil: Die Probanden schauen üblicherweise während eines Tests mit (gerichteter) Aufmerksamkeit auf den Fernseher.
- Da der Kauf von Produkten in der Regel in einer anderen Umgebung stattfindet als dort, wo man mit der Markenwerbung konfrontiert wurde, sollte die Befragung zu der Werbung ebenfalls nicht in dem Raum erfolgen, in dem die Werbung gezeigt wurde. Es ist aus der Psychologie hinreichend bekannt und belegt, dass sich die Erinnerungswerte dramatisch verschlechtern, sobald man in einer anderen Umgebung zu Inhalten befragt wird, die man woanders gelernt hat.
- Moderne Werbewirkungstests müssen – neben Messungen verbaler Inhalte – auch die Messung nonverbaler Inhalte berücksichtigen. Die Imageryforschung stellt hierzu bereits viele valide Messinstrumente zur Verfügung, die heute in keinem Werbewirkungstest mehr fehlen sollten. Zudem sollte man auch stärker auf Programmanalysatormessungen und EDR-Messungen zurückgreifen, da gerade bei Fernseh- und Radiowerbung durch diese dynamischen Messungen besser szenenbezogene Aktivierungs- und Gefallenswirkungen gemessen werden können. Solche Messungen reflektieren diese Wirkungen besser als die durch Befragung ermittelten erinnerten Aussagen. Zudem können dadurch auch Werbespots szenenbezogen optimiert werden. Die einseitigen Befragungen spiegeln bei weitem nicht mehr die Möglichkeiten eines effektiven und effizienten Methodenspektrums wider. Sie mögen zwar bequem und kostengünstig sein, allerdings sollte man auch andere, oft validere Methoden zur Messung bestimmter Werbewirkungsgrößen einsetzen. So gibt beispielsweise die Blickaufzeichnung tieferen Aufschluss über die Informationsaufnahme als eine anschließende Befragung.
- Strategische Aspekte der Werbung müssen stärker als bisher Beachtung bei Werbewirkungstests und bei den anschließenden Interpretationen der Ergebnisse finden. Dabei empfiehlt sich generell eine Trennung zwischen kurz- und langfristigen sowie zwischen allgemeinen und positionierungsrelevanten Werbewirkungsgrößen. Gerade bei Werbepretests ist auf die Einbindung eines neu zu testenden Spots in eine bestehende Werbekampagne zu achten. Hier empfiehlt sich auch die Kopplung verschiedener Marktforschungsinstrumente, z. B. die Verbindung zwischen Werbewirkungsmessungen und Messungen zum Markenwert oder Markenbild, um analysieren zu können, ob eine Werbung tatsächlich positiv auf das Markenimage und die Markenbekanntheit wirkt.

Literaturverzeichnis

Behrens, G. (1996): Werbung, München.

Berekoven, L./Eckert, W./Ellenrieder, P. (2004): Marktforschung: Methodische Grundlagen und praktische Anwendung, 10. Auflage, Wiesbaden.

Brünne, M./Esch, F.-R./Ruge, H.-D. (1987): Berechnung der Informationsüberlastung in der Bundesrepublik Deutschland, Bericht des Instituts für Konsum- und Verhaltensforschung an der Universität des Saarlandes, Saarbrücken.

Esch, F.-R. (1998): Eventcontrolling, in: Nickel, O. (Hrsg.), Event-Marketing, München, S. 149-164.

Esch, F.-R. (2006): Wirkung integrierter Kommunikation, Forschungsgruppe Konsum und Verhalten, 4. Auflage, Wiesbaden.

Esch, F.-R./Andresen, T. (1996): Barrieren behindern Markenbeziehungen, in: Absatzwirtschaft, 39. Jg., Heft 10, S. 94-100.

Esch, F.-R./Kroeber-Riel, W. (1994): Expertensysteme für die Werbung, München.

Harrigan, K.R. (1989): Unternehmensstrategien für reife und rückläufige Märkte, Frankfurt/Main u. a..

Kroeber-Riel, W. (1991): Kommunikationspolitik. Forschungsgegenstand und Forschungsperspektive, in: Marketing ZFP, 13. Jg., Heft 3, S. 164-171.

Kroeber-Riel, W. (1993a): Strategie und Technik der Werbung. Verhaltenswissenschaftliche Ansätze, 4. Auflage, Stuttgart.

Kroeber-Riel, W. (1993b): Bildkommunikation, München.

Kroeber-Riel, W./Esch, F.-R. (2004): Strategie und Technik der Werbung, 6. Auflage, Stuttgart.

Kroeber-Riel, W./Weinberg, P. (2003): Konsumentenverhalten, 8. Auflage, München.

Leven, W. (1993): Werbemittel-Pretests, in: Berndt, R./Herrmanns, A. (Hrsg.), Handbuch Marketing Kommunikation, Wiesbaden, S. 379-392.

Schweiger, G./Schrattenecker, G. (2005): Werbung, 4. Auflage, Stuttgart.

Steffenhagen, H. (2000): Wirkungen der Werbung, Aachen.

Stichwortverzeichnis

N

O

P

T

U

V

W

Z